[제 9 판]

강제명 정치학

한국민주주의의 조건과 과제

강제명 편저

정치적 상상력을 위하여…

수험 경향이 정치학의 기본 주제를 암기해서 나열하라는 전통적인 문제가 지양되면서 정치학을 전공하지 않은 수험생들에게는 어려움이 많은 것으로 알고 있다. 게다가 정치학이라는 과목이 어떤 과목인지에 대해 체계를 잡지 못하고 헤매는 경우도 많다. 물론, 문장력이 있는 수험생의 경우에는 정치학이란 어차피 설(?)푸는 과목이라 치부하기도 한다.

어찌되었든, 출제경향의 변화 덕분에 정치란 무엇인지 그리고 어떠한 정치를 지향해야 하는지에 대한 고민을 관료가 되기 전에 최소한 고민 할 수 있는 기회가 되고 있다고 한다면 긍정적인 것으로 보아야 될 것이다. 정치가 가치를 배분하는 것이라 할 때, 관료가 담당하는 업무 자체가 끊임없이 가치판단을 필요로 한다는 점에서 그러하다.

책의 편제와 수정된 부분을 개관하면 다음과 같다.

제1편은 정치의 본질이다. 이 주제는 정치학이라는 주제를 접하면서 가장 먼저 해야 할 고민이기도 하다. 이에 대한 고민 없이 암기한 목차를 중심으로 답안을 서술한다면 결코 좋은 점수를 기대하지 않았으면 한다. 이 부분은 김선욱, 「정치와 진리」(책세상)이 많은 도움을 줄 것으로 본다.

3장 현대정치학의 사상적 기초는 위험을 무릅쓰고 앞부분으로 끌어냈다. 처음 공부할 때는 어렵겠지만, 자유주의와 공화주의의 기본 사고틀을 잡아 놓음으로써 다른 주제들을 정리할 수 있는 유용한 틀을 형성할 수 있기 때문이다.

제2편의 주제는 민주주의다. 수험생이 국제정치와 더불어 가장 어려워하는 부분이기도 하다. 그러나 어떤 정치체제, 어떤 민주주의를 지향할 것인지에 대한 전제 없이 정치제도를 설계할 수는 없다. 3편의 주제들은 민주주의 모델을 전제로 전개될 수밖에 없다는 것이다. 민주주의에 대한 기초적인 내용을 정리하는 데는 다알, 「민주주의와 그 비판자들」(문학과 지성), 보비오, 「자유주의와 민주주의」(인간사랑) 등이 많은 도움을 줄 것이다. 다만, 다알의 책은 수험생이 읽기에는 분량이 만만치 않다.

제3편의 주제는 정치과정 · 정치제도 · 정치문화다. 정치학에서 가장 쉽게 접근할 수 있는 주제들이라 보면 된다. 이 부분에서는 도입부에서 사회균열과 갈등의 구조 부분을 추가했으며, 선거제도에서 바뀐 선거제도를 반영했고, 정부형태 부분에서는 대통령과 의회의 교착문제와 대통령의 리더십 부분을 추가했다.

제4편의 주제는 정치학의 여러 이론들을 최근의 유행에 맞춰 국가 · 시장 · 시민사회 및 기타로 나누어 묶어 놓았다. 국가와 시장이라는 주제는 중요하지만, 기타 주제에서는 진보주의와 보수주의, 민족주의를 중심으로 정리하는 것이 좋다. 4편과 관련해서 괜찮은 텍스트로 최장집,「민주화 이후의 민주주의」(후마니타스), 강정인, "한국의 보수주의",「한국정치의 이념과 사상」, 후마니타스가 있다.

제5편은 국제정치이다. 정치학 시험에서 일종의 뜨거운 감자라 할 수 있는 주제에 속하는 것으로 국제정치학다운 문제가 자주 출제되는 것은 아니지만, 무시할 수 없기 때문이다.

참고로, 출처는 최대한 밝히려 했으나, 수험생들의 편의를 위해 많은 부분 생략되었음을 미리 이야기 드린다. 그리고 참고문헌의 경우에는 시간상의 제약으로 인해 누락된 부분이 있을 수 있음을 미리 밝힌다.

강의하면서 느낀 점이 있다. 답이 없는 사회과학에서 답을 원하는 경우가 가장 곤혹스럽다. 현실은 생각보다 단순하지 않다. 경제학처럼 몇 개의 수식으로 설명할 수 있는 것이 현실이라면 아마도 우리가 사는 세상은 오류가 하나도 없는 그야말로 파라다이스일지도 모른다. 하지만, 죽는 순간까지 세상은 어떻게 돌아가는 것이고 바람직한 삶이 무엇인지 답을 찾지 못할지도 모른다. 그럼에도 불구하고 사람들은 명쾌한 답을 찾는다. 정치는 현실이다. 정치학은 사회현상을 반영하는 학문이다. 현실과 동떨어진 그 어떤 이론을 찾는다면 글쎄...
필자가 원하는 것은 소명의식을 가진 그런 관료는 아니다. 왜 관료가 되려는지 처음 가졌던 생각들을 합격한 이후에도 유지했으면 하는 것, 그리고 전문직업관료로서의 프로의식이다.

정보체계론 개정판을 냈을 때와는 느낌이 다른 것은 아마도 정보체계론 만큼의 완성도에 미치지 못했다는 점 때문일 것이다. 개정을 준비하고 본격적인 작업에 들어가면서 많은 시간을 쏟아 부으면서도 제약된 시간이라는 것을 무시할 수는 없었다.
이번 개정판을 준비하는 과정에서 같이 며칠 밤을 새며 교정과 조언을 해주었던 정승우 군에게 다시 한번 감사의 말을 전하고 싶다.
그리고 금년에 새로 태어난 둘째 채원이와 함께 할 시간이 거의 없었고, 둘째 때문에 스트레스를 많이 받았을 첫째 산아에게 든든한 힘이 되어 주지 못했던 점이 마음 한구석에 빚으로 남아 있다. 이해해 주기에는 아직 어린 나이이겠지만, 이 글을 통해 사랑한다고 이야기하고 싶다. 그리고 이를 인내해준 아내에게 고마움을 전한다.

2005년 12월

강 제 명 씀

9판 머리말

지난 8판을 출간 한 후, 많은 변화가 있었다. 그 중 몇 가지만을 살펴보자.

K-pop에서 출발하여 K-movie, K-drama, K-food, K-beauty에 대한 관심이 점점 높아지고 있던 상황에서 2020년에는 K-방역 유행어처럼 번졌다. 한국의 군사력 및 경제력에 대한 재평가와 함께 연성권력 / 국제적 위상이 갑자기 높아진 것을 체감한 해이기도 하다.

그러나 2020년 확산된 COVID-19로 2021년 4월 현재 전세계적으로 1억 4천만 여명의 누적 확진자와, 300만 명을 넘는 사망자가 발생했다. 미국의 경우 사망자가 60만 명을 육박하고 있는데, 이는 베트남전과 제1차 세계대전 및 제2차 세계대전 사망자인 9만 여명, 11만 여명, 29만 여명을 합한 숫자를 넘어서고 있다. 유럽의 봉건제도 붕괴의 출발점이 되었던 흑사병과 같이 문명사적 전환점이 될지는 불분명하지만, COVID-19가 가져온 pandemic은 산업화・세계화・도시화로 인한 것이라는 점에서 포스트-코로나와 뉴노멀(new normal) 담론은 확산될 것이다.

이 같은 변화는 지구온난화에 대한 탄소중립 이슈의 확산에서도 나타나고 있다. 2019년 EU를 시작으로 2020년 한・중・일, 미국이 탄소중립을 약속했고, EU와 미국은 탄소국경세 도입을 검토하고 있다. 그린 뉴딜을 위해 EU는 2030년까지 1조 유로(약 1,340조 원)를 미국은 2035년까지 1조 7천억 달러(약 1,888조 원)를 투자할 계획이다. 이를 두고 산업경제에서 수소경제로 패러다임이 전환할 것인지에 대한 전망이 제시되고 있다.

pandemic은 2020년 전 세계를 달구었던 BLM(Black Lives Matter)와 함께 SAH(Stop Asian Hate)를 불러왔다. 서구에 만연되어 있던 인종차별이 중국 때리기로 수면으로 올라오면서 아시안 혐오 범죄가 급증했기 때문이다.

2008년 금융위기 이후 선진민주주의 국가에서 민주주의의 부정적 징후들이 나타났다. 유럽과 호주, 캐나다와 미국 등에서 극우 포퓰리즘이 대두된 것이다. 마치 전간기 자유주의 질서가 붕괴되고 대공황을 거치면서 전체주의가 득세했던 모습을 연상케 한다. 미국에서는 2010년 중간선거에서 티파티를 중심으로 공화당이 의회를 장악한 이후 미국 정치는 정파적 대립에 갇혀 버렸다. 공화당은 2014년 연방정부 부채 상향 조정을 거부하면서 시퀘스트레이션을 발동하였고 연방정부를 3주간 폐쇄(shut-down)하고 정부의 통치 기능을 마비시켰다. 일각에서는 이를 두고 공화당이 반체제 정당(antisystem party)으로 진화했다고 진단하기도 했고, 미국 민주주의의 기능부전 현상을 비판하기도 했다. 이러한 정파적 대립은 2021년 트럼프가 대선결과에 불복하면서 총기를 소지한 시위대가 의회에 진입하면서 정점에 다다랐다. 한국의 정치 또한 정파적 대립이 일상화된 모습을 보이고 있다.

2000년 중국의 급부상 이후, 미-중 사이의 갈등이 점차 고조되는 가운데 2020년 COVID-19가 몰고 온 보건위기는 국가 간 협력을 위축시켰을 뿐 아니라, 준진영 논리를 만들어 내고 있다. 2021년에는 신장 위구르 지역의 인권탄압 이슈와 함께 미얀마 군부의 시위대 탄압이 이슈가 되었는데, 이는 인권 및 인도주의 개입과 관련된 이슈이면서도 미국의 인권외교 및 미-중 간의 지정학적 충돌의 시험대로 간주되고 있다.

거시적으로 본다면, 투키디데스 함정으로 대변되는 미-중 사이의 대립이 전세계적인 안보딜레마 강도를 높이고 한국 안보환경의 불안정성을 심화시키고 있다. 이와 함께 신자유주의 세계화 확산에 따른 국제경제질서의 불안정에 따른 폴라니의 함정과 킨들버거 함정의 위험성도 높아지고 있다.

이러한 현상은 현재 진행형이기 때문에 완결된 논리로 정리하여 이 책에 담는 것은 사실 불가능하다. 대신 환경과 에너지, 인권과 인도주의 개입 등에 대한 내용을 보강하였다.

국제정치 부문에서는 바이든 행정부의 대북한 정책은 개정판을 탈고한 시점에서도 공식 발표되지 않았고, 대외정책에 대해서는 다자주의 복원과 동맹 중시라는 방향만 제시되었기 때문에 반영하지 않았다.

여러분의 안녕과 건강을 기원하며...

2021년 4월　강제명

8판 머리말

지난 개정판을 낸 후 국내외 정치는 역동적인 모습을 보였으며, 그 변화는 주로 국외 요인에서 시작되었다. 먼저, 미-중 간의 무역 전쟁이 지속되면서 국제경제의 불확실성이 높아지고 있는데, 경제적 대외의존도가 높은 한국경제의 불확실성도 이와 함께 커지고 있는 상황이다. 여기에 일본의 경제도발로 촉발된 한-일 간의 갈등은 최고조에 달하면서 GSOMIA(한일군사보호협정) 종료로 이어지고 국내에서는 이념 대립으로 연결되었다. 또한, 하노이 쇼크라 불리는 북-미 정상회담의 결렬 이후, 북-미 간의 관계가 악화된 것은 아니지만 북한의 연이은 미사일 발사로 북핵 협상이 어떻게 될 것인지에 대한 엇갈린 전망이 나오고 있다.

내부적으로도 개헌논의가 잠복된 채, 공직자선거법 개정, 공수처설치, 검경수사권 조정과 관련된 안건을 패스트 트랙(신속처리안건 지정)으로 처리하기로 합의하면서 한동안 식물국회를 경험하였다. 공론조사를 거친 탈원전 정책에 대한 논란도 여전히 진행 중이다. 소위 적폐청산과 관련된 이슈는 조국 법무부 장관 임명과 관련하여 갈등이 증폭되었는데, 이 과정에서 언론이 주도하는 여론은 진보진영의 도덕성을 문제 삼았지만, 반대로 검찰과 언론에 대한 불신이 함께 커졌다. 이에 대한 판단은 가치관에 따라 다르겠지만, 정보사회에서 나타나는 자기확증편향과 인포데믹스 / fake news, 자발적 발칸화 현상들을 도처에서 쉽게 확인할 수 있었다.

로버트 다알은 비민주주의 국가에서 포괄적 민주주의 국가(polyarchy)로 전환되는 과정에서 제도적 경쟁성은 높은 반면, 시민의 참여수준이 낮거나 제도화되지 않은 경우 경쟁적 과두체제가 나타날 수 있다고 보았다. 세밀한 분석이 필요하지만 참여수준을 양적인 측면이 아닌 질적인 측면에서 본다면, 한국은 민주화 이후 상당기간 동안 다알이 분류한 경쟁적 과두체제와 유사한 모습을 보여주었다고 평가할 수 있겠다. 그래서였을까? 촛불혁명이라 불리는 사건으로 정권이 교체되었으나, 정치과정과 제도의 변화는 더디게 나타나고 있다.

어찌 보면, 국제정치경제 측면에서 보면 리먼브러더스 사태 이후 국제경제는 불확실성의 연속이었고 EU와 일본은 그 이후 사실상 마이너스 성장을 보였다. 여기에 미-중 무역전쟁과 한-일 분쟁이 격화되면서 불확실성이 높아졌다고 볼 수 있다. 그리고 북핵 문제의 경우 장기적으로는 핵폐기와 관계개선을 향해 간다고 하더라도 단기간에 해결될 수 있는 성질의 것이 아니다. 과거와 달리 북한과 미국 모두 자신의 행동에 일정정도의 제약을 두고 있는 듯하다.

이들 이슈들은 기존에 고려하지 않았던 문제들이 갑툭튀처럼 제기된 것은 아니다. 그럴듯한 표현으로 포장한다면 단절성보다는 연속성이 높아 보인다. 이번 개정판에서도 이를 감안하여 큰 틀에서 변화는 주지 않았다.

다만, 변화된 상황과 맞지 않은 부분과 문장이 매끄럽지 못하거나 너무 압축적으로 서술되어 있어 비전공자가 이해하기에 어려운 부분을 수정하고 보완하는 데 중점을 두었다. 물론, 정치지형이 변하면서 이전 판의 내용과 맞지 않은 부분, 그리고 공직자 선거법 개정안과 같이 제도변화와 관련된 부분은 수정하고 추가하였다. 그리고 최근 5급 공채 시험에서 기초적 이론이 많이 다루어지고 있어, 이를 보완하였다. 개정판에서 추가되었거나 수정된 부분은 다음과 같다.

[1] 수험서가 갖는 한계는 분명하다. 출제 가능한 주제들을 정리하면서, 논리적 일관성과 책 전체의 체계성을 유지하는 것은 사실상 불가능하기 때문이다. 이 때문에 일부 주제의 경우 어렵게 느껴지거나 정리가 안 되는 문제가 있었다. 이를 감안하여 민주주의론 전반부를 쉽게 풀어서 서술하였다.

그리고 다수결주의와 관련하여 선호집약 메커니즘에 대한 이론을 보다 쉽고, 체계적으로 정리하려고 하였다. 가독성을 높이기 위해 세부내용이나 부연설명 부분은 인용문 형태나 요약정리 형태로 구분해 놓았다. 처음 독해할 때는 본문의 내용을 중심으로 통독하는 것을 권한다. 다만 분량이 많아지는 것을 피하기 위해 최대한 간결하게 서술했기 때문에 흐름을 잡고 필요한 내용만 clipping 하는 것을 권한다.

그리고 수업 중에 설명으로 대체하거나 연습문제로 넣었던 주제들 — 수직적 책임성과 수평적 책임성 등이 이에 속한다 — 을 교재 본문에 추가로 넣었다.

[2] 정치과정, 정치제도 부분에서는 정당논쟁과 관련된 내용(소위 대중정당론 vs 원내정당론)을 대폭 보강하였고, 공직자 선거법 개정안의 주요 골자에 대한 설명을 추가하였다.

그리고 답안 특강을 진행하면서 답안지 상당수가 1990년대 분석을 지금까지 그대로 사용하고 있다는 데에 놀랐다. 이 때문에 모의고사 문제 등을 통해 섞여했던 2010년대 중반 한국의 정치 지형에 대한 분석을 추가하였다.

[3] 국제정치에서는 탈냉전기 이후 새롭게 등장한 이론들을 추가로 정리했다. 그리고 세계질서 및 동북아 질서 분석과 한국의 대외전략의 선택에 잘 적용되지는 않지만, 기존에 많이 회자되었던 이론들도 추가하였다.

여러분의 안녕과 건강을 기원하며...

2019년 9월 강제명

7판 머리말

지난 개정판을 낸 후 한국 정치에 커다란 변화가 있었다. 박근혜-최순실 사건과 촛불혁명이 었지요. 그리고 다시 2018년 봄에 10여 년간 극단적으로 치달았던 남북관계를 개선하기 위한 계기가 마련되었다. 물론, 이런 변화들이 안정적인 민주주의 발전과 한반도 평화를 의미하는 것은 아니다.

역사는 우연성(사건)과 인간의 의지의 결합이다. 어떤 사건이 그 자체로 역사의 흐름을 결정하는 것은 아니며, 그 시대를 사는 사람들의 의지와 선택이 어떻게 작용하느냐가 크게 영향을 미친다는 것이다.

이번 개정판에서 이와 관련된 주제들 외에 크게 바뀐 것은 없다.

먼저, 정치의 본질과 민주주의에서는 법치주의(법의 지배)와 공론 부분을 보강했다. 그리고 제4차 산업혁명과 관련된 개념들을 추가했으며, 정치과정 · 제도에서는 개헌논의와 관련하여 이원집정부제 내용을 보충했다.

헌정사 최초로 대통령에 대한 탄핵 심판에서 인용결정이 나왔고, 소위 사법농단이라 불리는 사건이 진행 중이다. 민주주의와 법치주의의 관계, 그리고 권력분립과 사법부의 독립성에 대한 성찰이 필요한 때라는 점을 감안해서, 관련 설명을 충실히 하고자 했다.

후자와 관련해서는, 공론조사가 한국 사회의 주요 갈등을 해결하는 효과적인 수단인지에 대한 논란이 있다. 이 주제는 심의 민주주의와 관련되어 있지만, 민주주의와 여론/공론 부분에서 내용을 보충했다.

최근 국제정치에서는 많은 변화가 있었다. 국제정치질서와 국제경제질서 뿐 아니라, 북한 문제는 예측하기 힘들 정도라 할 수 있다. 그래서 핵문제, 미국과 중국의 대외정책, 북한 문제와 한국의 대응 부분은 최근의 변화에 맞게 수정하였다.

시험 문제는 어디로 튈지 모르는 럭비공과 같다. 그 많은 내용 중에서 3~4문제만을 내는 주관식 시험은 더더욱 그렇다. 따라서 정치학과 사회과학의 기본 논리와 체계를 잡는 것이 중요하다. 어떤 문제가 나온다 하더라도 논리와 체계 속에서 해결할 수 있기 때문이다.

여러분의 안녕과 건강을 기원하며...

2018년 9월　　강제명

6판 머리말

제2판 이후 이 책의 기본 구성과 내용은 국제정치를 제외하면 크게 바뀌지는 않았다. 그러나 국내외 정치상황이 많이 바뀌었고, 전반적으로 책이 어렵다는 지적을 많이 받으면서 책을 크게 손을 봐야한다는 생각을 하고 있던 차에 대폭 손질을 했다.

수험서인 만큼 저자의 생각이 중요하지 않다는 생각에 현직 교수들의 문장을 되도록 그대로 옮기는 방식을 그간 고수해 왔으나 수업 내용과 교재 서술이 어긋나는 부분들이 많이 있어서 책을 읽는 데 어려움이 많다는 이야기를 많이 들어 왔다. 그래서 제1편부터 제3편에 속하는 정치의 본질과 사상, 그리고 민주주의 부분은 최대한 풀어서 서술하는 쪽으로 변경했다. 그리고 제3편 정치과정 부분은 저자의 생각을 일부 반영하는 방향으로 내용을 수정하였다.

국제정치 분야에서는 부시 독트린 이후의 오바마의 대외전략(아시아로의 회귀)과 시진핑의 적극적 외교, 그리고 박근혜 정부의 대외전략은 지난 개정판을 틀을 유지하면서 변화된 내용을 일부 반영하였다. 그러나 새로 출범할 미국의 트럼프 정권의 대외전략과 대북정책이 구체적으로 나오지 않았고, 국내적으로도 탄핵정국 속에서 대외정책의 변화에 대한 불확실성이 높아 반영할 수 없었다.

* * * * *

민주주의와 관련하여 주목받는 최근의 변화라 한다면, 아무래도 20세기 후반 이후 지속되어 온 세계화와 신자유주의 패러다임이 만들어 놓은 양극화에 대한 반발이 아닐까? 이러한 모습은 2016년 총선과 미국 대선에서 보여진 소위 '분노의 선거'로 나타났다고 본다. 정의롭지 못한 사회에 대한 사회에 대한 분노일 것이다.

한편, 고위 정책당국자들의 사회 이슈에 대한 이야기들이나 청문회에 등장하는 고위직 공무원들의 답변을 보면서 떠오르는 문구가 있었다 - 대학의 毋自欺와 仁者人也.

仁者人也. 인자(仁者)라야 사람이라는 것인데, 거꾸로 말하면, 仁하지 않으면 사람이 아니라는 의미다. 맹자는 이에 대해 인간의 4가지 본성(四端之心)을 이야기했는데, 측은지심(惻隱之心), 수오지심(羞惡之心), 사양지심(辭讓之心), 시비지심(是非之心)이 그것이다 - 남의 불행을 불쌍히 여기고, 잘못을 부끄러워하고, 양보하며, 옳고 그름을 판단할 수 있는 마음. 현실은 어떠한가. 타인의 불행을 불쌍히 여기기는커녕 이념 프레임을 들이대고, 잘잘못을 알지 못하며, 부끄러움을 모르는 이들을 보게 된다. 한나 아렌트가 보았던 악마의 얼굴들을 떨쳐 버릴 수가 없었다.

대학(大學)의 誠意(성의) 편에 毋自欺(무자기, 자신을 속이지 말라)는 말이 있다. 배운 자가 자신의 행동이 선하지 않음을 몰랐을까(不知不善)?

여러분의 안녕과 건강을 기원하며...

2016년 12월 강제명

5판 머리말

제4판을 낸 지 4년이 지났고, 그동안 정치 · 사회 · 경제적인 우여곡절도 많았다. 특히, 2014년에도 경제민주주의를 둘러싼 논란, 이념논쟁 등이 지속되었다. 사회갈등과 균열은 증폭되고 있지만, 한국의 정치를 이를 조정하고 통합해내지 못하고 있다. 그러나 아무래도 두 가지 사건이 가장 크게 남아 있지 않을까 생각된다. 먼저, 세월호 사건이라는 안타까운 사건과 함께 '국가는 왜 존재하는가?'라는 질문이 노란리본과 함께 우리 사회의 주요 화두로 대두되었다. 그 와중에 논란이 되었던 미개인이라는 담론은 소위 땅콩회항이라 불리는 사건과 함께 우리사회 엘리트들의 인식의 단면을 보여주었다. 또한, 12월에는 통합진보당이 정당해산 청구에서 헌법재판소에 의해 인용판결이 나오면서 정당해산이 결정되었다. 행정수도이전에 대한 헌법소원에서 태조 이성계가 했던 '한양을 도읍으로 정'한다는 언명에 위배되기 때문에 위헌이라는 넌센스와 같은 판결이 아닐까 생각된다. 정당해산의 요건은 엄격하게 해석하고 적용하여야 한다는 법조계의 법리해석에도 불구하고 법원에서 증거로 채택되지 않은 원고측의 주장을 증거로 채택하면서 내려진 판결이라는 점에서 그러하다. 또한, (필자의 소견으로는) 우리나라 헌법재판소에 의해 확립된 '명백하고 현존하는 위험'에 속하는지 의문이지만, 그보다 한국의 민주주의가 그만큼 취약함을 보여주는 하나의 상징이자 민주주의가 퇴행하고 있음을 확인시켜주는 사건이라는 점에서 씁쓸함을 느끼게 된다.

대외문제에 있어서도 정부는 위기관리능력에 한계를 보이고 있다. 국제정치 영역에서는 동아시아에서 중국과 미국의 양극적 질서가 형성되는 과정에서 미국의 재균형/아시아로의 회귀와 관련된 이슈들이 동북아질서의 불안정성과 높이고 있고, 북핵문제에 대한 오바마 정권의 선의의 무시(benign neglect)정책과 함께 6자회담이 결렬된 지 6년 동안 방치되면서 한반도 안보위협은 1970년대 이후 그 어느 때보다 높다고 판단된다.

이번 개정판에서는 기본 편재상의 변화는 없지만, 일부 부분에서는 내용을 대폭 수정했다. 크게 변한 부분은 정치사상에 대한 설명을 보다 간결하게 바꿨으며, 환경과 여성문제 등과 같은 이슈에 대한 내용을 보강하였다.

가장 많이 바뀐 부분은 동아시아 질서와 한국의 전략적 선택 부분일 것이다. 기존 4판에서는 2000년대 초반의 동북아 질서를 기본으로 서술되어 있었기 때문에 설명을 위한 기본 틀을 완전히 바꿔야만 했다. 필자는 학자로서 이 분야만을 깊이 있게 연구하는 아니기 때문에, 필자의 독창적인 이론이나 주장을 담으려 했던 것은 아니었다. 그러나 복잡한 퍼즐 맞추는 것이 쉽지는 않았다. 다만, 전체적인 흐름과 틀에 있어서는 많은 고민이 담겨져 있다는 것 정도로 이해해 주기 바란다.

* * * * *

올해 교황의 한국 방문이 있었고, 우리사회 많은 이들이 교황에 열광했다. 왜 많은 한국인들이 왜 교황에 열광했을까? 열광을 넘어 많은 사람들이 교황에게 의지하는 것으로 보이기도 했다. 그러나 사람들이 기댈 수 있는 그 누구도 없다고 느끼는 상황에서 기댈 수 있는, 위안을 줄 수 있는 존재가 필요했고, 교황의 행보에서 위안을 찾았으리라 생각된다. 우리사회 지도층이라 자처하는 이들이 대중을 미개인 혹은 근본도 모르는 천한 것들이라 치부할 때, 가장 높은 곳에 있다고 생각되는 존재가 가장 낮은 곳으로 내려와 스스로 몸을 낮추는 모습을 보면서 위안을 받았을 거다.

주권자인 시민을 국가의 종이라는 구시대적 사고에서 한발짝도 물러설 생각이 없는 사람들이 즐겨 인용하고 사용하는 말이 있다 — 국가가 여러분에게 무엇을 해줄 것을 생각하기 전에, 여러분이 국가를 위해 무엇을 해야 할 것인가를 생각해야 한다는. 민주주의는 국가가 시민의 종이 되는 체제이지, 시민이 국가의 종인 그러한 체제가 아니다. 권력을 가진 사람들이 대중의 생각은 포퓰리즘이며 중우정이고, 자신의 생각은 소신이라 생각하는 사회에서 민주주의가 가능할까?

여러분의 안녕과 건강을 기원하며...

2014년 12월　　강제명

<제목 차례>

제4편 정치학의 제이론들

Politics
The Political

CHAPTER 1

정치학의 기초

CONTENTS

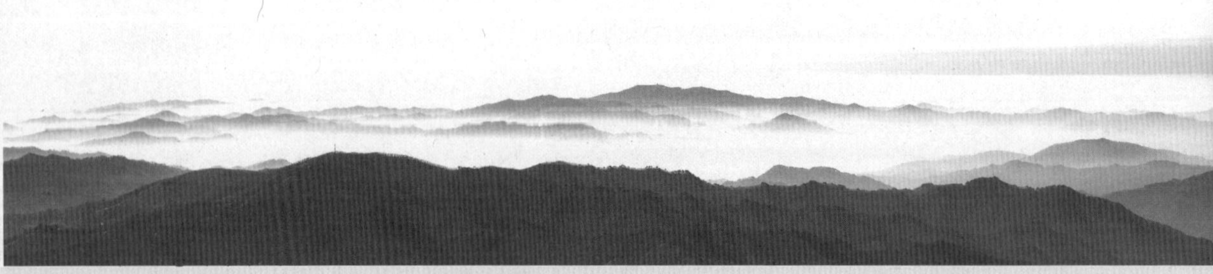

제 1 장 정치의 본질 / 정치권력과 정당성

이 장은 정치의 본질과 정치권력을 다룬다. 이 부분은 시험에서 출제되기도 하지만, 정치학의 기본 베이스에 속한다. 여기에서는 정치를 지배와 동의어로 다루지는 않을 것이다. 공적 결정을 통한 가치배분 혹은 이러한 과정을 통한 사회적 갈등을 조정하고 통합하는 과정으로서 정치를 정의할 것이다.

그러나 갈등·경쟁하는 가치나 이익들 사이에서 공적 결정이 수용되는 것은 정당성이 확보될 때 가능하다. 우리사회에서 보여 지는 국정운영의 난맥상의 핵심에는 정치권력의 정당성이 자리 잡고 있다는 점을 놓쳐서는 안되는 것이다. 나아가, 현대 사회에서 국가가 혹은 정치권력이 구성해 내는 사회적 사실들을 고려할 필요가 있다.

이하에서는 이러한 요소들을 고려하면서 나름대로의 문제의식을 정립해 두기 바란다. 참고로, 정치의 본질에 관한 주제는 시험에서 2001년과 2002년에 주요하게 다뤄진 바 있다.

제 1 절 정치에 대한 정의 2001 행정, 2002 행정

Ⅰ. 인간과 정치

1. 사회와 정치

1) 정치란?

많은 현대인들이 정치에 대한 혐오를 가지고 있고, 정치적 이슈에 대해 귀를 닫고 눈을 가리고 있다. 그러나 인간과 정치는 뗄 수 없는 관계라 할 수 있다. 인간의 다원성은 사회적 갈등을 야기하게 하며, 그것이 공동의 관심사로 전환되는 순간 정치의 장에서 토론이 이루어지고 공적 규범을 통해 규율하게 된다. 이러한 현실이 정치의 그물망을 형성하게 된다. 정치는 정당사무실이나 국회의사당, 청와대나 정부종합청사 내에서 이루어지는 그 무엇으로 환원될 수 있는 것도 아니며, 그렇다고 회사와 같은 조직 내에서 자신의 욕망을 충족시키기 위한 음모나 위선과 같은 것으로 좁게 이야기할 수만도 없다.

서양 사람들이 보았던 정치(politics)에 대한 정의를 일단 들어 보자. 도시국가 형태를 띠고 있었던 고대 그리스에서 politics는 도시(polis = civic) 문제를 해결하는 것을 뜻했다. 그 의미를 D.Easton은 한정된 자원을 둘러싼 가치를 권위적으로 배분하는 것으로 보았고, H.Lasswell은 'who gets what(누가 무엇을 얻는가)?'의 문제로 보았다. 때로, 정치는 불가능한 것을 가능하게 만드는 예술(Art, 문제 해결 기술)로 정의되기도 한다.

Aristotle는 인간을 정치적 동물이라 부르기도 했다.[1] 사람들로 구성된 사회는 (학교생활이든,

1) 아리스토텔레스에게 있어 '도시국가에 의존해 살고 있는 존재'로 묘사되는 인간은 정치적 동물이자, 상징체계를 사용하고 이것이 통용될 수 있도록 하는 사회적 동물이다.
인간은 '선하고 상호협력하는 사회적 존재인가? 이기적이고 서로 대립·투쟁하는 적대적 존재인가?'라는 물음에 대해 그는 '인간이 완전해지면 가장 훌륭한 동물이겠지만, 만일 이들이 법률과 정의에서 이탈하면 모든 동물 중에서 가장 나쁠 것이다'라고 하면서 인간은 신도 야수도 아니며, 따라서 '정치가 필요 없는 그런 존재도,

회사생활이든) 모두 정치와 연관될 수밖에 없다는 것이다. 그러면 사람들은 어떤 식으로 정치와 연관된다는 걸까? 이 문제를 따져 보기 전에 동양에서 보았던 정치에 대한 정의를 살펴보자.

'정치(政治)'에서 '정(政)'은 바르다는 뜻의 '正(정)'이라는 글자와 회초리로 '치다' 혹은 일을 하다는 의미인 '攵(攴, 등글월문/칠복)'이 합쳐진 단어다. 해석하자면, 바른 일을 하는 것 혹은 바른 일을 위해 회초리로 치며 다스리는 것이 정치라는 것이다. 또, '치(治)'는 '물(氵= 水)'과 '건축물(台)'이 합쳐진 것이다. 고대 중국은 황화강의 범람이 가져오는 피해를 최소화하는 것이 중요했고 왕이 해야 할 가장 중요한 일 중의 하나가 바로 물을 다스리는 것(治水)이었다. 어원으로 본다면, 고대 중국에서 '정치(政治)'는 남을 다스린다는 의미보다는 잘못된 것을 바로 잡고 옳은 결과를 가져오기 위한 행동을 뜻하는 것이다.[2)]

우리나라 사람들이 보통 생각하는 정치는, 여의도 국회의사당이나 청와대에서 행하는 이전투구와도 같은 것이지만, 동양이든 서양이든 정치의 본래 의미는 다른 데에 있다는 것이다.

2) 다원성과 갈등, 갈등과 정치

사람은 혼자서 살 수는 없다. 먹고 사는 데 필요한 재화를 혼자서 모두 해결할 수는 없기 때문이라고 설명하는 사람들도 있다. 그보다는 원시사회, 이를테면 구석기 시대에 맹수로부터 자신의 생명을 보호하고 자연재해에 대응하는 데는 혼자보다 여러 사람이 함께 할 때 더 좋은 결과를 가져올 수 있다고 보진 않았을까? 마치 무리지어 사는 원숭이나 개미들처럼 말이다. 그리고 혼자서 모든 문제를 해결하는 것보다는 역할을 분담해서 하는 것이 훨씬 효율적이다.

문제는 사람들이 생각하는 게 다 달라서 갈등이 생길 수밖에 없다. 사람들은 생김새만 다른 게 아니야. 생각하는 것이나 원하는 것도 서로 다를 수밖에 없다. 장래 희망이 다르고, 좋아하는 영화나 노래 혹은 아이돌(idol)도 다르다. 또, 하는 일(직업)에 따라 이해관계가 달라진다. '선호'(good or bad)와 '가치관'(right or wrong)이 다른 이러한 상황을 '다원성'(plurality)이라 부른다.

이런 상상을 잠깐 해보자. 조선 시대 말, 세도 정치로 백성들의 삶이 정말 어려웠던 시대를 생각해 보자. 갑돌이가 있었는데, 너무 살기 힘들어 지리산 산골짜기로 도망쳤고 그곳에서 힘들게 땅을 일구고 농사를 짓기 시작했다. 그런데 몇 년 후에 철수가 갑돌이가 농사짓는 땅 위쪽에 땅을 개간해서 농사를 짓기 시작한다. 가뭄이 극심한 어느 해에, 철수가 계곡물을 가두고 자기 논밭에만 물을 대기 시작한다. 이것 때문에 갑돌이와 철수 사이에 싸움이 시작됐다. 요즘으로 친다면, 아파트 윗집과 아랫집 사이에 소음문제로 싸우고, 골목길에 옆집 사람과 주차 문제로 싸우는 것과 같은 것이다. 어떻게 해야할까?

적자생존의 동물적 자연질서가 형성되는 정치가 불가능한 그런 존재도 아님'을 강조한다.

2) 고대 중국에서는 政과 正을 같은 의미로 사용했다고 한다. 즉, 정(正)은 본래 정벌하다(攴)는 뜻으로도 사용했다는 것인데(고대 중국에서는 천자에 대한 반란을 평정하는 것이 정치의 핵심이었다는 것), 이를 구체적으로 표현한 단어가 바로 政이 되는 것이다. 국사(國事)/정사(政事), 즉 국가를 다스리는 것을 정치로 보던 시각은 유학의 영향으로 攴보다는 正(바르다)의 의미가 점점 강조되어 왔다.

이런 상황은 어떨까? 10여년이 지난 어느 날 길동이가 나타났다. 땅 문서를 보여 주면서 자기 땅이니까, 갑돌이와 철수 모두 자기 땅에서 나가라고 한다. 갑돌이와 철수는 억울했다. 10여년 동안 황무지를 옥토로 만들어 놓으니까 그제야 비로소 땅주인이라는 사람이 나타나서 꺼지라는 거다. 어떻게 해야 할까?

그래서 갑돌이와 철수는 원님 찾아가기로 했다. 억울한 사정을 해결해 달라는 것이다. 이때 원님이 하는 일은 무엇일까? 사람들 사이에 생길 수밖에 없는 이런 갈등을 풀어 주는 것이다. 영어에서 갈등 같은 것을 조정하는 것을 'cyber' 혹은 'govern'이라 한다. 두 단어 모두 그리스 말인 'kyber'에서 나온 단어인데, 갈등을 조정하는 것(= governing)이 통치이고 갈등을 조정하는 자가 정부(government)가 되는 것이다.

이런 것(갈등을 조정하고 통합하는 것)이 정치의 뜻일까? 그래서, 아리스토텔레스라는 사람 사는 세상은 갈등이 발생할 수밖에 없고, 끊임없이 발생하는 갈등을 조정해야 하는 것이 사회이기 때문에 '사람은 정치적 동물'이라고 말했을까?

근대민주주의가 고대 아테네의 민주주의와 다른 점은 다원사회를 전제로 한다는 점이다. 다원사회란 어떤 삶이 좋은 삶인가에 대한 합의가 붕괴된 사회를 말한다(이를 J. Rawls는 reasonable pluralism으로 하버마스는 세계관적 다원주의로 표현한다). 따라서 갈등은 불가피하게 발생할 것이고, 갈등을 당연한 것으로 수용할 수 있어야 한다.

이 말은 소위 '국론 통일'이라는 담론이 추구하는 것과 같은 '우리(we-ness)'를 구성하려는 모든 시도를 부인해야 한다는 것이다. 만약, 단일한 가치로 사회를 통합하려 한다면 개개인의 자유는 사라지고 지배만 남을 것이다. 자유도, 민주주의도 설자리가 없다는 뜻이다. 근대 사회에서 정치가 갈등을 조정한다는 것이 하나의 가치로 통합해야 한다는 것은 아니라는 것이다.

2. 가치배분과 정치

인간 사회는 물질적 욕망을 둘러싼 갈등이 존재한다. 다리를 어디에 건설할까, 혹은 쓰레기 소각장은 어떻게 할까와 관련하여 이해관계가 형성되고 이 과정에서 보다 많은 이득을 얻기 위한 다툼이 나오는 것이다. 물론 갈등은 물질적 욕망에서만 나오는 것은 아니다. 조선시대 예송논쟁, 미국사회에서 논란이 되고 있는 낙태금지 문제, 우리사회의 진보와 보수의 갈등처럼 가치관을 둘러싼 갈등도 있다. 이러한 문제들이 공동의 관심사로 전환되면 정치적 이슈가 된다. 그리고 이런 문제를 풀기 위한 정치적/공적 결정은 사회구성원 모두의 행동을 제약하기도 하고 누군가에게 이익/손해를 주기도 하는 것이다(who gets what).

그렇다면, 사회에 존재하는 갈등을 무엇에 근거하여 조정하고 통합해야할까? 그리고 무엇이 공적인 토론 혹은 결정과정을 지배하게 될까? 과거 왕정체제에서도 왕의 판단이라는 것으로 충분하진 않았고 정당성이 인정되어야 했다. 다만 결정이 '전통이나 유교 혹은 기독교 윤리에 비추어 보았을 때 정당한지'라는 기준은 존재했다. 다원성을 특징으로 하는 현대사회에서는 어떻게 조정해야 할까?

공통의 이익이나 종교·가치관이 사라져 버렸고, 모든 인간은 자유롭고 평등하다는 생각이 지배적인 현대사회에서 정치적 갈등을 해결하기 위한 결정은 사회 구성원 모두가 수용할 수 있어야 한다. 사회구성원 모두가 동의(consent) 혹은 합의(consensus)했거나, 옳은 기준(just)에 부합될 때 결정의 정당성과 권위가 인정될 것이고 수용될 수 있을 것이다.

> 구성원들이 사회 속에서 공존하는 것은 어떤 공동의 이익이 존재할 때 가능하며, 그러한 공동의 이익이라는 것은 공유된 규범 속에서 나오는 것이다. 물론, 공유된 규범과 이익(善 good)은 사회적으로 구성된 것이다. 정치는 이러한 상호구성된 규범과 이익을 전제로 이루어지는 토론과정이다. 이런 의미에서 **정치란 공적 관심사에 대한 토론과 이를 통한 결정과정**이라 할 수 있다.

Ⅱ. 정치의 본질에 대한 접근

어느 정도 정치학이 다루는 주제들에 익숙해진 수험생이라면, 이 주제를 보기 전에 근대 이후의 정치사상적 배경을 생각해 주기 바란다. 학자들마다 배경으로 하는 사상이 다르고, 그만큼 정치의 본질을 접근하는 방식에 차이가 있기 때문이다.
근대 초의 자유주의 사상가들이 근간으로 했던 사회계약론은 자발적 동의를 강조했지만, 벤담의 공리주의 이래로 사회 전체에 이익이 되는가(공리)라는 기준이 등장하면서 정치는 빵(이익)을 분배하는 문제로 보는 시각이 확산되었다. 20세기 후반에는 공정성(J.Rawls)이나 신자유주의가 강조하는 개인의 자율성, Aristotle의 주장을 현대적으로 업그레이드 시킨 목적론적 시각과 자격기준, 그리고 공유된 규범을 강조하는 시각 등으로 다시 분화되었다.
여기에서는 대다수 정치학 교과서에서 분류하는 현실주의 정치관과 이상주의 정치관의 대표적인 시각을 간단하게 살펴 본 후에 정치권력의 문제로 넘어갈 것이다.

1. 가치 배분과 정치 : 현실주의적 정치관

서구 유럽의 근현대 정치사는 희소한 자원을 둘러싼 집단들 간에 보다 많은 이익을 차지하려는 갈등의 역사라 해도 과언이 아닐 것이다. 즉, 근대 이후 정치는 빵을 어떻게 나눌 것인가의 문제로 규정지을 수 있다.

공유된 규범이나 이익이 해체되어 버린 근대 사회에서 공적 결정이 특정 집단에게는 손해를 줄 수밖에 없는데, 이러한 손해를 보는 집단이 이를 수용하고 순응하는 것은 무엇 때문일까? 근대 자유주의적 사고에서 그것은 시민에 의해 선출된 대표기관에 의해 합법적으로 결정되었다는 점에 있다. 즉, 공적 결정을 내리는 주체는 시민에 의해 선출됨으로써 권력이 정당성을 획득하고, 이러한 정당화된 권력에 의한 결정(=권위적 결정)은 시민의 동의를 얻은 것으로 의제될 수 있다는 것이다. 따라서 시민은 자신의 지지나 동의를 철회하기 전에는 이에 순응해야 하는 의무를 지게 된다. 이 시점에서 H.Lasswell과 D. Easton이 바라보는 정치를 살펴볼 필요가 있겠다. 이 두 학자의 주장을 통해 소위 현실주의 정치관을 확인할 수 있다.

who gets what : H.Lasswell

H.Lasswell은 정치를 이해 및 가치갈등 상황에서 '누가 부엇을 얻고, 누가 무엇을 잃는가(who gets what, how, when)'하는 문제로 정의하였다. 만약에, 정치사회에 갈등이 존재하고, 그 갈등이 양립 불가능하다면(zero-sum game) 모든 공적인 결정은 특정 개인이나 집단에게 이익을, 다른 특정 개인이나 집단에게는 손해를 줄 수밖에 없다. 따라서 그것이 사회구성원들에게 합리화될 수 있으려면 이러한 결정 자체가 정당화될 수 있어야 한다.

라스웰은 사회적 지위상의 상하적 대립관계에서 이루어지는 결정은 그 결정으로 인하여 손해를 보는 구성원의 자발적 동의와 복종을 얻지 못하고 저항을 수반하게 되는 바 이때 폭력을 수반하는 권력(naked power)이 작동하게 되고 이는 결코 정당화될 수 없다고 한다. 반면, 가치상의 상하관계에서 이루어지는(권위가 있는) 결정은 피지배자의 자발적인 복종이나 동의를 이끌어 낼 수 있으며, 이때의 결정은 정당화될 수 있다고 한다.

가치의 권위적 배분 : D.Easton

마키아벨리 이래로 서구에서 정치는 도덕 혹은 윤리의 문제에서 벗어나 사익을 추구하는 개인들 간의 관계에서 제기되는 갈등의 조정에 대한 관심으로 옮겨가게 된다. 더욱이 사회의 다원화와 이질화는 더 이상 공동체의 이상이나 정의의 이름으로 통합해낼 수 없는 상황을 만들었다는 점을 상기하도록 하자. 자유주의적 전통에서 정치의 과제를 개인의 권리(소유)에 대한 보장이라고 보더라도 이성을 가진 평등한 존재를 가정함으로써 충돌되는 권리를 어느 하나의 관점에서 절대화할 수 없기 때문에 결국 정치는 가치 및 이해갈등의 조정의 문제로 귀결되게 된다.

현실적 관점에서 볼 때, 정치란 가치를 둘러싼 사회에 있어서의 분쟁을 일정한 규범에 따라 해결한다는 데서 발생한다. 즉, 이미 일정한 한계가 정해진 제 가치를 무한정으로 차지하고자 하는 사람들의 욕구를 어느 정도 제한하면서 이를 대부분의 사람들이 받아들일 수 있는 합리적인 결정으로 배분하지 않으면 안된다. 만약 이러한 결정이 권위를 갖는다면, 사회구성원들에게 수용될 수 있을 것이며, 갈등은 조정될 것이다.[3] 라스웰이 이야기했던 'who gets what'이 의미하는 바는 이렇게 해석이 될 수 있는 것이다.

현실주의 정치관의 함의

현실주의적 관점에서 정치는 고대 폴리스에서와 같이 공적인 문제 혹은 공동선을 찾는 토론의 場도 아닌, 자신의 행위를 규제하는 스스로의 규범을 설정하는 과정도 아닌, 사익의 조정과정으로 이해된다. 즉, 정치는 어떻게 이익이 조정되는가의 문제로 이해된다.

이러한 정치관은 현실의 정치상황에서 존재하는 다양한 이해갈등이 어떻게 조정되고 통합될 수 있는지에 대한 구체적인 과정을 설명할 수 있다고 평가된다. (정치를 어떤 윤리적, 도덕적 규범에 의한 통치체제로 보지 않기 때문에) 근대적 합리성에 입각해 행동하는 정치적 주체들에게 어떤 윤리적 의무나 작위적인 동원을 수반하지 않고 공정하고 합리적인 공적 결정과정의 제도화를 통해 합의 가능한 결정을 이끌어 낼 수 있게 된다. 현실의 정치에 어떤 도덕적 규범을 강요하지 않으면서 정치권력에 대한 통제를 위한 객관적인 기준을 설정함으로써 보다 현실적인 민주주의적 사회를 설계할 수 있다는 것이다. 이렇게 보면, 현실주의 정치관에서 정치의 관건은 이러한 정치적 조정과정을 어떻게 제도화시키느냐 인지도 모른다. 그것이 베버가 말한 '합법적 지배'를 의미하든, 헌팅턴이 말하는 '제도화'를 의미하든 지에 상관없이 말이다.

사실 세속화된 사회에서 인간의 관심사는 물질적인 것일 수밖에 없다. 최근 우리사회에서의 덕담이 "여러분 행복하세요"에서 "여러분 부자 되세요"로 바뀌어 버린 것처럼, 인간의 행복은 바로 돈과 직결된다는 인식이 형성되고, 그 정도가 더해지는 만큼 사람들은 '로또 복권'에 열광할 수밖에 없는지도 모른다. 이 과정에서 혐오시설의 입지 문제도 오직 '재산권'의 문제로 접근되고, '경제적 보상'을 통해서 해결하려는 경향을 우리는 보게 된다.

하지만, 이 과정은 문제를 해결하거나 갈등을 통합하는 것이 아니라 '누가 이득을 얻고, 누가

3) 사회구성원들이 그 결정을 수용하는 이유는 무엇인가? 베버에 따르면, 그것은 전통·법·카리스마에서 나오는 권위(정당화된 권력) 때문이며, 라스웰에 의하면 국민의 동의에서 나오는 권위 때문이다.

손해를 보는지(who gets what)'만이 결정될 뿐이다.

> "자유주의적 정치관에 따르면 시민들은 사적인 영역에서의 안전한 삶을 누리기 위해 정치질서에 참여하는 것이기 때문에(사회계약론을 생각해 볼 것 -- 옮긴이 주) 정치참여는 보호적이고 방어적인 성격을 띤다. 즉 자유주의적 개인들에게는 사적인 영역에서의 충만한 삶의 추구가 제일차적인 목표가 되고, 정치질서에의 참여는 사적인 영역에서의 삶을 보호하기 위한 부차적인 활동에 불과하게 되는 것이다(강정인 1996, 55)."

정치는 사적 이익을 추구하기 위한 개인과 집단의 제로섬 게임에 불과하며, 정치는 '누가 지배하는가' 곧 '누가 언제, 무엇을, 어떻게 얻는가'라는 문제로 집약되어 버린다. 이 속에서 정치공동체는 통합되는 게 아니라 이익들 간의 조정이 이루어질 뿐이다. 정치의 장은 지대추구행위의 장으로 전락하고 사사화(privatization)되어 버린다. 그 결과 일부 직업정치인들을 제외하고 대부분의 시민들에게 정치란 소원하며, 불쾌한 그리고 엄격히 도구적인 활동으로 인식되고, 민주주의는 일종의 노동분업에 따라 직업정치인에게 정치를 맡기는 대의제로 이해된다(강정인, 1996, 56). 최종적으로는 경제적 부를 둘러싼 갈등을 확대시킬 뿐이다.

2. 사회통합으로서의 정치 : 이상주의적 정치관

위와는 달리 정치를 질서와 정의를 널리 구현하기 위한 노력이나 공동사회 속의 모든 개인을 통합하여 공동체의 정의를 실현시키는 수단으로 보는 전통이 있다. 고전적인 사상[4]이나 공화주의가 그것이다.

전통적 공화주의와 목적론[5]

고대 사상가들은 자연은 의미 있는 질서에 따라 움직인다고 보았고, 사회 또한 그러해야 한다고 보았다. 따라서 존재하는 것들의 목적과 의미를 파악하는 것이 중요했다.[6]

사회와 정치는 어떻게 구성되어야 하며, 사회적 가치는 어떻게 분배되어야 하는가에 대해 Aristotle는 '무엇을 분배하는가? 그리고 그와 관련된 미덕은 무엇인가?'를 제시한다. 예를 들어, '플루트를 누구에게 줄 것인가? 즉, 누가 최고의 플루트를 가질 자격이 있는가?' 신분이나 어떤 우연, 외적인 아름다움, 부와 같은 기준에 따라 적용된다면 부당할 것이다. 플루트는 그 존재 이유에 걸맞게 가장 잘 연주할 수 있는 사람이 가져야 한다. 이는 최고의 음악이 나올 수 있고, 이를 듣는 사람들에게 좋아서라는 공리적 이유 때문이 아니다. 플루트의 존재 이유 때문이다(M.Sandel, 2010 : 263).

그렇다면 정치란 무엇이고, 정치권력과 권리는 어떻게 분배되어야 하는가? 아리스토텔레스는

---

4) 플라톤은 동굴의 비유를 통해 정치는 이념의 높이에까지 현실 사회를 이끌어 올리려는 개조의 과정이며, 혼란된 현실 속에 이념을 표방하여 그 실현을 도모하는 과정이 되어야 한다고 역설한다.

5) 이 시각은 성리학의 직분론과도 유사하며, 이를 잘 보여주는 것이 Plato의 철인 정치라 할 수 있다.

6) 이를 존재하는 모든 것들은 존재 이유가 있다고 보는 목적론적 사고라 한다. 예를 들어, 돌이 아래로 떨어지는 것은 원래 있던 땅에 가까워지기 위해서이고, 불이 위로 솟는 이유는 본래의 자리인 하늘에 닿기 위해서라고 설명해 왔다. 반면, 근대과학은 자연은 물리법칙이 존재하는 기계적 세계라 본다. 예컨대 돌이 아래로 떨어지는 것은 중력의 법칙 때문이다. 목적론적 시각은 유교에서 말하는 君君 臣臣(임금은 임금다워야 하고, 신하는 신하다워야 한다)는 말과 일맥상통한다.

국가를 사회계약과 같은 동의를 통해 형성된 사람들의 집합이 아니고, 특정한 목적을 가진 공동체로 보았다.

아리스토텔레스는 정치체제의 목적은 개인의 권리를 설정하고 보장하는 것이 아니라 좋은 시민을 양성하고 좋은 자질을 배양하는 것이라고 주장한다. 따라서 독재나 민주주의는 바람직하지 않다. 정치는 재산을 보호하거나 경제적 풍요를 달성하기 위해서 존재하지 않는다. 만약 이를 위해 정치가 존재한다면 부자들이 권력을 가져야 한다. 또한, 정치는 다수에게 주도권을 맡기는 것이 아니다. 이는 다수의 취향을 만족시킬 뿐이다. 독재/과두지배체제나 다수/민주주의는 특정 집단의 이익만을 반영하는 체제로 바람직하지 않다.

이 관점에서 정치는 시민의 미덕을 키우는 것이다. 사람들이 고유의 능력과 미덕을 개발하게 만드는 것, 즉 공공선을 고민하고, 판단력을 기르며, 시민 자치에 참여하고,[7] 공동체 전체의 운명을 걱정하게 하는 것이다. 따라서 페리클레스처럼 미덕이 가장 뛰어나고 무엇이 공공선인지를 가장 잘 아는 사람에게 정치권력이 부여되어야 한다.

그러나 전통적 공화주의·공동체주의는 다원화된 현대 사회에서 파시즘과 전체주의로 흐를 위험을 내포한다는 점에서 한계가 있다.

현대 공화주의와 공동체주의

H.Arendt는 정치를, '사회구성원들이 공적 공간(public sphere)을 구축하고 이 속에서 타인들의 실존을 적극적으로 인정하는 다원성의 인간조건을 실현하는 것'이며, 이를 통해 개인들이 시민들로서 새롭게 탄생하는 정치적 삶이라 보았다.

인간은 사회 속에서 존재한다. 인간이 자신의 삶의 조건을 규율하는 (어떤 삶이 좋은 삶인가를 포함하는) 공동체의 규범이 존재하는 한, 인간은 그러한 규범에 지배될 수밖에 없을 것이다. 문제는 이러한 규범이 어떻게 형성되는지에 있다. 정치는 바로 사회구성원의 행위를 규율하는 규범을 형성하는 것이고, 이러한 정치의 장에 시민이 참여하는 것이 정치에서 무엇보다 중요할 수 있다. 그리고 다양한 가치를 갖는 개인들 상호간에 공적 규율에 대한 합의(공론)을 중시하게 될 것이다.

정치를 이익의 배분으로 본다 하더라도, 교육정책이나 탈원전 정책, THAAD배치 문제, 한미·한EU FTA, 영리의료법인 허용과 공기업 민영화 등을 생각해 보자. 이들 쟁점이 사회구성원들의 삶에 직접적인 영향을 미치는 것이라면 그 결정은 구성원들의 합의 속에서 이루어져야 한다. 로마법에 따르면 모두와 관련된 문제는 모두에 의해 결정되어야 한다(민주주의 원칙의 하나인 자기결정원리)는 규정은 이를 의미한다고 하겠다.

현대 공화주의는 정치를 구성원들 간의 공적 토론과 이를 통한 합의(consensus)를 이끌어 내는 과정으로 이해한다. 다만, 고전적인 공화주의와 달리 정치를 진리를 추구하는 것으로 보지 않

---

7) 시민참여는 시민적 덕성을 키우기 위한 실천적 과정이다. 뛰어난 연주가란 자신의 자질만으로 될 수 있는 것이 아니라, 끊임없는 연습 속에서 가능하다. 마찬가지로 덕성을 함양하기 위한 실천이 필요한데, 그것이 바로 참여라 할 수 있다.
'인간은 신도 아니고 동물도 아니다. 고립된 사람은 혼자서도 만족스러운 사람일 것이고, 공동체의 이익을 나눌 수 없거나 나눌 필요가 없는 사람은 폴리스의 일부가 아니며, 짐승이거나 신이다.'

는다는 점에서 다르며, 자유주의와 달리 공적인 것과 사적인 것을 구분하지 않는다는 점에서도 다르다.

먼저, 현실주의 정치관처럼 '사회적 문제와 정치적 문제' 혹은 '사적인 것과 공적인 것'을 구분하는 것은 개인의 삶의 조건과 관련된 정치적인 것의 탈정치화를 야기할 수 있다. 시민들의 삶의 조건과 관련된 문제들을 정치의 영역에서 배제한 채, 경제논리(효율성의 관점)에서 판단하는 것[8]은 어떠한 결과를 가져올 것인가에 대한 질문이 필요하다. 정치적 영역을 축소하고 그것을 기술관료 혹은 시장에 의한 합리적 판단 및 효율성의 관점에서 문제를 바라보는 것은 결국 기득이익과 특수이익을 보장할 뿐이다. 이미 사적 영역의 핵심인 시장경제가 자원과 부의 분배과정을 통해 삶의 한복판에 들어 와 있고, 정부의 경제정책의 실패가 시민들의 삶의 조건을 파괴했던 사안들을 보면, 공적 결정을 시민들의 손에서 너무 멀리 떨어 뜨려 놓는 것은 바람직하지 않다는 것이다.

다음으로, 고전적 공화주의는 정치를 진리를 추구하는 것으로 보았다. 플라톤의 철인정치 등은 이러한 관점에서 정치를 바라보는 것이다. 진리 혹은 공공선(공적 이익)이 주어져 있다고 보는 것은 개개인의 다양한 의견(opinion)을 존중하지 않는다는 것을 함축하고 있다.[9] 그러나 무엇이 옳은 삶인가에 대한 공유된 가치와 규범이 사라져 버린 현대 다원사회에서 진리와 공공선이 존재하며 이를 구현하는 것이 정치라 보는 순간 개개인의 자유는 상실될 것이다. 따라서 무엇이 공공선인지는 시민적 합의를 통해서 결정될 수밖에 없다. 정치란 다양한 목소리들이 경쟁하고 갈등하는 상황에서 시민들이 합의를 통해 공존의 조건을 모색하는 것이라 할 수 있는 것이다. 현대 공화주의는 이러한 시각을 수용한다.

3. 정치의 본질에 대한 소고

현실주의 정치관은 현대 공화주의나 민주주의에서 강조하는 정치참여가 개인의 자기이익을 추구하는 활동에 불과하기 때문에 시민의 적극적 참여는 정치질서를 교란하고 공동체의 유대를 파괴할 수 있는 강한 잠재력을 갖는다는 점을 지적해 왔다. 또한, 전적으로 정치참여가 윤리적 의무로 제기된다면 기피의 대상으로 되어 버릴 것이라고 지적한다.

그런데, 만약 정치가 합리적 경제인에 의해 이루어지는 사익추구활동에 불과한 것이 아니며, 구성원의 이익(선호)이라는 것이 사회적으로 구성되는 것이라면, 그리고 그 속에서 공유된 규범이 존재하고 유형화된 상호작용의 패턴 속에서 구성원의 행위가 이루어진다면 우리는 정치를 꼭 위와 같이 정의할 이유는 없을 것이다. 나아가 이익의 분배를 둘러싼 이러한 상호작용이 일종의 제도 혹은 사회・역사적 맥락 속에서 이해되어야 한다면, 자유주의자들의 주장과 달리 공유된 삶의 양식이 자원의 경쟁적 배분과정에서 작동하고 있음을 무시할 수는 없을 것이다.

궁극적으로는 정치를 사회적 갈등을 공적 결정을 통해 조정・통합하고 구성원의 삶을 개선하

8) 일부 언론이 제시하는 정책이나 예산결정은 정치논리가 아닌 경제논리에 의거해야 한다는 논리가 그것이다.

9) 의견(opinion)이란 가변적이며 구성된 생각으로 사람마다 다를 수밖에 없다. 즉, 진리와는 거리가 멀다. 자신의 견해(opinion)를 타인에게 수용하도록 하는 과정에서는 설득이 필요하지만, 진리는 이미 존재하는 것으로 일방적으로 수용되어야 하는 것이다. 진리는 '시끄러운 정치'나 타협이 아닌 조용한 관조 속에서 얻을 수 있다. 즉, 정치적인 과정을 통해 진리가 발견되는 것은 아니다.

는 과정이라 한다면, 공적 결정 자체를 사사화(privatization)된 공간에 남겨두어서는 안되고 공공영역을 다시 복원하는 것이 요청된다.[10)]

정치는 보수주의나 자유주의, 사회주의 혹은 민주주의와 같은 특정의 정치적 교리가 아니다.[11)] 정치는 다양한 이해관계와 상이한 가치들 속에서 '공동의 선' 혹은 '사회적 · 입헌적 합의'를 찾는 과정이라 할 수 있다. 즉, 사회의 근본적인 사항들에 대한 동의를 이끌어 내기 위한 시민적 활동이 바로 정치인 것이다(이것이 현대 공화주의와 정치적 자유주의가 공통적으로 보는 정치이다).

이러한 관점에서 본다면, 정치를 비난하거나 배제하려는 시도는 어떤 획일적인 가치관으로 사회를 디자인하려는 것인지 모른다 — 우리 사회에서 정치를 배제하려는 시도는 그 자리에 시장경제를 집어넣으려 하고, 소위 자본의 논리로 모든 것을 정당화하려는 것인지 모른다. 과연 정치는 혼란스럽고, 비능률적인 것으로 이전투구나 목적달성을 위한 위선과 가장이 본질적인 모습일까?

현대 다원사회에서 갈등은 불가피하게 발생한다. 가치갈등 뿐 아니라 자원분배를 둘러싼 이해관계의 충돌은 피할 수 없고 모두를 만족시킬 수 있는 대안을 찾을 수 없는 것이다. 따라서 이들 결정에서 정치논리를 배제하려는 것은 존재하지 않는 공공선(공익)을 내걸고[12)] 정치체제를 운영하는 전체주의로 귀결될 뿐이다.

또한, '있는 것으로서'의 현실과 '있어야 하는 것으로서의 현실'이 뒤섞이면서 '있는 현실'이 '있어야 할 현실'로 전환되어 버리기도 한다. 환경이나 분배를 둘러싼 주장들을 경제논리를 통해 배제하는 과정들, 헌법 상의 기본권이 안정과 질서를 위해 법률도 아닌 훈령을 통해 부인되어 버리는 것들 모두 같은 맥락에 서 있다고 볼 수 있다.

우리사회는 지금 하나의 위기를 맞고 있다. 아니 해방 이후 지금까지 계속해서 존재하는 위기상황의 연속선상에 있다. 홉스의 Leviathan은 오랜 기간 동안 하나의 신화로 존재해왔으며, 마키아벨리의 '위기의 시간에 독재에 호소할 수 없는 나라들은 일반적으로 심각한 사태가 발생하였을 때 멸망하게 된다.'는 주장 또한 마찬가지다. 그런데, 통치자들은 국가적 위기가 지난 다음에도 통치하려 들며, 위기와 함께 자신이 사라질 위험에 처하면 그 위기를 연장시켜 계속 통치하려 든다. 갈등은 혼란으로 이어진다는 위기의식을 만들어 내면서 강력한 국가권력과 강력한 리더십을 갈망하도록 만들어 내고 있다. 즉, 국론 통합을 위해 다양한 사고를 차단함으로써 정치부재의 형해화된 민주주의를 자아내고 있는 것이다.

정치적 지배는 다양성으로부터 발생하며, 모든 것을 하나의 단일 체계로 묶으려고 하지 않는

---

10) 집단행동의 딜레마, 포퓰리즘 담론을 생각해 볼 것.

11) 아리스토텔레스는 「정치학」에서 플라톤의 「국가론」을 비판하면서, 이상 국가에 대한 기본 사상과 구조가 도시국가의 통합을 강조함으로써 더 나쁜 형태의 도시국가로 화할 우려가 있다고 주장한 바 있다. 도시국가는 많은 사람들의 공동체로서, 부족과 종교, 이해관계나 전통에 의해서 정치가 시작되는 것이 아니라 자신들을 도시국가의 일원이라고 자각하는 데서 형성된다고 이야기한다. 즉, 정치는 상이한 관점과 상이한 이해관계를 인정하는 데서 출발한다.

12) 후생경제학은 있지도 않은 사회무차별곡선이 주어져 있다는 전제에서 최적 대안을 찾는다.

것이기 때문에, 정치적 지배는 마침내 자유를 창조하며 자유를 허용하는 것이 된다. 정치는 합리적 수준의 상호관용과 지지를 발견하려는 한 공동체 내에서의 다양한 세력들을 포용한다(B. Crick, 1998). 즉, 공존을 모색한다. 정치를 권력이나 지배로 규정해서는 안 되는 것은 이 때문이다. 쉽게 말하면, 사회에 존재하는 다원성을 부인하는 것은 지배만 남고 자유는 사라지는 결과를 낳기 때문이다.

이것은 실현 가능한 정치이기도 하다. 다양한 가치와 이해가 공존을 모색함으로써 입헌적 공동체 혹은 공화적 정체를 유지할 수 있기 때문이다. 이러한 정치는 배제의 정치가 아니다.

정치의 본질에 대한 간략한 언급을 통해 우리는 한국정치의 과제는 바로, 다양한 사고가 공존할 수 있는 조건을 모색하는 것이라고 결론 내릴 수 있겠다.

참고 정치의 본질에 대한 관점들

(1) 통치기술로서의 정치

① (국가의) 집단적 결정을 만들고 강화함으로써 사회 내 통제를 행사하는 기술

② 가치의 권위적 배분(D. Easton) : 국가의 정책과 그 영향

③ 비판과 옹호 : 최근 경향들 비국가 행위자들의 영향력 증대와 함께 나타나는 소위 국정관리 경향을 배제한다는 점에서 이 관점은 한계가 있으나, 재판관이 개인의 선호나 편견에 의해 결정을 내리는 것이 바람직하지 않는 것처럼 정치를 국가행위자에 한정해야 한다고 봄

(2) 공적 업무로서의 정치 : 정치가 이루어지는 영역

① 공적 영역과 사적영역을 구분하고 정치를 공적 결정으로 보는 것

② 국가와 시민사회 : 시민사회는 공중이 접근할 수 있는 공적으로 기능하는 개방적 제도. 그러나 시민사회는 넓은 의미의 공적인 것으로 간주되는 제도를 포함 ; 경제

③ 정치적인 것과 개인적인 것 : 기업, 공동체집단, 노조 등과 같은 제도는 공적인 것으로 간주되지만, 정치가 개인적 업무와 제도를 침해해서는 안된다고 보는 관점(페미니즘 ; 개인적인 것은 정치적인 것이라 보는 관점)

(3) 타협과 합의로서의 정치 : 결정의 방법(가능성의 기술)

① 정치는 타협·화해·협상을 통해 갈등을 해소하는 하나의 특별한 수단, 즉, 평화로운 토론과 조정. 즉, 정치는 문명화된 강제

② 광범위한 권력분산이 이루어진 사회에서, 즉 사회집단과 세력들이 권력을 소유할 때, 이들의 이익갈등은 분쇄되어서는 안되고 조정되어야 한다(다원주의).

(4) 권력으로서의 정치

① (다양성과 갈등, 희소성의 존재 속에서) 정치는 'who gets what, when, how'의 문제

② 정치와 권력 : 결정으로서의 권력, 의사일정 배치로서의 권력, 사상통제로서의 권력

※ D.Easton이나 H.Lasswell의 정치관은 모두 자유주의적이고 현실주의적인 정치관에 속한다. 그러나 Easton이 '권위적' 결정이라는 표현에서 보여 주듯이 정치를 정부와 관련된 부분에 한정된 현상으로 본다면, 라스웰은 공사영역을 불문하고 권력현상과 관련된 모든 부분을 포함한다는 점에서 차이가 있다.

제 2 절 정치권력과 정당성

> 정치란 국가 상호간에 있어서이건 또한 한 국가에 있어서의 인간관계 상호간에 있어서이건 간에, 권력의 세계에 참여하려고 하는, 또는 권력의 분배에 영향을 미치려고 하는 노력이다
> – M. Weber
>
> 나는 정치권력을 소유권(property : life, liberty & estate)을 규제하고 보존하기 위해 사형 및 그 이하의 온갖 형벌을 가할 수 있는 권능을 수반하는 법률을 제정할 수 있는 하나의 권리라고 생각한다. – J. Locke
>
> 한 자루의 총으로부터 가장 즉각적이고도 완벽한 복종을 얻어 가장 효과적인 명령이 나온다. 그러나 그로부터는 결코 나올 수 없는 것이 있는데, 그것이 바로 권력이다 – H. Arendt

Ⅰ. 정치와 정치권력

T. Hobbes는 권력(지배)을 '선이라 생각되는 어떤 것을 획득하기 위하여 그가 현재 가지는 힘'이라 정의한 바 있으며, M.Weber는 '어떤 사회관계 내부에서 반대를 무릅쓰고 자신의 의사를 관철시킬 수 있는 모든 기회 혹은 힘' 혹은 '상대방의 의사에 반해 자신의 의사를 관철시킬 수 있는 능력'으로 정의한 바 있다. 이러한 정치권력은 정치체제나 국가의 의사를 관철시키는 수단으로 등장하게 된다.

베버적 의미에서 권력이란 어떤 의사가 다른 의사를 지배할 수 있는 힘, 즉 다른 사람을 복종시킬 수 있는 힘이며, 그 핵심은 의도성에 있다고 하겠다. 의도성 혹은 의사력으로 권력을 정의한다는 것은 권력의 소재를 파악함에 있어서 누구의 의사가 관철되었는지가 준거 기준이 됨을 의미한다고 하겠다.

[1] 베버는 '왜 특정 지배체제를 정당하다고 간주하고 그것에 복종하는가?'에 대해, 다시 말하면 '왜 평등한 존재를 수용하고 있는 근대 서구사회에서 시민들이 지배를 수용하는가?'에 대해 의문을 표한 바 있다. 그러면서 지배의 정당성(=권위, authority)에 대해 규명하고자 했다.[13)]

베버는 정치란 정치적 조직체, 즉 '국가의 운영 또는 이 운영에 영향을 미치는 활동'으로 정의하면서, 근대국가를 그 목표나 기능보다는 그것이 가지고 있는 특수한 수단을 근거로 정의하는 것이 적절하다고 피력한다. 그리고 이 수단이란 다름 아닌 '물리적 강제력'이라 하였다. 현대사회에서는 모든 개인과 조직은 국가가 정하는 범위 내에서만 강제력의 사용권을 부여받을 수 있기 때문이다. 오늘날 국가는 강제력을 사용할 권리의 유일한 원천이라는 것이다. 그리고 정치가는 도달하고자 하는 목적 혹은 대의를 달성할 수 있는 수단(권력/강제력)이라는 수단과 손을 잡을 수 있는 자라 할 수 있으며, 정치체제의 결과에 대한 궁극적인 책임은 합법적 강제력을 수단으로 가진 정치와 정치가에 귀속되게 된다. 베버는 이런 맥락(역사의 수레바퀴가 옳은 방향으로, 아니면 그른 방향으로 움직이는가 하는 것은 한 국가공동체에서 중차대한 문제가 된다)에서 정치가의 자질이 중요하다고 주장한다(그가 제시한 정치가의 자질은 열정, 책임, 그리고 균형감이다).

---

13) 우리는 이 질문을 '왜 경제력과 군사력을 사실상 장악하고 있었던 조선 후기의 세도가들은 직접 통치하지 않고 왕족을 내세웠는가?'라고 바꿀 수도 있다.

[2] 주지하다시피, 베버는 지배의 정당성을 과거부터 통용되어 왔고 습관적으로 준수되어온 신성화된 관습의 권위(전통적 권위), 비범한 개인의 천부적 자질(카리스마적 권위), 그리고 규칙의 타당성에 대한 믿음 그리고 합리적으로 제정된 규칙이 정하는 객관적 권한의 타당성에 대한 믿음에 의거한 지배(합법적 권위) 세 가지로 유형화하였다.

현실에서 작동하는 권위의 이념형(순수형)은 다른 유형과 다양한 혼합이 나타날 수 있겠으나, 민주주의라는 규범적 측면에서 볼 때 특정 정치지도자의 개인적 카리스마나 열정 혹은 신념, 때로는 이해관계가 국가의사로 전환되는 대의제 민주주의에서 권력행사의 정당성은 어떻게 확보되는가는 중요한 의미를 갖는다. 다시 말하면, 권력획득의 정당성(그 원천)만이 아니라 행사되는 권력의 정당성이 어떻게 확보되어야 하는가의 문제가 중요하다는 것이다.

참고 M.Weber의 권위 유형

M.Weber는 권위의 원천으로 전통적 권위·합법적 권위·카리스마적 권위로 구분한다.

① **전통적 권위**는 권위의 근거를 전통·관습에 두는 것이다. 전통이란 예전에도 그러했고, 현재 및 앞으로도 그러할 것이라는 점에서 정당화의 근거로 작용한다. 그러나 현대 사회에서 전통이나 관습은 유동적이며 구성원들에게 그 자체로 수용되는 것은 아니다. 즉, 전통적 권위는 전인격적 지배를 특징으로 하는 가신적 관료제와 관련된다.

② **합법적 권위**에서 정당성의 근거는 합법적 규칙으로, 법에 따라 결정되고 행사되는 권력을 정당한 것으로 받아들이는 것을 말한다. 이러한 합법적 권위는 기술적 합리성을 추구하는 근대 관료제와 관련된다.

③ **카리스마적 권위**에서 정당성의 근거는 초인적 능력에서 나온다. 베버에 따르면, 카리스마적 지도력은 사회의 당면 문제들에 대한 지배적인 방식이 부적당하거나 불충분해 보이는 위기의 시대에 출현한다. 이 경우 정치체제가 과거와 급속히 단절되며, 일상화된 통치방식이 존재하지 않기 때문에 국민들은 정치지도자의 초인적 자질에 매료되어 그에게 복종하는 것을 정당한 것으로 받아들이게 된다. 이러한 시기에 지배자가 영웅 혹은 허풍장이인지는 중요하지 않으며, 오히려 대중이 지도자를 따르도록 고무되느냐에 있다. 하지만, 카리스마적 권위에 기초한 지배구조는 장기간 지속될 수 있는 것은 아니며,[14] 일상화의 과정을 통해 전통적 권위나 합법적 권위로 전환된다.

[3] 정치를 사회 갈등과 균열을 공적 결정을 통해 통합 혹은 조정하는 과정이라 할 때, 다양한 가치와 이익을 갖는 개인이나 집단이 공적 결정과 이를 강제하는 권력에 대해 복종하도록 함으로써 정치적 통합을 이끌어내는 원천은 앞서 보았던 권력의 정당성이라 할 수 있다.

이러한 지배의 정당성은 첫째, 민주적 정치체(polity)에서는 시민의 동의 혹은 시민에 대한 대응성·반응성에서, 둘째, 정치체가 그 구성원들의 삶의 조건을 개선하거나 최소한 그 기반을 제공할 수 있어야 한다는 의미에서 체제효율성으로부터 확보될 수 있다. 이를 S.M.Lipset은 효율성과 정통성으로 제시한 바 있다.

14) 자연법의 세속화는 대중으로 하여금 정신적 성숙을 야기하고 카리스마적 힘을 약화시킬 것이라고 베버는 보았다. 다만, 이와 달리 McIntosh는 세속화 보다는 대중들의 정신적 수준의 문제로 보면서 베버와 달리 합법적 지배의 원칙은 대중의 지지를 받기에는 너무 높은 단계에 있다고 주장한다.

그런데, 지배가 시민적 자유의 침해로 이어지지 않아야 한다는 점에서 본다면, 지배의 정당성은 근본적으로 민주적 정당성(혹은 합법성)을 확보할 수 있어야 한다.

[4] H.Lasswell은 권위에 대비되는 권력을 Naked Power(발가벗은 권력)로 개념화한 바 있다. 권력행사의 대상이 되는 사람들이 권위적인 것으로 인정하지 않으면서도 그것에 복종하는 권력을 라스웰은 Naked Power라 하였는데, 이러한 적나라한 권력은 폭력의 형태를 갖기 쉽다. 즉 권위란 지배자에 대한 국민의 자발적인 복종 혹은 동의의 요인이 되며, 그것은 국민이 지배자의 권력의 정당성을 인정하는 모태가 된다. 이렇게 본다면, 라스웰이 말하는 발가벗은 권력이란, 권위가 없는 권력이 폭력으로 가시화된 상태를 지칭한다.

[5] 그렇다면, 현대 사회에서의 정치권력은 라스웰의 권위에 가까울까, 아니면 발가벗은 권력에 가까울까?[15] 현대 사회에서 정치권력에 관한 논의는 국가 역할 심화로 특징지어지는 국가개입주의 시대에 정치권력의 확대 및 심화에 대한 우려와 관련된다. 즉, 거대한 권력에 대한 강한 비판과 성찰, 그리고 반성적 고찰의 필요성 때문이었다.

나아가, 푸코 등의 미시권력 논의[16] 이래 병원 · 학교 · 감옥 등 사회제도와 같은 보이지 않는 제도 정치의 미시적 권력의 문제가 제기되고 있다. 즉, 이들 사회제도들은 권력관계를 내면화함으로써 비정상적인 권력의 억압을 사회구성원 개개인들로 하여금 아무런 거리낌 없이 받아들일 수 있게 한다는 것이다. 이런 쟁점들은 20세기에 새롭게 제기된 문제들로, 권력에 대한 기존의 논의를 비판적으로 재구성할 때 민주주의에 대한 보다 현실적인 전망을 자아낼 수 있을 것이다.

공적 결정의 정당성

정치는 갈등 · 분열 · 균열을 어떻게 통합해내느냐의 과제를 안고 있다고 지적하였다. 그런데, 이러한 통합은 정치적 권위에 의존한다고 하였다. 마지막으로 정치공동체의 구성원들의 삶의 조건을 개선할 수 있어야 한다. 정치체제가 안정되기 위한 조건은 바로 ① 정당성, ② 경제적 복지라 할 수 있다.[17]

---

15) 혹은 국민으로부터 민주적 정당성을 부여받은 국가권력에 대해서 권력의 자기 확장 · 집중 · 지속 운동이라는 속성에 대한 견제 · 분리 · 교체를 통해 제어하는 것으로 충분하겠는가? M. Mann이 이야기하는 하부구조적 권력 개념이 내비치는 혹은 P. Bachrach & M. Baratz의 비결정(non-decision)이나 S. Lukes가 이야기하는 3차원적 권력에서와 같이 가시화되지 않은 채 어두운 공간에 숨어 도사리고 있는 권력이 단순히 허구라고만 이야기할 수 있을까?
시장적 질서가 국가와 시민사회의 영역에 침투하면서 이제 '경제 권력 / 화폐를 매개로한 정치권력'의 문제를 비판적으로 재구성해야할 필요성이 높아지고 있다. 좀 더 나간다면, 현대 사회에서 정치권력은 사인화된 합법적 폭력이라 할 수도 있겠다.

16) 푸코는 ① 권력의 소유에 대해 권력은 한 관점에서 완전히 통제되지 않으며, 권력관계에는 복합적인 범주들이 함께 작용한다고 말하며, ② 권력의 장소에 대해 국가기구가 아니라고 주장하며, ③ 권력의 토대는 화폐(경제 ; 하부체계)가 아니며(인간의 삶은 본래 노동이 아니라, 쾌락 · 변화 · 축제 · 휴식 · 욕망 · 폭력 · 강탈 등이기 때문이라고 한다), ④ 권력과 이데올로기에 대해 권력은 폭력이냐 이데올로기냐 하는 양자 택일의 문제도 아니며, 권력에 있어서 주요한 것은 지식의 문제라고 이야기한 바 있다. 영화 Hunger Game은 이러한 권력의 모습을 은유적으로 보여주고 있다.

17) S. M. Lipset은 정통성과 효율성을 기준으로 제시한다. 정통성은 민주적 정당성과 유사한 개념이고, 효율성은 복지와 관련된다고 평가되기도 하지만 같은 것은 아니다. 정통성(legitimacy)은 권력획득의 정당성으로 합법성을 의미하며, 효율성은 분배 정의와 무관하다.

첫째, 민주적 정치체제에서 정당성은 시민에 대한 대응성·반응성(responsiveness)에서 나온다. 특히, 모두와 관련된 사항은 모두에 의해 결정되어야 한다는 자기결정성의 원리는 대의제 하에서 주권자인 시민에 대한 대표의 반응성을 요구하기 때문이다. 참고로, 민주주의를 절차적으로 해석하는 관점이나 자유주의적 시각에서는 반응성보다는 정치권력에 대한 '시민의 동의'나 정통성(legitimacy)을 강조한다.

둘째, 정치체제는 그 구성원들의 삶의 조건을 개선하거나 최소한 그 기반을 제공할 수 있어야 한다(체제 효율성). 또한 구성원에 대한 최소한의 복지의 제공은 사회적 연대성의 기반을 제공한다. 결핍의 경제, 그리고 극단적으로 양극화된 사회에서 체제가 불안정할 수밖에 없는 것은 민란을 통해 멸망한 왕조를 통해 확인할 수 있다.

그렇다면, 우리사회의 현 주소는 어떠한가. 정치적 권위는 잠식되고 정치권력의 정당성의 위기를 경험한 바 있다. 대의기구인 국회와 시민사회는 단절되어 있는 듯 하고, 민주적 통제 기제 또한 확립되어 있지 않다. 사회적 연대의 기반이 되는 복지 또한 파괴되고 사회는 점차 양극화되고 있다.

일부는 길거리로 나오고 있는데 이에 대해 국론분열이나 사회혼란, 집단이기주의나 포퓰리즘 담론이 형성되고 있다. 애초에 근대사회에서 모든 정치적 목소리가 구성원의 개인적인 이해관계를 기반으로 나올 수밖에 없음을 생각해 보자. 이들의 목소리가 투입 혹은 반영될 수 있는 구조가 존재하지 않으며, 삶의 기반이 보장되지 않은 상태에서 과연 정치공동체에 머무를 이유가 과연 존재할까? 피상적으로 읽혀지는 사회경제적 기본권의 문제는 '인정해도 그만 / 아니어도 그만'은 아니다. 최소한의 삶의 조건은 보장해 줄 수 있어야 하는 것이다. 이들에게 사회 규범은 더 이상 규범이 아니다. 소위 '흙 수저'라 불리는 이들에게는 보호되어야 할 자유(로크적 의미의 소유)는 없는 듯하다.

필자는 지금까지 최소한 공정한 게임이 이루어지도록 제도와 구조를 개혁해야 한다는 점을 지적하고자 했다. 그리고 만약에 공정한 기회가 주어지지 않은 상황에서 이루어진 결과였다면 그 결과는 시정되어야 한다는 점을 이야기 하고자 했다.

이를 통해 공적 결정의 정당성의 문제를 고민하는 계기가 되었으면 하는 것이다.

A. Przeworski는 립셋이 제시한 정통성·효율성 기준에 '순응'을 추가하였다.
반면, Dennis Thompson은 체제 안정의 조건으로 (민주적) 정당성, 경제적 복지, 그리고 집합적 정체성(we-ness)을 제시하였다. 집합적 정체성은 부모가 자식을 위해 헌신하는 것과 같이 소수가 다수의 결정을 수용할 수 있는 문화적 기반이다. 근대사회에서는 민족 개념을 통해 형성되었다.

Ⅱ. 정치권력에 대한 이론적 베이스

1. 정치권력의 개념

1) 권력(power)의 개념

M. Weber는 권력(power)을 "상대방의 의사에 반해 자신의 의사를 관철시킬 수 있는 능력", "사회적 관계 내에서 자신의 의지를, 저항이 있다 할지라도, 관철시킬 수 있는 기회 혹은 힘"으로 정의했다.

P. Bachrach & M. Baratz는 M. Weber가 정의한 권력의 개념요소를 세 가지로 제시한 바 있다. 첫째, 개인·집단들 상호간에 존재하는 이익 혹은 가치에 대한 갈등을 전제로 한다. 둘째, 특정 개인·집단이 보유하고 있는 힘(효과적인 제재력)과, 셋째, 이로 인한 반대되는 개인·집단의 순응(자신의 이익에 반대되는) 행위를 야기한다는 것이다. 제재력은 물리적 힘(폭력), 경제적 부, 전문적 지식 및 조직, 사회적 지위 등을 원천으로 한다.

참고 정치권력과 구별 개념

① 강제력(힘 ; force) : 강제력은 상대방의 의사에 반하여 자신의 의지를 관철시킬 수 있는 능력이지만, 권력의 요소에서 자발적 순응을 확보하지 못하는 경우를 말한다.
② 권위(authority) : 권위는 정당화된 권력을 말한다. 권위는 특정인의 요구를 아무런 저항 없이 자발적으로 받아들이는 마음상태로부터 출발한다. 권력의 원천이 강제력에서 나온다면, 권위의 원천은 정당성에서 나온다는 점에서 차이가 있다.
③ 영향력(influence) : 영향력은 위인전의 인물이나 토론에서 특정인이 영향력을 준 경우에서와 같이 제재라는 위협을 사용하지 않고 다른 사람의 행동에 변화를 가져오는 것을 말한다. 영향력은 존경심이나, 상대가 원하는 것을 보유함으로 인해서 행사된다.

2) 정치권력의 본질 : 실체설과 관계설

가. 권력의 실체설

실체설은 권력을 하나의 실체로 다른 사람이나 집단을 지배하기 위한 일종의 소유물이며, 그것을 장악한 개인이나 집단이 지배하고 통제하는 수단으로 본다.

권력은 '미래의 명백한 그 무엇을 차지하기 위한 현재의 수단'이자 '(초월적인 힘·외모·신중함·웅변 등과 같은) 자신의 힘'이나 '(부·명성·교우 등과 같은) 다른 도구'를 통해서 발현된다고 보는 홉스의 관점이 대표적이다. 홉스, 헤겔, 마르크스 등이 바라보는 권력관이다. 실체설은 정치권력의 전제성을 강조하는 견해로 통치자의 강제적 지배를 중시한다. 참고로, T. Hobbes는 통치자의 강제력과 질서유지를 강조한다면, K. Marx는 정치권력의 억압성을 강조한다.

나. 권력의 관계설

권력은 상대와 때와 장소에 따라 같은 에너지로 작용하는 것이 아니며, 상대가 가지는 가치의 척도에 따라 달라진다. 또한 현대사회는 다원성과, 유동성이 높아 권력을 개인·집단으로 분산시키고 있다. 즉, 권력은 어느 개인 또는 집단에 있는 것이 아니라, 개인이나 집단 사이의 관계 자체 속에 성립한다고 보아야 한다. 이러한 견해를 권력의 관계설이라 한다.

관계설에 따르면, 권력은 어느 개인 또는 집단에 있는 것이 아니라 이들 사이의 관계 속에 성립한다. 관계설은 권력의 성립 조건에 중점을 두고 있고, 피치자의 동의가 있어야 만이 지배자의 권력행사가 가능하다고 본다. J. Locke가 보는 권력관은 이러한 맥락에서 제시된 것으로 권력의 강제성이 아닌 동의(consent)를 강조한다.

다. 권력의 강제성과 정당성

권력을 의사력으로 정의하는 경우 그 근원은 정보 · 부 · 지위 · 조직 · 폭력에 대한 위협 등 다양하다. 실체설이 주목하는 부분은 이 지점이다. 보통 자원은 개인권력의 원천으로, 기능은 집단 간 권력의 원천으로 지적되어 왔다. 이러한 자원이 인간에 의해 소유되거나 분할될 수 있는 실체로 여기는 견해를 권력실체설이라 한다. 지배관계가 고정되어 있는 경우에는 지배자만이 권력을 소유하며, 이를 행사하여 복종자를 강제한다. 이러한 실체설적 관점에서 권력은 시장에서 화폐를 지불함으로써 자신이 원하는 것을 구하는 것처럼, 권력을 행사하여 자신이 원하는 것(의도성)을 얻을 수 있는 그러한 것으로 본다(권력의 대체성).

반면, 현대 이론은 권력이 상호의존성 하에서 발생하며, 상대방이 선택할 수 있는 대안의 유무에 의존한다고 보는 경향이 있다 — 관계설은 권력을 이런 맥락에서 바라보고 있다.

예컨대, T. Parsons는 권력은 '한 나라의 제도들에게 권한을 위임하는 국민들의 지지이며, 이러한 지지는 처음에 법률이 존재하도록 만든 동의의 연속'으로 정의한다. 즉, 권력은 집합적 목표(공익)를 수행하는 데 이바지할 수 있는 일반화된 능력이며, 이때 집합적 목표는 공통의 가치 시스템에 근거하고, 권력은 그 매체인 것이다.

H. Arendt에 따르면 권력은 근본 합의에 이르려는 소통에 담긴 공통의 의지형성이다. 즉, 타자의 의지를 도구화하려는 것이 권력의 본질을 구성하는 것은 아니며, 권력은 또한 한 개인의 소유물이 아니며, 집단에 속하며 집단이 함께 유지되는 한에서만 존재해 나간다. 예컨대, 대통령이 보유하는 권력은 그 개인이 보유하는 것이 아니라 그 자리가 만들어 내는 것이며, 이는 **정치공동체의 구성원들의 동의**에서 나오는 것이다. 즉, 권력은 정치공동체의 집합 목표를 달성하려는 피통치자들의 동의를 전제로 하는 개념이다. 이러한 관점에서 권력은 도구적 · 수단적 개념인 폭력과 구별되며, 피통치자의 의사를 강제하는 수단으로서의 강제력은 권력이 아니라 폭력인 것이다.

실체설은 권력의 동태적 관계를 파악할 수 없다. 반면, 권력의 본질을 강제력이 아니라 상호의존성으로 보는 관점이나 관계설은 권력을 강압 · 착취 · 조작 등과 무관한 것으로 보게 만든다는 비판을 받는다. 또한 A. Giddens는 관계설이 갖는 현대 민주주의에서의 함의에도 불구하고 집합적 목적 혹은 공익을 사회 내의 가치갈등과 그 과정 속에서 타협된 결과물이 아니라 미리 존재(先在)해 있는 것으로 보게 된다는 점에서 문제가 있다고 비판한바 있다.

C. Offe는 권력이 그 사회적 기능 면에서 행위의 기회들을 억제하는 것(억압성)으로 파악되느냐, 그렇지 않으면 사회적 질서 유지를 위해 필수적인 것으로 파악되느냐에 관한 보다 근본적인 질문으로 들어가야 된다고 주장한다. 권력에 대한 접근은 억압성과 질서의 측면을 모두 포괄할 수 있어야 하며, 그 분석은 구조와 행위의 차원에서 이루어져야 한다고 보면서 양 관점을 통합

하려 한다.

실체설(강제)과 관계설(동의)은 대립되는 것만은 아니며, 강제에 의한 동의나 심리적 강제 등에서처럼 강제와 동의는 그 심층에 있어서는 연관되어 있다는 평가도 가능하다.

참고 권력의 실체설과 관계설

실체설은 권력의 실체를 인정하는 것으로 화폐와 같이 특정 개인이나 집단이 보유할 수 있으며, 동원할 수 있는 자원의 크기가 권력의 크기가 되는 것이다. 반면, 관계설은 특정 개인이나 집단이 보유하는 것이 아니라 개인 혹은 집단의 상호관계 속에서 권력이 발생한다. 예컨대, 강제력의 크기가 중요한 것이 아니라 상호간의 관계에서 의존성이 권력의 강도를 좌우한다고 보는 것이다.

구 분	권력의 원천	권력의 소재	권력관계	사상적 기초
실체설	권력의 자원	행위자 개인	행위자 간 상호작용과 그 결과	국가주의
관계설	상호의존성	주권자	동의(consent)와 정당성	자유주의
공동체	네트워크	공동체	합의(consensus) 정당성	공화주의

2. 정치와 권력현상

1) 권력의 속성(정치권력의 운동 법칙)

모든 권력은 기본적으로 확장 · 집중 · 지속운동이라는 세 가지 운동법칙을 따른다.

첫째, 권력의 확장운동이란 일단 권력을 장악하게 되면 그것을 확장시키려는 것으로 이는 욕망보다는 현재 이상의 권력을 얻지 않으면 그 권력조차 보존할 수 없기 때문이라고 한다. 즉, 권력의 확장운동은 T. Hobbes가 말하는 자기보전을 위한 운동이라 할 수 있다.

둘째, 모든 권력은 소수지배의 원칙(G. Mosca)이나 과두제의 철칙(R. Michels)이 말하는 바, 사회구조나 체제의 형태와 무관하게 소수의 수중에 집중되는 경향을 보이며, 이를 권력의 집중운동이라 한다.

셋째, 모든 권력은 오래 지속되는 경향을 갖는다. 이는 권력의 정당화와 관련된다.

이러한 권력의 속성은 권력으로부터 개인의 자유를 보호하려는 이들에게는 중요한 관심사였다. 현대사회에서 법치주의, 삼권분립, 주기적 선거를 통한 권력의 교체가 제도화된 것은 확장하려는 권력에 대해 권력을 제한하고, 집중하려는 권력에 대해 권력을 분산시키고, 영속화하려는 권력에 대해 권력을 변경하려는 것이라 할 수 있다.

2) 정치권력의 발동

가. 엘리트론과 소수지배의 원칙

엘리트론에 따르면 사회는 지배하는 계급과 지배되는 계급으로 구성된다. G. Mosca는 조직된 소수가 조직되어 있지 못한 다수자를 지배하는 것은 피할 수 없는 현상이라고 주장한다. 즉, 다수 대중의 지배를 본질로 하는 민주주의는 이상에 불과할 뿐이며, 민주주의라 불리는 정치체제에서 과두지배현상을 확인할 수 있다. 20세기 초반 민주주의를 내세운 독일의 사민당 내부 구조를 분석한 R. Michels 또한 당내 권력이 소수에 의해 장악되어 있음을 밝힌 바 있으며, 1950년대 영국의 정당조직을 분석한 R. McKinsie는 보수당과 노동당 모두 정당의 권력이 소수에 의해 장악되어 있음을 밝힌 바 있다.

나. 지배와 복종의 상호 제약적 관계

E. Fromm은 교사 - 학생, 주인 - 노예의 관계를 비교하면서 지배자와 복종자는 상호 제약적 상관관계를 보여준다고 말한다. 두 경우 모두 한편이 다른 편보다 우월적 지위를 갖지만, 교사와 학생의 이익은 같은 방향을 향하고 있고 어느 한쪽 목표가 달성되지 않는 것은 다른 행위자의 목표가 달성되지 않음을 의미한다(이익지향의 동일성). 반면, 노예와 소유주의 관계는 상충되는 이익을 추구하는 관계에 서게 된다(이익지향의 대립성).

지배자와 피지배자의 상호 상충적 이해관계가 존재하는 상황에서 긴장관계의 지속적 유지는 (위 예에서 노예소유주와 노예의 관계를 볼 때 노예 소유주는 노예가 선택할 수 있는 반항과 도망의 자유를 고려할 때) 피지배자의 동의와 각종 지배 장치를 필수적 요소로 한다.

프롬의 시각에서 보면 민주주의는 정치적 관계를, 지배자와 피지배자 사이의 관계를 "이익지향의 동일성"의 방향으로 나아가도록 하는 체제라 할 수 있다.

참고로, H. Laswell & A. Kaplan은 "사회구조가 민주적인지는 엘리트가 존재하느냐의 여부에 있는 것이 아니라, 엘리트와 일반대중에 대한 관계, 즉 과연 어떻게 그러한 엘리트가 충원되는가, 또한 어떻게 그 권력을 행사하느냐에 달려 있는 것이다"고 기술한다.

다. 지배의 수단 · 정당화

지배자의 정치권력발동 형식은 궁극적으로 설득과 강제로 요약할 수 있다. 설득에는 이성에 호소하거나, 전통과 관습에 의한 호소, 공리적 방식의 동원 등이 있다. 강제적 방식에는 가치박탈을 통한 강제, 심리적 폭력에 의한 강제, 물리적 폭력에 의한 강제 등이 있다.

인간은 이성적 존재인 동시에 감성적 존재임을 고려할 때 권력의 행사는 물리적 강제력을 남용하는 것보다 상징조작과 같은 "권력의 경제"의 방법이 보다 효과적일 수 있다. 이런 맥락에서 C. E. Merriam은 권력의 miranda와 credenda를 제시한다. 권력의 miranda는 권력을 신성화 · 미화시키는 것을 말하며, 권력의 credenda는 권력의 정당화 · 합리화를 통해 권력을 정당한 것으로 사람들에게 인식시켜 그 존속에 동의하도록 하는 방법을 말한다.

반면, M. Weber는 '자유롭고 평등한 인간이라는 인식이 보편화된 근대서구사회에서 시민들은 지배를 수용하는가?'에 대해 지배의 정당성을 강조한 바 있다. 지배계급과 피지배계급으로 이원화된 사회에서 권력관계 및 정치체제가 안정되기 위한 조건은 바로 지배의 정당성에 있음을 시사한다.

S. M. Lipset은 체제 안정 혹은 체제의 정당성의 조건으로 정치체제의 정통성과 효율성을 강조한다. 체제의 안정성은 경제적 발전에만 달려 있는 것이 아니라, 그 정치체제의 효율성과 정통성에도 달려 있는 것이다. 효율성이란 정치체계가 국민의 대부분과 기업, 군과 같은 체제 내의 강력한 이익집단들이 기대하고 있는 기본적 통치기능을 충족시키는 정도(만족도)를 말하며, 정통성은 현 정치체계가 그 사회에 가장 적합하다는 신념을 낳게 하여 그 신념을 지속케 하는 체제

의 능력을 말한다.

아래 그림에서 A의 경우가 가장 안정적이며 D의 경우가 가장 불안한 체제이다. 정통성은 있지만 효율성이 없는 B는 무능한 정치로 쉽게 무너질 가능성 있으며, 정통성이 없고 효율성만 있는 C는 국민의 저항에 직면하게 된다. 그러나 C와 달리 B는 정통성이 있다는 점에서 상대적으로 안정적이라 할 수 있다.

		효율성	
		+	−
정통성	+	A	B
	−	C	D

3) 정치권력의 변동

정치권력의 변동은 ① 정치권력의 획득, ② 물리적 강제력의 독점, ③ 정통성의 획득, ④ 제가치의 배분, ⑤ 제도의 기능화, ⑥ 제도의 기능화 실패와 선거 · 혁명 · 쿠데타에 의한 정치권력의 변동의 순환과정을 밟는다.

이때, 제도의 기능화는 정통성 획득, 제가치의 배분 등을 포함하는 것으로, 그 실패는 정치적 효과와 권력은폐의 충돌에 의해 빚어진다고 하겠다. 즉, 권력을 은폐하면 할수록 정치적으로는 무능하게 되기 쉬우며, 정치적으로 효율을 높이려하면 할수록 권력의 본체는 폭로되기 쉽기 때문이다.

정치권력의 급격한 변동양태로 쿠데타와 혁명이 있다. 쿠데타란 제한된 폭력을 행사하여 정부당국의 지위를 기습적으로 탈취하는 행동을 말하며, 혁명은 피지배계급이 기존체제를 변혁시키려고 비합법적인 방법으로 정치권력을 지배계급으로부터 빼앗으려는 권력교체의 양식이다.

2002년 중국산 마늘 파동을 보자. 중국산 마늘로 인해 국내 농가가 피해를 보자. 정부당국자가 관세를 부과하자, 중국정부는 국내 휴대폰에 대해 보복관세를 부과해 버렸다. 이 와중에 정부는 중국산 마늘 수입으로 인한 국내 농가의 피해와 휴대폰 수출 중단으로 인한 업계의 피해액을 비교한 후 중국산 마늘에 대한 고율의 관세를 포기했다. 소위 국민경제적 견지에서 내려진 결정이었다. 하지만, 개발연대 시기 이후 지금까지 그랬던 것처럼 정부의 이러한 결정으로 인해 마늘 농가는 엄청난 피해를 볼 수밖에 없었고, 이 피해에 대해 어떤 보상이나 보호 · 육성을 위한 장기적인 대책이 마련되지 않았다.
2016년 여름에는 가정용 전기요금에 대한 누진제가 크게 부각되었다. 이 제도는 경제학에서 배웠던 이중가격제에 관한 것이다. 발전국가 시기 한국은 산업용 전기에 대해 낮은 가격을 매기고 여기에서 발생하는 적자를 가정용 전기에 높은 가격을 매김으로써 해소하였다. Posner는 이런 제도를 교차보조라 불렀으며, 그 본질은 특정 집단으로부터 다른 집단으로 소득을 이전하는 재분배(가치이전)라 규정하였다.
한국사회는 외부효과를 시정하기 위한 제도로 보조금 지급 정책을 선호해왔다(시내버스 업자들이 CNG 버스를 도입하는 경우 보조금을 지급하는 것이다). 이는 결국 피해자인 시민들이 내는 세금으로 공해문제를 해결하려는 피해자 부담원칙을 적용하는 것이다.
필자가 여기서 이야기하려는 것은, 이 모든 결정 자체가 권력관계를 반영하고 있다는 것이다.

3. 정치권력의 차원 : 가시적 권력과 비가시적 권력

권력의 본질은 '행위(개인)'와 '구조(제도 · 시스템)'의 관계에 대한 방법론 논쟁과 관련된다. 즉, 집단행동 현상을 강조하는 방법론적 개체주의와 시스템이나 조직의 효과를 강조하는 구조주의적 시각이 그것이다. 이러한 관점의 차이는 가시적 권력과 비가시적 권력의 문제를 바라보는 시각에서 커다란 차이를 낳게 만든다. 여기에서는 Steven Lukes가 유형화한 권력의 세 가지 차원을 중심으로 살펴보고자 한다.

1) 일차원적 권력 : 의도성, 권력의 대체성

가. 의의

가시적인 갈등을 해결해낼 수 있는 능력이 1차원적 권력이다. 이는 주로 갈등이 현실화되어 나타난 상황 하에서의 행태에 초점을 맞추고 있다는 점에서 행태적 권력(behavioral power)이라고도 불린다.[18] 즉, 일차원적 권력 개념은 실제적이고 관찰 가능한 갈등을 내포하는 쟁점들을 둘러싸고 이루어지는 의사결정 행태에 초점을 맞춘다.

의도성 혹은 의사력으로 권력을 정의한다는 것은 베버적 의미의 권력개념으로 누구의 의사가 관철되었는지를 중시함을 의미한다. 참고로, 대체성의 개념은 K. Deutsch가 권력을 화폐에 비유하면서 마치 화폐가 원하는 물건을 구매할 수 있는(화폐와 재화의 대체) 것처럼 권력은 권력을 보유한 자가 자신이 원하는 바를 강제할 수 있는 결정을 이끌어 낼 수 있는 능력으로 봄을 의미한다. 이때 권력은 강제력과 지지(순응)의 교환을 용이하게 하는 통화(매개수단)이 된다.

나. 행태적 권력 개념의 함의

R. Dahl은 「Who Govern?(1961)」에서 권력개념을 관찰 가능한 갈등 상황으로 축소한다. 즉, 신통치엘리트론의 주요 개념인 비결정(무의사결정, non-decision making) 등을 권력의 문제에서 제외하는 이유로 다음과 같이 설명한다.

> 개인들은 쟁점을 정치에서 배제되도록 다양한 방법을 동원할 수 있다. 즉, 의사결정의 측면에서는 다원적 이익이 경쟁하지만, 비결정에서는 P. Bachrach & M. Baratz가 지적하는 것처럼 엘리트의 이익이 지배(통합적)할 수 있다. 그러나 민주주의 체제는 정치인들로 하여금 유권자들이 선거를 통해 행사할 수 있는 간접적 영향력의 정도를 과소평가하기 어렵게 만들며, 이에 따라 정책결정과정은 다양성과 개방성의 성격을 갖는다. 다시 말하면 어떠한 집단이든 불만을 느끼면 체제 내부에 침투할 수 있다는 점을 간과해서는 안된다는 것이다.

다알은 권력의 실제행사 혹은 능력과 의사를 구별하면서 현실에서는 권력능력을 보유한 집단이 꼭 권력을 행사하는 것도 아니며, 경쟁메커니즘 하에서는 권력을 보유한 자의 의사가 관철되는 것도 아님을 지적하고 있다.

체제가 개방되고 다원화된 사회에서 권력의 궁극적 소재는 어느 한 개인 혹은 집단의 의사가 관철되는지에 따라 달라질 것이다. 만약, 다원화된 사회에서 다양한 집단들이 조직되고 이들 간의 균형이 이루어진다면 공적 결정은 경쟁하는 이익들 간의 조정과 타협에 의해 이루어지고, 다

---

18) 행태론은 연구대상을 인간의 관찰 가능한 패턴화된 행동에 초점을 두고 있는 것은 알고 있을 것이다.

양한 집단의 이익과 의사가 반영된다는 점에서 권력은 특정 엘리트 집단이 아닌 다양한 집단에 분산되는 다원화된 체제라 할 수 있을 것이다. 나아가, 정치권력이 분산되고 다양한 집단들이 행정부의 권력에 접근하기 어려울 때 의회권력 혹은 사법부에 접근할 수 있을 때, 권력에 대한 통제 · 제한이 가능할 것이다.

다른 관점에서 보면, 다알이 지적하듯이 궁극적으로 엘리트가 유권자의 의사에 대한 반응성을 높일 수밖에 없다면, 그리하여 유권자의 의사가 대표를 통해 관철될 수 있다면 민주사회에서 권력은 형식적으로는 대표에게 있으나 실질적으로는 유권자에게 있다고 볼 수 있다.

그러나 이러한 행태적 권력개념은 드러나지 않는 갈등과 권력현상을 포착하는 데는 한계가 있다. 구조적 권력은 이러한 문제를 지적하면서 등장한 것이다. 나아가, 1차원적 권력관은 결과를 권력과 동일시 한다는 오류에 빠진다. 예컨대, 약소국이 강대국에 편승하는 국제관계를 약소국에 의해 강대국이 착취당한다는 결론이 나오는 것이다.

2) 이차원적 권력 : 구조적 권력

가. 의의

어떤 사항을 논의하고 논의하지 않을 것인지를 결정하는 다시 말하여 사안의 선택과 배제를 결정할 수 있는 권력을 P. Bachrach & M. Baratz는 2차원적 권력이라 불렀다. 이 권력은 구조와 관련되기 때문에 구조적 권력(structural power)이라고 할 수 있다.

P. Bachrach & M. Baratz는「권력의 두 얼굴(1962)」과 「권력과 빈곤(1970)」에서 통치엘리트론자인 C. W. Mills와 다원론자인 R. Dahl이 모두 가시적인 갈등 상황을 전제로 한 행태론적 권력개념에 기초하고 있다고 비판하면서 권력의 두 얼굴을 다음과 같이 설명하고 있다.

> 권력은 A에 의해 B에게 가해지는 성공적 통제로서 두 얼굴을 가지고 있다. 그 첫째 얼굴은 다원권력론이 이야기하는 의미의, 즉, 제제의 위협을 통해 복종을 확보해 나가는 것을 의미한다. 그 둘째 얼굴은 명시적인 위협을 가하지 않은 채 B의 행동을 변경하도록 만드는 것(영향력)을 말한다.

이러한 2차원적 권력개념은 권력의 자원이 아닌 행사에 주목하면서, 가시적 권력과 비가시적 권력의 구별한다. 그리고 권력의 비가시적 측면을 "모든 정치 조직 형태는 특정한 종류의 갈등을 착취하고 다른 갈등을 억압하는 편견을 가지고 있다"는 E. Schattschneider의 체제 편견의 동원 개념을 인용하면서[19] 어떤 이슈는 정치로 조직화되는데 다른 이슈는 정치로 조직화되지 못한다고 지적한다. 즉, 2차원적 권력의 핵심은 체제 수준에서 이루어지는 것으로 특정한 이슈가 의제로 설정되는 것을 통제하는 의제설정권력으로 규정할 수 있다.

나. 구조적 권력개념의 함의

구조적 권력은 체제 수준에서 작동하는 권력으로 의제설정 권력(non-decision ; 비결정)이라 한다. 1960년대까지 인종문제가 미국사회에서 정부의 공식의제로 채택되지 못했던 이유나, 노동 및 환경문제가 1980년대까지 우리사회에서 제기되지 않았던 이유, 선성장/후분배 논리에 의해

19) 편견의 동원이란 다른 개인이나 집단의 이익을 희생시키고 특정 개인 또는 집단의 이익에 체계적이고도 지속적으로 봉사하는 일련의 지배적인 가치, 신념, 의식, 그리고 제도적 절차(게임의 규칙)이다(P. Bachrach & M. Baratz). 쉽게 말하면, 요즘 유행하는 용어인 프레이밍 전략이 이에 속한다.

분배정의에 관한 문제가 배제되어 왔던 것은 이러한 의제설정권력과 관련된다는 것이다. 노무현 정부 시절에는 김 모 회장의 보복폭행이나 D그룹 일가의 370억 횡령사건, 그리고 S그룹의 편법 증여 등의 사건이 터질 때마다 나왔던 법무부장관의 발언(사법부의 판단이 경제에 악영향을 끼쳐서는 안된다고 주장해 왔다)은 이러한 비결정의 대표적인 예에 속한다고 하겠다.

그런데, 이러한 의제설정권력은 인터넷과 같은 정보통신기술의 발달로 선택/배제를 결정하는 문지기(gatekeeper)를 우회하거나 뛰어넘을 수 있는 가능성이 높아지면서 새로운 국면을 맞이하고 있다. 즉, 군대내 성폭력, 소비자 권리 등 배제되어 왔던 사안들이 인터넷을 통하여 제기되고 조직화되고 있는 것이다.

3) 삼차원적 권력 : 구성적 권력

가. 의의

3차원적인 권력은 이데올로기나 사회화 그리고 교육 등을 통하여 사회 구성원들의 인지적 차원을 통제할 수 있는 능력을 말한다. 'A는 B에 대해 하기 싫은 일을 하도록 함에 있어서 직접 제재력을 행사하는 것이 아니며, A는 B가 원하는 것에 영향을 미치고, 그것을 만들어 내거나 결정함으로써 권력을 행사하는 경우'의 권력관념을 말한다. 따라서 행위자들은 자신의 이익이 무엇인지를 깨닫지 못하는 상황에 있기 때문에 갈등은 잠재되어 있으며, B가 자신의 진정한 이익을 인식하게 될 때 갈등이 발생하게 된다. 이 권력은 인간의 사고와 행위를 주조한다는 측면에서 구성적 권력(constitutive power)라고 할 수 있다.

이데올로기에 의한 지배와 같이 개인의 이익과 취향의 형성에 영향을 미치는 제3의 권력이 존재하며, 일상생활을 억압하는 이 지배 권력은 보이지 않게 작동하고 있다(권력이 언제, 누구에 의해 행사되었는지 파악하는 것이 어렵다).

나. 삼차원적 권력의 함의

S. Lukes는 권력의 산물과 권력의 위치(장소 ; locus)를 중시한다. 그는 푸코의 문제의식을 수용하면서, "권력은 어느 누구의 손에도 있지 않다... 네트워크가 권력을 특징짓는다... 권력으로부터 얻어지는 이점이 자생하는 곳에 권력의 장소가 있다(즉, 권력이 있다 — 인용자 주). …권력의 자리는 의미 있는 결과에 대한 어떤 차이를 만들어 낼 수 있는 곳이다"고 주장한다. 즉, 권력은 비개인주의적이고, 제도적이다.

만약 권력의 중요성이 높아지는 반면, 가시화되지 않은 채 남아 있고, 또 그곳이 시민들이 인식하지 못하는 어둠 속으로 멀어진다면, 권력의 책임 문제는 항상 애매하게 남아 있을 것이다.

S. Lukes는 이런 맥락에서 P. Bachrach & M. Baratz의 구조적 권력개념이 실제적이고 관찰가능한 갈등만을 고려한 나머지 체제의 편견의 문제, 즉 비가시적 권력의 본질에 접근해가지 못했다고 비판한다. 편견은 체제의 차원에서만 작동하는 것이 아니며, 정형화된 집단 행태와 제도들의 관행(practice)에 의해서도 유지되는데, 이러한 행태와 관행은 개인들의 무행동(inaction)에 의해 표출될 수도 있음을 간과했다는 것이다. 즉, 가장 효과적이고 교활한 권력 행사란 애초에 갈등이 표출되지 못하도록 하는 것임에도 이에 주목하지 못했다는 것이다.

4) [참고] 푸코의 4차원적 권력 : 관계의 구성적 능력

푸코는 권력에 대한 비경제주의적 분석이 정치와 경제사이의 상호관계를 편견 없이 이해하는데 필수적이라고 언급한다. 그는 '누가 권력을 가지는가' 혹은 '권력소유자는 어떤 관심과 목적을 가지는가'를 권력의 핵심으로 보지 않았다. 오히려 권력의 핵심은 정체성, 관계, 능력을 생산하는 데에 있다고 보았다.

즉, 푸코는 물리적 억압이라는 권력의 개념 대신 생산적 권력이론을 제시한다. 그는 권력은 현실을 생산하고 대상의 영역과 진리의 의식을 생산한다고 본다. 개인과 그 개인으로 부터 나오는 지식은 이러한 생산에 소속되는 것이다. 따라서 권력에 있어서 중요한 것은 소유나 선점이 아니라 배치, 조작, 전략, 기술, 기능의 문제인 것이다. 권력이 어떤 행위자에 의해 행사되는 것이 아니고, 네트워크 속의 행위자들 사이의 관계 속에 형성된 강력한 담론을 창출하고, 이를 통해 모세혈관처럼 사회의 곳곳에 침투하게 되는 것이다. 푸코적 의미의 권력관념에서 권력은 소유할 수 없으며, 행사될 뿐이다.

5) 권력의 얼굴 : 가시적 권력과 비가시적 권력

구조와 행위라는 변수를 중심으로 볼 때, 각 권력개념이 중시하는 변수는 상이하다. 1차원적 권력은 행위측면에서 권력현상을 파악한다면, 2차원적 권력은 구조적 측면에서 권력현상을 설명하려 한다. 반면, 3차원적 권력은 양자의 상호 구성적 측면을 강조한다.

1차원적 권 력	A가 B의 의사에 반하여 A가 원하는 행동을 하도록 한 경우	권력의 행사	갈등, 제재력, 의사력 권력소재 = 행사자
2차원적 권 력	A의 손해가 될 쟁점을 B가 제기하지 못하도록 A가 B를 저지한 경우	non-decision 영향력	갈등, 의사력 권력소재≠행사자
3차원적 권 력	A가 B가 원하는 것에 영향을 미치는 경우(B의 이익을 구성)	이데올로기 inaction	잠재적 갈등, 의사력 권력소재, 행사방법 모호
4차원적 권 력	네트워크와 담론권력(지식의 생산) 정체성, 관계, 능력의 생산	지배의 내면화	갈등 부재

P. Bachrach & M. Baratz가 제시한 권력을 구성하는 개념요소인 ① 갈등상황, ② 제재력, ③ 의사력을 통해서 세 가지 차원의 권력개념의 차이를 확인할 수도 있다. 이때, 의사력은 권력의 소재를, 제재력은 권력의 행사방법을, 마지막으로 갈등은 통치자와 피통치자의 관계를 지칭한다.

먼저, 1차원적 권력은 이 세 가지 요소를 모두 포함하는 권력관이라 할 수 있다. 반면 2차원적 권력은 갈등상황이 존재하기는 하지만, 제재력이라는 수단이 직접 사용되지 않은 채 (간접적인) 영향력만으로 권력을 보유한자의 의사가 관철된다. 또한, 권력을 보유한자와 외형상 권력을 행사하는 자가 일치 하지 않는다(권력의 소재 ≠ 행사자). 권력은 그 소재와는 다른 곳(gate-keeper)에서 비결정(non-decision)의 형태로 행사되고 있는 것이다. 3차원적 권력은 갈등이 잠재되어 있거나 드러나 있지 않으며, 제재력이나 간접적인 영향력의 행사가 없다(무행동, inaction). 즉, 실재 권력의 행사가 없다는 점에서 앞의 두 권력개념과는 다르다.[20]

권력론의 다양한 시각에 따라 주체에 대한 정의도 달라진다. 요컨대, 1차원적 권력론에서의 주체는 “권력을 행사하는 것은 그 누구인가?”로 정의되며, 2차원적 권력론에서는 “무슨 쟁점이 결정사항을 동원할 수 있으며, 누군가에 의해서 그것이 가능한가?”로, 3차원적 권력론에서는 “누구의 객관적인 이해가 침해받고 있는가?”로 주체가 정의된다. 푸코가 제시하는 보다 급진적인 4차원적 권력에서의 주체는 “어떤 종류의 주체가 생산되어지고 있는가?”라는 문제의식 속에서 정의된다.

덴마크의 Skangerborg라는 작은 도시의 문화의 집 건설 결정 과정을 예로 들어 보자(키에르 A. M. Kjær 2007, 70). 이 도시는 1980년대 병원과 극장이 폐쇄되고 실업율은 증가되면서 갱들이 활개를 치는 상황이었다. 1990년대 지역의 로터리 클럽과 시정부, 산업계는 이러한 상황을 타개하기 위해 일련의 공청회를 개최하였다. 일련의 공청회를 통해 새로운 투자를 유치하기 위해서는 마을이 문화, 환경, 기간 시설 등에서 매력적인 곳이어야 한다는 인식을 공유하였다. 시장은 문화의 집에 대한 지지를 높이기 위해 활동하였고, 산업계는 후원기금을 만들었고, 문화엘리트들은 캠페인을 벌이고, 지역 신문에 투고를 하였으며, 마구간에서 음악회를 개최하였다.

민주주의를 인민에 의한 통치라 정의하는 경우, (선호집약을 강조하는 자유민주주의의) 집합적 모델에 따르면 대의기구에 의해 다수결로 결정되었다면 결정은 민주적이었다고 할 수 있다. 반면, 통합적 모델(공화주의나 루소적 의미의 민주주의)에 따르면 참여와 토론의 과정을 통해 결정이 이루어졌다면 그 결정은 민주적이었다고 할 수 있다. 이 사례는 두 가지 기준 모두에서 민주적이었다고 평가될 수 있다. 이 결정이 시의회에서 내려졌으며, 동시에 공청회를 통해 다양한 행위자들이 참여한 토론을 통해 합의가 이루어졌기 때문이다.

그런데, 사례에서 시장은 그의 지위를 활용하여 결정이 내려지지 않는 경우 사임하겠다는 시의회에 대한 협박을 통해 의회의 결정을 이끌어 냈다(1차원적 권력). 동시에 결정과정에서 해당 지역에서 오랜 기간 동안 요구되어 왔던 주민회관 건설과 스포츠 시설의 요구, 실업자를 위한 시민의 집 예산 요구 등은 배제되었다(2차원적 권력). 문화의 집에 소요되는 비용과 충당되는 방식은 비밀에 붙여졌으며, 사업의 정당성이 여론화되었다(3차원적 권력과 유사). 나아가, 거버넌스와 함께 관심이 확대되고 있는 네트워크와 관련하여 본다면, 다양한 행위자들의 네트워크 속에서 내려진 결정이었으나 운명공동체라는 강력한 담론 속에서 이에 반하는 주장을 하는 것 자체가 불가능한 상태에서 내려졌다는 점에서 집단과 개인 간에 존재하는 권력이 작동하였다(4차원적 권력). 그렇다면, 이러한 결정은 정당한가?

만약, 권력관계가 구조적 혹은 구성적 차원에서 작동한다면, 즉 그것이 가시화된 채 드러나지 않고 비가시적인 방식으로 작동한다면, 이에 대한 통제의 문제가 제기될 수밖에 없다. 즉, 현실의 민주주의 모델이 권력에 대한 통제를 위한 다양한 장치를 마련해 놓고 있지만 그 장치가 제대로 작동하지 않음을 의미하며, 그러한 권력의 정당성을 확보하기 어려움을 의미하기 때문이다.

그러면, 2007년의 한미 FTA 협정과 2008년의 미국 쇠고기 수입결정은 어떨까? 이 결정들은 집합적 기준(자유주의)과 통합적 기준(공동체주의)을 모두 충족시키지 못하였다. 쇠고기 수입결정의 경우 행정협정에 불과하기 때문에 민주적 절차를 거칠 필요가 없다는 주장도 가능하지

20) 2차원적 권력과 3차원적 권력 모두 체제편견의 동원이 이루어진다. 단, 2차원적 권력은 체제 수준(국가 수준)에서 동원된다면, 3차원적 권력은 시민사회의 영역에서 동원된다는 점에서 차이가 있다.

만, 국가 간 조약에 해당되는 FTA의 경우 대의제를 우회하였으며, 한미 FTA의 경우 공청회를 폐쇄하였던 것이다. 미국 쇠고기 수입고시를 둘러싼 문제의 경우, 다양한 담론(정부는 안전성 외에 자동차와 반도체 수출 등 대미 수출 타격을 이유로 재협상은 바람직하지 않다거나 하는 등의 이유를 제시하였다)에도 불구하고 갈등이 수면으로 표출되면서, 직접적 권력행사가 불가피하였다. 시민들이 자신의 이익에 대해 인지함으로써(건강권의 제기) 3차원적 권력의 행사를 제약하였고, 이와 동일한 이유에서 4차원적 권력의 행사도 불가능하였다고 할 수 있다.

6) 권력과 민주주의

근본적인 질문을 다시 던져 보자. '누가 지배하는가?', '우리사회는 민주주의 사회인가?' 권력의 소재에 있어서는 아래와 같은 일반적인 구분이 가능하다.

		누가 지배하는가?		
		일 인	소 수	다 수
누가 이익을 얻는가?	지배자	폭군정(Tyranny)	과두정(Oligarchy)	중우정(Democracy)
	만 인	군주정(Monarchy)	귀족정(Aristocracy)	민주정(Polity)

H. Lasswell은 정치를 'who gets what, how, when'으로 정의하였다. 이를 권력개념에 적용해 보자. '누구(who)의 이익이 관철되었는가?'는 권력의 소재에 관한 것으로 이론적으로는 실체설과 관계설이 이와 관련된다. '어떻게 관철되었는가(how)'는 권력의 행사방법에 관한 것으로 이론적으로는 권력의 차원에 관한 논의가 이와 관련된다. 이 위에 H. Lasswell은 지배의 정당성을 제기하였다.

결정권을 기준으로 본다면 대의제는 민주주의라 하기 어렵다. 하지만, 의사력(누구의 의사가 관철되는가)으로 권력을 정의한다면 다른 결론을 내릴 수 있다. 대의제에서는 대표가 공적 결정을 내리지만 대표의 판단이 시민의 선호에 구속된다면, 시민이 직접 결정을 내리지 않았지만, 시민은 대표를 통해 지배하고 있다고 말할 수 있는 것이다. 즉, 대의제가 민주주의이기 위한 핵심요소는 시민사회에 대한 정치체제의 높은 반응성(responsiveness)이라 할 수 있다 ; **① 시민의 의사에 대한 정치체제의 반응성이 높은가[반응성]?**

그러나 특정 사안의 경우에 외형상 대의제 기구를 통해서 이루어지거나, 다양한 집단의 참여와 토론에 의해 결정이 이루어지는 경우에도 실질적으로는 특정한 이익이나 가치가 배제되는 경우가 존재한다. 이 경우에 민주적이라 할 수 없을 것이다. 그렇다면, 아래와 같은 추가적 질문이 가능하다 ; **② 공적 결정이 다양한 집단에 의해 결정되는가 아니면 특정 집단에 의해 주도되는가? 나아가, 특정한 의제나 집단이 배제되는가[포괄성]?**

7) 한국사회와 권력관계

현대사회의 정치권력이 거대화됨과 동시에 사회의 다양한 부문과 유착되면서 구조화 혹은 비가시화되거나 국가 외곽에 위치하게 되면서 전통적인 권력에 대한 통제와는 다른 관점을 요구하고 있다. 거대기업의 영향력이나 조직화된 이익집단의 문제, 그리고 언론이 행사하는 구성적 권력의 문제가 그것이다. 체제 편견의 동원을 통한 비결정(non-decision)과 무행동(inaction)의 문제(더 나아가면 담론의 권력)에까지 확장이 될 수 있다면, 그리고 현실에서 거대자본과 언론의 영향력이 확대되어 가고 있음을 감안해 본다면 권력에 대한 전통적인 시각과는 다른 차원의 권력에 대한 논의가 필요하게 되는 것이다.

이러한 문제의식은 G. McConnell이 말하는 사적 정부(private government) 혹은 하위정부(subgovernment system), E. Schattschneider가 말하는 조직화된 특별이익(organized special interest), C. Lindblom이 말한 '자본의 구조적 힘' 등은 거대기업과 이익집단이 야기하는 문제들에 대한 적절한 설명 틀이 될 수 있을 것이다. 또한, 언론의 경우 구성적 권력을 생각해 볼 수 있다.

한국 사회는 민주화 이행을 달성했음에도 불구하고, 민주적 절차가 제도화되고 있지 못하고 있다. 이에 따라, 정치적 결정은 시민들이 통제할 수 없는 곳에서 이루어지면서 대표성과 책임성에 심각한 문제를 야기하고 있다.

거대기업의 문제

C. Pateman과 P. Bachrach는 종래의 민주주의 이론가들이 공식적인 정치적 제도에만 관심을 집중하고 개인의 일상생활을 지배하는 사회경제적 제도를 소홀히 해 온 것을 비난한다. 이들은 '기업과 같은 조직 역시 권력, 권위, 규칙을 수반하는 인간관계의 유형'(강정인 1997, 63)이며, 이들이 시민의 일상생활에 미치는 영향력이 지대함을 지적하면서 기업의 주요 결정에 대한 민주적 통제(C. Pateman의 경우 노동자들의 참여를 주장하며, P. Bachrach의 경우 소비자나 지역사회를 비롯한 외부공동체의 통제와 참여를 주장)가 필요함을 주장하고 있다.

한국에서 거대 기업의 문제는 '국가의 성장지표가 소수 재벌의 업적에 의존한다고 할 때 사회복지나 분배의 형평, 노동문제는 친재벌적 경제정책에 대해 부차적인 것이 될 수밖에 없다(최장집 2002, 155)'거나 재벌에 의한 한국사회의 지배로 인한 '재벌에게 경제력과 경제적 기회, 정치권력과 정치적 기회, 나아가 이데올로기적 역량과 담론기회가 과도하게 집중(홍덕률, 1996, 231 이하)'되어 있다는 점에 있다.

직관적으로 보더라도 이들이 국민경제에 미치는 영향이 지대함을 이유로 공적 자금을 투입한다거나(회생 비용을 시민에게 전가), 부당 내부거래에 대한 통제를 경제사정을 이유로 포기하는 것 등은 문제가 아닐 수 없다.

조직화된 이익집단의 문제

조직화된 특수이익과 국가권력의 유착은 다수와 소수의 관계가 역전됨을 의미한다. 이는 토크빌과 매디슨 이래 자유주의자들의 고민이기도 했다. 한국 사회에서 그것은 의약분업과정에서 드러나기도 했다. 이들은 자신의 이익을 위해 동맹관계를 형성하고 공공의제를 왜곡하게 된다. 원전마피아, 해양수산부와 해운업체 간의 연계망인 해피아 같은 'XX마피아'나 국토교통부 - 국회 관련 상임위원회 - 건설업체의 연계망인 토건족과 같은 'XX족'은 이를 반영하는 개념들이다.

기업화된 언론의 문제

언론은 '도시마다 지방마다 무수하게 출간되는 신문들은 개인과 집단의 공통 이익과 요구들을 한데 묶음으로써, 그렇지 않았다면 파편화되었을 사회를 다양한 이익들의 그물망으로 연결하는 중추적인 의사소통의 매체(최장집 2002, 92)'라는 점에서 중요한 의미를 갖는다. 하지만, 거대 기업화된 언론은 개개 시민들의 이익과 요구들을 한데 묶는 역할을 한다기보다는 지배이데올로기를 생산하는 구성적 권력의 중추적 역할을 하고 있다고 볼 수 있다.

여론을 다수의 시민이 특정이슈에 대해서 갖고 있는 집합적 의사 혹은 대화의 내용이라 할 때, 이러한 의사 혹은 의견은 유동적인 특징을 갖는다. 따라서 여론의 핵심은 시민개개인들의 의견과 대화의 흐름이라고 할 수 있다. 이러한 여론은 정치적으로 이익결집과 표출, 이익집단에 대한 견제, 정치체제의 통합 등의 기능을 한다는 점에서 중요하다. 하지만, 몇몇 언론기업에 의해 주도되고 제시되는 포장된 여론은 여론이라기보다는 이데올로기이며, 살아 움직이는 시민사회의 시민들의 다양한 이해관계를 집약하기 보다는 체제의 편견을 동원하는 방향으로 기능하고 있다. 반면, 이러한 언론기업에 대한 정치적 · 민주적 통제는 제약되고 있다.

이러한 집단이 민주주의에서 갖는 함의는 무엇일까? 정치를 다양한 이해관계 혹은 가치들 간의 갈등을 전제로 한 권위적 조정(D. Easton은 가치의 권위적 배분이라 하였다)을 통한 사회적 통합의 달성이라고 하자. 하지만, 거대기업과 조직화된 특수이익, 그리고 기업화된 언론은 공적인 것과 사적인 것의 경계를 허물어뜨리면서 공적 의사결정과정을 사유화하고 다수 집단을 배제하고 이를 정당화함으로써 '정치'를 형해화시키고 있다. 나아가 직접적이든 간접적이든 인민의 자기지배라는 민주주의는 형식만이 남아 있고 실질적으로는 박제화되어 버릴 것이다. 따라서 이들이 행사하는 권력이 비가시적인 영역으로 사라진다면, 이들 권력에 대한 통제가 무엇보다도 중요할 것이다.

만약에 우리 사회에서 다양한 이익들이 경쟁하지 못하고, 사적 이익들이 권력과 융합되고 다수 이익을 공적 결정에서 배제하고 있다면, 다원주의적 관점에서는 경쟁적 시스템을 형성하는 것이 대안이 될 수 있을지도 모르겠다. 즉, 가시적인 형태로 작동하는 권력은 다알이 제시하는 다두정(polyarchy)을 통해 균형을 이룸으로써 적절히 제어할 수 있을 것이다.

그런데 만약, 권력이 비가시적으로 작동하고 있다면, 이러한 다원주의적 처방은 효과가 제한적일 수밖에 없을 것이다. 다원주의적 대안은 집단 간의 권력과 자원의 균등한 분배가 전제되어야 한다. 구조적 권력이 문제된다면, 근본적으로는 체제의 구조를 변경하는 방법을 생각할 수 있다. 즉, 권력에 대한 최종 통제권이 실질적으로 시민들에게 돌아갈 수 있도록 하는 것이 요구된다. 그러나 보다 현실적인 방안으로서 제기될 수 있는 것이 gate-keeper(문지기)를 우회할 수 있는, 즉 체제에 대한 접근성을 높이는 방법이라 하겠다. 정보통신기술 / 인터넷을 이용한 전자민주주의의 가능성을 타진하는 것이다.

구성적 권력이 문제된다면, 근본적으로는 시민의 성찰에서 해결책을 찾을 수 있다. 서구의 경험에서 보면, 1960년대 이후의 신사회운동 혹은 시민사회단체의 활성화는 기존의 왜곡된 사회적 합의를 깨뜨리는 데 상당한 힘을 발휘했다. 이는 이 책 제4편 3장에서 설명하는 '신사회운동'이나 '정체성의 정치'와 관련된다.

4. 정치권력과 지배구조 : 정치권력에 대한 엘리트론과 다원론

정치권력과 지배의 구조에 대한 이론은 권력엘리트론과 권력다원론의 논쟁 속에서 전개되었다. 이 논쟁의 핵심은 미국사회가 다원주의사회인지 아니면 엘리트주의사회인지에 대한 것이었으며, 논쟁 당시 전자는 미국의 주류 정치학계의 입장을 반영하였고, 후자는 비주류 입장으로서 소위 Radical Paradigm으로 불렸다.

현대사회에서 정치권력은 집중적 현상과 동시에 고도산업화와 정보화에 따른 사회구조의 분화와 다원화라는 정치권력의 분산적 현상을 동시에 보이고 있다. 시대와 국가별로 이러한 구심력과 원심력 중에서 어느 운동이 주요하게 나타나는가 하는 정도의 문제와 동시에 그 운동의 방향성이 중요하다고 보인다.

1) 통치엘리트 권력론 2018 입법

가. 엘리트론(신마키아벨리즘) : G. Mosca, V. Pareto, R. Michels

엘리트론은 계급 없는 사회의 달성은 불가능할 뿐 아니라 정치체제의 권력이 본질적으로 소수의 엘리트에 의하여 행사될 수밖에 없다고 보는 이론을 말한다. 엘리트론의 핵심은 모든 사회는 지배계급과 피지배 계급으로 나뉠 수밖에 없다고 보는 데 있다.[21] 이 이론은 다수 대중이 정치에 영향력을 행사할 수 있는 가능성은 거의 없다고 보는 것으로, 권력의 다원성을 강조한 자유(민주)주의와 프롤레탈리아 독재를 제시한 사회주의에 양자 모두에 대한 비판 혹은 도전이라 할 수 있다. 계몽주의와 결별, 치자와 피치자의 엄격한 구별, 통치에 있어서 힘과 위선의 역학 관계, 그리고 모든 정치집단이나 국가의 필연적인 타락을 주장했다는 점에서 마키아벨리주의라고 평가된다.

Vilfredo Pareto는 사회를 엘리트와 비엘리트로 구분하면서, 엘리트를 다시 통치엘리트와 비통치엘리트로 구분하였다. 그리고 역사란 소수 엘리트 사이의 투쟁의 역사에 지나지 않으며, 통치엘리트가 변경되는 것에 불과하다고 주장하였다(엘리트 순환론).[22] 또한 엘리트층은 쇠퇴하는 경향이 있다고 하면서(역사란 '귀족의 묘지'), 엘리트 순환은 구 엘리트의 몰락으로 인한 사회의 파괴를 방지하는 데에 있다고 보았다.

인간의 심리를 중심으로 설명한 파레토와 달리, Gaetano Mosca는 엘리트 지배를 조직화된 소수와 비조직화된 다수의 관계를 중심으로 설명한다(다수라 하더라도 조직 앞에 개인이 저항하기

21) 다만, 그 원인을 설명하는 방식에서는 차이가 있다. 예컨대, Pareto, Mosca 등은 엘리트의 타고난 우월성을 강조한다면(자연 생성론), Michels 등은 관료제적 구조를 근간으로 하는 근대사회의 조직적 특성을 강조한다(근대사회조직론).

22) 그는 인간의 감정을 결합본능과 집단유지본능으로 구분하면서 전자에 속하는 여우형 엘리트와 후자에 속하는 사자형 엘리트로 구분하였다. '사자형 엘리트'는 기존의 질서를 유지·존속하려는 경향이 강하며 강력한 통제력을 행사하는 엘리트를 말한다. '여우형 엘리트'는 강력한 통제력은 없으나 약삭빠르고 교활하며 수완이 풍부한 엘리트를 말한다.
사자형 엘리트는 강력한 통치로 국가를 지배하며 국민의 애국심과 응집력을 높이려 한다. 대중의 불만에 대해 강제력을 행사하는데, 대중의 불만은 더욱 커질 수밖에 없다. 이 때 여우형 엘리트가 두각을 나타내며, 이들은 대중의 불만을 확대·과장하고 구체화시키는 경향이 있는데, 사회혼란은 더욱 커지게 되고, 사자형 엘리트가 다시 집권하게 된다.

는 어렵다는 것이다). 지배계급은 소수이지만 정치권력을 독점하고 정치적 기능을 수행하며 권력에서 창출되는 이익을 점유하는 반면에 피지배계급은 다수이지만 합법적 수단 혹은 폭력적 수단에 의해 지배계급의 통제를 받는다고 설명한다. 그는 지배계급을 상층엘리트과 하위엘리트로 구분하면서, 대중과 직접 접촉하는 하위엘리트들이 관료를 구성한다고 보았다. 그리고 정치조직의 안정은 하위엘리트층이 획득한 도덕률, 지성 및 활동역량에 달려 있다고 지적하였다.[23)]

Roberto Michels는 사회는 소수가 지배하는 과두제적 경향이 불가피하다는 '과두제의 철칙'을 주장하였다. 국가를 포함한 모든 조직은 능률적으로 기능을 해야 한다는 효율성 원리와 분업에 입각한 견고한 구조를 갖기 때문에 소수에 권력이 집중될 수밖에 없다. 또한 소수에 권력을 집중시키지 않고서는 그 규모를 확대시킬 수 없다. 즉, 조직의 발전과 확대는 필연적으로 관료조직을 낳는다. 그리고 권력을 장악한 소수는 자신의 권력을 유지하려 하며, 자신이 표방한 목적보다는 조직 자치의 유지를 중요시한다. 또한 무관심하고 나태하며 무능한 대중은 지도자를 갈망하며 지도자에 대한 존경을 강화한다. 이런 요인으로 인해 다수는 소수의 지배에 복종하게 된다는 것이다. 다만, 파시즘과 같은 전체주의를 옹호했던 앞서 두 이론가와 달리 미헬즈는 비판적 관점을 견지하였다.

나. 통치권력엘리트론 : C. W. Mills와 F. Hunter

C. Mills, F. Hunter 등은 신마키아벨리적 권력 개념과 맑스의 지배계급 개념을 결합한다. 이들은 사회집단 간에 권력이 불균등하게 분배되어 있으며, 이에 따라 개인 간의 관계와 마찬가지로 사회가 피라미드형 구조를 이루고 있다고 보았다.

경제엘리트들은 계서화된 권력구조의 꼭대기에 앉아 공동이익을 위해 응집력 있게 조직되고, 이들은 의회의 위원회와 관료들을 포획함으로써 폐쇄적이고 안정적인 권력의 중추(iron triangle)를 형성하게 된다. 이에 따라 정부는 제2차적 기관으로서 정책집행을 위한 도구로 전락하게 된다. 예컨대, 밀즈는 대기업 · 군사조직 · 관료의 군산복합체(military-industrial complex)가 거대한 재정적, 정치적, 지적 자원을 독점하면서 의사결정을 지배하고 있으며, 이들은 서로의 이익을 위해 봉사하고 있다고 주장하였다.

다. 신통치엘리트 권력론 : P. Bachrach & M. Baratz

P. Bachrach & M. Baratz는 「권력의 두 얼굴」에서 어떤 결정이 권력만이 아니라 힘 · 영향력 · 권위 때문에 이루어질 수 있음을 지적한다. 권력엘리트는 직접 정책결정과정에 참여하지 않고서도, 영향력에 의해 정책을 자기가 원하는 방향으로 인도할 수 있다는 것이다.

즉, 통치엘리트의 이익은 문지기(gate-keeper) 역할을 하는 대통령이나 의원들이 보유하는 의제설정권력을 통해 자신들의 이익과 상반되는 쟁점이 정책의제로 설정되지 않도록 할 수 있으며, 이를 결정과 구분하여 비결정(nondecision)이라 불렀다.

다원권력론자들의 민주주의이론에 의하면 일반시민 또는 대중의 대다수가 고전적 민주주의 이

---

23) 지배계급은 정치적 공식인 바, 신화에 의해서 다수에 대한 자기들의 지배를 정당화시킨다. 이러한 신화 또는 공식은 어떤 사회의 시대정신 혹은 이데올로기를 나타낸다. 조직화된 소수 지배계급이라 하더라도 그들이 타고난 능력 때문에 지배한다고 말하는 것으로 충분하지 않기 때문이다.

론에서 상정했던 것과는 반대로 정치적으로 무감각할 수 있지만, 기대반응의 법칙 때문에 권력엘리트가 크게 빗나가는 정치를 할 수 없다고 한다. 그러나 신통치엘리트권력론에 의하면 일반시민 또는 대중의 대다수가 비정치인이 된 것은 권력엘리트라 조작해 낸 것이며 조작을 통해 정치 전반을 자기들이 원하는 방향으로 이끌고 간다는 것이다.

2) 다원권력론

다원주의란 P. Dunleavy and D. O'Leary에 의하면, "사회에는 다양한 것이 존재하고, 또 존재해야 한다(there are, or ought to be, many things)"는 믿음을 말한다. 정치적 차원에서 볼 때 그것은 사회에 존재하는 집단이나 조직이 다양하고 그 수가 많을수록 그만큼 조직들의 자율성도 커지고, 이러한 자율성이 보다 민주적인 체제를 보장해 줄 수 있다고 믿는다.

가. 고전적 다원주의론 : 집단이론

고전적 의미의 다원주의는 A. Bentley, D. Truman의 "이익이 있는 곳에 집단이 있다"는 표현에 잘 나타나 있다. 개인은 자신의 선호를 효과적으로 표출하고 관철시키기 위해 개인은 자연스럽게 집단을 결성하게 된다. 이러한 집단의 결성은 대항집단을 형성하게 하고(파도이론), 이러한 집단현상은 현대사회의 급격한 변동과 전문화 · 이해관계의 다양화되면서 사회 각 부문으로 파급된다(확산이론). 물론, 정책과정에 동등한 접근기회를 갖는 각 이익집단은 영향력에서는 차이가 있지만, 집단들 간에는 경쟁과 압력에 의해 균형이 형성된다. 따라서 정책은 경쟁 · 갈등하는 집단 간의 조정 · 타협을 통해 이루어진다. 이 과정에서 정부는 이익집단 간 갈등과 경쟁이 이루어지는 장(field ; arena)으로, 중립적 심판자의 역할을 한다.

나. R. Dahl의 다원주의 : "누가 통치하는가?(Who Govern?)"

다알은 New Haven시의 지역사회 정책분석을 통해 권력은 소수 엘리트에 집중되어 있지 않고 다양한 집단에게 분산되어 있다고 주장하였다. 그는 먼저, 권력의 개념을 잠재적 권력과 실제적 권력으로 구분하고, 실제적으로 행사되는 권력만을 대상으로 연구를 해야 한다고 주장한다(축소주의). 권력자란 정치자원을 가진 사람 가운데서도 정책형성과정에 참여할 의사(incentive)가 있으며, 또 자기가 원하는 정책을 관철시킬 수 있는 능력(skill)까지도 가지고 있는 자 혹은 집단인 것이다. 결론적으로 그는 뉴헤이븐 시의 강력한 집단(권력엘리트)이 권력의 자원이라 할 수 있는 사회 · 기업 · 정부 내 지위 및 명성을 보유하고 있다 할지라도 실제 행사되는 영역은 자신들의 이해관계가 있는 일부에 한정되며, 다른 부분은 타 집단에 의해 행사된다는 점에서 지역사회가 특정 집단에 의해 지배되고 있지 않다고 결론 내린다. 즉, 엘리트는 모든 정책영역에서 지배적인 권력을 행사하는 것은 아니다.

통치권력엘리트론은 권력의 강제성만을 강조하고 합법성을 취급하지 않고 있다. 즉, 권력에의 복종은 단순히 가치박탈이 두려워서만 일어나는 현상이 아니고 복종자의 이익에도 부합되기 때문에 일어남을 지적한다.

나아가, 정부의 의사결정체제는 그 복잡성에도 불구하고 개방적이고 투명하게 항상 다수의 의지에 반응한다. 선출직 엘리트는 지역의 의사결정에 종속적이거나 주변화되어 있는 것이 아니라 독립적인 변수로서 영향력을 행사하며, 대중적 통제를 받는다. 이들은 유권자의 이익에 민감하게 반응하며 유권자의 요구가 사회경제적 명망가들의 요구와 상치될 경우 유권자의 요구를 우선적으로 수용할 수밖에 없는 것이다.

다. 다원주의에 대한 비판

T. Lowi는 '이익집단 자유주의'를 통해 미국사회가 다양한 이익집단들의 활동이 실질적으로 보장되고 있어 다원주의 모델에 부합되지만, 사회병리현상을 낳는 원인이 되고 있다고 지적한다.

다원주의는 모든 조직화된 이익들이 체제에 접근할 수 있고 이들의 요구에 대해 정부가 어떠한 독립적 판단도 내리지 않는 것이 필수적이며, 바람직하다고 보는 관점이다. 즉, 공익을 다양한 요구들이 혼합된 결과로 정의한다. 실제 미국사회는 입법부에 대한 접근이 어려운 경우 행정부 혹은 사법부를 통해 이익들이 투입될 수 있다는 점에서 다원주의 사회라 할 수 있다. 하지만, 대규모 조직이 조직간 담합 등을 통해 정치적 불평등을 구조화하며, 개별이익을 위해 전체이익을 희생시키고, 다수의 이익이 배제되는 공공의제의 왜곡현상이 발생한다고 그는 지적한다.

G. McConnell이나 E. Schattschneider는 사실상 정책결정과정에 실질적인 영향력을 행사하는 사회의 구성원은 기업부문과 같이 풍부한 자원과 특권적 지위를 갖는 '조직화된 특별이익(organized special interest)'이라는 소수의 사적 이익집단에 불과하다고 비판한다.

라. 신다원주의[24)]

달은 1970년대 들어 "대기업의 요체라고 볼 수 있는 사적인 지배가 공공의 권위를 차지하고 있다"고 비판하고, 대기업은 사회적 기업으로서 인간에게 권력을 행사하는 정치체계라 하였다. 린드블럼 역시 기업이 정책결정에 미치는 특권적 역할을 비판한다. 즉, 이익집단들을 동등한 수준에서 비교하는 것은 문제가 있다. 그것은 정책결정이 정부가 아닌 시장체계 내의 기업집행부에서 이루어짐으로써 이는 궁극적으로 정부의 권위를 위협하고, 기업은 이데올로기적 방어수단에 의해 그들의 지위를 정당화함으로써 그들의 특권적 지위를 유지하려한다는 점 때문이다.

3) 반결정주의 권력론(D. Held, R. King) : 구성적 권력

이 이론은 다원권력론과 신통치엘리트 권력론에 비판적 입장을 취하는 이론이다. 다원권력론은 이슈에 따라 정책결정이 이루어질 때의 권력행사 방식에 분석의 초점을 맞추는 반면, 신통치엘리트권력론은 정책결정 뿐 아니라 비결정의 상황에서 권력이 행사되는 방식에 관심을 기울인다. 그러나 권력을 개인능력의 관점에서 분석할 경우 정치사회적인 제도(체제의 편견 ; the bias of a system)는 권력행사의 분석에서 무시될 수밖에 없다고 비판한다. 다시 말해, 권력엘리트의 이익과 대중의 이익 간에는 갈등이 있게 마련이지만, 체제의 편견에 의해 대중들이 권력엘리트의 이익을 당연한 것으로 받아들이게 됨을 간과한다는 것이다.

---

24) 신다원주의는 경제민주주의/작업장 민주주의 및 시민참여에 관한 논의 경향 외에 관료의 적극적 역할(Waldo의 전문직업성과 입헌주의 재확립)을 강조하는 입장이 있다. 행정학 총론에서는 시민참여를 강조하는 Frederickson(신행정학)과 전문직업성을 강조하는 Waldo로, 정책학에서는 정책네트워크이론으로, 지방행정에서는 관료역할을 강조하는 논의로 설명되고 있다.

자유민주주의 체제에서 권력소유의 비대칭문제를 당연한 것으로 받아들이는 이유는 권력이 사회 전체의 이익을 위하여 행사된다는 믿음 때문이다. 그러나 합의의 정치는 1960년대 뉴레프트 운동, 반전 운동 등에서 중대한 도전에 직면했으며, 사회합의체제는 1980년대를 전후하여 급격하게 해체되었다. 다원권력론의 틀 속에서는 상상할 수 없었던 이와 같은 반체제운동의 발생은 권력의 소리 없는 체제적 속성의 분석에 관점을 돌리게 했다.

여기서 반결정주의 권력론은 개인의 이익과 욕구는 반드시 일치할 뿐 아니라 개인의 선호와 일치하지 않는 객관적 이익이란 존재할 수 없다고 하는 행태주의 분석을 배격한다. 선호는 잘못 판단할 수도 있으며, 이데올로기적 왜곡, 사회정치적 제도의 영향으로 자신이 진정으로 원하는 것이 무엇인지 알기가 쉽지 않다는 것이다. 더욱이 인간은 자신의 이익에 반하는 행동을 하기도 한다.

나아가 기업이익을 보호하는 것은 효과적인 정책결정을 위하여 당연한 것이라고 정책결정자들이 전제하고 있기 때문에 기업은 구태여 정치적 참여를 시도할 필요가 없게 된다. 자본주의 사회에서는 국가가 기업의 자본축적에 구조적으로 의존하기 때문이다. 결국 개인 기업가의 정치적 참여와 그가 행사하는 권력은 그가 속한 기업조직구조에 의하여 결정된다. 거대 기업은 소리 없는 권력을 행사하는 것이다. 결론적으로, 반결정주의에 의하면 무행동(inaction) 혹은 참여의 부재가 진정한 권력행사의 증거가 될 수 있다는 것이다.

4) 민주주의란 ... 그 조건은?

정치권력에 관한 다원주의자들과 엘리트주의자들 간의 논쟁은 다분히 미국사회의 성격에 관한 것이었다. 그러나 그 배후에는 민주주의의 성격에 관한 문제가 담겨져 있다.

초기엘리트주의자들의 주장은 플라톤적 철인 정치에 경도되는 경향이 짙게 베어난다(실제로, 파시즘에 참여하기도 하였다). 물론, 엘리트의 출현이 필연적이라고 할 때, 엘리트론자들이 지적하듯 엘리트들 간의 경쟁을 통해 이를 보완할 수 있다고 보면 이는 다원주의자들의 주장과 크게 다르지 않다. 다원주의자들의 주장도 궁극적으로 다양한 이익집단간의 견제와 균형을 통해 체제의 대응성을 높이려는 것이었다는 점에서 그러하다.

1950년대 미국사회 성격에 관한 엘리트론자들의 주장은 미국사회가 다원주의자들이 주장하는 것과는 다른 방향으로 흘러가고 있음을 보여주는 데에 있었다. 다원주의가 가정하는 것과 달리 (혹은 신다원주의가 인정하듯이) 현실정치에서 권력이 구조적으로 비대칭성을 띠고 있거나, S. Lukes나 D. Held가 지적하듯이 권력의 구성적 힘을 긍정한다면, 민주주의는 근본적으로 재구성될 필요가 있다(시장지상주의 모델과 2편 2장의 참여민주주의 모델 참조할 것).

제 3 절 갈등의 정치, 그리고 한국 정치의 현실

지금까지 강조해왔던 것처럼, 사회의 균열은 불가피하다. 사회 전체를 지배하는 특정한 윤리나 규범이 부재한 근대 사회에서 전체 구성원의 일치된 의견을 이끌어 내는 것은 전체주의 사회에서나 가능할 뿐이다. 오히려, 갈등이나 균열·분열이 없는 획일화된 사회는 변화와 발전이 없는 무색·무취·무정형의 미래 없는 사회에 불과할 것이다. 그리고 정치는 이러한 갈등을 전제로 해서 이루어진다.

먼저, 현대사회에서 정치를 주조해 나가는 갈등은 이익과 가치를 둘러싼 것으로 국가마다 상이한 역사적 배경 속에서 형성되어 왔기 때문에 어떤 정형화된 갈등의 구조나 틀이 주어진 것은 아니다. 다음으로, 이러한 이해관계 등을 둘러싼 갈등이 특정 집단을 구획하고 그것이 장기적으로 유의미한 정치세력을 형성할 때 소위 균열구조를 형성하게 된다. 근대사회에서 사회의 균열은 이익집단의 정치, 정당정치, 의회정치를 통해 통합되고 조정된다. 우리사회에서 균열은 사회경제적 균열, 지역균열, 이념균열, 세대균열 등으로 나타나고 있다.

따라서 이하의 글은 이러한 갈등과 균열구조가 제도화된 공적 공간으로 어떻게 투입되고 결정으로 전환되는지에 초점을 맞출 것이다. 다시 말하면, 시민사회에서 형성된 균열구조가 어떻게 국가로 투영되는지를 국가와 사회의 제도·구조라는 맥락에서 이야기를 풀어 나갈 것이다. 여기에서는 우리가 보아야할 주제들을 틀 지우는 데 필요한 한국 정치의 상과 현실을 지적하고자 한다(자세한 내용은 3편 1장 도입부에서 설명할 것이다).

포스트 민주주의 : 민주주의는 종료된 프로젝트인가?

민주화 이후 한국은 소위 포스트민주주의의 양상을 보이고 있다.[25] 즉, 선거를 통해 정부가 유권자에게 책임을 지는 좁은 의미의 민주주의는 확보했지만, 시민들은 활동가들과 언론매체가 만드는 인상적인 주제에 대해서만 간헐적으로 반응하는 소극적인 정치집단으로 전락하고 있는 것이다(C. Crouch). 이러한 포스트 민주주의의 현상은 민주화 이후의 한국만의 문제는 아니며, 선진 민주주의 국가에서도 나타나는 것이고, 이러한 현상이 민주주의에 대한 불신을 만들어 내고, 시민들의 삶은 민주적 절차가 아닌 언론이나 법조인들이 지배하고 있다는 인식마저 팽배하다(R. Dalton ; R.P aehlke).[26] 여기에 한국은 김영삼 정부의 김현철 인맥과 박근혜 정부의 최순실 등 비선에 의한 국정운영이 가져온 결과들을 놓고 볼 때, 과연 한국이 민주주의 체제가 맞는가에 대한 회의적 시각이 강하게 나오고 있다.

한국에서의 민주주의는 독재 권력에 대한 저항, 즉 민주화 운동의 결과물이었다. 하지만, 민주화 이후 한국의 정치과정과 정책들을 보면 사회적 합의를 기반으로 한 열정이나 청사진을 담고

25) 이는 한국만의 문제가 아니다. 민주주의 공고화의 성공사례라고 하는 아시아의 많은 국가에서 갈등과 위기가 나타나고 있으며, 태국에서는 2006년 9월 탁신정부가 군부쿠데타에 의해 좌절을 맛보았고, 한국이나 대만도 민주주의에 대한 실망과 위기를 경험하고 있는 것이다.

26) 이러한 현상은 여러 요인에 의해 설명할 수 있다. 하지만, 필자는 그 근본적인 이유를 근대 민주주의에 내재되어 있는 자유주의와 민주주의 간의 긴장 속에서 이해하려 한다(자세한 내용은 제2편 민주주의 부분을 참조할 것).

있다고 보기 어렵고, 사인화되어 버렸다. 민주주의를 절차적 혹은 실질적으로 정의하는지에 상관없이 한국의 민주주의가 공고화되었다고 보기 어려운 상황인 것이다.

첫째, 민주화 이후 초기에는 3김의 영향력이 권위주의시기에 형성되었던 사당화(boss주의)된 정당의 상징이자 민주주의 공고화를 가로막는 요인으로 이해되기도 했다. 그러나 2004년 총선이 3김 시대의 종언의 신호탄이라 평가되었음에도 불구하고 민주주의 발전으로 나아가지는 못했다. 어찌 보면, 한국사회는 과거의 망령(박정희 체제와 개발독재의 환상)과 유산에 사로잡혀 있는 것인지도 모른다. 이는 정치개혁 · 재벌개혁 · 과거청산 · 부패개혁 등을 가로막는 요인으로 작용하고 있다. 게다가 민주적 개혁 세력이 부식되면서 조직화된 특수이익 및 재벌과 기술관료에 의한 조정이 한국의 민주주의를 질식시키고 있지는 않은지도 고민되어야만 하는 상황인지도 모른다.

둘째, 신자유주의적 지구화는 시민사회를 양극화시키면서 사회적 긴장을 고조시키고 있는 반면, 정치의 시장화를 가속화시키고 있다. 이 시기의 민주주의는 개인의 재산권과 선택의 자유만이 남겨진 민주주의 없는 자유주의에 불과할지도 모른다. 일각에서는 민주주의를 둘러싼 토론은 사라지고, 경제성장을 위해 '기업하기 좋은 나라'를 만드는 데 모든 신경이 쏠려 있다. 어찌 보면, 한국에서의 그것은 정치철학이 없는 실용주의적인 자유주의, 즉 자유주의의 옷을 입은 기득권의 자기 옹호 논리에 불과할지도 모른다.

셋째, 박근혜-최순실 사건과 함께 소위 '제왕적 대통령제'라는 담론이 다시 확산되었다. 이 담론은 때로 대통령의 권력을 분산시키면 한국의 민주주의 수준이 높아질 거라는 인식을 형성하면서 분권형 대통령제라는 제도변경이 필요하다는 주장을 낳기도 했다. 촛불혁명 이전 한국 정치는 '위임 민주주의'까지는 아닐지 몰라도 대통령의 강력한 권한과 권위주의적 사고에 젖은 대통령에 의한 독단과 독선이 문제될 수 있음을 보여 주었다. 그러나 통치구조에 관한 제도만 바꾸면 과연 한국의 민주주의 수준이 더 높은 수준으로 발전할 수 있을까를 고민해볼 필요가 있다.

넷째, 시민의 의사는 제대로 투입되지 못하고 있으면서도, 특수 이익의 경우 과도하게 투입되는 탈정치화와 과잉정치현상이 동시에 존재한다. 일반적으로 시민의 정치적 의사가 투입되지 못하는 경우 정치적 무관심[27]으로 나타나기도 하지만, 동시에 직접 참여하려는 현상이 나타나면서 정치적 불안정성을 야기하기도 한다. 그러나 한국 정치의 문제가 대중의 참여폭발 혹은 과부하 민주주의(overloaded democracy), 집단이기주의에 있을까? 오히려 시민의 정치적 소외나 정치체제의 낮은 반응성의 문제는 아닐까를 고민해 보아야 한다. 즉, 이 문제는 한국 정치 현실을 반영하는 것으로, 시민들의 의식수준 만의 문제가 아닌 제도적 결함의 문제이며, 그것은 장기간에 걸친 권력의 중앙집중이 만들어 놓은 결과물일 수도 있다 - 한국의 시민사회가 보이는 보수성의 문제도 본질적으로는 이와 같은 것으로 보아야 한다고 본다.

어쩌면, 우리사회가 직면한 문제의 핵심은 사회의 균열을 조정할만한 제도적 장치들이 정교하지 못하고, 존재하는 장치들 또한 제대로 기능하지 못하고 있다는 점에 있는지도 모른다(필자는 이렇게 본다). 선진 민주주의 국가와 비교할 때, 한국의 정치는 시민의 의사를 집약하고 정치체제에 투입할 수 있는 채널이 발전되어 있지 않다. 많은 곳에서 gate-keeper에 의한 필터링 과정이 존재하며,

27) 정치적 무관심과 관련한 현상으로 DK group(don't know group), NR group(non response group)의 증가를 들 수 있다.

다양한 수준에서 체제의 편견이 동원되고 있다.

포스트 민주주의라는 현 단계에서 한국에서 민주주의는 종료된 프로젝트인가? 아니면, 앞으로 지속해야할 과제이고, 그것이 현실적으로 가능한가? 가능하다면, 어떻게 가능한가? 그것은 정치제도에서 찾아져야 하는가? 시민들의 (정치문화를 포함한) 정치적 수준에서 찾아져야 하는가? 아니면 보다 근본적인 청사진에서 찾아져야 하는가?

국가-사회의 구조화

그렇다면, 어떻게 접근할 것인가? 그 틀은 ① 자유주의 / 현실주의라 불리는 관점에서의 제도화의 문제와 ② 공화주의 / 이상주의라 불리는 관점에서의 참여와 공론의 문제로 접근하고자 한다. 다만, 제도화와 참여가 완전히 분리되는 것이 아님에 주의하기 바란다. 그것은 자유주의에서 참여를 완전히 배제하는 것은 아니기 때문이며, 오히려 제도화된 참여를 강조할 뿐이다. 또한, 공화주의에서 말하는 참여라는 게 그 기반이 전혀 없는 허공에서 이루어질 수 없는 것이며, 제도를 통해 보장될 필요를 부인하는 것이 아니기 때문이다.

국가와 사회의 관계는 법과 제도에 의해 구조화된다. 그리고 시장에 의해 형성된 이해관계에 의해 매개되어 있다. 나아가, 이러한 국가와 사회의 구조는 지구화라는 환경 속에서, 정보통신기술의 발달이라는 조건 속에서 역동적으로 변화하고 있다. 이를 그림으로 나타내면 아래와 같다.

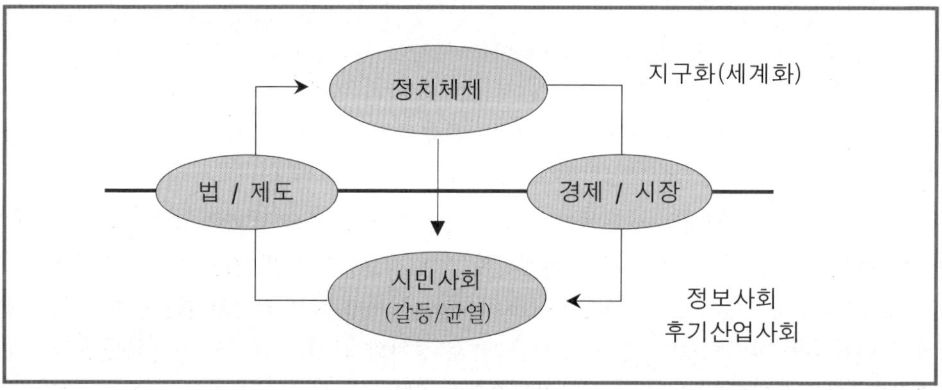

제 2 장 현대정치학의 사상적 기초

이 장의 목적은 지배의 정당성과 정치체제의 제도화를 위한 사상적 기반을 살펴보는 것이다.
현대 정치현실이 안고 있는 문제점은 무엇일까? 그리고 이러한 문제의 본질은 어디에 있는 것이며, 이를 해결하기 위해서는 어떠한 방향으로 나아가야 하는 것인가? 이에 대한 대답의 출발점과 귀착점에 정치사상이 서 있다.
이 장에서는 현대 정치사상의 출발점에 서 있는 마키아벨리즘과 사회계약론, 자유주의의 핵심적 주장을 정리하고, 현대 정치사상의 전환점이 되는 롤스의 정의론을 살펴 본 후, 자유주의와 공동체주의의 논쟁을 엿보는 데서 만족하려 한다. 이들 주장이 현실 정치에서 갖는 의미는 민주주의론과 정치과정론을 통해 보다 구체화될 것이다.

제 1 절 정치사상과 이데올로기

Ⅰ. 이데올로기의 개념과 기능

1. 이데올로기의 개념

사상 혹은 이데올로기는 어떤 집단에 의해 사실 또는 진리로 받아들여진 가치체계 또는 신념체계(혹은 재편되고 정형화된 신념)이다. 사상은 인간을 둘러싼 세계에 대한 해석을 담고 있다. 따라서 정치사상이란 정치현실에 대한 해석을 통해 통찰력을 제공해 주고, 그 속에서 구체적 처방을 위한 방향을 담고 있다고 할 수 있다.[28)]

2. 이데올로기의 기능

이데올로기는 사회의 통합 및 정체성과 자의적 동원수단이라는, 그리고 정치적 지배의 윤리적 정당화와 독재정권의 옹호수단이라는, 또한 사회변혁의 촉진과 폭력의 합리화에서 볼 수 있는 반휴머니즘이라는 상충된 두 가지의 측면을 내포하고 있다.

하나의 신념체계로서의 이데올로기는 사회의 다양한 제도와 절차에 관한 일련의 태도로 구성되며, 그것을 믿는 사람들에게는 이 세계에 관한 사실적이면서 당위적인 청사진을 제시해 준다. 즉, 사회에서 가치 있는 것과 그렇지 않는 것, 유지되어야 할 것과 변해야 될 것 등을 제시하며 그것을 소유하고 이는 사람들의 태도를 형성한다. 궁극적으로 이데올로기들은 사회 및 정치적 행태와 관련이 있으며 정치적 행동을 위한 골격을 제공한다고 하겠다.

---

28) K. Marx는 이데올로기를 계급의 사회경험에 의해 산출된 일련의 정치적 환상, 즉 허위의식이라 불렀다. 반면, 현대사회에서는 극단적인 신념으로 치부하는 관점과, 사상은 문화를 구성하고 또한 그것에 스며든다는 관점이 대립되고 있다.
K. Manheim에 의하면 대부분의 사고행위는 그것이 처하고 있는 사회적 맥락과 불가분의 관계를 맺고 형성된다. 즉, 비슷한 상황에 처한 사람들과 집단만이 문제에 대한 접근에 있어서도 동일한 관점과 판단을 내릴 수 있게 된다. 그는 특정 시대 또는 구체적인 역사적·사회적 집단이 각기 갖고 있는 시대정신 또는 집단정신의 전체적 구조의 특징과 구성을 의미하는 전체이데올로기를 강조한다. 전체이데올로기는 특수적 파악과 일반적 파악으로 나눌 수 있으며, 일반적 파악을 통해 집단과 시대의 정신 속에 구체화되어 있는 진실한 지식을 획득할 수 있다고 한다. 이러한 만하임의 주장은 이데올로기를 신념 혹은 관념체계로 이해하는 데 기여했다.

① 이데올로기는 체제와 제도에 정당성을 부여하며(정통성 부여 기능), 국민을 국가공동체, 집단, 정당 또는 정치운동에 통합시켜 그들을 동원하는 역할을 한다(결속과 동원의 기능). 즉, 그것을 공유하고 있는 국민들을 통합시켜 주거나 그들에게 정체성의 의미를 부여해 주기도 한다.

② 이데올로기는 그것의 내용과 실체에 따라 여러 종류의 정치적 행동을 지향하고 있다(리더십과 조작의 기능). 권력중심에 있거나 권력을 추구하는 사람들이 추구하는 목적을 위해서 시민적 지지를 동원하는 수단으로 기능할 수 있다는 것이다. 이러한 이데올로기는 역설적이지만 전쟁을 위해 평화를, 권위주의를 확립하기 위해서 자유를, 재력가들의 입장과 특권을 강화시키기 위해서 사회주의나 포퓰리즘을 약속한다.

③ 공유된 관념체계는 의사소통을 단순화시키며 문제를 해석하기 위한 인지적 틀을 제공한다(의사소통 기능). 또한, 이익을 보호하고 합리화시키며, 또는 이러한 이익들을 성취시키기 위한 강력한 수단을 제공한다. 즉, 자유민주주의는 부자이익의 합리화로서 간주되는 반면, 맑시즘은 빈자들의 요구를 충족시키는 도구가 된다. 나아가 이데올로기는 감정적 유대감을 제공한다.

참고 50-60년대의 이데올로기 종언 논쟁

1. 의 의

R. Aron은 서구사회에서 과학기술의 발전에 의한 경제적 진보와 일반대주의 생활수준의 향상은 계급간 대립과 갈등을 완화시켰으며, 이는 결국 국내정치에서 이데올로기의 기능과 역할을 소멸시켰다고 주장했다. 비슷한 시기에 D. Bell은 지식인들의 정치적 경험, 특히 전쟁과 파시즘 등에 비추어 낡은 이데올로기가 급속도로 매력을 상실하게 되었음을 강조하였다.

2. 이데올로기 퇴조의 요인

① 경제발전으로 국민의 소득격차 축소와 관료기구를 통한 복지정책의 실시는 계급대립을 약화시켰으며, 민주주의 사상이 널리 전파됨으로써 급진적 이데올로기의 매력이 상실되었다.
② 정치적 쟁점을 해결하는 데 있어 추상적 이데올로기 논쟁의 역할이 감소하고 과학적 사고방법이 존중되어 전문가의 역할이 증대되었다.
③ 전체주의 이데올로기 신화가 사라지게 되었다.

3. 평 가

이 시기의 이데올로기 종언 논쟁은 이데올로기에 대한 미국적 인식에 기반하고 있었다. 당시 미국에서 이데올로기는 파시즘과 공산주의의 성장과 이에 대한 반파시즘/메카시즘과 같은 극단주의를 의미하는 것이었고, 진보를 방해하는 것으로 이해되었다. 즉, 이 시기의 이데올로기 종언은 이러한 미국적 상황 하에서 이해될 수 있을 것이다.

참고 이데올로기 종언 논쟁 2 : 역사의 종언

1. 의의

20세기 후반 사회주의체제의 몰락과 함께 이데올로기 종언 논쟁이 재연되었다. 1989년 소련 및 동유럽의 사회주의권이 붕괴하자 후쿠야마(Francis Fukuyama)는 '역사의 종언'이라는 논문을 발표한 것이다. 그는 이 논문에서 사회주의의 붕괴로 자유주의적 자본주의는 완선승리 했고, 이로써 더 이상의 진보는 없는 '역사의 종말'을 맞았다고 주장했다. 자유주의는 공산주의에 대해 승리함으로써 인류가 궁극적으로 선호하는 최고의 보편적인 이데올로기로서 정착되었다는 것이다.

후쿠야마가 주장하는 '역사'는 헤겔의 개념으로 '사회를 관리하는 정치경제적 변화'라는 의미이고, 따라서 역사의 종말이란 '자본주의와 사회주의의 체제대립에서 자본주의가 완전 승리함으로써 이제 자유주의적 자본주의는 세계의 정치체제 변화과정의 최종단계가 됐다는 것'을 지적한 것이었다.

그는 역사의 이후 시대에는 이데올로기 투쟁과 대립은 사라지는 대신에 종교와 민족주의 문제, 환경문제, 그리고 과학기술과 경제의 문제 등이 전면에 부각될지도 모른다고 주장한다.

2. 반 론

① 르노(A. Renault) 교수는 공산주의의 붕괴는 소위 역사의 종언과는 달리 정치철학 논쟁을 끝내는 것이 아니라 오히려 거꾸로 더욱 촉진시켰다고 주장한다. 최선의 정치공동체와 최선의 정치생활에 관한 이데올로기논쟁은 어느 시대와 국가에서도 계속될 것이다.

② 후쿠야마는 이데올로기가 진리를 은폐시킨다고 믿는 혹은 극단주의나 분열적 정치라는 인식에 기반하고 있어 보인다. 그러나 후쿠야마의 그러한 인식도 다른 형태의 이데올로기일 따름이다.

③ 후쿠야마는 이슬람이 자본주의 체제에 대적할 수 있지만 대안적 이데올로기가 될 수 없다고 주장하였다. 그러나 그는 이슬람세계의 다수는 이슬람 근본주의자가 아니라는 점을 깨닫지 못했다. 또한 그의 저서가 출판된 지 불과 몇 년 지나지 않아 세계는 민족주의가 분출하는 거대한 에너지를 목격하게 되었다. 그리고 새로운 사상인 페미니즘과 환경주의와 그것을 신봉하는 사람들 대부분이 민주주의적 자본주의를 배격하고 있음을 알아차리지 못했다. 새로운 이데올로기는 계속 탄생할 것이며, 기존의 이데올로기도 계속 변화해갈 것이다.

3. 평 가

이념의 종언을 주장하는 논자들은 이데올로기의 대립은 자본주의와 공산주의의 대립으로 이해한다. 그리고 자본주의와 민주주의를 동일한 의미로 본다는 점에서 이데올로기의 개념과 범주를 잘못 설정하고 있는 오류에 빠져 있는 것이다.

K. Polanyi는 서구 선진국이 자국의 경제적 이익추구를 위해 새로운 이데올로기로서 탈 이데올로기 개념을 사용하고 있다고 비판한바 있다. 즉, 현실적 경제침략의 사상적 방패로서 탈 이데올로기를 이용하여 후진국의 경제를 침탈하려고 시도에 불과하다는 것이다.

3. 서양 정치사상의 흐름

근대 이전, 즉 고대와 중세의 정치철학과 정치사상은 일반적 규범에 기초하고 있었다. 세계와 사회의 본질과 실재 및 질서는 마치 플라톤의 이데아나 기독교와 같은 종교가 말하는 신의 질서 그 자체로 이해되고 따라서 그 자체로 정당화된다. 그것이 자연법이라는 이름으로 이야기되는 경우에도 마찬가지다. 인간도 이러한 질서의 일부이며, 그렇기 때문에 인간은 누구이고 삶의 목적이 무엇이며, 정치가 지향하는 것은 무엇인지는 명확했다.

이러한 세계와 인간에 대한 목적론적 혹은 도덕적인 이해는 (그것이 인격적이든 비인격적이든) 신의 의해 매개된 보편적이고 도덕적인 관계를 형성한다. 나아가 공동체의 일원으로서 인간은 신 앞에서 평등하다. 그리고 이러한 공적인 규범은 그 자체로 타당하다.

하지만, 근대사회로의 이전은 이러한 공유된 규범을 해체시켜 버렸다. 먼저, 자연과학의 발달은 신의 질서에서 자연을, 다시 사회를 분리시켰다. 그리고 근대 경험과학은 자연의 질서와 법칙이 신의 언어를 통해 당연히 정당화되는 것이 아니라 실험을 통해 객관적이고 검증된 언어를 통해 설명되어야만 한다고 인식하게 만들었다. 이러한 작업은 이제 어떤 타당한 도덕적 규범이 사회나 인간 개인에 당연히 우선해서 존재(先在)하는 것이 아니라 이성에 의해 논증되어야만 하며, 그것이 논증될 때, 수용되고 객관적으로 추구할만한 가치가 있다고 생각하게 만들었다. 다시 말하면, 사회적으로 합의된 규범에 대한 회의를 낳았다(공리주의를 생각해 보자).

이러한 변화는 다양한 가치들이 경쟁하는 가치다원주의를 낳았다. 인간은 신 앞에서가 아닌 그 자체로 자유롭고 평등하게 태어났고 따라서 타당한, 추구할만한 삶이란 개인의 자유로운 선택에 맡겨져야만 한다. 여기에서는 무엇이 옳은지가 중요한 것이 아니며, '나 자신에게' 좋은 것인지가 중요한 것이다(자유주의의 출발점이다).

이제 정치사상에서 '덕'이 아닌 '자유'가 중심주제가 되었고, 정치에서 중요한 것은 정치권력을 담당하는 지도자나 시민들의 자질과 역량을 어떻게 향상시키느냐가 아닌 "개인의 자유, 특히 세속적 가치를 추구하는 경제활동의 자유를 어떻게 정부가 효율적으로 보장할 수 있는가"의 문제로 되었다.

참고로, 근현대 정치사상의 흐름을 나타내면 다음과 같다. 아래 흐름은 민주주의 모델과 관련지어 임의로 만들어 놓은 것으로 모든 사상가들이 포함된 것은 아니다.

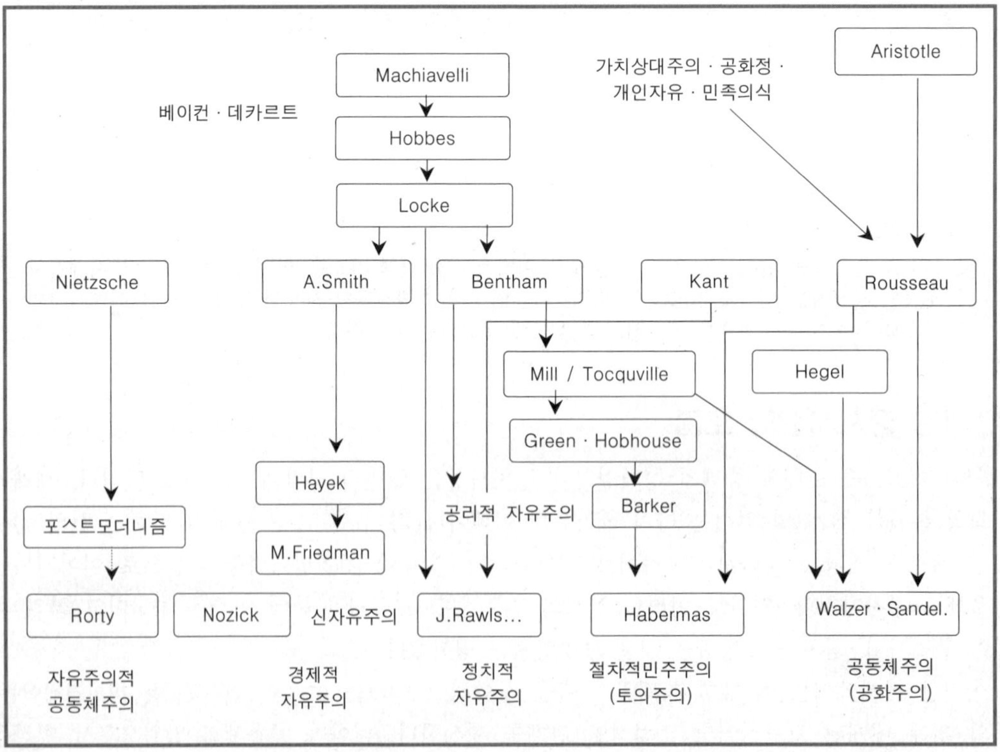

Ⅱ. 고전 정치사상 : 도시국가와 정치사상

1. Platon : 덕 · politeia, 국가와 철인 정치

정치공동체의 제일의 덕으로서의 정의(justice)는 영혼의 구성과 질서의 문제로 이해된다. 개인과 정치공동체 모두에게 있어 옮음 또는 정의는 영혼의 구성요소들 간의 조화와 질서에 의해 실현된다. 그리고 이를 실현할 수 있는 철학적 능력과 실천적 지혜를 갖춘 통치자의 존재가 도시의 정의를 위해 무엇보다 중요한 조건이 된다.

지혜와 용기, 절제의 덕은 폴리스를 구성하는 각각의 계층에게 요구되는 덕들로서 이들 간의 조화에 의해 이성의 지배가 확립될 수 있다.

2. Aristotle[Aristoteles]

아리스토텔레스에 의해 체계화된 고전적 공화주의는 정치공동체와 인간 본성의 필연적 연관성을 전제로 한 정치사상으로 서구 정치사상의 전통을 이루게 된다.

플라톤이 현상계를 초월하여 이데아가 존재한다고 하였다면, 그는 현상 안에 이데아가 내재한다고 보았다. 그리고 그는 선한 인간의 덕성과 실제 시민의 덕성을 논의하고 이 양자가 일치하지 않는 점을 문제로 다루었다.

1) 자유와 지배

자유와 지배는 불가분적 관계에 있다. 지배는 자기지배를 의미하며, 자유롭게 된다는 것은 독립된 개인이 아닌 정치공동체 내의 공적 활동에 참여하는 시민이 됨을 의미한다. 그러나 현실적으로 모든 사람이 동시에 통치행위에 가담할 수 없기 때문에 각 시민은 지배의 능력뿐 아니라, 자발적인 복종의 능력도 갖추어야 한다. 이러한 시민의 능력을 기준으로 계서화가 이루어진다. 즉, 바람직한 공화국은 덕과 능력에 의거하여 관직이 배분되고, 시민들이 그들의 역량을 최대한 발휘할 기회가 자유롭고 완전하게 보장되는 정치공동체이다.

2) 공화국의 제약

현실적으로 지혜와 덕을 갖춘 자에 의한 통치는 일반적 합의의 원칙인 다수결의 원칙에 의해 제약된다. 덕 위주의 귀족정 원리는 민주주의 원리와 혼합되어야 하며, 지혜(귀족정)와 합의(민주정)를 결합시키려는 노력은 법에 의한 지배로 나타난다. 즉, 소수의 덕 · 지혜의 지배가 초래할 수 있는 다수의 불만을 완화하기 위해 권력의 비인격화가 요구되며,[29] 시민의 덕을 함양하기 위한 일반적인 규범체계가 요구되는 것이다.

최선의 정부형태는 군주제나 귀족정치가 제대로 실시되는 것이지만, 일반적인 환경 아래서는 큰 부자도 빈자도 없고 중간계급이 권력의 균형을 장악하고 있는 상황이 최선이다. 중류계급의 사람들은 그들의 이웃을 평등한 존재로 대하고 거기에서 우정이 싹트게 되는 데, 중요한 것은 공동체가 우정에 의존한다는 점이다.

29) 법률이란 아무리 착안 사람이라 해도 성취할 수 없는 비인격적 특성을 갖고 있기 때문에 성군도 이를 배제할 수 없다. 그리고 법률은 '욕망에 의하여 영향을 받지 않는 이성'이다(김재영 외 2000, 59).

그의 이상은 언제나 입헌적인 것이었으며, 철인왕의 개명적 전제주의도 배척하였다. 그는 아무리 최선의 국가라도 법률이 최종적 주권이 되어야 하며, 사람이 주권자가 되어서는 안된다는 플라톤의 현실적 차선의 입장에서 출발하였다.

정치공동체의 기초가 되는 법의 근원 혹은 정당성은 신으로부터 비롯된다. (플라톤에 의해 제시되고 아리스토텔레스에 의해 강조되는) 인간법의 근원으로서의 이러한 신성법(Divine Law)에 대한 믿음은 공화주의의 전통을 형성하였다. 이러한 신념은 스토아학파의 자연법 사상의 기초가 되었으며, 정치공동체가 신의 섭리에 내재하는 거대한 우주 질서 속에 위치한다는 관념으로 발전되었다.

Ⅲ. 마키아벨리(Niccolo Machiavelli) 2014 입법

마키아벨리는 [군주론]에서 현실주의적 정치관을 피력함으로써 중세까지의 이상적 정치관의 흐름을 바꾸는 계기가 되었다. 19세기까지 그의 사상은 자유주의와 현실주의 정치사상에 큰 영향을 미쳤다고 볼 수 있다. 반면, 그는 공화주의적 이상을 가지고 있었고, [로마사 논고]를 통해 공화주의의 이상을 제시하였다.

그에 따르면, 정치세계는 결함을 가지고 있어 불안정성과 순환적인 과정을 겪는다. 공화정은 이러한 불안정을 최소화하고 안정을 최대한 유지할 수 있는 정치체제이다. 다만, 공화정이 수립되기 위해서는 탁월한 군주의 역량이 요구된다고 보았다. 이러한 모순적 견해는 그가 분명 인민이 군주보다 더 현명하고 일관성이 있다고 보았음에도 불구하고, 군주의 역할을 강조했던 것은 당시 이탈리아가 상황 때문이라 이해하는 게 타당하다. 당면한 과제인 부패하고 분열된 국가를 하나의 통일된 국가로 통합하는 데 있어서 통치능력을 갖춘 절대군주가 필요했던 것이다.

1. 사상적 배경

마키아벨리(1469~1527)가 살던 시대와 공간인 이탈리아의 피렌체는 르네상스의 시기였고 그 중심이었다. 그러나 르네상스가 연상시켜 주는 상과 그가 서 있던 현실은 상반된 것이었다. 즉, 당시 이탈리아는 4~5개의 왕국(밀라노, 피렌체, 나폴리 등)으로 통합된 공화정체제를 형식상 갖추고 있었지만, 안정된 것은 아니었다.

당시 유럽은 민족을 기반으로 한 강력한 근대국가가 형성되어 가던 시기로, 신성로마황제와 교황의 권위는 사라지고 있었다. 국가들은 자국의 운명이 그들 자신의 손안에 있으며, 순전히 민족적(?) 이해관계에 따라 좌우될 수 있다는 점을 각성하면서 그들 자신의 이해관계에 따라 움직였다. 또한, 군주권력은 신흥 상인계급의 지지를 받으면서 확대되었고 느슨하고 분산적인 권력체제로서의 봉건제도가 무너지고 중앙집권적인 절대군주제가 성장하였다. 반면, 통일되지 않은 채 혼란 상황에 있던 이탈리아는 1492년 프랑스의 샤를 8세의 피렌체 침공으로 메디치 정권이 붕괴되기도 하였다. 마키아벨리 사상의 출발점은 이 지점이었다.

2. 인간의 본성과 정치

[1] 마키아벨리는 인간을 '자신의 욕망을 무한히 확장하는 욕구의 존재'로 보았다. 즉, 인간의 외면상의 언행과 달리 그들의 행동을 결정하는 기준은 지상국의 가치인 권력이나 물질적 행복이라고 본 것이다.30) 따라서 인간은 은혜를 배신하고 변덕스럽고 부정직하며 위험을 회피하고 자기이익의 추구에만 급급하다. 이런 맥락에서, '역사 속에서 수많은 평화조약과 협정이 신의 없는 군주들에 의해서 파기되고 무효화되어 왔다는 엄연한 현실'을 본다면 군주가 선이나 도덕을 이야기하는 것은 오히려 국가를 파멸의 길로 몰아갈 수도 있다고 결론짓는다.

국내적으로도 악한 인간의 본성을 고려한다면, 인간의 내면에 자리 잡고 있는 공격적 본성을 제압할 수 있는 법규범과 같은 '강제장치'가 필요하다고 주장한다. 결국, 좋은 정치란 인간의 무한한 욕망에 한계를 설정하고 질서를 유지할 수 있는 강력한 법과 권력을 확립하는 것이며, 질서와 이성은 국가라는 외면적 강제장치가 있을 때 가능한 것이다. 역설적으로 그는 강력한 국가에 의해 질서가 안정된 상황에서 인간은 선한 존재가 될 수 있다고 보았다.

> 가난과 굶주림이 인간을 근면하게 만들고, 그리고 법은 인간을 선하게 만든다. 즉, 인간의 보편적 욕망과 본성이 공동선을 지향하도록 '법과 제도의 확립'이라는 조건을 마련하고, 이 속에서 인간의 '제2의 본성', 즉 '공동체 전체의 복지와 선의 유지를 위한 공동적 삶의 영위라는 후천적 본성'을 얻도록 해야 한다는 것이 그의 결론적 주장이라고 할 수 있다.

결론적으로, 예외적 상황에서 국가공동체와 인민은 사적인 개인과는 다른 방법으로 통치되어야 하며, 안정된 일상적인 상황에서 정부는 '연민, 신뢰, 정직함, 인륜, 그리고 종교와 같은 기존의 덕에 따라야 한다(강정인 2001, 213)'는 점을 강조했다.

[2] 마키아벨리가 '덕'이라는 고전적 사상의 주제를 비켜간 것만은 아니었다. 다만, 마키아벨리에게 '비르투(virtu 덕)'는 전통적인 덕과는 다른 의미를 갖는다. 정치적 의미를 갖는 행위는 역사적 실효성(historical effect)의 기준에 의해 평가될 수밖에 없기 때문이다.

정치는 운의 여신(Fortuna)에 의해 좌우될 수 있다. 하지만, Fortuna의 변덕은 정치의 불확실성을 증대시키고 예측가능성과 안정성을 약화시킨다. 이러한 불확실성을 적극적으로 극복하고자 하는 노력과 역량, 신중한 판단력과 같은 덕(virtu)가 정치적 행위자에게 중요하다. 이러한 의미에서 비르투는 혼돈 속에서 질서를 창조하는 능력이다. 그리고 이러한 질서는 시민들의 행복을 보장해 주는 기초가 된다.

[3] 정치세계는 순환적인 과정을 겪는다. 모든 정치체제는 필연적으로 결함을 가지고 있어 궁극적으로는 불안정하며, 왕정에서 무정부상태에 이르는 과정이 순환된다(「로마사 논고」). 한 국가가 운이 좋은 경우, 탁월한 군주의 비르투에 의해 이 과정이 다시금 반복될 수 있는 기회를 가지게 된다.

---

30) 이러한 그의 지적은 정치행위의 원리에서 도덕성을 배제하는 것으로 해석될 수 있지만, 동시에 (현대 합리선택이론의 관점에서 본다면) 합리적이고 계산적인 이익의 개념을 도입함으로써 정치현상을 결정짓는 인간의 행위의 규칙성과 예측가능성을 통해 과학적인 정치이론을 구축할 수 있게 했다는 평가가 가능하다.

공화정은 이러한 불안정을 최소화하고 안정을 최대한 유지할 수 있는 정치체제이다. 그러나 이러한 공화정이 수립되기 위해서는 탁월한 군주의 역량이 요구되며, 이후 공화정이 부패되는 경우 공공성을 회복하기 위한 개혁 또한 강력한 지도자에 의해 수행되어야 한다.

사회에 있어서 권력의 분배와 행사는 모든 다른 가치의 분배에 영향을 미친다. 그는 이러한 제 가치를 충분히 생산하고 이를 안전하게 유지시키는 정부의 체계를 발견하고자 하였다. 그리고 정부의 기능, 국가가 부강해질 수 있는 수단, 국가가 그들의 세력을 확장할 수 있는 정책, 그리고 국가의 쇠퇴와 전복을 초래하게 되는 실책 등에 모든 관심을 기울였다. 따라서 정치의 목적은 정치권력 자체의 보존·증대에 있으며, 그의 정치판단의 기준은 이러한 권력의 보존 및 확장에 있었다.[31]

마키아벨리는 인민이 군주보다 더 현명하고 일관성이 있다고 보았다는 점에서 공화주의를 열망했다고 볼 수 있다. 하지만, 당시 이탈리아가 당면한 과제는 부패한 사회에서 하나의 국가를 건설하는 일이었으며, 이탈리아의 평화와 통일을 위해서는 현실적인 통치능력을 갖춘 절대군주가 필요하다고 그는 보았다.[32]

3. 정치사상적 함의

[1] 마키아벨리 사상이 갖는 중요성은 당시 대두하고 있던 중앙집권화된 근대국가, 즉 절대왕정의 형태로 표현된 국가이익을 위한 효율적 통치수단으로서의 '근대국가의 정당성을 옹호(강정인 2001, 197)'한 데 있다. 국가의 존립 자체가 어려운 상황에서 도덕원칙은 하나의 이상에 불과하며, 위기 상황에서 국가의 안전이 무엇보다 중요하다. 이렇게 보면 국가의 궁극적 목표가 시민의 자유 보호일지라도 "국가의 존재가 시민의 보호에 선행해야 한다"는 주장은 얼마든지 가능하다. 이러한 주장은 남북대치 상황에서, 더 나아가 한미동맹이 강조되는 상황에서 SOFA 규정에 대한 논의나 이라크 파병에 관한 찬반 논의에서 한쪽 입장의 논거가 되기도 하였다.

[2] 그의 정치사상은 근대 법치주의 사상과 관련하여서도 중요한 시사점을 갖는다.

마키아벨리는 정치를 본질(what is)의 영역이 아니라 외양/현상(what appears)의 영역에 속하는 것으로 파악한다. 군주의 명예나, 현대 민주주의 정치가 구현하려는 여론(public opinion)[33] 정치 역시 현상의 영역에 속한다. 정치는 도덕·규범이나 진리의 영역이 아니라 끊임없는 변화하는 현상의 영역이라 간주된다.

그가 군주론에서 전제로 하는 상황은 국가의 존립이 문제되는 예외적인 상황이었다. 하지만, 현실의 정치와 권력현상에서 우리는 국가존립이 문제되지 않는 일상적인 상황에서 권력의 기만

31) 현실주의자인 그에게 법과 군사력은 훌륭한 통치를 위한 기초이다. 그가 경험한 혼돈과 무정부상태로 전락할 위험성을 항상 내포하고 있던 이탈리아 정치상황에서 문명 자체는 정치적 질서와 안정에 절대적으로 의존할 수밖에 없다고 보았다.

32) 인간이 살아가는 방식은 당연히 따라야할 도리와는 너무나 다르며, 부패한 인민들은 독재자의 씨를 말린다 해도 계속 독재자를 필요로 하게 된다. 그리고 교회는 이탈리아의 안전과 통일을 위해서 아무런 역할을 하지 못하고 있다.

33) 의견(opinion)의 어원이 되는 그리스어의 doxa는 주관적이고 불완전한 개인의 억측이라는 의미를 갖는다.

성과 폭력성이 위선과 가장 속에서 정당화되는 경우를 목격하게 된다. 그러나 마키아벨리는 이러한 외양의 조작이 자신의 의도대로 '예외적'으로 이루어지는 것이 아니고 정치영역에 '일상화' 될 때 어떠한 함의를 갖게 될 것인가의 문제에 관해서는 깊은 생각을 하지 않았던 것이다. 서구에서 민중의 투쟁을 통해 확보된 현대의 민주주의가 절차적으로 민주주의적 외관을 가지고 있음에도 불구하고 실질에 있어서는 정치적 선전과 상징조작(즉, 외양의 조작)에 근거한 대중정치에 불과한 게 또한 현실이다(강정인 2001, 218).

마키아벨리는 분열된 이탈리아의 당시 상황을 전제로 이야기를 풀어 나갔지만, 그의 지적 속에는 국가와 권력의 본질이 담겨져 있다고 해석할 수도 있다. 즉, 위선으로 치장된 채 커튼 뒤로 몸을 숨기고 자신의 욕망을 실현하기 위한 기회가 오기를 기다리거나 그 기회를 만들어 내려 하는 것이 국가나 권력의 본질일 수도 있겠다(강정인, 2001). 역설적으로 본다면, 그의 논의들에서 보여 지는 권력의 적나라한 면들이 권력에 대한 통제의 필요성에 대한 논의들을 자극했다고 볼 수 있는 것이다.

[3] 그가 진정으로 열망했던 정부는 하나의 팽창된 도시국가, 즉 동맹국의 지지를 획득하고 유지할 장기적 안목을 가진 정책을 추구하는 로마와 같은 도시국가이다. 그의 사상에서 보여지는 이러한 측면은 현대 공화주의에 많은 영감을 제공해 주었다. 그러나 그는 민족국가와 다원적 가치가 공존하는 시민사회를 알지 못하였기 때문에 그의 사상을 현대사회에 그대로 접목시키는 데에는 한계가 있다고 하겠다.

Ⅳ. 사회계약론

1. 홉스(T. Hobbes) :「리바이어던(Leviathan)」 2006 행정, 2011 행정, 2015 행정

Hobbes는 청교도 혁명의 와중에서 혼란을 거듭하던 영국의 정치상황을 배경으로 정치적 권위와 복종에 대한 과학적 이론을 제시하려 했다. 그의 저서들은 절대정부를 지지하려는 목적에서 쓰여 진 것이었고, 군주제가 가장 안정되고 질서 있는 정체(polity)라는 것을 보여주기 위한 것이다.34)

[1] Hobbes는 그의 주장의 타당성을 군주권력이 부재한 (무정부상태인) 자연 상태를 설정하고 그 결과가 '만인에 의한 만인의 투쟁'일 수밖에 없다는 점을 통해 제시한다.

먼저, 그는 인간은 자신의 목적과 욕구를 추구하는 이기주의자이며, 인간의 욕망은 죽음에 이르러서야 중단되는 그러한 것으로 본다. 즉, 자연 상태에서 인간은 자기 보전의 가능성과 행복을 끊임없이 추구하는 이기적 동기를 갖는 존재이다. 쾌락 획득의 수단이 되는 권력을 끊임없이 추구하는 인간은 이성을 도구로 삼아 자기 보전의 목표를 실현하고자 한다. 이러한 인간들로 이루어진 자연 상태는 폭력적 죽음에 대한 끊임없는 공포와 위험 속에서 살아가는 '만인 대 만인의 투쟁'의 장이라 할 수 있다.35)

이러한 자연 상태에서의 불안과 부담에서 벗어나려는 열정에 복종하는 인간의 이성은 합리적 계산에 근거하여 모든 개인에게 자연권을 포기할 것을 요청한다. 만일 모든 개인이 제3의 주권자에게 자연권을 자발적으로 양도할 것을 합의하고, 그 주권자로 하여금 강제적 권력을 사용하여 사회계약의 파기를 막고 질서를 유지하도록 한다면 자연 상태에서 불가능했던 평화가 이루어질 수 있다는 것이다. 이제, 인민들은 사회계약으로 그들의 의사와 판단을 주권자에게 양도하고 그들이 가지고 있었던 강력한 공격권과 자치권을 포기하여 하나의 국가, 즉 리바이어던(Leviathan)을 이루게 된다. 개인의 자연권이 양도된 결과 주권은 국가의 지배자에게 귀속되며 이로 인해 형성된 인공물로서의 국가는 하나의 단일체로 결합된 개별적인 신민들의 권력으로 구성된다.

[2] 국가주권은 모든 인민들의 수평적인 사회계약을 매개로 하여 수직적인 지배관계로 정립된다. 그리고 주권자의 권력은 정치사회 구성원의 자발적인 의지로부터 정당성을 획득되며, 주권은 불가분적 절대성을 가지며, 효율성의 극대화를 위해 절대군주의 형태를 띤다. 나아가, 지배자인 국가는 계약당사자가 아니기 때문에, 계약이 파기될 수 없다.

홉스의 관심사는 어떤 자질과 능력을 갖춘 사람이 권력을 행사하는가가 아니라 강제력을 행사하는 권력의 소재인 주권자를 창출하는 문제에 있었다. 그에게 정치의 목적은 최고선의 실현이 아닌 '최대악'으로부터의 탈피였기 때문이다. 이제 시민들은 정치로부터 해방되어 사적인 관심, 즉 개인의 세속적 행복을 극대화하기 위한 경제활동에 전념할 수 있게 된다. 그리고 정치는 질서 유지를 위한 주권자의 권력행사로 제한된다.

---

34)「리바이어던(Leviathan)」에서 홉스는 영국혁명을 진정한 정치적 지식의 결여에 의해 초래된 혼돈의 결과로 보았다.

35) 자연상태는 철저하게 평등한 상태이다. 이익과 안전·명예를 추구하는 인간은 물질적 풍요가 보장되는 상황에서도 투쟁을 멈추지 않는다. 자연상태에서 인간은 죽음의 공포에 시달리게 되며, 비참하며 단명에 그치는 삶을 영위한다.

참고 청교도 혁명(1642년~1651년)과 명예혁명(1688년)

영국의 청교도혁명과 명예혁명의 중심에는 종교의 자유와 재산권이 자리 잡고 있었다. 제임스 1세, 찰스 1세, 그리고 제임스 2세의 청교도에 대한 탄압과 찰스 1세의 자의적 과세가 혁명의 배경이었기 때문이다. 또한 일반 시민이 시민혁명에 적극 참여하지 않았다는 점 또한 프랑스 혁명과 비교할 때 차이점이라 할 수 있다. 간략하게 연표 형식으로 정리하면 다음과 같다.

① 16세기 유럽. 루터와 칼뱅 등에 의해 종교개혁이 확산. 이 과정에서 프로테스탄트라 불리는 지금의 기독교(개신교)가 등장했고, 가톨릭과 프로테스탄트 간의 갈등은 심화되고 30년 전쟁으로 이어짐. 전쟁으로 스페인과 신성로마제국은 쇠락하고, 신앙의 자유가 인정.

② 영국. 전쟁의 와중에 영국의 헨리8세가 새로 왕비를 맞으려 했지만 교황청이 이를 인정하지 않자 헨리8세는 가톨릭에서 탈퇴하고 개신교 국가를 선포. 헨리8세 사후 즉위한 엘리자베스 여왕은 교황청 및 스페인과 갈등이 심해지자 영국 국교회(성공회)를 만듬 - 프로테스탄트(청교도)와 달리 국교회와 가톨릭은 신앙의 차이가 아닌 정치적인 것이었음.

③ 엘리자베스 여왕이 후사를 남기지 않고 죽고 대가 끊기자, 영국은 그녀 사촌의 남편이자 스코틀랜드 왕인 제임스를 왕으로 추대. 제임스는 종교의 자유를 인정하지 않았고 청교도를 탄압. 이때 일부 청교도들은 Mayflower 호를 타고 미국으로 건너 감.

④ 제임스를 이어 즉위한 찰스1세는 청교도를 탄압함과 동시에 영국 국교회에 가톨릭을 강요하였고, 스코틀랜드 개신교(장로교)에 영국기도서를 강요. 스코틀랜드가 반란을 일으켰지만, 찰스는 이를 진압하는 데 실패(진압군은 스코틀랜드와 전쟁을 할 의사가 없었음).
찰스는 자신의 군대를 만들기 위해 11년 만에 의회를 소집. 의회는 찰스의 요구를 거부하고, 찰스는 의회를 해산. 결국 왕당파와 의회파 간에 전쟁이 발발.
의회를 지지했던 청교도자인 크롬웰이 이끈 의회파-시민군이 승리. 크롬웰은 찰스1세를 처형하고, 공화국을 선포. 이 사건을 '청교도 혁명' 혹은 '영국 내전' 이라 부름. 참고로, 홉스는 크롬웰을 지지했음.

⑤ 청교도자인 크롬웰은 독실한 신자답게 금욕을 강조하고 도덕정치를 폄. 크롬웰이 죽자, 이에 불만이 많았던 영국의 상층 계급은 입헌군주제 형식으로 왕정을 복원(찰스 1세의 아들인 찰스 2세가 즉위).

⑥ 찰스2세가 후사 없이 사망하고, 그 동생 제임스2세가 즉위. 가톨릭교도인 제임스2세는 청교도와 영국국교를 탄압. 의회는 이에 반발하여 제임스2세의 딸인 메리의 남편(네덜란드 총독) 윌리엄에게 왕위에 오를 것을 요구.
윌리엄은 메리와 함께 네덜란드 군을 영국에 상륙시켰으나 1688년 제임스2세는 국외로 망명. 윌리엄은 의회의 요구(권리장전)를 수용한 후, 메리와 함께 공동으로 왕위에 올랐으며, 당시 공석이었던 스코틀랜드 왕위도 함께 인수. 이를 명예혁명이라 함.
권리장전의 핵심은 "의회에서 제정한 법이 왕의 권력보다 앞선다"는 것.

2. 로크(J. Locke) :「시민정부론(Second Treatise of Government)」

로크는 사회계약을 통해 국가의 기원을 신권이나 부권의 세습이 아닌 개인들의 동의와 협정에서 찾았다. 그는 당시 왕당파의 절대왕권을 옹호하는 논리(홉스식으로 설명하자면 절대 권력이 부인되는 경우 방종과 전쟁상태로 귀결될 것이라는 주장)를 비판하고 시민혁명이 추구했던 개인의 권리를 옹호하고자 하였다.

그는 이성과 계시, 국가와 교회, 공적 영역과 사적 영역의 분리를 통한 각 영역의 자율성 확보와 양자의 조화를 추구하였다. 국가와 교회, 국가와 시민사회, 국가와 가족 등이 분리되고 개인이 종교와 양심의 자유, 경제활동의 자유, 표현의 자유, 학문의 자유, 프라이버시 등의 권리를 향유할 수 있도록 하는 것이다. 이를 위해 그는 「시민정부론(Second Treatise of Government)」에서 개인의 자발적 동의에 기반 하는 제한정부론을 전개한다. 이 같은 로크의 사회계약사상은 자유주의 사상적 원형을 제공하였으며, 권력분립과 의회주의의 이론적 기반을 제공하였다.

[1] 로크(J. Locke)는 자연 상태에서 인간은 자연권, 즉 생명(자기 생존의 권리) · 자유 · 사유재산권을 신적 기원을 갖는 자연법에 의해 보장받는다고 보았다.

하지만, 자연 상태는 전쟁이나 분쟁의 상태로 전락할 가능성을 언제나 내포하고 있다. 그에게 자연 상태는 홉스와 달리 전쟁상태가 아니라 평화로운 상태이지만, 노동의 결과물에 대한 소유권의 유지가 안정적으로 확보된다는 보장이 없는 불확실성이 존재하는 상태다. 이 때문에 인간은 자연권(생명과 자유, 그리고 재산에 대한 권리)을 확고히 보장받기 위해 자발적인 계약을 통해 시민사회를 형성하게 된다. 자연 상태를 종식시키고 사회를 형성하기 위한 사회계약의 핵심은 상호권리 인정에 있다.

[2] 계약은 개인들이 자신의 소유를 보장받기 위한 사회형성에 관한 계약(1차 사회계약)과, 이를 기초로 개인들과 정치적 권위체인 정부 사이의 관계를 규정하는 지배계약(2차 사회계약)의 두 단계로 이루어진다.

국가는 전체사회에 대한 계약이 아닌 신탁의 관계에 기초한 2차 사회계약인 지배계약에 의해 형성되며, 권력(국가권력)에 대한 신탁은 전체 사회에 대한 계약이 아니기 때문에 언제나 (주어진 기능과 임무를 제대로 수행하지 못하는 경우) 사회구성원 다수에 의해 철회될 수 있다. 정치적 권위에 대한 정당성은 시민들의 세대적으로 계속 반복되는 명시적 혹은 묵시적(예컨대, 거주이전의 자유를 갖는 개인이 자신이 태어난 국가에 머무르는 것)인 동의를 필요로 한다고 본 것이다.[36)]

[3] 로크는 자연 상태에서 인간은 완전한 자유의 상태에 있다고 보았다. '사람들이 타인의 허락을 구하거나 그의 의지에 구애받지 않고 자연법의 테두리 안에서 스스로 적당하다고 생각하는 바에 따라 자신의 행동을 규율하고 자신의 소유물과 인신을 처분할 수 있는(J. Locke 1996, 11) 상태'라는 것이다. 자연 상태에서의 자유가 자연법 이외에는 어떠한 구속 하에도 있지 않듯이, 사회계약을 통해 형성된 자유는 제약이 없는 상태를 의미하는 것이다. 다만, 로크가 말하는 자유는 방종의 상태와 구별되는 자연법 혹은 실정법에 의해 보장된 법적 자유의 상태를 의미한다. '자유란 방종이며 인간에게 자유를 부여하는 것은 바람직하지 않다'고 주장한 당시 왕당파의 주장에 대해 로크는 방종과 법적으로 보장받는 자유를 구별함으로써 이를 비판하려 했던 것이다.

로크가 정의한 '자유'는 외적 간섭이나 장애의 부재로 규정되는 '소극적 자유'에 속한다. 그가 제시하고자 했던 것은 절대적이고 자의적인 권력으로부터 개인의 자유였기 때문이다. 소극적 자유를 통해 국가권력에 의한 사적 관계에 대한 간섭의 정당성의 문제를 제기한 것으로 볼 수 있다.

로크의 계약모델에서 국가의 목적은 개인의 소유보호에 있기 때문에, 국가의 권력은 개인의 자연권의 보장을 위해서만 사용될 수 있으며, 국가의 권력은 시민이 국가 이전에 보유한 권리인 자연권에 의해 제한된다.

36) 홉스와 달리 2차적 계약에 의해 형성된 정부권력에 대한 저항은 자연상태로의 회귀를 초래하지 않는다.

3. Jean Jacques Rousseau의 사회계약론과 시민적 공화주의

루소 사상의 중요성은 시민적 자치를 통해, 모든 사회구성원이 시민으로서의 자유를 향유할 수 있다는 민주적 공화주의의 이론적 기초를 제시했다는 점에 있다. 뉴턴의 원자론적·기계론적 자연관은 편견과 미신으로부터 해방된 진정한 과학적 지식을 가능케 하는 세계관으로 이해되었으며, 이러한 세계관을 계몽주의(enlightenment)라 부른다. 그러나 루소는 이러한 근대성(modernity)에 대한 믿음에 대해 문명의 한계와 인간 소외의 문제를 제기하였다. 그의 사상은 계몽주의에 내재하는 엘리트주의를 비판하고 민주적 공화주의의 가능성을 추구하는 이후의 사상에 많은 영향을 미쳤다.

근대 철학은 원자적 개인주의와 자기보존의 원리, 이기주의를 과학적 진리로 절대화하였다. 공동체와 유기적으로 통합된 고대의 시민과 달리 근대적 개인은 공동체적 유대로부터 벗어나 소외를 경험하는 고립된 개인이다. 루소에게 이러한 근대적 개인은 인간으로서의 참된 정체성과 도덕성, 자아실현의 가능성을 상실한 허위와 허영에 가득 찬 인간이다. 루소는 근대 과학이 추구하는 진리가 결국에는 시민들을 타락시켜 도시의 건전한 유지에 치명적인 해를 초래한다고 본 것이다. 사회계약사상을 통해 이러한 루소의 문제의식을 살펴보자.

[1] 자연 상태에서 인간(시원인)은 자기보존의 본능을 가지며 자기애와 타인에 대한 동정과 연민의 감성을 가지고 있으며, 그들 사이의 관계는 평등하다. 그런데 고립된 개인들 간에는 (Hobbes나 Locke의 가정과 달리) 어떠한 권리도 존재하지 않는다. 권리란 타인에 대해 어떠한 것을 주장하는 것이기 때문이다.

> 인간은 자신에 대한 정체성, 언어도 없고, 따라서 타인에 대한 기대나 요구도 없고, 다른 사람에게 해를 가하려는 충동도 없으며 더 나아가 다른 사람을 한 개인으로 인식하지도 않는다. 이와 같은 자연 상태에서의 인간은 선하지도 악하지도 않고, 또한 아무런 권리도 없으며, 단지 자신의 생존이라는 본능과 감정에 따라 움직일 뿐이다(김영일, 1991).

[2] 인간은 자연의 재해로부터 자신의 생존을 보호하기 위해 타인과 연대하여 사회를 형성되게 되며(1차 사회계약), 공동생활의 과정에서 노동에 기초하여 얻어지는 권리로서 사유재산이 생겨난다. 사유재산은 초기의 느슨한 연대를 경쟁의 사회로 나아가게 만든다. 이러한 경쟁의 사회에서 인간의 관계는 홉스가 전쟁상태라 불렀던 '만인의 만인에 대한 투쟁'으로 타락하게 된다. 즉, 자연 상태의 평등은 인간이 자기완성을 추구하는 과정(분업과 가족, 사유재산의 도입을 포함하는 일련의 발전과정)에서 사회적 불평등으로 변환되는 것이다. 결국, 시민사회의 기초가 되는 사유재산제는 합의에 의해 성립되지만, 경제적 불평등과 빈부격차가 심화되어 시민사회는 붕괴의 위기에 직면하게 된다. 이러한 상황에서 수립되는 국가권력에 의해 경제적 불평등은 정치적 불평등으로 전환된다.

즉, 자유롭고 평화로운 자연 상태가 사유재산제의 발생으로 타락한 불평등한 사회로 되었다는 것이다. 하지만, 그는 자연 상태로의 복귀는 불가능하다고 보았고, 현실의 사회악을 교정하기 위해 사회계약(2차 사회계약)을 체결하게 된다고 보았다.

[3] 계약으로 개인은 자신의 권리를 양도하게 된다. 그리고 계약에 의해 형성되는 사회는 개별적인 개인들의 단순한 집합체가 아니라, 하나의 정치적 유기체를 의미한다. 즉, 각 개인은 사회라는 전체에 속하지만, 그 스스로 이 사회의 구성 요소라는 점에서, 사회라는 전체는 곧 자기 자신의 외적 확대로 인식된다(개인 → 가족 → 이웃 → 사회 →국가). 이제 인간은 독립적 존재에서 전체의 한 부분인 시민으로 전환된다. 그리고 이러한 전환은 보편의지의 작용이기도 하다. 따라서 시민이 정치 공동체 속에서 지배적 권위로 자신의 권리를 양도하는 것은 시민이 자신의 선을 위해 존재하는, 자신의 외연으로서의 사회의 보편의지에 대한 복종을 의미하는 것이다. 이제 이 보편의지를 통해 시민은 그 스스로가 주권을 갖는 시민 스스로의 지배를 달성할 수 있으며 지배자와 피지배자가 동일시되는 시민적 공화국이 형성되는 것이다.

[4] 루소의 저작들은 당시의 자유주의자들의 계약이라는 동의의 메커니즘을 비판하려 한 것으로 이해될 수 있다. 17, 18세기 자유주의자들에 의해 제시된 정치제도인 동의 메커니즘이 19세기 들어서면서 왜곡되게 되는데, 그는 시민들이 선거를 통해 정기적으로 정부에 권위를 부여하는 투표가 시민들을 자유롭게 하지 못하고 단지 형식적인 의미만을 지닐 뿐이라고 보았다.

> 주권은 양도될 수 없으며, 같은 이유에서 또한 대표될 수도 없다. 그것은 본질적으로 전체 의사 속에 존재하며, 이 전체 의사는 대표될 수 없다. … 따라서 국민의 의원들은 국민의 대표자가 아니고, 국민의 대표자가 될 수도 없다. 그들은 국민의 심부름꾼(agent, 대리인)에 지나지 않는다. 그들은 그 무엇도 결정적으로 매듭지을 수 없다(최종적 결정을 내릴 수 없다 — 옮긴이 주). 국민이 직접 비준하지 않은 법은 무효다. 그것은 법이 아니다(국민이 직접 승인하지 않은 어떠한 법률도 무효이다 — 옮긴이 주). 영국 국민들은 자신들이 자유롭다고 생각하는데, 상당히 잘못된 생각이다. 그들이 자유로운 것은 오직 의원들을 선출할 때뿐이다. 의원들이 일단 선출되면 국민들은 노예가 된다. 아무것도 아닌 존재가 되는 것이다.(J.Rousseau 2013, 141).

루소는 국가가 공공의 이익에 봉사하는 것처럼 보이지만 실제로는 부유층의 이익을 위한 제도적 장치라고 본다. 근대 국가에 의해 경제적 불평등과 정치적 불평등이 제도화되었으며, 이러한 상황에서 자기애는 세속적 허영심으로, 자족성은 의존성으로, 동정심은 법으로 변질되고 인간 소외가 나타나게 된다는 것이다.

루소는 (자연 상태로의 회귀가 아닌) 민주적 자치(democratic self-government)를 통해 자유와 정치적 의무를 결합시키고자 하였다. 자기 입법에 의해 제정된 법을 준수한다면 자유와 정치적 복종은 상호 대립적인 관계로부터 상호보완적인 관계로 재구성될 수 있는 것이다. '일반의지'는 이런 맥락에서 이해될 수 있다.

모든 사회구성원이 정치적 소외와 불평등으로부터 벗어나 진정한 자유를 획득하기 위해서는 모두가 참여하는 의사형성과정이 수립되어야 한다. 그리고 그 과정을 통해 공공선에 대한 인식과 공공정신이 자발적으로 형성되어야 한다.

루소는 모든 사회구성원이 시민으로서의 자유를 향유할 수 있다는 민주적 공화주의의 이론적 기초를 제시함으로써 고전적 공화주의에 내재한 배타성과 강압성을 극복하고자 하였다. 루소의 민주적 자치 이념에 의해 자유와 도덕, 자연권과 정치적 의무가 결합됨에 따라 그 당시 정치사상의 주류인 정치 현실주의에 대한 비판과 극복의 가능성이 열리게 되었다.

참고 프랑스 혁명

프랑스에서는 1789년(대혁명), 1830년(7월 혁명), 1848년(2월 혁명)에 일련의 혁명이 있었다. 영국의 청교도 혁명이나 명예혁명이 일반 평민들은 거의 가담하지 않았다면, 프랑스에서는 일반인과 지방까지 확산되었다. 그것은 자유롭고 평등한 인간, 그리고 이를 위한 평등한 사회를 꿈꾸었던 루소의 영향 때문이라고 한다.

① 1700년대 프랑스는 스페인 왕위계승전쟁과 미국 독립전쟁 등 6차례에 걸쳐 큰 전쟁에 관여했지만, 별다른 이익을 얻지 못하고 재정상태가 악화되고 있었음. 루이14세는 1598년 앙리 4세가 30년간 지속된 위그노 전쟁을 종식시키고 신교도인 위그노(프랑스에서 프로테스탄트를 지칭하는 말)에게 신앙의 자유를 인정했던 '낭트칙령'을 폐지하고 위그노를 추방하면서 불만이 증폭.
당시 인구의 2%인 제1계급(성직자)와 제2계급(귀족)은 권력과 부를 독점하면서도 면세 등의 혜택은 누리는 반면 제3계급(시민)은 무거운 세금을 부담하고 있었음. 이 와중에 왕실이 사치와 향락에 빠져 있다는 이야기들이 떠돌아다녔고, 루소를 비롯한 계몽주의 사상은 더욱 확산.

② 루이16세는 불만을 잠재우기고 재정개혁을 위한 삼부회의를 소집. 그러나 성직자들과 귀족들은 개혁안을 거부하였고, 왕실은 소극적으로 대응.
삼부회의에서 성직자와 귀족들이 다수결이 아닌 신분별 표결방식을 밀어 붙이자, 제3계급의 대표들은 회의장을 테니스 코트 건물로 옮기고 국민의회를 조직. 국민의회에 일부 성직자와 귀족이 합류한 후 제헌국민의회라 칭하며 프랑스 헌법 제정에 착수.
그러나 왕당파가 제헌국민의회를 무력으로 진압하려 하자, 파리 시민들이 바스티유 감옥을 습격.
1789년 8월, 제헌국민의회는 봉건적 특권이 폐지되었음을 선언하고, 프랑스 인권선언을 채택. 그리고 1791년 새로운 헌법을 제정하고, 선거제를 도입.

③ 영국과 달리 프랑스 혁명은 상당히 급진적 내용을 담고 있었기 때문에, 오스트리아와 프로이센 등 주변 국가들은 프랑스 혁명이 퍼져 나가는 것을 우려하여 프랑스를 침공.
프로이센과의 전쟁에서 승리한 프랑스는 남성 보통선거제도를 도입하고 공화국을 선포.
망명귀족이라 불리는 망명한 성직자와 귀족, 그리고 일부 부르주아는 북동부 국경에서 군대를 소집하고 인근 국가에 지원을 요청. 루이16세가 처형되자 영국과 스페인 등도 '반프랑스' 동맹에 가담하고, 프랑스 내에서는 집권당인 자코뱅 당의 지도자들이 암살당하는 등 프랑스 정치는 불안정성이 커짐.
로베스피에르가 이끌었던 자코뱅 당은 공포정치라 불리는 강력한 통치를 통해 안정을 찾았지만, 노예제 폐지 등 자유와 평등을 강화하기 위한 정책이 상공업자들과 새로 토지를 얻은 집단들에게는 불안감으로 작용. 더 이상의 혁명이 진행되는 것을 원치 않았던 반대파가 권력을 잡고 로베스피에르와 자코뱅당의 지도자들은 처형.

④ 새로 집권한 세력은 (자신들의 이익이 침해되는 것이 싫었을 뿐 프랑스를 어떻게 이끌어 나갈지에 대해 관심이 없는 듯) 무능한 모습을 보임. 이들이 사회경제 문제 등을 제대로 해결하지 못하자 나폴레옹이 1799년 브뤼메르 18일에 쿠데타를 일으켜 권력을 장악. 나폴레옹은 스스로 황제가 되었고, 공화국은 종식됨.

⑤ 1812년 나폴레옹의 러시아 원정 실패 이후, 1813년 6차 반프랑스 동맹이 체결되고 프랑스는 전쟁에서 패배. 나폴레옹 전쟁으로 복잡해진 국경 문제 등을 해결하기 위해 1815년 빈 회의가 개최. 빈 회의는 프랑스 혁명 이전으로 유럽을 되돌리는 것을 내용을 담고 있었고, 자유주의와 민족주의 운동을 억압(단, 라틴 아메리카 국가들의 독립을 불러 옴).

⑥ 빈 체제는 1848년 프랑스에서 벌어진 2월 혁명이 전 유럽으로 확산되면서 붕괴되고 자유주의와 민족주의가 확산.

4. 사회계약론의 정치사상적 함의와 비판

[1] 우리가 사회계약에 관한 주요 사상가들의 주장을 보는 이유는 사회계약 안에 있는 근대 자유민주주의의 핵심적 아이디어 때문이다. 사회계약사상이 근대 정치사상에 있어서 갖는 핵심적 함의는 개인의 자유와 동의라 할 수 있다.

사회계약론의 기본전제는 인간이 사회를 형성하기 이전의 상태, 즉 자연 상태이다. 자연 상태에서의 인간은 독립적이고 고립된 개인으로 그려지거나, 정치적 지배구조가 없는 무리 속에서 살아가는 존재로 상정되고 있다. 이때 모든 인간은 본질적으로 자유롭고 평등하다는 개인주의적 인간관을 그 공통적 전제로 하고 있다.

즉, 자유롭고 평등한 인간(개인주의적 인간관)에서 출발하는 사회계약론에 의하면, 사회의 구성과 정부의 존립 목적은 개인의 자유이며, 정부의 모든 활동은 이러한 개인의 자유를 보장하는 데 있다. 이러한 사고는 최소국가 · 야경국가관의 바탕이 된다. 또한, 사회계약론에서 지배의 정당성은 자유롭고 평등한 개인들의 동의에서 도출되어 지는 것이다.

전자의 차원에서 보면 기본권 보장을 위한 입헌주의의 확립의 필요성이 제기되고, 후자의 차원에서 민주주의는 동의 기제로 이해되는 것이다.

홉스는 무정부상태가 갖는 의미를 통해 국가의 존재이유를 보여 주었으며, 국가의 목적을 질서유지로 보았다. 로크의 경우 국가의 목적을 개인의 자유(소유) 보호에 두었으며, 나아가 개인의 자유를 보호하기 위한 권력의 제한(예컨대, 권력분립)을 핵심적인 사고로 하고 있다. 루소는 민주적 공화주의의 원형으로서의 의미가 있다. 참고로, 대표적인 사회계약론의 주요 특징을 보면 아래와 같다.

구분	홉스	로크	루소
인간본성과 자연 상태	이기적 + 희소성, 고독 → 투쟁(전쟁상태)	사교적(백지) + 자유, 평등 but 불확실성과 분쟁	순수, 선함 자유, 행복
자연권	자기보전	생명, 자유(소유)	자유(자율)
계약 목표	생존보장을 위해 자발적으로 자연권양도	자유보호를 위해 법적 권리설정	사회불평등과 전쟁상태 종식을 위해 일반의지 도출
계약 당사자	국민(왕에게 양도)	국민 상호간	인민 상호간
주권의 소재	군주 - 주권의 전부양도	국민 - 주권의 일부 신탁	인민 - 공동체의 일반의지
옹호체제	절대 군주제	입헌 군주제 / 대의제	직접 민주주의
저 항 권	불인정	인 정	언급 없음

[2] 근대 자유주의 사상의 원형이라 평가되는 로크의 사회계약론에서 엿볼 수 있는 핵심주장이라면,[37] 국가는 개인의 권리/자유보호를 위해 만들어진 인공물이지만, 동시에 개인의 권리/자

37) 홉스의 사상은 M.Olson이나 M.Weber 등과 같이 국가나 정부 관료제의 적극적 역할이 필요하다는 논리나 국제정치의 현실주의 정치관으로 연결된다. 반면, 루소의 사회계약사상에서는 민주주의 혹은 시민적 공화주의의 원형을 찾아 볼 수 있다.

유를 침해할 수 있는 필요악이라는 점이다. 인공물로서의 국가는 개인의 동의에 의해 정당성을 부여받을 수 있을 뿐이며, 권력의 행사는 개인의 권리를 보호하는 한에서만 정당화될 수 있다 — 이러한 맥락에서 자유주의가 민주주의를 수용할 수 있다면 그것은 정치권력에 대한 인민의 동의 메커니즘 그 이상도 그 이하도 아니라 할 수 있다. 즉, 정치적으로 본다면, 자유주의는 개인의 권리를 보호하는 것을 핵심으로 하며, 이를 위해 권력의 제한이 요구된다는 주장으로 이어진다. 그리고 권력의 제한을 위해 공화주의의 법치주의와 권력분립과 같은 메커니즘을 수용하게 된다. 경제적으로 본다면, 개인의 경제적 자유(직업의 자유, 거주이전의 자유, 계약의 자유, 그리고 사유재산권)에 대한 법적 보장과 방임주의 원리를 중시하며, 이러한 원리는 자본주의를 위한 법적 토대로 작용하게 될 것이다.

- 정치적으로는 : 최소국가, 권력의 제한(권력분립, 입헌주의 /법의 지배)
  민주주의 = 동의 메커니즘(자유주의에서 이해하는 민주주의)
  * 시민권의 획득 : 실정법적 권리로서의 자유와 법적 제약의 수용
- 경제적으로는 : 소유권의 확립
  사적 자치원리와 자유방임주의

[3] 사회계약론은 많은 점에서 비판받아 왔다. Edmund Burke나 David Hume[38] 등은 어떤 정부도 실제로 그 신민에게 동의를 요청하고 있는 것은 아니라고 비판한다. 예컨대, 버크는 공동의 이익이란 약속이나 합리적 관계가 아니라 안정된 사회를 유지하기 위해, 그리고 경험상 인간의 필요에 의해 만들어진 관행이나 제 규칙 같은 것이라고 주장한다. 이와 달리, Jeremy Bentham은 인간의 욕구가 만족되는 것만이 유일하게 정치적 정당성의 기준이 된다고 보면서 자연권과 이에 기초한 사회계약론을 폐기하였다.

사상적으로 보았을 때, 사회계약론을 둘러싼 논란의 핵심을 차지하는 부분은 '사회계약이 사회나 국가 형성의 원인이 되는가?'와 '다양한 개인들 간의 문제가 보편적인 계약으로 정당화될 수 있는가?'에 맞추어져 있다.

먼저, 실제의 국가형성은 계약관계가 아닌 자연발생적으로 이루어졌거나, 한 정치사회가 다른 정치사회를 정복해 나가는 과정에서 이루어졌다는 점에서 사회계약은 국가형성의 실제적인 원인이 아니라 가상에 불과하다는 비판을 받았다. 그렇지만, 사회계약론자들이 제시하고자 했던 것은 실재의 역사가 아니라 은유를 통한 바람직한 정치원리나 제도의 모색이라는 점에서 본다면, 이러한 비판이 사회계약론의 의미를 부정하는 것은 아니다.

이러한 현실적 측면 뿐 아니라, 실제 사회구성과 정치원리라는 것이 사회계약을 통해 구성하는 것이 바람직하며, 가능한가에 대한 비판도 존재한다. 예컨대, 사회 내의 다양하고 개별적인 개인들의 이해를 보편적이고 일회적인 계약으로 포괄할 수 있다는 것은 허구일 것이다. 또한, 공유재의 비극이나 무임승차자의 문제, 죄수의 딜레마 게임이 보여주는 것은 사회 내 개인들의 합

38) 흄은 어떤 성질이 도덕적 가치를 갖는 것은 그것이 소유자나 타인에게 주는 유용성 때문이라 보았으며, 도덕이나 윤리는 타인에 대한 공감에서 비롯된 것이며 이 공감은 인간 본성에 기초한 사회생활과 개인의 행복의 근본원리라고 주장한 데서 알 수 있듯이 자유주의와는 다른 주장을 하였다.

의에 의한 결정이 바람직하지 않은 결과를 가져올 수도 있다는 점이다. 담합이나 승자연합을 통해 특수한 이익이 지배하는 결과가 산출될 수도 있는 것이다.

조금은 다른 맥락에서 비판이 제기되기도 한다. 국가는 존재하지만 국가가 시민의 자유와 안전을 보호 하지 못하는 폭정상태에 대해 과연 저항권의 행사가 가능한가라는 질문을 던져 보자. 시민의 의사에 반하는 권력의 행사에 대한 저항권이 헌법상 인정된 권리라 할지라도 저항권의 행사는 질서를 유지할 수 있는 권력을 들어냄으로써 무정부상태를 초래한다고 보는 순간 시민들은 저항권 행사를 자제해야 한다는 논리가 등장하게 된다. 이러한 논리는 실제로 2004년 노무현 전 대통령에 대한 의회의 탄핵소추에 대한 한국의 정치학계와 법학계의 논쟁 과정에서 다수의 입장이기도 했다. 결국, 사회계약을 권력에 대한 동의 메커니즘과 같은 것으로 이해하는 경우, 그것은 형식적인 의미 이상을 갖지 못한다.

형식적으로 이해된 근대 계약사상은 계약을 통해 형성된 사회와 국가의 전체주의로의 경도 가능성을 항상 내포하고 있었고, 그것은 나치즘으로 현실화되기도 하였다는 평가가 가능하다. 즉, 민주주의와 국민주권의 원리를 사회계약 사상을 통해 규정하는 것은 민주주의라는 게 절차적, 법률적 규정으로만 존재하는 박제화(剝製化)된 원리일 뿐일 수 있는 것이다. 이것이 루소가 사회계약론을 통해 보여 주려 했던 지점인지도 모른다.

참고 벤담의 공리주의

벤담은 당시 사회에 잔존하고 있었던 귀족과 토지소유계급의 전근대적 과두체제를 청산하고 산업혁명이 가져온 도·농의 불균형과 노·자의 대립 등 제문제를 입법활동이나 의회개혁을 통하여 해결하고자 했다. 이러한 벤담의 공리주의적 개혁사상은 혁명논리에 의하지 않고 사회적 변화를 극복하려는 전통을 남기게 하였다.

공리주의는 자연권이나 사회계약론을 거부할 뿐만 아니라 버크식의 보수주의에 대해서도 반대 한다 ; 공리주의는 국가를 유기체로 보지 않으며, 자연권을 수호하기 위해 계약으로 성립된 단체가 아니다.

국가란 국민의 일반 복지증진의 필요에서 존재할 뿐이다. 따라서 입법은 국민의 '최대다수의 최대행복'이라는 원리에서 이루어져야 한다. 그리고 행복에 관한 최선의 판정자는 사회구성원 각 개인이다. 사회 전체의 행복이란 사회구성원의 행복을 합계한 것에 불과하기 때문이다.

그는 인간의 본성이 원래 이기적이며, 정부가 일부 소수자의 수중에 장악되어 있다면 그것은 소수자의 이익을 위해 사용될 수밖에 없다고 보았다. 정치의 목적은 최대다수의 최대행복에 있으며, 그 목적을 실현하기 위해서는 부단히 현실사회의 모순을 시정해야 한다. 이러한 공리주의 원리에 입각해 보면 민주주의란 최대다수의 행복을 위한 장치가 될 수 있지만, 정부의 권력행사가 용인되는 것은 더 큰 해악을 제거할 수 있는 경우로 제한되어야 한다.

참고 현대 자유주의 출발점 / 공리와 권리의 결합 : J.S.Mill

J. Bentham의 제자이자 James Mill의 아들인 J. S. Mill은 공리적 관점에서 개인의 권리를 조화시키고자 했으며, 그의 이론은 정부의 역할을 제한적으로 보았던 고전적 자유주의를 벗어나 보다 나은 시민의 삶을 위한 국가의 개입을 수용하는 현대 자유주의의 출발점이라 평가된다.

그는 '내가 막연한 권리 덕에 남보다 유리한 입장에 선다고 판단되면, 그런 이익은 공리와 무관한 것이어서 거부하겠다. 나는 공리가 궁극적으로 모든 윤리적 질문에 호소력을 갖는다'고 보았다. 이 때의 공리는 인간에게 영원히 이익을 줄 수 있는 공리로 개념화된다. 그는 '다수가 반대의견을 막거나 자유사상가를 검열할 수 있다면 오늘 당장 공리가 극대화될지 몰라도 장기적으로는 사회의 불행이 늘고 행복은 줄 것'이라고 주장하면서 개인의 권리와 공리의 조화를 시도한다.
공리주의가 호소력을 갖는 이유는 개인의 주관적 판단을 배제하기 때문이다. 개인의 선호를 있는 그대로 받아들일 뿐, 그것의 도덕적 판단을 하지 않는다. 문제는 '기독교인을 사자우리에 던지며 즐거워했던 로마인들의 쾌락' 조차도, 전제적 수단을 동원해 사회전체의 이익을 증진시키는 것도 정당화될 수 있다는 데에 있다. 밀은 공리/쾌락의 질을 중시하였다. 밀의 입장에서 볼 때, "만일 압정(pushpin)과 시(poem)가 사람들에게 똑같은 쾌락을 주게 된다면 압정도 시만큼이나 좋은 것"이라는 벤담의 말은 넌센스에 불과하다.[39]
순수한 공리적 관점에서는 개인의 권리와 기본권의 정당성을 사회 전체의 공리로 판단하지만, 밀은 인격과 선의 관점에서 개인의 권리를 바라보고자 하였다. 밀에게 개성이 중요한 이유는 쾌락을 주기 때문이 아니라 인격을 드러내기 때문이다. 인간이란 도덕적 책임에 상응하는 존엄성의 견지에서 보아야 한다는 것이다. 인격은 욕구와 충동에서가 아닌 선택하는 능력에서 발휘되는 것이다. 욕구에 따른 행동은 동물의 행동과 다를 바 없으며, 법칙이나 관습에 따른 행동은 증기기관차와 다를 바 없으며, 인격을 논한 여지가 없는 것이다. 그런데, 욕구나 선호가 아닌 인간의 존엄성이나 인격을 이야기하는 순간 공리주의에서 이미 벗어나 있는 주장이 될 것이다.

밀은 정치적·사회적 자유를 선(good)으로 받아들였는데, 그것은 자유가 책임 있는 인간에게 가장 적절한 조건이라고 생각한 때문이다. 바람직한 사회는 자유를 허용할 뿐 아니라 자유롭고 만족스러운 생활양식을 위한 기회를 개방해야 한다. 그의 자유 개념은 억압으로부터 벗어나는 데 그치는 것이 아니라, 시민들의 상호관용과 상이한 입장을 존중하는 것까지 포함한다. 그의 주장은 국가가 아니라 사회에 대한 것이었으며, 그가 두려워했던 자유에 대한 위협은 정부가 아니라 비관습적인 것을 관용하지 못하고 서로 다른 견해를 가진 소수자를 의심하고 그들을 억압·통제하기 위하여 수의 힘을 이용하는 다수의 힘이었다. 강제에 의해서 어떤 의견을 침묵시키는 것은 그 의견을 갖고 있는 사람에 대해서 폭력을 행사하는 것이며, 또한 의견에 대한 자유로운 조사와 비판으로부터 얻을 수 있는 사회적 이득을 빼앗는 것이다.
그는 사상연구의 자유, 토론의 자유, 그리고 자기규제적인 도덕적 판단과 행위에 대한 자유가 중요하다고 보았으며, 자유징치는 내의세나 선거법의 개정보다도 자유사회의 존재가 뒷받침되어야 함을 강조하였다. 그는 자유가 개인적 독자성과 창의성과 직결되어 있다고 보았으며, 이 점에서 개인의 권리는 공공의 유용성과 밀접히 연관된다. 그 연장선에서 국가의 적극성을 옹호한다. 이는 초기 자유주의자들이 주장한 소극적 자유로부터의 이탈을 의미한다. 즉, 입법은 기회를 증가시키는 평등화의 수단일 수 있다. 이러한 밀의 이론체계는 그린에 의해 수정되며, 자유주의에서 복지국가 사상을 수용할 수 있는 토대를 제공하였다.

39) 그는 "만족하는 바보보다는 불만족스러운 소크라테스가 되는 것이 훨씬 좋다"라고 말한다.

참고 Immanuel Kant : 도덕과 정치의 재결합

칸트에게 정치는 권력의 획득이나 이익의 조정을 의미하지 않는다. 그는 정치를 도덕률의 실천이라는 이상주의적 견지에서 바라본다. 도덕과 정치는 상호 대립적이거나 양립할 수 없는 것이 아니다. 이상과 현실, 당위와 존재의 괴리는 실천이성이 처한 세계의 본질적 모습이며, 그는 이상과 당위의 내용을 규정하고 절대적 기초 위에서 이를 정당화함으로써 현실과 존재를 비판적으로 평가하기 위한 기준을 설정하려 한다.

칸트는 사람이 존중받을 가치가 있다는 이유를 자유롭게 행동하고 선택할 능력이 있는 '자율적이고 이성적 존재'라는 점에서 찾았다. 자율적이라는 것은 외적 제약이나 조건, 본능이 아닌 스스로 설정한 기준과 법칙에 따라 행동한다는 것이다. 자신이 설정한 법칙대로 행동한다는 것은 인간이 다른 것을 위한 도구나 수단이 아닌 인간/행동 자체가 목적이 된다는 것이다.
자신의 이익이나 욕구에 따른 행동은 어떤 의무에 따른 것이 아니라 다른 어떤 것에 이끌려 행동하는 것일 뿐이다. 의무 동기에 따른 행동만이 그 자체로 존중받을 가치가 있는 것이다(의무 vs 끌림). 인간의 의지가 결정되는 방식에서 '끌림'에 따른 행동은 타율적 행동이라면, '의무'에 따른 것은 자율적인 행동이라 할 수 있다(자율 vs 타율). 인간의 행동이 물리법칙에 의해 지배된다면 중력에 의해 사과가 떨어지는 것과 다를 바 없을 것이다. 그러나 스스로 부여한 법칙에 따라 행동할 때 자유롭다고 말할 수 있고, 이성이 자신의 의지를 지배할 수 있다고 보았다.[40]
칸트는 이성이 의지에 명령하는 두 가지 형태로 가언명령과 정언명령을 구분하였다. 가언명령이란 'A를 원한다면 B를 하라'는 것으로 도구적 이성에 속한다. 정언명령이란 어떠한 조건이 없는 것으로 그 자체로 정당한 기준이 되는 것이다. 그리고 칸트는 정언명령에 대해, ① 행동준칙에 따라 행동하되 보편적 법칙이 되어야 하며, ② 인간을 목적으로 대해야 함을 제시하였다.
결론적으로, 칸트는 결과나 의도, 과정 그 어느 것도 아닌 준칙에 따른 행동만을 도덕적인 것이라 불렀다. 그리고 도덕은 경험적이지 않으며, 자연법칙이나 개인 혹은 인간을 둘러싼 사회와 세상과는 일정한 거리를 둔다. 도덕법이 개인의 이익이나 욕구에 좌우될 수 없듯이 정의 원칙도 공동체의 이익이나 욕구에 좌우될 수 없다. 마찬가지로 국가를 창설한 시점에서 사회의 구성원들이 헌법에 동의했다는 것만으로 그 헌법이 여전히 유효하다고 말할 수 없다. 칸트에게 합법적 정부는 원초적 계약을 기반으로 해야 하지만, 사회계약이 실재할 필요가 없는 이유다(상상의 계약).

칸트에게 있어 인간은 자유롭고 평등한 도덕적 존재다. 칸트는 인간의 권리에 대한 종교적 근거를 제시하는 로크식의 논리에서 벗어나 있다. 보편적 인권 개념을 거부하는 공리주의를 또한 거부한다. 신자유주의와 달리 자기소유 개념을 사용하지 않았다. 또한, 이해의 조정과 타협, 개인의 경제적 이윤추구 활동의 보장을 강조하는 현실주의적 이론들은 인간의 자유와 권리를 경제적 욕구의 측면(칸트가 이해하는 타율성의 세계)에서 바라보기 때문에 보편적 원칙을 제시할 수 없다. 반면, 그는 권리의 도덕적 근거를 '존엄성을 지닌 이성적 존재'에서 찾았다. 그에게 도덕이란 행복 극대화를 비롯한 어떤 목적과도 무관하며, 인간 그 자체를 목적으로 여기고 존중하는 것이다.

40) 칸트는 경험적 자아와 선험적 자아를 구별한다. 경험적 자아는 공리주의나 경제학이 설명하는 도구적 이성에 의존한다. 인간의 도구적 이성을 홉스는 '욕구를 찾는 정찰병'이라 불렀고, 흄은 '열정의 노예'라 불렀다. 즉, 경험적 자아는 욕구와 선호를 갖는 존재로서 물리적 법칙에 따라 행동하는 타율적 존재다.
반면, 선험적 자아는 외적 법칙의 제약으로부터 벗어난 자율적 존재이자 보편적 자유의 표상으로 규정된다. 인간 의지의 산물인 정언명령을 칸트는 보편적인 도덕법칙이라 보았다. 개인의 이익이나 욕구에 따라 상이한 기준과 법칙이 나올 수 있지만, 칸트는 이를 도덕 원칙이라 보지 않았다. 상이한 이익과 욕구는 순수 이성에서 나오는 것이 아니기 때문에, 순수 이성에 입각한 그 자체로 정당한 원칙은 모든 인간이 동일하게 판단할 것이라는 것이다.

제 2 절 자유주의 2016 행정(적극정부 : 고전적 자유주의와 자유지상주의)

Ⅰ. 자유주의의 원리

1. 자유주의 정치원리

자유주의는 절대주의에 대한 시민계급의 저항에 뿌리를 두고 있다. 그리고 그 원형은 로크에서 찾을 수 있다.

앞서 보았듯이 로크는 자연 상태에서 인간은 자유롭고 평등한 상태에 있었으며, 또한 각자는 자신의 생명을 유지할 권리를 지니며, 자신의 노동에 의한 소득은 다른 사람의 동의 없이 자신의 소유가 된다고 보았다.[41] 이러한 사고는 "모든 인간은 생명, 자유, 그리고 행복을 추구할 권리를 보유 한다"는 미국의 독립선언서와 "법의 적정한 절차 없이 생명, 자유, 재산을 박탈하지 못한다"는 미국의 수정헌법, 그리고 프랑스 혁명으로 연결되었다. 이러한 맥락에서 자유주의가 **개인의 자유/소유의 보호를 위해 권력의 제한을 핵심 원리**로 가지고 있다(G. Sartori ; N. Bobio)는 지적을 이해할 수 있을 것이다.

개인적 동의와 국민주권, 대의제, 입헌주의(법치주의), 권력분립 등을 핵심으로 하는 근대 자유주의의 정치원리는 다음과 같이 정리할 수 있다.

① 시민을 정치 권위의 원천으로 간주한다. 따라서 시민은 정치에의 참여를 통해 정부와 정책을 결정하거나, 이들에게 영향을 줄 수 있어야 한다.

② 국민에 의해 선출된 대표자들로 구성된 입법부의 대표자들은 그들을 선출해 준 개인들의 권리와 이익을 보호하는 것을 최고의 가치로 삼아야 한다. 따라서 대의제는 개인을 보호하는 최선의 정치제도인 것이다.

③ 정부의 권력남용을 방지하고 국가의 공동선의 실현을 위해서 고안된 제도적 대책이 필요하다. 삼권분립원칙은 이러한 입헌주의의 표현으로서 정부의 권력을 제한시켜 개인을 보호하는 제도적 장치인 것이다.

2. 자유주의의 경제원리

근대 자유주의자들은 국가와 사회를 분리하여 이해하였다. 이러한 사고는 로크의 2단계로 이루어지는 계약에서 엿볼 수 있다. 최초의 사회계약에 의해 형성된 시민사회는 사적 자치원리에 의해 운영되었으며, 시민사회에서의 자유를 보호하기 위해 형성된 지배계약은 국가의 정치원리에 의해 운영되었다.

A. Smith는 인간은 자기이익에 의해서 가장 효율적으로 행동의 동기를 부여받는 존재라고 보았으며, 개인들은 그들의 이익을 추구하는 데 있어서 자유로워야 한다고 주장하였다. 무제한의

41) 개인의 자유는 생명, 건강과 자유 및 소유를 보호해주는 자연법에 의해 제한될 뿐이다. 예컨대, 다른 사람에게도 충분히 남아 있는 만큼 소유할 수 있으며, 자신이 이용할 수 있는 범위 내(이용하지 못한 상태에서 썩지 않을 정도까지)에서는 소유할 수 있다 — 근대사회에서는 화폐제도가 도입됨으로써 소유는 무제한적으로 인정될 수 있게 되었다.

소유를 추구하는 개인들은 보이지 않는 손에 의해 조화될 수 있다(개개인의 이익은 이타적인 동기에 의하지 않고도 상호 조화될 수 있다)고 보았기 때문이다.

> 개인은 가능한 한 저렴한 상품을 소비하려 할 것이고, 이에 따라 공급자는 혁신을 추구하게 되며, 새로운 이윤을 추구하는 기업가들에 의해 직장이 창출되며, 경제 전체가 이에 자극받아 성장하고, 기업가들은 노동자들을 고용해서 이윤이 발생하는 한 그들을 계속 고용함으로써, 각인은 보다 향상된 높은 경제수준에서 생활하게 될 것이다.

이러한 시민사회와 시장에서의 개인 행위의 결과는 강제적인 것이 아닌 자발적인 질서에 의한 결과이다. M. Friedman은 다음과 같이 이야기한다.

> 수많은 경제행위자들이 존재하는 시장에서는 어떤 사람도 다른 사람을 강제할 수 있는 힘을 가지고 있지 않으며, 강제만이 정치적 자유를 위협한다. 그런데 정치는 강제적이나 시장은 강제적일 수 없는 비인격적이며 익명적 기구이다.
>
> … 자유시장은 모든 사람들에게 경쟁을 할 수 있도록 허용함으로써 평등의 조건을 충족시킨다. … 시장은 개인들에게 차별적인 보상을 함으로써 불평등을 낳지만 그 불평등은 자발적인 교환의 결과이지 권력과는 아무런 상관이 없다. … 시장질서는 의도되지 않은 결과로 나타나는 자발적 질서이기 때문에 시장에 의한 부와 재산의 분배를 정의다 불의다 할 수 없고 따라서 특정인에게 정의를 요구할 수 없는 것이다. … 사회적 정의의 개념이 존재할 수 없다면 국가가 사회적 정의의 이름으로 시장의 결과를 시정하려는 노력은 정당화될 수 없다.
>
> … 반면에 평등주의는 파괴적이다. 왜냐하면 그것은 질시와 탐욕에 기초하고 있기 때문이다.

이러한 관점에서 자유주의 경제 원리는 사적 소유의 보장과 계약의 자유(사적 자치 ; 계획경제와 상반되는 가격과 경쟁메커니즘)에 의해 운영되는 체제(자본주의)로서 다음과 같이 정리할 수 있다.

① 모든 개인이 자유롭게 경제적 활동을 할 수 있는 여건을 조성해 주어야 한다.

② 개인의 경제적 활동을 해방시켜 주고, 민족국가 및 가능하다면 세계에 대응하는 무역지대를 확립하며, 운송과 상품거래의 장애요인들을 제거해야 한다.

③ 자유주의의 본질은 고정된 집단관계로서의 신분에서 개인의 자결인 계약으로의 전환이라 할 수 있다(H. Maine). 재산권, 상속권, 부와 자본을 축적할 권리, 그리고 생산과 사고 팔 수 있는 자유 등은 자유주의적 사회질서의 본질적 부분이 된다.

Ⅱ. 현대자유주의

그레이(J. Gray) 등은 자유주의의 철학적·도덕적 토대에 따라 자유주의를 자연권적 자유주의, 칸트적 자유주의, 공리적 자유주의로 구분한다.[42]

① **자연권 자유주의(natural rights liberalism)** : 17·18세기 자연권 사상에 기초하여 형성된 것으로 로크의 '자기소유권'(self-ownership) 개념을 개인의 가장 근본적인 권리로 간주하며 그로부터 개인의 기본권들을 도출하고 이런 권리들의 보호를 자유주의 정치질서의 가장 중요한 목적으로 상정한다.

② **칸트적 자유주의(Kantian liberalism)·의무론적 자유주의(deontological liberalism)** : 개인의 근본적인 도덕적 특성이라 여겨지는 '자율성'의 능력, 그리고 타인을 자신의 이익추구를 위한 수단으로 간주해서는 안 된다는 도덕적 절대의무를 기초로 하여 구성된 이념이다. 롤스, 드워킨, 노직 등의 이론이 이에 속한다.

③ **공리주의적 자유주의** : 벤담과 밀의 '공리성의 원리'에 입각하여 개인적 자유와 권리의 체계를 도출해내는 자유주의 전통으로서 사회적 유용성을 개인적 자유와 권리의 윤리적 토대로 간주한다. 현대 후생경제학 및 케인지언적 복지국가에서 보듯이, 앞의 두 입장과 달리 국가의 역할을 공적 영역으로 한정하지는 않는다.

자유주의는 공적인 영역과 사적인 영역을 구분하며, 국가는 개인의 사적 영역에 개입해서는 안된다는 것이 일반적이다. 이 점에서 전형적인 자유주의의 입장은 개인의 가치관에 대해 국가의 중립성을 강조하는 '중립주의적 자유주의'(neutralist liberalism)라 할 수 있다. 반면, 국가는 개인의 자유를 침해하는 사고나 행위에 대해서도 중립을 지킨다는 것은 있을 수 없다고 보는 '완전주의적 자유주의'(perfectionist liberalism)가 존재한다(J. Raz, M. Nussbaum, W. Galston, S. Selkever). 후자는 아리스토텔레스의 목적론적 사유에 기초하여 사회가 자유주의라는 특정한 가치에 대한 헌신과 충성이 필요하다는 논리를 편다.

자유주의는 또한, 개인의 자유에 있어서 경제적 측면에서 접근하는 지, 정치적 측면에서 접근하는 지에 따라 경제적 자유주의와 정치적 자유주의로 구분될 수 있다. 경제적 자유주의는 로크의 입장을 자본주의 원리로 계승한 A. Smith와 이를 극단적인 관점에서 끌고 가는 F. Hayek 및 M. Friedman의 관점을 말하는 것으로 사적 소유와 그 보장을 중심으로 접근하는 자유지상주의적 관점을 지칭한다. 정치적 자유주의는 이와 달리 정치원리로서의 자유주의를 바라보는 시각으로 최근의 주류적 견해는 자유를 적극적 의미로 해석하면서 정치참여의 권리와 정치적인 것의 확장을 강조하며 민주주의 원리 및 재분배에 대해 긍정적으로 수용한다.

이하에서는 다수 정치학 교과서에서 설명하는 방식인 경제적 자유주의와 정치적 자유주의를 중심으로 살펴보려 한다.

---

42) 여기에 포스트 모더니즘적 관점에서 접근하는 Raz의 관점을 추가할 수 있다.

1. 경제적 자유주의 : 시장 우선적 자유주의, 자유지상주의

경제적 자유주의는 시장 자본주의의 한 형태인 개인주의적 자유주의를 지칭하는 개념이다. 개인들 사이의 상호작용과 관련된 문제들에 관심을 두며 집단적 갈등의 해결에 관심을 두는 정치적 자유주의와는 사상적 기반을 달리한다. 경제적 자유주의는 시장과 민주주의를 자유주의 질서의 가장 중요한 두 제도로서 수용하지만, 민주주의보다는 시장을 핵심 제도로 삼고 있으며 국가주의를 반대하고 법치주의에 의해 규제되는 제한정부를 지지한다. 개인주의와 제한적 입헌정부, 그리고 시장의 원리를 정당화하는 F. Hayek 식의 논조(오스트리아 경제학파)나 경제적 자유가 정치적 자유의 필연적 기초임을 강조한 프리드만의 주장(시카고 경제학파)들이 전형적인 예에 속한다. 버지니아학파와 공공선택론, 노직과 같은 자유지상주의 또한 이에 속한다.

이 입장은 J. Locke 사상의 한 측면을 극단적으로 이끌어 간 A. Smith에서 출발한다. A.Smith에게 있어 정의는 정치권력에 의한 재화의 재분배를 의미하지 않으며, 재산권 및 계약의 존중을 의미한다. '보이지 않는 손'의 기제를 통해 공공선에 긍정적으로 기여한다고 주장하는 배후에는 정치권력을 통한 사회전체의 복지 향상이 불가능하다는 정치에 대한 회의주의에 기반하고 있다고 볼 수 있다.

1) Friedrich August von Hayek : 고전적 자유주의로의 회귀

가. 사회발전의 동인 : 진화적 합리성과 형성적 합리성

사회는 각 개인이 가지고 있는 광범위하게 분산된 지식의 활용을 가능케 하는 일종의 분업화된 네트워크와도 같은 것이다. F. Hayek는 이러한 인류사회의 발전은 어느 누구의 의도적 설계의 산물이 아니라 자연발생적 질서에 의한 것이라고 본다. 즉, 사회질서는 합리적 선택이나 의도적 설계가 아닌, 인간이 복잡하고 불확실한 사실들에 적응해 나가는 과정에서 진화적으로 형성된 것이다(최병선 2002).

나. 제도 : 자연발생적 질서

사회질서는 구성원이 행동규칙을 준수하는 결과 생겨나는 자연발생적인 것이다. 이러한 자생적 질서를 형성하는 규칙은 유사한 상황에서 그것에 따르는 것이 유익하다는 것을 경험을 통해 배우게 된 것이다. 사회에는 자생적 질서 외에 개인이나 조직의 협력과 이들의 행동의 효과적 조정을 위해 형성된 조직의 질서(인위적 질서 · 계층제적 질서)가 있다. 즉, 사회에는 인위적으로 형성된 조직의 질서와 자생적 질서가 공존한다.

인위적 질서가 명령적 규칙에 의존한다면, 자생적 질서를 형성하고 지배하는 규칙은 목적 독립적이며, 불특정 다수와 불특정 상황에 동일하게 적용되는 규칙이다. 그렇다면, 정의란 무엇인가? 정의란 이러한 자생적 질서를 말한다.

자생적 질서의 결과는 그것이 좋거나 나쁘다(good or bad)라고 말할 수 있으나, 정의롭거나 그렇지 못하다(just or unjust)라고 말할 수는 없다. 법이란 그 속에서 각 개인이 자기가 선택하는 바대로 자유롭게 행동할 수 있는 개인의 고유영역을 보호하고, 개인이 지켜야할 정의로운 개인행동 규칙을 규정한 법(사법 ; nomos · private law)을 지칭한다. 따라서 자유사회를 유지하기 위해서는 목적으로부터 독립적인 규칙, 정의로운 개인행동 규칙만이 개인에 대해 구속력을 지니도록 해야 한다. 그리고 인위적·형식적인 법은 이러한 정의로운 법에 구속되어야 한다(최병선 2002).

다. 시장질서(catallaxy)와 경쟁

시장이란, 상반된 목적에 대한 합의가 없이도 상호주의[43] 원리에 입각하여 가장 바람직한 자원배분상태를 달성해 줄 수 있게 해 주는 알려진 유일한 수단이라 할 수 있다. 시장은 제로섬 게임이 아니라 부를 창출하는 게임으로 그 결과는 개인의 능력과 우연의 결합에 의해 결정될 뿐이다. 모든 개인은 시장에서 동등한 기회가 보장되어 있으며, 누군가의 의도나 강제력 또한 차단되어 있다. 따라서 시장에 대해서는 시장이 만들어 내는 결과가 아니라 경쟁이 이루어지는 방식과 관련해서만 평가할 수 있다.

국가에 의한 자원과 소득의 분배는 강제력을 기반으로 한다. 선거민주주의로 제도화된 현대 사회의 국가는 다수의 시민들 혹은 그들의 대표자들이 합의하는 것이면 무엇이든 자유롭게 입법화할 수 있어야 한다는 대중적 주권관념에 따라 움직인다. 이러한 주권관념은 의회의 기능을 본래 의미의 입법에서 벗어나 정부행동을 구체적으로 지시하는 데까지 이르게 하였고, 그 결과는 어떤 규칙에도 구속되지 않은 무제한적 권력자인 국가의 부활이었다. 정부와 국가는 다른 집단의 희생위에 자신의 이익을 추구하려는 집단의 요구를 만족시켜야 하는 위치에 서 있다. 국가권력은 정의나 평등의 원리가 아닌 효율성과 공리에 따라 행사되며, 결국 전체주의의 늪에 빠져들 수밖에 없다. 따라서 정부권력을 효과적으로 제한하는 것이 사회질서의 가장 중요한 문제가 된다.

2) Robert Nozick과 John Hospers 등의 자유지상주의

노직은 개인은 자기 자신의 몸과 노동에 대한 절대적인 권리를 소유한다는 로크의 자기소유권(self-ownership) 개념을 기본전제로 삼고 있다. 호스퍼스는

> 자유지상주의라 불리는 정치철학은 모든 개인들은 자기 자신의 생명의 소유자라는 것, 그리고 어떤 누구도 타인이 지닌 생명의 소유자가 아니라는 원칙이다. 그리고 그 결과로서, 스스로의 선택에 따라 행위 할 수 있는 타인의 동등한 자유를 침해하지 않는 한 모든 인간은 자신의 선택에 따라 행위할 수 있는 권리를 갖는다는 원칙이다.

라 주장한다. 이 자기소유의 권리는 인간의 가장 근본적인 권리로서 다른 권리(사유재산권, 소득과 부에 대한 권리 등)의 근거가 된다. 다만, 사유재산권은 생명과 자유에 대한 기본권으로부터 파생되지만 사유재산권이 없을 경우 개인의 생명과 자유에 대한 기본권은 사실상 무의미하다는 점에서 노직과 호스퍼스에게 사유재산권은 생명과 자유에 대한 권리에 못지않은 절대적인 권리로서 간주된다. 대신 이들 이론에서는 민주적 정치과정에 적극적으로 참여할 수 있는 자격으로서의 정치적 권리에 대한 논의가 거의 없다.

A. Rand는 사유재산이라는 '법적인' 관념은 자본주의에서만 발생할 수 있었다고 지적하고, 자본주의를 이전의 그 어떤 체제보다도 월등하게 만들었던 요소가 바로 '자유'였음을 강조한다. 그는 합리적 능력을 인간의 가장 중요한 본질적 특징이라 보고, 이 합리적 본성에 대한 사회적 승

---

43) F.Hayek의 논리구조에서는 상호주의는 경쟁과 대비되는 개념이 아니라 연대(solidarity)와 대비되는 개념이다. 반면, 공동체주의에서는 상호주의(호혜성)와 경쟁이 대비되고 있다.

인의 결과가 바로 개인의 권리로 구체화된다고 본다. 랜드는 재산권 보장이 없는 생명권은 거의 무의미하며 사유재산제도는 인간의 가장 가치 있는 능력인 '창조적인 정신'의 물꼬를 터줌으로써 개인들이 자신의 인신과 정신, 자신의 삶과 일 그리고 생산물들을 모두 소유하는 주권자로 존재할 수 있도록 해준다고 주장한다.

그리고 물리적인 폭력으로부터 개인의 안전과 재산 그리고 정신의 자유를 지켜주기 위해서는 '객관적인 규칙들의 법령' 하에 개인들의 권리를 보호해주는 제도인 정부가 필요하다. 그런데 이 임무를 수행할 수 있는 정부의 권위는 '피치자들의 합의'에서 유래한다. 이것은 정부가 시민들의 통치자가 아니라 그 종복임을 의미한다.

3) Virginia 학파(공공선택론)

뷰캐넌은 정치를 개인적·집단적 차이를 조정해가는 하나의 과정으로 이해한다. 그리하여 이상적인 무정부적 상황으로부터 개인들의 자발적인 상호동의에 의해 재산권과 시장경제 그리고 자본주의 질서가 형성되는 과정을 설명한다. F.Hayek는 자유로운 시장경제에 기여하는 법률과 제도들이 자발적인 방식으로 진화한다고 보았다. 하지만 뷰캐넌과 털록은 합리적인 설계(rational design)의 중요성을 강조하여 정부수립의 합리주의적·계약주의적 토대를 부각시켰다.

2. 정치적 자유주의

정치적 자유주의는 개인주의적 자유주의에 대한 공동체주의자들의 비판에 대응하기 위해 자유주의를 새롭게 해석하고자 하는 노력으로 대두되었다. 정치적 자유주의는 '어떤 삶이 좋은 삶(선, good)인가'에 대한 공유된 규범이 붕괴된 '합당한 다원주의적(reasonable plurality)'[44] 상황에서 정치적 결사체를 구성하고 공존과 안정을 유지할 수 있는 조건을 제시하려 한다.

다원성을 특징으로 하는 현대사회에서 정치적 결사체(국가)의 안정성은 공적 결정의 정당성을 확보하는 데에 있다. 그 핵심은 '합리적 대화와 평등한 존중'에서 도출되는 사회적 합의에 있으며, 이렇게 도출된 '합의/정의 원칙'은 모든 가치와 선호에 중립적인 것이어야 한다.

현대 사회는 사회구성원들 사이에서 특정 종교에 대한 공유된 믿음이 붕괴되어 버렸으며, 바람직하다고 믿는 삶의 가치에 대한 공감도 사라진 가치다원사회라 할 수 있다. 정치를 '갈등을 통합하는 과정'이라 정의하든, '가치의 권위적 배분'이라 정의하든, '누가 무엇을 얻는가?'의 문제로 정의하든, 정치체제의 안정성을 위해서는 이러한 갈등을 통합·조정할 수 있어야 한다. 예컨대, 미국사회에서 논란이 되는 낙태를 둘러싼 논쟁에 대해 의회는 혹은 정부는 어떠한 결정을 내려야 하는가? 한국사회라 한다면 양심적 병역거부를 허용할 것인가 아니면 계속 불허할 것인가? 비정규직 노동자들의 요구나 외국인노동자의 인권에 대해서는 어떠한 결정을 내려

44) 유홍림 교수는 rational plurality라 표현하고 있으나, 이는 [정의론]의 초판에서 사용한 용어다. 롤스는 [정치적 자유주의]와 [정의론] 개정판에서는 reasonable plurality로 수정하였다. 현대사회에 존재하는 다양한 가치들은 마치, 기독교 신자가 이슬람이나 불교교리를 합리적 이성에 따라(rational) 수용 가능할 수 있는 것은 아니다. 대신 상호존중이라는 공적 이성에 입각할 때 합당하다고(reasonable) 인정할 수밖에 없는 상황이라는 것이다.

야 하는가? 트랜스젠더나 동성애자와 같은 성적 소수자들의 권리를 허용할 것인가? 미국산 소고기에 대한 수입에 대해 어떠한 판단을 내려야 하는가? 이러한 현대사회의 다양한 이해관계와 가치를 통합할 수 있는 하나의 가치라는 게 존재하는가?

민주사회에서 공유될 수 있는 원칙에 입각한 결정만이 사회적으로 수용될 것이고, 그것은 보편성이라는 기준으로 정당화될 수 있는 것이어야 한다. 보편적 기준이 상실된 사회에서 보편성의 척도가 적용된다는 것은 그것이 실체적 내용을 갖는 것이 아닌 절차적으로 공정한 기준에 그친다는 의미를 또한 내포한다. 특정 개인이나 집단의 이해관계나 목적으로부터 독립된 것이어야 하는 것이다.

다른 맥락에서 생각해 보자.

왜 법을 준수하는가, 혹은 왜 지배를 수용하는가? 사회적 의무는 무엇으로부터 나오는가? 누군가는 자연법과 같은 보편법칙으로부터, 또 누군가는 계약이나 합의와 같은 개인의 자발적 의사로부터 나온다고 설명한다. 또 누군가는 도덕적 선 혹은 연대의무로부터 나온다고 설명한다. J.Locke는 사회계약에 대한 암묵적 합의로부터 준수 의무가 나온다고 보았다면, J.Rawls는 (사회계약 대신) 중첩적 합의(가언합의)를 제시했다. 당사자가 의사를 표명하여 계약을 맺었다하더라도 그것이 공정하다는 보장이 없다. 별도의 공정성 기준이 필요하다.[45]

정치적 자유주의는 위 두 가지 물음에 대한 답을 제시하고자 하는 것이라 볼 수 있다.

1) John Rawls의 정치적 자유주의

[1] 롤스의 따르면, 정치적 자유주의의 관심 문제를 다음과 같은 질문을 통해 제시한다.

> "자유롭고 평등한 시민들이 양립 불가능한 철학적·종교적·도덕적 교의들에 의해 나누어진 경우, 지속적인 안정과 정의가 유지되는 사회가 어떻게 가능할 것인가? 다시 말해, 합당하긴 하나 상호 대립적인 포괄적 교의들이 공존하면서 이들 모두가 입헌정부체제라는 정치적 개념의 정당성을 인정하는 것이 어떻게 가능한가? 그러한 중첩적 합의를 통한 지지를 얻어 낼 수 있는 정치적 개념의 구조와 내용이 무엇인가?(J. Rawls, 1996)"

이에 대한 대답으로 J. Rawls는 정치적 개념에 의해 통제되어야 하며(정치적으로 구성된 정의 원리가 사회의 제도와 규범에 내재되어야 한다는 의미), 사회적으로 수용될 수 있어야 한다는 조건을 제시하면서 입헌적 합의와 중첩적 합의를 대안으로 제시한다. 즉, 사회정치세력들 간에 사회를 구성하는 헌법적 원칙에 대한 합의가 필요하며(**입헌적 합의**), 헌법적 원칙에 대한 입헌적 합의는 서로 서로 다른 규범과 가치를 지향하는 집단들이 공존할 수 있는 합의(**중첩적 합의**)여야 한다는 것이다.

> "① 자유롭고 평등한 개인은 자신들의 가치를 존중받아야 하며, 정치사회 구성과 관련된 헌법적 규칙 및 사회규범을 합의하는 과정에 평등한 참여의 권리를 부여 받아야 하며, 이는 민주적 체제를 요구하게 된다. ② 평등한 개인들의 사회를 전제로 하는 경우, 입헌적 합의는 사적 이성이 아닌 공적 이성에 입각하여 중첩적으로 이루어져야 한다(J.Rawls, 1996)."

45) 헌법이 비준되었다고 해서 모든 조항이 공정하다고 할 수 없다. 1789년의 미국 헌법은 노예제를 인정했으며, 필라델피아 대의원들과 각 주가 이에 동의했지만, 그것만으로 정당하다고 할 수 없다.

중첩적 합의

상이한 종교를 믿는 세 개의 주요 집단이 존재한다고 가정하자. 특정 종교만을 타당하다고 결론을 내리는 것은 전체주의로 귀결될 것이고 이에 대한 시민의 자유는 부정된다. 결국 사회통합을 가능케 하는 합의는 가치들 간의 양립이 가능한 중첩적 합의일 수밖에 없다는 것이다. 이러한 중첩적 합의 하에서만이 사회적 안정이 가능할 것이며, 집단 간 상호존중과 불간섭(정치적 중립)이 이루어지는 한 개인과 집단의 자율성도 보장될 것이다.

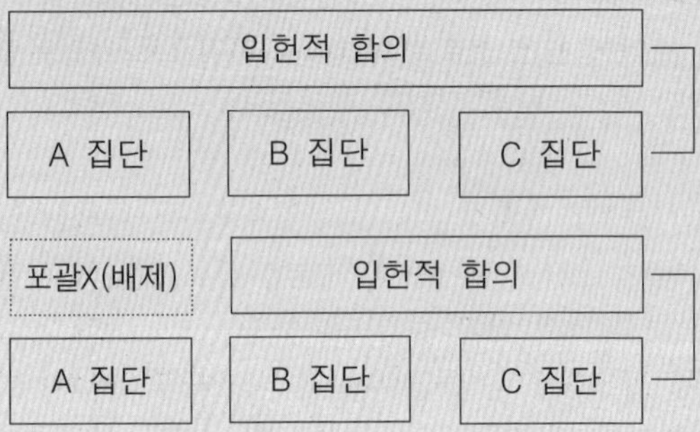

세 집단의 자율성이 인정되면서도, 이들이 추구하는 가치들이 양립할 수 있는 합의라는 점에서 중첩적 합의라 지칭

만약에 A집단의 규범과 가치(교설)가 입헌적 합의에서 배제되는 상황이라면 사회적 갈등이 해소되지 못함으로 인하여 사회적 안정성이 결여

정치적 자유주의가 지향하는 질서 정연한 사회는 정의에 대한 합리적 견해를 모든 개인이 자발적으로 합의를 통해 수용하고, 이러한 정의의 원리가 공적 기본구조에 실현되는 사회이다. 이 사회는 통합이 이루어진 상태지만 (실체적 가치에 대한 합의가 아니기 때문에) 특정한 목적에 의해 통합된 것은 아니다. 따라서 파시즘이나 군국주의처럼 전체적 통합에의 열망에 의해 지배되지 않는다.

롤스에 따르면, 중첩적 합의는 공정한 협력의 조건을 제안하고 이를 준수하는 자발성, 정의감, 입헌 정체에서 정치적 권력을 정당하게 행사함에 있어 공적 이성의 사용을 수용하는 것에서 가능하다. 이렇게 이루어진 중첩적 합의는 자발적인 참여 속에서 이루어진 항구적인 합의이기도 한다.

[2] 주지하듯이, 롤스는 「정의론」에서 정의의 제1원칙(평등한 기본적 자유원칙)과 제2원칙(차등원리)을 제시하였다. 롤스는 「정의론」에서 제시한 정의원칙을 「정치적 자유주의」에서 구체화시킨다. 그는 사회의 기본구조를 크게 ① 시민권에 귀속되는 평등한 자유를 규정·보장하는 영역과 ② 사회적·경제적 불평등을 지정·확정하는 영역으로 구분하고 각 영역에 속하는 기본권을 열거한다. 이 기본권들은 정의의 1원칙에 의해 모든 시민들에게 부여되는 권리들로서 "정치적 자유(투표하고 공직에 출마할 수 있는 권리) 및 언론과 결사의 자유, 양심과 사상의 자유, 사유재산권 및 인격의 자유, 법치주의에 따라 규정되는 자의적인 체포와 구금으로부터의 자유" 등이다. 이 기본적 자유들은 합리성과 정의감이라는 두 가지 도덕적 능력을 갖춘 평등한 개인들이 누려야 할 평등한 존중을 표현한다. 그리고 정치적 권리들은 '모든 시민들이 법률을 제정하는 입헌정치 과정에 참여하여 그 결과를 결정할 수 있는 평등한 권리들'로서 민주주의 체제에서 중시되는 '참여의 원리'를 표현한다.

[3] 제2원리에 명시된 '차등의 원리'는 '정치적 권리'를 모든 시민들이 가능한 한 '평등하게' 향유할 수 있는 최소한의 경제적 조건을 창출하기 위해 마련된 것이다. 그렇다면, 사회적 불평등

을 시정하고 경제적 평등을 추구하는 것이 바람직한 것인가?

분배정의는 도덕적 자격을 인정하는 것과는 다르다. 사회적 가치의 분배는 특정한 게임의 규칙이 형성되면서 통용되는 합법적 권리의 문제를 다루는 것이다. 분배 정의는 게임의 규칙이 정해졌을 때 생기는 합법적 기대를 충족하는 것과 관련이 있다고 본다. 공정한 체제는 사람들이 무엇을 요구할 권리가 있는가에 대답하는 것이다.

현대사회에서 신분제를 옹호하는 사람은 거의 없다. 출생이라는 우연성이 사회적 지위와 부를 결정하는 것은 공정하지 못하기 때문이다. 시장은 기회 균등을 보장함으로써 우연성의 효과를 교정하지만, 부모의 소득의 차이가 시장에서의 불공정한 결과를 가져오기 때문에 정치·사회적 권리가 평등하게 보장되지 않는다.46) 소득과 부의 분배가 역사적, 사회적 우연으로 결정되어서는 안 되듯이, 타고난 자산에 따라 결정되어서도 안 된다. 시장에서 성공과 실패는 우연적 요소에 영향을 받는다. 시장에서는 타고난 능력과 재능에 따라 부와 소득의 분배가 결정되는 상황은 여전히 허용되기 때문에 공정하지 않다. 롤스는 정의를 능력 위주의 개념으로 이해하는 것은 자유지상주의 개념으로 이해하는 것과 똑같은 이유로 문제가 있다고 결론 내린다. 둘 다 도덕적으로 임의의 요소에 좌우된다. 따라서 평등주의를 더욱 강조하는 개념이 아니고서는 어느 것에도 만족할 수 없다고 롤스는 주장한다.47)

[4] J. Rawls는 자신의 정의 원칙을 각 개인과 정치적 집단이 자율성을 유지하면서 공존을 위한 입헌적 합의를 통해 이끌어진 원칙이라는 점에서 '민주사회'를 위해 구성된 정의관이라 불렀다. 롤스의 정의원칙들은 심의가 작동할 수 있는 공정하고 평등한 절차적 조건 속에서 계약당사자들이 자유로운 이성의 공동행사를 통해 도출된, 즉 이상적인 민주사회의 존재방식에 적합하게 구성된 결과물이라는 것이다.

2) Ronald Dworkin : 자유주의적 평등(「권리의 존중」, 「원리의 문제」)

드워킨은 자유주의의 도덕적 토대를 인간의 도덕적 평등(**평등한 존중과 관심**)에서 찾는다. 즉, 모든 개인들은 평등하기 때문에 평등한 존재로 인정받아야 한다는 점에서 자유주의 사회의 국가는 그 구성원들을 평등한 존재로 취급해야 한다고 주장하는 것이다. 주요 주장을 보자.

① 인격과 인격을 구성하고 있는 요소들은 구분된다. 인종·성별·능력의 차이는 인격의 핵심요소가 아닌 비본질적인 것이고, 본질저 요소는 '인긴은 가치관을 추구한나는 섯과 자율적인 선택의 능력이 있다'는 점이다. 이러한 본질적인 요소에 초점을 맞추게 되면 인간은 도덕적으로 평등

46) 롤스는 '우리는 사회에서 맨 처음 주어진 출발선은 당연히 내 몫이라고 말할 자격이 없듯이, 내게 분배된 타고난 재능도 당연히 내 몫이라고 말할 자격이 없다'고 이야기 한다(J.Rawls,1971 ; M.Sandel, 2010).

47) M.Friedman은 '삶은 공평하지 않다. 자연이 낳은 것을 정부가 수정할 수 있다고 믿고 싶은 유혹도 생긴다. 그러나 우리가 한탄하는 적잖은 불공평에서 얼마나 많은 이익을 얻고 있는지 깨닫는 것 또한 중요하다. ... 그러나 평등이라는 추상적 이상을 추구하느라, 알 리가 하룻밤 경기에서 벌 수 있는 돈이 (...) 최하층 사람이 부두에서 하루 동안 비숙련 노동으로 벌 수 있는 돈보다 많아서는 안된다고 한다면 (...) 알리를 보며 즐기는 사람들에게는 더욱 불공평한 일이 아니겠는가?(Free to Choice)'고 말한다.
위 주장에 대해 롤스는 '더러 부당함을 간과하는 구실로도 이용되는 그 주장은 부당함을 묵인하지 않으려는 태도를 죽음을 받아들이지 못하는 태도와 똑같이 취급한다. 자연의 분배 방식은 공정하지도, 불공정하지도 않다. 인간이 태어나면서 사회적 위치에 놓이는 것 역시 부당하지 않다. 그것은 단지 타고나는 요소일 뿐이다. 공정이나 불공정은 제도가 그러한 요소들을 다루는 방식에서 생겨난다'고 답한다.

한 존재라 할 수 있다.[48)]

② 자유와 평등은 불가분의 관계에 있는 것이다(자유와 평등 두 가치는 함께 존재하거나 함께 붕괴된다). 개인의 자유를 내포하지 않은 평등개념은 자유주의적이 아니며, 개인들 사이의 도덕적 평등을 전제하지 않은 자유 역시 진정한 자유주의적 평등관이 될 수 없다.

③ 자유와 자원의 연관성의 문제를 고려해야 한다(자원의 평등론). 롤스가 '주요한 사회적 가치들'로 열거했던 것 외에 개인의 재능까지 자원에 포함되며, 자원을 많이 소유할수록 개인은 더 많은 자유를 누릴 수 있다. 이때, 타인이 보유한 자원에 대한 시기심이 없는 상태가 자원의 평등한 분배가 성취된 상황이며, 개인이 선택한 결과가 불평등한 결과를 초래하더라도 자율적 선택이라면 이러한 불평등은 정당한 것이다. 반면, 자유주의는 능력과 상속, 그리고 운의 차이로부터 발생하는 불평등들을 축소시키고, 재화와 기회에 관련된 비용의 차이를 반영하는 불평등들은 용인될 수 있도록 제도를 개혁해야만 한다. 결과적으로 시장의 가격체계에 대해서는 방임을 허용하지만 자유주의적 구성원리가 금하는 복지에 있어서의 불평등을 대폭 제한할 수 있어야 하며, 소득재분배 정책과 관례적인 상속세 제도를 기반으로 한 복지제도를 확립해야 하는 것이다.[49)]

④ 시장이 불평등을 야기할 수 있으나, 자발적 교환과 선택이 작동한다는 점에서 시장은 개인의 자율성을 실현할 수 있는 좋은 장소로서 어느 정도 평등주의적인 성격도 갖고 있다. 이러한 관점은 강한 의미의 개인권리와 민주적 선호의 취합에 있어서 이중적인 의미를 보여준다. 즉, 공리주의적 위험에서 소수권익의 보호가 요구되는 반면, '최대다수의 최대행복'을 위한 사회정책의 결과가 우연히 불평등하더라도 그것이 부당한 선입견을 반영하지 않는 한 정당하다고 보는 것이다.

드워킨의 관점은 롤스와 크게 다르지는 않지만, 사회계약사상에 기초한 롤스와 달리 '평등한 관심과 존중의 원칙'은 그 자체로 정당화되며 오히려 다른 정치원리들이 그로부터 도출되거나 정당화되는 궁극적인 이론적 토대로 작용한다는 점에 차이가 있다.

3. 보론 : J. Rawls의 정의론과 자유주의

1) 롤스의 문제의식

롤스의 「정의론」이 출간된 시점은 바로, 서구 사회가 혼란에 휩싸여 있던 시기였다. 서구는 1960년대 중반에 들어서면서 장기호황과 복지정책으로 두터운 중산층의 이 형성되었고, 소위 케인지언적 복지국가에 대한 사회합의가 이루어졌다는 신념이 확산되었다. 하지만 1960년대 후반 들어 흑인폭동과 인종문제, 반전반핵, 여성문제, 인권문제, 환경문제, 세대갈등이 한꺼번에 터져 나오기 시작했고, 학생들은 상아탑으로 변질되어 버린 대학을 점거하고, 기성정치에 대한 불만이 커지면서 매일 수만 명의 시민들이 거리로 쏟아져 나왔다. 이러한 상황은 1970년대를 민주주의 위기로 진단하는 수많은 이론들을 쏟아냈고, 정부에 대한 불신을 토로하는 상반된 경향, 즉 신사회운동과 같은 참여민주주의와 시장주의·신보수주의를 만들어 내기도 했다.

48) 인종이나 성, 능력 등을 인격의 요소로 보는 경우에 차이에 따른 차별대우가 정당화될 수 있다는 점에서 이를 비본질적인 것으로 보는 것이다.

49) 참고로, 드워킨은 분배의 정도에 관한 한 롤스와 비슷한 입장에 서 있다. 더 이상의 부의 이전이 이루어질 경우 최하위층 집단이 혜택을 입기보다는 오히려 해를 입게 되는 정도까지의 재분배를 주장한다.

롤스의 정의론의 출발점은 바로, 이 지점이다. 그는 사회혼란이 사회의 가치 및 이해갈등에서 비롯된 것이라면, 이들 상반된 이해를 수렴할 수 있는 어떤 규범적·도덕적 원칙을 통해 해결되어야 한다고 보았다. 롤스는 사회구성원 모두가 합의가능한 정의의 원칙을 통해 해답을 찾고자 한 것이다.

그는 정의원칙을 당시 주류적 관점인 공리주의적 자유주의를 배격하고 칸트의 도덕철학에 입각한 의무론적(deontological) 자유주의를 통해 구성하였다.

2) 정의론

가. 가정 : 원초상태, 합리적 · 이성적 인간

롤스는 인간을 자유롭고 평등한 존재이자 합리적이고 이성적인 존재로 가정한다. 이성을 소유한 인간은 사회적 합의를 함에 있어서 자신에게 불리한 내용에 합의하지는 않을 것이다. 즉, 현대 사회와 같이 공유된 규범이 상실되어 버린 상황에서 사회적 합의는 불가능해 진다. 이에 대해 그가 제시한 정의는 선(Good)이 아니라 '공정성(fairness)'으로서의 정의였다.[50]

다음으로, 사회를 구성하기 위한 최초의 상태인 원초상태를 가정한다. 원초상태란 사회계약론이 말하는 자연 상태를 벗어나 사회를 구성하기 위한 상태라 보면 된다. 예컨대, 해방 이후 사회운영을 위한 기본 규범을 결정하는 제헌의회가 소집된 상황이다. 이 상황에서 각 정치집단이 자유롭고 평등한 상태에 있다고 가정하는 것이다(해방공간에서 각 정치집단이 모두 평등한 자원을 보유한 것도 아니며, 미군정이라는 대외적 제약이 있었으나, 롤스가 가정하는 원초상태는 가상의 상황이기 때문에 그 현실성을 문제 삼지는 말자).

마지막으로, 원초 상태에서 개인이 '무지의 베일'에 가려진 불확실한 상황에 놓여 있다고 가정한다. 여기에서 무지의 베일(때로 롤스는 상호무관심한 상황이라 표현하기도 한다)이란, 어느 누구도 자신의 사회적 신분, 육체적·정신적 자질, 삶의 목표와 태도나 당시의 사회 구성체의 정확한 성격을 모르고 있는 상태를 말한다. 쉽게 말하면 게임의 규칙이 자신에게 유리할지 혹은 불리할지를 알 수 없는 상태를 말한다. 만약, 그 결과를 알지 못한다면 개인은 극대화의 논리에서가 아닌 극소화의 원리에 입각한 선택을 할 것이다. 불확실성을 가정한 원초상태란 무지의 베일 속에 가려진 상태로 모든 개인은 완전히 평등한 상태에 있음을 의미한다. 따라서 특정 계층이나 개인에게 보다 많은 혜택이 돌아갈 수 없는 상태로 사회계약은 만장일치에 의해 합의될 수 있는 것이다.

> 무지의 베일 하에서 의사결정자는 자신의 특수한 이해를 고려할 수 없게 되고, 이로 인해 보편적인 고려에 의해서만 결정하게 될 것이다. 개개인은 이제 자신의 특수한 상황을 배제하고 보편적인 관점에서 결정을 내리고 이로 인해 얻어지는 합의는 보편타당한 정의 원칙으로 자리 잡게 되며, 기본구조로서 입헌주의의 기초를 형성하게 된다.

---

50) 롤스가 말하는 공정성은 의미는 직관적인 개념으로, '가위 · 바위 · 보'로 결정하는 것과 같은 것이다. 즉, 사전에 누가 이길지 정해져 있지 않으며, 사후에 번복되지 않는다는 의미에서의 불확실성이고, 공정성이다. 철학자들이 이야기하는 소위 '케이크 자르기 게임'과도 같은 것으로, 만약 칼을 쥔 사람이 가장 나중에 선택하는 것으로 규칙에 합의한다면 그 결과는 공정하게 나올 것이라는 것이다. 하지만, 공정성이라는 절차적 차원에서조차 합의가 이루어지기 어렵다. 그것은 Arrow 불가능성 정리에서 보여 진 것처럼 이 세상에 공정한 규칙이란 존재하지 않기 때문이다.

정리한다면 다음과 같다 ; 개인은 원초적 상태 하에서 자신과 타인에 대한 정보가 없는 '무지의 베일'에 가려진 불확실한 상황에 있다면, 아래와 같은 최소극대화 원칙에 합의할 것이다. 즉,

① 인간은 자유롭고 평등한 존재이다. 또한 합리적 · 이성적 존재이다.
② 원초상태에서 사회를 구성하기 위한 보편타당한 원칙(정의의 원칙)에 대한 합의를 하려 한다.
③ 모든 절차는 개인에게 평등한 결과를 보장해 주는 것이 아니며, 따라서 개인은 자신과 타인에 대한 정보가 부재한 무지의 베일 하에서 다음과 같은 정의의 원칙에 합의할 것이다.

나. 정의의 원리

첫째, 개개인은 기본적 자유를 최대한 누릴 평등한 권리를 가지며, 타인 또한 동일한 자유를 누린다(평등한 자유의 원리).

둘째, 개인은 게임의 결과가 자신에게 불리하게 나올 경우에 대비하여 그 결과를 시정할 수 있는 가능성의 여지를 남기기 위한 원리에 합의할 것이다. 즉, 사회적 불평등은 다음과 같이 조절되어야 한다. ① 누구라도 그 혜택을 받을 수 있어야 하며, ② 지위와 직책은 모든 사람에게 개방되어 있어야 한다. 다시 말하면, 사회 · 경제적 불평등은 모든 지위에 대한 기회균등이 공정하게 이루어진 조건 하에서 지위에 부수해서 존재해야 하며(공정한 기회 균등의 원리), 가장 불우한 사람들의 편익이 최대화되어야 한다(차등조정을 위한 Maximin 원칙). 후자는 사회적 가치는 일부나 전부가 불평등하게 배분됨으로 인하여 모두에게 혜택을 주지 못한다면 보다 평등한 분배 상태가 되는 게 공정하다는 것이다.

이에 대해 조금 자세히 살펴보도록 하자.

	A	B	C
S_1	180	90	40
S_2	80	60	160
S_3	70	130	110

A, B, C 세 사람이 분배문제를 둘러싸고 게임을 한다고 가정하자. 만약, 무지의 베일에 가려진 상태에 있었다면, 세 사람 모두는 누가 가장 불리한 상황에 처할지 모르는 상태이기 때문에 자신이 가장 불리한 결과가 나오더라도 최악의 경우를 배제하기 위해서 최소의 몫이 그나마 가장 큰 경우를 채택하는 규칙에 동의할 것이다. 무지의 베일이 걷혀지고, [표] 같은 결과가 나왔다면, 세 번째 대안이 채택되는 것이 공정하다는 것이다.

마지막으로, 그는 첫 번째의 원칙이 두 번째의 원칙에 선행한다고 보았다. 그 이유는 사회가 발전하면서 물질적인 가치는 점차적으로 충족되어 가게 되고, 자유로부터 얻는 편익에 비해 그 중요성이 상대적으로 감소한다고 보았기 때문이다.

이상의 정의의 원칙은 무지의 장막을 조금씩 들어 올림으로써 헌법제정의 단계, 행정과 법 제정의 단계 등으로 확장해 나갈 수 있다고 한다. 각 단계마다 정의의 두 원칙도 유지되며, 그 속에서 정의로운 헌법이나 법 규범, 정책 등을 그렇지 않은 헌법이나 법 규범, 정책과 비교가 가능하다는 것이다.

3) 정의론의 수정 : 정치적 자유주의

롤스의 「정의론」많은 반향을 일으키면서 현대 철학논쟁의 중심에 항상 놓여 있었다. 정의론을 둘러싼 논쟁과정에서 (현대)공동체주의가 등장했는데 이들의 핵심적인 비판은 인간의 사회성에

있다. 즉, 자유나 권리라는 개념은 사회관계 속에서 형성(사회적으로 구성)되는 것으로써 사회 형성 이전에 존재했다고 보는 것은 비현실적이라는 것이다. 또한 공동체에는 공동체 구성원들 간에 공유된 규범이 존재하며, 이러한 규범은 공동체마다 상이할 수밖에 없기 때문에 보편타당한 원칙이란 존재할 수 없다는 것이다. 이러한 비판을 수용하면서 롤스는 1993년에 「정치적 자유주의」를 제시하게 된다.

「정의론」이 인류보편적인 사회 구성 원리를 제시하는 것을 목표로 했다면, 「정치적 자유주의」는 공동체주의자들의 비판을 수용하면서, 서구사회에서 통용되는 정치체제 구성 원리를 제시하는 것을 목표로 하고 있다 — 정의론이 합리 선택이론에 기초한 합리적 해결을 추구한 도덕철학의 문제를 다뤘다면, 정치적 자유주의는 합당성에 기초한 정치철학의 문제를 다룬 것이다. 불일치의 문제를 해결하고 협력을 이끄는 공정한 조건을 밝히려는 것이다.

정치적 자유주의의 출발점은 '합당하긴 하나 상호 대립적인 교의들이 공존하면서 이들 모두가 입헌정부체제라는 정치적 개념의 정당성을 인정하는 것이 어떻게 가능한가? 그러한 중첩적 합의를 통해 지지를 얻어낼 수 있는 정치적 개념의 구조와 내용이 무엇인가?'라는 질문이다. 가치다원주의사회에서 시민들 간의 화해 가능한 조건을 찾으려 할 때, 혹은 권력을 공유하고 정치적 결정을 합당하게 정당화시킬 수 있는 조건을 찾을 때 이들 정치체는 유지가 가능하다.

국가나 정치적 행위자는 사회 구성원의 어떤 도덕적 규범을 개인에게 강제해서는 안 되며, 사회 구성원들 간의 합리적 대화와 평등한 존중을 통해 도출된 규범에 의존해야 하는 것이다. 다만, 이러한 결정은 사적인 영역에 적용되어서는 안 되며 정치적 혹은 공적 영역에 대해서만 적용되어야 한다고 본다.

> 민주적 사회에서 공적 이성은 평등한 시민들의 이성이다. 그리고 이 시민들은 집합체로서 법을 제정하고 자신의 헌법을 수정함에 있어서 서로에 대해 최종적인 정치적 강제력을 행사한다. 이 첫 번째 요점은 공적 이성이 부과하는 한계는 모든 정치적 질문들에 적용되는 것이 아니라 '헌법의 본질적 요건들'이라고 부르는 것과 기본적 정의의 문제들과 관계된 사항들에만 적용된다는 것이다. … 이 근본적 질문들은 누가 투표할 권리를 가지는지, 어떤 종교들이 용인되어야 하는지, 누구에게 공정한 기회의 평등을 보장해 주어야 하며 누가 소유권을 가져야 하는지와 같은 문제들이 포함된다. 이런 질문들과 이와 유사한 질문들은 공적 이성의 특별한 주제인 것이다(J.Rawls 2003, 265).

4) 소유권 인정 민주주의 : 이론의 재수정

롤스는 자유와 평등의 가치를 적정하게 조화시키는 자유주의적 평등주의에 입각하여 사회 기본 가치와 절차적 정의로서 권리와 자유, 기회와 권한, 수입과 부의 분배 문제를 주장하였다. 그런데, 순수한 개인의 노력이나 능력이 외적 조건의 차이나 우연성이 분배결과에 영향을 미친다면 이는 규제될 필요가 있다. 즉, 최소 수혜자의 입장을 위해 작동하도록 구성하는 것이 필요하다.

이러한 맥락에서 그는 1999년 「정의론」 개정판 서문에서 소유권 인정 민주주의를 주장하였다. 부와 자본 소유권을 분산하여 사회의 작은 일부가 경제를 장악하고 간접적으로 정치적 생활 자체를 장악하는 것을 방지할 필요가 있음을 주장한 것이다. 이를 위해 분배결과를 maximin 원칙에 의해 교정하는 방식을 버리고, 매 시기 처음부터 생산적 자산의 소유권과 인적 자본을 분산시키는 방식을 제시하였다.

참 고 현대 자유주의의 주요 주장의 비교

지금까지 보았던 자유주의의 주요 특징들을 정리하면 다음과 같다.

구 분		자유의 정의	중 점	재분배
로크적	Hayek(경제적 자유주의)	소유권 (자기소유권)	시장경제, 재산권에 대한 법적 보장	반대
	Sartori(정치적 자유주의)		정치적 권리, 법적 정의	모호
칸트적	노직(경제적 자유주의)	자율	재산권에 대한 법적 보장 / 자격이론	반대
	롤스(정치적 자유주의)		입헌적 합의와 정치적 참여	찬성
	드워킨(정치적 자유주의)		평등한 존중과 관심	찬성
공리적	후생경제학	공리(후생)	사회후생극대화	찬성
신이상주의	Bellamy, Gould	적극적 자유	사회적 존재, 동등한 행위능력의 존중	찬성

⇨ 자본주의 : 사적 소유 + 시장경제(가격, 경쟁 ; 사적 자치)
정치체제 : 기본권 보장(Sartori)
정치참여 + 평등한 분배
⇨ 한계(공동체주의 비판) : 자아 정체성, 권리(기본권)의 사회성

제 3 절 공화주의 / 공동체주의

[1] 어원상 공화주의는 res(-affair)와 대중을 의미하는 publicus의 합성어인 로마의 공화국(republic)에서 기원한다(R. Dahl 2002, 29). 로마의 공화제는 광장(Forum)에서 시민권을 획득한 성인 남성들의 직접참여와 토론을 통해 공적 문제를 해결하기 위한 결정을 내리는 체제를 말한다. 이러한 Forum은 그리스의 agora와 같은 의미에서 민주주의를 상징하는 것으로 사용되며, 중세 의회제(Parliament)로 확장되었다.[51)]

그러나 공화주의는 현대정치사상에서 여러 가지 의미로 사용되어 왔다. James Madison Jr.은 '순수한 민주정은 한 사회를 구성하고 있는 많지 않은 수의 사람들이 직접 회합을 가지면서 정부를 운영하는 정치제제인 반면, 공화정은 대의제를 통해 운영되는 정치체제(R. Dahl 2005, 243)'라 명명하였다. 이 구분법에서는 직접민주주의가 민주주의가 되고 대의제가 공화정이 되는 것이다. J. Madison의 공화제에 대한 정의는 '인민의 의지에 의존하는 인민의 정부(시민적 공화제 = 민주주의)'에 대비되는 '재산권을 중시하며 제한된 선거권을 주장하는 (귀족적) 공화제'라 해석되기도 한다. 반면, 몽테스키외는 정부를 공화정, 왕정, 독재정으로 구분하면서 '전체로서의 인민이 주권적 권력을 갖는 민주정'과 '주권적 권력이 일부에게만 주어지는 귀족정'을 공화정으로 보았다.

조금 더 거슬러 올라가면 Aristotle의 사상과 만나게 된다. 아리스토텔레스가 이야기한 공화국의 의미는 혼합정이었다. 그가 살았던 시기는 귀족과 평민이 명확하게 구분되어 있었고, 아테네 민주주의는 전문적 지식이 없었던 평민에게 모든 것을 맡기는 것은 중우정으로 흐를 위험이 크다고 그는 판단하였다. 이에 대한 그의 처방이 혼합정(공화정)이었다. Aristotle가 말하는 공화정은 인민의 충동적 속성을 제어할 수 있는 소수(귀족)의 지혜에 기초한 정치체로서 귀족적 공화정이라 할 수 있다.

[2] 共和라는 말 그대로의 의미를 살린다면, 하나의 공동체를 이루는 구성원들이 we-ness라는 집합적 정체성을 공유하는 체제라 할 수 있겠다. 그리고 집합적 정체성을 공유하는 구성원들이 공적 결정을 하는 데 있어서 기본 원칙은 Aristotle가 적절히 지적했듯이 구성원들이 고도의 자율성(self-rule)을 누리는 것이 될 것이다. '모두에게 영향을 미치는 것은 모두에 의해 결정되어야 한다'는 로마법의 규정은 공화주의의 자기결정원리를 반영하는 것이다. 따라서 공화제 하에서 정치공동체 구성원들은 공적 결정을 하는 데 있어서 제한 없는 평등한 참여의 권리를 갖는다(이것이 Aristotle와 Rousseau가 말하는 자유이다). 이렇게 보면, 공화주의는 민주주의와 닿아 있는 정치원리 및 사상이라 할 수 있다.

---

51) 모든 정치체는 시원적으로 민주주의 전통이 존재한다. 그 변형들이 중세 신분제 의회였다.
근대 계몽주의 사상은 '자유롭고 평등한 인간'이라는 관념을 확산시켰고, 이러한 관념은 소수 귀족의 특권을 거부하면서 근대 민주주의 원형을 형성하였다. 이러한 관념은 영국의 청교도 혁명과 프랑스 대혁명기에 공화국은 신분제 및 귀족의 특권 폐지와 정치적 평등주의로 이어졌다. 이러한 공화주의를 시민적 공화주의라 하며, 루소의 전통에서 시민적 공화주의는 민주주의와 같은 개념으로 이해되었다.
그런데, "대한민국은 민주공화국이다"라는 헌법 제1조에 규정된 공화국의 의미에 대한 한국의 헌법학계 통설은 왕정에 대립된 개념으로 본다.

그런데, 근대 공화주의는 N. Machiavelli의 사상을 원형으로 한다. 마키아벨리의 사상은 민주주의와 동일시하기에는 상당한 차이점을 존재한다. 따라서 엄밀히 말하면 민주주의와 공화주의가 같은 의미를 갖는 것도 아니다. 이 부분은 바로 다음에 확인할 것이다.

[3] 현대 정치철학에서 자유주의에 대한 반발로 등장한 공동체주의는 공화주의와 맥을 같이 한다. 공동체주의가 강조하는 것은 Aristotle나 루소의 공동체적 감정과 이상인데, 개인적 자유가 아닌 공동체적 연대에서 출발한다는 점에서 그러하다. 그러나 공화주의는 아리스토텔레스가 결코 놓고 있지 않는 귀족적 특권을 비판한다고 보면 아리스토텔레스에서 출발한 현대공동체주의와 공화주의를 동일시 할 수는 없을 것이다. 나아가, 현대공동체주의 내에는 Aristotle와 루소의 거리만큼이나 차이가 큰 M. Sandel과 같은 보수적인 생각에서부터 C. Taylor와 같은 급진적인 생각까지 다양한 스펙트럼이 존재한다. 다만, 공동체주의가 자기결정성과 참여를 강조한다는 점에서 공화주의와 공동체주의, 그리고 (일부 공동체주의자들의 경우 보수주의적 기반을 가지고 있어 민주주의와 충돌되는 주장을 담고 있기는 하지만) 민주주의 원리 간에는 상당한 유사성이 존재한다고 할 수 있다.

사상을 도식화하는 것은 위험하지만, 간략하게 사상 간의 차이를 아래 그림처럼 도식화 할 수 있다 – 아래에서는 공동체주의와 민주주의, 공화주의를 구분하고 있지만, 논자에 따라서는 구분하지 않는 경우도 있다.

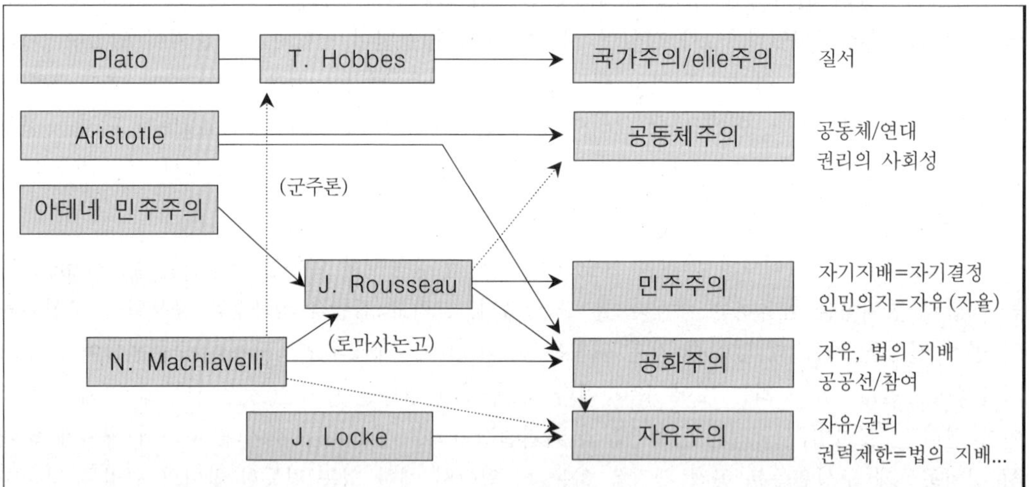

Ⅰ. 공화주의

1. 공화주의의 의의

근대 사회에서 공화주의는 마키아벨리의 사상을 말하며, 현실 정치에서 그것은 14세기에서 16세기 이탈리아 피렌체, 베네치아, 제노바, 피사, 루카, 시에나 등에서 발전된 공화국을 지칭한다. 그리고 이들 공화국에서 공화주의란 군주나 귀족의 자의적 지배를 거부하고 시민적 자유를 획득하기 위한 정치적, 법적 수단을 규명하고자 하는 사상을 말한다.

공화주의는 '모든 공동체 구성원이 함께 하는 공적 공간'을 의미하는 res publica(인민의 일들)를 어원으로 한다. 즉, 공화주의는 정치를 동등자들이 만나는 공간, 즉, 국민들이 공동체의 동료로서 서로 우정을 쌓고 공동체의 진로를 논의하는 공간을 중심으로 사고하는 이념 혹은 사상체계라 할 수 있다. 그리고 시민적 자유를 핵심적 요소로 한다.

첫째, 공화국은 법과 공공선에 기반을 두고 주권자인 시민들이 만들어 낸 정치공동체를 의미한다(키케로 Cicero는 정의와 공동의 이익을 인정하고 동의한 사람들인 인민의 모임이라 정의한 바 있다). 루소는 법에 의해 통치되는 국가를 공화국이라 부르면서, 법에 의해 통치되는 체제에서 공공선이 우위에 서고, 공공의 것이 중요한 것이 된다고 보았다.

둘째, 자유란 인민이 권력자의 자의(恣意)에 종속되지 않는 데에 있으며, 법의 엄격한 준수와 일상의 권리, 그리고 정치적 권리의 평등 속에서 보장될 수 있다고 본다. 이러한 사고는 인민의 지배로 연결된다. 특정인의 자의에 의해 지배되지 않는다는 것은 인민이 최고 권력을 가질 때 가능하기 때문이다. 이는 자유 혹은 권리의 평등한 보장은 정의로운 혹은 훌륭한 군주를 가지는 데 있는 것이 아니라 어떠한 주인도 가지지 않을 때 보장된다는 것을 함의한다. 공화국이 군주정에 대비되는 정치체제라 보는 것은 군주정 하에서 자유는 (그가 선하거나 악하거나) 한 사람의 자의에 의존할 수밖에 없으며, 왕(그리고 귀족)의 특권이 존재하기 때문에 공화국은 군주정과 양립할 수 없는 개념이 되기 때문이다.

2. 고전적 의미의 공화주의와 그 해석

1) 공화주의와 인민

공화주의는 사회를 '나'의 확대된 가족으로서의 '우리'라는 인식(we-ness)에서 출발한다. 이러한 인식은 공동체 내의 어떠한 특권을 인정하지 않음을 의미하며, 이를 위한 법의 지배를 중시한다. '우리'라는 사회적 유대 혹은 연대는 '함께 하는 것 / 서로 나누는 것', 즉, 동일한 법과 규칙 아래서 권리와 의무를 함께 나누는 것으로서 법의 지배를 요구한다.

연대는 사회구성원을 동등한 자유와 권리를 가진 자들로 인식하는 것이고, 사회는 이들의 연대감을 통해 영위되는 것이다. 이때, 동등자들이란 한 목소리(univocal)를 내는 자가 아니라 다양한 목소리(equivocal)를 지닌 자들(M. Viroli 2006, 11)을 의미한다. 따라서 공화주의는 다양한 목소리를 가진 구성원들의 선호/주장을 표출하게 해 주는 참여를 중시한다. 이때, 참여(participate = part + teil)란 혼자 차지하는 것이 아니라 일부를 가지는 것이며, 공동체의 일부분에 자신의 목소리를 반영하는 것이다.

2) 공화주의와 자유

루소에 따르면, '자유로운 인민은 복종은 하지만, 예종하지는 않으며, 지도자는 두지만 주인은 두지 않는다. 자유로운 인민은 오직 법에만 복종하며 타인에게 예종하도록 강제될 수 없는데, 이것은 법의 힘 때문이다.' 즉, 자유란 모든 사람에게 똑같이 제한을 가하는 법에만 복종하는 것이다. 따라서 자유가 상실된 상태란 특권이 존재하는 상태를 말한다. 그러나 공화주의의 자유는 자유주의와 민주주의가 주장하는 자유와는 구분된다.

자유주의는 제약이 없는 상태를 자유로 보지만, 간섭을 받지 않으면서도 예속된 상태란 얼마든지 가능하다(좋은 주인을 둔 노예). 따라서 자유를 간섭과 제약이 없는 상태로 보는 것으로는 부족하다.

민주주의는 자신들의 의지가 반영된 법에 의해 스스로 통치해야 한다고 주장하며, 그 핵심을 주권적 의사결정 과정에 직접 참여하는 적극적 자유를 제시한다. 즉, 민주주의의 자유는 자신을 위해 스스로 규범을 정할 수 있는 힘이며, 스스로 만든 규범이 아니면 그 어떤 규범에도 복종하지 않을 수 있는 자유인 자기규율을 의미한다. 자유주의가 강조하는 바는 '규율되지 않는 행동과 규율된 행동'에서 전자였다면, 민주주의가 강조하는 바는 '자율적인 법에 의해 규율된 행동과 타율적 법에 의해 규율된 행동' 중에서 전자라 할 수 있다.

반면, 공화주의는 내 의사가 자율적으로 되는 것은 '나의 행동을 지배하는 법이나 규칙이 내 의사와 일치할 때가 아니라, 내가 남에 의해 강요받을 수 있는 위험으로부터 보호될 때' 자유롭다고 본다. 이렇게 보면, 공화주의의 자유는 참여라는 적극적 자유의 개념보다는 자유주의의 소극적 자유에 가깝다고 할 수 있다. 물론, 공화주의는 스스로 법을 만드는 것이 타인의 의지에 예속되지 않는 삶을 누리는 데 효과적인 수단이 된다고 보는 점에서는 민주주의의 자유 개념에 가깝다고 할 수 있다. 즉, 자유는 법이 자의적이지 않을 때, 보편적 규범을 존중하고 공공선을 지향하며 시민들의 의사가 제대로 표출되는 것을 보장할 때 확보될 수 있다고 본다.

정리하자면, 자유는 간섭이 없는 상태라는 자유주의의 자유개념과 자기결정이라는 민주주의적 요건, 그리고 예속이 없는 상태를 추가적으로 요구한다고 할 수 있다.

3) 공화주의와 참여

공화주의는 참여보다는 정치적 자유를 이야기하는 이론으로서, 자유를 지키는 데 있어 시민들이 주권적 정치과정에 참여하는 것이 필수적이다. 모두에게 영향을 미치는 것은 모두에 의해 결정되어야 한다[**자기 결정성**]. 공동체의 결정은 그 구성원에게 영향을 똑같이 미치기 때문에 시민들은 자신의 이익을 위해서라도 공공선을 결정하는 논의 영역에 참여해야 하는 것이다.

주권적 정치논의가 소수가 아닌 다수에 맡겨져야 의회, 즉 입법기관은 공공선의 실행에 있어 분파적 이익을 앞세운 세력에 저항할 수 있는 정치적 힘을 가질 수 있다(M.Viroli, 2006, 35). 그리고 공공선이란 모든 시민들이 함께 누리는 이익이나 모든 시민들이 자신들의 개인적 이익이나 자신들이 속해 있는 소그룹의 이익을 버려가면서까지 추구해야 하는 그런 초월적 이익이 아니다. 공공선이란 타인에게 예속되는 것도 원치 않고 타인을 예속시켜 사적으로 지배하려는 야심도 없는 그런 시민들에게 이로운 것을 의미한다. 즉, (마키아벨리의 관점에서 본다면) 예속을 피하려는 욕구가 바로 자유를 향한 욕구이며, 공공선을 실현하는 데는 위와 같은 의미에서 볼 때 인민의 참여를 통해 주권적 논의가 이루어지는 공화정이 군주정보다 효과적이다.

4) 공화주의와 통치체제

고전적 공화주의는 혼합정을 바람직한 형태로 제시한다. 혼합정은 사회 집단들에게 공적, 정치적 삶에 있어 각기 적당한 자리를 마련해 주며, 또한 최고 통치권을 구성하는 부분들(규범을 제정하는 권력 legislative, 중대 사안을 숙의하고 결정하는 권력 deliberative, 결정된 바를 집행하는 권력 executive) 사이에 적절한 균형을 보장한다. 법규범의 제정은 다수의 시민들로 구성된 회의체에 의해 제시되고 제정되어야 하지만, 모든 정치 사안들에 대해 이들 시민체가 절대 권력을 행사해서는 안 된다고 주장한다.

또한, 공화주의는 대의제를 제시한다. 공적 회의체에 참여하는 시민들은 도시국가 전체 혹은 시민전체를 대표해야 한다. 이런 맥락에서 공화주의는 참여민주주의를 강조하는 이론이라기보다는 헌법적 제약 속에서 운영되는 대의제적 통치에 관한 이론체계라 할 수 있다.

5) 참고 : 현대공화주의의 분화

[1] 공화주의는 로마의 공화정에서 기원한 사상으로 자유와 평등, 정의와 공공선, 덕성, 법의 지배, 참여와 자치정부, 혼합정 등을 포함한다. 그러나 'res publica'의 의미에 따라 달리 해석되어 왔다. 고전적 의미의 공화주의는 크게 Aristoteles(= Aristotle)와 Marcus T. Cicero의 사상으로 대별할 수 있다.

- Caesar의 전제정에 맞서 공화정을 지키려 했던 Marcus T. Cicero는 공화정을 '미덕을 갖춘 시민이 공익을 위해 사익을 양보하는 것'이라고 정의한 바 있는데, 이는 전체 이익을 위해 개인이 희생해야 한다는 것이 아니라 공공선을 통해 개인의 행복도 증진될 수 있으며, 책임 있는 시민들이 토론을 통해 무엇이 공공선인지를 합의해 가는 체제를 공화정으로 본 것이다.
- 아리스토텔레스의 사고에서 자유는 지배와 불가분의 관계에 있다[**자유=지배**]. 그러나 모든 사람이 정치에 참여할 수 없기 때문에 제한된 시민에 의해 통치가 이루어질 수밖에 없어 치자는 다른 시민을 동료 시민으로 대우해야 하며, 용기와 절제 · 정의감에 더하여 관용 · 지혜 · 신중함이라는 **덕성**을 갖추어야 한다. 그리고 **이성에 의해 지배되는 공화국**의 이상을 구현하기 위해, 다수의 무절제한 욕망에 제한을 가하는 합리적 **규칙(법)**에 의해 통치되어야 한다[**다수의 힘과 소수 지혜의 조화**]. 아리스토텔레스의 공화주의를 귀족적 공화정이라 부르는 것은 다수의 힘과 소수의 지혜 사이의 균형을 강조하고, 소수의 지혜를 담는 법에 의한 지배를 강조했기 때문이라고 생각하면 된다. 참고로, 플라톤적 사고에서 공화국은 이데아의 구현을 목적으로 해야 하며, 철인에 의해 통치되고, 법을 통해 책임 있는 시민을 양육할 수 있어야 한다.

[2] 공화국은 14~16세기에 이탈리아에서 다시 등장했는데, 근대 사상에서 공화국의 표상은 베네치아의 혼합정체였다(J. Madison의 공화주의는 이를 모델로 한다). 이러한 공화정에 대한 이미지는 자유주의의 정치원리에 많은 영향을 미쳤고, 법의 지배, 대의정부와 같은 근대 국가의 제도로 이어졌다. 물론, 시민혁명 이후 혼합정 형태의 신분제적 양원제는 모두 선출직으로 바뀌었다.

반면, N. Machiavelli는 자유와 덕을 연계시킨 로마 공화정의 전통을 강조하였다 — 이때의 자유는 간섭이나 외적 장애가 존재하지 않는 상태를 뜻하는 자유주의의 자유개념과 달리 타인의 지배나 예속을 받지 않는 상태를 의미한다[**자유=비지배**]. 로마는 시민들이 예속적 상태로 전락하였고, 덕을 상실하고 공적 이익을 위한 참여를 포기함으로써 자유를 잃었고 공화국은 부패하면서 사라졌다고 보았다. 이러한 공화정에 대한 이미지는 시민혁명기의 급진적 사상가에게 영향을 미쳤고 근대 민주주의에 많은 영감을 주었다 — 마키아벨리의 공화주의는 귀족보다 인민(민중)에 경도되어 있었다.

이런 맥락에서 **법은 시민의 공동의 의지**로 표상된다 — 터키에서는 법이 지배자 1인의 의지에 의해 만들어 지기 때문에 그곳에서 자유는 법으로부터 자유를 의미하는 반면, 이탈리아 공화국에서 법은 시민의 의지이기 때문에 자유는 법에 의한 자유를 말한다. 참고로, 자유주의는 '시민의 의지로서의 법'을 '(쉽게 표현하면) 시민의 자유를 규정한 법'으로 수정한다.

시민혁명기의 공화주의는 이탈리아 베네치아 공화국/F.Guicciardini의 공화주의와 N.Machiavelli의 공화주의 사상에 영향을 많이 받았다. 귀챠르디니의 공화주의는 아리스토텔레스적인 귀족적 공화주의라 한다면, 마키아벨리의 공화주의는 인민(민중)에 경도된 시민적 공화주의라 할 수 있다.

- Aristoteles – 베네치아 공화국 / F. Guicciardini → J.Madison, 자유주의
  자유=지배, 참여, 혼합정, 다수의 힘과 소수의 지혜(법·비인격적 지배, 이성이 지배하는 공화국
- M. Cicero – N. Machiavelli → J. J. Rousseau, 민주주의
  자유=비지배, 법(시민의 공동의지)의 지배

[3] N. Machiavelli 이후의 공화주의는 자유주의적 공화주의, 신아테네 공화주의, 신로마공화주의, 공화주의적 자유주의로 분화된다.

- 자유주의적 공화주의 : Aristoteles의 혼합정의 이상, 베니치아 공화국에 영향을 받은 J.Madison의 사상. 연방을 통해 공화정의 이상을 실현하려는 것.
- 신아테네 공화주의 : Aristoteles에 연원하는 공화주의
- 신로마 공화주의 : N.Machiavelli에 연원하는 공화주의
- 공화주의적 자유주의 : 자유주의와 공화주의를 절충하여 원자적 개인이 아닌 전체적 개체(holistic individualism)를 통해 시민적 자율성과 시민적 덕성을 결합

Ⅱ. 공동체주의(communitarianism)

공동체주의는 개인주의의 보편화에 따른 윤리적 토대의 상실, 즉 정치적 공동체의 와해와 이기적 개인주의의 확산에 의한 원자화 등의 현상에 대한 반발로 등장하였다. 공동체주의는 정치적·문화적 공동체를 보다 통합되고 상호의존적인, 그리고 개인의 삶에 의미를 부여하는 정서적으로 풍요로운 장으로서 재개념화하고 이를 이론 및 정치 영역 모두에서 복원시키려 한다.

공동체주의라 불리는 사상은 공통적으로 연대(we-ness), 인간의 사회성(권리체계의 사회적 구성)을 강조하고 있다. 따라서 정치원리에 있어서도 자유나 권리보다는 공동체적 연대와 덕성(virtue) 등을 보다 중시하는 경향이 있다.

① **개인의 권리와 공동체** : 모든 사람은 공동체의 구성원으로서 존재하며, 개인의 자유도 상호의존적인 공동체들의 틀을 벗어나서는 지속적으로 유지될 수 없다. 공동체는 또한 그 구성원들의 관심과 헌신적 기여가 없이는 유지될 수 없다. 배타적 사익의 추구는 사회적 관계망을 해치며, 모두가 실현하고자 하는 민주적 자치(democratic self-government)에 부정적인 결과를 낳는다. 따라서 개인의 권리는 공동체주의적 관점에 의거하지 않고는 오래 유지될 수 없다.

② **개인의 참여와 공화주의적 자유** : 공동체주의는 자치의 실현을 위한 정치적 참여를 강조하는 '공화주의적 자유'의 관념에 기반하고 있다. 자치에의 참여는 공공선과 공동체의 방향성에 대한 동료시민들과의 토의를 의미하며, 이를 위해서는 개인적 차원에서의 선택 능력과 타인의 권리에 대한 존중을 넘어서는 보다 포괄적인 능력의 함양이 요구된다. 따라서 공화주의적 자유의 실현은 시민들로 하여금 '공공의 일에 대한 지식과 귀속감, 전체에 대한 관심, 공동체와의 도덕적 유대'를 필요로 한다(M.Sandel). 이러한 능력과 자질이 시민적 덕성을 구성하며, 공화주의적 자유는 이러한 시민적 덕성을 함양시키는 인격 형성의 정치(a formative politics)를 필요로 한다. 그리고 인격형성의 정치는 자유주의가 옹호하는 정치와 달리 시민들이 주장하는 가치관과 덕목에 대해 중립적일 수 없는 특징을 갖는다.

③ **공동체주의와 민주주의** : 루소의 민주적 공화주의는 공동체 전체 구성원을 포함시키는 인격형성의 기획을 통해 아리스토텔레스적 공화주의의 배타성을 극복하였다. '설득과 습관화'를 강조하고, 공공선에 대한 획일적 규정과 합의에 대한 지나친 기대를 포기한다면 공화주의 정치는 강압적일 필요가 없다. 따라서 민주적이며 다원주의적인 형태의 공화주의가 가능하다는 주장은 설득력을 갖는다.

1. 현대공동체주의의 주요 주장들

1) A. MacIntyre : 목적론적 이해의 포기와 도덕적 혼란(「덕 이후」, 1984)

맥킨타이어는 자유주의에는 권리만이 남아 있고, 목적이 상실됨으로써 사회 속에는 선한 삶에 관한 합의는 존재하지 않고 개인적 욕망만이 지배함으로 인하여, 현대 사회의 도덕적 혼란을 초래했다고 비판한다.

현대 윤리학설에는 '니체인가? 아니면 아리스토텔레스인가?'라는 오직 두 가지의 선택지 밖에 없다. 즉, (니체와 같이 — 옮긴이 주) 계몽주의적 개인주의를 영웅적인 그러나 불모의 도덕적 허무주의로 소진시키는 도덕철학이거나, 아니면 (아리스토텔레스와 같이 — 옮긴이 주) 공동체의 개념, 공유된 가치관, 인생의 목적(telos), 설화, 관행과 전통에 근거하는 도덕철학이라는 두 가지 선택지 밖에 없다. 도덕과 정치에 합리적 근거를 제시하려고 했던 근대 '계몽주의적 기획'의 가장 큰 과오는 인간의 본성에 대한 목적론적 개념과 인간 행위자의 상황론적 이해를 동시에 거부한 것이다.

그는 인간을 서사적 존재(이야기하는 존재)로 간주한다. 인간의 삶은 자신의 선택한 것이 아니다. '나는 누구의 아들이자, 누구의 아버지이다. 어느 국가, 어느 도시에서 태어난 자로서 공동체의 유산과 의무를 물려받은 자'인 것이다. 이러한 개인의 경험은 보편적일 수 없으며, 특정 공동체 속에 담긴 목적론적 관점에서 이해할 수 있다. 따라서 인간의 행위는 의지의 결과물이 아니고 삶의 이야기를 해석하는 것에 가깝다.

선(good)은 언제나 정당성(fairness)에 우선한다. 공유된 선 관념이 없이는 어떠한 정치공동체도 성립할 수 없기 때문이다. 따라서 모든 정의관은 하나의 전통 속에 위치해 있고, 그러한 전통의 고유한 가치관을 구현하고 표출하는 것이다.

2) M. Sandel의 구성적 공동체 : 개인의 가치체계 및 행동양식의 공유된 가치에의 종속성(「자유주의와 정의의 한계」, 1982)

공동선에 대한 정의의 우선성을 주장하는 롤스의 입장은 오직 사회 이전에 개인이 존재한다는 가정이 타당할 때만 유지될 수 있다. 그런데, 개인의 자유라는 것은 명예, 존엄, 독립, 연대, 억압 등에 대한 사회적으로 공유된 의미들을 넘어서서 결정될 수 없다. 인간과 인간의 지식은 공동체적 삶과 공동체적 가치로부터 벗어날 수 없으며, 따라서 한 공동체에서 통용되는 도덕적 가치도 그 공동체에서 특수한 것이지 보편적일 수 없기 때문이다.

또한, 인간은 특정 공동체가 가지고 있는 가치관을 통해 이해하고 행동하는 공동체적 존재이다. 그럼에도 불구하고, 자유주의는 자율성이라는 미명하에 개인들을 문화적 삶의 공간과 정치적 공동체로부터 분리시켰고, 역설적으로 개인의 자율성을 침해하는 결과를 초래하는 위험을 내포하고 있다고 경고한다. 공동체가 추구해야 하는 것은 우정, 자선, 상호인정의 가치들과 공동선의 획득을 강조하는 정치적 질서여야만 한다.

3) M. Walzer : 민주사회적 복합적 평등(complex equality)

가. 제도적 통합 및 응집성(「정의의 영역」, 1983)

개인의 역사는 사회역사의 한 부분이다. 마찬가지로, 사회는 고립된 개인의 자유가 아니라 제도적 통합이라고 할 수 있는 것을 목적으로 삼아야 한다. 모든 도덕적 논의는 '우리들의 공유된 가치'에 근거해야 하며, 그것이 발달되어 온 사회적 세계에 관련되는 것이지 모든 사회적 세계에 관련되거나 필연적인 것은 아니다. 이런 관점에서 그는 자유주의의 방법론적 개체주의를 거부한다.

평등과 다원론이라는 자유주의적 가치를 진정으로 실현하기 위한 사회의 정의를 평가할 때 각각의 공동체가 채택하고 있는 상이한 기준들을 고려해야만 한다. 다시 말해, 정의원칙이란 보편타당한 원칙일 수 없으며, 지구상에 존재하는 공동체마다 서로 다를 수밖에 없다.[52)]

---

52) 왈쩌는 정치이론가나 사회철학자는 사회적 맥락을 초월해서는 안된다고 지적하면서(플라톤의 동굴이 신화를 반박하면서) 동굴 속에, 도시 속에, 땅 위에 서있어야 한다고 이야기한다. 그러면서 다음과 같이 이야기한다. 나는 우리 사회의 적절한 사회적 구성방식이 탈중앙화된 민주적 사회주의라고 생각한다; 적어도 부분적으로는

① **재화특수적 해석과 복합적 평등** : 평등은 모든 영역에 걸친 단순한 기계적 동일성은 아니다. 상이한 재화는 상이한 이유에 따라 분배되어야 한다. 분배될 재화가 속하는 고유한 분배영역의 특수한 기준에 따라 분배되어야 한다(복합적 평등). 중요한 것은 각 영역에 적합한 분배의 원칙을 위배하지 않는 것이며, 경제적 부처럼 한 영역에서의 성공이 다른 영역에서도 우세한 것이 될 가능성을 봉쇄하는 것이다. 마찬가지로, 의료는 그 가치에 고유한 영역의 특수한 원칙이나 기준에 따라 분배되어야지, 다른 영역에 속하는 화폐에 의해 그 분배가 왜곡되어서는 안 되는 것이다. 이러한 복합적 평등은 특정 영역의 국지적 불평등을 일반적 불평등으로 확대하는 것을 방지해 줄 것이다.

② **문화특수적 해석** : 어떤 재화의 가치는 사회마다 상이하게 해석될 수밖에 없다. 사회적 가치는 "역사적 · 문화적 특수주의의 불가피한 산물"일 수밖에 없는 것이다. 따라서 재화나 가치의 분배방법은 그것이 속하는 특정한 사회의 문화 속에서의 사회적 의미 속에서 결정되어야 한다.

> 분배정의에 관련된 모든 재화는 사회적 재화로서 재화가 속해 있는 공동체로부터 그 고유한(특수한) 의미가 도출된다는 것이며, 재화는 보편적 본질을 갖지 않는다. 그리고 그 재화의 의미가 구성되는 과정은 개인적이 아니라 사회적인 것이다. 그렇다면 사회에 따라 다른 의미를 지니기 때문에 그 고유한 의미는 사회특정적 · 문화특정적으로 해석되어져야 할 것이다.
> 재화의 작동을 결정짓는 것은 재화의 의미이다. 분배의 기준과 제도들은 재화 그 자체에 본원적인 것이 아니라 사회적 재화에 본원적이다. 그것이 무엇인지, 그것을 재화로 여기는 사람들에게 그것이 무엇을 의미하는지를 이해한다면, 우리는 그것이 어떻게, 누구에 의해, 그리고 어떤 이유에 의해 분배되어야 하는지를 이해하게 된다. 모든 분배는 관련 재화의 사회적 의미에 따라 정당하거나 부당하다.

③ 결론적으로, 재화특수적이고 문화특수적인 해석은, 상이한 사회적 가치(재화)는 상이한 주체에 의해 상이한 이유에 따라 분배되어야 하며, 이 모든 차이는 사회적 가치(재화) 그 자체에 대한 상이한 이해로부터 도출되어야 한다. 이러한 재화특수적이고 문화특수적 해석은 보편주의를 거부하는 것이다.

나. 문화특수주의(particularistic 혹은 culture-specific)와 민주주의 :「철학과 민주주의」

민주주의는 옳은 진리에 도달한다는 데 그 가치가 있는 것이 아니라 시민의 의사를 구현할 수 있는 결정을 내린다는 데 있다. 분배에 대한 논의가 각 문화의 고유성과 그 구성원들의 견해를 바탕으로 이루어져야 한다는 사실은 보편주의가 비민주적일 수밖에 없음을 왈쩌는 주장한다(철학에 대한 민주주의 우선성). 다시 말하면, 보편성을 주장하는 롤스나 하버마스의 이론은 문화특수성과 다원주의를 부정하는 비민주적이라는 것이다. 또한 보편적인 개인의 권리를 강조하는 권리중심적 사고는 인민의 의사결정과정인 민주주의의 범위를 제약하게 되고 공동체의 특수성을 무시하게 만들 수 있다.[53]

지역 아마추어 관리들에 의해서 경영되는 강한 복지국가; 제한된 시장; 개방되고 계몽된 시민적 서비스; 독립적인 공립학교들; 근면과 여가의 공유, 종교적 가족적 삶의 보호; 사회적 직위와 계층의 고려로부터 독립한 공공적 명예와 불명예의 체제; 회사와 공장의 노동자 통제; 복수정당, 사회운동, 회합, 그리고 공공적 토론의 정치. 하지만 이런 모든 제도들보다 중요한 것은 그 안에서 편안함을 느끼고 그 제도들을 지킬 태세가 되어 있는 남녀시민들의 존재이다(M. Walzer, Sphere's Justice, 318)

53) 자유주의자들은 공동체주의가 인간을 제물로 바치는 관습이나 카스트 제도 조차도 바람직한 것으로 볼 수 있음을 경계한다. 이에 대해 왈쩌는 「해석과 사회비평」에서 모든 문화는 내적으로 긴장을 이루고 모순적인 요소를 포함할 수 있으며, 내재적 비판이 가능하다고 반박한다. 사회의 변화나 개혁은 보편적 이성이나 법칙, 원칙

다. 지배와 독점

지배는 한 재화가 그 고유한 영역을 넘어서 다른 영역들에서도 그 영향력을 발휘할 때 발생한다(왈쩌는 특히, 시장에서의 불평등한 분배가 다른 영역에서의 불평등의 원인이 됨을 우려하였다). 그리고 독점은 한 재화가 그 고유한 영역에서 한 개인이나 집단에 의해 성공적으로 확보되어 지배를 위한 수단으로 될 때 발생한다. 따라서 이러한 지배와 독점을 방지하기 위해서는 지배적인 재화의 평등분배(단순평등)보다는 각 재화들이 각각의 고유한 영역에서 각자의 적합한 기준에 의해 자율적으로 분배되어야 한다(복합평등)고 주장한다.

4) Charles Taylor : 자기해석적 존재로서 인간(「자아의 원천(1989)」)

테일러의 저작들은 소위 자유주의와 공동체주의 논쟁의 한복판에 있지는 않으나(그의 글은 예컨대, 롤스에 대한 비판들은 아니었다), 그의 결론은 맥킨타이어나 샌들과 동일한 결론에 접근하고 있다는 점에서 공동체주의자로 분류된다.

C. Taylor는 인격적 동일성의 사회적, 문화적, 역사적, 그리고 언어적 구성을 강조하는 상호주관적인 자아관을 옹호한다. 자연적으로 본래적인 권리를 가진 것으로 생각되고 있는 근대적 개인은 사실상 역사적 발전의 결과이며, 또한 각자의 목표를 마음대로 선택할 수 있는 자유로운 근대적 개인의 존재도 오직 특정한 형태의 사회 속에서만 가능하다. 예컨대, 조선시대나 현대 이슬람 사회에서 개인이 추구해야할 가치는 개인의 선택이 아니라 사회적으로 주어진 것이었다.

반면, 서구 근대성의 정치와 윤리가 갈등과 비극을 내포한다고 단언하면서, 그 비극은 현대의 나르시시즘의 문화와 자기중심적인 '개인주의'에서 비롯된 것으로 본다. 자아실현을 주요 가치로 삼고 외재적 도덕의 요구나 타인에 대한 진지한 의무에 관심을 두지 않는 개인주의 문화인 나르시시즘에서는 현대인의 삶의 의미를 상실하게 만들고 있으며, 개인주의는 자아 정체성의 발견에 중요성을 부여하지만 파편화된 고독한 원자적 개인만이 남을 수 있다는 것이다.

가. 인간 : 자기해석적 존재

그는 인간을 자기해석적 동물로 본다. 즉, 자기해석과 별개로 그 본성과 정체성이 구체화될 수 없는 동물이라는 것이다. 인간의 행위는 욕구와 생각, 감정에 의해 탐색되고 설명되는 목적에 의해 결정되게 되는데, 이때 감정과 목적(정체성)을 규정하는 것은 사회적 의미체계(언어)와 구분되어질 수 없게 된다. 자신이 내리는 해석과 별개로 존재하는 의미구조란 존재하지 않으며, 그 의미구조는 사회적으로 구성된 언어에 의해 규정된다면 결국 자아관이란 사회적 구성물일 수밖에 없을 것이다.

> 자기해석적 존재로서 인간은 자신이 태어난 도시, 클럽, 학교, 직장이라는 자아 정체성 형성의 조건 속에서 정체성이 결정된다. 그러나 루소가 강조한 '인간은 자유롭도록 강제 받을 수밖에 없다'는 논리는 자코뱅적 전체주의로 귀결된다는 점에서 거부한다. 인간의 정체성이란 타인과의 대화와 사회적 실천을 통해 형성된 공유된 관념에 의해 규정되는 것이라는 것이다.

반면 선에 대한 절차적 관점의 경우 자유나 보편주의와 같은 도덕적 이상에 의존하면서도 모

으로부터만 이루어지는 것은 아니라는 것이다.

든 선을 거부하도록 만드는 모순에 빠져 있다. 예컨대, 롤스는 인간의 자율성을 보장하기 위해 그 어떤 선관념에 의존하지 않으면서도, 그가 제시하는 정의원칙을 평가하기 위해서는 어떤 사상적 관점에 의존할 수밖에 없는 (실제로, 자유주의라는 선관념에 의존한다) 모순에 빠져 있는 것이다.

나. 다원사회와 테일러의 기획

현대 다원사회는 좋은 삶에 관한 다양한 관념과 가치체계가 공존하고 있으며, 상이한 집단과 가치들이 차이를 인정하는 '차이 인정의 정치'가 요구된다. 근대 이전 사회적으로 인정되어 왔던 특권이 민주주의에 의해 부인되고, 공유된 가치관이 붕괴된 현실에서 인간의 존엄성과 동등성의 원칙에 대한 사회적 인정이 요구되는 것이다.

민주주의는 역사적으로 노예나 농민, 여성들을 배제하고 우리와 그들을 차별화하는 배제의 정치적 메커니즘을 내포하고 있다. 그러나 현대 사회에서 공동체 및 국가 간 상호교류는 다문화 사회를 형성하고 있으며, 페미니즘, 성적 소수자의 권리, 소수 문화 집단이나 외국인의 권리의 사회적 수용과 인정 없이 사회적 안정을 유지하기 어려우며, 인간의 존엄성과 동등성의 원리에 비추어 볼 때, 차이의 정치는 불가피하다. 즉, 현대 사회에서 작동가능한 민주주의란 이러한 차이를 인정하는 정치체제로서 제도화될 때이다.

그러나 롤스나 하버마스의 절차적 모델(심의 민주주의)은 문화, 정치적 경험, 가치관의 차이들의 통합이 요구되는 상황에서, 자치보다는 자유주의와 법적 절차를 통해 공통의 이해를 규정하고 차이를 부정한다는 점에서 비현실적인 처방이라 할 수 있다. 동등한 권리를 향유하는 시민이라는 관념은 현실에서의 이해 및 가치갈등을 해결하는 데 한계를 보일 수밖에 없다. 미국을 예로 들자면, 낙태를 둘러싼 갈등이나 여성의 사회적 참여를 둘러싼 논란에 대해 절차적 정의는 무기력할 뿐이다. 한국 사회의 경우를 예로 들자면, 4대강 정비 사업이나 세종시 문제를 둘러싼 갈등에서 과연 정의 원칙이 결정의 정당성의 기준으로 작용할 수 있는가를 생각해 볼 때 부정적인 결론을 내릴 수밖에 없는 것이다. 절차는 실제 정치에서 결코 중립적이지 않으며, 승자가 모든 것을 차지하는 헌법재판과 같은 분열을 자극할 뿐이기 때문이다.

그렇다면, 차이를 제거할 것인가, 상호성 하에서 연대할 것인가? 이에 대해 테일러는 후자를 선택하는 것이다.

테일러가 보았을 때, 인간이 시민으로서 그 자율성을 개발하고 보존하며, 유지하도록 하는 목표는 자유주의 정치관이 제시하는 제도보다 더 많은 규율과 질서가 요구된다. 자기해석적 존재로서 인간은 인간을 자율적으로 목적을 선택하는 존재로 보는 관점을 구현하려는 (협상과 계약, 공적 논쟁, 대학사회 등과 같은) 제도와 문화를 지닌 사회에서만 형성될 수 있기 때문이다. 따라서 자유주의 사회는 ① 자유주의적 제도들은 도구적인 의미에서 개인들이 타인에 대해 스스로를 방어하는 수단에 그쳐서는 안 되며, 개인주의적 가치들을 받쳐주는 공동체적 구조를 옹호하는 데 헌신적인 인간들과 그러한 제도들을 디자인하려는 노력이 수반되었을 때 형성되고 유지될 수 있다. ② 이러한 제도들은 사회의 삶에 스며들어 있는 자유주의적인 제도들과 구조들이 시민들의 사고 속에서 적극적으로 옹호되고 있고 지지될 때 유지될 수 있다는 점에서 이미 '정치적인 것'

의 하나로 들어 와 있으며, 이는 자유주의라는 특수한 선관념에 대한 시민들의 지지를 필수적인 것으로 하고 있다. 그렇다면, 롤스의 자유주의라는 것도 특정 사회에서의 구성원들에게 '자유주의'라는 특정 사상체계가 공유된 사회에서 수용될 수 있는 것이다.

참고 현대 공동체주의의 주요 주장의 비교

공동체주의로 평가되는 사상가들의 사상적 기반과 주장들이 모두 일치되는 것은 아니지만, 핵심 내용은 ① 인간의 사회성과 공동체주의적 재구성, ② 사회적 선의 개인 권리에 대한 우선성, ③ 선관념의 획득은 공동체적 덕목 속에서 구성(간주관성) 등으로 정리할 수 있다.

개인의 선은 자아정체성에 의해 규정된다. 현대 공동체주의는 자아정체성에 대한 해석은 상호(間)주관적으로 구성된 것으로 본다. 만약 개인이 추구하는 가치가 공동체에 의해 조건지워지며, 그 속에서 권리와 의무가 존재할 수 있다면, 자유주의가 주장하는 개인의 소유라는 것이 불가침의 권리일 수 없게 된다. 권리는 타인과의 관계에서 상호존중과 상호성의 원칙에 의해 주장되어 지는 것이다. 자유와 개인적 다양성이라는 것도 구성원들이 상호간에 가치를 인정하는 사회에서 번창할 수 있다면, 정치이론은 개인의 권리에 대한 법적 보장이나 사회로부터 동떨어진 개인의 삶의 가치가 아닌 사회·문화 전체에 대한 관심을 가져야만 한다.

정치적 자유주의가 제시하는 사회적 합의는 절차적 정의에 국한되어 있어 현실 사회에 존재하는 개인들이 자신의 존재조건을 고려하지 않기 때문에 보편적 동의를 얻을 수 있을지 모르지만, 구체적 사안에 대한 사회적 합의를 불가능하게 한다. 나아가, 롤스는 무지의 베일을 가정함으로써 타인에 대한 고려를 배제해 버렸다.
또한 자유주의는 인종·성·종교 등을 추상화함으로써 개인을 존중하고 개인의 권리를 허용할 수 있다고 보았으나, 사회적·경제적·정치적 불평등을 사상해 버린다.
'차이에도 불구하고 연대할 수 있다는 것이 아니라, 차이들 때문에 연대할 수 있다'는 것을 인식해야 한다. 상호성의 원칙은 차이에 대한 인식에서 나오며, 연대는 다르기 때문에 이루어진다. 다양한 가치들의 상호작용 속에서 새로운 가치가 창출되며, 다양한 이익들의 상호교환에서 사회발전을 위한 물질적 토대가 확장될 수 있기 때문이다. 공동체주의는 'There are or ought to be manything'을 핵심 가치로 주장하는 다원주의와 대립되는 것은 아니며, 전체주의를 필연적으로 동반하는 것은 아니다.
C. Talyor는 공동의 정치적 참여를 핵심으로 하는 공화주의적 애국심이란 타자 사랑을 통한 정체성 형성 뿐 아니라 타자의 복지에 대한 배려도 포함된다고 주장한다. 공동체주의는 전체주의로의 경도가능성을 내포하고 있지만, 현대 공동체주의는 문화적 소수자에 대한 배제를 비판하고 전통적인 정치문화를 끊임없이 수정해나가는 재발견의 과정을 강조한다. 이는 현대 다문화 사회라는 조건 속에서 사회통합을 위한 필수적인 전제조건이기도 한다.

MacIntyre	목적론적 이해의 포기와 도덕적 혼란, 좋은 삶에 대한 규범의 재창출	Aristotle
Sandel	개인 가치체계의 공유된 가치체계에의 종속성, 옳음에 대한 좋음의 우선성	
Walzer	문화특수적 해석(공동체성), 재화특수적 해석(복합적 평등)	
Taylor	상호주관적인 자아관(자기해석적 동물로서 인간, 정체성 ←구성물 ←언어)	Aristotle

- 인간의 사회성 ⇨ 사회속의 개인
- 자유 = 자율(자기결정성) ⇨ 공적 결정에의 참여

3. 공동체주의와 자유주의에 대한 평가

현대 공동체주의는 자유주의에 대한 반발로 등장한 사상이지만, 논쟁의 진행과정에서 자유주의가 강조하는 개인의 권리와 자유에 대한 부인으로 이어지지는 않았다. 이론이나 사상은 사회적 맥락을 배제하고 이해할 수 없으며, 개인의 정체성이나 권리 등은 공동체의 공유된 규범이라는 틀 속에서 인정되는 것이라는 점을 강조하는 데, 이는 자유주의의 원리를 수용한 것이다. 반면, 자유주의는 공동체주의의 비판에 대해 인간의 사회성 명제를 수용하는 쪽으로 자신의 입장을 변경했다.

이들 사상에 대한 평가는 과연 현대사회의 특징이라 할 수 있는 다원성과 그로 인한 민주주의 위기에 대한 적절한 시사점을 제시하고 있는가에 맞추어져야 할 것이다. 이와 관련하여 정치와 현실(실천성, praxis), 그리고 인간의 실존과 권력관계에 대한 부분을 먼저 검토하고, 양 사상의 한계에 대해 살펴보자.

[1] 현실의 정치적, 사회적 관계에 앞서 어떤 이론이 등장할 수 있는 것은 아니다. 민주주의 이론이 있고, 민주주의체제가 등장한 것이 아니라, 아테네의 정치체제가 있었고, 그러한 정치체제에 대한 민주주의라는 상이 형성되고 민주주의 이론과 제도가 보다 정교해졌다고 보아야 하는 것이다. 조선시대의 가부장제적 관계 속에서 결혼의 자유에 대한 관념은 나올 수 없었고, 왕정과 신분제 질서 속에서 개인의 권리와 자유에 대한 관념이라는 것은 나올 수 없었던 것이다. 마찬가지로, 자유주의적 사회관계나 실체가 없이 자유주의 이론이 등장할 수 있는 것은 아니다. 공동체주의 또한 고대 및 중세 공동체에 대한 상을 통해 자신의 사상체계를 발전시킬 수 있었다. 즉, 사상이란 현실의 반영물임과 동시에 현실을 변화시키고자 하는 다양한 계급과 계층 간의 갈등을 반영하는 반영물로 보아야 한다.

현대 자유주의자들 상당수와 공동체주의자들은 정치규범과 원리는 정치공동체의 구체적인 역사적 배경을 통해 구성된다고 본다. '모든 인간은 평등한 권리와 자유를 갖는다'는 자유주의 정치규범은 자유주의 이전 시대에는 알려지지도 믿어지지도 않았다. 그 규범은 자유주의 정치사회가 봉건사회 내부로부터 성장하기 시작한 후에야 비로소 점진적으로 정치 이성의 공리로서 받아들여지게 되었다(김비환, 1999). 즉, 자유주의의 규범은 보편적 규범이라거나 보편적인 사회원리라 할 수 없는 것이다. 근대사회의 조건 속에서 형성된 사회적 관계 속에서 시민계급의 열망과 정치적 상호작용을 통해 얻어진 것이다. 따라서 정치적 행위자의 권리는 정치와 역사의 산물이자 현실의 권력관계를 반영하는 것이다.

[2] 인간의 자아정체성이나 삶에 있어서 추구하는 가치 혹은 이해관계는 현실 삶의 조건에 영향을 받게 된다. 최저임금제에 대한 노동자와 상공인의 정치적 견해는 계급적, 계층적 조건과 결부될 수밖에 없듯이, 농가부채탕감이나 특정지역의 개발에 대한 정치적 견해 역시 자신의 물질적 삶의 조건과 결부될 수밖에 없다.

그러나 자유주의는 정치의 공간에서 이러한 현실적인 갈등을 배제하고 사적 영역으로 가두어 버린다. 예컨대, 롤스는 통합불가능한(incommensurable) 포괄적 교설들 간의 중첩적 합의를 통해 정의 원리를 도출하려 하지만, 합의에 있어서 현실의 이해관계를 배제하고 도덕적 합의로 비켜가 버린다. 무지의 베일(J. Rawls)이나 이상적 담화상황(J. Habermas)에서 정치와 공론과정을 복원하려는 시도 또한 결국 소수자의 인권이나 권리주장을 개입시키는 것을 거부한다. 사회의 중요한 갈등이 사적인 영역에서 조정된다면 정치란 단순히 공사(公事)를 관리하는 것으로 환원될 것이다.

[3] 양 사상은 현실의 정치적 관계와 권력현상을 간과하고 있다는 점에서 한계를 갖는다. 인간의 자아정체성이나 정치적 견해가 항상 존재 조건에 따라 형성되는 것만은 아니다. 마치 조선시대 노비가 자신의 이익을 주장하는 것을 권리로 인식하지 못하고 주인의 이익을 위해 복종하는 것을 당연시 여겼던 것처럼 존재와 인식 간에는 간극이 존재한다. 이러한 간극은 정치권력과 이데올로기의 구성적 힘과도 관련된다. 예를 들면, 삼국시대 정치적 지배세력은 고대적 신분질서를 정당화하기 위한 수단으로 불교를 수용하였고, 불교를 통해 자신들의 지배력을 강화해 나갔다. 인간은 C. Taylor가 말하는 것처럼 자기해석적(self-interpretation)이지만 그것은 권력관계에 의해 영향을 받을 수밖에 없다. 따라서 정치사상은 이러한 인간의 실존과 권력관계 혹은 헤게모니를 둘러싼 투쟁을 배제하고 이해될 수 없다.

이렇게 본다면, 20세기 후반의 자유주의는 거대자본과 조직화된 이익의 지배질서와 헤게모니를 강화하고 정당화해 주는 도구로 기능했다는 평가도 가능하다. 예컨대, 신자유주의는 정치의 장에서 분배문제를 개입시키는 경우 집단행동의 딜레마를 초래하기 때문에 배제해야 한다고 주장하며, 공적 결정은 정치논리를 배제하고 경제논리에 의해 이루어져야 한다고 주장하는 데, 이러한 주장들은 이데올로기가 갖는 정치적 관계의 구성적 기능을 잘 보여주는 것이다. 롤스의 중첩적 합의와 정의원칙들 또한 정치에서 선(good)의 문제를 개입시키는 경우 합의가 불가능하기 때문에 오로지 절차적 정의 기준만이 합의 대상이 된다는 것도 마찬가지의 기능을 수행한다.

현대 공동체주의자들은 자아의 정체성은 부분적으로 사회·정치적 맥락 속에서 형성됨을 강조하지만, 그들 또한 정치와 사회에서 형성된 구조와 내적 의미를 비켜가고 있다. 이들은 자유주의에 대한 비판에 지나치게 경도된 나머지 도덕과 문화적 전통들 속에 내재된 권력관계에 대한 사회비평에 무관심했다.

[4] 다시 현대 사회의 조건을 생각해 보자. 현대 사회는 하나의 공유된 가치가 붕괴된 다원성을 특징으로 한다. 그런데, 현대 사회의 갈등은 자유주의와 공동체주의 논쟁에서 보여진 것처럼 종교적·도덕적·철학적 가치를 둘러싼 갈등에 국한된 것은 아니다. 정치·경제·사회의 재구조화 과정에서 끊임없이 형성되어 가는 계급과 계층의 정치지형들은 다양한 이익들 간의 갈등을 만들어 내고, 그것이 정치적 갈등과 균열 간의 상호작용의 중심에 자리 잡고 있는 것이다. 그럼에도 불구하고, 산업사회의 중심적 갈등축인 노동자와 자본가, 후기산업사회로 전환되어 가는 과정에서 제기되는 소수자 인권 등은 자유주의와 공동체주의 간의 논쟁의 중심을 차지하지는 못했다. 한국사회에서의 갈등은 어떠한가? 비정규직 노동자들의 시위, FTA를 둘러싼 농민들의 불만, 공기업민영화와 건강권 문제 등은 어떠한가? 4대강 정비 사업이나 제주강정마을 해군기지 건설문제, THAAD 배치문제를 둘러싼 갈등은 어떠한가? 이러한 이슈들은 포괄적 교설과는 독립되어 있는 이슈들이다. 논쟁의 장이 되었던 미국사회만 놓고 보더라도 낙태와 안락사 등의 소수

이슈를 제외하면 갈등의 중심축이 종교적·철학적인 포괄적 교설은 분명 아니었다.

민주주의 체제를 뒤흔드는 것은 양립불가능한 포괄적 교설들 간의 합의의 부재가 아닌 다양한 이익들 간의 갈등이고, 이러한 갈등을 통합으로 이끄는 메커니즘의 부재인 것이다. 정의의 원리(J. Ralws)나 평등한 관심과 존중(R. Dworkin), 자격이론(R. Nozick) 등과 같은 한두 가지의 단순한 원리에 의해 사회가 통합된다는 생각은 이들 이론이 정치적 관계를 배제한 무정치성에 기인한 것으로 볼 수 있다(김비환, 1999).

[5] 마지막으로, 자유주의와 공동체주의의 주요 주장과 방법론적 차이는 다음과 같다.

자유주의	구 분	공동체주의
추상적 자아관(원자적 개인)	존재론	인간의 사회성
보편주의	인식론	특수주의
정의(옳음)의 선(좋음)에 대한 우선성 보편적 권리로서 자유 개인 권리의 우선성	권리 /규범	선의 정의에 대한 우선성 공유된 가치체계 : 권리의 사회성 공동체적 연대, 감성
– J. Rawls : 정의 / 평등한 자유, Maximin – R. Nozick : 소유권리 / 자격권 – J. Habermas : 보편화	정의관 /분배	– A. MacIntyre : 완전주의 / 응분 – M. Sandel : 교정적 덕목 / 응분, 공적 – M. Walzer : 복합적 평등주의 / 능력, 필요 – C. Taylor : 공화주의적 총체론 / 동등성, 기여
전체주의 위험성, 보수화	비 판	나르시시즘과 공적 가치의 붕괴

6. Benjamin Barber의 시민사회와 강한민주주의

바버는 많은 국내 저작에서 공동체주의 혹은 공화주의적 입장으로 소개되고 있다(예컨대, 서울대 공저). 그러나 바버는 [강한 민주주의] 및 [강한 시민사회, 강한 민주주의] 등에서 공화주의 및 공동체주의와 분명한 선을 긋고 있다는 점을 감안하여 별도의 목차로 잡았다.

바버는 국가와 시장에 대해 시민사회 개념에 주목하고 있다. 그의 [강한 시민사회, 강한 민주주의]를 중심으로 주요 주장을 간략하게 살펴본다.

1) 시민사회의 대두

시민혁명과 함께 등장한 시민사회는 국가주의가 확산된 20세기에 위축되었다. 그러나 20세기 후반, 시민사회는 구공산주의체제 사회와 민주화 운동을 경험한 남미와 아시아에서 새롭게 대두되었다. 바버는 시민사회의 개념이 지하출판물 정치와 저항을 표현하는 방식이 되었다고 보면서, 시민사회 개념은 급진적인 유토피아를 지향하는 성향을 가지고 있었다고 평가한다. 또한 시민사회 개념은 국가를 민주화시키고 경제를 자유화한다고 해서 민주적 자유의 실질적 영역이 필연적으로 형성되는 것은 아니라는 사실을 알고 있는 민주주의자를 위한 이정표가 되어 주기도 한다고 평가한다. 후자의 측면에서 보면, 외형상의 민주주의체제가 들어서는 것을 의미하는 민주화나 자유화는 교육적, 박애적, 종교적 시민결사체 등 다양한 시민사회의 형태가 만들어 짐으로서 사회가 문명화되고 다원화되지 않으면 실질적인 자유가 보장되기 힘들다는 사실을 강조하는 것이다.

다른 한편, 제도적으로 정착된 민주주의 체제의 경우 오늘날 같은 위기에 처한 상황에서 역사적 · 제도적 정당성을 갖는 근본적인 이상을 강조할 필요가 있을 때 시민사회 개념이 자주 인용되고 있다. 이러한 환경에서 현재의 상황을 비판하기 위해 시민사회는 우리가 한때 가지고 있었던 것을 복원시키자는 호소로 활용되기도 한다(공동체주의적 호소).

2) 시민사회를 바라보는 대립되는 시각

가. 자유주의와 시민사회

자유주의는 사회를 공적 영역과 사적 영역으로 구분한다. 공적 영역은 정치와 보편성의 세계이다. 시민은 투표하고, 세금을 내고, 배심원의 의무를 수행하고, 정의의 이념을 토대로 다양한 역할을 수행한다. 반면, 사적 영역은 위의 것과는 상반된 장이다. 일과, 여가, 생산과 소비가 이루어지는 곳이다.

자유주의 관점에서는 이렇듯 정치적 삶과 사적인 삶을 정반대의 영역으로 인식한다. 전자는 국가와 그 공식적 정치제도의 영역으로 때로 냉소의 대상이 되며, 후자는 '우리'의 범주를 전제하는 공감할 수 있는 영역으로 묘사된다. 공적 영역의 핵심인 국가는 강제력을 의미한다면(가끔 개인의 이익을 보장해 주는 리바이어던으로 인식되는 것이다), 사적 영역은 자유에 의해 정의된다. 자유주의 모델에서는 이와 같이 양자를 상충적인 관계이자 양자택일의 zero-sum 관계로 설정한다.

이때, 시민사회는 사적 시장 영역과 동일시되는 '자유로운 개인들이 활동하는 장'이다. 시민은 참여자가 아닌 감시자이지만, 본래적 존재로서의 시민은 합리적 소비자이다. 민주적인 법과 민주화된 정부의 공식제도들 덕분에 이 소비자들은 유권자가 될 수 있지만, 진중한 시민은 되지 못한다. 결국 민주주의는 얄팍하고 별로 의미 없는 것이 되고 만다. 물건을 사는 일과 투표하는 일이 같은 수준의 행위로 이해되는 상황에서 쇼핑이 활발한 국가가 선거민주주의의 체제인 것처럼 잘못 인식되고 있다(B. Barber 2006, 36).

나. 공동체주의와 시민사회

공동체주의에서 시민사회는 공동체로 묘사된다. 시민사회를 인간이 피해갈 수 없는 사회관계의 복잡한 조건으로서 인식하는 것이다. 사람들은 공동체를 통해 사회적 관계를 형성하고 삶을 영위하게 된다. 가족으로부터 소집단과 이웃으로, 그리고 사회적 위계질서로 층위가 형성되면서 사회적 결속력을 갖는 관계망 속의 존재로 그려지는 것이다.

그러나 만약 그것이 없다면 점점 더 무정부주의적으로 되어 가는 사회적·경제적 세계에서 개인과 집단은 전혀 공통점을 찾아낼 수 없을 것이다. 만일 근대성의 확실한 계기가 사회적 유대를 해체하는 것이었고(단단했던 모든 것이 공기 속으로 흩어져 버렸다는 맑스의 지적), 사회적 관계의 합리화, 세속화, 관료제화(M. Weber)였다면, 공동체주의적 연대성과 형제애는 떠도는 영혼에게 다시 소속감을 주고, 전통이 사라진 사회에서 살고 있는 사람들의 불확실성과 심리적 고립감을 완화시켜 준다. 물론 연대성은 위계질서, 배타성, 그리고 순응성을 동반할 수도 있다. 말하자면, 어떤 공동사회의 특별한 속성을 통해 사회적 소속감을 느끼는 시민은 능률적인 민주주의자가 될 수 없을 것이다. 실제로 공동체주의에 의해서는 파생되지 않는 가치를 보완 내지 조절할 수 없는 상황에서, 권위주위, 편파성, 불평등, 가부장주의, 위계질서 등의 비자유주의적 규범의 부상이 불가피할지도 모른다(B.Barber 2006, 42). 때로는 민주주의의 원천인 사회적 결속력을 공동체가 제공함에도 불구하고 말이다. 그러나 민주주의는 공동체주의 그 자체에 필수적인 것도 아니다. 더욱이 그들이 정의, 평등, 포용의 기준에 저항하는 사회적 관계망에 그러한 기준들을 적용시키려 함에 따라 역설적으로 공동체주의적 유대를 약화시킬 위험에 빠지게 된다. 공동체의 역설은 공동체의 결속을 가능케 만들어 주는 다원주의 및 독립성 때문에 그 결속력이 약화된다는 점이다.

이미 사라져 버린 옛 공동체를 새롭게 재현하려는 시도는 원형에 비해 훨씬 더 많은 문제를 불러 올 수 있다. 즉 우리의 20세기를 도탄에 빠뜨린 것은 아리안 족이나 알라만 민족 자체가 아니라, 생활권을 주장하고 그 이름을 빌려 전쟁을 일으킨 나치였다. 세르비아와 보스니아 자체는 역사적으로는 별로 비극적이지 않았다. 오히려 그들이 재구성한 탈근대적 이름 찾기의 결과가 더욱 참담한 비극적 현실을 초래했던 것이다[**전체주의로의 유혹**].

민주주의 원리에 반하는 위계질서는 공동체가 선호하는 형식은 아니지만 공동체가 추구하려는 가치 중 많은 측면을 강화시켜 준다. 공동체가 만일 개방적이고 포용적으로 운영된다면 도저히 유지해 나갈 수 없기 때문에 결속력이 절대적으로 필요하다. 물론, 강한 민주주의는 두 가지를 모두 원한다.

공동체주의와 달리 시민사회의 연대감은 공동의 역사가 아닌 공동의 활동에서 형성된다.

역설적으로 말해서, 시민결사체에 대한 공동체주의적이거나 자유주의적 논리 모두 공과 사를 구분한다는 명목으로 국가와 개인(또는 국가와 공동체)을 양극화시키면서, 나머지 한 측을 식민화해 버리는 경향을 보여 준다.

다. 강한 민주주의와 시민사회

시민사회에 대한 강건한 민주주의적 관점은 공적 영역과 사적 영역을 구분한다. 말하자면 정부와 그 주권을 행사하는 제도로 이루어지는 국가 영역과, 개인 및 시장에서의 계약에 의한 결사체가 존재하는 사적 영역을 가리킨다. 그리고 양자의 가치를 공유하면서 그 둘을 매개해 주는 제3의 영역을 상정한다. 이러한 제3의 독립적 영역은 시민적 공동체로서 규정된다.

강한 민주주의가 지향하는 시민사회는 자유와 자발성을 추구한다는 점에서 자유주의와 유사하지만, 책임성과 포용성을 추구한다는 점에서는 공동체의 그것과 유사하다. 다만, 시민사회 모델이 지향하는 자유는 각자가 공평하고 평등한 존재이기 때문이 아니라 상호 다원적 가치를 추구하기 때문에 평등을 요구하며, 이러한 다원성과 상호존중의 요구는 자유의 전제조건으로 인식된다.

자유주의적 시민권 운동은 시민들의 공감을 얻기 어려운 소수 집단의 특수이익을 보장하기 위한 것으로 전락해 버렸으며, 때로 시장의 규칙을 왜곡시키는 시도로 비판받기도 하였다.

그러나 시민사회의 적은 정부나 기업 그 자체가 아니다. 관료제, 교조주의, 전체주의, 탐욕, 관성 등이다. 현대사회의 병리나 민주주의 위기에 대해 국가/정치의 배제와 시장으로의 회귀가 아닌 '큰 정부 혹은 리바이어던의 종언'이나 거대한 관료적 탐욕의 종언이 요구되는 것이다.

3) 바버와 참여적 공동체주의(?)

강한 민주주의는 정치를 '살아가는 방식'으로 이해하며, 사적인 것을 공적인 것으로, 의존성을 상호의존성으로, 갈등을 협력으로, 강제를 자유로 변형시키려 한다. 강한 민주주의는 독립적인 판단 근거가 부재한 상태에서 지속적인 자기입법에의 참여과정과, 의존적이고 사적인 개인들을 자유로운 시민으로, 또 부분적이고 사적인 이해관계들을 공공선으로 변형시킬 수 있는 정치공동체의 창출을 통하여 갈등이 해결되는 참여적 형태의 정치로 정의된다.

강한 민주주의는 대중민주주의의 수동성을 지양하고, 시민들의 적극적인 참여 활동을 정치의 주요 덕목으로 강조한다. 즉, 원자적 개인들이 무에서 사회적 유대를 창출한다는 허구를 거부하며, 동시에 개인에 우선한 추상적 공동체로부터 개인들의 존재 의의와 목적을 도출하는 집단주의도 반대한다. 강한 민주주의는 합리적 공적 토의와 결정 과정에 참여할 수 있는 시민들의 집합인 공민(a public)을 창출하고자 하는 것이다.

CHAPTER 2

민주주의

CONTENTS

단원 개관

아마도 수험생들에게 정치사상 외에 가장 어려운 부분을 꼽으라면 민주주의론을 들 것이다. 그렇다고 주눅들 필요는 없다. 정외과를 졸업한 사람에게 가장 곤혹스러운 질문을 꼽으라면 '민주주의가 무엇인가'이기 때문이다. 그러나 시험을 준비하면서 민주주의에 대한 진지한 고민을 해 보았다는 것 자체만으로도 의미 있는 것인지도 모른다.

민주주의가 쉽지 않은 것은 민주주의라는 개념의 모호성에 있다. 고대 그리스 아테네인들에게 민주주의가 의미하는 바와, 근대 서구에서 정착되고 발전되어 온 민주주의는 같지 않다. 존재하는 민주주의 체제와 이상적인 민주주의 체제가 또한 같지 않다. '민주주의 체제'에 살고 있는 현대인들이 생각하는 민주주의와 학문적 의미의 민주주의가 동일하지 않고, 학자들마다 다른 의미로 사용하고 있는 것이다.
민주주의는 국회의사당 내에서 벌어지는 정치토론과 의사결정과정을 의미할 수도 있고, 대통령 선거나 국회의원 선거가 이루어지는 과정을 의미할 수도 있지만, 촛불시위가 벌어진 현장의 토론을 의미할 수도 있다.
다만, 자신이 생각하는 민주주의의 개념과 한국 정치의 문제점, 그리고 이에 대한 대안적 정치체제에 대한 일관된 틀을 잡는다는 관점에서 이 주제를 다루어 주기 바란다.

시험에서는 민주주의의 다양한 개념들과 현대 정치체제가 근간으로 하는 다수결과 대의제 민주주의의 문제점과 과제, 그리고 대안 모델로 제시되고 있는 민주주의 모델들이 다뤄지고 있다.
이 중에서 대의제 한계는 항상 출제될 수 있는 주제로서 준비해 두어야 하며, 최근에 논쟁의 중심을 이루고 있는 심의 민주주의, 그리고 다수결에 대한 협의(consensus) 민주주의에 대해서는 별도로 정리해 두기 바란다.

제1장 개 관

여러분은 민주주의를 무엇이라 생각하는가? 초등학생들을 비롯한 많은 사람들은 의견이 일치되지 않아 팽팽히 대립되는 경우, "야! 우리 민주적으로 결정하자"라고 말한다. 이때 민주적 결정이란 '다수결'을 의미한다. 그러면, 다수결이 곧 민주주의를 의미하는 것일까? 사실, 민주주의의 어원을 따지면, Demos(인민)와 Kratos(권력)의 합성어, 즉 '인민에 의한 지배'라고 할 수 있다. 즉, 정치체의 특징을 누가 결정하는가를 기준으로 한다고 할 때 민주주의는 다수 인민(시민)에게 결정권이 있다는 것이다. 그런데, 이때 인민의 지배를 '수의 의한 지배'를 의미하는 것으로 이해되면서 다수결과 민주주의가 거의 동의어처럼 사용되는 것이다. 오히려, 다수결은 독재자들이 즐겨 사용하는 것으로 다수결이 곧 민주주의는 아니다.
이 장에서는 민주주의를 둘러싼 다양한 범주와 개념들을 다룬다.

제1절 민주주의 개념의 다양성

Ⅰ. 민주주의의 정의

어원으로 본다면, 민주주의(democracy)는 demos(인민)와 kratia(or kratos ; power, 지배, 권력)의 합성어로 인민의 자기지배라 정의할 수 있다. 권력(power)을 의사력으로 정의한다면, 정치체제 혹은 국가의 공적 결정(집합적 의지의 결정)이 인민에 의해 내려진 정치체제라 정의될 것이다.

민주주의를 어떻게 정의하든 그것은 인민의 참여를 전제로 한다. 이와 관련하여 '누가 demos이며, demos는 통치할 능력이 있는가? demos의 정치참여는 가능하며, 바람직한가?'는 플라톤 이래로 따라 다닌 민주주의를 둘러싼 쟁점이었다.[1)]

* * * * *

민주주의에 대한 개념으로 "**국가의 권력이** 특정한 개인이나 집단에게 있는 것이 아니라 **국민 전체에게 합법적으로 부여되어 있는 정치이념 또는 정치제도**"라는 J. Dewey의 정의가 가장 많이 사용되지만, 안타깝게도 민주주의에 대한 하나의 합의된 개념은 존재하지 않는다.[2)] 때로 민주주의는 "인간 정신의 활동의 원리"로서 파시즘적인 초인지배나 민족, 계급관념 등과 대립되는 개념(자유주의 교리)과, 이러한 원리를 실현시키며 그 실현의 수단으로서 도움이 되는 제도체계(민주주의 본질) 양자로 나누어 이해되기도 한다(E.Barker). 또한, 민주주의는 본질적으로 바람직하지 않다는 주장도 있었고(Plato), 바람직하지만 본질적으로 실현불가능하다(R.Michels)고 주장되기도 하였다.

1) 인간은 '자유롭고 평등하다'고 주장하는 자유주의가 비교적 빠르게 수용되었지만, 민주주의는 왜 인정받기 어려웠을까? 그것은 인민, 즉 대중에 의한 통치를 뜻하는 민주주의의 개념과 관련되어 있다. 다수(인민)의 지배를 의미하는 민주주의는 '일반 대중이 과연 통치할 능력이 있는가?'라는 질문과 항상 맞닥뜨릴 수밖에 없었기 때문이다.
2) C. L. Becker는 민주주의라는 말이 연상시키는 정확한, 구체적인, 뚜렷한 대상이 없는, 따라서 그 의미도 각각 달라지는 것으로 '개념상의 여행용 가방(a kind of conceptual Gladstone bag)'이라고 이야기한 바 있다.

사실 민주주의라는 가치가 일반인들에게 광범위하게 수용된 것은 얼마 되지 않는다. 서구사회에서도 불과 50여년이 채 안되었으며, 1980년대에 들어와서야 소위 '보편적 가치'의 지위를 획득했다고 평가받는다. 그런데, 최근 우리사회에서 보여 지는 '(소위) 박정희 신드롬', 참여정부에서의 이익집단의 참여에 대한 부정적 평가 등에서 볼 수 있듯이 민주주의에 대한 회의적인 시각이 상당한 기반을 가지고 있다.

이러한 회의적 시각은 '데모스는 누구인가, 지배할 자질과 능력이 있는 자가 따로 있는가?'에 대한 질문과 관련된다. 여성이나 미성년자, 노예에 대한 참정권 배제의 역사에 볼 수 있듯이 민주주의가 언제나 평등을 부르짖은 것도 아니다. 즉, '통치할 자질과 능력'이 있는 사람들과 그렇지 못한 사람들을 구별하고 통치할 자질과 능력을 갖춘 사람에게만 개방되어 왔던 것이다. 이러한 고전적 아이디어는 근대 국가에서 경쟁적 엘리트 민주주의(소위 대의제 민주주의)로 이어져 왔다. 이 위에 광범위한 영토 등을 고려할 때 직접 민주주의 이상은 실현 불가능한 이상이라는 생각이 굳어지면서 소위 '실현 가능한 민주주의 = 대의제 민주주의' 신화를 만들어 내기도 한다.

민주주의는 특정한 형태의 정치제도 혹은 인민의 의지를 도출하고 이를 통해 정치적(집합적) 결정을 이루는 특정한 방식(과정)으로 이야기하기도 한다. 이러한 인식은 대중의 판단은 합리적인 결과를 보장하지 않기 때문에 바람직하지 않다는 주장을 낳기도 한다.

* * * * *

민주주의는 ① 인민의 지배가 이루어지는 양태, 즉 인민의 직접 참여와 결정에 의해서 인지, 대표를 통해서 이루어지는지에 따라 직접 민주주의와 간접 민주주의로, ② 민주주의의 핵심을 인민의 지배라는 실질적인 의미에서 찾을 것인지, 인민의 지배가 관철되는 절차나 제도의 차원에서 찾을 것인지에 따라 실질적 민주주의와 절차적 민주주의로 구별할 수 있다. ③ 과거 민주주의 이행 논쟁에서는 민주화 전략에 있어서 정치적 기본권의 보장까지 요구할 것인지, 사회경제적 기본권의 보장까지를 요구할 것인지에 따라 최소강령적 민주주의와 최대강령적 민주주의로 구분한 바 있다. 전자는 시민권의 법적 보장과 정치적 경쟁의 제도화를 추구한다는 점에서 절차적 민주주의로, 후자는 정치적 과정의 결과(특히, 부의 재분배)를 중심으로 접근한다는 점에서 실질적 민주주의로 정의하기도 했다.

민주주의 원리와 비판

민주주의를 '인민의(of the people), 인민을 위한(for the people), 인민에 의한(by the people) 정치'라 표현하기도 한다. 'of the people'은 인민의 의지에 의한 통치를 의미하는 것으로 자기결정원리를 핵심으로 하며, 대표를 통해 통치하는 대의제라면 대표의 높은 반응성 및 주요 사안에 대한 인민의 최종통제권 등을 요구함을 내포한다. 그리고 'for the people'은 인민의 복지를, 'by the people'은 인민의 참여를 내포한다. 단, 민주주의는 단순히 인민을 위한 정치(for the people, 爲民政治)로 정의하는 것은 바람직하지 않다. 철인정치나 군주정을 민주주의라 하지 않는 이유이고, 독재자가 시민의 복지를 위한 정치를 편다고 해서 민주주의라 말할 수 없는 이유이기도 하다.

민주주의는 국가권력의 구성과 관련된 개념이며, 로마법의 표현을 빌리자면 '모두와 관련된 것은 모두에 의해 결정되어야 한다'는 인민의 '자기결정원리'를 보장하는 체제인 것이며, Weber

적 의미의 권력개념을 통해서 본다면, 'demos의 지배 = demos의 의지'에 따른 통치인 것이다. 따라서 어떤 체제가 민주주의라 말할 수 있으려면, ① '무엇이 옳은지'라는 정치적 견해 형성에 대한 인민의 자유가 보장되어야 하며(법에 의해 보장되는 것이 아닌, 인민의 고유한 권리), ② 공적 결정의 장에 참여할 수 있는 제한 없는 권리가 보장되어야 하며, 만약 대의제라 한다면 대표자가 될 수 있는 권리 및 대표자 선출에 대한 평등한 권리가 보장되어야 하며, ③ 참여가 실질적으로 의미가 있기 위한 조건으로서의 평등이 보장되어야 한다. 이들 권리는 법에 의해 보장되는 권리가 아닌 인민의 고유한 권리로서 인정되어야 한다.

민주주의는 통치할 능력이 있는 자와 그렇지 못한 자가 따로 존재한다는 (신분제) 가정을 거부하는 것이다. 민주주의는 '정치적 평등주의'를 전제로 하는 개념이며,[3] 그리고 자기결정원리에 기반 한 정치체제로서 박스 안에 있는 내용을 요구한다.

정 리

민주주의는 국가권력의 구성과 관련된 개념이며, demos의 지배 = demos의 의지에 따른 통치인 것이다. 따라서 어떤 체제가 민주주의라 말할 수 있으려면,

- 인민의 선호형성과 표출에 대한 자유로운 권리의 보장
- 제한 없는 정치 참여 / 대의제의 경우 대표 선출에 대한 people의 평등한 권리의 보장
- 참여가 실질적으로 의미가 있기 위한 조건으로서의 평등의 보장

그런데 부의 불평등한 배분이 정치적 영향력의 불평등으로 전이되고 정치적 의사의 결정에서 소수 특권층의 이익이 과다 투입되는 결과가 초래된다면, people의 권리(정치적 평등)는 형해화된다. 따라서 경제적 평등(사회·경제적 시민권)은 정치적 평등을 위한 전제 조건이라 할 수 있다.

민주주의는 어떤 정치체제의 공적 결정이 인민의 의지에 구속되는 정치를 말한다. 그런데 이런 의미의 민주주의(실질적 민주주의)는 가능하지도 않고 바람직하지 않다는 주장이 있다. 대중의 충동적 속성은 전제정으로 귀결될 수밖에 없고, 계몽된 이해(합리적 판단)와 성숙된 판단이 결여된 대중의 결정은 중우정(populism)으로 귀결될 수밖에 없다는 것이다. 민주주의에 대한 루소적 조건(규모, 쟁점, 평등, 덕성)을 통해 보면 이 주장은 명확해 질 수 있다. 이러한 주장은 민주주의는 절차로서만 수용할 수 있다거나 뒤에서 볼 대의제 형태로만 수용할 수 있다는 주장으로 이어지는 게 일반적이다.

---

3) R. Dahl은 민주주의의 핵심을 모든 성원들은 정치적으로 평등한 존재로 간주되어야만 하는 것에 있다고 본다. 이는 탁월성의 정치를 지향하는 엘리트주의와 대립된다.
"이 협회가 다루려 하는 가장 중요한 문제들에 관하여, 우리들 중에서 나머지 다른 사람들보다 훨씬 현명하여 자신의 견해가 일방적으로 우월하다고 할 수 있는 사람은 그 누구도 없다. 가령 일부 회원들이 주어진 순간에 특정의 쟁점에 관하여 더 알고 있다손 치더라도, 우리는 모두 우리가 알아야 할 필요가 있는 것을 배울 능력이 있는 것이다. 물론, 우리는 결론에 도달하기 전에 우리들 사이에서 쟁점들을 토론하고 심의할 필요가 있을 것이다. 심의하고 토론하고 나서 정책에 대한 결정을 내리는 것이 바로 우리가 이 협회를 형성한 하나의 이유이다. 우리 모두는 쟁점에 대한 토론과 우리의 협회가 따라야할 정책결정에 참여할 동등한 자격이 있다. 결과적으로 우리의 헌법은 그러한 가정에 기초하여야만 한다. 우리의 헌법은 우리 모두에게 협회의 결정에 참여할 수 있는 권리를 보장해야만 한다. 아주 평범하게 말한다면, 우리 모두는 동등한 자격이 있기 때문에 우리들은 민주적으로 우리 스스로를 통치해야만 하는 것이다(Dahl 2002, 56)."

(직접)민주주의에 대한 루소적 조건

루소는 민주주의가 가능하기 위해서는 ① 동질성과 친면관계(face-to-face)가 가능한 작은 규모의 정치공동체에서 ② 일반 인민들이 판단할 수 있는 단순한 문제가 공적 결정의 대상이 되어야 하며, ③ 자신의 인신을 팔아야할 정도로 가난하거나 타인의 인신을 살 수 있을 정도로 부유한 자가 없어야 하고, ④ 자신의 사적 이익을 공적 결정에 개입시키지 않을 수 있는 시민적 덕성이 요구된다고 보았다.

- 규모 : 대규모(국민국가) → 접근성, 집합적 의지 형성의 불가능
- 쟁점 : 기술적 복잡성 / 전문성 → 계몽된 이해의 문제
- 평등 : 사회적 불평등 → (민주주의를 위한 조건의 결여)
- 덕성 : 충동적 속성 → 성숙한 판단의 부재

민주주의는 실현 불가능하다고?

민주주의를 어떻게 정의하든 그것은 시민의 적극적인 정치참여를 전제로 한다. 그런데 시민이 합리적이라면 공적 문제에 참여하려하지 않고 정치에 관심을 갖지 않을 것이다. 예컨대, 선진 민주주의 국가들을 보면 정치적 무관심이 높아지고 투표율은 계속 하락하고 있다. 한국도 예외는 아니어서 민주화 이후에 투표율은 낮아지는 경향을 보여 왔다.

유권자가 10만 명인 선거구가 있다고 하자.

> 5명이 후보가 출마를 했는데, 여론조사 결과 압도적 선두를 달리는 후보자가 있고 나머지 4명은 당선 가능성이 거의 없는 상황을 가정하자. 1위 후보자를 지지하는 유권자라면, 나 한 사람 투표에 불참한다고 해도 그 후보가 낙선할 거라고는 생각하지 않을 것이다. 반대로 당선 가능성이 없어 보이는 후보를 지지하는 유권자라면 내가 투표장에 가서 그 후보를 찍는다고 그 후보가 당선될 거라고 기대하지 않을 것이다.

유권자들은 투표장에 갈 필요성을 느끼지 못하게 된다. 이른바 'n−1(나 하나 빠진다고 해서...)'과 '1/n(나 하나 참여한다고 해서...)'의 논리 때문에 유권자는 투표장에 가지 않을 것이다.

이런 상황을 생각해 보자.

> 정부가 쌀 시장을 개방하기로 결정을 했다. 농민들은 값싼 수입산 쌀이 대량으로 수입되면 쌀값이 폭락하게 되고 쌀 농가는 파산할지도 모른다는 걱정을 하고 있다. 그래서 농민회에서 쌀 시장 개방 반대 시위를 하기로 결정했다. 과연 이 시위는 성공할 수 있을까?

이 경우에도 'n−1'과 '1/n'의 논리가 작동한다. 모든 농민들이 내가 참여한다고 해서, 내가 빠진다고 해서 결과가 달라질 것도 아니라는 생각을 한다면 결국 시위는 성공할 수 없다. 이와 비슷한 논리로 '집단행동의 딜레마'라는 개념이 있다. 사익을 추구하는 합리적 인간은 집단행동에 참여함으로 인해 얻는 이익은 극히 적은 반면, 비용이 큰 경우 개인은 집단행동에 참여하지 않는다는 것이다.

> 5만 명이 집단행동으로 5,000만 원의 이익이 나오는 경우와 5명이 집단행동으로 5,000만 원의 이익이 나오는 경우가 있다고 하자. 앞의 경우는 1인당 1000원의 이익을, 뒤의 경우는 1인당 1,000만 원의 이익을 얻을 수 있다. 합리적 인간이라면 기껏 1원 때문에 집단행동을 할까? 게다가 집단행동을

하는 데 비용도 발생하는데 말이다. 결국 집단행동은 실패할 것이다.

혹시라도 시위 같은 집단행동이 성공해서 요구가 정책에 반영된다면 어떨까? 참여하지 않는 사람도 그 혜택을 누릴 수 있다. 시위에 참여하지 않고 공짜로 말이다. 이처럼 비용은 부담하지 않고 이익만 얻으려는 행동을 무임승차(free-ride)라 하는데, 무임승차는 관련된 사람들이 많을수록 쉽게 나타난다. 5명으로 구성된 집단과 10,000명으로 구성된 모임을 비교하면, 구성원이 적을수록 무임승차자를 배제하기 쉬운 반면 구성원이 많을수록 배제하기 어렵기 때문이다.

합리적 무지, 집단행동의 딜레마, 무임승차 등의 논리[4]에 따르면 다수의 이익과 관련된 정책 문제에 대해서는 다수 시민이 침묵을 할 것이고, 소수의 이익과 관련된 정책 문제에 대해서는 소수가 적극 참여하게 될 것이다. 정치인들은 침묵하는 다수가 아닌 조직된 소수의 이익을 위해 법을 제정하고 정책을 입안하려 할 것이다. 결국, 다수 시민의 참여를 전제로 작동하는 민주주의는 실현될 수 없다는 것이다.

설득력 있는 논리이지만, 촛불시위나 'NO 아베' 슬로건을 내건 일본 제품 불매운동에 대한 시민들의 높은 참여율은 설명이 되지 않는다.

민주정치는 바람직하지 않다고?

서구사회에서도 민주주의는 쉽게 수용되지 않았다. 왜 그랬을까? 소위 식자층이나 엘리트들의 입장에서 볼 때, 민주주의는 '대중이 정치권력을 장악하고 휘두르는 정치'라는 것이 문제였다.

한국 사회만 보더라도 '근본도 모르는 천한 것들', '개, 돼지들'이라 폄하하는 이야기들이 그것이다. 사실 '대중은 변덕스럽고, 충동적이며, 판단능력도 없고, 눈앞의 이익만 좇는 이기적 존재'라는 생각은 플라톤 이래로 깊이 각인되어 왔다. 게다가 현대사회의 문제는 전문성이 높고, 기술적으로 복잡한데, 대중에게 통치를 맡기면 국가가 망한다는 식의 주장도 이를 거들고 있다.[5]

대중에 의해 통치(rule by people)되는 민주주의는 '우매한 대중에 의한 통치(중우정)' 혹은 '대중의 인기에만 연연하는 포퓰리즘'으로 귀결될 수밖에 없다는 것이며, '대중은 합리적이고 성숙한 판단을 할 능력이 없기 때문에 민주주의는 바람직하지 않다.'고 주장하는 것이다. 이 논리는 현대판 '철인 통치'라 할 수 있겠다.

이들 주장에 대해 이런 질문을 던지면 어떨까?

전문가들은 정말 현대사회의 문제들에 대해 정확히게 파악할 수 있을까? 한국에서 구제역이 퍼지면서 돼지 농가가 파산하고 삼겹살 가격이 폭등하던 때, "다른 동물이 걸리는 전염병이 인간에게 감염될 일은 없다."면서 장관들이 TV에 나와 돼지고기 시식회를 연 적이 있다. 2008년에 이명박 전 대통령은 같은 논리로 광우병에 걸린 소고기를 먹는다고 사람이 광우병에 걸리는 것은 아니라고 하면서 소고기 시식회를 다시 열었다. 2015년에는 낙타로부터 옮겨온 '메르스'라는 바이러스에 감염된 환자가 속출했다. 그 때 보건복지부장관은 예방법으로 낙타와의 접촉을 피하라는 포스터를 만들어 배포하기도 했고, 2차 감염은 없다면서 걱정하지 말라고 했다. 현실

4) 이들 논리는 합리선택이론과 공공선택론에서 사회적 딜레마를 낳는 요인으로 설명된다. 사회적 딜레마란 '사적 합리성과 집단적 합리성의 불일치' 혹은 '합리적 경제인이 만들어 내는 비합리적 사회의 문제'를 말한다.

5) 2019년 일본의 경제 도발에 대한 시민의 자발적인 불매운동을 대중의 비이성적·비합리적 행동이라고 폄하는 논리들을 생각해 볼 것.

은 4차 감염 사례까지 있었고, 많은 사망자가 나왔다. 사실 전문가란 일반인보다 조금 더 많이 아는 사람일 뿐이지 모든 문제를 정확히 아는 사람은 아니다. 오히려 전문가들은 편견과 독선에 쉽게 빠진다.

정말로 국회의원들은, 장관들은, 검사들은, 판사들은 일반 시민보다 더 합리적이고 옳은 판단을 내릴 수 있는 사람들일까? 그리고 그들은 사익을 배제하고 오로지 공익만을 앞세울까?

어떤 사람은 "민주주의는 인간은 누구나 편견을 가질 수 있고 완벽한 진리를 알 수 없다는 가정 하에서 운영되는 정치제도"라고 말하기도 한다. 그 누구도 모든 것을 잘 알지 못하기 때문에 다른 사람의 의견에 귀를 기울이고 자신의 편견을 깨고, 상호 신뢰와 책임 하에서 사회적 합의를 이끌어내고, 이렇게 도출된 합의에 따라 문제를 해결하는 정치제도라는 것이다. 대신 누군가의 의지에 따라 복종하지 않기 때문에 모든 시민이 자유로울 수 있고, 국가의 중요한 결정을 시민 스스로가 판단하기 때문에 시민이 자유로울 수 있는 정치제도가 바로 민주주의이다.

버락 오바마 미국 전 대통령은 2016년에 카네기멜론대학 프런티어 컨퍼런스에서 행한 연설에서 이런 말은 한 적이 있다 ; " '민주주의는 방향을 못 잡고 이리저리 표류하는 난파선' 과도 같다는 이야기를 많이 한다는데, 원래 그럴 수밖에 없고, 그런 것이 민주주의" 라고.
권위주의 체제나 기업운영과 비교하면, 민주주의는 다양한 의견을 듣고 조정하는 과정을 거쳐야 한다. 이런 맥락에서 오바마는 기업이 어떤 제품을 개발할 때 제품을 구매할 능력이 없는 가난한 사람들을 고려할 필요도 없고, 그것이 사회에 미치는 영향도 생각할 필요가 없지만, 정부는 그렇지 않다고 이야기한다. 기업을 경영하는 사람은 시장점유율, 매출액, 영업이익이 되는지를 따져보고 결정하면 된다. 그러나 정부는 산불로 인한 화재 피해자들을 돌봐야 한다. 그것이 경제에 이익인지 아닌지와 무관하게 말이다. 범죄 없는 마을이라 하더라도 시민의 안전을 위해 파출소를 운영해야 한다. 때로 산간벽지에 사는 주민들의 이익을 위한 사업을 추진해야 한다. 그러면서도 기업인, 자영업자, 노동자, 농민, 어부, 주부, 학생 등 다양한 계급과 계층의 사람들의 이익을 한 데 묶어내야 한다. 이 과정은 가장 큰 이익이 무엇인지 계산기를 통해 계산하는 것과는 성격이 다르다.
민주주의가 엉망진창(messy)인 것처럼 보이는 이유는 여기에 있다는 것이다. 어떤 이는 특정한 사안에 100퍼센트 옳은 일이라는 확신이 있더라도 다른 의견을 가진 사람을 참여시키고 타협을 해야 한다. 이게 또한 정치의 본래적 의미이고.
민주주의는 현명한 사람이 옳은 결정을 조용히 내리는 정치가 아니다. 서로 다름을, 때로 자신의 생각이 틀릴 수 있음을 인정하고, 대화와 토론을 통해 타협과 합의를 이끌어 나가는 정치가 민주주의인 것이다. 서로 다른 생각과 가치관을 가진 사람들로 이루어진 사회에서는 상호인정과 상호이익을 추구해야 각자의 권리와 가치관을 보호할 수 있다. 그래서 민주주의는 시민의 자유를 보장해 주는 것이다. 엉망진창처럼 보이기 때문에 뛰어난 누군가의 통치를 받는 것이 낫다고? 아니, 그런 사회에서는 시민의 자유는 사라지고 지배만 남게 될 것이다.

민주주의는 자기 파괴적인 제도라고?

극단적인 보수주의자와 일부 자유주의자는 민주주의를 자기 파괴적이라고 비판해 왔다. 이들은 18~19세기에 있었던 프랑스 혁명과 20세기 나치 독일을 소환한다.

> 1789년에 프랑스에서는 시민혁명이 일어났고, 루이 16세는 단두대에서 처형되었다. 왕이 사라지자 프랑스는 혼란에 빠졌고, 파리 시민들이 지지하는 자코뱅 당의 로베스피에르(Robespierre)가 권력을 잡았다. 그는 특권은 누리면서도 세금은 한 푼도 내지 않는 교회의 토지를 몰수하고 시민들에게 나누어 주고, 신분제를 폐지했다. 하지만 공포정치를 펼쳤고, 무려 1만 7,000여 명이 단두대에서 목숨을 잃었다. 이 때문에 그를 '독재자이자 극단적인 평등을 추구한 인물'이라고 평가한다. 하지만 기득권을 잃지 않으려는 교회의 성직자와 일부 귀족이 자코뱅 당의 지도자를 암살하고 외국 정부와 결탁하여 군대를 끌어들였기 때문에 처형당했다는 평가도 있다. 여기서는 비판자들의 생각을 듣기로 했으니까 그 이야기는 관두고 그 이후의 사건들을 살펴보자.
>
> 로베스피에르의 공포정치에 반대해서 '테르미도르 반동'이라 불리는 반혁명이 일어났다. 하지만 권력을 잡은 이들은 무능했고, 다시 혼란에 빠졌고, 이때 등장한 인물이 나폴레옹이다. 나폴레옹은 혁명의 계승자로 자처하며 권력을 잡은 후, 국민 투표라는 형식을 통해 황제가 되었다. 이후 나폴레옹은 유럽 각국과 전쟁을 통해 대제국을 건설하려 했는데, 결국은 반프랑스 동맹과의 전쟁에서 패했고 왕정은 복구되었다.
>
> 하지만 새로 즉위한 왕은 다른 국가들의 꼭두각시에 불과했고, 영화 〈레미제라블〉에 나오는 것처럼 귀족들과 '있는 자'들의 횡포가 극에 달했다. 결국 1830년과 1848년에 다시 혁명이 일어나 공화국이 성립되었다. 그러나 얼마 지나지 않아 나폴레옹의 조카인 나폴레옹 3세가 국민 투표로 대통령이 되었고, 대통령이 된 나폴레옹 3세는 스스로 쿠데타를 일으켜 황제가 되었다.

1789년 이후 프랑스의 100년간의 역사는 '혁명 → 독재 → 왕정 → 혁명 → 독재'라는 과정을 밟았다고 할 수 있겠다. 민주주의를 반대하는 사람들은 이를 보면서 이런 이야기를 한다 ; "민주주의 사상에 의해 고취된 혁명은 평등을 열망하는 다수의 가난한 사람들의 적극적 지지로 성공할 수는 있어. 하지만 평등을 향한 대중의 열망이 결국 '있는 자'들의 자유와 재산권을 침해하는 '다수의 독재'로 귀결되고, 심지어 자신들의 자유까지 상실하는 결과로 끝날 수밖에 없다."

여기에서 '평등을 향한 대중의 열망'이란, 예를 들면, "너네는 금으로 된 욕조가 있잖아. 우리도 똑같은 욕실을 가질 권리가 있어."와 같이 절대적 평등을 추구하는 대중의 열망을 말한다. 이런 열망이 강력한 권력을 원하게 만들고, 그 권력 때문에 개인의 자유도 함께 사라지게 만든다는 것이다. 민주주의는 필연적으로 대중의 인기(pop)를 좇는 populism으로 귀결되고, 그것은 독재와 경제 위기로 이어진다는 것이다. 다시 말해 '민주주의와 시민의 자유는 양립할 수 없고, 민주주의는 결국 시민의 자유를 추구하는 민주주의를 파괴한다.'는 것이다.

예컨대, F. Hayek는 「노예로의 길」에서 복지를 위한 정부의 개입이 인간의 자유를 제약할 것이라고 주장하였고, I. Berlin은 사회적 정의·평등을 추구하는 것은 폭정으로 이어질 수밖에 없다고 주장하였다.

따라서 민주주의를 '시민의 자기 지배'라는 의미로 이해해서는 안 된다. '민주주의는 시민의 의지에 의한 통치가 아닌, 시민에게 대표자를 선출할 수 있는 권리만 부여한 정치제도, 그래서 대표에 의해 통치되는 정치제도'로 바꾸는 게 바람직하다는 논리가 도출된다.

민주주의의 제한적 수용 : '자유'민주주의

영국은 청교도혁명과 명예혁명으로 시민의 자유가 일정 정도 보장되었고 의회주권이 확립되었으나, 민주주의 핵심이라 할 수 있는 참정권은 대중에게 부여되지 않았다. 19세기 초까지만 하더라도 투표권을 가진 자는 성인 중에서 3%에 불과했다. 1838년 '남성 보통선거, 비밀투표, 의원 재산자격 철폐, 의원의 유급직으로 전환, 공정한 선거구,6) 의회 선거 매년 실시 등'을 내걸고 시작된 '차티스트 운동(Chartist Movement)' 또한 실패로 돌아갔고, 1928년 국민평등선거법이 제정되면서 보통선거권이 인정되었다. 영국인들은 대의정부를 가지고 있었지만, 영국의 정치체제는 민주정이 아닌 과두정이었던 것이다.

입법권까지는 아니더라도 투표권/참정권조차 더디게 인정된 것은 기득권을 포기하지 않으려는 귀족들과 새로 등장한 부르주아들의 반발 때문으로 볼 수 있다. 그리고 '이성이 지배하는 공화국'의 이상을 구현하고자 했던 플라톤과 아리스토텔레스 사상의 영향도 있었을 것이다.

시민혁명의 사상적 배경이라 할 수 있으며, 동시에 시민혁명과 함께 확산된 로크와 루소의 사상, 즉 자유주의와 민주주의는 사실 조화되기 어려운 사상이라 할 수 있다. 두 사상 모두 '자유롭고 평등한 인간'이라는 가정에서 출발하고 있지만, 자유주의는 권력의 제한을 민주주의는 다수 권력의 창출을 지향하고 있기 때문이다. 17~19세기 시민혁명의 결과는 자유주의가 지향한 사회에 가까웠다고 할 수 있다.

그런데 대중의 정치적 권리를 인정하지 않으려는 자유주의 사상은 자기모순에 빠질 수 있다. 자유주의는 모든 개인은 평등하다고 주장하면서도 '투표권과 같은 정치적 권리를 다수 시민에게 부여해서는 안 된다.'고 말하는 것, '이성적 · 합리적 판단을 할 수 있는 자(통치능력이 있는 자)와 그렇지 않은 자'를 구별하면서 '대중은 우매하기 때문에 합리적이면서도 성숙된 판단을 할 수 있는 사람이 통치해야 한다.'고는 하는 것은 '평등한 인간'이라는 개념과 모순되기 때문이다.

나아가 현실적으로도 난관에 부딪힐 수 있다. 모든 시민이 투표권을 가지게 되면 다수가 권력을 장악할 수 있다. 이를 막으려면 시민의 권리를 제한해야 하지만, 프랑스 혁명처럼 체제가 전복될 수 있기 때문이다. 이는 '이성 · 지혜'와 '다수 · 힘' 간의 딜레마, 즉 '소수의 지혜에 의한 통치'가 바람직하지만 '다수의 힘'에 의해 소수의 지혜는 제약될 수밖에 없다는 아리스토텔레스의 고민이기도 했다.

그 결과는? — 근대 민주주의는 자유주의라는 상징적 틀, 즉 대의제라는 형식을 통해 제도화되었다(S. Mouffe 2006). 인민의 지배라는 민주주의의 실질적 내용이 아닌 인민이 선출한 대표를 통해 통치된다는 의미, 즉 동의 기제(mechanism)이라는 절차로서만 수용된 것이다. 그리고 '다수 지배'와 '정치'의 자리에는 '소수보호', '법의 지배'가 위치하게 되었다. 이를 자유민주주의라 부른다.7)

---

6) 당시 영국에서는 주소지가 있는 선거구 외에 1표를 더 행사할 수 있는 대학선거구와 사업처선거구가 있었다. 대학선거구는 대학졸업생과 교수들이 지역의 선거구 외에 1표를 더 행사할 수 있도록 하는 제도였고, 사업처선거구는 사업장을 소유한 사람에게 1표를 더 행사할 수 있도록 하는 제도를 말한다. 이 제도는 1948년에 폐지되었다.

7) 그런데, 여기에서 말하는 소수란 누구일까? 소외된 자들을 지칭하는 것일까? 역사적으로 보호받을 자유(소유)가 있었던 이들은 누구였을까? 자유주의 말하는 소수란 사회적 약자가 아닌 수적인 의미의 소수를 말한다. 민주주의는 토지소유자나 자본가가 소유한 재산을 다수결을 통해 언제나 위협할 수 있는 체제인 것이다. 민주주

2018년 말에서 2019년 봄, 소위 '한유총(한국유치원총연합회)' 사건이 있었다. 사립유치원 운영 과정에서 많은 문제점과 비리가 폭로되었는데, 특히 국가가 주는 지원금을 유치원 원장이 유치원 운영과 교육 분야에 사용하지 않고 사적 용도로 사용했던 것이 이슈가 된 것이다. 이러한 부당한 사용을 제재할 법적인 장치를 만들기 위해, 정부와 집권당은 학교에서 사용하는 것과 동일한 회계시스템을 유치원에서도 사용하는 것을 골자로 한 소위 '유치원 3법' 개정안을 제출하였다. 이에 대해 한유총과 보수진영의 정당은 유치원은 사유 재산이기 때문에 '정치적 결정의 대상(공적인 문제)이 아니고, 국가가 개입해서는 안 된다.'라고 주장하였다. 반면 다수의 학부모는 유치원 관련 문제는 '공적인 문제'이기 때문에 정치적으로 조정해야 한다고 주장하였다.

한유총과 보수정당은 또한, "한국은 자유민주주의 국가이고, 유치원 문제는 사적인 문제인 데다 해당 재산은 사유재산이기 때문에 국가가 '이래라, 저래라' 할 수 없다"고 주장하였다.

보수진영은 한국의 정치체제를 '민주주의' 혹은 '민주공화국'이라는 표현은 지양하고, 항상 '자유민주주의'라는 표현을 사용한다. 그러면서 시민의 기본권 중 핵심을 '사유재산'이라고 주장하고 있다.

국민, 인민, 대중, 민중, 시민

민주주의는 국가의 최고 권력인 '주권이 국민에게 있는 체제'라 정의된다. 한국 헌법도 '국민'이라는 표현을 사용하고 있다. 그러나 정치학 문헌에서는 인민, 대중, 시민과 같은 표현을 더 선호한다.

국민(國民, national). 국가의 구성원이 되는 법적 자격을 가진 사람을 지칭한다. 자유주의는 주권은 국가를 구성하는 개개인에게 있다는 의미에서 '국민'이라는 표현을 선호한다. 그런데 일제시대 황국신민(皇國臣民, 일본 천황의 신하된 백성)의 준말로 국민이라는 용어를 사용했다는 역사적 경험 때문에 정치학계에서는 국민이라는 표현을 잘 사용하지 않는다.

인민(人民, people, demos). 민주주의(democracy)의 어원이 되는 데모스(demos)는 아테네에서 평민을 뜻했다. 즉, 데모스는 어떤 권한도 없는 일반인을 지칭하는 용어로 우리말의 민중 혹은 일반 대중과 비슷한 의미를 담고 있다 — 조선시대와 대한제국시대에는 인민을 일반 백성을 지칭하는 용어로 사용했다.

대중(大衆). '인민 혹은 민중(people)'의 뜻으로 사용하기도 하고 '대중(mass) 소비 사회'라고 표현할 때처럼 '군중으로서의 대중(mass)'의 뜻으로 사용하기도 한다. 이때 매스(mass)는 수동적이고 비합리적이고 감정에 따라 움직이는 일반 평민들이라는 의미가 강하다.

공중(public). 사람들이라는 뜻의 라틴어 포풀루스(populus)에서 나온 용어로, 대중과 같이 일반인(people)이라는 뜻으로 사용한다. 퍼블릭(public)은 공중화장실이라는 표현처럼 모두와 관련된다는 의미에서 사적인 것과 반대되는 공적인 것 혹은 공개된 것이라는 의미를 또한 담고 있다.

시민(市民, citizen). 도시민 혹은 국가의 구성원으로 권리를 갖는 사람을 말한다. 국민과 비슷한 뜻이지만, 권리 개념이 강조된 표현이다. 근대의 시민혁명시대에는 제1계급인 성직자와 제2계급인 귀족에 포함되지 않은 평민과 농노를 제3계급이라 불렀다. 제3계급 중에는 도시에 살면서 세금을 내는 이들(자본가 계급, 부르주아)이 있었는데, 이들을 시민으로 부르기도 했다. 때로 시민을 지배계급과 피지배계급과 대비하면서 중간 계급으로 좁게 보려는 사람들도 있다.

이하에서는 인민이라는 표현을 주로 사용하되, 경우에 따라서는 시민이라는 용어를 혼용할 것이다.

의가 보호하는 것은 소수 특권계층이 아니라 다수 풀뿌리이기 때문이다.

민주주의 옹호

A : 우리 모두와 관련된 사안은 우리 모두에 의해 결정해야만 해.

B : 그렇지 않아. 어떤 결정이 합리적이기 위해서는 그 문제를 가장 잘 아는 사람이 결정하는 것이 좋아. 역사적으로 대중은 무능한 모습을 보여주었어. 언변이 좋은 사람의 선동에 놀아난 적도 많았지. 결국 조직화된 소수에 의해 다수 대중이 지배를 받아 온 것이 현실이야. 그러니까 차라리 뛰어난 자가 통치하는 게 훨씬 좋아.

A : 어떤 개인이 다른 사람보다 더 현명하고 합리적이라고 말할 근거는 없어. 만약에 특정한 시점에 어떤 문제를 다른 이들보다 더 많이 안다고 해도 앞으로도 계속 그럴 거라는 보장도 없어. 나아가 지식은 한 사람만의 전유물이 아니잖아? 그 지식을 다른 사람들도 배울 능력이 있고, 그런 지식이 있다고 해서 어떤 문제를 판단할 능력도 있다고 할 수는 없지. 게다가 그 지식이 항상 옳다는 근거도 없고.

영국에서 1991년에 광우병 문제가 불거진 적이 있었어. 양에게 전염되는 병이 소에게 전염되면서 광우병이 발생했지. 전문가들은 생물들 간에 '종'의 장벽을 넘어 전염병이 전파되는 일은 불가능하기 때문에 광우병에 걸린 소를 판매하지 못하도록 규제할 필요가 없다고 했어. 그래서 영국 정부는 아무런 조치도 취하지 않았지. 그러면서도 영국 시민들이 불안에 떨까 봐 장관들이 TV에서 소고기를 먹는 장면을 연출하면서 안전하다고 알렸지. 그러나 5년 후 영국 소의 3분의 2 이상이 광우병에 감염되었고, 영국인 198명과 유럽 시민 200명이 광우병으로 사망하는 비극으로 이어졌거든. 전문가의 판단이 과연 늘 합리적이라고 말할 수 있을까?

통치할 능력이 있는 자가 따로 있다는 말은, 노예로 타고난 자가 따로 있다는 말이나 다름없지. 결국은 신분제 질서를 옹호하는 건데. 인도의 카스트 제도나 심지어 잉카 문명에서 인간을 제물로 바치는 관행까지 모두 정당하다는 말과 다를 바 없어.

어떤 문제에 대해 전문가의 자문을 구하는 것을 반대하지는 않아. 우리와 관련된 문제를 어떻게 풀어 나갈 것인지에 대한 판단은 우리 스스로 결정해야 한다는 거야. 그 결정이 내려진 다음에 어떤 방법이 좋은지에 대해 전문가의 자문을 구하는 일이야 상관없지.

다시 말하면, 어떤 결정을 내리는 데 민주적 방식이 '가장 좋다'고 확신할 수는 없지만, 민주적인 방식 말고 다른 어떤 방식도 바람직하다고 말할 수 없어.

B : 그렇다고 하더라도 대중은 자신들의 이익만 앞세울 거야. 무엇이 우리에게 가장 좋은지를 판단하지 않아. 모두에게 좋더라도 자신에게 손해가 될 거라 생각하면 무조건 반대할 거야. 결국은 아무것도 할 수 없지.

A : 인간이 자신의 사익만을 추구한다고 하자. 그런데 왜 이 가정을 대중에게만 적용하지? 귀족이나 양반, 사회 지도층은 공익을 추구하고, 다수 대중은 눈앞의 사익만을 추구한다는 주장에 난 동의할 수 없어. 그것은 일관성이 없으니까. 인간은 누군가의 통치를 받아야 한다는 주장은 권력을 가진 자들의 자기변명일 뿐이야.

위 가상의 대화에서 A는 민주주의를 옹호하고 있고, B는 민주주의를 비판하고 있다. 그런데 판단할 능력이 있는 사람과 그렇지 못한 사람이 있다는 주장은 지금 우리 사회에서 인정될 수 없는 '신분제'를 옹호하는 것과 다름없다는 점에서 수용할 수 없다고 본다.

그래서인지 반민주주의자조차 형식적으로는 민주주의를 인정하는 경향이 있다. 대신 '대의제' 민주주의 혹은 '자유'민주주의와 같이 수식어를 붙이면서, 시민이 직접 판단해서는 안 되고 대표자가 소신껏 판단하고 결정해야 한다는 식으로 말이다. 동시에 '이성이 지배하는 공화국'이라는 플라톤의 철인통치를 소환한다.

'대의제'라는 형식을 고집하는 사람들은 이미 이야기했듯이 '다수 대중은 사익을 앞세우고 쉽게 타락할 수 있고, 합리적인 판단을 할 수 없는 자들'이라는 가정을 버리지 않는다. 그런데 앞에서 이야기한 '집단행동의 딜레마'라는 논리를 사용해서 정반대의 결론을 도출할 수도 있다.

> 5억 원을 어떻게 쓸까를 1명이 결정하는 정치와, 300명이 결정하는 정치, 그리고 5,000만 명이 결정하는 정치를 상상해 보자. 어떤 경우에 타락할 가능성이 클까? 한 사람이 얻을 수 있는 이익의 최대한의 크기는 결정에 참여하는 사람의 수에 반비례한다. 1명이라면 5억 원, 300명이라면 167만 원, 5,000만 명이라면 10원이다. 한 사람이 결정하는 독재에서 부패와 타락이 잘 나타날 것 같지 않은가? '절대 권력은 절대 부패한다.'는 Sir Acton의 이야기처럼 말이다.
>
> 이런 상황은 어떨까? 순이익의 규모가 5억인 사업이 있는데, 3개 업체가 경쟁하고 있다. 이 사업을 따내려고 하는 업자라면 결정자에게 얼마까지 뇌물을 줄 수 있을까? 최대 5억까지를 고려할 수 있다. 그러면 받을 수 있는 뇌물의 크기는? 1인이 결정하는 체제에서는 5억, 300명이라면 167만원, 5천만 명이라면 50원이 된다. 만인이 판단하는 경우 50원 받자고 그 업자에게 특혜를 줄 필요를 느낄까?

반민주주의자나 '대의제'를 주장하는 사람들은 자코뱅 독재를 빗대어 민주주의를 '다수의 폭정'이라고 이야기하지만, 독재나 권위주의 정치는 어떨까? 히틀러 통치 하에서는 600만 명의 유태인뿐 아니라 히틀러의 통치를 반대한 독일인, 폴란드인, 집시, 동성연애자 등도 학살당했다. 폴포트(Pol Pot) 지배 하에서 캄보디아에서는 인구의 4분의 1이 학살당했다. (구)소련의 스탈린 체제 하에서는 강제수용소에서 2,000만 명이 죽고, 강제수용소에서 살아남은 2,000만 명도 비참한 삶을 벗어나지 못했다. 당시 독일과 캄보디아, 소련에서는 최고 권력자에 대해 어떠한 견제장치도 없었기 때문이다.

1인이 통치하는 독재 체제에서는 독재자 1인을 제외하면 모두 노예에 불과하고, 귀족정이나 과두정과 같은 소수 지배 체제에서는 소수의 지배자만 자유로울 뿐 다수는 노예에 불과하다. 민주주의는 가장 좋은 정치 체제가 아닐 수도 있고, 합리적이고 올바른 결정을 보장하는 정치제도도 아니다. 민주주의는 '올바른 결정'이 무엇인지는 아무도 모른다는 전제를 하고 모든 시민이 무엇이 옳은지를 스스로 판단하는 것이다.

민주주의는 평범한 사람을 위한 제도야. 우리 사회의 엘리트가 평범한 시민들더러 정치적 판단을 할 자격이 '있다 혹은 없다'고 단정하든 말든, '민주주의는 평범한 사람들의 요구에 민감하게 반응하도록 만들어진 정치제도'라는 점은 분명하다.

Ⅱ. 민주주의와 지배의 의미 : 실질적 민주주의와 절차적 민주주의

민주주의에 대한 비교연구에 있어서 중요한 것은 어떤 체제가 민주주의인지에 관한 것이다. 또한 어떤 국가가 민주화되었는지를 판단함에 있어서도 민주주의에 대한 명확한 정의가 요구된다. 이때 민주주의를 지향하는 가치와 목적 혹은 내용으로 정의할 것인지, 정치적 과정과 절차를 중심으로 정의할 것인지에 따라 실질적 민주주의와 절차적 민주주의로 구별할 수 있다. 즉, '인민의 지배'를 실질적인 의미로 정의할 것인지 인민의 의지형성과정과 절차를 중심으로 정의할 것인지에 따라, 전자를 실질적 정의라 하고 후자를 절차적 정의라 한다(아래 표에서 관점1).

그런데 한동안 민주주의를 민주적 정치과정의 결과로 정의할 것인지, 과정 혹은 절차로 정의할 것인지에 따라 실질적 민주주의와 절차적 민주주의로 보는 경향이 있었다. 때로, 지배영역 혹은 '정치적인 것'의 범위의 문제, 즉 민주주의 원리를 정치영역에 국한할 것인지, 사회경제영역까지 적용할 것인지에 따라 양자를 구분하였다. 사회경제 영역에까지 적용한다는 것은 민주주의가 추구하는 평등주의 원리에 따라 분배정의를 구현하려는 것으로 정치적 기본권을 넘어서 사회경제적 기본권의 보장 혹은 결과의 평등을 추구한다는 것이다(아래 표에서 관점2).

사실 민주주의 개념에 대한 논쟁은 사실 꽤 오래 전으로 거슬러 올라간다. 러시아 혁명 이후의 소비에트체제에 대한 M.Adler와 H.Kelsen 간의 논쟁이 그것이다. 막스 아들러는 민주주의를 실현되어야 할 정치적 목적 또는 내용으로 파악하여 국민을 '위한' 정치를 민주주의의 핵심이라 주장하였고(T.H.Adorno 또한 이와 유사하게 인민의 복지를 민주주의의 핵심으로 보았다), 한스 켈젠은 다수결과 같은 특정한 형식과 절차로 파악하면서 국민에 '의한' 정치를 민주주의 핵심이라 주장하였다. 이런 맥락에서 켈젠은 '관용과 경쟁, 기회균등과 공정한 절차'가 부재(정치적 기본권의 부재와 일당독재 등)한 소비에트체제는 비민주적 정치체제라 규정하였다. 반면, 민주주의를 실질적으로 정의하는 경우 서구의 자본주의가 보장하는 것은 선택의 자유일 뿐이며, 임노동자에게 선택의 자유란 임노동관계에 편입할 것인지 아니면 포기할 것인지(기아)에 불과하다고 비판하였다.

실질적 정 의	• [관점1] 인민의 지배의 의미를 중심으로 민주주의를 정의하려는 관점 • [관점2] 정치적 지배의 영역과 정치적 결과를 중심으로 민주주의를 정의하려는 입장 이행론에서 말하는 최대강령적 정의라 할 수 있음	• 집단적 구속력을 갖는 규칙과 정책이 인민에 의해 통제되는 체제[관점1] – 구성원이 의사결정 과정에 참여할 수 있는 효과적이고 평등한 권리를 갖는 정치체제 – 효과적 참여가 보장되고, 집합적 의사결정에 대한 최종통제권이 있으며, 평등을 요구 • 관점2는 사회경제영역의 민주주의를 중심으로 논의
절차적 정 의	• 집합적 의지의 결정과정과 관련하여 요구되는 절차적 조건으로 민주주의를 정의하려는 입장(최소강령적 정의)	• 반응성을 높일 수 있는 혹은 대표성과 책임성을 높일 수 있는 제도적 장치에 초점 • 시민권 + 복수정당제, 주기적 선거

반면, 개념 상 내용과 형식은 구별될 수 없다는 점을 들어 양자를 구분하는 시각을 비판하는 관점도 존재한다(R.Dahl 1999a ; 최장집 외 2007).

이하에서는 양자를 구별하는 관점을 중심으로 소개한다.

1. 민주주의에 대한 실질적 정의

[1] 민주주의는 demos(인민, 풀뿌리) + kratos(권력)의 합성어로 정치체제의 지배 권력의 소재를 인민으로 보는 사상 혹은 정치체제 혹은 제도로 정의할 수 있다. 즉, 민주주의를 인민의 자기지배라 이해한다면, '집합적 의지의 결정이 인민의 제한 없는 참여에 의해 결정이 내려지는 정치체제'로 규정할 수 있다.

D.Beetham은 민주주의를 '집단적인 구속력을 갖는 규칙과 정책에 관해 인민이 통제를 행사하는 의사결정의 양식'으로 규정하면서, 가장 민주적인 정치를 '집단의 모든 구성원이 그러한 의사결정에 직접 참여할 수 있는 효과적이고 평등한 권리를 향유하는 정치'로 정의(강정인 1999, 22)한 바 있다. 이러한 비담의 정의는 민주주의에 대한 실질적 정의라 할 수 있다.

참고로, 한국 정치학계의 1990년대까지 논쟁에서는 실질적 민주주의를 '민주주의로 규정될 수 있는 체제가 창출하거나 이루어내는 정책이나, 이 정책이 가져오는 실제의 변화를 통하여 규정되는 민주주의'로 정의해 왔다(최장집 1997, 388). 이렇게 정의되는 민주주의의 핵심은 정치적 평등과 사회 · 경제적 평등의 문제로 압축된다.

[2] 인민의 지배라는 민주주의의 이상은 인민의 제한 없는 참여가 보장되어야 한다. 또한 인민의 정치적 참여가 실효성을 갖기 위해서는 각인의 주장이 동등하게 고려되어야 한다는 점에서 실질적 민주주의는 '정치적 평등주의'를 포함한다. 이때의 평등은 인민의 참여가 실질적인 의미를 갖기 위한 조건으로 요구되는 조건으로서의 평등이다.[8)]

근대 민주주의는 대의제적 조건 속에서 제도화되었다. 간접(대의제) 민주주의가 민주주의라 말할 수 있으려면 대표자의 판단이 인민의 의지와 합치될 수 있어야 한다. 이를 위해 대표자의 높은 반응성을 높일 수 있는 제도적 장치가 요구된다. 그것은 정치적 기본권을 전제로 대표선출과정에서 대표의 비례성/대표성과 대표의 행위에 대한 통제를 가능케 할 책임성 확보를 위한 제도적 장치가 요구될 것이다.

[3] 실질적 민주주의는 민주주의가 적용되는 영역을 정치의 영역을 넘어 사회경제적 영역까지 적용되어야 함을 시사한다. 민주주의가 자기 지배로서의 자유와 이를 위한 평등을 요구한다면, 그것은 형식적 절차의 제도화만으로 이루어지지 않으며, 국가의 영역에서만이 아니라 시장과 시민사회의 모든 영역에서 민주주의의 원리가 관철되지 않으면 된다는 것이다. 경제적 부의 불평등이 정치적 불평등으로 전이되는 경우 시민의 정치적 권리는 형해화될 수밖에 없기 때문이다.

2. 민주주의에 대한 절차적 · 형식적 정의

[1] 절차적 민주주의는 집합적 의지의 결정과정과 관련하여 요구되는 절차적 조건으로 민주주의를 정의하려는 입장이다. 즉, 절차적 민주주의는 시민의 정치적 참여에 관한 권리의 보장과

---

8) 이는 완전한 평등상태가 달성된 절대적 평등과 법 앞에 평등이 보장된 기회의 평등의 중간 정도라 볼 수 있다. 즉, 루소가 이야기한 '타인의 인신을 구매할 수 있는 자가 없으며, 너무 가난해서 자신을 타인에게 팔 수밖에 없는 자가 없는' 정도의 평등이 달성된 상태이자, 롤스 식으로 표현한다면 maximin원칙이 충족된 상태라 할 수 있다.

정치권력 창출과 관련된 제도적 장치, 그리고 공적 결정을 도출하는 과정과 제도에 초점을 맞추려 한다.

이 관점에서는 일반적으로 보통 · 평등 선거권, 집단의 경쟁과 의견형성과정을 통한 자유로운 선거, 진정한 대안의 존재, 다수결의 원리 및 소수 권리 보장 등을 강조한다. 그리고 이를 효율적으로 보장하기 위한 여론형성의 자유, 언론 및 표현의 자유, 집회 · 결사의 자유 등 기본권 보장에 초점을 맞추게 된다.

한편, A.Przeworski는 민주주의를 '민주적 집단으로 조직된 민주적 상호작용의 주역들 간의 갈등을 처리하는 체제'이자, 갈등하는 이해관계의 해결을 제도 내에서의 경쟁에 맡기는 '불확실성의 제도화'라 규정한다. 민주주의는 대표되고 대표하는 관계 하에서 갈등을 처리하는 체제로서 민주주의는 각 정치세력이 경쟁의 결과를 사전에 예측할 수 없고, 사후적으로 번복되지 않는다는 점에서 '불확실성'을 의미한다. 또한, 누가 권력을 가질 것인가에 대한 정치적 경쟁(선거경쟁)의 결과에 대해 모든 세력이 순응하며, 정치적 경쟁 이외의 다른 수단을 모색하지 않는다는 점에서 '제도화'를 의미한다. 따라서 선거에서의 자유롭고 공정한 경쟁이 그 핵심이 된다.

[2] D. Rueschemeyer, E. H. Stephens & J. D. Stephens는 '다수의 지배를 구성한다는 민주주의의 주장은 사실인가. 실제로 존재하는 민주주의 체제 중에서 사실주의적 의미에서 다수 지배를 구성하고 있다고 주장할 수 있는 체제는 없다(D.R ueschemeyer 외 1997, 35)'고 지적한다.

> (그러므로 민주주의는) 모든 시민들의 선호에 철저하고 평등하게 반응하는 정부(R. Dahl), 또는 인류가 집합적 자치에 평등하고 능동적인 참여를 통해 자기실현을 이루는 정체(C. B. Macpherson)에 근거한 것이 아니다. 오히려 우리의 민주주의 개념은 오늘날의 복합적 사회에서 현실적인 가능성으로서 대의제 의회를 통한 통치행위에의 대중적 참여라는 좀 더 온건한 형태를 지향한다. 우리의 민주주의 개념은 의회에 대한 국가의 책임성(행정부 수반의 직접선거로 보완될 수 있는), 정기적으로 시행되는 자유롭고 공정한 선거, 표현과 결사의 자유, 그리고 투표권의 범위정도에 초점을 맞춘다(D. Rueschemeyer 외 1997, 35~36).

형식적 민주주의가 실제 다수의 지배와는 상당히 거리가 멀다는 결함을 갖고 있다면서 왜 이들은 형식적 민주주의에 관심을 기울이는가? 먼저, D. Rueschemeyer 등은 민주주의가 자본주의 발전이 도시 노동자의 조직화를 촉진하고 도시화를 통해 시민사회의 밀도를 증가시킨 결과(D. Rueschemeyer는 이를 모순적 결과라 표현한다)로 등장했다고 평가한다. 하지만, 자본가 계급의 이익이 직접적으로 위협받지 않았던 경우에만, 그리고 중간계급이 노동자와의 계급연대에서 이탈하지 않은 경우에만 민주주의가 공고화될 수 있었고 그렇지 않은 경우 비민주적 체제로 퇴행이 이루어졌다는 점을 유럽과 북 · 중 · 남미의 경험적 연구를 통해 제시한다. 즉, 민주주의를 실질적으로 정의하는 최대강령을 지향하는 경우 오히려 민주주의의 발전에 긍정적이지 않다는 전략적인 관점에서 민주주의를 정의하려는 것이다.

또한, 형식적 민주주의가 단지 형식적인 차원에서 멈추지 않을 것이라 주장한다. 첫째, 형식적 민주주의가 집합적 결정에서 다수에게 실질적 목소리를 부여함으로써 권력의 재배분을 초래하고 실질적 평등을 추구하는 가장 확실한 기반이 된다고 주장한다. 둘째, 형식적 민주주의 수립과 공고화를 뒷받침했던 다른 요인들, 즉 시민사회의 강력함, 특히 하층계급의 힘의 성장 또한 정치참여에서의 더욱 많은 평등을 향한, 그리고 더욱 많은 사회적·경제적 평등을 향한 진보를 뒷받침한다고 보는 것이다(D. Rueschemeyer 외 1997, 36 및 494).

[3] 토크빌은 (인민의 지배=다수 지배를 뜻하는 실질적 의미의) 민주주의는 개인의 자유와 권리를 침해하게 되는 자기파괴적인 결과를 초래하기 때문에 인민의 권력은 제한되어야 한다고 보았다. 이와 유사한 맥락에서 슘페터는 민주주의를 필요한 입법적, 행정적 결정을 내릴 수 있는 능력을 가진 정치 엘리트의 선출에 초점을 맞춘다. 이를 위해 강력한 집행부를 가진 의회제 정부의 구성, 경쟁적 정치 엘리트와 정당간의 경쟁, 관료제, 입헌주의에 의한 권력의 제한을 요구한다. 즉, **인민의 지배라는 민주주의의 의미는 인민의 의지에 의한 통치가 아닌, 인민에게 대표자를 선출할 수 있는 권리가 부여된 체제로 수정**(T. Jefferson식으로 표현한다면, '시민은 행정부를 스스로 운영할 수는 없으나 그것을 운영할 수 있는 사람을 선출할 수는 있고, 스스로 입법할 수는 없으나 입법자를 선출할 수는 있는 제도'가 민주주의인 것이다)된다.[9] 절차적 민주주의는 이런 맥락에서 이해될 수 있다.

- 정치체제의 높은 반응성은 바람직하지 않은 결과를 초래할 것이기 때문에, 대표자에게는 자율성이 부여되어야 한다[로크적 의미의 대표 trustee].
- 개인의 자유 보호를 위해서는 대표자의 권력이 제한되어야 한다. 나아가, 대표자에는 정치체제의 효율성 높여야할 의무가 부여되어 있으며, 공적 결정에 대한 인민의 순응을 확보하기 위해서는 정당성이 요구되어야 한다[not 반응성 but 대표성/책임성].
- 이를 위한 제도적 장치들이 공정한 선거(복수선택가능한 대안의 존재 = 경쟁적 정치시장의 형성 ; 복수정당제 등)와 주기적 선거, 그리고 전제로서 시민의 정치적 기본권이다.

3. 평 가

한국의 민주화 과정에서 민주화 전략이나, 한국 민주주의 현 단계에 대한 진단에서 절차적 민주주의와 실질적 민주주의에 대한 논쟁이 있었다. 크게, 절차적 민주주의를 추구해야 한다는 입장, 실질적 민주주의를 추구해야 한다는 입장, 그리고 절차적 민주주의에서 실질적 민주주의로 발전해 나간다는 입장(단계론)으로 나눌 수 있다.

[1] 절차적 민주주의를 주장하는 관점은 민주주의의 실질을 추구하는 것은 (앞서 본 바와 같이) 포퓰리즘으로 전락할 수밖에 없으며, 그것이 지향하는 평등주의는 반민주주의로의 회귀로 귀결될 수 있음을 우려한다. 민주주의는 동의메커니즘 이상 수용될 수 없다는 것이다.

D. Rueschemeyer, A. Przeworsky 등은 서구에서 정치적 기본권의 보장이 사회경제적 기본권의 보장으로 확장되어 온 역사적 경험이 보여주듯이, 절차적 민주주의는 절차에 그치지 않고 제도화의 과정을 통해 실질적 민주주의를 위한 기반을 제공한다고 본다. 이 과정을 쉐보르스키는 제도화의 동학이라 부르기도 했는데, 그것은 M. Weber의 아래와 같은 지적과 유사한 맥락이다(다만, M. Weber는 절차에 그치는 민주주의라 할지라도 민주주의가 안고 있는 비합리성과 체제 비효율성을 보여주기 위한 논리로 사용했다).

---

9) 사실 이와 같은 지적은 자유주의 관점에서 제기되는 것들이며, 자유주의가 민주주의를 수용하는 경우, 그것은 다음과 같은 조건 하에서이다 ; ① 주권은 인민에게 있지만, 대표자에게 위임된다. ② 국가권력은 비인격적으로 행사되어야 하며 권력은 분리되어야 한다.

통치주체인 투표자를 재산의 소유자로 한정한다면 민주주의 정치는 이들의 사유재산의 보호 기능을 담당하는 것이 된다. 만약 투표자가 문맹자들에게까지 확대되면 국가는 무상학교를 설립해야 하며, 노동자에게 확대되면 고용보장과 질병수당·연금보장·주택보조 등의 기능에까지 확대되어야 한다. 즉, 민주주의는 공적 결정의 과정과 절차를 위한 제도적 장치에 그치지 않고, 평등을 포함하는 정치원리가 되는 것이다. 이러한 관점은 민주적 과정을 정치의 영역에 한정하지 않고 사회·경제영역으로 확장시킨다.

[2] 실질적 민주주의를 주장하는 관점은 절차적 민주주의가 기반하고 있는 제도화의 동학이 1960년대까지의 경험을 과도하게 일반화한 것이라 본다. 20세기 후반 이후의 현실에서 보면 절차적 민주주의는 다수의 참여를 제한함으로써 과두지배라는 역설적 결과를 낳았다. 그 결과는 사회경제적 기본권의 후퇴와 양극화, 그리고 정치적 기본권의 형해화였다.10) 절차적 민주주의조차도 실질적 민주주의 없이는 달성될 수 없다는 역설적 주장이 확산되는 이유다.

소극적으로 해석한다면 절차적 민주주의를 주장하는 관점은 다수 전제의 위험성을 우려한다면, 실질적 민주주의를 주장하는 관점은 소수 독재의 위험성을 우려하는 것이라 볼 수 있다. 달리 보면, 민주주의를 절차적으로 정의하는 것은 반민주적 사고의 발로라 할 수 있다.

[3] 그런데 내용·실질과 형식·절차는 구별될 수 없다(내용 없는 형식이 없는 것과 마찬가지로 형식 없는 내용도 없다. 내용과 형식은 상호 제약적이다). 내용 없는 형식이나 형식 없는 내용은 사유의 추상화 작용 속에서만 존재할 뿐, 어디에도 존재하지 않는다. 예를 들어 다이아몬드와 석탄은 탄소로 구성되어 있지만 양자의 차이는 분자구조의 차이에서 비롯된 것이다. 형식·구조가 바뀌면 내용·속성 또한 바뀐다. 산소(O_2)와 오존(O_3)의 차이는 분자구조의 차이에 불구하지만, 성질은 확연히 다르다. 사실, 내용과 형식을 분리하는 시각은 형식을 지나치게 강조하는 시도라 할 수 있다.

동일한 맥락에서 실질적 민주주의와 절차적 민주주의는 구별될 수 없다. 절차적 민주주의는 그 본질이 자유주의의 실질을 갖는 것으로 민주주의는 동의메커니즘으로 수용된 것일 뿐, 인민의 지배로서 수용된 것은 아니다. 절차적 민주주의가 추구하는 것은 시민적 권리와 선거제도의 확립은 아니다. 민주주의가 민주주의이기 위해 요구되는 것은 그 형식과 무관하게 '인민의 지배'라는 원칙이다. 민주적 절차란 '인민의 지배'를 확립하기 위해 요구되는 제도적 장치이지 그 자체가 민주주의의 본질은 아니기 때문이다. '인민의 지배'는 동의 기제라는 절차로만 수용되는 자유주의적 내용에 국한되는 것은 이미 민주주의가 아닌 것이며, 독재라는 형식을 통해 인민의 복지를 달성한다고 그것이 민주주의는 아닌 것이다.

10) Adam Curtis는 다큐멘터리 시리즈 「덫(The Trap : What happened to our dream of freedom)」에서 절차적 민주주의 역설적인 면을 보여준 바 있다. 그는 냉전시절부터 '적극적 자유'를 지향하는 제 3세계 혁명이 확산되자 서구는 폭력을 사용하여 이를 억압해 왔고, 자국 내에서도 더욱 촘촘한 통제와 감시로 대응해 왔다고 비판한다. 그 결과 시장의 확산에 따라 불평등은 확산되고 결국 인간의 자유는 계급과 통제와 감시의 '덫'에 갇히고 말았다는 것이다.

참고 R. Dahl의 절차적 민주주의와 경제민주주의

[1] 민주주의는 인민의 의지에 따른 통치체제를 말한다. 따라서 대의제라면 대표선출에 대한 시민의 평등한 권리와 대표자의 높은 반응성을 위한 제도적 장치가 요구된다. 다알은 「경제민주주의 서설(A Preface to Economic Democracy)」에서 그 조건으로 ① 평등한 투표권, ② 효과적 참여, ③ 계몽된 이해, ④ 인민에 의한 의안의 최종적 통제, ⑤ 포괄성을 제시하였다.[11] 이러한 제도적 보장의 핵심은 경쟁과 참여, 시민적 · 정치적 자유, 그리고 평등이라 할 수 있다.

- 평등한 투표권(equal votes) : 평등한 투표권은 시민들의 다양한 의견과 선호가 평등하게 고려되고 차이를 해소하기 위한 기본 출발점이 된다.
- 효과적 참여(effective participation) : 시민들은 공적 결정과정 전반을 통하여 자신의 의견을 표출할 수 있는 적합하고도 평등한 기회를 가져야 된다.
- 계몽된 이해(enlightened understanding) : 자신의 의견을 정확하게 표현하기 위해 결정될 문제에 대한 자신의 의견을 발견하고 검증할 적합하고도 평등한 기회를 가져야 한다. 이 말은 해당 사안에 대한 정확한 정보가 시민에게 제공되어야 함을 의미한다.
- 인민에 의한 의안의 최종적 통제(final control of the agenda by the demos) : 정치적 의안에 대한 최종 통제권이 시민의 손 밖에 있다면, 슘페터가 말하는 기술관료적 지배를 피할 수 없으며, 인민의 지배는 형해화될 수밖에 없을 것이다.
- 포괄성(inclusiveness) : 평등한 참여를 위해서는 모든 성인의 참여가 허용되어야 한다.

[2] 다알은 민주주의의 이상(목표와 이상)과 현실(현실의 민주정부)로 구분하고, 민주주의 이상은 가치의 문제이며, 현실은 경험적인 문제라 규정한다(R.Dahl,「민주주의(On Democracy)」, 2002). 그러면서, 위 다섯 가지 기준은 이상적 민주주의를 위한 절차적 기준임을 밝히고 있다. 다알은 자신의 주장은 인민의 지배라는 민주주의를 평등한 정치적 권리가 보장되는 체제, 즉 **권리의 문제로서 민주주의를 확립하려는 것**에 있다고 이야기한다.

평등을 위한 소득이나 부, 지위와 같은 자원의 불평등이 정치적 불평등의 원인이 된다면, 민주주의가 요구하는 평등에 위배된다. 기업자본주의와 관료적 사회주의 둘 다 정치적 불평등과 민주적 과정을 심각하게 침해하도록 하는 사회적 · 경제적 자원에 있어서의 엄청난 불평등을 생산하는 경향이 있다. 이런 이유에서 그는 민주적 과정과 원리는 정치영역에 그쳐서는 안됨을 주장한다. 그가 「경제민주주의 서설」에서 '공적 결정이 인민의 의사를 반영하기 위해서는 인민의 자유와 평등이 보장될 때 가능할 것'이라고 지적하면서 경제 민주주의를 제시하는 것은 이와 같은 이유에서다.

[3] 민주주의에 대한 다알의 정의는 절차적 정의에 속한다고 해석되어 왔으며, 자신이 제시한 조건을 민주주의의 절차적 조건이라 하였다. 그러나 그는 내용(실질)과 형식(절차)은 구별할 수 없다는 점을 분명히 하였다. 그 연장선에서 이상(내용, 목적)과 현실(제도, 절차)의 이분법을 거부하고, 현실의 민주주의를 민주주의 이상에 다가가도록 하기 위한 조건으로서 절차적 기준을 제시한 것이다.

11) R. Dahl은 「다두정(Polyarchy)」에서 그 조건으로 ① 결사와 참여의 자유, ② 표현의 자유, ③ 투표할 수 있는 자유, ④ 공직에 대한 피선거자격, ⑤ 지지나 표를 얻기 위해 경쟁할 수 있는 정치지도자들의 권리, ⑥ 선택적 정보원, ⑦ 자유롭고 공정한 선거, ⑧ 정부정책들을 투표 및 여타 시민들의 선호표현에 따르도록 하는 제도를 제시하였다.

Ⅲ. 직접 민주주의와 간접 민주주의

1. 직접 민주주의

1) 의의

직접 민주주의란 정치공동체의 의사결정이 인민의 직접 참여에 의해 이루어지는 정치체제 혹은 정치공동체의 의사결정이 인민의 최종통제 하에 있는 정치체제를 말한다.

민주주의를 '자기 지배'로 이해하는 것은 공화주의적 전통에서 이야기하는 '자유'의 개념과 관련이 있다. 즉, 자유롭다는 것은 가치 있는 삶에 대한 스스로의 판단에 따른 삶을 영위하는 것을 의미한다. 그런데 정치적 공동체 속의 존재인 인간은 공동체가 정하는 규범의 제약을 받을 수밖에 없다. 따라서 공적 규범을 결정하는 장에 대한 참여를 통해 자신의 선호를 동등한 자격으로 표출하는 것은 노예가 아닌 자유로운 존재를 위한 기본 전제가 되는 것이다.

이렇게 볼 때, 직접 민주주의는 모든 개인들을 자신의 신념을 위해 책임을 지는 평등하고 자율적인 행위자로 인정하는 것이며, 공적 결정에 있어서 대화와 토론을 통한 갈등의 해결과 공동체의 통합을 달성하고 개인의 삶의 질을 개선하려는 것이다.

2) 직접 민주주의의 정당화

[1] 국가의 통치는 보다 현명한 자들인 소수에 맡기는 것이 훨씬 낫다고 주장하지만, 논쟁이 중단된 곳에서는 강제가 지배하게 된다. 논쟁이 중단된 체제인 독재는 결국 1인 외에 모두가 노예적 지위에 처해 있음을 의미한다는 점에서, 그리고 소수 현명한 대표들의 지배체제의 경우에도 결국 소수 외에는 모두 피지배자의 신분에 불과하다는 점에서 대의제보다 직접민주주의가 우월하다고 하겠다.

또한 J. S. Mill이 대의정부론에서 지적하듯이, 정부의 공적 결정에 시민들이 완전하게 참여할 수 있을 때에만, 정부와 그리고 정부에 영향을 주거나 통제할 수 있는 자들에 의한 권력남용으로부터 시민들이 자신의 권리와 이익을 보호받을 수 있다(단 밀은 직접 민주주의 지지자는 아니었다). 소수의 전문가들에게 결정권을 위임한 경우, 그 권력은 대중으로부터 소원해지고, 그러한 권력은 집중되고 영속화되면서 절대화되게 된다.

[2] 민주주의는 전문가들의 결정에 맡기는 체제가 아니라 데모스의 평등한 참여를 통해 결정하는 체제이다. 이 체제는 특정한 부수적 결정 모두를 일반인들이 해야만 함을 의미하지는 않는다. 다만, 주요 결정에 대한 최종적 통제권을 데모스에게 부여하고 있는 체제이다.

국가의 주요결정은 달성해야할 목표들(정의, 형평, 공정성, 생존, 안보, 복리 등)을 결정하는 것으로 이는 사실상 도덕적 판단을 내리는 것이다. 도덕적 판단은 과학적 판단과는 거리가 멀다. 목표들 간의 상충, 자원제한 속에서 대안들 간에는 상충관계에 있게 된다. 그리고 수단들은 불확실성이 존재하며, 무엇이 최선인지가 모호한 상태에서 결정을 내려야만 하는 것이다.

소크라테스는 「프로타고라스」에서 민회가 도시를 통치하는 것에 대해 논하는 것과 건물이나 배를 만드는 일을 처리할 때와는 다르게 행동하는 것에 놀라움을 표시한 바 있다. 후자의 경우 민회는 건축가 등을 부르고 전문가가 아닌 사람의 의견을 듣지 않는다. 그러나 일반 도시 문제를 토론하는 경우에 귀족과 평민의 구분이 없이 참여한다. 프로타고라스는 모든 사람들에게 정치적 덕목이 있다고 인정한 제우스 신화를 통해 이를 정당화시킨다. 전문적 기술이 그렇듯이 정치적 덕목이 몇 사람에게만 집중된다면, 도시는 갈등으로 나뉘고, 인간성이 말살되어 도시는 유지되지 못할 것이라는 것이다. 다시 말해 제우스 신화는 시민이면 누구나 그의 의견을 말할 수 있는 자격을 충분히 가지고 있다는 원칙을 옹호하는 것이다(B. Manin 2004).

객관적 지식에 대한 판단은 소수 전문가의 판단에 의존하는 것이 필요하지만, 무엇이 옳은지에 대한 판단은 demos에 의해 내려져야 한다는 것이다. 이는 모두와 관련된 것은 모두에 의해 결정되어야 한다는 로마법의 '자기결정원리'를 반영하는 것이다.

3) 직접 민주주의의 한계

직접민주주의에 대한 논의는 1960년대 서구 사회의 민주주의 위기를 시민들의 적극적인 정치적 관심과 참여의 부재에서 구한 C. Pateman, N. Poulantzas, C. B. Macpherson 등에 의해 다시 부각되기 시작하였다. 그러나

[1] demos의 참여를 전제조건으로 하는 직접 민주주의는 무엇이 정치공동체의 이익 혹은 선인지에 대한 사회적 합의를 도출할 수 있을 정도의 소규모 공동체에서 구현될 수 있다(루소의 직접 민주주의의 조건에서 규모문제의 핵심은 모든 demos가 모일 수 있을 정도의 규모의 문제가 아니고, 일반의지를 도출할 수 있는가 였다). 그러나 다원성을 특징으로 하는 현대사회에서 그것은 전체주의의 위험성을 내포한다.

[2] 현대 사회의 주요 문제들은 기술적 복잡성과 전문성을 담고 있는 것들이다. 그리고 대중의 충동적 속성은 공적 결정에서의 합리성을 보장하지 못하며, '민주주의의 과잉',[12] 중우정이나 populism의 위험성을 내포한다.

2. 간접(대의제) 민주주의

1) 의의

간접 민주주의는 인민의 지배라는 민주주의 이상이 대표를 통해 구현되는 정치체제, 즉 대표를 통한 인민의 자기지배체제를 말한다.

근현대 사상가들에게 있어 민주주의의 이상적 모델은 고대 아테네 폴리스였으며, 폴리스 민주주의는 직접민주주의였다. 이러한 직접민주주의는 루소에 의하면, 첫째, 인민들이 용이하게 함께 모일 수 있는 아주 작은 규모의 국가(규모), 둘째, 굉장히 간단한 사안들(쟁점 수준), 셋째, 사회적 지위와 재산 따위에서의 평등이 상당정도 보장된 수준(평등), 넷째, 사치가 없거나 극소한 상태(시민의 덕성)를 전제 조건으로 한다.

그런데, 민족(국민)국가라는 단위에서 함께 모일 수 있는 시간과 공간의 제약을 극복할 수 있는지가 제기된다(위 첫째 조건). 또한 현대 사회에서 풀어야할 문제들의 전문성(둘째 조건), 사회의 불평등 정도(셋째 조건), 현대 대중사회가 안고 있는 소외와 합리적 인간상 등(넷째 조건)은

12) M. Crozier, S. Huntington, and J. Watanuki는 「The Crisis of Democracy」에서 민주적 절차가 적절하게 적용될 수 있는 영역은 제한되어 있으며, 민주주의의 효과적인 운영은 통상 개인과 집단의 일정한 무관심과 비참여를 필요로 한다고 주장하면서 민주주의의 절제를 주장하였다(강정인 1999, 19).

직접민주주의를 실현불가능한 것으로 인식하게 만들고 있다. 이런 맥락에서 "오늘날 실현가능한 민주주의는 대의제 민주주의이다."는 명제가 별 의심 없이 수용되는 듯하다.

이 같은 사고에 많은 영향을 미친 대표적인 현대 이론가가 베버와 슘페터다.
베버는 근대사회의 규모와 복잡성 및 과도한 다양성에 주목하면서 직접민주주의를 비효율적, 비현실적이라 보고 엘리트 및 파벌간의 협상과 타협이 불가피하다고 평가하였다. 그의 이러한 인식은 유권자에 대한 불신과 무관하지 않다. 그는 '인민주권' 개념이 위험하며 모호하다고 보았다. 유권자는 약하고 감정적이며 지적 결정 능력을 가지고 있지 못하며, 외부의 힘에 약하며, 무책임하고 비합리적이고 충동적임과 동시에 이기적이고 공적 심성이 결여되어 있기 때문이다.
그에게 민주주의는 잠재적 지도자들을 시험하는 장으로, 민주주의란 '시장' 과 비슷하며, 투표권과 권력을 획득하기 위한 경쟁 속에서 가장 유능한 인재들을 찾아내고 가장 무능한 자들을 제거하는 제도적 메커니즘으로 정의된다. 따라서 민주주의는 효율적 지도력을 보장하고, 선출된 자들을 정당화시키는 장치이며, 그 과정에서 발생하는 '선거독재' 는 용인하게 된다.
슘페터는 인민주권이 위험하다는 베버의 인식에 동의하면서 엘리트들 간의 경쟁을 강조하는 경쟁적 엘리트 민주주의를 대안으로 제시하였다. 민주주의란 모든 문제에 대한 결정권을 어떤 개인들에게 줌으로써 입법적, 행정적 결정을 포함한 정치적 여러 결정에 도달하기 위한 제도적 장치를 의미한다. 민주시민은 시민들을 대신해서 행동할 수 있는 정부를 주기적으로 선택하고 그 권위를 부여하는 권리를 가지고 있으며, 정부가 교체될 수 있는 한, 유권자가 적어도 두 개의 대단히 상이한 정강 사이에서 선택을 하는 한 참주정치의 위협은 견제될 수 있다고 그는 보았다(이영조 2003 ; 안청시·정진영 2003).

2) 조건과 정당화

대의제 민주주의, 즉 인민이 직접 통치하지는 않지만, 그것이 민주주의 체제일 수 있다면, 그것은 대표성과 책임성이 충족되었을 때일 것이다.

① **대표성 확보기제(인민의 지배 원리)에 대하여** : 간접 민주주의에서 인민의 권리는 지배자를 선출할 수 있는 권리에 그친다. 그러나 후보자 또는 그가 속한 정당에 대한 투표는 후보자 또는 정당이 선호하고 있는 정책, 그들의 공약, 이념적 입장에 근거하여 내려지기 때문에 후보자 또는 정당의 선택이 사실상 정책의 선택으로 이어진다. 그러므로 지배자의 선택이 사실상 인민이 스스로 이슈를 결정하는 인민의 지배로 이어질 수 있다.

또한 경쟁적 선거제도 하에서 복수 선택가능한 후보자나 정당이 경쟁하는 경우 유권자는 자신의 선호를 대표할 가능성이 높아지며, 보다 높은 지지를 얻은 정치세력이 집권함으로써 다수지배의 이상을 실현할 수 있게 된다. 경쟁적 선거제도는 유권자 개개인의 선호를 전체 의사로 집약하는 민주주의의 핵심 제도가 되는 것이다.

② **책임성 확보기제에 대하여** : 슘페터는 현대 민주주의를 기본적으로 권력을 장악하기 위한 정치인들 간의 경쟁으로 개념화하고 있다. 인민이 정부를 구성하면 민주주의는 실현되고 있다는 것이다. 그런데, 인민의 표를 얻기 위한 경쟁을 통해서 권력을 장악한 정치인들이 계속 인민들에 대해 책임을 지도록 강요될 수 있는가? 이 점에 대해 슘페터는 정부의 인민에 대한 책임성을 보장하는 제도적 장치로서 주기적 선거를 들고 있다. 민주주의 하에서 종신집권은 불가능하며 정치인들은 주기적으로 인민의 표에 의해 심판을 받게 되어 있다. 이 경우 인민이 원하는 것을 실천에 옮기지 않는 정치인은 다음 번 선거에서 재선될 수 없다. 따라서 주기적 선거가 민주정부

의 책임성을 보장한다는 것이다.

3) 간접 민주주의의 한계

간접 민주주의에 대한 여러 평가가 가능하겠지만, 여기에서는 대표성과 책임성 두 가지만을 살펴본다. 대의제 혹은 간접 민주주의가 정당화되기 위해서는 대의제의 책임환류선이 제대로 작동되고 있어야 한다. 대의제는 국민 개인의 선호(의지)가 선거에서 표출되고 국민의사로 집약되어 입법과정에서 법제화되고, 관료제에 의해 집행된 후, 다음 선거에서 유권자들에 의해 평가되고 책임이 확보된다.

[1] 현대 사회는 무엇인 옳은 삶인가에 대한 사회적 합의가 붕괴된 가치다원주의 사회이며, 사회분화와 함께 이해관계 또한 파편화된 사회다. Arrow 불가능성 정리에 따르면, 다원화된 현대사회에서 민주적 집단의지(담론)를 형성하는 것은 불가능하다. 따라서 경쟁적 선거를 통해 유권자의 의사를 집약함으로써 대표성을 확보한다는 것은 현실적으로 불가능하다.

[2] 대의제는 회고적 투표가 이루어지는 경우에 대표의 책임성이 보장되는 체제라 할 수 있다. 또한 공적 결정 과정에서 일정 정도의 자율성을 확보하고 있는 대표는 유권자가 회고적 투표를 할 것이라는 예측이 확실할 때 유권자의 선호에 구속될 수 있다. 그러나 ① 유권자는 선거공약에 대한 구속력이 없다는 것과 선출된 대표가 공약을 지키지 않는다는 것을 알고 있으며, ② 연립정부나 공적 결정에 대한 책임이 집행부와 입법부에 분산된 체제의 경우 유권자가 책임을 명확히 물을 수 없는 구조들이 존재하며, ③ 유권자가 명확한 정보를 가지고 있다는 전제가 충족되지 않으며, ④ 유권자가 자신이 거부한 정책에 책임이 있다고 보는 특정 인물을 거부할 수 있지 못하고, ⑤ 특정 정책 자체가 아닌 임기 중의 모든 행위에 대한 심판의 경우에 개별 정책에 대한 책임을 물을 방법이 없다. 이 경우 유권자는 전망적 투표행태를 보일 수 있으며, 전망적 투표행태가 지배적일 때 선출된 대표는 광범위한 자유를 갖는다.

3. 평 가

민주주의는 인민의 지배(demos + Kratos)가 이루어지는 방식에 따라 직접 민주주의와 간접 민주주의로 구분된다. 정치공동체의 의사결정이 인민에 의해 직접 결정되는 것이 직접 민주주의라면, 대표를 통해 이루어지는 체제가 간접 민주주의다.

직 접 민주주의	정치공동체의 의사결정이 인민의 직접 참여에 의해 이루어지는 정치체제 / 혹은 정치공동체의 의사결정이 인민의 최종통제 하에 있는 정치체제 •인민의 제한 없는 참여와 이를 위한 조건으로서의 평등이 요구됨
간 접 민주주의	인민의 자기지배 이상을 대의제를 통제 추구하는 것 / 대표를 통한 자기지배 •대표성과 책임성 : 전제로서의 시민권의 법적 보장 + 복수정당제, 주기적 선거 •반응성(Dahl의 기준) : 효과적 참여와 평등, 포괄성, 계몽된 이해, 최종통제권
자유주의 (대의제)	•자유(권리, 소유) 보호 •인민의 판단을 대표의 성숙된 판단으로 대체하는 정치체제 cf. 민주주의를 동의 메커니즘으로 이해

근대 민주주의가 간접 민주주의로 제도화되었으나, 다수 지배라는 이상과 시민권은 형식으로만 존재하는 것이 현실이다. 시민의 적극적이고 제한 없는 참여가 필요한 이유이자 직접 민주주의나 나중에 보게 될 참여민주주의모델이 시사하는 바라 하겠다.

간접(대의제) 민주주의가 민주주의라 말할 수 있으려면, 대표자의 의사와 인민의 의사가 합치되어야 한다. 경쟁적 선거가 이루어지고 있다거나 시민이 대표자를 통제할 수 있다고 해서, 혹은 정치적 과정의 결과가 합리적이라고 해서 민주주의의 이상이 달성되는 것은 아니다. 민주주의는 무엇이 바람직한가를 왕이나 귀족, 혹은 소수의 전문가에 판단에 맡기는 것이 아니기 때문이다.

그럼에도 불구하고 직접 민주주의 및 참여 민주주의를 비판하고 간접(대의제) 민주주의를 옹호하는 학자들 대다수는 절차적 민주주의를 옹호하는 입장과 마찬가지로 시민의 정치참여를 비판하고, 대표자는 시민들의 요구에 직접 반응하기 보다는 합리적 사고와 판단에 따를 것을 주장하고 있다.

그러나 다원성을 특징으로 하는 현대 사회에서 (루소의 일반의지를 강조하는) 직접 민주주의는 전체주의 위험성을 내포 한다 ― 참고로 그 대안으로 제시된 것이 참여 민주주의 모델이다.

직접 민주주의를 지지하거나 참여 민주주의를 주장하는 입장은 '정치는 바람직한 결론을 도출하는 데 있는 것이 아님'을 강조하지만, 간접 민주주의를 주장하는 입장의 상당수와 민주주의 비판자들은 바람직한 결과를 보장하는 정치체제를 추구한다. 결국, 이 문제는 '왜 민주주의인가? 민주주의는 바람직한가?'의 문제로 귀결 집중된다. 이 문제를 자유주의와 민주주의라는 주제를 통해 살펴보기로 한다.

민주주의 유형화(?)

직접 민주주의와 간접 민주주의는 인민의 지배가 관철되는 양태에 따른 구분이라면, 실질적 민주주의와 절차적 민주주의는 민주주의를 지향하는 바(목적과 가치)로 정의할 것인지 아니면 민주적 정치과정이나 절차를 중심으로 정의할 것인지에 따른 구분이다.
따라서 직접 민주주의가 곧 실질적 민주주의인 것도 아니고, 간접 민주주의가 곧 절차적 민주주의인 것은 아니며, 이 두 기준에 따라 다음과 같이 민주주의를 유형화할 수 있다.

지배 의미 / 지배 양태	실질적 민주주의	절차적 민주주의
직접 민주주의	I	II
간접 민주주의	III	IV

그런데 다알(R. Dahl 1999a ; R. Dahl 2002)이나 최장집 교수(최장집 외 2007)는 실질과 절차는 구별할 수 없다는 전제에서 논리를 전개한다. 이 때문인지 몰라도, 최근 시험에서는 실질적 민주주의와 절차적 민주주의를 묻는 문제가 출제되고 있지 않다. 그럼에도 불구하고 시험에서 이를 묻는다면 구분하는 것을 전제로 서술하는 것이 편할 수 있다.
다음으로 직접 민주주의와 실질적 민주주의의 조건을 간접 민주주의와 절차적 민주주의의 조건을 별도로 구분하지 않고 정리해서 서술하는 것이 실전에서는 편할 수 있다. 그것은 앞서 언급한 바와 같이 국내 정치학계에서 간접 민주주의를 주장하는 논자들 대다수는 절차적 민주주의와 동일한 논리를 사용하고 있기 때문이다.
마지막으로, 대의제 민주주의에 대한 평가는 제2장의 내용까지 종합해서 정리해두기 바란다.

Ⅳ. 자유주의와 민주주의, 그리고 자유민주주의 2015 입법, 2005 입법

> 오히려 오늘날 미국의 통치가 겪고 있는 문제들 일부는 민주주의의 과도함에서 비롯된다. ... 이러한 치료법(민주주의)을 적용하는 것은 불꽃에 기름을 붓는 격에 다름 아니다. 그 대신 필요한 것은, 민주주의를 더 크게 절제하는 것이다. - S. Huntington
>
> 민주주의의 해악을 치료하는 유일한 치료제는 더 많은 민주주의다. - E. Smith

민주주의란 무엇으로 정의되어야 하는가? 민주주의는 모든 사람들이 법(규범)과 정책 결정에 대해 참여해야 하며, 이때 스스로가 통치한다고 말할 수 있다. 만약, 지배자와 피지배자가 구별되는 간접 민주주의의 경우에는 지배자는 피지배자에 의해 선택되고 대표되어야 하며(대표성의 원리), 피지배자의 이익을 위해 행동되어야 한다(책임성의 원리). 이러한 민주주의가 정당화되는 것은 정치적 자유주의나 공동체주의가 이야기하는 자유(자율, 자기결정성)의 원리 때문이다. 즉, 민주주의의 핵심은 시민의 공동체를 가능하게 하는 자기지배체제를 실현하는 것이다.

이러한 민주주의가 정당화될 수 없다고 보는 것은 경제적 자유주의나 보수주의, 후견주의적 견해에 따른 것이다. 이러한 입장에서는 민주주의는 기껏해야 정치체제의 안정을 위한 정당성을 부여하는 동의메커니즘 정도로 기능해야 하지 그 이상의 기능을 수행해서는 안 된다고 본다. 민주주의는 다수 지배체제로서 포퓰리즘이나 다수전제를 야기할 수 있는 체제이기 때문이다. 이러한 관점에서는 통치할 능력이 있는 자(선출된 대표)를 통한 공적 결정이 이루어지는 대의제를 선호한다. 즉, 참여의 과다함과 다수 지배를 제어하기 위해서는 다수 지배라는 형식을 유지하면서도 다른 지배체제가 필요했고, 그것이 자유주의이고 절차적으로 정의된 민주주의이고, 대의제 민주주의이다.

그러나 현실은 근대 자유민주주의가 우려했던 것과는 반대의 문제에 직면하고 있다. 즉, 민주주의 비판자들과 절차적 민주주의를 주장하는 논자들은 참여의 과잉이 현대 민주주의의 위기를 가져왔다고 진단하지만, 현실은 참여의 부재로 권력에 대한 효과적인 통제가 이루어지지 못하고 시민에 대한 정치권력의 책임성이 약화되고 있다. 나아가 이러한 책임성 부재의 정치는 시민적 자유의 형해화를 낳고 있는 것이다.

> 민주주의가 작동할 수 있는 형식과 제도를 강조하는 형식적, 절차적으로 정의된 현실의 민주주의는 실제로는 안정화와 일상성이 가져오는 체제 경직성의 문제에 쉽게 직면하게 된다. 다수의 지배에 대한 견제는 현실적으로 일반 대중들의 정치참여의 채널들을 경색시키고, 사회적 갈등이 대표될 기회를 축소하고, 민중들의 요구가 체제에 투입될 수 있는 기회를 축소하는 결과를 초래할 것이기 때문이다. 이제 민주주의는 엘리트나 소수 특수이익집단 혹은 사적 이익정부에 의한 지배체제로 변모될 것이다. 매디슨이 다수의 결집을 방지하기 위한 사회적 구조로서 발전되길 원했던 다원주의 또한 소수의 강력한 이익집단들의 퇴영적 다원주의로 전환하게 될 것이다(최장집 2005. 20~21).

만약, 현대 대의제 민주주의 위기가 참여의 과잉이 아닌 참여의 부재 혹은 민주성 결핍에 따른 것이라면 새로운 대안적 민주주의가 필요할 것이다 — 다수 지배를 실현하기 위한 '제한 없는 평등한 참여'라는 민주주의 이상을 추구하는 것이 요구된다.

1. 자유민주주의 : 자유주의와 민주주의의 역설적 결합

'권력은 인민에 의해 행사되어야 한다'는 민주주의의 고전적(고대의) 원칙은 근대 사회에서 어떻게 실현되는가? 근대 민주주의는 두 가지의 상이한 전통에 기반 해 있다. 근대 민주주의는 '법의 지배, 인권보장과 개인적 자유의 존중이라는 **자유주의적 전통[권력의 제한 원리]**'과 '참여와 평등, 치자와 피치자의 동일성, 인민주권 등의 사상으로 구성되는 **민주주의 전통**'의 혼합물이라 하겠다.

근대 민주주의에서 이 두 원리는 동등한 원리가 아니며, 개인적 자유와 인권을 강조하는 자유주의의 담론에 의해 규정되는 상징적 틀 안에서 이루어졌다. 다시 말하면, 자유주의 안에서의 민주주의이지 민주주의 안에서의 자유가 아니며, 자유주의는 민주주의의 수식어가 아닌 본질적인 것이다(S.Mouffe, 2006). 이 관계는 F.Hayek나 G.Sartori가 지적하듯이 민주주의가 개인적 자유를 보장하기 위한 유용한 도구일 수 있지만, 민주주의가 자유주의를 위태롭게 하지 않는 한에서 유용한 도구이며, 그렇지 않다면 그것은 파기되어야 하는 것이다. 이러한 관점은 오늘날 지배적인 주장인 법치주의와 인권보호를 민주주의와 동일시하는 견해로, 자유주의 관점에서 바라보는 민주주의인 것이다.

대의제 민주주의의 본질은?
•민주주의 = 인민의 지배 / 시민권력 창출
→ 대의제가 민주주의이기 위한 조건은 : 대표자의 의사와 시민의 의사를 합치시키는 것
반응성, 대표성, 책임성
•자유주의 = 시민의 자유(권리) 보호 / 권력의 제한
→ 대의제 민주주의 = 인민의 판단을 성숙된 판단으로 대체하는 정치체제
민주주의는 동의 메커니즘(절차)로서만 수용(not 시민의사의 반영)

2. 자유민주주의 현실

다원사회와 조직화된 특수이익, 과두지배와 민주주의 형해화

자유민주주의는 개인과 대표자들 사이를 매개하는 이익집단의 존재를 고려하지 않았다. 그런데 20세기 들어 무수히 많은 조직과 이익집단들이 등장했으며, 이들은 맥코넬이 지적한 특권집단화되었다. 절대왕정체제의 군주나 귀족들의 특권을 해체하고 선출된 의회의 주권을 지향했던 체제가 (미국의 다원주의 사회나 서구의 사회조합주의 체제 모두에서 보여 지는) 사적 이익정부로 변모된 것이다.

그 결과는 과두지배와 민주주의 형해화라 할 수 있다. 국가의 주요한 결정은 공식적으로는 대표에 의해 이루어지지만, 대표는 시민의 요구에 대해 반응하기 보다는 소수집단에 의해 포획되거나 이들과 동맹을 형성하고 공적 결정과정을 폐쇄적으로 운영하고 있다. 동시에 정치는 엘리트들의 경쟁의 장으로 변질되었다. 정치 및 사회를 구속하는 공적 결정이 주권자인 시민의 손에서 너무 멀리 떨어져 버린 것이다.

실질적으로 시민의 삶에 지대한 영향을 미치는 대기업과 관료기구에 대한 (때로는 언론에 대

한) 민주적 통제수단은 존재하지 않는다. 이는 보이지 않는 권력의 문제를 제기한다. 플라톤은 아테네의 agora의 광장에서 이루어지는 웅변가들의 주장과 이들의 주장을 경청하는 광경을 무대정치(theatrocracy)로 매도했으나, 무대의 존재는 권력의 투명성을 보장한다. 플라톤이 원했던 무대는 제도정치과정에서 사라졌지만, 이는 정치권력이 가시적인 공적 감시의 장(무대, 광장)에서 보이지 않는 무대 뒤로 사라짐을 의미한다.

기술관료 민주주의

현대 사회의 기술적 복잡성과 전문성은 공적 결정에 있어서 technocrat의 역할을 강화시키고 있다. 근대 국가는 국가형성과 운영을 위해 정치적으로 중립적이면서도 전문성을 갖춘 관료조직을 만들고, 관료제를 의회의 통제 하에 두었다. 국가는 가치를 배분하고 있으며, 이 과정에서 공평한 기준과 규칙이 관철될 수 있어야 한다. M.Weber에 따르면 객관적 업무수행은 정치적으로 독립된 강력한 조직적 힘을 보유한 관료제에 의해서만이 수행될 수 있다.

그러나 관료제는 M.Duverger가 '서구의 두 얼굴'로 묘사한 바와 같이 인간 해방을 위한 도구일 수 있으나, 인간 억압을 위한 효과적인 도구이기도 하다. 나아가, 근대적 합리성으로 무장된 관료제는 사실상 사회의 주요한 결정을 내리면서도 의회와 시민의 통제를 벗어난 채 움직이고 있다(A.Toefler는 이를 invisible party라 표현하였다).

민주적 정당성의 위기 혹은 정치적 권위의 상실

의회는 다원화된 현대사회에서 공적 결정을 위한 합의(consensus)를 형성하기 힘든 상황에 직면해 있다. 또한, 대표는 강력한 소수 집단의 이해관계에 발목 잡혀 있어 매디슨이나 버크가 꿈꾸었던 이상은 비현실적인 것이 되어 버렸다. 정당은 시민사회와 단절되고 시민사회의 요구가 정치체제로 투입될 수 있는 채널은 잘 보이지 않는다. 대의과정은 소수의 이익을 관철시키는 장이 되었고, 민주적 정당성은 상실되었다. 정당성의 상실(권위의 침식)은 사회의 갈등을 통합하고 통제할 수단을 잃어 버렸음을 뜻한다.

3. 자유민주주의의 패러독스

[1] 신자유주의를 포함한 보수적 관점에서는 현대 민주주의를 참여의 과잉으로 진단한다. 사회로부터 분출되어 나오는 요구와 이를 수용할 체제 능력 사이의 괴리가 확대되고 있다는 것이다(과부하 민주주의).

> 집회와 결사의 자유, 이익집단과 노조 등의 정치적 권리 등에 대한 법적 보장과 선거제도는 정치엘리트로 하여금 유권자와 조직화된 이익의 요구를 무시할 수 없게 만든다. 나아가, 권력의 분산으로 인한 각종 veto point의 존재는 공적 결정을 지연시키도록 만든다.

이런 시각은 사적 영역에서 형성된 사회적 자원과 경제적 자원의 불평등은 정치적 불평등으로 전이되고, 결과적으로 시민권을 형해화시키고 민주적 기반을 잠식하게 됨을 간과하고 있다(R. Dahl 1999a). 오히려 현대 민주주의의 위기는 참여의 과잉이 아닌 참여의 부재로 인한 것이며, 자유민주주의(대의제 민주주의)가 초래한 역설적 결과라 할 수 있다. 대의제 민주주의는 정치권력을 선출된 소수에게 부여함으로써 다수 권력 창출가능성을 방지할 수 있었다. 그러나 이렇게 형성된 과두 지배는 시민적 권리와 자유를 침해하는 역설적인 결과를 낳고 있다.

[2] 근대 민주주의에서 중요한 점은 자유주의와 민주주의 간의 긴장을 이해하는 것이다. 시민의 참여가 배제된 정치는 과두지배로 전락할 수 있다는 것은 자유주의가 추구하는 개인의 권리라는 것도 민주주의 없이 달성될 수 없음을 뜻한다. 이런 맥락에서 하버마스는 '행사할 수 없는 권리란 형용모순'이라 평가하였다. 반면, 다수 지배를 지향하는 민주주의는 시민권의 법적 보장 없이 달성될 수 없다. 민주주의는 법의 지배라는 자유주의의 형식적 틀이 요구된다는 것이고, 이런 맥락에서 위르겐 하버마스는 '정치권력이 법적 정당성을 획득할 수 있어야 한다'이라 평가하였다. 즉, 민주주의 없이 자유주의의 이상이 달성되기 어렵고, 자유주의 없이 민주주의가 작동될 수 없다는 것이다.

마찬가지 의미로 실질적 민주주의는 시민권의 법적 보장이라는 제도적 절차 없이 작동될 수 없으며, 절차적 민주주의는 제도적 절차 자체로 달성될 수 없고 시민 참여와 평등을 핵심 가치로 하는 실질적 민주주의에 의존할 수밖에 없다.

4. 대안적 민주주의를 위한 고찰

[1] 자유주의는 인간의 보편적 권리를 주장한다면, 민주주의는 특정 정치공동체에서 누리는 시민의 권리를 전제로 한다. 인간의 권리가 실질적 의미를 갖기 위해서는 해당 정치공동체에서 규범적으로 승인을 받아야 함을 자유주의는 간과하고 있다. 자유주의는 추상적 의미의 개인(human)을 이야기한다면, 민주주의는 정치체제를 구성하는 인민(people)을 전제로 한다. 인민은 정치적 의미의 인간(politikon zōon)으로서, 인민을 통치주체로 본다는 것은 정치적으로 동등한 권리를 갖는 다는 것을 의미한다. 따라서 민주주의에서의 평등은 자유주의가 말하는 인류의 보편성이 아닌 정치적 평등을 의미하는 것이다.

[2] 합리선택이론에 따르면, 민주주의는 규범적 의미에서만 정당성을 확보할 수 있을 뿐이다. 시민 참여는 '합리적 개인들이 만들어 내는 비합리적 사회(체제의 비합리성과 비효율성)'라는 집단행동의 딜레마를 유발하기 때문이다. 게다가 민주주의는 시민들의 적극적인 참여가 있을 때 가능하지만, 합리적 개인들은 무임승차(free-ride)하려는 유인이 강하기 때문에 작동될 수 없을지 모른다. 결국 합리적 개인들이 만들어 내는 분배투쟁은 민주주의의 이상을 비현실적인 것으로 만들어 버린다. 집단행동의 딜레마가 불가피하다면 어떤 대안이 있을까?

첫째는, 슘페터식의 경쟁적 엘리트 민주주의가 실현가능한 체제일 수 있겠다. 그러나 이 체제 또한 시민 참여 없이 작동될 수 없다. 즉, 집단행동의 딜레마가 불가피하다면 절차적 민주주의든, 간접 민주주의든, 자유민주주의든 작동될 수 없다는 것이다. 둘째, 지대추구행위를 억제할 수 있는 강력한 국가권력에 기반 한 권위주의만이 바람직한 사회를 보장할 것이다. 그것은 플라톤의 철인정치일 수도 있고, 홉스의 Leviathan일 수도 있다. 그러나 이 체제는 권력을 보유한 개인 혹은 집단이 사익을 추구하지 않는다는 비현실적인 가정 하에 성립될 수 있으며, 자칫 자유는 없고 지배만 있는 사회로 전락할 수 있다.

[3] 근대사회는 아테네 민주주의나 루소가 생각했던 것과 달리 가치 다원주의 사회라는 특징

을 가지고 있다. 다원사회에서 '우리(we-ness)'라는 집합적 정체성과 통합만 강조하는 전통적인 공동체주의나 '일반의지'를 강조하는 고전적 민주주의에서는 개인이 상실되고 전체주의로 귀결될 뿐이다. 다원성을 수용한다는 것은 어떤 삶이 좋은 삶인가에 대한 실체적 사고를 포기함을 의미한다. 다원성을 수용한다는 것은 또한 사회의 갈등과 분열이 불가피하고 정치적 견해에 대한 다른 시각을 갖는 것은 정당하다고 인정하는 것이다.[13]

그런데 인간의 합리성과 이기성을 전제로 하는 자유주의는 다양한 사회 문제들과 갈등이 끊임없이 조정되고 재구성되는 정치를 부인한다. 또한 이성과 합리성을 강조한다는 것은 객관적 진리와 법칙이 존재한다는 것을 뜻한다는 점에서 역설적으로 플라톤의 철인통치나 귀족정, 독재를 받아들일 수 있게 하며, 실제로도 그러했다.

모든 실체는 타자와의 관계 속에서 규정되기 때문에 그 존재는 순수한 실현 혹은 객관성으로 규정될 수 없다(구성적 타자). 나아가 정치권력은 집합적 정체성 그 자체를 구성하는 것이기도 하다(헤게모니). 다수 지배로서의 민주주의란 타자와의 관계 속에서, 타인의 권리와 가치를 인정하는 데서 성립될 수 있다. 즉, 다원성을 조건으로 하는 근대사회에서 민주주의는 행위자 자신이 전체성을 대표하는 것으로 주장할 수 없다는 사실에 의해서만 확보될 수 있다. 민주적 정치의 주된 쟁점은 권력을 제거하는 데 있는 것이 아니라, 민주적 가치와 양립할 수 있는 권력을 어떻게 구성할 것인가에 있다(S. Mouffe 2006).

갈등의 최종적인 해소가 궁극적으로 가능하다고 믿는 것은 전체주의를 초래할 것이다. 갈등은 해소될 수 없다. 현대사회에서 문제는 이러한 갈등을 어떻게 조정하느냐의 문제이고, 이를 조정하는 영역이 공공영역이고 정치인 것이다.

[4] 근대 민주주의는 인민의 일반의지로서 그들의 지배를 실행하는 데에 있지 않다. 지배의 계기는 인민의 정체성을 결정하고 이들의 집합적 이익을 결정하는 과정에서 벌어지는 갈등과 분리될 수 없다. 그것은 언제나 경쟁하는 다양한 견해와 합의를 이루는 과정을 통해서만 달성될 수 있다. 다시 말하면, 합리적 혹은 이성적 합의를 통해 정치적 통일성을 확보하려는 시도보다는 경쟁의 영역을 영구적으로 개방된 채로 남겨두어야 하는 것이다. 이러한 점에서 합의는 잠정적이어야 한다[not consensus but modus vivendi].

민주주의를 구성하는 제도들에 대한 합의는 필요하다. 그러나 사회적 정의가 실현되는 방식에 대해서는 언제나 불일치가 따를 수밖에 없다. 다원주의적 민주주의에서 이러한 불일치는 정당한 것으로 여겨져야 한다(S. Mouffe 2006).

[5] 민주주의는 무엇인가? 현대 정치사상에서 민주주의는 모든 것이기도 하지만, 아무 것도 아닐 수 있다. 하지만, 최소한 다음은 이야기할 수 있을 것이다 — 현대 사회에서 바람직한 정치체제를 이야기한다면, 그것은 현대인의 삶의 혹은 가치관의 다원성을 인정하는 데서 출발해야 한다는 것.

---

13) 이런 맥락에서 S.Mouffe는 근대 민주주의에서 중요한 점은 갈등과 분열의 정당화이고, 개인적 자유와 평등한 자유의 정당화의 문제라 규정하였다.

제 2 절 민주주의에 대한 역사적 고찰

민주주의 개념이 다양한 만큼 민주주의에 대한 이상적인 상 · 모델, 그리고 현실에서 운영되는 민주주의 또한 변화되어 왔다.

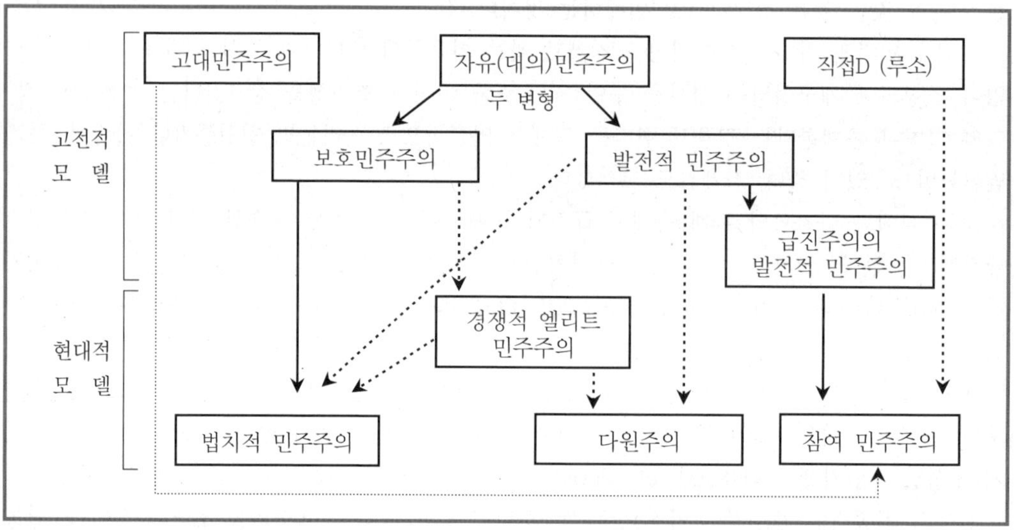

* D.Held 1993, 13

근대의 민주주의는 로크와 루소를 축으로 한 자유주의와 공화주의 모델에서 출발한다. 자유주의 모델(자유민주주의)은 마키아벨리, 홉스, 로크, 몽테스키외의 아이디어를 거쳐 J. Madison, J. Bentham, J. S. Mill을 통해 정립이 된다. D. Held는 이를 보호적 민주주의라 명명하며, 루소와 J. S. Mill의 아이디어를 발전적 민주주의라 이름 짓고 있다.

다음으로, 민주주의의 현대적 변형은 경쟁적 엘리트민주주의에서 기원한 다원주의와 보다 급진적인 민주주의 모델에 기원하는 참여민주주의로 크게 나누어 볼 수 있다. 60~70년대의 이러한 변형이 있은 후 80년대부터 다시 복잡한 양상을 띠게 된다. 즉, 신자유주의(소위 경제적 자유주의)의 최소국가론에 기반 한 민주주의 모델(법치적 민주주의), 다원주의모델에 시민사회론을 가미한 정치적 자유주의(입헌적 민주주의), 60년대의 참여민주주의를 보다 발전시킨 포스트모더니즘 계열의 참여민주주의나 공화주의적 참여민주주의 등이 그것이다. 이들 모델 중에서 시민참여를 강조하는 정치적 자유주의와 공화주의의 입장은 심의 민주주의와 결사체민주주의로 수렴되어 가고 있다. 따라서 최대한 단순화시킨다면 크게 법치적 민주주의와 참여민주주의(심의민주주의)로 양분할 수 있다.

① 경쟁적 엘리트 민주주의(베버와 슘페터), 다원주의와 조합주의
② 법치적 민주주의(신우파 및 신자유주의 혹은 자유지상주의)
③ 참여(심의 · 결사체) 민주주의 : 신좌파와 신다원주의, 입헌적 민주주의, 포스트모더니즘

Ⅰ. Polis 민주주의

도시 국가로 이루어진 그리스의 polis들이 모두 민주적 체제는 아니었고, 아테네의 정치체제만을 민주주의라 부를 수 있으며, 아테네의 민주정은 수세기에 걸친 변화의 결과물로 형성된 것이었다.

[1] 기원전 9세기~6세기 사이에 귀족과 시민들 간의 불평등이 심화되면서 이와 관련된 범죄문제가 아테네의 핵심 문제로 부각되었고, 그 해결책으로 등장한 개념이 (동양의 한비자의 법가와 유사한) 드라콘이 제시한 '입법'이었다. 이후 솔론이 가혹한 형벌 대신 귀족과 평민으로 구성된 400인 회의와 배심원제도를 제시했으나 성과를 거두지 못했고, 참주정(tyranos)으로 변질되었다.

독재를 종식시킨 클레이스테네스는 BC507년에 '이소노미아(isonomia)'[14]라 불리는 개혁과 집정관을 몰아내는 수단으로 도편추방제(astracon)를 실시하였다. 또한, 3~5개의 demos[15]로 구성된 10개의 하부단위(Trittyes)로 나누었다. 각각의 demos는 조그마한 폴리스로서 군사나 외교를 제외한 모든 행정은 자치적으로 수행되었다.

[2] 아테네인들은 민회가 수행하지 않는 대부분의 기능을 추첨을 통해 선출된 집정관(600명 정도)에 위임하였다. 이들 집정관은 민회와 시민법정의 감시를 받았으며, (정치권력이 부여되지 않은) 관리자이고 집행자의 역할만을 수행하였다. 업무 수행능력이 중요한 직책(예컨대, 전쟁을 수행하는 직책인 장군과 도시 재정관리직)은 임기제한이 없는 선거를 통해 충원하였다.

민회와 별도로 평의회를 구성하였는데, 평의회는 민회에서 토론할 의제를 준비하고 결정된 사안을 실행했다. 그리고 대외적 업무와 해상무역을 담당하였다.

시민법정은 정치적인 성격의 재판(예컨대, 민회에 제출된 안의 합법성 판단)을 담당하였고 탄핵을 심사하였다. 형사사건은 시민법정의 밖에 존재하는 일종의 심의기구인 귀족회의(Areopagus)에서 판결하였다.

민회와 평의회, 집행직, 시민법정과 귀족회의 각각을 보면 다수 시민이 참여하는 기구와 소수 귀족이 참여하는 기구가 병행되고 있고, 전문적인 사안들은 소수가 주도하고 있음을 알 수 있다. 그러나 도시 내 주요 문제에 대한 궁극적 결정은 민회에서 이루어지고 있다는 점에서 그 체제를 민주주의라 부른다.

[3] 그리스 민주주의는 ① 종교 · 언어 · 교육 · 종족 · 문화 등에 있어서 동질적 시민으로 구성된 공동체로서 개인적 이익에 상치되지 않는 일반선의 존재, ② 시민들에 의한 법률과 정책의 결정, ③ 도시 행정에 대한 능동적 참여와 호선에 의한 대표의 선출, ④ 자기 충족적 경제 · 군사 기능을 갖춘 자율적인 도시국가라는 특징과 조건 속에서 작동되었다.

---

14) 이소노미아는 법(nomos) 앞에서 동등한(isos)하다는 것으로 '법 앞의 평등', 혹은 '정치적 권리의 평등'으로 해석 될 수 있다.

15) 데모스는 그리스 시민에게 호적으로도 활용되었다. 즉, 모든 그리스 시민은 개인 이름, 아버지 이름, 그리고 출신 데모스 명이 공식 이름으로 불리어졌다.

Ⅱ. 자유주의와 민주주의의 태동

1. 근대 자유민주주의 확립과정 : 자유주의 전통

1) 마키아벨리 : 국가권력

마키아벨리는 「로마사 논고」에서 역사적으로 군주정은 참주정으로, 귀족정은 과두정으로, 민주정은 무정부상태로, 다시 군주제로 순환한다고 지적하면서 아테네 민주주의는 상층계급의 교만함과 일반대중의 방종으로부터 스스로를 보호하지 못한 결과 쇠퇴하였다고 결론을 내린다.

그리스 민주주의 사상과 공동체에 대한 사고를 반영하는 공화주의는 인간을 정치적 동물로 보는 데서 시작한다. 좋은 정체는 좋은 시민들로 이루어진 결사체이고, 좋은 정체는 시민의 덕을 반영하면서도 그것을 증진시키는 것이기도 하다. 이러한 공화주의는 시민적 덕성에 의존한다. 즉, 시민 · 지도자의 부패나 덕의 쇠퇴는 공화국의 쇠락을 의미하였다.

따라서 공화국의 질서를 창출하기 위해서는 종교와 법의 집행이 중요하며, 민주 · 귀족 · 군주정의 3요소의 결점을 상쇄하고 궁극적으로 전체의 이익을 실현하기 위해서는 공화국이 헌법을 통한 혼합정에 기초해야 한다고 보았다.

혼합정은 다수와 소수 이익의 균형을 위한 형태로 이후 공공선은 각 집단의 이익배분과 균형의 문제로 대체되었다. 하지만, 시민혁명 이후 소수의 특권을 더 이상 인정해줄 이유가 남아 있지 않았다. 민주적 공화주의에서 문제가 되는 집단은 다수가 아니라 소수였으며, 공공선은 다수와 소수 이익의 균형이 아니라 인민의 복지, 바로 그것이었다. 입헌적 과제는 특권을 보유한 소수가 권력을 독점하는 것을 극복하는 것이었다. 자유의 보존은 혼합정에서 달성되는 것이 아니라 권력에 대한 감시에 의해 가능하기 때문이다.

2) 시민권과 입헌국가

마키아벨리 이후 시민적 자치에 대한 관심이 부각되었고, 시민이 사익을 추구하는 것이 정당하다고 인정되는 상황에서 정부는 어떻게 유지되고 어떤 형태를 취해야 하는가가 문제되었다.

홉스는 인간의 욕망을 규제할 강력한 권력을 통해 개인의 삶을 보호하고 자유를 향유할 수 있음을 강조하였다. 그는 사회계약이라는 가상의 동의 기제를 통해 자기영속적이며 절대적인 주권 개념을 제시하였다. 이에 대해 로크는 인간이 여우로부터 받을지 모르는 손해를 피하기 위해 사자에게 잡혀 먹히는 데 만족하는 어리석은 존재가 아님을 지적하면서, 강력한 국가라는 관념을 거부하였다(Held 1993, 61). 소유는 자연권으로서 사회와 국가에 先在하며, 사회계약으로 개인의 권리가 국가에 양도되는 것은 아니라고 주장하였다.

3) 파벌의 문제 : James Madison

연방주의자 논설 10번 : 민주주의 비판 / 대의제 옹호화 매디슨적 공화주의

매디슨은 민주주의에 대해 비판적이었다. 민주주의는 시민 다수가 생각하는 이익이 정치적 판단을 형성하기 때문에 항상 편협하고 불안정하며 불공평하다고 본 것이다. 나아가 반대, 갈등, 적대적 경쟁과 파벌(분파)의 형성은 인간의 본성에 의해 불가피한 것으로 이러한 파벌은 사회를 분열시키게 될 것이라고 보았다.

그는 파벌의 원천은 부의 불평등한 분배로, 계급 갈등은 부의 재분배로 완전히 해소되지 않기 때문에 파벌로 인한 결과를 통제해야 하며, 이를 위해 효과적인 국가가 필요하다고 주장한다.

> 소수의 집단들이 만들어낸 정치적 어려움은 다수로 하여금 규칙적 선거를 통해 소수의 잘못된 견해를 패배시킬 수 있도록 해주는 선거로 극복될 수 있다. 그러나 한 파벌이 다수를 형성할 때, (다수의 전제가 나타나며 … 인용자) … 다수의 전제는 특수한 입헌적 정치에 의해 막을 수 있다. 그 중에서도 정치적 대표제 및 대규모 선거인단 체제가 필수적이다.
> 정치적 대표제는 '나머지 사람들에 의해 선출된 소수 시민'에게 통치를 위임하는 것을 포함한다. 공공의 견해는 선출된 시민이라는 매개항을 통해 통과되었을 때 세련되고 확대될 수 있기 때문이다. … 소수의 능력자에 대항하여 전체를 보호할 수 있도록 대표자의 숫자가 일정수준까지 확대되어야 한다. … 아울러 개인적 욕구의 충족에 근거한 경제를 갖춘 대규모 국가에서는 필연적으로 커다란 사회적 다양성이 존재하며 따라서 유권자와 당선자들 중에서 어느 한편이 전제적 다수를 형성할 기회는 그만큼 적어진다. 사회적 다양성은 권력의 엄청난 축적을 가로막는 정치적 분절화의 형성을 돕는다. 대규모 국가에서는 대표자들이 국민과 소원해지고 비인격적이 될 것이지만, 연방헌정은 이를 상쇄할 수 있다. 즉 거대한 결집적 이익은 국가 규모의 입법부에 국민적, 지역적, 개별적 이익을 위탁하게 된다. 마지막으로 행정부, 입법부, 사법부 각각의 법적 권력이 국가적 수준과 지역적 수준에서 모두 분리될 수 있다면 자유는 최대로 보호될 수 있는 것이다(D.Held 1993, 74~76).

연방주의자 논설 10번의 수정 : 민주주의의 수용

매디슨은 자신의 민주주의에 대한 부정적 입장을 수정하면서 T. Jefferson과 함께 수정헌법(권리장전이라 부르는 8개조)을 통과시킨다. 그는 정당은 자유의 소산으로 어떤 자유로운 국가도 정당 없이는 존재할 수 없으나, 정당과 광범위한 참정권은 소유권과 갈등을 야기할 수도 있다고 전제하면서 다음과 같이 이야기한다.

> "전체 국민의 관점에서 볼 때, 자신이 복종해야 하는 법률을 작성하거나 자신을 통치할 대표를 선출하는 데 있어 시민 대중이 발언권을 가져야 한다는 것은 불가피한 것으로 생각된다. 만약 상하 양원에 대해 평등하고 보편적인 투표권을 부여하는 대안과 그 모든 권리를 일부의 시민들에게만 부여하는 대안 중 어느 하나만을 선택해야 한다면 당연히 **재산과 신분상의 보다 크고 중요한 이익을 소유한 사람들이 정부안에서 그들 몫의 절반을 포기하게 하는 것이, 별 볼일 없는 재산 그야말로 몸뚱아리밖에 가진 것이 없는 사람들이 자신이 가진 전부를 박탈당하는 것보다 나을 것이다**(R. Dahl 2005, 110)"

> "모든 정부는 악이라고들 한다. 정부의 불가피성이 불행한 운명이라고 말하는 것이 보다 적절할 것이다. 그러나 정부가 필요하다는 것은 부정할 수 없으며, 따라서 해결해야할 문제는 완벽한 정부형태를 찾는 것이 아니라, 가장 덜 불완전한 정부 형태를 찾는 것이다. 따라서 일반적인 선택의 문제는 다수가 소수를 통치하는 공화주의 정부와 보다 적은 수의 사람들 혹은 최소한의 사람들이 다수를 통치하는 정부 사이에 다음과 같은 사려 깊은 성찰을 인정해야만 할 것이다. 인간이 만들어 낸 어떤 정부나 통치기구도 완벽할 수 없으며, 따라서 가장 덜 불완전한 정부가 최고의 정부이다. 그리고 다른 모든 정부들이 안고 있는 권력남용의 문제를 감안할 때, 공화주의 정부는 그것이 가장 덜 불완전하다는 점을 근거로 모든 정부들 중 최선이라고 생각할 수 있다. **공화주의 정부의 핵심원리는 다수파의 법률(lex majoris parties), 즉 다수의 의지이다**(R. Dahl 2005, 111~112).

2. 시민적 공화주의와 신이상주의

1) 루소의 시민적 공화주의

루소는 17,18세기의 사회계약사상을 통한 시민의 동의라는 관념과, 19세기의 시민이 정기적인 선거를 통해 정치권력에 정당성을 부여하는 자유주의 논리를 비판하면서 (시민적) 공화주의의 전통에 서서 민주주의를 이야기한다. 그는 로크와 달리 사회와 정부의 구성에 있어서 인민이 주권을 양도할 필요도 없으며 그래서도 안 된다고 주장하였다. 자유로운 시민은 공적으로 도달된 합의를 토대로 성립된 법과 규율체계에만 복종한다. 또한 시민은 모두 꼭 같은 권리를 향유한다. 이를 위해서는 정치적으로 평등하며, '어느 시민도 다른 시민을 매수할 정도로 부자가 아니고, 어느 누구도 자신을 팔 수밖에 없을 정도로 가난하지 않은(D. Held 1993, 89)' 정도의 경제적 조건의 평등이 보장되어야 한다고 주장하였다.

그는 '어느 누구도 폭력을 행사할 정도의 권력을 보유할 수 없으며, 법과 질서를 위한 경우를 제외하고는 결코 권력이 행사되지 않는' 정치를 꿈꾸었다.[16] 그러나 그의 사상은 산업혁명과 함께 공동체가 붕괴되면서 현실의 정치에 영향을 미치지는 못했다.

2) 영국의 신이상주의

가. T. H. Green의 신이상주의와 L. T. Hobhouse의 다원주의

J. S. Mill의 영향을 받은 T. H. Green은 진정한 자유는 자기완성의 추구를 통해서 발견될 수 있다고 보았다. 그리고 인간이 완성하고자 하는 자아는 본질적으로 사회적 자아(the social self)로 개인들은 공동선에의 헌신을 통해서 자기를 실현하며, 이를 위한 수단으로서 권리(적극적 자유)가 필수불가결하다. 이러한 그린의 사상은 시민권 및 공동체개념을 재구축하도록 하였으며, 시민들의 복지를 위한 사회적 책임의 차원에서 국가의 적극적 개입의 필요성에 대한 논리적 기초를 제공했다.

그린의 신이상주의는 L. Hobhouse에 의해 다원주의적 수정이 이루어지게 된다. 홉하우스는 J. S. Mill로부터 개인의 자유와 상호부조 등의 개념을 수용하고, 그린으로부터는 공동선과 적극적 자유의 개념을 수용했다. 그리고 국가는 진보의 실현을 실천하기 위한, 그리고 다양한 사회 세력의 균형을 위한 도구로 묘사되었다. 이때의 국가는 공동선에 봉사하는 결사체인 것이다.

이러한 홉하우스의 다원주의는 1950년대 미국에서 나타난 정치적 경쟁의 이론과 달리 국가와 다양한 결사체 간의 권력의 공유를 강조하는 규범적 사상이다.

다. E. Barker의 토론민주주의

E. Barker는 당시 자유주의와 민주주의 간의 긴장을 자유주의와 민주주의의 명분을 잘못 표현했기 때문이라고 본다. 바커에게 민주주의의 근거는 수(number ; 수의 의지에 의존하는 힘의 논리)에 있는 것이 아니라 질적인 것(a quality)을 존중하는 데 있다. 그것은 진정한 일반의지에 도달하기 위해 토의방식으로 공동선을 모색하는 것이다. 자유토의 내지 자유토론이 자유주의와 민주주의 사이의 교량역할을 하는 셈이다.

공동의 합의된 선택과정에 기초한 정부는 모든 구성원들의 지지를 얻을 수 있으며, 그것이 바로 자치정부이다. 즉, '인민에 의한 정부(government by the people)'에서의 인민은 대중(a mass) 혹은 다수(a majority)가 아닌 살아 있는 자아들(living selves)이다.

16) 그의 「사회계약론」은 "인간은 자유롭게 태어났지만, 어디서나 쇠사슬에 묶여 있다."는 선언으로 시작한다.

Ⅲ. 현대사회와 민주주의

1. 대중민주주의와 경쟁적 민주주의

인간에 대한 낙관적인 전망은 산업혁명과 함께 변화가 온다. 물론, 그것은 양차 대전과 대공황, 제2차 대전 이후의 자본주의 황금기, 1960년대 서구 혼란과 1970년대의 경제상황 등과 같이 시대에 따라 일희일비하지만, 산업혁명 이후의 현대 사회에 대한 진단에 따라 민주주의는 그 의미가 달라질 수밖에 없을 것이다.

현대 민주주의에 가장 큰 영향을 미쳤다고 평가되는 M. Weber와 J. Schumpeter에게 민주주의는 '결정자들을 선택하고 그들의 지나친 권한행사를 억제하는 수단'으로 묘사되며, 그것은 산업혁명 이후의 사회에 대한 나름대로의 진단에서 비롯된 것이다. 특히, 베버는 관료제로 조직된 근대 사회에서 개인의 선택과 행동의 자유는 제한되고 훼손될 수밖에 없고 회사나 조합에 의한 조직된 권력에 의해 민주주의의 이상은 생존하기 어렵다고 보았다.

근대의 합리성은 관료제를 야기하고 이러한 관료제는 직접민주주의의 이상을 불가능하게 만든다고 베버는 보았다. 그가 볼 때, 이질화된 사회에서 효율성과 안정성을 위해 국가는 관료화된 억압적 소수에 의해 지배되기 때문에 합법적인 물리적 강제력을 가진 국가에 대한 통제를 위해서 강력한 의회가 필요하다.

하지만, 의회제의 한계는 명확하다. 의회는 개방되고 토론의 공간을 제공하지만, 보통선거권은 각기 상이한 이익으로 분열된 대중을 조직하고 동원하기 위해 정당을 관료제화하게 만든다. 즉, 인민의 주권을 보장하기 위해 도입된 보통선거제도는 직업정치인을 만들었고, 그 속에서 정당이 선거에서의 승리를 위한 수단으로 전락하고 이러한 직업정치인과 관료화된 정당에 의해 의회가 장악된다면 민주주의의 이상은 사라질 수밖에 없을 것이다.

그렇다고 감정적인 대중이 공적인 문제를 판단하기에는 부적절하기 때문에 산업사회에서 '정당을 가진 지도 민주주의와 지도력 부재의 민주주의(소명의식 없는 직업정치인들의 지배) 사이에서 무엇을 선택할 것인가'만이 남아 있다.

이러한 문제의식과 슘페터에 의해 제시되는 민주주의는 필요한 입법적, 행정적 결정을 내릴 수 있는 능력을 가진 정치 엘리트의 선출에 초점을 맞추고 있다. 그리고 강력한 집행부를 가진 의회제 정부의 구성, 경쟁적 정치 엘리트와 정당간의 경쟁, 관료제, 입헌주의에 의한 권력의 제한을 제시하였다(이영조 2003 ; 안청시 · 정진영 2003).

2. 전후 낙관적 사고와 다원주의

슘페터의 민주주의에서는 개별적인 시민과 선출된 지도자 사이에 아무것도 없으며, 민주주의는 엘리트들의 경쟁으로 규정된다. 하지만, 경험적 이론들은 개인과 권력 혹은 엘리트들 사이의 역동적인 집단정치가 존재하며, 이들 이익집단의 정치는 엘리트정치보다 훨씬 경쟁적이며 보다 만족스러운 결과를 산출할 것이라는 주장을 하였다. 비록 유권자들은 냉소적이며 무지하고, 개개 시민들은 정치과정에 거의 영향을 미치지 못하지만, 권력은 많은 집단들에 분산되고 이들 분산된 집단들의 경쟁은 개인의 자유를 보장해 줄 수 있을 것이라 보았다. 이러한 해석은 매디슨의 파벌에 대한 부정적인 해석과 달리 파벌 간 경쟁적 메커니즘을 통해 정치체제의 안정과 다양한 경쟁적 이익의 균형이 달성될 수 있다는 긍정적인 해석을 낳게 된다.

이렇게 보면, 루소나 아테네의 이상적 민주주의는 분화와 이질성을 특징으로 하는 현대 사회에서 이상적이고 규범적인 의미만을 가질 뿐이다. 오히려 민주주의는 시민의 능동적인 참여가 없이도 잘 운영될 수 있으며, 핵심은 경쟁적인 정치시스템을 구축하는 것이 된다. 다시 말하면 다원주의는 주기적 선거, 경쟁적 정당과 이익집단을 핵심으로 설정한다. 이때의 선거는 다수의사를 확인하는 과정이 아니라, 경쟁적 선호표출 메커니즘이며, 민주주의는 다수의 주권이 아니라, 다양한 소수 반대파의 지배를 말한다 ; 다수가 지배하지는 않지만, 그들이 통치하는 것이다. 이러한 다원주의는 민주주의의 의미를 변질시켰으며, 참여와 정치적 지배의 범위 등에 대한 근본적인 질문들을 사상해버렸다.

한편, 양차 세계대전, 대공황, 그리고 파시즘과 유태인학살 등 20세기 전반기는 비관적인 사고가 확산되었다. 그러나 전후의 사회합의체제(계급타협체제)와 낙관적 사고는 이러한 우려를 불식시키기에 충분했다.[17)]

소위 포디즘적 축적체제와 케인즈주의적 경기안정화정책이 가져온 1950년~1965년의 유래 없는 호황은 자본주의 제2의 황금기를 형성하면서 이미 대공황이라는 불행한 역사를 기억의 저편으로 넘겨 버렸다. 이 시기는 자본주의 시장경제의 발전으로 인한 실질임금의 상승과 두터운 중간계급의 형성, 그리고 복지정책이 낳은 풍요의 시기였다(물론, 이 시기는 동구 사회주의의 생활수준도 동시에 상승했던 시기이기도 하다). 정치적으로는 미국에서는 엘리트론의 도전이 있었고 유럽에서는 네오맑시즘의 문제제기도 있었으나 다원주의 혹은 조합주의적 이익대표체계에 의해 민주주의에 대한 긍정적 사고가 형성되었다. 문화적으로는 G. Almond의 시민문화로 표상되는 합의성 문화에 대한 상이 지배적이었다.

3. 전후 사회합의체제의 붕괴

전후 서구 사회는 가치에 대한 사회적 합의가 이루어졌다고 생각되는 순간 민주주의의 위기를 맞는다. 사회적 합의에 대한 아이디어와는 달리 현실은 혼란에 휩싸여 있었다. 유럽의 68혁명과 흑인폭동, 인권운동, 여성운동, 반전운동, 환경운동, 세대 갈등이 폭발하던 시기였다. 이에 관한 다양한 분석들이 시도되었다.

1) 신다원주의

1960년대 서구 민주주의 위기에 대한 다양한 진단이 있었으며, 급진적 민주주의자들은 그 핵심을 참여의 부재로 진단하였다. 이러한 진단은 다원론에 대한 비판과 관련되는데, R. Dahl이나 C. Lindblom은 초기의 입장을 수정하면서 국가를 중립적 중재자로 보는 관점을 포기하였다. 기업은 그 특권적 지위를 가지고 국가에 대해 압력을 행사함으로써 국가와 기업에 의한 정치적·사

17) New Deal(새로운 사회계약)에 대한 사회적 합의가 형성되었다는 의미에서 사회합의 체제라 부르며, 케인즈주의적 복지국가가 가져온 두터운 중산층의 형성과 복지체제는 분배 문제를 둘러싼 자본-노동 간의 계급 갈등을 완화하고 타협을 이끌어 냈다는 점에서 계급타협체제라고 부른다. 이 중에서 계급타협체제는 뒤에서 보게 될 조합주의와 관련하여 등장한 개념이다.

회적 불평등이 확산되고 있음을 지적한 것이다. 이러한 분석은 정치영역을 넘어서는 산업의 민주화(경제민주주의)를 주장으로 이어졌다.[18)]

2) 네오맑시즘

이와는 다른 관점에서 네오 맑시스트들은 국가의 계급적 성격을 분석하였다. 밀리반드와 풀란차스의 국가론 논쟁이 그것이다. 이들 논쟁과는 다른 각도에서 C. Offe는 자본주의 국가를 다음과 같이 묘사 한다; 사적으로 소유되는 자본이 기업의 기초가 되고, 축적된 자본은 국가재정의 물적 토대가 되며, 이에 따라 국가는 자체의 영속을 위한 조건을 유지하기 위해 자본축적을 위한 주요한 기능을 수행하며, 이러한 국가의 활동은 선거기제를 통해 은폐된다. 다만, 오페는 국가의 능력을 과소평가함으로써 자본주의 국가의 위기를 해결 불가능한 것으로 보았다.

3) (보수적) 자유주의 : 신우파의 과다민주주의

S. Huntington 등은 참여의 과잉(overload)에서 그 위기를 찾았다. 전후의 시장사회와 케인즈적 경제정책의 성공이 대중적 풍요와 번영을 가져왔지만, 대중들의 기대를 상승시켰다. 시민들은 더 높은 임금과 복지를 요구하고, 당선을 목적으로 하는 정당은 더 많은 복지를 약속한다. 하지만, 이 과정에서 팽창된 국가는 창의성과 책임성을 침식하고 사적 공간을 파괴하면서도 시민의 확대된 요구를 국가 관료제는 충족시키지 못하였다. 그 과정에서 정치적 권위는 침식되기 시작했다. 그 결과가 1960년대 말 이후의 민주주의 위기인 것이다.

4) 조합주의

1970년대에는 조합주의라는 개념을 통해 민주주의 모델의 결함을 극복하려는 시도가 등장하였다. 조합주의는 자본과 노동이 조직화됨으로서 상대의 존재를 완전히 부인하기 힘든 상황에서 형성된 국가를 매개로 한 타협기제라 할 수 있다. 하지만 조합주의에서 전통적인 대표기제들과 일반시민의 영역과 영향력이 급격히 축소되고 조직화된 엘리트에 의해 정치과정이 독점되게 된다.

5) 평가 : 민주주의의 양극화

어쨌든, 1960년대 이후 민주주의의 위기 혹은 국가권력 위기(국가능력과 정당성의 침식)에 대한 인식이 광범위하게 확산되어 왔다. 이러한 국가권력의 침식이 실제 현상인지에 대해서는 논란의 여지가 있지만, 이러한 인식은 국가에 대한 불신을 낳았다. 이제 국가를 복귀되어야 한다는 것이다 – 근대 자유민주주의가 주장했던 소유권의 보호로 다시 복귀(backward)하거나, 공화주의적 전통으로의 복귀(forward)하는 방향으로….

---

18) 다알의 다원주의를 비판했던 P.Bachrach & M.Baratz 또한 1970년대 들어 작업장 민주주의를 주장한다. 이들의 주장은 다알의 경제민주주의와 함께 참여민주주의로 분류된다.

제 2 장 현대 민주주의 원리와 모델

민주주의 원리에 관한 교과서적 설명을 보면 ; (1) 국민주권원리, (2) 대의제도, (3) 권력분립원리, (4) 법치주의, (5) 다수결원리, (6) 선거, (7) 엘리트주의, (8) 감시와 통제가 제시된다. 이러한 원리는 민주주의 그 자체가 아닌, 자유민주주의 원리를 말하는 것이다. 자유민주주의는 집합적 의사결정을 풀뿌리가 아닌 통치능력이 있는 자들 간의 대의를 기반 형성하는 정치원리이다(엘리트주의, 대의제), 대의제가 민주주의와 양립할 수 있는 것은 그것이 대표성과 책임성, 대응성을 확보했을 때이다.
이 장에서는 현대 대의제민주주의의 핵심인 다수결과 대의제를 중심으로 살펴볼 것이다.

제 1 절 현대 민주주의 원리, 현실

Ⅰ. 다수결주의

1. 다수결의 정당화와 전제조건

1) 의의

다수결주의는 인민주권의 원리를 구체화하는 경우에 다수의 판단에 정치적 결정을 맡기는 것을 의미한다. 즉, 정치공동체의 집합적 결정에 있어서 참여자들이 정치적으로 동등하다고 간주되는 경우에 소수가 다수를 이기도록 허용해서는 안 된다는 규칙을 말한다.

2) 다수결의 정당화

다수결이 정당화될 수 있는 이유는

① D. Rae가 지적하는 바와 같이, 다수결이 정당화되는 것은 그것이 더 많은 사람이 더 적은 사람에게 패배할 가능성을 차단하는 결정규칙이기 때문이다(자기결정의 극대화).

② K. Popper는 다수의 결정과 판단이 소수의 판단 보다 실수 가능성이 낮다고 주장한다(올바른 결정의 가능성).

③ 다수결은 결사체 전체의 효용을 극대화할 수 있다. 공공선의 판단은 결국 공리적일 수밖에 없기 때문이라고 한다.

④ 다수결은 결과의 불확실성과 다수의 유동성을 전제로 한다. 즉, 쉐보르스키가 말하는 바, 민주적 과정이 정당한 것은 그것은 사전에 결정되지 않았으며, 사후에 번복되지 않으며, 소수가 다수로 될 수 있다는 점 때문이다.

3) 다수결의 전제조건

집합적 의사를 결정하는 규칙은 '규칙과 결과의 결정성, 규칙의 실행가능성, 그리고 참여자들의 수용성'이 요구된다.[19] 다수결은 이러한 결정규칙의 전제를 다른 어떤 결정규칙보다 상대적으로 쉽게 충족할 수 있다고 보는 것이다.

---

19) Keneth May는 ① 결정규칙의 결정성, ② 익명성, ③ 규칙의 중립성, ④ 긍정적 반응성을 제시한다.

참고로, 로크와 루소도 국가가 창설되는 최초의 계약에서는 만장일치를 처방했지만, 그 이후에는 다수결(과반수)을 처방하였다. 그리고 만장일치와 상호동수 사이에는 여러 가지 종류의 과반수가 있으며 어떤 비율에 따를 것인지는 정치체가 처한 상황과 필요에 의해 결정된다고 제시하였다. 중요하고 심각한 사안일수록 만장일치에 가까워야 하며, 시급할수록 대립하는 의견들의 수적 차이가 작아도 되는 것이다.

2. 다수결의 문제점

1) 이론적 한계 : 순환다수의 문제와 Arrow's Impossibility Theorem

세 가지 이상의 대안을 결정하는 경우 콩도르세의 기준(두개씩 묶어서 어느 대안과의 대결에서도 지지가 많은 것이 결정되는 방식)에 의해 다수결의 문제가 완화될 수 있으나, 순환다수(투표순환)의 문제가 발생한다. 이 경우, K. Arrow의 지적대로 독재를 허용하지 않으면 해결책이 존재하지 않는다. 이 경우 거의 유일한 해결책은 상대적 다수일 것이다. 또한, 순환다수의 경우 의제를 통제함으로써 결과를 조작할 수 있다. 즉, 투표하는 순서에 따라 결과가 달라진다.

이와 관련하여 Black-Downs의 중위투표자 모형은 단봉선호 하에서 다수결은 중위투표자의 선호로 수렴될 수 있으며, 정치적 안정을 달성할 수 있다고 본다.

다수결의 내재적 한계 : 비순수 절차

롤스에 의하면 절차의 공정성은 '공정한 내기'와 '자발적 참여'라는 두 가지 조건이 충족되어야 한다. 그런데 자발적 참여라는 조건은 결정절차에 내재된 것이 아니다. 즉, 외적 조건이 충족되어야 공정성이라는 조건이 충족되는 비순수절차이다. 따라서 다수결로 내려진 결정이 그 자체로 정당하고 타당하다고 말할 수 없다.

다수결로 정의되는 민주주의가 비순수절차에 불과하다면 민주주의는 어떤 가치를 목표로 하고 있으며, 이러한 가치기준을 얼마나 실현하고 있느냐에 따라 수단적으로 정당화될 수박에 없을 것이다.

2) 현실적 한계 : 다수독재와 소수독재

① 다수결주의는 승자독식체제이다. 따라서 영원한 다수와 영원한 소수로 나누어져 있는 결사체에서는 다수 지배가 있을 뿐이다.

② 현실에서는 역설적이게도 국민투표가 소수의 도구로 악용되기도 한다. 대의제의 경우를 보면, 소수의 투표자가 때로는 다수의석을 획득하는 경우가 발생한다. 즉, 현실에서는 소수지배 현상이 나타나는 것이다.

③ 공적 결정의 작성과정은 모든 쟁점에 대해 중립적이지 않음을 보여준다. 예컨대, 종교나 언어, 지역의 하부문화 집단에 관한 문제는 현실에서의 배제된다. 이렇게 이루어지는 결정은 정당하다고 할 수 없다.

3. 대안들 2000 행정(제한다수), 2009 행정(제한다수)

1) 만장일치와 중다수

R. F. Wolff는 자유주의가 전제하고 있는 근대적 인간상을 정치적으로 충분히 실현하려면, 만장일치제만이 정당한 민주주의라고 주장한다. 그러나 만장일치제는 모든 사람에게 비토권을 주는 것과 같으며, (홉스처럼) 명시적 동의를 요구한다고 할 때는 정치사회의 성립 자체가 불가능하다. 반면, (로크처럼) 묵시적 동의로 충분하다고 그 조건을 완화한다면 부작위의 독재가 문제된다(J. Fishkin). 다시 말해, 다수결의 문제를 만장일치제로는 해결할 수 없다.

이에 대한 대안으로 제시되는 루소의 기준, 즉 중다수제(혹은 제한적 다수결)는 하나의 대안이 될 수 있다. 즉, 만장일치제와 상호동수 사이에 다양한 과반수가 존재함을 전제로 하여, 중요하고 심각한 사안일수록 만장일치에 가깝게 하는 것이 그것이다. 예컨대, 정치사회 구성원들의 기본적인 이해관계나 정치적 기본권과 관련된 사안을 단순과반수로 제한하지 못하도록 하는 것이다. 그러나 이 경우 소수가 다수의 결정을 거부할 수 있도록 함으로써 자기 결정 극대화에 저해되며, 만장일치가 아닌 한 순환투표의 문제를 피할 수 없다. 마지막으로, 미국 헌법개정이나, 주요 국가들의 헌법재판소 결정규칙에서 보듯이 보수적 · 현상유지적 성격으로 인해 개혁을 저해한다.

2) 자유주의적 대안

가. 자유주의와 민주주의

W.Riker에 의하면 집합적 결정을 위한 어떤 규칙도 자의적이고 무의미한 결과를 낳는다(R. Dahl 1999, 299 ; 임혁백 1997b, 38~39). 예컨대, 주어진 인민의 선호 내에서 아무리 공정한 절차라 할지라도 어떤 투표방식을 취하느냐에 따라 서로 다른 결과가 나오게 되는데, 이는 집합적 의사결정이라는 민주적 선택이 인민의 의사를 제대로 반영할 수 없다는 것을 의미한다. 아예 J. Schumpeter는 정치적 과정에서 인민의 의사를 '제조된 의사'로 격하시키고 있다.

따라서 주기적 선거를 통해 공직자들을 충분히 걸러낼 수 있을 정도로 민주적인 체계가 실현가능한 최선의 체계이다. 다시 말해 이러한 체계는 인민에 의한 지배에는 이르지 못하지만, 선거를 통해 인민의 입장에서 불만스러운 집권자 혹은 공직자를 몰아 낼 수 있는 기회를 갖는 체제가 민주주의라는 것이고 이것이 실현가능한 민주주의라는 것이다. 이런 의미에서 자유주의자들에게 민주주의는 제한된 의미를 갖는 제한적 민주주의이다.

나. 정치적 자유주의

다수결이 다수독재의 위험성을 갖지만, 그 비판자들의 주장 이면에 담겨진 소수독재도 간과될 수 없다. 결론적으로, 다수결주의나 그 대안 모두가 집합적 결정에서 정의를 보장할 수는 없다. 따라서 불완전 절차로서의 민주주의에 대한 통제, 보완기제로서의 인권보장, 권력분립, 제한정부, 정부 중립성 등의 정치 원칙을 자유주의는 제시하는 것이다.[20)]

---

20) J. Rawls에 의하면 실행 가능한 정치적 절차는 어떤 것이든 정의롭지 못한 결과를 가져올 수 있다. 따라서 집합적 결정에서 특정 집단이 불이익을 받는 것은 피할 수 없다. 그렇다면 중요한 점은 결정과정에서 모든 사람의 이익이 동등하게 고려되느냐이다. 다시 말해 어떠한 경우에도 올바른 결정을 보장할 수 없다면, 공정한 절차 그 자체에 가치를 두어야 한다고 주장한다는 것이다.

① 민주적 과정(다수결)이 적용되는 영역을 제한하려 한다.[21] 예컨대, R. Dworkin이나 J. Rawls의 지적처럼 공리적 척도에 의해(집합적 결정에 의해) 기본권이나 정의의 원칙들이 재단되거나 침해되어서는 안된다. 언론 · 집회 · 결사의 자유와 같은 정치적 기본권이 그것이다.
② 시민들은 정치생활에 동등하게 참여해야 한다. 즉, 시민들은 모든 권리와 의무, 기회들을 동등하게 지녀야 한다.
③ 민주주의나 가치는 제도가 보장해주는 것은 아니다. 그렇다면 현실적으로 다수 시민이 민주적 과정이 바람직하다는 것을 믿고, 그 믿음이 습관과 관행 혹은 정치문화 속에 구현되어 있지 않다면 민주주의는 취약할 수밖에 없다. 최소한 일차적 정치적 권리들을 보호하기 위한 제도와 그것이 보호되어야 한다는 믿음이 필수적 요소가 된다.
④ 침해되어서는 안되는 이익에 대한 보장을 위해 민주적 결정의 범위와 경계, 그리고 방식이 다양하게 조정되어야 한다. 법적용의 대상이 되는 사람들이 데모스에 포함되지 않음으로써 침해가 존재하는 경우(예를 들면, 외국인 노동자의 인권 문제) 민주적 과정은 그들에게로 확대되어야 한다. 반대로 다수의 독재가 문제되는 경우 민주적 단위를 변경함으로서 문제를 해결할 수 있다. 즉, 자치권(특정 문제에 대한 권위 부여), 연방제, 독립국가 형성 등이 그것이다.

데모스를 확대하거나, 단위의 변경이 불가능하거나 바람직하지 않은 경우 중다수로써 문제를 해결할 수밖에 없을 것이다. 다양한 투표방식은 각기 상이한 결과를 가져오지만, 정치적 평등에 기여할 것이며, 상원에 의한 소수보호, 집행부 수장의 거부권 등도 마찬가지이다. 그러나 소수의 비토권에 의해 희생되는 다수의 이익과, 비토권을 소수가 남용하는 경우 교정이 불가능하다는 점을 고려해야 한다.

3) 후견주의(수호자주의) : 엘리트주의적 대안

다수결의 문제를 철인에 의한 판단으로 대체하는 것은 하나의 대안이 될 수 있지만, 다원화되고 전문화된 현대사회에서 한사람이 모든 것을 판단한다는 것이 불가능하다고 한다면 이것은 수용되기 힘들 것이다. 반면에 다수에 의한 판단을 전문가에 의한 판단으로 대체하는 것은 하나의 대안이 될 수 있다. 예컨대, 헌법재판소와 같은 기구를 분야별로 설치하는 것이다.

그러나 사법적 심사로 정치적 결정을 대체하는 것이 권리 보호의 문제를 해결하는 것은 아니다. 판단을 소수의 전문가에 맡긴다고 할 때, 그러한 결정이 보다 옳다고 볼 수 없으며, 오히려 소수의 오류가능성이 높을 수 있다. 나아가 다수 전문가 사이의 의견의 불일치가 있는 경우 결

21) 대부분의 자유주의자들은 민주주의를 제한적으로 해석할 뿐 아니라 민주적 과정을 공적 영역으로 제한하려 한다. 하지만, 이러한 주장을 민주적 과정에서 벗어나 있는, 선험적으로 시민의 의사에 우선되는 이익이 있다는 관념과 동일시해서는 안될 것이다. 오히려 그 반대다.
예컨대, 대기업이 파산할 우려가 있을 때 정부는 국민경제적 견지에서 공적 자금을 투입한다. 하지만, 그렇게 투입된 공적 자금은 사적으로 관리되며, 투입된 공적자금으로 회생되는 과정에서 임원들은 거액의 성과급을 받아간다. 이러한 돈 잔치를 자유주의자들은 사유재산의 자율적인 처분으로 또한 정당화시킨다. 다시 말하면, 현실에서 공적인 것과 사적인 것이 혼재되어 있음에도 불구하고 이를 구분하려는 주장들은 특수집단들의 기득권을 침해되어서는 안 되는 이익으로 포장하는 기술처럼 보인다 — 즉, 사적 이익을 공공정책 결정과정으로 옮겨 옴으로써 비용과 편익을 분배하려는 것에 다름 아니다. 그렇다면, 민주적 과정에서 배제되어야할 기본권이나 정의원칙들, 공적결정들은 있을까? 선험적으로 민주적 과정보다 중요한 이익이나 선은 있을까? 없다. 이 지점이 양자를 구분하려는 자유주의와 정치적 자유주의의 한계가 된다.

국 다수결의 문제로 귀착될 수밖에 없다.

현실에서는 수호자들이 시민의 권익을 보호하기보다는 보수적이고 현상유지적인 결론에서 벗어나지 못한 경우가 많았다.[22)]

4) 제3의 대안 : A.Lijphart의 협의제 민주주의

자유민주주의 모델의 핵심이 다수결에 있다면, 합의제 모델의 원칙은 국가의 주요 사회집단들의 공개적 동의에 있다. 합의제는 행정권의 분점, 대연합, 권력분할, 상원에서의 소수대표, 비례대표제, 다당제, 지방분권, 비토권 등과 같은 '다수를 제약하는 요소'를 내포하고 있다.

갈등이 특정 쟁점을 둘러싸고 일어나며, 인민의 선호가 고정적인 성향을 보인다면, 의회는 다수 정부와 소수 야당을 형성하게 된다. 그러나 사회경제문제와 종교적 쟁점들처럼 둘 이상의 쟁점에 대해 불일치한다면(사회 균열선이 두 개 이상이라면), 쟁점별로 다수와 소수의 구성이 달라질 것이다. 이 경우, 정당간 연합이 불가피하고 이러한 연합은 합의제를 가져오는 경향이 있다. 현실에서도 합의체계에 이르지는 않지만, 제한적 다수결로서의 소수 거부권은 광범위하게 인정되고 있다.

5) 소결

민주적 절차에 대한 대표적인 비판은 아마도 민주적 과정이 공동선 실현에 실패할 것이라는 주장일 것이다. 이론적으로도 민주적 과정은 그 방식이 어떠하든 절차적 정의(justice) 이상을 제공하지는 못한다. 하지만, 민주적 과정이 공동선을 실현을 보장해 주지 않는다는 점이 다른 방식, 즉 독재나 권위주의 방식을 바로 정당화시켜주는 것은 아니다.

민주적 과정은 권위적 배분의 한 형태로 분배적 정의의 한 형태를 제공한다. 민주적 과정과 그 결과에 대한 판단에서 흔히 범하는 오류 중의 하나는 다수결로 이해되는 민주적 과정이(이론적으로) 정당화되지 못하기 때문에 다른 방식의 결정방식이 보다 나은 결과를 가져다 줄 것으로 기대하고 그 대안을 선택한다는 것이다.

오히려, 절차적 정의와 분배적(실질적) 정의 양자의 선택의 문제에서 민주적 과정(절차)과 그 결과(분배정의)를 선택할 것인지 아니면, 다른 형태의(예컨대, 독재체제나 다른 형태의) 결정과정(절차)과 그 결과(분배정의) 간의 선택 문제인 것이다.

---

22) 현실에서 판사들은 자신의 이데올로기적 성향에 따라 판결을 내린다. 또한 이러한 제도는 기본권 침해에 효과적이지 못했다. 일례로, 미국에서 상업거래 규제권에 의거하여 아동노동을 불법화하는 입법(1916)은 18년 위헌 선언되었으며, 근거법률을 징세권으로 바꾸어 규제하려 했지만 22년 다시 위헌 선언되었다. 결국, 헌법수정안이 제출되었으나, 상원의 3/4 찬성획득에 실패하였다. 이 법안은 결국 38년 제출되어 41년에 가서야 합헌이라는 결정이 내려졌다. 또한 54년 공립학교의 흑백분리 위헌 판결이후 30년간 학교 내 인종통합은 성공하지 못하였다. 이처럼 다수 백인이 지지하지 않는 경우 이 제도는 실효성을 갖지 못하였다.

4. 협의민주주의(consociational democracy) 2005 입법, 2015 행정

A. Lijphart에 의하면, 사회의 균열구조가 고착화되고 다원사회가 형성되었을 때, 민주주의 경쟁원리를 제한하고 최소한의 권력분점을 제도적으로 보장하고 공존과 화합, 합의의 정치를 모색하는 것이다.

1) 다극사회와 협의제

다원사회에서의 집단과 달리 다극사회에서의 집단은 양 극단에 서로 대응하는 극성을 띠게 됨으로써 집단 간 사이의 경계는 고정적으로 되고 사회는 분극화된다.

이 경우의 대안은 ① 동화에 의해 사회의 다극성 제거나 ② 안정된 민주주의 체제의 기본적인 구조로서 다극적 분단을 받아들이는 다극공존적 해결책, ③ 두 개 이상으로 분할에 의한 동질적 국가의 창출이라는 세 가지 대안이 있다.

세 가지 대안 중에서 첫 번째는 실현가능성이 거의 없으며, 세 번째는 최후의 수단으로 고려된다고 할 때, 현실적으로는 두 번째의 대안이 합리적이며, 이러한 방식이 합의제인 것이다(이극찬 1994, 546~547).

2) 제도적 장치

가. 협의제 민주주의의 제도적 특징

① 모든 집단으로 하여금 공동으로 정부를 구성하게 함으로써 공동다수의 지배를 가능케 하는 대연합정부(grand coalition govn't)를 특징으로 한다. 대연합정부는 협의주의의 가장 중요한 요소가 된다.

② 통합참가의 안전도를 높이기 위해 소수파에게 사활이 걸린 이익을 보장해 주는 상호 비토권을 부여한다.

③ 주요 하부 집단이 내각이나 다른 의사결정체 속에 대체로 인구에 비례하여 대표된다(비례주의). 비례제는 공직자 임용에로 확대되기도 하는 데, 이러한 비례제는 정치적 대표·관직과 공공기금의 배분에서 소수파에게 일정한 지분을 보장(proportionality)하려는 것이다.

④ 단위 집단의 배타적 문제에 대해 자율적 정책결정권을 이전하는 부분의 자율성(segmental autonomy)을 보장한다.

나. 협의제 민주주의의 실제

현실의 협의제 민주주의는 다양한 모습으로 운영되고 있다. 스위스와 같이 항구적으로 운영되는 국가가 있는 반면, 협의제로 운영하다가 경쟁체제로 다시 변경하는 경우도 있다. 후자의 예로는 하부 문화집단 간의 갈등이 약화된 후 정당간 경합과 정치엘리트 사이의 경쟁으로 대체한 1960년 이후 오스트리아와 1970년대 네델란드를 들 수 있다.

협의주의는 민주주의 이행 모델로 나타나기도 하였다. 콜롬비아는 1957년 시체스(Sitges) 협약으로 국민전선이 형성되었으며 협약은 국민투표로 결정되고 의회에서 구체화되었다. 이후 12년간 의회와 각 기관은 동수로 구성되었으며, 2/3 제한다수제를 도입하였고, 대통령은 순연되었다(콜롬비아는 1970년대 이후에는 경쟁체제로 변경하였다). 베네수엘라의 경우 1908년 ~ 1946년 독재체제를 경험했으며 3년의 짧은 민주주의를 경험하다가 다시 권위주의체제로 복귀된 경험을 가지고 있었다. 58년 민주화된 베네수엘라의 세 주요 정당은 분토피호(Punto Fijo) 협약에 동의하였다. 이 협약은 약한 협의제적 특징을 가지고 있는 바 선거결과에 대한 순응과 최소한의 입법계획 보장, 사용자 · 노조 · 교회 · 군대의 지지를 획득함으로써 체제의 안정성을 확보할 수 있었다.

반면, 협의주의의가 민주주의를 보장하지 못한 사례도 존재한다. 말레이시아는 1969년 14년간의 협의제가 붕괴되었으며, 북아일랜드의 경우 신교도 다수가 거부함으로써 성립되지 못했다.

3) 협의제 민주주의의 조건

가. 정치엘리트의 협의제에 대한 인식

협의제 결정구조가 바람직하고 실현가능하다고 믿어야 하며, 협의제 결정구조가 작동할 수 있는 기술과 내부적 동기가 존재해야 한다. 즉, 북아일랜드나, 1975년 레바논에서 협의제가 성립되지 못한 것은 이 때문이다.

또한 민주적 제도와 국가의 독립에 대한 신념이나 화해 · 상호조정 · 타협 등을 선호하는 문화(혹은 사회적 학습을 통한 신뢰), 협의주의를 선택하지 않을 경우 홉스주의적 투쟁만이 있을 것이라는 인식이 요구된다. 베네수엘라, 오스트리아(1918~1933년) 등의 경우 파괴적 갈등을 경험한 이후 파국을 피하기 위해 정치엘리트들이 합의주의들이 수용할 수 있었다. 물론 협의제가 성립한 이후에는 구조가 태도 · 행동 · 기술 등을 강화하는 데 도움이 된다.

나. 세력 균형

하부문화집단이 그 수 등에 있어서 어느 정도 세력균형을 이룰 때, 그리고 어느 집단도 인구 과반수를 획득하지 못하여 단독정부를 구성할 수 없을 때, 하부집단의 수가 많을수록 협의제 정착에 유리하다.

다. 정당의 역할

정당은 각 하부 집단을 대표하며, 정당의 지도자에 대해 하부 집단 구성원이 신뢰하거나, 지지 · 수용한다.

정당 내부 권력이 집중되어 정당 지도자간 구속력 있는 합의에 이를 수 있는 권위가 부여되어야 한다. 이는 협상이 대중적 논의와 참여로는 이루어지기 힘들기 때문이다.

라. 소규모 국가

엘리트들 간의 접촉 가능성이 높으며, 외부의 위협에 의한 취약성이 내부 결속에 대한 동기를 제공한다는 점에서 소규모 국가에서 유용하다는 것이다.

4) 한국사회에서의 적실성

가. 주요 주장

협의제 민주주의의 한국사회에 대한 적실성은 세 가지의 상이한 견해가 존재한다.

첫째, 지역을 초월하여 권력분점이 가능하고, 통일 이후 남북간의 갈등을 해결하기 위한 협의제적 연립의 틀을 제공할 수 있다는 점에서 적극적으로 수용해야 한다는 견해가 존재한다. 특히, 협의제는 소수에게 권력에 대한 참여를 허용함으로써 갈등을 제도화할 수 있다고 보는 것이다. 특히, 개방형 소국경제의 정치모델로서 긍정적인 의미를 갖는다고 본다.

둘째, 유보적 입장에서 소극적으로 검토하는 입장이 있다. 통일 한국을 대비한 권력구조로서 협의제 민주주의를 기반으로 하는 스위스식의 연방제를 고려하는 입장이 있다. 협의제는 권력독점을 막을 수 있고, 지역갈등을 해결할 수 있는 상원을 구성할 수 있고, 지역 등가의 비례대표가 가능하며, 엘리트 충원이 개방될 수 있는 장점을 지니면서도 문화적 이질성이 강하지 않은 한국 사회가 명분 없는 지역분할을 고착화시킬 수 있다는 측면을 지니고 있음을 인정한다.

셋째, 비판적 관점이 존재한다. 이 입장에서는 내각제와 함께 오랜 시일 동안 협의제적 관행이 형성되면서 형성된 것이 협의제 민주주의이고, 이질성의 정도가 높지 않은 사회에서 소수에게 비토권을 부여하는 경우 사회 이질성을 오히려 심화시키고, 소수파의 거부권이 남용될 경우 사회적 비효율성이 초래될 수 있다는 점을 지적한다.

나. 비판적 검토

한국사회에서 협의민주주의는 지역갈등에 대한 대안적 메커니즘으로, 또한 통일이후의 정치제도를 디자인할 때 승자독식체제인 다수결제도가 갖는 취약성의 문제를 지적하면서 그 대안적 제도로 논의되고 있다. 여기에서는 통일 이후의 한국 정치제도로서의 협의민주주의를 논외로 하고, 지역주의에 대한 대안으로서의 협의민주주의의 적실성에 대해 간략하게 검토해 본다.

먼저 한국사회가 과연 다극사회인지에 대한 답변이 필요하다. 즉, 지역갈등의 정도가 심하고 그렇지 않고의 문제가 아니라 과연 각 지역의 배타적 혹은 사활적 이익과 관련된 부분이 있는가에 관한 것이다. 지역갈등이 위로부터 부과된 것이라 할지라도 일상화(영호남간의 갈등이 타지역으로 확산되고 있다는 의미에서)되고 있고 계급갈등의 정도가 심하다고 지적되지만, 한국사회가 동질성과 중앙집중을 특징으로 한다는 점은 협의제 민주주의의 토양과는 거리가 있다고 하겠다.

둘째, 협의민주주의는 엘리트주의적 처방이다. 즉, 각 정치세력의 지도자들 간의 결단과 이들의 타협에 의존하는 민주주의라 할 수 있다. 현실적으로 정치세력은 정당으로 표출되며 그것은 한국의 경우에도 마찬가지이다. 즉 지역주의에 기반 한 정당들 간의 타협에 의존할 수밖에 없다고 할 때, 오히려 지금의 사당주의 · 수혜자주의적 정당을 고착화시켜버리고 시민사회에 기반 한 정당정치의 제도화를 요원하게 만들어 버릴 가능성이 높다고 하겠다.

오히려, 지역주의의 문제는 모든 권력과 자원의 중앙집중과 공정한 제도적 절차의 부재, 이로 인한 후원수혜자주의의 확산에 기인한다고 볼 때, 이는 국가-사회의 공정한 규범의 확립으로 해소되어야 할 문제라 사료된다.

마지막으로, 선거에 있어서 비례대표제는 기존의 다수대표제와 비교할 때 다원화되는 한국사회의 갈등구조의 해결이라는 관점에서 긍정적이라 할 수 있다. 하지만, 그것은 협의제 민주주의의 전면적인 도입만으로 이루어지는 것이 아니라 다수결제의 변형된 형태로 운영이 가능하다는 점에서 협의제로의 전환을 위한 근거로는 미약하다고 하겠다.

5. [심화] 의사결정과 투표이론[23] 2011 입법, 2014 입법

1) 주요 이론과 개념

가. Arrow 불가능성 정리

[1] Arrow 불가능성 정리란 타당하다고 여겨지는 공리인 보편성(합리성, 무제한성), 파레토 원칙, 독립성, 비독재성을 모두 충족시키는 사회후생함수(집단적 의사결정방식)는 존재하지 않는다는 것을 말한다.

- 합리성 : 사회적 선호는 항상 완비성(completeness)과 이행성(transitivity)을 충족해야 한다(합리성). 모든 개인의 선호를 고려해야 하며, 개인의 희생을 토대로 사회적 선호를 결정해서는 안된다(x〉y이고, y〉z라면, x〉z여야 한다).
- 선호의 무제한성, 보편성(universality) : 모든 개인선호에 적용될 수 있는 규칙이어야 한다.
- 만장일치(Pareto원칙) : 모든 개인이 y보다 x를 선호한다면, 사회적 선호 역시 y보다 x를 선호해야 한다.
- 제3의 대안으로부터의 독립성(independence of irrelevant alternatives)사회의 선택은 개인적 선호에 의존해야 하며, 이와 무관한 대안에 의존하거나 영향 받아서는 안된다.
- 비독재성(non-dictatorship) : 한 개인의 선호가 사회적 선호를 결정해서는 안된다.

독립성의 원칙은 공리주의와 최소극대화원칙을 모두 배제한다. 또한, 다수결의 원칙은 합리성의 원칙을 어긴다. 따라서 독재를 허용하지 않으면 나머지 4개의 공리를 충족하지 못한다. 그러나 이는 비독재성에 위배된다.

- **단순다수대표제** : 사회 구성원의 선호가 비슷하다면 비독재성 위배 없이 사회적 선호의 도출이 가능하다. 달리 말하면, 단봉선호 체계 하에서 다수결은 모든 공리를 충족시킨다는 Black-Downs 정리와 같은 결론이다. 그러나 다봉선호 하에서는 이행성을 위반하며, 단봉선호라는 조건을 붙이는 경우에는 보편성(비제한성)을 위반한다. 참고로, 과반다수제는 이행성을 위배한다(투표 순환).
- **점수투표제, 보다투표제 등** : 투표순환 문제는 해결되지만, 기수적 서열을 배제하는 독립성을 위배한다.[24]
- **콩도르세 방식** : 콩도르세 승자가 없는 경우(다봉선호 하) 이행성을 위배한다.
- **만장일치** : 완비성과 비독재성을 위배한다. 예를 들어, A와 B 중에서 대다수가 A를 B보다 선호하는 상황(A〉B)에서 한명이라도 반대하면 A와 B의 우열을 가릴 수 없다(완비성 위반). 그리고 사회적 선호는 개인 선호의 서열에 의해 결정되어야지, 선호의 강도에 의해 달라지면 안 된다. 그러나 만장일치는 모든 개인에게 veto권을 부여하는 것이기 때문에 사회적 선호가 개인의 선호에 구속된다(부작위의 독재).

---

23) 이하 내용은 김재한 외 2012, 이만우 2006, 이정전 2008, Mueller 1992를 주로 참고하였다.

24) 애로우는 많은 경제학자와 게임이론가가 사용하는 선호에 임의의 값을 정하는 방식(von Neumann-Morgenstern 효용함수와 같이 서수를 사용하는 것)을 반대하였다. 왜 그랬을까? 게임이론에 대한 비판을 통해 알아보자.
게임이론은 효용을 중심으로 무엇이 더욱 선호되는 가에 관해서만 이야기한다. 그러나 이론모형이란 이론이 가정하는 조건들이 엄밀성을 유지하는 한에서만 현실 세계에 적용되는 추상이다. 엄밀한 계량화가 불가능한 경우 정확한 확률이나 결과를 도출할 수 없다. 즉, 임의의 수를 통한 분석에 따른 결론은 불완전할 수밖에 없다. 이 때문에 임의의 효용 값을 설정하는 게임이론들은 모든 것을 설명하는 만화경과 같다. 자신의 가치관에

[2] 이 정리는 사회적 선호선택에 있어서 비일관성이 배제될 수 없음을 시사한다. 이러한 현상은 투표의 역설로 인하여 빚어지는 현상으로, 투표를 통한 선호집약은 바람직한(합리적인) 선택을 보장하지 못함을 의미한다. 이는 사회후생함수가 존재하지 않음을 동시에 시사한다.[25)]

K. Arrow에 따르면 다양한 개인의 선호 속에서 사회적 균형을 이끌 수 있는 유일한 방법은 독재이다.[26)] 이는 투표순환을 감수할 것인가, 독재를 수용할 것인가라는 양자택일 문제로 제기된다(이정전 2008). 이 때문에 경제학 등에서는 어떠한 사회적 의사결정도 민주적(비독재적)인 동시에 효율적(합리적)일 수 없고, 경제성장과 같은 효율성을 위해서는 권위주의나 독재가 불가피하다는 주장으로 이어지기도 했다.

이와 관련하여, 애로우가 제시한 공리를 완화하는 경우 투표순환이 나타나지 않음을 보여줌으로써 대안적 의사결정규칙을 찾으려는 노력이 나타났다. 예컨대, K. May는 합리성의 조건을 배제하고 공정성을 통해 단순다수결의 정당성을 제시했으며, A. Downs는 보편성의 조건을 완화함으로써 다수결의 타당성을, J. M. Buchanan은 독립성의 조건을 완화함으로써 합의 방식의 타당성을 제시하였다. 또한 J. Rawls의 차등원칙은 가장 불우한 사람을 독재자로 만드는 것이기 때문에 정의로운 독재를 허용하는 것이라 할 수 있다. 반면, A. Sen은 애로우 불가능성 정리는 민주주의에 국한된 것이지 자유민주주의와는 거리가 있다고 하면서, 선호의 무제한성, 파레토원칙, 최소자유 원칙을 제시하고, 이를 충족시키는 사회후생함수는 존재하지 않는다고 하였다(Sen의 불가능성 정리).

[3] 애로의 정리는 수학적 증명으로, 많은 경우 단순하게 해석해 왔다 : '공정한 투표란 없다', '순위를 매기는 모든 투표방법은 오류가 있다.', '오류가 없는 투표는 오직 독재뿐이다.' '효율성과 민주성을 모두 충족시킬 수 있는 의사결정방식은 존재하지 않는다'.

그런데 애로우의 조건 중에서 합리성의 조건을 포기하면, May의 정리와 같이 가능성의 정리가 될 수 있다. 애로우가 수학적으로 증명한 것은 사회후생함수가 존재하지 않는다는 것이지, 민주적 여론 수렴 혹은 집단적 의사결정이 불가능하다는 것은 아니었기 때문이다.

현실의 투표제도는 대부분 독립성의 조건을 위배한다. 그런데 독립성을 위배하는 것이 비합리적 결과를 가져오는 것도 아니다.

> 예를 들어, 불평등을 완화하기 위해 국가 혹은 사회가 정책적으로 개입해야 한다는 주장을 들어보자. 이 주장은 애로우 조건 중에서 독립성을 위배한다. 그런데 공리주의에 따르면 똑같은 100만원이지만 부자의 효용보다 가난한 자의 효용이 훨씬 크다. 부자의 소득을 가난한 자에게 이전하는

맞는 임의의 값을 설정하고 자신의 가치관에 부합되는 이론적 결론들을 도출해 낸다(W.Poundston 2004). 예컨대, Wermer Guth는 기존의 게임이론이 현실과는 다르다는 것을 설명하는 최후통첩게임이론을 제시하였고, 조건 값을 살짝 변경하여 이를 뒷받침하는 독재자 게임이론이 만들어 졌다. 그러자 조건 값을 다시 변경하여 최후통첩게임과 독재자 게임 이론과는 반대되는 결론을 보여주는 독재자 게임이론II(다수결의 비극)이 만들어 졌다. 이는 이론가는 조건값을 변경함으로서 자신이 원하는 결론을 마음대로 바꿀 수 있다는 것이다.

25) 따라서 개인들의 선호를 사회적 선호로 바꾸는 사회후생함수가 존재하지 않으므로, 사회후생함수의 존재를 가정하고 경제적 분석을 행하는 것은 잘못된 방법일 수 있다. 사회후생함수는 사회구성원들의 진정한 선호를 반영하는 것이 아니며 특정한 가치판단에 기준하고 있으므로 경제적 분석에 사용되어서는 안 된다는 것이다. 자세한 내용은 경제학에서 배웠을 것이다.

26) '보편성, 만장일치, 독립성이라는 공정성 조건을 충족시키는 사회후생함수는 독재적 사회후생함수 뿐이다.'라는 Arrow 일반가능성 정리라 한다.

경우 사회전체 후생은 증가한다. 즉 합리적인 결과를 가져온다. 이와 유사하게 정의로운 독재를 허용하는 롤즈의 차등원리(maximin)를 수용할 수 있다. 차등원리는 가장 불우한 사람을 독재자로 만드는 것이지만, 사회전체 후생은 공리적 관점에서 볼 때 증가하기 때문이다.

이와 관련하여 뷰캐넌은 “완벽한 선호체계를 도출해 낼 수 없다는 것이, 현실에서 직면하게 되는 제한된 수의 선택 가능성 사이에서도 선택이 불가능하다는 것을 의미하는 것은 아니”라고 주장한 바 있다. 뒤집어 보면, 정치적 결정은 단순히 투표로 결정되어서 안 되며, 수많은 토론과 협상을 통해 합의를 이끌어 내는 방식으로 진행되어야 한다는 주장이 설득력이 있다는 것이다.

나. 다수결 방식

콩도르세 기준과 투표역설(투표순환)

Borda와 동시대 인물인 마르퀴 드 콩도르세(Marquis de Condorcet)는 다수결 투표로 결정한 내용이 사회 전체가 원래 생각했던 결과와 달라지는 현상을 발견하고 이를 ‘투표의 역설’이라고 불렀다.[27] 그는 세 사람의 후보자가 출마했을 때 투표자가 선호하는 1위 후보에만 투표하는 경우와 투표자가 선호하는 세 후보자의 우선순위를 투표에 반영할 때의 선거결과가 다르게 나올 수 있음을 지적하였다. 그는 투표역설을 방지하기 위해 선호순위를 반영하는 제도를 적용하는 경우에는 최악이 아닌 후보가 당선될 확률이 높아진다고 지적하였다. 그러면서, ‘일대 일’ 맞대결에서 다른 모든 의안을 압도하는 의안이 집단의 의사로 채택되어야 한다는 기준을 제시하였다. 즉, 둘 씩 맞대결(단순다수결)에서 다른 모든 대안을 압도하는 의안은 집단의 의사로 채택되어야 한다. 이를 콩도르세 기준이라 한다. 그런데 토너먼트 방식인 콩도르세 기준은 파레토 열등해가 최종적으로 채택될 수 있다.

‘콩도르세 역설’ 혹은 ‘투표역설’은 Black에 의해 정리되었다. 투표 역설은 과반투표제에 의해 도출된 사회적 선호가 순환적으로 되는 현상을 말한다. Black에 따르면 투표의 역설이 존재하는 경우, 안건을 상정하는 순서에 따라 결과가 달라진다. 아래 그림에서처럼 단순 과반수 투표에 부치면 a>b, b>c인 경우 a>c이어야 하지만(이행성의 조건), 실제로는 어느 대안도 다른 대안을 패배시키지 못한다. 이 경우 의사진행조작(agenda manipulation, 선호조작)을 할 유인이 발생한다.

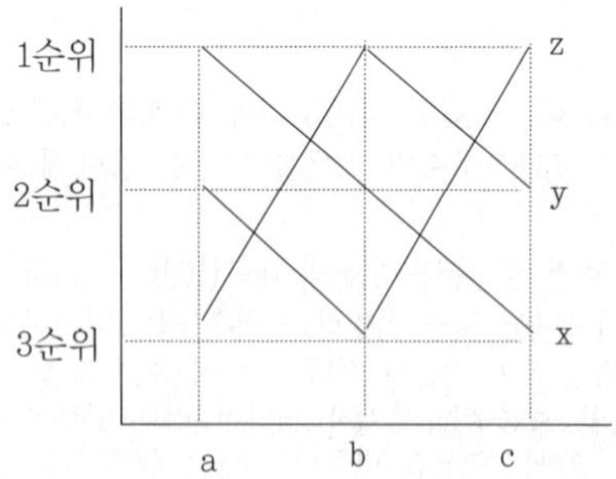

- x는 a>b>c, y는 b>c>a, z는 c>a>b를 선호
  - a와 b는 2:1로 a가 선호된다.
  - b와 c는 2:1로 b가 선호된다.
  - c와 a는 2:1로 c가 선호된다.

  - a-b 승자와 c의 대결에서 c가 채택된다.
  - b-c 승자와 a의 대결에서 a가 채택된다.
  - c-a 승자와 b의 대결에서 b가 채택된다.

27) 애로우의 가능성 정리(Arrow's possibility theorem)는 민주적 절차에 따른 다수결 원칙이 갖춰야 할 조건들을 고려하여 콩도르세 역설을 일반화한 것이라 할 수 있다.

Bowen-Black 다수결모형, Downs 정리(중위투표자 정리, median voter theorem)

투표역설이 나타날지에 대해서는 개인들이 지니고 있는 선호에 의존하게 된다. D. Black에 따르면 안건이 일차원적이며 모든 투표자들이 단봉선호[28]라면 과반수투표제를 사용하여도 투표의 역설은 발생하지 않는다. 아래 그림은 앞의 선호구조와 달리 c의 선호가 바뀐 상태로 표시되어 있다. 이 경우 투표에 부치는 순서와 무관하게 항상 b가 승리하게 된다. 따라서 투표역설이 나타나지 않게 된다.

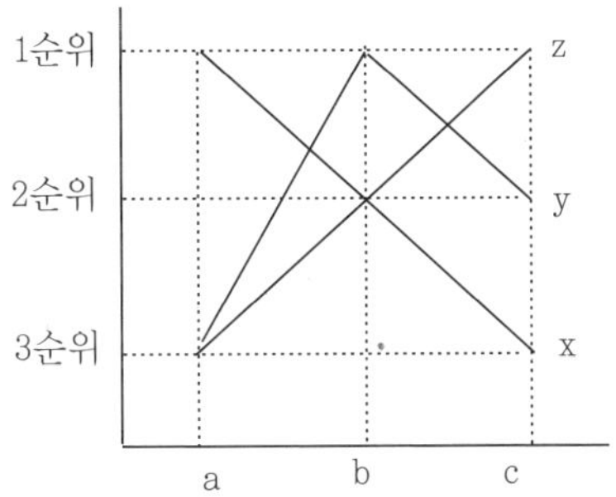

단봉선호

- x는 a>b>c, y는 b>c>a, z는 c>b>a를 선호
  - a와 b는 2:1로 b가 선호된다.
  - b와 c는 2:1로 b가 선호된다.
  - c와 a는 2:1로 c가 선호된다.

  - a-b 승자와 c의 대결에서 b가 채택된다.
  - b-c 승자와 a의 대결에서 b가 채택된다.
  - c-a 승자와 b의 대결에서 b가 채택된다.

A. Downs는 호텔링 법칙(Hotelling's Law)을 원용하여 두 정당이 존재하고, 유권자와 정당이 합리적이며, 단봉선호구조가 주어진 상황에서는 두 정당의 정강 및 공약은 중위투표자의 선호로 수렴되는 현상이 발생함을 규명하였는데 이를 '중위투표자 정리'라 한다. 이 경우 극단적인 정책이 아닌 중도적인 정책이 채택된다. 즉, 중위투표자 정리에 의하면 그림에서 보듯이, 각 유권자의 지지를 극대화하려는 정당은 자신의 정책을 중도적 입장으로 변경하게 되고, 이 과정에서 양 정당의 정책은 수렴된다(김용호 2003).

중위투표자가 선호하는 정책이 결정되는 경우, 극단적인 정책이 채택되는 경향을 줄이고, 정치적 안정을 달성할 수 있게 한다는 장점이 있다. 그러나 중위 선호의 결과가 항상 효율적인 것만은 아니며, 소수의 희생을 전제로 다수의 이익을 극대화하는 다수의 횡포가 나타나기도 한다.

그러나 i) 단일 사안이 아닌 여러 사안인 경우, ii) 정당이 셋 이상이거나 합리적이지 않은 경우(득표극대화를 추구하는 실용정당이 아닌, 이념정당인 경우), iii) 유권자가 이슈가 아닌 후보자의 개인적 매력 등에 이끌리는 등 합리적이지 않은 경우 이 결론은 성립되지 않는다. iv) 또한 유권자의 선호 강도를 고려하지 않았으며, 기권자가 많은 경우에 이 결론과 다른 결과가 나올 수 있다.

---

28) 어떤 개인의 선호체계에서 특정한 점을 잡았을 때, 그 점으로부터 어떠한 방향으로 조금이라도 움직이면 효용이 감소되는 점을 봉우리(peak)라 한다. 단봉선호(single-peaked preference)를 지닌다는 것은 투표자의 효용함수에 봉우리가 하나밖에 없다는 것이며, 둘 이상인 경우 다봉선호(multi-peaked preference)라 한다. 단봉선호는 소비자가 볼록 선호를 가지고 있고, 재화상대가격이 고정된 경우에 나타난다.
투표자가 공공재의 양을 결정하는 상황에서 비용은 투표자가 낸 세금으로 충당하는 경우를 생각해 보자. 투표자의 효용함수는 준선형함수이고, 공공재로부터의 효용이 단조증가하는 경우 단봉선호가 나타난다. 그러나 이 조건이 현실에서는 충족되는 것은 극히 제한적이다. 현실은 셋 이상의 대안 중에 선택해야 하는 경우가 대부분이기 때문이다.

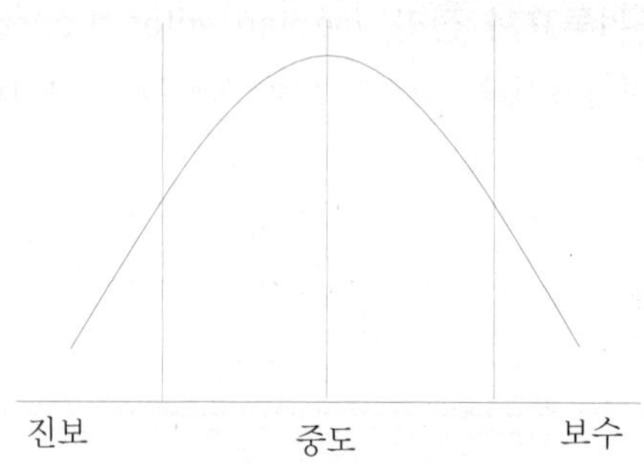

- 유권자 분포가 그림과 같다. 즉, 다수유권자는 중간위치(중위)에 분포한다.
- 다수결은 중위수의 선호가 채택되도록 한다.
- 진보성향의 유권자는 보수적 정책이 채택되는 것보다 나은 결과이기 때문에 만족하게 되며, 보수성향의 유권자도 동일한 이유로 만족하게 된다.

J. Buchanan & G. Tullock의 의사결정모형과 Log-rolling(투표교환·투표담합)

[1] 전통적 이론은 공공재 공급결정에 있어 의사결정비용만을 고려하였다. 그러나 의사결정비용 외에 집행과정에서 발생하는 집행비용 · 순응비용과 같은 외부비용도 고려해야 한다.

참여자가 늘수록 조정비용(결정비용)이 증가하지만, 의사결정과정에 참여하여 자신의 선호를 반영한 경우 집행과정에서 반발이 줄어들기 때문에 집행(순응)비용은 참여자가 늘수록 줄어든다. 결정비용과 집행비용을 종합적으로 고려한 총비용은 아래 그림에서 보듯이 두 곡선이 대칭적일 경우에는 단순 다수결의 방식에서 가장 적게 나타난다. 반면에, 전시와 같이 외부비용이 작고 신속한 결정이 필요할 때에는 단독결정방법을 채택하는 것이 효율적이고, 외부비용이 매우 클 때는 압도적 다수결의 방법(만장일치나 중다수)가 효율적이다. 즉, 다수결이 항상 효율적인 것은 아니다. 결론적으로, 투표에 의한 의사결정에서 다수결은 선호가 동질적일 경우(單峰선호)에만 효용이 발휘될 수 있다. 선호 구조가 다봉형일 경우에는 협상 등과 같은 대안이 검토되어야 한다.29)

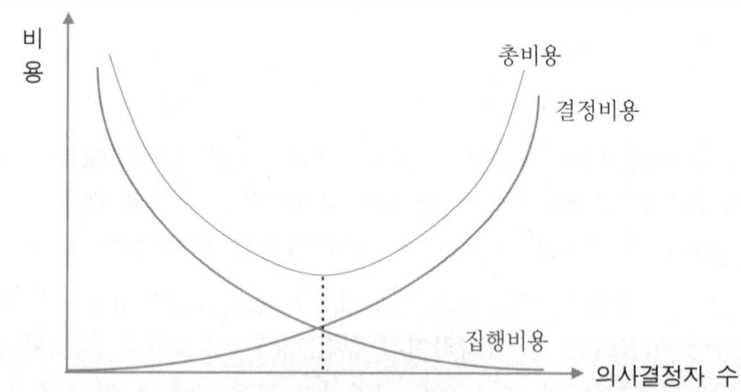

[2] 선호와 무관하게 담합하는 경우30) 사회적 선호는 결집이 가능하여 투표순환이 나타나지

29) 이러한 맥락에서 뷰캐넌과 툴록은 공공재 공급에서 다수결보다 만장일치와 같은 협상(담합)을 통한 의사결정방식이 모든 행위자를 만족시킬 수 있다고 본다. 서울에서 부산까지 열차를 운행하기 전에 행위 규칙을 정해야 한다고 보자(사회를 구성하는 헌법적 혹은 법률적 규칙을 정하는 경우라 생각하면 된다). 흡연 여부가 안건으로 상정되었다. 승객의 70%가 비흡연자이고 30%가 흡연자인 경우, 다수결로 결정하는 경우 전좌석이 비흡연석으로 결정될 것이다. 반면, 만장일치(토론)의 경우에 흡연자가 객차의 1칸에 한해서 흡연이 가능하도록 하자고 수정제안을 하고 비흡연자가 이를 수용하는 경우 모든 승객이 만족할 수 있다는 것이다.

30) 이는 애로우의 공리 중 무관한 선택으로부터의 독립성 조건을 위배한다.

않고 특정 대안이 채택된다. 예를 들어, 각각의 대안에 대한 찬성과 반대가 다음 표와 같을 때, 묶음으로 표결에 붙이는 경우에 집단행동의 딜레마 극복이 가능한 소수파의 담합으로 통과가 가능하다.

구 분	찬 성	반 대
안건 A : 학자금 융자	10%	90%
안건 B : 농가부채탕감	20%	80%
안건 C : 최저임금인상	30%	70%

- 표에서 세 안건이 독자적으로 표결에 붙여지는 경우 모두 부결된다.
- 하지만 세 집단이 집단행동의 딜레마를 극복하고, 상호간의 투표교환을 통해 상호지지를 해 주는 경우 6:4로 통과될 수 있다.

투표교환이 꼭 부정적인 의미를 갖는 것만은 아니다. 다수결방식이나 투표교환 모두 효율성을 보장하지는 않지만(효율적인 결과를 낳기도 한다), 다수결과 달리 소수의 이익이 보장될 수 있기 때문이다. 대표에 대한 신뢰가 확보되고 협상에서의 거래비용이 적은 경우 협약민주주의(bargain democracy ; 투표교환)가 바람직한 반면, 대표자가 특수이익을 추구하는 경우 다수결 민주주의(median democracy ; 중위투표)가 바람직하다.

William Riker의 최소승리연합(minimum winning coalition)

W. Riker는 「정치연합이론(The theory of political)」에서 행위자들이 연합(coalition)을 형성할 때, 그 연합의 규모는 승리를 할 수 있는 최소한의 크기로 이루어진다는 '규모의 원칙(size principle)'을 제시하였다. 최소승리연합이 이루어지는 것은 연합하고자 하는 행위자의 상반된 두 가지 심리에 기인한다. 연합에 참여하고자 하는 행위자는 자신이 참여한 연합이 승리연합(winning coalition)이기를 바라면서도, 상대정당과의 경쟁에서 승리하고 난 후 가능한 한 많은 전리품을 차지하려 한다. 즉, 연합 결과 절대다수에 가까울 때 각 정파에게 돌아가는 몫의 크기가 적어지기 때문에 승리에 필요한 최소한의 표(50% + 1표)만으로 연합이 이루어진다는 것이다. 이를 '딱 한 표 차이로 이기기'라고 한다. 마치 범죄자들 간의 협력이 어렵고 성공하더라도 서로가 서로를 제거하려는 유인이 많은 것과 같은 논리다.

YS 당	JP 당	DJ 당
49%	3%	48%

각 정당의 지지율이 위 표와 같다고 하자. 이 경우, YS와 JP의 연합보다는 DJ와 JP의 연합형성 가능성이 오히려 높다는 것이 W. Riker의 주장이다. 이러한 최소승자연합 형성에서는 소수파라 할지라도 연합에서 소수파의 필요성이 높아질수록 그 행위자가 담당하는 역할도 커지게 된다. 따라서 승자연합의 다른 일원들이 요구하는 만큼의 지위와 대우를 요구할 수 있다.

다. 만장일치제(전원합의제, unanimity)

다수결에 의한 의사결정의 극단적 형태로 전원의 찬성을 요구하는 전원합의제가 있다. 전원합의제는 애로우의 공리 중에서 파레토원칙에 근거한다. 이 원칙은 모든 사람들의 효용이 증가할 때, 즉 효용이 감소하는 사람이 한 사람도 없을 때에만 적용되며, 그렇지 않을 경우에는 가치판단이 유보된다. 그러나 전원합의제는 전원에게 거부(veto)권을 부여하는 것으로 한 사람의 반대로 다른 모든 사람의 의사를 지배할 수 있으며(부작위의 독재), 의사결정비용이 높아지게 된다는 점에서 잘 사용하지 않는다.

바. 보다투표제(de Borda rule, Borda count)

유권자가 10명이고, 후보자가 3명인 선거에서 유권자의 선호가 다음과 같다고 해보자(B를 가장 싫어하는 유권자가 1명인데, 표에서 그 유권자가 A를 지지한다고 가정한다).

후보자	A	B	C	(당선자)
지지하는 유권자	4	3	3	
싫어하는 유권자	6	1	3	
선호투표	4	3	3	→ A
전략투표	4	6	0	→ B

다수결방식에 따르면, A가 당선자가 되지만, A가 당선되면 안 된다고 생각하는 유권자들의 경우 나머지 후보자 중에서 당선가능성이 높은 후보자에게 투표를 한다면 B가 당선자가 된다. 다수결방식이 다수의 선호에 반하는 결과로 나타날 수 있다는 것이다. 이를 보다 역설(Borda's Paradox) 혹은 다수결의 함정이라 한다.

Borda 방식은 안건이나 후보자들에 대한 순위를 매긴 후 각 순위에 해당하는 점수를 더하여 최종승자를 결정하는 투표제를 말한다. 전원합의제나 과반수투표제는 투표자들이 지닌 선호의 강도가 전달되지 않는다면 보다 투표제는 약하게나마 선호의 강도를 반영하는 투표방식인데, 보다는 이를 통해 다수결의 함정을 피할 수 있다고 보았다.

Borda 방식에서는 총점에 의거하여 사회적 선호를 결정하기 때문에 과반수투표제와는 달리 이행성을 충족시키지만 자신이 가장 싫어하는 대안이 선택될 가능성을 우려하는 투표자가 조작된 선호를 투표에 반영하는 전략적 행위를 할 가능성이 있다는 단점이 있다(애로우의 공리 중 무관한 선택으로부터의 독립성 조건을 위배한다).

바. 점수투표제(point voting)

투표자에게 미리 정해진 점수를 부여하고 각 투표자들이 자신이 가지고 있는 점수 내에서 자신의 선호에 따라 점수를 매기는 방식으로, 선호의 강도를 강하게 반영할 수 있다. 그러나 보다 방식과 마찬가지로 투표자들은 전략적 투표의 유인이 존재한다.

2) 투표규칙과 다수결

가. 의의(서론)

민주주의는 자기결정원리 혹은 정치적 평등주의를 지향한다. 따라서 민주주의를 어떻게 정의하든 인민의 의지를 확인하는 과정이 요구된다. 이런 맥락에서 인민의 의지를 집약 혹은 도출하는 투표는 민주주의의 필수적 요소라 할 수 있다.[31)]

31) 만약, 참여민주주의에 관한 문제 혹은 심의 민주주의에 관한 문제라면, '참여 / 공론은 민주주의의 필수적 요

민주주의의 장점은 평화롭고 조용하게 훌륭한 결정을 내리는 데 있는 것이 아니다. 시민들이 이러한 결정들의 질을 판단할 수 있는 권리를 부여하고 보장하는 데 있다. 민주주의는 대중들이 공개적으로 판단하는 규칙이다. 이것이 민주주의에서 '투표'가 차지하는 의미이다 ; 투표는 demos의 의사를 확인하는 수단으로 민주주의의 필수불가결한 제도라 할 수 있다.

그런데 선거는 주권자가 권력을 창출하는 수단이자 주권자인 시민의 선호를 집약하고, 나쁜 지도자를 끌어 내릴 수 있는 통제 수단이지만, 루소가 '영국인들은 4년에 하루(선거가 있는 날)만 자유롭다'고 했던 의미를 되새길 필요가 있다.

또한, 미국의 노예제, 히틀러 체제 모두 선거를 통해 수용되었거나 성립되었다. 무엇보다도 (정치적으로 본다면) 공정하고 자유로운 선거가 분리주의자, 성・인종차별주의자나 파시스트들이 선출될 수 있다는 것, 이것이 딜레마이다.

나. 선호집약의 조건

투표가 demos의 선호를 올바르게 집약하기 위한 조건으로 더글라스 라이(D. Rae)는 투표를 통해서 도출된 결과가 '일관성을 갖는가? 조작된 선호는 아닌가?'라는 기준을 제시한 바 있다. D. Rae가 제시한 조건은 합리성과 공정성의 다른 표현이며, K. Arrow가 제시한 공리는 이를 구체화한 것이다. 여기에 'x, y라는 두 대안이 존재하는 경우 어떤 결정이 내려져야 한다(x채택 or y채택, or 두 대안 모두 부결)'라는 일관성의 조건을 추가하기도 한다. R. Dahl은 다음과 같이 설명한다.

> 어떤 사람들의 집합이 있으며, 그들이 집합적 결정을 할 필요가 있다. 정치적 평등주의 혹은 민주주의를 가정하는 경우 결정은 어떻게 이루어져야 하는가? 그것은 민주적 과정의 기준과 가정에 부합해야 한다. 그리고 어떤 결과가 선택되어야 하며, 결정규칙은 실행 가능해야 하며, 참여자들이 받아들일 수 있어야 한다. (직관적으로 본다면) 정치적으로 평등하다는 가정으로부터 '소수가 다수를 이겨서는 안 된다(**자기결정의 극대화**)'는 것은 명확하다. 만약, 소수가 다수의 결정에 대해 거부권을 행사한다면, 실제로는 소수결(소수지배)이 될 것이다. 이런 맥락에서 D. Rae는 '다수결은 더 많은 사람이 더 적은 사람에게 패배할 가능성을 차단하는 결정 규칙이다. 물론, 이 가정은 합리성이나 정당성으로부터 도출된 논증은 아니며, 사회적 수용 가능성에서 도출된 것이다(R. Dahl 1999b).

정치적 평등주의를 수용한다면 집합적 의사결정(선호집약)은 특정인의 선호가 과다대표되거나 과소대표되지 않아야 하며, 특정 대안이 과다평가되거나 과소평가되어서는 안된다. 즉, 집합적 의사결정에서 중요한 것은 결정이 공정한가에 있다는 것이다. K.May는 이런 맥락에서 공정성, 익명성, 단조성의 조건을 제시하였다.

- **익명성** 혹은 무차별성(시민에 대한 중립성) : 특정인이 다른 사람보다 유리해서는 안 된다.[32)]
- **중립성**(대안에 대한 중립성) : 투표 절차는 대안들에 대해 중립적이어야 한다. 사전에 특정 대안이 결정되거나 결정되지 않도록 혹은 특정 선호에 유리하거나 불리해서는 안 된다.
- 긍정적 반응성(효용극대화) 혹은 **단조성** : 어떤 사안에 대한 구성원의 지지가 증가한 경우 그 의안은 투표에서 불리해져서는 안 된다.

소라 할 수 있다.'라고 서술하면 된다.

32) 무차별성은 무차별성이란 투표결과는 누가 찬성표를 던졌고, 누가 반대표를 던졌는지와 무관하게 결정되어야

다. 의사결정규칙과 다수결의 정당성

K.May가 제시한 조건에서 공정성과 관련된 핵심 조건은 무차별성 혹은 익명성, 중립성, 단조성이다. 대안이 2개인 경우 단순다수결을 제외한 모든 결정방식은 위 조건을 위배한다. 즉, 2/3 다수결과 같은 가중다수방식, 캐스팅 보트를 허용하는 방식, 상황 혹은 대진표에 따라 결과가 달라지는 콩도르세 기준 혹은 토너먼트 방식은 모두 중립성 조건을 위배한다.[33] (상위득표자 결선방식 혹은 선호투표제는 단조성 조건을 위배하며,[34] 시장은 유산자의 선호가 과다대표되고 무산자의 선호가 과소대표되기 때문에 무차별성을 위배한다. 반면, 두 대안에 대한 선호의 집약에서 단순다수결은 공정성의 조건을 충족시킨다.

- **다수결의 정리1(K.O.May의 정리)** : 단순다수결은 공정성의 조건을 동시에 충족시키는 유일한 집단의사결정규칙이다. 반대하지 않는 자를 찬성하는 자로 간주한다면, 단순다수결은 과반수다수결을 의미하며, 과반수 다수결은 가장 공정한 의사결정 방식이 된다.
- **다수결의 정리2(Rae-Taylor정리)** : 개인의 입장에서 보았을 때, 집단의 결정이 개인의 결정과 합치될 확률을 극대화하는 의사결정규칙이 최선이라 한다면, 단순다수결은 최선의 의사결정규칙이다.

라. 다수결의 한계

다수결의 함정

단순다수결은 현실에서 다수독재의 문제 뿐 아니라, 소수독재(다수결의 함정)라는 문제를 안고 있다. 일대일 대결에서 다른 모든 대안에 대해 승리하는 의안을 콩도르세 승자(Condorcet winner)라 하며, 다른 모든 의안에게 패배하는 의안을 콩도르세 패자(Condorcet loser) 혹은 콩도르세 열등해라 한다. 1987년 대통령 선거에서는 노태우 후보자가 콩도르세 패자였고,[35] 1840년 미국의 대통령 선거에서는 링컨이 콩도르세 패자였다. 그럼에도 불구하고 노태우와 링컨이 당선되었다. 이를 콩도르세는 투표의 역설(다수가 가장 싫어하는 대안이 승자가 되는 역설)이라 불렀다.

투표순환(투표역설)

셋 이상의 대안이 존재하는 경우 다수결은 demos의 선호를 정확하게 집약할 수 없다. 그래서 셋 이상의 대안을 선택하는 투표의 경우 콩도르세 기준을 위의 조건에 추가하기도 한다. 그러나 다봉선호 구조, 즉 콩도르세 승자가 존재하지 않는 경우 투표순환(투표역설)이 나타난다. 이는 다원성을 특징으로 하는 현대 사회에서는 '셋 이상의 대안 중에서 하나를 선택하는 결정에서 공

한다는 것을 의미하며, 익명성은 투표자의 이름이 투표결과에 영향을 주지 않아야 한다는 것을 의미. 익명성은 무차별성의 필요조건으로 비밀투표로 제도화 되었으며, 투표에서 실질적 평등, 즉 표의 등가성을 보장하기 위한 조건이다.

33) 콩도르세 기준과 토너먼트 방식은 현상유지안에 유리하게 구조화되어 있기 때문이다.

34) 이는 전략적 투표행위에 기인하는 데, 특정 대안이나 후보자에 대한 선호 혹은 지지가 증가함에도 불구하고, 2차 투표에서는 영향을 미치지 못하기 때문이다.

35) 1987년 여론조사 결과에 따르면, YS > DJ, DJ > Rho, YS > Rho였다. 즉, 노태우 후보는 김영삼 후보와의 대결에서도 패하고, 김대중 후보와의 대결에서도 패하게 된다(당시 유권자의 2/3가 노태우 후보를 가장 선호하지 않는 후보로 답하였다).

정성 조건을 모두 충족시키는 투표방식은 사실상 존재하지 않'음을 의미한다. 이는 K.Arrow의 불가능성 정리가 함의하는 바와 같다.

마. 민주주의와 선호집약

[1] Borda 역설(다수결의 함정)과 Condorcet 역설은 다수결 원칙을 위협하는 것은 아니다. 또한 다수결 원칙이 민주주의에 부합한다고 말할 근거도 없다. 그럼에도 불구하고 투표에 관한 대다수 이론들은 다수결의 한계를 규명하거나 반대로 정당성을 규명하는 데 관심을 쏟아 왔다.

다수결 원칙에 따른 선거는 민주주의를 실현하는 데 필요한 제도적 장치로 여겨져 왔다. 그러나 J. Buchanan & G. Tullock이 지적한 바와 같이 다수결이 모든 경우에 효과적인 선호집약 방식이 아니며, 정치적 집단의 규모와 이슈에 따라 결정되는 것이 타당할 수 있다.

또한 Borda 역설이나 Condorcet 역설, 그리고 Arrow 불가능성 정리는 정치적 평등주의를 실현하기 위한 선호집약 방식은 수학적인 모형으로 결정될 수 없다는 것을 시사한다. 애초에 이들 수학적 모형은 합리적 인간, 완전한 정보, 동일한 선호강도, 거래비용의 부재, 갈등 지형의 단순화라는 비현실적 가정에 기반하고 있다.

예를 들어, 다운스의 합리적 무지나 올슨의 집단행동의 딜레마의 논리적 결론처럼 다수가 정치의 장에서 이탈하는 것이 불가피한가? 투표율이 하락하고 있다고 평가되는 선진 민주주의 국가에서도 중요한 선거에서는 70% 정도를 보이고 있다(이를 투표행위의 역설 혹은 Downs의 역설이라 한다).

이들 이론은 시장에서 인간의 행위와 정치에서 인간의 행위가 다를 수 있음을 간과하고 있다. 예산제약과 가격이라는 정보를 기초로 선택하는 시장과 달리, 정치는 불확실성과 평등주의(1인 1표)라는 조건에서 선택이 이루어진다. 특히 자신의 선택이 결정적이지 않은 정치에서 행위자는 사적 이익이 아닌 다른 기준에 따라 행동할 수 있다는 것이다.

2019년 NO Japan이라는 슬로건 하에서 이루어진 불매운동을 보면, 취소 수수료라는 불이익에도 불구하고 일본여행을 취소한 사람들이 많았다. 또한 실증연구에 따르면 미국의 유권자들을 대상으로 한 연구에서는 개혁안으로 약간의 손해를 보는 집단의 46%가, 큰 손실을 보는 집단의 33%가 찬성표를 던지는 것으로 나타났다. 이는 (뒤에서 볼 Downs 모형에서 제시된) 편익과 비용보다는 기타요인인 정치적 효능감, 시민으로서의 의무감, 공공의식 등이 정치적 선택에서 크게 작용함을 시사한다.

[2] 그러나 지금까지 본 이론들을 간과해서는 안 되는 중요한 이유가 있다. 투표라는 형식을 통해 구성되는 권력이 실제 다수의 지지를 통해 정당성을 부여받은 것은 아니며, 투표를 통해 결정된 정책이 시민의 선호를 정확하게 집약한 공공선(공익)이 아니라는 것이다. 마냉이 적절히 지적했듯이(B. Manin 2004), 선거를 통해 대표성을 확보하고 이를 통해 민주적 정당성을 확보할 수 있다는 대의제 민주주의는 근본적인 한계를 갖는다.

사실, 민주주의를 어떻게 정의하든지에 상관없이, 직접 민주주의로 정의하든 혹은 대의제 민주주의로 정의하든 시민참여를 전제로 하는 민주주의는 **합리적 무지나 집단행동의 딜레마**가 불가피 하다고 가정하는 순간 작동될 수 없다. 민주적 실천은 정치적 평등주의를 실현하기 위한 완벽한 제도를 꿈꾸는 데 있지 않다.

뷰캐넌은 "완벽한 선호체계를 도출해 낼 수 없다는 것이, 현실에서 직면하게 되는 제한된 수의 선택 가능성 사이에서도 선택이 불가능하다는 것을 의미하는 것은 아니"라고 주장한 바 있다. 뒤집어 보면, 정치적인 결정은 단순히 투표로 결정되어서 안 되며, 수많은 토론과 협상을 통해 합의를 이끌어 내는 방식으로 진행되어야 한다는 주장이 설득력이 있다는 것이다.

때로는 상황에 따라 의사결정규칙을 달리 적용할 수 있다. 예컨대, 하위문화집단이 존재하는 경우 소수집단의 자유를 보장하기 위해서는 다수결 원칙을 포기하는 것이 나을 것이다. 국가의 문화적 동질성이 높다면 다수결이 적합할 수 있고, 갈등이 극심한 상황에서 체제 안정성이 위협받는다면 합의제가 적합할 수 있으며, 불확실성이 높은 경우(다수파와 소수파의 변경가능성이 높은 경우)라면 다수결이 적합할 수 있다. 현실에서 다수결방식보다 비례대표제나 합의방식이 더 일반적인 이유가 여기에 있다고 볼 수 있다.

이런 주장이 있다.

대의제 민주주의에서 대표성을 확보하는 것은 사실상 불가능하지만,
작동 가능한 민주주의는 대의제 민주주의일 뿐이기 때문에
책임성을 높일 수 있는 제도적 장치를 정교화하는 것이 필요하다.

대의제가 민주주의이기 위한 필요조건인 대표성은 이론적으로 불가능하다(명제 P). 그럼에도 불구하고 '작동 가능한 민주주의는 대의제이기 때문에(명제 Q)'라는 가정에 의해 대의제 하에서 작동 가능한 민주주의를 논하고 있다. [명제 P]에 의해 [명제 Q]는 논리적으로 성립될 수 없다. 따라서 책임성만을 가지고 대의제 하에서 민주주의가 작동될 수 있는 제도적 장치를 설계하는 것은 어불성설일 것이다. 또한 다운스 역설 등을 고려한다면, 혹은 회고적 투표가 작동되지 않는다면 책임성도 보장될 수 없다.

그렇다면, 이 주장은 어떠한가?

대의제 민주주의는 실현가능한 민주주의일 뿐 아니라, 바람직한 민주주의이다.
대중의 직접적 참여는 포퓰리즘을 유발하기 때문에 바람직하지 않으며,
판단할 능력이 있는 자(대표)의 판단으로 대체되어야 한다[**계몽된 이해과 성숙된 판단**].

합리성은 어떻게 확보되는가? 행정학에서 행정이념인 합리성의 개념을 배웠을 것이다(아니, 이미 경제학에서 합리성을 배웠다). 합리성이란 주어진 목적을 달성하기 위한 최적의 수단을 선택하는 것이다(수단 최적화).[36] 따라서 합리적 선택을 위해서는 목적이 명확하게 주어져 있어야 한다(정책학과 재무행정에서 합리모형이 갖는 근본적인 한계는 (완비성과 이행성의 조건이 확보되었다 하더라도) 정책의 목적이 주어져 있지 않다는 것이다). 소위 판단할 능력이 있는 자가 자신의 이익을 추구하지 않는다는 것도 합리적 경제인의 가정을 스스로 부정하는 것이지만, 한 정치체제 구성원의 선호가 무엇인지 모르는 상태에서 공적 결정을 내리는 것은 합리적 선택일 수가 없는 것이다.

36) 신화 속에서 아킬레스는 트로이 전쟁이라 명명된 전쟁에 죽을 수 있음을 알면서도 참여했다. 합리적인가? 반지의 제왕에서 사우론과 오크 족에 대항하여 많은 이들이 'For the King'을 외치며 죽으러 달려간다. 합리적인가? 그렇다. 왜? 삶의 목적이 물질적·경제적 욕망이 아니었기 때문에 합리적 선택인 것이다.
합리적 경제인이 컵밥을 사먹는데, 거리가 비슷한 두 편의 점 중에서 항상 200원이 비싼 A편의점으로 간다. 아르바이트 하는 아가씨가 예뻐서란다. 합리적인가? 아니다. 컵밥을 먹는 것이 목적이라는 합리적 선택이 아니다. 아가씨와 사귀는 게 목적이라면, 꽃다발을 들고 가는 게 합리적일 것이다.

6. [보론] 정치논리(다수결 논리)와 시장의 논리[37)]

집합적 의사결정은 사회에 필요한 재화의 공급과 관련된 여론(사회적 선호)을 수렴하는 것이라 할 수 있다. 여론 수렴의 핵심은 사회적 선호를 파악하는 것이다. 이때, 시장과 정치는 상이한 논리를 통해서 선호를 파악하게 된다.

(집합적) 의사결정의 핵심을 '① 무엇을 얼마나, ② 그리고 어떻게 생산하며, ③ 누구에게 얼마나 나눠 줄 것인가의 문제'라 한다면, 시장은 앞의 두 문제를 해결하는 데는 효과적이지만, 세 번째의 문제에는 한계가 많다고 보여 진다. 정부(정치적 의사결정)의 경우 순수공공재를 대상으로 한다면, 비배제성과 비경합성으로 인하여 일단 공급되면 모든 구성원이 편익을 향유할 수 있기 때문에 분배의 문제가 발생하지는 않는다(다만, 준공공재의 경우에는 비용을 특정 집단에게 전가하는 문제가 발생한다).

1) 시장

시장도 일종의 투표제도라 할 수 있다. 즉, 시장이란 화폐로 투표하는 공간이며, 화폐가치로 표현될 수 있고, 시장에서 현시되는 선택은 구매 가능한 것들에 대한 시민의 선호라 할 수 있는 것이다. 이런 맥락에서 시장은 1원1표 원칙에 따른 소비자주권주의 원리를 구현하는 것이라 평가된다.

그러나 시장에서의 선호는 그 사회 구성원의 선호를 고르게 반영하지 않는다. 가격에 대한 정보가 제시되고, 이에 따른 구매는 결국 구매할 의사가 있는 자의 선호라기보다는 구매할 능력이 있는 자의 선호이기 때문에 모든 사회 구성원의 선호라 할 수 없는 것이다.

나아가, 시장에서 표출된 의사는 선호가 아닌 선택에 불과하다. 진정한 의사가 아닌 거짓된 의사인 경우가 많다는 것이다. alcoholic의 예처럼 술을 구매하는 행위는 구매자의 진정한 선호가 아닐 수 있으며, 사적인 선호와 공적으로 표출된 선호가 동일한 것이 아니기 때문이다.

규범적으로 본다면, 시장의 자원배분 메커니즘은 사회적 불평등성을 야기함으로써 민주주의의 기반을 침식(경제적 불평등이 정치적 불평등으로 전환)하게 된다는 한계가 있다.

2) 정치

다수결과 같은 투표규칙은 1인1표의 원칙이라는 평등주의에 입각하고 있다. 투표규칙은 시장도 가난한 사람의 절실한 선호가 관철되기 어려운 반면 부자의 하찮은 선호는 쉽게 관철된다는 점에서 보면, 1원1표원리가 초래할 불평등을 상쇄하기 위한 정치라 할 수 있다.

또한, 투표규칙은 화폐로 표시되지 않거나, 시장에서 거래되지 않는 것들에 대한 선호를 수렴하는 장치로서 기능한다.

3) 정치논리의 비효율성과 파레토 원칙

단순다수결은 모두가 이길 수 있는 가능성을 봉쇄하고 결과적으로 모두가 손해를 보는 길을 택할 수 있다는 점에서 근본적인 한계가 있다. 투표는 개개인의 선호의 강도를 무시하며, 그 결

37) 이하 내용은 C. Lindblom 2009, 이정전 2008을 주로 참고하였다.

과 다수가 얻는 총편익이 소수가 부담하는 총비용보다 적을 수 있는 것이다.

또한, 집단행동의 딜레마가 존재하는 상황에서는 소수의 견해가 관철될 수 있으며, 이 경우 외부효과(외부비용)를 유발하게 된다(우측 그림 참조).

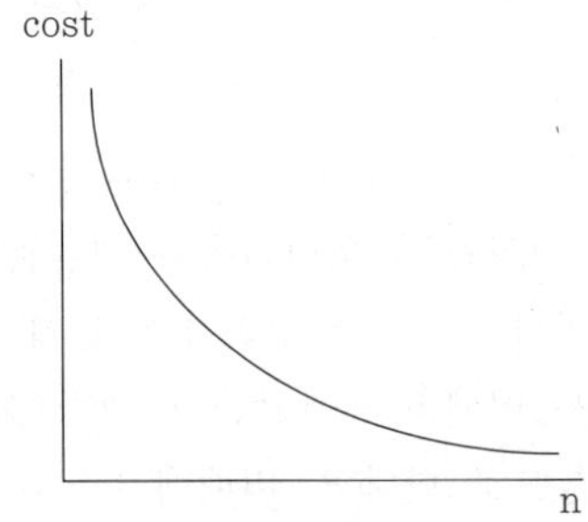

경제적으로 본다면, 어떤 안건이 채택되어야 하는지는 전적으로 사회구성원의 선호에 달려 있다는 파레토 원칙이 요구된다고 할 수 있다. 파레토원칙은 만장일치를 의미하는 것으로, 만장일치로 통과되었다는 것은 최소한 한 사람은 이 사안을 선호하고 나머지는 이 사안을 싫어하지 않는다는 것을 의미한다.

그러나 현실에서 대부분의 공적 결정은 특정 집단의 비용을 수반하기 때문에 만장일치는 비현실적인 대안이라 할 수 있다. 이에 대해 보상원칙(타당성 검증)을 통해 접근할 수 있다는 보완메커니즘을 제시할 수 있다. 다만, 만장일치나 보상원칙은 타협에 소요되는 거래비용(협상비용)이 무시할 정도로 작아야 한다는 전제가 필요하다.

그러나 무엇보다도 (정치적으로 본다면) 공정하고 자유로운 선거가 인종차별주의자나 파시스트 등을 선출할 수 있다는 점이 가장 큰 문제 거리가 될 것이다.

Ⅱ. 대표의 원리 : 대의제

1. 의의

1) 대표 원리

대표의 원리는 다양한 개별 의사를 전제로 하면서도 대표자 자신이 독립된 판단과 의사에 따라 공공선을 결정하는 데 참여하고, 이들 대표에 의해 성립된 결정을 구성원 전체의 의사로 보는 것을 말한다. 민주적 관점에서 보면, 다원적인 시민 의사가 통합되는 과정이기도 한 것이다.

대표의 원리의 제도적 표출인 대의제는 중세의 군주제에서 비롯되었으며, 민주주의 사상과 결합되면서 근대 민주주의 원리의 하나로 자리잡은 것이다. 이러한 대의제도는 모든 시민이 아크로폴리스에 모일 수 없는 광범위한 영토의 민족국가에서 서로 이질적인 구성원이 자신의 의사를 대표할 사람을 통해서 통치할 수 있도록 함으로서 민주주의를 시간적 · 공간적(규모의) 제약으로부터 벗어날 수 있도록 하였다.

이제 민주주의의 의미는 변질된다. T.Jefferson이 지적하듯이 시민은 행정부를 스스로 운영할 수는 없으나 그것을 운영할 수 있는 사람을 선출할 수는 있고, 스스로 입법할 수는 없으나 입법자를 선출할 수는 있는 제도가 민주주의인 것이다.

2) 대표와 대의제 모델

가. 대표(trusteeship ; 신탁통치모델)

[1] 대표는 J. Locke, E. Burke가 대의제에서의 대표를 바라보는 관점이다. 버크는 의회의원은 자신의 지역구 주민들의 의사를 충실히 반영하는 대리자가 아닌 의회 구성원으로서 무엇이 선거구민에게 봉사하는 것인지를 자신의 '성숙한 판단'과 '계몽된 의식'을 행하는 자로 본다. 대중이 무엇이 그들 자신을 위해 가장 유리한 것인지를 알지 못하기 때문에, 선출된 대표는 그들 스스로 생각해야 하고, 이에 대해 책임져야 한다고 본다.38)

대표모델이 정당화되는 것은 J. S. Mill가 지적하는 것처럼 시민들이 모두 그들을 위해 무엇이 가장 좋은지를 다 아는 것은 아니라는 의미에서, 지식과 이해는 불평등하게 사회에 배분된다는 믿음이 타당할 때이다. 이러한 관점에서 Mill은 모든 개인은 대표자로 선출될 권리를 갖지만, 모든 정치적 의견이 동등한 가치를 갖는 것은 아니라고 보았다.39)

대표모델은 책임정당제의 논리적 근거가 된다(책임정당제를 the mandate 정당위임모델로 별도로 개념화하기도 한다. 헤이우드 2003, 429). 책임정당제도는 영국과 유럽의 정당정치를 말한다. 이 모델은 대표의 공적 결정과 유권자의 이익의 합치 정도를 중시한다(책임성에 있어서는 대표모델이 accounatability를 강조한다면, 위임모델은 responsibility를 지향한다고 할 수 있다).

---

38) 버크는 의회의 대표는 자신을 선출해 준 지역구민을 위한 대표가 아닌 의회의 한 구성원으로서 행동해야 한다고 보았다. 그는 대의제의 본질을 성숙한 판단과 계몽된 의식을 행사함으로써 선거구민에게 봉사하는 것이라 본 것이다.

39) 이러한 밀의 생각은 복수투표제에 대한 제안으로 연결된다. 교육받은 자에게 4-5표의 투표권을, 숙련 노동자나 관리자에게는 2-3표의 투표권을 평범한 노동자에게는 1표의 투표권을 할당하자는 것이다. 그는 합리적 투표자는 투표자의 견해를 표명하는 정치가보다는 그들의 이익에 따라 행동할 수 있는 정치가를 지지할 것이라 보았으며, 합리성은 교육과 관련되어 있다고 본 것이다.

[2] 그러나 버크적인 의미의 대의제는 반민주주의적인 함의를 갖는다(헤이우드 2003, 426). 이 모델은 (Mills는 유권자가 합리적이라면 현명하게 그들의 이익에 따라 행동할 정치가를 지지할 것이라고 보았으나) 대중은 무엇이 자신의 이익이 무엇인지를 올바르게 판단할 수 없다고 전제하고 있기 때문이다. 나아가, 비합리적인 대중에게 대표선출에 관한 권리를 부여하는 것은 나쁜 대표를 뽑을 가능성 또한 배제할 수 없다.

나. 대리(delegation ; 대표위임모델)

[1] 대리인 모델은 대표를 지역구민의 의사를 존중해 그대로 따르는 의원으로 보는 관점이다. 대표위임은 시민참여의 기회를 넓혀주고, 인민주권의 이상에 보다 근접한 대의제 모델을 추구하는 것이다. 그리고 시민의 정치참여 확대는 전문정치인의 지대추구행동을 억제할 것이라 본다.

루소가 이야기하는 바와 같이 인민의 의사는 대표될 수 없다면, 대표자의 역할은 자신의 독자적 판단에 따라 공적 결정을 내리는 것이 아니라 선거구민의 의사를 여과 없이 전달하는 것이 된다. 이때의 대표는 회사와 협상에 참여하는 노조의 조합원에게 요구되는 그러한 의미의 대리로 설정되는 것이다.

이 모델은 정치가가 대표된 자들의 견해에 대한 높은 대응성을 확보하는 데 초점을 맞춘다(responsiveness, 대응성/책임성). 따라서 정치가에 대한 시민통제를 위한 국민발안(initiatives)·국민투표·국민소환(recall)과 같은 제도를 지지한다.

[2] 그러나 이 모델에서 대표자는 선거민의 이해관계에 묶여 있다는 점에서 편협함과 갈등을 조장하는 경향을 낳는다. 미국정치의 한계에서 볼 수 있듯이, 강력한 이해관계 집단에 의해 의회의 공적 결정이 왜곡되는 것이다. 네브래스카 주 등 축산업과 관련된 주의 이해관계와 해당 주의 의원들, 그리고 미국축산육우협회(NCBA) 등 이익집단, 카길과 타이슨푸드 등 미국의 초국적 농축산기업의 커넥션과 미국의 소고기정책에서 보듯이 전체 이익이 아닌 특정 지역이나 계층의 이해관계에 의회정책이 편향되는 것이다. 또한, 위임모델은 지도력과 정치력을 최소화하고 유권자의 이익을 단순히 중개하도록 강요하게 된다.

이 모델에 대한 비판은 국민투표(referendum)의 한계와 닿아 있다.40)

다. 위임(the mandate 정당위임모델)

[1] 앞의 두 모델이 현대 대중정당이 출현하기 이전에 발전된 대의제 모델이라면, 위임통치모델은 현대적 정당의 발전과 연관되어 있다. 이 모델에서 대표는 개인의 특성과 능력이 아닌 정당의 당원으로서, 정당의 정책이나 이미지가 당선을 위한 결정적인 기준이 된다. 그리고 정당과

40) 국민투표는 후보자를 선출하는 선거와 달리 토론을 위한 쟁점을 제기(initiatives)하거나, 정책을 제안하고(proposition), 결정하기도 한다. 국민투표는 ① 선출된 정부의 권력을 견제하며, 정부가 여론에 따라 행동하게끔 하고, ② 정치참여를 증진시키며, 좀더 교육받고 더 나은 지식을 가진 유권자를 만들어 내고, ③ 공중에게 세부적인 문제에 관해 견해를 vyu명하는 방식을 제공함으로서 정당성을 강화하고, ④ 주요 정당들이 국민투표에 동의하는 경우, 주요한 헌법적 문제를 해결하는 하나의 수단 혹은 선거에서 제기되지 않은 여론을 평가하는 수단이 된다.
그러나 ① 낮은 수준의 교육과 경험을 가진 자의게 정치적 결정에 맡기게 되며, ② 대중매체의 여론조작에 쉽게 노출되고, 특정 시기의 여론에 불과하며, ③ 정치가들로 하여금 책임을 면제할 수 있도록 하는 수단이자 정치가의 의사일정을 조작에 쉽게 노출되어 있고, ④ 정치적 문제들을 단순화하고 왜곡시키는 경향이 있다.

대표자를 독립된 행위자로 간주한다. 즉, 대의제란 선거에 승리한 정당은 선거운동 기간에 제시한 정책과 공약을 자신의 임기 중에 수행하도록 위임을 받은 것으로 간주되며, 다음 선거에서 이들의 정책에 대한 심판이 행해지도록 하는 제도로 이해된다. 따라서 위임모델은 정당정치/책임정치를 위한 강력한 수단을 제공한다고 평가된다.

[2] 그러나 이 모델은 투표자가 정당의 정책에 대해 투표하는 합리적 행위자로 가정하고 있다는 점에서 근본적인 한계가 있다. 나아가, 선거에서의 공약이 집권당에 의해 집행될 것이라 가정하지만 현실에서는 사실상 이를 구속하기 어렵다.

집권 후에 상황변경에도 불구하고 선거운동 기간 중에 제시한 공약을 계속 실행해야 하는 것은 바람직하지 않으며, 선거에서 승리한 정당이 (특히, 대통령제에서) 과반수를 획득하지 못한 경우에도 적용된다는 점에서 민주적 정당성을 저해할 수 있다.

라. 유사대표(resemblance ; 직능대표모델)

[1] 유사대표모델은 선출된 대표의 의미보다는 사회의 주요세력 혹은 계층의 대표를 가정한다. 즉, 사회의 다양한 세력이 존재하는 경우, 주요 세력의 축도(대의제적 축도, representative cross-section)로 대의제가 구성되어야 한다고 본다. 특히, 사회적 갈등을 주도하는 균열축인 계급·성·종교·지역을 포괄할 수 있어야 한다.

이 관점은 특정 집단의 이익은 해당 집단의 경험을 공유했던 사람만이 이해할 수 있으며, 정책에 반영할 수 있다고 가정한다.

[2] 그러나 이 모델은 대의제 혹은 대표의 의미를 지나치게 좁게 설정하고 있다. 여성만이 여성을 대표할 수 있으며, 흑인만이 흑인들을 대표할 수 있고, 노동자만이 노동자계급을 대표할 수 있다는 것이다. 극단적으로 보면, 각 대표들이 자신들이 속한 집단의 이익만을 대표한다면 사회분할과 갈등을 조정하고 공적 이익을 발전시키는 것은 불가능할 수 있다.

마. 정 리

[1] 대표성의 의미는 위에서 보듯이 다양하다. 크게 나누면 로크의 자유주의적 관점과 루소의 민주주의(시민적 공화주의)적 관점으로 나누어 볼 수 있다. 여기에 현대 대중정당을 전제로 한 책임정치와 급진적 관점에서 접근하는 평등주의적 관점(계급 혹은 직능대표)를 추가할 수 있겠다. 국내에서는 첫 번째와 세 번째 관점을 묶어서 대표로, 두 번째 관점을 대리로 대비시키는 것이 보다 일반적이다. 이 중에서 대의제 민주주의는 첫 번째 혹은 세 번째 관점에서 접근한다.

[2] 대표모델은 한국의 정당론 논쟁에서 제기되는 대중정당모델과 원내정당모델과 관련이 있다. 대중정당론을 주장하는 최장집 교수는 대리모델(민주주의)의 핵심은 인민의 복지보장에 있으며, 이에 부합하는 대중정당모델은 루소의 대리모델에 속한다고 주장한다. 그러면서 정진민 교수가 주장하는 원내정당론은 개개 의원의 자율성을 강조한다는 점에서 로크의 대표모델에 속한다고 평가한다.

반면, 정진민 교수는 대리모델의 핵심은 시민요구에 대한 반응성에 있다고 하면서, 낮은 정당기율과 높은 유권자와의 연계를 강조하는 원내정당모델은 대리모델에 속한다고 주장한다. 그러면서 무기속 위임을 강조하는 대중정당모델은 신탁모델에 속한다고 평가한다.

공교롭게도 최장집 교수와 정진민 교수 모두 자신의 정당모델을 루소의 대리모델에 기반해 있다고 주장하는 것이다. 엄밀히 본다면, 대중정당모델은 대리모델의 핵심인 시민사회에 대한 반응성을 비판한다는 점에서 대리모델이라 하기는 어려우며, 신탁모델의 20세기적 변형인 정당위임 모델에 입각해 있다고 볼 수 있다. 반면, 원내정당론은 반응성을 강조하면서도 의원의 자율성을 강조한다는 점에서 엄밀한 의미의 대리모델이라 하기는 어렵다.

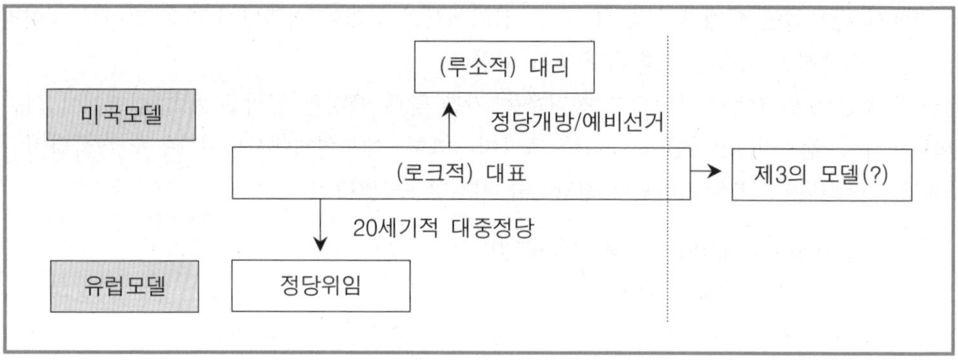

2. 대표의 원리와 제도적 장치들

[1] 대의제는 선거라는 핵심적 제도를 통해 다음과 같은 특징을 보여준다(B. Manin 2004, 19).

① **선출된 대표(탁월성 원칙)** : 일정한 시간적 간격을 두고 선거를 통해 통치할 사람을 임명한다.

② **대표의 부분적 자율성** : 통치하는 사람의 정책결정은 유권자들의 요구로부터 일정 정도 독립성을 갖는다.

③ **여론의 자유** : 피통치자들은 통치자들의 통제에 종속되지 않고, 그들의 의사와 정치적 요구들을 표현할 수 있다.

④ **공적 토론** : 공적 결정은 토론을 거친다.

[2] 대의제는 선거제도, 복수정당제도, 권력분립제도와 같은 제도적 장치들을 요구한다.

① **선거제도** : 선거는 시민의 자유의지에 따라 대표자를 뽑는 행위로 시민이 정치에 참여하는 행위이자, 시민의 의사를 집약하는 것이다. 이러한 시민의사의 집약과 대표선출 외에 권력(정부)에 대한 정당성을 부여하는 기제이자 권력에 대한 통제와 감시, 정치적 충원기능을 갖는 중요한 제도이다.

② **복수정당제도** : 대의제 하에서 사회에 존재하는 다양한 선호가 권위적 결정과정에서 표출되고 반영되기 위해서는 엘리트들 간의 경쟁이 필수적이다. 대표를 선출하는 선거제도의 공정성이 보장되더라도 시민의 선호를 반영할 수 있는 대표가 존재하지 못한다면 이 체제에서 시민의 자기지배라는 주장은 허구에 불과하기 때문이다. 따라서 복수정당제도가 요구되는 것이다.

③ **권력분립제도** : 아리스토텔레스, 로크 등에 의해 제시된 권력 분립이 오늘날의 입법 · 사법 · 행정의 3권분립 형태로 제시된 것은 몽테스키외의 주장에서였다. 권력에 대한 check and balance는 권력의 속성(집중, 확장, 지속운동)에 의해 시민의 자유와 기본권이 침해될 가능성을 차단하기 위한 것이다.

3. 대의제에 대한 평가 : 대의제와 민주주의 2006 입법, 2010 입법

1) 대표의 원리

대의제는 근대까지 민주정에 대비되는 (마키아벨리나 매디슨적 의미의) 공화정의 원리로 제시된 것이다. 이러한 대의제는 근대 정치체제의 주요한 공적 결정에 있어서 인민의 참여를 배제(J. Madison, 연방주의자 논설 63번)한다는 데서 민주주의와 차별성을 지닌다.

근대 자유주의자들은 대의제를 광범위한 영토를 갖는 근대국가에서 민주주의가 불가능해짐에 따라 이루어진 불가피한 선택으로 보지 않았다. 오히려, 고대 민주정과는 본질적으로 다른 보다 우수한 정치체제라 보았다(B. Manin 2004, 14). 예컨대, 매디슨은 선택된 시민집단이라는 매개를 거치면서 대중의 견해가 정제되고 확대되는 효과를 가지며, 일시적이고 부분적인 이익 (혹은 토크빌적 의미에서 '충동적 속성') 때문에 진정한 전체의 공공선을 희생시키지는 않을 것이라 본 것이다.

이와 유사하게 E. Burke는 대의제의 본질을 성숙한 판단과 계몽된 의식을 통한 선거구민에 대한 봉사로 보고 있다. 즉, 선출된 대표는 그들 스스로 판단하며, 대중이 자신들을 위한 가장 좋은 선택지를 알지 못함을 전제로 대중과는 독립적인 판단을 해야 한다.

이러한 대표원리는 인민의 대리인이 아니며, 대중의 참여보다는 전문가적 판단에 의존하는 체제이다. 다만, 그것이 민주주의와 양립될 수 있는 것은 선거를 통해 정부를 구성함으로써 정부의 권위(정치적 정당성)가 선거를 통해 표출된 피통치자의 동의와 의지에서 기원한다는 점에 있다. 즉, 선거는 현대 사회에서 권력을 위임하는 방법인 것이다.

2) 대의제의 한계

민주주의의 본래적 의미에서 본다면, 대의제는 민주주의와 결부되는 것이 아니며, 과두지배와 관련되는 제도이다. 유권자의 의사를 대변한다는 관점에서 본다면, 시민의 의사는 그 스스로가 가장 잘 대변할 수 있기 때문에 대표가 아닌 대리인이 요구되기 때문이다.

가. 탁월성의 정치 : 전문가 정치

선거는 모든 시민이 선거권을 가지고 모두가 합법적으로 공직에 진출할 자격이 주어져 있는 한 평등주의적인 면을 가지고 있다. 그러나 대의제는 자신을 통치할 사람을 선출할 수 있는 자격이 모든 사람에게 평등하게 주어지고, 모두가 공직에 진출할 수 있는 체제는 아니다. 통치할 능력이 따로 존재한다는 가정 하에서 선출된 대표자의 판단에 맡기는 것이며, 공적 결정을 시민의 손에서 벗어나도록 하는 것이 대의제다.

나. 대표성과 책임성 · 반응성의 문제

① 참여 기회가 시민집단의 규모에 따라 급격히 감소한다는 점에서 현실적인 대안이 대의제일 수는 있다. 그러나 완전한 의미의 대표는 불가능하다. 예컨대, 대표가 시민들의 의사를 정확히 반영하기 위해서는 직접민주주의에서와 마찬가지로, 개개 시민들을 일일이 접촉하고 이를 조정할 수 있어야 하지만, 그것은 불가능하다. 20만 명 규모의 선거구에서 1인당 10분을 할애하더라도 하루에 8시간을 할애하는 경우 10년이 걸린다는 이야기이다. 결국, 대의제도 민주주의가

야기하는 규모의 문제를 해결하지는 못한다.

② 대의제는 유권자가 합리적으로 대표를 선출할 것이라는 전제를 달고 있다. 그러나 통치능력이 부족한, 교육받지 못한 유권자가 가장 능력이 뛰어난 대표를 선출 할 수 있다고 보는 것은 모순이다. 오히려 합리적 선택이론이 주장하듯, 유권자는 사익적 견지에서 대표를 선출한다면 중우정의 문제를 대의제로 해결할 수는 없으며, 대표의 지대추구행태 또한 대의제가 안고 있는 문제가 된다. 권력이 클수록 지대의 크기가 커진다는 점에서 소수에게 맡겨진 정치권력의 남용가능성을 더욱 높여주게 된다.

③ 공중이 말하였다(the public has spoken)는 비유가 있다. 즉, 선거는 유권자의 선호를 표출하는 기제이다. 그런데, 선거에서 유권자의 의사가 정확하게 표출될 수 있는 것인가? 애로우 불가능성 정리가 보여 주듯이 선거는 유권자의 의사를 혹은 공공선을 확인할 수 있는 장치로서는 너무나 불완전하다. 나아가, 한 표를 행사한다는 것이 전부 아니면 전무(all or nothing)의 선택지 밖에 없는 상황에서 유권자의 정확한 의사가 반영될 수 없는 장치이다. 나아가 투표역설이 존재하는 상황에서 단일 후보자의 선택이 과반수의 지지를 확보하지 못할 수 있다.

④ 슘페터의 아이디어처럼 대의제는 경쟁선거를 통해 대표성을 확보하고, 주기적 선거를 통해 책임성을 확보할 수 있다고 본다. 그러나 사회의 불평등이 심화된 상황에서, 그리고 의제가 통제되어 있는 경우 실질적인 의미의 경쟁은 보장되지 않으며, 사후적 책임성을 확보하는 기제로서 선거는 너무나 불충분하다.

대표에게 재량이 부여된 경우 책임성이 문제된다. 즉, 사후적으로 대표로 하여금 인민의 의사와 선호를 충실히 반영할 수 있도록 하기 위한 장치가 요구된다. 문제는 대표와 주인간의 정보대칭성이 확보되어야 하며, 사후적으로 처벌할 수 있어야만 한다. 하지만, 대의제는 주기적 선거를 통해 제한적으로 당선/낙선의 방식을 통해 그 책임을 물을 수 있을 뿐이다.

나아가, 현대 민주주의는 정당국가경향과 함께 대표원리의 수정을 경험해 왔다. 즉, 전통적인 대표(소위 무기속위임)와 대리(기속위임)의 논쟁과는 달리, 독립적 행위자인 대표자를 가정하며, 이 대표는 후보자 개인의 탁월성이 아닌 정당의 공약과 정책·이념의 대리인으로 변하였다. 현대 정당국가에서 민주적 결정과정이 정당에 의해 독점되고 있는 현실에서 포괄정당이나 카르텔정당이 보여주는 바와 같이 당내 과두화와 정당과 시민사회간의 단절이 심화되는 경우 민주적 정당성은 심각하게 훼손될 수 있다.

다. 자원의 배분과 삶의 기회의 측면에서의 불평등

대의제는 시민들에게 투표권을 부여함으로써 형식적으로 모든 시민들에게 참정권을 주었지만, 그 형식적 평등에도 불구하고 경제적 자원과 삶의 기회라는 측면에서 볼 때 대의제는 이를 증대시켜 준 제도라 평가하기는 어렵다. 강력하게 조직되고 발언권이 강한 이익집단이 민주적 토론과정을 지배하는 경우, 사회적 자원의 분배가 특정 집단에게로 집중될 수밖에 없기 때문이다. 대표들은 시민의 이익을 극대화하려 하기보다 특수 이익집단의 이익을 극대화하려고 시도하게 되는바, 대의제 민주주의는 이러한 특수이익의 지배를 제어하고 시민공동체의 이익을 추구하게 압력을 가할 수 있는 공론의 형성 장치를 마련하는 데는 미흡한 체제인 것이다. 특히, 현실에서는 R.

Dahl이나 C. Lindblom과 같은 신다원주의/경제민주주의론이 지적하듯이 상대적으로 자율적인 시장의 작동을 통해 불평등하게 권력을 위임하는 과정을 대의제는 묵인해 왔다고 볼 수 있다.

라. 정치영역의 제한

민주적 정치과정이 정당간의 권력경쟁으로 제도화됨에 따라 대의제는 그것이 다루는 범위를 제한하게 된다. 즉, 다양한 시민들의 관심사인 수많은 공적 사안들이 의회나 정부에서 다루는 사안에서 배제하게 되는 것이다.

결국, 대의제는 보통선거권의 확립으로 정치적 시장을 창출하고, 정당은 시민들을 정치적으로 동원하는 데 성공했지만, 시민들의 삶에 영향을 미치는 변화에 대해 더디게 응답하였으며 정치는 민주적 정당들의 제도화된 영역으로 국한되어 버렸다고 평가할 수 있다.

4. [확장] 대의제 민주주의와 책임성

대의제가 민주주의이기 위한 조건을 간략하게 따져 보자.

민주주의를 어떻게 정의하든, 그것은 시민의 의사가 곧 국가의 정책이어야 함을 의미한다. 따라서 모든 시민은 자유롭게 정치적 판단을 할 수 있어야 하고, 표출할 수 있는 평등한 권리를 보유해야 한다. 물론, 그 전제로서 올바른 판단을 위한 충분한 정보를 제공받아야 하다. 그리고 평등하게 정부 구성에 참여할 수 있는 '보통·평등 선거 제도'가 갖추어져야 하고, 시민의 의사를 균형 있게 반영하고 대표할 수 있는 '비례성·대표성'이 높은 선거 제도가 필요하다. 더불어 대표자들이 시민의 요구에 반응하고, 그에 반하는 결정을 내렸을 때 책임을 물을 제도적 장치가 갖추어져 있어야 한다.

정부 구성에서 유권자가 자신의 이익이 대표될 수 있으려면, 선택 가능한 복수의 대안이 존재해야 한다. 일당 독재가 민주주의와 어울리지 않으며, '경쟁이 자유로운 선거가 민주주의의 핵심 제도'라는 말은 이런 의미에서 나온 것이다.[41] 또한 주기적으로 선거가 치러짐으로서 시민이 대표에게 책임을 물을 수 있어야 한다. '주기적 선거가 민주정부의 책임성을 보장한다.'는 말이 나오는 이유다. 따라서 대의제에서 시민은 직접 통치하지는 않지만, '대표성'과 '책임성'이 충족된다면 시민은 자신의 의사에 따라 통치한다고 말할 수 있다.

정리하자면, '시민권의 법적 보장'과 '대표성·책임성'을 대의제가 민주주의이기 위한 최소한의 조건이라 할 수 있다.

근대 민주주의는 대의제라는 제도적 틀 속에서 제도화되었다. 이는 국민국가라는 광범위한 영토를 고려할 때 인민의 직접 지배는 비현실적이라는 것과 관련된다.

민주주의를 인민의 지배로 정의한다면, 대의제가 민주주의이기 위해서는 대표자의 판단/결정이 인민의 의지에 구속되거나, 인민의 요구에 대한 대표(정치체제)의 높은 반응성이 충족되어야 한다.

그런데 '국가의 정치적 판단은 높은 기술적 복잡성과 전문성을 요구하고 있기 때문에 계몽된 이해(합리적 판단)와 성숙된 판단을 위해서는 통치할 능력이 있는 자에게 맡기는 것이 보다 합리적'이라 한

41) 1954년 이후에 '사실상' 하나의 정치세력이 권력을 장악해 온 일본이 외형상 민주주의처럼 보여도 시민의 이익과 무관한 정치가 이루어지고, 대형 비리에도 불구하고 해당 정치인이 어떤 책임도 지지 않고, 사회의 활력도 점차 잃어가는 것은 이와 무관하지 않을 것이다.

다면, '인민의 제한 없는 정치참여는 평등을 향한 충동적 속성 등으로 인하여 포퓰리즘이나 집단행동의 딜레마를 낳고, 결국 개인의 자유를 파괴하는 다수 전제로 귀결된다'고 한다면, 대의제 민주주의는 작동가능한 민주주의일 뿐 아니라 바람직한 민주주의라는 인식이 또한 존재한다. 이런 인식에서는 현실의 민주주의는 인민의 동의기제라는 절차로 수용된 것이라고 주장할 것이며, 대의제 민주주의 조건으로 반응성을 배제할 것이다(본문의 내용은 이런 맥락에서 서술된 것이다). 대신 민주주의를 실질로 정의하려 한다면, 제한 없는 시민참여와 조건으로서의 평등, 그리고 정치체제의 높은 반응성 등을 핵심으로 제시할 것이다.

책임성의 의미

[1] 한글에서 책임성은 다의적 개념이다. 법적 책임, 정치적 책임, 도의적 책임, 윤리적 책임처럼 수식어에 따라 그 의미가 달라지기 때문이다. 정치학에서 책임성(accountability)을 좁게 보는 경우에는 법적 책임의 의미로 사용되지만, 정치적 책임성을 포함하는 넓은 의미로 사용하기도 한다.42)

[1] 행정학의 고전이론에서는 대의제적 책임의 핵심을 관료가 입법부가 정한 법규정을 준수했는지로 보았다(법적 책임, accountability). 그런데, 행정국가로 전환되고 위임입법과 관료의 재량이 확대되면서, 책임성의 성격이 변질된다. 전통적 대의제에서 관료는 입법부가 정한 정책과 법을 준수할 책임을 지며, 시민에 대한 책임은 의회가 선거를 통해서 지면 되지만(시민에 대한 간접적 책임), 행정국가에서는 관료는 시민의 의사를 직접 확인하고 이를 기초로 정책을 집행할 책임을 지게 된 것이다(시민에 대한 직접적 책임).
이에 대해 신행정학자인 G. Frederickson이나 V. Ostrom은 시민요구에 대한 반응성을 통해서 책임성이 확보될 수 있다고 본 반면(반응성, 정치적 책임성, responsiveness), 전문직업성을 강조한 D. Waldo와 한국 행정학계 다수는 전문직업적·윤리적 책임을 강조하였다(responsibility). 영문 표기를 분석해 보면, 시민의 의사를 듣고 직접 반응(response)할 책임이 responsiveness라면, 시민의 의사를 듣고(response) 무엇이 시민의 이익인지를 전문직업관료로서 판단할 책임이 responsibility라 할 수 있다.
[2] 정치학과 행정학 모두 영문 표기를 통해 의미를 파악할 수 있다. 공부량이 어느 정도 되는 수험생이라면 예상할 수 있겠지만, accountability은 신탁모델과 관련된 책임성이며, responsiveness는 대리모델과 관련된 책임성이고, responsibility는 정당위임모델과 관련된 책임성 개념이다.

대의제에서 대표성과 책임성을 이야기할 때는 사전적 의미의 대표성(사회 균열이 정치체제에 반영되는 정도)과 사후적 의미의 책임성(대표자에 대한 통제 가능성)으로 정의하기도 한다. 반면, R. Dahl처럼 민주주의의 본질을 인민의 의지에 따른 통치로 규정하는 경우에는 책임성의 핵심을 시민의 의사에 대한 정부의 높은 반응성(responsiveness, 정치적 책임성)으로 볼 것이다.

[2] L.N.Rieselbach는 대의(representation)란 **대응성(responsiveness), 책임성(responsibility), 재신임가능성(accountability)**을 포함한다고 설명한다. 재신임가능성(accountability)은 앞서 본 바와 같이 선거를 통한 책임성의 의미를 가지고 있기 때문에 주기적 선거가 정착된 국가에서는 자

42) accountability는 account(회계규정)을 준수해야할 의무에서 출발한 개념이지만, 근대사회 법의 지배 혹은 법치주의가 확립된 이후에는 법령을 준수할 의무로 확장되었다. 즉, 앵글로 색슨 전통에서 accountability는 법적 책임의 의미로 사용되어 왔다.

연스럽게 확보되는 대표의 원리다. 반응성(responsiveness)은 선구거문의 의지를 대변하는 정도로 앞서 본 내용과 같다. 마지막으로, 책임성(responsibility)은 (행정학에서의 전문직업적 책임과 유사한 것으로) 의원이 독자적으로 혹은 정당의 정책에 따라 국가 전체나 지역구민의 진정한 이익을 위해 필요하다고 생각하는 정책을 추인하는 것을 말한다.

그런데 대응성(responsiveness)과 책임성(responsibility)은 갈등관계(trade-off)에 놓이는 경우가 많다. 농산물 시장 개방에 대한 농민의 반발이 존재하는 상황에서 자유무역이 국익에 부합한다고 대표가 판단했다고 하자. 이는 대응성보다 책임성을 우선시한 결과라 할 수 있다.

[3] 대의제를 대표성(representativeness), 반응성(responsiveness), 책임성(accountability)을 기준으로 평가하라는 기출문제가 있다. 대표성의 의미와 반응성은 명확하지만, 세 번째 기준인 책임성(accountability)은 어떻게 구성할 것인지가 고민될 수 있다. 하지만, 앞서 본 바와 같이 대의제에서 말하는 accountability는 선거를 통한 책임성(리셀바흐의 재신임가능성)으로 해석하면 된다. 그리고 개념 간 상충관계(trade-off)를 피하기 위해서 세 가지 개념을 다음과 같이 설정할 수 있겠다.

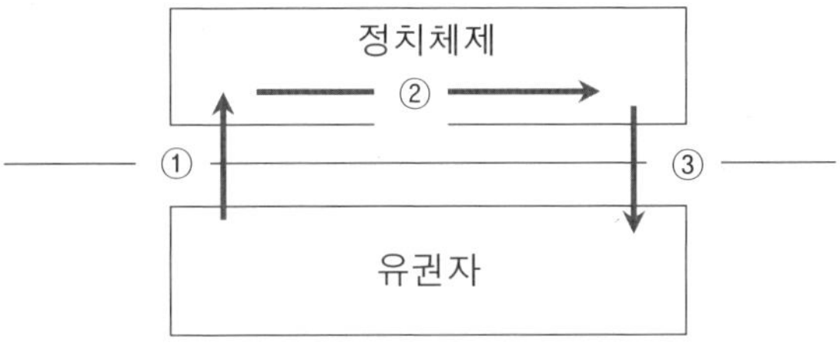

① **대표성(인민의 지배 원리)** : 간접 민주주의에서 인민의 권리는 지배자를 선출할 수 있는 권리에 그친다. 그러나 후보자 또는 그가 속한 정당에 대한 투표는 후보자 또는 정당이 선호하고 있는 정책, 그들의 공약, 이념적 입장에 근거하여 내려지기 때문에 후보자 또는 정당의 선택이 사실상 정책의 선택으로 이어진다. 그러므로 지배자의 선택이 사실상 인민이 스스로 이슈를 결정하는 인민의 지배로 이어질 수 있다.

또한 경쟁적 선거제도 하에서 복수 선택가능한 후보나 정당이 경쟁하는 경우 유권자는 자신의 선호를 대표할 가능성이 높아지며, 보다 높은 지지를 얻은 정치세력이 집권함으로써 다수지배의 이상을 실현할 수 있게 된다. 경쟁적 선거제도는 유권자 개개인의 선호를 전체 의사로 집약하는 민주주의의 핵심 제도가 되는 것이다.

② **반응성** : 대표성은 인민의 의지가 정치체제에 반영되기 위한 소극적인 의미(standing for)로 이해된다면, 반응성은 적극적인 의미(acting for)로 이해될 수 있다. 사실상 민주주의를 국가의 권력이 인민대중에게 있는 체제로 정의한다면, 그 핵심은 대중의 의사에 대한 대표의 반응성에 있다고 할 수 있다. 다수 대중의 요구가 정치체제에 투입되고, 공적 결정에 반영되는 정도인 반응성은 시민의 정치적 견해가 표출되고 투입될 수 있는 권리에 의해 보장된다(공적 결정과정의 개방성의 정도가 반응성을 결정한다고 할 수 있다).

시민의 직접적인 참여채널이 필수적인 제도가 아닌 대의제에서는 선거에서 제시된 공약의 이행을 강제할 수 있는가의 문제로 집약될 수 있다.

③ **책임성** : 슘페터는 현대 민주주의를 기본적으로 권력을 장악하기 위한 정치인들 간의 경쟁으로 개념화하고 있다. 인민이 정부를 구성하면 민주주의는 실현되고 있다는 것이다. 그런데, 인민의 표를 얻기 위한 경쟁을 통해서 권력을 장악한 정치인들이 계속 인민들에 대해 책임을 지도록 강요될 수 있는가? 이 점에 대해 슘페터는 정부의 인민에 대한 책임성을 보장하는 제도적 장치로서 주기적 선거를 들고 있다. 민주주의 하에서 종신집권은 불가능하며 정치인들은 주기적으로 인민의 표에 의해 심판을 받게 되어 있다. 이 경우 인민이 원하는 것을 실천에 옮기지 않는 정치인은 다음 번 선거에서 재선될 수 없다. 따라서 주기적 선거가 민주정부의 책임성을 보장한다는 것이다.

[4] 민주주의란 무엇으로 정의되어야 하는가? 민주주의는 모든 사람들이 법(규범)과 정책 결정에 대해 참여해야 하며, 이때 스스로가 통치한다고 말할 수 있다. 만약, 지배자와 피지배자가 구별되는 간접 민주주의의 경우에는 지배자는 피지배자에 의해 선택되고 대표되어야 하며(대표성의 원리), 피지배자의 이익을 위해 행동되어야 한다(책임성의 원리). 이러한 민주주의가 정당화되는 것은 정치적 자유주의나 공동체주의가 이야기하는 자유(자율, 자기결정성)의 원리 때문이다. 즉, 민주주의 핵심은 시민 공동체를 가능하게 하는 자기지배체제를 실현하는 것이다.

그러나 인민이 직접 결정하거나 인민의 의사에 대표자의 의사가 기속되어야 한다는 이런 주장은 포퓰리즘이나 다수 전제를 낳기 때문에 바람직하지 않다는 주장이 있어 왔다. 민주주의는 기껏해야 정치체제의 안정을 위한 정당성을 부여하는 동의메커니즘 정도로 기능해야 하지 그 이상의 기능을 수행해서는 안 된다는 것이다. 그리고 이를 위한 가장 좋은 형태가 바로 대의제 민주주의인 것이다. 다시 말하면, 대의제 민주주의에서 민주주의는 인민의 지배를 위한 체제라기보다는 동의메커니즘(절차)으로만 기능해 왔다. 그리고 그 결과 대표성, 반응성, 책임성이 약화되고 민주적 정당성의 상실로 나타났다.[43)]

책임성 확보 기제 : 수직적 책임성과 수평적 책임성

민주주의와 책임성을 오도넬(Guilleromo O'Donnell)은 수직적 책임성(vertical accountability)과 수평적 책임성(horizontal accountability)으로 나누어 설명한다. 오도넬은 민주주의와 선거를 동일시하는 것은 문제이며 따라서 '수직적 책임성'과 함께 정부권력의 견제를 위한 제도화를 통해 '수평적 책임성'이 동시에 보장이 되는 민주주의가 확립이 되어야 한다는 것이다.

현대 민주주의는 대표와 책임, 권력분립에 따른 견제와 균형 원리를 기반으로 작동한다. 이때, 수직적 책임이란 대표와 책임성 혹은 반응성과 관련되어 요구되는 기준이라면, 수평적 책임은 (입법부와 집행부, 사법부 상호간의) 견제와 균형원리와 관련하여 요구되는 기준이다.

첫째, 수직적 책임성은 현대 민주주의의 본질적인 특성에서 기인하는 것으로 주기적인 선거를 통해 선출된 공직자의 책임성을 확보하는 선거를 통해 일차적으로 실현된다. 그러나 선거는 주기적으로만 치러지기 때문에 수직적 책임성의 상시적인 확보는 선거를 통해 보장되지 않는다.

43) 대표성과 책임성의 한계에 대해서는 앞서 보았기 때문에 생략한다.

특히, 집권세력이 정치적 반대세력을 억압하고, 언론의 자유와 시민사회의 자유로운 비판적 활동을 탄압할 때, 수직적 책임성은 약화된다.

> 수직적 책임성은 사회적 책임성이 선거적 책임성을 보완할 수 있을 때 제대로 작동할 수 있다. 그러나 이명박 정부 이후 사회적 책임성의 보완적 기능, 나아가 대안적 역할은 심각하게 위축되었다. 사회적 책임성에서 언론의 역할은 중요하다. 사회적 책임성의 확보에서 독립적인 언론의 역할이 중요한 이유는 언론 본연의 감시 기능과 함께 시민사회의 활동이 미디어를 통해 국민들에게 제대로 전달될 때 사회적 책임성이 효과적으로 확보될 수 있기 때문이다. 그러나 언론의 자유는 이 기간 동안 가장 위축된 분야 중 한 분야다(강우진·강문구 2014).

수평적 책임성은 정부, 의회, 법원과 같은 평등하고 독립적인 국가기관들 사이의 관계를 주로 나타내고, 3권 분립의 실질적인 확보를 위한 견제와 균형의 작동 원리에 기반을 두고 있다. 수평적 책임성은 다양한 국가기관들에 의한 감시, 조사, 강제행위를 통해 이루어진다. 구체적으로 사법부의 실질적인 독립과 행정부에 종속되지 않은 의회의 독립적인 감시 기능과 정책 형성 기능 그리고 감사원과 같은 회계감사 기관의 투명하고 독립적인 운용을 전제로 하고 있다(강우진·강문구 2014).

정치적으로 독립적인 법원은 법의 지배 기구로뿐만 아니라 수평적 책임성의 도구로서도 매우 주요한 역할을 수행한다. 또한 감사원 외에 국가인권위원회와 같은 독립규제위원회에 준하는 기구들 또한 중요한 의미를 갖는다.

> 그러나 한국을 예로 든다면, 이명박 정부 이후 사법부와 감사원의 독립성은 심각하게 훼손되었으며, 국가인원위원회 등의 역할 또한 크게 위축되었다. 예컨대, 이명박 정부와 박근혜 정부 시절 집권 세력은 사법부의 독립적인 판결이 자신들의 정치적 이해관계와 배치된다고 판단될 때, 합법적 수단의 남용 외에 이념적 공세, 탈법적 수단 등을 통해 사법부의 독립성을 무력화하려는 시도를 해왔다. 그리고 이 시기에 감사원의 독립성 또한 지속적으로 논란의 대상이었다.

대의제 민주주의에서 일상적인 책임성의 확보는 수평적 책임성 영역에서 이루어지며, 수직적 책임성은 선거 시기를 전후로 간헐적으로만 작동된다. 그러나 선진민주주의 국가 뿐 아니라 한국에서도 민주주의를 구성하는 법의 지배 원칙과, 수직적·수평적 책임성은 후퇴하는 모습을 보이고 있다.

민주적 정당성의 위기 혹은 포스트 민주주의의 문제가 보편화된 상황에서 본다면 수평적 책임성의 중요성은 그만큼 크다고 할 수 있다. 과두권력의 등장, 기술관료적 민주주의, 위임민주주의 등의 개념이 시사하는 바와 같이 수평적 책임성을 위한 제도적 장치들은 기능부전 상태에 빠져 있는 듯하다. 이는 (오도넬이 의도하지는 않았겠지만) 다양한 형태의 시민참여와 참여민주주의의 메커니즘들에 관심이 커지는 이유일 수 있다.

Ⅲ. 법의 지배, 입헌주의

[1] 올바르게 통치하기 위해서는 어떠한 지식이 필요한가? 스키너와 같은 행동주의 심리학자라면 행태과학자에게 의존해야 한다고 주장할 것이고, 자연과학자들은 자연과학적 지식을 소유한 자에게 맡겨야 한다는 주장을 할 것이다.
그렇다면, 핵전략은 핵 전문가에게 맡겨야 하는가? 즉, 핵무기에 대한 지식을 갖춘 사람의 판단이 시민들의 도덕적 판단을 구속할 수 있는가? 그러나 공공문제에 대한 결정에는 불확실성이라는 베일이 존재한다. 전문가의 판단이 시민의 판단보다 우월하다는 증거는 없으며, 자신의 사익을 배제하고 공적 이익만을 고려한 결정을 내릴 것이라는 근거도 없다.
1990년대 영국의 축산업 몰락으로 이어졌고 영국에서 198명과 유럽대륙에서 200여명의 사망자를 불러온 광우병 문제도 그렇고, 확실하지 않는 이유로 원전을 이전할 필요가 없다는 결론을 내렸던 후쿠시마 원전의 비극도 그렇고...

[2] 정치적 과정이 시민의 권리를 침해할 수 있다고 믿는 사람들은 공적 문제에 대한 판단을 의사수호자라 불리는 법관의 판단에 맡겨야 한다고 주장하기도 한다. 실제로 현대 민주주의는 기본적 권리와 이익을 보호하기 위해 법관의 권한을 확장시켜 왔으며 헌법재판제도가 예에 속한다.
그러나 탄핵심판, 행정수도 이전에 대한 위헌결정, 양심적 병역거부 문제, 진보당 해산에 대한 결정은 어떠한가? 헌법재판소 재판관의 판단으로 정치적 이슈들이, 즉 무엇인 일반선(공공선)인가가 결정되는 현실은 정당화될 수 있는가?
미국에서는 이와 관련한 논란이 뉴딜정책 시기(1933-1937년)에 뉴딜입법에 대한 위헌결정을 내리는 사법심사권을 공격하는 자유주의자들과 옹호하는 보수주의자들의 대립으로 나타났다(아이러니하지만, 이 시기와 반대로 최근에는 미국의 자유주의자들은 사법심사권을 옹호하는 반면, 보수주의자들은 권력남용이라고 비판한다). 문제는 의사수호자들의 권위가 포괄적일수록 공적 사안에 대한 통제력이 상실되고 민주적 과정도 훼손될 수 있다는 점이다.
사법부의 재판관들은 사회의 여론으로부터 격리되어 있지만, 이는 이들의 결정이 민주적 합의와 동떨어질 수 있음을 의미하는 것이다. R.Dahl은 민주주의와 사법부의 심사권을 양립시키려는 경우(위헌법률 심판제도 등을 유지하려 한다면) 사법부의 권한에 대한 민주적 통제를 가능케 할 과정(법적 제약)이 내재되어야 한다고 주장한다.
미국에서 아동노동을 불법화하는 1916년의 법률과 1922년의 수정된 법률은 모두 대법원에 의해 위헌판결을 받았던 경험에 비추어 본다면, 기본적 인권이라 불리는 권리가 법원에 의해 보호받는 것은 아니라는 점을 알 수 있다. 사실 헌법재판제도가 없는 네델란드나 뉴질랜드가 덜 민주적이고 시민의 권리가 덜 보호받는 것도 아니다.
최장집 교수는 사법부의 판단이 공적 문제에 대한 시민의 의사나 제도화된 정치과정을 대체하는 것은 '다른 수단에 의한 정치를 만연시키고 그것은 정치에 대한 책임성을 약화시키고, 다시 사회갈등을 통합으로 이끌어 가지 못하고 오히려 정치적 불안정을 낳을 것'이라고 주장하기도 한다.

[3] G.Sartori는 '법이 없는 곳에 자유란 없다'는 로크의 유명한 주장을 통해 입헌주의를 강력하게 옹호한다. 아리스토텔레스의 지적대로, 데모스가 전제에 의해 지배되지 않으려면 비인격적 지배방식인 법에 의해 지배되어야 한다는 것이다. 자유주의의 관점에서 법의 지배는 입법자에 의한 지배도, 판사에 의한 지배도 아니며, 시민의 자유를 보호하는 것은 권리이지 법학자들이 의존하는 형식적인 법률이 아니다. 법의 지배란, '자유의 헌법화이며, 권력을 제한하기 위한 규제적 도구로서의 합헌주의 체계를 요구한다' 고 보는 것이다. 즉, 고전적 자유주의가 말하는 법의 지배란 법률에 의한 지배(형식적 법치주의)도 아니지만 현대 법학자들이 실질적 법치주의라 부르는 그런 의미 또한 아니었다. 그렇다면, 현대 민주주의에서 법의 지배는 어떠한 의미를 갖는 것인가?

[3] 마지막으로, 2016년 비선실세의 국정논단과 촛불정국으로 유발된 탄핵심판에서 헌법재판소는 어떤 기준에 따라 판단해야 하는가? 헌법과 실정법인가, 재판관의 직업적 양심인가, 아니면 시민의 의지인가?

1. 헌정주의(constitutionalism) / 법의 지배의 의미

헌정주의(입헌주의)란 헌법은 법의 지배의 기초가 되며, 헌정주의에 의해 정부의 권력은 제한되고 시민은 주권자로서 자유와 권리를 확보할 수 있다는 사상으로 설명하는 경우가 많다. 그러나 국가의 근간이 되는 기본법에 의한 통치를 의미하는 헌정주의는 ① 다수 권력의 횡포(무법성, 무정부주의)로부터 국가의 질서를 보호하기 위한 수단(플라톤과 아리스토텔레스적 의미의 법의 지배)일 수도 있고, ② 국가 혹은 과두권력으로부터 데모스의 자유를 보호하기 위한 수단일 수도 있으며(민주주의적 헌정주의), ③ 모든 형태의 권력으로부터 시민의 기본권을 보호하기 위한 수단일 수도 있다(자유주의적 헌정주의).

[1] 헌법은 한 국가의 통치 질서에 관한 기본법이다. 다시 말해 헌법은 국가의 통치조직과 작용 및 국가와 국민과의 관계를 규정하는 국가의 기본법을 말하며, 이를 보통 고유한 의미의 헌법이라고 지칭한다. 기본법은 모든 역사시대, 모든 국가에서 존재하였다 — 예컨대, 조선시대에도 경국대전이라는 기본법 체계가 존재하였다. 그런데 고유한 의미의 헌법개념은 주로 근대 입헌주의 헌법의 특성을 부각시키기 위해 사용되어 왔기 때문에, 입헌주의가 보편화된 현대에는 학문적으로는 큰 의미가 없는 개념이다.

[2-1] 근대 사회에서 입헌주의 혹은 헌정주의란 국가가 헌법에 의해 통치되어야 함을 뜻한다. 이 경우의 헌법은 고유의 의미의 헌법과는 달리 그 헌법의 내용에 반드시 국민의 기본권 보장과 국가의 권력분립을 규정하고 있는 헌법을 말한다. 로크가 강조했으며, 몽테스키외의 대표적 저서의 제목이기도 한 '법의 정신 / 법의 지배'와 동일한 의미를 담고 있다.

[2-2] 인민의 의지에 의한 통치라는 민주주의 관점에서 볼 때, 국가의 근간이 되는 헌법은 인민의 의지에 구속되어야 한다. 민주주의에서 국가의 의지란 인민의 의지이고, 국가질서의 준거 규범은 인민의 의지에 따르는 것이기 때문에 자유주의적 헌정주의와는 대립될 수밖에 없다는 것이다.

[3-1] (따라서) 자유주의와 공화주의적 성향이 강했던 미국 건국의 아버지(헌법의 아버지)들에게 입헌민주주의(constitutional democracy)란 용어는 모순어법에 불과했다. 헌정주의는 법의 지배(rule of laws)를 원칙으로 '권력의 분립과 제한'을 의미하는 반면, 민주주의는 '인민의 지배'(rule of people)를 의미하며 다수에 의해 점유된 '권력의 집중성과 무제한성'을 지향하기 때문이다. 이들이 보았을 때 민주주의 하에서는 인민이 원할 때는 언제든지 헌법을 포함한 법규범(게임의 규칙)을 바꿀 수 있으며, 헌법을 포함한 어떠한 규범도 인민의 의사를 제한해서는 안되기 때문에 헌정주의와 양립될 수 없었던 것이다.

[3-2] 반면, 헌정주의와 민주주의의 관계를 상호보완적인 것이며, 헌정민주주의란 동어반복적일 수밖에 없다는 견해도 대두되었다. 헌법은 민주적 게임 규칙, "누구에게 투표할 권리가 부여되어 있으며, 언제·어떻게 투표가 이루어지며, 어떤 권력기구가 어떻게 구성되는가?"를 성문화한 것이므로 헌정주의와 민주주의는 동일한 것이다. 이 견해에 따르면 민주주의의 본질적 가치를 실현하기 위해서는 국가의 최고 권력을 보유한 demos의 권리와 행사방법, 권력의 형성 및 작동메커니즘을 보장하는 기능을 헌법이 담당해야 한다(이 관점은 민주주의의 내용보다는 헌법의 이러한 기능에 초점을 두는 경향이 있었다).

답안 작성에 가장 어려운 주제를 꼽으라 한다면 자유주의도, 민주주의도, 국제정치도 아닌 헌정주의라 할 수 있다. 헌정주의(법의 지배) 자체가 다의적이며 이론적 관점에 따라 달리 사용될 수 있기 때문이며, 문맥에 따라 서술방식을 어떻게 잡을 것인지가 달라질 수 있기 때문이다. 좀 더 들어가면, 고전적 의미의 법의 지배가 M.Weber와 T.Parsons를 거쳐 어떻게 변질되어 왔는지까지 법철학이 담겨져 있다. 각설하고, 시험과 관련해서 출제가능하고 수험생의 입장에서 서술가능한 부분만 확인하자.

① 개헌논의(예컨대, 대통령제 개선, 의원내각제 혹은 이원집정부제로의 개헌)에서 헌정주의는 주로 [1]에서 언급한 고유한 의미의 헌법을 전제로 출제된 것이라 보면 된다. 여기에 [2-2]의 관점에서 시민적 합의로 이끌고 나가는 것이 좋다.

② 법의 지배와 다수 지배(민주주의)의 함수관계에서 이야기될 때는, [2]와 [3]에서 제시한 대립된 시각을 중심으로 제시된 것이다. '헌법재판소의 판결이 사회여론과 대립될 때, 시민의 저항권이나 불복종 운동이 인정될 수 있는가' 또한 이 범주에서 이야기되는 것이다. 이 경우 자유주의 - 민주주의의 관계를 중심으로 서술하는 것을 권한다.

1) 헌정주의 / 법의 지배에 대한 고대적 사고체계

가. 플라톤 : 허구적 이야기로서의 법치모델

플라톤은 철인에 의한 지배를 이상으로 보았지만, 철인이란 신만이 그 자질을 갖추고 있기 때문에 현실에서는 실현될 수 없음을 말년에 인정하면서 법에 의한 지배를 차선으로 제시한 다. 그의 「법률(Laws)」에서 '법이 정부의 주인이고 정부가 법의 노예라면 그 상황은 전도유망하고, 인간은 신이 국가에 주는 축복을 만끽할 것입니다'라 이야기한다.

인간은 비이성의 작용으로 덕보다는 즐거움을 추구하기 때문에 쾌락을 제한하는 법에 대한 자발적 순응을 이끌어 내는 게 쉽지 않다. 따라서 일단 법이 제정되면 다시 개정되어서는 안된다고 개개인이 믿도록 해야 한다고 주장한다. 사실, 그가 말한 법에 의한 지배는 법적 강제력이라는 의미보다는 법에 의해 지배되고 있다는 인식을 형성해야 한다는 의미가 강하다.

나. 아리스토텔레스 : 검열관적 법치모델

아리스토텔레스는 플라톤의 사상을 이어받아 법의 지배(rule of law) 사상을 강조하면서 법의 지배를 "욕망 없는 이성의 지배"로 규정했다. 즉, 그가 말하는 법의 지배는 소수 지혜와 덕에 의한 통치를 본질로 하는 것이다.

아리스토텔레스는 민주주의가 방종과 불법성이라는 결함을 가지고 있으며, 다수의 현실적인 힘은 사법관이나 소수의 지혜와 덕에 의한 통치를 제약할 수 있다고 보았다. 데모스의 결정이 기왕의 법을 무효화할 수 있으며 사법관에 대해 탄핵을 시도할 수 있기 때문이다. 따라서 소수의 지혜/이성은 법의 외피를 통해 다수의 의지를 순화시켜야 한다. 민회는 법을 제정해서는 안되고, 사법관은 민회의 간섭으로부터 자유로운 법의 종복으로서만 존재해야 한다. 공동체의 질서(taxis)는 인간 본성을 통제하기 위한 규제나 규율인 법률에 의해서 유지되는 것이다.

다. 민주적 법치모델

과두정 하의 법치는 'rule by law(법에 의한 지배)'에 불과하지만,[44] 민주정 하의 법치는 'rule

44) 403년 30인의 독재 하에서 실행된 과두제에서는 지배자들은 시민들의 가택에 무단으로 침입하여 물건을 몰수

of law(법의 지배)'로 개념화될 수 있을 것이다.

고대 그리스 아테네에서 법의 지배는 Demosthenes에 의해 추진된 'isonomia'로 집약될 수 있다. isonomia(iso+norm)는 모든 사람에게 법(norm)은 평등하게(iso-) 공히 적용되고 공포된 법규에 의해 법적 안정성이 확보되는 정체를 의미한다.45)

> Demosthenes는 연설문을 통해 '과두정 하에서의 지배자들은 자신들의 권위가 법의 권위보다 우월한 것으로 보고 있기 때문에 언제든지 그들의 이익에 부합하도록 법을 개정할 수 있는 반면, 민주주의 하에서 demos는 자신의 자유를 보장하기 위해서라도 자신이 만든 법에 복종해야 한다고 믿고 있다'고 역설하기도 했다. 즉 "법은 모든 이들에게 평등하고 모든 도시를 보존하는 구실을 한다 ... 아테네의 번영과 자유, 민주주의조차도 법치에 의존할 때 가능하다"

아테네 민주주의에서 법치를 통해서 보호하고자 하는 자유는 두 가지 측면이 있다. 첫째는 아테네의 자유는 언론의 자유(liberty of speech : parrhesia)와 공적 업무에 평등하게 참여할 수 있는 자유를 의미한다. 아테네인들에게 자유의 두 번째 의미는 개인의 생활방식을 자신이 스스로 선택할 수 있는 자유이다. 이는 각 개인이 자신의 생활방식을 스스로 선택할 수 있는 자유이다. 이는 각 개인이 자신의 사적인 생활을 자신이 가장 가치 있다고 생각하는 방식으로 정할 수 있다는 것을 의미한다. 그런데 이 두 번째 자유에는 조건이 있다. 이러한 자유가 보장되는 것은 그 개인이 공적인 질서와 타인과의 관계를 규율하는 도시의 법을 준수하는 한에서이다.

"우리 헌법은 도시의 권력이 소수자에게 맡겨진 것이 아니라 전체 시민에게 있기 때문에 민주정이라고 불린다. 사적인 분쟁을 해결해야 할 때 모든 시민은 법 앞에 평등하다 … 우리의 정치적 삶이 자유롭고 공개적이듯이 우리의 일상적 삶도 자유롭다."는 페리클레스의 유명한 연설문은 이를 반영하는 것이다.

2) 근대사회와 헌정주의 / 법의 지배

근대 사상에서 법의 지배는 14~16세기에 등장한 이탈리아 공화주의에서 태동하였다. 하지만, 여기에서는 고전적 공화주의를 배제하고 자유주의와 민주주의로 대비시켜 서술한다.

가. 자유주의와 법 : 다수지배에 대한 법의 지배의 우위 / 정치를 구성하는 법

[1] 로크는 '법이 없는 곳에 자유는 없다'고 이야기했고, 페인은 이를 '자유국가의 정부는 사람이 아니라 법이다'고 이야기했다. 자유는 권력을 규제하는 법을 요구한다는 것이다.

또한 사르토리는 '대표들이 제정한 법을 시민이 실제로 원했기 때문에 시민이 자유로운 것은 아니'며, '시민이 법을 제정하는 자들의 권력을 통제하고 제한하기 때문에 시민이 자유로운 것'이라고 주장한다. 그는 '입법자들이 제정하는 법이라는 것은 분파적 이익을 위한 특별한 규칙에 불과한 것이고, 입법자는 법적 양식과 일관성이라는 것 자체에 대한 관심이 없는 자'들이라고 단정

하기도 했고, 재판절차 없이 시민을 사형에 처하기도 했었다. 이러한 과두지배 체제는 1년을 버티지 못하고 무너졌다.

45) 아리스토텔레스가 법의 지배를 강조했던 것은 데모스들의 전횡으로부터 국가를 보호할 목적이었다면, BC. 5세기 말 ~ 4세기 초에 아테네에서 보여줬던 "법치의 민주적 모델"은 국가의 전횡으로부터 시민들을 보호할 것을 목적으로 한다. 이 시기에 시민은 누구나 기소권을 가졌고 배심원은 추첨에 의해 뽑힌 일반시민들에 의해 구성되었다. 이렇게 시민들이 사법권을 행사할 수 있도록 한 것은 국가권력으로부터 사적 생활영역을 침해받지 않기 위한 아테네 시민들의 의지가 강하게 반영된 것이라고 볼 수 있다.

지었다. 그는 다음과 같이 이야기한다.

> "오늘날 우리의 자유를 보호하는 것은 권리이지 법학자들이 의존하는 형식적인 법은 아니다. 그리고 우리의 권리는 자유의 헌법화이다. 이러한 의미에서, 그리고 엄격히 이러한 조건 하에서, (자율성으로서의 자유가 아니라) 법 아래서의 자유만이 그리고 (인민의 권력이 아니라) 비인격적, 규제적 도구로서의 합헌주의적 체계만이 자유사회의 수호자였고, 그리고 지금도 수호자임을 나는 강조해 왔다."

'각 개인이 자기가 선택하는 바대로 자유롭게 행동할 수 있는 개인의 고유영역을 보호하고, 개인이 지켜야할 정의로운 개인행동 규칙을 규정한 법', '목적 독립적인 규칙, 정의로운 개인행동 규칙'만이 개인에 대해 구속력을 지닐 때 인간의 자유가 보장될 수 있다고 주장한 Hayek의 주장과 같은 맥락이다.

[2] 자유주의는 법의 지배란 자의적이고 전제적인 권력의 사용을 방지한다는 헌법의 일반적 목적을 정부권한과 연관시킨다. 인간의 기본권은 천부적인 권리이며, 전국가적인 것으로 이를 제도화한 헌법은 바로 국가의 행위인 권력의 행사를 억제하는 데 효과적이라 본 것이다.

헌법을 시원적 계약에 의한 정치사회의 결성과 동시에 구성된 질서(taxis)로 간주하고, 헌법은 인민이 세대를 초월해 스스로를 제약하는 사전서약적 기능을 한다고 주장한다. 따라서 정치적 과정을 통해 헌법 규칙은 변경될 수 없다고 본다.[46]

나. 민주주의와 법의 지배 : 법을 구성하는 정치

인간은 자유롭고 평등하다는 사고가 수용된 시민혁명 이후의 정치에서 입헌적 과제는 1인과 소수, 그리고 다수 이익의 균형을 찾는 것은 아니다. 소수 귀족의 특권을 인정할 어떠한 근거도 없기 때문이다. 또한 과학기술 및 인쇄술의 발전과 함께 소수의 전유물이었던 지식이 대중화되면서 지혜와 덕을 소수의 그것으로 보아야할 이유도 사라졌다. 이데아로 표현되었던 진리나 정의와 같은 것은 소수의 판단이 아닌 다수의사 · 판단에 의존해야 한다는 논리가 성립된다. 이러한 사고는 K. Popper가 「열린사회와 그 적들」에서 이야기한 백로의 은유에서 잘 나타나 있다.

> 열 명의 사람이 있다. 이 중 아홉이 백로를 보고 까맣다고 하고, 한 명이 하얗다고 주장한다. '열린사회'는 아홉 명의 주장을 옳은 것으로 간주한다. 하지만, 민주주의는 이러한 아홉 명의 주장을 절대적 진리라 하지 않으며 잠정적인 진리로 주장할 뿐이다. 즉, '열린사회'는 오류가능성과 반증이 제기되는 경우 번복 가능성을 열어 놓는다. 나머지 한 사람의 주장이 옳은 것으로 판명된 경우 백로는 하얗다고 수정할 수 있는 사회가 '열린사회'인 것이다.

정의로 표상되는 법과 규범은 다수의사에 의해 결정되어야 하며(인민주권), 근대 대의제 민주주의에서 그것은 시민의 대표기관인 의회의 의사로 표출된다. 시민적 공화주의와 민주주의에서 법의 지배는 다수지배의 다른 표현인 것이다.

46) 반면, 공화주의나 민주주의는 헌법질서란 사회구성원에 의해 발견되어지는 질서이기 때문에 시간적, 공간적 한계를 가질 수밖에 없다고 본다. 따라서 앞선 세대가 결정한 헌법이 현세대의 의사를 구속할 수 없다고 본다.

2. 민주주의와 법의 지배 : '정치 / 다수 지배'와 '법치 / 법의 지배'

[1] 자유주의는 개인의 자유 혹은 자율성을 위한 국가권력의 제한을 핵심으로 한다. 자유주의가 (민주주의와는 별도로) 입헌주의를 중시하는 것은 국가권력으로부터 개인의 자유를, 다수의 횡포로부터 소수를 보호하기 위해 힘의 논리를 법의 논리로 대치시키기 위한 것이다. 또한, 이러한 법은 정치를 구성하는 규범을 만들어 냄을 중시하는 것이다.

자유주의가 다수 지배를 사실상 법의 지배로 대체하려는 것은 다음과 같은 인식 때문이다. 첫째, 인민의 자기지배의 이상은 다수가 승인하는 것이 정의로 인정됨을 의미한다. 따라서 개인의 자유를 위협한다. 둘째, 법을 제정하는 대표자를 시민이 선택할 권한이 있다하더라도, 시민이 법을 제정하는 자의 권력을 통제하거나 제한할 수 없다면 시민의 자유가 보장되지 못한다. 다수든 입법자든 이들의 권력을 통제할 수 있는 법에 의해서만 자유가 보장되는 것이다. 따라서 '법은 권력자에게 정당성을 부여하는 수단이 아니고, 주권자에 의한 모든 국가권력에 대한 명령'이어야 한다.

[2] 법은 개인의 권리와 의무관계를 명확히 하고 사적 권리를 사회적으로 보장해 준다. 또한 정치적 행위 주체들의 상호작용을 제도화함으로써 예측가능성과 사회의 질서의 안정성을 높인다. 이러한 공식적 규범으로의 제도화는 체제의 일상적 작동을 가능하게 한다. 그러나 정치체제의 안정화는 경직성을 야기한다. 자유주의가 이해하는 것처럼 법의 기능을 다수의 의사(권력)를 제한하기 위한 것으로 설정하는 경우 일반 대중들의 정치참여를 경색시키고, 사회적 갈등이 대표될 기회를 축소하는 결과를 초래한다(최장집, 2004, 20).[47] 그것은 엘리트나 기득 이익들의 지배 혹은 퇴영적 다원주의를 의미하며, 체제 정당성의 위기를 야기한다. 법의 문제는 곧 민주주의의 문제이고, 그것은 다름 아니라 정치의 문제인 이유가 바로 이 때문이다.

법적 강제력은 그 스스로가 새로운 권력을 만들고 다수의 행위와 의지를 억압하는 폭력으로 나타나기도 한다. 따라서 법이 그 자체로 정당하다고 이야기해서는 안된다. 정치가 없는 곳에서 합법적 폭력이 만연한다. 인민 혹은 국민주권 사상에 비추어 볼 때, 법은 민주주의를 담고 있어야 한다.

[3] 법은 일정한 정치적 결과(가치 배분)를 산출하며, 이에 대한 정치세력들의 지지 혹은 반발을 수반한다. 이처럼 법과 시민 의사가 일치되지 않는 경우 그 정당성은 어떻게 확보되는 것일까? 법의 보편성인가, 아니면 합의 · 공유된 규범 혹은 입헌적 합의인가? 만약에 법의 정당성이 공유된 규범에 있다고 주장한다면, 법이 갖는 정치성을 수용함을 뜻하며 법의 의미는 민주적으로 구성되어야 함을 말한다.

민주주의나 현대 공화주의는 정치적 실체로서 혹은 주권자로서의 시민의 의사를 중시한다. 이때 시민의 의사를 형성하는 과정이 정치이며, 이러한 정치는 법을 구성하는 힘이다. 따라서 법질서는 법규범 자체에서 나오는 것이 아니라, (루소나 아렌트가 말하는 바의) 정치적 통일성에서 나오는 것이다. 이러한 정치적 통일성은 시민의 합의된 의사에 의해 확보된다.[48]

---

47) 다수의 지배를 법의 지배로 되돌리려는 것은 '정치적 갈등이 지나치게 치열할 때 민주주의는 위험에 놓이기 때문에, 정치적 토의와 행위를 저해하고 갈등 유발을 증폭시키는 이슈들은 정치적 사안에서 배제되어야 한다(최장집 2004, 21)'는 소위 S.Holmes의 함구의 규칙으로 정당화되어 왔다.

3. 사법부

2000년 미국대통령 선거 결과는 연방최고법원 9명의 판사에 의해 결정되었다. 민주당의 고어 후보는 득표율에서 부시를 앞섰지만, 플로리다 주에서 500여 표차이로 부시에 패배함으로써 결국 대통령선거에서 패배하였다. 문제는 흑인 저소득층 구역의 투표를 누락한 개표부정의혹, 수천 명의 흑인 투표자에 대한 선거방해, 혼란을 야기한 펀치형 투표카드 등 의혹과 부정으로 얼룩진 플로리다주의 선거과정이었다. 연방최고법원은 플로리다 최고재판소의 결정을 뒤집고 플로리다 주의 수작업에 의한 재검표를 부인하는 판결을 함으로써 부시에 유리한 결정을 내렸다(헤이우드 2004, 569 ; 최장집 2004, 10) 국내에서도 대통령 탄핵심판에 대한 헌법재판소의 기각판결, 행정수도 이전에 대한 위헌판결, 위헌정당해산심판 등 사법부의 정치에 대한 영향력이 커지고 있다. 이러한 현상을 어떻게 보아야 하는가?

1) 권력분립원칙과 사법부의 독립성

권력분립원칙이 근대 민주주의 원리로 채택되면서 사법부는 정치와는 독립된 기관으로서 이미지를 부여 받았다. 사법부의 독립은 재판소가 정치세력에 종속되는 것을 방지해 주었으며, 법관은 양심에 따라 중립적인 관점에서 판결을 내릴 수 있음을 보장한 것이다.

사법부는 국가의 행위에 대한 사법심사를 통해 법적 통제와 국민의 권리구제 기능을 담당한다. 국가기관이 특정의 이익집단에 의해 포획됨으로써 공적 결정이 사사화(privatization)되는 것을 방지하고 공공성을 유지하는 소극적 역할을 하는 것이다.

그러나 사법부가 갖는 정치적 중립성은 (Hass가 이야기하는 인지공동체로서, 전문적으로 훈련받은 전문 재판관들이 그들이 대학에서 배운) 그들만의 가치와 문화에서 나오는 편견을 의미할 수도 있다. 또한 미국을 예로 들자면, 그들은 WASP 계통의 교육을 받은 중상류계급이다. 즉, 현대 사회에서 사법부는 법의 단순한 적용자라는 신화가 더 이상 적용되지 않는다.

2) 사법심사와 규범창출

법원은 사법심사를 통해 법을 구체적 사실에 적용하는 기관이다. 그러나 사법부의 기능은 여기에 그치지 않고 규범창출기능까지 확장되었다. 합헌심사(위헌심사)를 통해 사회적 쟁점들에 대해 개입해 왔다. 법 규정의 구체적 내용을 판례를 통해 확정하며, 위헌법률심사를 통해 법의 효력을 제한하기도 하며 집행을 정지시키기도 한다.

20세기 후반에 이루어진 이러한 사법부의 기능 확대는 법치주의를 '법률에 의한 지배(rule by

---

48) 하버마스는 종교나 세계관 혹은 윤리가 사회적 행위의 정당성을 보장해 주지 않는 다원화된 사회에서 정당성은 자유주의의 법의 지배와 공화주의의 자기입법에서 찾아져야 한다고 주장한다. 그는 "행사될 수 없는 권리란 형용모순이다. 즉, 권리는 그것의 행사를 보장하는 정치권력을 전제로 한다. 다시 말해, 권리를 규정하는 법은 정치권력을 통해 획득된다. 반면, 국가권력은 억압하고 강제하는 강제력으로부터 탈피하기 위해서는 법의 옷을 입어야 한다. 즉, 국가권력은 그 정당성을 법으로부터 획득해야 한다."고 이야기하면서 공화주의(민주주의)와 자유주의를 절충적으로 해석한다. 필자의 짧은 견해로는 위 인용형태의 두 번째 단락에서 법 = 정당성으로 제시되어 있지만, 문제는 결국 정당성 판단하는 기준은 누가 정하느냐로 다시 귀결될 수밖에 없으며, 이는 자유주의나 공화주의의 주장 둘 중 하나로 되돌아 갈 수밖에 없다. 즉, '보편타당한 규범'과 '공유된 규범' 중에 하나를 선택할 수밖에 없다는 것이다.

law)'로 인식했던 형식적 법치주의(= 의회주의)에 대한 반발이었다. 의회주의가 입법권 우위의 권력분립의 형태로 운영되는 경우 자유주의와 민주주의 중에서 후자로 경도되게 되며, 그것이 나찌즘을 야기했다고 보는 것이다. 그러나 의회주의원리에 대한 부정적 인식은 결과적으로 국민주권의 뿌리마져 뒤흔들 수 있다는 점을 염두 해 두어야 한다.

3) 법치주의, 민주주의와 사법부

모든 국가권력은 국민으로부터 나온다는 국민주권원리는 민주적 의지형성에 있어서 평등하게 참여할 수 있는 기회가 주어지는 시민의 자기결정의 제도화를 담고 있는 것이다. 이러한 원리는 시민의 권리와 법치주의를 매개해주고 있다. 즉, 법치주의는 행정부가 법에 종속되어야 하고 사법부와 의회에 의한 규범 통제를 받아야 함을 의미하며, 이 속에서 사법부는 독립된 기관으로서 개인적 권리를 보호하는 기능을 담당해야 한다는 것이다.

독립된 기관으로서 사법부의 역할은 적극적인 의미에서 규범을 창출하는 기능이 아닌 소극적으로 부당한 권력행사로부터 시민의 권리를 보호하는 것이다. 만약, 사법부가 규범을 창출하는 국가기구로 기능한다면, 그것은 정치문화와 여론에 의해 확립된 제약 내에서 기능해야 한다.

시민불복종운동

낙천낙선운동은 불법인가? 선거 시기에 유권자의 정치적 견해를 공개적으로 표출하는 행위를 제한하는 법률 규정을 어기는 것은 어떠한 이유로도 용인될 수 없는 것인가?
시민단체의 이러한 행위는 이를 제한하는 형식적인 법규범에 위배되는 것이다. 그러나 민주주의 원리에 위배되거나 헌법이 보장하는 기본권을 벗어나는 것은 아니다. 양심·사상의 자유, 언론·출판·집회·결사의 자유는 (자유주의 원리에 따르더라도) '명백하고, 현존하는 위험'이 없는 제한되어서는 안 되는 권리다. 이러한 자유/권리 없이 민주주의도 없고 시민 개인의 자유도 없기 때문이다.
법의 지배가 형식적인 법률에 의한 지배를 의미하는 것은 아니며, 형식적 법률은 민주적 정당성 혹은 입헌적 정당성(자유주의)을 획득해야 한다는 점에서 시민 불복종 운동은 정당하다는 것이다. 이는 사법적 판단은 별론으로 하고 한국의 공법학계와 정치학계의 통설적 시각이기도 하다.

시민의 저항권

국가기관에 의한 비민주적 혹은 비헌정적인 행위에 대해 시민들은 저항해야 하는가?
자유주의자들과 상당수 민주주의자들은 저항권은 인정하지만 자제되어야 한다고 주장한다. 법이 만들어 낸 질서가 존재할 때, 그 법질서를 깨는 것(Kant가 말하는 무법의 상태)이 입헌 체제를 교란함으로써 체제 위기를 가져온다면 그러한 행위는 자제되어야 한다는 것이다. 시민들의 행동이 자제되어야 한다는 것이 비민주적 체제를 유지하는 것이 낫다는 의미는 아니다.
시민의 자유나 민주주의를 지켜주는 것은 법이 아니며, 이러한 질서를 만들어 내는 정치적 행위 주체들의 의지라 할 수 있다(마키아벨리나 토크빌은 습속이라 표현하며, 자유주의는 정치문화로 표현하며, 공화주의는 시민성이라 표현한다). 이 위에 시민의 참여를 보장하고 소수 권력이나 국기기관의 권력을 통제할 수 있는 제도적 메커니즘을 창출하는 것이 중요한 것이다.

4. 보론 : 법치주의와 법의 정당성

1) 법치주의 의의

법치주의는 시민 혁명기에 왕의 절대 권력을 통제하기 위한 이념이자 제도로 발전하였으며, 시민혁명 이후에 서구 근대 국가의 기반으로 자리 잡아 왔다. 그러나 '법에 따른' 통치라는 것 자체가 다의적일 수밖에 없기 때문에 시대와 국가에 따라 상이한 내용과 형식을 갖는다.

근대 자유주의적 관점에서 그것은 시민권의 법적 보장을 위한 수단이자 권력의 제한을 위한 핵심 원리로 이해된다. 즉, 국가의 기능은 법질서 유지와 개인의 권리 보장에 국한되어야 한다는 것이다.

영국과 미국에서 그것은 사법부 우위론으로 연결되면서 판례법을 중심으로, 그리고 (특히, 미국은) 연방대법원의 위헌법률심사권을 인정하는 방향으로 발전되었다.

대륙계 국가에서 그것은 의회가 제정한 법률에 의해 집행권을 구속한다는 의미로 변경된다. 이에 따라 권력분립이 정착되고, 법률의 법규창조력 · 법률우위 · 법률유보원칙에 따라 시민권을 제한하는 조치는 법률에 근거에 의해야 하며, 법률에 의해 재판이 이루어지면 법치주의가 구현되었다는 인식이 지배적이었다.

법치주의 요소(Lon Füller)

풀러는 법치주의 기본 원칙을 '시민에 대한 합법적 권위체의 행위가 정당화되려면 사전에 공포된 일반법의 틀 내에서 이루어져야 한다는 것'이라 규정하면서, 다음과 같은 법치주의 요소를 제시하였다.

- 법은 보편적이어야 한다.
- 법은 공포되어야 한다.
- 법률 체계의 수정을 위해 필요한 경우를 제외하고 법의 소급은 피해야 한다.
- 법은 분명하고 이해할 수 있어야 한다.
- 법률 체계는 모순이지 않아야 한다.
- 법은 불가능한 것을 요구할 수 없다.
- 법은 시대를 통틀어 일관되어야 한다.
- 공식적인 행위와 선포된 법이 계속적으로 일치해야 한다.

가장 일반적으로 수용하고 있는 풀러의 법치주의의 요소의 핵심은 보편성에 있다.

2) 법치주의의 전개

고대 그리스(플라톤과 아리스토텔레스)에서 등장하였고, 로마에서 체계화된 법의 지배 사상은 근대 들어 영국으로 전해지면서 발전되었다. 영국에서 그것은 시민혁명과 헌장에 의해 전개되었는데, 왕의 자의적인 권력 행사를 통제하기 위한 마그나 카르타, 권리청원, 권리장전의 제정이 그것이다. 17세기 명예혁명 시기에 보통법(common law)의 수호자라 평가되는 Sir Edward Coke가 보통법의 우월성을 주장하는 법 지상주의를 주창하면서, 법치주의는 국가 통치원리로 자리 잡았고 미국으로 전파되었다.

독일에서는 자유주의에 기반한 법치국가론이 자리 잡았다. Otto Mayer는 법치국가의 핵심원리로 '법률우위 원칙'과 '행정의 법률적합성'을 기반으로 한 국가를 법치국가로 제시하면서, 법치국가를 경찰국가·관료국가에 대비시켰다.

형식적 법치주의와 실질적 법치주의

의회가 적법한 절차를 거쳐 법을 제정했다면 그 법의 목적이나 내용과 무관하게 법률에 의한 통치가 이루어진 것이라 보는 것을 형식적 법치주의라 한다. 그러나 이러한 법치국가 관념은 의회를 장악한 다수의 횡포나 대중선동을 통해 등장한 독재자의 전제를 방지할 수 없었다.[49] 나치 독재는 법률에 의한 통치(rule by law)라는 법치국가의 외형을 갖추고 있었으며, 이를 경험한 독일에서는 실질적 법치주의가 등장하였다. 형식적 법치주의와 비교할 때, 법률적합성과 함께 법의 정당성을 요구하는 것을 실질적 법치주의라 한다.[50]

보통 형식적 법치주의는 합법성을 갖추면 된다고 보며, 실질적 법치주의는 합법성과 정당성을 모두 갖추어야 한다고 보는 것으로 해석한다. 형식적 법치주의와 실질적 법치주의는 법률에 의한 지배(rule by law)와 법의 지배(rule of law)의 관계와 같다고 보면 된다.

실질적 법치주의는 사법권의 강화를 가져왔다. 사법권의 강화로 다수의 지지를 통해 형성된 법률이 법관에 의해 무효화되면서, 헌법재판소 재판관 혹은 대법원 판사의 권한과 범위, 민주주의와 법치주의의 갈등이 새로 대두되었다. 법관의 판단이 정당한지에 대한 논란과 함께, 최고재판소 재판관 구성(보수적 성향을 가진 법관으로 구성된 최고재판소), 그리고 정치의 사법화(judicialization of politics) 대 사법의 정치화, 사법적극주의 대 사법소극주의 사이에 논쟁이 진행되었다.

엄밀히 말하자면, 위헌법률심사는 '법은 정당해야 한다'는 요구에서 등장했으나, 사법부에 의해 법률의 내용이 사실상 규정된다는 점에서 사법부가 입법부의 영역을 침해하게 된다. 이는 법치국가의 기본요소인 권력분립 원리를 스스로 깨버리는 것이다.

그런데, 20세기 후반 들어 법학계에서 보는 법의 지배는 다시 형식적 법치주의로 되돌아가게 된다. '법은 왜 정당한가(혹은 정당한 법은 어떤 법인가)'에 대한 질문은 다시 법의 보편성과 체계성으로 귀결되는 데, 그것은 법의 형식성을 통해 논증할 수밖에 없다는 자유주의와 법실증주의의 논리 때문이다.

> 일인 혹은 특정 정치세력이 정치권력을 독점하고 아무런 구속도 받지 않은 상태에서 지배하는 경우, 법률에 의한 지배(rule by law)가 나타날 수 있다. 법률을 제정하는 데 있어서 어떠한 제약이나 구속이 없기 때문에 공포된 법률을 근대적 의미의 법이라 부를 수 없는 것이다.

이렇게 보면 (자유주의나 법실증주의의 의도와 무관하게) 법에 의한 지배(rule by law)와 법의 지배(rule of law)는 같은 연속선상에 있으며, 서로 배타적인 선택지가 아니다. 법의 지배냐 법에 의한 지배냐를 구분 짓는 것은, '법이 누군가의 수단으로 작동하느냐 아니면 (모두가 따르는 구조적) 틀로 작동하는가?' 하는 법의 성격이 아니라 '권력의 체계가 어떠한가?'에 달려 있다. '법의 지배'와 '법에 의한 지배'는 권력의 체계에 상응하는 결과일 뿐이다(A. Przeworski 외, 민주주

49) "히틀러의 만행이 당시 합법이었다는 것을 잊지 말아야 합니다(Never forget that everything Hitler did in Germany was legal)"라는 Martin Luther King, Jr.의 언급은 이를 대변한다.

50) 실질적 법치주의는 법률적합성 위에 법의 최고가치인 인간의 존엄을 보장하기 위한 제도, 즉 기본권의 보장, 법원의 위헌법률 심사, 기본권의 침해에 대한 헌법소원 등이 추가되어야 한다는 것이다.

의와 법의 지배, pp.51-52). 법의 보편성과 형식적 요건(Lon Fuller의 법치주의 요소)만을 강조하는 근대 법치주의가 놓치기 쉬운 부분이 바로 여기에 있다.

3) 법과 정당성

주지하듯이 로크가 이야기하는 자유는 법적 권리로서의 자유이다. 자연 상태에서는 자연법에 의해 보장을 받는, 사회 상태에서는 사회법의 보장을 받는 권리를 말한다. 사회계약에 의해 형성된 법은 의지의 권력을 가진 주체로서의 모든 인간들이 평등하게 소유하는 자유에 대한 인정이다. 그리고 법이 보호하는 한에서 개인은 자율성을 보장받는다. 그러나 19세기 후반부터 법은 왜 정당한가에 대한 질문이 나오면서 논리가 역전된다.

사실 근대사회에서 법의 지배가 통용되는 근거는 법이 갖는 **보편성**에 있다. 먼저, 자연법 관념이 실정법 체계로의 전환은 사적 강제력이 법적으로 소송을 제기할 수 있는 권한으로 전환되었다는데 의미가 있다. 나아가 주관적일 수 있는 사적 권리가 모든 시민들이 갖는 평등한 권리로 전환되었으며, 국가를 비롯한 권력으로부터 보호받을 수 있는 법적 권리 개념으로 자리매김하게 되었다는 것이 중요하다.

이러한 법의 지배 관념은 어떤 삶이나 가치가 옳은 것인지에 대한 공유된 관념이 붕괴된 근대사회에서 또 다른 중요한 의미를 갖는다. 법은 도덕·가치와 독립되어 성립되며, 특정 도덕 규칙과 무관하게 모든 개인을 구속한다는 점이다(가치중립성). 법은 자유를 보장하는 법이라는 의미에서 개인주의적·자유주의적임과 동시에 일반적인 상호강제력을 갖는(모든 개인을 구속하는) 보편규범으로서 타인의 자유와 양립이 가능하다는 것이다. 법적 강제력은 행위자의 동기나 합리적 목적과 독립되어 있다는 점에서 개인의 자율성을 침해하지 않으면서도 강제력을 갖는 규칙이라는 것이다[not **도덕규칙** but **행동규칙**]. 근대적 의미의 법의 지배가 강제력이자 자유의 법으로 설정되는 이유이다(하버마스, 2000, 사실성과 타당성).

M. Weber 식으로 본다면, 법은 합리적으로 정당화된 보편적 원칙에 따라서만 구성될 수 있다. 그리고 이렇게 결정된 법은 강제력을 획득한다. 법의 효력은 제정되었다는 사실과 함께, 합리적 동의를 얻었기 때문에 발생한다. 법의 정당성은 정치적 의지형성, 민주적 과정에서 나오는 것이 아니라 법이라는 규범의 구조, 사법부의 자율성, 집행권에 대한 법의 통제, 그리고 합리성에서 획득되는 것이다. 참고로, 기능주의적 시각(T. Parsons)에서 법의 정당성은 체제유지, 즉 사회적 통합을 이끌어 내는 그 본래적 기능에서 찾는다.

이렇게 재구성된 근대적 법 개념은 그 중심에 개인적 권리가 자리 잡고 있다. 각인은 타인의 유사한 자유와 양립할 수 있는 가장 포괄적인 기본적 자유에 대한 동등한 권리를 가져야 한다는 칸트와 롤스, "정치적 자유는 타인에게 해를 끼치지 않는 한도 내에서 무엇이든 할 수 있는 권한이다. 타인이 동일한 자유를 자유롭게 행사하는 데 어떠한 제한도 없다. 그리고 이 제한은 오직 법에 의해서만 규정될 수 있다"는 1789년 인권·시민권 선언은 이를 잘 보여준다.

개인 자유와 타인의 자유 간의, 그리고 어떠한 제약이 없는 개인의 자유와 사회질서 간의 양립가능성은 법을 통해 해결된다. 국민주권 원리에 기초한 입법절차와 합법성으로부터 정당성이 획득되고, 법으로 보장된 개인의 권리라는 것이다. 그런데 여기에서 논리의 도치가 발생한다. 법의 지배 하에서 시민의 권리는 천부적 권리가 아니라 실정법으로부터 보장된 권리가 되는 것이다. [권리 → 법제화] → [실정법 → 권리]라는 도치가 그것이고, 이제 개인의 권리는 법학자들이 해석하는 것으로 축소되게 된다. 이것이 지금 현재 한국의 법학자들과 전문가들이 보는 시민권이며, 그것은 헌법에 보장된 권리가 아닌 것처럼 되어 버린 이유이다.

법은 왜 정당한가? 법은 자체로 정당성을 갖는가?

[1] 현대 법이론은 법치주의 핵심 요소를 법률의 법규창조력, 법의 우위, 그리고 법률유보원칙으로 제시한다. 규범은 법이 만들어 낼 수 있다는 것이다. 국민주권은 사라지고, 시민의 법적 권리는 법률에 의해서 인정되는 것으로 변질된 것이다. 시민의 권리를 보호하기 위해 법이 있는 것이 아니라.

[2] J. Locke는 개인의 권리를 상호권리 인정이라는 사회계약과, 정치적 과정을 통한 입법을 통해 얻어진 법적 권리이며, 국가권력에 대항하는 권리라 설명한다. 법에 부합되는가 하는 것(합법성)은 행농의 동기가 아니라, 행동이 법 규정에 부합되는가에 있다. 즉, 어떠한 가치관에 부합하지 않기 때문에 위법이라는 판단을 거부한다. 따라서 법은 강제력이자 자유의 법이다.

그런데 상호권리 인정은 민법상 계약의 원리를 차용한 것이다. 사적 관계가 아닌 사회적 관계에서 사회와 국가에 대항하여 자신의 권리임을 주장할 수 있는 정당한 이유라고하기에는 논리적으로 취약해 보인다.

그래서일까? 개인의 권리를 규정하는 법 자체가 정당하다는 식으로 현대 법 이론은 변경되었다[법실증주의]. 개인의 자유를 보장한다는 의미의 주관적 권리가 민주적 입법과정이 아닌 독자적으로 정당한 이유(법률 변경으로도 폐지할 수 없는 자체로 정당한 이유)를 찾으려는 것이었다. 이 논리는 이론적 근거가 필요 없을 만큼 자명한 것으로 자리 잡아 나갔으며, TV에 나오는 전문가(법조인)들과 보수정치인들에 의해 반복적으로 강조되어 왔다. 이러한 논리가 보여주는 종착점은 개인의 권리가 법에 종속되는 것이며, 법의 정당성은 지배의 합법성으로 환원된다. 법의 정당성의 근원은 규명하지 않은 채.

현대 자유주의적 법이론은 법의 정당성을 국민주권 원리에서 출발한 민주적 입법과정에서 찾지 않는다. 그것이 가져온 결과가 나치의 법률에 의한 지배였다는 교훈도 잊혀졌다. 법이 실제 제성되었고 법조항의 체계상 형식적인 조건을 충족시켰기 때문에 법 자체로 정당하다는 식의 논리로 되돌아 가버린 것처럼 보인다.

[3] 국가의 강제력(권력)이 필요한 이유는 법이 관철되어야 하기 때문이고, 사회를 안정화시키는 힘과 조직된 판결을 필요로 하기 때문이며, 정치적 의지가 관철되어야 하기 때문이다. 제정된 법은 그것이 규정대로 집행될 때 법적 안정성을 통해 체제 안정화가 보장된다. 이를 위해서는 행위주체들이 자신의 행위에 대해 어떠한 규율이 적용되는 지를 예측할 수 있어야 한다. 따라서 보편적으로 적용되어야 하고, 명료하며, 모순되지 않고, 일관되어야 하며, 공개되어야 한다. 그러면 어떠한 내용을 갖는지에 상관없이 정당하다(?).

[3] 돌이켜 보면, 플라톤은 진리가 법을 만든다고 보았고, 홉스는 권위가 법을 만든다고 보았

다. 반면 로크에게 법은 합리성 · 이성의 산물이다. 그런데 '합리적 개인들이 자연 상태에서 조우하였고, 합리적 계산에 입각한 결과로 체결한 계약으로 획득된 것이 개인의 권리이고, 이러한 개인의 주관적 권리는 사회적 · 공적으로도 절대적으로 보장받아야 하는 권리'라고 설명할 수 있을까? 헌법을 포함한 공법은 사적 관계에서 체결되는 계약과는 다르다. 사적 계약이 어떤 이익(목적)을 위해 체결되는 것이라면, 사회계약에서 체결되는 헌법은 그 자체가 목적이며, 사회계약은 헌법 원리에 의해 지배받는 사회를, 사회적 강제력을 수용하겠다는 의미의 계약이다. 자유주의적 관점에서 본다면 '이 계약을 통해 확보되는 권리는 법 자체의 정당성에서 나오는 것이 아니라, 개인에게 부여된 천부인권을 제도화된 권리로 전환시키려는 자율적 시민들의 자유의지에 의해서만 정당화될 수 있다'고 해야 옳다. 결국은 민주주의 원리에 의해 구성된 절차와 과정을 빼고 법과 법이 보장하는 권리의 정당성을 이야기할 수 없게 된다. 역설적이게도 자유주의가 의존하는 국민주권원리는 합리성과 이성이 아닌 주권자의 의지가 법으로 구현될 때 관철될 수 있다.

정치권력과 정치적 결정의 정당성은 그것을 정당화하는 법적 형식에서 나오는 것이 아니라, 정당하게 제정된 법과 정당한 절차를 통해 결정됨으로써 나오는 것이다. 나아가 동등한 자격을 갖는 시민들이 합리적으로 받아들여질 수 있는 법만이 정당하다. 모든 국가의 권력은 국민 · 시민으로부터 나온다는 국민주권 원칙은 사문화된 원칙이 아니다. 그럼에도 불구하고 현대 법치국가개념 / 법치주의 개념에서는 어떠한 주권자도 없다.

Ⅳ. 자유와 평등 2007 행정

근대적인 의미에서 자유란 인간 존엄성에 대한 신념이며, 최선의 자아실현을 위한 기본적 권리로 이해되어 왔다. 반면, 평등이란 동등성, 규범적 의미에서 정당한 것 등 여러 차원에서 정의된다. 이러한 관념은 자유주의와 민주주의에 대한 인식으로 연결되었다.

먼저, 자유주의는 국가권력과 기능을 제한적으로 보는 신념이며, 민주주의는 다수지배를 그 이념으로 하면서 통치형식의 하나로 통치권이 한 개인이나 몇몇 소수의 수중에 장악되어서는 안 된다고 믿는 신조이다.

이렇게 정의된 자유와 평등, 그리고 자유주의와 민주주의 간에는 상호 상충적인 관계를 내포하고 있었고, 이러한 상호 긴장은 양자의 관계를 정립하려는 많은 시도를 불러 일으켰다.

1. 자유의 개념화

자유롭다는 것은 인간이 자신의 삶을 결정할 수 있는 자율성을 갖는다는 것을 의미한다. 그런데 인간의 자유가 인류 역사에서 긍정적으로 수용된 것은 비교적 최근의 일이다.

[1] 이성에 기반 하지 않는 자율성은 역설적으로 자유를 파괴하고 노예상태를 불러온다는 점에서 자유를 인정하는 것은 바람직하지 않다는 인식이 플라톤 이래로 이어져 왔다. 이에 반해 마키아벨리는 자유의 핵심을 자율·자치로 규정하면서, 시민이 자신의 의지에 의해 지배하는 공화국에서 시민은 자유를 향유할 수 있다고 보았다. 공화국에서는 시민이 자신의 동의에 따라 법이 제정되고, 모든 시민이 그 법의 지배에 평등하게 복종한다. 로마가 위대한 제국으로 발전할 수 있었던 것은 공화국을 이루었다는 점에 있다고 주장한다.

[2] 자유주의 전통에서는 자유를 인간의 본성으로 규정한다. 자유는 노예상태가 아닌 특권과는 다르며, 자유를 억압하는 것은 인간의 본성을 억압하는 것이다. 로크는 자유를 이성에 대한 복종이라 보았고, 인간이 자유로울 수 있는 이유는 이성을 보유하고 있기 때문이라고 주장하였다. 인간은 이성이 명하는 바에 따라 자연법을 준수할 뿐 아니라 공동체를 구성하고 공동체가 정하는 법의 구속을 수용한다. 즉, 자유는 방종으로 전쟁상태를 의미한다고 보았던 홉스의 생각을 비판하였다.

근대 이후 자유에 대한 다양한 시각이 대두되었고, 논자마다 상이한 자유 개념을 사용한다. 이에 대해 I. Berlin은 자유를 소극적 자유와 적극적 자유라는 두 가지의 범주로 분류한다.

1) 소극적 자유

소극적 자유는 '간섭과 제약이 없는 상태' 혹은 '외부적 장애의 부재'를 의미하는 것으로 홉스·로크·스미스·밀 등을 통해 계승되어 온 자유주의적 자유이다. 행위주체가 자신이 하려는 바를 타인이나 사회 또는 국가로부터 간섭을 받지 않을 수 있는 '국가로부터의 자유'를 의미한다. 헌법과 법률로 보장된 경제적 기본권과 인신의 자유를 강조한다. 집회·결사·언론·출판의 자유 등 정치적 기본권은 이러한 생명·신체 및 재산을 보호받기 위한 수단으로 이해된다.

소극적 자유는 개인의 자유를 강조하며, 국가의 개입주의 및 정치권력에 의한 자원배분을 반대하고 작은 정부(최소국가)를 지향한다.

외부적 장애와 간섭이 없는 상태로 자유를 규정한다는 점에서 다양한 가치관과 공존하는 현대 다원주의와 양립할 수 있는 중립적 개념이라 한다.

2) 적극적 자유

적극적 자유란 '누가 내 자신의 주인인가'라는 물음을 통해 이해되는 개념으로 자치·자율로 개념화된다. '무엇을 할 수 있는 자유' 혹은 '국가에로의 자유'를 의미한다. 적극적 자유 개념은 소극적 자유는 단지 형식적인 의미의 자유를 의미할 뿐이며, 실질적인 의미에서 그러한 자유를 행사할 수 있는 여건이 보장되어야 하며, 이를 위해서는 국가 혹은 정부의 적극적 활동과 개입이 요구된다는 주장과 연결된다.

아리스토텔레스의 자유개념을 수용한 루소나, 현대 공동체주의는 자유를 삶의 가치나 행동의 방향을 결정하는 데 있어서 자율성으로 정의하며, 이때 자유는 '자기 지배'로 이해된다. 인간의 행위는 법규범에 의해 제약된다는 점에서, 사회 구성원의 공동체의 규범을 형성하는 과정인 정치에 대한 참여는 가장 기본적인 권리로 주장하며, 참여의 실효성은 보유하고 있는 자원의 크기에 따라 달라진다는 점에서 '평등'한 분배를 주장하게 된다.

3) 자유의 재개념화

C. MacCallum은 자유란 "x는 y로부터 자유롭게 z를 행하거나 z가 될 수 있다(x is free from y to do or become z)"라 정의한다. 이때, y는 제약조건을 z는 행위자의 의도나 목표를 의미한다.

그런데, 추구하는 목표가 없거나 그 목표를 성취할 수 있는 능력이나 자원이 없다면, 그 목표의 성취를 방해하는 외부적 장애는 장애로서의 의미가 없다(김비환 2005, 244). 이렇게 보면 소극적 자유는 적극적 자유와는 별개의 개념이 아니다. 마치, 간암에 걸린 사람에게 술을 마실 자유가 의미가 없는 것처럼, 돈이 없는 사람에게 호화로운 삶을 영위할 자유는 의미가 없다. 즉, 자유는 장애 부재, 선택가능성, 능력, 지위, 자격, 자기지배 등을 포함하는 개념인 것이다.

2. 평등의 개념화

1) 의 의

평등(平等)은 인간의 존엄·권리·인격·가치 등에 있어 차별이 없는 상태를 말한다. 평등·공평의 문제는 모든 사람이 존엄성을 가지고 있는 존재로서 본질적으로 혹은 자연적으로 평등하다는 인식에서 출발한다. 인간은 그 생김새나 능력, 선호 등에서 차이가 존재하지만 인격적으로 달리 대우할 그 어떤 이유도 없다는 것이다.

1776년 미국 독립선언서는 인간의 평등에 대한 기본원칙을 천명하였지만, 이 원칙이 자연스럽게 수용된 것은 아니었다. 그럼에도 불구하고 인간이 평등하게 태어났다는 것은 어떤 의미를 갖는 것인가? 인간은 그 생김새나 능력, 선호 등에서 차이가 존재하지만 인격적으로 달리 대우할 그 어떤 이유도 없다는 것이다. 인간의 평등에 대한 신념은 도덕적인 판단으로서 제시되는 것이며, 정치적으로는 공적 결정에 있어서 그에 구속되는 모든 사람들의 가치와 이익에 대해 동등한 배려를 해야 함을 의미한다. 소극적인 의미에서는, 국가를 통치하는 데 있어서 누군가가 보다 뛰어나다고 말할 수 있는 근거는 없다(철인 정치는 이상에 불과하다)는 점에서 민주주의와 평등 원리의 정당성이 인정된다.

정치를 선(good)을 찾아가는 과정이라 하자. 정치에서 사회적 가치를 어떻게 분배할 것인가와 관련된 문제에 직면할 때, 사회적 선은 공정성(公正, fairness)의 의미를 갖는다. 공정하다는 것은 공평(公平, justice)하며 정의(正義, just, righteousness)롭다는 의미로 해석할 수 있다.
정의란 공평한 분배가 이루어진 상태로, 정의롭다는 것은 사람들이 합리적으로 생각했을 때 타당하다고 받아들여질 수 있는 그러한 기준이다. 정의는 바로 사람들이 사회를 이루고 살아가는 바탕이 된다(사회 통합원리로서의 정의).

정의의 기준에는 공평성의 원리와 공동선의 원리가 있다 ; ① 공평성의 원리란 개인은 본질적으로 존엄성을 가지고 있기 때문에 평등하므로, 합리적인 이유가 제시되지 않는 한 불공평한 대우를 받아서는 안된다는 것이며, ② 공동선의 원리는 관련되는 모든 사람에게 이득을 가져오는 것이 정의롭다는 것이다.
평등원리를 주장하는 것은 공공선이 아닌 공평성을 정의의 기준으로 채택함을 의미한다. 공공선을 정의의 기준으로 채택하는 것은 전체주의나 독재조차도 수용되는 위험을 내포한다. 또한 공공선의 원리를 강조하는 경우 특권을 인정하는 것이다. 예컨대, 공공선을 위해 산업용 전기료를 낮게 설정하고 가정용 전기료를 높게 설정하는 것은 소비자로 하여금 기업의 전기료를 납부하게 하는 것으로 기업의 특권을 인정하는 것이다. 우리나라에서 1970년대까지 '선(先)성장 - 후(後)분배' 가 주장되었고, 참여 정부 또한 1인당 GDP가 2만 달러(최근에는 3만 달러)가 되기 전까지 분배문제는 뒤로 미루자는 입장을 천명한 바 있다. 이 또한 기업에 특권을 인정하는 것으로 정당(공정)하지 않다.

로마법은 공평을 '각자의 몫은 각자에게로'라고 규정한다.[51] 즉, 공평하다는 것은 '같은 것은 같게, 다른 것은 다르게' 대우해야 함을 말한다. 전자(같은 것은 같게)를 수평적 공평이라 하며, 후자(다른 것은 다르게)를 수직적 공평이라 한다. 그런데 수평적 공평은 수직적 공평을 침해하며, 수직적 공평은 수평적 공평을 침해한다. 모든 남성에게 군 복무 의무를 부과하는 것은 남성들 사이에 수평적으로 공평하지만, 심장병이 있는 이에게는 불공평하게 대우하는 것이다. 그렇다고 심장병을 앓고 있는 이에게 군복무를 면제하는 것은 수평적으로 불공평하다. 따라서 절대적 평등은 논리 모순이며, 평등은 불평등을 수반할 수밖에 없다는 점이 중요하다.

2) 절대적 평등과 상대적 평등

공평/평등은 절대적 평등(동등성으로서의 평등, equality)과 상대적·비례적 평등(equity)으로 구별되기도 한다. 절대적 평등은 동등하게 대우하는 것(sameness)으로 완전한 평등을 지향한다면, 상대적 평등은 '같은 것은 같게, 다른 것은 다르게' 나누는 것을 의미한다.

[1] 절대적 평등은 인간은 어떠한 이유로도 달리 대우할 수 없다는 점을 든다.[52] 인간은 이

51) Blastos는 그 기준을 '필요(need)에 따른 분배, 각자의 가치(worth)에 따른 분배, 작업(work)에 따른 분배, 능력과 업적(merit)에 따른 분배, 체결한 계약(agreement)에 따른 분배'로 나눈다.

52) 이러한 입장은 고전적 자유주의, 사회주의와 사민주의, 공동체주의적 자유주의자들의 입장이라 할 수 있다. 고전적 자유주의의 경우 해석에 따라 논란의 달리 이야기할 수 있으나, 로크에게 평등권은 자연권이고 자연권은 절대적이고 보편적인 천부인권이다. 단, 고전적 자유주의에서 말하는 평등은 기회의 평등, 법 앞에 평등으로 그 의미가 축소된다.

성적 판단 능력을 갖춘 자율적인 존재라는 점에서 인간은 도덕적으로 평등한 존재다. 흔히, 불평등의 근거로 내세우는 인종이나 성별, 능력의 차이는 인격을 이루는 핵심적인 요소가 아니며, 인위적 혹은 우연적인 요소에 의해 결정되어 지는 것이다 ; 인종이나 성이라는 '자연적 차이'가 '사회적 차별'을 정당화 할 수 없다는 것이다. 이런 맥락에서 본다면, 자유와 평등은 불가분의 관계를 갖는다.

> 출생이라는 우연을 기준으로 소득, 재산, 기회, 권력을 배분하는 것은 불공평하다. 귀족으로 태어난 사람은 농노로 태어난 사람이 가질 수 없는 권리와 권력을 갖는다. 그러나 타고난 환경은 노력의 결과가 아니다. 삶의 전망이 이런 임의의 현실에 좌우된다면 부당한 일이다.

그러나 평등의 의미를 인간의 존엄성이라는 도덕적 · 인격적 측면에서의 평등이 아닌 부의 분배 측면에서 보는 경우, 부의 불평등한 분배를 교정하기 위한 국가의 개입을 요구하게 된다. 이는 개인과 사회에 대한 국가권력의 개입을 의미하며, 개인의 자율성과 선택권 제한(자유 상실)로 귀결될 수 있다.

[2] 상대적 평등이란 각자 응분의 몫(능력, 업적, 기여도)에 따라 분배받는 것, 즉 '같은 것은 같게, 다른 것은 다르게' 대우 받는 것을 말한다. 비례적 평등이라고도 하며, '다른 것을 같게 대해서도 안되고 같은 것을 다르게 대해서도 안됨'을 의미한다.

상대적 평등은 인간은 같을 수 없다는 자연주의적 혹은 현실주의적 인간관에서 출발한다. Kirk는 '인간은 다르게 태어났다. 정부가 이런 법칙을 무시하는 것은 부정의한 것(unjust)이다. 그것은 열등한 본성을 가진 사람들을 기쁘게 하기 위해서 뛰어난 자질을 가진 사람을 밑으로 끌어내리는 것'이라 주장한다. M.Friedman은 선택의 자유(Free to Choice)를 강조하면서 다음과 같이 이야기한다.

> 삶은 공평하지 않다. 자연이 낳은 것을 정부가 수정할 수 있다고 믿고 싶은 유혹도 생긴다. 그러나 우리가 한탄하는 적잖은 불공평에서 얼마나 많은 이익을 얻고 있는지 깨닫는 것 또한 중요하다. ... 그러나 평등이라는 추상적 이상을 추구하느라, 알리가 하룻밤 경기에서 벌 수 있는 돈이 (...) 최하층 사람이 부두에서 하루 동안 비숙련 노동으로 벌 수 있는 돈보다 많아서는 안된다고 한다면 (...) 알리를 보며 즐기는 사람들에게는 더욱 불공평한 일이 아니겠는가?

자동차 판매를 담당하는 영업소에서 차량을 1대 판매한 사람과 10대 판매한 사람에게 똑같이 보수를 지급하는 것을 평등하다고 말할 수 있지만 결코 공정하다고 말할 수 없을 것이다. 공리적 측면에서 보더라도 절대적 평등은 사람들의 일할 유인을 없앰으로써 사회 발전에 부정적 결과를 가져올 것이다.

3) 공정과 중립 : 케이크 자르기 게임

> 두 형제가 잠든 사이에 아빠가 케이크를 사왔다. 두 형제는 다음날 아침에 아빠가 사온 케이크를 나누어 먹기로 하지만, 서로 많은 양을 차지하고자 한다. 케이크를 배분하는 데 있어 공정한 규칙은 존재할 수 있는가? 아빠가 잘라 주는 것도 공정하다고 말하기 힘들다. 아빠가 특정인을 편애할 수 있기 때문이다. 롤스의 케익 자르기 게임의 비유다. 롤스가 제안하는 것은 다음과 같은 방법이다. 케이크를 자르는 자가 나중에 고르는 것이다. 두 형제 모두 합리적 이성을 소유하고 있다고 한다면, 케이크를 자르는 자는 공정하게 나누지 않는 경우에 자신의 몫이 작을 수밖에 없음을 알기 때문이다.

이 비유에서 케이크를 자르는 사람은 그렇지 못한 사람 보다 우월한 위치에 있다. 이렇게 권력이 불평등하게 나뉘어 있는 경우, 칼자루를 쥔 가 그렇지 못한 자보다 우월하다고 주장하는 한 정의로운 결과를 달성하는 것은 불가능해 진다는 것을 알 수 있다. 롤스가 '케이크 자르기' 게임의 비유를 통해 보여주는 핵심적인 시사점은 공정성(fairness)에 있다. 사전에 결정된 바 없으며, 결정된 사안이 사후적으로 수정되지 않을 뿐 아니라, 특정인의 가치에 편향되지 않는 중립성이 충족될 때 공정하다고 이야기할 수 있다. 중립성이 지켜지는 한 불평등한 분배는 피할 수 있다.

그러나 현실의 사회문제나 정치적 이슈에서 중립을 지키는 것이 쉽지 않음을 알 수 있다. 중립성을 소극적으로 해석하는 경우, 다시 말해 중립성이 무간섭주의로 해석되는 경우 실제로 평등은 이룰 수 없게 된다. 반대로 중립의 유지를 적극적으로 해석하면 어떤 결과가 나올까? 적극적으로 본다면 관련된 사람들의 이해관계를 동등하게 존중하고 고려하는 것을 의미한다. 하지만, 그러려면 많은 자원이 필요하거나, 이상한 결과를 초래할 수 있다.

> 동남권 신공항 건설에 대해 부산시민과 경남도민, 대구시민과 경북도민이 다른 입장을 가지고 있다. 정부는 중립을 위해 밀양시와 부산가덕도 모두에 신공항을 건설해야 하는가?

4) 정의롭다는 것과 공평한 분배

[1] 평등이란 개념 상 불평등을 내포할 수밖에 없다. 따라서 분배정의의 문제에 있어서 중요한 점은 어떠한 분배가 가장 좋은 결과를 가져오는 가에 있는 것이 아니라, 분배 결과가 가져온 불평등한 결과가 과연 사회적으로 수용가능한가에 있다고 보아야 한다. 기여도에 따른 분배를 주장하는 시장주의에 따르더라도 사회적 기여도를 객관적으로 평가한다는 것은 불가능하다.[53] 결국, 무엇이 정의로운 지는 사회 구성원들의 합의에 의존할 수밖에 없다.

[2] 절대적 평등(equality)은 인간은 모두 존엄하다는 규범적 인간관을 전제로 주장되는 것이다. 사실 상대적 평등(equity)을 주장하는 입장 중 현대 이론의 대다수는 인간이 인격적으로 달리 대우되어야 한다고 주장하지 않는다. 이와 관련하여 사회적 가치의 구체적 분배 측면에서 살펴보자.[54]

가치가 구성원 모두에게 동일하게 배분되는 것이 정의롭다고 보는 입장을 평등주의라 부른다. 그런데 인간이 모두 동일한 것을 원하지 않는다는 점에서, 투표권과 같은 정치적 권리나 도덕적 기준이 아닌 경제적 부의 분배에 적용하는 경우 획일성과 하향평준화의 문제를 유발한다는 점에서 적용상의 제약이 있다.

개인의 실적에 따라 몫을 받는 것이 정의롭다고 보는 관점을 실적주의(merit system)라 한다. 사회적 기여에 따라 가치를 분배하는 것이 공정성 원칙에 부합한다고 본다. 단, 실적에 따른 분

53) 노르웨이에서는 버스 기사의 월급이 대학교수 월급보다 높다. 한국의 일부 보수 신문에서는 모 기업에서 고등학교 졸업자의 연봉을 6천만원 이상 지급하는 것을 복지포퓰리즘이라 지적하면서도, 모 회사 CEO의 연봉이 300억 이상이며, 모 그룹의 비상임 이사의 연봉이 20억인 것은 문제 삼지 않는다.

54) 참고로, M. Sandel은 분배 정의에 관한 이론을 ① 봉건 제도 또는 카스트 제도(출생에 따라 정해지는 계층), ② 자유지상주의(기회 균등을 공식 인정하는 자유 시장), ③ 능력주의(공정한 기회균등을 인정하는 자유 시장), ④ 평등주의(롤스의 차등원칙)로 유형화한다.

배가 정당하기 위해서는 기회균등이 보장되어야 한다. 그러나 현실 사회에서 동등한 기회가 보장되어 있지 않다는 점에서 존재하는 불평등을 정당화시키는 논리로 악용될 수 있다.

사회 공동체의 가치는 구성원들의 인간적 필요나 욕구에 따라 배분되어야 한다고 보는 관점을 필요중심원리 혹은 욕구이론이라 한다. Rousseau, Kant, Marx, Rawls 등의 배분적 정의 개념이 이에 해당한다.

구 분	평등이론	실적이론	욕구이론
지 향	가치의 동등배분(sameness)	사회 공헌도에 따른 분배	구성원의 필요・욕구
초 점	사회적 권리(결과평등)	절차 공정성(기회균등)	획일성과 형식적 평등지양
정 책	최저임금제, 사회보장제, 의무교육, 누진세제 등	공정 경쟁을 위한 경제규제(독과점 규제 등)	연금제도, 공적 부조, 보험제도, 실직수당 등(4대 복지)

현대 국가는 국방이나 치안서비스는 평등이론에 입각한 보편적 복지를 제공하고 있다. 가치재에 속하는 재화의 일부 또한 보편적 복지를 선택하고 있다. 교육의 경우 한국은 초중등교육을 의무교육으로 설정하면서 평등이론을 적용하고 있는 반면, 고등교육(고등학교와 대학교 교육)은 실적이론을 적용하고 있다. 경제 영역은 실적 이론과 기회균등을 강조하면서 공정 경쟁을 위한 독과점 규제를 수용하고 있다면, 시장에서 낙오된 자의 최소한의 삶을 보장하기 위해 공적 부조(생활보호대상자에 대한 보조금 지급)를 채택하고 있다. 즉, 실제 어떠한 평등의 기준을 적용할 것인지는 획일적이지 않다는 것이다.

[3] 자유를 자율성으로 정의하는 한, 자유는 스스로 선택할 수 있는 권리의 평등한 보장(기회의 평등)을 넘어서, 행위 규범을 결정할 수 있는 권리와 능력의 보장(조건의 평등)까지를 요구한다. 이는 기회 균등의 의미를 법 적용상의 평등을 넘어선 실질적 기회의 보장으로 해석되어야 함을 시사한다.

그러나 분배정의는 합법적 권리가 어디까지 보장되는가의 문제다. 자연적 차이를 다루는 것이 아니며, 사회적으로 평등한 권리의 수준을 결정하는 문제인 것이다. 그 기준은 권리에 대한 사회적 인식에 의존할 수밖에 없다.

많은 경우에 인간이 삶을 영위하는 데 필요한 최소한의 것은 나누어 가질 수 있어야 한다고 한다. 그리고 기여도에 따라 분배하는 것이 사회발전에 긍정적인 영향을 미칠 수 있지만, 그로 인해서 발생하는 불평등한 정도가 너무 커져서 서로가 불신하거나, 협력하려는 의욕을 잃게 하는 것은 문제가 된다. 불평등한 수준의 최저선은 최소한의 필요이고, 최고선은 사회통합이라고 할 수 있다. 물론, 한국 사회에서 이러한 주장에 대한 사회적 합의가 이루어졌다고 필자는 보지 않는다.

3. 자유와 평등의 관계

전통적 시각에서 자유와 평등은 대립적으로 인식되었다. 예컨대 Sartori는 자유민주주의를 두 개의 실마리를 가진 실타래에 비유한다. 즉, 자유가 수직적 추진력이라면 평등은 수평적 충동의 속성을 갖는다. 탁월성 · 자연발생성 · 개성을 존중하는 자유는 사회적 단결 · 동등성 · 평등을 통해 조율될 필요가 있다. 이때, 그는 자유를 기반으로 한 평등이 추구되어야 한다고 강조한다.

Sabin은 자유와 평등은 평등이 sameness(동등성)이 아닌 Justice 혹은 equity(비례적 평등)을 의미할 때 자유와 조화로울 수 있다고 본다. 이런 맥락에서 평등은 자유의 최상의 친구이자 적이다.

Bobbio가 지적하는 것처럼 자유주의와 양립가능한 민주주의는 '자유를 위한 권리에서의 평등' 뿐일지도 모른다. 즉, 자유로우면서도 평등할 수는 있어서도, 평등하면서도 자유로울 수는 없다는 것이다. 자유와 평등의 문제는 사실 자유주의와 민주주의의 긴장을 어떻게 진단하며 어떻게 풀어 나갈 것인지의 문제인 것이다.

1) 자유와 평등의 긴장

가. 평등에 의한 자유의 위협

토크빌은 근대사회에서 평등의 추구는 정치세계에까지 진입할 것이라고 보면서 그것은 '다른 모든 측면에서 평등한 사람들이 어떤 한 측면에 있어서 영원히 불평등한 채로 남아 있지는 않을 것이다. 그들은 결국 모든 면에 있어서 평등하게 되어야 한다'고 지적하고 있다. 이런 시민의 충동적 속성은 다수가 개인이나 소수를 억압하고 심지어 민주주의 자체를 전복시키거나 포기하는 다수독재를 가져올 것이라 우려하였다.

나. 자유에 의한 평등의 위협

부르주아적 자유주의는 실제 형식적 의미의 평등 이상을 의미하지 않는다. 프랑스 인권선언은 평등을 이야기하지만, 자연권에 기초한 소유권을 주장함으로서 특정 계층에게만 의미있는 권리로 변질시켰고, 수동적 시민들에게 권리란 추상적인 의미에서만 의미가 있을 뿐이다(A. Soboul).

R. Dahl은 경제적 자유가 자원분배에 있어서 심각한 불평등을 야기시키고, 이것이 권력의 분배에 영향을 미치는 경우 민주주의를 심각하게 위협할 수 있다고 주장한다.

2) 자유와 평등의 모순적 결합 : 자유민주주의

근대적인 의미의 자유와 평등이 앞서 지적한 것처럼 정의된다고 했을 때, 양자간의 상호모순적인 관계는 불가피하다고 하겠다. 19세기 자유주의자들, 특히, 알렉스 드 토크빌(Alexis de Tocqueville)은 민주주의가 평등을 추구한다는 점에서 자기파괴적일 수밖에 없다고 보았다. 이제 자유의 적은 정부권력에만 국한된 것이 아니라 바로 다수 대중이라는 인식이 확산되었다. 그러한 예언은 파시즘으로 실현되는 듯이 보였고, 윌리엄 콘하우저(W. Kornhauser)의 대중민주주의에 대한 비관적 사고로 이어져왔다.

이러한 관점에서 자유주의자들은 자유주의 원리에 의해 민주주의 원리를 제약하고자 했으며, 양 이념의 결합은 자유민주주의로 나타났다.

3) 자유와 평등의 조화를 위한 관계의 모색

가. 자유와 평등, 민주주의

민주적 과정은 특정 권리를 보장하는 데 있어 어떤 정치체제 보다 우월하다고 할 수 있지만, 그 또한 완벽한 것은 아니다. 하지만, 문제가 되는 것은 다수시민과 소수시민간의 대립이며, 쟁점이 되는 평등은 기본권과 자유의 체계에 수반되는 권리에 대한 동등한 주장이며 이는 민주주의의 필수적인 요건이다. 이때, 다수의 권리 행사가 정당화되는지는 자유와 평등의 관계에 있는 것이 아니라 민주주의 자체의 문제라 할 수 있다.

그러나 현실에서 민주주의를 파괴했던 것은 민주주의가 정착된 사회에서 다수 대중이 평등에 대한 과도한 요구를 해서라기보다는 민주주의가 정착되지 못한 국가들에서, 사회가 극도로 분열되어 있을 때 조직화된 소수에 의한 쿠데타나 상징조작에 기인한 것이며, 독일의 나찌즘의 발흥 또한 폭력적인 방식에 의존하였다는 점을 간과하고 있다(당시 독일 사회는 분열된 상태에 있었고 나찌당은 44% 밖에 얻지 못했다). 아르헨티나의 페론주의 또한 평등의 과도함에서가 아니라 정치 · 사회 · 경제적 불평등에 대한 불만이 민주주의에 대한 신념을 약화시켰기 때문이다.

그렇다면, 민주주의는 평등을 전제로 하지만, 그 평등 때문에 자유와 민주주의를 파괴한다는 자유주의자들의 인식은 오류가 있는 것이다. 다만, 토크빌이 이야기한 풍요, 시민사회 밀도, 분권화, 사회적 관행의 중요성은 경청할만한 가치가 있다.

이를 전제로 우리는 민주주의와 자유, 평등의 가치를 다시 해석할 필요가 있다.

나. 민주주의의 기본 가치

민주주의가 전체 시민에 의한 지배, 의사결정과 관련되는 한 그것은 시민의 자유와 자율, 자결, 자치를 요구한다. 이러한 의미에서의 자유는 자유주의자들이 이야기하는 시민적 자유권으로서가 아니라 참여에 대한 권리와 자격이다. 또한 민주주의는 어느 누구도 공동체 의사결정 과정에서 배제되어서는 안된다고 요구한다는 점에서 정치적 평등(not 물질적 혹은 결과의 평등)의 관념을 내포하고 있다.

이렇게 본다면 민주주의에 관한 한 참여와 평등은 서로 배타적이거나 대립적인 개념이 아니라 보완적이며 연관된 개념이다.

나아가, 시민적 권리로서의 자유 또한 민주주의의 원리 즉, 타인의 동의 없이는 정당한 권력을 행사할 수 없으며, 시민의 자유보장을 위한 입헌주의에 의해 보장 받을 가능성이 높다. 하지만, 현실에서 그러한 권리는 쉽게 침해될 수 있으며, 공적 권위에 의한 결정이 단지 누가 무엇을 얻는가의 문제로 치환되어 버리면서 구성원들 간의 불평등은 이러한 자유에 심각한 위협이 되고 있다.

따라서 자유주의가 이야기하는 소극적인 자유는 결국 적극적인 의미의 자유(참여)와 평등을 요구한다고 하겠다.

Ⅴ. 민주주의와 포퓰리즘(populism)

포퓰리즘은 단순히 인민의 이름을 팔아 선동정치인이 벌이는 '저질 정치 쇼'로 치부할 수 있는가? 혹은 히틀러가 보여 준 바와 같이 서구 민주주의가 보여주는 '일상적 병리(normal pathology)'로 평가절하 할 수 있는가? 그러기에 현대 사회에서 포퓰리즘은 정치적 실체로서 존재하고 있다[청중 민주주의와 피동적 대중]. 포퓰리즘이 문제가 된다면, 그것은 정당정치의 쇠퇴와 피동적 대중의 양산 등 현대 사회의 어두운 단면을 만들어 내고 있다는 점이다.

역사적으로 포퓰리즘은 다양한 모습으로 등장하였다.

① **기원(고전적, 낭만적 포퓰리즘)** : 포퓰리즘의 고전적 형태는 1870년대 러시아의 '브나로드 운동(인민 속으로)'와 1890년대 미국의 인민당에서 찾아 볼 수 있다. 고전적 의미의 포퓰리즘은 급진주의적 성향과 농민의 삶을 낭만적으로 미화하는 경향을 보였다.

② **남미의 페론주의와 고전적 포퓰리즘** : 1943년 쿠데타로 등장한 군부정권에서 노동부 장관을 담당한 후안 도밍고 페론(당시 육군대령)은 노조를 자신의 지지기반으로 만드는 데 성공한다. 페론은 이를 기반으로 1946년 대선에서 대통령에 당선된다(54% 지지). 페론의 지지자들은 지배세력인 농업 지주세력을 무너뜨리고 새로운 질서를 수립할 것을 요구하였다. 당시 남미는 까우디요(유럽의 영주계급과 유사)를 정점으로 한 지방토호의 과두지배체제 형태를 띠고 있었는데, 이 체제는 정치엘리트와 정치체제 전반에 대한 불신을 키우고 있었다. 산업화의 과실을 까우디요와 독점적 기업들이 독식하면서 민중의 불만은 폭발직전에 있었다. 페론은 이를 기반으로 대통령에 당선되었던 것이다.

페론주의로 등장한 라틴 아메리카의 포퓰리즘은 분배를 강조하였다. 그리고 보호주의, 국가개입주의, 재정팽창 정책을 추구했으며, 대외적으로는 민족주의와 자주적 외교정책을 내세웠다. 페론 집권(1946~55) 10년 동안, 노동계급에 유리한 경제정책이 실시되면서 노동자의 삶의 질은 향상되었으나, 중산층에게는 고통의 10년이었다고 평가된다(중산층이 겪은 고통은 경제적인 것은 아니었고, 심리적·문화적 측면과 관련된 것이었다).

③ **신포퓰리즘** : 1990년대 이후 신자유주의적 세계화와 함께 유럽과 라틴 아메리카에서 등장한 카리스마적 리더와 선동정치를 지칭한다.

남미의 신포퓰리즘(베네수엘라 차베스, 에콰도르 코레아, 페루 후지모리)은 차베스를 제외하면, 시장친화적 정책을 추구한다는 점에서 고전적 포퓰리즘과 대조적이지만, 정치에 대한 반감을 동원을 통해 대중의 지지를 획득했다는 점에서 유사하다.

유럽의 신포퓰리즘은 제도보다는 특정 인물 중심으로 전개되었다(프랑스의 르펜, 오스트리아의 하이더, 이탈리아의 베를루스코니가 대표적이다). 유럽에서는 좌파 정당의 쇠퇴 속에서 우파 정당이 노동자들을 지지기반으로 흡수하면서 확산되었다. 정책적으로 보면, 조세·이민·민족주의·지역주의와 같은 미시적 현안에 집중하며, 반외국인 정서를 자극하면서 인종차별적 성격을 강하게 띠고 있다.

1. 포퓰리즘의 의의

1) 포퓰리즘의 개념

위키백과에는 "Populism is a discourse which supports 'the people' versus 'the elites'. Populism may involve either a political philosophy urging social and political system changes and/or a rhetorical style, deployed by members of political or social movements competing for advantage within the existing party system"으로 올라와 있다. 즉, 포퓰리즘은 반엘리트주의로서의 민중(the people), 선동(demagogy), 그리고 대중적 지지(catch-all)라는 요소들을 담고 있다. 그러나 포퓰리즘은 너무나 다양하게 사용되고 있다.

Roberts, Weyland의 분류를 기초로 김일영 교수는 경제적 관점, 역사·사회학적 관점, 정치적 관점, 종합적 관점으로 나누어 설명한다(김일영, 2004). 즉, ① 경제적으로 포퓰리즘은 대중의 소비욕구에 부응 혹은 영합하기 위한 정부의 재정팽창적이고 재분배적 정책들을 방만하게 운영하는 경향으로 정의된다. ② 역사·사회학적 관점에서는 산업화 초기 단계에서 나타나는 계급연합(수입대체산업화 단계에서 보호주의, 국가개입주의, 재정팽창 등의 정책을 사용한 1930~40년대의 아르헨티나나 브라질)을 강조한다. ③ 정치적 관점에서는 개인의 캐릭터에 강하게 의존한다는 점에서 대중동원을 강조한다. ④ 종합적 접근은 이들의 연구를 조합하면서 포퓰리즘의 특징을 제시하는 것이다.

종합해 본다면, 정치지도자가 개인의 퍼스낼러티에 기초한 대중동원에 의존하며, 사회의 중하위 계급의 정치적 연합을 기반으로 하는 반엘리트적인 성향으로 규정할 수 있다.

2) 개념 요소

가. 인민 혹은 대중동원, 반엘리트주의

포퓰리즘은 지배 세력에 대한 불신을 정치적으로 이용하며, 인민주권을 통해 대중의 지지를 동원한다. 이때 동원 대상은 모든 사회계급과 계층을 포괄하는 mass(대중)가 아니라, 사회의 소외된 계급과 계층들인 people이라는 점에서 인기영합주의와 동일시되지는 않는다. 또한, 포퓰리스트들은 정치란 인민의 일반의지를 표현하는 것이라 주장한다는 점에서 특정한 계급이나 계층에 대한 지지만을 추가하지 않고, 인민의 지지를 얻으려 한다.

포퓰리즘이 이러한 인민 혹은 대중에 대한 동원에 의존하는 것은 반엘리트적 성향과 관련된다. 이는 민주주의에 대한 엘리트나 플라톤식의 적개심에 대립되는 지점이다. 이런 맥락에서 서병훈 교수는 포퓰리즘의 공통된 특징으로 '보통 사람들에 대한 낭만적 미화, 엘리트에 대한 적개심 고취, 현상 타파'를 제시하고 있다.

나. 형태적 차원으로서 카리스마 : 지도자 중심주의, 지도자와 대중의 직접적 연계

포퓰리즘은 지도자 중심의 정치를 특징으로 한다. 이때 대중의 정치참여는 배제된다는 점에서 참여민주주의와 구분된다. 인민주권을 주장한다는 점에서 민주주의와 근접하지만, 포퓰리즘은 지도자의 카리스마에 의존하며, 실질적인 개혁이나 대중의 정치참여를 배제한다는 점에서 민주주의와는 상이하다.

저소득층과 노조는 제도적 참여 채널을 통해 자신의 이익을 투입시키는 데에 소극적인 반면, 즉각적이고 단편적인 혜택을 베풀어 주는 포퓰리스트 지도자에 열광한다. 지도자는 이들 소모적 대중(disposable marginals)을 동원할 뿐이다(서병훈, 2008). 정치는 지도자와 대중이 직접적으로 연계되며, 대의제나 법치주의를 우회하게 된다.

다. [추가적 요소] 탈이데올로기

포퓰리즘은 이데올로기로서 갖추어야할 역사나 정책, 사회적 기반 등을 결여하고 있다. 즉, 서로 상이한 역사적, 사회적 기반에서 포퓰리즘은 등장하며, 좌우를 막론한다.

2. 신자유주의적 포퓰리즘(neo-liberal populism)의 등장

1990년대 들어, 라틴 아메리카와 동유럽에서 포퓰리즘(populism)과 신자유주의가 공존하는 역설적인 현상이 등장하였다. 즉, 선거에서 인민의 지지(**포퓰리즘적 동원**)를 기반으로 집권한 권위주의 정권이 정책적으로는 대외개방과 경제자유화, 그리고 재정지출의 억제라는 반민중적인 시장주의 정책(**신자유주의**)을 추진하는 것이다.

1) 경제요인 : 신자유주의 그늘

신자유주주의적 포퓰리즘의 등장은 경제적으로 보면 시장주의가 확산되는 과정에서 나타났다는 점에서 신자유주의의 그늘과 관련된다. 다시 말하면, 신자유주의 경제정책으로 대내외적 경쟁이 격화되고 그 정책적 효과의 불균등성이 심화되면서 사회 저소득계층의 삶의 조건이 악화로 이들의 사회적 불만이 증대되는데, 현대 포퓰리즘은 이를 기반으로 등장한 것이다.

이러한 삶의 조건의 파괴는 기성 정치와 정당에 대한 불만과 좌절감을 낳고, 이념의 퇴조 속에서 이루어진 정치권의 보수화에 대한 반발, 그리고 유럽의 경우 이 위에 다문화주의와 유럽통합에 대한 불만과 반외국인정서가 결합된 결과라 할 수 있다.

2) 정치사회 요인 : 정치적 동원, 피동적 대중

기성세대에 도전했던 68혁명(조용한 혁명)기의 높은 교육수준과 참여지향적이고 자기확신이 강했던 세대와 달리, 1990년대의 대중은 사회변화를 요구하는 '침묵하는 다수'로 규정된다. 이들은 사회에 대한 불만은 크지만, 현실 정치에 직접 참여하려는 욕구가 작고, 카리스마적 지도자를 희구하는 성향이 있다. 이러한 현상은 현대 정부업무가 광범위하고 다양해지면서 기술관료적 민주주의로 변질되고, 탈정당화되면서 후보자나 정치인 개인이 주요 사항을 직접 결정하는 경우가 많아지고, 주요 사회적 이슈가 일반 시민들과 유리되는 것과 관련된다. 즉, 정치의 사인화 현상, 후견주의 확산은 포퓰리즘 등장의 정치사회적 요인으로 작용하는 것이다.

3) 대의제 요인 : 청중민주주의

B. Manin은 고전적 의회주의와 정당민주주의 시기를 거쳐 1970년대 선거에서 대중매체의 영향이 증대되는 청중민주주의시대로 진입했다고 진단한 바 있다.

미디어 정치가 보편화되면서 정당질서의 재정렬이 일어나고, 여론조사와 선거 마케팅이 정당의 선거공약이나 정책방향보다 큰 영향력을 발휘하게 된다. 유권자의 이념적 정향이 약화되고 정치적 유동성이 커지면서 정당정치의 안정성이 약화되는 상황에서 피동적 대중은 정치적 방관자로 전락하게 된다. 이러한 상황에서 정치의 주체인 인민이 청중으로 자족하게 되면, 정치 브로커로서 포퓰리스트의 자양분이 되는 것이다.

대표의 자율성에 바탕을 둔 대의제 혹은 특정 계급이나 계층이 이념적 정체성을 기반으로 하는 대중정당을 중심으로 경쟁이 이루어지는 정당민주주의가, 후기산업사회로 접어들면서 정당의 재정렬과정이 이루어지고 대중이 정치의 실세가 되고 대표는 대중의 뜻을 충실히 전달하는 역할에 그치는 양상이 나타났다. 이는 초기 대의제로의 복귀를 의미하는 바, 인민의 의사를 무시하고 대표가 전횡하는 대의제를 민주주의의 적으로 규정하는 포퓰리즘이 확산된다. 다시 말하면, 소극적이고 침묵하는 다수와 이들의 의사를 대변해야 한다는 인식이 결합되면서 포퓰리즘 현상이 광범위하게 확산되는 것이다.

이러한 경향은 의회정치의 위기, 탈정당화현상과 결합되어 있다.

3. 포퓰리즘과 민주주의

[1] 포퓰리즘은 반엘리트적 성향을 강하게 내보이며 '인민의 이름으로' 인기영합적 정책을 내세우지만, 인민이 있어야할 자리를 카리스마적 지도자가 대신한다. 즉, 포퓰리즘은 변형된 과두지배체제에 불과하다. E. Laclau가 포퓰리즘을 지배 계급의 일파가 헤게모니를 장악하는 것이 여의치 않을 때 대중을 향해 직접 호소하는 전술로 규정하는 것은 이러한 맥락에서다. 엘리트주의와 포퓰리즘은 반대되는 것처럼 보이지만, 사실은 서로의 존재를 반영하는 존재(mirror-image)라는 것이다(서병훈 2008, 170).

포퓰리즘은 법과 대의제를 우회하는 수단을 사용한다. 남미의 후지모리 대통령과 같이 포고령(decree)에 의존함으로서 민주주의를 작동하게 하는 제도와 질서를 무력화시키고, 후견주의를 강화하게 된다. 때로, 포퓰리즘은 민족주의적 감성을 자극함으로써, 외국인에 대한 편견을 조장한다. 정치를 적과 동지로 구분하는 이분법적 사고를 통해 정치를 도덕주의로 채색해 버린다. 이러한 비이성적, 비정상적인 이분법과 도덕주의는 정치의 공간을 축소하고 공론과 합의라는 민주주의의 토양을 제거하게 된다.

[2] 민주주의는 대중의 정치참여를 전제로 하기 때문에 포퓰리즘으로 귀결될 수밖에 없다는 비판을 받아 왔다. 예컨대, 플라톤은 민주주의는 '대중의 무지와 지도자들의 부정직성'으로 부패될 수밖에 없으며, 철 이른 자유 대신 가혹한 노예들의 종살이에 불과한 참주정체로 바뀌게 될 것이라고 비판했다. 따라서 대표자는 지역구민의 요구로부터 자율성을 가져야 하며, 공적 결정은 계몽된 이해와 성숙된 판단으로 대체되어야 한다는 논리로 이어져 왔다.

어찌 보면 대의제는 민주주의의 이상을 구현하기 위한 체제는 아니며, 엘리트 혹은 과두제의 변형태일 뿐이다. 그리고 역설적이게도 민주주의 확산이 아닌 대의제에 대한 반발이 포퓰리즘의 확산이라 할 수 있다. 포퓰리즘은 민주주의 대립물이 아니며, 대의제 한계에서 비롯되었다는 주장은 이 때문이다. Y. Papadopoulos은 대의제가 존속하는 한 포퓰리즘은 언제나 등장할 수밖에 없다고 보았고, M. Canovan는 포퓰리즘은 '민주주의의 그림자(a shadow cast by democracy itself)'라 규정하였다.

[3] 그러나 포퓰리즘을 민주주의와 동일시 할 수는 없다. 민주주의가 시민의 적극적인 참여를 전제로 작동되는 체제라면, 포퓰리즘은 수동적인 시민이 카리스마적 지도자의 동원으로 등장한 체제(청중민주주의)이기 때문이다. 즉, 포퓰리즘은 민주주의 과잉이 아닌, 민주주의 결핍으로부터 자라나는 것이다. 만약에 포퓰리즘이 극복되어야만 하는 현상이라면, 시민의 성숙한 판단을 위한 정보의 공개와 보다 적극적인 참여를 이끌어 낼 수 있는 제도적 장치를 마련하는 것이 필요할 것이다.

오늘날 포퓰리즘이 그 독성을 가장 많이 내뿜고 있는 곳은 아이러니하게도 민주주의의 역사가 가장 오래되었다고 하는 유럽지역이다(주정립, 2010). 특히, 유럽에서는 신나치주의가 주류정치에 진입하면서 포퓰리즘이 일상화될 수 있는 위험성도 보이고 있다. 포퓰리즘이 의회민주주의 체제의 중심부에 이르기까지 정치문화를 오염시키는 현실 속에서 그 위험성을 인식하고 극복하기 위해서는 포퓰리즘의 개념을 무분별하게 적용하기보다는 포퓰리즘을 낳는 사회적 조건에 대한 성찰이 필요하다.

포퓰리즘의 사회적 조건이 신자유주의 헤게모니에서 쉽게 형성된다면 포퓰리즘의 영향력은 상당기간 지속될 것이다. 그렇다면, 신자유주의가 유발하는 사회양극화에 대한 적절한 대응이 필요할 것이다. 예컨대, 사회에서 배제된 집단에 대한 사회안전망의 확대를 통해 사회통합의 계기를 형성해야 할 것이고, 이에 대한 사회적 합의를 창출해야 할 것이다.

포퓰리즘이 한국정치에서 담론으로 대두된 것은 김대중 정권과 노무현 정권에서였다. 김일영 교수는 이들 정권을 신자유주의적 포퓰리즘이라 규정하면서, 경제위기와 소수파 정권의 지지를 획득하기 위한 인기영합주의적 정책으로 나타났다고 평가한다(K. Roberts나 K. Weyland는 신자유주의적 포퓰리즘은 심각한 경제위기, 낮은 정당정치제도화 수준에서 등장한다고 평가한다). 김일영 교수는 외환위기 극복이 요구되는 시점에서 의회 소수파로 출발한 김대중 정부가 정치적 난관에 봉착했을 때, 사회안정망 구축이라는 포퓰리즘적 정책을 추진했고, 경제는 더욱 어려워졌다고 지적한다.

① 과도한 국가개입주의로 인한 경제 위기가 발생하게 되면, 시장지향적 개혁정책이 대두된다. 한국의 경우를 보면, 1997년 말 외환위기 상황에서 IMF 구제금융 조건이나 시장주의에 대한 사회적 합의가 형성되는 것이다. 위기 상황에도 불구하고 사회·정치적 반대집단들이 불만을 표출하기가 쉽지 않은 상황에 있는 경우, 수동적인 대중에 대한 정치지도자의 동원이 쉽게 성공할 수 있다.
② 낮은 정당정치제도화 수준 하에서 집권당이 원내 소수파의 지위를 갖는 경우에 개혁의 추진이 대중의 지지 하락으로 이어지게 되면, 선거에서 인기영합적 정책을 제시할 유인이 강화된다. 대의제를 우회하거나, 원자화된 대중과 직접 연계를 형성하려는 전술을 사용하는 경향은 강화되게 된다.

과연 그러한가? 김대중 정부 5년간의 경제실적을 보면 1인당 GDP는 $6,700에서 $1,4000로 2배 이상 증가하였고, 만성적 무역적자는 무역수지 흑자로 전환되었다. 노숙자 문제가 사회문제로 대두되면서 4대 복지 정책을 폈던 것은 유럽의 사민주의 정권에서 추진한 복지정책 혹은 소위 '복지 포퓰리즘' 과는 거리가 먼 사회안전망(social safety) 구축이라는 소극적 정책이었을 뿐이다. 정치적으로도 대의제를 우회하지 않았고 대중동원에 의존하지 않았다. 김대중 정부를 포퓰리즘으로 규정하는 것 자체가 넌센스에 가까운 것이다. 대중의 지지를 추구하는 모든 정책을 포퓰리즘이라 한다면, 민주주의 자체가 포퓰리즘이며, 선거제도 자체를 폐기하고 권위주의 체제를 추구해야 할 것이다.
노무현 정부는 기득권 타파와 차별의 해소를 국정과제에 포함하고 평등을 '국민통합'을 위한 주요 과제로 제시하였다. 그러나 정치적 반발에 대해서는 노사모 등 대중과 직접적으로 연계하는 수단을 구사했다. 이점에서 보면, 노무현 정부는 포퓰리즘에 근접한 케이스에 속한다고 평가할 수 있다. 하지만 노무현 정권도 인민주권을 내세우지 않았다는 점에서 포퓰리즘으로 규정하는 데는 무리가 있다.

VI. 민주주의와 언론

1. 현대사회와 정치적 커뮤니케이션

사회와 정치는 커뮤니케이션을 통해 창조되고, 유지되고, 조정된다(R. Hague & M. Harrop 2007, 211). 사회란, 정치경제적 조정 메커니즘의 네트워크이자, 학습과 커뮤니케이션의 과정이라 할 수 있다. 그 연장선에서 민주주의는 하버마스가 지적하듯이, 집합적 동의에 이르는 과정에서 시민들이 정보를 얻고, 교육되고, 서로 조화를 이루도록 하는 소통의 형태로서 이해될 수 있다.

현대사회에서 정치적 커뮤니케이션의 핵심에는 대중매체가 자리 잡고 있다. 그리고 대중매체의 영향력은 지속적으로 확대되어 왔다.

대중매체의 영향력은 가족과 사회계급의 영향력 쇠퇴, 매체의 확산, 그리고 대중매체의 독과점화를 통해 점차적으로 확대되어 왔다. 즉, 대중매체라는 기술발달만으로 이해될 수 있는 것은 아니며, 높은 이동성과 소비중심적 가치관의 확산은 가족과 집합적 정체성을 약화시키면서 매체의 영향력을 증진시켰다.

인쇄술의 발달과 보급망의 고도화, 교육과 문자해득력의 증진은 신문의 대중화와 함께 정치적 커뮤니케이션에서 매체의 중요성을 높였다. 신문이 산업화 시기에 정치적 커뮤니케이션의 중요한 통로로 작용했다면(자세한 내용은 Bruce Bimber, 2007) 20세기에 들어와서는 라디오와 텔레비전이 그 자리를 차지했다. 라디오와 텔레비전은 파시즘에서 일방향적 정치동원의 수단으로 활용되기도 했으며, 미국과 같은 대의제 민주주의에서도 정치적 선전을 위한 주요 수단으로 사용되었다. 이러한 방송은 국가통합의 대리인으로 기능했으며(R. Hague & M. Harrop 2007, 217), 보이지 않은 수많은 개별적 시민들에게 동일한 내용의 정보를 전달했다. 때로, 방송은 루즈벨트의 노변한담(fireside chat)과 같은 격식 없고 친근한 접근을 허용하기도 했다.

21세기 커뮤니케이션은 상업화, 파편화, 세계화라는 특징적 현상들을 보이고 있다. 즉, 공영방송이 쇠퇴되고, 채널이 많아지는 만큼 VOD와 같은 수요기반(on-demand)의 다변화된 전달매체의 발달과 지구촌의 사건(affair)에 대한 실시간적 정보의 공유가 가능해졌다.

'1 → n'의 전달패턴이 '1 ↔ 1' 혹은 'n ↔ n'의 전달을 가능케 하면서, 국가에 집중했던 대중의 분열과 공유된 경험의 파편화가 정치참여의 쇠퇴를 유발할 수 있다는 전망을 낳고 있다. 반면, UCC(User Creative Contents)는 시민들을 정보의 소비자에서 생산자로 탈바꿈시킬 것이라는 상반된 전망을 낳기도 한다.[55)]

대중매체의 상업화와 독과점화는 거대한 정보산업을 가져왔다. 1970년대와 80년대 유럽에서 방송의 공영화는 BBC로 상징되는 교육과 정보제공을 목적으로 하는 공공서비스의 정신이 많은 민영방송으로 이입되었으나, 최근에는 이와 상반되는 조류가 형성되고 있다. 방송이 오락으로서 정보를 제공하는 인포테인먼트(infotainment)화 되는 것이다.

---

55) 인터넷 및 SNS의 발달이 민주주의에 미치는 영향은 별도로 살펴본다.

2. 미디어(언론)와 민주주의

언론이 민주주의와의 관계에서 핵심적인 논쟁점은 '언론의 아젠다 기능이나 틀 짓기, 점화효과 등에 대해 어떻게 평가할 것인가?'이다.

언론 문제는 수용자의 한계와 이해를 뛰어 넘을 수 없다. 미국과 같은 사회에서는 공적 이슈에 대한 충분한 정보의 제공 및 가능한 대안의 제시 등에서 모두 실패해 수용자의 요구에 부응하지 못하는 경우도 있다. 하지만 이는 뉴스의 인격화, 드라마화, 파편화, 일상화 등 사실을 가공하는 구조적 관행과 관련되며, 소비자와 상호적으로 구성된다는 점을 간과할 수 없다는 주장도 설득력 있다.

또한, 정치의 미디어화 경향을 무시할 수는 없다. 즉, 정치가 언론에 대한 자신의 적응을 위해 자율성을 상실하고, 언론에 의한 정치가 되어 버리는 것이다. 현대 사회에서 언론은 정치인과 정치제도에 대한 공적 신뢰를 저하시키고, 정치에 대한 냉소주의를 부추기며, 정치적 지식을 삽화화하거나 지식의 수준을 낮추고, 정보 격차를 키우며, 사회적 신뢰를 감소시킨다면 정치는 언론에 의해 방향성을 잃고 있다고 볼 수 있는 것이다.

M. Castells의 지적대로 언론이 유일하게 수용자의 정치적/사회적 공간을 구성하는 데에 문제가 있다. "미디어가 정치를 통제하지는 않는다. 그러나 미디어는 이른바 선진 사회에 사는 대부분의 사람들에게 정치가 발생하는 바로 그 공간을 만들고 구성한다. ... 우리가 미디어를 좋아하든 좋아하지 않든 정치적 논쟁에 참여하기 위해서는 우리는 미디어를 통하지 않을 수 없다(J. G. Blumler & M. Gurevitch)."

보론 : 미디어효과(미디어 수용자의 태도변화와 투표결정 등에 있어서의 효과)

1) 초기이론 : 언론의 효과와 언론권력

미디어의 효과에 대한 초기의 논쟁점은 맥루한과 솔라 풀의 논쟁에서 볼 수 있듯이 미디어가 정보수용자의 태도를 변화시킬 수 있는지 였다. M. McLuhan은 매스미디어가 사람들의 태도나 의견을 쉽게 변화시킬 정도로 그 힘이 막강하다고 보았다면(**대효과**), Sola Pool은 미디어 효과는 개인의 기존의 태도・가치성향・신념 등 선호경향에 따라 다르게 나타난다고 보았다(**소효과, 강화**). Sola Pool은 수용자가 처해 있는 사회적 위치에 따라 매스미디어 효과는 차별적이며, 기존의 태도나 가치관에 부합하는 메시지만을 선별적으로 수용하며, 사람들의 정치적 태도를 변화시키는 데는 매스미디어보다 대인 접촉이 더욱 효과적이라고 주장하였다.

이에 대해 매스미디어의 영향력이 미약하고 제한적이라는 소효과의 타당성을 인정하면서도 미디어의 상당한 영향력을 주장하는 관점(**중효과**)도 제시되었다.

2) 의제설정이론 : M. E. McCombs & D. L. Shaw

의제설정이론은 '미디어는 무엇을 생각할 것인가(what to think)를 사람들에게 말해주는 데 항상 성공하는 것은 아니지만, 무엇에 관하여 생각하도록 하는 데(what to think about)는 놀랄만한 영향력이 있다'는 Cohen의 지적을 바탕으로 발전한 이론이다.

의제설정이론에 따르면, 언론은 현실을 반영하기보다는 현실의 중요한 문제를 선택하고 만들며(filter and shape), 수용자는 언론이 여러 사안 중 특정한 사안을 상대적으로 집중 보도함으로써 언론이 강조하는 사안을 더 현저하고 중요한 사안으로 받아들인다.

3) 점화효과(priming effect)이론 : S. Iyengar & D. R. Kinder

이 이론은 인간의 정보처리와 관련된 성향에 주목한다. 즉, 사람들은 모든 것에 주목하지 않으며, 주목하는 것 자체도 상당히 선택적이다. 인간은 가장 먼저 떠오른 사항과 가장 쉽게 얻을 수 있는 정보에 기초하여 평가하며, 이러한 판단의 기초를 제공하는 것이 미디어다.

따라서 미디어는 여러 기준 중 특정사항을 강조함으로서 평가를 위한 표준을 특정한 방향으로 제공한다. Mutz는 실증연구에서 유권자는 자신의 경제적 여건보다 사회전반의 경제상황을 고려하며, 이를 판단함에 있어서 뉴스와 신문이 어떻게 경제문제를 다루는 지를 따진다고 결론 내렸다. 반면, 신문을 읽지 않거나 부정기적으로 가끔 접하는 유권자는 사회전반의 경제상황이 아닌 자신의 경제적 여건을 가지고 판단함을 규명하였다.

4) 틀짓기 효과(Framing effects)

S. Iyengar는 마약이나 실업, 불평등에 관한 주제를 사건보도 형식으로 다루는 경우 수용자는 해당되는 문제를 개인적인 문제로 돌리는 반면, 주제적인 틀(분석 보도 형식)을 사용하는 경우 그 책임의 소재를 제도나 정부 등 사회적인 요인으로 판단함을 발견하였다.

동일한 이슈라 할지라도 그것이 어떤 방식으로 틀을 지어 포장되고 그 안에서 이야기가 어떻게 전개되는가에 따라 전혀 다른 뉴스로 나타난다. 이와 같이 뉴스 틀이 현실을 특별한 방향으로 정의함으로서 수용자의 현실이해와 해석에 미치는 영향력을 다룬 것이 틀짓기 효과다.

5) 침묵의 나선이론(the theory of spiral of silence) : Noelle-Neumann, C. Glynn & J. McLeod

노엘레노이만은 여론과정에서 가장 중요한 요소는 개인이 사회적 생활을 영위하는 데 나타나는 고립에 대한 두려움이라 지적한다(동조성, conformity). 즉, 지속적으로 다뤄지는 주제에 대해 인간은 고립감을 탈피하기 위해 관심을 갖게 되고, 상대적으로 덜 논의되는 이슈나 의견은 점점 지각 대상에서 멀어지게 된다.

미디어는 도처에 자리 잡고 있으며(편재성 ubiquity), 저널리즘의 가치와 과정의 유사성 때문에 미디어의 내용이 여러 채널 간에 유사하게 나타나며(협화성, consonance), 비슷한 미디어의 내용이 시간을 두고 반복된다(누적성 cumulation). 이런 메커니즘의 작동으로 매스미디어는 개인의 인지에 강력한 영향력을 행사할 수 있게 된다 ; 미디어는 어떤 의견이 우월하고 어떤 의견이 힘을 얻으며, 어떤 의견이 사람들로부터 소외되지 않고 공개적으로 이야기되는지 정보를 제공한다. 이러한 기능은 여론이 사회적 통제의 기능을 수행하게 됨을 시사한다. 또한, 정치적 의견이 공론장에서 자유롭게 표현되고 교환되는 것을 참여민주주의에서 중요한 과제로 꼽는 것을 생각할 때, 개인의 참여를 제약할 수 있는 미디어의 사회통제 측면을 살펴봐야 함을 시사하고 있다(오택섭 외 2006, 41).

3. 민주주의와 여론 / 공론

1) 여론(public opinion)

고전적 관점에서 여론이란 집단의사 혹은 일반의지를 지칭하는 것이었다. 이 관점에서는 여론이란 개인 의사의 집합이 아닌 통일된 목적을 가진 집단의 의사를 말한다.

현대적 의미의 여론 개념은 여론조사로 유명한 G. Gallup과 관련된다. G. Gallup은 여론을 일상적 시민들의 집합적 지혜에 대한 믿음으로 보았다. 그는 소수 엘리트의 지배와 민주주의는 양립할 수 없다고 보면서, 고위 관료가 어떻게 일반대중의 요구에 반응할 수 있도록 하는 가에 관심을 쏟았던 것이다. 그러면서 여론이란 대중선호의 구체적 표현으로 국가에 대한 국민의 명령이라 규정하였다.

그러나 이러한 여론관에 대한 비판적 관점 또한 존재한다.

먼저, 사회는 유기체가 아니라 개인의 합에 불과하다는 개인주의·자유주의 확산은 여론을 통일된 집단의 의사로 보아서는 안된다는 주장이 확산되었다. 다음으로 보통선거권이 확립된 이후 대중의 의사를 무시할 수 없다는 정치문화가 형성되었지만 대중의 의사에 의해 통치되는 것이 바람직한가에 대한 의문(포퓰리즘 담론)이 제기되었다.

물론, G. Gallup의 여론관을 지지하면서도 여론 조사의 한계를 지적하는 견해도 존재한다. 여론 형성과정에서 일인일표 원칙이 적용되는 것은 아니며, 사회에 영향을 미칠 수 있는 집단 사이의 상호작용과 의사소통에 의해 만들어지고, 단계적으로 정부의 관심을 얻는 것이 여론이라는 것이다. 즉, 여론이란 개인 의사의 집합이 아니라 상호 연관된 집단들의 상호작용이 유기적으로 집합된 것으로 개인에 초점을 둔 여론조사는 타당하지 않다.

2) 공론(public opinion, consensus)

가. 공론의 의의

공론(公論)이란 공정하고 바른 의견을 뜻한다. 공론이라는 개념은「서경」에서 사용된 "천하의 공론",「논어」에 나온 "일향지인(一鄕之人)은 의유공론의(宜有公論矣)"[56]라는 표현에서 유래한다. 바른 의견의 근거는 다수의 대중성에서 확보된다는 의미에서 대중의 의견, 즉 현대적 의미의 여론과 같은 의미로 사용되기도 한다.

현대 정치에서 공론은 "공적 문제의 논의를 위해 시민들이 공개적이고 포괄적으로 소통하는 영역"이라 정의할 수 있다.

아렌트는 공론을 인간이 상호 소통을 통해 관계를 맺는 가운데 생기는 영역으로서 **공공영역**(public realm)이라 규정한 바 있다. 그녀가 제시한 공론장은 경계나 참여자의 제한 없이 언제 어디서나 참여자들 간의 평등한 행위와 발언을 통해 창조되는 공간으로서, 서로 다른 사람들이 모여 참여하면 생겨나고, 흩어지면 사라지는 잠재적 공간이다.

하버마스는 공론장을 민주적 정당성의 확립과 민주주의 발전의 핵심 요소로 제시하였다. 그는 **공론장**(public sphere)을 '여론이 형성되는 영역으로 시민들이 관심을 기울이는 사안 및 정치적

---

56) 지역사회에서 인정받는 공정한 의견(향론, 鄕論)이 있다는 뜻이다.

문제들을 자유롭게 논의할 수 있는 영역'이자, '이성적이고 합리적 토의에 의해 공적 사안이 합의되고 결정되는 시민의 정치참여가 이루어지는 영역'으로 규정하였다.

나. 공론과 민주주의

공론은 필연적으로 민주주의와 결합된다. 민주주의를 어떻게 정의하든 그것은 인민의 의지를 확인하는 과정이 요구되는데, 인민의 의지를 도출하는 것이 바로 공론이기 때문이다.

> 민주주의를, 집단적인 구속력을 갖는 규칙과 정책에 관해 인민이 통제를 행사하는 의사결정의 양식 혹은 인민의 집합적(공적) 결정을 인민이 직접 내리거나, 이러한 결정에 대한 인민의 통제가 가능한 체제라 할 때, 민주주의는 인민의 정치참여와 공론을 필연적인 내용으로 하고 있다고 할 수 있다.

① 민주주의의 장점은 옳은 결정을 평화롭게 내리는 것이 아니다. 시민들이 이러한 결정들의 질을 판단할 수 있는 권리를 부여하고 보장하는 데 있다. 민주주의는 대중들이 공개적으로 판단하는 규칙인 것이다. 이것이 민주주의에서 공론이 차지하는 의미이다.

② 공론장은 권력과 저항의 갈등이 전개되는 구체적인 장이다.[57] 도그마와 교조주의를 감시하고 정보매체를 통해 다양한 개인과 집단들이 시간과 공간의 한계를 초월하면서 타인과 연대할 수 있는 '열린사회'는 민주주의를 위한 다양한 보완매체로 기능할 수 있도록 뿌리내릴 때 가능하다.

③ 공론장은 시민들에 의한 자발적인 공적 의견 및 의지형성의 공간으로서 정치적 정당성이 형성되는 근원이다. 권력행사의 정당화는 구성원들의 지지와 동의에 기초하며, (선호집약을 통해 사회적 합의를 이끌어 내는 것이 불가능한 탈근대사회에서) 지지와 동의는 시민사회에 뿌리를 둔 정치적 공론장에서 형성되기 때문이다.

> 자유롭고 평등한 개인들의 사회에서 사회적 통합은 무엇으로 가능한가? 그것은 정치적 주체인 개인들의 동의에 기반해야 한다(사회적 수락가능성, 시민적 합의). 이는 시민 개개인이 동등한 권리를 가지고 참여할 수 있어야 하며, 참여한 시민들 상호이해와 합의를 기반으로 해야 함을 의미한다. 이와 같이 의사소통의 합리성이 충족되고 이러한 합리적 과정에 의해 내려진 결정은 정당하다고 이야기할 수 있는 것이다. 이런 맥락에서 하버마스는 생활세계 식민화와 탈정치화되고 동원수단으로 전락된 공론장을 회복하고 활성화하는 것만이 민주주의 발전의 전제라 주장하였다.

다. 보론 : 유교와 공론

정치의 본질을 공정 혹은 정의를 추구하는 것으로 보는 경우, 정의란 무엇이며, 누가 어떻게 판단할 것인가가 문제된다.

선진시대의 儒家에서는 '天命'이 정치적 정당성의 근거라고 보았다. 그렇다면 천명은 어떻게 확인되는가? 천명은 천자(王)를 통해 전해진다고 주장되어 왔으나, 천명을 정확하게 확인할 수 있는가, 그리고 실재하는가가 쟁점이 되면서 점(占)과 민심론이 등장하였다.

민심론은 민심에 따르는 공적 결정만이 정당하다는 것이다. 그러나 민심이 항상 정당한 것은 아니라는 반론이 제기된다. 백성은 본래 '善한 본성'을 타고났으나, 물욕에 이끌려 본성의 善을 잃게 되므로, 선한 본성을 회복하게 하는 교화(敎化)가 필요하다고 보아 온 유학의 기본 관점에

57) 하버마스는 문자 매체에 바탕을 둔 시민들의 대화와 토론의 장으로서 근대 공론장은 전제군주의 권력에 대항하는 영향력 확대에 기여했고, 시민혁명을 통해 근대 민주주의를 창출하였다고 진단한 바 있다.

따르면 당연한 것이다. 주자(朱子)는 이런 문제의식 하에서 民의 '心'이 아닌 '性'에 근거하는 **공론(公論)**을 제기하였다.

주자는 공론을 **'順天理·合人心·天下之所同是者'**라 정리하였다 — 국시(國是)란 어찌 天理에 따르고 人心에 부합하여 천하 사람들이 모두 함께 옳게 여기는 것이 아니겠는가?[58] 이에 대해 율곡은 공론을 "사람의 마음이 모두 그렇게 여기는 것(人心之所同然者)"[59]이라 하면서고, 공론이 있는 곳을 '국시'라 규정하였다. 이익으로 유혹하지도 않고 위력으로 겁주지도 않았는데 3척 동자도 또한 그 옳음을 아는 것이 바로 국시라는 것이다.

이러한 공론관은 조선의 건국세력에 의해 수용되면서, 왕의 전제적 통치를 견제하기 위해 분화되고 자율성을 가진 관료기구로 제도화되었고, 공론이 정치적 정당성의 중요한 근거로 기능하게 된다.[60]

---

58) "진실로 천하 사람들이 모두 함께 옳게 여기는 것이라면, 천하 사람들이 그릇된 것이라고 여길 수 없는 것이다. 하물며 천하의 권세를 차지한 사람이야 어떻겠는가? 오직 '천하 사람들이 모두 함께 옳게 여기는 것'에 부합되지 않는데도 억지로 천하 사람들이 옳게 여기게 만들려고 하니, 그러므로 반드시 상을 내걸어 유혹하고 형벌을 엄히 하여 감독한 다음에야 겨우 사대부의 한결같지 않은 입을 겁주어 통제할 수 있는 것이다. 그러나 천하의 참된 시비(是非)는 끝내 속일 수 없는 것이다."

59) (모든 사람의) 입이 맛에 있어서 함께 즐기는 것이 있고, 귀가 소리에 있어서 함께 듣는 것이 있으며, 눈이 色에 있어서 함께 아름답게 여기는 것이 있다. 그런데 마음에 이르러서만 홀로 함께 하는 것이 없겠는가? 마음이 함께 그렇게 여기는 것(心之所同然者)은 무엇인가? 理이며 義이다. 聖人은 먼저 우리 마음이 함께 하는 것을 얻으셨다. 그러므로 理와 義가 우리 마음을 기쁘게 하는 것은 고기가 우리 입을 기쁘게 하는 것과 같은 것이다.

60) 조선후기의 실학자 이중환은 三司(司憲府・司諫院・弘文館)가 公論을 주도해 비판과 견제의 기능을 수행함으로써 3백 년 동안이나 큰 권력의 남용도 없었고 또 관료의 세력이 커져 통제하기 어려운 근심도 없었다고 설명한 바 있다.

제 2 절 민주주의의 대안적 모델들 2001 행정, 2009 입법

지배의 의미를 권력개념으로 해석하면(M.Weber or H.Lasswell), 그 핵심은 의사력에 있다. 따라서 대의제 민주주의란 공적 결정이 대표에 의해 내려지는 체제라면, 직접 민주주의는 인민에 의해 내려지는 체제가 된다. 이런 맥락에서 참여민주주의를 정의하자면, 집합적 의지의 형성이 인민의 참여에 의해 결정되는 체제라 할 수 있다. 그리고 참여민주주의는 자기결정성과 참여, 집합적 의지형성에서의 심의, 전제로서의 시민권과 평등을 강조한다.
1960년대에 대두된 참여 민주주의는 루소 모델에서 출발한 것으로 비판적 관점에 서 있는 논자들은 참여민주주의를 직접민주주의로 규정하려는 경향이 있었다. 그러나 20세기 후반에 제기된 참여 민주주의 모델들은 대의제를 부인하지는 않고 있다.

대의제 민주주의

참 여 민주주의

- 심의D(J.Rawls, J.Harbermas) / 결사체D(Scmitter, Hirst)
- 다원적 민주주의(S.Mouffe)
- 경제D(R.Dahl), 강한D(B.Barber), Mcpherson의 참여D
- 작업장D(C.Pateman), 협동조합D

직접 민주주의(총회, 소환, 발안, 투표)

OECD는 참여적 의사결정 방법을 포커스 그룹, 시민자문위원회, 기획배심제, 시민배심, 규제협상, 중재위원회, 합의회의, 공청회, 공공서베이, 주민발안, 주민투표로 제시한 바 있다. 시민배심제와 합의회의는 심의민주주의의 제도적 형태이며, 주민발안과 주민투표는 직접민주주의 요소들이고, 나머지는 대의제에서의 참여 메커니즘들이다.

Ⅰ. 참여민주주의

1. 참여 민주주의의 의의

참여민주주의는 민주주의의 핵심가치로 시민의 참여를 강조하는 관점이다. 그리고 모두와 관련된 것은 모두에 의해 결정되어야 한다는 자기결정원리를 정치체제에 내재화시키려는 것이다. 따라서 모든 시민을 자신의 신념을 위해 책임을 지는 평등하고 자율적인 행위자로 인정하며, 공적 결정에서 강제력을 지양하고 대화와 논쟁의 중요성을 강조한다.

참여 민주주의는 대의제 민주주의 한계에 대한 대안을 모색하는 과정에서 제시되었다. 또한 직접 민주주의는 현대 다원사회에 적합하지 않다는 인식을 전제로 한다. 이에 대한 검토는 앞서 대의제에서 보았기 때문에 참여 민주주의의 특징과 모델들에 대한 부분으로 국한해서 살펴본다.

2. 참여민주주의의 특징

참여 민주주의는 시민의 평등한 권리, 자기결정원리에 입각한 시민참여와 심의성을 핵심요소로 한다(Sunstein은 현대 공화주의의 일반적인 특징으로 심의민주주의, 보편성, 정치적 평등, 시민권을 제시한 바 있다).

1) 자기결정원리와 시민참여

참여와 시민권은 공적 결정이 주권자인 시민의 자기결정원리에 입각해야 한다는 점에서 민주주의를 위한 필수 조건이라 할 수 있다.

현대 참여 민주주의 모델에서는 시민들의 공적 결정에 대한 참여는 시민들 상호간의 연대성에 기반한다. 즉, 근대 계몽주의나 자유주의가 보는 원자적 개인과 타자를 대상화하려는 시각을 지양하고, 인간사회의 상호의존성과 타인을 도덕적 타자로 보는 탈근대적 인식에서 출발한다. 따라서 연대는 민족주의나 인종적 공동체를 벗어나 지구적 네트워크로의 확산을 지향한다.

2) 시민의 평등한 권리

현대 사회에서 인간은 자유롭고 평등한 존재라는 인식은 일반적으로 수용되고 있으며, 참여민주주의 또한 마찬가지다.

그러나 참여 민주주의가 주장하는 평등은 기회의 평등에 그쳐야 한다는 주장을 반대한다. 경제적 부의 불평등이 정치적 불평등으로 이어지고, 공적 결정에서의 영향력의 차이와 삶의 기회에 있어서 양극화와 악순환을 낳는 현실을 고려할 때 사회적·경제적 기본권의 평등한 보장을 추구해야 한다고 본다. 이는 시민참여가 실질적인 의미가 있기 위한 조건이기도 하며, 사회통합과 민주 시민을 창출하기 위한 전제조건이기도 하다.

3) 심의와 사회적 합의

참여 민주주의는 사적 이익을 넘어 공적 이익을 고려하는 개인들에 의한 공론을 중시한다. 심의란 기존의 관습을 수용하는 것이 아니라 비판적 거리를 두고 이를 성찰하는 것이다. 공적 결정은 자기결정원리에 따라 시민적·사회적 합의에 기반해야 한다. 시민적·사회적 합의는 자유로운 시민의 정치적 견해가 상호교환되는 과정에서 도출되어야 한다. 다만, 참여 민주주의 모델에 따라 심의를 통한 시민적·사회적 합의가 절차적인 것인지 실체적인 것인지, 통합된 의사로서 합의(consensus)인지, 잠정적 합의(modus vivendi)인지는 차이가 있다.

다원성을 특징으로 하는 현대 사회에서 일반의지는 전체주의로 흐를 위험을 내포한다. 또한 Arrow가 적절히 지적한 바와 같이 원자화되고 파편화된 시민의 개별적 선호를 투표를 통해 집약하는 것은 불가능하다. 따라서 참여 민주주의는 단일한 의지를 전제로 사회 통합을 이루려는 직접 민주주의는 물론, 선호를 집약하는 간접 민주주의와도 일정한 거리를 두는 민주주의 모델이라 할 수 있다.

2. 참여민주주의의 논의 영역

바버는 참여민주주의를 위해 세 범주의 제도화를 제시한다. 즉, ① 대화의 범주로서 주민모임, 지역방송의 활용, 시민교육, 정보평등권의 요구, 사안에 따른 토론회 등이 이에 속한다. ② 의사결정의 범주로서, 진정, 청원, 발안, 국민투표, 국민소환 등이 그것이다. ③ 행동의 범주로서 시민행동의 조직 및 단체의 결성, 작업장 민주주의가 이에 속한다.

현실에서 관찰할 수 있는 참여의 영역으로는 공동체 수준에서의 참여와, 직장, 공장, 학교 등과 같은 시민사회 내의 다양한 사회 · 경제적 제도들과 조직의 수준에서의 참여로 나누어 볼 수 있다. 아래에서는 참여민주주의를 소개하는 논문에서 일반적으로 언급하는 방식으로 소개한다.

1) 사회경제적 제도 영역에서의 참여민주주의 : 경제민주주의

Carol Pateman, P. Bachrach 등의 산업민주주의 · 작업장민주주의 논의의 특징은 기업의 의사결정에 대한 노동자 혹은 종업원의 참여를 제도화하자는 데에 있다. 이들은 정치적 제도에 대한 관심에서 일상생활을 지배하는 사회경제적 제도에 대한 관심으로 확장하려 한다.

산업민주주의는 참여를 통해 인간의 일상생활에 관계하는 조직에 대해 자치를 확보할 수 있고 정치적으로 성숙한 시민으로 거듭날 수 있음을 강조한다. 이들의 논의는 사회경제적 제도를 정치화하여 민주적 참여를 관철하고자 하는 것이다.

이와는 약간 다른 맥락에서 P. Hirst는 국가주의가 시민의 복지와 자유를 보장하는 데 실패했다고 보고 자발적으로 결성되고 민주적 자치를 실천하는 결사들에 의해 운영되는 결사체주의(associationalism)를 주장한다. 결사체주의는 종래 복지국가가 수행하던 복지제공을 포함해 가급적 많은 국가의 권한을 자발적이고 자치적인 시민결사들에 이양 · 분산하고, 국가는 사회 전체의 일반적 질서를 유지하고, 시민결사들이 감당할 수 없는 업무를 수행하며, 나아가 이들 결사들의 민주적이고 자치적인 운영을 감시 · 감독하는 것으로 그 권한을 국한해야 한다고 주장한다(강정인 1996, 65).

참고 작업장 민주주의

작업장 민주주의는 기업의 주요한 의사결정에 있어서 노동자들의 참여와 민주적인 통제, 기업의 이윤배분에 있어서 노동자의 참여를 핵심으로 한다. 첫째, 기업의 의사결정에의 참여는 노동조합이나 종업원평의회, 작업장위원회 등의 참여적 기구나 조직을 통하여 노동자들이 기업 경영과 관련된 사안들에 대하여 경영자들과 기업의 경영에 참여하는 것이다. 둘째, 기업의 이윤배분에 대한 참여는 노동자들이 기업의 주식을 소유하거나, 노동자들이 공장을 소유함으로써 기업의 경영에 영향력을 행사하는 것을 말한다.

작업장 민주주의의 유형으로는 스웨덴, 독일의 '공동결정제', '종업원 평의회', 스페인 몬드라곤 지방의 '생산자협동조합', 유고의 '노동자자주관리제도' 등이 있다.

작업장 민주주의는 생산성 · 경쟁력 강화와 노동의 인간화를 실현하며, 기업의 민주화와 소득 · 고용 보장, 작업 조직에 있어서의 사회통합, 안정적인 노사관계 형성, 작업장 수준에서의 정치적인 훈련을 통한 민주시민의 양성, 자치경험을 통한 전체 사회의 정치체제의 안정성 확보 등에 기여할 수 있다. 나아가, 지구화와 신자유주의의 확산 속에서 작업장민주주의는 그동안 국가경영에서 결정되었으나, 이제는 실질적으로 자본이 결정하게 되는 문제들에 직접 영향을 미침으로써 자신들의 요구를 반영할 수 있게 한다.

2) 정치영역에서의 참여민주주의

정치영역에서의 참여민주주의는 대의제 민주주의에서의 선거, 정당 등에 대한 참여 이외에 시민의 직접적인 참여를 위한 지방자치 활성화와 다양한 형태의 참여를 제도화하는 데 초점을 맞추게 된다. 예컨대, 지방정부와 중앙정부의 수준에서 주민발안 · 주민소환 · 주민투표제도는 물론, 정보통신기술을 활용한 전자민주주의(teledemocracy)를 통해 직접민주주의를 활성화하자는 주장을 하게 된다.

직접민주주의는 꼭 시민과 국가를 매개하는 정당 등을 폐지하자는 것은 아니지만, 초점은 다양한 사회운동 등을 통한 비제도적 참여에 맞추고 있다.

3) 국제정치 영역에서의 참여민주주의

환경문제와 같이 일국적 차원에서 해결이 불가능한 global affair의 등장, 정보통신기술의 발달 등으로 인한 사회 · 경제적 교류 확대 및 상호의존성 심화, 초국적 정체의 등장 등은 통치과정 자체가 국민국가의 범주를 뛰어 넘고 있음을 알 수 있다.

이에 따라 D. Held는 민주주의는 중첩된 지방 · 지역 및 세계적 과정 · 구조와 관련하여 재창조되어야 한다고 주장한다. 이와 관련하여 세계공동체의 정치영역에 대한 일반 시민들의 참여와 관련된 제도로 다음과 같은 내용을 제안한다. 국경을 가로질러 설정된 선거구에서 선출된 대표자로 구성된 유럽의회와 같은 지역적 의회의 창설, 모든 민주적 국가들과 조직들을 포함하는 권위 있는 민주적 국제의회의 창설, 다양한 기준에 따라 일정한 국가를 대표하여 민주적 방식으로 선출된 시민대표들로 구성된 유엔인민총회 또는 세계시민총회의 창설, 초국적 사안별로 구성된 관할에 따라 실시되는 일반적인 국민투표제도 등의 도입 등이 그것이다(강정인 1996, 68).

이 같은 제안의 실현에 있어서 관건은 민주화의 역사적 과정에서 보듯이 초국적 자본과 국가들에 의해 추동되는 '위로부터의 지구화'에 대항하는 '아래로부터의 지구화'를 어떻게 형성하느냐에 있을 것이다. 초기적 형태의 세계 시민사회에 기반한 초국적 시민사회운동을 통한 지구적 시민문화와 의식의 창출, 지구적 민주주의 제도화를 위한 압력의 형성에서 출발할 수 있을 것이다.

3. 참여민주주의의 제약과 옹호

1) 제 약

참여 민주주의는 시민의 적극적 참여를 전제로 작동되는 체제다. 따라서 시민 참여가 가능하지 않거나, 바람직하지 않은 결과를 가져온다면 참여 민주주의는 대의제 민주주의에 대한 대안으로서 의미를 갖지 못한다.

[1] 합리적 경제인을 가정한다면, 시민들의 적극적 참여는 기대하기 힘들다. 참여로 인한 편익이 극히 적은 반면, 참여비용은 크기 때문이다. 특히, 관련 당사자의 수가 많을수록 참여가 실제 정책에 영향을 미칠 확률은 그만큼 작아지고 시민은 합리적 무지에 빠지게 될 것이나(A.Downs). 무임승차나 집단행동의 딜레마이론은 이와 동일한 결론을 제시한다.

[2] 현대 사회의 정치적 이슈들은 높은 전문성을 담고 있기 때문에, 계몽된 이해가 결여된 시민의 판단에 맡기는 것은 체제 합리성을 저해할 뿐이다. 또한 시민의 충동적 속성은 무엇이 전체의 이익인지에 대한 성숙된 판단을 어렵게 한다.

참고 합리적 개인과 시민참여 2013 행정

합리적 개인을 가정하는 경우 시민참여는 참여비용과 참여로부터 얻는 편익 사이의 합리적·전략적 결정에 의해서 이루어진다. 이를 Downs는 다음과 같은 함수를 제시한다(김용호 2002).

$$보상(R) = p \cdot B - C + D$$

- B는 편익을 의미한다. 참여로부터 얻는 이익은 자신들의 요구를 반영시킴으로써 얻는 직접적인 이익과 더불어 정부에 대한 신뢰, 그리고 정책결정에 영향을 미칠 수 있다는 시민의 자기 능력에 대한 믿음으로서의 효능감 등이 있다.
- C는 비용(cost)을 의미한다. 비용으로는 참여에 필요한 각종 정보 및 자료의 수집비용, 참여를 위한 기회의 포착비용, 참여활동 비용 등이 있다. 다른 조건이 동일한 경우 비용을 부담할 수 있는 고소득자일수록 참여 가능성이 높고, 상대적으로 강력한 정치권력을 행사할 수 있다.
- p는 참여가 자신이 원하는 결과를 가져올 수 있는 확률이다(선거를 예로 들자면, 유권자의 한 표가 선거결과에 차이를 가져올 수 있는 확률). 참여자(유권자) 수가 많을수록 p값은 작아진다.
- D는 장기적 참여가치를 말한다. 'D = 0' 인 경우 참여자 수가 많아 개인이 결과에 미칠 영향은 매우 낮다(p≒0)고 인식되면 합리적 유권자는 기권하게 되며, 시민참여에 있어서도 마찬가지다. 또한, 시민들이 정치과정과 정부를 불신하는 등 정치적 소외를 느낄수록 D값이 작아진다. 반면, 유권자가 근시안적 계산에 급급하지 않고 사회의 장래에 대한 책임의식을 견지하고 장기적인 판단력을 갖고 있는 경우에 시민참여가 가능하며, 이때 민주주의가 가능하다.

첫째, 비용의 측면에서 보면 현대 사회에서 시민참여는 그 편익에 비해 비용이 높다. 시민들은 정부활동에 대한 법률적 판단 근거, 해당 사안에 대한 판단자료, 해당 사안의 처리절차 등에 대한 정보를 획득하기가 매우 어렵고, 비용을 지불하고서도 필요한 정보를 얻기 어려운 경우가 많다. 나아가, 시민이 정부와 행정에 영향력을 미치기 위해서는 소극적인 요청이나 신고로부터 적극적인 시위, 공청회, 총회, 투표와 같은 활동들이 필요하다. 이를 위해서는 시민들이 모이고, 의견을 결집하고, 행동으로 옮기기까지 많은 시간과 노력이 필요하다.

둘째, 시민참여를 위해서는 다양한 기회와 채널이 필수적이다. 그러나 실제로 국민들에게 참여에 필요한 정보가 충분히 제공된다 하더라도, 참여할 수 있는 기회를 잡기가 쉽지 않다. 선거와 주민투표 등 극히 적은 기회만이 주어지고, 시민들의 의견을 결집하고 전달할 수 있는 기회는 거의 제공되지 않기 때문이다. 주민소환, 주민발안, 주민감사청구 등은 제도화가 되어 있지 않거나 일정수의 시민들이 연합하지 않는 한 그 영향력을 미치는 것이 불가능하다. 더욱이 대부분의 국가에서 근대 이후 대의민주주의를 채택함으로써 대표자를 통한 간접참여방식만이 보장되고 실질적인 참여는 거의 봉쇄되어 있다.

2) 참여민주주의 옹호

시민 참여를 부정적으로 바라보는 관점은 플라톤과 아리스토텔레스가 꿈꾸어 왔던 '대중의 충동적 속성이 지배하는 체제가 아닌 이성이 지배하는 공화국'을 지향한다. 그리고 그 현대적 버전이 M. Olon의 '집단행동의 딜레마 이론'이라 할 수 있다. 올슨에 따르면 (참여)민주주의는 규범적 의미에서 정당성을 확보할 수 있을지 몰라도 이기적 개인들이 만들어 내는 비합리적 사회를 산출할 뿐이다. 뿐만 아니라 (참여)민주주의는 시민의 적극적 참여가 있을 때 가능하지만 합리적 개인들은 무임승차의 유인이 강하기 때문에, 다수 시민의 참여를 전제로 하는 참여민주주의는 비현실적이다.

[1] 참여민주주의를 비판하는 이러한 관점에도 불구하고 대의제의 현실은 규범적 정당성도, 현실적으로 합리성도 충족시켜 주지 못하고 있다. 시민의 자유는 형해화되어 버렸고, 대다수의 공적 결정은 소수 특권층의 이익을 위해 공공의 이익을 희생하고 있고, 그로 인한 비용을 다수 시민에게 비용을 전가할 뿐이다.

[2] 현대 민주주의의 위기는 제도화된 다수 시민의 참여 채널의 결핍으로 인한 것이다. 즉, 문제의 본질은 '조직화된 소수 이익의 과다투입과 다수 이익의 과소 투입'에 있다. 참여의 폭발이나 참여의 과잉이 아니라, 제도화된 정치과정에서 배제된 다수가 거리의 정치로 조직화된 결과라 할 수 있다. 민주주의 위기는 제도정치의 폐쇄성과 민주성의 결핍, 시민사회와 정치체제의 단절성, 그 결과로 나타나는 과두지배인 것이다. 따라서 민주적 과정을 제도화하는 것이 요구된다고 하겠다.

[3] 참여 민주주의를 부인하는 논리는 통치할 능력이 있는 자와 그렇지 않은 자를 구분하는 데에서 출발한다. 이성을 소수의 전유물로 보는 것은 신분제 질서를 정당화하기 위한 것 이상도 이하도 아니다. '자유롭고 평등한 인간'을 단순한 선언적 의미로 헌법상 규정으로 박제화하려는 시도는 과두 지배를 정당화하기 위한 시도일 뿐이다. 시민의 자유는 참여를 통해 소수의 권력을 효과적으로 통제할 수 있을 때 보장된다는 것이 역사가 보여주는 교훈이다.

4. 보론 : 민주주의의 핵심적 가치로서의 참여

1) 참여의 의의

참여민주주의에서의 참여는 사회의 보통 구성원이 의사결정의 결과에 영향을 미치거나 영향을 미치고자 하는 행동을 의미한다(Nagel ; 김대환 1996, 17). 민주주의가 전체인민에 의한 지배, 통제 또는 의사결정과 관련되어 있는 한 그것은 인민의 자유・자율・자치를 논리적으로 요구한다. 또한 민주주의는 어느 누구도 공동체의 의사결정과정으로부터 배제되어서는 안될 것을 요구한다는 점에서 정치적 평등의 관념을 내포한다.

참여의 주체는 사회의 일반 구성원이며 정치적 의사결정과정에의 참여는 선거를 통해 정치적인 의사결정을 할 수 있는 대표를 선출하거나, 대표를 감시하고 소환하는 것과 일반 시민들이 직접 의사결정에 영향력을 행사하고자 하는 행동을 모두 포함한다.

2) 참여의 기능

공화주의에서의 정치는 실질적인 윤리적 생활의 반성적 형태이다. 즉, 정치는 공동체의 구성원들이 상호의존성을 깨달아 시민으로 하여금 다양한 협의를 이루고, 호혜적 관계를 형성하며, 이러한 관계를 법 아래서 자유롭고 평등한 연합의 결사로 발전시킨다.

공화주의에서 자유는 적극적 권리로써 공적 영역에의 참여를 통해 확보가 가능하다. 그 핵심은 최종적 안건에 대한 시민체(citizen body)의 통제에 있다. 그리고 국가의 존재는 평등한 사적 권리를 보호하는 데 있는 것이 아니라 자유롭고 평등한 시민이 모든 사람의 평등한 이익을 목적이자 규범으로 삼는 포괄적인 의견형성과 의지 형성을 보장해 주는 데 있다.

참여 민주주의는 공화주의의 이러한 인식에서 시민참여의 문제를 바라보는 경향이 있다. 따라서 참여는 그 자체로서 가치를 갖는 것으로 소외로부터 벗어나 사회적 정체성을 획득하고 그 자신의 이익과 민주주의 발전을 심화하는 수단으로 기능한다. 나아가 사회에 대한 귀속감을 증진시키고 개인적 가치와 사회적 가치를 연결시킴으로써 일체감을 형성시켜 주는 역할을 한다.

3) 참여의 문제

참여는 자기지배/자유를 위한 당연한 전제로 볼 때 중요한 의미를 갖는다고 할 수 있다. 또한, 정치적 · 사회적 존재로서의 인간은 자아실현을 위한 욕구 충족, 자기개발을 통한 자아실현의 과정으로서, 소외로부터 벗어난 사회적 정체성의 획득과정으로 보기도 한다(본래적 가치).

하지만, 근대 자유주의자들은 자신의 이익을 주장하기 위한 수단으로서 참여의 문제를 바라보았으며(도구적 가치), 콘하우저처럼 중우민주주의를 우려하거나, 헌팅턴처럼 과도한 참여는 정치체제에 과부하를 가져온다고 보아 제도화된 참여로 한정지으려 하였다.

자유주의에서처럼 자기이익의 추구라는 관점에서 보면 정치참여는 사익을 추구하기 위한 도구 · 수단에 불과하다. 즉, 시민의 적극적인 참여는 정치질서를 교란하고 공동체의 유대를 파괴할 수 있는 강한 잠재력을 지니는 위험이 있다.

반면, 고전적 공화주의에서처럼 정치참여가 전적으로 자기희생을 요구하는 것이라면, 극소수의 헌신적인 운동가의 경우를 제외하고 참여를 마지못해 떠맡거나 아니면 냉소적으로 기피하는 부담이 되며, 공공선은 참여자 자신의 이익과는 무관한 심지어는 대립적인 것으로 전락하게 된다.

H. F. Pitkin이 지적하는 것처럼, 참여민주주의가 제시하는 정치참여의 상은 순전히 자기이익이나 자기희생을 추구하는 것이 아닌 그러나 양자를 전적으로 배제하지 않는, '아직 완성되지 않은 인간의 자아실현을 추구하는 정치참여'이다(강정인 1996, 60). 이러한 맥락에서 보면 참여를 통해 정치적 학습이 이루어지고, 민주적으로 건전하고 지속가능한 참여를 일궈낼 수 있다.

그러면, 현대사회에서 참여는 어떠한 의미를 지닐까? 인간은 타인과의 상호작용을 통해 자신과 사회에 대한 정체성을 재확립해 나간다. 인간은 행위를 통해 사회적으로 재구성되어 가는 그러한 존재라 할 수 있다.

참여는 구성원간의 상호작용을 통해 불신을 배우기도 하며, 반대로 신뢰를 배우기도 한다. 참여가 본래적 가치의 의미가 강하게 나타날지 도구적 가치의 의미가 강하게 나타날지는 미리 주어진 것이 아니다. 참여를 M. Olson처럼 집단행동을 불가피하게 야기하는 것으로 볼 수만은 없으며, S. Huntington이나 신우파처럼 체제에 과부하를 야기하는 것만으로 볼 수는 없다는 것이다. 문제는 그것이 선순환적 구조를 만들어 낼 수 있는 조건을 찾거나, 이를 위한 개방된 소통구조를 형성해내는 것이다.

Ⅱ. 결사체 민주주의

결사체주의는 자발적 결사체에 의한 자치를 제일의 사회질서 원리로 보는 견해를 말한다. 그러나 결사체와 결사체주의에 대해서는 국내외적으로 다양한 이론적 베이스와 지향을 보이고 있다. 이는 결사체라는 개념의 모호성과 관련된다. 결사체는 미국의 다원주의에서 강조하는 이익집단, 1970~80년대 확산된 시민적 결사(소위 NGO나 CSO), 노조와 같은 직능집단에 기반한 조합주의적 결사체 등을 포함한다. 또 B. Barber는 강한 민주주의에서 시민적 덕성과 참여 증진을 위한 대면접촉 결사체를, R. Putnam과 같은 사회자본론은 신뢰와 사회협력을 조성하기 위한 지역공동체(지역의 자원결사체)를, P. Schmitter는 전국적인 직능집단의 대중동원능력을, P. Hirst는 결사체의 서비스 전달능력을 강조한다. 이 같은 이론적 다양성은 공동체주의, 시민사회론, 사회자본론, 결사체민주주의 등 그 이론적 기반의 상이함과 관련된다.
결사체주의에 대한 국내의 이론적 경향을 보면, 크게 P. Schmitter의 조합주의적 이익결사체를 중심으로 한 논의(임혁백, 1998), 시민적 결사체를 중심으로 한 참여민주주의(임혁백, 2000), 공동체주의적 관점에서 소규모 자발적 결사체를 바라보려는 관점(안승국, 1997) 등이 있다.

1. 의 의

결사체를 통해 시민들을 정치에 복귀시킴으로서 실천적 공공영역을 재구축하려는 시도로 제시된 민주주의 모델이다.61)

P. Hirst에 따르면, 결사체주의는 자원주의(voluntarism)와 자치를 전제로 한다. 즉, 대안으로서의 결사체주의의 핵심은 시민사회에 존재하는 사회집단을 공적인 업무에 참여시키는 것이다. 이를 위해 국가기구의 상당부분을 해체하여 그 권한을 민주적이고 자발적인 결사체로 이양할 것을 주장한다. 결사체주의는 다양한 사회집단들을 포용할 수 있는 원리로서 기존의 대의민주주의뿐만 아니라 자본주의시장과도 양립할 수 있다. 즉, 결사체주의는 국가의 통치범위를 축소시켜 사회집단에 위임함으로써 대의민주주의 제도를 유지시킬 수 있다. 또한 시장에 사회집단간의 연계망을 구축하여 긍정적인 조정기능을 수행할 수도 있다.

참고로, Joshua Cohen & Joel Rogers는 민주적 거버넌스가 가져야할 인민주권, 정치적 평등, 분배정의, 시민의식, 경제성, 그리고 유능한 정부를 충족시킬 수 있는 대안으로서 결사체주의를 제시한다

2. 국가-시민사회의 관계에 기존 모델의 한계

다원주의는 집단 간 갈등과 경쟁이 타협을 통해 조정되는 과정을 제시한다. 그러나 현실에서는 우월한 자원을 보유한 집단들이 정치과정을 장악하게 되어 정치의 왜곡이 초래되며, 이익조정 상의 취약성을 보이고 있다. 다원주의의 협상기제는 국가와 사회집단간의 분산적인 과정이다.

61) P. Hirst는 서구의 자유주의와 케인즈적 복지국가의 중앙집권적이고 비대한 관료구조, 사회주의 국가들의 국가중심적 집단주의가 모두 국민들의 복지와 자유를 실효성 있고 민주적으로 보장하는 데 실패했다고 비판한다. 그는 대안으로 '가급적 많은 사회의 현안들이 자발적으로 결성되고 민주적 자치를 실천하는 결사들에 의해서 다루어질 때 복지와 자유가 최대한 보장된다.'는 결사주의(associationalism) 이론을 제창한다(강정인 1996. 64~65).

이와 같은 기제는 비효율적일 뿐만 아니라 집단 간의 이익이 첨예하게 대립되는 경우에는 기본적인 타협조차 이루어지지 않기 때문에 심각한 무질서가 초래된다. 결국 다원주의는 이익표출에서의 장점에도 불구하고 이익의 조정에서는 본질적으로 취약할 수밖에 없다.

다원주의와는 대립되는 이익대표체계로 제시되는 조합주의는 독점적이고 기능적인 이익을 대표하는 조직들이 정책산출에 대해 국가기관과 정치적 교환에 관여하는 특정한 사회적·정치적 과정이다. 그러나 조합주의는 구성상의 비민주성을 띠며(강제적 조직), 이익대표권의 독점으로 인해 배타성이 확산된다. 국가의 선호나 정치적 교환에 의해 부여된 이익대표권은 특정 구성단위에 속하지 않는 사회집단들을 배제시키게 된다. 따라서 다원주의 체제와 마찬가지로 시민사회의 특정분파가 정치과정을 장악하는 결과가 초래된다. 조합주의는 국가의 중재능력에의 지나치게 의존하는 데, 국가의 조정능력이 약한 경우 정치과정의 혼란이 초래될 수 있다.

자유주의 정치이론에서 국가-시민사회 관계는 다음과 같이 전제된다. 첫째, 국가와 시민사회는 엄격히 분리된다. 둘째, 국가는 시민사회를 보호하고 갈등을 조정한다. 셋째, 시민사회는 자유롭고 평등한 개인으로 구성된다. 하지만, 자유주의적 대리인체제에서 민주주의는 절차적 차원에 국한되고, 경쟁과 타협 그리고 효율성이라는 시장원리가 정치에까지 침투되었다. 그 결과 정치의 시장화와 공공영역의 축소를 초래하였고 시민들의 탈정치화는 심화되었던 것이다.
즉, 지금까지 국가와 시민사회를 하나의 정치공동체에 형식적으로나마 결속시켜왔던 자유주의의 정치원리가 한계에 직면하게 됨에 따라 각 영역의 재조정이 활발히 진행되고 있으며 새로운 정치원리가 모색되고 있다.
여러 대안적 모델 중에서 결사체주의는 새로운 정치공동체의 수립을 지향한다. 자발적 결사체를 중심으로 시민들 간의 연대를 형성하고 이들 결사체를 통해 국가와 시민들을 연계시키려는 것이다.

3. 결사체주의 운영원리

1) 결사체의 구성과 운영

결사체는 사적 이익을 기초로 조직화되지 않고 영역별 또는 정책쟁점별로 구성된다. 따라서 개별집단은 쟁점에 따라 상이한 결사체에 가입할 수 있으며 결사체들은 쟁점에 따라 분화되기 때문에 각기 기능적으로 역할을 분담하여 상호협력할 수 있다.

결사체에서 정책의 결정과 집행은 구성원들간의 협의에 의해 이루어지며 협의과정에의 참여는 모든 개인이나 사회집단들에 개방된다. 결사체는 사적 이익을 공공이익에 기초하여 조정하는 역할을 수행하기 때문에 정책의 공공성을 확보하게 된다.

2) 정책결정과 이익대표 및 정책과정

결사체는 국가로부터의 위임에 의해 정책을 입안하고 집행하며, 국가는 결사체들이 공정하게 역할을 수행하고 있는지를 감시하고 특정 정책에 관련하여 결사체들 간에 대립이 존재하는 경우 중재하는 역할을 담당한다. 또한 정책의 결정과 집행이 결사체에게 위임되었지만 정책은 국가예산에 기반하여 집행되기 때문에 국가는 정책을 집행하는 데 소요되는 비용을 부담한다.

결사체주의에서는 국가가 직접 정책을 결정하거나 집행하지 않기 때문에 국가를 상대로 한 이익대표는 의미가 없게 된다.

3) 결사체주의와 국가 · 자본 · 노동

결사체주의에서는 기업의 재산을 법적인 의미에서 사회화된 자본으로 이해한다. 기업소유권은 분산되며, 사적 소유권과 공적 소유권이 공존하게 된다. 이러한 관점은 기업의 의사결정에 노동이 참여하도록 하는 제도적 기반이 된다. 그 형태는 R. Dahl이 말하는 자주관리기업이나, 공동기금 형태를 띨 수 있다. 이 체제에서는 자치가 중시되어 기업 의사결정에 종업원들의 참여가 보장되고, 고용증대 같은 공공재가 창출될 수 있다.

자본과 노동이 결사체를 중심으로 이익을 조정하기 때문에 국가는 이전과 같이 중재자의 역할을 수행할 필요가 없다.

4. 결사체주의의 원칙 · 특징

1) 자발적 질서와 국가통치행위 범위 축소

자발적 조직은 경제와 사회적 업무에 관여하는 민주적 통치의 주체가 된다. 국가는 사회집단들에게 권한을 위임하고 사회집단들은 역할을 인정함으로써 공공재정의 기제가 창출된다. 이러한 과정을 통해서 시민사회에는 결사체주의 질서가 수립된다. 이에 따라 사회집단들이 국가기구가 관장했던 업무를 접수하게 되고 국가통치행위의 범위는 축소된다.

2) 국가기구의 권력분산의 추구

국가가 포괄적인 권력을 보유하고 있는 한 사회집단의 정치과정에 대한 영향력은 형식적인 것이 될 수밖에 없고 특정 집단과 관료기구의 유착은 정치과정의 왜곡과 공동선의 변질을 초래하였다. 따라서 권력은 영역, 기능 등에 따라 다원적으로 분산되어 공적 업무를 담당한 사회집단들에게 부여된다. 결사체민주주의의 대안은 국가권력의 일부를 사회집단에 위임함으로써 이와 같은 문제점을 해결하는 것이다. 그러나 정치공동체 전체가 관련되는 이른바 '대쟁점'은 국가가 수행하게 되며, 대의민주주의의 토대인 의회 및 사법제도도 유지된다.

3) 사회집단의 형성과 공동체

새로운 정치공동체로서의 결사체는 국가로부터 정책의 결정과 집행에 관한 권한을 위임받아 공적인 업무를 수행하게 된다. 공적 업무의 결정은 자유롭고 평등한 구성원들의 참여와 토론 · 합의에 의해 결정된다. 이러한 결정은 동의를 획득한 권력에 의한 조정이나 사익과 사익의 타협 · 조정의 결정이 아니며, 시민사회의 연대에 기초한다.

Ⅲ. 심의(Deliberative ; 협의 · 토의) 민주주의

한국 사회는 선거에 의해 권력이 창출되는 소위 좁은 의미의 민주주의(형식적 민주주의)는 확립되었으나, 민주적 절차와 제도가 정착되어 있지 않고 주요 공적 결정이 정치적 과정의 밖에서 이루어 지고 있다. 또한 정치체제의 대표성과 책임성이 낮을 뿐 아니라 시민권이 형해화되고 다른 수단에 의한 정치가 만연되어 있다. 소위 post-democracy 문제에 직면해 있는 것이다.
사회의 여러 갈등과 이슈들에 대해 자유민주주의는 절차적 정당성에 집착한 나머지 이러한 문제들에 적실성 있는 해결책을 제시하고 있지 못하며, 나아가 권력의 정당성마저 침식되면서 민주주의에 대한 불신은 점점 커지고 있다.
심의 민주주의에 대한 관심은 대의제 민주주의(자유민주주의)가 보여주는 민주적 정당성의 상실이라는 post-democracy 문제 때문이다.

1. 심의민주주의 정의

심의 민주주의는 민주적 정당성을 자유로운 시민들의 자발적 참여에 의해 이루어지는 심의에서 찾는 민주주의 모델을 말한다. 즉, 정치체제의 구속력있는 결정이 자유롭고 평등한 시민들이 의사결정에 참여하는 공론 과정을 통해 이루어지는 통치형태를 의미한다.

심의 민주주의는 민주적 결정이 적법하기 위해서는, 단지 투표에서 나타나는 선호도의 총합이 아니라, 실제적인 숙의가 선행되어야 한다고 간주한다(Deliberative democracy holds that, for a democratic decision to be legitimate, it must be preceded by authentic deliberation, not merely the aggregation of preferences that occurs in voting ; 위키백과).

다원주의 사회에서 단일한 공적 이익이나 가치관을 형성할 수 있다는 믿음은 허구이며, 시민의 자유는 사라지고 지배만 존재하는 전체주의 사회를 의미한다. 공론/심의에서 민주적 정당성을 찾으려는 심의 민주주의가 추구하는 것은 다양한 입장들이 자유롭게 소통되고 합의에 도달하는 열린 권력을 창출하려는 것이라 할 수 있다.

공론/심의는 권력과 저항의 갈등이 전개되는 구체적인 장으로서 민주주의의 핵심이라 할 수 있다. 민주주의의 장점은 조용하게 훌륭한 결정을 내리는 데 있지 않으며, 시민들이 공적 사안에 대해 공개적으로 판단하는 규칙이다. 따라서 공론/심의 없이 민주주의는 작동할 수 없다. 이런 맥락에서 H.Arendt는 공론은 변덕스럽고 경계가 없으며 불확실하지만, 이는 무한한 가능성과 거기에서 나오는 자유를 장점으로 갖는다고 이야기한 바 있다. 이러한 관점에 서게 되면 현대의 위기는 정치의 공간으로서 공론장의 상실로 이해되며, 공론장의 상실은 전체주의가 발흥하는 조건이 된다(하버마스 식으로 보면 생활세계 식민화는 바로 공론장의 상실에 기인한다).

따라서 사회구성원 모두가 그들의 관점을 표명할 권리를 부여받고 정당, 시민발의, 사회운동, 자원봉사 등과 같은 사회의 다양한 네트워크들의 연쇄를 제도화할 수 있어야 한다. 이러한 다양한 심의체와 네트워크들의 연쇄적 그물망을 통해 상호 교차되고 중첩되는 심의와 논쟁이 심의민주주의 모델이 지향하는 것이다.

2. 심의 민주주의의 두 가지 모델

1) 롤스의 심의민주주의

롤스는 질서정연한 입헌민주주의를 위한 요소로 공적 이성에 기초한 심의를 제시한다. 사적 이성을 배제한 공적 이성에 따른 중첩적 합의를 통해 다원주의적 상황에서 정치사회의 구성원리인 헌법적 원칙과 기본적 정의원칙이 합의되고, 이에 따라 법률 수준의 규칙과 운영 규칙을 제정해 나가는 과정에서 심의를 제시하는 것이다. 롤스는 심의에 대해 '근대적 인간들의 자유'라 명명된 사상과 양심의 자유, 기본권과 재산권, 법의 지배에 무게를 두는 로크적 전통과 '고대인들의 자유'라 명명된 동등한 정치적 자유와 공적 삶의 가치에 무게를 두는 루소적 전통 사이의 간극(J.Rawls 2003, 5)을 공정으로서의 정의의 두 원칙을 통해, 평등주의적 자유주의를 통해, 그리고 이에 대한 공적 이성에 입각한 입헌적 합의와 심의를 통해 메우려 한 것이다.

2) 하버마스의 심의민주주의

하버마스는 종교나 세계관 혹은 윤리가 사회적 행위의 정당성을 보장해 주지 않는 다원화된 사회에서 정당성은 자유주의의 법의 지배라는 입헌적 정당성과 공화주의의 자기입법이라는 민주적 정당성에서 찾아져야 한다고 주장한다.

롤스의 모델에서는 정치과정은 시민의 자유로운 심의(정치적 토론)와 법적 제도화(법률적 토론)라는 양면적 심의가 상호 교차하는 과정으로 이루어진다. 시민사회의 공론은 인정 투쟁을 통해 (상징압력으로서) 논쟁이 되었던 이해상황이 책임 있는 정치적 층위에 수용되고, 의회에서 법안으로 제안되고 구속력 있는 결정으로 가공되는 것이다(하버마스, 2000).

참고 하버마스의 심의 민주주의 논리 구조

1. 민주적 정당성으로서의 심의

심의민주주의는 민주적 정당성을 "모든 공적 관심사에 대한 자유롭고 제약받지 않는 '공적 심의'로부터 찾는 민주주의 모델"이다. 상이한 이익과 가치를 가지는 각 주체들은 평등한 조건에서 공론장에 참여하고, 주어진 논의에 대해 자신의 견해와 의문을 제기할 권리를 가지고 있어야 한다. 나아가 심의(토론)의 방식과 규칙에 대한 반성적 성찰을 제기할 권리가 모두에게 주어져 있을 때, 심의를 통한 공적 결정이 정당성을 가질 수 있다고 본다. 가치다원사회에서 상이한 가치관을 가진 주체들에게 어느 하나의 선을 강요하는 것 또한 정당하지 않지만, 의사소통의 합리성이 충족되고 이러한 합리적 과정에 의해 내려진 결정은 정당하다고 이야기할 수 있는 것이다.

2. 규범적 정당성(입헌적 정당성)과 심의

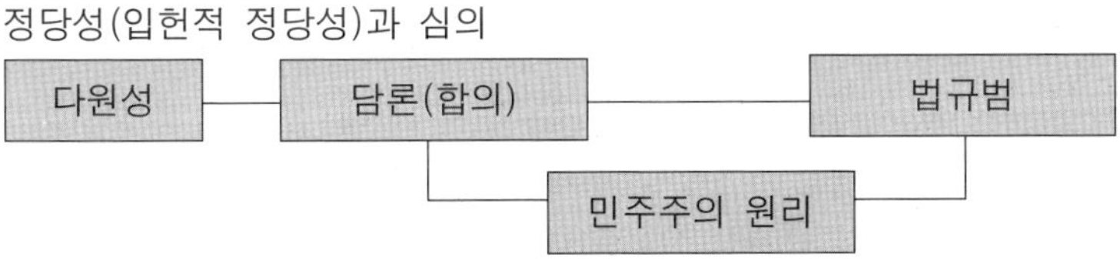

공적 결정은 합리적 토론 과정에 의해 내려진 경우에만 정당화될 수 있다고 이야기했지만, 심의는 충분조건이다. 합의되었다는 것 자체가 진리를 의미하지 않는다. 따라서 정책결정절차로서 다수결 원칙을 통한 정당화가 필요하다.

다수결 원칙은 공정하고 합리적인 결정절차이다. 그것은 '합리적 토대(심의) 위에서 내려진 결정에 대한 다수의 확신이 상당한 이유에 의해 도전받기 전까지는 타당하다'고 보는 데 그치기 때문이다. 즉, 다수결이 타당한 것은 그것의 수에 있는 것이 아니라 그 오류가능성을 인정하고, 번복가능성을 열어 놓고 있기 때문에 공정한 것이다.

3. 심의 민주주의와 사회 통합

3-1) 사회적 통합은 무엇으로 가능한가? 만약에 진리가 없다면 아마도 사회적으로 수락가능해야 할 것이다. 즉, 공유된 규범이 파괴된 현대 사회에서 사회적 통합은 행위자들의 의사소통을 통한 상호이해과정을 통해서 성취해야 하는 과제로 변모되었다.

3-2) 공론장은 어떠한 모습을 보이는가? 현대 사회에서 공론장은 (1) 공간적으로는 상호중첩되는 다수 국제적, 국가적, 지역적, 공동체적, 하위문화적 영역들이 존재하며, (2) 대상의 측면에서 보면 전문가 외에 일반인이 접근할 수 있는 문화적 공론장, 교회의 공론장, 예술가의 공론장 등이 존재하며, (3) pup이나 집회 등과 같은 일상적 공론장 등으로 분화되었다고 본다. 이들 공론장은 높은 개방성과 상호침투성, 그리고 유동성을 띤다.
공론장에서 형성된 공적 의견은 지배력/권력을 창출하지 않으며, 단지 권력행사의 방향만을 지시할 뿐이다. 따라서 공론장에서 형성된 영향력은 권력으로의 전환이 필요하며, 그것은 법의 실정화를 통해 형성된다.

3-3) 실정법의 정당성은 어떻게 확보되는가? 실정법의 규범이 사회적으로 수용되기 위해서는 민주주의 원리에 의해 구성되는 담론과정이 요구된다. 민주주의 원리란, 공론을 형성하는 과정에 모든 시민이 평등하게 참여할 수 있는 권리를 제도화하는 것이다. 민주주의 원리와 이러한 민주적 담론/공론을 통해 행동규범이 도출되고, 법적 제도화를 통해 규범적 정당성을 획득하게 되는 것이다.

3) 양 모델의 비교

롤스의 이론에 기초한 Cohen은 근대인들의 자유를 민주적 과정의 외부에 놓인 것으로 보는 시각을 비판하면서 평등주의적 자유주의 가치들은 민주주의 위에 부과된 한정으로 보기보다는 민주주의의 요소로 이해하려 한다. 그는 롤스의 심의의 장인 사법부를 넘어 국가기구와 다양한 결사체로 확장한다. 다만, 하버마스와 달리 제도화를 강조한다.

하버마스의 이론에 기초한 Benhabib는 개인적 권리와 자유에 대한 자유주의적 강조와 집합적 구성과 의지의 형성에 대한 민주주의의 강조 사이의 양분법을 뛰어 넘는 방안으로서 심의를 제기한다. 그리고 민주적 정당성을 위한 의사소통적 권력과 모든 연관된 사람들의 자유롭게 동의할 수 있는 조건의 설정을 통해 단순한 동의가 아닌 합리성에 입각한 합의가 가능하다고 본다. 다만, 좋은 삶의 문제를 다루는 실존적 쟁점들이나 타협이라는 수단을 통해 해결될 수 없는 분배적 문제에 관한 갈등을 공론의 장 밖에 둘 것을 동의한다.

양자를 비교하면, 가치와 이익의 다원성을 인정하는 가운데 정치적 결정에 대한 합리적인 합의가 가능하며 이를 자유롭고 평등한 시민들의 자유로운 이성적 사유로부터 나오는 동의로 이해한다는 점에서 동일하다. 그러나 양자의 차이는 존재한다.

① 롤스의 심의는 대표자들에 의해 주도되고, 공적 영역을 쟁점으로 한다면, 하버마스의 심의는 시민사회에서 일반 시민들에 의해 주도되고, 공적 영역에 국한되지 않는다. 따라서 심의가 이루어지는 공간적 차원에서 본다면 전자는 정치영역이라면, 후자는 시민사회가 된다.

② 심의의 초점이 롤스에게는 절차에 있다. 합당하기는 하지만 포괄적 교설이 하나의 규범으로 수용되지 않는 합당한 다원주의적 사실이라는 제약 하에서 롤스는 실재에 관한 심의가 아닌 절

차적 정당성을 확보하기 위한 과정을 중시하는 것이다. 반면, 하버마스 이론에서 심의는 순수하게 절차적이지 않다는 전제 하에서 절차적 정의가 아닌 의사소통적 합리성에 입각한 공공선을 도출하는데 초점을 맞춘다. 이는 양자가 기반하는 사상체계의 차이 때문이기도 하다. 양 사상가 모두 자유주의(권리)와 민주주의(자치)의 긴장의 긴장을 해소하려 하지만, 전자가 참여 보다는 개인적 자유를 우선시한다면 후자는 민주적 정당성을 중시하기 때문이다.

③ 다원주의적 상황에서 동의 혹은 합의는 자유주의에 기반하는지 아니면 공동체주의에 기반하는지에 따라 상이한 결론을 도출할 것이다. 전자에 기반하는 경우 합리성에 기초하게 되고, 후자에 기초하는 경우 공유된 의미에 초점을 맞추게 된다. 그런데, 동의가 주어진 의미가 아닌 삶의 형태 위에서 공통된 목소리의 융합이라 한다면 그것은 이성의 산물이라기보다는 교차(중첩)하는 삶의 네트워크 속에서 형성된 구성된 의미체계에 기초하게 된다. 이성과 합리성은 이미 주어진 진리를 전제로 하나의 선을 강요하는 결과를 초래하기 때문이다. 롤스가 합리성에 기초하면서도 다원적 가치들을 통합하기 위해 절차적 측면을 강조하지만, 그 절차적 정의가 전제로 하는 것이 자유주의라는 가치 속에서만 수용될 수 있다는 점에서 결국 롤스의 심의는 주어진 의미를 강요하는 결과를 낳는다는 점에서 한계가 발생한다.

구 분	롤스	하버마스
참여자(주도자)	대표자(의회의원, 판사)	시민
쟁점(영역)	공적 영역(공적 이성에 따른 공중의 선과 근본적 정의의 문제들)	공적 영역 + 사적 영역
심의 초점	절차적 합의(상이성 인정)	실재(도덕적 합의)
이념 지향	자유(정의) 〉 민주(정당성)	자유 〈 민주

3. 심의 민주주의의 조건

심의민주주의는 평등한 시민의 자유로운 토론과 심의를 바탕으로 한다. 공론 혹은 심의는 정치적 주체로서 시민들의 제한 없는 참여(개방성)가 이루어지고, 공적 관심사에 대한 모든 주체들이 대상이 되며(포괄성), 참여자들 상호간의 의사소통을 통한 여론 형성과정이다. 따라서 다음과 같은 조건이 충족될 필요가 있다.[62)]

① 롤스 및 하버마스와 같이 참여자나 주도주체를 제한적으로 본다면 대의제의 한계를 치유하고 post-democracy가 제기하는 문제를 해결하는 데 제약이 많다고 보기 때문에 심의는 개방성이라는 조건이 요구된다.

② 심의 대상은 공사구분이 모호해져버린 현대 사회에서 공적 영역에 한정되어서는 안된다는 점

62) J.Habermas는 심의 민주주의의 조건을 다음과 같이 제시하였다.
① 기존의 권력과 자원이 심의에 기여할 수 있는 기회구조에 영향을 미치지 않을 정도로 실질적인 평등이 형성되어야 한다(평등의 조건).
② 종교의 자유(양심과 사상의 자유, 믿음과 확신의 자유)에서 더 나아가 자신의 정체성에 관계없이 표현할 수 있는 자유(표현의 자유, 자유로운 언론의 보장)가 확보되어야 한다(자유의 조건).
③ 공적 변론(public reasoning)으로서의 심의 민주주의는 심의 참가자가 제도와 프로그램을 옹호하거나 비판할 때 동료시민이 받아들일 수 있는 이유를 제시하여야 한다(이성의 조건).

에서 포괄적이어야 한다.

③ 갈등과 다양성에서 공적 규범을 창출하는 데 있어서 공유된 의미체계에 기반한 연대 혹은 시민성이 요구된다.

4. 심의민주주의의 가능성과 한계

1) 심의 민주주의의 정당화

민주주의는 '인민의 지배'라는 민주주의가 '인민에 대한 지배'로 전도되고, '소수에 의한 과두지배'로 변질되면서 시민적 자유조차 위협받는 상황으로 전개되어 왔다. 마치 '영국인들은 선거시기에만 자유로울 뿐 선거가 끝나는 순간 그들은 다시 노예가 되어 버릴' 것이라고 했던 루소의 지적처럼 말이다.

한국은 어떠한가? 한미FTA체결이나, 미국산 소고기 수입문제, 공공화장장 건설, 교육문제(반값등록금이나 무상급식 문제), 4대강 정비사업, 제주 강정마을 사건, THAAD 배치 문제 등 우리 사회의 주요 갈등이 정치적 과정을 통해 조정되지 못하고 폐쇄적인 결정망을 통해서, 때로는 사법적 과정을 통해 조정되고 있다. 시민의 의견은 포퓰리즘 담론 속에 묻혀 버리고, 공적 토론은 언론과 정부가 구성하는 주제들에 대해서만 제한적으로 이루어질 뿐이다. 이러한 공적 결정은 정치권력의 정당성 상실과 그로 인한 집행력 상실까지 이어지고 있다.

심의 민주주의는 현대사회의 이러한 민주적 정당성 위기에 대한 해법으로 제시된 민주주의 모델이다. 심의 민주주의는 민주주의 정당성 위기를 로크와 루소의 간극을 메움으로써 해결하려 한다.

[1] 대의제로 제도화된 현대 민주주의는 베버 혹은 슘페터의 경쟁적 엘리트 민주주의를 특징으로 한다. 시민은 직접 통치하는 것이 아니라 지배자를 선택할 수 있는 권리만 부여된 체제인 것이다. 이는 정치영역이 소수 직업 정치인과 기술관료에게 독점되는 결과를 초래했다. 그 결과는 정치체제의 낮은 대표성/책임성, 시민권의 형해화였다.

[2] 공화주의는 사회(공동체)를 확대된 가족으로서의 우리라는 인식(we-ness)에서 출발한다.[63] 이러한 인식은 공동체 내의 어떠한 특권을 인정하지 않음을 의미하며, 모든 시민은 동등한 자유와 권리를 가진 자로 이해하도록 만든다. 공화주의적 관점에서 국가는 하나의 윤리공동체이며, 정치는 공공선을 추구하는 것이며, 민주주의는 일반의지를 통한 인민의 자기지배를 의미한다. 그러나 원자화되고 분절화된 현대 사회에(multi-cultural society)에서 일반의지를 강조하는 것은 전체주의로 귀결될 수 있다. 공화주의가 과도한 윤리공동체를 전제로 하는 한, 일반의지의 개념을 포기하지 않는 한 상이한 가치를 부인하고 다양한 문화적 소수자들을 억압하는 결과를 초래하는 것이다.

[3] 심의 민주주의는 정치권력의 정당성을 '자유롭고 평등한 시민들의 공적 토론(public reasoning)'으로부터 찾는다. 공화주의 모델의 참여와 공론이라는 요소(민주적 정당성)와 자유주

63) 이런 맥락에서 공화주의 혹은 루소의 민주주의 모델을 자유주의의 선호집약 모델(aggregative Democracy)에 대비시켜 통합모델이라 부른다.

의 모델의 시민권 개념(입헌적 정당성)을 공적 토론으로 통합하려는 것이다.

> 민주주의를 '집단적인 구속력을 갖는 규칙과 정책에 관해 인민이 통제를 행사하는 의사결정의 양식 혹은 인민의 집합적(공적) 결정을 인민이 직접 내리거나, 이러한 결정에 대한 인민의 통제가 가능한 체제' 라 할 때, 민주주의는 인민의 정치참여와 공론을 필연적인 내용으로 한다.
>
> 공론 혹은 공론장이란 공적인 문제의 논의를 위해 시민 또는 시민단체가 공개적이고 포괄적으로 대중소통을 하는 영역을 말한다. 아렌트는 공론장(public realm)을 인간의 발언과 행위를 통해 서로를 드러내고 관계를 맺는 가운데 생기는 영역으로 규정하였다. 공론장은 경계나 참여자의 제한 없이 언제 어디서나 참여자들 간의 평등한 행위와 발언을 통해 창조되는 공간으로서, 서로 다른 사람들이 모여 참여하면 생겨나고, 흩어지면 사라지는 잠재적 공간의 특징을 갖는다.
>
> 예컨대, 하버마스는 아렌트가 제시한 공론장과 롤스가 제시한 공적 이성에 입각한 입헌적·중첩적 합의 개념을 절충한 심의 민주주의 개념을 통해 민주적 정당성과 사회통합을 이끌어 내고자 한 것이다.

2) 심의 민주주의의 가능성

심의 민주주의는 민주주의 핵심을 자유로운 시민들이 공론 과정에 적극 참여하여 합의를 도출하는 과정에 두고 있다. 그러나 시민들이 과연 적극적으로 참여할 것인가? 그리고 합의를 도출할 수 있으며, 그 합의가 공공의 문제 해결을 위한 합리적 결과를 보장하는가?

이는 이미 민주주의 개념 부분에서 살펴 본 PD게임과 사회적 딜레마(집단행동의 딜레마나 무임승차의 문제)가 극복될 수 있는지에 대한 논리적, 실증적 문제를 담고 있다. 예컨대, PD게임에서는 공정한 중재자가 없기 때문에 참여자들은 자신의 진정한 선호를 표출하지 않고 허언(cheap talk)만을 하기 때문에 의사소통에 실패할 수밖에 없다. 따라서 진정한 대화를 통해 선호를 변경한다는 심의 민주주의의 가정은 타당하지 않다는 결론이 도출된다.

다음으로, 집단적 의사결정에 의존하는 심의와 공론은 집단사고(group think)와 집단극화현상(group polarization)에 직면하게 된다. 인터넷과 같은 정보통신 네트워크의 경우 유사한 선호를 가진 참여자들 사이의 동질성이 증가하면서 집단극화 현상을 쉽게 확인할 수 있다. 집단사고와 집단극화 현상은 의사소통적 합리성이나 집단지성이 확보되기 어렵다는 주장으로 이어지게 된다.

그러나 광주광역시나 울산광역시의 주민참여예산제도의 사례를 보면 시민들의 참여율이 꽤 높게 나타나고 있으며, 기초단위에서의 사업예산이 상위 수준으로 올라가면서 사적 합리성이 약화되고 집단적 합리성을 확보하는 과정을 보여주기도 하였다. 롤스가 말한 공적 이성이 작동될 수 있다는 것이다.[64]

R. Axelrod 등이 적절히 논증하였듯이 PD 게임 상황이라 할지라도 참여자들이 지속적 상호의존관계 속에 있다는 인식과 함께 상호성 원칙과 미래가치를 추구하는 경우에, 참여와 합의, 호혜성의 규범이 창출될 수 있다. 1982년 독일의 사회학자 Wermer Guth가 고안한 '최후통첩 게

---

64) MBC 다큐스페셜(611회)에서는 대문어 개체 수 감소를 두고 동해의 한 마을 주민들 간의 갈등해결과정을 보여준 바 있다. 해당 마을은 통발(원통 모양의 그물을 사용해 문어를 잡는 방법)로 문어를 잡는 어민과 연승(낚시에 미끼를 걸어 문어를 잡는 방법)으로 문어를 잡는 어민들 간의 갈등이 컸던 마을이었다. 수년 간의 갈등을 합의로 이끌었던 것은 정부의 규제나 유인이 아닌 2시간여의 대화(dialog)였다. 공유지비극을 예견한 어민들이 상호비협조는 공멸이라는 인식을 가지고 있었고, 결국 호혜성의 원칙에 따라 자발적으로 쿼터를 도출했던 것이다.

임(Ultimatum Game)'이 있다. 20여 년간 수많은 연구자들은 다양한 국가와 사회에서 수천 명을 상대로 다양한 금액으로 이 게임을 실험하면서 현실의 인간은 PD게임이나 공유지의 비극이 제시하는 '인간이 사적 이익을 극대화하는 선택할 것이라는 가정'과는 다른 행동을 보인다는 것을 주장한 바 있다.

개방성과 익명성이 강한 인터넷에서 학자들의 우려와 달리 집단지성이 작용하기도 한다(위키백과를 생각해 볼 것). 질서란 자생적으로 형성된다는 혼돈이론/복잡계 패러다임의 가설 또한 쉽게 확인할 수 있다.

결론적으로, 자발적 시민들의 참여를 전제로 한 심의 민주주의는 이상에 그치는 것이 아니다. 다만, '심의의 조건이 충족될 수 있는가'라는 제도화에 대한 고민이 필요한 것이다.

5. 보론 : 심의 민주주의에 대한 비판적 평가

[1] 참여 민주주의를 지지하면서도 심의 민주주의 모델에 대한 비판적 견해를 가진 일부 학자들은 무엇보다도 심의에 대한 폭넓은 지지가 진정 심의의 과정을 통해 나타났는지가 불명확하다고 지적한다. 심의의 기반이 되는 일반시민들이 demos를 구성하지만 심의 과정에서 중심적인 위치를 차지하는 사람들은 일반시민의 관점을 대변할 수 없거나 그럴 의지가 없는 선택받은 사람들(select group)이다. 즉, 심의의 과정은 실질적이거나 경험적인 논쟁을 거쳐서 정당화된 것은 아니다.

심의와 민주주의를 동일시하는 것은 반민주적일 수 있다. 심의 과정에서 타인이 인정하는 방식으로 자신의 주장을 표현하지 못하는 사람들(교육받지 못한 사람들)의 입장이 무시될 수 있다(평등성 문제). 경제적 불평등이 크게 존재하는 경우 제도화된 정치과정에서 배제된 소외된 집단의 견해가 심의 과정에서도 배제될 수 있는 것이다. 이런 상황에서 심의가 민주적 정당성을 갖는다고 보는 것은 민주주의에 파괴적인 영향을 미칠 수 있다. M. Waltzer의 지적대로 심의는 민주주의가 구사하는 여러 방식의 하나일 뿐이다.

[2] 롤스와 하버마스의 심의 민주주의 모델에서는 실질(내용)과 절차(형식)를 구분한다. 롤스가 제시한 중첩적 합의는 정의의 실체적 내용이 아닌 절차적 정의에 대한 것이었다. 하버마스도 심의가 실체적 정의를 담고 있어야 한다고 하면서도 이상적 담론 상황이라는 절차적 조건의 제도화를 규명하는 것으로 국한시켜 버렸다. 결국, 두 이론 모두 현실에서 쟁점이 되고 있는 이슈들(쓰레기 소각장을 둘러싼 갈등, 공기업 민영화문제 등)에 대해 어떤 실질적 기준을 제시하지 못하게 된다.

애초에 롤스가 제시한 절차적 정의의 조건은 자유주의의 내용을 가지고 있듯이, 실질과 절차는 상호의존 관계에 있으며 별개로 존재하지 않는다. 사회적 합의에서도 마찬가지다.

> 합의라는 것은 특정 집단을 배제하지 않고서 성취될 수 없는 것이다. 다원성을 인정하지 않은 채 심의는 불가능하다는 점에서 절차적 측면을 배제할 수 없으며, 합의를 도출하려 하는 한에 있어서는 실체적 측면을 배제할 수 없기 때문이다.

심의는 현대의 다원성이라는 조건 속에서 권력을 구성하는 과정이자 we-ness를 창조하는 과정으로 이해될 수 있다. 그리고 현대 다원주의적 상황에서 가능한 민주주의를 다원적 민주주의라 한다면, 그것은 양 사상가가 생각하는 것처럼 대립의 극복에 있는 것이 아니라 적대를 경쟁 체제로 전환하는 것이어야 한다. 이때, 경쟁은 엘리트간의 경쟁으로 협소화시켜 놓은 대의제와는 다른 공동체적 연대 속에서 갈등과 경쟁을 통합하는 과정이어야 한다(합의라는 것은 개념상 공유하는 그 무언가가 있어야 하기 때문이다).

[3] 그런데 사회적 합의를 도출하는 과정, 즉 소통과 담론의 과정에서는 다양한 형태의 권력이 개입된다. 왜곡 없는 의사소통은 불가능함을 뜻한다(이 점을 심의 민주주의는 놓치고 있다).

어떠한 주장이나 가치가 규범 혹은 사회적 수용성을 획득해 나가는 과정은 이성적 사고가 아닌 권력과 헤게모니를 둘러싼 갈등 및 투쟁의 과정이다. 이 과정에서 등장하는 구성적 권력과 미디어의 정치적 이슈에 대한 구성능력의 작용은 나치의 선전부 장관을 지낸 괴벨스(Paul Joseph Goebbels)의 주장을 빌리지 않더라도 이해하기 어렵지는 않다. 정치적 쟁점에 대한 동의는 정당한 의사소통적 절차에 기반을 둔 합의보다는 권력정치의 결과일 수밖에 없다(비이성적이라 할 수 있는 북풍이 한동안 한국 정치에서 먹혔던 이유와 정치적 반대에 대한 좌빨/종북 논리가 현실 담론에서 작용되는 것을 생각해 볼 것).

그럼에도 불구하고 하버마스의 심의 민주주의 이론에서는 권력을 배제한 채 규범적 정당성을 획득하기 위한 토의의 문제로 환원되어 버렸다. 결과적으로 합의 불가능해 보이는 이해관계의 대립과 계급갈등이라는 사회적 사실을 이상적인 담론 상황을 통해 제거해 버린다.

[4] 심의 민주주의는 근대 민주주의의 역설적인 성격과 자유주의와 민주주의의 긴장을 놓치고 있다. 롤스와 하버마스의 이론은 심의에 있어서 권력을 제거하고 합리적 합의가 실현될 수 있는 공적 영역이 있다고 보지만, 다원성에 수반되는 갈등과 경쟁, 그리고 반대는 결코 제거될 수 없다는 점을 인식하지 못했다는 것이다.

S. Mouffe는 권력관계가 사회적인 것을 구성한다는 전제에서 민주주의의 주 쟁점은 권력을 제거하는 것이 아니라 어떻게 민주적 가치에 조화되는 권력의 형태를 구성할 것인가의 문제라고 주장한다(S. Mouffe 2006, 155). 그리고 민주주의의 강점은 동의에 있는 것이 아니라 갈등하는 집단이나 개인들이 공적 규범을 수용하겠다는 끊임없는 승인에 있다고 주장한다.

민주주의의 조건으로서 다원주의적 사실은 제거되어야 할 위협요소가 아니다. 오히려, 다원성을 인정하고 이를 제도화할 수 있어야 한다(이를 부인하는 것은 전체주의나 독재로 귀결될 것이다). 그리고 정당성은 논쟁적인 것(정치적인 것)으로 남아야 한다. **갈등과 다양성에서 단일성을 창조하고 우리를 창조해 나가기 위해 대립을 극복하는 것이 아니라 적대를 경쟁으로 전환하는 것이다.**

민주주의는 인간의 공존을 조직하는 정치 문제에 대해 합리적 해결보다는 주어진 역사적, 문화적 맥락(인간이 살아가는 그러한 삶의 조건이라는 맥락) 속에서 하나의 합의에 도달하는 것이다. 그리고 합의는 의견이 아닌 삶의 형태에 대한 합의여야 한다. 종착지는 우리에게 참(true)이라고 여겨지는 어떤 주장들이 아니다. 우리 삶의 방향을 지시하는 규칙에 대해 합의하는 것이다. 삶에 있어 존재하는 중첩적이고 서로 교차하는 복잡한 네트워크 속에서 다양한 구성원들 사이에 공유된 규범 속에서 그러한 규칙을 찾아 나가는 것이다. 민주주의는 동질성 속에 있지 않으며, 오히려 다양성이 민주주의의 존재 조건이 되는 것이다(S. Mouffe, 2006).

6. 심의의 제도화

참여가 그러하듯, 심의는 지속성을 띠기보다는 일시적이면서도 다양한 쟁점 속에서 상호 영향을 미치는 일종의 네트워크와도 같은 것이다. 즉, 심의는 잠재적 공간이며, 그 속에서 분출되는 영향력 또한 잠재적 성격을 띤다(아렌트 식으로 표현한다면 개인이 소유할 수 없는 참여자 전체의 힘으로서 참여자 집단이 함께 유지되는 한에서만 존재하는 실행 속에서만 형성되는 그러한 권력이다). 이러한 잠정성은 모호성과 예측불가능성을 낳지만, 오히려 이러한 성격이 무한한 가능성을 열어주는 열려진 공간이자 어디에서도 폴리스가 될 수 있는 일종의 가능성의 영역이라 할 수 있다.

공론과 심의의 효과는 참여자, 쟁점, 공간, 제도화 수준에 따라 달라질 것이다. 공론과 심의는 개인들 간의 상호의사소통의 공간으로 참여자에 따라 세금문제 등 다양한 관심사가 소통되면서 공감을 형성해 나간다. 현대 사회에서 이러한 소통은 면대면의 대화에 국한되지 않으며, 미디어에 매개되며 사이버공간에서 이루어지기도 한다.

1) 참여자 : 주도 주체와 참여자

관점에 따라 다르겠으나, 공론과 심의는 모든 시민에게 개방될 필요가 있다. 다만, 특정 이슈를 확산시키고 이끌어 가는 주체는 이슈 성격에 따라 달라질 것이다. 공론과 심의는 대표 수준에서의 소수 담론과 위원회나 전문가 위주의 담론, 그리고 일반시민의 다수 담론이 공존하는 과정에서 상호 영향을 미치는 중첩적인 형태를 추구하는 것이 타당하다.

2) 쟁점수준

공적인 것과 사적인 것의 구분은 논자마다 상이하다. 정부의 기능과 역할이 확대되면서 이미 사적 영역에 정부의 손길이 미치고 있으며, 개별 기업이나 조직 내부 문제들이라 할지라도 부실 급식이나 사립학교 내 학사관리 등과 같은 문제를 단순히 사적인 것으로만 볼 수 없다는 점에서 쟁점은 공적인 것에 국한시키는 것은 바람직하지 못하다.

3) 공 간

근대사회에서 소통은 미디어를 매개로 이루어진다는 점에서 미디어의 다원성은 민주주의를 위한 조건이라 할 수 있다. 또한 현대 사회에서 심의는 미디어를 매개로 함으로써 파급력을 가지며, 심의의 공간적 한계를 극복할 수 있다. 심의민주주의가 전자적 공론을 중시하는 이유이다.

따라서 일부에서 지적하듯이 인터넷이라는 전자공론을 배제할 이유는 없다. 일반시민들에게까지 공론과 심의를 확대하는 경우 일반인들이 가장 손쉽게 접근할 수 있는 매체가 바로 인터넷이기 때문이다. 특히, 사이버공간이 갖는 비동시적 동시성과 공간적 장벽의 제거는 그 특징상 쌍방향성과 open access(접근 개방성)의 특징으로 인하여 일반 시민들의 제한 없는 자유로운 참여를 가능케 한다는 점에서 그렇다.

4) 제도화 수준

시민의 공론과 심의의 결과가 제도적 기구와의 연계된 메커니즘을 갖는지는 중요한 의미를 지닌다. 이는 공론과 심의가 단순한 상징적 의미에 그치는 경우 그것의 정치적 효과를 제한함으로써 참여라는 시민적 열망을 잠식해 나갈 것이기 때문이다.

반대로 '이성에 의해 지배되는 공화국'을 강조하면서, 심의를 대표자에 국한시키고 다수 시민의 의사를 배제하는 것, 공론과 심의를 제도화된 틀 내로 가두어 버리는 것은 바람직하지 못하다. 한국사회에서 시민들의 정치적 이슈에 대한 의견을 허위사실로 치부하는 혹은 '개·돼지들의 불평'으로 간주하는 주장들이 갖는 반민주적이고 반자유주의적 함의를 이해할 필요가 있다.65)

7. 보론 : 심의민주주의 제도들

J. Elster 등은 사회갈등 해결을 넘어서 헌법 개정에 심의 민주주의모델을 적용하는 것이 필요하다고 주장한다. 헌법은 한 국가의 가치와 규범, 통치구조와 권력배분, 그리고 시민권의 범위를 결정하는 근원규범성(혹은 헌법의 근원성, 항구성, 전체성)에 비추어 보았을 때, 선호의 집약(aggregation)이나 정치세력간의 타협을 통해 결정하는 것은 바람직하지 않다는 것이다. 한국의 경우 대부분의 개헌이 권력의 집중과 지속성을 위한 정치적 목적으로 이루어졌다는 점을 감안한다면 심의모델이 갖는 유용성에 주목할 필요가 있다.

D. Held 등은 시민의회로 구성되는 제4부를 제안하였는데, 시민의회는 미국의 배심원제도처럼 무작위로 선발된 시민들로 구성된다. 시민의회는 입법, 사법, 행정으로부터 독립적으로 활동하는 시민권력을 제도화하는 것으로 시민들이 다양한 정치적 이슈를 토론하는 기구라 하겠다. 이러한 방식은 R. Dahl은 '민주주의와 그 비판자들' 에서 반직접민주주의라 불렀던 방식과 유사하다.

이와 유사한 사례로 남아프리카 공화국이 있다. 1989년 넬슨 만델라와 보타수상 간의 회담 이후, 1990년 ANC가 합법화되고, 1994년에 헌법제정을 위한 임시헌법에 대한 합의가 이루어졌다. 이후, 비인종적 총선이 실시되었고, 새의회가 헌법의회로 출범한다. 이후 10여 년 간 헌법의회는 다양한 의견을 수렴한 후, 1996년 최종 헌법안을 작성하고, 헌법재판소가 검토한 후 수정제안을 제출하였고, 다시 헌법의회에서 통과되었고, 최종안을 헌법재판소가 승인했다(이영재, 2010).

대의D 下 직접 + 심의	포커스그룹(FGI)	소규모(5~12명) 소비자. 특정 의견에 대해 자유롭게 토론
	시민자문위원회	주최자선정 소집단. 이해관계자가 지역사회차원에서 이슈에 대해 논의
	기획배심제	주최자선정 소집단. 선발된 시민대표들이 이슈에 대해 공개 토론
	시민배심/평가단	이해당사자(12~20명). 문제 분석과 수차례 토의를 거쳐 의사결정
	중재위원회	이해당사자 소집단. 분쟁당사자의 참여와 중재자의 중재에 의한 합의
	공청회	관심있는 모든 시민. 대안에 대해 공개적 토론으로 의견수렴
	공공서베이	많은 수의 시민. 주최측의 설문 내용을 통해 의견 수렴
심의D	규제협상	이해당사자 소집단. 이해당사자들이 규제안에 대해 토의
	합의회의	소수 시민대표(12~20명). 시민패널이 전문가 패널의 의견을 듣고 토의
직접D	주민발안	유권자 전체. 시민이 대안을 제시하고, 투표를 통해 결정
	주민투표	유권자 전체. 정부·의회·시민에 의해 제안된 대안에 대해 투표로 결정

※ OECD, 2002, Participatory Decision-Making for Sustainable Consumption ; 주성수 2006, p90 수정

65) 새만금호 사업은 어떠한가? 5년을 계획했던 물막이 공사는 그 완공까지 18년이라는 기간이 소요되었다. 물론, 물막이 공사가 끝나자마자 다시 제방을 트는 웃지 못 할 코미디를 보여 주었지만. 시민의 의견을 배제한 채 강행했던 4대강 정비 사업은 4대강을 죽음의 강으로 만들었다.

심의 민주주의는 시민참여를 제도화하는 것이다. 시민참여에는 지방의제21, 공공토의, 중재기획, 합의 등과 같은 다양한 이해당사자들의 이익을 표출하는 방식도 있으나, 시민배심원제, 합의회의, 포커스 그룹(FGI, Focus Group Interview), 공론조사, 시민패널, 주민투표, 전자민주주의 등과 같은 의사결정의 질적 향상에 기여하기 위한 방식도 있다.

OECD는 심의 민주주의를 포함한 시민참여 제도를 아래 표와 같이 제시한 바 있다. 이들 재도는 참여민주주의 의사결정 방식으로, 시민배심원제와 합의회의는 대표적인 심의민주주의제도에 속하며, 주민발안과 주민투표가 직접민주주의 방식, 그리고 그 외 방식들은 직접 민주주의와 심의적 요소들을 갖춘 대의제 민주주의의 참여적 의사결정 방식이다.

이 중에서 국내에서 정책결정에 활용되었던 심의 방식들에는 다음과 같은 것들이 있다.

① **규제협상** : 규제기관과 이해관계자들이 상호논의와 협상을 통해 특정규제 내용에 대해 합의를 이루고 이를 규제기관이 수용하는 것을 목적으로 한다. 규제기관과 이해관계자가 대등한 입장에서 참여하며, 이를 통해 규제를 둘러싼 갈등을 해결하게 된다. 한강수계 의무제 오염 총량제에 대해 팔당호수질정책협의회를 통한 합의(환경부), 마산 진동의 택지개발지구 내 사적지 지정범위와 규모 결정(문화재청) 등에서 활용했던 방식이다.

② **시나리오워크샵** : 지역주민, 지역상공인, 공무원, 전문가 그룹의 대표들로 구성되며, 심의를 통해 비전에 대한 전망과 평가를 하고 대안을 마련하려는 것이다. 지역차원에서의 개발이나 Agenda21을 수립할 때에 활용하는 경우가 많다. 미리 주어진 시나리오를 바탕으로 상이한 역할 그룹 간의 대화와 심의를 통해 해당 지역에 가장 유리한 시나리오를 결정하게 된다.

③ **시민배심원** : 공공 쟁점에 대해 시민의 판단을 확인하고 여론을 형성하기 위한 것이다. 폐쇄적인 정책결정에서 벗어나 심의를 통한 결정을 이끌어 냄으로서 정책의 정당성을 제고한다. 지방정부와 주민, 지역간 갈등을 해결하는 데 그 활용도가 높아지고 있다. 이해관계자가 아닌 일단의 시민들을 대상으로 전문가가 지식과 정보를 제공한 후 4-5일 간의 심의를 거쳐 결론을 도출하고 이를 정책권고안으로 제출하는 것이다. 대표적 사례로 울산 북구청의 음식물자원화시설설치를 둘 수 있다. 이 외에 최근 지역 갈등에 이 방식을 활용하는 사례가 늘고 있다.

④ **합의회의** : 공공 쟁점에 대한 심의적인 판단을 구해 이를 정책의 판단근거로 활용하는 것이다. 일반시민들이 원자력발전 등과 같은 주제에 대해 전문가들과 함께 질의 응답하는 시간을 가진 후 심의를 통해 의견을 수렴하고 그 결과를 발표하면 정부가 이를 참조하여 정책에 반영하는 방식이다.

⑤ **공론조사** : 확률표집을 통해 대표성을 가지는 시민들을 선발하여 정보를 제공하고 이에 대해 심의하게 한 후 참여자들의 의견을 조사하는 방법이다.[66] 공론조사는 토론의 지속성, 동등한 참

66) 공론조사는 ① 확률표집을 통해 대표성 있는 시민들을 선발한다. 1차 여론조사를 통해 조사결과의 의견분포와 인구통계학적 특성과 일치하는 참여자의 표본을 무작위로 추출하는 것이다. ② 참여자들에게 이슈에 대한 주장과 근거를 제시하고, 일정 기간이 지난 후에 대상자를 소집하여 소그룹별로 토론을 실시한다. 이때 전문가, 정치인으로 구성된 패널과의 토론도 실시한다. ③ 토론이 완결된 후, 참여자를 대상으로 한 2차 여론조사를 실시한다. 참여자들이 기존 입장을 변경하는 선호전환효과를 파악한다. 이러한 2차 결과를 공론(public judgement)이라 부른다(이영재, 2010). 통상적인 여론조사가 시민들의 피상적인 의견을 조사하는 데 그치지만, 공론조사는 충분한 정보제공과 심도 깊은 토론을 거친다는 점에서 차이가 있다.

여기회의 제공과 포괄성을 특징으로 한다. 공론의 결과(의사소통적 권력)를 (하버마스식으로 표현하자면) 행정적 권력으로 전환하는 과정이 필요한데, 이때 합의회의, 시민배심원제, FGI, 시나리오 워크샵 등을 활용하기도 한다.

공론조사에 대해

[1] 독일의 탈원전과 심의 민주주의 / 공론조사

후쿠시마 원전 사고 이후, 원자력 발전소의 안전성에 대한 불안감이 확산되었고 유럽 전역으로 원전 존폐에 대한 논쟁이 번져 나갔다. 이 문제에 대한 독일의 결정은 모든 원전을 폐쇄하는 '탈원전 시대' 였다. 독일의 원자력 발전소 17기 중에서 7기는 후쿠시마 원전사고로 잠정폐쇄되었으나, 2022년까지 모든 원자력 발전소를 폐쇄하기로 결정한 것이다. 메르켈 총리의 탈원전 유턴(U-turn)은 후쿠시마 원전 사고 이후 격화된 원전 반대여론과 바덴-뷔어템베르크 주 선거에서의 정치적 패배, 자신이 구성한 윤리위원회의 탈원전 권고 등이 복합적으로 작용한 결과라 할 수 있다. 그러나 그 결정 과정을 보면 심의가 어떻게 작동되는지를 확인할 수 있다.

먼저, 총선에서 승리한 메르켈은 원전수명 연장결정을 내렸고, 폐쇄직전의 네카베스트하임 원자력발전소도 살아남을 수 있었다. 그러나 이에 대한 대규모 반대집회가 잇따랐고(전국에서 모여든 6만여명의 시민들이 45km에 달하는 인간 띠를 만들어 네카베스트하임 원자력발전소를 폐쇄할 것을 요구하였다), 여기에 일본의 후쿠시마 원전사고가 독일에 알려진다. 그리고 메르켈 총리의 기민당이 1953년 이후 한번도 패배하지 않았던 바덴뷔르템베르크 주 지방선거에서 독일 최초로 녹색당 주지사가 당선되는 이변이 일어났다. 메르켈 총리는 이 난국을 타개하기 위해 '안전한 에너지 공급을 위한 윤리위원회'를 구성하였다.

위원회는 30명의 외부전문가를 초청해 TV생방송으로 11시간 동안 대중토론을 열기도 했다. 생방송은 4개 세션으로 나눠서 진행되었다. 각 세션마다 17명의 위원들과 7~8명의 외부 전문가들이 마주앉아 토론을 벌였으며, 시청자들은 이메일, 전화, 문자메시지 등을 통해 질문과 아이디어를 넣었다. 토론은 전문가들은 시청자들의 의견을 추려서 질문하고 답변하는 방식으로 진행되었다. 이런 과정을 거친 위원회는 2021년까지 원전을 완전히 폐쇄하라는 권고안을 메르켈 총리에게 제출했다. 메르켈 총리는 이에 내각회의를 소집해 7시간동안의 토론을 거친 끝에 1년이라는 완충기간을 두고 2022년까지 원전을 완전 폐쇄하는 것을 정부 정책으로 결정했다.

심의 민주주의는 정형화된 형식을 갖추고 있는 것은 아니다. 사안에 따라 다양한 형태로 제도화될 수 있으며, 중요한 것은 그것이 어떻게 정당성을 확보할 수 있는가에 있다고 하겠다.

[2] J. S. Fishkin의 공론조사모델

1996년 미국 텍사스주의 발전소 건설문제에 공론조사가 적용된 바 있다. 공론조사 결과는 전문가들의 예상과 달리 비용이 많이 소요되지만 환경보존을 위해 재생에너지 발전 방식을 선택하는 것이었다. 재생에너지 지원을 위해 시민들은 기꺼이 세금을 더 부담하는 것을 택했다.

피시킨의 공론조사 모델은 1단계 여론조사, 2단계 표본(시민참여단) 선정, 3단계 전문가 강연과 상호토론(숙의성을 확보하기 위해 최소한 1박2일 간의 합숙토론을 권장한다), 4단계 1차 여론조사와 동일한 질문으로 구성된 2차 여론조사로 이루어진다. 2차 여론조사는 숙의과정을 통해 형성된 것으로 1차 여론조사와 비교해 어떻게 달라지는지가 공론조사의 핵심이다.

공론조사를 처음 모델화한 J. S. Fishkin은 합리성을 확보하는 데 있어서 핵심은 정보에 있다고 보았다. 이를 위해 균형 있는 자료(briefing materials)에 대해 일반 시민이 충분히 접근할 수 있는지, 질문이 적절하게 구성되어 있는지를 중시하였다. 피시킨이 제시한 요건에는 공정성, 대표성, 숙의성 등이 또한 포함된다. 예컨대, 소집단 회의에서 사회자들이 자신의 입장을 암시하거나 정보를 제공하지 않으면서 진행했는지, 전문가 패널들이 공평하게 배분되어 있는지, 표본(시민참여단)이 인구통계적으로 대표성을 갖는지 등이 제시된다.

[3] 문재인 정부의 공론조사

문재인 정부는 시민대표단 500명을 구성(19세 이상, 인구비례로 구성)하고 여론조사 - 전문가 토론 - 여론조사 형식으로 진행하고 있다 ; 공론조사와 관련된 대표적인 사례로, 원전제로결정과 관련된 공론조사, 2022학년도 대학입시 제도 개편에 대한 교육부의 공론조사, 국내 첫 투자개방형 병원이자 영리의료법인인 제주 녹지국제병원에 대한 공론조사 등이 있다.

이러한 형식의 공론조사의 경우 대표성이 문제로 제기된다. 특히, 반복되는 토론과 여론조사 과정에서 표본으로 선발된 시민들이 중간에 이탈하는 경우 대표성 시비가 발생할 수 있다(원전제로에 대한 공론조사에서는 예상보다 훨씬 높은 70% 이상이 꾸준히 참여하였다). 조사대상을 관련 집단을 중심으로 하지 않고 일반시민으로 구성하는 것에 대한 반발(교육정책에 대한 공론조사에서 이 문제가 제기되었다) 또한 대표성과 관련된 문제였다.

대의제 한계에 대한 대안으로 제시된 방안이 공론조사이지만, 한국에서는 공론조사에 참여하는 시민의 전문성을 문제 삼기도 하였다(지지하는 입장에서는 집단지성이 작동된다고 본다).

[4] 공론조사와 민주주의

하버마스의 심의 모델에서 공론장은 사적 자유와 공적 자율성을 동시에 확보하기 위한 핵심 메커니즘이다. 공적 결정과 강제력의 행사는 (선출된 엘리트로 구성된 공적 토론장인) 입법부와 집행부에 의해 이루어진다는 점에서 법적 정당성을 획득하지만, 두 권력은 공론장에 근거한다는 점에서 민주적 정당성을 동시에 갖는다. 그러나 심의모델은 현실에서 많은 제약이 따른다.

제임스 피시킨(J. S. Fishkin)은 시민들의 심의(숙의)를 통한 직접 민주주의가 갖는 공간적·시간적 제약을 해소하기 위해 공론조사를 고안하였다. 공론조사는 표본을 무작위로 추출하여 대표성을 확보하고 심의·숙의 환경을 제공하여 정책을 결정하게 하는 것이다. 이 모델의 핵심은 대표성과 숙의성에 있다.

자크 랑시에르(Jacques Ranci re)는 우연성은 정치적 대표가 가질 수 있는 최고의 정당성이라 보았다. 무작위 추출에 의해 구성된 표본은 시민이라는 전체성을 대표하며, 이들 집단에 의한 숙의는 시민전체의 결정과 동일할 것이라는 전제와 모든 시민은 적절한 자료를 제공 받으면 지적이고 난해한 이슈를 다룰 수 있다는 전제에서 디자인된 모델이다. 또한 공론조사가 여론조사와 다른 것은 현재 생각하는 바(what the public thinks)를 확인하는 것이 아니라, 해당 이슈에 대해 깊이 생각할 기회를 갖는다면 어떻게 생각할 것인가(what the public would think)를 제공하는 데 있다.

취향은 계급이라 불렀던 피에르 부르디외(Pierre Bourdieu)는 문화적 자본으로 인해 문화적·지적 불평등이 생겨난다고 했지만, 랑시에르는 모든 사람들은 평등한 지적 역량을 가지고 있다고 보았고,

피시킨은 랑시에르의 입장을 수용하였다. 참고로 랑시에르의 관점에서 공공성은 국가나 시민단체 혹은 이해관계자의 선택이 아닌 '몫 없는 자들의 선택' 이다.

나아가 피시킨은 민주주의는 정치적 평등, 비독재성, 토의라는 조건이 충족되어야 하지만 대의민주주의는 이미 내재적 한계를 가지고 있으며, 공론조사를 통해 선출직 공직자를 대체하는 새로운 직접민주주의(demarchy)를 구상하였다. 다만, 하버마스의 심의 모델의 영향으로 공론조사는 권고적 효과(recommending force)를 가지며 최종결정은 의회에 맡겨진다.

[5] 공론조사에 대한 평가

심의 민주주의 기제를 수용한다면, 평가의 기준은 '**심의 민주주의가 작동되기 위한 조건, 그리고 정당성의 근거는 어디에서 찾아야 하는가?**'로 설정해야 할 것이다. 답안에서 제시한 모델을 준거로 하거나, 평가를 통해 수정한 조건을 준거로 해야 한다.

제주도 국제녹십병원 설립허가에 대한 갈등에 대해 원희룡 제주지사는 공론조사의 결과를 수용하겠다는 기존의 입장을 번복하고, 2018년 12월에 '외국인 전용'이라는 조건부 허가를 하였다. 그렇다면, '**공론조사'의 결과와 상반된 결정을 대의기구가 내리는 것을 어떻게 평가할 것인가?**

- 개방성, 동등성, 이성의 조건
- 개방성, 포괄성, 절차적 합리성
- '개방적 자세. 대화를 하는 이들이 상호 대등한다는 인식, 나의 주장이 틀릴 수 있다는 지적인 겸허함, 입증되지 않으면 믿을 수 없다는 객관성, 구체적인 근거를 가지고 주장하겠다는 엄정함'

국민참여예산제도

예산편성 과정에 국민의 의견개진과 참여를 확대하고, 재정운영의 투명성을 제고하기 위한 재정혁신과제의 하나로, 기획재정부는 2018년 3월부터 적용하기로 결정하였다(국민참여예산 홈페이지를 통해 운영 ; 기획재정부와 그 소속기관 직제 시행규칙 상 반영됨). 이 방식은 엄밀한 의미의 공론조사는 아니지만, 유사한 메커니즘을 적용한 것이다.
기획재정부는 정부의 예산편성권, 국회의 예산 심의 · 의결권의 틀 내에서 운영하고, 자치단체 주민참여예산제 운영경험을 활용하되, 중앙정부의 특수성을 충분히 고려한 다음 디지털 플랫폼을 활용하여 소통과 참여를 활성화하겠다고 밝힌 바 있다.
일반 시민은 "사업제안→사업논의→사업 우선순위 결정의 단계" 중에서 국민은 온라인 및 오프라인으로 환경, 보건 · 복지, 산업 · 중소기업 · 에너지 등 국가재정운용계획 상 전체(12대) 분야를 대상으로 예산사업을 제안할 수 있다. 제안대상은 전국에 효과가 귀속되는 신규 사업이면서, 예비타당성조사 대상이 아닌 사업으로 국민참여예산 홈페이지에 접속하여 제안을 하는 형식이다.
각 부처와 민간전문가는 국민제안이 중앙정부 사업으로서 적격성을 갖추었는지를 심사하고, 아이디어는 좋으나 구체화가 미흡한 경우에는 사업구체화 작업을 진행한다. 이후 각 부처는 예산요구안에 참여예산 후보사업을 포함하여 기획재정부에 제출하게 된다. 다음으로, 일반국민으로 구성되는 예산국민참여단에서 제안사업에 대한 논의를 하여 후보사업을 압축한다.
정부는 일반국민 설문조사와 예산국민참여단 투표를 통해, 압축된 참여예산 후보사업에 대한 선호도를 조사하고, 재정정책자문회의와 국무회의를 거쳐 참여예산사업을 포함한 예산안을 마련하여 국회에 제출한다.

Ⅳ. 경제민주주의 : 시민권을 중심으로

세계경제포럼 조사에서 한국 대기업그룹의 시장지배력은 144개국 중에서 120위로, 아주 높은 지배력을 갖는 것으로 나타났다(Klaus Schwab, The Global Competitiveness Report 2014~2015, World Economic Forum, 467).
영미식 자본주의 국가가 대기업의 시장지배력이 높을 것으로 생각할 수 있으나, 미국과 영국은 각각 14위와 영국 15위를 보이고 있으며, 사민주의적 경향이 강한 유럽의 대표적인 국가인 독일과 스웨덴은 각각 3위와 22위로 나타났다. 아시아 국가에서는 일본과 대만이 각각 2위와 5위를 보이고 있으며, 중국은 29위를 보이고 있다. 러시아(75위), 브라질(35위), 인도(36위)와 비교할 때, 한국은 경제체제, 경제수준, 경제규모와 관계없이 다른 어떤 나라들과도 비교할 수 없을 정도로 한국은 소수 기업집단, 즉 재벌의 시장지배가 심각하다.

1. 한국사회와 경제민주화 논의

한국에서 논의되는 경제민주화는 재벌지배구조와 사회양극화로 인해 형성된 부정적인 측면에 대한 국가의 개입이 중심축을 형성하고 있다. 즉, 소비자 주권의 강화나 독과점에 대한 규제, 부의 불평등성의 해소 등을 지향하는 것이다. 경제민주화에 대한 최근의 담론들을 보면, 신자유주의적 관점에서 반대하는 논리나 공정경쟁으로 해석하려는 견해와 경제헌법 조항으로부터 그 근거를 찾는 관점, 실질적 민주주의 혹은 참여민주주의 관점에서 접근하는 견해 등 다양한 견해가 제시되고 있다.

그렇다면 재벌지배구조의 어떤 면을 말하는가? 재벌지배구조는 재벌의 시장지배력(독과점)과 해당 거대 기업의 총수1인 지배라는 조직형태 두 가지를 포함하는 것이다.

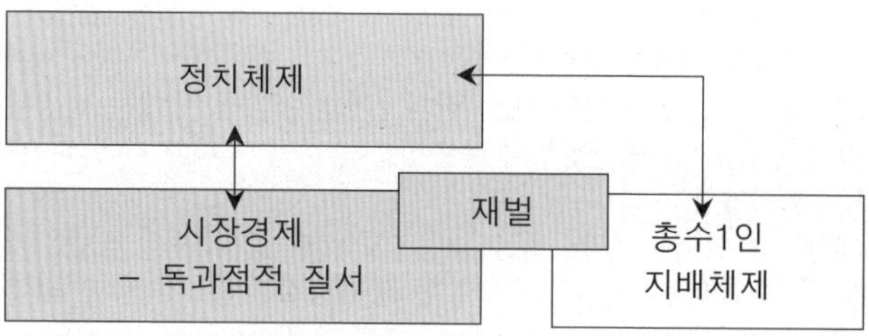

① 재벌의 경제력 집중은 중소기업의 영세화로 이어졌고, 시장에서 신규 기업의 발전을 저해해 '젊은 기업'의 성장을 막아 우리 시장의 활력을 떨어뜨리고 있다.67) 이러한 재벌의 경제력 집중은 경제영역에 그치지 않고 정치, 사회, 문화, 이데올로기적인 지배력으로까지 확장돼 경제권력에 의한 민주주의의 위협문제를 우려해야 하는 수준에 이르렀다.68)

② 재벌 내부를 보면, 총수 1인 지배체제로 규정할 수 있다. 재벌의 시장 지배력에 비추어 볼

---

67) 김상조 한성대 무역학과 교수는 1981년 이후 설립된 '젊은 기업' 중 제조업 분야에서 100대 기업으로 성장한 기업은 LG필립스엘시디 한 업체 뿐이라고 지적하고 이 업체 또한 실제론 합병과정에서 신설된 법인이기 때문에 사실상 전무하다고 지적한 바 있다

68) 광고를 통한 언론 장악에 대해 TV, 라디오, 신문, 잡지 등 4대 매체의 광고비 총액에서 삼성, 현대, LG, SK 4대 재벌이 차지하는 비중이 20% 안팎으로 이중 삼성그룹이 가장 높은 비중을 차지하고 있는 바, 경제권력이 언론을 사실상 장악한 것이라는 주장도 가능하다.

때, 총수 1인 지배체제는 총수 개인의 정치적, 사회적 영향력의 확대를 수반하게 된다(D그룹 총수 일가의 380억 횡령에 대한 집행유예판결, S그룹 총수 비리에 대한 사면 등). 이러한 지배력은 통치권력엘리트론이나 신통치권력엘리트론이 우려하는 철의 삼각형/비결정의 문제 혹은 특정 개인에 의한 권력의 포획으로 연결될 수 있음을 의미한다.

2. 경제민주주의의 정의

경제민주화는 경제영역에 참여민주주의 혹은 실질적 민주주의를 실현하고 타협하고 사회적 합의를 이끌어 내는 것 혹은 독일식 사회적 시장경제 원리를 적용하는 것으로 이해될 수 있다.69)

자유시장주의의 원칙은 국가의 간섭 없이 보이지 않는 손 가격에 의해서 경제개별주체들이 상호 자율적으로 경제 활동을 하는 것을 추구한다. 즉, 경제주체의 자발적 선택에 의해서 경제를 운영하는 것을 의미한다. 그런데, 이 과정에서 부의 불균형과 사회적 양극화, 독과점의 형성과 우월적 지위를 이용한 불공정 거래 등이 유발하게 된다. 경제민주주의는 이러한 시장의 문제를 국가가 교정하는 기능을 수용하는 것으로 이해될 수 있다.

R.Dahl은 「경제민주주의 서설」에서 민주적 사고는 경제체제가 공정성까지 갖도록 요구한다고 주장한다. 공정성의 요구는 권리와 의무, 기회의 분배에 대한 권한의 차원을 넘어서 경제적 자원의 분배에서의 공정성이라고 제시한다(R.Dahl 1999, 92).

이하에서는 경제민주주의에 대한 내용 중에서 시민권을 중심으로 정리한다.

3. 민주주의와 시민권, 경제민주주의

경제민주주의는 시민권에 있어서 정치적 권리를 넘어선 사회경제적 권리까지 보장하려는 것이다. 이에 대해서 상반된 주장이 존재하는 데, 민주주의와 시민권의 관계를 통해 살펴본다.

1) 민주주의와 시민권

민주주의는 무엇이 정치체제의 집합적 의지인지를 결정하는 것으로, 국가권력의 구성과 관련된 개념이라면, 시민권(인권)은 자유주의 관점에서 개인적 권리의 보호라는 측면에서 규정되어 왔다. 또한, 민주주의는 정치체제 내의 의사를 결정하는 일국적 관점에서 접근되는 것이라면, 시민권은 인간의 권리라는 보편적 관점에서 접근되는 것으로 이해되어 왔다. 다시 말해, 민주주의가 시민권의 보장을 당연한 것으로 보는 것은 아니었다.

그러나 민주주의를 '인민의 통제'와 '정치적 평등주의'로 이해할 경우, 이 원리를 효과적으로 보장하기 위해서는 시민권이 보장되어야 한다. 즉, 시민의 정치적 견해를 형성할 자유(양심과 사상의 자유)와 이를 표출할 권리(언론·출판·집회·결사의 자유)의 법적 보장은 물론, 대의제의 경

69) 한국 브리태니커 백과사전은 경제민주주의를 다음과 같이 설명한다 ; "경제민주주의는 모든 국민이 인간다운 삶을 살 수 있도록 국가가 적극적으로 개입하는 것을 의미한다. 고용과 복지에서 국가의 역할이 이에 해당한다고 볼 수 있다. ... 경제민주주의는 시장경제의 모순을 바로 잡으려는 노력이며, 이를 통해 복지국가라는 목표를 이루기 위한 것이다. 국가는 균형있는 국민경제의 성장 및 안정과 적정한 소득의 분배를 유지하고, 시장의 지배와 경제력의 남용을 방지하며, 경제주체간의 조화를 통한 경제의 민주화를 위하여 경제에 관한 규제와 조정을 할 수 있다(헌법 제119조 2항). 대한민국 헌법에서 규정한 이 조항을 흔히 경제민주화 조항이라고 한다."

우 대표를 선출할 시민의 평등한 권리의 법적 보장이 요구되는 것이다. 이러한 시민권의 법적 보장을 통해 시민은 정부에 대해 효과적인 통제가 가능하게 된다.

이러한 권리들은 정치적 권리에 속하는 것들이다. 그러면, 이러한 정치적 권리가 경제적 권리를 요구하는가? 혹은 민주주의에서 경제적 권리는 필수적인 요소로 이해될 수 있는가? 이 지점이 경제민주주의를 수용할 수 있는지의 핵심적인 부분이다.

2) 사회경제적 권리와 민주주의

민주주의를 J.Rousseau적 관점 혹은 실질적으로 정의하는 경우 사회·경제적 권리는 민주주의의 질과 지속가능성에 관계되는 것으로, 모든 시민들의 정치적 권리의 행사를 실질적으로 가능케 하기 위한 전제 조건으로 이해된다. 다시 말하면, 이 문제는 적극적 자유(분배 평등)를 시민의 권리로 인정할 것인지의 문제와 관련된다.

① 부의 불평등한 배분이 정치적 영향력의 불평등으로 전이되고 정치적 의사의 결정에서 소수 특권층의 이익이 과다 투입되는 결과가 초래된다면, 정치적 평등(정치적 시민권)은 손상될 수밖에 없다. 즉, 경제적 평등(사회·경제적 시민권)은 정치적 평등을 위한 전제 조건으로써 법적 권리로 인정할 필요가 있는 것이다.

② 경제적 박탈이(빈곤) 인종적, 민족적, 종교적, 언어적 분열의 요인으로 작용할 수 있다는 점을 인식해야 한다. 즉, 경제적 평등의 보장은 사회적 불만과 계급적대를 완화하고, 관용과 토론, 타협을 가능케 한다.

반면, 사회경제적 권리를 법적으로 보장하는 것에 대한 반론은 재산권이론, 신자유주의, 포퓰리즘 담론 등에 기반하고 있다. ① 경제적 부의 재분배가 포퓰리즘 등을 유발한다면 경제적 평등의 보장을 최소한의 수준(예컨대, 공적 부조와 부의 불평등이 정치적 불평등으로 전환되는 것을 방지하는 조치들)에서 그쳐야 할 것이다. ② 복지비용을 누가 부담하는지(선진국) 혹은 복지국가와 경제성장 간의 긴장(개도국)이라는 갈등이 존재한다. ③ 또한, 사회·경제적 권리 보장이 자유주의 기본제도에 속하는 사유재산제와 계약의 자유와 충돌된다.

시민사회의 유지에 사유재산과 계약의 자유가 필수적이라는 주장에는 이론의 여지가 없다고 할지라도, 사회경제적 권리의 보장이 사유재산제와 계약의 자유를 폐지할 것은 요구하는 것이 아니며 제한하는 것에 불과하다. 또한, 사유재산제도는 신자유주의자들의 주장과 달리 절대적 권리가 아니라 사회적으로 형성된 것임을 간과하고 있다. 그리고 사회경제적 권리의 보장이 체제 효율성을 저해하는 지는 여전히 논쟁점들을 안고 있다(아래 참고 박스 내용 참조할 것).

경제 민주주의에 대한 반론은 권위주의가 민주주의보다 효율적이라는 가정과 관련된다. 그러나 사회불평등을 유지하고 민중의 분배요구를 억압하기 위해 지출되는 사회적 거래비용이 존재함을 간과하며, 경제성장 이후에 복지지출이 확대된다는 가정은 비현실적(경로의존성)이다. 또한, 권위주의 체제를 정당화함으로써 시민의 기본적 권리를 부인하는 결과를 초래하기도 한다.

반대로 민주주의는 사회경제적 권리의 확장을 보장하는가? 민주주의는 경제적, 사회적 권리의 보호를 위한 필요조건이지 충분조건은 아니라는 점이다. 자유권과 정치권은 본질적이며 절차적 권리로서 서구에서 보편적 인권으로 쉽게 제도화되었지만, 사회경제적 권리는 재분배를 수반하고 있어 사유재산권과 충돌될 수 있어 쉽게 제도화되지 않았다. 이러한 권리간의 상충관계는 계급·계층 간의 갈등을 유발하는 요인이 된다. 어떻게 보면, 시장경제, 의회민주주의, 복지국가제도의 요소 상호간의 긴장과 갈등 양상이 서구에서 시민권이 상이한 형식으로 제도화된 이유라 할 수 있다.

참고 민주주의와 시민권에 대한 T.H.Marshall의 견해

[1] T.H.Marshall은 시민권이 역사적으로 형성된 세가지 요소를 포함한다고 보았다(김원섭, 2007 ; 윤상우, 2008 ; 이정남 2007 참조). 그는 사회권의 발달이 진화적 과정을 거친다고 보면서 시민권의 각형태가 상이한 사회질서원리와 제도, 행위자와 밀접한 관련이 있다고 설명한다.

- 자유권(civil right) : 18세기에 형성된 언론, 출판의 자유와 개인이 경제생활에 참여하는 데 기초가 되는 법 앞에서의 평등의 권리를 포함한다.
- 정치권(political right) : 19세기에 확산된 권리로 개인이 정치제도에 참여할 수 있는 선거권과 피선거권을 말한다.
- 사회적 시민권(social right) : 20세기에 주요 쟁점으로 떠오른 권리로서 개인이 사회적 부의 분배에 참여할 경제적 권리를 표현한다. 경제적 참여권의 영역은 최소한의 복지에 대한 권리와 사회에 통용되는 문명화된 존재의 기준에 해당하는 삶을 누릴 수 있는 권리(어느 정도의 복지의 보장, 문명화된 삶을 누릴 수 있으며 사회적 유산에 참여할 수 있는 권리)를 포함한다. 이러한 사회적 시민권은 복지국가와 평등 개념의 확대의 이론적 기초가 된다.

권 리	제 도	사회질서원리	정치적 수단	행 위 자
자유권	법 정	자본주의	경제정책	전 문 가
정치적	의 회	민주주의	관 료 제	관 료
사회권	교육/사회서비스	복지국가	사회정책	복지전문가

[2] 마셜은 자본주의와 민주주의, 복지국가는 연쇄적인 상관관계를 갖는데, 자본주의 발전이 계급지형의 변화를 가져와 민주주의가 발전하였으며, 민주주의 발전이 노동계급의 정치를 매개로 복지국가가 등장했다고 설명한다. 그리고 복지국가는 자본주의에 내재된 불평등과 빈곤을 완화함으로써 자본주의와 민주주의가 공존할 수 있는 조건을 제공한다(마셜은 자본주의에서 사회적 불평등은 시민권의 평등이 인정된다면 수용가능한 것이라 보았고, 또한 사회권을 통해 계급간의 격차가 지속적으로 줄어들 것으로 기대하였다). 이런 맥락에서 사회적 시민권의 인정은 순수 자본주의와 결별을 의미하며, 보편적 정의와 사회적 연대를 추구하는 것이다(사회통합의 수단으로서 사회권).

복지국가는 사회안전망(social safety)의 제공에 그치는 '잔여적 복지' 에서 '제도적 복지' 로의 이행을 내포한다. 잔여적 복지 체제에서 국가는 보충성 원리에 따라 개입할 뿐이다.
제도적 복지 체제는 절대적 빈곤이 아닌 상대적 빈곤의 해결을 목적으로 하며, 복지의 수혜는 시민이 정당하게 요구할 수 있는 권리로 인정된다.

[3] 마셜은 시민권의 발달을 진화론적이고 비가역적인 것으로 보았다. 그러나 서구에서 그것은 정치적 과정의 결과물로 등장한 것이었고, 1980년대 신자유주의 확산과 함께 퇴조되고 있다.
사실, 사회권은 자유권·정치권과 상충적인 것으로 인식되는 경향이 강하다. 서구에서 본질적이며 보편적 인권으로 수용되었던 자유권·정치권과는 달리 사회권은 사유재산제와 충돌된다는 점에서 쉽게 제도화되지 않았고, 그 인정에서 항상 사회적 갈등을 유발하였다(엄밀하게 본다면 한국에서는 자유권과 정치권 조차도 실질적으로는 수용되고 있지 않다).
다시 말하면, 시민권의 확산은 사회구조, 제도, 그리고 행위자의 상호작용 속에서 이루어지는 것이지 자연스러운 진화과정은 아니다.

참고 효율성과 형평성, 그리고 경제민주주의

[1] 경제적 기본권의 보장은 공공부문에 의한 사회적 지출에 의해 이루어진다. 이때, 사회지출의 효율성(efficiency)과 형평성(equity)에 관한 전통적인 견해는 양자가 상충관계(trade-off)에 있다는 것이다. 예컨대, Arthur Okun은 '20세기적 대전환'에서 양자의 상충관계를 '구멍 뚫린 양동이'로 비유한 바 있다. 고소득층으로부터 저소득층으로 물을 옮겨가는 도중 누수가 발생하기 때문에 이전하는 양과 이전받는 양의 차이가 발생한다는 것이다.
한편, 재분배가 조세를 통해 재원이 마련되기 때문에 조세로 인한 효율성 상실, 소득이전으로 인한 복지병(노동의욕 저하) 및 저축률 하락 또한 문제될 것이다. 이러한 관점은 신고전경제학파 혹은 신자유주의의 정부개입에 대한 반대 논거가 되어 왔다.

반면, 사회적 소비와 달리 사회적 투자의 성격이 강한 사회지출의 경우에는 정의 외부효과를 창출함으로써 체제 효율성을 높인다. 또한 재분배를 위한 지출이 내수를 통해 기업의 투자를 증대시킴으로서 경제 성장을 가능케 한다.

[2] 사회지출이 체제 효율성에 미치는 효과

- 소득이전을 비롯한 사회지출은 소득재분배 효과 이외에 인적 자본의 축적으로 인한 효과, 실업률과 경기변동 효과, 소득재분배와 생산성에 미치는 효과, 주거형태나 출산 등으로 인한 경제적 효과 등 다양한 영향을 낳는다.
- 노동공급측면에서 볼 때, 사회지출은 소득효과(income effect)를 통해 노동공급을 감소시키지만, 대체효과(substitution effect)는 여가(leisure)의 가격을 상승시키기 때문에 노동공급의 증가를 가져올 수 있다(실증연구에서는 서구의 경우 노동공급에 부정적인 효과가 있다고 한다. 한국의 경우에는 그 효과가 미미하다고 나와 있다).
- 민간저축(private saving)과의 관계에서 볼 때, 수혜자와 비용을 부담하는 집단의 소비패턴의 변화로 인해 저축률의 하락으로 이어질 수 있다. 사회적 지출의 수혜자인 빈곤층은 저축률이 낮아 소득이전은 빈곤층의 소비만 늘릴 뿐 저축증가로 이어지기 힘들며, 고소득층은 소득이 줄어 저축을 줄이기 되기 때문이다. 반면, 빈곤층으로의 소득이전이 총수요 증대를 가져오는 경우 투자가 촉진되기 때문에 민간저축이 구축(crowding-out)되는 것은 아니다.
- 소득재분배(income redistribution) 효과를 놓고 볼 때, 대부분의 사회지출은 소득재분배를 개선하는 효과가 있다. 재분배적 성격이 약한 사회보험의 경우에도 실업, 장애, 은퇴 및 사망 등의 위협에 대한 소득손실의 보충이라는 목적을 가지고 있기 때문에 어느 정도의 소득재분배 기능을 갖는다.

후생경제학(the second welfare theorm)에 의하면 초기의 분배상태에서 재분배지출이 이루어 졌을 경우 경쟁을 통해 새로운 효율적인 수준에 도달할 수 있다. 효율적인 자원배분점은 하나가 아니며, 사회후생함수(social welfare function)를 최적화 할 수 있는 소득분배와 자원배분 수준의 조합은 무수히 많기 때문에 결국은 규범적 판단에 따라 선택된 분배상태에서 과연 효율성을 높일 수 있는 있는가가 관건이 될 것이다.
그런데, 서구 사회의 경험과 실증연구는 단기적으로 경제적 효율성을 떨어뜨리지만, 장기적으로는 내수 증가와 투자 증진을 통해 사회적 효율성을 증진시킨다는 실증연구가 많다. OECD국가를 대상으로 한 사회지출과 효율성 및 형평성간의 실증분석연구에 의하면 노령현금급여, 가족현금급여, 적극적 노동시장정책, 실업급여, 보건급여 중 효율성을 감소시키는 사회지출은 노령현금급여로 분석되고 있다(김용성 2004). 이 연구에 따르면 실업급여는 효율성과 형평성을 모두 증진시키며 가족현금급여는 효율성을 감소시키지 않으면서 형평성을 높인다고 분석한다.

[3] 효율성과 형평성 중 어느 하나의 가치가 우선시 되는지는 실증분석을 통해 판단할 수 있는 문제가 아니다. 양자가 상충적 관계를 가질 때 결국 이 문제는 실증이 아닌 규범적 판단에 의존할 수밖에 없다.

제 3 장 민주주의 이행과 공고화

개발도상국에서의 민주화에 대한 연구는 '정치발전 및 경제발전은 어떠한 조건에서 가능한가'와 함께 비교정치의 오래된 주제 중의 하나였다. 주요 초점은 각국의 정치체제의 변동요인과 민주화 이행의 조건을 이론적으로 밝히려는 것이다. 이에 대한 고전적인 연구가 근대화론이었으나, 근대화론은 1970년대에 지나친 서구 중심적 이론이라는 점 등의 한계가 부각되면서 이행론이 새롭게 대두되었다. 이행론은 사회경제적 조건을 강조하는 근대화론을 넘어서 정치엘리트의 전략적 선택을 강조한다. 이외에 경로의존성을 강조하거나 제도적 선택을 강조하는 입장도 있다.
이행론에 따르면, 민주화는 자유화와 민주화의 단계로 이루어지며, 민주화는 이행기와 공고화기로 구분이 된다. 민주주의 이행은 비민주적 정부를 퇴장시키는 과정이며, 주된 과제는 독재권력을 퇴장시키고 선거경쟁을 통해 민주정부를 구성하는 것이다. 민주주의 공고화(Consolidation)는 민주주의를 건설하는 과정으로, 민주적 절차와 규범이 제도화된 상태를 말한다. 제도화란 정치적 갈등이 제도화된 정치과정을 통해서 조정되고 통합되는 상태라 보면 된다.
이행이 완료된 국가에서 민주주의 공고화의 문제가 관심의 대상이 된 것은 신생민주주의 국가가 직면하는 문제와 관련된다. 기존의 민주화론에서 신생민주주의가 직면한 가장 큰 문제라 보여 졌던 민주주의의 전복은 일어나지 않았지만, 민주주의적 규범이 정착되지 못하고 있기 때문이다. 경제위기나 분배갈등은 심화되고 있으나 선거경쟁은 지속되고 있으며, 문제는 민주주의 전복보다 주기적 선거 사이에 민주주의가 형해화되고 있다는 것이다. 대부분의 신생민주주의 국가들은 절차적 측면에서만 민주화되었을 뿐 자의적이고 불투명한 권력행사와 부패 만연과 같은 권위주의 시기의 관행이 그대로 남아 있었던 것이다. 공고화론은 이에 대한 민주주의 전략을 제시하려는 것이었다.
이행론은 권위주의 정권의 퇴장이 민주적 규범을 당연히 보장해 주지 않으며, 어떠한 제도를 선택하고, 그 결과 정치적 과정이 어떤 방식으로 제도화되는 지에 대한 고려가 부족했다. 제도론이나 거버넌스 이론은 그 초점을 이행보다는 포스트 이행기에 정치적 과정이 어떠한 방식으로 제도화되느냐에 맞춘다.

제 1 절 민주주의 이행론들 2019 행정, 2019 입법

민주화론과 이행에 대한 이론은 연구자의 관심에 따라 다양하게 분류되고 있다. 크게 보면 민주주의의 전제조건(the preconditions of democraccy ; 구조중심의 연구)1)에 초점을 맞추는 이론과 이행과정(the transition process)에 초점을 맞추는 이론으로 나누어 볼 수 있다. 전제조건론에는 근대화론이나, 계급간의 역관계에 관한 이론들, 제도에 초점을 맞추는 이론들이 있다. 이행과정에 초점을 맞추는 이론으로는 이행론(게임이론적 접근)이 있다.

Ⅰ. 구조 중심의 연구

1. 근대화론

근대화론은 민주주의의 조건의 핵심으로 구조적 요인인 국가·경제·사회의 근저에 있는 체제적 특성을 들고 있다. 이들 구조적 요인을 정치적 행위주체들이 민주화 과정에 착수했을 때, 성

1) 구조적 요인이란 정치적 행위자의 행위를 제약하거나, 정치적 주체들의 의도와 무관하게 형성되고 작동되는 체제특성을 말한다.

공의 가능성을 높이는 조건으로 해석하는 것이다. 즉, 근대화론은 민주주의를 사회경제적, 문화적 발전의 부산물로 본다. 선진화된 경제가 효율적인 소통체계와 다원적이고 전문화된 조직기술을 가져다준다고 믿으며, 근대적인 제도와 문화가 정치적 자원의 분산과 결합하게 되면 민주화의 가능성이 제고된다고 본다.

이 이론의 대표적인 논자인 S.Lipset은 도시화 및 산업화는 유연하고 유동적 사회구조, 사회의 다원화를 유도하며, 민주주의의 기반으로의 중산층을 양산함으로써 민주주의에 유리한 조건을 형성한다고 한다. 립셋이 강조한 민주주의의 조건은 산업화와 도시화, 그리고 교육수준이다.[2] 반면, 이와 유사한 맥락에서 Almond & Verba는 시민문화론을 통해 참여적 정치문화와 신민적·향리적 정치문화가 균형을 이룬 사회에서 안정적 민주주의가 가능하다고 지적한다.

이 이론에 따르면, 한국의 경우 근대화는 도시화와 산업화를 촉진하였으며, 사회의 다원화와 광범위한 도시의 중산층을 양산하였고, 이들에 의해 주도된 87년 민주화 운동은 한국 민주주의의 기반이 되었다고 볼 수 있다.

근대화론에 대해 Huntington은 개발도상국의 정치적 변화는 경쟁과 민주주의로 향하기보다는 민주주의의 잠식, 군사독재나 일당독재로 향하는 경향이 있다고 지적한다. 실재 이들 국가에서는 사회 및 사회제도의 분화와 합리화보다는 식민지 시대의 유산인 정부조직의 붕괴와 다양한 정치세력으로의 분열로 고통받고 있었다. 근대화론은 신생국가가 서구의 자유민주주의 모델과 동일한 경로의 발전을 할 것이라는 서구 중심적 사고, 결정론적이고 목적론적 관점에 서 있었던 것이다.

2. 비교역사연구

근대화론과 달리 사회경제발전이라는 구조적인 측면보다는 권력자원의 배분과 사회계급의 상대적 세력의 강약이 고려되어야한다는 고전적인 연구로 B. Moore의 비교역사연구가 있다.

예컨대, 베링턴 무어(B.Moore)는 '부르주아 없이는 민주주의 없다'는 테제를 통해 부르주아의 정치적 입지가 각국의 민주화 양식을 결정했다고 지적한다. 그는 토지를 보유한 상층계급은 민주주의에 도움이 되지 않는다고 보았다. 그들은 토지에 속박된 농민들로부터 지대를 창출하고 이를 통해 특권을 유지함으로써 러시아와 같이 농민들을 혁명적 세력으로 전환시키고 사회주의로 이끌어 갈 수 있는 것이다. 반면, 영국과 같이 토지를 소유한 일부 소농이 상업화된 자본을 창출하는 경우 민주주의 발전이 가능하다고 보았다. 부유한 도시민은 군주의 독점적 권리가 그들의 이익에 장애가 된다고 판단하고 시민적 권리를 확보하기 위한 시민혁명을 이끌었다고 본다(김용호 2003).

무어의 주장에 대해 Therborn은 서구 민주주의는 제1차 대전에서 노동계급이 전쟁에의 동원과 협조의 대가로 부르주아로부터 양보를 얻어 달성된 것으로 보았으며, 대다수 학자들이 역사

2) 경제수준, 산업화와 도시화정도, 교육수준은 정치발전과 비례한다는 것이다. 그는 소득수준 향상은 교육수준을 높여주며, 교육은 소득이라는 부와 가치의 연결고리로 설정하고 있다. 즉, 교육수준은 정치적 행위자인 일반시민의 식견을 넓혀주고, 관용이라는 규범의 필요성을 이해하도록 해주며, 극단적인 교리에 집착하지 않도록 해줄 뿐 아니라, 선거에서 합리적인 선택을 할 수 있는 능력을 높여주기 때문에 중요하다. 준다.

적으로 부르주아가 민주주의에 우호적인 것은 아니었다고 비판한다. 반면, Collier는 노동계급이 종종 중요한 역할을 한 것은 사실이지만, 과장될 수 있다고 보면서, 민주주의가 계급적 속성을 갖기는 하지만, 어느 한 계급이 투쟁한 결과는 아니다. 계급간의 연합과 계급투쟁 과정에서의 이해관계의 변화에 의해 결정된다고 주장한다.

D.Rueschemeyer, E.H.Stephens & J.D.Stephens는 계급역량과 계급간의 연합 외에 국가기구(구조 및 자율성), 정당과 종교 및 외부세력 등 초국가적 행위자의 영향력이 민주주의에 상이한 결과를 가져온다고 본다. D.Rueschemeyer는 계급역량은 시민사회(공식적이고 비공식적인 사회적 제도들과 결사체들의 총체)의 발전, 즉 시민사회의 조직적 밀도와 긴밀하게 연관되어 있다고 본다. 자본주의의 발전은 도시화 수준을 높이고, 노동자들을 공장으로 모으고 커뮤니케이션과 운송의 수단을 향상시키며 문자해득률을 높임으로써 시민사회의 성장을 심화시킨다. 노동계급과 중간계급의 조직과 조직적 능력의 강화는 그들에게 막강한 힘을 부여하며, 그럼으로써 계급역량의 균형을 변화시킨다. 또한 밀도가 높은 시민사회는 그 자체로서 민주주의에 대해 중요성을 갖는데, 그것은 시민사회가 국가권력의 대항축을 형성하기 때문이라는 것이다. 이렇게 볼 때 민주주의는 자본주의의 모순에 따른 결과라 할 수 있다.

한국의 민주화를 D.Rueschemeyer 등의 분석에 적용해 보면 다음과 같이 설명할 수 있다.

먼저, 자본주의 발전은 시민사회의 밀도를 증가시키고 노동자 세력의 확장을 가져왔다. 특히 중간계급의 성장은 민주 연합 형성의 중요한 기반이 되었고, 이들에 의해 87년 민주화 운동이 절정에 다다랐다고 할 수 있다. 나아가 시민사회의 밀도 증가는 이행 이후 사회운동으로 연결된다.

국가의 통합능력은 경쟁의 제도화에 유리한 조건을 형성하였지만, 억압적 국가권력의 유산은 오랜 기간 동안 민주화를 지연시키는 요소로 작용하였다.

마지막으로, 초국가적 요소가 한국의 민주화에 이중적으로 작동하고 있다. 탈냉전과 이념적 공간의 확장은 한국의 민주화를 가로막던 분단·반공이데올로기의 영향력을 완화시킬 수 있도록 하였으며, 미국의 불개입 또한 민주화에 유리하게 작동하였다. 반면, 언론권력과 지역주의는 비대해진 재벌과 기존의 제도권 정당과 결합하면서 한국 민주주의를 지연시키는 요소로 작동하고 있다.

3. 자원의존이론

근대화보다는 권력자원의 확산이 민주주의의 등장을 설명하는 데 유용하다는 주장들이 있다. 근대화보다는 어떤 형태의 근대화인지가 중요하다는 것이다. 예컨대, Hyden이나 Bates 등은 한 국가의 세입기반의 속성에 초점을 둔다. 국가의 세입이 국민들에 의존하지 않는 경우에 국민에 대한 정치적 책임을 중시할 인센티브가 부재하다. 자본주의 발전 초기 일부 유럽의 군주는 그들의 수입을 소득세에 의존했기 때문에 그 수입원 확보를 위해 시민들과 정치적으로 거래를 할 수 밖에 없었다(중세 프랑스, 영국). 반면, 자본은 부족하지만 상대적으로 토지가 풍부한 상태에 있는 아프리카는 세입확보를 위해 토지소유자들과 거래할 이유가 없었으며, 석유수입에 재정을 의존하는 중동국가의 경우 국가는 사회의 주요 계급들과 타협할 필요를 느끼지 못했다는 것이다.

4. 구조주의의 한계

구조주의는 체제 이행의 구체적 과정을 설명하는 데 한계가 있다. 소렌슨(Sørenson)은 '만일 x, y, n이라는 구조적 선결조건이 존재한다면 민주주의가 발생하거나 혹은 발생하지 않는다'는 형태로 민주주의 이행의 법칙을 정립하는 것은 불가능하다고 지적한다.[3] '왜, 언제, 어떠한 변화가 일어나고 있는지'는 행위자들의 선택을 고려하지 않고는 설명하기 어렵기 때문이다.

Ⅱ. 민주주의 이행론 : 전략적 선택이론

1. 정치행위자, 그들 사이의 갈등과 협상

D. Rustow는 민주적 개혁은 정치적 행위자에 의해 내려지는 결단이며, 이행은 전세계적으로 동일한 패턴을 따르는 것은 아니며, 민주주의는 항상 동일한 사회계급과 연관된 것도 아니다. 그보다는 다양한 사회갈등과 정치적 내용들이 민주주의와 결합될 수 있다고 지적한다.[4]

그에 따르면 민주주의 이행은 ① 정치무대의 주인공들 사이에 장기간의 결론 없는 정치적 갈등이 전개되고 있는 준비(preparatory)단계, ② 정치리더들이 통합 속에서의 다양성이 존재함을 인정하고 민주적 절차를 제도화하는 결단(decision)단계, ③ 정치행위자들이 민주적 절차를 인정하고 그에 따라 행동하는 것을 배워나가는 단계. 민주주의가 정치게임의 유일한 대안이 되는 상태인 습관화(habituation)단계를 거친다. 구조요인은 공고화 가능성에 대한 시사점을 줄 수 있을지 몰라도 이행단계를 설명하는 데는 한계가 있다. 오히려, 민주주의로의 이행에 필요한 하나의 배경 조건으로 국민통합이 요구된다.

Przeworski는 러스토의 연구에 기초하여 민주주의는 정치적 결정에 의해 이루어질 수 있으며, 민주적 절차의 제도화는 정치행위자의 이해관계를 반영하는 타협이나 협정(pact)을 통해 도출되는 것이 필수적이라고 주장하면서 전략적 선택이론을 제시한다. 그는 체제 내 엘리트들과 반대파들의 선택과 행동을 강조한다. 구조란 행위자들의 행동에 대한 제약조건일 뿐이며, 이러한 제약 조건 속에서 정치 행위자와 이들의 전략에 초점을 맞추고, 이익과 인식을 강조하고, 가능성과 선택의 관점에서 문제점을 파악하려 한다.

민주화의 과정은 각 세력의 전략적 선택에 따라 달라진다. 체제 세력과 반체제 세력의 줄다리기가 지속되고 있는 상황에서 개방파가 강경파와 동맹하는 경우 지지 기반이 매우 협소한 독재나 민중봉기로 인한 체제 전복이 일어나게 된다. 만약, 체제 내 개방파가 개혁파로 변신하고 이들이 온건파와 타협할 때 제한적·보수적 민주주의로, 온건반대세력이 급진파와 동맹할 때 비타협적 민주화를 추구하여 그 결과 구체제의 복원 혹은 완전한 민주주의나 민중독재가 나타난다.

---

3) 비교연구를 단순화시키면 다음과 같이 설명할 수 있다. a, b, c, x라는 조건에 있는 甲국가와 c, d, e, x라는 조건에 있는 乙국가가 동일한 변화를 보인다면, 이때 x라는 변수가 유의미한 독립변수라할 수 있다. 혹은 a, b, c, y라는 조건 하에 있는 丙국가가 甲과는 다른 변화를 보인다면, 甲서과 丙의 차이는 x와 y의 차이로 설명할 수 있다.

4) D. Rustow. "Transitions to Democracy : Toward a Dynamic Model", *Comparative Politics*, vol.2, no.3, 337-65

구 분		체제내 세력	
		강경파	온건파
반대세력	급진파	재권위주의 or 민중혁명	개혁적 민주화
	온건파	현상유지 or 완화된 권위주의	타협적 민주화

이러한 관점에서 보면, 한국의 민주화는 자유화와 민주화의 과정을 거쳐왔다. 먼저, 80년 '민주화의 봄'의 좌절 이후 억압적인 체제가 83년부터 제한된 시민권이 허용됨으로써 유화국면으로 넘어가고(자유화) 사민사회의 부활이 이루어진다(운동의 정치 증가). 1987년부터는 동원과 억압의 줄다리기가 이루어지던 시기라 할 수 있다. 87년 4월의 호헌 선언에 대한 시민들의 반발이 6월 항쟁으로 이어지면서 6.29 선언이 나오기까지 동원이 이루어졌다. 6. 29선언은 대치에서 타협으로의 전환하는 계기를 마련했으며, 8인 정치소위원회에 의한 개헌합의의 함께 협약에 의한 민주화의 길로 들어서게 되었다.

2. 한 계

전략적 선택이론은 모든 결과가 개인의 행위와 그들의 협상에 좌우된다고 본다. 그러나 이러한 가정은 어떤 형태의 예측도 불가능하게 만든다. Karl & Schmitter이 지적하듯이, 전략적 선택론은 민주주의의 선결조건을 밝히려는 근대화론이 간과했던 정치적 상호작용을 강조하지만, 근대화론과는 반대로 행위자의 선택에 초점을 맞춤으로써 그러한 선택이 이루어진 조건을 간과하고 있기 때문에 발생하는 문제라 할 수 있다.

또한, 행위자들의 선택은 구조라는 조건 외에 제도라는 제약 속에서 이루어진다는 점을 이 이론은 고려하지 않는다.

3. 참고 : 이행론의 주요 개념

1) 이행의 계기 : 성공의 위기와 실패의 위기

민주주의로의 이행은 구 권위주의 정권의 성공에서 비롯된 성공의 위기와 실패에서 비롯된 실패의 위기에서 비롯된다. 스페인 · 한국 · 대만은 근대화라는 명목으로 유지되던 권위주의 체제에 부과된 근대화의 과제가 날성되면서 이행이 이루어졌다. 이를 성공의 위기라 한다. 반면, 반면, 남미와 동구의 권위주의 체제는 그를 등장시켰던 역사적 임무인 근대화 과제를 수행하지 못하고 경제위기를 겪으면서 그에 대한 반발로 민주주의로 이행되었으며, 이를 실패의 위기라 한다.

성공의 위기로 민주화가 진행되고 있는 나라들의 경제개혁은 어떻게 성공의 과실을 어떻게 분배할 것인가가 주요 쟁점이 된다면, 실패의 위기로 민주화가 진행되는 국가의 경우 자원의 효율적 배분 기제를 확보하기 위한 제도개혁이 중요한 과제로 부각된다.

한편, 성공의 위기로 이행된 경우 정치엘리트와 중산층은 구 권위주의 체제의 경제모델에 대한 신뢰를 가지고 있어 민주주의의 공고화에 걸림돌이 될 수 있다.

2) 민주주의 이행의 양식 : 협약에 의한 민주화와 개혁적 민주화

민주주의로의 전환과정은 위로부터의 타협와 시민사회로부터 압력간의 상호작용의 결과이다.

협약에 의한 민주화(pacted democracy)는 체제와 반체제세력 내의 온건파가 결론 없이 장기화된 대치(stand-off)의 지속은 모두에게 파멸을 가져다 줄 뿐이라는 인식에 도달되었을 때, 차선으로써 민주주의에 타협할 때 이루어진다. 협약은 권위주의 권력 블록 내 개혁파와 반체제세력 내 온건파가 헤게모니를 장악했을 때 가능하다. 협약 민주주의는 급진적 개혁을 지양한다는 점에서 구 권위주의 세력의 반발을 피할 수 있어 신생민주주의를 보호하는 데 유리하지만, 소수 엘리트 간 협상으로 이루어지기 때문에 민주적 경쟁을 약화시키고 기득권을 인정하면서 협약의 비용을 배제된 집단에게 전가하게 된다(비경쟁적 민주주의).

개혁적 민주화는 반체제세력이 대중동원을 통해 지배엘리트에게 시민권 확장을 얻어내는 데 성공할 때 일어난다. 개혁적 민주주의는 비타협적 방식의 민주화이지만, 구 권위주의 지배엘리트의 평화적 퇴장을 보장해 준다는 점에서 혁명적 방식과는 구별된다. 그러나 구 권위주의 세력에 대해 특권을 인정하지 않고, 인민에 대해 개방적이라는 점에서 협약민주주의와 구분된다. 기득권을 인정하지 않기 때문에 민주정부를 들어 앉히는 데는 어려움이 있으나, 자리를 잡은 후에는 쉽게 전복되지 않는다.

전환의 정치 주도권이 급진적 민중과 체제 내 강경파에 있을 경우 상호 비타협적 전략이 지배하고 혁명이나 반혁명을 초래하기 쉽다. 그러나 혁명(개혁)적 방식은 승자독식으로 귀결되고 피의 순수성을 강조하게 되기 때문에 경쟁적 정치체제 보다는 전체주의로 쉽게 경도된다.

3) 이행의 좌초 : Quick death와 Slow death(G.O'Donnell)

개혁적 민주화는 지배엘리트의 전면적 교체, 사회경제적 개혁이라는 실질적 민주주의적 성격 때문에 민주주의가 정착되기도 전에 구기득세력의 반란에 의해 급격히 사망(quick death)해 버릴 위험이 있다. 반면, 협약민주주의는 배제적 성격으로 인해 소외된 정치세력의 도전에 직면하게 되고, 이들에 대한 억압과 폭력을 빈번하게 사용하게 되어 민주주의는 서서히 사망(slow death)하게 될 위험성이 크다.

실패의 위기를 경험했던 국가의 경우 경제위기를 극복하는 과정에서 사회적 비용을 누가 부담할 것인지를 둘러싼 분배갈등이 발생한다. 신생 민주주의 정부는 분배 정의와 경제위기 극복이라는 두 가지 과제에 직면하게 된다. 문제는 경제위기를 극복하기 위한 개혁은 일시적인 경제의 악화를 수반한다는 점이다(전환비용). 이러한 개혁이 민주적 조건 하에서 달성될 수 있는가의 문제에 있어서 Przeworski는 소비와 시간의 평면에서 J-curve를 통해 전환의 비용과 전환의 계곡을 개념화하였다. 전환의 계곡은 개혁 이전에 비해 소득과 소비가 줄어드는 기간을 말한다.

민주화된 국가에서 억압된 민중부문이 자신들의 몫을 분배해 줄 것을 요구하고, 정치인은 이를 무시하기 어렵다. 결국 지대추구 행태가 만연하게 되고 자원배분의 효율성은 떨어지면서, 권위주의가 효율적이라는 신화를 낳고, 민주화 과정은 퇴행을 겪게 된다(go-stop). 이를 견뎌내기에 신생민주주의 국가는 권위와 민주적 규칙의 제도화 수준이 낮다는 것이다. 동시에, 다시 등장한 권위주의 정권은 특권적인 집단에 이익을 집중시키고 그 비용을 전체 시민에 부담시켜왔다.

4) 이행의 정치경제 : 전환비용의 문제

경제 개혁에 있어서 정통적 개혁전략과 비정통적 개혁전략이 있다. 정통적 개혁전략이란 신자유주의적 구조조정 전략(워싱턴 컨센서스)을 말한다. 워싱턴 컨센서스는 동구 사회주의 붕괴 이후 자본주의 시장경제로의 이행을 위한 서구의 처방을 말한다. 민영화의 전면적 실시, 통제경제 체제의 해체, 무역자유화 등을 그 주요 내용으로 하고 있다. 비정통적 개혁전략은 시장원리를 수용하면서도 전환과정에 수반되는 분배효과를 최소화하려는 전략이다. 즉, 국가를 적극적 투자자이자 규제자로 인식하면서 분배와 고용에 더 높은 우선 순위를 둔다.

정통적 개혁은 전환의 계곡의 골이 깊어지는 반면 그 기간은 짧지만(단기적으로 상당한 사회적 비용이 발생), 비정통적 개혁은 전환의 계곡의 골은 깊지 않아 사회적 긴장은 낮출 수 있으나 전환 기간이 길어져 개혁의 미래에 대한 불확실성을 증대시킨다. 궁극적으로 개혁 정책의 성공은 정부의 신뢰구축에 달려 있다.

Ⅲ. 제도론적 접근

1. 제도요인들

1) 사회제도

Terry Lynn Karl은 주어진 시점에 의사결정자들이 가질 수 있는 선택의 폭이 그 이전에 형성된 구조에 의해 어떻게 영향을 받는지, 또 그러한 결정이 과거에 형성된 제도에 의해 어떻게 영향을 받는지를 밝히는 것이 가능하다고 주장한다. 예컨대, 지주 엘리트는 민주화 과정에 장애가 될 수 있다. 그러나 구리나 석유와 같은 광물 수출에 의존적인 칠레와 베네수엘라에서는 지주들이 토지를 팔고 상업적 자본가가 되면서 그들의 특권을 유지하는 데 더 이상 국가를 필요로 하지 않게 되었다. 따라서 칠레와 베네수엘라는 민주화로의 타협을 제도화할 수 있었다고 한다.

2) 정치제도

Lijphart는 다원적 사회는 종교적, 지역적, 민족적 분열로 인하여 민주적 거버넌스의 유지가 어렵지만, 그것이 불가능하지는 않다고 주장한다. 민주적 제도가 협의제 모델을 기반으로 형성되었다면, 다원적 사회에서도 안정적 민주주의가 성공할 가능성이 있다. 스위스와 같은 협의제는 분절화된 엘리트 간 협력을 제도화함으로써 민주주의를 발전시킬 수 있었다.

이와 달리 대통령제와 의회제와 같은 정치제도를 비교함으로써 민주주의 발전에 유리한 정치제도의 선택을 강조하는 관점이 있다. J. Linz나 Stephen & Skach 등은 의회제는 대통령제보다 민주주의 발전에 유리한 조건을 형성할 수 있다고 한다. 그것은 의회제가 정책 집행을 위해 필요한 의회 다수를 장악할 확률이 높고, 다당제 환경에서의 통치능력이 상대적으로 높으며, 억압적 통치행위를 선택하려는 행정수반을 제거하기가 상대적으로 용이하고, 군사 쿠데타에 덜 취약하며, 정치인들에게 장기적인 정치적 경력을 쌓을 기회가 제공되어 정치체제에 대한 충성심을 더해주기 때문이라 한다.

3) 시민사회

G.O'Donell & P.Schmitter는 이행은 정치 엘리트에 의해 시작될 수 있지만, 이행과정은 시민사회가 개혁의 요구를 제기하고, 엘리트가 그러한 압력에 반응하는 과정이라 본다. 정권 이행이

종종 엘리트에 의해 시작되지만 그에 따른 개방은 동원과 시민사회의 활성화를 가져올 수 있다.[5)]

Diamond, White 등은 시민사회가 이행을 가져오고 공화화할 가능성을 높이는 데 결정적인 역할을 한다고 가정한다. 시민사회가 국가권력을 규제하고 균형 지우는 사회집단과 정당을 산출함으로써 민주주의를 가능케 한다는 것이다. 개인들은 시민사회의 조직들을 통하여 민주적 정치과정의 기본 요소인 사회적 이익과 균열들을 표출하고 구조화하는 것이다. Putnam도 사회자본의 개념을 통해 시민사회의 중요한 측면은 시민의식(civicness) 수준이라 지적한다.

그러나 시민사회 자체가 항상 민주적인 것은 아니며, 권력을 가진 소수 집단이 다수 집단을 공공영역에서 배제할 수 있다. 정부가 억압적인 경우 시민사회는 파괴된다. 다만, Diamond는 이러한 단서가 시민사회가 민주주의를 공고화하는 핵심역할을 할 수 있다는 함의를 바꾸어 놓지는 않는다고 주장한다.

4) 사회문화적 규범

Meyer 등은 외부적 제도환경들이 민주주의적 제도에 커다란 영향을 끼친다고 주장한다 (Meyer & Hannan 1979, Thomas & Meyer 1984). 이 주장은 국제적 환경으로부터 유래하는 복잡한 문화적 의미체계가 정치이행을 규정하는 가장 결정적 요인이라고 본다.

2. 경로의존성과 이행

J.Linz, A.Stepan 등은 행위자들을 특정 맥락 속에 위치시키려 한다. 즉, 불확실성이 지배하는 체제 전환 과정에서 행위자들의 결정은 사회경제적 구조와 기존의 정치제도에 영향을 받게 된다. 결국 민주주의 이행에 기여하는 선택들은 이런 장기적 맥락 속에서 제약될 수밖에 없다. 따라서 민주화의 이행양식(Mode of Transition)은 사회의 구조와 정치제도에 따라 결정된다. 이렇게 보면 민주주의는 다양한 경로를 통해 성취될 수 있으며 다양한 형태로 구성될 수 있다. 이행양식이 중요한 것은 그것이 체제 이행 이후의 정치에 영향을 미치는 상당히 지속적인 유산들을 만들기 때문이다. 예컨대, 위로부터의 이행과 아래로부터의 이행이라는 양태와 이행전략은 이행 이후의 정치체제를 규정하게 된다.

한국의 경우, 유사한 정치문화와 비슷한 정치 · 사회 · 경제적 조건을 가지고 있던 대만과 비교하면 양자의 차이는 뚜렷하다. 즉, 한국의 민주화 이행은 위 유형에서 볼 때 개혁을 통한 민주화 이행을 보인인 반면, 대만은 부과를 통한 이행의 모습을 보여주었다. 한국에서 이행 이후, 집권세력은 거대야당과 끊임없이 타협해야만 했으며, 여야 간의 정권 교체 가능성이 높았던 반면, 대만은 그렇지 못했다. 한국의 경우 해방공간에서의 광범위한 동원은 권위주의 체제 하에서 시민사회의 쇠퇴에도 불구하고 강한 잠재력을 형성하게 했으며, 대기업 위주의 근대화는 강력한 대기업과 조직화된 노조를 낳았다. 이는 민주화 단계에서 국가와 시민사회의 불안정한 균형상태로 이어지며, 국가에 의한 일방적인 주도를 어렵게 하였다고 할 수 있다.

---

5) 그러나 민주화 과정은 반대의 경우가 많았다. 스페인과 남미에서 민주화는 정권 내부가 아닌 노조의 시위와 파업에 의해 촉발되었고, 아프리카의 경우 민중의 정치시위가 민주화로의 이행에 밀접한 관계가 있었다.

Ⅳ. 정 리

하나의 정치체제의 성격이나 체제 이행은 그 체제가 형성되어 온 사회적·역사적 맥락, 행위자들의 상호작용 속에서 형성되는 다양한 수준의 압력들 속에서 이해될 수 있다.

2004년과 2008년, 그리고 2016년의 촛불시위를 생각해 보자. 촛불시위는 정부의 정책을 변경하려는 정치적 행위자들의 의도된 행위라 할 수 있다. 여기에서 질문을 던져보자. 일본사회나 서구사회에서 촛불시위와 같은 양상의 정치현상이 가능할까? 촛불시위는 한국사회의 특유의 문화적·사회적·역사적 맥락을 제거하고 이해될 수 없다. 또한 이를 가능케 했던 인터넷이라는 매체를 떼어 버리면 촛불시위 양상과 과정을 설명하는 것이 불가능해 진다. 어느 날 갑자기 누군가의 의도에 의해서 이러한 결과가 나오는 것은 아니라는 것이다. 또한, 촛불시위가 정치제도가 시민사회의 압력에 보다 민감하게 반응할 수밖에 없는 보다 민주화된 국가에서 이루어졌다고 하자. 정치권력이 대통령 1인에 집중되어 있고, 여론 압력으로부터 상당히 자유로울 수 있는 한국의 정치제도 하에서, 촛불시위의 효과는 제한될 수밖에 없다. 물론, 현 정치제도에서 정부의 공적 결정에 대해 자신의 견해를 표명할 수 있는 수단이 제약된 시민들은 거리의 정치를 선택할 수밖에 없었을 것이다.

정치현상은 결국 인간의 의도된 행위로 이루어지지만, 이러한 인간의 행위는 사회구조적 제약을 받을 수밖에 없다. 동시에, 인간의 행위와 사회구조, 그리고 이를 매개하는 제도(특히, 국가)라는 맥락을 종합적으로 고찰할 필요가 있는 것이다.

① 사회구조적 제약은 내적 측면과 외적 측면으로 나누어 볼 수 있다. 내적으로 보면 사회·경제적 요인과 이로 인해 형성되는 계급지형과 균열이 핵심적인 요인이 된다. 외적측면은 세계체제(국제정치경제체제)적 제약을 들 수 있다.

② 사회구조는 초기조건을 형성하지만 그대로 체제의 성격을 규정하기보다는 행위자들의 전략적 선택 및 집단 간 상호작용의 양태에 따라 달라진다.

③ 구조와 정치적 행위주체의 선택은 제도를 매개로 상호구성 된다. 즉, 특정 시점에서 선택된 제도가 사회구조를 변경시키고, 이렇게 형성된 제도와 사회구조라는 제약 속에서 인간의 행위가 이루어지게 된다는 것이다.

제 2 절 민주주의 공고화 2010 행정

Ⅰ. 민주주의 공고화의 의의

1. 민주주의 공고화(consolidation) 개념

민주주의 공고화는 이행이 완료된 정치체제에서 민주적 절차와 제도가 정치적 행위주체들에 의해 수용이 되면서, 더 이상 권위주의로의 퇴행이 없는 상태를 말한다.

예컨대, Pzreworski에 의하면 주어진 정치적·경제적 조건 하에서 특정한 제도 체계가 우리 동내에서 유일한 게임이 되었을 때, 어떤 사람도 민주적 제도 밖에서 행동한다는 것을 상상조차 할 수 없게 되었을 대, 패배자들이 원하는 모든 것은 그들이 패배한 바로 그 제도 내에서 다시 경쟁하는 것일 때 민주주의는 공고화된다고 한다(Pzreworski 1997, 49). 물론, 이러한 개념화는 민주주의를 제도 중심으로 바라보는 절차적 민주주의를 전제로 하는 것이다. 다만, 정치적 행위자들의 순응을 이끌어 내기 위해서는 민주적 제도가 공정해야 하며, 동시에 효율적이어야 함을 전제로 한다.

전환(이행, transition)과 공고화(consolidation)를 구분하는 경우, 그것은 양자의 동학이 다르다는 점을 전제로 한다(임혁백, 2000). 전환이 권위주의 세력을 퇴장시키고 선거경쟁을 통해 민주정부를 구성하는 것이라면, 공고화는 민주적 절차와 규범의 제도화를 추구하는 것이다. 따라서 권위주의 세력을 퇴장시키는 전환과정에서 주요 행위자들은 제도권 내로 제한되지 않지만, 공고화과정에서는 제도정치가 주도한다고 볼 수 있다.

2. 공고화론의 대두와 한계

민주주의 체제가 안정적이기 어려운 이유는 절차적으로 완벽한 민주주의조차도 과두제를 존속시킬 수 있으며, 다수지배가 소수의 재산권과 같은 자유를 위협할 수 있다는 것이다. 특히, 이행된 민주주의체제에서 주 관심사는 소수의 재산권 위협 등으로 권위주의로의 회귀 가능성이었다. 공고화에 대한 관심은 이행된 정치체제가 어느 조건 속에서 퇴행이 없이 민주주의 발전이 가능한지가 1980년대의 주 관심사였다.

그러나 이행된 정치체제가 선거민주주의가 유지되면서 권위주의로의 퇴행을 보여주지는 않았다. 오히려 선거만 제도화된 채 실질적으로는 민주주의로의 발전이 없는 '민주주의의 형해화'가 문제되었다. 예컨대, 오도넬은 많은 신생민주주의에서 투표에 의해 통치의 위임을 받은 정부가 선출된 후 유권자에 책임을 지지 않음으로써 민주주의의 제도화가 지연되고 있음을 지적하면서 이러한 현상을 위임민주주의(delegative democracy)로 개념화하였다.

대통령제 국가에서 대통령은 국가의 체현이며, 국가이익의 주된 수호자로 인식된다. 국가의 이익은 대통령이 규정하며, 대통령은 스스로 적절하다고 판단되는 대로 통치할 수 있는 권위를 부여받고 있다. 반면, 의회나 사법부 같은 기관은 대통령이 행사하도록 위임받고 있는 완전한 권위에 불필요한 장애물로 여겨진다. 이런 인식 하에서 신생민주주의 지도자들이 눈물의 계곡을 넘는 데 대한 사회적 합의를 마련하는 것이 어렵다는 것을 발견했을 때, 그들은 기술관료적 해결책의 유혹에 빠지게 된다. 즉, 민주적 결정과정을 회피해 국민들의 일방적 희생을 강요하는 포고령(decree)에 의해 문제를 해결하려 한다. 경제개혁을 포고령에 의존할수록 중요한 결정은 대의기구 밖에서 일어난다. 이러한 맥락에서 위임민주주의를 포고령 민주주의라고도 한다.[6)]

민주주의의 지체를 결손민주주의(Defective Democracy)로 설명하기도 한다. 결손민주주의란, 군부에게 민주적으로 선출된 대표의 통제로부터 '유보된 영역'을 허용하는 '유보된 영역 민주주의', 행정부에 의해 시민권이 제한·침해되고, 행정부가 의회와 사법부 위에 군림하는 '비자유주의적 민주주의', 종족이나 인종, 성, 재산, 교육, 정치 신념의 기준에 의해 정치권력의 접근이 제한되는 '배제적 민주주의'를 말한다.

그러나 한국의 민주주의 지체현상을 위임민주주의나 결손민주주의로 개념으로 설명하기는 쉽지 않다. 박정희 정부와 달리, 주요 정책이 (의회를 우회하고 있기는 하지만) 법률적 근거를 두고 있다는 점에서 포고령에 의존하는 남미와는 구별되고 있다. 나아가, 형식적으로는 민주적 절차가 배제된 영역이 존재하지 않는다는 점에서 유보된 영역 민주주의로 규정하기 힘들다. 다만, 실질적으로 행정부가 의회와 사법부 위에 군림하려는 현상들이 나타나고 있다는 점에서 비자유주의적 민주주의라 규정할 수는 있겠다.

3. 보론 : post-Democracy

1980년대 초반까지 제3세계를 연구하는 비교정치학의 주요 관심사는 권위주의 체제를 민주주의 체제로의 전환이 어떠한 조건에서 가능한가였고, 이를 설명하기 위한 이행론이 대두되었다. 그리고 1980년대 민주주의 제3의 물결과 함께 찾아온 민주주의 체제로의 이행기에 권위주의로의 퇴행을 피할 수 있는 조건, 즉 이행된 민주주의 체제를 공고화하기 위한 조건을 찾는 것이 비교정치학의 과제였다. 이 과정에서 민주주의에 대한 두 가지 정의인 절차적 조건과 실질적 조건에 대한 논의가 공고화론에 투영되었다.

공고화에 대한 논쟁에서 대부분의 공고화론자들은 공고화의 조건을 민주주의에 대한 절차적 정의에서 찾았다. 그런데, 절차적으로 정의된 (선거)민주주의의 제도화가 달성되면서 민주주의가 공고화되었다는 징후들이 포착되고 있음에도 불구하고, 비민주적인 관행들은 남아 있었고 정치체제의 대표성 및 책임성은 여전히 낮은 상태에 머물렀다. 권위주의로 퇴행이 없다는 점에서 민주주의가 공고화되었다고 말할 수 있지만 민주주의라 말하기에는 너무나 부족했다는 것이다. 한국 정치상황도 마찬가지다. 지금의 한국 정치체제는 과거로 퇴행되었다고 이야기하지만, 주기적인 선거를 통한 정권이 교체되는 민주적 절차는 폐기되지는 않았다.

더 나아가, 이러한 모습은 신생민주주의에 국한된다기보다는 1960년대 이후 나타난 서구민주주의의 정당성 위기(대의제 한계)와 중첩되면서 공고화라는 개념과는 다른 개념이 요구되었다고 할 수 있다. 이에 대한 요청으로 등장한 개념이 '민주화 이후의 민주주의', '민주주의의 민주화', 또는 '포스트 이행 혹은 포스트 민주주의'라 할 수 있다.

---

6) 위임민주주의 개념은 Mackenzie가 이야기한 인민투표적 민주주의(Plebiscite democracy)와는 맥락이 다르다. 인민투표적 민주주의는 인민투표 형식으로 선출된 지도자가 마치 제왕적 존재로 될 가능성이 짙다는 점을 강조하면서 제시한 개념이다. 맥킨지는 여론조작과 대중조종에 의해 형식적으로는 합의에 의한 지배의 형태를 위하면서도, 실제로는 동조성에 의한 지배를 확립할 가능성이 높음을 경고하였다.

Ⅱ. 민주주의 공고화의 조건 : 개념 논쟁

1. 민주주의 공고화와 절차적 정의(최소강령)

1) 민주주의의 개념 정의

민주주의와 민주화에 대한 비교연구는 민주주의에 대한 개념정의를 요구하였으며, 현실의 민주주의가 실질적 민주주의와 거리가 멀다는 점에서 형식적으로 정의된 민주주의 개념을 전제로 하였다. 나아가, 민주화와 퇴행(stop-go) 현상은 최소강령에 입각한 민주화 전략이 보다 유리하다는 인식을 낳게 하였다.

만약 이러한 최소강령적 정의를 계속 유지한다면, 민주주의 공고화는 모든 주요한 정치세력들이 자신들의 이익과 가치를 제도들의 불확실한 상호작용에 맡길 때, 즉, 정치세력들이 비록 이번 선거에는 패배하더라도 현재의 결과에 승복하고 제도적 틀 내에서 행동을 취하는 것이 민주주의 전복을 기도하는 것보다 이익이 된다고 판단할 때, 그리하여 민주적 경쟁이 이른바 우리 마을의 유일한 게임이 되었을 때 민주주의는 공고화된다는 것이다.

2) 최소강령의 함의

쉐보르스키는 민주적 경쟁의 규칙은 그 자체로 제도화되고 이에 따라 형성된 정치적 관계를 변화시킬 유인이 존재하지 않는 경우 민주주의는 공고화된다고 하면서 이러한 최소강령적 정의를 그대로 유지하고자 한다.

최소강령적 정의는 사회경제적 평등을 실현한 실질적 혹은 투표 참가 이상의 높은 수준의 참여라는 참여민주주의는 아니다. 또한 책임성을 확보하는 수단으로서는 너무 미흡하다. 주기적 선거를 통해 시민들이 거부권을 행사한다는 소극적이고 사후적인 책임성만을 보장하지만 그 또한 완전하지 않기 때문이다. 즉, 최소강령적 민주주의는 그 자체로서 결정의 합리성, 대표성, 책임성, 평등을 보장해 주지는 않는다.

하지만, 경쟁체제로서의 민주주의는 불확실성을 제도화함으로써 자발적 순응을 확보할 수 있고 이에 따라 갈등을 폭력적 수단에 의해 해결하지 않는다는 점에서 매우 중요한 미덕을 지닌다. 절차적 민주주의는 정치적 결정과정과 결과에서 권위주의와 다른 차이를 보이며, 참여민주주의나 사회민주주의를 가능케 하는 조건이라는 면에서, 그 불완전성을 이유로 부정되기보다는 양질의 민주주의를 향한 출발점으로 인식될 수 있다.

3) 최소강령과 민주주의 공고화의 조건

민주주의는 단지 수의 문제만이 아니다. 제3세계에서처럼 군부에 대한 확실한 문민 통제의 제도적 틀은 민주적 공고화의 중추적 지점을 구성한다. 제도는 위협으로부터 물리적 강제력을 대체하며 예측가능성을 제공한다. P.Schmitter에 의하면, 불확실성의 제도화를 가져오기 위해 정치체제는 다음과 같은 원리에 의해 움직여야 한다.

첫째, 개별시민들이 집단적 결정으로 내리는 데 있어 적극적이고 평등하게 참가해야 한다(참여의 원칙). 둘째, 모든 시민들이 인민의 정부에 동등하게 접근할 수 있어야 한다(접근의 원칙). 셋째, 인민에 의해 선출된 지배자는 항상 인민과 상의해서 자의적이지 않는 방법으로 정책을 수행해야 한다(책임의 원칙). 넷째, 정부는 시민이 원하는 데 따라 행동할 것을 보장해야 한다(응답의 원칙). 다섯째, 위의 4가지 원칙이 제대로 작동하기 위해 필요한 요건으로 경쟁의 확립이 요구된다(경쟁의 원칙).

4) 민주주의 공고화와 제도화

위에 제시된 조건은 분명 민주주의 공고화를 위한 토대가 될 것이다. 하지만, 무엇보다도 위의 조건이 어떻게 제도화되는지가 관건이 될 것이다. 민주화 정권들이 제대로 민주주의를 공고화시키기 위해서는 실질적인 경제사회적 평등을 수반해야 하겠지만, 민주화 정권들의 능력을 고려할 때 일단은 '민주화'라고 정의할 수 있는 기본적 속성이 지속적으로 유지되어야 하기 때문이다. 따라서 공고화의 우선적 내용은 선거 개혁 등 표면적이고 절차적인 차원에 국한될 수밖에 없다. 그러나 동시에 새로이 조성된 상황에서 시민들의 요구를 아우를 수 있는 메커니즘이 필요하다.

착수된 민주화 정권에서 시작된 민주주의를 유지하고 민주주의의 기본적 속성들을 지속시키는 과정이 소위 '제도화(institutionalization)'다. '제도화'는 "조직과 절차가 가치와 안정을 획득하는 과정"으로 동적인 개념이며, 그 근본적인 측면은 체제의 주창자나 국민들이 정치체제를 그 자체로서 지속시키려는 사명감을 갖게 된다는 것을 의미한다.

2. 단계론 : 민주주의 공고화와 최대강령

단계론은 민주주의 이행기의 전략과 공고화기의 전략으로 나누어 고찰한다. 즉, 이행기에는 절차적 민주주의를 추구하되, 공고화기에는 실질적 민주주의를 추구하는 것이다.

이 관점은 최소강령적 민주주의가 공고화기에 한계를 갖는다는 인식에서 출발한다. 민주화 이후 신생민주주의 국가들은 위임민주주의에서 보듯이 민주적 경쟁의 제도화가 진행되기보다는 수혜자주의의 만연, 사적 연계망에 의한 정책결정, 대의제 기구의 형해화가 나타나면서 실질적으로는 권위주의 체제와 다를 바 없게 되어 버렸다는 것이다. 또한, 현실에서 권위주의로의 퇴행은 극히 예외적인 경우가 아니면 나타나지 않았으며, 그렇다고 정치민주화의 효과가 사회·경제적 영역으로 파급되는 것도 아니었다고 본다.

J.Linz와 A.Stepan은 민주주의의 최소강령적 정의를 수용하면서도 민주주의 공고화가 되기 위해서는 여러 부수적 조건들이 필요하다고 한다. 첫째, 자유롭고 활성화된 시민사회, 둘째, 제도화되고 자율적인 정치사회, 셋째, 헌정주의의 확립과 효과적인 법의 지배, 넷째, 민주적으로 제약되는 국가관료, 다섯째, 단순한 시장경제가 아니라 정치·사회적으로 규제되는 경제사회 등이 존재해야 한다는 것이다(서울대교수공저 2003, 324. ; 임혁백, 2000).

한편, G.O'Donnell은 선거 경쟁 위주의 수직적 책임성 외에 국가기구간의 수평적 책임성까지 강조하였다. 이 외에 절차적 최소에 덧붙여, 기본적인 시민권의 보장, 민주적 책임성과 응답성, 군부에 대한 문민통제, 토크빌적인 사회민주화와 같은 실질적인 요건들을 추가해야 한다는 견해(Collier & Levitsky ; 임혁백 2000, 222)도 있다.

이런 맥락에서 최대강령적 혹은 실질적으로 정의된 민주주의의 공고화란 "선거 경쟁의 제도화를 넘어서 정치 · 사회 · 경제 · 문화의 영역에서 엘리트와 대중이 공히 민주적 절차와 규범을 안정화 · 제도화 · 일상화 · 내면화 · 습관화 · 정당화하는 과정"이라 할 수 있다(임혁백 2000, 222).

3. 실질적 민주주의(최대강령)와 민주주의 심화 · 발전

서구의 시민혁명 이후, 민주주의 물결을 휩쓸었던 두 번째 시기인 1950년대를 지나고 세계는 권위주의로의 퇴행이 있었다. 그러나 1974년 스페인 민주화 이후 1980년대 소위 민주주의의 제3의 물결이 일어났다. 남미와 아시아 국가들, 그리고 동구 사회주의체제의 붕괴가 그것이다. 이러한 외연적 확산에도 불구하고, 신생민주주의체제는 물론 최근의 선진 민주주의 체제에서 민주주의 지체 또는 역전의 조짐을 보이고 있으며 민주주의 위기 혹은 역설적인 현상을 보이고 있다. 민주주의를 실질적으로 정의하는 관점은 이러한 민주주의의 민주화를 주장하는 것이다.

실질적 민주주의란 민주주의로 규정될 수 있는 체제가 창출하거나 이루어 내는 정책이나 그 결과를 통하여 규정되는 민주주의로, 사회경제적 사회변화에 초점을 맞추는 견해이다. 즉, 소외집단 · 계층의 참여 확대와 사회경제적 시민권을 실현하는 복지제도의 확대 두 가지를 중심 내용으로 한다(최장집, 1997).

민주화는 정치민주화의 효과가 사회적, 경제적 영역으로 파급되는 과정이기도 하며, 각 영역의 가치간의 대립관계가 한 차원 높은 가치로 진전되는 질적 발전 과정이라는 의미에서 이중적이다. 즉, 참여 · 효율성 · 합리성과 이해대변 · 형평성 · 실질합리성의 실현을 이루어야 한다는 의미에서 이중전환이다(송호근, 1997). 따라서 최대강령적으로 정의된 민주주의 공고화는 첫째, 형식적 · 절차적 민주주의를 선결요건으로 하고(정치민주화), 둘째, 모든 사회 구성원에게 실질적 시민권을 보장해 주는 단계로의 발전(사회민주화)을 지향하며, 셋째, 각 영역에서의 민주화 에너지를 융합시켜 시민사회로 하여금 강력한 자율성을 갖춘 권력체로 작동하도록 하는 일련의 단계적 과정을 포괄할 것이다. 단, 이 과정은 이행기에는 절차적으로 정의된 민주주의를 추구하는 것이고 공고화기에는 실질적으로 정의되는 민주주의를 추구하는 것으로 이해되는 단계론과는 구분된다.

4. 이행과 공고화, 민주주의에 대한 정의

이행과 공고화론은 민주주의에 대한 개념정의와 밀접한 관련을 갖는다.

(1) 이행과 공고화 과정을 구별하면서 상이한 전략을 주장하는 입장이 있다. 즉, 이행과정에서는 형식적 · 절차적으로 정의된 민주주의를, 공고화과정에서는 실질적으로 정의된 민주주의를 지향해야한다는 것이다(위 두 번째 관점). 이 입장에서는 앞서 보았듯이 ① 많은 신생민주주의 국가들에서 (심각한 경제위기나, 분배갈등, 고통스러운 경제개혁에도 불구하고) 우려했던 권위주의로의 퇴행이 일어나지는 않았으나, ② (오히려 민주적 선거경쟁이 제도화되는 추세를 띄고 있음에도 불구하고) 주기적 선거 사이에서 민주주의가 형해화되고 있는 현실을 지적한다. 어찌 보면 절차적 측면에서만 민주화되었을 뿐 신생민주주의에서는 자의적이고 불투명한 권력행사와 부패의 만연과 같은 권위주의 시기의 관행이 그대로 남아 있는 경우가 대부분이며, 나아가 국민에 의해 직접

선출된 대통령이 통제되지 않은 제왕적 권력을 행사하고 대의기구를 우회한 포고령에 의한 일방적 통치와 사인화된 연결망(네트워크)에 의해 운영되는 G.O'Donell의 위임민주주의 경향이 나타나고 있기 때문이다. 이러한 위임민주주의에서는 민주주의의 책임성 확보 기제가 무력화되게 된다(서울대 2002, 323 참조).

우리사회를 보더라도 형식적으로 민주주의 제도가 도입되어 있지만(즉, 민주적 절차가 법제화 되어 있지만), 현실에서 그 기제가 제대로 작동되고 있지 못하다(혹은, 형식적인 의미의 제도가 만들어졌다는 것이 아닌 Huntington이 말하는 의미의 제도화가 이루어지지 않았다고 할 수도 있다). 한국의 선거가 (비록 개선되고 있기는 하지만) 립셋과 로칸이 말하는 제도화 관문이 지극히 높게 설정되어 있음으로 인하여 실질적인 경쟁이 이루어지지 않고 선거공간에서 유권자들이 복수 가능한 선택을 할 수 없게끔 하는 지금의 상황은 그 자체로 사회통합을 저해하고 시민사회의 다양한 이해관계가 제도화된 정치의 장에서 조정되지 않음을 의미한다. 의회정치가 제대로 기능하지 못하고 인위적 정계개편 속에서 대통령과 의회의 교착상태가 지속되고 정쟁이 심화되면 시민들은 정치에 대한 냉소와 불신을 갖게 된다. 이때, 시민사회의 주체들은 다른 방식으로 문제를 해결하려 할지도 모른다. 즉, 민주적 과정과 절차가 아닌 폭력에 의존하거나, 정치에 무관심하거나, 민주적 과정을 비효율적이라 생각하면서 권위주의 체제로의 회귀(소위 박정희 신드롬)를 원하게 된다.

따라서 이행된 민주주의를 공고화하기 위해서는 사회경제적 기본권을 보장하기 위한 실질적 민주주의를 지향해야 한다는 것이다. 형식적 민주주의는 실질적 민주주의를 자동적으로 보장해주지 않기 때문이다.

(2) 양 개념을 구별하는 것에 대한 비판적 시각이 존재한다. 이러한 시각은 형식적 · 절차적 정의와 실질적 정의를 민주화의 단계에 따라 구별하지 않고 하나만으로 정의하려 한다. 양자를 구별하는 경우, 이행된 민주주의와 공고화되는 민주주의가 서로 다른가하는 질문과 관련된다(A. Schedler ; 서울대 교수공저 2003, 325). 게다가 이 같은 구별이 민주주의를 위한 전략에 유의미한 함의를 갖는 것도 아니라고 본다.

예컨대, 민주주의를 형식적으로 정의하는 관점에서는 절차적 수준에서의 민주주의는 자체의 동학을 가지고 제도화되는 과정을 거치게 된다는 것이다. 그리고 이러한 절차적 수준에서의 민주주의는 실질적 수준에서의 민주주의에로 확장해 나가게 될 것이다. 양자를 선후 관계 혹은 조화관계를 설정하는 것이다. 민주화는 흔히 ① 시민권을 인정하고 이에 따라 참정권의 획득과 정치집단이 등장하며, ② 대표선출과 경쟁적 정당제도의 정착, 그리고 국민의 지지와 동의에 의해 정치가 안정되고 정치집단들 사이의 연대가 이루어지며, ③ 민주화의 제도적 정착이 이루어지는 과정을 거친다(정치적 민주화). 이 과정에서 확립된 민주주의에 대한 가치가 사회적으로 확산되고 시민들에 의해 민주주의 이외의 더 나은 대안이 없음이 각인되면서 사회적 · 경제적 영역에서 평등과 복지의 향상을 모색하는 과정을 거치게 된다. 즉, 정치적 시민권이 확립되고 이를 기반으로 사회경제적 시민권이 확대되는 과정을 겪게 된다고 할 수 있다.

쉐보르스키는 경쟁이 제도화되는 경우 경쟁의 규칙이 그 자체로 동학을 가지고 민주주의가 공고화된다고 보았다. 나아가, 뤼쉬마이어 등은 실질적 민주주의를 추구하는 경우 민주주의가 자기

파괴적인 양태를 보일 수 있음을 보이면서 형식적 · 절차적으로 정의된 민주주의는 단지 형식적인 차원에서 멈추지 않을 것이라 보았다. 예컨대, 러시아 혁명은 절차적으로 정의된 민주주의와 실질적으로 정의된 민주주의를 동시에 추구하는 것이었다. 하지만, 그 실험은 민주적 경쟁을 결국 부인함으로 인하여 정치적 민주화의 후퇴를 경험하였다. 또한, 프랑스 혁명의 경험은 민주주의를 평등의 가치를 중심으로 이해함으로 인하여 다수 독재 혹은 전제정치로 귀결되었고, 그것은 민주주의의 후퇴를 가져오게 하였다.[7] 이러한 맥락에서 민주주의를 위한 강령은 형식적인 수준에서 설정되어야 한다는 것이다.

(3) 위 단계론과 유사하지만, 이행기의 과제와 공고화기 혹은 포스트 이행기의 과제를 구별하지 않고, 실질적인 민주주의를 지향해야 한다는 관점이 있다. 개념상 구별을 비판하는 부분은 절차적 정의를 유지하는 관점과 같지만, 형식적 민주주의는 형식적 의미의 자유조차 보장하지 못한다고 보기 때문이다.

절차적 민주주의가 보장해 주는 것은 평등한 투표권으로 이는 사회경제적 평등이 고도로 달성된 사회에서 실질적으로 작동이 될 수 있다. 사회경제적 불평등이 존재하는 경우 이러한 불평등이 정치영역으로 전이되면서 정치적 시민권은 표의 등가성이 훼손되면서 형해화되기 때문이다(이에 대한 자세한 내용은 민주주의 개념 부분에서 자세히 보았기 때문에 생략한다). 신생 민주주의 국가에서 보여 지는 민주주의의 지체는 절차적 수준 외에 민주주의를 위한 노력이 부재했다는 것이다. 민주주의는 보이지 않는 관료권과 강력한 이익집단에 대한 민주적 통제 없이는 불가능하다는 점에서 보면 그 적용은 제도 정치영역을 넘어 서야 하는 것이다.

7) 1793년 공포정치로 귀결된 민주주의를 경험한 프랑스는 1830년 혁명을 통해 변질된 민주주의 혁명을 종결시켰다. 이렇게 등장한 시민왕 필립은 철저하게 자유주의의 이름으로 민주주의를 거부하였으나, 이러한 실험은 1848년 혁명으로 실패하고 다시 민주주의의 이름으로 (남성)보통선거권이 확립된다. 그 이후 보통선거권은 나폴레옹 3세에 의한 민주적 전제주의로 귀결된다.

제 3 절 한국의 민주주의 이행과 포스트 이행기의 과제

Ⅰ. 한국 민주화과정 개관

1. 근대국가 수립 : 1, 2공화국

해방공간에서의 이슈는 국민국가형성을 통해 주권을 회복하고 국민통합과 국가정체성을 확보하는 것이었다. 그러나 한국의 국민국가형성과정은 서구와 달리 시민권이나 민주주의와 같은 근대적 질서를 수립해 가는 과정은 아니었다. 제2차 대전이 일본의 항복으로 종결되면서 광복이 이루어졌고, 국가제도는 미군정 시기를 거치면서 시민사회의 요구와 무관하게 형성되었기 때문이다. 초기의 민중의 자발적이고 폭발적인 동원은 대구 10.1사건과 제주 4.3 사건과 여순반란사건 등 일련의 사태를 거치면서 억압되고, 시민은 권력의 주체라기보다는 지배 권력의 동원 대상으로 귀결되었다.

이 시기에 시민의 동원은 민주주의나 시민의 인권보다는 민족주의와 자본주의 대 사회주의라는 이데올로기에 의해 이루어졌다. 전자(민족주의)는 반식민지주의라는 맥락에서 후자(이데올로기)는 냉전체제라는 맥락에 의해 규정되었다.

제1공화국은 그러나 부정선거로 얼룩진 채 4.19로 사라지게 된다.

4.19로 등장한 제2공화국은 국가체제나 사회구조의 변화 없이 집권당의 변동에 그쳤다. 제1공화국이 강력한 대외적 제약 속에서 권위주의 정권에 의해 시민의 인권과 민주주의가 억압되고 왜곡되었다면, 2공화국은 분단체제라는 한계를 벗어나지 못한 채 군사 쿠데타로 몰락하게 된다. 이에 대해서는 다양한 평가가 가능하겠지만, '강한 국가 – 약한 시민사회 '라는 사회구조 속에서 민주주의를 지탱할만한 세력의 취약성, 이를 대신할만한 리더십의 부재가 분단과 냉전이라는 근본적인 한계를 극복하기에는 역부족이었다고 볼 수 있다.

2. 발전국가와 동원적 권위주의 체제 : 제3, 4공화국

1960년대는 동서 냉전이 완화되고 미국의 패권이 상대적으로 약화된 시기라 할 수 있다. 데땅트가 동북아시아 환경에 직접적인 영향을 미친 것은 1970년대 핑퐁외교를 계기로 이루어진 중국과 미국의 수교라 할 수 있다. 내부적으로는 시민사회 내 혁신 세력이 5.16 이후 거의 제거된 상태에서 4.19로 태동한 학생운동[8]이 민주화 운동을 주도하게 된다.

개인적 명망에 의존했던 1공화국과 달리, 박정희 정권은 근대화를 위한 대중동원에 의존한 체제였다(예컨대, 정치적 동원체제의 필요성 하에서 근대적 대중정당을 표방한 민주공화당은 한국 최초의 근대적 형태의 정당이었다). 이러한 국가주의적 동원이 확대된 것이 유신체제다.[9]

---

8) 학생운동은 4.19, 6.3사태, 한일회담반대, 인혁당 및 통혁당 사건, 3선 개헌 반대 등의 일련의 사건을 통해 확대되었다.

9) 대내외적인 위협 속에서 유신헌법을 제정하게 된다. 대외적으로는 베트남전에서 철수, 동맹국에 대한 군사지원 축소와 자주방위 촉구선언을 주요 골자로 하는 닉슨독트린(괌독트린)이 유신체제 등장에 영향을 미쳤다.

유신체제는 극단적 형태의 국가주의적 동원체제로서 일종의 파시즘 체제라 할 수 있다. 단, 대외적으로 제국주의적 팽창정책을 추구하지 않았고, 국민 대다수를 이 체제에 포섭하지 못했다는 점에서 전간기(양차대전 사이의 시기)의 나찌즘 및 파시즘과 차이가 있다. 그러나 유신헌법은 민주적 제도와 메커니즘을 완전히 제거한 헌법으로[10] 대내외적인 반발에 직면하고, 체제 내부 균열과 함께 박정희 암살(10.26 사태)로 종식된다. 박정희 암살은 민주화의 봄 혹은 서울의 봄이라 불리는 민주주의에 대한 기대가 형성되었으나, 유신체제에서 성장한 신군부의 등장으로 1980년의 민주화의 봄은 사라지고 권위주의 체제가 다시 등장한다.

3. 신군부와 탈동원적 권위주의 체제 : 제5공화국

신군부는 박정희 정권과 달리 국가주의적 동원보다는 폭력적 억압에 의존한 체제였으며, 권력의 유지를 위해 소위 3S정책(sports, screen, sex)과 같은 소비문화 확산을 통해 시민사회의 개인화·파편화를 지향했다고 볼 수 있다.

신군부의 집권과정에서 발생한 12.12사태와 1980년 광주항쟁과 5.18사태는 정권의 폭압성을 각인시키면서[11] 1980년대 정치지형을 '국가 대 시민사회'의 대립구도로 전환시켰다. 이러한 대립에 대한 신군부의 학원 자율화 조치 등과 같은 유화국면은[12] 민주화운동 세력의 성장을 부추기고, 1987년 4.13호헌조치로 촉발된 학생시위와 6월 항쟁으로 결국, 민주주의 이행이 이루어지게 된다.

4. 민주화와 포스트 이행

민주화 이후 직선에 의한 대통령 선출이 이루어진다. 새로 출발한 정부가 떠안은 첫 번째 과제는 구 권위주의체제의 영향력을 제거하는 것과 반인권적 권력행사에 따른 피해자의 명예회복이라 할 수 있다. 이렇게 해서 5공 청문회 등이 열렸으나 노태우 대통령은 12.12와 5.18을 주도했던 신군부의 핵심일원이었다는 점에서 태생적인 한계가 있었고, 결국 그 과제는 다음 정권으로 이전되었다.

김영삼 정부(문민정부)는 하나회 해체를 통해 군부의 정치에 대한 영향력을 차단하고, 전두환·노태우 전직 대통령에 대해 사법처리를 하는 등의 성과를 보였다. 그러나 희생자에 대한 명예회복 문제는 완결되지 못했으며, 민주적 경쟁의 실질적인 확산을 위한 정치제도 개혁은 지지부

---

10) 선거와 의회정치 중단, 구속적부심 등 사법적 인권보호 장치 폐지, 긴급조치와 시민권의 자의적 통제를 주요 골자로 한다.

11) 참고로, 민주화 운동이라는 맥락에서 보면, 광주항쟁은 민주화 운동의 이념적·실천적 기반으로 작용했지만, 동시에 민주화의 이상과 괴리된 현실이 민주화 운동의 급진적 사고와 행동양식을 초래하도록 만들었다. 이러한 급진성은 일부 민주화 운동세력으로 하여금 맑시즘에 경도되도록 만들었다.

12) 유화정책에 대해서는 86아시안게임과 88올림픽을 성공적으로 치러야 한다는 차원에서 추진되었다는 관점 혹은 강경 일변도 학원 대책이 한계에 부딪혔다는 상황인식 때문에 추진되었다는 관점이 대부분이다.
이외에 Mosca가 말한 정치의 공식 때문이라는 평가도 있다(김만흠, 2006. 139). 민주주의체제라고 해도 결국, 소수의 엘리트들이 지배하게 되지만, 엘리트들이 대중의 의사를 완전히 무시하지는 못한다고 한다. 이는 어떤 정치권력도 피지배자들로부터 지지와 동의를 구하고 싶어 하기 때문이라고 설명하면서, 이를 '정치의 공식'이라 규정하였다.

진 하였다.

김대중 정부(국민의 정부)는 선거를 통한 정권교체를 달성함으로서 절차적인 차원에서 민주주의가 정착되는 첫 발을 내디뎠다는 점에서 의미가 있지만, 민주화 10년에도 불구하고 민주주의가 공고화되었다기보다는 지체된 상태에 있었다. 군부정권의 유산과 민주주의의 구체적인 제도화 수준과 발전방향에 대한 성찰과 재조명(소위 분배문제와 같은 사회경제적 시민권 등을 둘러싼 쟁점), 사회적 소수자의 인권에 대한 법적 보장 등이 과제가 해결되지 못한 것도 그 원인의 하나였다. 김대중 정부가 직면한 당면 과제는 경제위기의 극복에 있었고, 탈냉전기에 걸맞는 남북관계의 평화체제로의 전환과 미국과 일본 중심의 외교를 다변화시켜야 한다는 점도 주요 이슈로 부각되었다. 김대중 정부는 경제위기 극복과 분단체제 성격에 변화의 계기를 마련했다는 점(2000년 6.15 선언)에서 긍정적인 평가가 가능하다. 대북인식은 상호공존과 평화체제 정착의 필요성으로 확장되었으나, 50여 년간 지속된 분단체제의 제약은 선거공간에서 반공이데올로기의 영향력을 약화시키는 데 그쳤고 남한 내부의 이념 갈등을 증폭시키는 등 여전히 제약요소로 존재하고 있다.

노무현 정부(참여정부)는 기득권 해체와 국민통합을 주요 과제로 제시했다는 점에서 앞선 정부와 차이가 있으며, 해방 이후 가장 깨끗한 정부였다는평가를 받는다. 노무현 정부는 빈부격차와 차별의 해소를 국정과제에 포함해 평등을 '국민통합'을 위한 주요 과제로 제시하고, 성·학벌·장애인·비정규직·외국인근로자 등 5대 분야 및 연령에 대한 차별을 없애기 위한 정책을 추진하였으며, 양심적 병역거부자에 대한 대체복무제도에 대한 논의를 정권 말기에 제기하였다. 그러나 이들 이슈는 크게 개선된 것이 없거나 오히려 후퇴했다고 평가되기도 한다. 이전 정부에 의해 추진되었던 공무원 채용에서의 양성고용평등제 등 일부 성과에도 불구하고, 외국인 근로자에 대한 차별은 변화가 없고, 비정규직에 대한 차별과 사회의 양극화는 오히려 심화되었기 때문이다.

Ⅱ. 권위주의 형성과 해체, 그리고 민주주의의 지체

한국사회 성격은 정치적으로 보았을 때, 권력의 중앙집중(Handerson의 소용돌이 사회vortex society)과 그 반영으로서 '강한 국가-약한 시민사회', 이념적 폐쇄성(협애성), 정당의 폐쇄성(그것이 한국의 문제만은 아니라 할지라도 정당과 시민사회의 단절, 사당주의, 정당체계의 높은 유동성 등 낮은 정당정치 제도화 수준) 등으로 규정할 수 있다. 이들은 한국의 민주주의 제도화수준이 낮음을 반영하는 요인(종속변수) 혹은 민주주의 공고화를 지체시키는 요인(독립변수)으로 지적되는 것들이다. 앞서 살펴 본, 사회구조와 정치적 행위자, 그리고 제도라는 세 가지 요인들이 한국정치를 어떻게 형성하고 변화시켜왔는지를 보자.

한국의 정치사회적 구조는 일종의 권력의 진공상태라 규정할 수 있는 해방공간을 통해 구조화되었고, 이 시기에 형성된 정치구조와 제도는 이후의 정치과정을 규정해 왔다. 한국의 정치체제는 냉전과 분단이라는 대외적 제약(그 결과로서 소위 반공이데올로기 혹은 한국정치체제의 이념적 협애성)과 미분화된 사회구조(그 결과로서 약한 시민사회), 식민지 유산으로서 강력한 국가기구를 조건으로 하는 해방공간 속에서 형성되고, 이렇게 형성된 정치구조가 이후의 정치발전을 제약해 왔다. 서구의 민주주의 제도가 이식되었으나(민주주의의 외삽성) 민주주의에 대한 정치적 주체들의 의지가 강하지 않았고, 당시의 사회경제적 조건이 민주주의를 유지할 만큼 강력한 계급적 기반이 존재하지 않았기 때문에(민주주의의 조숙성) 권위주의 체제로 귀결될 수밖에 없었다고 할 수 있다. 자유민주주의라는 제도가 분단과 냉전이라는 세계체제 및 지역체제의 제약 속에서 형성된 이념적 폐쇄성은 해방공간에서 분출된 민중부문을 억압하는 기제로 작용했으며, 이는 강력한 국가기구를 다시 강화하게 되며, 민주적 제도를 형해화시켰다는 것이다. 민주화 과정은 이러한 대내외적 제약들을 극복해 나가는 과정이라 할 수 있다.

한국의 경우 외적 제약이 정치적 행위자들의 선택을 제약하는 가장 큰 요인이라 할 수 있다면, 각 시기에 있었던 민주화를 위한 노력들은 환경과 사회구조라는 제약에 완전히 자유로울 수 없었다. 대내외적 환경이 변화되고 이러한 제약들이 어느 정도 제거된 상태에서 민주화가 가능했으며, 동시에 포스트 이행기의 과제는 이러한 제약을 극복하는 것이라 할 수 있다. 따라서 정당요인이 민주주의를 제약하는 가장 중요한 요인이라는 주장도 있으나, 필자는 정당요인은 민주주의의 취약성을 반영하는 결과물이었다고 설정하고 서술하려 한다. 이러한 관점에서 이들 변수들을 재구성해 보자.

1. 체제 외적 제약 : 냉전체제와 분단구조, 이데올로기

1) 냉전체제 형성과 결과

냉전과 분단구조는 한국의 민주화 과정을 제약하는 중요한 요소로 작용해 왔다. 이승만 정부와 박정희 정부는 냉전과 분단을 권력을 유지하고 민주주의와 시민적 권리를 억압하는 수단으로 활용했다면, 장면정부의 경우 냉전과 분단이라는 제약을 극복하지 못하고 결국 군부 쿠데타로 무너졌다.13) 이러한 외적 제약은 한국 정치에 있어서 이데올로기적 폐쇄성을 낳고 정당 간 경쟁을 제약했으며, 국가보안법을 통해 시민의 인권을 억압하고 법치주의의 형해화라는 결과를 낳았다. 그리고 이러한 요인들은 다시 포스트 이행기에 민주주의 정착을 지체시키는 요인으로 작용하게 된다. 예컨대, 정당정치를 중심으로 본다면, 민주화 이전 시기의 이념적 폐쇄성은 한국 정당체계를 왜곡해 왔고 포스트 이행기 민주적 경쟁을 제약하는 요인으로 작용한다.

해방공간은 국민형성을 위한 욕구가 광범위하게 분출되었다. 그러나 해방공간은 냉전체제와 남북분단이라는 제약을 받을 수밖에 없었으며, 미소의 첨예한 대립이 좌우대립으로 전이되고 남한과 북한의 정치지형에서 남한에서는 좌파와 북한에서는 우파가 거세된다. 이 과정은 한국정치의 이념적 폐쇄성(협애성)으로 귀결되었다.

이념적 대립과 이념적 폐쇄성은 한국의 민주화에 부정적인 효과를 낳았다.14) 한국에서 냉전

13) 물론, 장면정부의 붕괴를 이러한 체제적 제약 외에 약한 시민사회라는 제약이나, 리더십의 부재 때문이라 할 수 있으나, 외적 제약이라는 한계가 가장 중요한 요인임을 부인할 수는 없을 것이다.

14) G.D.Palma는 정치게임에 있어서 공개적으로 극단적인 정당임을 천명하는 정당까지를 포괄하는 것이 민주주의에 대한 도전을 극복할 수 있다고 지적한다. 이는 제도정치과정의 경쟁성을 높이고 주어진 사회갈등을 통합할 수 있는 계기가 될 수 있고, 다양한 사회세력을 체제내화할 수 있어 반체제세력의 등장을 억제할 수 있기 때문이다.

과 분단구조는 집권세력에 의해 정치적 자유를 억압하는 수단으로 활용되었다. 예컨대, 해방정국에서 1946년 대구 10.1사건 이후의 일련의 흐름을 보면 자유민주주의가 반공주의로 축소되고, 반공주의는 이승만 일인독재를 정당화시키는 기제로 작용한다. 일제의 치안유지법에 기초해 제정된 국가보안법이 1953년 형법 제정으로 국가보안법의 기본적인 내용이 반영되면서 폐지가 제안되었으나 결국 존속하게 되고 사상의 자유라는 민주주의의 핵심적인 부분에 대한 통제수단으로 작용하게 된다. 이는 권력욕에 따른 자의적 통제를 가능케 했고 법치주의의 형해화를 야기했다(김만흠, 2006). 국회프락치 사건, 진보당 사건 등은 이를 단적으로 보여준 사건들로 민주주의를 선거를 통한 권력에 정당성을 부여하는 기제이자 대의제적 절차로 협소하게 만들었다. 좌우양 진영 간의 인권유린은 폭력과 테러의 가장 극단적인 형태로 표출되었고, 반공주의는 인권과 자유를 압도하는 명분이 되었고, 이후 정권은 물론 일반 시민들까지도 인권에 대해 무감각하게 만든 결과를 낳았다.

한국과 동일하게 냉전이라는 제약이 존재했던 일본과 비교해 보자. 전후, 미군정이 일본의 제도를 디자인하는 과정에서 초점은 군국주의 부활을 방지하기 위해 민주적이고 경쟁적인 제도를 형성하는 데 있었다.[15] 따라서 이념적 스펙트럼에서 한국보다는 보다 자유로운 선거와 정당 간 경쟁이 가능했다.[16] 반면, 한국의 경우 경쟁적인 민주적 정치체제를 형성하는 것이 미군정의 중요한 목적은 아니었으며, 남북분단이라는 조건 속에서 공산주의 세력에 대한 frontier로서의 의미가 더욱 강하게 작용했었다. 이는 해방정국에서 좌익이 주도하는 민중운동의 분출을 미군정은 일제 식민지 억압적 기구를 이용하여 억압했고, 하위파트너로서 이승만과 친일세력들을 포섭했고 정부가 구성된 이후에도 이들에 의한 권위주의체제가 형성되고 강화될 수 있었던 것이다.[17]

2) 냉전체제의 해체

냉전체제는 1980년대 중반 사회주의권 붕괴로 탈냉전과 미국의 패권체제로 변화했으나, 동아시아의 경우 냉전적 질서가 완전히 해체되지 않고 상당기간 지속되었다. 이는 중국과 대만, 동서독, 예멘이 통합되면서 세계 유일의 분단국가라는 한반도의 특성, 그리고 한국전쟁의 경험과도 무관하지는 않다. 그러나 냉전과 이념적 폐쇄성은 1997년 대선과 김대중의 당선, 2000년 6.15선언, 그리고 2002년의 일련의 사건(월드컵과 붉은 악마현상, 부산 아시안게임과 북한 응원단 방문, 남북이산가족 상봉, 미선이・효순이 사건)으로 변화가 나타난다. 대북 포용정책(햇볕정책)은 한반도 긴장완화와 경직적인 한미동맹 체제를 변화시키고, 정당 간의 대북정책과 한미동맹에 대한 정책적 차이를 보이게 된 것이다.

---

15) 이에 대한 자세한 내용은 이경주 2007을 참조할 것.

16) 물론, 일본의 정당정치는 정당 간 경쟁보다는 Sartori가 지적한 일당우위적 정당체계가 형성되었다. 일당우위적 정당체계에서 정당간의 실질적인 정권교체는 없었다. 다만, 공산당과 사회당의 존재가 부인되는 것은 아니었다는 점, 그리고 (Sartori 식으로 표현하자면) 당내 파벌간의 경쟁이 가능했다는 점에서 한국과 비교할 때 경쟁이 가능한 체제라 하는 것이다.

17) 최장집 교수는 일본의 55년 체제와 한국을 비교한다. 양자는 미국의 동아시아 대공방위망에 위치하고 있으며, 냉전 및 미군정의 정책에 크게 영향을 받았으나, 한국은 지정학적으로 최전방에 위치하고 있고, 분단 및 전쟁의 경험 등으로 극한적인 이데올로기적 대립을 경험했다는 점에서 차이고 있다고 보고 있다. 어쨌든, 필자의 생각은 이러한 외적인 조건 위에 미국의 양국에 대한 정책의 차이가 일본과는 다른 한국정치지형을 형성하는 가장 큰 요인의 하나였다는 것이고, 이렇게 형성된 초기조건이 이후 제도화되는 과정을 거친다는 것이다.

1997년 김대중 정부 이후, 한국사회 이념지형은 새로운 변화가 나타난다. 소위 진보와 보수 논쟁이 그것이다. 진보와 보수 간의 갈등은 국가보안법 개폐를 둘러싼 쟁점, 북한 인권문제, 신념에 따른(양심적) 병역거부, 신자유주의적 개혁과 그 결과에 대한 쟁점들(민영화, 양극화에 따른 비정규직 노동자의 차별이나 이주 노동자 문제 등)이 그것이다. 보수 진영은 이들 쟁점에 대한 진보적 입장을 친북세력으로 규정하고 있으며, 진보 진영은 보수적 입장을 친일 기득권 및 권위주의로의 회귀라 비판하고 있다. 이러한 갈등은 어떻게 보면, 냉전과 반공이데올로기의 유산이라고 볼 수 있다. 이러한 이념 갈등이 상호공존을 모색하느냐 상호배제의 극단적인 경쟁으로 나아가느냐가 현 단계에서 민주주의 정착과 발전을 위한 하나의 과제가 되는 것이다.

3) 민주화 이후 대외적 환경 변화 : 세계화와 외적 제약

세계화는 냉전과는 다른 정치체제의 제약을 가하고 있다. 세계화의 핵심인 국가간 정치·경제·사회·문화적 상호의존성의 심화는 국내 정치지형의 변화를 수반하게 된다. 유럽의 경우 EU의 등장이 주권의 다층화(multi-level-governance)를 낳고 있으며, 정치과정도 지방정부 수준과 일국적 수준, 그리고 EU 수준에서 중첩적인 모습을 보이고 있다. 정당정치를 중심으로 사회의 갈등이 조정되던 유럽의 경우를 보면, 세계화라는 조건 속에서 EU의 출범 및 지방화의 확산은 주권의 다층화를 낳았고, 이익 정치는 수렴보다는 다원화되고 혼란스러운 상황이 유지되고 있다. 장기적으로 본다면 다원주의 확산으로 귀결되는 모습을 보여 주고 있는 것이다. 이러한 양상은 세계화와 신자유주의의 확산이 유럽통합을 계기로 기존의 노동—자본 조직의 변화를 수반하면서 정치지형을 재구성하고 있기 때문이다. 이러한 과정은 결국 이익집단이나 노동조합, 그리고 정당을 매개로 한 전통적 대의제 메커니즘의 위기를 낳고, 사회적 갈등을 증폭시키고 있다. 이처럼 세계화는 국내 정치지형과 정치과정의 변화를 초래한다. 이는 한국의 경우에도 마찬가지로 적용된다.

한국정치에서 세계화는 냉전과는 다른 정치적 효과를 낳는다. 단적인 예로, 냉전체제에서 미국은 구소련과의 체제경쟁 과정에서 자국 시장을 한국에 개방함으로써 한국은 고도성장을 달성할 수 있었다. 그러나 탈냉전기에 미국은 한국에 시장개방 압력과 신자유주의적 개혁을 위한 압력을 가하면서 정책적 선택의 폭을 좁히고 있다. 체제 자율성이 대외적으로 제약되면 대내적으로 정치체제의 시민에 대한 대응성을 낮추고 정치체제의 정당성과 권위를 침식하게 된다는 점에서 민주적 정당성을 약화시킬 수 있다.

또한, 신자유주의적 개혁은 불평등을 낳고, 사회적 긴장을 야기하고 있다. 사회적 갈등과 긴장이 증대에도 불구하고 체제적 제약은 정치체제로 하여금 이를 완화시킬 정책의 수단 선택의 폭을 좁히게 된다(이에 대한 자세한 내용은 4장에서 살펴볼 것이다).

김영삼 정부 이후 간헐적으로 추진되던 개혁과 개방은 1997년 말의 외환위기와 함께 김대중 정부에서 본격적으로 신자유주의라는 이름으로 수용되었고, 노무현 정부를 거쳐 현정부(이명박 정부)에 이르기까지 한국사회가 지향해야할 일종의 정명성(절대적인 언명, 정언명제)으로 설정되면서 이에 대한 비판은 제도화된 정치적 담론에서 배제되어 왔다.

소위 이념 논쟁에서 세계화는 시민의 인권이나 정치적 권리를 배제하는 무기로 작용하였고, 노동의 유연성을 확대하는 과정에서 비정규직 노동자를 양산함과 동시에 노동의 조직적 기반을 약화시켰고, 제도정치과정은 국가주의와 다원주의가 혼재된 양상으로 바뀌어 왔다. 정치가 사회적 갈등을 조정·통합하기 보다는 억압하면서 정치체제에 대한 민주적 정당성을 잠식해 온 것이다.

2. 강한 국가 / 약한 시민사회 : 중앙집권적 구조

한국사회는 강한 중앙집권적 전통을 갖는다고 Handerson이 지적한 바 있다. '중앙권력의 단극자장을 향해 소용돌이치는 구조(vortex society)'라는 것이다. 핸더슨은 토크빌의 '앙시앙 레짐과 프랑스 혁명'을 모델로 하여 자율적 중간 집단의 약화 혹은 부재가 관료적 중앙집권성을 낳았다고 보았다. 프랑스의 경우 혁명이 구질서를 파괴함으로써 개인과 사회를 연결하는 중간 매개 고리를 해체하여 개인을 무규범적 존재로 원자화시키면서 국가관료 체제가 강화되었다면, 한국은 유교문화와 조선시대부터 발전된 관료제, 일제 식민지 기구의 온전, 그리고 냉전체제와 분단구조로 인한 다양성과 자율성의 억압 등에 기인한 것이라 할 수 있다.[18] 이러한 중앙집권적 체제는 자기강화의 과정을 보여 주었다(개헌과정을 보라).

한국사회의 문제로 지적되는 후견주의(수혜자주의나 연고주의)는 모든 사회에 존재하지만 그것이 항상 정치적 규정력을 발휘하는 것은 아니다. 후견주의는 중앙집권화된 구조에서 정치적으로 강한 영향력을 발휘한다. 보스 중심의 정당구조를 생각해 보자. 정당의 당수나 계파보스에게 집중된 막강한 권한(공천권과 정치자금이라는 자원)은 의원들로 하여금 유권자와의 연계보다는 당내 계파보스에 대한 충성을 강요했고, 정당의 이익표출과 집약이라는 기능을 제약하는 요인으로 작용한 것이다. 중앙정치와 지방정치, 정당정치와 기업내부구조 등 사회 모든 분야에 걸친 중앙집권화된 구조는 한국사회에서 사적 연줄망의 중요성을 각인시키고 다시 중앙집권화된 구조를 유지하도록 만들었으며, 강력한 국가권력을 형성하였다[**강한 국가-약한 시민사회**].

중앙집권적 정치체제는 시민사회의 자율적이고 자발적인 참여, 그리고 개인적 권리를 억압하고, 민주적 경쟁을 형해화시킨다. 또한, 형식주의(제도와 현실의 괴리)를 낳는다. 헌법은 현실정치를 구성하는 법규범으로서의 헌법이 아니라 장식물 혹은 이상을 규정하는 것일 뿐이었으며, 실질적인 규범력을 갖는 것은 아니었다. 또한, 해방이후 형성되고 강화되어온 중앙집권화된 구조가 유지되면서 민주적 경쟁을 제한하고 사회갈등을 제도화하는 것을 가로 막고 있다.

조금은 다른 맥락에서, 근대화 과정에서 국가권력이 어떻게 작용했는지를 살펴보자. 민주화로 정치적 공간이 개방되고 다양한 정치적 행위자들 간에 자원배분을 둘러싼 갈등이 증폭되고 지대추구행위가 이루어질 때, 이를 제어할 수 있는 효과적인 국가의 존재는 민주주의 제도화에 중요한 조건이 된다. 그러나 동시에 자원배분 권력이 국가에 집중되어 있는 강력한 국가는 그 스스로가 지대를 추구하거나 특정 집단에 포획됨으로써 왜곡된 효과를 낳기도 한다. 이러한, 무정부상태가 야기하는 무법의 질서와 국가주의가 초래할 수 있는 불법의 국가권력 사이의 선택에 대

18) 최장집 교수는 유교적 관료주의 국가와 문화로 형성된 중앙집중화의 구조와 문화, 일제하 식민통치 기구와 지배체제 유산, 냉전과 좌우 이데올로기 투쟁과 남북한 대결구조, 군사위주의 체제와 이를 통한 국가주도형 산업화를 그 이유로 설명한다(최장집, 2002).

한 고전적 자유주의의 대답은 국가를 필요악으로 보는 것이다. 후발국가인 제3세계에서 문제되는 지점은 근대화(경제발전)와 민주주의 사이에서 어떠한 관점을 취하느냐다(이에 대한 자세한 논의는 다른 곳에서 다룬다).

① 경제사회발전을 위해서는 개인적 권리가 희생되어야 한다는 관점, ② 정치적 자유 없이 경제적 목표 달성도 어렵다는 관점, ③ 경제발전 초기의 단계를 거치는 데는 강력한 정치적 권위와 질서가 필요하며 그 다음 단계에서는 참여와 분배의 문제가 제기된다는 관점 등 다양하게 제시될 수 있다. 다만, 여기에 제시된 관점들 모두 한국의 현 단계에서는 참여와 분배라는 민주주의의 가치를 부인하기는 힘들 것이다.

어쨌든, 한국에서 근대화 과정은 강력한 국가권력과 재벌의 연계를 통해서 추진되었으며, 그 핵심에 경제기획원과 중앙정보부가 있었다. 이들 국가기구는 한국의 민주화에 걸림돌로 작용해왔다. 그러나 산업화는 시민사회의 밀도와 노동의 조직화를 초래했고, 국가와 시민사회의 불안전한 균형관계로 전환된다. 그 균형의 결과는 1987년도 민주화라 할 수 있다. 그런데, 민주화 이전 국가의 산업화 전략은 포스트 이행기 한국 정치지형에 많은 영향을 미쳤다. 대만과 같이 수출지향정책을 추진했으나, 한국의 경우 대기업 위주의 개발전략은 대만과 달리 산업화 이후 강력한 재벌기업을 낳았던 것이다. 따라서 민주화 이후의 참여의 폭발과 재벌의 영향력은 민주주의 정착에 긍정적/부정적 효과를 초래했다고 볼 수 있다.

3. 사회균열구조

1) 근대화와 계급지형의 변화

한국의 민주화는 남미의 실패의 위기가 아닌 소위 성공의 위기의 결과라 평가되기도 한다. 즉, 권위주의 정권의 경제성취의 실패로 인한 위기에 대한 반발로 민주화가 이루어진 것이 아니라, 권위주의 체제가 근대화 과제를 효과적으로 수행함으로써 근대화를 위해 개인의 권리를 제한해야 한다거나 선성장-후분배라는 권위주의 체제의 존립 논거가 상실된 결과라는 것이다. 근대화 과정을 살펴보자.

가. 지주계급의 몰락

한국사회는 농업사회에서 1공화국을 거쳐 근대산업사회로의 전환기로 접어든다(이 시기는 Riggs가 전이사회·프리즘 사회로 규정했던 바의 특징을 보여준다). 해방 직후 시기 한국사회의 계급지형을 보면, 노동자와 자본가 계급의 세력은 미약했으며, 지주계급은 1950년 농지개혁과 한국전쟁으로 지배적인 위치로부터 멀어져 갔고, 경제활동인구의 70%를 농민계급이 차지하고 있었다. 이들 농민계급은 혁명적 집합행동으로 나아갈 동기와 조건을 갖추었다고 볼 수 있지만, 러시아[19]와 같은 사회주의 혁명으로 나아가지는 않았다. 무엇보다 농지개혁과 한국전쟁이 미친 영향이라는 평가가 어느 정도는 설득력이 있어 보인다(김일영, 1994 ; 김만흠, 2006). 농지개혁은 이승만과 지주간의 타협의 산물 혹은 이승만이 한민당 내부의 지주출신 세력을 약화시키기

19) 러시아는 정치적 동맹관계에 있던 지주계급과 노동 억압적이고 중앙집권적인 관료국가에 대항하여 농민들이 혁명적 방법으로 구체제를 무너뜨림으로서 사회주의 체제가 성립되었다.

위한 의도에서 추진되었다. 결과적으로 지주계급이 몰락하고, 농민들은 소작농에서 자작농으로 전환되면서 행정조직을 통해 국가에 포섭되었던 것이다.[20] 여기에 한국전쟁에서 인민재판 등 인민군의 잔학성이 농민들의 혁명적 잠재력을 약화시키고 보수화되었다.

농지개혁의 결과는 지주계급을 해체했지만, 민주주의로 나아가지 못했다. 민주주의를 위한 자본가·노동자·중간계급의 취약성과 강력한 국가권력(높은 국가자율성)이 민주주의가 아닌 권위주의 체제로 나아가게 했다고 볼 수 있다.

나. 1960-70년대의 근대화·산업화

박정희 정부는 사회적으로 어떤 제약을 받지 않은 상태에서 국가조직을 형성하고 지지 기반을 적극적으로 동원할 수 있었다. 지주 계급은 해체되었고, 자본가계급은 취약했으며, 농민계급은 보수화되었고, 노동자계급은 정치세력화 되기에는 너무나 미미한 숫자였다. 군부정권이 대면한 사회세력은 학생운동뿐이었다.

박정희 정부는 경제개발 5개년 계획을 추진하기 위한 경제기획원과, 사회적 반발을 통제하기 위한 중앙정보부를 설치하고 국가주의적 동원체제를 통해 근대화를 추진하였으며, 경제적으로 높은 성취수준을 보였다.[21] 이러한 급격한 경제성장은 산업구조의 변화를 가져왔다. GDP에서 각 분야가 차지하는 비율은 1952년 1차 산업 80%, 2차 산업 3.7%, 3차 산업 16.3%에서, 1981년에는 각각 15.6%, 31.3%, 53.1%, 1991년에는 8.1%, 37.8%, 54.1%로 바뀌었다. 도시인구비율(도시화율) 또한 1970년에 50%를 넘어섰으며, 도시 중산층은 1950년대 18%에서 1975년 50.9%로 증가하였다. 이러한 산업화는 도시화와 국민소득증가, 사회적·직능적 분화를 낳았으며, 한국사회 계급지형의 변화를 가져왔다. 농민인구는 감소하고, 도시 노동자의 비율이 증가한 것이다. 이러한 산업화가 한국정치에 가져온 변화를 보자.

먼저, 경제성장과정은 관료기구와 재벌의 네트워크를 통해 이루어졌고, B. Moore의 테제와 달리 한국의 부르주아는 권위주의 국가와 이해관계를 같이하였다. 경제성장과 소득증대, 그리고 새마을 운동을 통한 농촌지역의 생활수준 향상은 박정희 정권의 새로운 지지 기반이 되었다.[22] 중산층의 경우 모호한 태도를 보였고,[23] 노동자층은 1970년대 미미하게나마 조직화되면서 집단적 자아를 형성해 나가고 있었다. 정치적으로는 반체제적 정당과 정치세력이 배제되고 학생운동과 재야운동권이 이 시기에 정치적 갈등의 전면에 서게 된다. 장기적으로는 근대화가 시민사회의 밀도를 높임으로써 민주주의를 위한 사회적 기반을 형성했다고 본다면, 취약한 정당성을

---

20) 다른 평가도 있지만, 농지개혁과 한국전쟁의 성격을 규정하는 것은 이 글의 목적이 아니기 때문에 별론으로 한다.

21) 제3차 경제개발 5개년 계획 시기인 1973년에서 1976년에는 연평균 15%의 경제성장과 공산품 수출증가율은 26%에 달했다.

22) 69년 선거에서 박정희는 51.4%의 지지를 얻었다. 그러나 69년 3선 개헌 등의 부정적 이미지는 이러한 지지 기반을 잠식하였고, 그 결과는 71년 선거에서 불과 50만 표라는 근소한 차이로 나타났고, 유신헌법은 그 위기의식이 반영된 것이라 할 수 있다. 그러나 유신헌법과 권력유지를 위한 초헌법적인 권력의 남용은 정권의 붕괴로 이어진다.

23) 중산층은 1960년대에는 경제적 성취 수준에 따라 집권당에 대한 지지여부를 결정했으나, 71년 선거 이후에는 고도 성장의 직접적인 수혜자이면서도 민주주의 지지 세력으로 전환되었다(최장집, 2002).

경제성장을 통해 지지기반을 형성하려는 박정희 정부는 자신의 성과로 인해 독재체제가 부인되는 결과를 낳았다고 할 수 있다.

이 시기의 근대화 모델은 발전국가 혹은 관료적 권위주의나 국가조합주의 등으로 규정되고 있다. 근대화 과정은 관료기구와 재벌의 네트워크를 형성함으로써, 민주화 이후에 부정적인 영향을 미치게 된다. 즉, 비대해진 관료조직이 하나의 이익집단으로 민주개혁에 저항하게 되고, 재벌 지배구조와 경제적 자원의 불평등한 배분이 정치적 자원배분의 왜곡을 낳고, 국가주의적 동원과 탈동원 과정에서 시민사회가 위축되고, 권언유착과 거대언론 자본이 형성됨으로써 소위 보수 헤게모니를 창출하는 기반이 된다.

2) 사회적 갈등과 균열

가. 해방공간과 정치적 갈등 · 균열

사회갈등은 국민국가 형성을 위한 통합 및 일제 잔재 청산의 열망과 친일파를 중심으로 한 기득권 세력 간의 갈등, 그리고 이념의 갈등으로 나타났다.

태평양 전쟁 시기 일제의 전방위적인 탄압은 국내 독립운동세력을 거의 파괴했고, 만주와 중국의 무장독립운동 단체 또한 고사 직전의 상태에서 해방을 맞이하였다. 일부 민족주의 우파(혹은 중도 우파의 임정세력)를 제외하면 대부분의 우파는 전향을 통해서 일제 식민지 지배에 협력을 하고 있었던 반면, 좌파세력(여운형의 유럽식 사회민주주의 계열과, 박헌영의 공산주의 계열 등)은 끝까지 전향을 하지 않았다는 점에서 해방이후 상대적으로 민중들의 지지를 받을 수 있었다. 이들은 건국준비위원회 · 인민위원회 등을 통해 해방정국을 주도해 나갔다.[24] 이들 좌파 계열과 임정의 민족주의 계열은 국민통합과 일제 잔재 청산을 내세웠다면, 친일파와 이승만 계열은 초기의 불리한 상황을 반공주의를 통해 정국의 주도권을 확보해 나갔다. 그리고 대구 10.1사건 등 일련의 사건에서 미군정의 억압과 주요 요인의 암살(중도 우파의 김구, 사민주의의 여운형 등이 암살된다), 그리고 한국전쟁을 거치면서 보수 중심의 정치지형이 형성된다. 진보당 사건은 이러한 일련의 사건의 마지막을 장식했다고 할 수 있다.

나. 권위주의 시기의 정치적 갈등 · 균열

권위주의 시기 한국정치를 규정하는 균열구조는 민주와 반민주라 할 수 있다. 이를 반영하는 선거 연합은 도시 지역의 높은 교육 및 소득 수준을 보이는 민주주의 세력과, 전쟁경험과 낮은 교육 및 소득 수준에 머물러 있으면서 선성장-후분배 논리를 수용하는 권위주의 지지기반인 농촌지역으로 갈리게 되었다(여촌야도 투표행태).

구체적으로 살펴보자. 집권당은 거의 모든 선거에서 승리를 차지하는 안정적인 패권정당의 위치를 누려왔다. 그러나 장기집권이 유권자와의 안정적인 정체성을 형성함으로써 얻어진 것은 아니다. 전체적으로 보면 안보와 안정, 경제성장, 자유시장경제를 내세웠으나, 관료조직의 지원(소위 관권선거)과 다양한 선택적 유인을 통해 지지를 동원했다.[25] 반면, 야당의 경우 선별적 유인

24) 여운형과 일제하 독립운동을 전개했던 인물들이 중심이 되어 건국준비위원회가 결성되고, 인민위원회로 전환된다. 초기 인민위원회는 온건성을 띠었으나, 미군정과 대립하고 남로당의 영향으로 급진화 된다.

25) 각종 지역개발과 지역에 대한 지원약속을 남발한다. 지방의 시장이나 군수들은 여당후보의 집회에 참석해 지

을 제공하기 위한 자원을 보유하고 있지 못했다는 점에서 정치적 민주주의와 기회균등과 같은 정치이념과 같은 집합적 유인을 통해 지지를 동원하였다. 선거가 반복되는 과정에서 1970년대까지 유권자의 투표행태의 특징적인 모습이 형성되는 데, 소위 여당과 야당에 대한 고정적 지지성향이 여촌야도 형태로 굳어지게 된 것이다. 이러한 민주와 반민주 균열은 민주화로 해소되고 한국정치를 규정하는 사회균열의 변화가 나타난다.

다. 민주화 이후의 정치적 갈등·균열

민주화 이후의 주요 갈등으로 제시되는 계급·지역·이념 갈등을 하나씩 살펴보자.

먼저, **계급균열**이다. 1970년대에 산업화의 결과 사회경제적인 계급균열이 등장하지만, 정치의 전면에 등장하지 못했으며, 1987년 6월 항쟁으로 열린 정치공간에서 7월 노동자 대파업으로 표면화된다. 그러나 노동자 계급의 정치세력화는 폐쇄적 정당체계로 인해 정치적 갈등으로 전환되지 못하고 잠재된 채 머물러 있다. 또한, 한국의 경제구조가 후기산업사회로 이행하면서 2차 산업 노동자의 비율이 낮아지고 노동의 파편화와 비정규직 노동자의 확대 등 내부의 균열이 커지면서 계급균열의 정치에 대한 영향력은 낮아질 수밖에 없다. 사회경제적 계급균열이 정치적 균열로 전이되지 못한 것을 보수양당 구조 속에서 사회균열이 억압된 결과로 보는 견해가 많지만, 후기산업사회로 이행된 서구의 경험을 보면, 이는 계급지형의 변화와 무관하지 않다는 것이다. 오히려, 민주화 이후 한국정치는 계급균열보다 지역균열이 정치적 규정력을 발휘해 왔다.

둘째, **지역균열**에 대해 살펴보자. 1987년 대선에서 보여 진 지역주의적 투표행태는 1992년 총선에서 각 정당의 지역주의적 동원으로 이어지고, 이후 지역균열은 1990년대 정치적 갈등의 핵심적 위치를 차지하게 된다. 그러나 1997년 이후에는 정당간의 정책적 차이가 커지기 시작한다. 논란의 여지는 있으나, 정당간의 정책경쟁이 나타나고 지역주의가 약화되었다고 볼 수 있다. 최소한 1997년 대통령 선거 이후 호남과 비호남의 균열은 선거에서 약화되었고,[26] 지역별 투표결집을 지역주의로 볼 여지도 있으나 이념 균열과 중첩적으로 나타난다고 평가할 수 있다는 것이다(정당에 대한 지지는 이념과 정책에 대한 지지로 평가할 수 있다는 것이다). 나아가, 미디어 선거와 인터넷의 영향력 등은 지역주의를 약화시키는 요인이 되었다.

지역적 투표결집에 대한 다양한 해석이 가능하지만, 이러한 현상은 한국만의 것은 아니다. 또한, 이러한 투표행태가 지역주의에 따른 것인지, 또 어느 정도 지역주의 요소가 포함되는 것인지에 대한 논란도 존재하며, 16대 대통련 선거에서 노무현 후보에 대한 호남의 절대적 지지를 지역주의로 볼 것인지,[27] 동 선거에서 이회창 후보에 대한 영남의 70% 내외의 지지를 배타적 지

역숙원사업에 대한 사업계획을 발표함으로써 유권자의 지지를 동원하는 것이다. 또한, 정부 고위관료나 군장성들이 자신의 출신지역을 방문하여 여당후보를 지지하는 경우도 많았다.

26) 15대 대선에서 DJP 지역연합이 소위 동서분열을 낳았다는 언론의 지적들이 많았고, 16대 대선에서는 민주당의 노무현 후보가 비호남 출신이었고 행정수도이전 공약이 충청권의 지지를 높임으로써 투표행태의 변화가 있었다.

27) 16대 대선에서 호남의 노무현 후보에 대한 절대적 지지는 이회창 후보에 대한 절대적 거부와 상대적 관계에 있다. YS, DJ에 대한 비판을 회피했던 다른 후보와 달리, 이회창 후보는 영남의 지역주의를 동원하고 부패정권 청산론이나 DJ양자론 등을 핵심 이슈로 부각시키면서 DJ를 공개적으로 비판하고 호남 고립전략을 사용함으로써 스스로 호남에서의 지지를 포기했던 것이다(김만흠, 2006). 나아가, 호남의 투표성향은 DJ 이후 타 지

역주의로 볼 것인지 등 다양한 해석이 가능하다. 또한 3김의 퇴조로 지역주의가 완화될 수밖에 없다는 주장에 대한 논란, 약화된 지역주의가 최근 다시 부활했다는 평가 등 상반된 주장들이 존재한다. 한국의 지역주의는 불균형 발전전략과 지역 간 격차, 1980년 광주항쟁, 정치지도자와 투표자의 일체감, 정당의 지역주의적 투표동원 등이 맞물려 확산되었다.

지역주의에 대한 논쟁의 핵심은 지역주의가 한국의 민주주의 공고화를 지체시키는 핵심요인인지, 아니면 낮은 제도화 수준을 반영하는 것인지에 대한 것이었다. 전자의 입장은 지역주의가 다양한 사회적 균열을 억압하고 배제함으로써 민주적 경쟁을 제약한다는 것이고, 후자의 입장은 폐쇄적 정당구조로 인한 결과이자 선거에서 집권을 목적으로 하는 정당과 유권자의 합리적 선택의 결과라는 것이다. 시민사회의 정치세력화가 제도화 관문으로 인하여 용이하지 않았고, 1997년까지는 지역주의를 대체할 갈등이 이슈로 부각되지 않았으며, 정당간의 정책적 차이가 존재하지 않은 상태에서 유권자들이 지역주의적 투표행태를 보였고 정당은 지역주의적 동원을 추구했다고 보는 것이 타당할 것이다. 선거라는 것이 그 선택을 유권자에게 맡기는 것이고, 선거에서의 적절한 지지 분포라는 규범적 기준이라는 게 있을 수 없다는 점을 전자의 입장은 간과하고 있다.[28] 마찬가지로 균열에 있어서도 좋은 균열과 나쁜 균열이라는 어떤 규범적인 기준이 있는 것은 아니다. 많은 잠재적 사회적 갈등 중에 특정 정치상황에서 유권자에게 의미 있는 갈등이 정치균열로 동원될 뿐이다.

한국의 지역주의는 중앙집권적인 사회적 구조가 지대를 추구하는 행위자들로 하여금 권력과 자원에 대한 접근을 위해 사적 연줄망을 동원하는 과정에서 강화되어 왔다. 나아가, 중앙과 지방 간의 갈등이라기보다는 중앙의 권력을 둘러싼 지역 간의 경쟁이라고 할 수 있다. 초집중적 대통령제와 승자독식체제와 같은 중앙집권화된 정치·경제·사회구조가 지역주의적 정치동원을 유인하고 있다고 본다면, 지역주의보다는 이를 야기하는 제도개혁에 초점을 맞추어야 할 것이다.

셋째, **이념균열**을 보면, 한국사회는 무색무취의 무중심의 사회라는 평가가 있다(최장집, 2002). 그러나 2000년대 들어 한국 정치에서 정당간의 이념적 차이는 어떻게 보면, 유럽의 그것보다 크다고 할 수 있다(김만흠, 2006). 신자유주의 정책을 둘러싼 정치쟁점이나 국가보안법 개폐, 대북정책, 한미동맹에 대한 관점, 그리고 소수자 인권을 둘러싼 쟁점들이 이를 반영한다. 이러한 갈등은 지역균열구조에 중첩되어 있으며, 때로 극단적인 대립을 낳기도 한다. 문제는 이러한 갈등이 제도화되고 있지 못한 것이다.

역에 비해 상대적으로 진보적 성향이 강했으며, 이회창 후보는 보수 세력을 대표하는 후보였다는 점에서 보더라도 이회창 후보가 호남에서 많은 표를 얻기는 힘들었다. 즉, 16대 대선에서 호남의 노무현 후보에 대한 절대적 지지를 지역주의로만 평가하기는 어렵다는 것이다.

28) 김만흠 교수는 지역주의가 문제된다 하더라도 그것을 다른 관점에서 보아야 한다고 주장한다(김만흠, 2006). '어느 한 지역에서 절대적으로 거부되는 후보가 다른 지역의 압도적인 지지를 바탕으로 당선된다면, 국민을 통합하는 지도자가 되기 어렵다. 한 지역의 지역주의가 다른 지역 또는 국가 전체의이익과 부조화를 이루거나 대립하는 상황이기 때문에 지역주의가 문제 되는 것이다. 게임이론가들이 말하듯이 부분의 합리성과 전체의 합리성이 갈등을 빚고 있는 상황이다. 정치과정을 통해서 이런 갈등이 해소되지 않는다면, 제도적 개편 등을 통해 새로운 통합방식을 도모할 수밖에 없다.'
참고로, 지역주의적 정치균열의 핵심문제는 갈등표출의 왜곡보다 갈등의 악순환에 있다(정해구, 2006)는 지적도 지역주의가 민주주의 정착을 저해하는 원인이라고 보는 시각과는 대비된다.

4. 비제도적인 요소 : 강한 민족 의식과 집단주의

어느 사회에서나 정치를 공공선으로 보는 전통적인 규범과 사고가 존재한다. 한국의 경우, 아래에서 보는 중앙집권적 구조가 집단주의 문화와 맞물리면서 이러한 정치관이 확대재생산 되었다. 반식민지주의에서 출발한 한국의 민족주의는 국민통합을 강조하였고 강력한 집단주의를 낳았고, 이러한 민족주의·집단주의가 국가주의적 동원과 맞물리면서 강화되었다. 나아가, 유교문화적 요소는 근대화 과정에서 집단주의와 권위에 대한 순응을 강화하였다. 이러한 민족주의·집단주의는 상반되는 두 가지 효과를 가져 온다.

먼저, 사회적 다원성을 부인하고 동조성을 강화한다. 국가주의·민족주의와 같은 집단이데올로기는 민주주의가 강조하는 개인의 권리를 억압하며, 분단체제는 민족이라는 담론을 끊임없이 일상화시켰다. 개인의 권리보다 질서와 집단을 강조하는 이러한 담론들은 파시즘이나 전체주의를 내면화하는 기제가 되었다.[29)]

그러나 집단주의는 동시에 높은 정치적 동원을 가능케 하였다. 촛불시위와 같은 시민사회의 정치참여의 역동성은 이러한 집단주의 문화와 관련되는 것이다. 물론, 이를 정치의 과잉과 직접 민주주의적 성향을 야기한다는 점에서 부정적으로 보는 견해도 있다. 하지만, 최소한 정치적 동원은 민주화를 가능케 한 결정적인 요소라는 점을 부인하기 힘들 것이다. 오히려, 이행기와 달리 포스트 이행기에 높은 정치적 동원이 Lipset이 지적하는 바와 같이 참여의 폭발과 정치적 불안정으로 작용하는 구체적인 메커니즘을 밝히지 않고 단정 짓는 것은 민주주의 공고화 과정에서 시민참여의 긍정적 측면을 간과하게 되기 때문이다.

5. 국가-사회 연계구조 : 정당체계 혹은 이익의 정치

민주적 정치과정의 핵심은 상호 갈등관계에 있는 사회구성원의 선호나 이익이 정치체제로 투입되고 조정되는 과정에 있다. 각 정치적 행위자들은 자신들의 이익을 조직화하고 체제로 투입시키는 메커니즘이 어떻게 제도화되는 지는 국가마다 다양한 양태를 보인다. 갈등과 균열의 양상이 하나의 규범적인 모습을 가지고 있지 않는 것과 마찬가지로 다양한 이익들이 정치체제로 투입되는 메커니즘 또한 어떤 규범적인 형태를 가지고 있다고 볼 수는 없을 것이다.[30)]

예컨대, 유럽은 자유민주주의 정치체제 중에서 가장 강력한 정당 체제를 보유하고 있는 지역이라면, 미국의 경우 선거에서 승리하기 위해 정치적 자원을 동원하는 조직에 불과하다. 오히려, 미국은 사회의 이익이 이익집단을 통해 직접 정치체제로 투입되는 체제다. 유럽의 정당체계는 사회경제적 균열에 기반하고 있으며 소위 대중정당의 형태에 가장 가까우며, 강력한 정당의 존

---

29) 다른 맥락을 강조하는 입장도 있다. 정치를 갈등의 조정과 통합으로 보기보다는 이분법적 대립으로 바라보게 하며, 정치를 윤리적 관점에서 보도록 함으로써 정치에 대한 냉소적 시각을 확산시킨다는 것이다(최장집, 2002, 2007 ; 김만흠, 2006).

30) 국가와 사회의 연계에 있어서 이익집단을 중심으로 한 다원주의 모델은 다양한 이익의 동원과 결집·압력과 정당을 중심으로 한 국가와 시민사회의 조직화된 연계를 특징으로 한다. 다원주의 모델에서는 강력한 집단에 의한 포획의 문제가 제기될 수 있다면, 정당중심의 모델에서는 국가와 정당의 연계가 강화되는 경우에 국가가 이익 집단을 흡수해 버리는 경향이 문제될 수 있다.

재는 이익집단의 형성을 저해하거나, 이익집단과 정당의 높은 연계를 보인다. 이익집단을 매개로 하든, 정당을 매개로 하든 중요한 점은 사회 다양한 이익들이 정치과정을 통해서 조정·통합을 이끌어 낼 수 있는지 이다.

권위주의 시기 한국의 정치체제는 국가중심의 동원체제라 규정할 수 있다. 이 시기에 이익집단은 압력집단(pressure group)이라기보다는 국가에 의해 동원되고 압력을 받는 집단(pressured group)으로서의 성격이 강했으며, 정당은 최고통치권자의 전위부대(이승만의 자유당) 혹은 지지를 동원하기 위한 수단(박정희의 공화당)으로서의 성격이 강했다. 따라서 국가와 시민사회의 제도화된 연계 수단은 존재하지 않았다. 주변화된 정당(반대당, 소위 야당)은 이승만 정권을 지나면서 진보세력이 거세된 채 보수정당체제로 포섭되면서 국가와 시민사회를 매개하는 전달벨트역할을 수행하기 힘들었고, 유신체제에서는 재야운동단체와 연계가 강했으나, 신군부 시절에는 국가에 유착된 관제야당의 성격이 강했다. 결국, 권위주의 시기 한국정치는 국가와 사회를 매개하는 제도화된 메커니즘이 부재했다고 할 수 있다.

민주화 이후에는 권위주의시기에 형성된 이러한 유산이 완전히 청산되지 못한 상태에서 제도화된 정치과정이 기성 정당에 의해 주도되었다. 즉, 유럽과 같은 정당중심의 경쟁체제가 형성되고 시민사회의 이익들이 정당을 매개로 정치체제로 투입되는 메커니즘이 형성되지 못한 채, 정당은 집권을 위한 정치세력의 정치적 동원 수단에 머물렀으며, 사회에 존재하는 다양한 이익들의 권력균형이 형성되지 못한 상태에서 다원주의적 메커니즘이 확산되면서 정치과정은 사회세력에 대한 선택적 동원과 배제가 반복되었던 것이다. 이러한 정치과정은 체제 정당성과 안정성을 위협하게 된다. 그렇다면, 포스트 이행기 한국 정치에서 과제의 핵심은 무엇인가? 그것은 한국 민주주의 발전을 제약해 왔던 요인들(대내외적 제약)을 극복해 나가는 것이어야 한다.

이상에서 살펴 본 민주화 과정을 간략하게 정리해 보면 아래와 같다.

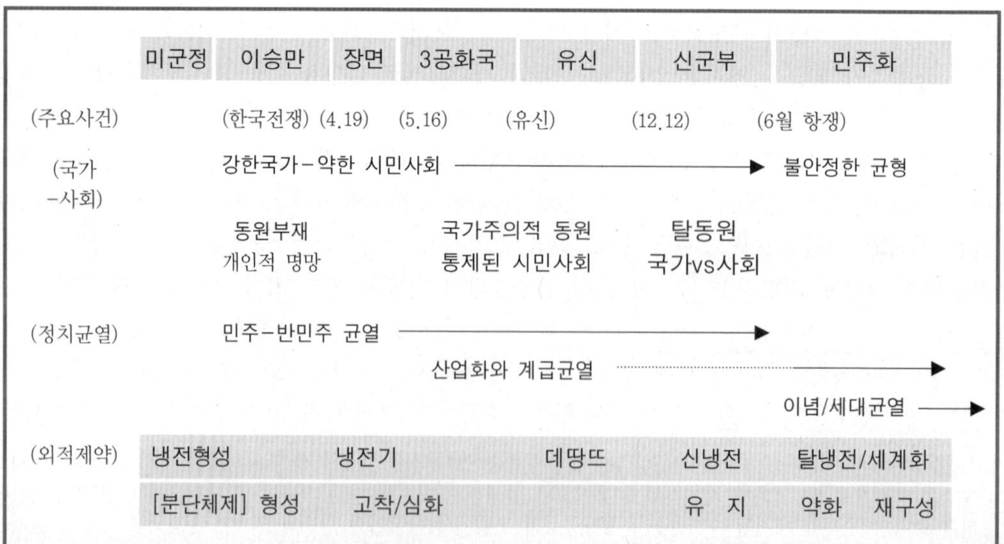

제 4 장 정치환경변화와 민주주의 조건

정치체제의 성격을 이해하고, 구체적인 발전과제를 제시하기 위해서는 정치체제의 대내외적 조건과 제약에 대한 이해가 선행되어야 한다. 이러한 조건과 제약은 앞서 한국의 민주주의 이행과정에 대한 개관에서 살펴 본 것처럼, 구조(사회균열구조)와 행위, 제도(국가 등), 그리고 대내외적 환경을 포함한다.

이 장에서는 대내외적 환경 중에서 세계화와 정보사회로의 전환을 중심으로 살펴볼 것이다.

제 1 절 지구화(세계화, globalization)에 관한 고찰

정치학에서 지구화에 대한 관심은 지구화 시대에 민주주의의 전망과 그 디자인에 맞추어질 수밖에 없으며, 그 핵심에 국민국가에 대한 고찰이 자리 잡고 있다. 일반적으로 이해되고 있는 지구화(globalization)란 국가 간 경제적 상호의존의 통합이 고도로 진전되어 경제활동의 지리적 경계가 전 지구로 확산되고 경제활동과 관련된 제도, 정책, 의식이 세계 공통의 것으로 바꾸어 가는 현상이라고 규정된다. 이러한 지구화는 근대민주주의의 조건과 관련해서 중요한 의미를 갖는다.

시민혁명으로 형성된 근대민주주의가 절대왕정체제와 함께 등장한 민족국가 위에서 국민국가의 형태로 제도화되고, 산업혁명을 거치면서 자본주의와 결합되었다. 근대사회에서 형성된 민주주의는 일국적 혹은 국민국가라는 테두리 내에서 국가의 주권을 그 실질이야 어찌되었든지 간에 궁극적으로는 시민에게 되돌려 주는 것으로 이해할 수 있는 것이다. 그러나 지구화는 국가주권을 형해화시켜 버렸다. 그렇다면, 과연 국경의 의미가 퇴색되어 버린 현 상황에서 민주주의가 가능한지에 대한 근본적인 의문을 제기한다.

나아가, 지구화의 핵심 동력이 자본에 있고, 자본의 지구화는 탈정치화 혹은 정치의 시장화를 야기하고 있음을 생각해 보면, 즉, 모든 시민들의 관심이 물질적 욕구로 채색된 사익추구에 있고, 이러한 사익이 가격과 경쟁메커니즘에 의해 조정되는 상황에서 민주주의 원리라는 것이 지구화 시대에 의미가 있는지에 대한 회의를 불러일으키기에 충분하다.

일반시민의 관점에서 지구화는 민족적 · 국가적 정체성의 혼란, 그리고 세계경제가 국가경제에 그리고 궁극적으로는 개개인의 경제적 삶에 미치는 영향이 문제될 것이다. ① 정체성 혼란은 문화적 충격에 해당되는 것으로 아메리카화 혹은 맥도널드화와 같은 대중문화와 소비주의 확산, 전통적인 문화적 패턴과 권위에 대한 도전 등이 이야기된다. ② 개인의 삶에 있어서는 실업과 비정규직 확산, 환율, 이자율, 경기변동 등과 관련된 불안정성이 그것이다.

이러한 문화적 · 경제적 충격에도 불구하고, 주권자인 시민이 이러한 충격을 통제하기 어렵다는 점에 있다. 통제라는 관점에서 본다면, 지구화시대에 있어 자본주의와 민주주의의 모순 혹은 충돌을 다음과 같이 이야기할 수 있을 것이다.

시민혁명과 산업혁명이라는 이중의 혁명을 거친 근대 국민국가는 관료제와 자본주의, 그리고 민주주의의 결합을 특징으로 한다. 여기에서 민주주의는 궁극적으로는 혹은 형식적으로는 시민에 의한 일국적 통제를 핵심으로 한다. 반면, 이윤을 추구하는 자본주의는 팽창적 속성을 지닌다. 국민국가를 바탕으로 출발한 자본의 활동범위는 영토라는 경계 내로 제한될 수밖에 없었지만, 이윤추구를 위한 팽창적 속성이 상충적 관계를 낳는다. 이러한 모순은 19세기에는 제국주의와 식민지주의를 통해 완화될 수 있었으며, 2차 대전 이후에는 무역자유화와 자본의 이동에 대한 통제라는 (Ruggie의 표현에 따르면) 규제된 자본주의에 의해 제어될 수 있었다. 그러나 지구화는 자본 이동에 대한 통제를 국민국가가 포기함으로써 양자의 충돌은 불가피한 것이 되어 버린 것이다. 즉, 자본에 대한 통제를 포기하는 순간 국민국가와 국민국가를 바탕으로 디자인된 민주주의는 새롭게 디자인되지 않는 한 쇠퇴 혹은 약화될 수밖에 없는 것이다.

궁극적으로 보면, 민주주의의 확대 · 심화에 있어서의 관건은 국민국가의 위와 아래에서 이루어지는 새로운 형태의 민주적 참여에 있다고 하겠다. 지구화를 민주주의 발전과 심화라는 관점에서 바라보기 위해서는 국민국가와 민주주의에 대한 고찰을 전제로 해야 한다. 하지만, 자세한 내용은 각각 국가론과 민주주의론에서 고민하기로 하고 여기에서는 그 배경지식으로 지구화에 대한 개념을 둘러싼 부분과 지구화에 대한 대립되는 몇 가지 관점을 간략하게 소개하고자 한다.

Ⅰ. 지구화(globalization)의 본질

1. 지구화의 정의

지구화란 국가와 국가, 사회와 사회 사이의 경계선을 넘나드는 정치 · 사회 · 문화 · 경제의 상호연계성의 급속한 심화로 사람들의 삶의 조건과 양식에 심대한 영향을 미치고 있는 세계사회의 증대된 상호의존성 심화를 말한다. 상호의존성 심화는 전지구적 규모의 상호연계성의 강화와 그에 따른 국민국가를 기본단위로 하는 세계질서의 근본적 변화를 의미한다.

지구화의 징후로는 ① 냉전적 국제질서의 붕괴와 민주주의의 범세계적 확산, ② 자본주의의 공간적 지구화 완결, ③ 기술 · 지식 · 정보의 국제적 상호의존성 증대 및 초국가적 혹은 범세계적 문제의 확산(핵, 환경, 마약 등) 및 이에 따른 초국가적 제도, 기구의 확산 및 역할의 강화, ④ 초국가적 경제행위자의 영향력 확대 및 경제요소의 범세계적 자유이동 확대 등을 들 수 있다.

특히, 1995년에 출범한 세계무역기구(WTO)는 자유무역과 세계시장의 통합을 상징적으로 대변하는 것으로 이는 자본의 이동의 자유로워짐을 의미하며, 그만큼 근대 국민국가의 기반이 되는 국경의 퇴색을 가져온다. 나아가, 정보와 문화, 인적 교류, 커뮤니케이션의 증대는 국민국가의(Tilly가 말하는) 경계통제를 약화시키고 민족적 정체성에 영향을 미치고 있다.

또한, UN, GATT, IMF, WTO와 같은 정부간 조직 이외에 Amnest International, Green Peace 등과 같은 비정부조직(NGO) 등 초국적 조직 및 제도의 등장은 개별 국민국가에 적지 않은 영향력을 행사하면서 초국적 자본과 함께 주권을 제약하고 있다.

2. 지구화의 동인

1) 경제의 지구화

지구화의 주동력은 자본주의 세계경제의 내적 논리라 할 수 있다. 이윤을 추구하는 자본은 시장의 확대를 요구해 왔으며, 이러한 요구는 국민국가의 일국적 통제와 충돌되었으나 19세기까지는 식민지 개척과 제국주의적 팽창에 의해 완화되었고, 제2차 세계 이후에는 자유무역과 일국적 규제(소위 embedded liberalism)에 의해 조정되었다. 하지만, 1970년대 브레튼우즈체제 붕괴와 변동환율제에 의해 자본 이동이 자유로워지면서 경제의 지구화가 다시 촉발되었다.

2) 정보통신기술의 발전

세계적 규모의 상호연계성 및 상호의존성 증대는 운송 수단, 통신수단, 정보 · 지식의 집적 및 전달수단 등과 관련된 기술의 발전이 초래한 직접적인 결과라 할 수 있다. 이것이 산업사회를 급속히 탈산업사회로, 그리고 범세계적 차원에서 인간 존재의 조건과 환경을 변화시킨 것이다.

이러한 기술의 발전은 국제기구, 다국적 기업, 초국가적 운동단체 등이 global affair를 주도하는 탈국제정치의 시대로의 이행을 초래하였다.

3) 정치적 측면

패권안정론자들은 지구화를 개방된 자유주의 세계경제의 확립으로 파악하면서, 이것을 가능케 하는 것은 패권국가의 존재라고 지적한다. 즉, 패권국가의 정치, 군사적 우월성이 안정되고 개방된 세계질서의 조건이 되며, 미국의 정치, 군사적 패권 강화가 지구화를 가속화한다는 것이다. 이렇게 볼 때, 미국경제의 부침은 범세계적 자유주의의 부침을 좌우할 것이라 예상될 수 있다.

4) 사회문화적 측면

문화적이고 제도적인 관점에서 현재의 세계를 바라보는 세계사회론에 의하면, 동질성(homogenization)이 아닌 동형성(isomorphism)에 주목한다.

세계사회론은 국민국가를 문화적으로 구성되고 배태되는 것으로 바라본다. 이들이 주장하는 세계모델은 첫째로 현재 구성된 국민국가를 포함하는 행위자는 시민권, 사회경제적 발전 그리고 합리화된 정의 등과 같은 보편적인 세계모델의 견지에서 그 스스로를 조직하고 정당화하며, 둘째로 이러한 모델은 시민권, 인권, 자연세계와 그의 과학적인 탐사, 사회경제적 발전과 교육 등과 같은 것들에 대해서 세계적인 수준에서 동의와 가치를 지닐 정도로 지배적인 것이며 셋째로 이러한 모델은 전세계에 보편적으로 적용할 것을 요구한다(이혜숙, 2002).

이는 국가간 경계가 사라지는(borderless) 데 그치지 않고, 헌법, 교육체계, 경제정책, 사회정책 등을 포함하는 정치 · 경제 · 사회 · 문화 등의 제 제도나 규칙의 동형화를 수반한다.

3. 지구화의 전망 : 두 가지 시각

1) 긍정론

가. 범세계적 문화

Appadurai, Robertson 등은 단일한 세계와 문화적 다양성, 지구적인 것과 지방적인 것의 결합으로서 지구화를 묘사한다. 그리고 이러한 지구화의 가능성은 정보통신기술의 발전과 서구 가치관의 확산, 자본주의의 발전에 따른 것이라는 것이다. 초국적기업의 국경을 초월하는 활동, 비정부기구(NGO)들의 범국제적인 활동과 정부간 기구의 확장, 매스미디어의 전지구적 확장 등으로 인해 지구문화의 및 지역문화의 상호작용을 만들어 내고 있다.

H. V. Perlmutter는 '범세계적 문명의 출현'을 이야기한다. 그는 지구화를 생활양식, 가치관 등의 범세계적 혼합으로 보며, 이러한 탈근대적 세계문명은 다원주의 · 융합주의 · 다양성 · 탈집중성 등의 특징을 보이고 있다. 이러한 그의 주장은 헌팅턴의 문명충돌론과 대비된다.

나. 역사의 종언

F. Fukuyama는 자유민주주의적 이념과 질서의 범세계적 확산에 의한 역사의 종언을 주장한다. 즉, 그에게 있어서 지구화는 자유민주주의의 정당성과 현실적 가치에 대한 보편적 합의에 도달했음을 의미하며, 이데올로기 진보의 최종단계, 인간 지배체제의 최후의 형태로서 서방 자유민주주의의 종국적인 승리를 뜻한다.

2) 부정론

가. 자본주의 세계체제의 완성

I. Wallerstein은 16세기 이래 등장한 자본주의가 세계경제를 통합해 왔으며, 그 결과가 지구화라고 본다. 현재의 지구화 국면은 1970년대 이후의 세계경제의 후퇴와 미국 헤게모니의 쇠퇴로 인한 다극 중심체계로 전환되어 가는 과정에서 일어나는 중심부 국가들의 헤게모니 쟁탈전으로 이해한다. 이 과정에서 형성되는 세계경제와 국제 분업체제의 영향에서 현 세계의 어떤 국가도 자유로울 수 없다고 지적한다.

그러나 지구화는 불안정하다. 그는 국제기구에서의 이데올로기적 편향성이 더욱 강해질 것이고 경제적인 불평등성도 더욱 심해지고, 세계체계 내의 국가 간 위계질서와 불평등이 지구적 차원에서 구조적으로 재생산되고 있음을 강조한다. 국제적 경제행위자, 초국가적 경제기구의 영향력 증대로 인하여 범세계적 통제장치가 발전하고 있지만, 이러한 메커니즘이 결코 민주적이지 않다고 한다.[1]

나. 문명충돌론

S. Huntington은 냉전의 종식이 역사의 종언이나 세계문명의 출현이 아니라 상충하는 문명들 간의 문화적 대결과 충돌의 시대가 도래했음을 뜻한다고 한다. 즉, 지구화는 문명의 융합이 아닌 문명간의 대립과 충돌을 강화하며, 문명 간의 경계선에서 발생하는 국지적 충돌과 범세계적 차원에서 문명의 지배권을 겨루는 거시적 충돌을 낳는다.

다. 지구화의 덫

마르틴 & 슈만은 글로벌 자유시장은 새로운 형태의 계급분화를 의미한다고 본다. 즉, 20대 80의 사회는 규제되지 않은 시장의 자기파괴적 행동에 대한 대답이며, 이로 인해 새로운 열패자를 양산해냄으로써 국제적 저항에 직면하게 될 것이라고 한다.

---

1) 그는 자유화(내적 교환체제의 정비를 통한 교환의 효율성 강화)와 이에 대한 범지구적 규모의 저항(환경주의, 사회주의, 민족주의)이 강화되면서 통합과 해체라는 모순된 경향이 동시적으로 진행될 것으로 내다 보고 있다. 궁극적으로 국민국가의 해체는 자본주의의 존립기반을 스스로 붕괴시킴으로서 자본주의 세계경제를 붕괴시키고 사회주의 세계정부가 출현할 것이라고 한다(The Era of After Liberalism).

참고 바닥을 향한 경쟁 및 자본의 구조적 종속

지구화와 민주주의의 부정적 관계를 지적하는 견해에서는 바닥을 향한 경쟁(Race to the bottom)이나, 자본의 구조적 종속 개념을 자주 사용한다. 각각은 다음을 의미한다.

(1) 바닥을 향한 경쟁

자본을 유인하려는 경쟁과 자본활동에 방해가 되는 규제를 최소화하고 노동이나 복지에 대한 지출을 경쟁적으로 줄여 가는 현상을 지칭하는 표현이다. 이러한 추세는 사회적 불평등을 증대시킴과 동시에 국가를 통한 사회적 보호를 감소시켜 민주정치의 안정에 필요한 사회적 합의의 기반을 파괴한다고 비판한다.

(2) 자본의 구조적 종속(C.Lindblom)

자본은 경제성장을 결정하는 투자자로서의 특권적 기능 때문에 어디에서나 구조적 권력을 향유한다. 어떤 이익들, 특히 생산적 자원을 소유한 자들의 이익은 경제 내에서의 구조적 위치에 의해 보호되고 있는지 모른다. 만약 모든 사람들의 물질적 복지가 투자를 하는 자본가들의 결정에 달려 있다면, 모든 정부들은 고용과 투자를 떨어뜨리는 정책을 채택하는 데 제약을 받게 되며 이것이 국가의 자본에 대한 구조적 종속이다.

참고로 쉐보르스키는 이에 대해 모든 정부가 어느 정도 자본에 종속하지만 이 종속은 민주주의를 가짜로 만들 정도로 결정적이지 않다고 결론짓는다. 그는 여전히 민주적 과정이 정부정책에 영향을 미칠 수 있는 여지가 있다고 보고 있기 때문이다(A.Przeworski 1997, 34).

Ⅱ. 지구화의 양면성 : 지구화와 효율성, 국가, 민주주의

1. 개 관

지구화의 효과는 양면적이다. 지구화는 상품, 자본, 기술, 정보의 이동을 원활히 함으로써 세계경제의 성장에 기여하고, 독재체제로부터 민주화로의 이행에 기여하며, 시장규율을 통하여 개별 국가들의 경제정책을 합리화시키는 역할을 한다고 주장된다. 그러나 다른 한편으로 지구화는 빈번한 경제위기를 초래하고, 국가 간에 있어서나 사회집단들 사이에 불평등을 심화시키며, 개별 국가들의 경제정책상의 자율성을 훼손하고 민주주의의 질을 떨어뜨린다는 비판을 받고 있다.

지구화는 인적·물적 자원의 이동, 정보의 흐름, 경제정책의 선택, 인권 등의 중요한 이슈들과 관련하여 국가의 대내적 통제력을 크게 제약한다. 코소보사태나 이라크전쟁은 국제사회나 강대국에 의한 국민국가의 수권에 대한 사후적 개입의 한 예에 불과할 것이다.

지구화의 배분적 효과는 개별 국가 및 사회집단들로 하여금 지구화에 대하여 상이한 태도를 갖게 만든다(지구화에 대한 한국의 재벌과 노조의 상반된 태도, 그리고 한미FTA에 대한 농민의 반발을 생각해 보라). 이 속에서 국민국가는 여전히 대내적으로 정치질서를 조직하고 자원의 권위적 배분을 결정하며, 대외적으로 주권을 행사할 수 있는 유일한 장치로서 기능하고 있다. 다만, 국민국가는 대내외적 질서와 조직의 창출과정에서 변화된 역할과 기능을 요구받으면서 NGO를 비롯한 사회세력의 활동에 영향을 미치고 있다. 지구화는 개별 국가들이나 사회집단들의 이념적 지향과 행동목표, 그리고 정치활동 공간에 많은 변화를 초래하고 있는 것이다.

지구화의 명암, 국가역할의 변화, 정치활동공간의 변화라는 서로 연관된 요인들이 상호 작용하면서 오늘날의 세계질서와 개별 국가들의 선택에 영향을 미치고 있다. 세계질서와 국가의 미래는 오늘날 국내적·국제적 차원에서 얽혀서 서로 영향력을 미치고 있는 국가들과 사회세력들 사이의 역학관계와 선택에 좌우될 것이다(정진영, 2001).

이러한 상황에서 지구화와 관련하여 국가의 역할에 기대를 거는 관점에서는 국가의 민주화를 전제로 국가가 재분배 및 국제질서 형성의 주체로서의 역할을 정립해야 한다고 주장한다. 반면, 시민사회에 보다 많은 기대를 거는 관점에서는 지구화와 함께 변화하는 국가의 역할을 비판적으로 바라보면서 시민사회와 세계시민사회의 역할에 초점을 맞춘다.[2)]

2. 지구화, 경제성장, 부의 배분

1) 지구화의 긍정적 측면 : 경제성장과 자원의 효율적 배분

가. 경쟁적 시장으로의 통합

지구화는 생산요소들의 자유로운 이동을 통해 자원의 효율적 배분을 가져온다. 세계가 하나의 경쟁적인 시장으로 통합된다면, 생산요소들은 보다 효율적으로 사용될 수 있는 곳으로, 따라서 보다 그 가치를 높일 수 있는 곳으로 이동할 것이기 때문이다.

나. 시장규율과 효율성

국가들은 시장친화적인 효율적 정책을 택할 유인을 갖게 되며 경제정책에 대한 이러한 시장규율이 경제성장을 가져온다(시장규율효과).

다. 국제적·사회적 배분효과

완전경쟁시장의 논리에서 본다면, 지구화를 통한 시장의 확대와 경쟁의 강화는 부의 불평등이 개선될 수 있다. 경쟁시장에서는 효율성 증대에 따른 이득이 가격하락을 통하여 소비자들에게 전가된다. 따라서 통합과 경쟁증대는 다수에게 유리한 결과를 가져옴으로써 부의 불평등을 개선한다.

2) 지구화와 비관적 전망

지구화는 자원의 효율적 배분을 가져오지 않는다. 세계시장은 거대 다국적기업들에 의해 독과점적으로 지배되고 있으며, 지구화를 통한 시장의 확대는 이들의 활동무대를 넓혀줄 따름이다.

가. 제도적 기반의 결여와 불안정성

시장은 적절한 제도적 기반이 존재할 때 효율적으로 작동할 수 있으나, 현재의 세계시장은 그러한 제도적 기반을 결여하고 있다. 1990년대 이후 유럽과 멕시코 통화위기, 동아시아 금융위기, 중남미 통화위기 등 연속되는 위기가 이를 대변한다. 무리를 지어 이동하는 국제자본이 경제거품과 경제위기를 번갈아 발생시키듯, 세계시장은 결코 완전하지도 안정적이지도 않다.

나. 지구화와 불평등 심화

지구화로 인한 국제적 이동성 증가는 상이한 효과를 가져온다. 예컨대, 노동에 비해 높은 이동성을 갖는 자본은 보다 유리한 결과를 얻게 된다. 독과점적 시장구조 또한 불평등을 심화시킨다.

---

2) 최근의 거버넌스 논의는 이러한 지적과 무관하지 않다. 이러한 두 가지 상반된 시각은 거버넌스에 대한 상반된 평가로 연결될 것이다. 하지만 행정학 계열학문과 달리 정치학에서는 묻지 않는 경우 거버넌스를 지나치게 강조하는 것이 좋지 않다고 본다.

정보통신기술의 발전에 직접적으로 동참하여 효율성 증대의 혜택을 볼 수 있는 사람들은 세계 인구의 10% 정도에 불과하다. 특권층의 특권이 강화되고, 소외된 계층은 더욱더 소외되는 불평등의 심화가 일어나고 있다는 것이다. 이른바 "20대 80의 사회"가 등장하고 있다는 주장이다.

3) 지구화의 현실 : 경험적 평가

가. 지구화와 경제성장(효율성)

세계 전체의 경제성장은 1970년대부터 지속적으로 하락해 왔다. 이전보다 높은 경제성장률을 유지한 지역은 동아시아 · 태평양 지역과 남아시아 지역뿐이다. 지구화가 경제성장을 촉진시킬 수도 있겠지만, 그 가능성 못지 않게 오히려 경제적 쇠퇴나 위기를 가져올 가능성도 크다.

또한, 지구화가 진행된 이후 반복되는 외환위기[3]는 시장의 불안정성과 취약성에 대한 우려를 낳고 있다.

나. 지구화와 불평등성

저 · 중소득 국가들의 경제성장률이 고소득 국가들의 그것보다 높게 나타나고 있지만, 고성장을 보이는 동아시아 · 태평양 국가들을 제외하면, 고소득 국가군과 저 · 중소득 국가 간의 격차는 심화되고 있다.

또한 대내적으로 보면, 선후진국을 막론하고 실업률과 불완전 고용형태의 증가를 확인할 수 있다. 또한 임금에 기초한 경쟁을 통해 소수 국제자본은 저임의 혜택을 직접적으로 누릴 수 있는 반면, 노동은 임금인상을 기대하기 어렵게 된다. 특히 빈번한 경제위기와 이에 대한 대응의 과정은 스스로를 보호할 수 있는 세력과 그렇지 못한 약자들 사이의 갭을 더욱 벌리고 있다.

> 1990년대에 북미자유무역협정(나프타)으로 시장이 열리고, 청바지 공장에서 뒷주머니를 달던 멕시코 노동자 에르메네질도 플로레스의 삶에도 볕이 들었다. 미국으로부터의 주문 폭주로 2001년 주급은 68달러(약 6만3천원)로 거의 두 배가 됐다. 그런데 언제부터인가 "열심히 안 하면 공장 문을 닫고 중앙아메리카로 내려간다"는 공장장의 말이 들리더니, 새 기계 도입으로 쓸모가 없게 된 그는 지난달 900달러의 퇴직금을 받고 쫓겨났다.
>
> 〈월스트리트저널〉은 10년 전만 해도 개발도상국 빈민들에게 희망을 불어넣던 무역 · 투자 개방 등의 세계화 조처가 빈부격차를 벌리며 사회 갈등을 키워가고 있다고 보도했다. 1970년대 이후 기업들이 외국으로 공장을 옮기면서 선진국에서 비숙련 노동자들의 일자리가 사라져 양극화를 불렀다는 게 일반적인 해석이지만, 세계화로 개발도상국의 빈-부, 숙련-비숙련 노동의 양극화도 심화된다는 것이다. 가장 단적인 사례는 중국에서 소득불평등도를 나타내는 지니계수가 개혁 · 개방 전 0.29에서 2004년 0.47로 급증한 것이다. 지난해 세계은행 조사에서는 1970~80년대에 '경제자유화'를 단행한 중남미 12개국 가운데 9개국에서 소득불평등이 심화된 것으로 나타났다. 심지어 경제자유화 이후 소득수준 하위 20% 노동자들의 소득이 페루(-42%), 콜롬비아(-24%), 멕시코(-24%)에선 감소한 것으로 나타났다.
>
> 이 신문은 세계적 차원의 경쟁에서 새로운 생산방식에 적응하는 숙련노동자와, 그렇지 못한 비숙련 노동자의 임금과 고용기회에서 차이가 벌어지는 게 1차적 원인으로 보인다고 분석했다. 개발도상국에 진출한 다국적기업이 고임금으로 고급 인력을 흡수하는 것도 원인으로 꼽혔다. 예일대의 피넬로피 코지아누 골드버그 교수는 "세계화는 (개발도상국의) 비숙련 노동자들에게 도움이 될 것으로 기대됐지만, 현실은 그 반대라는 증거가 훨씬 많다"고 말했다. - 한겨레, 2007. 5. 26.

3) 80년대의 영국과 멕시코, 90년대의 남미와 동아시아가 대표적인 예에 속한다.

3. 지구화와 국민국가

1) 지구화와 국민국가의 변화

가. 근대국가와 Nation-state Building

근대국가는 영토적으로 통합된 지역에 대한 중앙 집권적 통제력을 지니고, 전문 관료를 지니고 있으며, 그 권력이 미치는 영역에 대해 독점적으로 법률을 제정하고 세금을 징수하며 폭력을 행사할 수 있는 정치 단위체이다. C. Tilly에 의하면, 근대국가는 강제력 집중, 중앙통제 강화, 경계통제 강화, 문화통제의 강화라는 네 가지 과정을 통해 형성되었다(이혜숙, 2002).

물리적 강제력을 독점한 국가는 중앙통제체제 구축을 통해 사회에 대한 지배력을 강화했다. 국가는 자신의 지배력을 영토 경계 내의 모든 지역과 국민 개개인에게 침투시키기 위해 방대한 국가기구(관료제)를 구축하고, 이를 통해 개개인을 감시 · 통제하였다. 또한 국가는 법질서 유지, 징세 · 징병과 같은 자원추출, 소위 공공재와 사회간접자본의 건설 등과 같은 기본적 기능으로부터 산업 · 재정 · 통화 정책을 통한 경제에 대한 개입과 관리, 교육 · 노동 · 복지 등과 같은 영역에까지 기능을 확장함으로써 국가 개입 범위를 넓혀 나갔다.

또한, 국가는 경계통제 강화를 통해 영토를 유지해 나갔다. 즉, 자본과 상품, 시민들의 국경간의 이동을 통제하기 위해 주민에 관한 정보를 통제하기 위한 관리체계를 구축하고(여권 · 비자의 제도화를 포함한다), 세관과 국경초소를 건설하였다.

마지막으로 국가는 문화통제의 강화를 통해 민족적 일체감과 국가에 대한 충성, 그리고 사회통합을 이끌어 냈다. 표준어 · 국기 · 국가 · 국경일 제정, 도량형 표준화 제정 외에 모든 주민이 하나의 국민 혹은 민족(nation)이라는 정치적 신화를 창출하였다.

C. Tilly는 이렇게 형성된 근대 국가를 통합국가라 불렀다. 말하자면 이러한 노력은 근대 국가 형성과정에서 '국민형성'(nation-building)의 일환으로 이루어진 것이고, 이런 점에서 근대 국가를 '국민국가'(nation-state)로 부른다.

나. 지구화로 인한 국민국가의 변형

국민국가의 형성과정을 '강압력의 축적 · 집중, 중앙통제, 경계통제, 문화통제'의 강화로 본다면(C.Tilly), 지구화는 이러한 국민국가를 해체하는 과정으로 이해될 수 있을 것이다.

먼저, 지구화는 국민국가의 중앙통제를 약화시킨다. 통합된 세계경제와 분화된 개별 국가체계 사이의 불일치 속에서 개별 국민국가의 거시경제 조정능력이 감소되고 인적 · 물적 자본과 정보의 흐름에 대한 통제력을 약화시키고 있다. 이 속에서 자본이동에 대한 규제를 완화할 수밖에 없고, 무역과 투자의 자유화를 불가피하게 인정할 수밖에 없는 것이다.

또한 지구화는 경계통제를 약화시킨다. 지구화는 국경선의 의미를 퇴색시키고, 개별 국가의 상품과 자본 · 정보 · 여행객 · 노동자의 이동을 통제하기 어렵게 하고 대내외적 유동성을 키운다. 경계통제의 약화는 문화통제의 약화를 가져온다. 상호의존성과 커뮤니케이션의 확대는 상이한 문화집단간의 접촉을 가져오고 하위 집단의 특수성에 대한 자각과 전지구적 보편문화의 출현을 촉진시킨다. 이 속에서 집합적 정체성은 약화되고, 국민국가 내의 하위집단들의 정체성의 자각을 촉진되기도 한다.

2) 국민국가의 전망

가. 국민국가 쇠퇴 · 소멸론

지구화는 시장사회에 의해 이끌어지며 시장사회를 위한 체제로 변화해 간다고 본다. 1960년대 후반이후 감축된 세계경제는 초국가적 경제의 체제로 확대되는 자극이 되었다.

지구화로 인한 국제 분업의 심화와 상호 의존의 증대, 시장주의의 확산은 국민 국가의 제도나 정치, 사회적 관계들에 심대한 영향을 미침으로서 국가의 자율성을 잠식할 뿐 아니라 국민 국가가 복지 국가 시대를 거치면서 형성해온 경제 제도와 사회관계, 그리고 국가 형태까지 변화를 촉진하고 있다. 이러한 변화의 결과 국가권위는 위로, 옆으로, 아래로 누수되고 있다. 어떤 문제에 대해서는 국가권위가 아예 사라지거나 증발해 버리고 있다.

예컨대, S. Strange는 그 변화를 국방영역, 통화 · 금융정책에서의 국가역할, 복지제공에 있어서의 국가의 역할을 통해 이야기한다.

먼저, 국가들의 생존은 전장에서가 아니라 시장에서 더 심각하게 위협받고 있다. 국가들의 생존을 위한 투쟁은 "영토획득 대신 세계시장에서의 점유율을 높이는 것으로 대체" 됐다고 한다.

통화 · 금융정책에 있어서도, 국가들의 전통적인 권한이었던 통화가치의 유지와 이자율, 인플레에 대한 통제력이 크게 훼손되었다. 자본의 국제적 이동에 따라 특정 국가의 통화가치나 경제적 흥망이 크게 영향을 받는다.

마지막으로 복지부문을 보면, 종래 시장경제의 확대와 복지의 확대가 동시에 이루어져 왔다면, 지구화 이후 조세천국들의 등장과 자본의 도피, 자본유치를 위한 국가의 혜택의 제공과 같은 현상은 국가 재정수입 감소를 가져왔으며, 이는 복지제공에 있어 국가의 역할을 제한하고 있다. 민영화는 국가의 경제에 대한 통제력을 더욱 약화시켰다.

> A. McGrew는 생산적 자본과 재정, 그리고 무역이 국가 경제를 가로질러 이동하고 있으며 이는 국내 영역과 국제 영역간의 전통적 구별을 무용하게 만들고 있다고 전제하고, 국가는 이러한 상황에 처해 우선 외부적 힘(국제 시장의 힘)들에 의해 제약을 받고 있어 경제적 통제능력이 없다고 주장한다. 군사력은 마지막 보루이지만 이는 경제적 복지, 환경 문제, 무역 문제 등 근대 국가가 직면하는 핵심적 문제의 해결에 거의 부적절하다. 복합적이고 역동적인 국제 관계로의 변화는 다자적 외교와 집합적 행동으로 국가행위의 중심을 이동시켰고 이는 국가가 자신의 운명을 통제하는 능력을 잠식히고 있다.
> 능력의 잠식, 국내-국외의 통합, 그리고 자율성 감소라는 세 가지 요인은 국가의 권위와 정당성(authority or legitimacy)을 잠식하고 있다고 본다. 이러한 현상들은 국가의 정책 수행 능력에 대한 불신을 심어주게 되고 오히려 초국가적 기구(IMF나 EU같은 조직체)나 지방 정부같이 작은 단위 기구들에 의존하게 된다는 것이다. 결론적으로 국가가 더 이상 세계의 일에 있어 기본 단위가 아니라고 주장한다.

나. 국가온존 · 강화론

Stephen Krasner 등에 의하면, 지구화가 국가주권을 약화시키고 있다는 주장은 과장되고 역사적으로 근시안적이다. 즉, 지구화와 국가 활동 사이의 가장 명백한 관계는 그들이 함께 증가했다고 보아야 한다는 것이다.

첫째, 지구화 현상이 역사적으로 새로운 것도 아니고, 그 정도도 특별히 높은 것이 아니다. 19세기 영국의 패권 아래에서 달성된 자유무역과 자본이동, 인구이동의 정도가 오늘날보다도 높았다. 그리고 경제적 교류의 증대가 국가의 활동을 위축시키는 것이 아니라 확대시킨다.

둘째, S. Krasner에 따르면 지구화와 무정부적 국제체계는 국가의 통제력에 제한을 가한다.[4] 그러나 통제력의 약화가 주권국가의 권위를 약화시키는 것은 아니다. 오히려 지구화가 진척될수록 국제적 관리의 필요성은 증대되고, 이것은 국가들 사이의 협정을 통해서 가능하기 때문에 국가의 권위는 더욱 증가된다.

셋째, 지구화는 주권을 변화시키지 않고 있다. 통제에 대한 도전과 권위에 대한 도전은 구분되어야 한다. 통제력 약화는 현실에서 국제협력을 통한 권위의 강화를 가져온다. 그것은 국제협력이 국제적 인정이라는 주권의 유효화에 의존하기 때문이다.

다. 참고 : 주권국가의 기능의 변화

A. Giddens는 지구화를 국가의 침식으로 볼 게 아니라 국가의 역할 및 관계 변화 내지는 국가적 과제의 인식형태 변화로 보아야 한다고 주장한다. 이 입장에 따르면, 국가는 집권적 통치체가 아니라, 다양한 주체들과의 협력 및 네트워크화에 주력하는 새로운 행동주체라는 것이다. 이러한 관점에서 기든스는 다음과 같이 주장한다(A. Giddens 1998, 123~129 참조).

먼저, 국가는 범지구화에 구조적으로 대응해야 한다. 민주화 운동은 국민국가의 권위를 약화시키는 것이 아니라, 권위를 거듭 주장하기 위한 조건이 된다.

둘째, 국가는 공공영역에서의 역할을 확장해야 한다. 시민사회 영역의 확대는 그에 따른 문제와 긴장을 낳을 수 있기 때문에 국가는 시민사회에 내재하는 이익의 상충으로부터 개인을 보호해야 하는 것이다. 단, 투명성과 개방성의 증대를 지향하는 헌정개혁이 수반되어야 한다.

셋째, 정당성을 회복하기 위해서, 적이 없는 국가는, 정부의 행정효율을 높여야 한다.

넷째, 범지구화의 압력은 전통적인 투표과정 이외의 민주주의 행태에 대한 가능성 뿐 아니라, 필요성까지 불러온다. 지방 수준의 직접민주주의, 전자투표, 그리고 그 밖의 가능한 수단을 통한 민주주의 실현은 정부와 시민은 직접적인 접촉을 재확립할 수 있다.

3) 국민국가의 미래

지구화는 의미 있는 변화를 수반하고 있다. 현재 회원국들이 통화주권을 자발적으로 양도하여 결성된 EU의 '이중 주권'의 상황, 이라크전을 포함한 국제사회와 강대국의 개입에서 보이는 국가주권에 대한 전통적 원칙(내정 불간섭 원칙)의 부인 등이 그것이다.

EU의 경우 회원국의 영토국가적 성격은 약화되고, 공공서비스 관할구역으로서의 영토를 유지하면서 자신의 관할 범위에 유입된 사람과 자본 등에 대해 전통적으로 제공해 오던 공공서비스를 제공하는 '기능국가'[5]적 성격이 강화되고 있다는 평가도 가능할 것이다. 혹은 P. Schmitter

4) 개별 국가들은, 특히 약소국들은 항상 그들의 내부에 대한 통제력을 확보하는데 한계가 있었다. 최근 주목받고 있는 인도주의적 개입도 전혀 새로운 것이 아니다. 과거에도 종교문제, 민족문제로 국제적 개입이 빈번히 이루어졌었다.

5) EU 회원국들을 대상으로 개념화된 기능국가란 국경이 사라지게 되면서 사람, 상품, 자본, 노동, 서비스, 정보 등이 자유롭게 이동함에 따라 기존의 국가가 관할 구역으로서의 영토를 유지하면서 전통적으로 제공해 온 각

의 기능적 정체[6] 논의(임혁백 2000b, 75~78)도 고려할 수 있다.

하위문화 집단 간의 갈등이 심각한 경우 국민국가의 분열이나, 비민주주의 체제로의 전환도 예상할 수 있다. 이 경우 대내적 분권모델(연방 혹은 준연방제 모델)로의 국민국가의 변화가 모색될 수도 있다. 그렇다고 이것이 국가의 약화 또는 소멸을 가져오고 세계정부와 같은 국제체제를 만들어 낼 것이라는 주장은 성급하고 비현실적이며, 오히려 당분간은 초국적 정체와 국민국가가 공존할 것이라는 전망이 보다 현실적이다.

지구화는 분명 국가의 모습을 근대적 의미의 국민국가와는 다른 형태로의 전환을 야기하고 있다. 먼저, 지구적 차원의 격화된 경쟁체제에서 생존을 위해서는 보다 많은 시장의 자유를 요구한다. 이러한 요구에 대한 대응이 탈규제 현상이고 이 과정은 국민국가의 약화로 비춰질 것이다. 반면, 시장이 기능하기 위해서는 그 기반이 되는 제도적 메커니즘이 요구된다. 재산권의 법적 보장과 자발적 교환에 있어서 거래비용을 낮추기 위한 가격메커니즘과 경쟁질서가 그것이다. 결국 국가는 이러한 제도를 보장하기 위한 재규제가 요구된다. 이러한 이율배반적 요구에 대한 대응이 기능국가라 불리든 기능적 정체로 불리든지에 관계없이 소위 뉴거버넌스라 불리는 현상의 본질이 될 것이다. 이러한 국가는 네트워킹 능력을 강화하고 네트워크가 작동하기 위한 제도적 기반을 제공하는 소위 규칙설정자로서의 국가라 할 수 있다. 그 성격에 대해서는 뒤에서 다시 볼 것이다.

4. 지구화와 시민사회

1) 지구화, 시민사회의 부활

첫째, 지구화는 정도에 대한 논란의 여지는 있으나, 국민국가의 약화를 가져오고, 나아가 국민국가의 역할과 기능의 변화를 초래하고 있다. 이러한 변화를 매개하는 것의 하나가 시민사회의 조직의 하나인 NGO라 할 수 있다. 개별국가의 위상에 따라 차이가 있으나, 지구화는 국가주권의 약화를 초래하고 그 속에서 상대적으로 시민사회의 공간이 확대되고, 이에 따라 등장한 새로운 통치주체로서의 NGO는 국가쇠퇴를 촉진시키고 있다고 할 수 있다.

시민사회는 NGO를 통해 국내적·국제적 관리체제에 대한 참여 채널을 확보하고 있으며, 새로운 규범을 창출하고, 때로는 공공재를 공급하기도 한다.

둘째, 정보통신기술의 발달은 개개 시민들의 커뮤니케이션과 네트워크를 형성·확산시키고, 공론장과 공동체 복원에 긍정적인 영향을 미친다. 이러한 네트워크는 일국적 차원에서만 진행되는 것이 아니라 세계시민사회 형성의 가능성을 타진하기도 한다. 인터넷을 통해 현대인들이 자신의 거주국 뿐 아니라 전 세계를 대상으로 자신의 관심과 이해의 폭을 넓혀감으로써 점차 세계시민으로서의 정체성을 지니게 되는 것이다. 그 과정에서 시민사회 네트워크는 사이버공간에서만이 아닌 현실의 공간에서 조직되기도 한다.

종 공공서비스를 관할 내의 객체에게 제공하는 국가를 말한다.

6) P.Schmitter가 말하는 기능적 정체란, 공동의 문제해결과 특정 공공재 생산을 위한 자율적 지역기구인 Condominio(유동적 영토와 유동적 기능), 주로 지역연합 내 구성되는 기구로서 중복적 과업 수행을 위해 위계적 권위체를 구성하여 처리하는 Consortio, 그리고 국가연합(Confederatio) 등을 말한다.

2) 지구화, 시민사회의 쇠퇴

지구화는 시민사회의 쇠퇴를 가져올 것이라는 견해도 존재한다.

지구화와 시장주의의 확산은 시민사회의 물신주의를 야기하여 시장적 인간에 의해 시민적 덕성을 잠식하게 되고, 경제적 불평등의 증가는 시민사회의 파편화 혹은 양극화를 가져오게 된다.

또한, 인터넷은 공동체 형성을 촉진하고 공동체를 강화하기보다는 오히려 개인의 원자화 혹은 J. van Alstyne & E. Brynjolfsson이 말한 발칸화(balkanization)를 야기한다.7) 커뮤니케이션의 통로는 공공 이익의 표출보다는 사적인 욕구의 표현의 채널로 변질되고, 네트워크는 소규모 폐쇄적인 공동체만을 양산할 뿐이라는 것이다.

탈퇴(exit) 옵션을 획득한 시민들은 공론장에 대한 참여를 통해 발언(voice)하기 보다는 시장으로 혹은 자신의 선호에 맞는 사람들과의 사적 공간으로 탈퇴(exit)해 버리게 되고, 이에 따라 시민사회 내의 공동체적 규범을 확산시키기보다는 시민사회 내의 개인들을 소규모의 배타적 집단으로 파편화시킬 수 있는 것이다.

3) 전망

지구화시대에 전지구적 규모로 확대되고 치열해지고 있는 시장경쟁으로 인해 민주주의를 지탱해 온 사회통합의 틀이 약화되고 있다. 반면, 국가는 이에 대한 유일한 해결책이 될 수 없다는 점에서 시민사회에 대한 관심이 증대되고 있다. 지구화가 가하는 하향압력 때문에 침식된 국가권력에 대한 대안으로 공동체에 관한 관심이 커지고 있다. 하지만, 시민사회가 자발적 질서와 조화의 원천은 아니다. 또한, 국가와 시민사회 사이의 항구적 경계는 존재하지 않는다. 중요한 것은 공공영역을 창출하는 것이다(A. Giddens 1998, 132~139 참조).

여기에서 관건이 되는 것은 정보의 유통과 커뮤니케이션에 대한 자본의 독점과 국가의 보호 및 digital divide 등이다. 그것은 국가에 의한 보편적 서비스 정책은 그 외형과 달리 실현되지 않을 것이라는 의미를 담고 있다. 반면, 전세계적 진보통신연합 네트워크(The Association for Progressive Communications ; APC)나 카피레프트 운동 등과 같은 흐름 및 역감시로서의 정보기본권 혹은 panopticon에 대한 synopticon과 같은 담론은 결국 시민사회와 민주주의의 전망이 권력의 문제로 귀결됨을 알 수 있다.

---

7) 발칸화(Balkanization)란 "서로 적대하는 작은 세력으로 분열시키다."는 뜻으로, 주변 강대국의 개입이 분열을 촉진하는 현상을 말한다. J. van Alstyne & E. Brynjolfsson은 인터넷으로 인해 공동체가 붕괴되면서 파편화되는 현상을 자발적 발칸화라 불렀다.
발칸반도는 아드리아해-동지중해-에게해-터키해협-흑해 사이에 위치한 원뿔형 모양의 지역이다. 동로마와 서로마의 교차점이자 15세기 이후에는 해안지역을 제외하고 오스만의 지배를 받았다. 따라서 인종적 다양성과 함께 종교적 다양성이 클 수밖에 없었다. 예컨대, 그리스(그리스, 알바니아, 코소보), 남슬라브(슬로바니아, 크로아티아, 세르비아, 몬테네그로, 보스니아-헤르체고비나), 슬라브화된 튀르크(불가리아), 로마(루마니아, 몰다비아), 투르크(터키) 등이 자리 잡고 있다. 남슬라브 계 내에서도 슬로바니아와 크로아티아는 가톨릭을 신봉하며, 세르비아와 몬테네그로는 그리스 정교회를, 보스니아-헤르체고비나는 가톨릭-정교회-이슬람을 신봉하는 주민이 섞여 있어 분쟁이 발생한 이후에 인종적, 종교적 균열이 점차 심화되었다.
19세기 말 ~ 20세기 초 이 지역은 러시아와 오스트리아 등의 세력이 충돌하면서 화약고가 되었고, 결국 제1차 세계대전의 진원지가 되었다. 20세기 말에는 구 유고연방이 해체되는 과정에서 전쟁과 내전이 연이어 발생했다.

5. 지구화와 민주주의

1) 지구화와 민주주의의 확산

국경을 초월한 정보의 흐름은 권력으로 하여금 사회적 통제를 어렵게 만들며, 민주화에 대한 외부의 지원, 즉 NGOs를 포함한 국제적 압력이 강화되고 있다. 또한 국가의 정책자율성 약화와 시장으로의 권력이전은 독재정부의 존립을 더욱 어렵게 만든다는 점에서 지구화 시대의 도래는 민주화의 제3 물결을 가져왔다. 이러한 민주주의 제3의 물결은 자유민주주의 이념과 제도를 보편화시키고 있다.

지구화는 국가간 상호의존성의 망을 심화시키고 있다. 이는 민주주의의 전망을 일국적 차원에서 전지구적 차원으로 확대시킴과 동시에 민주주의의 내포적 심화에 대한 전망을 조심스럽게 내놓게 하고 있다. 신사회운동, 북구의 사회민주주의, 스페인의 몬드라곤(Mondragon) 지역을 중심으로 한 산업민주주의의 실천, 일본의 주민운동, 브라질 포토 알레그레市의 실험 등이 그것이다. 최근에 이러한 일련의 운동은 시민운동의 지구적 연대로 인해 점차 확산되고 있다.

2) 지구화와 민주주의 위협

가. 대외적 제약

세계시장으로부터 오는 제약

지구화는 민주주의의 사회적 기반을 파괴하고, 국가자율성 및 국가능력에 대한 제약을 통하여 민주적 주권행사를 어렵게 만든다.

정부는 시장의 요구에 순응하는 정책행위를 강요받고 있다. 정부는 두 개의 서로 다른 신임투표, 즉, 선거를 통한 국민들로부터의 심판과 시장을 통한 대내외 시장참여자들로부터의 심판을 받는다. 국민의 요구에 순응하는 민주주의(good democracy)와 시장의 요구에 순응하는 경제관리(good economic governance) 사이에 갈등이 존재한다. 특히 민주주의의 공고화와 시장경제로의 전환을 동시에 추구하는 이중전환국들의 경우 이러한 갈등이 더욱 심각하게 나타날 수 있다.

최근에는 WTO를 통한 세계시장의 통합이 제동에 걸리면서 (WTO를 중심으로 한 지구화에 대한 유럽의 대응이 EU였다) 미국은 다자주의를 대신하여 쌍무주의에 입각한 FTA였다. 이러한 FTA는 특히 개발도상국에 있어서 대외적 개방을 요구하고 있으며, 최근의 개방이 단순히 교역과 관련된 무역개방을 넘어서는 서비스 분야와 지적재산권 분야, 그리고 문화까지 포괄하고 있다는 점에서 대내적 결정에 있어서 제약은 더욱 커질 수밖에 없다.

국제기구의 민주성 결핍

지구화를 실현해 가는 구체적이고 현실적인 힘은 미국의 군사력과 경제력이라 할 수 있으며, 지구화는 보편주의로 포장된 기독교적 가치와 신자유주의, 그리고 헐리우드 문화와 코카콜라로 상징되는 미국적 가치의 확산이라 볼 수 있다. 따라서 지구화는 미국적 패권지배구조의 확산이며 이것이 창출하고 있는 것은 문명 간의 충돌과 세계적 수준에서의 불평등의 심화과정이다.

이 과정에서 이루어지는 국경을 초월하는 지구적 문제에 대한 관리에 있어서 초국적 정체들의 위상이 문제된다. 즉, 국제기구들의 운영이 강대국 중심으로 이루어진다면 이것은 개별 국가차원에서 민주적 정책결정을 위협할 수 있다. 국제기구들이 개별 국가들에 미치는 중대한 영향력을 감안할 때, 이들의 운영이 민주적으로 이루어지지 않는 한 개별 국가차원에서 실천되는 민주주의의 질을 보장할 수 없는 것이다.

나. 대내적 제약 2008 행정

대내적 긴장의 증대 : Dani Rodrik[8)]

첫째, 지구화는 "국경을 건널 수 있는 집단들과 그렇지 못한 집단들 사이의 불균형을 증대"시킨다. 국경을 가로지를 수 있는 생산요소를 보유하고 있는 집단들은 탈퇴(exit) 옵션을 보유하고 있기 때문에, 그렇지 않은 집단과의 협상에서 우월한 입장에 놓이게 된다. 자본이 노동과의 근로조건 협상에서나 국가와의 세금협상에서 유리한 위치에 놓이게 되는 이유가 바로 여기에 있다(이 설명은 찰스 린드블럼이 이야기하는 '자본의 구조적 힘'과 유사한 논리이다).

둘째, 지구화 "국내적 규범 및 제도를 둘러싸고 사회적으로, 국제적으로 갈등을 야기"한다. 예컨대, 농산물 시장, 금융시장, 문화시장의 개방 등과 관련하여 다양한 갈등들이 노출되고 있으며, 이것은 세계화가 사회적 분열을 초래하고, 국내정치의 의제설정에 중요한 영향을 미칠 수 있음을 보여주는 것이다.

셋째, 사회적 통합의 유지를 가능케 했던 제도적 장치들의 작동이 지구화로 더욱 어려워지고 있다. 정부에 의한 사회보장은 재정적 기반이 약화되면서 커다란 위기를 맞고 있다. 이는 사회적 긴장을 고조시킨다. 로드릭은 이러한 사회적 긴장의 증대가 세계화의 진전을 되돌릴 수도 있음을 경고하고 있다.

로드릭이 이야기하는 바와 같이 지구화가 이러한 사회적 균열과 불평등을 심화시킨다면, 이는 민주주의의 기반을 잠식해 나갈 것이다.

국가의 민주성 결핍 : 국가자율성 확대

사회 복지국가 모델에서 경쟁적 민족국가 모델로의 이행이 일어나면서 국가활동의 기조는 주권의 민주적 행사에 있다기보다는 국민국가의 입지경쟁력을 높이기 위해 자본을 유인하는 서비스 제공으로 바뀌고 이와 함께 사회적 파편화 현상이 급증하고 있다. 이 과정에서 민주주의와 함께 국민국가에 통합되어 있던 정부와 통치사이에 이완현상이 생기면서, 정부의 통치능력의 약화와 관료제의 시민사회에 대한 자율성이라는 상반된 모습을 보이고 있다. 소위 시민의 정치적 기본권이 형해화되고 정부 정책에 있어서 시민의사와의 괴리가 나타나는 것이다.

3) 전 망

가. 민주주의 조건의 파괴

근대국가는 민주적 과정을 통한 대응성과 체제효율성 제고와 복지제공을 통한 책임성, 그리고 형식적으로 보장된 자유의 기회를 실질적으로 평등하게 분배하는 사회적 연대성의 확보를 통한

8) 대니 로드릭(Dani Rodrik)는 "한 국가가 동시에 민주주의, 주권, 세계화라는 3가지 목표를 동시에 실현할 수는 없다."는 세계화 발전과 관련된 '삼위일체 불가능성(trilemma)'을 제시한 바 있다. 이 모델에 따르면 세계주의 시대는 경제적 이익을 위해 세계화를 추구하고 민주주의를 포기하는 경향을 보인다. 반면, 탈세계화 시대에는 시민의 요구하는 정치와 국익을 위해 세계화를 거부하는 구조가 등장한다.

집합적 정체성이라는 정치체제 및 민주적 정당성을 어느 정도 확보해 왔다.[9] 이를 가능케 한 것이 국내적으로는 케인즈주의적 복지국가라는 전후 사회합의체제였고, 대외적으로는 국제정치경제적 차원에서 이루어진 자유무역과 자본에 대한 통제라는 규제된(배태된) 자유주의(embeded ligeralism)이었다.

그런데, 자본에 대한 통제 약화로부터 촉발된 지구화과정은 전후 국제질서의 변화(배태된 자유주의의 토대인 Brettonwoods 체제의 붕괴)를 야기했고, 대내적으로는 후기산업사회로 전환되는 과정에서 변화된 계급지형이 복지국가를 위한 토대(예컨대, 조합주의적 이익대표체제 등)를 약화시켰다. 이제 자본주의와 민주주의의 긴장이 새로운 국면으로 전환된 것이다.

다국적 기업에 의해 추진된 생산자본의 세계화는 단순한 기업간 경쟁을 넘어 국민국가적 체계들 간의 첨예한 입지경쟁까지 낳았으며, 정보통신기술의 혁명적 변화에 힘입은 금융자본의 세계화는 천문학적 액수의 자본이 초단위로 이동됨으로써 국민국가의 자율적 경제정책 능력을 제약하고 있다(2007년의 서브프라임 사태를 생각해 볼 것).

지구화는 소위 자본유치국가 혹은 경쟁적 민족국가로의 전환 과정에서 시민권이 형해화되면서 국민국가의 통치능력을 급속히 감소시켰지만, 국제기구들이 global affair에 대한 경제적 자유화의 장애물을 제거하는데 초점을 맞추는 소극적인 조정에 머무르면서 경제적 자유화의 부정적 결과를 정치적으로 교정하지 못하고 국내에 피이드백되어 국민국가의 정당성 위기를 심화시키고 있다. 바로 여기에 지구화 시대의 민주주의 딜레마가 있다. 즉, 국민국가에 기반한 민주주의가 구조적 위기 속에 있는 상황에서 지구화는 초국가적 정치공간을 열어 놓으면서 민주주의 위기를 극복하는 데 장애 요소로 작동하는 것이다.[10]

나. 지구화와 공적 결정과정

근대국가는 관료제를 통한 대내적 통합과 기능적 조정을 통한 사회적 통합(소위 Tilly의 통합국가는 이런 맥락에서 이해될 수 있다)을 특징으로 한다. 그러나 국가의 주권이 다층화(위로, 옆으로, 아래로 분화) 되면서 소위 정부 없는 통치(governance without government)를 낳고 있다.

이 과정은 동시에 Grande가 지적하는 '시민들의 형식적 참정권과 그 실질적 영향력 행사 기회 사이에 불일치'를 확대하는 과정이기도 하며, 정치과정을 더욱 더 엘리트론이 지적하는 것과 같이 폐쇄적으로 만들고 과두화되도록 하는 것이기도 하다.

이렇게 보면, 국민국가 약화와 강화는 동전의 양면이라 할 수 있다. 국가약화는 실질적 민주주의의 상실 혹은 민주적 정당성의 약화(낮은 반응성과 책임성)를 의미하면서도, 정치조직으로서

---

9) 근대 민주주의는 상징적 통합을 통해 형성되고 유지되었던 국민의 집합적 정체성을 바탕으로, 토의와 다수결 원리에 따른 민주적인 의사형성과 의지형성 절차를 거쳐, 시민의 사회경제적 권리의 보장을 통한 사회적 연대성을 창출하는 정당화 메커니즘에 의존해왔다.

10) 정치적 측면에서 볼 때 지구화는 국제협상을 통하여 해결해야할 문제가 늘어난다는 것을 의미하고, 그러한 협상이 시민들의 삶에 직접적으로 영향을 미친다는 것을 의미한다. 그러나 국제협상은 협상력을 높이려는 과정에서 시민의 선호 및 이익에 대한 정치적 대표자들의 반응성을 심각하게 축소시키거나 시민의 선호로부터 자율적인 영역으로 남겨져 있다. 또한, 협상의 국제적 차원과 국내적 차원의 의사소통상의 갭이 발생하며 공론을 배제하도록 만든다. 마지막으로, 이러한 결과 정부 운영의 기술관료적 성격은 강화되고, 정치적 논쟁이나 정치적 관심은 정책선택이 아니라 정책결과에만 쏠리게 되고 만다.

의 국가의 자율성 증대라는 국가강화를 의미하기 때문이다.

다. 결 론

지구화는 민주주의에 있어서 쉽게 결론 내리기 어려운 주제들을 던져 놓고 있다.

먼저, 근대 민주주의의 근간이 되는 국민국가 · 영토국가 · 민족국가의 위상을 바꾸어 놓고 있는 것이 사실이다. 그렇다면, '지구화라는 조건 속에서 민주주의는 과연 지금까지와 같이 일국적 수준(a nation level)에서 가능한가'에 대한 답변이 요구된다(이러한 답변을 위해서는 지금까지 보아왔던 주제 하나하나에 대한 고려가 필요하다).

가능하다면 그 조건은 무엇이며, 이를 제약하는 조건을 어떻게 극복할 것인지에 대한 대답이 나와야 한다. 예컨대, 국내적으로는 사회적 긴장의 극복과 콘센서스 · 통합의 확보, 시민사회 및 공론장의 활성화가 이야기된다. 하지만, 국제적 제약은 어떻게 극복할 것인가?

일국적 수준이 아닌 세계적 수준에서의 논의로 확장되어야 하는가? 그렇다면, 그것은 세계시민사회를 전제로 하며, 국제기구의 민주성 결핍을 치유하기 위한 새로운 유형의 민주적인 절차와 제도화를 요구할 것이다. 하지만, 너무 이상적이지 않는가라는 질문에 대한 대답이 준비되어야 할 것이다.

참고로, 지구화와 민주주의의 관계에 관한 대립적인 시각은 다음과 같이 나타낼 수 있다.

지구화와 민주주의의 친화성	vs	지구화가 민주주의의 긴장
• 경제성장과 풍요의 경제 • 국가자율성 약화와 시장 및 시민사회로의 권력이전(시민사회 부활, 개인권리확대) • 정치적 압력증대(국경을 초월한 정보흐름과 NGO 및 외부압력)		• 민주주의의 물적 토대 붕괴 • 세계시장의 제약과 자본의 구조적 종속(사회경제적 시민권의 형해화) : 국민국가 축소와 민주적 정당성 위기 • 탈이데올로기와 정체성 상실, 민족주의 부활 • 불균등 지구화와 국제기구의 민주성 결핍

제 2 절 정보사회와 민주주의

민주주의는 정치적 평등주의를 지향하지만, 각 시대와 사회는 나름대로의 고유한 민주화의 과제를 제출한다. 19세기 서구사회에서의 남성보통선거권, 20세기 초 서구사회에서의 남녀평등, 60년대 미국의 인종문제 등이 그것이다. 그렇다면 정보사회가 제기하는 민주주의의 문제는 무엇일까? 정치가 시민의 적극적 참여와 관심에 의해 주도될 때, 시민 권력이 창출될 때 정보기술의 민주적 잠재력은 비로소 실현된다는 점을 인식하는 것이다.

정보통신기술의 발달이 정치발전에 미치는 영향은 크게 정부의 투명성 및 책임성 강화와 국민의 참여성 증대 두 가지로 나타난다. 그리고 정보통신기술의 두 가지 특성, 즉 정보전달비용 및 속도개선과 정보흐름의 쌍방향성이 가져오는 정치발전의 방향은 크게 정보공유확산과 정치참여 확대로 나타난다.

그러나 정보기술의 발달이 반드시 이러한 정치발전을 보장하지는 않는다. 정보기술은 전자감시사회를 가능케 하고 조지 오웰이 우려했던 Big brother나 그가 예측하지 못했던 Little sister의 등장을 가능케 한다. 정보화시대의 정치발전을 위해서는 정보기술적 요소와 더불어 정보기술을 사용하는 주체들의 노력과 사회제도적인 요소들이 반드시 뒷받침되어야 한다. 정부의 정보공개 의지와 전자여론에 대한 성실한 반응, 국민들의 적극적이고 진지한 정치참여 없이 정보화시대의 정치발전은 불가능하다.

Ⅰ. 개 관

1. 정보사회

(지식)정보사회는 사회의 기본원리가 지식과 정보의 생산과 분배에 의해 결정되는 사회를 말한다(김동노 2003, 140). 정보기술 발전으로 등장한 정보사회는 사회의 모든 부문에서 정보가 가치창출의 원천이자, 정보의 가치가 다른 재화에 비해 상대적으로 높은 사회로 정의되기도 한다. 사회학적 관점에서 (지식)정보사회는 부와 권력이 지식과 정보의 배분과정에 따라 달라지고, 지식과 정보에 대한 통제는 사회의 자원의 불평등을 결정하는 핵심요인으로 작용하는 사회라 정의할 수 있다.

정보기술의 발전은 개인, 가족, 집단 및 소식과 같은 사회 구성요소가 네트워크로 연결되는 네트워크 사회, 기술의 융합을 넘어 산업과 제도간의 융합으로 이어지면서 사회 모든 요소 간의 경계가 허물어지는 유연사회를 등장시켰다. 최근에는 정보기술을 중심으로 전통적인 산업기술·콘텐츠기술·생체기술·나노기술·우주항공기술·환경기술 등이 융합되고, 모바일 서비스, 위치기반 서비스, 가상현실(VR, virtual reality) 및 증강현실(AR, augmented reality) 등 스마트 기술의 발전으로 스마트 사회 개념이 주목받고 있다.

정보통신기술의 발달은 다양한 정보가 디지털화됨에 따라 정보와 그 전달매체가 하나로 통합되고, 쌍방향 커뮤니케이션과 같이 정보전달방식에 변화를 가져왔다. 또한 가상공간의 창출은 물리적으로 일회적으로만 존재할 수 있었던 시간과 공간을 무한히 재생산해 낼 수 있는 가능성을 열었다. 이러한 공간은 시간과 물리적 공간의 물리적 한계를 넘어 사회의 모든 요소를 네트워크로 연결시킨다.

이렇게 볼 때, 정보화는 정보통신기술의 발전으로 사회구조의 변화가 초래되는 현상으로, 그 변화의 핵심은 사이버 공간을 통한 의사소통의 활성화와 정보의 공유로 특징지을 수 있는 사이버 영역의 확대이다. 사이버 영역의 확대 속에서 의사소통은 시간과 공간적 제약으로부터 자유로워지면서 물리적 시간의 동시공유를 가능하게 하였다.

행위 주체와 사회적 행동양식의 측면에서 보면, 시민사회내의 가상공동체라는 새로운 의사소통의 공간과 네티즌이라는 새로운 주체의 등장, 정보기술을 매개로한 의사소통과 정치적 참여의 확대를 포함한다. 이는 정치적 커뮤니케이션과 정치과정의 변화로 이어진다.

참고 가상공간과 사이버 공동체

인터넷을 통해 형성되는 사회적 관계란, 기존의 현실 세계에서 가지고 있던 개인의 사회, 문화적 요소들과 독립된 것은 아니다. 즉, 사이버 공간에서 형성되는 사회적 관계와 양태들은 현실 사회 관계의 구성물 혹은 투영물이다. 그것은 가상공간이 현실적(actual) 공간이 아닌 실재적(virtual) 공간이기 때문이다 ; 눈앞의 현실에 실재하지는 않으나 타자와의 관계가 이루어지는 실재적 공간이자 경계관념이 붕괴되면서 다양한 주체들의 상호작용을 야기하는 공적 공간이기도 하다.

가상공간은 인간의 육체와는 무관하게 형성되는 반공간적 · 반육체적 · 익명적 공간이다. 반공간성은 공동체로부터 책임성 · 헌신성 · 유대감이 없는 익명성의 개인들의 사회를 만들어 내며, 규범의 사각지대로 인식된다. 이와 동시에 지속적 상호작용 과정이 이루어지는 쌍방향적이면서도 개방성과 평등성이 강하게 나타나는 공간이기도 하다.

이러한 속성으로 인해 가상공간은 어떠한 실질적인 유대가 없는 파편화된 개인들로 이루어진 무정부 상태, 즉 Hobbes적 개인들의 공간이 될 수 있음을 의미한다. 개인주의 촉진과 공동체의 쇠퇴, 사회의 파편화 · 분절화, 타인의 대상화, (상호욕설과 명예 훼손적 발언과 같은) 공격적 성향의 강화는 이를 반영한다.

반대로 개방성과 평등성은 호혜성의 규범의 형성과 사회자본의 강화로 나타날 수 있다. 다양한 사이버 공동체와 민주적 · 참여적 공론장의 활성화로 이어질 수 있다. 공론이라는 것이 자율적인 개인들의 쌍방향적 상호작용 네트워크를 전제로 하기 때문이다.

reality가 사실적인 것을 뜻한다면(물론 현실을 재현한 것이 마치 실제하는 것처럼 보이는 것을 의미하기도 한다), virtual은 기술적으로는 실제로 존재하는 것이 아닌 상상하여 만들어진 상황이나 물체를 가리키기 위해 사용하는 용어다.
virtual reality(virtuality)은 가상현실로 번역되는 데 the quality of having the attributes of something without sharing its (real or imagined) physical form으로 정의될 수 있다(wiki 백과). 쉽게 말해 존재하지 않지만 존재하는 그러한 상태를 의미한다고 볼 수 있다. 최근에는 가상공간과 현실공간이 융합되는 증강현실(AR, augmented reality) 개념이 확산되고 있다.

2. 정보(통신)기술의 특징과 함의

정보(통신)기술은 정보기술(컴퓨터)과 통신기술이 융합된 기술이다. 정보기술은 정보처리의 신속성과 정확성을 통해 의사결정의 합리성과 관리의 효율성을 높일 수 있게 한다. 통신기술은 쌍방향성과 원격지에 있는 요소를 연결시킴으로서 시간적 · 공간적 장벽을 제거하고 쌍방향적 소통을 가능하게 한다.

1) 시간과 공간의 제약 극복 : 정보유통속도

정보기술의 가장 중요한 특성 중 하나는 시간과 공간의 제약을 극복할 수 있다는 점이다. 이를 통해 정보생산자와 수요자의 물리적 위치에 상관없이 방대한 양의 정보를 빠른 시간에 전달할 수 있게 한다. 전화, 팩스, 편지 등을 이용하던 시대에는 정보에 접근하거나 전달하는데 많은 시간과 비용을 필요로 하였으며, 따라서 제한된 사람들만이 정보를 공유할 수 있었다. 그러나 인터넷 네트워크를 통한 정보전달은 비용과 속도에 별다른 제약을 받지 않으며 정보공유의 범위는 무한하다.

2) 정보흐름의 쌍방향성

정보통신기술의 발달은 정보의 흐름을 쌍방향으로 전환시킨다. 과거 대부분의 정보가 정부나 정당 · 언론에서 일반시민으로 흐르던 것이 정보화시대에는 일반시민에서 정부나 정당으로 투입되는 정보의 양이 급격히 증가하게 된다. 국민이 더 이상 정보흐름에 있어 수동적인 입장에 머무르지 않고 자신들의 의사를 직접 정부와 정당에 전달하는 능동적인 행위자로 변화하며 이는 정치영역에 있어 시민 권력의 강화를 가져오게 된다.

3) 정보처리의 정확성

정보통신기술은 자료처리기술인 컴퓨터기술과 커뮤니케이션 기술의 융합으로, 컴퓨터 기술은 자료처리의 신속성과 정확성을 향상시켰다. 또한 기능별, 조직별로 관리되던 정보가 통합 · 관리된다.

이는 관리효율성과 의사결정의 합리성을 증진시키지만, 동시에 조직과 사회의 개별적인 정보를 통합 · 관리할 수 있게 된다는 것은 집권적 통제와 감시의 일상화를 가능케 한다는 뜻이기도 하다. 영화 「Minority Report」나 「데몰리션맨」이 은유적으로 묘사한 바와 같이 전자 판옵티콘이 현실화됨을 의미한다.

4) 함 의

정보통신기술의 발달은 정치적으로는 정부의 투명성 및 책임성 강화와 시민의 참여성 증대로 나타날 수 있다. 그러나 전자감시와 기술적 합리성의 증대는 정보기술의 발전이 민주주의 퇴행으로 이어질 수 있다는 비관적 전망도 나름대로 설득력을 갖는다.

Laudon은 정보기술이 지닌 잠재력에 따라, 자료변형기술 · 대중참여기술 · 상호작용기술로 분류한다(강정인 1999, 182~185). 그리고 ① 자료변형기술은 전문가에 의해 주도되는 기술관료적 민주주의와, ② 대중참여기술은 다수 대중의 여론이 대표라는 매개항이 없이 정치체제로 투입되는 민중주의적 민주주의(신임투표적 민주주의)와, ③ 상호작용기술은 수평적이고 쌍방향적 커뮤니케이션을 기반으로 전자 공론장을 창출하고 상호 조정되는 다원적 민주주의와 친화관계가 있다고 보았다. 즉, 정보기술의 발달이 사회와 정치를 단선적 방향으로 변화시키는 것이 아니라, 각 기술이 지닌 접근성과 가능성, 그리고 통제라는 맥락에 따라 사이한 결과가 나올 수 있다는 것이다.

3. 정보기술과 사회의 관계에 대한 두 가지 관점

1) 기술결정론 : 정보사회론

기술결정론은 정보 기술이 곧 특정 모습의 정보사회를 가져올 것이라는 믿음에 바탕을 두고 있다. 즉, 기술변화의 경로는 필연적이며, 기술은 특정사회 변화를 요구한다고 한다. 다시 말하면 기술의 성격과 그 변화의 방향은 기술의 내적 논리나 경제적 합리성에 의해 미리 결정되었다고 보는 것이다. 그리고 기술은 인간의 노동과 경제생활, 사회전체에 필연적이고 결정적인 영향을 준다.

그러나 이러한 접근방식은 신기술의 창출과정에 대한 분석이 약하여 사회적 영향에 대한 이해를 결여하고 있다. 또한 주어진 기술의 사회 결과에만 치중하여 기술이 만들어지고 사용되는 과정에서의 인간행위가 가지는 중요성을 경시하며, 기술에 의한 필연성을 강조하여 인간 선택의 가능성을 약화시킨다.

2) 기술의 사회형성론

기술변화의 결과뿐 아니라 기술의 창출과정에 대해 사회과학적 설명을 시도하려는 시각이다. 이 견해는 기술의 창출과 사용이 사회적 산물이며, 따라서 기술 창출과 사용의 여러 단계에서 다양한 선택이 가능하며, 이에는 기술적 · 사회적 · 경제적 · 문화적 · 정치적 요인들이 작용한다고 본다. 이 시각에 의하면 기술혁신의 초기 단계에서부터 기술 개발의 결과 예측되는 문제점들에 대해 전략적 개입을 시도하려는 경향이 있으며, 기술적 의사 결정을 민주화하고자 한다.

사회형성론은 기술발전의 사회적 맥락성을 강조한다. 기술은 시장 환경, 국가에 의해 제공되는 지원과 규제, 계급 및 권력관계 등의 보다 거시적인 요인들이 기술의 속도와 방향, 형태, 그리고 기술의 사회적 결과에 영향을 미치게 된다고 주장한다. 사회형성론에 따르면 정보사회도 그 자체의 기술적, 필연적인 경로를 따라 발전하는 것이 아니라 사회적으로 형성되는 성격을 지닌다. 예컨대, 사회적으로 어떤 기술이 채택되는가에 따라 상이한 결과로 이어진다고 본다.

4. 정보사회에 대한 낙관론과 비관론

1) 낙관론

낙관적 전망은 주로 정보를 가진 시민의 형성과 정치참여의 증대, 전자적 공론장 형성과 시민사회 활성화를 그 근거로 든다.

① 정보기술은 물리적, 시간적 거리를 축소시킴으로써 정치체제에 대한 접근성과 정보에 대한 접근성을 높여준다. 이는 민주주의의 전제 조건인 시민참여를 촉진시키며, 정보를 가진 시민을 양산하여 대중의 성숙된 판단(집단 지성)을 가능하게 한다.

② 정보기술은 시민참여 과정에서 발생하는 정보탐색비용과 접근비용을 낮춘다. 이 과저에서 경제적 제약으로 인해 정치시장에 진입하지 못했던 후보자들에게 선거에서 경쟁할 수 있는 기회를 주기도 한다. 대표적인 예로 웹사이트를 효과적으로 활용한 개혁당의 제시 벤츄라를 들 수 있다. 그는 1998년 미네소타주지사 선거에서 65,000달러의 선거비용으로 평균 1,500만 달러를 투입한 타 후보자들을 누르고 주지사 선거에서 승리하였다.[11)]

③ 정보통신기술의 발달은 정부 관료와 대표자인 국회의원들이 독점하고 있는 공적 결정 과정에 일반 시민들이 참여할 수 있는 수단을 제공한다. 시민들은 정부나 정당 홈페이지를 통해 정부의 주요정책에 대한 자신들의 의견을 전달하고 담당자의 답변을 얻을 수 있으며, SNS를 통하여 자신의 정치적 견해를 적극 개진할 수 있고, 사이버포럼을 통하여 정치적 이슈에 대해 상호 의견을 교환할 수 있다. 때로, 전자투표를 통해 직접 결정할 수도 있다.

2) 비관론 및 비판론

정보사회로의 진입은 정치적 대중조작과 연예화, 정보의 과부하(information overload or explosion)에 따른 시민의 정치적 무력감,[12] 정보의 집중과 독점 및 조작에 따른 전제정치의 위험성(전자 panopticon), 정보불평등의 심화 등을 초래할 수 있다.

Harris, Huntington은 정보기술의 발전이 hyperdemocracy(과다민주주의)를 초래할 수 있다고 지적한다. 해리스에 의하면, 인터넷으로 인해 정치과정에서 다수의사를 즉각적으로 확인할 수 있게 됨에 따라, 정치가들은 여론조사 등에 지나치게 민감해지고, 이익집단은 정부에 대해 과도한 영향력을 행사할 것이라고 우려하였다. 유권자들의 모순적 주장(예컨대, 유권자들은 증세에는 반대하면서 정부지출의 축소는 원하지 않는다)에 볼모가 된 정부는 기능 부전에 빠질 것이다. 정제되지 않은 충동적인 다수의견의 산술적 합계가 곧 여론으로서 공공정책에 압력을 가하면 이는 민주주의를 저급한 다수의 통치로 전락시킨다.

선거 기간 중 인터넷에는 검증되지 않은 정보, 특정 후보자를 비방하는 정보가 대량으로 유포되기도 한다. 시민의 정치참여는 규범적 요청이라 하더라도 익명성의 무기를 이용하는 이런 참여가 사이버 공간을 지배하는 경우, 정치는 실종될 수밖에 없다.

또한 인터넷은 일종의 과다 접속(hyper-connectivity)의 상태를 초래한다. 특수 이익들이 쉽게 조직될 수 있는 인터넷에서 파편화된 분절화된 개별 이익들이 사이버 공간을 지배할 때, 공동체는 파괴되고 사이버 공간은 개별적 목소리들만 왕래하는 공허한 외침만이 있을 뿐이다.

3) 소 결

정보기술 자체는 그 자체로 전자민주주의의 이상을 실현해 주지는 않지만, 동시에 비관론에 입각한 러다이트 또한 비현실적이다.

정보통신기술은 '민주적 가능성'과 '감시의 가능성'이라는 양면성을 가지고 있으며, 이는 전자민주주의가 결국 정보기술을 통한 정치참여의 양적 증대가 아닌, 권력의 문제로 귀결됨을 의미한다.

---

11) 인터넷을 이용한 그의 선거운동이 성공할 수 있었던 이유 중의 하나는 당시 미국에서 전자민주주의를 실험하고 있는 가장 규모가 큰 조직이 미네소타에 있었다는 사실이다. e-democracy는 평소에도 빈번히 미네소타주 전약을 대상으로 정치적인 토론을 개최되었다. 주민들이 인터넷을 통해 정치정보를 획득하고 토론에 참여하는 데 익숙해져 있었던 점도 작용하였다(박준영 외 2001, 416).

12) Rotenstreich는 직접민주주의는 결정이 수반되지 않는 방관자적 참여, 즉 소극적 참여를 가져오는 데 그칠 수 있다고 지적한 바 있다. 정치적 무력감이나 무관심은 토크빌이 미국정치를 두고 예언한 부드러운 전제정치 출현의 온상이 될 수 있다.

참고 정보사회와 전자감시 / Panopticon

[1] Panopticon

Panopticon은 원형의 구조물에 죄수를 수용하는 시설을 두고, 가운데 감시탑이 있는 구조물로 Jeremy Bentham에 의해 제안된 원형 감옥을 지칭한다.

panopticon은 두루(pan) 보다(opt)는 의미로 나온 합성어인데, Michel Foucault는 그 본질을 시선의 비대칭성으로 규정했고, 그 속에서 형성되는 감시의 내면화에 주목했다. 「Minerity Report」가 현실화 가능케 해줄 유비쿼터스 기술은 전자적 원형감옥과 Big Brother의 우려가 현실화될 수 있음을 의미한다. 푸코는 Panopticon에서 비롯된 21세기적 Big Brother를 Panopticism이라 불렀다.

[2] dataveillance와 담론 권력

근대 국가는 조세와 징병제도에서와 같이 국가의 운영에 필요한 자원의 추출을 위해 개인의 정보에 대한 효율적인 관리통제체제를 구축·발전시켜왔다. 국가가 관리하는 개인정보는 주민정보 외에 소득과 자산에 관한 정보를 넘어 생물학적 정보에까지 확대되고 있다. 이와 관련하여 Clark은 감시당하는 자가 그 사실조차 모르기 쉬운 대중감시와 개인감시를 통합한 데이터를 통한 감시체제, 또는 dataveillance의 위험성을 경고한 바 있다.

Gilles Deleuze는 현재의 사회를 푸코의 규율사회를 벗어난 새로운 통제사회라 부른다. 소규모 분산된 네트워크에 의한 감시와 감시에 대한 자발적 협력은 정보사회의 민주주의의 전망이 담론권력과 관련될 수밖에 없음을 의미한다. M. Poster는 컴퓨터 데이터베이스가 심볼과 표상과 같은 담론을 다루고 있다는 점에서 담론권력이라 정의한다. 그는 이 소비자 데이터베이스를 슈퍼파놉티콘이라 부르는데, 그는 슈퍼파놉티콘의 중요한 특성이 바로 감시를 당하는 사람이 감시에 필요한 정보를 제공하는 것이라 강조한다. 영화 「엑스마키나」가 모델로 보았던 구글사는 이러한 지적이 현실적일 수 있음을 은유적으로 보여준다고 하겠다.

[3] Big Brother와 Little Sister

정보사회에서 이루어지는 감시와 통제 메커니즘은 개인과 사회의 암묵적 동의에 기반하고 있다. 헉슬리의 「신세계」나 오웰의 「1984년」이 국가(Big Brother)를 위험의 대상으로 설정했다면, 이제는 「데몰리션맨」, 「레지던트 이블」 에서처럼 사인(Little Sister)에 의한 통제와 감시가 보다 큰 위협으로 다가오고 있는 것이다.

[4] 민주주의와 Panopticon / synopticon(역감시, Reverse panopticon)

Thomas Mathiesen은 소수가 다수를 감시하는 파놉티콘이 근대 사회의 감시의 원리로 자리잡았던 19세기를 통해 다수가 소수의 권력자를 감시하는 언론과 통신기술이 발달했다고 주장하면서, 이렇게 다수가 소수의 권력자를 감시하는 언론의 발달을 시놉티콘(Synopticon)이라고 명명했다. 파놉티콘과 달리 시놉티콘은 권력자와 대중이 동시에(syn) 서로를 보는 메커니즘이다.

민주주의는 권력에 대한 시민의 감시와 통제를 필요조건으로 한다면, 권력에 대한 시민의 통제수단을 확보하는 것이 요구된다. 다시 말하면, 시선의 비대칭성에 기초한 paopticon을 대칭성으로 바꾸는 것이 필요하다는 것이다(synopticon).

synopticon과 유사한 용어로 Holopticism이 있다. 홀롭티시즘은 수백 개의 눈이 겹쳐 있는 파리의 겹눈(복안, 複眼) 구조를 뜻하는 홀롭틱(Holoptic)에서 따왔다. IT 발달로 수천, 수만 개의 겹눈을 지닌 사람이 되어 전체 상황을 훑어볼 수 있는 능력을 지니게 됐다는 것이다. SNS를 통한 정보의 공유와 확산은 그 가능성을 높이고 있다.

그런데 R.J.Diebert의 외침("Big Brother is You, watching")은 가능할까? 문제는 권력 이전에 인간의 욕망이고, 또한 편리를 위해 자신의 프라이버시를 너무 쉽게 포기하는 인간인지 모른다.

Ⅱ. 정보화와 민주주의와 관련된 쟁점들 2009 행정

1. 정보화와 정치과정의 변화

정보기술은 정치적 행위자 상호간의 커뮤니케이션과 상호작용의 변화를 가져온다. 이에 대해서는 ① 대의제 민주주의의 단점을 보완하고, 참여민주주의의 가능성을 높일 것이라는 주장과, ② 참여 증대 자체가 민주주의 발전을 의미하지 않는다는 점을 고려해야 하며, 과다민주주의를 유발할 수 있다는 주장이 대립되고 있다.

선거에 있어서도 변화가 나타난다. SNS가 투표율을 높일 수 있음은 여러 실증 연구를 통해 확인된 바 있으며, 선거운동에서 SNS를 활용하는 빈도수도 높아지고 있다. 다만, 정보기술이 투표행태에 영향을 미치고 있는 지에 대해서는 긍정적 입장과 부정적 입장으로 갈린다.

인터넷은 투표라는 제한된 수단으로 국한되었던 권리행사의 일상화가 가능케 하였다. 그러나 의사소통의 증대가 공론과 심의 과정의 질을 보장해 주지 않으며, 시민들의 정치참여를 증가시키는 것은 아니다.

2. 정치적 커뮤니케이션과 전자공론

민주주의의 장점은 평화롭고 조용하게 훌륭한 결정을 내리는 데 있는 것이 아니다. 시민들이 공적 사안에 대해 판단할 수 있는 권리를 부여하고 보장하는 데 있다. 따라서 민주주의는 대중들이 공개적으로 판단하는 규칙이다. 공론과 공론장은 시민의 자발적인 공적 의견 및 의지형성의 공간이자, 권력에 대한 저항의 공간이다. 이것이 민주주의에서 공론이 차지하는 의미이다.

공론이 사이버공간을 통해 활성화되면서 민주주의에 긍정적인 역할을 할 것인지에 대해서 견해가 교차되고 있다. 그것은 사이버 공간의 익명성과 개방성에 대한 판단의 차이에서 비롯된다.

인터넷과 SNS는 시민 상호간에 의견을 교환하고, 주요 이슈에 대해 토론하고 여론을 동원하는 공론의 장(public sphere)을 만드는 가? '욕설이 난무하는 게시판', '가짜뉴스가 넘쳐나고, 자기확증편향에 빠져드는 공간'에 불과할 수도 있다. 비판적 관점은 사이버 공간에서 개인은 공동체에 대한 책임감이나 유대감이 없는 고립된 존재에 불과하다고 주장한다. 지나친 다양성이 빚어낸 갈등과 대화의 부재는 결국 신뢰를 만들어 내지 못할 것이라는 비판도 존재한다. 모든 개인에게 탈퇴(exit) 옵션을 가져다주는 사이버공간은 규범(norms)을 창출하기 어렵다는 것도 그 이유의 하나이다(윤성이 2001).

이 과정을 Alstyne & Brynjolfsson은 자발적 발칸화(balkanization)라는 개념으로 설명하기도 한다.[13] 인터넷 확산은 이질적인 개인과 문화가 공존하고 다양성 가운데 공통적인 정체성을 추구하는

---

13) 발칸화(Balkanization)란 "서로 적대하는 작은 세력으로 분열시키다."는 뜻으로, 주변 강대국의 개입이 분열을 촉진하는 현상을 말한다.
발칸반도는 아드리아해-동지중해-에게해-터키해협-흑해 사이에 위치한 원뿔형 모양의 지역이다. 동로마와 서로마의 교차점이자 15세기 이후에는 해안지역을 제외하고 오스만의 지배를 받았다. 따라서 인종적 다양성과 함께 종교적 다양성이 클 수밖에 없었다. 예컨대, 그리스(그리스, 알바니아, 코소보), 남슬라브(슬로바니아, 크로아티아, 세르비아, 몬테네그로, 보스니아-헤르체고비나), 슬라브화된 튀르크(불가리아), 로마(루마니아, 몰다비아), 투르크(터키) 등이 자리 잡고 있다. 남슬라브 계 내에서도 슬로베니아와 크로아티아는 가톨릭을 신봉하며, 세르비아와 몬테네그로는 그리스 정교회를, 보스니아-헤르체고비나는 가톨릭-정교회-이슬람을 신봉하는

광범위한 공동체를 건설하기보다는 '끼리' 집단과 소규모 동질적인 사이버 공동체를 양산할 것이다. '연결성은 발칸화, 즉 개별적 공동체의 확산 혹은 상호접촉을 회피하는 대화를 촉진'하기 때문이라고 진단한다. 인터넷을 통해 시민들은 자신과 비슷한 가치와 이념을 가진 개인들을 쉽게 찾을 수 있기 때문에, 그와는 다른 생각을 가진 사람들로부터 스스로를 고립시키는 '동조자들의 섬'을 만든다. 이러한 자발적 발칸화는 경험과 가치의 공유를 어렵게 하며 민주적이고 분권화된 사회구조를 조성하는데 장애요인으로 작용하게 된다.

반면, 현실의 사이버 공론의 문제를 공론장을 제도화하고 움직이는 규범과 규칙의 부재 때문으로 보거나(강명구, 2003), 현실의 인터넷 토론의 분석을 통해 대화민주주의의 가능성을 타진하는 견해(김현희 · 윤영민, 2002)도 존재한다.

이들 시각은 민주주의에 대한 인식의 차이에서 비롯된 것이라 할 수 있다. 사이버 공론장의 가능성은 다른 주제와 마찬가지로 선험적으로 판단되어질 문제는 아니며, 시민의 참여와 관련 제도의 문제라 할 수 있다.

3. 정보기술과 권력관계의 전망

정보사회로의 진입은 정보통신기술이 갖는 특징으로 인하여, 정보 접근성을 강화한다. 다양한 정보통신기술을 이용하여 국가권력이 독점하던 정보를 보다 쉽고 빠르게 일반국민들에게 공개할 수 있다. 이로 인해 과거 정보생산자가, 대체로 정부, 독점하였던 정보를 많은 국민들이 공유할 수 있게 된다. 정부가 독점적으로 보유하던 정보가 공개됨으로 인해 국민들은 정부활동에 대한 감시와 견제의 수단을 갖게 되어 정부관료나 정치인의 국민에 대한 책임감과 정책결정 및 집행과정에 대한 정부의 투명성(transparency) 및 책임성(accountability)을 높인다.

정보에의 접근성 강화와 정보 공개 · 공유는 권력의 분산을 초래하며, 시민사회 내에서의 커뮤니케이션의 활성화에 기여하고 시민사회의 민주화를 가능하게 하며 대의제 민주주의의 단점을 보완하면서 정치과정의 변화를 야기할 것이다. 이 과정은 중앙과 지방의 권력관계의 변화, 의회 내외의 변화, 행정부 내의 변화 등 다양한 형태로 나타날 것이다.

그러나 정보통신기술의 발달이 정부의 투명성 및 책임성과 국민의 참여성 증대를 반드시 보장하지는 않는다. 사회구성론자들에 의하면 정보기술 도입의 결과는 기술 그 자체보다는 기술사용 주체의 의식과 사회제도적 구조에 더 큰 영향을 받는다. 새로운 정보기술의 저비용, 속도, 용이성 등의 특징으로 인해 정보유통이 활성화될 수 있는 유리한 환경에 처한 것은 사실이나 정보생산자가 정보를 공개하고 공유하고자 하는 의지가 없으면 별다른 변화를 가져올 수 없다. 정보의 과점과 상품화 경향은 오히려 정보의 독점과 권력 집중의 강화로 나타날 가능성이 크다.

권력은 구조적인 현상이며, 정치의 기본 동인으로서의 권력현상은 사회 내 다양한 이해관계와 이익갈등에 의해 이루어지는 것으로 기술에 의해 결정되는 것이 아니라는 점을 인식해야 한다. 결국, 권력의 분산과 집중의 문제는 사전적으로 결정되어 있다고 볼 수는 없다.

주민이 섞여 있어 분쟁이 발생한 이후에 인종적, 종교적 균열이 점차 심화되었다. 19세기 말 ~ 20세기 초 이 지역은 러시아와 오스트리아 등의 세력이 충돌하면서 화약고가 되었고, 결국 제1차 세계대전의 진원지가 되었다. 20세기 말에는 구 유고연방이 해체되는 과정에서 전쟁과 내전이 연이어 발생했다.

Ⅲ. 전자민주주의 2004 행정

정보는 자유로움을 원한다. 접속은 항상 무제한적이며 총체적이어야 한다. 항상 손에 쥘 수 있는 즉각성을 생산한다. 권위를 불신하라. 당신 스스로 하라. 권력에 저항하라. 극단을 즐겨라

– 미하일 바흐친(Mikhail Bakhtin), '인터넷 카니발'

1. 정보사회에서의 민주주의에 관한 논의들

[1] 전자민주주의에 대한 긍정적 시각들은 사이버 공간의 개방성과 시민참여가 증대가 공론과 심의를 통해 참여 민주주의의 심화로 이어질 것이라 본다. 또한 국가의 반응성과 책임성을 높이고 집단지성을 통해 공적 결정의 합리성에도 기여할 것이라 기대한다. 반면, 전자민주주의에 대한 비판적 시각들은 디지털 디바이드(정보 단절 혹은 불평등), 전자 감시, 그리고 하이퍼 민주주의나 포퓰리즘(중우정)을 우려한다.

[2] 하이퍼 민주주의나 포퓰리즘을 우려하는 전자민주주의에 대한 부정적 시각은 시민에 대한 부정적 인식이 그대로 담겨져 있으며, 대의제가 안고 있는 문제에 대해서는 애써 감추고 있다. 또한 정보의 홍수와 같은 논술에서 알 수 있듯이 정보사회의 문제를 사회구조적 측면보다는 개인차원의 문제로 보는 경향이 강하다. 개인은 성숙된 판단이 결여된 존재이고, 인지 능력의 한계 때문에 정치 이슈에 대한 정확한 판단을 하기 어렵기 때문에 엘리트에게 결정권(권력)을 유보해야 한다는 것이다. 그러나 이는 결국 지배 권력의 논리일 뿐이다.

기술결정론적 관점에서 전자민주주의를 부정적으로 보는 시각도 있다. '욕설이 난무하며, 익명성을 무기로 공격적인 성향을 보이는 행위자들로 채워진 인터넷 게시판에서 공론과 심의는 불가능하다'는 주장이 대표적이다. 인간에 대한 부정적 인식에 정보기술의 익명성이라는 속성을 강조하는 것이다. 이들은 국가 질서가 국가의 법과 강제력으로 형성되고 유지될 수 있듯이 사이버 공간 또한 규제되어야 한다고 주장해 왔다. 인터넷 실명제는 이런 관점에서 정당화되어 왔다. 이 입장은 인식상의 오류를 가지고 있다 ; 근대 산업사회 자체가 익명성의 사회이며, 죄수의 딜레마와 무임승차의 덫에 언제든지 빠질 수 있는 사회다.

반면 전자민주주의에 대한 긍정적 시각은 기술결정론으로 흐르는 경향이 있다. 기술 발전이 시민참여를 확대시킬 것이고, 그만큼 정치체제의 대응성과 책임성을 높일 수 있다는 것이다.

[3] 그러나 정보기술은 시민참여기술로 작용할 수도 있으나, 시민통제기술로 작용할 수도 있다. 어떤 기술이 어떻게 채택되고 작동하는 지는 기술 자체의 논리보다는 사회구조적 제약과 사회적 수용성에 따라 결정된다.

정보사회의 권력은 technocrats에게로 집중될 수도 있고, 중앙집권화된 통제체제로 갈 수도 있고, 분산될 수도 있다. 그러나 Dangiger & Kling이 적절히 지적했듯이 정보기술은 기성권력을 강화하는 방향으로 채택되는 것이 보다 일반적이다. 기술의 사회적 구성론적 관점을 유지해야 하는 이유다.

[4] 전자민주주의의 근본적 성격은 시민의 참여를 기반으로 한다. 하지만, 시민의 정치 참여

가 근본적으로 시민권력을 형성하지 못한다면 그 한계는 명확하다. 전자민주주의는 기술 발전의 자연스러운 결과로 나타나는 그 무엇이 아니다. 대부분의 전자민주주의 프로젝트들이 기술적인 실현가능성과 무관하게 제한되고 일회적인 시범사업에서 머무르고 더 이상의 전전이 없다는 점에서, 전자민주주의의 실현은 기술의 문제가 아닌 권력의 문제인 것이다.

2. 전자민주주의 프로젝트

1) 정보제공형 전자 민주주의 프로젝트

정보제공형 프로젝트는 '효과적인 정보전달을 통한, 정보에 대한 접근성과 정보에 대한 수용자의 관심 고양함으로써, 정치의식 고양과 참여 확대'를 목적으로 한다. 정당과 정부 홈페이지를 통해 공공정책관련 정보를 제공하는 것이 이에 속한다. 그러나 궁극적으로 정보 제공이 곧 광범위하고 적극적인 정치참여로 귀결되는 것은 아니며, 정보제공은 이러한 정치참여를 위한 출발점이지 전자 민주주의는 아니다.

2) 여론 수렴형 프로젝트과 대화형 프로젝트

여론 수렴형 프로젝트는 가장 소극적인 정치 참여 유도 방식의 하나로 전자정부 프로젝트가 시작되면서 전자우편 기능 및 게시판(사이버 토론방)을 통해 여론을 수렴하는 것이다. 그러나 정치의 오락화 · 연예화 현상도 나타나고 있으며, 시민의 의사가 어떻게 수렴되고 처리되는지는 비공개로 이루어진다.

이보다 진전된 형태인 대화형 프로젝트는 인터넷의 쌍방향적 기술을 활용함으로써 정치참여 촉진과 의견수렴, 시민적 합의를 도출함을 목적으로 한다. 인터넷 게시판이나 SNS의 이슈들이 현실 정치에 직접적 영향을 미쳐 정책결정을 번복시키기도 하며, 언론이 간과한 쟁점을 공론화시키기도 하며, 정치인 모니터링을 위한 수단으로 활용되고 있다. 이러한 기능들은 단순한 의견수렴 창구 이상의 기능을 한다.

3) 투표형 프로젝트

투표형 프로젝트는 시민들이 인터넷을 통해 주요 정치적 사안을 직접 결정하는 전자투표 시스템을 구축하고 활용하는 것이다. 전자투표에 대한 다양한 시범사업과 실험들에 대한 평가들을 보면 시민의 적극적인 참여를 유도하고, 사안과 관련된 당사자들의 참여를 이끌어 냄으로써 정치적 소외를 지양하고 정치적 쟁점들을 민주적으로 결정할 수 있다고 지적한다.

3. 전자 민주주의의 한계

1) 하이퍼 민주주의

정보통신기술에의 지나친 의존은 미디어의 상징작용으로 인해 실제로 정치에 참여하지 않으면서 정치에 참여하고 있는 것과 같은 정치적 시뮬레이션 공간에 자신을 가두게 된다. 이는 직접적인 정치참여 욕구의 감퇴와 정치 정보와 뉴스의 수동적 수용을 가져오게 된다. 또한 직접 경험으로 얻게 되는 순수한 정치적 지식도 사라질 것이다.

2) 절차적 한계

전자적 참여의 증대는 결정권이 의회와 정부 관료로부터 시민으로 옮겨감을 의미한다. 이는 권력의 소재 변동을 의미한다. 그러나 이러한 변화가 자연스럽게 이루어지는 것은 아니다. 즉, 절차의 문제가 아니라 사회권력 구조의 문제인 것이다. 나아가, 참여 증대 자체가 직접민주주의는 아니다. 소수의 억압적 권력이 창출되는 정치과정을 어떻게 제어하느냐의 문제가 해결되어야 한다.

민주주의를 부정적 보는 입장에서는 시민 권력의 문제가 아닌 비효율성과 비합리성을 유발한다는 점을 강조한다(Bell은 참여의 증대가 현대 정치 문제 해결을 위한 만병통치약은 아니며, 정치적 결정을 할 때 그 결정에 참여하는 사람들이 많아지면 결정을 위한 시간과 비용의 문제가 생긴다고 지적한 바 있다). 절차적 참여만을 강조할 경우 효율성의 원리에 취약성을 갖는다는 것이다.

3) 정보 환경과 민주주의의 문제

가. 정보 홍수

정보의 홍수는 우리들이 알 수 있는 능력을 저하시키고 이미지 정치를 만들게 된다. 즉, 개인의견으로부터 여론 형성으로의 전개를 어렵게 만들고 오직 여론의 한 상태로부터 다른 상태로의 전개만을 가능케 하고, 매스미디어는 개인에게 호소함으로써 그 개인에게 정치 참여의 환상을 심어 주고, 기술적 윤리인 효율성에 순응하게 만들게 된다.

나. 정보불평등

정보화의 속에 존재하는 집단과 밖에 존재하는 집단 사이의 정보 불평등 문제는 현재보다 심화될 것이다. 정보의 부익부 빈익빈 현상은 이에 상응하게 기존의 사회적 · 경제적 · 정치적 불평등을 확대 재생산하는 방향으로 기능할 가능성이 높다.

다. 중우민주주의

사회세력의 정치로의 직접적이면서 여과되지 않은 침투를 차단할 수 있었던 기제가 상실된다. 즉, 여과기능을 하는 대의제 민주주의 기능은 민주주의에서 필수적인 것이고 사이버 민주주의의 등장은 지나친 민주성으로 인해 공동체의 이익을 위한 신속한 결정에 누를 끼칠 뿐이다. 나아가 정치의 대중조작과 정치적 무관심이 확대되고 이에 따라 정치적 무력감과 방관자 의식이 조장될 것이다.

4) 소 결

민주주의는 사회경제적 조건, 특히 시민사회의 성숙도에 비례한다. 정보사회에서 민주주의는 정보기술에 대한 일반시민의 접근성과 통제권의 소재에 따라 그 전망이 달라질 수밖에 없다. 예컨대, 정보기술이 panopticon의 수단으로 기능할지, synopticon의 수단으로 기능할지는 기술에 대한 접근주체와 통제권이 누구에게 있느냐에 따라 달라지기 때문이다.

📖 20대 80의 사회 / 디지털 디바이드

디지털 사회에서 판매자와 구매자는 직접 연결되며, 양자는 재화와 서비스를 교환하는 것이 아니라 사용할 권리가 이전된다. 또한 모든 것이 접속되면서 제의, 사회운동, 공동체 활동, 놀이, 시민적 참여가 오락으로 유료화 된다. 문화에 의존하던 상업이 문화를 상업화하고 있다(J.Rifkin, 2002). 이제 네트에 들어간 사람과 들어가지 못하는 사람의 경계가 모든 것을 결정한다.

정보는 권력의 원천이 될 수 있다. 나아가, 정보사회에서 초기 소득의 격차가 낳은 정보의 격차가 이제는 소득과 사회의 계층을 결정짓는 핵심 변수로 되고 있다. 하지만, 이러한 격차가 빈부격차의 심화를 의미하고, 사회의 갈등과 국가발전을 위한 사회적 비용을 낳는다는 데서 그치는 것은 아니다.

20대 80의 사회가 의미하는 바는 소득격차나 갈등에 그치는 것이 아니라, 사회가 크게 두 개의 집단으로 단절된다는 점에 있다. 중세 영주와 농노의 관계나 산업사회에서 노동과 자본의 관계는 기본적으로 갈등과 대립의 관계에 있었지만, 정보사회에서 정보부자와 정보빈자는 단절된다.

사회의 80%가 살아가는 ghetto 지역은 20%가 살아가는 바벨탑과 단절되고, 상위계급과 하위계급은 영화 「코드명 J」, 「헝거 게임」에서와 같이 예외적인 상황에서만 마주칠 것이다.

상호단절된 20대 80의 사회가 이야기해 주는 것은 80%의 구성원에게 더 이상 의존할 필요가 없는 20%가 그들을 구성원이 아닌 객체, 즉 정복과 이용대상 혹은 인간사냥과 같은 오락의 대상으로 여기게 된다는 점이다.

전자 민주주의에서 디지털 디바이드가 핵심 이슈로 등장하는 이유가 여기에 있다. 그리고 민주주의가 평등을 전제로 하지만, 전자 민주주의에서는 존립 조건이 된다.

4. 전자 민주주의의 전망과 과제

1) 전자직접민주주의로의 가능성

가. 정보환경과 민주주의

대의제 민주주의는 일반 시민의 교육 수준의 차이를 전제(문맹률 등)로 도입된 엘리트 중심적 정치 질서의 산물이다. 그러나 국가가 사회현상이나 새로운 사물에 대해 권위를 갖고 호명(규정)하는 시대는 종말을 고하고 있다. 전자적 공론은 지시 대상에 대한 호명 권한을 분산시킨다.

정보사회는 시민들이 주체적으로 정치적 의사결정을 할 수 있는 여건 형성을 제공하고 있다. 먼저, 정치적 사안에 대한 판단 주체를 형성하며, 공공 DB를 통해서 언제 어디서나 원하는 다양한 정보검색을 통해 모든 사안에 대한 일상적으로 정확한 판단이 가능하기 때문이다.

나. 규범적 차원에서의 참여 민주주의

민주주의에 대한 기본 정의는 시민들에게 직접적이든 간접적이든 전체의 의사결정에 참여권을 부여해야 한다는 데 있다(R.Bobio 2007). 이는 정보사회에서도 마찬가지이다. 민주주의 핵심은 국가의 의사가 시민의 의사에 최대한 일치할 수 있도록 하는 데 있기 때문이다.

다. 절차적 차원에서의 직접민주주의

다수결 원리는 궁극적으로 모든 공동체의 구성원이 의사를 결정하는 방식이며, 직접민주주의가 이를 배척하는 것은 아니다. 다수결 원리는 그 자체가 민주주의가 아니며 민주주의의 과정이기 때문이다. 다만, 그러한 의사 결정의 절차가 진행되기에 앞서 민주적인 전자공론이 창출되도록 구성되어야 한다.

2) 정보혁명과 민주주의와의 긴장의 극복

가. 네트워크와 Panopticon

네트워크는 자율성을 갖는 부문(nod)들 간의 수평적 상호의존관계를 특징으로 하는 체제를 말한다. 그리고 경계는 유동적이며 투과적이다. 이 체제는 분산과 집중이라는 이중성을 보인다. 결절점은 위치에 따라 중심과 주변으로 구별되는 데, 실행이 분산된다는 점에서 다원적이고 분권적이지만, 중핵(hub)을 이루는 결절점으로 정보와 권력이 집중될 수 있는 이중적 성격을 보인다. 네트워크는 부분이 전체이자 전체가 부분인 holon적 관계를 가지고 있기 때문이다. 따라서 정보의 수신과 발신을 독점하고 제어하는 Big Brother / Little Sister가 언제든지 출현할 수 있다(panopticon).

따라서 네트워크 사회를 배경으로 등장하는 정치체제는 전자민주주의가 아닌 전자적 전제사회로 흐를 가능성이 언제든지 존재하는 것이다.[14] 그렇다면, 시민권력 창출과 시민의 정보기본권이 전제가 되어야 하며, 통제자를 감시할 수 있는 정보 기술을 구현할 수 있어야 한다는 것이다(synopticon).

나. 계급갈등과 민주주의

정보사회로의 진입은 정보적 경제가 새로운 경제질서를 창출하고 있음을 의미한다. 그리고 경제영역에서 이미 새로운 계급(테크노크라트)이 출현하고 있다.

미래의 계급갈등은 상호의존성을 전제로 한 산업사회의 계급갈등과 달리, 상호단절된 상태에서 계급·계층 간의 관계가 양극화되는 방향으로 진행될 것이다.

따라서 시장논리로 각색된 보편적 서비스의 개념을 재정립하고 정보격차 / digital divide를 교정하고 해소하기 위한 프로젝트가 제시되어야 한다. 이는 정치·경제적 평등권의 확립이 필요함을 뜻한다.

14) 황성돈·정충식 교수의 전자정부 모형은 이와 관련해서 많은 시사점을 준다. 전자민주주의 가능성은 (표에서는 누구의 이익인가로 되어 있으나) 누가 기술을 통제하는가, 또 어떻게 기술이 작용하는가에 의존한다고 하겠다.

제2차원 \ 제1차원		누구의 이익인가	
		국가	시민
무엇이 증진되나	생산성	1. 기술관료적 정부	2. 고객지향적 정부
	투명성	3. 사회감시적 정부	4. 투명한 개방적 정부
	권력	5. 전제적 정부	6. 민주적 정부

Ⅳ. web2.0 / 소셜미디어 / SNS, 그리고 민주주의 2017 행정

인터넷은 시민들이 직접 자신의 의사를 표출할 수 있는 수단을 제공함으로써 정당이나 미디어에 의한 agenda control or agenda setting이나 gate keeping / non-decision을 약화시킬 수 있는 기회를 제공할 수 있다는 점에서 주목받아 왔다. 그러나 익명성을 무기로 이루어지는 공격적 성향과 즉흥성(비성찰성)으로 인해 민주주의의 질이 위협받는다는 비판과 함께, 웹 사용자의 증가에도 불구하고 실질적인 시민참여의 확대나 반응성과 책임성의 증진으로 이어지지 못했다는 지적이 지속적으로 제기되었다. 웹이 세상을 바꿀 수 있을 것이라는 기대감은 단지 기대에 불과하다는 것이다. 그러나 재스민(jasmine) 혁명 이후 부정적 시각은 약화되었다. 다만, SNS를 비롯한 인터넷, 정보기술은 변화의 계기를 만들어 낼 수 있다고 보는 것이 타당할 것이다.

1. 소셜 미디어(social media)와 SNS(Social Networking Service)

소셜 미디어(social media)

소셜 미디어는 개방, 참여, 공유의 가치로 요약되는 웹 2.0시대의 도래에 따라 소셜 네트워크의 기반 위에서 개인의 생각이나 의견, 경험, 정보 등을 서로 공유하고 타인과의 관계를 생성 또는 확장시킬 수 있는 개방화된 온라인 플랫폼을 의미한다. 소셜 미디어는 그 자체가 일종의 유기체처럼 성장하기 때문에 소비와 생산의 일반적인 매커니즘이 적용되지 않으며, 양방향성을 활용하여 이용자들이 자발적으로 참여하고 정보를 공유하며 콘텐츠를 만들어 나가는 특성이 있다. 다시 말해, TV, 신문, 잡지, 라디오 등과 같은 전통매체가 일대다(one-to-many)의 일방적 관계형에 기초한 커뮤니케이션의 속성을 가졌다면, 소셜 미디어는 다양한 형태의 콘텐츠가 다양한 이용자들에 의해 생성되고 공유되는 다대다(many-to-many)의 쌍방향적 관계성을 토대로 하므로 1인 미디어, 1인 커뮤니티의 특징을 지닌다고 볼 수 있다. 소셜 미디어는 방송매체의 일방적 독백을 사회적 매체의 대화로 변환시키고, 그 이용자들이 콘텐츠 소비자임과 동시에 콘텐츠 생산자가 되는 것을 가능케 함으로써 정보의 민주화와 개방화를 촉진시킨다(wikipidia).

SNS(Social Networking Service)

소셜미디어의 핵심개념으로서 SNS에 대한 관심이 2000년대 중반 이후 커지고 있다. 사이월드에서 시작한 '온라인 인맥 구축을 목적으로 하는 커뮤니티형 서비스'로서의 SNS는 2006년 이후 급속히 성장하여 정치 · 경제 · 사회를 아우르는 새로운 키워드로 인식되고 있는 것이다. 2005년 미국 선거에서 기폭제가 된 YouTube가 텍스트를 넘어선 동영상의 효과에 주목하게 만들었고, 튀니지의 자스민혁명을 이끌었고 오바바의 당선에 결정적 역할을 했다고 평가되는 트위터 등은 새로운 세계질서를 형성하는 기폭제가 될 것인지에 대한 관심을 높이고 있는 것이다. 참여 · 공유 · 개방을 표방하는 웹 2.0의 개방성은 SNS를 통해 구현된다고 할 수 있다.

소셜미디어와 SNS는 신속성(실시간성, 즉자성, 확산성), 개방성과 연결성에 있어서 기존 미디어와 다른 특징을 보인다.

① **신속성(실시간성, 즉자성, 확산성)** : 일반적인 대중매체에 속하는 뉴스와 신문은 정보의 발생과 전달 시점의 차이가 존재하며, 시차와 함께 편집자의 의도에 따라 정보가 걸러지고 편집되게 된

다. 반면, SNS는 신속한 정보의 유통이 이루어지고, 날것 그대로의 정보가 유통이 된다. 물론, 이러한 속성으로 인해 잘못된 정보의 확산이 가져오는 부정적인 효과는 비판론자들이 우려하는 요소이기도 하다.

② **연결성** : IT의 확산이 가져온 가장 큰 효과는 세계의 연결에 있다. 정보와 사람이 실시간으로 지속적으로 약한 유대(weak ties)를 유지하면서도 관계망을 확장하도록 하는 것이다. 웹으로 연결된 네트워크 사회에서는 세계가 6단계만 거치면 아는 사람들로 연결된 작은 세계(small world)가 된다. 이와 같이 촘촘하게 연결된 네트워크 세상에서 신뢰를 얻은 정보와 사람의 경우 순식간에 시공간을 초월하여 전파될 수 있다.

소셜 미디어와 SNS의 진화

서양에서 문자의 발명은 소수(승려/사제와 귀족)에 집중된 지식과 정보가 대중화되면서 종교개혁을 불러일으켰다고 평가되어 왔다. 미디어의 발전은 소통방식의 변화를 가져오고 사회변화로 이어짐을 의미한다.

web의 등장은 data/정보의 결핍에서 과잉을 낳았고, 희소한 것은 data/정보가 아닌 취향의 문제(필요한 것을 제공하는가)로 변화되었다. 또한, web의 등장은 정보의 확산만이 아닌 사회관계망의 확산을 낳았고 Small World의 세상을 만들었다.

관계망의 확장과 정보의 확장은 이슈가 되어 온 fake news와 같은 정보의 진위에 대한 혼란, 2017년 940번 서울시내 버스 사건과 같은 문제를 유발하기도 한다. 그런데, 2세대 SNS를 이끈 트위터와 위키백과, 페이스 북은 소셜 미디어와 SNS의 진화(3세대 SNS의 등장)로 이어지고 있다.[15)]

1세대 SNS는 폐쇄적 관계망(관계 + 콘텐츠)을 기반으로 하고 있었다면, 2세대 SNS는 개방적 관계망을 특징으로 한다(개방네트워크 + 콘텐츠 + 모바일 기기). 3세대 SNS는 '원하는 정보(digital curation)', '신뢰성 있는 콘텐츠'라는 요구와 관련된다. '원하는 정보'는 정보의 수평적 확장이 아닌 수직적 확장을 지향하는 vertical SNS(관심 기반의 SNS)의 등장으로 이어졌다(Pinterest나 Instagram, Flicker 등이 이에 속하는 대표적 서비스이다). '신뢰성 있는 콘텐츠'는 wiki-tree와 필터링(like / retweet)과 같은 집단지성/crowdsourcing과 관련된다.

3세대 SNS가 주목받는 이유는 '소외된 80%의 Long-tail 미디어'가 만들어 내는 '원하는 정보 / 신뢰성 있는 콘텐츠'에 있다. '원전zero'와 같은 사회적 이슈에 대한 문제해결은 어떠한 방향으로 이루어져야 하는가에 대해 시사하는 바가 크다고 하겠다.

참고로, 2017년 9월에 240 서울시내버스 사건(소위 '아이 엄마는 두고, 아이만 내려준 시내버스 기사')에 대한 논란이 있었다. 이 사건은 승객이 SNS에 올린 영상을 한 언론사 기자가 추가 취재 없이 기사로 실으면서 시작되었다. 다른 언론사 또한 베껴 쓰기식 기사를 내보냈고, 이 과정에서 사선 선후에 대한 어떠한 취재가 없이 시내버스와 기사의 문제만을 강조하면서 확산되었다. 언론에 보도된 사실을 진실로 믿은 대중은 기사를 처벌해야 한다고 주장했으나, 나중에 버스기사 딸이 SNS에 글을 올리면서 상황이 다른 방향으로 전개되었다. 즉, 이 사건은 SNS나 집단지성의 문제점을 보여준 사건이 아니라, 기존의 매스 미디어의 한계와 문제점을 보여준 사건으로 보아야 한다.

트위터

트위터는 140자의 단문으로 네트워크상에서 연결된 사람들끼리 메시지를 주고받는 마이크로 블로그(micro blog)서비스의 하나다. PC를 통해서도 사용할 수 있으나, 이동 중에 사소한 이야

15) 1세대 SNS는 싸이월드로 대표된다면, 2세대 SNS는 TGIF(twitter, google, I-phone, Facebook)으로 대표된다. 인스타그램은 3세대 SNS에 속한다.

기(small talk)를 나누는 장(場)으로 트위터가 활용된다. 그러나 튀니지의 자스민 혁명처럼 small talk가 큰 사건(big thing)을 만들어내기도 한다.[16] 예컨대, 실시간 재난보도(2007년 10월 LA 소방국의 캘리포니아 화재 관련 속보 제공한 이래 2010년 1월 아이티 지진 보도 및 구호 활동 등에서 적극 활용)는 물론, 정치활동(2008년 미국 대선에서 오바마 후보는 트위터를 선거 플랫폼으로 적극 활용함으로써 당선에 결정적인 영향을 미쳤다고 평가되며, 2010년 한국, 6.2 지방선거에서 선거독려운동으로 활용되었고, 2011년 1월 튀니지 시민혁명의 기폭제가 되었다)과 사회운동(한국에서 쉽게 볼 수 있는 헌혈, 아나바다 장터, 독거노인과 고아원에 김치 나누기행사, 재능기부운동이나 트윗나눔운동 등)에서 트위터가 미치는 효과를 확인할 수 있다.

페이스북

미국 하버드대에서 시작되었으나 2006년부터는 일반인에게 개방됨으로써 전세계로 확산되었다. 일상적인 정보 공유와 인맥의 교류 외에 교육, 정치참여, 정부 서비스, 채용 등의 분야에서 페이스북이 적극적으로 활용되고 있으며, 기업의 경우 소셜 커머스(social commerce)의 장(場)으로 활용하기도 한다. 참고로, 2011년 이집트의 시민혁명의 경우 트위터보다 페이스북이 기폭제가 되었다고 평가된다.

SNS와 정치

① SNS는 정치적 이슈의 확산과 공유를 가능케 함으로써 의제 설정과 여론의 민주화를 가져온다. 여론은 단순한 정보의 전달에 있는 것이 아니고 상호대화의 과정을 통해서 형성된다. 그런데, 현재의 mass media는 단순한 정보만을 전송하거나, 선별/gate-keeping 등을 통해 여론조작과 같은 정보를 왜곡한다. 이러한 mass media는 의제설정(agenda setting) 능력을 활용한 구성적 권력을 행사하고 있다고 평가할 수 있다. 반면, SNS는 직접적인 정보의 전송과 공유, 그리고 상호대화라는 자발적 커뮤니케이션을 유도하고 짧은 시간에 광범위한 다수 대중과의 소통을 이끌어 낸다.

② SNS는 유사한 정치적 성향을 가진 행위자들을 연계시키고 정치적 학습과 정치 사회화기능을 수행한다. 이러한 '자발적 발칸화'가 갈등을 증폭시키고 통합을 저해한다는 지적이 있어 왔으나, 차이를 확인하는 것 자체가 민주주의 안정성을 위협하는 것은 아니다.

③ SNS의 개방성과 수평성, 투명성 등은 다양한 수준의 정치참여를 이끌어 낸다. 작은 변화가 큰 변화를 가져오는 나비효과나 멱함수의 법칙의 작용으로 작은 목소리가 광범위한 동조를 이끌어 내면서 사회 변화를 이끌어 내기도 한다(튀니지 혁명을 생각해 보라). 다수를 구성하는 소극적 행위자(80%의 long-tail)가 변화를 이끌어 내는 원동력이 되기도 하는 것이다.

SNS가 사회적 이슈를 확산시키는 데에 있어서 큰 영향을 미치는 것은 확실하다. 물론, SNS가 정치사회적 변화를 이끌어 낼 수 있는지 아니면, 단순히 정보의 공유와 확산을 끌어 내는 것

16) 튀니지 자스민 혁명과정에서 튀니지 국민의 약 20%를 넘는 페이스북 이용자들이 정부에 대한 항의데모 등에 관한 정보를 페이스북에서 공유하였으며, 현지상황에 대한 방송이 통제되는 상황에서 트위터 메시지는 현지의 활동가와 외국의 지지자들을 연결하는 매체가 되었다. '튀니지 독재정권의 붕괴과정은 방송되지 않았고, 단지 트윗되었을 뿐이다.'

에 그칠 것인지는 명확하지 않다.

그러나 SNS는 기존의 미디어가 통제되어 제대로 역할을 수행하지 못하는 국가에서는 기존의 미디어를 보완하고 때로는 대체하는 새로운 미디어의 역할을 한다. 미디어가 다양한 견해들의 경쟁의 장으로 정착된 체제에서는 공론의 공간이자 플랫폼으로써 다양한 정치적 견해가 소통되고 공감을 형성하는 네트워크를 형성하게 한다.

SNS는 전화나 이메일처럼 쌍방향성을 띠지만, 개방성과 실시간성으로 인해서 높은 파급효과를 띤다는 점에서 차이가 있다. 또한, SNS는 미디어라는 점에서 방송(broadcast)과 유사하지만, 정보에 대한 검열이나 선별을 통해 걸러지고 일방향성을 띠는 방송과 달리 검열이 어렵고 새로운 공적 공간을 창출하기 때문에 무정부상태에서도 정보의 전달과 소통이 유지될 수 있다.

물론, 정치사회적 변화와 발전에 있어서 SNS라는 미디어는 촉매제로 이해될 필요가 있다.

2. Web2.0[17)]

웹(web)2.0은 오라일리社(Tim O' Reilly)가 2004년 IT컨퍼런스에서 인터넷 사용자 간의 협력과 공유를 가능케 하는 사이버 공동체와 호스팅 서비스와 같은 웹의 최근 변화를 지칭하는 용어로 제안한 것이다. 2001년 닷컴 버블이 깨진 이후에도 살아남은 google과 amazon과 같은 성공한 닷컴 기업의 특성을 논하면서 제기된 개념이다.

웹2.0은 특정한 기술을 지칭하는 용어가 아니라 참여 · 공유 · 개방을 특징으로 하는 웹의 특성 및 웹에 대한 관점의 변화라 할 수 있다.

① **웹의 구조화** : 웹은 하이퍼링크에 의해 여러 개의 웹문서, 이미지, 동영상, 음악, 텍스트 등의 object가 연결되는 데이터베이스의 네트워크라 할 수 있다. 웹의 구조화는 웹 상의 텍스트와 이미지와 같은 콘텐츠의 정확성과 연결성을 높이면서 사용자와 공급자의 관계, 그리고 경제법칙의 변화를 야기하였다.

② **정보생산자의 등장** : 기술적으로는 XML이 웹의 표준으로 채택되면서 많은 변화가 나타났다. XML은 웹에 대한 전문적 지식 없이도 홈페이지(블로그)를 제작할 수 있게 되면서 웹사용자가 수용자에서 생산자로의 전환을 낳았다. 이와 함께 웹 접속자에게 웹이라는 미디어는 정보생산자가 구축한 콘텐츠를 재현매체(representational media)가 아니라, 표현매체(presentational media)로 이해된다.

블로그는 트랙백이라는 상호링크를 통해 인터넷 전체를 거대한 데이터베이스처럼 변화시켰다. 또한, 블로그, SNS, wiki, 등의 오픈 소스 CMS는 웹 사용자를 정보 수용자에서 정보생산자로 전환된다. 이러한 변화는 웹이 취급할 수 있는 데이터량이 급격하게 늘어나도록 하면서 롱테일(long-tail)[18)]이라는 구조를 만들어 냈다.

---

17) web2.0의 핵심가치가 '참여 · 공유 · 개방'이라면, web3.0의 핵심가치는 '개인성 · 실시간성 · 지능성'에 있다. 즉, web2.0은 민주주의와 깊은 관련이 있다면, web3.0은 개인화된 서비스제공과 깊은 관련이 있다. 따라서 행정학이나 정보체계론과 달리 정치학에서는 web3.0에 깊은 관심을 보이고 있지는 않다.

18) long tail은 웹에 참여하는 사용자 수가 늘어나면서 발생하는 것으로 꼬리를 든 뱀을 옆에서 본 듯한 모양을 의미한다.
소득분포나 기업의 매출구조에서 '20:80의 법칙'이라는 Pareto법칙이 있다. 파레토 법칙은 V.F.D.Pareto가 상

③ Platform으로서의 웹 : 인터넷 시대에는 OS가 더 이상 중요한 플랫폼이 아니다. 브라우저에서 작동하는 웹 어플리케이션은 웹을 통해 데이터를 주고받는 이상 OS가 무엇이든 상관이 없다. 나아가, 데스크 탑 사이드바(google이 제공)나 위젯(apple사의 대쉬보드)과 같은 어플리케이션은 웹 브라우저 없이 웹사이트의 정보를 주고받는 것을 가능하게 한다.

Web2.0 기술의 핵심적 특징이라고 할 수 있는 소통(communication)과 협력(collaboration)을 가능케 하는 위키(wikis), 소셜 네트워킹(social networking) 등은 사회적 '관계 맺기'와 '공동 지식생산'이라는 새로운 현상을 낳았다. social tagging, wikipedia 등은 정보의 생산과 유통에 있어서 long-tail 현상을 보여준다. C. Anderson은 위키백과를 브리태니커 백과사전과는 다른 하나의 생물체에 비유한 바 있다. 그는 박제화된 참고서가 아닌 살아 있는 커뮤니티로서 wikipedia는 개방형 시스템이 무질서에 빠지지 않고 가장 정확하고 포괄적인 백과사전을 만들어 낼 수 있었다고 평가한다. 이는 다양성과 독립성을 가진 대중의 의견이 불일치와 경쟁(not compromise nor consensus)을 통해 의사가 상호소통을 통해 합리성을 확보해 가는 집단지성(collective intelligence)이 생성되는 과정이기도 하다.

웹2.0과 정치

민주주의는 다수의 의견에 기반 한 정치다. 근대사회에서는 다수의 생각이 mass media에 의해 집약되고 전달되며, mass party에 의해 정치체제로 투입되는 형식을 취하고 있다. 그러나 웹은 정치에 있어서 소수의 의견과 생활정치 혹은 하위정치라는 새로운 양상을 만들어 내고 있다. 개별 주체의 작은 이해관계가 이슈화될 수 있고, 누구나 시간적·공간적 제약을 넘어서 지지와 연대를 형성할 수 있고, 지속적인 담론의 공간을 창출할 수 있게 되는 것이다.

① 'nomad 족' 의 자발적 정치참여 : 2002년에는 '앙마'라는 네티즌이 게시판에 올린 글이 촛발시위로 연결되었다. 촛불시위는 대중에 의해 이루어진 '번개' 혹은 '플래쉬 몹'이라 부를 수 있다. '모든 시민은 기자다'를 표방하는 인터넷 신문 '오마이 뉴스'식으로 표현하자면 '뉴스 게릴라' 혹은 인터넷과 휴대폰으로 무장한 'nomad 족'의 자발적 정치참여라 평가할 수 있다. 이러한 현상은 웹이 제공하는 개방적 담론의 장(platform)으로 인해 가능한 것이었다.

② 1인 미디어와 정치 : blog가 텍스트라는 기본 틀을 통해서 개인적 관심사나 견해를 표현하는 media라면, youtube는 비디오라는 형식을 통해 개인의 관심사를 표현하는 media라 할 수 있다. 세월호 현장을 네티즌이 직접 중개했던 afreeca-TV, 한때 한국 정치의 중심에 서 있었던

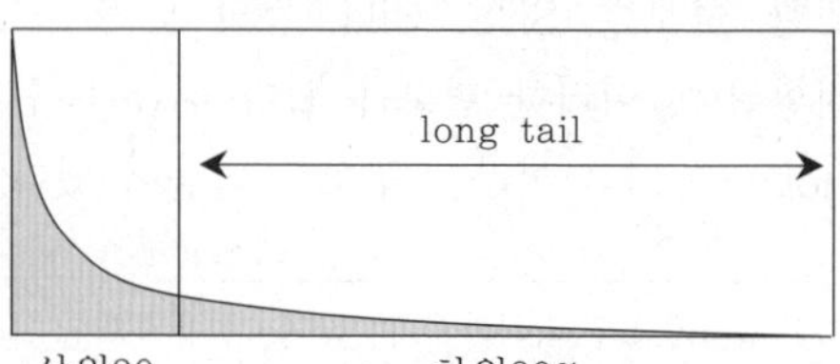

위20%의 소득이 사회 전체 소득의 대부분을 차지한다고 말한 데서 비롯된 것으로 20:80의 법칙이라고도 한다. 예컨대, 편의점이나 할인점과 같은 매장에서 제품의 판매량을 측정하면, 상위 20%의 매출이 전체 매출의 80%를 차지하는 결과가 발생한다는 것이다. 그런데, 웹상에서는 이와 반대되는 결과가 나온다. 웹에서는 상위의 20%보다 하위 80%의 매출이 훨씬 크게 나타나게 되는 아래 그림과 같은 현상을 롱테일의 법칙이라 한다. 머리보다 꼬리가 더 큰 비중을 차지하게 되는 이런 현상은 오프라인과 달리 온라인상에서는 제품의 진열에 제약이 없기 때문에 꼬리 길이에 한계가 없어 발생하는 것이다. 다시 말하면, 꼬리에 해당하는 양의 한계가 없기 때문이다. 예컨대, 아마존의 매출을 분석하면 매출이나 접속자 수, 사용자 수 등에서 이와 같은 현상이 나타난다.

나꼼수 등과 같은 podcast(I-pod과 broadcast의 합성어) 등은 정치적 이슈의 형성과 의제형성에 있어서 일반 대중의 참여를 가능케 하고 있다.

③ **롱테일과 집단지성, crowd-sourcing** : 네이버의 지식iN이나 위키백과, 서울시의 천만상상 오아시스, 게시판의 댓글 등은 다수 대중의 의견이 형성되는 과정을 보여준다.

서울시의 천만상상 오아시(www.seouloasis.net)는 의사결정과정의 개방성과 투명성을 높이며, 서울시의 시책에 대한 주민들의 불만과 요구를 수렴하는 목적으로 구축된 것이다. 전자민원, 정책토론방, 시민참여 등 다양한 메뉴를 기반으로 시민과 관료 사이의 의사소통 공간을 제공한다. 그러나 이에 그치지 않고, 상상제안과 상상토론, 상상실현(오프라인 회의)이라는 카테고리를 통해 정책제안과 다수의 토론이 이루어지고 서울시의 정책으로 투입이 된다.

집단지성 / 크라우드소싱 - 전문가가 풀지 못한 문제를 대중이 풀다

1989년 3월 24일 21만5000톤의 대형 유조선 발데스호가 알래스카를 지나던 중 암초에 부딪쳐 좌초됐다. 이 사고로 유조선에서는 새어 나온 24만 배럴의 기름은 알래스카의 해안을 덮쳤다. 오염된 인근 해안가의 길이는 무려 1,600km에 달했고 이로 인해 바닷새 25만 마리와 해달 2,800마리, 물개 300마리, 대머리 독수리 250마리와 연어 수백만 마리가 떼죽음을 당한 사상 최대의 해양오염사고였다. 이후 20여년 동안 수십 척의 바지선을 통해 기름을 수거했지만 혹한의 날씨 때문에 기름이 물과 함께 얼어붙어 분리가 원활히 이루어지지 않아 기름을 전량 수거하는 데에는 실패하였다. 세계 유수의 과학자들과 관련 전문가들이 이 문제를 해결하기 위해 달려들었지만 20여년 간이나 문제를 해결하지 못하고 있었다.

이에 세계기름유출연구소(OSRI)는 2만 달러의 상금을 걸고 이노센티브를 통해 대중에게 문제를 제시하였다. 주부, 학생 등 수천 명이 아이디어를 올렸고, 그 중 한 사람이 진동기계로 오일에 자극을 주자는 아이디어를 냈다. 이 아이디어로 물과 기름의 분리가 원활하게 되어 기름을 모두 걷어낼 수 있게 되었다. 이 아이디어를 낸 사람은 존 데이비스라는 평범한 시멘트 회사의 직원이었다. 존 데이비스는 시멘트를 굳지 않게 하기 위해 계속 레미콘 트럭이 시멘트를 젓는 것에서 착안하여 아이디어를 냈고, 이 아이디어가 20여년을 끌고 온 문제를 말끔히 해결하였다.

이노센티브를 통해 전문가가 아닌 비전문가가 문제를 해결한 케이스는 이 외에도 수없이 많다.

– 위키백과

④ **웹과 선거, e-politics** : 노사모 현상, 트윗 등을 통한 투표독려 운동, 그리고 2006년 미국 중간 선거에서 보여진 UCC효과 등은 선거과정을 후보자 중심에서 유권자 중심으로 전환이 이루어지는 현상이라 평가된다.

선거 시기에 따라 정도의 차이는 있으나, 한국에서 선거과정에서 SNS를 통한 정치토론이 가장 활발하게 이루어진 선거로 2011년 서울시장 보궐 선거를 들 수 있다. 선거 기간 중 일반인의 정치적 의사 개진은 어느 때보다 활발하게 이루어졌다. 주부나 청년 실업자 등 스마트폰만 있으면 누구든지 SNS로 일상을 소재 삼아 정치를 이야기했다. 한국에서 가장 많은 팔로어가 있는 이외수 씨 등 일부 유명인사는 SNS를 통해 기성 정치인 못지 않은 정치적 영향력을 과시하기도 했다. 박원순 후보자는 선거운동 마지막 날인 25일 오후10시부터 2시간 동안 동대문시장 인근에서 시민들과 스마트폰으로 '인증샷 놀이'를 하며 SNS 민심을 파고들기도 했다.

3. 인터넷과 민주주의

[1] 민주주의는 다수 혹은 주권자인 시민의 요구에 대한 높은 대응성, 그리고 시민에 대한 높은 책임성, 그리고 시민참여를 전제로 한 개념이다. 웹2.0이 주목받는 것은 참여·공유·개방이라는 특성과 민주주의의 함수관계 때문이다.

대다수 정치적 이슈들은 거대 자본이나 강력한 이익집단과 언론사가 주도해 왔다(non-decision). 정보의 중요성과 유통의 판단이 gate-keeper에 의존해 온 것이다. 그러나 웹은 전문성이나 자원동원 능력을 가진 소수가 아닌 다수 시민이나 개인이 정치적 이슈의 형성에 큰 영향을 미칠 수 있도록 하였으며, 그 범위 또한 안보나 거시경제적인 데에 그치지 않고 일상적인 영역까지 확대되었다. 긴 꼬리에 의한 정치라 할 수 있으며, 긴 꼬리들에게 제공된 개방된 플랫폼에서 형성되는 담론과 집단지성이라 할 수 있을 것이다. 미선이/효순이 사건을 계기로 한 촛불시위는 이제 예외적인 현상이라 부르기 어렵게 되었다. 소위 인터넷과 휴대폰으로 무장한 넷세대, 노마드의 자발적 참여라 부를 수 있는 현상으로 UCC가 자신의 취미를 넘어서 오프라인의 현실 정치에까지 영향을 미치게 된 것이다.

사실 인터넷의 등장은 민주주의의 발전으로 이어질 것으로 보았으나, 기대만큼의 정치적 효과를 가져 오지 못했다. 인터넷은 정보의 양을 폭발적으로 증가시켰으나, 정보의 생산과 정보공유를 주도하는 권력이 소수의 허브 웹사이트에 집중되었기 때문이다. 그러나 개방성, 상호작용성, 그리고 연결성을 특징으로 하는 웹2.0 방식의 SNS는 시민의 연결성을 강화시켜 정치참여의 효율적 매체로 활용될 것이라는 기대감을 높여주고 있다. 정치정보의 습득과 정치적 커뮤니케이션을 강화하고, 자연스럽게 개인의 정치적 효능감을 높임으로써 참여를 활성화시킬 것이라는 것이다.

이에 대해 정치참여의 질적인 측면에서 부정적 전망이 제기되어 왔다. 이는 SNS의 즉자성과 단문 중심의 의사소통 방식이 갖는 한계 때문이지만, 나아가 pull media로서 사용자를 분할하고 차별화하고 소비자는 정보를 선별적으로 수용하기 때문에 자신과 유사한 정보만을 선택하는 자기강화 효과와 파편화를 유발할 수 있기 때문이다.

웹의 진화가 민주주의 발전에 긍정적인 영향을 미칠 것인가에 대한 판단은 결국, 참여민주주의를 바라보는 관점에 따라 좌우될 것이다. 즉, 다수의 판단이 합리적인가의 문제로 집약될 수 있을 것이다. 다른 맥락(탈근대사회에서 실현가능한 민주주의라는 관점)에서 보자면, 원자화되고 파편화된 탈근대사회에서 통합된 국민국가가 창출될 수 있는지, 이념으로 통합되고 강한 계급적 유대감을 가지고 특정 이익을 배타적으로 대표하는 대중정당에 의한 경쟁적 민주주의가 가능하고 바람직한지에 대한 고민이 필요하다.

웹이 창출하는 네트워크는 계층제와 달리 수평적이며, 전통적 공동체와 달리 유대감과 헌신성이 약한 느슨한 관계를 형성한다. 또한, 웹을 매개로한 참여는 집단이나 공동체에 기반을 두지 않은 개인의 결합을 특징으로 한다(네트워크화된 개인주의). 그러나 유연성과 느슨한 결합이 원자화된 개인들의 (지속성은 약하지만) 소통과 공감, 상호협력을 끌어내는 동인으로 작용할 수 있다.

[2] 민주주의는 시민의 선호가 형성·표출되고 정확하게 집약될 것은 전제로 한다. 시민의 선

호가 올바르게 형성되기 위해서는 시민은 자유롭게 정보에 접근할 수 있고, 이를 통해 자신의 정치적 선호와 견해를 형성할 수 있는 능력과 의지를 지녀야 한다.

웹의 진화와 스마트폰의 등장은 미디어 환경에 변화를 가져왔다. 미디어에 대한 접근성 증대는 진입장벽을 낮추었고 매체 수는 폭발적으로 증가하였다. 이는 시민에게 gate-keeping을 우회할 수 있는 수단을 제공하였지만 동시에 주류 언론에 대한 신뢰가 낮아지면서 소셜미디어를 통한 정보소비는 지속적으로 증가하였다. 하지만 포토샵 기술을 넘어 딥페이크(deep fake) 기술의 발전과 함께 가짜뉴스(fake news)의 확산과 함께 정보의 진위가 새로운 이슈로 대두되고 있다.

소셜미디어의 발달은 유사한 성향을 가진 자들이 자신들만의 폐쇄된 공간인 사일로(silo)에서 어울릴 수 있는 길을 열었다. 이 같은 환경은 2010년대 이후 확산된 정치의 양극화 속에서 가짜뉴스를 적극 활용하려는 정치집단의 등장과 함께 자기확증편향(self-confirmatory bias), 탈진실(post-truth), infordemics, 자발적 발칸화 현상 같은 현상을 낳고 있다.

탈진실(Post-Truth)와 가짜뉴스 관련 용어들

Just because you read it in a magazine or see it on the TV screen don't make it factual (잡지나 TV에서 봤다고 해서 다 진실인 것은 아니에요, 마이클 잭슨의 〈Tabloid Junkie〉 가사 中)

(1) 2016년 옥스퍼드 영어사전에서 올해의 단어로 선정된 바 있는 Post-Truth는 객관적 사실보다 감정이나 개인적 신념이 여론 형성에 더 영향을 미치는 상황을 말한다 — 결과적으로 사실이 중요하지 않게 되는 정치상황을 의미한다. Post-Truth는 '진실이 밝혀진 이후'라는 의미가 아니라, 진실이 퇴색된 상황을 지칭하는 개념이다. Post-Truth 함정에 빠져 있을 경우 진실 자체보다는 자신이 원래 지니고 있던 신념이나 감정에 입각하여 정치적 선호를 형성하는 경향을 보인다(최준영 2019).

Post-Truth는 1992년 세르비아계 미국 극작가인 고(故) 스티브 테쉬흐가 잡지 네이션에 쓴 에세이에 처음 등장했다. 테쉬흐는 1987년 미국의 레이건 정부가 이란에 무기를 불법적으로 판매하고 그 이윤으로 니카라과 콘트라 반군을 지원한 '이란 · 콘트라 스캔들'을 다룬 글에서 "자유인인 우리는 포스트 트루스의 세상에서 살고 싶다는 것을 자유의사로 결정했다"고 썼다.

(2) Post-Truth 함정에 빠진 상황에서 허위사실을 의도적으로 유포하기 위해 기사형식을 빌려 작성하는 가짜뉴스 또한 함께 확산된다.

인터넷이 확산되면서 가짜 뉴스가 사회문제로 대두되고 있는데, 이러한 현상을 설명하는 용어로 인포데믹스가 있다. 정보(information)와 유행병(epidemic)의 합성어인 infordemics는 추측이나 루머에서 나온 부정확한 정보가 확산되면서 발생하는 각종 부작용을 일컫는 용어다. 처음 이 용어를 사용한 D. J. Rothkopf는 정보전염병을 '공포와 추론, 소문 등이 현대의 정보기술과 결합해 국가 및 초국가적 차원에서 정치, 경제, 안보 등에 미치는 악영향'이라고 규정했다. 2018년 한국사회에서 퍼진 난민문제와 이슬람에 대한 혐오는 대표적인 예라 할 수 있다.

(3) 인터넷은 루머가 정보의 폭포현상(information cascades)을 통해 전파되어 집단을 양극화시키는 경향이 있다. 일정 수 이상의 사람이 허위 정보를 믿게 되면 더 많은 사람이 이를 따라 믿게 되고, 다른 정보가 유입되더라도 자기 합리화를 위해 정보를 무시하는 자기검열 행위로 이어지면서 집단 극화로 번지게 되는 것이다. 소위 관심 글(관종 글)이나 어그로(aggressive에서 유래된 말로 상대방을 도발해 분노를 유발하는 행위) 등 또한 집단 극화를 강화시킨다.

(4) 행위자들은 인터넷에서 홍수처럼 쏟아지는 정보 중에서 자신의 가치관과 선호에 맞는 정보만을 선별적으로 수용하게 되는데, 이 과정에서 자기확증편향이 강화된다.

한편 정치적 견해는 현상에 대한 판단, 즉 가치판단을 수반한다. 상반된 주장은 현상을 구성하는 사실에 근거하여 표명되지만 그것은 진위판단과는 거리가 있다. 한국사회에서 THAAD 배치에 대한 주장과 영국에서 브렉시트에 대한 주장 중 무엇이 진실이라고 이야기될 성질의 것은 아니다. 예컨대 브렉시트에 대한 판단에서 자유무역이라는 맥락에서 EU에 잔류되어야 한다는 주장과 EU의 공동외교와 정책이 주권원칙을 침해하기 때문에 탈퇴해야 한다는 주장 모두 일정 정도의 진실을 담고 있지만 어떠한 가치가 우선하는 지는 진위판단의 영역은 아니다. 정치적 견해는 특정한 프레임 속에서 형성된다. 그러한 이 같은 신념이 특정 프레임을 만들고 부분적 진실이라 할 수 있는 사실이 재구성되면서 Post-Truth 함정을 끊임없이 재생산한다.

결과적으로, 탈진실과 가짜뉴스 현상은 시민의 정치적 견해와 선호를 왜곡한다는 점에서 민주주의를 위협한다. 객관적 사실보다 이념이나 신념이 보다 중요시되고 가짜뉴스가 확산되면서 잘못된 정치적 선호를 형성하기 때문이다. 나아가 정치권력의 정당성을 침식하고 민주주의 체제의 통치능력을 저해한다. 그 극단적 사례가 2021년 미국에서 의사당 난입사건이라 할 수 있다.

Post-Truth와 관련하여 어떤 논자는 진실의 죽음을 이야기하며, 역사는 거대한 거짓말이 난무했다고 주장한다.
Slavoj Zizek은 "트럼프 전 대통령과 트럼프를 비판하는 이들은 모두 가짜뉴스에 집착한다. 트럼프는 거짓말 때문에 비판을 받곤 하지만, 그 또한 다른 이들이 가짜뉴스를 퍼뜨린다고 비난한다. 가짜뉴스 논쟁에서 트럼프를 비판하는 자유주의자들은 다음 세 가지가 결합해 진실의 죽음을 가져왔다고 지적"한 바 있다(한겨레신문 2018. 9. 27). 그는 종교적·민족적 근본주의의 부상으로 합리적 토론이 막힌다고 이야기한다. 근본주의자들은 자신의 주장에 유리한 데이터를 조작하고 좌파는 이슬람 혐오적 인종주의라 비난한다. 뉴미디어의 등장은 공론장 외부에서 뉴스와 의견을 교환하는 장을 제공했고, 어떠한 제약도 없이 음모와 주장이 떠돌아다닐 수 있는 환경을 제공하면서 네오나치 채널이 번성하도록 했다. 마지막으로 포스트모더니즘적 해체주의 영향과 역사 상대주의 유산이 이를 자극했다고 주장한다.
지젝은 "홀로코스트는 존재하지 않았다"는 주장을 끌어들이는 것을 주저했지만, 일본은 위안부나 장용공에 대한 강제성은 없었고, 731부대의 생체실험은 없었다고 주장하고 있고 대다수 일본인들과 한국의 뉴라이트 진영은 조선총독부 문서를 통해 동일한 주장을 하고 있다.
신념에 의해 재구성된 사실 혹은 진실, post-truth는 공유된 신념이 붕괴된 탈근대사회와 뉴미디어, 그리고 정치적 양극화가 결합되면서 나타나 현상이라 할 수 있겠다.

[3] 2016년 미국대통령선거에서 가짜뉴스가 세계적으로 주목을 받은 이후, 2018년 미국 중간선거, 2019년 EU의회 선거를 거치면서 가짜뉴스의 정치적 영향력이 커지고 있다 — 예컨대, 트럼프의 지속적인 의회에 대한 공격의 영향으로 미국인의 의회에 대한 신뢰도는 20%까지 떨어졌고 지역 미디어를 무력화시키는 뉴스의 사막화가 초래되고 있다. SNS, AI 등을 활용한 선거전략을 뜻하는 디지털 게리멘더링(digital-gerrymandering)이 이와 함께 이슈가 되었고, 이후 온라인상에서 이루어지는 유권자의 투표행태 조작, 선거인명부 대리등록, 선거과정에 외국세력의 개입 등 의미가 확장되고 있다(오선규 2019).[19)]

19) 디지털 게리멘더링은 SNS 여론조작으로 투표결정에 영향력을 행사하는 행위, 인터넷상에서 다양한 방법으로 여론조작을 하여 투표행태에 영향을 미치는 행위, 컴퓨터 기술을 이용하여 자의적으로 선거구를 획정하는 것,

한편, SNS 이용자가 많이 보는 기사를 중요한 뉴스로 인식하도록 하는 알고리즘(deep learning System)으로 인해 이용자의 이념이나 편향을 조장하는 콘텐츠에 like가 집중되고, 대중의 관심을 받기 쉽도록 되어 있다. 이러한 알고리즘은 개인정보, 행동데이터를 추적하여 유사성이 있는 이용자를 그룹화하고, 이들의 신념과 행동, 그리고 정보 공유를 유도하고 확증편향을 심홧시킨다. 반면, 다른 의견을 가진 사람들과의 소통은 단절되는 정치 극화현상을 심화시킨다.

인공지능(AI)를 활용한 데이터 분석은 개인의 정치성향에 대한 예측을 가능하게 하고 투표에 참여할 확률이 높은 사람을 대상으로 혹은 특정 정치성향을 가진 유권자만을 추출하여 투표참여를 유도하는 메시지를 발송할 뿐 아니라, 특정 정당에 유리한 콘텐츠에 노출시키도록 할 수 있다(micro targeting). 선거결과에 영향을 줄 수 있는 이러한 현상과 관련하여 점에서 알고리즘과 지배의 합성어인 **알고리즘 지배(Algocracy)**, **필터버블(filter bubble)**이라는 개념이 대두되고 있다. 필터버블은 특정 정보에 반복적으로 노출되면서 알고리즘이 제시하는 특정한 정보에 포위되는 현상을 말한다. 정보환경이 정보수용자가 선택하는 노출(selective exposure)에서 선택받은 노출(selected exposure)로 변화된 것이다.

그런데 딥러닝(deep learning) 방식으로 학습된 알고리즘은 객관적이거나 합리적인 것은 아니다. 알고리즘이 인간이 만들어낸 자료를 기반으로 학습된 결과이기 때문에 사회적 편견을 반영하고 있기 때문이다.[20] 알고리즘이 사회적 편견과 차별을 오히려 강화하는 것이다.

사이버 공격이나 Fake News를 유통하여 선거에 개입 행위 등을 포함한다.

20) 미국 형사법원에서 활용하고 있는 재범예측 알고리즘인 COMPAS는 흑인 범죄자의 재범 위험성을 백인의 그것과 비교할 때 두 배 이상 높게 예측한다. 애리조나주가 복지수급자격 판정을 자동화 한 이후 3년 간 100만 건의 의료보험, Foodstamp, 현금 수당 신청이 거부당하는 사례가 나타나는 등 인공지능기술이 가난한 시민들을 분류·감시·차별하는 현상이 나타나고 있다.

Ⅴ. 전자투표

1. 전자투표의 개념 및 방식

1) 전자투표의 개념

전자투표는 전자적 수단에 의해 기표행위와 투표 집계를 포함한 투개표 관리를 수행하는 것을 말한다. 보통 터치스크린 방식의 전자투표를 사용하지만, 최근에는 인터넷과 모바일 기기를 활용한 원격투표로 발전해 왔다.

2) 전자투표 방식

전자투표는 ① 지정된 장소에서 전자기계식, 터치스크린시스템, PC기반기술, 키오스크 등을 활용하는 방식, ② 네트워크를 활용한 임의의 투표소에서 투표를 하는 방식, 그리고 ③ 전화, 인터넷, SMS, HDTV 등 쌍방향 TV 활용한 원격투표로 나누어 볼 수 있다.

국내에서는 2001년에 터치스크린 방식의 전자투표기가 개발되었으며, 2004년 이후 휴대전화 택스트메시지 기능(SMS)를 통해 인증서를 발급하고 인터넷에서 투표하는 원격 전자투표방식으로 정당 후보자 선출, 대학총장선출 등에 적용되기 시작했다.

2. 전자투표의 효과와 한계

1) 전자투표 도입의 효과

가. 투표참여 증대

전자투표를 적용한 사례들을 보면, 유권자의 관심을 높이고 투표참여율을 높였다. 투표율 개선 효과는 20~30대의 젊은 유권자층에서 크게 나타났다. 이는 투표의 편의성 향상, 인터넷을 이용한 선거관련 정보제공 및 사이버 토론 등에 기인한다.

이 외에 선거과정에서 발생하는 다량의 무효표의 문제를 해소할 수 있다. 무효표의 방지는 정확한 민의수렴 메커니즘 확립에 기여할 것이다.

나. 투표 편의성 향상

원격투표는 다양한 접근채널 제공으로 투표의 편의성 및 접근성을 향상시킨다. 즉, 부재자 및 해외 체류자의 투표참여가 가능하며, 이로 인해 투표율이 증진된다.

접근성 뿐 아니라 투표방식의 편의성은 장애인 및 해외 체류 시민들의 주권행사를 보장해 줄 수 있다(장애인 관련해서는 미국 메릴랜드 주나 일본의 지방정부 선거에서 긍정적으로 평가된 바 있다). 예컨대, 지체장애인은 원격투표방식을 활용하여 투표할 수 있고, 시각장애인은 음성인식 시스템을 활용하여 제3자의 도움 없이 직접 투표에 참여할 수 있다. 이런 방식의 투표의 편의성과 접근성 증대는 주권행사 기회와 관련된다.

다. 기 타

첫째, 선거가 일상화되면서, 투·개표관리비용이 급증하고 있는데, 전자투표시스템의 도입은 선거관리인력 및 물적 시설, 투표용지 인쇄 및 투·개표사무원과 관련된 비용을 절감할 수 있다.

둘째, 투·개표의 정확성과 신속성을 향상시킨다. 전자투표는 수작업에 의한 개표보다 정확성을 높일 수 있으며, 투표시간의 종료와 함께 중앙컴퓨터에 의해 집계됨으로써 신속하게 개표결과를 알 수 있다.

2) 전자투표 도입의 한계

가. 보안 및 신뢰성 문제

첫째, 원격투표의 경우 비밀성, 보안성, 부정행위 등이 문제될 수 있다. 선거인이 아닌 자에 의한 대리투표, 중복투표, 투표매수 가능성이 커지기 때문이다.

둘째, 네트워크 상의 보안과 관련된 기술적 문제가 해결되어야 한다. 선거인이 직접 자유로운 의사를 표출하였다 하더라도 투표결과가 전송·보관과정에서 해킹이나 기술적인 이유로 조작 또는 왜곡될 가능성이 있다.

셋째, 모든 유권자들이 자유롭게 투표에 참여할 수 있어야 하며, 관련 기기에 대한 사용능력이 있어야 한다는 점에서 상당한 시간과 비용이 요구된다.

나. 투표결과에 대한 불신

전자투표는 광범위한 조작이 저질러질 우려와 함께 재검표 방법이 없고, 조작미숙 등으로 인한 기권이나 투표시간 지연과 투표 진행 중 전산장애가 발생하거나 선거 후 전자투표기의 보관·관리상의 문제점 등이 아직 해결되지 않았다는 점이 지적된다.

3. 전자민주주의를 위한 전자투표의 전제조건

1) 전자투표 확산의 전제조건의 해결

가. 기술적인 문제

안전성(security)이 확보되어야 한다. 패스워드를 부여하고 인증확인 절차를 밟더라도 전문적 기술을 가진 자들이 불순한 의도에서 이루어지는 투표내용의 조작가능성이 높기 때문에 이를 차단하기 위해서는 암호화 기술에 연구와 투자가 선행되어야 한다. 또한 투표도중 시스템의 과부하 등으로 인해 다운되거나 처리가 지연되는 것을 방지할 수 있어야 한다.

또한 정당한 투표권을 가진 자만이 투표할 수 있고(중복투표방지), 정확하게 집계·개표됨으로써 정확성(accuracy)이 확보되어야 한다. 나아가 유권자들의 불신을 해소하고 조작가능성을 통제하기 위해 검증가능성이 확보되어야 한다.

나. 법적인 문제

프라이버시 보호를 위해서는 비밀투표가 보장되어야 하며, 투표매수를 방지할 수 있는 방안이 확보되어야 한다. 비밀투표는 투표과정의 비밀보호와 사후추적이 불가능해야 함을 의미한다. 이와 관련하여 사이버 범죄문제에 대한 대책이 수립되어야 한다. 인터넷 투표의 경우 투·개표 전과정이 자동 관리된다는 점에서 선거관리기관의 공정성과 신뢰성이 강하게 요구된다.

다. 사회적 환경 문제

수용성이 확보되어야 한다. 수용성은 전자투표의 안전성·신뢰성과 일치하지 않으며, 인터넷의 이용정도와 비례하는 것으로 알려져 있다.

또한 보편성을 확보하기 위한 digital divide에 대한 대책이 요구된다.

2) 전자투표와 민주주의 : 전자공론

전자투표방식은 시간적, 공간적 제약을 제거함으로써 주요한 정치적 이슈에 대해 대표자가 아닌 일반시민들에게 직접 의견을 묻는 것으로 결정권을 주권자인 시민에게 부여하는 것이다. 즉, 전자직접 민주주의를 지향한다. 따라서 전자투표가 민주주의 발전을 가능케 하는 수단인지에 대해서는 직접 민주주의와 참여민주주의에 대한 평가에 따라 달라질 것이다. 이 부분은 앞서 보았기 때문에 여기에서는 생략하고, 몇 가지만 언급하겠다.

투표는 주권자인 시민이 직접 주요 사안을 결정하는 민주주의의 한 형식이다. 그러나 투표 결과만을 가지고 민주주의의 요건을 충족했다고 보기 어렵다. R. Dahl이 '경제민주주의 서설'에서 제시한 조건인 평등한 투표권, 효과적 참여, 계몽된 이해, 인민에 의한 의안의 최종적 통제, 포괄성을 고려할 때 투표는 최종적 통제라는 조건만을 충족시킬 뿐이다. ① 의제에 대해 자신의 견해를 표출하고, 결정절차에 대해 이견을 제시할 수 있는 동등한 권리나, ② 자신의 견해를 형성하기 위해 충분한 정보가 제공될 수 있어야 한다. 이러한 과정을 통해 시민적 합의를 도출하되 최종적으로 투표라는 형식을 통해 결정하는 것이다. 예컨대, (전자투표는 아니었지만) 한국에서 주민투표를 통해 방사성폐기물처리장(이하 방폐장) 입지를 결정했던 2005년 주민투표과정을 보면, 방폐장의 위험성에 대한 충분한 정보가 주민들에게 제공되지 않았으며,[21] 원전에 대한 반대의견은 투표과정에서 배제된 채, 지역발전기금이라는 반대급부를 전제로 방폐장 건설을 찬성하는 지에 대한 의견만이 의제로 설정되었다. (구)산업자원부가 해당 지자체에 요청해서 진행된 11.2 방폐장 주민투표에 처음부터 '주민'은 없었다. 투표운동에 들어가기 전부터 해당지역에서는 빵과 음식이 공공연하게 공급됐고 버스를 동원한 '견학'이라는 이름의 관광 향응도 제공되었다. 그리고 경주시에서 공무원들에 의해 반대여론이 높은 지역에 대해서는 투표방해가, 찬성여론이 높은 지역에서는 투표독려가 이루어지는 등 관권과 금권이 동원된 부정투표로 이어졌다.

전자투표가 민주주의의 발전을 이끌어 낼 수 있는가는 전자투표라는 형식과 수단에 있는 것이 아니라, 그 과정과 절차가 얼마나 민주적인지에 있는 것이다.

유권자를 끌어들이기 위해 도입하는 전자투표는 결코 마법의 투표가 아니다. 전자투표는 시민들의 정치에 대한 높은 관심을 바탕으로 공적 결정에 대한 전자적 공론장의 형성과 함께 이루어지는 것으로 이해되어야 한다.

---

21) 핵폐기장 선정과정에서 정부가 지질의 안정성과 부지적합성을 조사하기 위해 할애한 시간은 2~3개월에 불과했다. 경주의 경우, '역사상 진도 7 이상의 지진 17회, 1978년 이후 11회 지진 기록'이 있었다는 내용과 함께 별 문제될 것이 없다는 내용만 간략히 서술되는 선에서 조사를 마쳤다. 그러나 2016년 경주 인근에서 진도 5.8의 지진이 일어나면서, 2012년의 지질조사 내용이 은폐되었음이 밝혀졌다.

제 3 절 후기 산업사회 / 탈근대, 그리고 정치 2010 행정

Ⅰ. 후기산업사회 / 탈근대(post modernism)

후기산업사회로의 전환은 사회경제적 변화에 그치지 않고 문화와 가치관의 변화를 수반한다. 그 변화의 중심에 탈물질적 가치관의 대두와 확산이 있다. 탈물질적 가치관은 개인차원에서는 자기표현과 의미 있는 삶에 대한 강조로 표출되며, 사회적 차원에서는 (생태환경운동, 여성운동, 소수인종운동, 동성연애자운동, 공동체운동, 반핵평화운동, 난민보호운동, 대안운동 등) 신사회운동과 같은 사회운동의 성격과 양상이 변화로 나타나고 있다.

1. 후기산업사회 : 산업과 노동의 변화

산업생산에 있어서는 대량생산체제에서 다품종소량생산체제로의 전환이라는 특징적인 모습을 보이고 있다. 즉, 테일러리즘과 포디즘을 특징으로 하는 대량생산체제에서의 표준화와 집권화, 분업체제가 해체되고 일시성, 단기성, 유동성, 불확실성이 지배하는 체제로 전환되었다[**탈집권, 탈집중, 표준의 해체**].

생산체제의 변화는 개인의 존재조건인 노동의 개념, 교육체계, 여가 등에 있어서 많은 변화를 수반한다. 조직 내 개인의 존재조건이라 할 수 있는 노동의 개념은 조직화된 노동에서 '개인화된 정신노동'으로 전환되었고, 직업적 안정성이 해체와 함께 직장의 개념이 평생직장(경력)에서 일자리의 개념으로 바뀌고 있다.[22] 또한 업무와 여가, 학습(교육)의 경계가 해체되고 있다.[23]

2. 탈근대 사회 : 사회적 복잡성과 다원성

탈근대 사회는 근대성의 해체와 연관된다.

근대사회는 이성을 기초로 한 자율적인 인간상에 기반 해 왔다. 그리고 자연과 사회에는 보편적 법칙이 존재하며, 인간은 이성을 통해 이를 파악할 수 있고, 이를 통해 파악된 진리는 인간을 자유롭게 할 것이라고 보는 믿음이 근대사회를 지탱하는 기반이었다. 이성은 과학기술의 발전과 문명의 발전=진보를 의미한다. 따라서 탈근대사회는 이성과 진보의 붕괴를 의미한다.

근대성(modernity)은 인간과 자연, 이성(합리성)과 감성(비합리성), 문명과 야만, '주체/선와 객체/악'이라는 이분법적 사고에서 출발한다. 그러나 이러한 이분법적 사고는 '나'의 관점에서 타자와 자연을 대상화(소외, 物化) 시킨다. 그 결과가 히틀러의 나찌즘과 스탈린의 전체주의였고,[24]

---

22) 이를 J. Attali는 job nomad라 표현한 바 있다. nomad는 아탈리가 후기산업사회의 특징으로 제시한 개념으로 본래적 의미인 넓은 초원에서의 유목이 아닌 도시적 불안정성을 대변하는 의미의 유랑을 뜻하는 용어로 사용한 것이다.

23) 지혜 습득을 중심으로 하는 전통적 교육(가족과 지역사회 중심)은 산업사회에서 표준을 위한 대중교육(학교교육 ; 현대사회의 복잡성과 반복적 노동, 집단규범을 위한 사회화 교육)으로 전환되었다. 그러나 유연사회에서는 속도와 유동성, 자기조절적 기술체계에 대응하기 위한 새로운 교육으로 전환이 요구되면서 학교교육의 개념이 약화되고 적응성과 창의성, 윤리 도덕적 쟁점에 대한 분별력 함양을 위한 교육으로 초점이 이동하고 있다. IQ에서 EQ로의 초점 전환도 이를 반영하는 것이다.

Xenophobia(인종혐오)와 Genocide(인종학살), 전쟁이었다. 근대사회는 인간의 자유를 꿈꾸었지만 인간을 철창 안(iron cage)에 가둠으로써 인간의 자유를 억압하는 역설적 결과로 귀결되었다. 때로 타락한 자연(야만)은 문명(이성)에 대해 복수로 답변하기도 한다(생태계의 순환 고리가 파괴되면서 지구는 인간이 살 수 없는 행성으로 전락해 버리는 것을 지칭한다).

M. Weber는 「프로테스탄티즘의 윤리와 자본주의 정신」에서 '근대성은 이성을 찾아 자유를 원하는 파랑새들의 노래였지만, 결국 그 노래를 부르는 우리의 목소리로 새장에 갇히게 되는, 스스로 새장에 존재함으로써 자신이 새라는 것을 증명 받는 것처럼 되어 버렸다'고 이야기한 바 있다.
그리고 그 은유적 모습이 Charlie Chaplin의 「모던타임즈」가 아닐까?

근대성은 또한 과학에 대한 맹신=미신으로 전락해 버렸다. 과학기술은 인간이 직면한 모든 문제를 해결할 수 있으며, 기술발전은 사회발전과 진보를 위해 필수불가결한 것이라는 신념에 갇혀 있다. 그러나 20세기 인간은 진리라 불려왔던 것들이 붕괴되는 것을 보아 왔고, 자연과 사회가 법칙에 의해 움직인다는 기존의 생각이 위협받고 되었다.

일본 신일제철소에서 유출된 수은으로 인해 발생한 '미나미타'병에 대해 그 인과관계를 과학적 근거가 없음을 이유로 부인해 오다 1960년대에 공식 인정하였다. 그로부터 60년이 지난 일본에서 후쿠시마 원자력 발전소는 위험하다는 주장을 과학적 근거 없음을 이유로 배제해 오다 비극적인 결말로 끝났다. 이명박 정부는 과학적으로 전염병은 종의 장벽을 넘지 않는다는 진리를 들어 광우병의 위험성을 주장하는 것은 미신이라 했다. 지카 바이러스, 메르스, 사스, 조류독감 모두 미신이고 존재해서는 안되는 비과학적이고 비이성적인 현상일 뿐인지도 모른다.

마찬가지로 '월성 원자력 발전소는 안전하다. 그것이 합리적이고 과학적인 인식이다' 는 주장이 여전히 문재인 정부 이전까지 정부의 공식입장이었다.

Jacques Derrida는 근대성을 플라톤의 그림자라 불렀다. 이데아를 중심으로 하는 손에 잡히지 않는 목소리를 중심으로 근대성은 진행되어 왔고, 그러한 근대성은 결국 현실이 아니다. 현실은 이데아가 아니라 지금을 살아가는 우리, 각 개인의 오감을 통해서 느껴지는 것이다.
현실을 찾기 위해서는 이성을 해체시켜야 하며, 감각으로 받아들이는 우리의 삶 전체를 진실로 받아들여야 한다. 결국, 근대성은 모두 거짓이었다고 말하는 것이 필요하다는 것이다.
이는 아도르노(Theodor Wiesengrund Adorno)가 했던 유명한 말, '전체는 거짓이다. 진실은 파편으로만 존재한다'과 일맥상통한다고 볼 수 있다.

탈근대 사회란 이처럼 전체성의 해체와 개체의 독자성의 강조, 복잡성과 불확실성의 증대, 그리고 가치상대주의의 확산으로 정리할 수 있다.

24) 히틀러와 스탈린의 전체주의에서 확인할 수 있듯이 근대의 전체주의는 자본주의이든 사회주의이든 이성에 의해 관리되는 사회의 병리적 현상을 드러내는 것이다.

Ⅱ. 네트워크 사회

인류는 기술-경제적 변화가 정치와 문화적 변화를 유발하고, 사회 다양한 요소들이 복합적으로 상호 연계되어 있는 사회로의 전환을 경험하고 있다. 그리고 지식과 정보가 생산의 중심요소로서 일의 개념을 근본적으로 변화시키고 있다(유홍림 2005. 14). A.Toffler는 이를 제2의 물결(산업화)에 의해 도입된 **표준화와 중앙집권화**[25]를 극복하는 제3의 물결[**탈산업화 ; 탈집중, 탈집권, 다원화**]로 개념화한 바 있다.

정보기술의 발달은 사회를 구성하는 각 요소들을 네트워크로 연결시키고 있다. 네트워크에서 노드(nod)라 불리는 각 요소들은 자체의 속성을 넘어 연결망의 위치에서 따라 성격이 결정된다. 즉, 사회는 거점중심사회(node-centered society)에서 연결중심사회(link-centered society)로 이행됨을 의미한다. 나아가, 구성요소들의 성격은 고정되어 있지 않고 느슨하게 연결되어 상호작용을 하기 때문에 사회의 유동성이 증가하고, 공간의 의미가 정주적 공간(space of stay)에서 흐름의 공간(space of flow)으로 변화하게 된다. 이를 A. Giddens는 장소귀속성의 탈피(disembeddedness)가 일상화하는 유목적 상태(nomad)로 전환된다고 표현한다.

구성요소들 간의 벽(wall)을 넘어선 그물망(web)의 확대와 접속성 증대는 상호작용 밀도를 강화시켜 제도적 경계를 약화시키고 각 영역간의 교류를 촉진한다. 이러한 상호작용은 '내파'와 '융합'의 과정을 통해 분산화와 탈집중화를 낳는다. 예컨대, 교육과 놀이의 결합인 '에듀테인먼트(edutainment)', 생산활동과 소비활동의 결합인 '프로슈머(prosumer)', '사이보그(Cyborg)', 정보기술에서의 '유비쿼터스(ubiquitous)', 산업 간의 경계의 붕괴와 융합은 이를 반영하는 개념들이다.

탈집중화와 분화는 사회적 이질성과 다원성을 증가시키며, 차이와 다양성을 특징으로 하는 다문화적 상황이라는 정치사회적 조건의 변화를 낳았다. 이하에서는 네트워크 구조의 특징과 네트워크 구조가 확산되는 요인을 간단하게 살펴본다.

1. 네트워크 구조/사회의 특징

네트워크란 '구성요소들이 자본, 물질, 정보, 인간 등의 이동을 주된 내용으로 비교적 느슨하게 연계된 조직구조'로 정의될 수 있다. 다시 말하면, 상호의존적인 조직 혹은 구성원들의 협력관계를 의미하는 것으로 개개 주체가 독자성을 가지면서도 각 주체들이 정보통신기술을 통해 연계됨으로서 자신과 상대방이 보유한 자원에 접근할 수 있고 이를 자신의 자원처럼 활용할 수 있도록 연계된 체제를 말한다.

네트워크는 구성단위의 **자율성**, 단위 간 관계의 **수평적 상호의존성**, 경계의 **유동성과 투과성**을 핵심 특징으로 한다. 네트워크는 계층제나 시장과 달리 자기조직화와 호혜성의 규범에 의해 창출되는 데, 자기조직화는 자율성과 자기초월성, 이질성 등을 포함한다.

① **자율성** : 주체적으로 의사결정을 할 수 있는 능력을 말한다. 네트워크에서 구성단위는 외부조건에 절대적으로 영향을 받지 않고 환경에 적응하는 체제의 자생적 속성을 갖는다.

---

25) 토플러는 산업사회의 6대 원리로 표준화, 전문화, 동시화, 집중화, 극대화, 중앙집권화를 제시하였다. 이들 원리의 핵심은 전통적/종교적 권위를 합리적/국가적 권위로 대체하는 데에 있다. 참고로, 6대 원리 중 표준화, 전문화(집중화), 집권화는 (행정학에서 배운) 조직의 3대 기본변수인 공식성, 복잡성, 집권성으로 연결된다.

② **자기초월성** : 집단 및 조직의 발전과정에서 자아를 극복하고 타자와의 상호관계를 통해 자신의 성장을 도모하는 능력을 말한다. 타자와의 연계를 통해 체제 전체의 생존이나 발전을 고려하는 능력을 포함한다.

③ **이질성·다원성** : 자율적 주체가 타자와 연결될 경우, 자기와 성질이 다른 주체와의 상호작용 속에서 자신에게 의문을 제기하고 문제를 개선해 나가려는 성찰적 능력을 말한다.

이러한 네트워크 구조에서는 다음과 같은 모습을 보인다.

- 경계 넘기 → 분산화와 통합
- 의존성의 변화 → 권력이동(탈집권)
- 초기치 민감성 → 불확실성 증대
- 반공간성 → 개체성에서 관계성으로 전환

2. 연결망의 논리

연결망(수평적 네트워크)의 확대는 경계의 파괴와 권력의 이동이라는 현상을 낳는다. 이는 사회를 움직이는 원리의 변화를 의미한다.

① **분산화** : 시간과 공간적 분화는 사회의 각 요소들을 결합시켜왔던 요소들의 분화를 촉진한다. 거시적으로 본다면, 권력의 지방화/분권화를, 미시적으로 본다면 단일한 사고로 통합되어 있던 자아정체성이 다중적 자아로 분산됨을 의미한다. 이와 함께, 웹을 통한 경계넘기 현상과 함께 나타나는 경계의 붕괴는 내부적인 분산과 동시에 더 큰 단위로의 통합(EU와 같은 새로운 정치공동체의 등장)을 야기하며, 근대적 사고방식으로는 이해하기 어려운 복잡계를 발생시킨다.

② **연결망과 권력** : 교환이론의 관점에서 보면, 권력이란 의존의 역함수라 할 수 있다. 즉, 권력은 비대칭적 관계에서 형성되는 데, 중심-주변의 관계에서 주변은 정보가 모이는 중심부에 의존하기 때문에 중앙이 권력을 보유하게 되는 것이다. 그러나 수평적 연결망에서는 주변단위들이 중앙에 대한 의존도가 낮기 때문에 중앙의 권력은 약화되고, 권력이동 현상이 나타난다.

③ **연결망과 불확실성** : 모든 요소들이 연결되는 네트워크에서는 그만큼 불확실성도 증가한다. 생태계에서 먹이사슬에서 한 개체의 증가 혹은 감소는 연쇄효과를 일으키면서 엄청난 파장을 낳는다. 또한, 2003년 뉴욕의 정전사태의 출발점은 한 발전소의 사고로 발전이 중단되면서, 인근 발전소로 필요한 발전량을 전가하는 과정에서 과부하가 야기되고, 이러한 과부하가 연쇄효과를 일으키면서였다. 이는 2003년 인터넷 대란이 일어난 원인과 동일하며, 외환위기가 파급되는 과정에서도 확인할 수 있다. 이러한 불확실성의 증대는 사회의 관리와 통제가 불가능함을 의미하며, 정부의 정책이 의도와 무관한 결과를 낳음을 의미한다.

3. 네트워크 경제의 논리, 그리고 조직

지식정보사회로의 전환은 시장(market)과 계층제(hierarchy)라는 두 가지 형태의 구조와는 구별되는 네트워크 구조를 지배적 형태로 끌어 올리고 있다.

[1] 지식정보사회에서 가치창출과 경쟁력의 원천은 지식에 있다.

지식은 다른 일반적인 자원과 달리 자기증식성을 강하게 띤다. 일반적인 재화는 생산과정에서 투입과 함께 그 가치가 이전되면서 소멸된다. 그러나 지식은 그 가치가 소멸되지 않은 채 기존 재화에 가치를 부과할 뿐이다. 지식재의 한계 비용이 0임을 의미하고, 수확체증의 법칙을 낳는 원인으로 작용한다. 다시 말하면, 지식은 사용할수록 그 가치가 증가한다는 것이다.

그런데 새로운 지식의 창출은 창의성에 의존하지만, 다른 지식과 정보 없이 창출되는 것은 아니다. 자율성과 함께 지식의 공유가 요구되는 이유가 여기에 있다.

[2] 시장에서 자원은 자율성을 가진 단위들 간의 자발적 교환을 통해 배분된다. 그러나
① 비배제성을 특징으로 하는 지식은 시장에서 창출되기 어렵고, 단위간의 연계망의 부재는 지식의 공유를 어렵게 한다(시장은 정보 및 지식이 학습되고 창출되는 과정을 간과함을 뜻한다). 따라서 시장에서 지식재는 제공되기 어렵다.
② 지식은 암묵적 성격(tacitness)이 강하고 특정 개인이 온전히 자신의 소유로 만들기 힘들어(비전유성, inappropriability) 가격 메커니즘이 작용되기 힘들다. 이는 시장이 비록 가격 메커니즘에 의한 현장성 정보(on-the-spot information)의 창출에 상대적으로 강점을 가지고 있음에도 불구하고 지식의 생산과 유통에서 제약이 큰 이유가 된다.

시장에서의 거래비용을 최적화·최소화하기 위해 등장한 계층제는 자원의 통합 활용과 조직의 통합성을 가능케 하고, 합리적이고 신속한 결정을 보장한다. 그러나
① 명령과 규칙에 따라 자원이 배분되고 운영되기 때문에 구성단위의 자율성이 인정되지 않는다. 새로운 지식의 창출이 사실상 불가능하며, 환경의 복잡성과 다원성이 높아지면 이에 대한 대응성과 적응성이 급격히 저하된다.
② 계층제는 고정된 경계를 가지고 있어 지식의 창출과 공유·확산이 불가능하다.

[3] 네트워크에서 경계는 투과적이며 가변적이다. 행위자들은 자율성을 가진 독립적 주체들로서, 이들은 자발적으로 연결되기 때문에 다중심성을 띠고, 조직간 구성원이나 하위집단은 경계를 넘나들며 연합을 형성하거나 해소하는 과정을 통해 조정과 통제를 수행하게 된다. 행위 규범에 있어서 계약 등에 의해 연결된 구성원의 이해관계는 다르지만 공동의 목적으로 가지고 상호협력이 이루어진다.

이러한 특징들로 인해 네트워크는 계층제에 비해 높은 다양성을 보이면서도 시장보다 풍부한 정보를 전달하고 학습을 촉진시킨다. ① 결절점들 간의 지속적인 정보교환과 상호작용은 이들 결절점들을 혁신의 소재지로 만들어 낼 수 있다. 그리고 이렇게 학습된 정보와 지식은 네트워크를 통해 빠르게 확산된다. 또한, 지속적 상호의존관계가 만들어 내는 호혜성의 규범은 신뢰라는 자원을 창출하고 수확체증의 법칙을 작동하도록 한다.
② 네트워크에서는 인적자원들의 정보 공유 및 의사소통의 과정이 활성화되기 때문에 각 단위들은 서로 암묵적인(tacit) 지식을 교환하고 학습할 수 있다. 각 조직은 자신들이 가지고 있는 특수자산을 서로 보완(complementarity)할 수 있어 상호협력의 유인을 더욱 높일 수 있다. 이는 자산전속성(asset specific)의 제약을 완화시켜 거래비용을 또한 낮추게 된다.

Ⅲ. 4차 산업혁명

인터넷 패러다임이 일방향적 정보접근에서 쌍방향적 정보교환으로, 그리고 지능형의 정보인식으로 전환되고, 웹이라는 가상공간이 현실세계와 연결되면서 나타나는 만물 인터넷(IoT, Internet of Thing)으로 진화하면서 small world를 넘어 Real World Web의 시대에 대한 전망이 제시되고 있다. 웹의 진화(웹 3.0)와 함께, 경계가 소멸되고 모든 요소가 융합되는 유비쿼터스 환경이 가능해졌다는 것이다.

이러한 사회를 스마트 사회라 부른다. 스마트 사회에서는 고도의 지능화된 IT와 사회연결망을 기반으로 인간과 사물, 사물과 사물 간 의사소통이 시공간을 넘어 실시간으로 이루어진다. 즉, IT간, 제도간 산업간 융이 가속화 되며, 정부와 민간의 일하는 방식 및 생활양식, 문화, 정치경제 등 국가 사회 전체의 혁신이 동반되어 새로운 부가가치가 끊임없이 재창출되는 사회라 할 수 있다. 스마트 사회 혹은 미래 사회는 물리적 공간과 시간의 제약에서 벗어날 뿐 아니라(반공간성 / 비동시적 동시성), 소수에 의해 전유되었던 지식이 확장되고, 관계의 무한한 확장을 가능케 한다.

- 상호연결(interconnection) & 융합(convergence)
- 사회의 구성요소들의 지능성(intelligence)

1. 정 의

4차 산업혁명은 세계경제포럼(WEF, 스위스 다보스 포럼) 창립자 겸 회장인 Klaus Schwab가 그의 저서「제4차 산업 혁명(The Fourth Industrial Revolution)」를 통해 주창하였고, 2016년 스위스 Davos-Klosters에서 열린 세계경제포럼(World Economic Forum Annual Meeting 2016)의 주제로 설정되면서 확산된 개념이다. Schwab은 4차 산업혁명을 '3차 산업혁명에 기반하면서, 디지털 · 물리적 · 생물학적인 기존 영역의 경제가 사라지면서 융합되는 기술적인 혁명'이라고 정의하였다.

한국정부는 4차 산업혁명의 예로 독일과 미국을 들고 있다. 사실 4차 산업혁명은 독일정부가 추진하고 있는 'Industry 4.0'을 기원으로 하고 있으나, 독일정부는 4차 산업혁명이라는 거의 사용하고 있지 않으며, 미국 또한 'Digital Tranformation' 혹은 'Industrial IoT' 등과 같은 용어를 주로 사용하고 있다. 사실상 4차 산업혁명이라는 용어에 대해서는 논란이 존재할 뿐 아니라, 구체적인 상에 대한 합의된 견해도 사실상 존재하지 않는다.

2. 4차 산업혁명의 특징

① 1784년 증기기관이 발명되면서 인간의 육체와 동물을 기계가 대체하는 기계화 혁명을 **1차 산업혁명**이라 한다. '농경 / 농촌 사회'가 '산업 / 도시사회'로 바뀌는 시기라 할 수 있다. ② **2차 산업혁명**은 전기 에너지를 기반으로 한 대량생산 혁명이 이루어진 19세~20세기 초에 일어났다. 테일러리즘과 포디즘(컨베이어벨트 시스템)을 기반으로 한 대량생산이 가능해 지고, 모터 · 전

화 · 전구 · 축음기, 그리고 내연 기관의 활용이 보편화되었다. ③ **3차 산업혁명(1차 정보혁명)**은 컴퓨터에 기반한 자동화가 확산되는 20세기 후반에 일어났다. 이 시기에는 아날로그 장치가 디지털 정치로 전환되고, 개인용 컴퓨터 뿐 아니라 인터넷/통신 기술의 비약적 발전이 있게 된다. ④ 그리고 **4차 산업혁명(제2차 정보혁명)**은 정보기술과 AI의 융합을 핵심으로 한다.

4차 산업혁명(제2차 정보혁명)은 물리적 · 생물학적 · 디지털적 세계를 빅-데이터에 입각해서 통합시키고 경제 및 산업 등 모든 분야에 영향을 미치는 다양한 신기술로 설명하기도 하는데, 보통 인공지능, 로봇공학, 사물 인터넷, 무인 운송 수단(무인 항공기, 무인 자동차), 3D 인쇄, 나노 기술과 같은 6대 분야에서 나타난 새로운 기술 혁신을 핵심요소로 본다(wiki백과, 2017년 6월 10일 검색). 그 핵심은 클라우드/빅데이터, 인공지능, IoT를 통한 융합현상이라 할 수 있다 ; 4차 산업혁명이 정확히 어떤 기술을 통해 구현될 것인지는 명확하지 않지만, 인공지능과 관련될 것이며, 육체노동을 기계가 대체하는데 그치지 않고 정신노동까지 기계가 대체할 것이라는 점은 명확하다.

- 지능(AI SW) + 정보(Big-data)/통신(IoT, Cloud) → 융합(convergence)

참고로, VR/AR나 O2O은 물리적 공간과 사이버 공간(디지털 공간)을, 인체의 정보를 디지털 세계에 접목하는 기술인 스마트워치나 스마트 밴드를 이용한 모바일 헬스케어는 생물학적 세계와 사이버 공간을 융합하는 기술에 속한다.

〈산업혁명 과정〉

＊ WEF 수정

구 분	1차 산업혁명	2차 산업혁명	3차 산업혁명 (1차 정보혁명)	4차 산업혁명 (2차 정보혁명)
시 기	1784년~	1870년~	1969년~	-
혁신부문	증기기관, 기계	전력, 노동분업	컴퓨터, 인터넷	융합, AI
소통방식	책, 신문	전화기, TV	인터넷, SNS	IoT, IoS
생산방식	기계화	대량생산	부분 자동화	자동화
생산통제	사 람	사 람	사 람	기 계

3. 4차 산업혁명과 사회변화 및 이슈

4차 산업혁명은 지능정보사회, 스마트 사회, 네트워크 사회, 플랫폼 사회라 불리는 현상들과 밀접한 관련이 있다. 이들 사회가 갖는 몇 가지 특징적과 이슈들을 살펴본다.

1) 조직과 사회체제의 높은 합리성 · 효율성

인간이 기술과 시스템을 발전시켜 온 것은 합리성과 효율성을 높이기 위한 것이었다. 그러나 최근의 기술발전은 부분별로 일어났던 것과는 대조적으로 모든 영역과 요소들의 융합을 통해서 나타나고 있다. 그 중심에는 디지털 정보와 빅데이터 분석, 상호연결성과 알고리즘이 자리하고 있다.

종래 최적의 업무루틴에도 불구하고 (비합리적일 수 있는) 인간이 개입함으로써 나타나는 문제점을 자동화 기술과 함께 인공지능을 적용함으로써 최소화할 수 있게 한다.

기술발전에도 불구하고 도로 환경과 보행자, 마주 오는 자동차 등으로 인해 자동차 운전은 기계가 인간을 대체할 수 없을 것이라는 예상 또한 최근에 깨졌다. 교통사고로 인한 사회적 비용뿐 아니라, 지능형의 교통시스템의 구축 등으로 인해 발생하는 효율성은 마래 사회에서 보여주는 체제 효율성의 한 단면일 뿐이다.

2) 사회시스템의 변화 : 직업, 교육 등

자동화와 인공지능, 그리고 모든 요소가 연결되는 미래사회는 육체노동 뿐 아니라, 정신노동을 기계가 대체함을 의미한다. 인공지능의 확산은 소수의 전유물처럼 인식되어 왔던 전문성의 붕괴라는 측면 뿐 아니라, 현재 존재하는 직업의 대부분이 사라질 것이라는 측면을 포함한다. Schwab의 4차 산업혁명이 갑자기 이슈로 대두된 것도 그가 '4차 산업혁명 - 자동화의 극대화 - 일자리 감소'라는 흐름을 언급하면서 강조했던 '사라지는 일자리' 때문이었다.

전문가들은 금융/보험관련 직업의 80% 이상, 화학관련 직업의 60% 이상, 농림어업과 기계관련 직업의 50% 이상이 사라질 것으로 예측한다. 반면, 보건/의료관련 직업과 경영/사무직은 20% 정도, 사회복지/종교관련 직업은 10% 정도만 사라질 것으로 예측한다. 2016년 WEF가 발표한 '직업의 미래' 보고서에서도 2020년까지 사무 · 행정 · 제조 · 생산직을 포함해 약 710만개의 일자리가 없어진다고 발표하였다. 새로운 산업과 직업군이 등장한다고 하더라도 사라지는 직업이 더 많다는 것이다.[26]

> **gig economy**
>
> gig은 1920년대 미국의 재즈 연주자들이 공연 때마다 계약을 맺어 연주를 했던 gig에서 유래했다고 한다. 즉, gig economy란 필요에 따라 임시로 계약을 통해 일을 맡기는 형태의 경제를 지칭한다. 최근 확산된 우버 taxi는 gig economy를 잘 보여주는 사례라 할 수 있다.
>
> gig economy에 대한 관심은 이러한 임시직을 통해 실업률을 줄일 수 있을 것이라는 기대감 때문이었다. 그러나 장기적으로는 실업률을 오히려 높이고 있을 뿐 아니라 많은 사회문제를 유발하고 있다. 이 영역의 피고용자들은 Part-time Job을 갖는 사람들로, 충분한 근로시간을 확보하기 어렵고, 불안정한 소득과 불공정한 급여체계, 그리고 복지 혜택의 사각지대에 놓이게 될 뿐 아니라, 일본과 미국에서는 노숙자(homeless)가 사회적 이슈로 부각되고 있다.

미래사회가 요구하는 인재는 특정 업무와 프로세스를 전제로 한 암기된 지식을 소유한 자가 아니다. 지식과 정보라는 것은 가변성을 띨 수밖에 없다(IT와 밀접한 직업을 예로 들면, 특정 업무에 대한 지식은 6개월이면 그 의미가 많이 퇴색되는 경우가 많다). 따라서 지능정보사회에서 지식 구조상의 변화가 일게 되고, 교육체계 또한 변화가 불가피 할 것으로 보인다.[27]

3) 사회격차 확대와 프라이버시

[1] SNS와 모바일 기기, 그리고 웨어러블 기기와 IoT는 data big-bang 현상을 가져왔다.

---

26) 이미 1960년부터 1996년 사이에 국민총생산은 3배 증가했지만 노동시간은 1/5 단축되었다. 이에 따라 노동이 개인이나 사회에 대해서 가지는 의미가 갈수록 작아져 왔다(김호균, 1999.)

27) 2017년 세계경제포럼은 "2017년 초등학교에 입학하는 8세 아이들의 약 65%가 지금은 없는 직업을 얻어 일하게 될 것"이라고 전망했다. 그럼에도 불구하고, 한국의 교육시스템은 1,2차 산업사회에서 요구되었던 프러시아식 교육에 기반을 두고 있다. 한국의 학생들은 미래에 필요하지 않은 지식과 존재하지 않을지 모를 직업을 위해 너무도 많은 시간을 투입하고 있는 것이다. 또한 대학입시 중심의 교육으로 인해 대학을 졸업한 이후의 문자해득력(literacy)은 점차 하락하여 50대 중반에 이르면 OECD 최하위권으로 떨어진다고 한다.

데이터의 생산주체가 사람(P2P, P2M)에서 기계(M2M)와 모든 사물로 변화되면서, 데이터의 생산과 사용의 주체, 생산 규모와 생성 방식의 근본적인 변화가 나타나고 있다. 막대한 양의 비정형적인 빅데이터를 분석하기 위해서는 인공지능이 필수적으로 요구되었고, 신경망 이론에 기반한 딥러닝 방식의 인공지능 개발로 이어졌다.28)

나아가 특정 산업현장에서만 사용되던 로보틱스와 같은 인공지능 기술이 가정 혹은 개인의 문제를 해결하깅 위한 수단으로 확산(범용화)되고 있다. 아마존의 Echo, 구글의 Nest에서 그 모습을 예측할 수 있다.

Nest는 스마트폰으로도 조작이 가능하며, 동작 감지 센서가 있어 집안에 사람이 있는지 없는지를 감지한다. 처음에는 사용자가 네스트를 조절하지만 학습기능이 있어 일정 시간이 지나면 스스로 집안 온도를 조절한다. 나아가, TV・냉장고・전등과 같은 집안의 가전제품들을 연결하여 자율적으로 조정할 수 있다. Echo는 음성인식을 하고 말을 하는 스피커로 사람의 음성을 인식하고 대화할 수 있으며, 주변기기를 실행할 수 있다. 개인 비서이자 스마트 홈의 플랫폼으로 기능할 수 있다.

초기에는 비현실적이라 부정되었던 범용 인공지능이 기술의 융합으로 가능해진 것이다. 그리고 그 활용은 3D 프린팅, 자율주행자동차, Bio 기술 등으로 확산되고 있다.

[2] 미래사회에서 가치창출의 핵심은 데이터와 알고리즘이라는 데에는 이견이 없다. 그리고 데이터/정보와 지식은 시간과 공간적 장벽에 구애되지 않고 실시간으로 작동하며 파급된다. 심지어는 사람들의 (체온과 같은) 생체정보 뿐 아니라 감정과 생각이 실시간으로 기록되고 그에 대한 반응이 일어난다.

그런데, 지식과 정보와 같은 축적과 활용에 있어 물리적 한계가 없는 자원으로 이를 소유한 자와 그렇지 않은 자이 차이가 물리적 자산의 소유 격차보다 훨씬 크게 나타날 수밖에 없다(물론, 지식과 정보를 갖는다는 것은 네트의 어디에 속해 있는지가 결정할 것이다). 초연결성의 사회에서 알고리즘이 대부분의 업무를 처리하는 프로세스는 역설적으로 거대한 격차를 만들어 내는 구조가 된다는 것이다. 사회체제를 움직이는 알고리즘과 제도를 만들어 내는 집단과 그렇지 못한 집단 간의 격차와 단절이 문제될 수 있다(영화 「헝거 게임」을 생각해 볼 것).

기업과 국가는 개개인들에게 맞춤형 서비스를 제공하기 위한 개인정보를 요구하며, 이러한 개인정보는 개인들이 인식하지 못한 상태에서 추출되고 처리된다. 이때 기업과 국가가 개인들을 감시하려는 의도의 여부와 무관하게 알고리즘에 의해 보유하고 처리하게 된다. 그리고 이러한 데이터들을 처리할 강력한 도구(컴퓨터)를 가진 자가 사실상의 권력을 쥐는 사회가 될 수 있다. 이는 지능정보기술의 기반이 되는 데이터와 알고리즘이 블랙박스 속에 있어 작동방식과 구조가 겉으로 드러나지 않는다는 기술적 속성에서 기인한다(구본권, 2017).

구글 네스트와 아마존 에코가 과연 편리하기만 할까? 몇 년 전 미국 뉴욕타임스에 흥미로운 기사가 실렸다. 한 대형 마트가 어떤 가정에 아기 옷과 유아용품 할인 쿠폰을 발송했는데, 하필이면 그것을 받는 당사자가 아기 엄마가 아닌 여고생이었다. 그 가정의 아버지는 불같이 화를 냈다 ; '이 따위 쿠폰을 내 딸에게 주다니, 여고생에게 임신을 부추기는 것이냐?'
그러나 며칠 뒤, 아버지는 딸이 임신했다는 충격적인 소식을 접하게 된다. 아버지 입장에선 기절초

28) 딥 러닝(deep learning)은 다량의 데이터나 복합한 자료들 속에서 핵심적 내용을 요약(추상화)하는 작업 방식을 말한다. 사람의 사고방식을 컴퓨터에게 가르치는 기계학습(machine learning)의 한 분야다.

풍할 노릇이었다. 부모도 모르는 딸의 임신을 대형 마트는 어떻게 알았던 것일까? 사연은 이랬다. 최근 그 여고생은 로션을 무향 로션으로 바꿨다. 그리고 평소 먹지 않던 미네랄 영양제를 구입했다. 대형 마트는 이 여고생의 구매 패턴을 분석하여 임신 가능성이 있다는 것을 예측하게 되었다. 그것을 누가 예측했을까? 대형 마트의 마케터가? 아니다. 빅데이터 시스템이 한 일이었다. 그것은 인간의 구매 패턴을 분석하여 구매자의 상태를 예측하고 그에 알맞은 할인 쿠폰을 발송해 주는 지능적이고 자동화된 시스템을 말한다. 달리 말하자면, 부모도 모르는 딸의 임신 소식을 대형 마트가 먼저 알 수도 있는 세상이 왔음을 의미한다. 그 세상이란 이미 코 앞에 와 있다. 우리는 그것을 '4차 산업혁명'이라 부른다. 이것은 편리한 세상일까? 아니면 무서운 세상일까? –
http://cafe.daum.net/bpguide

4) 비인격적 주체의 등장과 인간

'지능을 갖춘 비인격 존재'로서 인공지능의 등장은 한국사회에서 '알파고' 쇼크로 표현할 수 있을 것이다. 하지만 이보다 빠른 2014년에는 튜링 테스트를 통과한 슈퍼컴퓨터가 있어 이슈가 되기도 했다(튜링 테스트와 인공지능에 대해서는 영화 「엑스 마키나(Ex Machina)」를 참조할 것).[29]

웨어러블 기기와 SNS는 인간의 감정표현에 대한 방대한 정보를 웹에 업로드 하게 되는데, 이는 사람의 감정에 대한 소프트 웨어의 등장을 가능케 할 것이다. 즉, 인지능력과 학습 및 판단능력 뿐 아니라, 감정을 읽을 수 있는 인공지능이 곧 등장할 것이라는 이야기이다. 그리고 이는 인간을 중심으로 한 사회의 법체계에 많은 변화를 줄 수밖에 없음을 시사한다. 나아가 반려동물의 권리 혹은 보호를 위한 법이 만들어 지고 있는 것처럼 향후 인공지능/사이보그의 권리를 규정하는 법이 제정될 가능성을 배제할 수는 없을 것이다.[30]

이러한 논란들은 인간의 본질적 요소는 무엇인지에 대한 철학적, 윤리적 논쟁들을 불러올 것이고, 인간적 가치에 대한 새로운 주제를 던지게 한다.

5) [참고] Data/Algorithm의 개방성

[1] 미래 사회는 digital panopticon사회가 될 수 있다. 또한 big brother / little sister 등장에 대한 우려도 그 어느 때보다 크다. 기술 진보의 혜택이 개개인 혹은 인류에게 돌아가는 것이 아니고, 알고리즘과 데이터를 장악한 기업이 인공지능을 통해 사회와 국가를 통제할 수 있는 것이다. 사회통합과 국가의 지속적 발전을 위해서는 시민들의 Information literacy를 높이기 위한 정부의 정책적 노력이 필요하며, 이와 동시에 공공 알고리즘의 개방성과 투명성을 높이기 위한 제도적 장치가 마련되어야 한다.[31]

---

29) Eugene Goostman이라는 슈퍼컴퓨터가 인공 지능 판별 테스트인 Turing Test를 통과한 것이다. 레딩 대학 시스템공학부와 로봇기술 법제 기관인 '로보로(Roboro)'가 공동으로 주최한 튜링 테스트에서 자신을 '우크라이나에 사는 13세 소년'으로 소개한 유진 구스트만은 심사위원들과 5분간 대화를 했는데, 일부 전문가들은 단순한 채팅 기계일 뿐이라고 폄하한 반면 심사단의 33%가 진짜 인간이라고 판단했다.

30) 실제로 일본에서는 상당기간 시간을 보냈던 감성형/반려 로봇을 폐기하면서 장례식을 치루는 사람들이 꽤 많았다 한다. 반려동물을 키우는 사람들의 일반적인 정서적 현상이 섹스로봇이나 감정인식 로봇처럼 인간의 감성적 상대가 되는 경우, 동물보호법과 같은 법을 제정하라는 목소리가 높아지는 것은 예상될 수 있는 일이다.

31) 프랑스는 2016년 디지털 공화국을 위한 법률(관련법으로 정보와 자유에 관한 법)을 통과시켰다. 이 법은 ① 프랑스 혁명이 이루어 낸 세 가지 보편적 가치인 자유·평등·박애를 데이터 및 지식의 확산(자유), 디지털 사회에서의 개인 보호 지원(평등), 디지털 기술에의 보편적 접근 확대를 강화(박애)에 적용하고, ② 공화국의 정신을 반영하여 정보와 지식은 국가가 개인이나 특정집단의 사유물이 아니라 공동체 구성원 전체의 공유물임을

[2] 인공지능 기술은 국가와 사회의 통제가 결여된 경우 특정 개인이나 기업의 사적 이익을 극대화하기 위한 도구로 활용될 수 있고, 사회 전체를 통제하기 위한 강력한 수단이 될 수 있다는 점에서 개발초기에서부터 사회적 책임성을 강화하기 위한 통제 혹은 알고리즘에 대한 접근성과 투명성이 확보될 필요가 있다.

지식/지능사회는 데이터와 알고리즘을 기반으로 작동된다 — 인공지능과 자동화 기술 이면에는 데이터와 이를 처리하는 논리구조인 알고리즘에 따라 작동되기 때문이다. 알고리즘은 복잡하고 무질서한 데이터와 상황에 논리와 질서를 부여하는 것으로, 인간의 비합리성과 편견, 부정확성을 합리성과 객관성, 진실성을 높이는 핵심 요소로 간주되어 왔다. 그러나 알고리즘은 공개되지 않는 것이 일반적이다. 또한 데이터와 알고리즘 모두 중립적이거나 공정하지 않으며, 의도하지 않은 편향성을 띨 수 있다(Lev Manovich ; Robert Kowalski).

① 알고리즘은 문제해결을 위한 논리(지식)와 문제해결 전략을 위한 통제를 요소로 하는데, 지식과 전략 자체가 중립적일 수 없으며, 알고리즘에 의해 제시된 대안은 여러 대안 중 하나에 불과하다. 또한 알고리즘을 만드는 것은 인간이기 때문에 편견이 반영될 수밖에 없다. ② 데이터 또한 편향성을 띤다. 머신러닝에 기반한 인공지능은 어떤 데이터를 제시하는 지에 따라 인공지능의 판단이 달라질 수밖에 없기 때문이다. ③ 빅데이터와 결합된 알고리즘은 현실과 가상공간을 지배하는 구조물이자 규율체계임에도 불구하고, 특히 알고리즘은 공개되지 않으며, 일반 시민의 가시범위에서 벗어나 있다. 인공지능의 오작동[32]은 물론 영화 터미네이터나 영화 AI가 보여주는 미래에서 인간이 과연 인공지능을 통제할 수 있는가에 대한 질문은 지능사회의 어두운 단면을 보여주는 것이다. 알고리즘의 투명성과 개방성, 접근성을 확보하기 위한 대책이 요두 되는 이유이다.[33] 알고리즘의 투명성과 접근성은 알고리즘에 대한 사회적 통제와 사회적 감시를 위한 정책수단이라 할 수 있다.

천명하면서, ③ 망 중립성, 데이터 이동성, 접속 유지 권리, 개인 이메일의지 기밀 유지 등을 규정하고, ④ 새로운 패러다임의 하나로 정보 자결권을 새로 도입하였다. 이 법은 크라우드 소싱 방식을 통해 수립한 세계 최초의 디지털 입법이라 할 수 있다.

32) 2016년 MS사의 채팅 로봇 테이의 오작동(인종차별적 발언), 2017년 테슬라 자동차 사고, 2010년 뉴욕증시의 인공지능 오작동(1분 만에 998 포인트 하락), 2012년 뉴욕증시에서 투자자문 인공지능의 오작동(440만 달러 손실) 등의 사례가 있다. 그런데 어떤 이유로 오류가 발생했는지를 알 수 없었으며, 잘못된 결과를 바로잡을 방법은 없었다.

33) EU는 '설명할 권리(right to explain)'를 통해 일반 사용자의 접근권을 보장하는 입법을 추진하고 있다.

Ⅳ. 위험사회와 정치논리 : 벡의 재귀적 현대화(Reflexive modernization)

1. 위험사회(risk society)

벡은 현대사회는 생태위기, 생명공학과 식량산업에서 유전자 조작문제, 핵문제, 노동시장의 개인화와 양성관계의 개인화로 인한 일상생활의 위험 등이 도처에 존재하는 위험사회라 규정한다.

현대성의 원리들이 지속적으로 발전되어 간다는 점에서 연속적이라면, 초기 현대화의 결과들이 현대화의 기반을 침식하고 있다는 점에서 단절적인 성격을 보인다. 이 위험은 개인적 위험이 아니라, 특정 지역이나 집단에 한정되지 않으며 국경을 넘어서서 생산 및 재생산 전체에 퍼져가는 지구화의 경향을 지닌 '전사회적, 지구적' 위험이라 할 수 있다. 생태적 위험과 고도기술의 위험은 산업시설과 같은 특정한 지역에 국한된 위험과는 질적으로 다른, 모든 생명의 자기파멸의 위협하기 때문이다. 나아가, 위험은 산업화가 낳은 대량생산물이며 산업화가 지구적으로 전개되면서 체계적으로 강화되고 있다.

고전적 산업사회에서는 부 생산의 논리가 위험의 생산 논리를 지배했다면, 위험사회에서는 이 관계가 역전되고 있다. 산업사회가 결핍사회의 문제를 해결하기 위한 부의 생산 및 분배와 연관되어 있다면, 위험사회는 부의 생산이 초래하는 위험의 생산 및 분배와 연관되어 있다. 오늘날 위해들은 과잉생산에 기반을 두고 있으면서 빈곤, 질병, 교통사고, 산업재해 등과 같은 초기 산업사회적 위험들과 달리 계산불가능하고 통제불가능한 위험들을 발생시키고 있기 때문이다.

이 위험은 비가시적이며, 초계급적 보편성을 띠고 있다

① **초계급적 보편성** : 위험이 계급이나 국가발전 수준에 따라 차별적으로 분배될 수 있으나, 객관적으로 위험은 그 범위 내부에서, 그리고 영향을 받는 사람들 사이에서 평등화 효과를 보여준다. 계급이 구별과 차별화에 기반을 두고 있다면 사회적 위험의 순환적 성격은 궁극적으로 이런 구별을 불가능하게 만든다.34)

② **위험의 전지구적 보편성** : 이 위험은 부메랑 효과를 지니고 있으며, 이 효과는 계급사회와 민족사회의 유형을 붕괴시킨다. 생태재해와 원폭낙진은 국경을 무시한다. 이런 의미에서 위험사회는 세계적 위험사회다.

③ **위험의 비가시성 · 사회적 구성성 · 지식의존성** : 비가시성으로 인해 사회적으로 구성되는 경향을 지니고 있다. 그리하여 위험의 규정을 둘러싸고 공방을 벌이는 대중매체, 과학자, 법전문가 등이 사회적으로 중요한 집단이 된다. 여기서 위험의 비가시성과 사회적 구성성은 곧 위험의 '지식 의존성'과 연관될 수밖에 없다. 그런데, 문제는 이러한 자연과학적 지식이 위험에 관한 최종적 결정을 할 수 있는 것은 아니라는 데 있다. 지식은 위해의 규정과 관련된 모든 차원을 감싸고 있다. 그래서 위험의 결정에는 학문부문, 시민집단, 공장, 정부와 정치 사이의 거리를 넘어선 협조가 요구되지만, 그 과정에서 이런 여러 가지 요소들이 서로 적대적인 규정을 제출하고 '자신의 규정에 따라 투쟁'하는 경우가 흔하다. 지식에 의존하는 위험의 특성으로 인해 위험의 규정에서 '합리성에 대한 과학의 독점이 분쇄'된다. 과학적 합리성과 사회적 합리성이 서로 결합하며

34) 농약에 범벅이 된 제3세계 농산물이 선진국의 식탁을 점령한다거나, 주변부 국가들은 국제적 오염의 배양지가 되며, 국제적 오염은 세계 공동체의 부유한 이웃들조차 내버려 두지 않는다.

또 서로 경쟁하게 되는 것이다. 벡은 위험사회의 이런 특성을 '규정관계(relations of definition)'로 개념화하면서 산업사회의 생산관계와 대비시킨다. 규정관계는 재산관계가 아니라 산업적인 생산, 법, 과학, 공중 및 정책을 위한 기회들을 밑받침하는 기본적 원리라는 점에서 서로 다르다. 규정관계는 위험의 규정을 둘러싼 적대와 갈등의 관계이며, 이것은 곧 '정치적 폭발력'의 기반이 된다. "산업사회가 만들어 낸 위험의 경제적 이용과 함께 산업사회는 위험사회의 위해와 정치적 잠재력을 생산한다." 이제까지 알려져 온 현대화의 기초는 의문시되며 이런 의문은 합리성들의 경쟁을 불러일으킨다.

> 위험의 생산과 인식 사이의 불일치, 위험의 규정의 생산과 소비 사이의 긴장은 위험의 범위, 정도, 긴급성에 대한 규정을 둘러싸고 전개되는 투쟁의 본질적 원천이 된다. 그런데 위험이 점차 가시화되고 직접적으로 드러나는 순간 비가시성으로 인한 불명료함은 사라지고 직접적인 저항이 시작된다. 여기서 위험사회는 새로운 이해관계의 적대감과 위태로운 처지에 몰린 사람들의 새로운 공동체를 생산한다. 위험사회에서 풀뿌리 대중의 운동을 형성하는 동기는 새로운 것이다. 그것은 산업사회의 결핍의 연대가 아닌 공포(불안)의 연대이다. 계급사회는 그 발전 동학에서 평등의 이상과 계속해서 관련을 맺는다. 위험사회는 그렇지 않다. 그 기초이자 원동력인 규범은 '안전'이나. '불평등한' 사회의 가치체계의 자리는 '불안한' 사회의 가치체계로 대체된다.

2. 현대성과 반현대성의 모순

재귀적 현대화는 모든 경계들을 폐기한다. 반현대화는 경계들을 새로이 창조하고 주장하고 확정한다. 반현대화는 전통, 자연, 민족의 재발견, 자신과 이방인의 구분, 적과 친구 관계의 극단적인 첨예화를 통한 정체성의 형성, 폭력, 전쟁 등을 보호하고 신성화한다.

생태적 쟁점이 등장할 때, 이것은 생태민주주의로 갈 수 있을 뿐만 아니라 생태독재로도 갈 수 있다. 그러므로 단순현대에서 재귀적 현대로의 과정은 선형적 과정이 아니라 상호모순적이면서 상호의존적인 과정임을 알 수 있다.

현대와 반현대의 중첩, 단순 현대화와 재귀적 현대화의 중첩이라는 관점에서 보면 현대의 모습은 좀 더 다양한 형태로 전개될 수 있다.

3. 개인화와 일상생활의 위험 : 직업과 사랑

위험사회의 위험들은 다양한 맥락에서 다양한 방식으로 출현한다.

벡은 현대화 과정에서 사람들이 점차 산업사회의 사회형태(계급, 계층화, 가족, 남자와 여자의 성 지위)에서 해방될 것으로 보면서, 생애사적, 문화적 위험을 발생시킬 몇 가지 사회적 변화에 주목한다. 이러한 변화는 계급과 같은 집합적 정체성의 약화와 노동시장의 개인화, 생애유형의 개인화와 생활형태의 제도화 및 표준화, 노동의 탈표준화와 불완전고용 체계의 형성, 전통적 성별 귀속 및 가족의 약화와 양성관계의 개인화 등으로 요약할 수 있다. 이 과정을 관통하고 있는 근본적 원리는 바로 '개인화'이다.

1) 노 동

전통적인 사회적 지배와 속박의 제거라는 변화는, 전통적인 안전의 상실, 새로운 유형의 사회적 속박의 등장으로 현대적 위험을 새로운 국면으로 이전시키고 있다. 이것들은 개인화를 생활상황과 생애의 유형에서 일어난 하나의 변화로 이해할 수 있도록 한다.

① **해방** : 근대사회에서는 지위에 기반을 둔 계급 속박에서의 해방, 여성들의 전통적 주부 지위로부터의 해방 등으로 확대되었다. 여기에 직업 및 기업과 관련된 또 다른 중요한 해방이 나타난다. 노동시장의 유연화와 노동 장소의 탈집중화로 인한 유연하고 다원화된 불완전고용의 등장이다. 그러므로, 개인화는 해방의 지표이면서 동시에 위험의 지표이다.

② **노동시장의 개인화와 일자리 없는 자본주의** : 노동시장의 개인화는 산업사회의 중심원리로 작동했던 계급정체성의 약화를 의미한다. 계급은 불평등한 사회를 형성하는 근본원리였으며, 이런 근본원리에 도전하는 저항의 원천이었다. 그런데, 현대사회에서 소득 불평등이나 분업구조가 근본적으로 변화하지 않았음에도 불구하고 개인화와 생활양식의 다양화는 이런 계급적 속성들을 점차 약화시키고 있다. 이것은 기본적으로 유럽 선진국가들의 특수한 높은 물질적 생활수준과 선진적인 사회보장체계에 기반을 두고 있다. 또한 노동시장의 조건들도 영향을 미친다.

벡은 노동시장의 3가지 차원(교육, 이동성, 경쟁)에 주목하고 있다. 교육은 개인이 노동시장에서 개인적으로 이력을 쌓아 나가는 과정이 된다. 이동성은 노동시장이 요구하는 것으로서 개인들이 독립적으로 살아가도록 한다. 경쟁은 동질적인 사회집단들 내부에서 개인들의 분리를 야기한다.

① **[요인1] 사회적 및 기술적 혁신** : 노동시장관계의 유연성 증대 및 노동시간에 대한 규제와 관련해 개인화 과정이 진척될 수 있는 새로운 기회를 제공할 것이다. 이것은 계급사회에서 피고용인의 사회로의 이행을 의미한다.

표준화는 해체된다. 단일한 산업입지에 조직된 평생 전일직의 단일체계에서 '유연하고 다원화되고 탈집중화된 불완전 고용의 위험천만한 체계'로의 이행이 진행 중인 것이다.

이 과정에서 이루어지는 노동시장의 개인화는 불평등의 소멸을 의미하는 것이 아니라 '**사회적 위험의 개인화**'를 의미하며, 또한 사회문제가 개인화되고 사회적 위기가 개인적, 심리적 위기로 나타나면서 사회불평등이 정당화된다는 것을 의미한다.

② **[요인2] 지구화** : 노동시장의 개인화를 심화시키는 또 다른 중요한 요인은 지구화라 할 수 있다. 지구화는 자본의 이동에 따른 선진국의 실업률의 증가 및 세금수입 감소와도 연관되어 있다. 신자유주의적 지구화는 초국적 자본들이 선진국들로부터는 일자리를 뺏고 후진국으로부터는 이윤을 착취할 수 있도록 함으로서, 자본의 이익을 극대화시키는 반면에 지구적인 복지의 약화와 노동시장의 불안정을 심화시키고 있는 것이다. 이것을 벡은 '**일자리 없는 자본주의**'라 말하고 있다. 임시직, 시간적 고용, 계절적 고용 등이 증가하면서 실업이 줄어들고 노동자들은 노동에서의 약간의 자유를 얻지만 동시에 새로운 유형의 제약과 물질적 불안정도 얻게 되는 것이다. 그리고 이러한 과정은 합리성의 이름으로 정당화되며, 그 결과 체계의 문제들이 정치적으로 약화되고 개인적인 실패로 변형된다. 탈전통화된 생활양식 속에서 '**개인과 사회의 새로운 직접성**'이 생겨난다.

2) 양성관계의 개인화와 정상적 혼란으로서의 사랑

남녀 어느 쪽도 개인적 일대기를 가지지 못한 상태에서 가족이 하나의 경제단위로 구성된 시기[전근대 사회]에서 확대가족이 붕괴하면서 산업사회 가족관계가 형성되었다. 산업사회는 남성이 삶의 주도권을 가지게 되고 여성 권리의 희생을 대가로 가족 응집력이 유지되던 시기라 할 수 있다. 그러나 1960년대 이후 남녀 모두 자신의 삶을 만들어 갈 축복과 짐을 부여받은 시대로 전환되어 왔다.

① 사랑과 가족과 개인적 자유 사이의 이해관계의 충돌 : 성별 지위를 중심으로 구성된 핵가족은 해방과 평등한 권리라는 쟁점 앞에서 파괴된다. 그 결과가 사랑이라 불리는 지극히 **정상적인 혼란**(U. Beck & E. Beck-Gernsheim 1999, 22)이 발생한다.

② 양성관계는 섹스, 애정, 결혼, 부모되기 등으로만 정의될 수 없으며, 일, 직업, 불평등, 정치, 경제 등 다른 요소들을 고려해야한다. 탈근대사회는 공통점 없는 수많은 요소들의 불안정한 집적을 보여 주고 있다.

> 누가 설거지를 하고 누가 언제 기저귀를 갈며 쇼핑이나 청소를 할 것인지 하는 문제들은 누가 생활비를 벌며 누가 이사를 결정하며 그리고 침대에서의 밤의 기쁨은 반드시 일상생활을 함께 하는 정식 결혼한 반려자하고만 즐겨야 하는 것인지 등의 문제와 마찬가지로 불명확한 것이 되고 있다. 결혼은 섹스와 분리될 수 있고, 섹스는 부모되기와 분리될 수 있으며, 부모되기는 이혼과 그에 따라 생기는 여러 개의 가정, 함께 살기 혹은 떨어져 살기 등에 의해 더 많은 갈래로 나뉜다. 또한 많은 결정이 언제나 수정가능하기 때문에 얼마든지 더 많은 가지를 칠 수도 있다.
>
> 이제, 가족, 결혼, 부모되기, sexuality 혹은 사랑이 무엇이며 어떠해야 하는지에 대해 더 이상 단정적으로 얘기할 수 없다.

이러한 변화는 **노동시장의 개인화**의 산물이라 할 수 있다. 노동시장의 환경은 개인들이 자기만의 삶을 건설하도록 강요하며, 심지어 이를 위해 가족과 인간관계와 친구 등 친밀성에 대한 책무를 희생시키도록 강요한다. 대부분의 사람들은 개인화와 결합된 이런 위험한 기회들을 지닌다. 여성들이 경제적 이유로 결혼관계를 지속해야할 필요로부터 해방되고 또 핵가족 속에서의 성별 역할로부터도 해방되도록 해 준다.

여러 장치들에도 불구하고 양성관계가 근본적으로 사랑이라는 사적, 감정적 영역에서 출발하기 때문이나. 양성관계의 개인화는 친밀성 자체의 부정으로 나아가지는 않으며 오히려 끊임없이 사랑을 추구하도록 만든다.

현대사회로의 이행은 사생활과 친밀성에 기반을 두는 핵가족의 확대로 나타났는데, 이 때문에 전통적인 결속과 신념이 느슨해지면서 가족은 감정과 헌신이 집중되는 장소가 되었다. 사랑하는 사람들은 함께 살면서 공유된 세상을 형성해 나간다. 친밀한 관계를 통해 서로의 정체성을 형성해나가는 것이다.

그러나 개인화가 진전된 오늘날 사람들은 사랑을 위해 결혼하고 사랑 때문에 이혼한다. 개인화는 남녀가 사랑을 열망하도록 만들지만 또한 완벽한 결합을 어렵게 한다. 개인화의 진전으로 사랑의 외적 의미와 전통에 방해받지 않게 되면서 남녀 간의 사랑은 절대화된다. 그런데, 개인화는 동시에 남녀 간의 차이를 절대화한다. 말하자면, 사랑은 '이중적 우연성의 게임'이 된 것이다. 서로 공유하기 어려운 남자의 일대기와 여자의 일대기가 만나 사랑을 통해 공유된 세계를 형성해 나가는 것은 그만큼 어려워지고 있는 것이다. 수많은 남녀가 사랑이라는 마술적 단어에 희망을 걸고 있으나, 그 희망의 방식과 내용은 수없이 다양하며 넓은 범위에 걸쳐 있다.

그녀들은 점점 더 많은 만족을 요구하게 되고, 이 모든 것들이 실패할 때 최종적으로 초래되는 것이 이혼이다. 과거의 여성들은 실망에 부딪혔을 때 자기의 희망을 버렸지만 오늘날의 여성들은 자기의 희망을 고수한 채 결혼을 버린다. 사랑은 점점 황량해져 가는데, 사람들은 사랑이 깨졌을 때조차도 사랑을 포기하지 못한다.

4. 일상생활의 위험과 풀뿌리 정치

개인화는 개인적으로 결정해야만 하는 생애의 비중이 늘면서 생애가 자기성찰적인 것으로 됨을 의미한다. 해방된 개인들은 자신들의 생애를 계획하고 조직해 나가는 과정에서 노동시장에 의존하게 되며, 이로 인해 교육, 소비, 복지국가의 법령과 생활보조, 교통계획, 소비자 공급품에, 그리고 의학적, 심리적, 교육적 상담과 보호의 가능성과 방식들에 의존하게 된다. 말하자면, 복지국가의 제도적 결정과 개입에 의존하게 되는 것이다. 이것은 개인화가 동시에 생활방식의 제도화와 표준화를 수반한다는 것을 의미하며, 또한 개인적 상황들의 '제도-의존적인 통제 구조'를 보여준다. 따라서 성찰적 생애의 조건 아래서 사회는 변수로서 개인적으로 조작되어야만 하는 것이다. 그리고 민주주의가 가져다 줄 혼란을 정상적인 것으로 받아들일 준비를 해야 한다. 그렇다면 이 모든 것들은 이제 개인들에게 맡겨두어야 한다는 것인가?

벡은 위험사회를 극복하기 위한 재귀적 현대화의 규범적 요구의 실현 가능성을 재발견의 정치에서 찾고 있다. 산업사회의 집합적 정체성에 기반을 둔 제도정치는 약화되고 있으며, 그 자리에 복지국가의 조정에 의존하는 개인화에 기반을 두고 있는 하부정치 또는 풀뿌리 정치가 등장하고 있다. 제도정치의 소멸이 정치의 소멸로 나타나는 것이 아니라 새로운 형태의 정치로 나타난다는 것이다. 예컨대, 불완전 고용의 위험을 줄이기 위한 노력은 사회적 고용체계와 사회보장제도의 확장을 통해 가능할 것이며, 이것은 풀뿌리 정치의 중요한 쟁점이 될 것이다.

벡은 노동의 종말, 완전고용의 붕괴, 노동의 불안정성 증대라는 현실 속에서 노동사회에 대한 안티테제로서 '시민노동 모델'을 제시한다.[35] 그리고 사회적 자조집단과 풀뿌리정치 조직들의 실천을 중시하는 데, 그 성패는 시민사회에 투자하고 민주주의를 민주화하는 데 달려 있다고 본다. 시민사회를 위한 시민-국가동맹이 필요하지만 시민노동은 국민국가적인 테두리에 매여 있을 필요가 없고, 초국적 시민사회와 그 네트워크로 확장될 필요가 있다.

35) 시민노동은 시민수당을 통해 대가를 지급받으며, 이런 방식으로 사회적 인정을 확보하고 높은 가치를 부여받게 될 것이다. 시민수당의 수령자는 공적으로 중요하며 효력도 있는 시민노동을 수행하므로, 실업자가 아니다. 취업노동을 넘어서 능동적 시민사회에 봉사하는 다양한 시민노동(가사노동, 부모노동, 자기노동, 사회봉사, 명예관직, 정치 행위 등)이 인정받는 활동성 사회이며 놀이와 여가를 즐기는 자유 시간 사회이다.

Ⅴ. 다문화사회와 다문화주의[36] 2014 행정

다문화주의는 사회 내부에서 복수 문화의 공존을 바람직한 것으로 보는 주장 내지 운동을 말한다. 사회는 그 자체로 고유한 가치를 갖는다고 보는 문화상대주의와 유사한 개념이다.

다문화주의는 수세기 동안 존재해 왔던 소수문화들이 정치사회적 환경 변화로 정치적 발언력을 높여 정책의 변화를 요구하거나, 정치권력의 행사를 규제할 정치원리의 재구성을 요구하기 시작하면서 등장하였다. 즉, 다문화주의는 다양한 문화의 혼재를 보여주는 사회적 사실을 반영하는 개념이라기보다는 다양한 사회의 하부문화집단들의 정치·경제·사회·문화적 지위 변화를 반영하는 개념이다.

> 따라서 다문화주의는 사회학적 사실을 넘어 규범적 성격을 갖는 정치적 원리로 제기된다. 즉, 정치원리 혹은 정책이 다양한 문화집단의 목소리를 반영해야할 뿐 아니라, 문화적 다양성의 추구가 행정, 법, 교육, 가족, 이민, 고용 등의 모든 사회문제에 관련된 정부정책의 기본목표가 되어야 한다는 규범적 주장을 내포하는 것이다(김비환, 2005. 65).

대부분의 서구사회에서 다문화주의는 국제이주의 확산으로 인해 발생하는 사회적 갈등과 이주민에 대한 인종적 차별에 대한 반발로 대두되었다. 그런데, 세계화라는 현상은 W. Kymlicka가 문화적 다양성의 예외로 꼽았던 한국사회에서도 다문화사회로 전환시키고 있다. 이미 한국도 2000년대 들어 외국인 노동자(이주민 문제), 농촌지역에서 확산되는 국제결혼(다문화가정), 탈북인구의 국내 정착, 중국과 러시아의 동포 유입, 다국적 기업 및 사업관련 관리계층 및 기술인력의 유입, 교육부문 외국인 종사자 증가 등이 사회적 이슈가 되고 있다. 즉, 한국은 인종적, 문화적 다원사회로 급속히 전환 중이라 할 수 있다.

그러나 한국은 단일 문화, 단일 언어를 고수하는 북아일랜드를 제외하면 전 세계의 유일한 국가라 평가된다. 이에 대해 국제사회는 한국의 순혈주의 혹은 단일민족주의를 인종차별의 원인으로 보고, 이를 개선하도록 지속적 압력을 가해 왔다. 예컨대, 2007년에는 유엔인종차별철폐위원회에서 외국인의 인종차별 금지, 단일 민족 국가의 인종적 우월성 극복 등을 권고한 바 있다.

1. 다문화사회 개념

다문화사회는 사회학적 사실로서, 인종, 계급, 성, 종교, 이데올로기, 민족성 등에 있어 현저히 차이를 갖는 집단들로 구성된 사회를 말한다. 이와 달리 규범적 측면에서 정의한다면, 시민으로서 누릴 수 있는 사회·경제·정치·문화적 권리를 취득하고 향유하는 데 개인의 인종과 민족이 차별의 근거가 되지 않는 사회라 할 수 있다.

Will Kymlicka는 다문화사회를 다민족(multinational)이나 다인종(polythnique)으로 구분한다. 다만, 인종적 다양성이 인구 중 어느 정도 수준에 도달한 경우를 다문화사회라 규정하는 객관적 기준은 없는 실정이다(이민자가 차지하는 인구 구성을 보면, 2004년 현재 프랑스 10%, 독일 12.9%, 미국 12.2%로 나타나고 있다).

Bhikhu Parekh는 현대사회 문화의 다양성에서 출발하여 오늘날 다문화사회를 다른 신념과

---

36) 이하 내용은 박진경 2010, 박진경·원숙연 2010, 이충훈 2010, 한승준 2008, 등을 참조하였다.

습관을 가진 잘 조직화된 공동체들이 존재하는 경우로, 두 개 이상의 문화공동체가 있는 사회로 규정한다. 이때, 문화란 (유네스코 문화다양성 협약에 따르면)37) 사회와 사회구성원들의 특유한 정신적·물질적·지적·감성적 특징으로 총체로 간주되어야 하며 문화는 예술 및 문학 뿐 아니라 생활양식, 함께 사는 방식, 가치체계, 전통과 신념을 포함하는 것이다.

2. 다문화사회에 대한 정책 모형

1) 차별적 배제모형(differential exclusionary model) : 순혈주의

배제모형은 속인주의 혹은 순혈(혈통)주의에 입각해 있다. 국가가 원치 않는 이민자 정착을 원천적으로 차단하려는 정책 유형으로, 보통 국적 부여나 이주를 제한적으로 인정한다.

미국에서는 19세기 말 캘리포니아주의 중국인 배제법(1882년 중국인 노동자의 이주를 10년동안 금지한 법으로, 1904년에는 중국인의 이주를 영구적으로 금지하는 것으로 개정하였다), 1924년 미 연방정부의 이민법(국가별 쿼터를 부여) 등으로 나타났다.

1960년대 독일의 선별적 이민정책(초청노동자 정책)도 이에 속한다. 즉, 우수 전문기술인력 이주자의 자국 유치를 위한 지원하는 반면, 생산직의 단순 기능 인력의 경우 인력 수급 차원에서 제한적으로 수용(영주권은 부여하지 않음)한다.

배제모형은 19세기에 형성된 인종주의와 관련된다. 인종주의는 자문화우월주의와 연결되는데, 이주 집단에 대한 정치적·사회적·경제적 차별을 제도화하고 그 결과 형성된 이주 집단의 낮은 교육수준과 높은 실업률 및 빈곤을 이주 집단이 열등하다는 사실을 강화하는 논리로 연결되기도 하였다. 즉, 인종주의는 지배집단이 자신의 경제적·정치적·사회적 지배를 유지하기 위한 구성적 산물로 이해될 수 있는 것이다. 특히, 이주자들의 문화가 정치적 위기를 조장하고 사회질서를 위협한다는 논리를 구성하기도 한다(1923년 관동 대지진 직후 조선 이주자들에 대한 학살, 히틀러의 유태인 학살 등). 어쨌든, 나치즘의 종말과 함께 배제모형의 정당성은 상실되었고, 1960년대 인권운동과 함께 대부분의 국가가 공식적으로는 채택하기 않게 된다.

2) 동화모형(assimilationist model) : 용광로 모형

동화모형은 속지주의 혹은 보편주의를 지향한다. 이민자가 출신국의 언어, 문화, 사회적 특성을 포기하여 주류 사회의 성원들과 차이가 없게 되는 것을 이상으로 하는 정책을 선호한다. 이민자에게 문화적 동화를 대가로 국민으로 합류하는 것을 허용하는 것이다. 1960년대 미국의 용광로 모형, 프랑스의 공화주의 모형이 대표적이다.

---

37) 2001년 31차 총회에서 세계문화다양성을 위한 선언문을 채택하여 문화를 일반 경제상품이나 소비품으로 간주해서는 안 되며, 각 국은 문화정체성을 위해 현실에 맞는 다양한 규제나 제도를 채택해야 하고, 문화다양성의 보호는 윤리적 의무이자, 인간 존엄성으로부터 분리할 수 없는 것임을 선언하였다. 2005년 파리에서 열린 33차 총회에서는 압도적 지지(154개 회원국 중 148개 회원국이지지, 호주 등 4개국이 기권하였고, 미국과 이스라엘만 반대함 ; 미국은 당시 한국의 스크린쿼터 제도처럼 자유무역을 통제할 수 있는 근거가 될 수 있다는 이유로 반대함)로 문화다양성 협약이 채택되었다. 2007년 3월 국제법으로 발효되었고, 한국은 2007년 문화다양성 협약에 가입했다. 협약에 대한 비준은 지연되다가(한미FTA 때문이라 판단된다) 2010년에 이루어졌으며, 이를 이행하기 위해 2014년 [문화다양성의 보호와 증진에 관한 법률]을 제정하였다.

최근에는 자유민주주의라는 정치적 가치를 기준으로 한 문화적 동화가 강요되고 있다. 2004년 프랑스가 공립학교에서 종교적 상징과 관련된 장신구나 옷을 착용하는 것을 금지한 것도 이러한 맥락에서 나온 것이다.[38)]

동화모형은 이질적인 문화를 주류 집단의 문화로 전환하려는 것으로, 배제모형이 갖는 배타적 민족주의에 대한 반인종주의로 등장하였다. 이 관점은 (역설적으로) 국가 혹은 민족적 정체성을 폐기하는 것이 아니라 강화하는 것이다(예컨대, 미국에서 1960년대 이후 동화주의는 아메리칸 드림이라는 이미지를 성공적으로 구성할 수 있었다).[39)] 이질적 문화를 지배 혹은 배제의 대상으로 인식하지는 않지만, 자문화로의 문화적 전환을 통해 소멸시키는 것이며, 주류 문화에 동화되지 않은 그룹을 비판하고 그들에 대한 배제를 정당화하는 논리로 사용되었다. 즉, 동화주의 또한 소수문화와 이주자 문화에 대한 차별을 정당화하는 메커니즘인 것이다. 2005년 프랑스 무슬림 이민자들의 폭동은 동화주의가 오히려 인종간 분쟁을 유발할 수 있음을 보여준 대표적 사례라 할 수 있다.

3) 다문화주의 모형(multicultural model) : salad bowl 모형

다문화주의 자체에 대해서는 합의된 개념이 존재하지 않는다. 다만, 다문화주의는 문화상대주의를 지향하며, 소수 집단이 자신의 문화를 지키는 것을 장려하고, 다양한 소수 인종과의 공존을 모색하는 정책을 선호한다는 점에서 공통된 입장을 견지한다.

인종적·종교적·언어적 소수집단이 존재하는 국가에서 그러한 소수자 집단에 속하는 사람들이 그들의 문화를 향유하고, 그들의 종교를 공개적으로 표명하며, 그들의 언어를 사용할 권리가 거부될 수 없음을 천명한 '시민적·정치적 권리에 대한 유엔 국제협약 제27조', 토착민의 자결권을 포함한 '토착민의 권리에 대한 유엔선언(2007)' 등은 문화적 차별을 비판하고 다양성 수용하도록 하기 위한 국제사회 노력이라 할 수 있다. 개별 국가 수준에서는 1970년대 호주와 캐나다에서 다문화주의를 공식 채택했으며, 스웨덴, 네델란드, 덴마크 등에서 다문화주의를 수용하였다. 지역 수준에서는 ethnic town(코리아 타운, 차이나 타운 등), 소수 집단의 기념일의 법제화 등으로 나타나기도 한다.

자유주의나 민주주의가 시민의 권리를 동등하게 보장한다고 할 때, 그것은 언어의 사용과 문화 향유에 대한 권리와 같은 자율성(자결권)을 포함한다는 점에서 소수 집단의 정의 주장(justice claim)은 당연한 권리가 될 수 있다.

그러나 다문화주의가 사회적으로 수용될 수 있는 가는 별개의 문제가 된다. 토착민에게 그것은 분리독립에 대한 요구까지 포함되며, 이주민에게 그것은 정치적 권리(언론·출판·집회·결사의 자

38) 유대인 남성의 kippa, 이슬람 여성의 hijab의 착용이 금지되었다. 그러나 십자가의 착용은 허용하였다.

39) 미국사회는 출발에서부터 다양한 인종적 집단으로 구성되어 있었다. 따라서 국가적 정체성을 형성하기 위해서는 이주자들의 동화가 필수적이었다. 그리고 그것은 언어(영어)와 종교(기독교)를 중심으로 국가의 정체성의 요소를 형성하고, 이를 이주 집단에 수용하도록 하는 것이다. 최근 미국 골프대회에서 영어로 대화할 수 없는 선수를 출전하지 못하도록 한 조치는 아시아계 선수들의 약진에 대한 반발로 나온 것이지만, 미국 내에서 그것이 정당화될 수 있었던 것도 동화주의 전통이라 할 수 있다.

유와 투표의 권리 등)에 대한 요구로 이어지만, 이에 대한 권리는 제한적일 수밖에 없다.

또한, 미국과 유럽에서 미성년 소녀에 대한 강제결혼이나, 할례의식과 같은 비자유주의적 문화에 대한 거부감, 9.11 테러 이후 이슬람에 대한 반감의 증대, 불법 체류자에 대한 반감 등은 이주자 집단에 대한 다문화주의의 퇴행을 불러일으키고 있다.

구 분	차별적 배제모형	동화모형	다문화주의 모형
정책정향	국가 및 사회가 원치 않는 이민자의 영주가능성을 막고 내국인과 차별적 대우를 유지	국민됨을 전제로 조속한 동화를 지원하고 제도적으로 내국인과 평등하게 대우	소수자의 동등한 가치를 인정하고 이에 대한 보존을 지원하여 적극적 조치 등 우대조치를 마련
정책목표	인종적 소수자의 제거 및 최소화	소주집단의 주류사회에 대한 동화	다양성 인정과 공존을 통한 사회통합
국가역할	적극적 규제	제한적 지원	적극적 지원
이주민에 대한 관점	이방인, 위협적 존재	동화를 전제로 인정	상호존중과 관용
평등개념	차별의 정당성 강조	사회보장 및 기회 평등	적극적 조치
법적 수단	단속 및 추방	비차별의 제도화	제반 권리의 허용
정주화	불가능	비교적 가능	가능
국적부여원칙	속인주의, 엄격한 조건	속지주의, 용이한 조건	속지주의, 이중국적 허용
정 체 성	이질화	동질화	이질화
사례국가	독일, 일본	프랑스, 영국	캐나다, 호주

4) 보론 : 한국의 다문화 정책

한국은 다문화주의에 입각한 다문화 정책을 2007년부터 채택했으나, 이명박 정부 들어 정책의 후퇴를 보이고 있다. 먼저, 다문화주의에 대한 정부의 규정을 보자.

노무현 정부에서는 다문화주의를 '다양한 문화에 대한 수용성과 사회통합'의 문제로 규정하면서, '우리 사회의 구성원이 된 외국인이 부당한 차별을 받지 않도록 하기 위한 조치 등을 다루는 정책 또는 이들의 사회부적응으로 인한 사회갈등을 최소화하기 위한 정책'이라고 정의한 바 있다. 하지만, 법무부는 이민/국경관리 차원에서, 복지부는 다문화가족 지원정책의 차원에서, 문화부[40]는 문화적 다양성을 증진하기 위한 정책의 차원에서 바라보는 등 부처마다 그 의미를 달리 규정하고 있어 정책의 일관성을 확보하기 어려운 실정이다.

또한, 다문화 정책에 대한 국제사회의 최근의 경향을 따르고 있다고 보기 어렵다. 예컨대, 유엔은 이민을 '1년 이상 의도적으로 체류하기 위한 인구이동'으로 정의하고 있지만, 한국은 국제사회나 학술적 의미의 이민정책이라는 표현 대신 '외국인 정책'으로 규정하고 있다. 즉,한국에서 외국으로 나가는 송출국의 입장에서의 이민을 정의하고 있는 것이다.[41]

40) 2007년 (구)문화관광부는 '다문화 정책팀(2009년 폐지)'을 구성하면서 이주자 및 가족에 대한 지원 정책이라는 협의의 의미로 정의한 바 있다.

41) 외국인의 유입과 관련된 규정은 '보건복지부와 그 소속기관의 직제' 상 저출산고령사회정책국의 업무 내용에만 규정되어 있다.

1) 인력정책 : 차별주의

한국은 소위 3D업종의 인력 수급 상의 문제를 해소하기 위해 1991년 해외투자기업연수생 제도를 도입했으나, 중소기업의 인력난 해소에 도움이 되지 않자, 1993년 산업연수생 제도를 도입하였다. 그러나 산업연수생 제도가 비인권적 노동조건으로 인한 국내외적 논란이 제기되면서 2002년 [외국인근로자의 고용 등에 관한 법률]을 제정하면서 고용허가제를 시행하였다.

MB정부가 들어선 이후에는 전문인력에 대한 우대정책이 시행되고('글로벌 고급인력 유치방안'을 마련), 고용계약 없이 입국하여 구직할 수 있는 비자 발급, 영주비자 발급 상의 혜택 부여, 공직채용 확대와 외국인학교의 국내인력 인정 등 정주에 필요한 조치를 인정하였다.

정책의 전환으로 불법체류자는 고용허가제를 시행한 이후 불법체류자 비율은 2000년 40%에서 2004년 27%로 감소하였으나, 장기체류자 증가와 단속과정상 사고로 인한 국제적 문제제기가 잇따르면서 2004년 이후에는 단속보다는 인권보호와 합법체류자와의 양극화 해소에 초점을 두기 시작하였다. 그러나 MB정부 이후 불법체류자 증가원인을 참여정부의 온정주의와 시민단체의 법 경시풍조에 기인한다고 진단하면서 단속을 재개하였다.

2) 동포정책 : 차별주의

해외 동포 문제와 관련하여 1999년 [재외동포의 출입국 및 법적 지위에 관한 법률]이 제정하였다. 이 법은 재미동포의 국내 경제활동과 금융 및 부동산 거래를 용이하게 하기 위한 법으로 제정되었으나, 2001년 헌법불합치판결로 2004년 법이 개정되게 된다. 다만, 불법체류 다발국가로 분류되는 중국, 러시아 지역 동포들의 체류비자 발급에 제한을 두는 규정은 유지하였다.

재외동포법은 중국과 러시아 출신에 대한 차별적 대우 규정을 두었지만, 서비스업종의 인력수급상의 문제를 해소하기 위해 2002년부터 서비스 분야 취업관리제를 도입하면서 2년간 국내 취업활동을 허용하였다. 다시 2007년에는 취업 후 신고하는 방문취업제를 도입하였으나, 방문취업제 이후 중국동포가 급증하자 2008년 중국 출신 재외동포의 입국을 제한하는 개선책 마련하였다(연고자가 있는 경우 3인 이내, 없는 경우에는 한국어능력 시험을 통해 입국을 허가하는 것으로 변경하였다).

이러한 정책은 중국동포를 재외동포의 입장에서 포용하기보다는 단순노무인력자로 보고 국내 노동인력의 안정을 도모하려는 방편으로 간주하는 것으로 평가할 수 있다. 특히, 참여정부에서 강조되었던 '외국인의 처우개선과 인권옹호'는 MB정부가 외국인정책기본계획(2008-12)에서 천명한 '열린 사회, 다문화 사회를 통한 세계일류국가'에도 불구하고, '우수인재 유치 등 개방적이고 질서 있는 외국인 정책'으로 회귀되었다.

3) 이민(외국인)정책 : 동화주의

한국의 이민정책은 그 대상이 국민의 배우자가 되고자 하는 결혼이민자에 국한되어 있다.

결혼이민자는 2001년 이후 농촌의 노총각 문제를 해결하기 위해 자치단체들이 국제결혼비용 지원사업을 추진하면서 매년 20-30%씩 꾸준히 증가하였다(다만, 2007년 이후에는 10%대로 다시 감소되는 추세를 보이고 있다).

결혼이민자의 증가에 대한 정부의 대책은 사회통합 지원대책을 중심으로 시행되고 있다는 점에서 동화주의 모형을 지향한다고 평가할 수 있다. 참고로, [다문화가족지원법]은 다문화 가족을 [재한외국인처우기본법]의 제2조 3호의 결혼이민자[42]와 [국적법] 제2조에 따라 출생시부터 대한민국 국적을 취득한 자[43]로 이루어진 가족으로 정의하고 있다.

한국의 다문화 정책은 부처마다 상이한 관점과 개념을 가지고 접근하고 있어 정책적 혼란이 문제되고 있다. 또한, 정책대상 집단과의 대면접촉 경험이 부족하고 현장 관료의 인식 또한 미흡하다고 하겠다.

하지만, 무엇보다 문화적 다양성을 인정하는 사회적 합의가 부족하다는 것이 문제라 하겠다. 중국동포 문제 뿐 아니라, 외국인 노동자 문제, 다문화 가족의 문제는 향후 한국사회에서 사회적 이슈로 점차 부각될 수밖에 없다는 점에서 다문화에 대한 가치가 담론 수준에 그치는 것이 아니라 시민들 깊숙이 자리 잡기 전에는 사실상 다문화 정책은 한계에 부딪힐 수밖에 없다는 것을 인식해야 한다.

이런 맥락에서 사회적 합의를 통한 다문화 정책 방향성 정립, 개방적 이민정책에 대한 진지한 검토, 그리고 위험관리 차원에서 차별금지법의 제정이 요구된다고 하겠다.

3. 다문화주의와 민주주의 : 사회통합의 계기

[1] 사회문화란 그것에 소속되어 있는 구성원들에게 인간 활동의 의미 있는 삶의 방식을 제공하는 문화를 의미한다. 공사 영역을 포괄하는 이러한 문화는 영토적으로 집중되어 있고, 그 문화에 속한 사람들이 공유하는 언어에 기초하는 경향이 있다. 그러나 특정한 주권적 영토 내부에서 단수의 사회문화를 구성하고자 하는 민족주의와 달리, 다문화주의는 한 국가 내부에서 복수의 사회문화들이 존재할 수 있음을 수용하는 것이다.

역사적으로 국가는 소수 문화집단에 대해 중립적이지 않았으며, 소수 집단은 점차 주변화되거나 사라질 위기에 처하게 되었다. 이러한 소수 문화에 대한 억압과 위기 속에서 그 집단에 속한 개인들은 사회로부터 좌절과 일탈을 경험하며, 개인의 자유 및 자율성을 상실하게 된다. 나아가 소수 문화를 주변화하거나 소멸시키려고 하는 한, 정치적 갈등은 필연적인 것이다.

다문화주의는 토착집단 혹은 소수집단의 문제(뉴질랜드의 마오리 족이나 캐나다 퀘백주)와 이주자 문제(외국인 노동자, 다문화가정), 그리고 새롭게 대두되는 문화적 소수집단(성적 소수자 등)의 문제를 포함한다. 뉴질랜드의 마오리 족이나 캐나다 퀘백주와 같이 특정한 공간에 집중적으로 거주해왔던 소수집단의 경우 정치적 저항을 통해 문화적 권리가 정치적으로 수용되는 경우가 많다. 반면, 이주민의 경우 동화의 대상으로 인식되어 왔으며, 이들 집단에 대한 '법적, 정치적, 사회적 권리'의 보장은 최근 후퇴되고 있다.

[2] 초기 다문화주의는 M. Walzer 등의 공동체주의에 의해 소수 집단의 권리로 옹호되어 왔

42) 법은 결혼이민자는 대한민국 국민과 혼인한 적이 있거나 혼인관계에 있는 재한외국인으로 규정하고 있다.
43) 법은 출생당시 부모 중 한명이라도 대한민국 국적을 가진 자로 규정하고 있다.

으나, 1990년대 이후 W. Kymlika, J. Raz 등에 의해 문화적 소수 집단의 자율성과 정체성이 자유주의 원리와 양립할 수 있으며, 개인의 자율성을 증진시키기 위해서는 필수적이라는 인식이 자유주의 내부에서도 형성되었다. ① 개인의 자율성과 권리는 개인의 삶의 방식을 제공하는 문화적 맥락과 동떨어져서 형성될 수 없다고 한다면 문화적 권리는 시민이 당연히 누려야할 권리로 수용되어야 한다는 것이다. ② 그리고 국가 내부에 복수의 문화가 존재하는 상황에서 지배적인 문화가 소수의 문화를 억압하는 상황에서 소수 문화 집단에 속하는 개인의 자율성인 침해될 수밖에 없다는 것이다. 이러한 관점에서는 소수 집단의 문화를 권리차원에서 보장하고, 이들 집단에 속한 개인의 사회적 좌절과 일탈을 치유하고, 자율성을 복원하기 위한 국가의 정책적 노력이 정당화된다.

[3] Iris Young 등은 다문화주의를 '차이의 정치(the politics of difference)'로 제시한다. 개인의 자율성을 중심으로 다문화주의를 해석하는 경우, 계급·젠더·장애인·인종 등 구조적이고 지위로부터 발생하는 차이에 기반한 차별을 도외시할 수 있다는 점을 강조한다. 현대 사회의 불평등은 다양한 위계질서와 노동분업, 사회적 공간의 배열 등을 통해 구조화되어 있으며, 이를 통해 특권과 차별이 재생산되고 있다. 제도와 사회적 인지를 통해 구조화된 불평등은 기회의 제약 등으로 인하여 항구적인 불평등을 경험할 수밖에 없다(영은 문화적 관점에서 접근하는 자유주의적 접근은 이러한 지위적 차이를 도외시한다고 지적한다). 따라서 이들 집단의 권리 인정과 함께 정치적·경제적·사회적 불평등을 극복하기 위한 참여 확대나 제도적 개선이 요구된다고 하겠다.

[4] 20세기 후반에 급증한 국제 이주의 물결은 근대 국가체제 뿐 아니라 기존의 사회를 구성해 왔던 다양한 제도와 가치에 대한 근본적 도전을 의미한다. 이러한 물결 속에서 다문화사회의 등장과 확산은 기존의 정치사회와 시민사회에 새로운 통합의 요구를 증대시켜왔다. 다문화주의 물결 속에서 당연시 되어 왔던 주류 문화와 기성 제도에 대한 비판이 제기되고(주류 문화의 배제적이고 억압적인 요소의 노정), 민주주의 제도에 대한 성찰적 재구성의 기회를 부여하고 있다.

민주주의의 성찰적 재구성이라는 측면에서 볼 때, 다문화주의는 간주간적 참여의 조건을 마련하고, 문화적 차이가 지위상의 차별을 산출하는 것을 방지하며, 타자의 가치와 문화에 대한 인정을 통해 민주주의를 한 단계 더 높은 차원으로 발전시킬 수 있는 계기가 될 수 있는 것이다.

만일 민주주의를 심의 민주주의자들이 보는 것과 같이 '특정 사회 구성원 전체의 복리에 영향을 미치는 의사결정이 도덕적이고 정치적으로 평등한 시민들 간의 자유롭고 합리적인 토의 절차의 산물로서 간주될 수 있다는 원리에 기반하여 사회의 주요 제도들에서 집합적이고 공적인 권력의 사용을 조직하기 위한 모델(Seyla Benhabib)'이라고 정의할 수 있다면, 소수 문화집단과 이주자들의 정치과정에 대한 참여의 배제는 민주주의에 대한 근본적 도전으로 인식될 수 있다(이충훈 2010, 382).

이주자들의 민주적 통합을 위해서는 권리(인권)와 제도의 절차에 대한 재정의가 필요하다. 이주자의 권리를 보장하기 위한 정책에 있어서 앞문정책(the front-door policy)과 뒷문정책(the back-door policy)이 있다. 공식적 절차(앞문)를 통해 유입된 이주자에게 비자나 영주권 혹은 국적 부여를 통해 절차적 권리를 보장함으로써, 비공식적 절차(뒷문)를 통해 유입된 불법 체류자(over stay)와 분리하는 것이다. 문제는 불법 체류자의 인권 침해 문제가 이슈가 되고 있다. 또한, 한국의 경우 다문화가정에 대한 지원을 통해 동화를 이끌어 내고 있으나, 외국인 여성과 국내 남성 사이에 결혼한 혼혈 아동들의 정체성 혼란에 대한 정책적 고려가 없으며, 이들이 성년이 되었을 때 존재할 다양한 사회경제적 차별이 가져올 문제에 대한 인식이 형성되어 있지 않다. 그들이 거주하고 생활하는 공간, 혹은 공동체에 대한 참여 확대를 통한 민주적 통합을 끌어내고, 주류 사회와의 연계(연대)를 구성함으로써 정치적 소외의 상태에서 벗어나도록 하는 것이 중요해지는 것이다. 민주적 통합은 사회규범과 제도의 형성에 대해 집단의 구성원들이 효과적으로 자신의 의사를 표현할 수 있을 때 이루어질 수 있다. 다양한 형태의 참여와 소통을 통해 가능한 것이다.[44)]

영은 S. Benhabib가 제시한 정치에 대한 심의 민주주의적 방식인 쌍선적(dual track) 접근에 주목한다. 쌍선적 모델은 입법부와 행정부, 사법부와 정당을 포함하는 대의적 제도들의 공적 영역만이 정치적 논쟁과 시민의 의사 및 의지형성의 유일한 공간이 아니라는 점을 강조한다. 시민사회의 각 영역에서 형성된 결사들이 현실의 문제들에 대해 문제를 제기하고 변화시킬 수 있는 공론장을 형성하는 데에서 해결책을 찾는 것이다(다만, 이러한 쌍선적 접근은 비공식적인 영역만을 강조한다는 비판을 받기도 한다).

44) 한국의 경우 지방자치법상 주민감사청구나 주민투표 등에 있어서 조례로 외국인의 참여를 허용하고 있으나, 다양한 형태로 이루어지는 차별과 배제는 여전히 존재한다.

CHAPTER 3

정치과정 · 정치제도 · 정치문화

CONTENTS

단 원 개 관

지금까지 정치의 본질과 정치권력/정당성, 그리고 사상적 기초와 민주주의에 대해 살펴보았다. 이에 기초해서 현실정치를 진단하기 위한 기준을 잡을 수 있을 것이다. 다만, 수험서임을 감안해서 결론을 내리지 않았다.

(1) 만약 자유주의 혹은 자유민주주의를 지지한다면, 그에 상응하는 정치과정과 제도를 설계하려 할 것이다. 한국 정치에서 문제되는 것은 조직된 특별이익집단의 지대추구행위나 지나친 참여에 의한 과부하가 될 것이다. 이 관점에서 지향해야할 민주주의는, 절차적으로 정의된 민주주의가 될 것이다. 그리고 대의제에서의 대표성의 의미를 신탁통치 모델 혹은 정당위임모델을 전제로 국가와 사회의 연계체제를 구상하고 정치과정론을 풀어 나가는 게 논리적이다. 그것은 다원주의나 정당정치를 중심으로 설정될 것이며, 한국정치학계 논쟁에서 대중정당/책임정당론을 지지하게 된다.

(2) 반면, 시민적 공화주의나 민주주의를 지지한다면 실질적 민주주의를 지향할 것이다. 그리고 참여민주주의를 선호할 것이다. 그리고 불평등성과 시민권의 형해화를 문제 삼을 것이다. 대표의 의미는 위임모델을 전제로, 이익집단이나 시민사회와 대표의 직접적 연계를 가능케 하는 그러한 정치제도를 모색하는 것이 바람직하다고 주장할 것이다. 그것은 대중정당보다는 소위 원내정당/전문가 정당론을 지지하거나, 시민의 직접적 참여를 확대하는 방향으로 제도 개선을 모색하는 것이 논리적이다.

이하에서는 앞서 본 이러한 논리에 바탕을 두고, 국가와 사회의 연계성을 확보하기 위한 제도적 메커니즘에 대한 이론적 기초와 구체적 과제를 추적하려 한다.

제 1 장 정치과정에 대한 이해

1. 대의제 민주주의와 정치과정의 제도화

대의제 민주주의에서 대표성과 책임성이 확보되기 위해서는 정치시장의 형성(복수 선택가능한 대안의 존재와 이들 간의 경쟁), 주기적 선거 및 유권자의 선호가 정상적인 방법으로 표출(보통, 평등, 비밀, 자유선거 원칙의 확립)될 것을 요구한다.

Downs에 의하면, 대의제 민주주의는 '소비자인 유권자는 선거라는 정치시장에서 공급자인 정당 혹은 후보자가 제시한 공약이라는 상품에 대해 투표 혹은 지지를 통해 자신의 선호를 표출하고, 이에 따라 보다 많은 시민의 지지 · 선호를 얻은 정당 혹은 정치인이 대표로 선출되는 체제'이다. 이때, 정당이나 후보자 간의 경쟁이 이루어지고 유권자의 선호가 왜곡 없이 표출될 수 있도록 하는 것이 무엇보다 중요하다.

이러한 체제가 정당화되는 것은 다음과 같은 경우에서이다. 첫째, 선거가 유권자인 시민의 다수 의사를 충실히 반영함으로써 선출된 대표가 시민사회의 대표성을 가지고 있을 때 정당화될 수 있다. 따라서 정치시장인 선거는 공정하게 치루어져야 하고, 시민의 선호를 반영할 수 있는 정당이나 후보자가 존재해야한다. 이는 복수정당제의 의미가 형식적인 의미에서가 아니라 실질적으로 시민들이 선택가능한 대안으로서의 정당들이 경쟁적으로 존재해야 함을 의미한다.

둘째, 대표가 시민들에게 책임질 수 있도록 하는 메카니즘이 존재해야한다. 만약 선거가 주기적으로 실시되고, 선거를 통해서 대표가 교체될 수 있다면, 선출된 대표는 다수시민의 의사를 반영하려 할 것이다. 위 첫째 조건이 사전적 공약(립셋이 말하는 정통성 ; 하버마스가 말하는 합법성)과 관련된다면, 여기 두 번째 조건은 공약에 대한 사후의 평가(립셋이 말하는 효율성 ; 하버마스가 말하는 정통성)를 수정하는 과정이라 할 수 있다.

2. 정치과정 : 갈등과 통합

[1] 사회갈등은 역사적인 동태적 과정 속에서 구조화된 상호작용의 양상을 만들어 내는 데, 그것은 정치집단 간의 사회균열(clcavagc)로 나타난다. 정치적 갈등의 주체들은 동질적인 가치체계나 이해관계를 공유하고 자신들의 이익이나 정체성을 표출하는 데, 때로는 종교로, 계급으로, 혹은 이념으로 나타나기도 한다. Lipset & Rokkan은 중심과 주변부의 균열, 종교균열, 지역균열, 계급균열로 유형화한 바 있다. 민주화 이후의 한국정치 균열구조는 계급(사회경제)과 지역 균열이 주로 언급되어 왔고, 이와 함께 이념균열과 세대균열이 존재한다고 이야기되어 왔다.

정치적 균열이 제도화된 정치과정에 투입될 수 있는 통로가 존재하지 않으면, 관련 집단은 정치체제의 정당성을 인정하지 않고 정치적 결과에 순응하려 하지 않을 것이다. 특정 집단의 이익이 체제로 투입되지 않는다는 것은 정치적 이익을 표출시킬 수 있는 권리가 인정되어 있지 않거나, 투표권이 인정되지 않거나 하는 경우를 말한다. 이러한 권리가 인정되는 정도를 제도화 관문의 높이라 한다.

특정 균열이 다른 균열을 압도하는 경우에도 대표되지 않은 사회균열이 존재하고 제도 정치과정에서 갈등이 해소되지 못한 채 남게 된다. 이들은 비제도적인 수단을 통해서 자신들의 이익이나 가치를 투입시키려 할 것이다. 소위 거리의 정치, 다른 수단에 의한 정치가 제도 정치를 압도할 것이고, 체제는 높은 불안정성과 유동성을 보일 것이다.

정치적 안정이 통치체제의 불안정성보다 민주적 정당성에 더 크게 영향을 받는 이유다.

참고 사회균열과 갈등의 구조

[1] 사회균열(cleavage)이란

균열이란 사회 내의 갈등이 정치적으로 구조화된 것으로 이해되는 것이다. 균열은 사회경제적 배경요인에 비추어 개인들이 차별화되는 갈등과 분열현상이다. 하지만, 모든 분열 현상이 사회균열로서 이야기되는 것은 아니다.

- 특정한 가치나 이익을 둘러싼 갈등과 경쟁이 속에서 특정 집단이 하나의 공통된 정체성(집단적 정체성)을 형성하면서 조직될 때 균열로서 의미를 갖는다. 집단적 정체성의 형성은 특정의 집단을 타 집단과 구획할 수 있음을 의미한다.
- 갈등과 균열이 정치세력으로 드러났을 때 이를 사회적 균열로 이야기하게 된다.

즉, 갈등과 균열이 집단으로 구획되고, 정치 세력화됨과 동시에 지속성을 보일 때 이를 사회균열이라 이야기한다.

[2] 교차균열과 중첩균열

사회에는 집단을 구획하는 여러 균열라인들이 존재한다. 예를 들어, 자본가-노동자라는 계급균열과 진보-보수라는 이념균열이 있다고 하자. 이때, 모든 자본가가 보수이념을 가지고 있고, 모든 노동자가 진보이념을 가지고 있다면, 사회균열은 진보/노동 - 보수/자본가로 중첩적으로 형성된다. 반면, 일부 자본가 계급과 노동자 계급 내에 진보와 보수로 각각 분열되어 있다면, 계급균열과 이념균열은 교차되고 사회에는 4개의 정치세력으로 분화된다. 이를 교차균열이라 한다.

[3] 균열구조

균열구조를 유권자 선호체계를 우측 그림처럼 표현할 수 있다. 대립되는 극단적 선호를 중심으로 두 개 이상의 정치세력이 대립하는 경우를 다봉선호구조(분열사회)라 하며, 중도 입장이 다수를 차지하는 선호체계를 단봉선호구조(합의형 사회)라 한다.

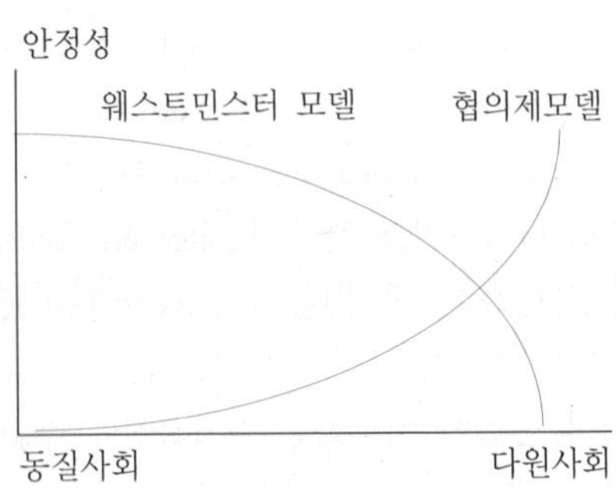

[4] 정치적 균열과 대표방식의 함수관계

균열구조와 정치체제의 관계를 보면, 단봉선호인 합의제 사회의 경우 다수결제(웨스트민스터모델)가 안정성이 높다면, 다봉선호인 분열사회의 경우 협의제가 안정성이 높다.

동질성이 높은 사회에서 다수결제가 타당한 것은 협의제 모델을 취하는 경우 소수에게 비토권을 허용함으로써 오히려 체제의 비효율성과 끊임없는 반대에 부딪혀 오히려 안정성을 저해하기 때문이다.

[2] 근대 정치과정에서 사회균열은 정당을 통해 조직되며, Lipset & Rokkan에 따르면 정당과 정당체계는 사회균열 구조의 반영물로 이해된다. 그러나 미국처럼 정당은 사회균열 구조를 단순히 반영하지 않고 정치적 균열을 선택적으로 동원/배제하기도 한다.

후자의 경우, 정당 간 경쟁의 장인 선거는 유권자의 선택의 장으로서 의미를 상실하며 앞서 본 선거주의의 덫에 빠질 수 있다. 배제된 집단은 제도 정치공간에서 퇴장하며 정치적으로 소외되거나 다른 수단을 찾게 된다.

[3] 자유주의 전통에서는 시민참여는 필요하지만 그것이 비제도적이거나, 폭발적으로 이루어지는 경우 바람직하지 않다고 본다(보수주의적 시각에서 시민참여는 꼭 필요하지도 바람직하지도 않다고 본다). 집단행동의 딜레마 / 포퓰리즘으로 귀결될 수밖에 없고, 이성이 지배하는 공화국의 이상을 달성할 수 없기 때문이라고 주장한다. 따라서 시민의 정치참여는 이익집단, 정당과 선거라는 제도화된 틀로 국한되어야 한다.

정치참여는 대의제 민주주의에서도 중요한 이슈가 된다. 참여의 기반이 넓어진다는 것은 주권자인 시민의 선호표출이 폭넓게 이루어진다는 의미가 되며, 민주적 정당성이 높아진다는 것을 의미한다. 적어도 시민참여 없이 대표자가 선출되는 경우, 정치체제의 대표성과 정당성이 확보될 수 없기 때문이다.

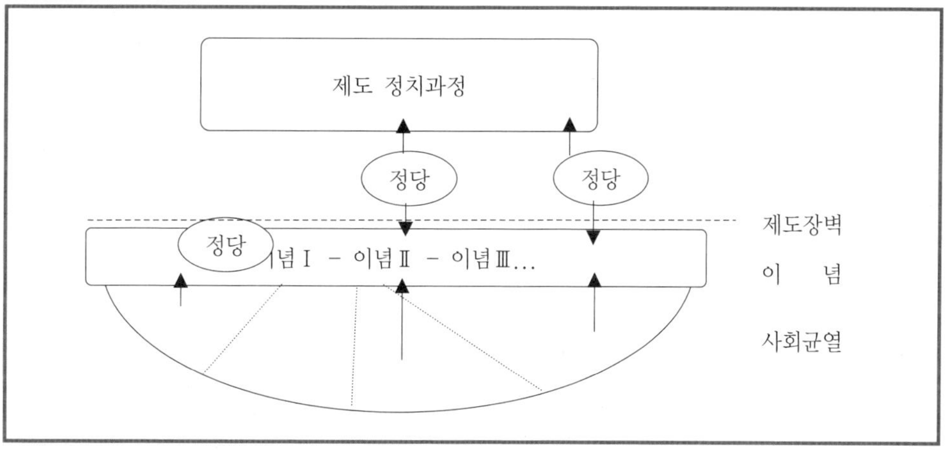

3. 대의제 민주주의 현실 : 대표 실패(대의제 피로)

탈정당화 / 정당쇠퇴

정당은 사회에 존재하는 이익이나 가치를 집약하고 표출하는 기능을 통해 대의제 민주주의가 요구하는 대표성을 확보하는 중요한 역할을 수행한다. 정당은 국가와 시민사회를 매개하는 전동벨트로서 기능하는 것이다.

그러나 탈정당화 · 정당쇠퇴현상이 선진 민주주의 체제와 신생 민주주의 국가 모두에서 나타나는 보편적 현상으로 자리 잡고 있다. 탈정당화 현상은 포괄정당 혹은 카르텔 정당화 경향과 함께 나타나고 있는데, 이로 인해 사회에 존재하는 균열들은 대표되지 못하고, 시민사회와 국가는 단절되고 있다. 정치체제에 투입은 없고, 산출만이 있게 된다.

냉전체제 하에서는 체제경쟁으로 인해, 탈냉전기에는 국가주권의 약화로 인하여 정당 간의 이념과 정책지향에서의 경쟁성을 저하시키고, 선출된 대표로 하여금 시민사회의 이익을 제대로 반영하지 못하도록 하고 있다. 역설적으로 국가주권이 약화되고 있지만, 국가자율성은 오히려 강화되고 그만큼 시민사회와 국가의 갭이 커지고 있는 것이다.

선거주의와 대의제 피로현상

선거는 유권자의 선호를 집약하고, 정치권력에 정당성을 부여하는 대의제 민주주의의 핵심 제도에 속한다. 그런데 민주화된 상당수 국가들에서 '선거는 있지만, 유권자의 선호를 집약하고 정치체제에 투입하는 기능은 사라지고 권력창출기능만 남아 있'음을 확인할 수 있다.[1)]

선거 기능의 저하는 정당 및 의회정치의 쇠퇴 및 위기와 관련된다. 선거기능과 역할이 변화하고 있음에도 불구하고, 권력구성이라는 선거본질은 유지되고 있다. 이 경우 선거정치는 단순한 권력을 둘러싼 주류 정치세력들의 경합장으로 전락한다(민주화 이후 한국의 각종선거는 쟁점이 없는 죽은 선거였다). 권력게임으로 전락된 선거정치는 정치체제의 대표성과 책임성 약화와 정치적 권위(정당성)의 상실을 낳고, 사회 분열과 갈등을 증폭시킬 것이다.

2차 대전 이후 서구는 자본주의와 사회주의 양 진영 간의 체제대결에 직면했고, 이념적 공간이 좁아지면서 정당 간 경쟁이 약화되었다. 정당간 경쟁의 약화는 민주주의의 내적인 동력 상실로 이어졌다. 70년대와 80년대에 선거가 민주주의를 저해한다는 회의적 시각이 폭넓게 형성되기도 했는데, 그것은 선거의 존재로 인해 혁명도 불가한 상황에서 선거주의 또한 극복되지 못하는 상황을 반영한 것이었다.

1980년대와 1990년대에는 탈냉전과 동시에 세계화의 격동 속에 휘말리게 된다. 탈냉전은 정당 간 경쟁을 새롭게 촉진시킬 것이라는 전망을 낳았지만, 국민국가의 주권이 위협받으면서 시민의 정치적 권리는 형해화되고 정당간의 정책경쟁도 제약되었다. 주요한 정치적 결정이 민주적 과정에서 표출된 선호에 따라 이루어지는 것이 아니라 초국적 자본이나 글로벌 스탠다드에 의해 강제되기 때문이다(자본의 구조적 힘을 생각해 보자).

만약, 선거가 시민사회 내에 존재하는 다양한 선호와 의사를 반영하지 못한다면, 시민들은 다른 방식으로 자신들의 의사를 표출하려 할 것이고, 이를 체제 내화시킬 수 있는 제도적 조건을 마련해야 할 것이다. 민주주의론에서는 대의제 민주주의의 복원이라는 형태가 아니면 참여 민주주의의 형태로 표출되고 있으며, 정당론에서는 대중정당론과 원내정당론으로 표출되고 있다.

그렇다면, 정치과정을 어떻게 제도화할 것인가?

---

1) A. Przeworski는 이를 선거주의라 불렀다. 형식적으로 공정한 절차에 의해 선거가 이루어진다고 하더라도, ① 선거제도가 유권자의 선호와 의사를 정확하게 반영하지 못한다면, 즉 일인일표의 등가성이 확보(평등의 원칙 확보)되지 못한다면, ② 의회정치가 정상적으로 작동하지 못한다면 선거는 있되 실질적으로 시민의 의사가 정치과정에 투영될 수 없다.

제 2 장 민주주의와 이익집단

민주적 정치과정의 핵심은 상호 갈등관계에 있는 사회구성원의 선호나 이익이 어떻게 투입되고 어떻게 조정되는지에 있다. 즉, 민주적 상호작용의 주역들은 집단적으로 조직되는 바, 그들은 때로는 대표하고 대표되는 관계에 의해 제도적 틀 내에서 특정한 방식으로 조직되기도 하며(대의제와 정당), 이익들이 강제적이고 독점적인 양식으로 조직되기도 하며(코포라티즘), 자발적으로 조직되기도 한다(다원주의). 그 핵심은 자유롭게 행동하는 개인들이 자신들이 대표하고자 하는 개인들을 강제할 수 있는 집단 조직들의 사회이며, 이를 통해 갈등을 처리하는 체제이다. 이익집단에 관한 이론은 이러한 관계를 분석하는 것이다.
그런데, 이러한 대표체계가 갖는 한계가 드러나면서 보다 직접적인 방식으로 정치과정을 구성하려는 시각도 존재한다. 소위 신사회운동이나 결사체주의 등과 같은 (상대적으로 급진적인) 참여민주주의 방식들이 그것이다.

제 1 절 이익집단에 관한 이론

Ⅰ. 기본 시각과 주요 개념

1. 기본 시각 : 분석단위로서의 집단

정치현상은 제 집단의 역할관계 속에서 다양한 집단이 사회 · 경제적 목표를 추구하는 과정이다. 제각기 이익을 추구하는 정치집단들이 서로 발휘하는 압력에 의해 조성된 평형으로 구성된다.

2. 주요개념 및 기능

이익집단이란 정부의 정책이나 행동에 영향력을 행사함으로써 자신들의 이익을 관철시키려는 결사체를 말한다. 이익집단은 특정 부분에서 형성된 조직으로 개별적 이슈와 관련되어 형성된다. 따라서 보다 광범위한 계급이나 대쟁점을 다루는 사회운동과는 구별되며, 광범위한 이념이나 강령을 가지고 활동하며 권력 장악을 목표로 하는 정당과 구별된다. 이런 의미의 이익집단을 사적 이익을 지향하기 때문에 지대추구적 집단으로 나타나기도 하는 데, 시민의 자유와 공적 가치를 추구하는 결사체를 별도로 공적 이익집단(public interest group; civic association; NGO)으로 구별한다.

3. 이익집단의 기능

이익집단은 민주주의에서 가장 중요한 기능인 시민사회 의사를 정치체제에 투입하는 역할을 수행한다는 점에서 다원주의와 전통적인 정치학에서 중시해 왔다.

[1] 이익집단은 압력단체로서 정책기구(정부)와 이익공동체(국민)를 연결하는 매개자적 역할을 수행하며, 시민의 정치참여채널을 제공하고 직접적 행동을 통해 정치참여의 공간을 확장시킨다. 정책과정에 대한 투입기제의 역할을 하지만(정당에 의해 간과된 이익을 집약하고 정부와 선거에 참

여하는 정당에 영향력을 행사함으로써 대의제를 강화한다), 때로는 사회부문에 대한 국가의 통제기능을 대행하기도 한다. 즉, 이익집단은 사회구성원의 권익·의무관념을 명확히 하고, 정당 등의 대표원리의 결함을 시정하게 된다. 따라서 이익집단의 다양화는 사회 각 세력 간의 상호교류를 증진시켜 갈등해소와 통합에 기여하고 상호간 교차압력을 통해 사회적 평형의 유지에 기여하며, 정치·사회적 안정과 국민의 정치적 효능감 증진에 기여한다.

[2] 그러나 하위정부모형이나 iron triangle(한국의 00피아 혹은 00족)처럼 특수이익집단과 정치권력간의 연계 구조를 형성하여 공적 결정을 왜곡하고 전체의 이익을 해칠 우려가 있다. 자원과 권력이 불균등하게 배분되어 있는 사회에서는 기득권 이익만을 강화하는 데, 권력에 대한 접근기회가 차단된 사회 중하층의 이익을 배제하고 상층부의 이익을 옹호하는 목소리를 강화하고 정치적 불평등을 옹호하기도 한다. 이들 집단은 파벌과 분파를 형성하여 사회적 분열을 만들어 내고, 정당의 조직화와 정치적 기능을 저해하며, 정치적 무책임을 조장(정당과 달리 정치적 책임을 지지 않는다)하기도 한다.

[3] 이익집단은 정치문화, 정치제도 성격, 공적 결정의 성격과 양식에 영향을 받는다. 특히, 다원사회에서 정치적 권리가 인정되는 경우 이익집단이 정치에 미치는 영향력이 커지게 된다. 반면, 한국과 일본과 같이 국가와 사회를 동일시하는 문화가 강한 경우 국가와 기업의 연계를 당연한 것으로 인식하는 문화가 형성되기 쉽고, 일반의지 혹은 전체적 이익을 중시하는 문화에서는 이익집단에 대한 부정적 인식이 강하게 형성된다. 이 경우 이익집단의 영향이 제한될 수 있다.

중앙집권적 구조에서는 집단 간 상호작용의 공간이 좁아지는데, 미국과 같이 지방중심의 정치가 강하고 분절화된 권력구조를 갖는 경우 다원주의적 이익대표체계가 쉽게 발전한다.

마지막으로 정당과 이이집단/시민적 결사체는 trade-off 관계에 있다.

4. 이익집단의 결성 계기

1) 고전적 이익집단론(A. Bentley, D. Truman) : 거시적 접근방법

개인은 자신의 이익을 효과적으로 투입시키기 위해 집단을 결성한다. 이익을 표명하고 압력을 가하기 위한 한 집단의 형성은 대립집단으로 하여금 대항 집단을 만들게 한다(파도효과). 그리고 현대사회의 급속한 변동·전문화·이해관계의 다양화로 인해 이러한 집단형성이 사회의 다양한 분야에 확산되게 된다(확산효과). 이런 맥락에서 A.Bentley는 "이익 있는 곳에 이익집단이 있다"는 유명한 명제를 남겼다.

2) M. Olson의 집단이론 : 미시적 접근방법 2017 행정

벤틀리의 집단이론에 따르면 집단의 이익은 곧 개인의 이익으로 간주된다. 그러나 Olson은 개인이익과 집단이익의 관계는 집단의 크기와 응집력, 그리고 유인과 강제력의 정도에 따라 다르게 나타남을 지적한다. 집단의 모든 구성원이 집단적 이익의 획득에 공통적 이익을 갖지만, 집합재를 공급하는 데 드는 비용·부담에 관해서는 이해가 일치하지 않는다는 것이다.

가. A. Bentley, D. Truman에 대한 비판

노동자들은 분명히 그들 공통의 이해관계를 가지고 있으나, 이것이 반드시 그들의 결사형성으로 이어지는 것은 아니다. 그들 이익의 최대화를 목표로 하는 결사체를 만드는 데 참여하기보다는 그 결사체의 혜택만을 누리고자 한다. 다시 말해 어느 한 이익집단이 그 성원들에게 제공하는 이익은 소비에 있어서 경합성이 없고 배제원칙의 적용이 불가능한 공공재의 성격을 가지고 있기 때문에 그들은 가능한 한 이에 가입하지 않으려 한다. 특히 대규모 집단의 경우 공동목표가 있더라도 강제나 선택적 유인이 제공되지 않을 때 집단 행동이 나타나지 않을 수도 있다(무임승차 : 집단행동의 딜레마).

또한, 트루만의 경우 정부 등의 공식적 제도의 역할을 경시하고 있다. 따라서 정부의 역할을 무의미하거나 불필요한 것으로 간주하는 일종의 무정부주의적 오류를 범하고 있다.

나. 집단행동의 특징

① 이기적 개인 : 집단이 클수록 집단 내에서 활동하는 개인이 받는 집단 전체 이익의 양은 적어지며, 집단지향적 행위에 대한 보상도 적어진다. 또한 잠재적 집단은 집합재와 비집합재가 함께 제공될 때만 공공재의 비용을 부담하려 한다. 각 개인은 이기적 존재로서 합리적 판단에 따라 집단행동의 비용을 최소화하고 개인적 이익을 극대화하려 하기 때문이다.

② 무임승차와 집단행동의 딜레마 : 개인에게 사적 재화는 확실성의 조건 하에서 존재함에 비해 공공재는 위험조건 또는 불확실성의 조건 하에 있으며, 개인으로서는 자신의 사적 재화의 지출을 최소화하고 공공재에 무임승차하려는 경향이 있다.

다. 집단형성의 조건 : 선별적 유인과 강제력의 동원

공공재의 형성과 유지를 위해 그 비용을 상쇄할만한 유인과 강제력이 요구된다. 즉, 공통의 이해관계 이외의 다른 요인들, 예컨대 강제적 방법, 보험·금융상의 혜택이나 기술적 정보의 제공을 통한 집단 결성의 촉진 등이 필요하다.

라. 평 가

M. Olson은 A. Bentley와 D. Truman의 이론을 반박하고 있지만 이들 이론은 이익집단의 결성계기를 이해하는 데 있어 상호보완적일 수 있다.

그러나 문제는 올슨이 집단행동의 문제를 발생시키는 죄수의 딜레마로 모든 것을 해석하고자 했던 데에 있다. 예컨대 개인간·집단간의 관계에 있어서는(최소한 정치적으로 민주화된 사회에서는) R. Axelord에 의하면 광범위한 반복적 상황 하에서 협력적 균형이 자기이익에 따른 행동에 자발적으로 지지될 수 있다. 또한 Abreu에 의하면 비협력자들을 효과적으로 처벌하기 위해서 서로 알고 있을 필요도 없다. 이러한 현상은 특히 집단행동의 딜레마가 나타나는 사회에서도 장기적으로는 사회적 학습의 효과에 의해 순응이나 합의가 가능함을 보여 준다.

결국, 집단의 결성에 있어서 공통의 이해관계 이외의 다른 요인들, 즉 강제적 방법이나 외재적 유인이 필요한가 하는 것은 사회에 따라 달라지겠지만 이론적으로는 필요조건도 충분조건도 아니다.

[1] 정책과정에서 정당과 이익집단의 영향력은 상충관계에 있는데, 그 영향력의 정도는 국가마다 차이가 있다 : 미국의 경우 이익집단이 주도한다면, 유럽은 정당이 주도한다. 이익집단의 영향력이 크게 나타나는 다원주의나 하위정부모형은 미국의 정책과정에서 나타나는 특징이라면, 좌파정당이 집권하면서 노조와 연대를 통해 노사정 3자 합의기구를 형성하고 이를 통해 사회갈등을 조정해 나가는 조합주의는 정당이 강하고 집단주의 문화를 가진 북유럽과 중유럽에서 나타났다.
[2] 두터운 중간계급이 형성되는 후기산업사회로 전환되면서 (산업사회는 육체노동자의 인구 비중이 60%를 훨씬 상회한다. 반면, 후기산업사회에서는 육체노동자의 인구구성이 20% 내외로 축소되고, 중간계급 혹은 정신노동자의 비율이 60%를 상회하게 된다) 노조 등과 같은 특정 계급에 기반한 정당이 쇠퇴되고, 신중간계급이 자신의 이익을 직접 투입하기 위한 NGO가 활성화된다.

Ⅱ. 이익집단론의 전개

1. 이익집단론과 다원주의론의 발전(1950~1960년대)

미국의 현대 다원주의는 메디슨의 사고에서 출발한다. 메디슨은 파벌을 통제하기 위해 결사의 자유를 억압하기보다 견제와 균형을 통해 그 영향력을 조정해야 한다고 제안하였다. 그의 관심은 민주주의의 과다함을 우려하고 독단적 다수 지배를 견제하려는 데 있었다. 그의 사고는 자율적 결사체는 인간본성 상 불가피하면서도 정당한 현상으로 부당한 간섭으로부터 보호되어야 한다는 이익집단론으로 발전하였다. 메디슨과 현대 다원주의의 핵심적 요소는 이익을 추구하는 개인과 집단을 매개하는 합법적 제도로서의 정부의 중립적 지위라 할 수 있다.

민주주의는 시민의 정치참여를 통해 구현된다. 그러나 현대 민주주의는 대의제로 제도화되었다. 만약에, 다양한 이익들이 집단으로 조직되고 이들이 선거와 정책과정에 영향을 미칠 수 있다면 국민이 직접 결정하지는 않지만, 대표자들(정치엘리트들)이 국민의 요구에 높은 반응성을 보일 것이고 권력이 국민에게 있다는 국민주권의 이념은 구현될 수 있을 것이다(누구의 의사가 관철되었는지가 권력의 핵심임을 생각해 볼 것). 다원주의는 이러한 입장에서 출발한다. 즉, 사회에 존재하는 집단이나 조직이 다양하고 그 수가 많을수록 그만큼 조직들의 자율성도 커지고, 이처럼 하위체계에 상당한 정도의 경쟁과 자율을 허용해 주는 정치체계일수록 사실상 더 민주적이라고 본다.

메디슨의 다원주의는 A. Bentley와 D. Truman을 거치면서 현대적 의미의 다원주의론으로 발전한다.

벤틀리가 결사체의 형성이 사회의 분화와 관련된 현상임을 보여 주었다면, 트루만은 이익집단의 형성을 사회분화 과정과 새로운 집단의 자연스러운 출현으로 보기 보다는 균형과 혼란 속에서 새로운 균형이 창출되는 역동적 흐름으로 설명한다는 점에 차이가 있었다(즉, 집단의 형성은 균형의 파열에 기인한다고 보는 파열이론).

R. Dahl은 이러한 문제의식에 덧붙여 이익집단과 민주주의의 상호관계에 대한 보다 확고한 입장을 정리한다. 즉, 그는 「누가 지배하는가(who govern?)」에서 뉴헤이븐 시의 공직후보지명(정당지도자), 도시재개발(시장 등 공공관료), 교육정책(교육당국과 교원단체, 그리고 학부모회)을 통해 공공정책결정과정에서 권력은 소수 엘리트에 의해 전일적으로 지배되는 것이 아니라 다양한 집단과 지도자에 의해 통치되는 다두정이라는 것을 밝힌다. 그리고 각 영역의 지도자 그룹과 일

반시민은 일방적인 관계가 아닌 상호작용의 관계에 있음을 보여주었다. 마지막으로, 미국사회의 불평등은 전근대사회의 불평등(경제적 부가 다른 영역에서의 우월적 지위를 유발하는 그러한 불평등)이 누적된 것이 아니라 분산된 불평등이라고 결론을 내린다. 즉, 이슈 영역별로 다른 종류의 권력을 각기 보유하고 있다는 것이다.

다원주의는 트루만의 명제인 '정치는 집단 간의 상호작용'이라는 민주주의를 위한 규범적 주상을 함축하고 있다. 따라서 집단들의 상호작용을 통한 정책결정은 민주주의 위협이 아니라 실질적 덕이며, 참여증진은 불가피하게 이익집단을 필요로 한다는 인식을 각인시켰다.

2. 다원론적 엘리트론의 비판(1960년대)

1) Grant McConnell의 특권체 : iron triangle와 하위정부

맥코넬이 보는 이익집단 정치 폐해의 핵심은 정부권력의 침식으로 이야기할 수 있다.

그는 산업사회로 이행된 이후 '공적인 것'과 '사적인 것'의 구분이 정책결정의 각 결정점들에서 모호해지기 시작하면서, 이익집단은 하나의 특권체로서 변모되기 시작하였다고 지적한다. 정부와 무력한 개인들 간에 하나의 새로운 권력체로 등장한 이익집단은 토크빌이 이미 오래 전에 민주주의의 평등화 물결과 함께 파괴되었다고 선언한, 바로 그 특권이 좀더 조직화된 모습으로 새로이 창출됨을 의미하는 것이다.

동시에 이러한 이익집단의 점증하는 영향력은 정부와 이들 집단 간의 협조관계의 형성과 강화에 의해서 사적 권력의 형성과 신장이라는 문제 및 정부의 통치능력에 대한 의문을 불러 일으키게 되었다. 이러한 새로운 배경에서 맥코넬은 정부의 권력이, 분립되어 있는 세 부처와 세 수준의 정부에 의해 공유되었을 뿐만 아니라, 정부의 정책에 관심이 있는 다양한 이익집단들에게도 조금씩 분할되면서 침식되었다고 한다. 그 결과 변화에 저항하는 세력으로서 정부 부서와 사적 이익집단의 협조체제나 하부정치체제는 기득권 세력을 형성하여 새로운 안건의 창출과 토의를 원천적으로 봉쇄하는 기능을 하게 되었다.

이제 결사체는 민주주의의 훈련장이자 자발주의의 토대로서가 아니라 '압력단체' 혹은 '특별이익'(special interests)으로 다루어지면서, 정부의 폭정적 경향을 견제하기 위한 개인간의 유대관계를 위해서 존재(토크빌)한다기보다는, 오히려 정부와 '안온한 동맹체제'(cozy little alliance)를 형성하여 아래로부터의 요구를 차단하며 공적이익(public interest)을 위한 시민의 개혁요구를 좌절시키는 특권적 존재로 부상한다는 것이다.

2) E. Schattschneider의 조직화된 특별이익(organized special interest)

E. E. Schattschneider는 이익집단이론가들이 주장하는 이익집단체계의 보편성은 문제가 있다고 지적하고 있다. 그에 의하면 사실상 정책결정과정에 실질적인 영향력을 행사하는 사회의 구성원은 기업부문과 같이 풍부한 자원과 특권적 지위를 갖는 '조직화된 특별이익'(organized special interest)이라는 소수의 사적 이익집단에 불과하다. 이들은 '체제의 편향성을 동원'함으로서 배타적인 사적이익으로서 특별이익을 추구하는 조직화된 이익인 것이다.

샷슈나이더는 정치를 갈등의 사회화로 규정하고, 갈등의 수준과 규모를 인위적으로 통제하는 정당의 기능을 강조한다. 그는 잘 조직화된 특수 이익은 공공이익이 부각되는 것을 막기 위해 정치적 갈등의 맥락을 동원하고 조작할 수 있다고 주장한다(체제 편견의 동원). 즉, 조직화된 특수이익에 의해 주도되는 이익집단의 정치는 편견의 동원을 통해 특정 갈등을 전국적 이슈로 부각시키거나 억제함으로써 상층계급 편향을 갖는다는 것이다.

3) Theodore J. Lowi의 이익집단 자유주의

로위는 이익집단 자유주의를 통해 미국사회가 다양한 이익집단들의 활동이 실질적으로 보장되고 있어 다원주의 모델에 부합되지만, 사회병리현상을 낳는 원인이 되고 있다고 지적한다. 먼저, 다원주의는 모든 조직화된 이익들이 체제에 접근할 수 있고 이들의 요구에 대해 정부가 어떠한 독립적 판단도 내리지 않는 정책 어젠다를 필수적이며, 바람직하다고 보는 관점이다. 즉, 공익을 다양한 요구들이 혼합된 결과라고 정의한다. 미국사회는 입법부에 대한 접근이 어려운 경우 행정부 혹은 사법부를 통해 이익들이 투입될 수 있다는 점에서 다원주의 사회라 할 수 있는 것이다. 하지만, 대규모 조직이 조직 간 담합 등을 통해 정치적 불평등을 구조화하며, 개별이익을 위해 전체이익을 희생시키고, 다수의 이익이 배제되는 공공의제의 왜곡현상이 발생함을 비판한다.

3. 이익집단과 대안적 정치체제의 모색(1960~1970년대)

맥코넬은 '급진적 개혁을 위한 온건한 제안'이라 명명한 법치적 민주주의를 대안으로 제시한다. 소수 지배구조를 야기한 요인이 미국 정치의 분산된 권력구조에 있다고 보고 대통령 권한의 강화를 대안으로 제시(공공이익은 전국적 관심을 수반하는 대통령과 연방법원에 의해 가장 잘 대변되는 반면, 특수이익은 분절된 행정시스템인 주와 지역 정치에서 가장 강력하게 나타난다고 주장)한다.

샷슈나이더는 조직화된 특수이익에 의해 공적 의제가 왜곡되는 것을 막기 위해 책임있는 정당과 정치적 리더십이 필수적이라 주장한다. 그는 정당간의 경쟁을 통해 인민주권의 행사가 가능하다고 본 것이다.

다원주의적 관점을 유지하던 C. Lindblom이나 R. Dahl은 민주적 다원주의(신다원주의)를 통해 정부가 단순히 이익집단에 포획되어 정책을 결정한다는 하위정부모형이나 철의 삼각형 등이 정치과정을 정확히 묘사한 것은 아니라고 보면서 i) 공익적 결사체나 ii) 자율적 관료들의 존재, 혹은 iii) 이슈 네트워크나 중심부재의 정치공동체가 이익정치의 균형을 가져온다고 주장한다.

신제도론은 이익집단에서 중요한 점은 자원과 구조, 그리고 맥락이라고 본다. M.Olson의 주장과 달리 1960년대와 70년대에 미국이나 유럽의 시민적 결사체들은 확대되었으며, 이는 개발도상국에서 1980년대 민주화 운동의 분출에서도 확인될 수 있다.

1970년대에는 P. Schmitter의 조합주의가 하나의 대안적 기제로 제시되기도 했다. 그의 사회조합주의 모델은 국가와 사회의 연계 구조에 대한 관심과 관련되는 것으로서, 미시적인 접근보다는 국가와 이익집단 상호작용의 패턴을 결정하는 제도적 배열과 이익집단의 전략과 선호결정에 영향력을 행사하는 정치구조의 해명에 초점을 맞춘 것이라 볼 수 있다(일부 논자들은 사회조합주의를 갈등의 제도화라 부른다).

만약에 이익집단의 정치가 근본적인 한계에 부딪혀 있다면 그 대안은, i) 보다 더 대의제 민주주의에 가까운 정당에서 대안을 찾거나 자율적 관료제에서 찾는 방법, ii) 대의제 자체의 한계가 더 크다면 시민적 결사체나 시민의 공론에서 찾아야 할 것이다.

4. 시민적 결사체(소위 NGO)의 급증과 이익집단의 정치(1980년대)

1) 시민적 결사체 급증의 요인

가. 맥락의 측면 : 환경

먼저, 후기산업사회로의 전환은 사회계급구조의 변화를 초래했다. 이 속에서 정당은 시민동원과 통합에 실패했고, 기성 정치에 대한 시민들의 소외감은 정당이 아닌 이익집단을 향하게 만들었고 선거연합의 붕괴를 초래했다(투표율의 하락이 두드러진 점도 이때문이다). 정당의 쇠퇴만이 아니라 노동운동과 노동단체의 약화가 나타났고, 이것이 신사회운동과 NGO의 등장을 가져오게 만들었다.

또한, 후기산업사회로의 전환은 가치정향의 변화를 초래했다. 레이첼 카슨의 "침묵의 봄"과 같이 탈물질적 가치가 확산되면서 기존의 분배를 둘러싼 갈등과는 다른 갈등구조를 낳았던 것도 이익정치구조의 변화를 가져온 계기가 되었다. 이 위에 미국의 경우, 사회운동과 시민적 열망 위에 위대한 미국사회(빈곤과의 전쟁) 프로그램은 시민적 결사의 활동 폭을 넓히는 계기가 되었다.

나. 자원과 동원의 측면

시민적 결사에 대한 신뢰는 이들 결사체에 대한 자원의 유입을 확대했으며, 시민들의 지지를 동원할 수 있었던 이들 조직에 의해 다양한 입법들이 이루어졌다. 즉, 이들 결사체에 의한 시민동원과 이를 통해 확보한 지지를 기반으로 정당과 주 정부의 개입과 규제를 우회, 회피할 수 있었다.

반면, 시민적 결사체의 활동이 확대되면서 이에 대항하는 신보수주의가 대두되었다. 기업의 경우 타 집단에 비해 동질적이고 다 많은 자원을 동원할 수 있다는 점을 활용하여 이들 결사체에 대한 대항집단을 결성하는 경향이 증가한 것이다.[2)]

다. 정치 구조의 측면

미국을 보면, 분산된 권력구조가 정당이 아닌 이익집단과 같은 자발적 결사체를 중심으로 시민들의 이익이 체제로 투입되는 구조를 형성하도록 했다고 볼 수 있다. 영국이나 대륙계 국가와 같이 권력구조가 통합적이거나 정당정치가 제도화된 경우 이익집단의 활동 폭이 크지 않았던 점과 대조적이라 할 수 있다. 영국과 유럽 대륙의 경우 권력구조와 같은 요인보다는 맥락적 요인들에 크게 영향을 받았다고 볼 수 있는 것이다.

참고로, 미국 정치과정을 보면 국가와 사회를 연계하는 정책네트워크의 변화가 감지된다. 즉, 시민단체 확산이라는 배경 속에서 이슈네트워크의 확산을 확인하게 되는 데, 이러한 정책네트워크 변화는 하위정부모형이나 철의 삼각형의 적실성이 약화되는 것과 관련된다.

---

2) 예를 들어, 환경단체의 입법 활동에 대한 기업의 반발로 1972년에 결성된 전미 기업인 원탁회가 대표적이다.

2) 시민적 결사체 급증이 정치과정에 미치는 영향 : 결사체에 의한 대의 대행

결사체의 급증은 대의제 메커니즘에 있어서 정당의 쇠퇴와 결사체에 의한 대의 대행현상을 낳는다. 이러한 경향은 보편성을 보인다. 즉, 한국사회에서도 후기산업사회로의 전환과 민주화 이후 시민사회 활성화와 함께 시민적 결사체 활동이 확대되었던 것을 통해 알 수 있다(이들 시민적 결사체의 활성화는 신보수주의와 기업집단의 로비가 동시에 증가하게 되는 데 이 또한 한국 사회에서도 확인된다. 다만, 한국의 경우 시민적 결사의 활동 영역의 확대의 보다 직접적인 계기는 민주화 운동이라는 점에서 제3세계적 특수성을 보여준다고 하겠다). 이에 대한 평가는 2편에서 본, 자유주의적 관점과 공화주의적 관점으로 혹은 대의제의 핵심을 대표(신탁)로 볼 것인지 아니면 대리로 볼 것인지에 따라 갈릴 수밖에 없다.

전자의 관점에서 본다면, 성숙한 판단과 계몽된 이해가 아닌 시민의사의 직접적 투입은 정치체제에 혼란과 포획을 낳을 수 있다는 점에서 부정적인 평가를 내리게 된다.

① 시민적 결사체의 활성화는 정책결정과정의 과잉 정치화 현상을 야기하였다. 시민단체는 의회 안에서의 로비가 아닌 의회 밖의 정치적 동원에 직접 의존(대중동원을 통한 의회 압력)한다. 즉, 정부에 대한 직접적 로비와 지원보다는 의회 밖의 시민들에 대한 직접 동원(대중에 대한 호소)이 확대되는 데, 이는 제도화된 정치참여의 채널을 우회함을 의미한다. 시민운동에 우호적인 정치인과 정당당선을 위해 선거에 개입하는 경향이 확대되는 것도 이와 관련된다. 이러한 변화는 정책의제설정단계에서부터 다양한 의견과 입장이 개진되기 시작하면서 정책과정의 불확실성을 높이게 되는 데, 이를 과잉정치화로 표현하기도 한다(Loomis & Cigler).

② 시민적 결사체의 활동은 이익집단 정치 내에 이념대립의 양극화를 초래한다. 시민적 결사체의 지향이 자유주의 혹은 신좌파적 성향이 강하다면, 이에 대항하기 위한 신보수주의와 기업들의 활동이 자연스럽게 확대되는 것이다.

반면, 대의제 민주주의가 주권자인 시민의 의사를 공적 결정에 투영하기보다는 조직화된 소수의 이익에 편향되는 것을 방지하지 못했고, 대표가 공적 이익보다는 사적 이익에 포획되고 성숙한 판단과 계몽된 이해라는 버크나 밀의 주장이 공허한 외침으로 그쳐 버렸다는 점에서 시민적 결사체의 확산은 이에 대한 비판과 감시를 넘어 주권자의 의사를 직접 투입하려는 직접 민주주의 원리로 이해될 수 있다. 즉,

① 시민적 결사체에 의한 대의 대행은 정치의 과부하가 아닌, 참여의 과소로 인한 자유민주주의 역설에 대한 대안 혹은 보완적 메커니즘으로 기능한다.

② 신자유주의 확산과 맞물려 시민권의 형해화에 대한 반작용이자, 자신의 정치적 권리를 보호하기 위한 '정치적인 것(the political)'의 복원을 의미한다.

Ⅲ. 보론 : 한국 이익집단의 정치

1. 한국 이익집단 정치의 현주소

1) 이익집단의 급성장

1960년대 산업화와 함께 결사체(associational IG)가 등장한 이래, 1970~1980년대에 그 수가 급증하였다. 민주화 이전 한국의 이익집단은 압력집단(pressure group)으로서의 성격보다는 국가의 주변적 집단(pressured group)의 성격을 벗어나기 힘들었다.

민주화와 함께 시민적 결사체(civic association)의 분출이 있었고, 민중집단 외에 서구 신사회운동의 성격을 띠는 경실련과 같은 시민사회단체 또한 급증하였다.

2) 이익집단의 분화와 다원화

민주화 이후 이익집단의 급성장과 함께 이익집단의 분화와 다원화가 동시에 나타났다.

먼저, 녹색연합과 같은 이슈중심의 결사체들이 쟁점영역별로 등장하였고, 이들 집단은 사적 이익결사의 성격보다는 시민사회 전체의 이익을 추구하는 시민적 결사의 성격을 강하게 띠는 경우가 많았다. 사회경제정의 · 소비자보호 · 환경보호 등 공익을 추구하는 시민단체가 급증이 그것이다. 그러나 동시에 이념 갈등이 커지면서 대립적 결사체들이 조직되고 이들 결사체들 간의 갈등과 대립도 함께 나타났다. 한국노총과 민주노총으로, 한국교총과 전교조로 분화되는 등 직능집단 내부 분화도 촉진되었다.

3) 정당의 역할 · 기능 감소와 정부정책의 변화

이익의 집약 · 표출 및 정치과정에의 투입기능에 있어서 정당의 위상저하 현상이 나타나고 있다. 한때 정부는 단체 설립 · 활동에 대한 유연한 반응으로 전환(단체 설립요건을 등록제에서 신고제로 전환하는 등)하고 정부와 결사체의 관계를 수평적으로 설정하고 사회적 이슈에 대해 협력적으로 해결하려는 모습을 보이기도 하였다. 그러나 보수 정권이 등장하면서 편향성이 다시 높아졌다.

2. 전환기적 이익집단정치의 과제

한국은 세계사적 보편성과 한국정치의 특수성이 맞물리면서 참여의 폭발이라 칭할 수 있을 정도로 이익집단 정치의 양상이 변해 왔다. 결사체의 확장 / 시민사회 밀도 증가와 참여 확대는 정치과정의 민주화라는 긍정적 측면을 가지고 있지만, 지대추구적 결사체 밀도가 증가하는 경우 체제 과부하와 정치과정의 사사화라는 부정적 측면을 내포한다.

부정적 측면이 참여의 지나친 폭발 때문이라면, 참여 채널을 경색시키고 사회자본의 축적을 중요한 과제로 설정되어야 할 것이다. 반면, 정치과정에서 소외되고 배제된 집단의 분출이라 한다면 참여민주주의라는 전망 속에서 접근되어야 할 것이다.

앞서 본 결사체의 대의 대행현상에 대한 두 가지 대립된 관점과 민주주의 모델, 그리고 정당정치에 대한 평가를 전제로 나름의 결론을 내려 보기 바란다.

제 2 절 이익대표체계 2019 행정

Ⅰ. 다원주의적 이익대표체계

1. 의 의

다원주의란 이익집단들이 자발적으로 무수히 조직되어 상호간의 자유로운 경쟁을 통해 그들 각각의 이해관계를 실현하는 이익대표체계를 말한다.

다원주의 하에서는 정부의 역할은 최소화되어 정부는 무수한 이익집단들 간의 경쟁의 결과를 반영하여 정책을 수립할 뿐이다.

이 체계에서 이익집단 상호 간에는 견제와 균형작용이 일어나 어느 한 강력한 집단이 약한 집단들의 이해관계를 쉽게 침해할 수 없다.

2. 다원주의적 이익대표체계의 특징

다원주의적 이익대표체계란 이익집단들이 자유주의 시장원리에 따라 대등한 입장에서 어떤 제약이나 속박을 받지 않고 국가나 여타 단체와 집단을 상대로 자신의 이익을 표명하는 방식을 지칭하며, 국가와 이익집단 간의 제도적 연계는 사실상 존재하지 않는다고 본다. P. Schmitter에 의하면 다원주의적 이익대표체계의 특징은 다음과 같다.

① 구성단위가 다양하고 자발적이며 경쟁적이고 비계서적으로 이루어진다.
② 국가로부터 허가 · 승인 · 재정보조를 받지 않으며 국가에 의해 창설되지 않는다
③ 대표자의 선출과 이익표출에 있어서도 국가의 통제를 받지 않는다.
④ 각 집단은 독자적으로 이익범주를 결정하고 조직화한다.
⑤ 어떤 집단이든 이익대표권을 독점할 수 없다.

즉, 다원주의론에서 이익집단 정치는 정책결정과정에 영향을 미치는 이익집단들 간의 압력행사를 통한 상호작용의 결과로 이해된다. 따라서 정부는 이익집단들의 이익갈등이 토론되고 해결되는 장(arena)으로 간주되거나 상호경쟁하는 이익집단들 사이에 존재하는 중립적 심판자이다.

다원주의는 이익집단들이 경쟁구도에 의해 설정된 게임규칙에 의해서 관계가 설정되고 활동함으로써 민주정치 질서가 형성된다고 본다(자유주의적 개인주의).

3. 다원주의 사회의 국가의 위상과 역할

A. Bentley는 다원주의 하에서 국가가 일반이익을 대표할 수 없으며, 다만 이해가 상충하는 각종 이익집단의 교차 압력과 타협에 의해 일반이익이 형성될 수 있다고 주장한다. 사회공동체의 공공선은 "보이지 않는 손"에 의해 이룩된다고 가정한다.

이때 국가의 역할은 다양한 이익집단의 갈등과 대립을 조정하는 중립적 중재자적 역할에 치중되고, 공공정책은 국가의 권위적 결정사항이 아니라 정부와 이익집단 간의 협상의 산물로 간주된다. 또한 국가와 이익집단의 관계는 수평적 대등성을 지닌다.

Ⅱ. 코포라티즘(조합주의)

1. 코포라티즘의 개념

슈미터의 정의에 따르면 집단들이 한 직종에는 하나만이 조직되어 그 수가 제한되어 있고, 집단에의 가입은 강제적이며, 집단 조직은 위계적으로 되어 있으며, 집단 상호간의 관계는 비경쟁적이고, 기능적으로 분화된 범주에 따라 조직되어 있고, 국가의 공인을 받으며, 그 분야의 이익을 독점적으로 대표하는 이익대표체계이다.[3]

2. 조합주의적 이익대표체계의 특징

Cawson & Saunders는 시장모형이나 관료제 모형과 달리 자원배분과정에서 조합주의 모형은 국가와 이익집단 간의 거래관계에 따라 자원이 배분된다고 설명한다. 즉, 국가가 자원배분권을 이익집단과 어느 정도 공유하며, 국가와 이익집단 간의 관계는 보호자-고객관계로 정형화되고, 국가역할은 규제자적 입장을 지향한다. 따라서 이익집단은 이익표명의 차원을 넘어 국가정책의 집행기능도 수행하는 것이 특징적이다.

P. Schmitter에 의하면 조합주의적 이익대표체계는 다음과 같은 특징을 갖는다.

① 단일성, 강제성 · 비경쟁성(조직 내 비경쟁)으로 특징지어 진다.

② 각 구성단위는 제한된 범주 내에서 기능적 전문성을 지니며, 전체계 내에서 계서적 위상을 갖는다(전체계의 위계적 조직화).

③ 각 구성단위는 지도자의 선출과 욕구표명에 있어 국가의 통제를 수용하는 대가로 해당 범주 내에서의 이익대표권을 독점한다.

3. 조합주의의 이익대표체계 유형

1) 국가조합주의

국가가 통치력을 강화하기 위해 강제적으로 편성한 이익대표체계를 말한다. 정책결정과정에 대한 이익집단의 통제된 참여(제한된 참여)를 요체로 하며, 이익집단의 상향적 투입기능보다는 국가에 의한 하향적 동원과 통제를 중시한다. 조합은 국가의 보조기관에 불과하며 압력을 받는 집단으로서의 성격이 더 강하다.

2) 사회조합주의

선진민주복지국가 / 후기자본주의에서 나타나는 유형이며, 국가의 통치력 약화에 대한 반작용

---

3) 조합주의는 이익대표체계, 생산양식 또는 경제체제, 지배양식 또는 국가형태 등으로 정의된다. ① 이익대표체계로서 조합주의(P. Schumitter, C. Offe)는 국가중심주의 및 다원주의에 대한 제3의 대안모델로 사용된다. ② 생산양식, 경제체계로서의 조합주의(Phal & Winkler)는 사적 소유와 시장원리를 인정하면서도 국가의 개입성을 중시한다는 점이 특징이다. 후기자본주의 사회에서 국가가 사기업을 지배 · 선도하는 새로운 경제체제를 그 모델로 본다. ③ 지배양식, 국가형태로서의 조합주의(B. Jessop)는 체계의 구성과 운영원리에 관한 것으로 이익대표의 국가개입의 과정이 제도적으로 분리된 의회주의 국가형태와 달리 이 과정들이 제도적으로 통합된 국가형태를 특징으로 한다. 이러한 정의는 뭇솔리니의 파시즘과 남미의 관료적 권위주의 체계가 해당된다.

으로 형성된다. 국가는 통치력 보강과 사회경제적 위기를 해소하기 위해 이익집단에 의존하는 것이 특징이며, 이익집단과 국가와의 협력관계와 이익집단의 자율성을 본질로 한다. 따라서 상향적 투입기능을 중시한다.

사회조합주의는 상대적으로 자율적이고 구조적으로 분화된 정치체제에서 생성되며, 국가조합주의는 중앙집권성과 관료지배주의가 보편화된 정치체제에서 기능하며, 이익집단에 대한 국가의 통제를 본질로 한다.

4. 코포라티즘의 수준

정치과정에서 국가 · 노동 · 자본 간의 삼자관계, 즉 자본과 노동을 대표하는 정상이익조직이 국가를 상대로 경제정책과 노동정책에 관하여 협상을 하는 삼자협상형태가 코포라티즘의 전형으로 간주된다. 이에 대해 Cawson은 코포라티즘을 이익집합 · 조직 · 정책범위의 차이를 기준으로 세 가지 수준으로 분류한다.4)

① 거시적 코포라티즘은 계급이익에 관한 국가 · 노동 · 자본의 삼자협상 형태를 띠게 되며, ② 중범위 혹은 부문적 코포라티즘은 각 부문별(기능별) 이익조직들(산업별노동조합 등)이 부문이익을 증진시키기 위해 특정정책에 대해 국가를 상대로 협상을 벌이는 경우에 나타나는 정치과정을 말한다. 일반적으로 2자 협상형태가 된다. ③ 마지막으로, 미시적 코포라티즘은 개별적 이익주체(개별기업)가 이익대표조직의 중재를 통하지 않고 특정사안에 관해 직접 국가와 협상을 벌이는 경우를 말한다.

5. 수요중심 코포라티즘과 공급중심 코포라티즘과 한국의 노사정위원회

1990년대까지의 코포라티즘은 대체로 케인즈주의를 중심으로 한 수요측면 경제학에 기초를 둔 것으로 사용자단체와 노조라는 중앙집중화된 정상조직들과 정부대표 간의 거시정책조정을 핵심으로 한 것이었고, 그 내용은 임금억제와 사회복지의 상호교환이었다.

반면에 공급측면 코포라티즘은 신자유주의적 지구화로 인한 노동시장 유연화 및 실업문제와 같이 새로운 중대 이슈에 대응하는 제도적 장치로서 작업자 · 산별 · 부문별 이익집단 수준에서도 정책협의를 확대하고, 노동시장 유연성과 고용안정을 상호교환함으로서 협력적 노사관계를 만들어 가는 경향을 띤다(김용철, 2001).

수요중심 코포라티즘이 정책결정과 정책집행과정에 대한 노동 참여의 제도화를 의미한다면 공급중심 코포라티즘은 주로 신자유주의적 정책의 집행과정에서 협력을 모색한다는 특징을 갖는다. 이렇게 볼 때, 코포라티즘적 관리체제는 신자유주의적 개혁과 양립이 가능할 수 있으며, 국제경제질서 변화에 탄력적으로 대응하는 데 유용한 체제라는 점을 이들 연구는 강조한다.

이런 맥락에서, 한국의 노사정위원회는 노동시장 유연화 실현을 목적으로 노동 · 기업 · 정부 간의 협의체로 만들어졌다는 의미에서 공급측면의 코포라티즘의 실험이었다고 할 수는 있겠다(최장집 2003, 169~70). 하지만, 한국의 삼자협의체제는 상호간의 불신과 국가의 무능, 노사협

4) 그의 분류는 신자유주의와 지구화의 환경 속에서 거시 수준에서의 코포라티즘이 현실적실성이 떨어진다는 비판에 대한 대안으로 중범위 혹은 미시적 코포라티즘을 이야기할 때 의미가 있을 것이다.

력체제의 기반[5]의 부족 등으로 성공적으로 적응하지 못했다.

또한 그것은 공급중심 코포라티즘이 노동시장의 열패자에 대한 보호 및 재취업 기회의 제공, 공정한 분배 등을 지향하지만, 노동시장의 유연성 확보, 생산성 증대, 그리고 사회복지지출의 통제를 통한 국제경쟁력을 강조한다는 점에서 그 성격 상 신자유주의적 개혁이라는 점에서 근본적인 한계가 있다.

6. 평 가

P. S. Schmitter는 조합주의를 이익대표의 한 체계로서 정의한다. 조합주의는 제한된 수의 독점적이며, 위계적으로 질서가 잡힌, 그리고 기능적으로 분화된 직능단체들로 조직된다. 이들 집단은 국가에 의해 인정받거나 대표 독점권이 허용된다.

각 집단들의 관계들은 공식적인 법규에 의해 통제되며, 사법부와 입법부는 직업적인 범주를 중재하고 그것들 사이의 경계를 재확정한다.

조합주의에서는 이익집단에게 독점적 이익대표권이 허용되는 데, 이는 국가의 적극적 역할을 전제로 하는 것이다. 다만, 무솔리니의 상디칼리즘이나 남미의 국가조합주의와 달리, 그 목적은 국가에 의한 사회의 통제에 있지 않았고 권리와 특권의 공식적 허용 정도로 이해되는 것이다. 그리고 이는 계급간의 타협을 이끌어 내기 위한 방편으로 이해될 수 있다. 이 점에서 서구의 (사회)조합주의 긍정적 측면이 있다고 하겠다. 그러나 실질적인 결정이 대표기구를 우회하여 이루어진다는 점에서 민주적 정당성의 결함을 가지고 있다. 여기에 제3세계에의 적용에 있어서 긍정성과 부정성을 동시에 내포하고 있는 것이다.

5) 그 조건이란 ① 사회집단들은 잠재적 갈등 요소를 끊임없는 협의와 조정을 통해 해소하려는 협력적 문화 및 전통을 지녀야 하며, ② 노동과 자본의 중앙조직은 산하 조직과 구성원에 대한 충분한 대표성과 통제력을 가져야 하며, ③ 좌파 혹은 친노동자 정당의 집권 내지 노조와의 연대를 통하여 노동과 자본의 사회·정치적 힘의 균형이 어느 정도 이루어져야 하고, ④ 노자간 정합게임(positive game)을 가능하게 하는 물질적 교환관계가 존재해야 한다는 것이다(김용철, 2001).

제 3 장 정당정치와 민주주의

제 1 절 개 관

Ⅰ. 정당의 개념과 기능 2010 입법

1. 정당의 개념

정당은 동일한 정견을 가진 사람들이 정치과정의 통제, 특히 정권의 획득 · 유지를 통해서 그 정견을 실현시키려는 자주적 · 계속적 조직단체를 말한다.

현대 대의제 민주주의에서 정치적 경쟁은 정당을 중심으로 이루어지며, 정당에 의해 정권이 창출되는 게 보편화되었다. 따라서 정당은 대의민주주의의 핵심인 경쟁적 선거 정치에서 필수적 요소라 할 수 있다. 대립적 혹은 상이한 정치적 견해를 갖는 입장이 선거공간에서 경쟁하고, 이들 견해 중 다수의 지지를 받는 정치적 견해가 국가의 의사로 결정되는 선거에서 경쟁의 양상은 결국 정당을 매개로 이루어지기 때문이다.

2. 정당의 기능

정당은 정치적 의사의 예비형성 및 제도적 국가의사의 형성이라는 기능을 담당한다. 구체적으로 보면, 정강으로 이익집약하며, 여론의 조직과 표출, 정치사회화, 정부의 조직과 지도자의 선택 기능을 담당한다.

① **이익 표출과 집약(interest articulation and aggregation)** : 정당은 시민 개인이나 집단이 정치체제에 대한 요구를 집약하고 선거경쟁에서 공약과 정책으로 표출한다. 이 과정에서 개별적인 요구들을 집약함으로써 다원적 갈등을 단순화시키고 사회통합을 용이하게 한다.

② **정부의 조직과 통제** : 선거에 의해 집권당(다수당)과 반대당(소수당)으로 나뉘는데, 집권당은 정권을 담당하며 가치를 창조함으로써 정당성을 획득하려하고 반대당은 정부에 대한 비판 · 감시 기능을 수행한다.

③ **정치사회화(political socialization)** : 정치사회화 기능이란 시민에 대한 정치교육과 계몽기능을 말한다. 정당은 자신의 이념과 정책을 선전함으로써 선거에서 승리를 거두는 데 주목적을 두는데, 이를 위해 정치적으로 교육하고 계몽할 필요가 있다. 이러한 과정은 홍보, 교육, 간담회 등을 통해 이루어진다. 나아가 당 간부양성과 청년조직을 통해 이러한 기능을 수행하기도 한다.

④ **정치적 충원과 참여(political recruitment & participation)** : 정당은 정치엘리트의 충원과 선출기능을 수행한다. 정당은 각종 선거에서 당수를 비롯해 후보를 지명 혹은 선출함으로써 그들을 통해 유권자의 지지를 도모한다. 후보자는 공천을 통해 최소한의 정치적 지위를 인정받고, 당선을 통해 시민들에 대해 시민의 대표로서 정치엘리트의 지위를 얻게 된다.

또한, 정당은 정치사회화 기능을 통해 시민을 주요 행위자로 자각하게 함으로써 정치참여를 촉진한다. 정당은 지지확산이나 대중에 대한 반응을 통해 정치참여를 촉진하며, 선거운동을 통해 정치참여를 극대화한다. 정당의 선거운동은 유권자를 동원하고 조직화하는 방식의 하나이며, 투표에 대한 참여를 통해 정치적 효능감을 제고한다.

⑤ **사회통합과 민주주의 발전** : 사회적 갈등 이념 혹은 이익은 정당을 통해 정치세력화되고, 정당 간 경쟁을 통해 이들 계급·지역·세대 간 갈등이 조정된다. 사회의 대립적인 이익들은 정당에 의해 대표되는 것이다. 정당은 정치적 행위자들이 공적결정을 통해 자신의 이익을 관철시키기 위해 각축하는 공간이자, 민주주의의 헤게모니적 지배가 이루어지는 장으로서 역할을 한다.

Ⅱ. 정당과 민주주의 2013 입법

1. 정당을 바라보는 관점

1) 반정당주의론 : 워싱턴, 영국 토리당의 H. Bolingbroke

정당은 이성과 공정성이 아닌 감정과 사적 이익에서 출발하여 결성된 것이기 때문에, 정당에 의한 통치는 파벌에 의한 통치로 귀결된다. 즉, 정당은 입헌 통치의 기반을 잠식한다. 예컨대, 워싱턴은 연방주의와 자유주의의 분열을 지적하면서, 정당은 군주제에서는 정당성을 가질 수 있으나, 인민정부에서는 어떤 기능도 갖지 못하며 신생국가에 가장 위협적인 존재라고 주장하였다.

정당을 입헌정부의 위협으로 보는 관점은 국민통합을 강조하지만, 실제로는 민주주의에 대한 반대 논리로 작용하게 된다. 이러한 관점은 정당을 '전체 가운데 부분'이 아니라 '전체에 반항하는 부분'으로 간주하기 때문에 '충성스러운 반대(loyal opposition)'를 인정하지 않는 것이다.

2) 정당불가피론 : D. Hume, Alexis de Tocqueville

자유정부에 정당은 불가피하지만, 부정적인 측면이 강하다고 보는 관점이다.

흄은 자유정부에서 두 가지 성격의 정당이 출현한다고 분석한다. 특정 지도자를 지지하는 개인적 친근감이나 반대하는 개인적 적대감에 기초한 정당(현대 분류기준에 따르면 간부정당)과, 특정 이익이나 원칙에 의해 모인 정당(이념 정당)이 그것이다. 후자가 개인적 정당보다 투쟁적이라 보았으며, 이러한 정당의 출현은 자유정부에 유해한 정당간 투쟁으로 나타나고, 그러한 경향이 영구화된다는 것이다.

토크빌은 정당을 자유정부의 필요악이라 보았다. 그는 당원 스스로 원칙을 중시하며 권력획득을 이차적인 것으로 설정하는 대정당과, 당원이 고상한 목적에 대해 아무런 환상도 갖지 않으며 이기적으로 획득물만을 얻으려는 소정당으로 구분한다. 대정당은 사회를 혼란스럽게 하고, 소정당은 사회를 선동한다. 대정당은 사회를 분열시키고, 소정당은 사회를 타락시킨다. 그런데, 다수지배는 다수전제로 빠질 위험이 있으나, 정당은 잠재적으로 이러한 다수지배를 막는 하나의 메커니즘으로 보았다. 즉, 정당은 국가가 자유정부를 위해 치러야 하는 대가의 한 구성부분이라는 것이다.

3) 정당필수론 : E. Burke

버크는 국민의 대표에 의한 정당의 지배를 군주의 개인적 지배로 대체하려는 왕과 그 측근들의 시도를 비판하면서 정당의 존재를 인정할 것을 제안했다. 정당은 도당(cabal)이나 파벌(faction)과 달리 모두가 동의하는 특수한 원칙을 가지고 그들의 공동노력으로 국가이익을 증진시키기 위해 결합한 사람들의 집단이라고 보았다.

이 관점은 정당의 적극적 기능을 인정하는 관점은 정당이 다수지배가 야기할 수 있는 문제를 해결하는 데 필수적이라 본다.

2. 대의제 민주주의와 정당

대의제 민주주의는 경쟁적 정치구조를 요구한다. 따라서 대의제 민주주의가 작동하기 위해서는 정당정치가 제도화되어야 한다. 이런 맥락에서 E. E. Schattschneider는 강한 민주주의에는 강한 정당이 필수적이라고 주장한다. ① 정당은 사회 갈등과 균열을 선거경쟁을 통해 정치체제에 투입함으로써 정치체계 전반의 안정성을 가져오며, ② 선거에서 시민의 지지를 통해 권력을 담당하게 되어 정치체제의 정당화에 기여하기 때문이다.

정당체계에 관한 체계적 분류와 이론을 제시한 G. Sartori의 입론에 따를 경우 구조적으로 안정된 정당체계를 갖추기 위해서는 대중정당으로 발전되어야 한다. 즉, '정당은 정당지도자에 대한 정당조직의 우위를 확고하게 확립해야 하고, 전국에 걸친 조직체계를 갖추어야 하고, 이념적 · 정책적으로 추상화된 정체성을 갖추고 이를 토대로 대중적 지지기반을 구축'해야 하는데, 이는 대중정당에서 가능하기 때문이다. 대중정당은 정당정치에 있어서 안정성과 책임성을 높여 줄 수 있다. 이런 맥락에서 E. E. Schattschneider, S. Mainwaring 등은 '(대중정당을 통한) 안정된 정당체계의 확립이 현대 민주정치 발전의 핵심적 요소임은 재론의 여지가 없다.'고 주장하였다.

그러나 현대 사회에서 제도화된 정치과정이 정당에 의해 독점되고 있고, 입법권 뿐 아니라, 집행권 또한 정당에 의해 주도되고 있다. 의원내각제의 경우 다수당의 당수가 수상이 되고, 대통령제의 경우 집권당의 당수가 대통령이 된다(이를 G. Leibholz는 정당국가라 불렀다). 만약 정당국가에서 정당 스스로가 민주화되지 않을 때는 정당이 자유의 파괴자가 되는 위험성이 있음을 인식할 필요가 있다.

Ⅲ. 정당의 종류

[1] M. Weber는 정당이 추구하는 목적에 따라 관직추구 정당과 세계관 정당으로, 조직의 특성에 따라 인물정당과 근대정책정당으로 분류하였으며, M. Duverge는 발생양태에 따라 원내정당(19세기)과 원외정당(20세기)으로, 당원구성에 따라 간부정당(cadre)과 대중정당(mass)으로, 정당가입과 관련하여 직접정당과 간접정당(노조를 통한 가입)으로 분류한 바 있다.

[2] 산업사회의 대표적인 정당으로는 엘리트정당(간부정당)과 대중정당을 들 수 있다.
① 엘리트정당은 보통선거권 도입 이전의 제한된 정치참여 시기의 대표적 정당형태이다. 정당은 일시적인 선거위원회로서 폐쇄적인 코커스의 느슨한 연합체로서의 특징을 갖는다.
② 대중정당은 당비를 내는 당원들로 구성되어 있고 계급 혹은 사회집단 내의 대중들을 하나의 공동체로 통합시키고 일정한 이데올로기를 지향하는 것을 주요한 기능으로 한다. 따라서 계서적

이며, 강한 당내 기율과 하부조직을 갖추고 있으며, 이념적 조직화와 정치엘리트의 양성을 그 특징으로 한다.

[3] P. E. Converse & R. Pierce는 정당을 책임정당과 실용정당으로 구분하였다.

책임정당은 컨버스와 피어스는 영국의 실제 역사에서 경험적으로 탄생한 정당 모형이라 보았으며, Burke가 옹호한 신탁대표를 증진시키기 위한 기구로서의 정당을 지칭한다. 정당이 집합적으로 국가와 국민을 위해 옳다고 생각하는 정책을 수행하고 그것에 대한 평가를 선거에서 국민에게 맡기는 형태다.

현대사회는 복잡하고 어려운 문제가 산적해 개인이 이를 모두 이해하고 정치에 참여하는 것이 불가능하다. 따라서 중요한 정책결정은 주로 소수의 관리와 조직화된 소수 이익집단에 의해 내려지게 된다. 그러나 일반시민의 참여가 없는 정책결정은 시민의 이익을 진정으로 대표한다고 보기 어렵다. 정치로부터 소외돼 있는 시민과 복잡한 정부제도 사이의 격차를 정당이 연결해 주어야 한다는 주장이 대두된 것이다. 책임정당 주창자들은 민주주의의 핵심을 정부에 대한 인민의 통제라고 인식한다. 따라서 민주주의의 진수는 대안의 책임정당에 대해 인민이 선택하고 통제를 행사하는 것이라고 믿는다(조기숙 2004, 255). 참고로 책임정당제는 입법부와 행정부가 분리돼 있어서는 일관된 정책을 추진하는 것이 불가능하기 때문에, 의원내각제를 이상으로 한다.

실용정당은 대표에 대한 대리자 모형을 따르는 정당유형이며, 이념정당과 대비되는 정당형태라 할 수 있다. 실용정당은 선거과정에서 특정 유권자가 원하는 정책적 쟁점을 제시하기보다는 모든 유권자를 만족시킬 수 있는 온건한 정책을 제시한다. 정당은 정책과 공약을 통한 정당 간 경쟁과 책임성의 확보보다는 개별후보자와 유권자간의 연계에 초점을 맞추기 때문에 선거에서 유권자들은 의원 개인을 보고 투표하게 될 가능성이 크다. 또한 현 정책에 불만을 가진 유권자들이 정책을 보고 투표하는 것도 용이하지 않다.

[4] V. O. Key는 정당의 기능을 세 가지 수준으로 나누어 설명하고 있다. ① **조직으로서의 정당(Parties as Organization)**은 정당활동가와 당원들로 구성된다. 조직수준의 정당은 정당지도자를 발굴, 교육, 훈련하는 기능과 지지자들의 이익의 표출과 집약(articulation & aggregation) 기능 및 능력과 관련된다. ② **정부 속의 정당(Parties in Government)**은 정당소속 선출직 공직자들로 구성된다. 공직수준의 정당은 정당과 정부와의 관계, 행정부에 대한 비판을 통해 견제를 하고 대안정부를 구성할 수 있는 능력과 관련된다. ③ **유권자 속의 정당(Parties in the Electorate)**은 정당지지자와 정당투표자로 구성된다. 유권자 수준의 정당은 유권자로부터 표를 얻기 위해 이들의 지지를 이끌어 내는 능력과 관련된다. 정당일체감과 충성심을 높이고 선거에서의 유권자의 참여와 지지를 이끌어 내기 위해 정책과 이념을 제시할 수 있어야 한다(정진민 2011, 150 ; 채진원 2010, 13).

민주주의에서 정당이 갖는 시민사회와 국가를 매개하는 전동벨트로서의 기능을 생각하면, 시민사회에서 지지를 획득하기 위해 유권자와 연대를 형성하고, 선거공간에서 시민사회의 이익을 집약·표출하고, 원내에 진출하여 집권당으로서 혹은 반대당으로서 국가운영에 개입하는 정당의 기능과 역할이 각각 '유권자 속의 정당', '조직으로서의 정당', 그리고 '정부 속의 정당'이라 할 수 있다.

[5] P. Mair는 폐쇄적 정당체계와 개방적 정당체계로 구분하였다(곽진영 2004).

정당은 정권장악을 통해 자신의 목표를 달성하려는 정치집단이다. 따라서 선거경쟁에서 정당의 수는 정당 간 경쟁을 좌우하는 중요한 변수가 될 수밖에 없다. 이 때문에 기존의 정당체계에 대한 연구는 정당의 수를 중심으로 이루어졌다. 그러나 메어는 정부 구성이라는 측면에서 정권교체 유형, 대안의 개혁성과 친숙성, 그리고 정부에 접근할 수 있는 개방성을 중심으로 폐쇄적 정당체계와 개방적 정당체계로 구분하였다.

폐쇄적 정당체계는 정권교체가 이루어지지 못하거나 정권교체가 전면적인 형태로 이루어지는 정당체계를 말한다. 두 경우 모두 정부 구성에 참여하는 정당은 제한되어 있고, 그만큼 정당의 친숙성과 예측성이 높다. 영국, 스위스 1992년 이전의 일본의 정당이 이에 속한다.

개방적 정당체계는 이와는 달리 부분적 정권교체가 이루어지거나 전면적·부분적 정권교체가 섞여서 나타난다. 대부분의 정당이 정부 구성에 접근할 수 있으며, 그만큼 개혁적인 대안이 등장하고 정책에 대한 예측가능성은 낮다. 네덜란드, 신생민주주의 국가의 정당체계가 이에 속한다.

그는 안정된 서구 국가의 정당체계와 불안정한 비서구 국가의 정당체계라는 이분법을 지양하였다. 또한 정당체계를 고정된 것으로 보지는 않았다. 예컨대, 미국의 정당제는 개방적 정당체계에 해당하지만, 양당제에 속하며 안정성이 높아 이에 대한 반발과 저항이 존재하고 있어 폐쇄적 정당제로 변화할 수 있는 잠재적 가능성을 가지고 있다. 반면, 자유화 이후 동유럽 국가의 정당제는 개방적 정당제에서 폐쇄적 정당제로 변화하는 과정을 보이고 있다.

참고 정당의 재편성(realignment), 해체(dealignment)

정당재편성은 매28년에서 36년마다 유권자와 정당의 선거연합을 결정하는 주요한 쟁점이 변하는 것을 설명하기 위해 제시된 개념이다(조기숙 2004, 261). 정당재편성은 소수정당이 대정당의 지지자들을 흡수하려고 시도하는 것이 일반적인데, 점진적 변화와 급격한 변화라는 두 가지 패턴을 보인다.

전쟁이나 공황 등 위기가 발생하지 않은 상황에서 정치변동은 점진적으로 일어나며 정당제도 점진적 재편성(secular realignment) 형태를 보인다. 후기산업사회로 진입한 이후 유럽은 자본-노동이라는 계급 중심의 정당제가 탈근대사회 이슈를 중심으로 재편되는 현상이 이에 속한다.

많은 경우, 정당의 재편성은 한 번의 선거를 중심으로 급격하게 나타났다. V.O.Key는 유권자와 정당 간의 선거연합 혹은 유권자의 정당에 대한 충성도를 급격하게 변화시키는 선거를 중대선거(critical election)라 불렀는데, 이와 함께 나타나는 정당의 재편성은 급격한 변화로 나타난다.

정당의 지지 패턴이 일관성이 없이 파편화되어 나타나기도 하는데 이를 정당의 해체, 혹은 탈편성(dealignment)이라 한다.

제 2 절 정당에 관한 연구

Ⅰ. 전통적 논의

1. R. Michels의 과두제의 철칙

미헬스는 독일 사회민주당에 대한 경험적 연구를 통해 정당이 과두제적 성격을 띠게 된다고 주장하였고, 이러한 그의 주장은 정당내부에 대한 관심을 부각시켰다.

과두제의 철칙은 정당의 권력관계에 있어서 민주사회주의의 필연적인 실패를 지적하는 것이었고, 보다 확장되어 민주주의는 신화에 불과하다는 것을 의미한다.

2. M. Duverger의 비교론적 연구

듀베르제는 정당에 대한 다양한 비교연구를 통해 정당에 관한 연구의 폭을 넓혔다. 그는 정당조직의 정점과 저변을 중심으로 개인단위형의 간부정당과 집단단위형의 대중정당을 유형화하였으며, 정당의 수를 중심으로 일당제와 양당제, 다당제로 분류하였다. 정당의 수는 정당단위간 표출의 강약 · 연계성 · 권력배분에 영향을 미치게 되어, 양당제는 단독집권이 가능한 체제로서 안정적 집권이 가능한 반면, 다당제는 정당분립을 특징으로 하며 정치체제의 불안정성을 야기할 수 있다고 보았다.

Ⅱ. G. Sartori의 정당체계론 2004 행정

1. 정당체계 분류 기준

Sartori는 Michels 등의 정당사회학이나, Duverger의 법제도적 비교연구가 엄밀한 과학적 연구가 아니었음을 비판한다. 그는 듀베르제의 정당의 수를 기준으로 하는 정당제의 분류가 각국에서 보여 지는 특유한 정당제를 파악할 수 없다고 보고, 구조기능주의에 입각하여 행태론적 실증연구를 통해 체계적 이론을 정립하고자 하였다.

Sartori는 정당체계 분류의 기준으로 ① 정당의 수, ② 각 정당의 상대적 규모, ③ 각 정당 간의 이데올로기의 거리, ④ 정당이 표명하는 이데올로기의 감정이입도, ⑤ 운동의 방향, ⑥ 정당이나 하위 그룹의 자율도, ⑦ 정권교대축의 수와 위치 등 7 가지를 제시하였다.

2. 정당체계 유형

1) 비경쟁적 정당체제

비경쟁적 정당제에는 일당제(one party)와 패권정당제(hegemony party)가 있다.

일당제는 하나의 정당만이 법적으로 허용되는 경우이다. 전체주의적 일당제, 권위주의적 일당제, 실용주의적 일당제 등이 있다.

패권정당제(hegemony party)는 일당 이외의 정당이 인정되지만, 지배정당에 의해 인가된 위성정당의 지위를 넘을 수 없는 경우이며, 정권교체는 실제 일어나지 않는다. 이데올로기 패권정당제와 실용주의 지향 패권정당제로 구분된다. 멕시코 제도혁명당, 한국의 유신, 인민민주주의 국가 등이 이에 해당한다.

2) 경쟁적 체계

가. 일당우위정당(predominant party)

복수 정당 사이에 경합이 벌어지지만 하나의 정당이 장기간에 걸쳐 압도적인 힘을 갖고 있는 정당제이다. 과거 일본 자민당, 인도 국민회의 등을 예로 든다.

나. 양당제(two party)

영국이나 미국의 정당체계에서와 같이 두 개의 정권교대축이 존재하며, 이들 양대정당이 서로 경합하고 있으며, 그 중 어느 한편이 단독으로 정권을 담당하는 정당제이다. 제3당이 존재하지만, 당세가 매우 허약하여 정권을 장악할 수 없도록 되어 있는 것이 특징이다.

다. 제한(온건) 다당제(limited pluralism)

스웨덴, 베네룩스3국에서와 같이 정당의 수가 3-5의 정당제로서 연립정권이 일반적이다. 강대한 반체제정당이 없으며 모든 정당이 정권지향적이다. 정당간 이데올로기적 거리가 크지 않으며 연립형성축이 양극화되어 있고 정당간 경합의 방향이 구심적이다.

라. 분극다당제(exreme pluralism)

정당의 수가 6-8개로 되어 있는 정당제이다. 정당 간 이데올로기 거리가 크며 강력한 반체제 정당이 존재한다. 정당의 파편화가 심하며 배타적인 두 개의 야당세력이 존재하여 정권교체축이 3극 이상이 있다. 이데올로기의 분극화가 심하며 각 당의 운동 방향이 원심적이다. 정권교체가 빈발하며, 공정한 경쟁보다는 과잉공약의 정치에로 떨어질 위험이 있다. 이탈리아, 프랑스 5공화국이 이에 해당한다.

마. 원자정당제(atomized party)

유달리 뛰어난 정당이 없는 상태에서 많은 군소정당이 난립하고 있는 정당제이다. 그러나 전쟁직후와 같은 극도로 혼란된 시기를 제외하고는 별로 존재하지 않는다. Sartori는 말레이시아를 예로 들었다.

3. 정당체계와 민주주의 : 양당제와 다당제를 중심으로 2017 입법

1) 양당제와 정치체제

양당제는 두 개의 주요 정당이 유권자에게 경쟁적인 프로그램과 대안적인 정책이라는 선택지를 제공해 준다. 그리고 집권당은 단독으로 집권함으로써 자신의 정책을 일관되게 추진할 수 있기 때문에 강하고 책임 있는 정부를 가능케 한다.

또한, 중위투표자 정리가 보여주는 것처럼 양당제는 극단적인 정책을 지양하고 다수 유권자의 선호에 보다 민감하도록 만듦으로써 사회적 안정에 기여할 수 있다. 이러한 경향은 1960년대에 두드러졌고, 이데올로기 종언이나 수정자본주의와 같은 주장들에 힘을 실어 주었다.

그러나 1970년대 이후 양당제는 오히려 반대 정치, 즉 이데올로기적 양극화와 갈등의 심화를 보여 주었다. 대처리즘·레이거노믹스 및 이에 대한 급진적인 좌파운동 간의 대립이 그것이다. 이는 여론에 민감할 수밖에 없는 양당제의 특성과 관련된다. 이러한 성격은 공공지출의 지속적 팽창과 이로 인한 인플레이션을 야기하도록 만든다. 이러한 경향이 강화되는 경우 무책임한 정당정치를 낳게 된다.

이런 맥락에서 양당제는 개인주의와 사회의 다원화가 심화되는 현 시대에 적실성이 떨어진다는 주장이 힘을 얻고 있는 것이다.

2) 다당제

다당제는 하나의 정당이 권력을 장악하기 어렵기 때문에 연정을 형성해야 한다. 그러나 연정 형성은 선거 후에 협상과 거래를 수반하기 때문에 프랑스 3·4공화국이나 이탈리아에서처럼 불안정성이 문제된다.

또한, 연정의 형성은 정권의 이념과 정책의 지향에 있어서 정체성의 상실로 이어질 수밖에 없다. 권력창출을 위해서는 협상이 불가피하기 때문에 정당들은 선거에서 제시한 공약과 원칙을 포기할 수밖에 없는 것이다. 나아가, 군소정당의 casting vote 역할이 강화되는 경우 소수 정당에 의해 정책이 좌우되는 경우(the tail wags the dog)가 발생한다.

반면에, 연정은 강한 정부를 산출하지는 않지만, 시민의 의지에 보다 더 잘 반응하도록 함으로써 (역설적으로) 강한 정부를 가능케 한다. 즉, 대정당이 단독으로 정책을 추진할 수 없기 때문에 타협적인 자세와 중용을 유지할 수밖에 없기 때문에 그 과정에서 다양한 선호를 반영할 수 있게 된다. 또한 폭넓은 정책적 스펙트럼은 사회적 안정에 기여할 수 있다.

4. 한국의 정당체계

Sartori가 분석에 사용한 구조기능주의(체제론)은 안정된 정치체제에 적실성이 높은 이론이다. 따라서 급격한 체제변화를 보여 왔으며 낮은 제도화 수준과 높은 유동성을 보이고 있는 한국의 정당정치에 적용하는 데는 한계가 있다.

나만, 국회의원신거 결과를 중심으로 유형회하자면,[6] 1987년에서 2000년까지는 지역주의에 기반한 다당제의 양상을 보여 왔다. 강력한 반체제 정당이 존재하지 않고, 정당이 정권지향적이며, 정당간 이데올로기적 거리가 크지 않다는 점에서 제한다당제라 규정지을 수 있다.

2000년 이후에는 지역주의가 **상대적으로** 약화되고, (민정당에서 한나라당, 새누리당으로 이어지는) 보수당과 (평민당에서 민주당으로 이어지는) 중도적인 정당(혹은 중도좌파 정당)을 정권교대축으로 하는 양당제의 모습을 보여 왔다. 보수당과 중도성향의 정당(혹은 중도좌파 정당) 내부의 분열과 이합집산이 반복되면서 제3당이 선거 때마다 등장하고 있지만, 독자적 정치세력으로

6) G.Sartori는 적실성 있는 정당은 지속성을 유지할 수 있을 정도의 득표수를 획득할 수 있어야 하며, 지지율이 낮더라도 연합정부를 구성하거나 집권당을 위협할 수 있는 능력을 지닌 정당을 말한다. 한국에서는 의정활동 및 국정운영에 실질적인 영향력을 미치려면 원내교섭단체를 구성할 수 있어야 한다. 따라서 이하에서는 사르토리 분류기준 중에서 주요정당(정당의 상대적 규모)은 원내교섭단체를 구성한 정당으로 보려 한다.

발전되지는 못하고 있고, 민노당에서 발전해 온 진보정당은 캐스팅 보트 역할을 수행하기에는 미약한 상태에 있기 때문이다. 주요 정당의 수와 정권교대축을 중심으로 볼 때, 양당제 혹은 2.5 정당제라 규정할 수 있다.[7)]

2016년 총선결과는 다당제로 나타났다(15대 국회 이후 16년 만에 등장한 다당제였다). 주요 정당의 수가 3~4개이며, 반체제정당이 없으며, 정당 간 이데올로기적 거리가 큰 편이지만 정당 간 경쟁이 이념보다는 지지 획득이라는 실용적 이유가 크게 작용하고 있고, 정당 간 경합의 방향 또한 구심적이다. 따라서 온건다당제라 규정할 수 있다.

그런데 양당제에서 다당제로의 변화를 이끌었던 것은 사회균열구조나 선거제도 변화가 아니었다. 2016년 정당제를 결정하는 요인은 행위자의 선택이었다고 볼 수 있다.

> 2016년 선거를 소위 '분노의 선거'로 평가하기도 한다. 유권자의 지지이탈로 인한 선거연합의 붕괴가 정당제 변경의 결정적 요인으로 볼 수 있다는 것이다. 먼저, 후보자의 이념성향은 양극화되는 경향을 보이는 가운데 유권자의 이념성향은 진보화되는 모습을 보였다.[8)] 유권자의 이념성향 변화는 기성 정당과 유권자의 선거연합의 변화를 가져온다. 영남 지역에서 표의 이탈이 있었고, 집권당 내부에서 공천에 대한 반발로 일부 의원이 탈당하여 무소속으로 출마하여 당선되었고, 영남지역에서 더민주당이 당선자를 배출하였다. 공천에 대한 반발로 더민주당 소속 의원 등이 분당하여 결성한 국민의당이 호남지역과 비례의석 상당수를 확보하였다.
> 그러나 양당제에서 다당제로의 변화가 사회균열구조나 선거제도 변경에 따른 것이 아니었기 때문에, 2020년 총선에서 다시 양당제로 회귀할 가능성이 높아 보인다. 이는 유권자의 지지율이 더민주당과 새누리당으로 양분되는 것으로 확인된다.

2020년 21대 국회의원 선거 결과는 양당제로의 회귀였다.

	16대(2000)	17대(2004)	18대(2008)	19대(2012)	20대(2016)	21대(2020)
1당	한나라 (133=112+21)	우리당 (152=129+23)	한나라 (153=131+22)	새누리 (152=127+25)	더민주 (123+110+13)	더민주 (163+0)
2당	민주당 (115=96+19)	한나라 (121=100+21)	민주당 (81=66+15)	민주통합 (127=106+21)	새누리 (122=+105+17)	통합당 (84+0)
3당	자민연 (17=12+5)	민노당 (10=2+8)	자유선진 (18=14+4)	통합진보 (13=7+6)	국민의당 (38=25+13)	미래한국 (0+19)
4당	민주국민 (2=1+1)	민주당 (9=5+4)	친박연대 (14=6+8)	자유선진 (5=3+2)	정의당 (6=2+4)	더시민 (0+17)
5당	한국신당(1)	자민연(4=4+0)	민노(5=2+3)	–	–	정의당(1+5)
기타	무소속 5	무소속 3	28=26+2	무소속 3	무소속 11	국민/열린(각 3석), 무(5)
총	273=227+46	299=243+56	299=245+54	300=246+54	300=253+47	

* 의석표기 : 의석수 = 지역구의석 + 비례의석
** 음영 부분은 원내 교섭단체를 구성한 정당이다.

7) Sartori가 분류한 7가지 정당제에는 2.5정당제는 없지만, 일본의 일당우위적 정당제를 1.5정당제라고도 부른다는 점을 감안하면 2.5정당제라는 표현이 잘못된 것은 아니다.
8) 2016년 총선 이후, 2017년 대통령 선거까지의 변화를 보면, 문재인 후보의 정책은 보다 진보적으로, 안철수 후보는 보수화되었고, 홍준표 후보는 극우 쪽으로 이동했다고 볼 수 있다.

한국의 정당체계와 이념, 지역 균열 문제

[1] 한국정당제에서 이념 균열 부분은 논쟁적인 주제이기 때문에 답안작성에서 근거 없이 단정 짓는 것은 피해야 한다. 즉, 논리적 근거나 현실에 대한 판단에 기초해서 주장을 해야 한다. 논리적으로는

- 이념적 거리가 좁다는 견해는 냉전과 분단구조 하에 형성된 반공이데올로기가 이념적 협애성을 낳았고, 보수편향적인 정당제를 낳았다고 설명한다.
- 이념적 거리가 넓다는 견해는 국내외 한국의 이념지형에 대한 연구(설문조사)에 기반 하여 설명한다. 그리고 그 이유를 보수정당의 득표극대화 전략과 이념 동원 등을 통해 설명한다. 즉, 2000년 이후 보수적 정당은 보수행동주의를 표방하면서 이념을 동원하였고, 민주당 계열의 정당이 진보화되면서 이념적 거리가 커졌다고 설명한다.

한국의 정당체계에서 이념적 저리가 좁다고 설명하려면, 2000년대 이후의 변화된 이념지형을 어떻게 설명할 것인지, 진보당의 원내진출을 어떻게 설명할 것인지, 최근의 이념균열을 어떻게 설명할 것인지에 대한 답변이 있어야 한다. 또한 2017년 대통령 선거에서 이슈가 되었던 혹은 주요 후보자가 동원했던 이념은 어떻게 볼 것인지에 대해 답변이 있어야 한다. 한국의 보수정당은 이념에 기반한 정당이 아니고 실용정당에 불과하며, 이념동원은 득표극대화 전략에 불과하다는 식으로 설명하는 것도 하나의 방법이기는 하다.

[2] 한국의 정당제가 지역주의적 다당제인지 또한 논쟁적인 주제이다. 따라서 지역균열 혹은 지역주의적 다당제에 관한 내용 또한 논리적 근거가 뒷받침되어야 한다.

민주화 이후에 [영남, 호남, 충청]에서

- 충청도에 기반 한 정당은 소멸되고 2012년 총선까지는 상대적으로 보수적인 정당에 지지를 보냈고, 2016년 총선에서는 민주당을 지지하였다.
- 영남은 TK와 PK로 분열되는 경향을 보임. 그러나 PK에 기반 한 정당이 존재하는 것은 아니다.
- 2016년 총선에서 호남에서 더민주당에서 분당한 국민의당이 대두되었다. 그러나 호남에서 국민의당 후신이라 할 수 있는 민주평화당의 지지율이 낮아졌고, 더민주당의 지지율이 압도적으로 높게 나오고 있다.
- 그렇다면, 1998년 총선까지 나타났던 지역주의적 투표행태가 지속적으로 나타났고, 향후 지역에 기반 한 정당 간 경쟁체제가 지속될 것이라고 예측할 수 있는가?
- 또한 유효정당을 원내교섭단체를 구성한 정치세력으로 볼 때, 2000년부터 2016년 총선 결과는 양당제였다.

지역균열이 약화되고 이념균열이 강화되고 있다고 진단하는 경우에는 어떤 면이 고려되어야 할까? '진보 vs. 보수'라는 이분법을 사용한다면 양당제로 귀결될 것이라 예측될 것이고, '진보 - 중도 - 보수'라는 삼분법을 사용한다면 다당제로 귀결될 것이라 예측할 수 있다. 다만, 현 선거제도에서는 삼분법을 사용한다 하더라도, 진보당에 속하는 정의당이 원내교섭단체를 구성할 수 있는가에 대해서 부정적으로 예측되기 때문에 양당제가 지속될 것이라고 진단된다.

Ⅲ. 정당의 변천과 후기산업사회 정당 2011 행정, 2017 행정

1. 후기 산업사회의 정당

간부정당에서 대중정당으로 전환은 보통선거권 확립이라는 제도변화와 산업사회라는 사회경제적 변화를 배경으로 이루어졌다. 대중정당에서 포괄정당으로의 전환은 후기산업사회로의 전환과 유권자 구성의 변화에 기인한다.

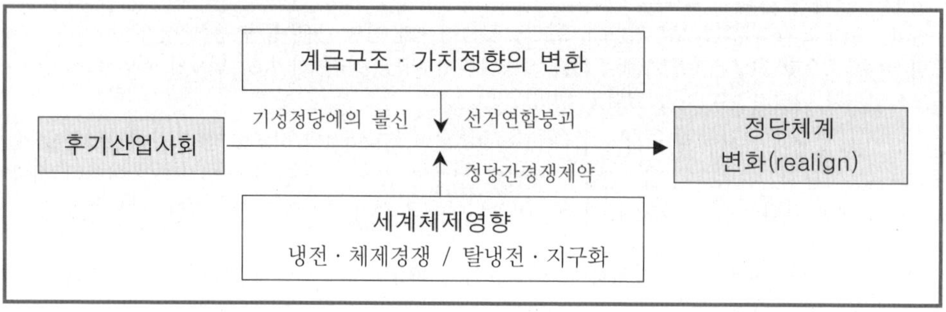

선진 산업사회가 후기 산업사회로 이행되면서 경험한 환경의 변화는 크게 ① 산업구조의 변화, ② 사회 내 계급구조의 변화, ③ 시민들의 가치정향의 변화를 들 수 있다. 여기에 사회 내에서의 변화 못지않게 기존 정당구조에 결정적인 영향을 미친 변수는 바로 ④ 탈냉전과 이에 따른 장벽 없는 무역 전쟁이라는 새로운 국제질서의 등장이다.

이러한 후기 산업사회라는 환경변화가 초래한 대표적인 현상은 계급 및 종교의 영향력 쇠퇴이다. 또한 새로운 가치 정향을 갖게 된 유권자의 지지를 충분히 얻지 못함에 따라 기존 정당이 쇠퇴하고, 신생 정당이 출현하거나 기존의 군소 정당들이 약진하는 현상이 나타나기도 한다. 즉, 정당체제의 유동성이 증가하고 있다.

1) 포괄정당(catch-all party, 인중정당 ; Otto Kirchheimer)

가. 포괄정당의 개념과 등장 배경

포괄정당이란 선거의 승리를 최대의 목표로 하는 정당으로 탈급진화와 복지국가 이념을 표방하는 사회민주주의 정당과, 혼합경제체제를 지향하는 자본주의 정당을 말한다. 포괄정당은 특정 계급이나 계층의 지지에 기반 한 정당이 아니라 유권자 전체의 지지 획득(catch-all)을 목표로 하는 정당이다.

산업사회 하에서의 경제성장은 신중간 계급을 확대시켰으며, 소비중심사회로 전환시켰다. 또한 선진 산업사회는 복지국가를 지향하면서 계급적 · 종교적 갈등과 균열을 약화시켰다. 이러한 사회경제적 변화는 대중정당을 이데올로기적으로 탈색시키고 계급 · 종교적 갈등을 뛰어 넘는 규모가 큰 포괄정당의 등장을 가능케 하였다.

나. 포괄정당의 특징

포괄정당으로의 전환은 다음과 같은 특징을 보인다. ① 정당-유권자간의 유대의 약화로 인해 정당의 안정적 지지 기반이 상실됨으로써 정치적 유동성이 증가하게 된다. ② 포괄정당은 특정

계급 · 집단을 초월한 광범위한 유권자를 지지 동원의 대상으로 한다는 점에서 평당원의 역할을 감소시키고 정당 지도자의 권한을 강화시킨다. ③ 이 과정에서 포괄정당의 선거에서의 승리는 타 정당들의 포괄정당화를 촉진함으로써 정당체계를 단순화시킨다.

또한, ④ 정당의 기능 측면에서 특정 계급 · 사회집단의 이익 표출과 통합 대신에 선거에서의 승리 · 집권을 위한 엘리트 충원과 정치권력의 정당화에 초점이 맞추어진다. ⑤ 탈이데올로기화는 정치적 쟁점을 이데올로기에 기초한 대립쟁점(position issue)에서 문제해결을 중시하는 합의쟁점(valence issue)로 전환시키게 된다.

2) 선거전문가 정당(electoral-professional party ; Angelo Panebianco)

가. 선거전문가 정당의 개념과 등장 배경

선거전문가 정당은 방대한 조직과 당원을 거느리는 대중정당과 달리 여론조사, 선거전략, 변호사, 회계사 등 선거 운동과 관련된 전문가들이 주도하는 정당을 말한다. A. Panebianco는 간부정당의 폐쇄적 위원회(caucus)에서 시작된 서구 정당조직이 대중정당으로의 변화를 통해 대중들에게 개방되었다가 정당 내부의 관료화로 인해 단련된 당관료가 중심이 되는 '관료적 대중정당'으로 변질되고, 다시 '포괄정당화' 경향을 통해 직업전문가(professional), 선거전문가, 정책전문가 등 당 지도부 등 엘리트들이 주도하는 '선거전문가정당'으로 변화하는 경향을 이론화하였다(채진원 2010).

대중매체의 발달은 선거에 있어서 유권자의 지지를 동원하는 데 매체 의존성을 높이게 되며 정당의 중앙집중화 및 사인화를 촉진하고 있다. 또한 정당의 실용적 성격으로의 변화는 입법활동에 있어서도 정당들 간의 타협에 기초한 공동입법이 증가되고 있으며, 이념적 정당의 퇴조를 보이고 있다. 마지막으로 신사회 운동이 대중매체를 활용하여 기존 이익집단들과 경쟁을 하면서 시민사회를 구성하는 다양한 집단들의 역할이 강화되면서 정당의 이익대표 기능은 더욱 복잡해짐과 동시에 기존의 정당기능들(이익표출과 집약)이 약화되고 있다.

이와 같은 후기 산업사회 정당의 가장 큰 특징(변화)은 정당에서의 분야별 전문가의 역할이 중요해 졌다는 점이다.

나. 선거전문가 정당의 특징

① 정당 조직의 운영은 당관료가 아닌 각 분야의 전문가들이 핵심적 역할을 담당한다. 즉, 집단적 지도부보다는 개별 지도자들의 대중적 지지도가 중요하게 여겨진다.

② 수직적 연계 구조를 갖는 당원 중심에서 견해를 같이 하는 모든 유권자에게 지지를 호소하고 약한 연계 구조를 갖는 유권자중심의 정당이다.

③ 정치자금은 당비보다는 국고보조와 이익단체들의 기부금에 의존한다. 이에 따라 이익집단 대표자들의 영향력이 커진다.

3) 카르텔 정당(cartel party ; R. S. Katz & P. Mair)

가. 카르텔 정당의 개념과 배경

카르텔정당은 선거 경쟁 혹은 정책이나 프로그램을 주도하기 위한 경쟁보다 정당의 공존에 관심을 갖는 정당을 말한다. 카르텔 정당은 국가와 시민사회를 매개하지 않고, 정당이 국가와 결탁하여 자신의 생존이라는 목적을 달성하려 한다. 카르텔이라는 명칭은 정당과 국가의 상호침투와 정당의 준국가기관과, 그리고 신생정당의 등장을 막기 위한 기성 정당간의 담합에서 비롯되었다.

후기 산업사회로 이행되면서 유권자들은 그들의 구체적 관심사와 직접 관련되는 집단에 참여하는 것을 더욱 선호하는 경향을 보이면서 단일쟁점 집단들이 늘어났으며, 이들 집단을 통한 정치과정에의 참여 또한 늘어나고 있는 추세에 있다. 동시에 시민들의 정치참여 통로로서 정당의 비중이 줄어들고 있다(정당과 시민사회의 거리 확대). 다른 한편 정당의 안정적 지지기반의 상실은 정치적 유동성을 증가시킴에 따라 정당간 경쟁을 치열하게 함과 동시에 선거운동을 자본집약적으로 변화시켰다.

이상과 같은 변화는 ① 시민들의 정당에 대한 관심 및 참여 감소, ② 정당의 국가의존도 증가(국고보조금 확대) 등 정당과 국가와의 유착관계 강화와 같은 특징을 보이고 있다.

나. 카르텔 정당의 특징

카르텔 정당은 정당과 국가와의 상호침투성 및 정당간의 담합을 특징으로 한다. 즉, 정당이 국가와 시민사회를 연결해 주는 교량으로서의 역할을 하기보다는 국가의 한 부분이 되어 그 자원을 십분 활용함으로써 신생정당들의 참여를 배제하고 그들의 기득권을 유지하려는 경향을 말한다. 또한 정당간의 경쟁에 있어서도 정치적 목표의 추구보다는 정당의 생존에 치중하게 된다. 카르텔 정당의 특징은 다음과 같다.

① 카르텔 정당의 선거방식은 포괄정당이나 선거전문가 정당에서와 같이 자본집약적이고 중앙집중적이며 전문화된 선거운동이 한층 발전된 형태로 나타난다.

② 선거운동에 소요되는 자원은 국가의 지원에 의존하며, 정당에 대한 국고 보조는 신생정당이 정치시장에 진입하는 데 일종의 진입장벽으로 작용한다. 또한 선거운동에서의 대중매체 이용에 있어서도 이들 매체가 국가의 통제 하에 있기 때문에 기존의 주요정당들이 보다 유리하게 된다.

③ 폭넓은 유권자의 지지를 추구하게 되어 정당원과 비당원의 구별은 더욱 모호해지며, 당원들은 개별화 · 원자화되는 경향이 있다. 이로 인해 정당지도부의 자율성은 더욱 강화된다.

카르텔 정당에 대해 다음과 같은 비판이 있다.
Klaus von Beyme는 전후 서유럽의 정당이 헌법상 기구로 인정되면서 전문정치인으로서의 기득권 유지에 집착하는 정치계급의 출현을 확인할 수 있음에도 불구하고 기성정당들 간에는 정책결정에서의 경쟁관계를 보인다고 비판한다.
Koole는 국가와 정당간의 관계에 초점을 맞추고 있어 국가와 시민사회의 관계를 지나치게 정태적으로 보고 있다고 지적하고 있다. 즉, 바뀌고 있는 것은 정당이 아니라 시민사회와 국가의 관계라는 것이다. 나아가, 정당간의 협력체제가 이루어지는 것은 협의제 민주주의 국가에서는 이미 오랜 전통이며 정당이 국가자원을 활용하는 것은 협의제 국가와 후견제의 전통이 강한 국가에서 이미 나타났던 현상이며, 선거구 획정 시 나타나는 게리맨더링도 동일한 현상이라고 비판한다. 또한 서구의 지역당 및 민족주의 정당들의 신장에서 볼 때 정당카르텔이 존재한다고 하더라도, 효율적으로 작동하는 것도 아니며, 선거에서의 경쟁 또한 매우 치열해지고 있다.

4) 후기 산업사회 정당의 특징 및 문제점

포괄정당론은 선진산업사회에서 후기 산업사회로의 이행이 본격화되기 시작한 1960년대 후반부터 1970년대에 걸쳐 제기되었다. 선거전문가 정당의 경우 1980년대 들어오면서, 카르텔 정당론은 1990년대 들어와 거론되었다. 그러나 이들 유형이 정당형태를 순차적으로 대표하는 것은 아니며, 다양한 정당의 유형이 동시에 병존하고 있다.

가. 후기 산업사회 정당의 특징 : 정당체계 유동성, 정당의 폐쇄성, 당내 과두화

① 정당들 간의 이념적 격차는 더욱 줄어들며, ② 대립쟁점 보다는 합의 쟁점을 중시하며, ③ 정당의 이익대표기능은 약화되며, ④ 정당의 무게 중심이 정당의 지도자로 이동하면서 동시에 정당과 유권자의 유대관계는 약화된다(포괄정당).

또한 ⑤ 대중매체와 정보통신기술의 발전으로 인한 의사소통 구조의 변화와 유권자의 인지능력 향상, 개인화 현상은 정당에서의 당관료보다는 분야별 전문가의 중요성이 강조된다(선거전문가 정당). 그리고 ⑥ 점차 국가의 자원에 대한 의존도(국고 보조금)가 높아지며, 대중매체 이용에 있어서 군소정당이나 신생정당들을 가능한 배제하려는 성향을 보이고 있다(카르텔 정당).

나. 정당의 쇠퇴와 문제점

첫째, 정당체계의 높은 유동성과 분절화는 하부정치문화 구조를 와해시켜 정치적 경쟁의 불안정성과 불확실성을 높인다. 그만큼 정치체제의 불안정성도 높아지게 된다. 평당원 감소와 강력한 조직의 결여 등으로 안정적인 지지기반을 약한 정당은 지지를 동원하고 유지시킬 수 있는 수단을 사실상 가지고 있지 못하다. 대중매체에 대한 의존도가 높아짐에 따라 정당이 유권자들에게 원하는 쟁점과 이미지의 설정에 대한 통제력도 잃고 있다.

둘째, 정당 내부 구조의 과두화는 정당 내외에서 강한 비판을 유발한다. 이에 따라 정당의 개방성을 요구하는 목소리가 높아진다. 이러한 상황에서 과거 정당의 주요기능(이익 표명, 집약 기능 등)은 이익집단이나 시민단체로 이전되고 있다. 특히, 노조나 기업가 단체와 같은 주요 조직의 경우 국가와 긴밀한 연계를 형성하고 있으며, 단일쟁점에 있어서는 규모가 작은 새로운 대안집단적 조직의 역할이 더욱 중요해지고 있다.[9]

셋째, 정당과 시민사회의 단절(정당체계의 폐쇄성), 카르텔 정당의 등장은 정당 간의 정책적 차별성이 줄이고, 국가와 시민사회의 매개자로서의 정당 기능을 약화시킨다. 특히 카르텔 정당은 피치자가 치자를 통제하기보다는 치자가 피치자를 통제하는 수단으로 작동함으로써 민주주의 발전에 역행하는 결과를 가져올 수 있다.

정당쇠퇴는 정당의 이익집약과 표출 기능은 약화를 의미한다. 후기 산업사회화에 따른 이 같은 변화는 정당쇠퇴/탈정당화와 결사체에 의한 대의대행 현상으로 이어지고 있다. 이익대표 구조의 분열을 수반하는 이러한 변화는 정치체제의 대표성과 정당성 약화, 그리고 정치적 불안정성으로 이어질 수 있다.[10]

9) Koole는 정당체계의 카르텔화는 정치에서의 경쟁성을 감소시킬 뿐 아니라, 유권자의 불신 심화로 이어져 유권자들의 반정치 성향을 증폭시키고 대안집단의 성장을 촉진시킴으로써 결국 정당역할 감소를 가속화시킬 수도 있음을 지적하고 있다.

2. 정당의 변천

R. Katz & P. Mair는 서구의 경험을 토대로 정당의 역사적 변천을 간부정당(Cadre Party), 대중정당(Mass Party), 포괄정당(Catch-all Party), 그리고 카르텔정당(Cartel Party)의 네 가지의 모델로 설명한다(곽진영 2008).

① 간부정당은 19세기 후반 보통선거권이 인정되기 이전에 존재했던 정당으로 원내 소수 명망가 중심의 정당이다. 선거구 내의 자본가와 명망가를 조직하고 원내 의원과 연계하여 의회 내에서 이익을 추구한 사적 연결망 혹은 선거연합이라 할 수 있다. 사적 대표성을 갖는 정당으로 보수적 성향을 보인다.

② 대중정당은 20세기 초반 보통선거권이 인정된 이후 투표자 수가 확대되는 과정에서 등장한 정당이다. 대중정당은 산업화 과정에서 새로운 사회집단인 산업노동자의 등장으로 새로운 사회균열이 등장하고, 새로운 정치에 대한 요구가 커지면서 정당이 이념적 정체성을 확립하고 유권자 대중을 당원으로 조직화하면서 형성되었다. 대중정당은 원외정당이라 불리는 의회 외부의 조직에 기반하고 있었기 때문에 강한 응집성과 규율을 가지고 있었다. 특히, 대중정당은 노동조합과 연계를 가지고 있었기 때문에 선거경쟁에서 간부정당보다 유리할 수밖에 없었다.

③ 포괄정당은 1950~1960년대 산업사회에서 후기산업사회로 전환되는 과정에서 등장하였다. 계급의 이해관계가 파편화·분절화되고 이념적 정체성이 약화되는 상황에서 정당은 포괄적 프로그램을 제시함으로써 유권자 전체의 지지를 확보하려는 경향을 보여주었다. 즉, 이념적 정체성을 기반으로 광범위한 유권자 대중의 지지를 동원하려했지만 특정 계급의 지지를 기반으로 한 대중정당과 달리, 포괄정당은 유권자 전체의 지지를 동원하려는 정당을 말한다.

포괄정당으로 전환과 함께 유권자에게 선거는 정책이나 프로그램을 선택하는 것이 아닌 지도자를 선택하는 것으로 변화되었다. 대표성의 측면에서 볼 때, 대중정당이 사회적 대표성을 강조하는 대리인(delegate)의 역할에 충실했다면, 포괄정당은 시민사회와 국가 사이의 경쟁적 브로커와 같은 중개인(entrepreneur)의 역할을 수행한다. 이러한 이유에서 포괄정당의 등장은 정당 쇠퇴를 동반한다. 정당에 대한 시민의 일체감이 약화되고 정당과의 연대감이 약화되는 등 정당이 수행해야 하는 사회 이익의 대표기능이 취약해졌기 때문이다.

④ 카르텔 정당은 1970년대 유럽에서 등장한 정당이다. 포괄정당으로의 전환은 유권자들의 정당 일체감 약화와 충성심의 소멸을 수반하였고, 정당의 생존을 위협한다. 이런 상황에서 정당은 국가로부터 생존에 필요한 환경을 제공받고 대신 정당은 국가의 정책을 수용하면서 정당과 국가 간의 상호 침투가 일어나게 된다. 정당은 부족한 재원을 국가보조금으로 충당하게 된다. 또한 선거 경쟁에서 중요한 수단이 되는 미디어에 대한 국가의 통제는 신생정당의 의회진출을 막고 기성 정당에게 유리한 여건을 형성해 준다. 정당과 국가의 이러한 상호침투를 R. Katz & P. Mair는 카르텔이라 표현한 것이다.

카르텔 정당은 원내 진입한 정당 간의 카르텔을 표현하는 개념이기도 하다. 포괄정당으로 전

10) 그러나 von Beyme 등은 선거유동성 증가, 신생 정당의 등장, 정당체계의 파편화, 대중주의적 극우정당의 출현 등 정당위기 현상이 존재하는 것은 사실이지만, 정당의 존립을 위협할 정도로 심각한 위기는 아니며 정당의 기능이 주변 환경 변화에 맞추어 빠르게 변화하고 있다고 한다.

환된 이후 정당은 유권자의 지지를 동원할 뿐 아니라, 국가와 강력한 연계를 형성할 수 있게 되었다. 대정당은 국가의 재정지원을 제도화함으로써 1970년대 이후 정당에 대한 국고보조금은 큰 폭으로 증가한 것은 이를 단적으로 보여주는 것이다. 이제 준국가기관으로 된 정당은 선거에서 패배하는 경우 정당이 존립할 수 있는 재정적 기반이 상실됨을 의미한다. 따라서 정당은 자신의 생존을 위해 다양한 제도적 장치들을 만드는 데 협조적 관계를 맺게 되는 것이다.

[표] 정당모델별 부각되는 정당기능 및 행위자 비교

	간부정당	대중정당	포괄정당	카르텔정당
등장시기	19세기	1880~1960	1945~	1970~
정치적포용성	제한적 선거권	참정권 인정	보편선거권	보편선거권
정치목표	특권의 배분	사회개혁(또는 반대)	사회 개선	직업으로서의 정치
정당경쟁기반	귀속적 지위	대표성의 확보능력	정책효율성	경영기술, 효율성
선거경쟁양상	경영	동원	경쟁	봉쇄
정당재원	개인적 접촉	당비와 기부금	다양한 출처의 기부금	국가 정당보조금
일반당원-엘리트관계	엘리트가 곧 일반당원	상향식 : 엘리트가 당원에게 책임	하향식 : 당원은 엘리트를 위해 조직된 응원단	겨층제 : 상호자율성
당원 성격	소규모-엘리트적	대규모-동질적 : 적극적으로 충원되며 정당칠체감이 강하고 권리와 의무가 강조됨	개방적-이질적 : 적극적으로 권유되며 의무보다는 권리가 강조되고 정당일체감은 부수적	권리/의무는 중요치 않으며, 당원/비당원의 구분이 모호. 개인으로서의 당원(조직일체감 약함)
커뮤니케이션 채 널	개인적 네트워크	정당내부의 자체적 커뮤니케이션 채널	정당외부의 커뮤니케이션 채널확보를 위해 경쟁	국가통제의 커뮤니케이션 채널에 대한 특권적 접근
대표성	위임자(trustee)	대리인(delegate)	중개인(entrepreneur)	국가대리인(agent of state)

* Peter Mair, Party Systen Change: Approaches and Interpretations ; 곽진영 2008, p.143 재인용

정당의 변천은 국가-정당-시민사회 관계 및 대표성의 의미의 변화를 수반하였다. 간부정당은 시민사회가 성숙되지 못한 상태에서 정당과 국가, 시민사회가 분리된 채 연계되는 관계를 갖는다. 대중정당은 시민사회의 선호를 충실히 반영하는 전동벨트와 같은 기능을 수행하며, 포괄정당은 정당이 시민사회를 대표하기보다는 국가의 정책을 시민에 연계하는 중개인이라 할 수 있다.

[그림] 시민사회-정당-국가관계의 변화 : 간부정당, 대중정당, 포괄정당

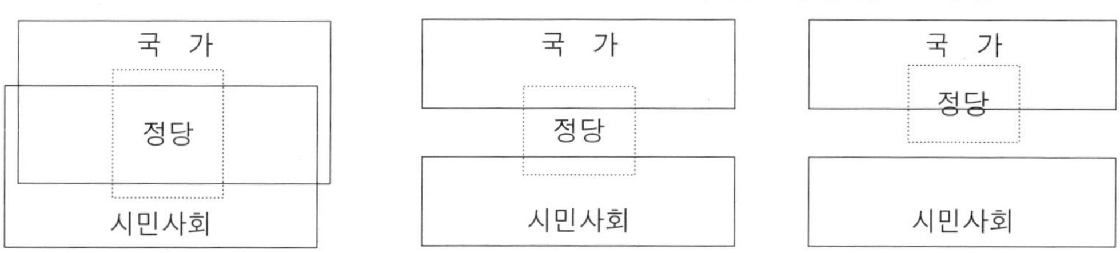

간부정당 대중정당 포괄정당

* Peter Mair, Party Systen Change: Approaches and Interpretations ; 곽진영 2008, p.142 재인용

정당기능은 위임자(trustee)로서의 정당이 대중정당으로 전환되면서 시민사회의 대리인(delegate)으로서의 정당으로, 포괄정당으로 전환되면서 중개인(entrepreneur)으로서의 정당으로, 카르텔정당으로 전환되면서 국가대리인(agent of state)으로서의 정당으로 변화해 왔다고 할 수 있다. Key가 제시한 세 가지 수준의 정당을 통해서 본다면 대중정당에서 포괄정당과 카르텔정당으로의 변화는 조직수준의 정당의 기능이 약화되고 공직자 수준의 정당의 기능이 강화되는 방향으로 변화되어 왔다고 할 수 있다. 그리고 이러한 변화는 정당쇠퇴(이익의 집약과 표출 기능의 약화)로 이어짐을 알 수 있다.

대중정당은 정당활동가가 이끄는 당원조직을 핵심으로 한다면, 포괄정당과 카르텔정당은 당원조직이 약화되고 공직수준의 정당이 우위를 보이는 정당모델이다. 정진민 교수는 이에 대해 정당지지자와 정당투표자들이 정당의 의사결정 과정에, 특히 후보선출 과정에 적극적으로 참여함으로써 유권자수준에서의 정당 활성화가 이루어지고 강화된 유권자수준 정당이 공직수준 정당과 긴밀하게 연계되는 정당모델(유권자 중심의 정당)을 대안으로 제시한다(정진민 2011, 155).

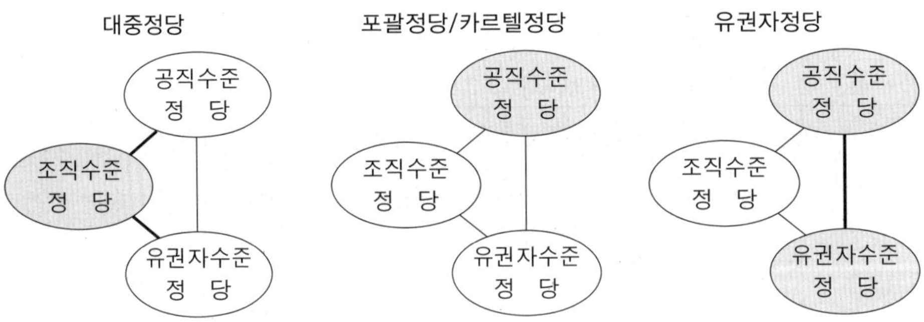

* 정진민(2011, 155)

카르텔 정당에서 민주주의는 시민이 정치에 참여·관여하는 것이 아니라 엘리트가 대중의 선호를 조정하는 것으로 변질된다. 민주주의의 제도로 인식되었고 사회균열을 정치체제에 투영시키는 제도이자 사회변화를 이끌어 낼 수 있는 제도로 생각되었던 선거는 사회 안정을 위한 도구가 되었고, 국가는 시민사회에 의해 통제되는 것에서 시민사회에 서비스를 제공하는 제도로 변화되었다.

정당의 변화는 정당이 민주주의에서 갖는 중요한 기능인 '이익의 집약과 표출'을 통해 정치체제의 대표성을 확보하는 역할(조직으로서의 정당)이 약화되고 '정부 속의 정당'의 기능이 강화되었다는 것이다. 이는 정당쇠퇴/탈정당화로 이어진다. 탈정당화와 카르텔은 시민사회의 불만을 증폭시켜 프랑스 국민전선, 이탈리아 베를루스쿠니 등 비민주적 가치를 천명하는 극우정당을 정당화하고 포퓰리즘을 불러오는 결과를 낳기도 한다.

카르텔 정당론은 기성정치에 대한 불신과 기성 정당의 지속의 공존이라는 역설적 현상을 정당조직의 관점에서 이해할 수 있는 수단이 된다(김태훈 2012). 한국사회를 돌아보자. 국회와 정당에 대한 국민의 신뢰도는 최하수준이다. 그러나 선거 결과는 기성정당은 여전히 원내정당으로 남고, 기성정치를 개혁하자는 신생정당은 2% 지지율을 얻지 못하고 해산하는 모습을 계속 보이고 있다.

Ⅳ. 정당정치와 정당체계의 동태적 변화 : 균열구조 · 행위 · 제도차원

정당정치에 영향을 미치는 요소로는 정치적 선호, 선거제도, 정당을 들 수 있다. 정치적 선호는 이데올로기 균열과 통합을 반영하며, 선거제도는 지지를 의석으로 전환시키는 공식으로, 정치사회적 갈등의 역사와 함께 사회적 균열의 수 · 강도 · 종류 등에 영향을 미침으로써 정당정치 및 정당체계에 영향을 미치게 된다. 마지막으로, 정당은 사회적 균열을 선택하게 된다.

정당체계를 설명하는 이론들은 이들 요인을 통합적으로 보기보다는 구조, 행위, 제도 중 어느 하나를 강조하는 경향이 있다. 구조요인을 강조하는 대표적인 이론으로 S. M. Lipset & S. Rokkan의 거시 모형(소위 결빙명제)이 있고, 행위요인을 강조하는 이론으로 A. Downs의 중위투표자 모형(소위 공간모델)이 있으며, 제도요인을 강조하는 이론으로 M. Duverger 명제가 있다. 이 중에서 M. Duverger 명제를 제외한 두 이론을 살펴 본다(M. Duverger 명제는 선거제도에서 살펴 볼 것이다).

1. 사회균열구조와 정당정치

1) S. M. Lipset & S. Rokkan의 거시 모형

립셋과 로칸은 정당체계는 사회균열구조의 반영물에 불과하다고 주장한다.

서구 역사상 실재했던 균열은 지역적, 기능축 축의 극단에 위치한 경우는 드물고 이차원적 내부공간에 위치하였다. 립셋과 로칸은 수직의 지역 축에는 국가 엘리트 내부의 반대와 지역적 반대를, 수평의 기능 축에는 이익중심적 반대와 이념적 반대를 놓는다.

각국의 갈등은 네 가지로 구분할 수 있다. ① 국민국가 형성을 주도한 중심부 문화와 지방 · 주변부의 인종 · 언어 · 종교 집단 간의 갈등[**중심-주변의 갈등**], ② 중앙집권화, 표준화, 동원화를 지향하는 국민국가와 배타적 특권을 지닌 교회 사이의 갈등, 경제적 이익, 도덕적 규범, 교육의 통제권을 둘러싼 국가 대 교회의 갈등[**종교갈등**], ③ 전통적으로 지배적이었던 토지 이익과 도시에서 새로 등장한 상공업 이익과의 지역갈등[**지역갈등** : 토지대 산업 간 갈등], ④ 그리고 국가 정치체제에의 통합 대 국제적 혁명운동에 대한 충성이라는 자본가와 노동자의 갈등[**계급갈등**]이 그것이다.

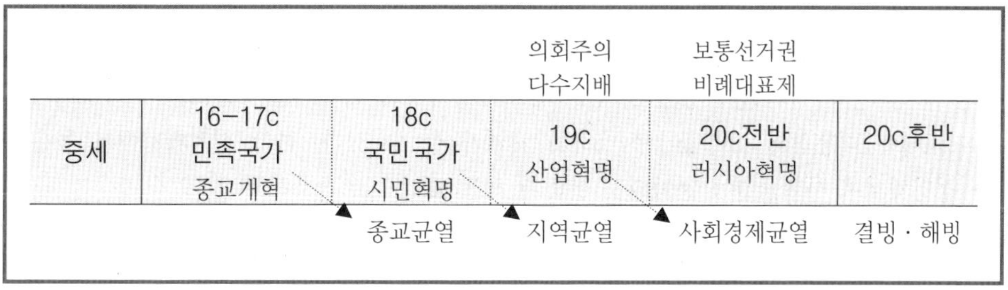

립셋과 로칸은 사회적 균열구조가 경쟁적 정당체계로 발전하게 되는 과정은 제도화의 관문의 높낮이에 따라 달라진다고 설명한다. 사회에 존재하는 이익이 정치체제로 투입되는 과정에서 제도적 제약에 직면한다. 사회균열과 갈등은 바로 정당체계로 반영되지 않으며, 제도화 관문이 낮아졌을 때 가능하기 때문이다. 제도화의 관문은 특정 사회운동이 반대입장을 표출하고 궁극적으로 정치적 목적을 달성하는 과정을 결정짓는 요인이 되는 것이다. ① 반대의 표출이 용납되는 정당화의 관문, ② 참여의 권리가 부여되는 통합의 관문(선거경쟁을 중심으로 볼 때 보통선거권이 그 핵심), ③ 대의기관에 진출하여 세력을 형성하는 대표의 관문, ④ 다수자 지위를 확보하며 중요한 구조적 변화를 가져올 수 있는 다수지배의 관문이 그것이다. 이러한 네 가지 변수가 결합하여 서구의 다양한 정당체계를 형성하였다.

균열 ⇨ [제도화의 관문]		⇨ [대중정당]
	정당화의 관문(이익 · 반대의 표출 ; 반대 · 비판의 권리)	⇨ 경쟁적 정당체계
	통합의 관문(참여의 권리)	⇨ 보통선거
	대표성의 관문(대의기관에의 진출)	⇨ 비례대표제
	다수결의 관문(다수지배)	⇨ 의회주의, 다수지배

역사적으로 한 관문의 변화는 다른 관문을 변화시키려는 압력을 생성시켰다. 그러나 그 변화의 추이는 다양하여 체계적 정치발전의 등급은 존재하지 않는다. 집단 간의 갈등이 존재함에도 불구하고 특정 집단이 자신의 이익을 표출하는 권리가 제약되거나(정당화의 관문), 참여가 제약되는 경우(통합의 관문) 제도가 아닌 다른 우회적 수단(다른 것에 의한 정치)을 통하여 자신의 이익을 관철시키려 할 것이고 이것이 체제불안정성을 야기하게 된다. 이 경우 갈등을 체제내화하기 위해 제도적 관문을 낮추게 되는 것이다. 동일한 이유로 대표성의 관문과 다수지배의 관문의 높낮이가 결정이 되게 된다.

사회 내의 갈등과 균열구조는 정치체제에 압력을 가하게 되는 데, 이때 압력의 수위가 제도화 관문의 높낮이를 결정하게 되며, 그 과정에서 사회 내 집단들이 제도화된 정치의 장으로의 진입이 이루어지거나 배제되거나 할 것이다.

2) 립셋 & 로칸 명제와 한국의 정당정치

민주화 이후 한동안 한국의 경우 통합의 관문을 제외하면 정당화의 관문, 대표성의 관문, 다수결의 관문이 모두 지극히 높게 구축되어 있었다. 예컨대, 노조의 정치참여가 제약되어 있었고(이 제약은 1990년대 후반에 풀렸다), 일반시민단체의 선거에의 참여와 유권자의 정치적 견해의 표출이 최근까지 선거기간 중에 금지된바 있었고, 선거의 비례성이 지극히 낮으며, 의회는 다수당이 지배하는 체제라기보다는 대통령의 소속당이 지배하는 체제라 할 수 있다. 한국 정치체제에서 높은 제도화 관문은 정당체계에 사회균열이 전이되지 못하게 하는 요인으로 작용하고 있다.

2. 사회적 균열과 정당제에 관한 A. Downs 모델(공간모델)

S. Lipset & S. Rokkan의 모델에서 정당제는 사회적 균열의 반영에 지나지 않는다. 그러나 A. Downs에 의하면 정당제의 속성은 주어진 유권자의 이념적 선호 내에서 득표를 극대화하려는 정당들의 선택에 의해서 결정된다고 한다.

즉, 유권자의 이데올로기나 유권자간 이데올로기의 거리는 정당의 수나 정당의 이데올로기를 결정하는 중요한 요인이 되지만, 사회적 균열은 적어도 정당에게 선거에서의 이점으로 작용하지 않는 한 정당제로 전이되지 않을 수도 있다.

나아가, 정당은 선거에서의 지지를 극대화하기 위해서 사회적 균열의 수동적으로 반영하는 것이 아니다. 특히, 한국과 같이 급격한 민주화 과정을 거쳤을 뿐만 아니라 사회적 갈등이 아직 제도화된 과정으로 충분히 투입되지 못하고 있는 정치체제에서는 사회적 갈등과 이해를 반영하는 측면보다 사회적 갈등을 주도할 수 있는 정당경쟁의 측면은 더욱 두드러질 것이다.

3. 선거제도 투표행태와 정당정치

1) 선거제도와 정당체계

M. Duverger에 따르면, 다수대표제는 양당제를 산출하는 경향이 있다. 또한 선거제도는 정당제가 대표하는 사회적 균열이나 이슈의 성격과 수와 깊은 관련을 가지고 있다고 Arendt Lijphart는 주장한다. 소수의 유권자에게만 영향을 주는 이슈는 소선거구제 하에서 정당균열의 요인이 되기 힘들 것이다. 대정당은 그러한 이슈를 반영하더라도 당선 가능성을 높인다고 보지 않으며, 오히려 무관심한 것이 유리하기 때문이다.[11)]

2) 투표행태와 정당제

민주화 이후 정당제는 유동성이 높다. 이는 ① 유권자의 투표행태와 이를 반영하고 동원하는 정당들의 합목적적 행위가 상호작용하고 있기 때문이며, ② 선거제도가 투표행태와 정당의 행위를 매개하고 있기 때문이다.

지역적 균열 하에서 유권자의 정당에 대한 지지는 고착되어 있으며, 선거제도는 정당에 대한 유권자 지지의 정치적 효과를 결정하는 중요한 변수가 된다.

4. 소결 : 구조 · 제도(선거제도) · 행위 · 정당제의 상호작용

장기적으로 어떠한 선거제도가 유지되는가는 유권자의 선호가 반영된 사회적 균열에 크게 의존한다. 그리고 선거제도와 정당제 그리고 유권자의 투표행태와의 관계는 상호 의존적이라고 할 수 있다. ① 유권자의 투표행태와 이를 반영하고 동원하는 정당들의 합목적적 행위가 상호작용하고 있기 때문이며, ② 선거제도가 투표행태와 정당의 행위를 매개하고 있기 때문이다.

결론적으로, 한국의 경우 지역적 균열 하에서 유권자의 정당에 대한 지지는 고착되어 있으며, 선거제도는 정당에 대한 유권자 지지의 정치적 효과를 결정하는 중요한 변수가 된다.

---

11) 선거제도 중에서 특히 선거구의 크기가 정당제의 구조에 큰 영향을 미치고 있다는 것은 잘 알려져 있다. 소선거구제는 새로운 정당에게 높은 진입비용을 요구함으로서 정당의 수를 제한하는 특성을 지니고 있다. 그리고 득표를 의석으로 전환하는 과정에서도 군소정당은 아주 불리한 것이다. 예외가 있다면, 지역적으로 편중된 지지를 얻고 있는 군소 지역정당의 경우라고 할 수 있을 것이다.

5. 민주화 이후 한국정당정치의 변화 2008 행정

1) 균열구조와 정당의 선택

권위주의시기 한국의 정당체계는 헤게모니 정당제로 분류되며, 집권당과 반대당은 '민주 - 반민주'를 중심으로 대립하고 있었다(1954년 선거 이후 형성된 이 체제를 54년 체제라 하다). 1987년 직선제 개헌과 '유정회' 등과 같은 집권당의 승자 프리미엄 제도가 사라지면서 경쟁적 정당체제로 전환되었다. 민주화[12] 이후 등장한 4개의 주요 정당[13]은 이후 선거에서 지속성을 보여주지 못했다.

먼저, 민주화의 상징성이 강했던 양김의 정책적 차별성이 크지 않은 상태에서 선거는 카리스마적 지도자의 권력게임으로 변질되었고, 주요 이슈는 중위 투표자의 선호 혹은 다수 시민의 요구에 맞춘 catch-all 전략을 사용하면서 실질적 득표를 위해서는 지역주의 정서에 호소하는 선거전략을 사용하였다. 즉, 민주-반민주 균열의 해소와 정당의 catch-all 전략은 선거에서 정당 간 정책적 차이를 사상시켰고 지역주의적 다당제로 귀결되었다고 평가할 수 있다.[14]

2002년 대통령 선거와 2004년 총선 전후로 등장한 '보수행동주의'는 한국의 정치지형에 이념갈등을 부각시켰다. 북한 인권 문제를 이슈로 제기하면서 시장자본주의와 함께 자유주의의 이념적 정당성을 강조하였고 북한 문제를 중심으로 한 외교안보 문제를 정치적 갈등의 중심에 올려놓게 된다. 이념을 중심으로 한 양대 진영의 균열은 한국의 정당체계를 양당제에 가깝게 변화시켰다.

한국사회의 정치적 갈등·균열은 현재 노동과 자본의 대립이라는 산업사회의 계급균열과, 후기 산업사회로 이전되는 과정에서 발생하는 소수 문화집단과 탈물질적 가치와 관련된 갈등, 세계화와 신자유주의 효과로 인한 사회양극화로 인한 갈등, 그리고 진보-보수 및 세대갈등이라는 균열이 복잡하게 중첩/교차되어 있다. 문제는 이러한 갈등이 지역주의적 정당제에서 정치체제로 투입되지 못했다는 점이고, 지역주의가 약화되는 과정에서 강화된 이념 균열이 다른 갈등·균열을 압도함으로써 정상적으로 표출되고 있지 못하다는 것이다.

2) 균열구조와 유권자의 선택

민주화 초기에는 정당 지도자와의 일체감, 상대적 발탈감, 지역을 배타적으로 대표하는 정당에 대한 지지는 유권자들로 하여금 지역주의적 투표행태를 보이도록 하였다. 특히, 정치적 선호도의 동질성은 이러한 투표행태를 상당기간 고착시켰다.[15] 그러나 국제정치지형의 변화와 사회양극화

---

12) 여기에서는 비경쟁적 정당체제에서 경쟁적 정당체제로의 전환을 민주화라 규정한다.

13) 5공화국의 집권세력인 민정당, 유신체제의 민주공화당을 이은 김종필의 신민주공화당, 민주당에서 분열된 김영삼의 평화민주당과 김대중의 통일민주당이 그것이다.

14) 박상훈은 지역정당체제를 경쟁성은 폭발적으로 증가했지만 대표성의 범위는 협애한 구조를 그대로 유지하게 되었을 때 어떤 결과가 나타나는지를 보여 주는 대표적 사례라 설명한다. 그리고 Sartori, Sachattschneider 등의 고전적 정당론을 인용하면서 지역적으로 분절된 정당체제는 정당 간 이념적 거리가 좁거나 계층적·이념적 갈등이 배제된 경쟁 구조가 만들어 내는 결과라 설명한다(최장집·박찬표·박상훈 2007, 288).

15) 이는 외부적 이식과 반공주의 정부에 의한 강제에 의해 규정되었다고 볼 수도 있으나, 40여 년 간의 전쟁, 가난, 경제성장 등의 체험을 통해 내면화되었으며, 민주화 이후 더욱 보수화되는 경향을 보였다('80년대 후반 사회주의 국가들의 붕괴로 설득력을 상실, 경제침체기 급격한 임금인상이 국제경쟁력 상실의 원인으로 지목됨

등은 유권자의 가치체계의 변화를 낳으면서 지역주의적 투표행태를 약화시키고 이슈를 중심으로 한 합리적 투표행태를 보이는 경향이 증대하고 있다.

3) 선거제도와 정당제

민주화 이후 초기에는 지역대표와 비례대표를 뽑는 선거제도를 택했으나 사실상 소선거구제 다수대표제였으며, 2004년 선거에서부터 1인2투표제로 전환되었다.

먼저, 2004년 이전 선거까지는 소선거구제와 지역정당은 친화성을 보여주었고, 정당간의 안정적 지역적 분할은 다당제를 산출하였다. 지역주의적 구도 하에서 원내 안정적 과반수 의석을 확보하기 어려워진 정당은 통합보다는 연합의 유인이 크지만, 연합에서 보다 유리한 위치를 차지하기 위해서는 선거시기에 지역적 기반을 확보하기 위해 독자적 세력을 구축할 유인이 또한 크게 존재했다.

보수행동주의 등장과 진보-보수의 이념갈등이 커지는 상황에서 정당은 이념적 정체성을 명확히 필요성이 커졌다. 그러나 새로 도입된 1인2표제에서 비례의석은 전체 의석의 20% 미만에 불과하기 때문에 모든 정당이 자신의 독자적 정체성을 유지했던 것은 아니다. 실제로 1인2표제의 도입은 진보정당이 원내 의석을 확보할 수 있게 하였지만, 전체의석에서 비례의석이 크지 않아 현실 정치에 미치는 효과는 미미한 편이었다.

4) 소 결

민주화 이후 한국 사회는 정당제의 빈번한 변동과 투표행태의 급격한 단절(혹은 투표행태와 정당의 연속성과 불연속성이 혼재)로 인한 정치적 불안정을 경험하고 있다. 물론, 이러한 정당제의 불안정이 곧바로 정치체제의 불안정을 의미하는 것은 아니지만, 민주주의 공고화 혹은 심화와 관련하여 중요한 함의를 내포하고 있다.

정치적 대표체계인 정당정치와 사회적 조건간의 극심한 불일치는 정당정치의 폐쇄성과 독점성으로 나타났다. 사회와 조직적 연계를 갖지 않았던 한국의 정당정치구조[16] 속에서 정당은 사회균열을 반영하기 보다는 정치균열을 선택적으로 동원/배제하였다. 이 과정에서 나타난 정당 간 연합과 분열의 순환이 한국 정당체계의 유동성을 높이는 요인으로 작용했다고 할 수 있다. 이러한 정당체계의 유동성은 정당 간 노선 차이나 이데올로기의 갈등이 없는 상태에서는 어느 정도 필연적이라 할 수 있다.

민주화 이후 1987년 대통령 선거에서부터 2000년 총선까지 한국의 정당은 지역주의적 다당제를 보여주었다. 2004년 총선에서부터는 지역주의적 동원과 투표행태가 약화되고 이념과 이슈

으로써 노동운동이 위축되고, 분배정의와 사회복지에 대한 관심이 저하됨).

16) 근대 민주주의의 출발은 국가 또는 권위로부터 독립된 시민사회의 확립에 뿌리를 두고 있으며, 정당의 발전 또한 이 사회의 요구를 대변하기 위해서 발전한 것이었다. 이러한 역사가 낳은 결과물이 바로 사회와 조직적 연계를 지니는 대중정당과 대중정치였다.
그러나 한국에서 보통선거권에 기반한 대의정치가 도입되었을 때, 정당정치의 영역은 사회의 지지에 의존하지 않는 국가권력에 의해 규정되었다. 다시 말해, 시민사회의 저항을 통해 선거와 정당이라는 근대 민주주의의 핵심제도들이 성장한 것이 아니었으며, 정당정치가 사회로부터 유리되게 되었고 동시에 한국전쟁 이후에는 좌파 이념이 배제되었다(무정형의 시민사회). 이로 인해 정당은 처음부터 시민사회와의 연계를 갖지 않았다고 볼 수 있다.

중심의 지지 동원과 투표행태가 강화되면서, 특정 이슈가 쟁점이 되는 경우에는 양당제에 가까운 형태를, 이슈가 없는 죽은 선거의 경우에는 다당제의 모습을 보이고 있다.

한편, 신자유주의적 정책의 확산은 사회적 갈등과 균열을 심화시킬 것이다. 문제는 이러한 갈등이 정치적으로 표출될 수 있는 제도적 메커니즘을 가지고 있는지에 있다. 정당체제의 폐쇄성은 사회갈등을 체제로 전달하는 매개역할을 하지 못함으로써, 결사체에 의한 대의 대행 현상이 확대될 가능성이 높다고 평가할 수 있을 것이다. 이러한 대의 대행 현상은 정당에 대한 불신과 맞물리면서 정치적 불안정성을 높일 것이다.

지역주의는 고정된 어떤 실체는 아니다. 지역주의를 과장할 필요도 없으나 또한 애써 무시하는 것도 바람직한 것은 아니라는 것이다. 지역주의가 만들어 내는 정치는 분명 특정한 균열을 정치의 장으로부터 배제하는 것이라는 점에서 정당 간 실질적 경쟁을 가능케 하는 정치적 조건을 형성하는 것이 중요한 과제가 될 것이다. 예컨대, 비례대표제와 같은 제도적 장벽을 제거하기 위한 정치제도 개혁이 요구되며, 시민사회의 압력이 가능한 조건을 확장해 나가야 할 것이다.

지역균열에 대해서는 상반된 평가가 존재했다. 첫째 시각은 지역 간의 불균등한 사회경제적 발전, 인사정책에서의 특정 지역의 소외, 지역민간의 편견 등으로 나타나는 지역균열은, 다른 중요한 사회적·경제적 균열구조를 정당정치가 반영하지 못하도록 가로 막음으로써 민주주의 공고화를 지체시킨다는 점을 강조한다.
또 다른 시각은, 한국의 경우 지역균열이 다른 사회·정치적 균열을 억압하는 것이 아니라, 사회 내에 다른 중대한 균열이 없기 때문에 지역 지도자와 지역민의 권력연합으로서 지역주의적 균열이 나타나고 있다는 점을 고려해야 한다는 것이다. 전자는 지역주의를 정당정치 제도화를 저해하는 요인(원인변수)으로 본다면, 후자는 낮은 정당정치 제도화로 인한 결과물(종속변수)로 본다는 점에 차이가 있다.

지역주의적 투표행태는 한국에서만 나타나는 망국병은 아니다. 또한 언어적·종교적·민족적 이질성이 높은 캐나다 등에서 나타나는 지역주의와는 다르다는 점을 인식해야 한다.
① 정당정치와 정당체계는 사회균열의 단순한 반영물은 아니다. 또한 유권자의 선호가 있고 정당이 형성되는 것도 아니다. 현실에서 유권자의 정치적 선택(투표행태)은 주어진 선택지(잠정적 대안이라 할 수 있는 정당의 분포)에 따라 달라진다.
② 한국의 지역주의는 정책이나 이념 상의 갈등으로 등장한 것이 아니며, 언어적·인종적·종교적·문화적 이질성에서 비롯된 것이 아니기 때문에 장기적으로는 약화될 수밖에 없다. 실제 선거 결과를 보면 선거에서 이슈가 크게 부각된 2004년 총선과 2010년 지방선거, 2011년 서울시장 보궐선거에서는 지역주의가 퇴조하고 정책선거에 가까운 결과를 보여 주었다. 그리고 2016년 총선에서도 지역주의적 투표행태는 크게 약화되었다.
다만, 한국은 문화적 동질성이 강한 사회이면서도 정당 간에 정책적 차별성이 크지 않아 특정 이슈가 정치적 대쟁점을 형성하기 어려운 사회다. 지역주의가 쉽게 동원될 수 있다는 것이다.

한국사회의 갈등과 균열에서 가장 크게 지적되어 왔던 것이 지역갈등이었다. 그러나 지역주의적 갈등을 지나치게 과장할 필요는 없으며, 민주화 이후 정당제의 변동 또한 예외적인 것으로 생각할 필요는 없다.

Ⅴ. 정당 조직과 당내 민주화 2008 입법

1. 의 의

당내 민주주의는 정당 조직 및 운영을 탈중앙집권화 함으로써 대중지배의 이념을 정당에 투영하려는 것이다. 당내 민주주의는 정당이 내부 권력을 폭넓게 분산시킴으로써 민주적 기관이 되어야 함을 강조하는 것이다. 예컨대, 정당 지도부는 일반 당원의 광범위한 참여를 통해 선출되어야 하며, 정당의 정책형성은 소수 간부가 아닌 집단적 의사결정에 따라야 한다.

또한, 당내 민주주의는 정책의 입안권한이 당구성원의 수중에 집중되어야 함을 강조한다.

2. 정당 내 권력관계와 정당조직 : 이론적 기초

정당 내 권력관계에 대한 초기 연구의 하나인 과두제의 철칙은 정당의 권력관계에 있어서 민주사회주의의 필연적인 실패를 지적하는 것이었고, 보다 확장되어 민주주의는 신화에 불과하다는 것을 의미한다. 미헬스의 과두제 철칙은 특정 시기에 하나의 사례를 일반화할 수 없다는 비판이 있었으나, R. Mckenzie는 1955년 발간한 「영국의 정당들」에서 현대적 해석을 발전시켰다(헤이우드 2004, 477). 즉, 종래 보수당이 엘리트적이라면 노동당은 높은 수준의 내적 민주주의를 특징으로 한다는 기존의 견해를 뒤집고 두 정당의 권력은 소수에 의해 지배되어 왔음을 밝혔다.

반면, 미국의 정당은 탈중앙집권적 권력관계를 특징으로 한다. 이는 G. Sartori가 지적한 지방중심의 정치와 관련된다. 즉, 20세기 초부터 형성된 계파정치(machine politics)의 유산으로 인하여 정당의 보스들이 권력의 중개인으로서 후보자 지명대회에서 결정적인 영향력을 행사해 왔으며, 중앙당의 역할은 그만큼 약할 수밖에 없었던 것이다.

여기에 더 나아가 1968년의 시카고 민주당 전당대회는 이러한 지구당 지도자들의 횡포에 대한 일반당원의 항의가 폭력사태로 비화되면서 정당구조는 민주화되기 시작한다. 이러한 변화는 민주당 내부에서 더 이상의 권력창출이 어렵다는 인식에서 출발했지만, 공화당에까지 번지면서 예비선거제도가 폭넓게 수용된 것이다.

1) Maurice Duverger의 정당론

가. 직접정당과 간접정당

직접정당은 단일의 조직구조 형태를 말한다. 반면, 간접정당은 정당과 다른 단체의 연합형태를 보인다. 직접정당이 소수 기득계층을 중심으로 형성된 정당이라면, 간접정당은 보다 많은 사회세력이 연루된 정당이라 할 수 있다.

서구의 정당을 보면, 간접적 구조는 덜 보편적이지만 사회당이나 가톨릭당이 대부분 이런 형태를 취하고 있다. 다만, 영국 노동당은 간접구조이지만, 69년 이전의 프랑스 사회당은 직접구조를 띠고 있다는 점에서 알 수 있듯이, 정당의 형태가 이데올로기에 의해 좌우되는 것은 아니다.

한국의 정당은 인물중심 정당으로 직접정당에 가까운 형태라 할 수 있다. 또한, 군사독재 시절의 야당은 재야세력과 연계가 형성되어 있다는 점에서 간접구조와 유사한 구조를 가진다고 볼 수 있으나, 당 총재와 소수 당간부 위주로 운영되어 왔다는 점에서 직접정당에 가깝다.

나. 정당조직유형

M.Duverger는 직접적 구조의 정당에서 간접적 구조의 정당이 형성되는 다양한 형태를 이해하기 위해 정당의 기본단위를 중심으로 네 가지 조직유형을 제시하였다(진영재 2004, 96).

① **간부조직(the caucus)** : 가장 오래된 형태의 조직으로 정치엘리트에 기반한 정당으로 명사정당이라 불리운다. 간부정당은 시민혁명 이전, 입법부에 진출하기 위한 선거동원 수단으로서 정당조직이 구성되었으며, 정당이 입법부 내에서 창조된 원내정당에 속한다.

② **분파조직(the branch)** : 당원에 기반한 정당으로, 사회당의 조직형태가 전형적이다. 분파조직은 강한 당내 기율과 중앙당의 통제를 특징으로 하는 대중정당의 형태를 띠며, 입법부 외부에서 창조된 원외정당과 관련된다. 조직의 기초단위는 선거 단위로 형성된 지구당(지역)이다.

③ **세포조직(the cell)** : 당원 확충보다는 소수 활동가 위주의 정당으로 공산당이 전형적인 세포조직에 속한다. 조직단위는 지역보다는 노동자 동원을 위해 공장 단위의 정치조직 형성에 초점을 맞추기 때문에 작업장이다.

④ **전투대조직(the militia)** : 파시스트 당과 같이 선거정치로부터 떨어져 나와 별개의 과업을 수행하기 위한 동원단위로서의 정당조직을 말한다. 피라미드형 점조직 형태를 띤다.

다. 정당조직 형태의 적합성

민주주의 체제에서 대규모 대중당원에 기초한 분파정당이 간부정당보다 선거경쟁에서 유리한 구조라 할 수 있다. 득표를 위한 경쟁과 정당 충성자들의 지지를 유지해야 하는 필요성에 의해 간부정당은 분파정당으로 전환되며(**좌파로부터의 전염**), 세포정당조직과 전투대정당조직은 선거경쟁에서 불리하다는 점에서 소멸되어 왔다고 한다.

한국 정당이 국민참여경선제를 도입했던 것도 정치적 자원을 동원하기 위한 과정에서 분파정당의 요소를 수용한 것이라 평가될 수 있다.

2) Leon Epstein(서구민주주의의 정당)

듀베르제가 선거경쟁의 역할이 정당조직의 형성이나 변화에 영향을 준다고 주장했다면, 엡스타인은 정당조직을 득표경쟁을 위한 단순한 반응에 불과하다고 보았다. 듀베르제 분석이 유럽 상황에 한정된 것으로, 미국의 정당을 생존하고 있는 조직적 화석이라 규정한다. 미국의 정당은 사회당의 도전에 직면한 적이 없기 때문에 간부정당의 조직형태를 포기하지 않았다던 것이다.

그런데, 미디어의 영향력이 강한 현대 사회의 선거경쟁에서는 많은 수의 당원보다는 자금력을 제공할 수 있는 이익집단으로부터의 기부금을 동원할 수 있는 개별 정치지도자의 역량이 중요하게 부각되는 경우, 분파조직이나 대중정당 형태는 불리할 수 있다. 그는 지도자와 활동가의 느슨한 연계구조가 앞으로 더 활성화될 것이라 보면서, 정당조직은 '좌파로부터의 전염'이 아닌 '**우파로부터의 전염**'을 제시한다.

정당들을 보면, 독일의 SDU(Christlish Demokratische Union)은 분파적 구조를 띠고 있으나, FDP (Freie Demokratische Partie)는 당원수를 늘리는 데 소극적이다. 이탈리아의 베를루스코니의 Forza Italia당은 엡스타인이 제시한 형태였으나, 그것이 유럽의 정당체계에 영향을 미쳤던 것은 아니다. 즉, 유럽의 경험은 좌파로부터의 전염도, 우파로부터의 전염도 필연적인 것은 아니었다(진영재 2004, 100). 다만, 선거에서 미디어 정치가 강화되는 경우 엡스타인 모델이 설득력이 있을 것이라는 예측은 가능하다.

3) Angelo Panebianco(정당 : 조직과 권력)

파네비앙코는 정당의 기원과 제도화 과정에 초점을 맞추면서, 초기정당형성이 제도화의 유형을 결정한다고 가정한다.

가. 정당의 기원

① **영토적 침투**(territorial penetration)과 **영토적 확산**(territorial diffusion) 영토적 침투가 중앙당이 중심이 돼서 지방이나 지역적 조직을 현존화시키는 과정이라면, 영토적 확산은 지방 정치엘리트의 독립적 집단이 자율성을 유지하면서 전국적 수준에서 함께 조직되는 것이다. 외형상 영토적 침투가 대중정당에, 영토적 확산이 간부정당에 상응하는 조직처럼 보이지만, 자유당은 영토적 확산을 보수당은 영토적 침투를 보여주었다. 한국정당은 주로 영토적 침투 형태를 보여주었다.

② **정당을 후원하는 외부기관의 존재 여부** 외부조직의 후원여부는 정당조직이나 지도력의 정통성에 영향을 미친다. 내부적으로 정통성을 확보한 정당은 지도력과 권위를 정당 내부에서 이끌어 낸다면, 외부적으로 정통성을 확보한 정당에서의 권위는 외부 조직에 의존한다(서유럽의 구공산당과 코민테른). 한국의 경우 독재시대 제1야당은 거대여당과 맞설 수 있는 외부적인 후원조직(재야세력)과 강한 연계를 가지고 있었다는 점에서 외부적으로 정당성을 확보했다.

③ **카리스마적 지도자가 정당 형성에 연루되어 있는지의 여부** 한국의 경우 카리스마적 인물 위주의 정당조직형태를 보여주었다. 이러한 카리스마적 지도자의 영향력이 절대적인 경우에는 정당 간 이합집산의 연속에서 보듯이, 어느 정도 민주적 선거경쟁이 존재한다고 해도 대개 당내민주주의 문제는 거의 도외시되고, 정당 간 집권을 위한 경쟁만이 존재하게 된다.

나. 제도화

제도화란 어떤 실체가 수단이 아닌 그 자체로 가치 있는 것으로 인정되는 것을 말한다. 달리 말하면, 정당조직이 그를 둘러싼 환경에서 존재가치를 인정받아 일정수준의 안정성을 유지하는 것이다. 이때 존재가치를 인정받는 것은 득표율의 높낮이가 아닌 안정적 득표를 확보하는 것을 의미한다.

생존을 위해서는 어느 정도 제도화되어야 하지만, 그 과정은 상이하게 나타난다. 어떤 정당이 일관된 주의 주장 없이 매번 유권자의 인기에 영합하면서 선거를 치르면서 상당한 득표율을 보이는 경우에, 제도화되어 있다고 볼 수 있으나, 이는 약한 정당으로 볼 수 있다. 반대로, 인기에 영합하지 않고 오히려 정당의 계도기능을 강화하면서 제도화된다면, 그 정당은 낮은 득표율을 반복해도 어떤 의미에서는 강한 정당으로 평가될 수 있다.

파네비앙코는 제도화 수준을 측정하는 기준으로 자율성과 체계성(systemness)을 제시한다. ① 자율성은 정당이 지지자나 외부 조직과의 관계를 정당이 통제하는 정도를 말하는 것이다. 고도로 제도화된 정당조직은 그 주변에 대해 광범위한 통제를 행할 수 있으며, 필요할 때 정당은 자신을 둘러싸고 있는 환경을 변화시킬 수 있는 정당조직을 말한다. 약하게 제도화된 정당은 자신을 둘러싸고 있는 환경에 대한 자율성이 약해 환경에 순응하고 적응해야 한다. ② 체계성은 통합의 정도를 말하는 것으로, 권위의 많은 부분이 정당 내부의 하위집단들에게 주어지면 체계성이 낮은 것이다. 낮은 수준의 체계성을 가진 정당조직은 일반적으로 환경에 대해 자율적이기 어렵다는 점에서 두 차원이 경험적으로 연관되어 있다고 주장한다.

다. 정당기원과 제도화

독재정부 하에서 소수 지도자의 영토적 침투 형태로 발전시킨 정당은 지도자의 몰락과 함께 사라졌다. 반면, 영토적 확산을 통해 발전된 정당은 정당의 자원을 통제하기 위한 경쟁이 창당 엘리트들 사이에 있기 때문에 약하게 제도화되는 경향이 있다(진영재 2004, 105).

외부에서 정통성을 확보한 정당은 후원자들이 정당을 통제하려하기 때문에 약하게 제도화되는 경향이 있다. 또한, 카리스마적 지도자는 그 자신의 권력에 대한 위협으로 그 정당이 제도화되는 것을 거부하는 경향이 있다. 정리하자면, 내적 정통성이 영토적 침투와 병행하는 곳에서는 매우 강력한 제도화가 이루어질 것으로 본다.

한국 정당사를 보면, 박정희 정권의 공화당은 영토적 침투는 있었으나, 정당성을 확보하지 못한 상태에 있었기 때문에 생명력이 약했다. 반면, 김영삼의 신한국당이나 김대중의 민주당은 내적 정통성은 확보했으나, 영토적 침투에 실패하면서 지역정당으로 남았으며, 지역주의 타파가 사회이슈로 제기되면서 제도화에 한계를 보였다고 볼 수 있다.

> 사회학적 제도주의나 규범적 제도주의, 조직론의 신제도화론 등을 생각해 보자. 제도란 인간의 행위규범을 말하며, 이 규범은 오랜 기간 인간의 유형화된 상호작용의 패턴을 의미한다. 즉, 제도화란 특정 상황에서 특정한 행동이 바람직하다는 바가 내면화되는 과정을 지칭한다고 보면 된다. 즉, 제도화는 쉽게 말해 어떠한 제도가 내면화되면서 실질적인 규범이 되는 것을 말한다.
>
> 야간자율학습을 예로 들어 보자. 야간자율학습은 학습의 효율성이라는 측면에서 보면 바람직하지 않다고 할 수 있다. 그러나 야간자율학습이 바람직하다는 인지가 학교의 중요한 환경인 학무모들에게 확산되면서 대부분의 학교들이 야간자율학습을 실시하고 있다. 이는 야간자율학습이 학교의 제도로 채택되고 유지되는 데 사회적 인지 수준이 결정적인 역할을 하고 있음을 알 수 있다. 그렇다면, 우리나라 관료제에서 통용되는 연공서열제도는 어떠한가? 공식적인 규범인 능력위주의 인사에도 불구하고, 실질적인 운영규범은 연공서열이라 할 수 있다. 이는 공무원의 성과가 객관적으로 계량되기 어려운 정부조직에서 정실이 개입하고 있고, 이러한 정실이 바람직하지 못하다는 인지가 형성되면서 실질적인 인사관리 규범으로 연공서열이 제도화된 것이다.
>
> 이러한 제도화 개념을 파네비앙코는 정당조직에 적용해서 설명하고 있는 것이다. 참고로, 그의 이론은 신제도화론보다는 구제도화론(기능주의적 시각)에 입각해 있다.

4) 자원동원론

자원동원론은 각 정당의 이용가능한 자원이 정당의 조직형태를 결정짓는 중요한 변수로 본다. 예컨대, 카리스마적 지도자라 할지라도 당원수나 자금력이 풍부한 상황에서 영향력을 발휘하기 어렵다. 인터넷이라는 새로운 매체의 등장이 2002년 민주당의 국민참여경선제와 대통령선거에서 노무현의 당선으로 이어졌던 점에서 보듯이 자원동원력이 결정적일 수 있는 것이다.

Alen Ware는 듀베르제나 엡스타인이 어느 특정한 정당조직의 형태가 미래에 지배적이라고 주장한 것은 잘못된 것이라 지적한다. 자유민주적 정당 중 서로 다른 방식으로 간부회의나 분파의 조합된 형태로 그렇게 많은 종류의 잡종적 정당조직이 있는 이유를 이들 이론은 설명하지 못한다는 것이다.

R. S. Katz & P. Mair는 카르텔 정당론을 통해 정당에 대한 국고보조금 증가와 국가에 종속되는 전자매체의 증가 등이 정당과 국가의 상호침투를 야기했다고 지적한다. 이 경우 기성정당은 자신을 유지하기 위해, 새로운 정당의 탄생을 막기 위해 자원을 통제하게 된다(진영재 2004, 108). 당원과 활동가에 의해 제공되는 대체가능한 자원을 국가가 제공하는 정도가 클수록 카르텔화는 심화될 것이고, 개별정당이 당원적 기반을 발전시키고 확장시키는 동기를 없앨 것이다.

미헬스의 과두제 철칙은 이론상 정당은 내적으로는 민주적으로 남아 있으나, 현실적으로 정책결정은 다른 곳에서 행해지는 데에 대한 답변이었다. 대중정당에서도 소수조직의 강력한 영향력이 유지될 수 있는 것이다. 초기 유럽의 경우를 보면, 지도력의 원천은 조직지도자와 의회의원으로부터 나왔다. 중유럽과 동유럽의 사회당에서는 지도력이 조직지도자에, 영국의 노동당에서는 지도력이 의회의원에 있었다. 그런데, 2차 대전 이후 선거유세 기법이 대중선거인단을 동원하는데 의회의원과 조직지도자가 중요해지면서 힘의 균형은 양자에 집중되었음에도 불구하고, 두 집단이 어느 정도 힘의 균형을 유지하면서 당내 민주주의에 그렇게 비관적인 결과를 보여주지는 않았다. 예컨대, 한국의 경우, 원외 세력이 철저히 배제되면서 당내 과두화 정도가 높게 유지되어 왔다. 향후, 원외세력과 원내세력의 균형이 유지되는 경우에는 당내 민주주의에 긍정적인 전망이 가능하다는 것이다.

독일의 초기 녹색당처럼 당원의 영향력이 강해 당조직의 부재를 초래하는, 즉 당내 지도력이 통합되지 않고 분리된 경우도 존재한다. 녹색당은 직업정치인의 출현을 방지하기 위해 2-3년마다 선출된 정치인들을 순환시키는 방식을 사용했던 것이다. 그러나 녹색당은 상대적으로 안정된 규모의 당원이 있었기 때문에 가능했다. 그렇지 않은 경우, 당내 민주주의를 위한 권력의 분산은 당내 민주주의보다는 혼란을 초래할 수 있다. 분권화와 민주주의는 동일한 것은 아니기 때문이다.

3. 정당개방과 당내 민주화

당내 민주주의 확립은 정당의 지도부와 정책(선거공약 및 정책)에 대한 책임성과 내응성을 높임으로써, 시민사회와 유리되어 가는 정당을 다시 연계시켜주는 중요한 계기가 될 수 있다. 특히, 제도화된 정치과정이 정당에 의해 독점되어 있는 현대 정당국가 하에서 소수 간부에 의해 주도되거나 후견주의로 흐르는 경우 정치의 부패가 심화되었다는 경험에 비추어 볼 때 당연한 요구일 수 있는 것이다.

한국의 경우 민주화 이후 상당기간 유지되었던 지역주의적 정당체계 하에서 공천이 곧 당선을 의미했다. 이 위에 후보자의 선출권이 정당 지도부 및 계파 보스에게 주어져 있었기 때문에 정당과 의회가 시민사회와 유리된 채 심지어는 비리행위로 구속된 인사가 공천되고 당선되는 경우까지 발생했다는 사실에서 당내 민주화는 중요한 과제라 할 수 있다.

1) 정당개방정도에 대한 비교

정당의 민주화 정도는 공직후보 선출이나 당수의 선출과 관련하여 ① 누가 선출권을 갖는가, ② 누가 출마할 수 있는가, ③ 공직후보 선출이 집권적인가 아니면 분권적인가에 따라 결정된다.

이 중에서 누가 선출권을 갖는가가 가장 중요한 변수가 된다. 정당의 공직후보자를 선출하는 데 있어서 누가 선출권을 갖느냐의 문제로 선출과정이 개방적일수록 정당 지도부의 영향력은 줄어들고 일방당원의 영향력이 증대된다. 당수 - 비선출직 당기구 - 선출직 당기구 - 일반당원 - 유권자로 갈수록 개방성은 증대된다. 미국의 예비선거의 경우 일반유권자에게까지 참여할 수 있도록 한다는 점에서 가장 개방성이 높은 방식이다. 미국에서는 의회 내 코커스(정당소속 의원)가 선출하는 경우도 있으며, 영국의 노동당처럼 의원 · 노조 · 일반당원이 각각 1/3로 구성된 당내 선거인단이 선출하는 경우도 있다.

← 개방적(inclusiveness) 폐쇄적(exclusiveness) →

개방형 예비선거 open primaries	폐쇄형 예비선거 closed primaries	지역 코커스 local caucuses	전당대회 party onventions	선거인단 electoral college	원내정당선출 parliamentary caucus
미 국	한국(국회의원)		한국(당수선출)		영국

가장 참여의 폭이 넓은 형태는 일반유권자가 참여할 수 있는 미국식의 예비선거 방식이다. 1960년대 정당개혁운동으로 도입된 이러한 제도는 정당분파조직들과 그 보스들의 타협에 의해 후보를 결정하는 조직결정형(party dominance model) 방식에 대한 반발이었다. 반면 영국의 정당은 개방성이 가장 낮다. 1960년대 이전까지 보수당은 별도 당수 선출절차가 존재하지 않았고 소위 magic circle이라고 불리는 방식에 의해 당수를 선출(전임 당수가 당내 원로들의 의견을 청취하여 차기 당수를 지명)하였으며, 1965년 이후 원내 정당을 통해 당수를 선출하였다. 최근 들어서는 일반당원, 그리고 소속단체까지 당수 선출과정에 참여하도록 하는 등 참여의 폭을 넓혀 나가고 있다.

당수선출을 기준으로 할 때, 한국은 전당대회 방식으로 후보를 선출해왔기 때문에 개방성의 정도로 본다면 미국과 영국의 중간 수준이다(강원택 2002, 9). 국회의원 후보 선출은 당헌으로 정하는 데 당원만 참여하는 경선,[17] 당원과 시민을 구분하지 않는 개방형 국민경선, 여론조사 등 다양한 방식이 사용되고 있다. 그러나 경선 방식을 사용하는 경우에도 경선 결과 다수 득표자를 복수 추천하여 공천심사위원회에서 최종 결정하기도 하며, 전략공천이라는 이름으로 중앙당에서 정하는 경우도 있고, 현역 의원이 출마한 지역구에서는 경선을 실시하지 않는 경우가 많고, 공천심사위원회에서 비공개 심사과정을 거쳐 결정하기도 한다. 이 과정에서 당대표의 의사가 반영되는 경우가 많다. 즉, 일부 견해에서는 국회의원 당선자 중 초선의원의 비율이 높아 개방적이라고 평가하고 있으나, 사실상 당 지도부의 의사에 따라 결정되고 있어 폐쇄성이 높다고 평가할 수 있다.

17) 일반 시민이 당원으로 가입한 경우 경선에 참여할 수 있다는 의미에서 국민참여경선이라고도 한다.

2) 정당개방에 대한 미국과 영국의 경험

[1] 1960년대 후반 이후 미국정당들의 당내 민주화는 정당이 다루는 이슈의 폭을 넓히고, 다수의 정당 내 활동가들을 양산해 냈다. 그런데, 당내 민주화는 레이건과 같은 극단적인 이념을 갖는 후보자나 정당의 이념과는 거리가 있을 수도 있는 이방인 후보자(헤이우드 2004, 478)를 지명하도록 하였다. 이는 당내 응집력과 통일성을 저하시킬 수 있다는 우려를 낳았다. 또한, 후보 선출과정의 개방성은 참여와 대표성을 제고하기는 했지만, 대선후보의 원내정당에 대한 영향력은 크게 약화시키고 조직으로서의 정당이 쇠퇴하는 현상을 낳기도 한다.[18)]

영국의 경우 노동당은 1979년 선거에서의 패배 이후 당내 갈등을 해결하기 위해 선거인협회를 도입하였고, 노동조합을 지도부 선출에 참여할 수 있도록 하였다. 그러나 이 개혁은 당내 분열을 심화시켰고, 그 다음 선거인 1983년에는 일관성 및 정체성이 없는 선거공약을 낳았다. 결국, 계속되는 선거에서의 패배로 중앙집권화 된 지도체제로 복귀할 수밖에 없었고, 복귀 이후 1990년대 중반 토니 블레어의 당선으로 이어졌다.

[2] 예기치 않은 효과로는 현역의원이 상대적으로 유리한 입장을 갖게 되는 현직효과(incumbency effect)가 나타난다. 정당의 역할이 축소되고 선거운동이 후보자 중심으로 이뤄지면서 상대적으로 널리 알려져 있고 재원동원에서 유리한 현직의원의 당선이 용이하게 된 것이다. 다만, 전략공천과 같이 하향식 공천이 같이 이루어지는 한국에서는 현직효과가 크게 나타나고 있지는 않다.

[3] 이런 우려에도 불구하고, 미국은 상원의 위원회 구조를 개선함으로써 정당의 시민에 대한 대응성을 높일 수 있었다. 이러한 정당구조는 선거를 정당중심보다는 개별 후보자 위주의 즉, 후보자와 유권자의 밀착의 정도를 높여 주었고, 후보자들은 철저히 지역구민의 여론에 민감하게 반응하도록 하였다.

4. 당내 민주화와 정치체제의 대표성 · 책임성

[1] '과두제 철칙'은 정당 조직이 필연적으로 집권화 될 수밖에 없다고 설명한다. 그러나 과두화 경향은 선거에서의 승리와 통합을 위한 조직의 합리화의 산물로 보아야 한다는 주장도 있다. 영국과 미국의 경험을 보면, 정당 개방과 민주화는 정당의 통일성을 약화시키고, 지지 동원을 위한 효율적인 수단을 확보하기 어렵게 만든다는 점을 알 수 있다. 반면, 미국의 경우 이러한 정당개방이 개별 정당의 위기를 낳은 것은 아니었다. 그것은 미국 정당이 지방중심의 정치와 약한 이념적 기율 속에서 의원 개개인과 지지자 중심으로 운영되어 왔기 때문이다. 즉, 영국과 미국의 정치지형의 차이로 보아야 한다.

A. Downs의 논리를 적용한다면, 득표극대화와 정권장악을 목표로 하는 정당은 집권성의 정도나 이념 성향과 무관하게 행동한다. 정당의 집권성과 개방성의 정도가 당내 갈등을 결정하는

18) 미국 대통령후보 선출에서 정당머신을 지배한 보스들의 영향력을 줄이려는 시도가 정당의 약화를 초래한 것처럼 과거 지역주의에 의존해 당을 장악해 온 소위 '3김'식 정당정치의 변화를 위한 국민참여 경선 역시 정당의 약화라는 유사한 현상을 나타내고 있다(강원택 2004, 249).

것 또한 아니며, 정당 내외부 행위자의 상호관계 속에서 결정되는 것이다. 미국과 영국의 차이는 정당 조직의 집권성과 개방성의 정도가 가져온 결과가 아니라 정당체계와 정치제도, 그리고 사회균열구조와 같은 정치지형의 차이에 비롯된 것이라 할 수 있다. 그리고 당내 파벌간의 심각한 갈등은 일본의 자유민주당이나 이탈리아 기독교민주당과 같은 일당 우위적 지배정당 구조에서 볼 수 있는 현상이라 할 수 있다. 영국의 노동당의 경우도 1980년대 재집권 이후 파벌 구조가 심화되었던 점이 이를 반증한다.

한국에서 후보자 선출을 개방하는 국민참여경선제와 같은 정당의 개방이나 당내 민주화를 위한 몇 가지의 제도 도입이 정당의 책임성을 높여 주거나, 정당 조직의 민주적 운영을 가능케 할 것 같지는 않다. 한국정당의 문제는 1968년 미국에서처럼 당원의 의사에 반해 공직후보가 선출됐다는 데 있는 것이 아니라, 당원 없는 정당구조가 지속돼 왔다는 데 있기 때문이다(강원택 2004, 250).

[2] 대중정당이 당비를 내는 일반 당원을 중심으로 운영된다는 점에서 당내 민주화는 당연한 요청이라 할 수 있다. 그러나 당내 민주화는 오히려 대중정당의 성격을 약화시킨다. 대중정당의 특징인 높은 이념적·조직적 응집성과 상충되기 때문이다(V. O. Key의 분류를 기준으로 본다면 조직수준의 정당을 약화시킨다). 정당의 정책과 후보자 지명은 여론에 민감하게 반응할 수밖에 없고, 이 과정에서 정당의 이념적 성격은 약화되고 실용적 성격이 강화된다. 나아가, 정당의 정책적 일관성 및 이념적 정체성이 상실되며, 오히려 유권자의 신뢰를 떨어뜨리게 된다. 그리고 결정권의 분산과 비계층제적 구조는 당의 통합성 · 응집력을 약화시킬 수밖에 없고, 그 결과 유권자의 광범위한 동원을 어렵게 만들 수 있다.

당내 민주화가 정당의 책임성과 시민사회와의 연계를 강화시킬 것인지, 정당의 정체성을 약화시킬 것인지는 선험적으로 결정되는 것은 아니고, 정치체제의 제 특성과 결부될 수밖에 없다. 그러나 한국의 경우에도 2002년 대통령 후보 선출을 위한 국민참여 경선제의 결과 소위 민중주의적 성향을 보였던 노무현 후보가 당선되었다는 점에서 정당을 여론과 밀접하게 운영하도록 만드는 것은 확실하다. 그러나 그것은 어디까지나 일회적인 것이었고, 실제 당운영이나 총선후보 선출과정까지 민주적인 과정이 관철되지는 않았다.

미국의 경우 광범위한 일반당원의 참여 압력 속에서 정당 지도부가 수용할 수밖에 없는 상황에서 당내 민주화가 이루어졌다면, 한국의 경우 집권당이 재집권 실패 우려 속에서 여론의 지지를 회복하기 위해 일회적으로 수용한 것이었던 만큼 그것이 제도화되지 않았던 것이다.

당내 민주화는 형식적인 법률로 가능한 것이 아니고, 시민사회의 압력과 정당 간 경쟁구조 속에서 이루어질 수 있는 것이다.

[3] 당내 민주화의 궁극적인 목적이 시민사회와 국가를 연결하는 제도적 채널로 기능하도록 하는 것이고, 민주적 경쟁을 제도화하는 데에 있다면, 대중정당에 걸 맞는 형태로 전환하거나(유럽형) 당원보다는 지지자 중심의 정치(미국형)를 강화하는 것이라 할 수 있다. 개방성의 정도가 정당운영의 민주성의 정도를 결정하는 것도 아니고, 정당정치의 대표성과 책임성을 좌우하는 것도 아니기 때문이다. 즉, 정당의 개방성과 당내 민주화를 동일시해서는 안 된다.

정당조직이 지도자의 개인적 지배로부터 벗어나 제도와 절차에 따라서 운영되는 조직으로, 제도화된 조직으로 탈바꿈할 때 비로소 민주적 대표성과 반응성을 높일 수 있다. 따라서 정당 내부의 민주성을 높이고 사회균열이 정치적으로 표출될 수 있도록 정치적 진입의 장벽을 낮춤으로써, 시민사회와 정당 간 연계구조의 대표성을 확보할 수 있어야 한다.

정당과 정부의 관계 역시 민주적 대표성이 강화되어야 한다. 정당(특히 집권정당)과 정부의 관계가 정상적으로 작동하기 위한 일반적인 조건으로 흔히 꼽히는 것은 집권정당이 정부의 주요직의 임명과정에 실질적인 영향력을 행사할 수 있는 능력과 정부의 주요한 정책결정과정에서 독자적인 의견을 제시하고 관철할 수 있는 능력이다. 정부의 주요직의 지명과 정책결정과정에서 적절한 영향력을 행사할 수 있을 때에 비로소 집권정당은 지지자들의 선호를 정부의 정책에 반영할 수 있기 때문이다. 이러한 민주적 대표성의 제고를 위한 핵심적인 개혁은 사실 위에서 언급한 정당조직의 민주화와 깊이 연계되어 있다고 할 수 있다. 집권정당의 소속의원들의 정치적 장래가 당원과 유권자들의 지지보다는 일차적으로 정당지도자로부터의 신임에 달려 있는 상태에서 집권정당이 정책결정이나 정부직의 충원과정에서 독자적인 영향력을 발휘하기는 어렵다.

요약하자면, 정당개혁의 요체는 정당의 내부적 민주화와 신진 정치세력의 진입장벽을 낮추는 제도개혁, 그리고 시민사회의 발전에 달려있다고 하겠다.

참고 정당체계 폐쇄성에 대한 학자들의 평가

- 최장집 : 권위주의적 강권 기구의 정치적 억압, 노동계급의 정치적 진입문턱을 극히 높인 제도개혁의 한계, 노동운동 내부의 이념적 경직성과 분파주의, 개혁적 리더십의 부재가 정당체계 폐쇄성을 가져온 요인이다. 여기에, 냉전 반공주의와 발전주의 헤게모니를 온존시킨 신자유주의적 민주화가 정당체계의 폐쇄성을 유지하는 힘으로 작용하였다. 그 결과 구축된 협애한 보수독점의 정당체제와 그 부수적 결과로서 지역주의적 정당체제가 형성되었다. 이는 노동 없는 민주주의(계급정치 부재의 한국 민주주의)로 귀결되었다.

- 강명세 : 한국적 상황은 미국과 같은 (유럽의 정당정치에 대한) 예외적 상황이라 할 수 있다. [비정상적]. ① 아일랜드와 유사한 분단구조, ② 산업화 이전에 보수정당 위주의 정치지형을 형성한 미국과 유사한 정치지형, ③ 대통령제와 선거제도(다수대표제 효과가 강한 선거제도) 하에 형성된 정치시장의 구조가 계급 기반의 정당정치 형성을 어렵게 한 요인이다.

- 김수진 : 한국의 정당정치는 분단과 한국전쟁이 초래한 반공 이데올로기의 헤게모니효과, 보수세력의 정치지형 선점과 독점의 오랜 역사, 그리고 보수적 정치세력의 담합에 의한 제한된 민주이행에 의해 기형적으로 형성된 것이다.
  민주화 과정은 산업화에 따라 분화하고 성장한 시민사회가 억압적인 국가를 굴복시킨 서구 민주화와 유사하지만, 보수독점의 정치지형을 온존시킴으로서 민주 대 반민주의 균열을 계급균열이 아닌 지역균열로 대체시켰다(스페인 사례와 유사).
  1987년 확대된 정치공간에서 노조의 조직화가 확산되지만 정치적 억압으로 좌절되면서 뒤늦게 노동운동의 정치세력화가 이루어졌다(민주노총과 민노당의 형성). 2000년 이후 시민운동의 활발히 전개되면서 1987년 체제는 서서히 변화했으나, 2004년을 정점으로 노동운동의 정치세력화가 더 이상의 진전을 보이지 못하고 있다.

- 참고로, 2004년을 전후로 한 제도개혁은 정당조직의 개방성을 높임으로써 더 이상 한국의 정당체계와 정당조직의 폐쇄성이 높다고 볼 수 없다는 견해가 있다.

제 3 절 민주주의와 정당정치 제도화 2007 입법, 2008 입법, 2009 행정, 2019 입법

한국 정당정치의 개혁에 대해서는 크게 두 가지 입장으로 대별되고 있다. 최장집 명예교수의 대중정당론과 정진민 교수의 원내정당론이 그것이다. 두 입장은 현실인식에서 차이를 보이고 있다. 두 입장 차이는 근본적으로 민주주의를 바라보는 관점의 차이에서 비롯되기 때문에 타협점을 찾기는 어려울 수밖에 없다. 다만, 민주적 경쟁의 제도화에서 정당정치의 중요성은 인정하고 있다는 점 정도는 지적해두자. 그것이 비록 정도의 차이에 불과하더라도. 이하에서는 수험생의 편의를 위해 일반론적인 내용들을 먼저 서술한 후에 과제 부분에서 이를 재구성하려 한다.

Ⅰ. 민주주의와 정당정치

J. Linz & A. Stepan에 의하면, 민주적으로 권력을 선출하는 방식 이외의 어떠한 대안도 심각하게 고려되지 않고 모든 행위자들이나 집단들이 민주적으로 선출된 정책결정자의 결정에 대해서 비토하지 않게 되는 상태에서 민주주의가 정착될 수 있다. 그리고 그 핵심이 주요한 정치주체들의 순응이라 할 때, 민주적 방식에 따른 가치배분의 결과가 주요 정치세력들에게 최소한의 만족을 줄 수 있도록 경쟁이 제도화되어야 한다. 민주적 경쟁에서 정당이 차지하는 역할은 클 수밖에 없다. 그것은,

① 경쟁의 제도화에서 정당은 민주적 선출과정을 주도한다는 점에서 민주주의는 정당의 제도화에 크게 의존한다.

② 사회적 요구와 갈등의 정치적 통합이라는 측면에서 볼 때, 정당은 사회 내 주요 세력의 이익을 집중적으로 대표하려는 경향을 갖는다. S. M. Lipset이 강조하는 바와 같이 모든 민주주의에 있어서 다양한 집단 간의 갈등은 집단 이익의 민주적 대표의 기능을 하는 정당들에 의해서 표현된다고 할 수 있다.

정당은 시민들의 의사를 결집하고 집약해서 정치체제에 전달하고 이를 통해서 갈등을 조정하는 역할을 담당한다는 점에서 대의제 민주주의에서 중요한 의미를 갖는다. 이른바 민주주의의 제3의 물결에 의한 신생민주주의 국가들은 공통적으로 대의민주주의를 안정화시키고, 제도화시켜야 하는 과제를 안고 있으며, 이러한 안정화와 제도화의 핵심적 측면을 차지하는 것이 바로 정당정치이라 할 수 있다.

그러나 한국 정당정치의 현실은 민주주의로의 이행 이후 반복된 정치개혁 노력에도 불구하고, 1980년대 후반과 마찬가지로 소수의 정치 엘리트들에 의해서 독점 되어 있으며 이합집산과 국회의 파행적 운영을 거듭하고 있다. 정치체제의 반응성과 책임성의 부재로 체제의 정당성이 잠식되고 있는 상황이다. 물론, 서구에서도 L. Epstein이 지적하듯이, 후기산업사회로의 이행과 함께 정부의 국정운영능력이 근본적인 한계에 부딪히면서 의회를 근간으로 한 대의제 민주주의가 위기를 맞고 있다. 그리고 그 한복판에 정당의 위기가 자리잡고 있다. 정당정치의 문제는 한국만의 문제는 아니라는 것이다. 이를 전제로 한국적 맥락에서 정당정치의 문제와 변화 방향을 모색해야 할 것이다.

Ⅱ. 한국 정당정치 제도화 수준

1. 정당정치와 정당체계의 형성

한국의 정당은 이익결사체나 계급집단으로부터 자생적으로 탄생한 것이 아니라, 외부로부터 주어졌으며, 그 역사도 짧다. 따라서 한국의 정당정체계의 제도화 수준과 능력을 서구의 그것과 단순히 비교하는 것은 바람직하지 않다.

한국정당정치의 발전과정을 보면, 미군정과 분단, 반공주의, 자생적 정당 및 이익단체의 불법화와 그로 인한 특정 정치세력의 특권화와 독점적 지위 확보, 정당의 보수화와 이념적 협애성으로 그 특징을 설명할 수 있다.

미군정 초기에는 미국식 다원주의 원칙에 입각한 정당신고제를 채택(1945년 9월 17일 정당 및 사회단체에 대한 정책을 발표)하였으나, 46년 2월 23일 정당설립 등록을 의무화와 47년 트루먼 독트린 발표와 2차 미소공위 결렬 이후 좌익에 대한 검거선풍으로 이어지면서 정당 간 경쟁보다는 정당에 대한 통제체제로 전환된다. 미군정은 남한에 대한 전략적 이해관계가 약했기 때문에 사회개혁이나 발전보다는 '하향식 통제를 통한 안정추구' 정책 아래 미군정에 호의적인 식민지 관료기구를 존속시키고 경찰조직을 재건하게 되고, 이러한 국가기구는 오늘날까지 정당과 이익집단의 발전에 장애물로 작용해 왔던 것이다.[19] 여기에 군부 독재를 거치면서 정당은 정권창출 목적이 아닌 권력을 정당화하기 위한 기구로 출발하였다.

1공화국에서 주요 정당세력을 보면, 여운형계와 박헌영계가 거세된 후, ① 이승만 추종세력(태백구락부, 이정희, 일민구락부, 대한민국당), ② 민국당(한민당 + 대한국민회의의 신익희, 대동청년당의 지청천 : 지주이익을 대변하는 정당으로 이념적으로는 이승만과 유사했으나, 내각구성과정에서 소외되면서 독자적인 세력을 형성), ③ 그리고 김구 · 김규식계의 소장파 집단(주한미군철수 등 자주노선, 남북협상을 통한 평화통일 노선, 균등경제 실현을 추구하는 민주개혁 노선 지향)로 대별될 수 있다. 그러나 친일파 처벌문제 등을 둘러싼 대립이 49년 국회프락치사건을 계기로 소장파가 분쇄되고, 이승만이 자유당을 설립하면서 자유당과 민국당의 대립으로 전개된다. 양대 정당은 이념과 계급구성면에서 동일하다고 볼 수 있다. 다만, 권력을 둘러싼 갈등 외에 지주이익을 옹호하는 집단과 상업적 이익을 옹호하는 집단 간의 갈등으로 볼 여지는 있다.

3공화국은 민주와 빈민주 갈등을 중심으로 정당정치가 전개된다. 진보세력은 제도정치권에서 소외된 채 학계 및 언론계 등에서 사회운동을 전개되었다. 유신체제로 전환되면서, 민주와 반민주간의 갈등은 첨예화되고 정당간 경쟁이 사실상 부인되는 일원주의 혹은 제한된 정당다원주의, 헤게모니 정당체계라 할 수 있다.

5공화국은 신군부에 의해 관제 야당이 급조되는 넌센스를 보여 주었다. 신군부는 여당인 민주정의당과 야당인 민주한국당, 한국국민당을 만든 후, 1981년 총선에서 민정당은 물론 민한당과 국민당의 공천과정에 깊이 개입하였다. 1985년에는 12대 국회의원 선거를 앞두고 정권의 정통성을 확보하기 위해 정치인들을 해금하였고, 이들 해금된 정치인들이 선거 1개월 전에 신당(신한민주당)을 창당하게 되는 데, 이 과정에서 민주와 독재의 쟁점은 극에 다다른다(6.3 인천사건).

---

19) 김용호, 1995, '정당 및 이익집단의 형성과 변천', "광복 50주년 기념논문집"

신민당의 경우 집권세력의 정치적 탄압 아래 자생 야당의 후보가 당선되기 쉽지 않을 것으로 판단되는 상황에 있었기 때문에 후보를 구하기 어려운 상태에다 선거 1개월을 앞두고 창당되었던 불리한 상황에도 불구하고 선거결과 제1야당이 되면서 관제야당은 무너졌다(민한당은 신민당에 흡수되었다).

[표] 민주화 이전의 한국의 정당

구 분	사회균열	정당 경쟁
1공화국	•보수 vs 진보 •계급갈등(지주, 농민, 노동자) •친일 vs 반일	•이승만(태백구락부, 대한민국당 등)→ 자유당(51) •한민당, 신익희(대한국민회의), 대동청년당→ 민국당(49) •소장파(국회 프락치 사건으로 제거됨) ⇨ 자유당 vs 민국당
2공화국	•보수 vs 진보	•반이승만(민주) vs 친이승만(반민주) •진보세력의 제도권 진입에 실패
3공화국	•보수 vs 진보 •계급갈등 대두(자본-노동)	•민주(민주당계) vs 반민주(공화당) •진보세력은 제도정치권에서 소외→ 사회운동화
4공화국	•민주 vs 반민주 갈등 첨예화 •계급갈등(노동운동)	•내재적 일원주의 or 헤게모니 정당제
5공화국	•민주 vs 반민주 갈등	•민정당 + 관제야당(민한당, 국민당) ⇨ 민정당 vs 신민당(85년)

1987년 민주화 이후 민주-반민주 쟁점이 퇴색되면서 정치적 갈등과 균열의 공백을 지역주의가 상당기간 메웠다. 그러나 한국에서 지역주의는 분배 및 계급 갈등에서 비롯된 것은 아니어서 경제위기나 탄핵과 같이 특정 이슈가 부각된 선거에서는 약화될 수밖에 없었고, 김대중 당선 이후 이념갈등이, 노무현 당선 이후에는 세대갈등이 부각되었다. 그러나 사회경제적 갈등(계급 균열)은 잠재된 채 선거 공간에서는 배제되어 왔다.

정당정치의 형성과 재편은 정치적 조건(균열구조), 카리스마적 지도자의 유권자 동원, 새로운 정치적 이슈의 대두 등에 따라 이루어진다. 물론, 반정치/반정당 정서가 강한 현 상태에서 정당정치가 특정한 이슈나 이념을 중심으로 정렬되기는 어려우며, 무색무취·무정형의 정당정치는 유지되면서 정당정치의 안정성은 확보하기 어려울 것이다.

2. 한국정당정치의 특징 및 제도화 수준

한국정당정치의 특징은 정당체계의 높은 유동성, 폐쇄적인 정당조직과 정당체계, 후견주의 혹은 과두제적 정당구조로 규정할 수 있다. 한국 정당정치를 정치지도자를 중심으로 한 인물중심의 정당이고, 정치지도자를 정점으로 한 후원자-수혜자 관계(patron-client)의 선거기구(electoral machine)에 불과하다고 진단하기도 한다. 혹은 정당의 정체성 결여와 정당체계의 높은 유동성을 지적하기도 한다.

S. Huntington은 제도화를 조직이나 절차가 나름의 가치와 안정성을 획득해 가는 과정이라고 정의한다. 그에 의하면 제도화의 수준은 적응성, 복잡성, 자율성, 통합성에 따라 결정된다고 한다. 그러나 한국의 정당은 구조적으로 분화수준이 낮고,[20] 이념적 정체성의 부재가 보여주듯이

응집력(통합성)이 낮다. 또한, 집권당의 경우 최고통치권자에 의해 형성된 집단으로서 권력자가 바뀌면 정당의 정체성과 구성원의 변화가 불가피했다는 점에서 낮은 적응성을 보여 주었으며,[21] 정치권력으로부터 자율성 또한 낮다. 즉, 한국의 정당정치 제도화 수준은 여전히 낮은 상태에 머물러 있다고 하겠다.

1) 정당의 이념적 단색성, 무정형성, 불완전 경쟁성

분단과 6.25는 이후의 한국정치 이데올로기 지형을 단색화 했으며, 이에 따라 정당의 정체성의 부재를 낳았다. 그 결과 한국의 정당들은 민주화 이전에는 민주-반민주적 대결 구도 하에서 자신의 정체성을 찾았으며, 민주화 이후에는 지역주의적 동원에 의존하게 되었다. 최근에는 이념을 통해 자신의 정체성을 규정하려 하지만, 이합집산과 높은 유동성을 보여 왔다. 이는 정당정치의 낮은 제도화 수준을 보여주는 현상이라 하겠다.

2) 후원-수혜자관계(boss주의 · 사당주의)와 시민의 정치적 무기력

한국정당정치는 정치 지도자가 정당의 주요한 활동의 대부분을 사적으로 지배하는 개인화된 정당의 전통이 지배하고 있다.[22] 그 원인으로는 정당정치를 비롯한 정치과정 전반에 대한 국가의 강력한 지배의 전통, 지역주의적 정당정치, 그리고 이를 용인하고 순응하는 시민들의 정치적 무기력[23] 등이 지적되어 왔다.

중앙-지방간 및 엘리트-평당원 간의 권력 분산이 아닌 엘리트간 파벌 경쟁, 즉 당내 분파성은 당내 민주성의 결여로 연결된다. 이러한 분파성은 후원-수혜자주의에 기반하고 있으며, 정책결정과 후보공천에서의 중앙집권화로 이어져 왔다.

3) 정당과 시민사회의 단절과 정치적 대표성 · 책임성 약화

민주화 이후 기존 민주 대 반민주라는 정치적 대립축이 급격히 와해되면서 지역적 균열구도가 핵심적인 정치적 대립축으로 부상하였다. 시민사회와 지역정당간의 연계구조는 정당에 의해 동원된 지역균열이 한국시민사회의 주요한 사회적 균열인 계급균열과 탈물질주의-물질주의 간의

---

20) 복잡성은 수직적 · 기능적 조직단위들이 발달하고 또한 다양한 유형의 조직단위들이 분화되는 것을 의미한다. 한국의 정당들은 외형상으로는 상당한 복잡성을 갖추고 있다. 그러나 분화된 조직들은 실질적 역할을 거의 하지 못하고 있다. 즉, 권위주의 시대의 정치적 동원의 수단이었던 이들 하부조직들은 여전히 정당 지도부의 의사를 전달하는 데 그치고 있다. 한국 정당의 권력구조는 최고 지도자를 정점으로 하는 후견－피후견 관계로 구성되어 있는 것이다.

21) 적응성은 환경의 도전에 대한 대응능력을 의미한다. 한국의 정당들은 해체, 소멸 또는 타 정당과의 통합의 길을 걸어 왔다. 예를 들어, 민주화 이후 혹은 그보다 가깝게는 1998년 대통령 선거에 참여했던 4개의 주요 정당 가운데 오늘날까지 조직적 정체성을 유지하고 있는 정당은 하나도 없다. 한국의 정당이 선거에서의 패배와 같은 충격에 대응하는 능력이 매우 낮음을 보여준다.

22) 정치적 대표체계인 정당정치와 사회적 조건간의 극심한 불일치는 사회로부터의 도전에 대해 정당정치의 폐쇄성과 독점성을 강화하도록 하였다. 처음부터 사회와 연계를 갖지 않았던 한국의 정당정치구조는 지속적으로 사회에 존재하는 이념적 대립이 정당체계로 침투하는 것을 저지하면서 정당정치를 독점하고 있으며 이에 기반해 만들어진 정치균열인 지역균열을 사회적 수준으로 하향부과하고 있는 것이다(최장집).

23) 대다수의 국민은 이들 정당에 지속적인 지지를 보냄으로써 정당이 소수의 지도자들에 의해서 전횡되는 현실에 대해 묵시적으로 동조해왔다고 할 수 있다. 이러한 현상이 지속되는 한 정당은 정치엘리트들 개인의 사유물로 남아 있게 된다.

균열을 대체함으로써 정치체제의 대표성을 약화시키는 결과를 가져왔다. 최근에는 보수정당에 의해 동원된 이념균열이 이와 같은 기능을 하고 있다.

S. Lipset에 의하면, 정당이 시민사회에서의 갈등과 균열을 적절하게 수용할 때에 비로소 견고한 사회적 기반을 갖추게 되며, 또한 시민사회와 정부 간의 연계구조로서의 역할을 충실하게 수행하게 된다. 이런 맥락에서 본다면, 한국정치의 불안정성은 이러한 사회적 균열과 갈등을 제도화하지 못함으로써 나타난 것으로 해석할 수 있을 것이다. 그 결과 정당성과 반응성의 약화로 이어져 궁극적으로 정당정치를 중심으로 한 대의민주주의 제도들 자체의 정당성과 효율성에 대한 회의와 민주주의의 위기로까지 이어질 수도 있다.

당내 과두화, 정당의 폐쇄성, 후원-수혜자 주의는 결국 정당을 시민사회의 이익을 집약하기보다는 시민사회와 괴리된 채 정당간의 권력경쟁만이 존재하도록 만들게 된다. 나아가, 공천과정의 폐쇄성은 정당간 경쟁 부재와 결부되어 유권자의 후보자 선택권을 박탈하는 결과를 야기하게 되고, 시민의 대표로 하여금 시민에 대한 대응성과 책임성이 아닌 당내 지도부의 의사에 민감하게 반응하도록 만든다.

Ⅲ. 한국 정당정치에 대한 진단과 개혁과제

1. 원내정당론과 대중정당론의 문제의식[24)]

1) 정당관

원내정당론과 대중정당론은 민주주의와 대표성에 대한 상이한 시각에 기초하고 있다. 또한, 사회균열과 민주적 정치과정 혹은 민주적 경쟁과정의 제도화에 대한 상이한 관점에 서 있다.

대중정당론은 정당이 사회 내 특정 부분이익을 대표하면서 선거를 통해 다수를 획득하여 선출된 정부가 되고, 그 정부가 그들의 지지자들에 대해 책임질 수 있도록 대표-책임의 연계를 강화시켜 준다는 점을 강조한다. 이러한 맥락에서 책임정당론으로 개념화되기도 한다. 정당은 사회균열과 갈등을 반영하고 조직하며 사회집단들의 정치적 평등과 참여의 확대를 위한 중심 메커니즘이라는 사실을 강조한다.

대중정당론은 정당을 중심으로 한 경쟁적 정치체제를 제시하는 것이다. 한국 사회의 경우 민주주의의 외삽성으로 보통선거권이 일거에 도입되었으나, 협애한 틀 내에서 경쟁이 이루어져 왔었다고 본다. 국가가 주도하는 기본 정책의 연속성 혹은 외부의 강력한 이데올로기에 의해 성장위주의 관료와 재벌의 연계에 의한 정책이 지속되어 온 것이다. 이때 시민의 효과적인 참여수단으로서 정당정치가 복원(?)되어야 한다고 보는 것이다. 정치에서 이데올로기를 제거하는 것이 아니라, 정당체계를 현실에 뿌리 내리는 방향으로 접근되어야 하는 것이다. 다양한 균열의 조직과 이익의 집약은 대중정당을 통해 가능하며, 집권당에 대한 책임성을 물을 수 있는 체제가 필수적이다. 시민사회와 대표의 직접적 연계는 시민사회의 보수 헤게모니가 작동하기 때문에 오히

24) 원내정당론에 대해서는 오해의 소지가 있어 '유권자 중심의 정당'이라는 용어가 사용되고 있고, 대중정당론이라는 표현은 정진민교수가 처음 언급한 것이다. 이하에서는 원내정당모델과 대중정당모델이라는 표현을 사용한다. 양 입장에 대해서는 정진민, 2007 및 정진민, 2008 ; 최장집 · 박찬표 · 박상훈, 2007을 참조할 것.

려 다양한 이익이 배제되는 결과를 초래할 것이기 때문에 바람직하지 않다.

원내정당론은, 대중정당은 이념적 차별성이 존재하는 19세기적 상황에서 가능한 것으로 시대착오적이라고 본다. 반면에, 정당은 국가 전체의 이익이나 일반이익 혹은 국민전체의 합의를 대변하는 것이어야 한다는 것이다. 이는 강한 이념성과 사회의 계급적 특수이익, 사회 저변층이나 노동자와 같은 사회적 약자의 부분이익을 대표하는 (대중)정당과 대비된다. 따라서 대중과 진성당원(정당의 원외기구)을 중심으로 운영되는 원외정당과 달리, 선출된 의원을 중심으로 의원들의 자율성이 보장되고 형성된 원내기구를 중심으로 정당을 운영해 나가야 한다는 점에서 원내정당이라 개념화된다. 이러한 원내정당은 계급과 이념에 기반을 둔 이념정당과 대비시켜 정책정당이라 개념화되기도 한다. 원내정당론은 의회제의 핵심을 대화와 합의에 있다고 가정한다. 의회에서의 진정한 토의는 각자의 이익과 생각들을 단순히 집약(aggregation)하는 것이 아니라, 충분한 설득과정을 거쳐 공동선을 향해 다양한 가치와 사고들이 창조적으로 전환되고 통합되거나 이를 지향하는 의사소통과정을 통해 가능하다. 원내정당론을 지지하는 입장에서는 대의제 한계에 대한 이러한 심의민주주의 모델에 적합하다고 보기도 한다(임성호, 2003).[25)]

유럽의 정당모델에 기초한 대중정당론이 이념적 정체성을 통해 강한 응집력을 갖춘 정당간의 경쟁을 강조한다면, 미국의 정당모델에 기초한 원내정당론은 의원 개개인과 유권자의 직접적 연계를 통한 시민사회의 이익이 정치체제로 투입되는 구조를 강조한다.

노동계급에 기반을 두고 그들의 이익을 제도권 내에 표출할 것을 목적으로 하는 정당은 당비를 내는 당원 중심의 대중조직정당을 지향할 것이며, 선거에서의 승리를 위해 포괄정당을 지향하는 정당은 미디어나 인터넷 선거운동 시대에 적응하기 위해 선거전문가 정당을 지향할 것이다. 만약, 진성당원이 거의 없고, 실용적 정당이며, 정당의 제도화 수준이 낮은 상황에 대한 적실성을 강조한다면 대중정당보다는 원내정당(선거전문가 정당)이 타당하다고 할 수 있다. 반면, 정당 국가에서 집권당의 책임성을 증진시키고, 대중과의 정당일체감을 확산시키고 대중적 기반을 구축함으로써 국가와 시민사회를 매개하는 체제를 지향한다는 의미에서 보면 대중정당이 규범적으로 타당하다고 할 수 있다.

2) 사회균열에 대한 이해

가. 대중정당론

대중정당론은 한국사회는 후기산업사회로 전환된 것은 아니며, 산업사회 균열이 해소되지 않은 상태에 있다고 진단한다. 그리고 신자유주의적 세계화가 만들어 낸 양극화는 한국사회에 분배 갈등을 가장 큰 갈등·균열구조로 정치지형을 형성하고 있다고 본다. 즉, 탈물질적 가치가 한국사회에서 주요한 갈등 축을 이루고 있지 못하고, 계급갈등이 완화되고 있는 것이 아니며, 빈부격차와 비정규직 노동자 문제, FTA로 인한 농촌의 피폐화 등은 대중정당을 위한 사회적 기반이 존재한다고 인식한다.

따라서 사회적 약자와 서민을 포괄하는 보통 사람들의 참여를 보장하면서 이를 조직할 수 있

25) 임성호 교수가 말하는 심의민주주의는 의회 내의 심의를 지칭하는 것으로 시민사회의 공론과는 거리가 멀다.

는, 즉 사회경제적 균열에 뿌리내린 정당으로서의 대중정당을 제시하는 것이다. 이점에서 계급적 정체성에 기반을 둔 유럽의 대중정당과는 이점에서 차이가 있다.

나. 원내정당론

한국은 고도로 산업화된 사회로 탈산업화와 지식·정보사회의 특징을 뚜렷하게 반영하고 있다고 본다. 따라서 계급에 기반을 둔 대중정당은 그 기반을 상실했고, 대중정당은 실현가능한 대안이 될 수 없다. 오히려, 한국의 정당은 사회경제적 균열과 이익갈등을 완화함으로써 포괄정당의 모습을 이미 띠고 있다. 서구의 포괄정당과는 다르지만, 정당의 안정적 지지기반이 상실된 상태에서 정당 간 정책이 수렴되는 모습을 보이고 있다는 점에서 동형성(isomorphism)을 보이는 것이다.[26]

사회경제적 조건의 변화가 계급지형 및 유권자의 정체성의 변화를 낳고, 이것이 선거연합을 붕괴시켜 정당체계의 재정렬을 일으키고 있다면, 그리고 정당간의 실질적 경쟁이 부재한 상태에 있다면, 대안은 정당간의 정책경쟁을 유도할 수 있어야 한다는 것이다.

3) 한국 정치현실에 대한 인식

가. 대중정당론

대중정당론은 한국의 정당은 제도화 자체가 부재하거나 극히 낮은 수준에 있으며 대중정당을 가져본 적도 없다고 주장한다. 그러나 흔히 한국 정당정치의 문제점으로 지적되어 온 후견주의와 폐쇄성에 대해서는 비판적이다. 한국의 정당이 인물·후보자 중심적이지만, 한국만의 특징은 아니라는 것이다.[27] 반대로, 한국의 정당은 이합집산과 높은 초선 의원비율을 볼 때, 지나치게 개방적이라고 본다.

사당주의에 대한 대안으로 제시되는 예비경선제는 미국의 경험을 보면, 노동자와 하급 중산층, 저학력 유권자, 흑인을 비롯한 소수 인종을 포함한 비엘리트층의 정치참여를 위축시키고 중산층 엘리트들의 참여를 촉진하였다고 평가한다.[28] 한국의 국민경선제에서도 중년층 이상의 주부, 자영업자의 비율이 압도적이었으며, 지역구에 기반을 다진 지방 유지나 엘리트에게 더 많은 기회를 부여했다고 평가한다. 국민경선은 결국 제도화된 정당과 사회 사이의 경계를 거의 없애거나 극도로 낮추어 당의 제도화를 더욱 어렵게 하는 효과를 낳을 가능성이 높다고 본다.

나. 원내정당론

원내정당론은 한국 정당체계의 높은 유동성과 폐쇄성, 그리고 사당주의가 민주적 경쟁의 제도화를 가로막고 있다고 진단한다. 따라서 정당의 개방과 진입장벽의 제거를 통해 유권자와 정당의 거리감을 최소화해야 한다.

---

26) 서구에서 포괄정당은 이념갈등이 완화되는 상황에서 좌파정당이 자본주의를, 우파정당이 국가에 의한 복지체제를 수용함으로써 나타난 현상과 관련된다. 그러나 한국은 이념을 축으로 정당이 제도화되지 못했으며, 오히려 이념적 협애성 속에서 보수 편향성을 띠고 있었기 때문에 포괄정당과는 다르다고 대중정당론은 비판한다.

27) 정당의 기간조직의 약화와 매체 및 선거자금 동원력이 중요해지면서 정당조직이 후보자 중심 - 자본 집약적 정당으로 변모해 왔다고 본다.

28) 미국의 인물 중심의 정당정치가 예비선거제도 때문인지, 아니면 예비선거제도에도 불구하고 형성된 것인지는 논란이 있다. 미국의 다원주의적 이익대표체계, 권력의 극심한 비대칭성, 강한 공화주의 전통과 소위 진보주의 정치시기에 이루어진 노조의 파괴 등을 고려하면, 원인과 결과가 도치되었다는 평가도 가능할 것이다.

정당이 정책 개발의 중심체가 되려면 일반 유권자들의 의사와 요구가 투입되는 원외정당의 성격에서 벗어나 지지자로부터 자율적인 원내 정당이 되어야 한다고 본다. 이는 ① 전문가는 일반 대중의 의사나 요구와는 별도로 국가이익을 보다 잘 알 수 있기 때문에 합리적 정책결정을 내릴 수 있기 때문이며, ② 정치가 사회의 여러 갈등을 직접 대면해서는 안 되기 때문이다.[29] 이를 위해서는 당 간부나 후견인으로부터 의원의 자율성이 최대한 보장되어야 하지만, 정당의 부패와 과두화에 대한 정당 개방(예비경선제)이 필요하다고 본다.

4) 적실성과 타당성 문제

가. 현실 적실성 : 원내정당론

정진민 교수는 실현가능한 민주주의를 전제로 원내정당론을 전개한다. 그 핵심 논리는 대통령제와 제도적 조응성, 그리고 사회균열구조의 변화와 적실성 있는 정당모델을 모색하는 데에 있다. 또한 아래와 같은 상황은 대중정당론의 적실성에 회의를 낳는 요인으로 지적된다.

① 후기 산업화는 사회의 파편화를 낳고, 노동과 직업구조의 분절화를 초래한다. 탈산업사회로 진입하면서 지식노동자의 증대는 개인주의적 성향과 계급이나 집단이라는 정체성이 결여된 무정형의 원자적 개인들을 양산하게 되는 것이다. 따라서 정당이 개별 이익을 집약하고 이념으로 통합하는 것은 불가능하다.

② 기존 질서와 규범을 해체시켜, 정당과 정부 제도에 대한 권위가 침식되고, 선거에 승리하기 위한 단기적 정책에 정당이 매몰되는 경우 정치에 대한 불신은 점점 심화될 수밖에 없다.

③ 세계화는 일국내의 갈등을 제도화된 과정을 통해 조정해오던 국민국가의 의회민주주의의 적실성을 약화시키고 있다. 국경을 초월한 복잡하고 다양한 이익들의 조정기제가 존재하지 않으며, 이들 이익을 상호교환하거나, 집약하는 것은 더욱 어려울 수밖에 없다.

④ 노사모·박사모와 같은 지지자 중심의 선거운동이 현실에서 성공하고 있으며, 지역대표를 뽑는 선거에서도 유권자들의 정당투표보다 후보자 개인에 대한 평가를 기초로 한 개인투표가 증가하고 있는 것도 대중정당의 적실성을 낮추는 요인이 된다.

나. 규범적 타당성 : 대중정당론

대중정당론은 작동가능한 민주주의는 대의제 민주주의이며, 대의제 민주주의는 대표성과 책임성을 요구한다는 전제에서 논리를 전개한다. 그 핵심에는 E. Schattschneider나 G. Sartori의 논리처럼 정당정치의 제도화와 대중정당이 자리 잡고 있다. 그리고 규범적 타당성이라는 관점에서 원내정당론에 대해 다음과 같이 비판한다.

① 원내 다수당에 의한 독식이나 독주의 위험이 있다. 대중정당체계에서는 원내외에서 정당간의 대립구도가 형성되어 상호견제가 가능하지만, 대중적 기반보다 원내대립을 축으로 하는 원내정당체제에서는 의석수가 결정적 변수로 작동하기 때문이다. 나아가, 기성 정당에 의한 카르텔 형

29) 이 입장은 개인이나 집단이 사익을 추구하는 대립적 정치와 갈등, 이념 대립이 충만해 있는 사회로부터 다양한 압력에 노출되지 않아야 효과적인 정책 개발이 가능하다고 본다. 즉, 갈등이 차단되지 않은 채 그대로 정당과 입법기구로 전달되어야 한다는 것이다. 유권자 중심의 정당을 제시하지만, 대중이 주도하는 정치에 대해 반대하는 전통적 자유주의적 시각이 깔려 있기 때문이다. 이 점에서는 대중정당론과 큰 차이가 없어 보인다.

성이나 국가와 정당의 상호침투가 나타나기 쉽다.

② 원내 정당화는 현역 의원들의 입지만을 강화시켜 준다. 미국의 경우 상하원의 재선율은 90%를 상회하고 있으며, 참신한 인물이 새롭게 진출하는 것이 어려운 만큼 쇄신이 어렵고, 부패와 후견주의가 강화된다.

③ 원내정당화는 정치적 불안정을 조장할 수 있다. 대중과의 직접적 연계와 사안별 정책은 이념적 정체성을 약화시켜 정책의 일관성을 낮추고 정당의 유동성을 심화시키기 때문이다.

2. 평가 및 민주주의를 위한 제도적 설계

1) 전 제

가. 민주주의

자유주의가 시민의 자유 혹은 소유보호를 지향하며 이를 위해 권력의 제한을 위한 법의 지배 원칙을 확립하려 하며, 전체주의를 반대하는 관점에서 출발한다면, 민주주의는 시민의 확대된 참여와 평등을 요구하는 정치체제로, 권위주의를 반대하는 관점에서 출발한다. 근대 민주주의는 자유주의라는 틀 속에서 형성되고 작동되어 왔으나, 양자의 긴장 속에서 서구의 경우 1960년대 이후 민주주의 위기를 경험하고 있다.

양자가 결합된 자유민주주의는 시민의 참여를 제도화된 틀 내에서 제약함으로써 소유 보호라는 목적을 달성했으나, 역설적으로 소수 권력에 대한 억제에는 실패함과 동시에, 조직화된 소수 이익만을 보장하는 체제로 기능하고 있는 것이다. 또 다른 견해는 민주주의가 보장하는 이익대표가 민주주의의 과잉과 과부하를 야기하고 있다는 것이다. 민주주의 위기에 대한 처방은 ① 전자의 관점에서는 참여의 확대를 통한 참여민주주의를, ② 후자의 관점에서는 시장주의나 참여의 제한을 지향하는 법치적 민주주의 혹은 슘페터적 경쟁적 엘리트 민주주의를 제시하게 된다.

나. 제 도

제도는 인간의 행위(선택)와 (사회)구조를 관계를 구조화하는 요인이다. 제도는 정치체제와 사회의 구조적 요인이며, 제도의 형성과 변화는 역사적 맥락에서 이해될 수 있다. 따라서 제도개혁은 다양한 제도들 사이의 관계와 맥락 속에서 접근되어야 하는 것이다.

제도 설계에서 핵심은 헌법적 규칙이라 할 수 있다. 헌법은 제정치제도와 정치문화 등 비제도적인 요인들과의 복합적이고 동태적 과정을 통해 작동된다. 즉, 권력구조인 대통령제 혹은 의원내각제는 정당정치, 선거제도와 선거정치, 의회정치, 그리고 관료제 와 같은 여러 요인들의 복합적인 상호작용 속에서 성패가 좌우되는 것이다.

예컨대, 현 한국정치의 문제를 87년 헌법 자체의 문제로 보는 것은 한계가 있다. 오히려, 문제는 헌법구조와 권력구조, 그리고 하위 정치제도들의 상호부조응성이라 할 수 있는 것이다. 정당기율과 정치적 자율성이 낮은 정당과 의회정치, 탈정치화 등이 오히려 문제되는 것이다.

2) 쟁점들 : 정치제도를 중심으로

한국 정치체제가 지행해야할 체제는 대표성 · 책임성 · 대응성인지, 아니면 통치안정성 · 효율성인지를 명확히 해야 한다. 한국 정치의 문제가 통치안정성이나 효율성의 문제보다 대표성과 책임성의 부재에 기인한다면, 혹은 대응성의 약화에 기인한다면 그 대안은 이를 높이는 방향으로 설정되어야 하는 것이다.

이에 대한 전제 하에서 대통령제와 의원내각제라는 통치구조에 대한 제도설계가 이루어지고 의회정치와 정당정치, 선거제도가 통치구조에 대해 조응성을 갖출 수 있어야 한다.

원내정당모델	(비교)	대중정당모델
대통령제	통치구조	모호(의원내각제)
전환의회 / 원내정당제	의회정치	모호(무대의회) / 책임정당제
소선거구제(정) / 비례대표제	선거제도	비례대표제
의원 자율성 확대(낮은 정당 기율) 다당제(다원사회와 다당제)	정당정치	높은 정당 기율 모호(세계화와 사회양극화 : 양당제)
후기산업사회(파편화) 종속변수	사회균열 지역주의	신자유주의적 세계화와 양극화 종속변수

가. 통치구조와 의회정치

대통령제를 전제로 한다면, 대중정당론보다는 원내정당론이 적실성이 있다. 반면, 대중정당론은 의원내각제가 적실성이 있다고 하겠다.

의원내각제는 정당지도자를 정점으로 하는 정당이 집단적으로 행정부를 장악하여 국정을 운영하지만, 대통령제에서는 승리한 대통령 중심으로 국정을 운영하게 된다. 의원내각제에서 국정운영의 중심은 내각이지만, 대통령제에서 국정운영의 중심은 의회가 된다. 의회와 집행부가 권력을 분점하고 상호견제와 균형을 통해 효율적으로 국정을 운영해 나가는 것에 초점이 맞춰진다.

대통령제에서 의회의 역할은 대행정부 견제에 맞추어지며, 실질적인 입법을 통해 사회적 요구를 법규범으로 전환하는 전환의회가 적합하다.

반면, 의원내각제에서 선거에서 승리한 집권당은 내각을 구성하고 선거에서의 공약을 실천하기 위한 집행에 초점이 맞추어지고 의회는 경합장 혹은 토론장으로서 역할을 하게 된다. 즉, 즉 무대의회(경합장의회)가 적합하며, 의회는 일하는 의회나 대행정부의 견제역할보다는 공론을 모아내는 역할들이 중요해진다

다. 선거정치/선거제도

원내정당론은 의원개개인과 유권자 간의 연계성을 강조하기 때문에 소선거구제를 취하는 것이 논리적이다. 다만, 한국사회가 다원화된 균열구조를 보이고 있고, 다양한 이익이 정치체제로 투입되는 것이 바람직하다고 주장한다면 비례대표제를 주장하는 것 또한 논리적이라 할 수 있다. 두 관점을 모두 수용한다면 비례성과 함께 의원과 유권자의 연계성을 모두 높일 수 있는 독일식 제도(비례대표제적 혼합형 혹은 지역구불균형 보상식 비례대표제)가 적합하다고 주장할 수 있다.

대중정당론은 정당 간 경쟁과 책임성을 높일 수 있는 독일식 혼합형 제도인 비례대표제적 혼합형(지역구불균형 보상식 비례대표제)이나 다수 유럽 국가들이 취하고 있는 명부식 비례대표제를 취하는 것이 논리적이다(단, 대중정당론은 명확한 입장을 개진하고 있지는 않다).

라. 정당정치

정당체계에 있어서는 사회균열을 고려해야 할 것이다. 한국사회가 다원화되고 원자화되고 있다는 점을 감안한다면 그것은 양당제보다는 다당제가 어울릴 것이다.

단, 대중정당론은 신자유주의적 세계화가 형성한 양극화된 균열을 강조하고 있다. 그런데, 후기산업사회 균열과 세계화로 인한 양극화된 균열이 교차된다면, 다차원적 균열로 볼 수 있다.

정당체계에서 중요한 점은 정당의 수나 이념지향성과 같은 요인보다는 사회의 다양한 이익이 정치과정으로 제도화되는 방식이다. 한국의 경우 정당간의 정책적 차이가 적게 나타나고 있다는 점을 감안하면 다당제나 양당제 어느 형태를 띠더라도 제도적인 의미의 안정성이 높을지는 몰라도 정당체계의 유동성은 높게 나타날 수밖에 없다. 이런 상황에서는 다원적 이익들이 정당을 통해 대표되는 것은 어려우며, 비제도적인 방식으로 이익들이 표출되는 것을 방지하기는 어려울 것이다.[30] 즉, 정당체계에 대한 논의에서 핵심은 안정적인 정치발전을 위해서는 사회갈등을 제도화하는 메커니즘에 맞추어져야 한다.

정당기율 차원에서 본다면, 원내정당론은 낮은 정당기율을, 대중정당론은 높은 정당기율을 제시하는 것이 논리적이다. 높은 정당기율은 정당간의 이념 및 정책경쟁을 통해 대표성과 책임성을 높이기 위해 필수적이라면, 낮은 정당기율은 대통령제 하에서 교착과 대통령의 전횡을 방지하기 위해 필수적이다.

정당조직의 차원에서 본다면, 원내 정당론은 정당의 개방과 정당운영에 있어서 원외기구가 아닌 원내 기구를 중심으로 조직되고 운영되어야 한다고 보는 것이 논리적이며, 대중정당론은 정당의 개방보다는 강한 응집력과 통합성을 유지하기 위한 집권적 구조와 원외기구 중심의 조직과 운영이 이루어져야 한다고 주장하는 것이 논리적이다.

필자의 짧은 소견으로는, 앞서 지적한 다양한 이익을 반영할 수 있으려면 정당의 이념적 기율이 낮게 유지되는 것이 보다 바람직할 것이다. 한 가지 점을 추가한다면, 대중정당론은 포괄정당론을 비판하면서 정당이 이념적 통일성을 지녀야 한다고 주장하지만, 소외된 이익들이 과연 하나의 이념으로 묶일 수 있는지는 의문이다. 차이와 다중성을 인정한 연대와는 달리 대중정당·이념이 지향하는 것은 차이와 다중성이 아닌 통일성이기 때문이다.

30) 비제도적인 이익표출은 정치제도의 낮은 대표성과 책임성에 대한 정치적 주체들의 반응으로 보아야 한다.

제 4 장 선거제도와 민주주의

선거란 대의제 민주주의에서 대표자를 선출하고 권력에 정당성을 부여하는 중요한 메커니즘이다. 대의제가 민주주의라 할 수 있는 것은 그것이 유권자의 의사를 체제에 반영할 수 있을 때이며, 이러한 의미에서 정치체제의 대표성과 책임성을 확보하기 위한 제도적 장치를 마련하는 것이 중요한 관건이 된다.

따라서 선거는 복수선택가능한 대안들 간의 경쟁이 보장되어야 하며, 유권자들이 복수의 경쟁적인 정당이나 후보자에 대해 자신의 선호를 자유롭게 표출할 수 있어야 한다. 나아가, 주기적 선거를 통한 정치체제의 책임성을 확보할 수 있어야 한다.

선거제도는 지지를 의석으로 전환하는 일종의 공식으로, 대표성의 의미에 따라 상이한 형태와 제도들로 분류된다. 만약, 대표성과 비례성이 중시된다면 비례대표제가 적합할 것이고, 통치안정성이 중시된다면 다수대표제가 적합할 것이다. 또한 유권자와 대표자의 거리감을 좁히는 데 초점을 맞춘다면 소선거구제가 보다 적합할 것이다.

이하에서는 정치과정과 정당성이라는 문제의식을 유지하면서, 또한, 한국정치의 문제점에 대한 진단(낮은 대표성과 책임성)을 전제로 하면서 민주주의 발전을 위한 선거제도의 설계를 위한 방향을 잡아 나가는 데 초점을 맞출 것이다.

이장의 주요 주제는, 선거제도, 투표행태, 그리고 정당체계와 선거제도의 관계 등이다.

제 1 절 선거제도의 개관

Ⅰ. 선거와 민주주의 2013 행정(선거와 시민참여)

선거는 주권자인 시민의 정치적 의사를 집약함으로써 한 국가의 공공의 이익이 무엇인지에 대한 방향을 결정짓는 제도적 장치라 할 수 있다. 선거 결과를 두고 ‘the public has spoken 혹은 민심’이라 말하는 이유이다. 그러나 선거에 표출된 견해가 과연 공공의 이익인지, 또한 공공의 이익이 있는지에 대한 반론도 존재한다. 때로는 선거결과를 ‘일반의지’와 같은 것으로 해석하는 것은 선거결과와 다른 견해를 바람직하지 않은 것으로 해석하는 전체주의 위험성을 안고 있으며, 선거에서 표출된 견해는 유권자 개개인의 이기심에 불과할 뿐일 수 있다는 점을 간과할 수 있기 때문이다. 나아가 Arrow 불가능성 정리가 시사하는 것처럼 선거결과를 정치공동체를 구성하는 개개인의 선호를 정확하게 집약한 것도 아니다.

때로, 전체주의나 권위주의 체제에서처럼 선거는 국가가 시민을 통치하는 수단으로 기능한다고 평가된다. 이 경우 권력에 정당성을 부여하는 선거의 기능 때문에 혁명을 불가능하게 한다. 선거는 공적 책임성과 정치적 통제를 보장하는 수단이라는 것은 허구에 불과할 수 있는 것이다. 조금 약하게 이야기한다면, Joseph Schumpeter나 Thomas Jefferson이 생각했던 것처럼 (선거)민주주의는 인민에게 통치권을 주는 것이 아니라, 공직을 채우는 수단이자 인민이 그들을 통치할 사람들을 받아들이거나 거부하는 기회를 가질 뿐이다.

그럼에도 불구하고 선거는 대의제 민주주의 하에서 시민이 주권을 행사하는 거의 유일한 통로라는 점에서 중요한 의미를 갖는다. 선거는 대의제에서 정치권력을 창출하는 중요한 메커니즘이며, 유권자가 자신의 견해를 표출하고 투입할 수 있는 공식적인 장을 제공하는 제도적 장치이다.

정리하자면, 선거는 시민의 선호를 집약 · 표출하며, 권력에 정당성을 부여하며, 시민 참여의 장으로서 기능을 한다.

선거의 차원

투표권의 소재

정치사회 구성원의 범위를 정하는 문제로, 1852년에 남성 보통선거권이 프랑스에서 최초로 인정되었고, 20세기 들어와서 여성 보통선거권이 인정되었다. 한국은 1948년 제헌헌법에 따라 모든 성인에게 투표권이 인정되었다.

자유민주주의를 천명하고 있는 국가에서는 투표권을 모든 성인에게 인정하지만, 사실상의 진입장벽을 둠으로써 일부 유권자에게 투표권 행사를 제한하는 경우도 있다. 선거인 명부제를 택하지 않고 유권자 등록제도를 사용하는 미국이 이에 해당하는 데, 이 제도는 투표권을 행사하는 데 있어서 심리적 · 물리적 비용을 높이려는 것이다.

후보자 결정

피선거권은 선거권과 동일하게 설정하는 것이 일반적이지만, 피선거권의 제한연령을 선거권보다 높게 설정하는 국가도 있으며, 때로는 프랑스처럼 병역의무를 필하지 않은 남성에게 피선거권을 제한하는 국가도 있다.

후보자 결정에서 최근 중요하게 고려되는 문제는 정당후보자의 결정(공천)에 관한 것이다. 20세기 들어와 대부분의 서구에서는 공천과정을 보다 공개적이며 객관적인 절차로 변경해 왔는데, 이는 당내 민주주주의와 관련된다.

선거운동

대부분의 선거결과는 자금동원력과 같은 경제력에 따라 달라진다. 이는 선거가 개인적 사익을 위한 투자의 장으로 타락할 수 있다는 점에서 또한 문제된다.

선거운동 과정에서 후보자 간 상호비판은 불가피하다. 다만, 네거티브 선거전략을 사용하는 경우 명예훼손의 문제를 어떻게 다룰 것인지가 문제되었다. 그러나 이 보다는 유권자의 정치적 견해의 표출을 선거 시기에 금지하는 것이 헌법 상의 표현의 자유를 심각하게 훼손한다는 점이 중요하다.

선거의 원칙

선거 원칙으로 '직접 · 평등 · 보통 · 비밀'이 제시되고 있다.

보통선거권이 인정된 이후에는 표의 실질적 등가성이 중요한 의미를 갖게 되었는데, 2014년 말의 헌법재판소의 관련 판례는 이에 대한 진일보한 판결이라 평가할 수 있다.

비밀 · 직접투표의 원칙은 의문의 여지가 없어 보이지만, 생계문제 때문에 투표장에 직접 방문하기 힘든 유권자들을 고려한다면, 이를 완화시켜야 한다는 주장도 있다. 한국에서는 이 문제가 크게 이슈가 되고 있지 않지만, 과거 부재자투표제도를 사전투표제도로 변경하여 운영하고 있다.

Ⅱ. 선거제도의 정향(평가준거)

1. 민주적 정당성

1) 정치체제의 대표성, 비례성

대의제에서 민주적 정당성은 대표성과 책임성에 의해 확보된다. 이는 시민사회에 존재하는 갈등과 균열이 정치체제로 투입되고 있는지의 문제로 체제 안정을 위한 필요조건이 된다. 사회에 존재하는 균열이 정당에 의해 대표되지 못한다면, 특정 이익이 과다대표되거나 과소대표된다면, 배제된 집단은 정치과정과 공적 결정에 대해 정당성을 인정하지 않을 것이다.

선거에서 대표성은 비례성에 의해 확보될 수 있다. 유권자 시민의 지지율과 정당의 원내 의석 점유율이 높은 비례관계를 가져야 한다는 것이다. 이런 관점에서는 비례대표제가 보다 바람직한 제도로 평가될 것이다.

2) 대표의 반응성

민주주의가 인민의 의지에 의해 통치되는 체제라 정의된다면, 대의제가 민주주의이기 위한 조건은 대표자의 대의활동은 유권자 요구에 기초해야 한다.

선거에서 반응성은 의원과 선거구민간의 높은 유대감을 통해 확보된다. 대표의 반응성을 높이는 데는 명부식 입후보 방식보다 개별입후보 방식이 효과적이며, 중대선거구제보다 소선거구제가 효과적이다. 소선거구제는 지리적 범위가 협소하고 선출되는 의원이 한 명에 국한되므로 의원과 유권자 사이의 연계와 유대가 강화되는 반면, 지역구에서 당선되는 의원정수가 커질수록 의원과 유권자 사이의 관계는 분산적이고 소원적이기 때문이다.

2. 통치안정성 : 안정적 내각 및 원내 과반의석 확보 가능성

바람직한 정치체제를 구성하는 것도 필요하지만, 헌정공학에 있어서는 현실에서 작동 가능한 정치체제를 디자인하는 것이 보다 중요할 수 있다. 가장 민주적인 헌법이라 평가되는 독일 바이마르 공화국의 경우 내각의 평균 수명이 10개월에 불과했고, 결국 이 체제는 붕괴되고 말았다. 선거제도에서 통치안정성은 이런 맥락에서 제기되는 것이다. 다시 말하면, '안정된 내각을 형성할 수 있는가?', 즉 원내 과반의석을 차지하는 정당이 등장할 가능성을 높임으로써 정권의 안정성을 높일 수 있는가의 관점에서 선거제도를 평가하는 것이다.

보통 다수대표제는 정당구조를 단순화하기 때문에 통치안정성이 높아지며, 비례대표제는 정당난립을 초래하기 때문에 연립정부를 구성해야 하지만 그만큼 안정된 내각을 유지하기 어렵다. 따라서 다수대표제가 통치안정성을 확보하는 데 유리하다.

3. 효율성 : 선거비용 억제 측면

선거비용 억제는 체제효율성과 관련된 기준이다. 한국 정치에서 소위 금권정치와 관련하여 상당기간 동안 이슈로 다루어 졌었다. 이론적으로는 하나의 선거구에서 한 명을 선출하는 소선거구제는 후보자간 경쟁에서 1위를 해야 하기 때문에 선거비용이 많이 지출될 수밖에 없고, 중대선거구제의 경우 1위를 하지 않더라도 당선이 가능하기 때문에 선거비용 지출이 줄어든다고 한다.

그러나 소선거구제 다수대표제를 채택한 미국과 영국은 각각 가장 높은 선거비용이 지출되는 국가와 가장 적은 비용이 지출되는 국가에 속한다. 선거제도와 선거비용의 인과관계가 크지 않음을 알 수 있다. 실제 선거비용의 지출규모를 결정짓는 것은 정당과 후보자의 선거운동 방식이라 할 수 있다.

한 가지 추가한다면, 결선투표제 도입을 반대하는 입장에서는 그 논거로 결선투표제는 두 번의 투표를 거쳐야하기 때문에 그만큼 선거비용이 많이 든다는 점을 들기도 한다. 이 입장을 극단적으로 해석한다면, 선거제도와 민주주의는 폐지되어야 할 대상인지도 모른다. 한편, 체제 정당성이 장기적으로는 사회적 안정성을 높이고 그만큼 사회적 갈등으로 인한 비용을 줄일 수 있다고 한다면 민주적 정당성의 확보와 효율성이 꼭 상충적 관계에 있는 것은 아니다.

4. 소 결

선거제도를 평가하는 준거기준들은 상호 상충적 관계에 있다 ; ① 비례성이 높은 비례대표제는 중대선거구제를 대부분 채택하고 있어, 반응성을 높이는 데는 한계가 있다. 또한, 비례성이 높아지면 정당난립 가능성이 그만큼 높아지기 때문에 안정성은 낮아지게 된다. ② 다수대표제는 안정성을 높이지만 비례성을 낮춘다.

따라서 어떤 민주주의를 추구할 것인가, 해당 국가의 정치지형에서 무엇이 문제되는가가 우선 고려되어야 할 것이다.

제 2 절 선거제도와 선거정치

Ⅰ. 선거제도의 종류 2017 입법, 2016 행정, 2015 입법, 2014 행정, 2004 입법

1. 선거제도의 의의

선거제도는 지지를 의석으로 전환하는 공식이다. 선거과정에서 유권자가 보낸 지지(투표)를 어떻게 집약하는가에 따라 누가 당선되는지, 의회 의석이 어떻게 분포되는 지는 선거제도에 따라 달라지는 것이다.

선거가 민주주의에서 갖는 핵심 기능은 ① 대표자의 선출 및 권력에 정당성을 부여하는 기능과 ② 선호의 집약이다. 선거제도는 주권자인 시민의 선호를 집약하는 핵심 제도라는 점에서 민주정치의 핵심인 '대의과정'의 본질을 규정한다. 또한 대표자를 선출하는데 절대적인 영향을 미친다는 점에서 대의제의 핵심적인 제도라 할 수 있다.

만약 민주주의를 시민의 의사에 따른 통치라 한다면, 선호집약 기능이 보다 중요할 것이다. 이런 맥락에서 A.Przeworski는 선호의 집약 기능은 없고 권력에 정당성을 부여하는 기능만 남은 선거를 선거주의라 규정한 바 있다. 즉, 민주주의에서 선거가 갖는 가치는 정치권력에 민주적 정당성을 부여하는 것만으로 실현되는 것이 아니며, 대표성을 구현하기 위한 제도적 장치라는 점에 있다. 선거제도를 **대표제 형식**이라고 하는 이유가 여기에 있다. 선거는 정치권력과 통치행위를 합리화하고 권력행사의 정당성을 제공하지만, 대표성이 인정되는 한에서 가능하다.

또한, 선거제도는 정당체계와 밀접한 관련이 있다. 이와 관련하여 ① 비례성, ② 통치안정성, 이 항상 쟁점으로 부각된다. 비례성과 통치안정성은 각각 '비례대표제 - 다당제', '다수대표제 - 양당제'와 조응한다. 이런 맥락에서 선거제도를 유형화할 때 선거구 크기보다는 대표방식을 기준으로 한 분류를 많이 사용한다. 다만, 반응성 등을 중시하는 경우 선거구 크기에 따른 분류가 중요할 수 있다. 이하에서는 다수대표제와 비례대표제를 중심으로 선거제도를 유형화하려 한다.[31)]

2. 선거제도 분류기준

선거제도는 크게 보면 선거구의 크기, 입후보방식, 선출방식, 투표의 방법이라는 네 가지 요소의 조합으로 구성된다.

1). 선거구 : 선거구의 크기

선거제도는 그 크기에 따라 1선거구에서 1인을 선출하는 소선거구제도, 1선거구에서 2~4인을 선출하는 중선거구제도, 5인 이상을 선출하는 대선거구제로 분류된다.

---

31) 서울대 공저에서는 ① 다수대표제(소선거구 단기투표제, 대선거구 연기투표제), ② 소수대표제(대선거구 제한연기투표제, 누적투표제, 대선거구 단기투표제), ③ 비례대표제로 구분하고 있으며, 박준영 외 공저(박영사)에서는 ① 1선거구 1인 선출 제도로 단순다수제, 절대다수제를, ② 1선거구 n명 선출 제도로 비례대표제(정당명부식 비례대표제, 단기이양식 선거제도)와 비비례대표제(연기식 투표제, 제한 연기제, 정당연기제, 단기비이양식)를, ③ 혼합선거제도로 혼합비례제(독일식)과 병행투표제(일본, 한국 등)로 분류하고 있다.

의회의원 정수가 300명인 경우, 각 선거구에서 1명을 뽑는다면 전국을 300개의 지역으로 분할하게 된다. 반면, 1선거구에서 10명을 뽑는다면 전국을 30개 지역으로 분할하게 된다. 전자의 선거구 크기는 후자와 비교할 때 1/10 수준이 된다. 그래서 소선거구제라 한다.

소선거구제는 선거관리가 용이하며, 선거비용이 적게 들고, 유권자와 대표자 간의 거리감을 좁힌다. 그리고 거대 정당에 유리하기 때문에(양당제가 산출될 가능성이 높다) 원내 과반의석 확보가 유리하여 정국의 안정을 기할 수 있다.

중대선거구제는 후보자가 난립하기 때문에 명망가들이 선출될 가능성이 높다. 정당체계와의 관계에서는 종래 다당제를 산출한다고 평가해왔다. 그러나 기표방식에 따라 그 효과가 달라진다. 연기명 중대선거구제와 단기비이양식 중선거구제는 이론적으로는 소수대표제로 분류되고 다당제를 산출하는 경향이 있다고 평가했으나, 현실에서는 양당제를 산출하는 경향을 보이고 있다. 정당명부식을 사용하는 경우에는 다당제를 산출하는 경향이 있다.

2) 대표제 : 선출방법

원내 다수파 등장을 용이하게 하는 다수대표제와 정당의 지지율과 원내 의석 비율 간의 비례성을 높이는 비례대표제로 구분된다. 이 외에 집단의 대표원리가 강조되는 직능대표제, 소수파가 원내 진출이 용이하게 하는 소수대표제가 추가되기도 한다.

다수대표제(plurality)는 안정세력 확보에 유리하다고 한다. 단순다수대표제와 절대다수대표제가 있다. 이 제도는 양당제를 산출하는 경향이 있어 통치안정성을 높인다.

비례대표제(proportional representation)는 각 정당의 득표수에 비례하여 당선자를 배당하는데, 정당정치를 구현할 수 있으며, 사표의 방지와 대의제의 이념에 충실한 편이다.

3) 입후보 방식

입후보의 방법은 개별 입후보제와 명부식 입후보제가 있다.

개별 입후보 방식은 후보자 개인이 후보자로 등록하고 유권자는 후보자에게 투표 하는 방식이다. 명부식 입후보 방식은 정당이 후보자 명부를 작성하여 등록하고 유권자는 개별 후보가 아닌 정당명부에 투표하는 방식이다.

명부식 입후보 방식에는 구속 명부식(폐쇄형)과 이완 명부식(개방형)이 있다. 구속 명부식 제도는 정당의 의석이 할당된 후에 당선자를 결정할 때 정당이 명부에 올린 당선 순위에 구속되는 것이고, 후자는 유권자가 투표할 때 정당명부의 우선순위를 변경하는 것을 허용하는 제도를 말한다. 따라서 후자는 의회의원들이 유권자 중심으로 활동할 가능성이 보다 높다.

4) 투표 방식

선거에서 몇 표를 던질 것인가에 따라 단기명 투표제, 연기명 투표제, 1인2표제가 있다. ① 단기명 투표제는 각 유권자에게 한 개의 표를 부여하며, ② 1인2표제는 유권자가 두 개의 표를 갖는데, 한표는 지역대표에게 다른 한표는 정당명부에 투표하는 방식이다. ③ 연기명 투표제는 중대선거구제에서 유권자가 해당 선거구의 의원정수와 투표수를 연계시키는 방식이다. 이 중에서 1인 2표제는 다수대표제와 비례대표제의 혼합형 선거제도로 분류된다.

유권자가 투표용지에 기표한 표를 합산하는 방식에서 이양식(transferable)과 비이양식 투표제도의 방법이 있다. 이양식은 유권자가 후보자에 대한 선호를 투표용지에 표시하도록 하여, 자신이 지지한 후보자가 낙선하는 경우 그 표를 2순위 후보자에게 이양하는 방식이다. 사표방지효과 외에 유권자 선호를 정교하게 반영할 수 있다는 장점이 있다.

2. 다수대표제

다수대표제는 다수결 원리를 반영한 선거제도로 다수자만이 대표를 낼 수 있도록 하는 제도를 말한다. 다수대표제에는 최소득표선을 정하지 않고 1표라도 많은 표를 획득한 후보자가 당선되는 단순다수대표제와 유효투표의 과반득표자가 당선되도록 하는 절대다수대표제가 있다.

다수대표제는 양당제를 확립하고 원내 다수세력 형성을 용이하게 하여 통치안정성을 확보하는 것을 가능하게 한다. 그리고 소선거구제와 결합되었을 때 선거구민과 대표자의 유대관계 형성을 용이하게 한다.

그러나 소수집단의 이익이 대표될 수 있는 채널이 사실상 차단될 수 있고, 선거구 분할을 통해(게리맨더링) 선거 결과를 자의적으로 통제할 수 있다. 상대다수대표제의 경우 정당의 득표율과 의석수 간의 bias가 크고 불비례성이 높다.

1) 단순다수대표제(first past the post ; FPTP ; 영국, 미국)

소선거구제를 전제로, 한 표라도 많이 득표한 후보자가 당선되는 제도다. 단순하고 이해하기 쉬운 제도지만, 영국과 미국, 그리고 캐나다와 인도 등 영연방국가 일부에서 채택하고 있다.

승자독식의 이념에 토대를 두고 있으며 대정당에 유리하며 정국의 안정이나 점진적 정치 발전에 기여한다(다수 지지라는 토대를 제공하지만 급진적일 수 있는 작은 정당이 의석을 획득하는 것이 어려워 극단주의를 회피할 수 있다). 소선거구제를 전제로 하기 때문에 선거구민과 대표자 사이의 유대감을 형성하는 데 유리하다.

그러나 ① 사표가 발생하며, 대정당은 득표율보다 많은 의석을 얻을 수 있는 일종의 보너스를 챙겨갈 수 있다. ② 소정당과 전국적으로 고른 지지를 가지고 있지만 지역적 기반이 약한 정당이 의석을 거의 획득하지 못하기 때문에(제3당 효과) 선거에서 선호의 왜곡이 심해진다. ③ 사표와 제3당 효과는 소수의 지지만으로 원내 다수파의 지위를 얻을 수 있는 역설적인 결과를 낳을 수 있어 민주적 정당성이 훼손될 수 있다. 달리 표현하면 콩도르세 패자가 당선될 수 있다는 것이다(다수결의 함정). ④ 기득세력의 고착화와 machine politics 혹은 후원-수혜자주의(patron-clientalism)를 강화하고, 입법부가 행정부에 종속되는 경향을 낳는다. 후견주의가 형성되는 것은 이 제도에서 의회의 신진 인사의 충원은 영입을 통해 이루어지는데, 영입된 인사는 계파보스와 후견인-수혜자 관계를 형성함으로써 정당 내부에서 정치적 입지를 강화하려는 성향이 있기 때문이다. ⑤ 고의적으로 선거구를 조작하는 행위인 게리맨더링(gerrymandering)에 대한 유인이 높고, ⑥ 1980년대 미국과 영국에서 레이거노믹스와 대처리즘이 등장하고 정책의 급격한 변화가 이루어졌던 것처럼, 정권교체가 정책과 방향에서 급진적 변화를 초래할 수 있어 불안정성을 보이기도 한다.

2) 절대다수대표제

가. 결선투표제(two-round system ; TRS)

[1] 프랑스에서 채택하고 있는 이 제도는 FPTP(단순다수대표제)와 마찬가지로 소선거구제에서 유권자는 1표를 행사한다(single-candidate constituency / single-choice voting). 1차 투표에서 과반수를 차지하는 후보자가 없는 경우 일정 기준을 충족한 혹은 최다득표자 2인으로 2차 투표(결선투표, run off)를 하게 된다. 결선투표에 진출하는 후보자는 좌우 진영에서 상대적으로 큰 정당으로 압축되기 때문에 의회의 원내 정당분포를 단순화시킨다.

이 제도에서 유권자는 1차 투표에서는 선호투표를, 2차 투표에서는 전략적 투표행태를 보이는 것이 일반적이다. 정당과 후보자는 1차 투표에서 얻은 지지율을 기반으로 정파 간 제휴와 연합(투표교환)을 모색하며, 결선투표를 진행하는 후보자의 공약에 자신의 주요 정책을 반영하려는 노력을 기울인다.

프랑스에서 이 제도를 채택했던 것은 좌우 두 진영 간의 균열을 기반으로 정당체계가 형성되어 있지만, 좌파 및 우파 내부의 이념적 거리가 멀어 안정적인 연정을 구성하는 것이 쉽지 않아 정국의 혼란이 발생했던 3,4공화국의 경험 때문이었다. 이 제도는 결선투표를 통해 과반수의 지지를 획득하도록 함으로써 민주적 정당성을 높이고 강한 다수의 출현을 가능하게 하고, 의회 정당분포를 단순화시켜 정치적 안정을 기할 수 있기 때문이다.

그런데 이 제도에 대한 평가는 극단적이다. 혹자는 다수대표제로서 강한 정당을 낳는다고 평가하고, 혹자는 정당의 파편화와 분절화를 낳는다고 평가하기 때문이다. 이에 대해 살펴보자.

[2] 결선투표제는 단순다수대표제에서 발생할 수 있는 콩도르세 패자가 당선될 가능성을 차단하고, 콩도르세 승자가 당선될 수 있도록 하는 선거제도라 할 수 있다. 그리고 단순다수제에서 취약한 지지기반으로 승리할 경우 권력의 불안정성을 낳는 '아옌데 신드롬'으로 이어질 수 있는데, 이를 차단할 수 있다. 단순다수제가 갖는 이 같은 취약성은 결선투표제 도입을 요구하는 배경으로 작용한다.

> 1970년 선거에서 아옌데는 36.6%로 당선되었지만, 2위는 후보와는 0.9%차이 밖에 나지 않았다. 민주적 정당성의 취약성은 3년 뒤 쿠데타로 이어졌다. 그런데 단순다수대표제에서 당선자의 취약한 지지기반은 국정운영에서 일방적 독주보다는 타협을 이끌어 내기도 한다.
> 그렇다면, 1970년대 칠레의 아옌데 정권과 1980년대 한국의 노태우 정권의 차이는 무엇이었을까?

이 제도의 1차 투표에서 유권자는 사표방지심리나 최악의 후보자가 당선되는 것을 막기 위한 전략적 투표를 하지 않고 자신의 선호를 표출하는 선호투표행태를 보인다. 이렇게 표출된 유권자의 선호는 2차 투표에서 선택 가능한 다양한 선호의 조합이 대안으로 만들어 진다(투표교환). 이러한 메커니즘은 정치체제에 시민사회의 이익이 투입되도록 하고, 한국정치에서 문제로 지적되어 온 양대 정당 중심의 보수 독점구조를 깨고 온건 다당제로 전환하고 정책중심의 경쟁과 연합의 유인으로 작용할 수 있다는 주장으로 이어진다.

[3] 결선투표제는 2차 투표 실시로 인한 선거비용 증가가 항상 문제되어 왔다. 물론, 정치체제 안정성은 선거비용 문제를 상쇄할 것이다. 또한, 2차 투표에 진출하는 후보자들이 당선을 위

해 인기 위주의 공약을 남발할 수 있고, 2차 투표에 진출하지 못한 후보자나 정당과의 협상과정에서 자신의 이념적 정체성이 약화될 수 있다.

이 제도는 다수대표제에 속한다. 즉, 군소정당과 제3당에 불리하고 선호를 왜곡할 수 있다는 것이다. 비례대표제를 택하는 국가들과 비교할 때 다수대표제를 택하는 국가의 표의 불비례성은 10배에서 20배 정도 높게 나타난다. 결선투표제를 택하고 있는 대표적 국가인 프랑스는 네덜란드의 19배, 독일의 9배를 보이고 있다.

[4] 한국에서는 국회의원 선거보다는 대통령선거에서 이 제도를 도입하자는 주장이 많았다. 최근에는 온건다당제로의 전환과 대통령의 민주적 정당성 확보를 위한 방안으로 주장되고 있다. 그러나 이 제도를 강하게 비판하는 논자들은 다음과 같은 주장을 한다.

① 결선투표제에서 콩도르세 승자가 당선된다는 보장은 없다. 결선투표제에서 후보자 수는 늘게 되며, 1차 투표 이후 후보자간의 투표교환은 유권자의 선호와 지지를 변화시키기 때문이다. 또한, 선호집약(투표)의 공정성 조건 중 단조성을 위배한다는 점에서 단순다수대표제와 비교할 때 우월한 제도라 할 수 없다.

② 단순다수제에서는 당선가능성이 없는 후보자가 선거에서 끝까지 완주하지 않고, 자신의 이념과 거리가 먼 후보자를 탈락시키기 위해 중간에 사퇴하는 경우가 많다. 투표자 뿐 아니라 정당이나 후보자 또한 전략적 선택을 하기 때문이다. 그러나 결선투표제에서는 소수파라 하더라도 끝까지 선거에 참여하기 때문에 유효득표 후보자를 늘리게 되고, 정당의 파편화를 초래할 가능성이 높다. 대통령제 하에서 정당의 파편화는 대통령과 의회의 교착과 대통령의 통치가능성을 위협할 수 있다.

③ 결선투표제서는 2차 투표에서 과반 득표가 가능하지만, 1차 투표에서는 후보자가 난립하기 때문에 오히려 최종 당선자의 득표율이 낮을 수 있다. 2차 투표에서 얻은 득표율이라는 것은 만들어진 과반수(manipulated majority)에 불과할 뿐 진정한 의미의 과반은 아니라는 것이다.

④ 넷째, 결선투표제에서는 1차 투표와 2차 투표의 1,2위가 뒤바뀔 수 있다. 1996년 에콰도르의 부카람은 1차에서 23%를 얻었으나(의회의석 또한 23%였다), 2차 투표에서 54% 득표로 당선되었다. 그러나 의회 반대파의 반발과 대규모 시위로 탄핵되었다. 페루의 후지모리 전 대통령은 1990년에 이와 같은 방식으로 당선되었으나 의회와 대립을 겪다가 친위 쿠데타를 일으켰다.

⑤ 투표교환에 대한 평가와 관련된 것으로 연합은 통치안정성을 높일 수 있고, 소수의 이익을 보호할 수 있으나, 소수정당의 요구가 지나치게 반영되는 것은 통치안정성을 낮출 수도 있다.

[5] 절대다수대표제에 대한 관심은 단순다수대표제가 갖는 선호왜곡과 민주적 정당성의 문제 때문이었다. 그러나 결선투표제 역시 단순다수결을 거쳐야하기 때문에 콩도르세 승자를 탈락시킬 수 있다.[32] 사실 선호집약을 위한 선거제도 중 공정성의 조건을 충족시키는 제도는 존재하지 않는다. 이 말은 결선투표제와 같은 제도를 도입하는 것으로 한국정치의 문제가 해결되는 것은 아니라는 것이다.

---

32) 단순다수대표제에서 콩도르세 패자가 당선될 수 있지만, 한국의 선거경쟁을 보면 정당과 후보자는 선거연합을 통해, 유권자는 전략적 투표를 통해 이를 회피하려는 행태를 보여주기도 한다.

① 아이러니 하게도 결선투표제에서도 다수제의 함정이 발생할 수 있다. 2002년 프랑스 대통령 선거를 보자. 선거 전 여론조사 결과 좌파의 조스팽과 우파의 시라크가 결선투표에 진출할 것이 확실시 되었고, 두 후보 중에서는 조스팽을 지지하는 유권자가 훨씬 많았다. 그러자 결선투표에만 진출하면 당선될 것이라 판단한 좌파 진영에서 후보자가 난립하였고(좌파 후보의 총득표율은 60% 이상이었으나 조스팽의 득표율은 16.18%였다), 그 결과 결선투표에 진출한 후보자는 우파의 시라크(19.88% 득표)와 극우파 르펜(16.88% 득표)이었다. 우파 후보들끼리의 결선투표에서 좌파를 지지했던 유권자들은 시라크에 표를 던지면서 82% 지지라는 유래 없는 지지율로 당선이 되었다. 선거가 끝난 후 시라크는 "좌파의 지지에 감사한다."고 밝혔다. 여기에서 알 수 있는 것 하나는 결선투표제에서도 다수결의 함정이 나타날 수 있다는 점이다. 결선투표제가 갖는 이와 같은 역설적인 결과를 해소할 수 있는 제도가 선호투표제라 할 수 있다.

② 2017년 프랑스의 하원인 국민의회의원선거에서는 재미있는 결과가 나왔다. 1차 투표에서 마크롱 대통령 소속 정당인 앙마르슈가 28.2%를 득표했고, 2차 투표에서 577석 중 308석을 얻었고, 연합 파트너인 민주운동당의 42석과 합쳐 전체 의석의 60%인 350석을 차지하였다. 앙마르슈는 신생정당으로 의석수가 하나도 없던 일종의 친목단체라 불리던 정당이었으나, 대통령의 인기라는 후광에 힘입어 50% 이상의 의석을 획득한 것이다.[33] 이 선거에서 프랑스 공화당은 20% 못 미치는 113석을, 사회당은 29석(5%)을 획득하였고, 한동안 프랑스에서 돌풍을 일으켰던 극우파인 르펜의 국민전선은 8석밖에 얻지 못하였다.

참고로 마크롱과 르펜의 지지율은 각각 23.7%와 22%(2017년 대선 1차 선거 득표율은 각각 24%와 21.3%)로[34] 근소한 차이를 보일 뿐이었다. 그리고 투표율은 1차 투표에서 48%, 2차 투표에서는 42.64%에 불과하였다. 그리고 2차 투표에서는 백지투표(2.95%)와 무효투표(1.25%)를 뺀 유효투표율은 38.43%에 불과하였다.

③ 결선투표제에 대해서는 다수대표제로 분류되고 있지만 비판자들은 남미 국가의 경험을 들어 정당체계의 파편화를 초래할 것이라고 주장하고 있고, 찬성론자들은 한국의 보수 독점적 양당제를 온건다당제로 변화시킬 것으로 기대하고 있다. 그런데 2017년 프랑스 선거를 통해 확인할 수 있는 것 중의 하나는 결선투표제를 택함으로써 정당체계를 단순화할 수 있었고, 비례제였다면 다당제로 귀결되었을 것이라는 점이다. 비판론과 찬성론 모두 사회균열과 유권자 및 정당의 행위, 그리고 제도가 어떻게 결합되는가를 간과한 채 다당제로 변화할 것으로 예측하고 있는 것이다.

나. 선호투표제(alternative vote ; AV)

호주의 하원 선거와 영국의 런던 시장을 선출하는 선거에서 사용하는 제도로, 소선거구에서 유권자는 1표를 행사한다(소선거구제 다수대표제와 같다). 다만, 유권자는 지지하는 후보자에게

33) 2000년대 초에 동거내각이 나타날 확률을 줄이기 위해 헌법을 개정하여 대통령과 국회의원 임기를 일치시키고, 국회의원 선거는 대통령이 취임한 직후 후보등록이 시작되고 한 달 후에 치러진다. 2달이 안 되는 기간 동안 4번의 투표를 하게 되는 것이다.

34) 참고로, 마크롱의 지지기반은 '고학력층, 중산층 이상, 안정된 직업을 가진 자, 이민자, 도시지역'이라면, 르펜의 지지기반은 '저학력층, 블루칼라계층, 18~49세의 청장년층 분노, 농촌지역'이라 할 수 있다.

기표하는 방식이 아니라 후보자들에 대한 선호를 순위를 매겨 기표하는 방식이다. 이때 과반득표자가 나오는 경우 당선자가 확정되지만, 과반득표자가 없는 경우, 최하위 후보를 탈락시키고 탈락하는 최하위 후보자가 얻은 득표를 2순위 후보자에게 표를 이양하여 다시 집계한다. 이런 식으로 과반득표자가 나올 때까지 반복한다(한 번의 투표로 과반득표자를 선출한다는 점에서 결선투표제와 다르다).

다수파가 안정적 원내 의석이 확보될 수 있어, 정권의 안정성에 기여하며, 유권자의 선호가 정교하게 반영될 수 있다. 그러나 대의 왜곡 현상을 교정하는 데 큰 효과가 없다. 그것은 최다득표자 선거제도로 1순위 지지에서 소수표 밖에 얻지 못한 후보가 역전할 가능성이 거의 없기 때문이다. 정당 간 연합이 이루어지는 경우 제3당 이하인 소수의 이해관계가 간접적으로 기성 정당의 정책으로 수렴될 수 있다.

다. 프랑스의 결선투표제와 호주의 선호투표제

단순다수 대표제가 갖는 '다수결의 함정', '콩도르세 패자가 당선될 수 있다는 역설'은 절대다수대표제를 도입하자는 논리적 근거로 작용한다. 콩도르세 승자가 당선될 가능성을 높이고, 과반득표를 통해 민주적 정당성을 확보할 수 있기 때문이다.

또한 두 제도는 모두 후보자 혹은 정당간의 정책연합·투표교환이 활발하게 이루어진다. 따라서 이들 제도는 다수대표 효과를 강하게 띠면서도 사회의 다양한 이익을 정치체제에 투입함으로써 정치체제의 대표성과 민주적 정당성을 제고할 수 있다는 장점이 있다.

결선투표제는 1차 투표에서 과반득표자가 나오지 않는 경우 2차 투표를 통해 과반 득표자를 선출한다. 호주의 선호대체투표제는 유권자가 모든 후보자에 대해 선호를 표시하고(Borda 방식) 1순위 선호를 얻은 후보자 중에 과반득표자가 나오지 않으면 최소 득표를 한 후보자를 탈락시키고 2순위 후보자로 이양한 후 다시 득표를 계산한다. 이 과정을 과반득표자가 나올 때까지 반복한다. 즉, 호주의 선호대체투표제는 한 번의 투표로 과반득표자를 선출한다는 점에서 2번의 투표를 거치는 결선투표제와 차이가 있으며, 유권자의 선호를 보다 정교하게 반영할 수 있다.

선거 비용의 차원에서 본다면 호주의 선호투표제가 장점을 갖는다. 그러나 유권자가 선호를 표시하도록 하기 때문에 기표방식 변경에 따른 유권자의 혼란이 발생하고 (콩도르세 방식보다는 단순하지만) 기표와 개표 등 선거과정이 복잡해져 전환비용과 관리비용이 발생한다. 즉 선거비용 측면에서는 호주식 제도가, 선거 관리 측면에서는 프랑스식 제도가 더 낫다고 할 수 있다.

그런데 양 제도 모두 이들 국가의 정치지형을 고려한 제도였다는 점을 간과해서는 안 된다. 프랑스의 경우 분극다당제이면서도 좌우 내부의 이념적 거리가 멀어 파편화된 정당체계를 가지고 있었고, 호주의 경우 소수 인종문제를 안고 있었다.

3) 연기명 중선거구제와 단기비양식 중선거구제

다수대표제에 속하는 중선거구제에는 완전연기명 중(대)선거구제, 제한연기명 중선거구제, 단기비이양식 중선거구제가 있다.

이 제도들은 소수대표제로 분류되어 왔으며, 완전연기식 중대선거구제를 다수대표제로, 제한연기명 중선거구제와 단기비이양식 중선거구제를 다수대표제와 비례대표제 중간 형태로 분류하기도 한다. 그러나 실제 선거결과를 보면 세 가지 제도 모두 다수대표제 효과가 강하게 나온다는 점에서 다수대표제로 보는 경우가 많다. 참고로, 최근에 발간되는 정치학 교과서에서는 이들 제도를 별도로 언급하지 않는 경우가 많다.

가. 연기명 중대선거구제(block vote ; BV)

선거구에서 당선되는 의원정수만큼 유권자가 표를 행사하는 제도를 말한다.[35] 예를 들어, A지역구에서 5명을 뽑는 선거라면 유권자는 5표를 행사하는 것이다. 소수의 강한 선호가 반영될 수 있어 비례대표제의 효과를 낳을 수 있다.

그러나 현실에서는 유력한 정당에게 표를 집중시키는 결과를 낳기 때문에(싱가포르에서 91년 인민행동당은 61%의 득표로 의석의 91%를 차지한 바 있다) 단순다수대표제보다 더욱 강한 정당을 만들어 내기도 한다.

나. 제한적 연기명 중선거구제(limited vote ; LV)

선거구에서 당선되는 의원정수와 유권자가 행사하는 표를 연계시키지만, 완전히 연계시키지 않는 제도를 말한다. 예를 들어, A지역구에서 5명을 뽑는 선거라면 유권자는 2표 내지 4표를 행사하는 것이다.

연기명 중선거구제에 비해 소수의 지지로도 당선될 가능성이 높지만, 연기명 중선거구에서와 같이 제1당에게 표를 몰아주는 경우 제2당 이하 군소정당에 불리하다.

다. 단기명 중선거구제(single non-transferable vote ; SNTV)

1선거구에서 2명(때로 2명 내지 5명)을 선출하되 유권자는 1표를 행사하는 것이다. 그리고 낙선된 후보자가 획득한 표를 다른 후보자에게 이양하지 않는다.

요르단, 태국, 한국의 유신체제와 제5공화국, 93년 이전 일본에서 채택한 제도다. 이론적으로는 일반적인 중선거구제에 비해 비례대표의 성격이 강하기 때문에 소수파의 당선이 상대적으로 용이하다.

예를 들어, 어느 선거구에서 5명을 선출하는 단기명 중선거구제를 택하고 있고, X당에서 A, B, C후보가, Y당에서 D, E 후보가 당선되었으며, 득표율은 A후보 33%, B후보 25%, C후보 15%, D후보 11%, E후보 5%, F후보 3%, ...로 나왔다고 하자. X정당은 73% 득표로 의석의 60%를 획득한 반면, Y정당은 16% 득표로 의석의 40%를 획득하게 된다.

소수파는 지지율보다 많은 의석을 얻을 수 있는 것이다. 이 제도의 이런 효과에 주목하는 일부 학자들은 한국의 지역주의를 해결하는 데 유용하다고 평가한다. 하지만, 유권자의 선호왜곡이 크고(다수대표제와는 반대로 소수 선호가 과다대표된다), 민주주의의 다수결원리에 반한다는 점에서 반대하는 입장도 있다.

중대선거구제와 마찬가지로 이 제도에서 후보자에게는 정당지지율이 의미가 없기 때문에 다른 정당 내 경쟁과 분절화를 유발한다. 또한 제1당이 과반수의 지위를 갖는 경우 야당 사이에 제살 깎아먹기 경쟁을 초래하여 제1당의 지위를 공고하게 하는 효과를 낳기도 한다. 일본의 1.5정당

---

35) block vote를 이 제도와 구분하여 후보자가 아닌 정당에 투표하는 정당블록 투표제로 별도로 분류하기도 하지만, 유권자들이 정당별로 투표하는 성향을 갖기 때문에 양자 간 차이는 거의 없다.

체제와 한국의 유신체제와 제5공화국의 정당체제는 이러한 선거제도에 기인했다고 평가된다.

한국의 유신체제와 제5공화국에서는 2인을 선출하는 선거제도를 운영하고 있었는데, 대부분의 지역구에서 집권당이 1석 또는 2석 모두를 차지하고, 나머지 1석을 야당이 나눠 갖는 식이었다. 따라서 집권당은 원내 과반의석을 쉽게 확보할 수 있었다.

3. 비례대표제

비례대표제는 정당이나 후보자에 대한 유권자의 지지에 비례하여 의석을 배분하는 제도를 말한다. 이 제도는 산업사회와 정당제도의 발달을 배경으로 하며, 독일 바이마르공화국에서는 대의이념을 합리적으로 실현하기 위해 도입하였다.

비례대표제는 형식적이고 산술적인 의미의 '1인 1표'원리를 넘어 실질적인 의미에서 '표의 등가성'을 높인다는 데에 그 의의가 있다. 표의 등가성과 비례성을 높인다는 것은 소수파의 원내 진출을 용이하게 하고, 정당의 득표율과 의석분포의 비례성을 높여 정당정치의 발전을 가능하게 함을 뜻한다.

그러나 정당난립으로 인한 정국의 불안과 대선거구를 수반한다는 점에서 선거구민과 의원사이의 관계가 소원해진다. 다수대표제와 비교할 때 절차가 복잡하다. 무엇보다도 선거구민과 대표 사이에 정당이 자리 잡고 있다는 점에서 직접선거 원리에 반한다는 점과 후보자 명부 순위가 정당 지도부에 의해 좌우될 수 있어 유권자의 정확한 선호가 반영되기 어렵다.

1) 명부식 비례대표제(List PR, 정당명부제)

순수한 형태의 비례대표제로 유럽대륙의 대부분 국가, 그리고 유럽의회에서 사용하는 방식이다. 정당은 명부를 작성하고 유권자는 정당의 명부에 투표하고 정당의 지지율에 따라 의석을 배분하는 방식을 말한다. 선거구의 크기는 국가마다 다르며, 정당의 지지율을 의석을 배분하는 방식,[36] 명부 작성 방식[37] 또한 다양하다. 그리고 이 제도에서는 정당 난립을 방지하기 위해 저지규정(독일은 정당 득표율이 5%가 넘는 경우에 의석을 할당받는다)을 두는 것이 보통이다.

저지규정이 없다면 지지율과 의석의 비례성이 가장 높은 제도에 속하며, 소수세력이 의석을 확보하는 것이 용이하다. 따라서 사회의 갈등이 다차원성을 띨 때 다양한 이익이 체제에 투입되는 것이 가능하고, 그만큼 체제 안정에 기여하게 된다.

---

36) 최다잔여표 방식(헤어 쿼터, 드룹 쿼터)과 최고평균방식(동트식, 생트라귀 방식)이 있다.
헤어 쿼터 방식은 쿼터(의석 한 석에 필요한 표수)로 정당의 득표에 곱하며 소수점에서 가장 큰 정당 순으로 의석이 분배된다. 드룹쿼터는 총유효투표를 (총의석수 + 1)로 곱하게 된다. 헤어 방식과 비교하면 곱해지는 수가 크기 때문에 군소정당에 불리하다.
동트식은 자연수의 수열(1,2,3,4,...)로 정당의 득표를 나누며, 생트라귀식은 수열을 변경하여(1.4, 3, 5, 7,...) 나눈다. 생트라귀식은 수열의 숫자가 빨리 커지기 때문에 군소정당에게 유리하다.

37) 중선거구이면서 명부 중 개별 후보에 투표하고, 의석은 정당의 지지율로 배정되고 정당 내 당선자는 개별 후보의 득표에 따라 결정되는 핀란드 · 네덜란드, 정당이 아니라 개별 후보에 투표할 수 있게 한 벨기에(순위대로 당선자가 결정되지만, 개별 후보에게 투표한 경우 이를 반영), 정당에 모두 투표해야 하지만 원하는 경우 특정 후보에 대한 지지를 표시할 수 있도록 한 체크공화국, 원하지 않는 후보를 명부에서 탈락시키는 대신 다른 후보의 이름을 써 넣을 수도 있는 스위스 · 스웨덴 등이 있다. 국가마다 정당명부의 개방성의 정도가 다른 것이다.

그러나 군소정당이 난립할 가능성이 높아 허약하고 불안정한 정부가 등장할 수 있다. 또한 선거구의 유권자와 대표자 사이의 연계가 약해지고, 명부의 작성 과정에서 정당 내부의 권력구조가 반영되기 때문에 유권자의 선호에 반하는 인사가 당선될 가능성이 존재한다.

2) 선호이전식 투표제(single-tranferable vote ; STV ; 단기이양식)

아일랜드와 영연방의 북아일랜드 의회 선거에서 채택하고 있는 제도다. 이 제도는 이양식을 사용하고 유권자가 자신의 선호를 투표용지에 표시한다는 점에서 호주의 선호투표방식과 동일하지만, 중선거구제를 택하고 있다는 점에서 차이가 있다. 그리고 비례대표제 중에서는 유일하게 개별 입후보 방식을 사용하고 있다.

이 제도는 먼저, 유효표를 선출인원으로 나누어 쿼터를 산출한다.[38] 쿼터를 상회하는 표를 얻은 후보자는 당선되며, 쿼터를 초과해서 당선된 후보자의 표는 선호에서 2순위 후보에게 이양된다. 어떤 후보도 쿼터를 초과하지 못한 경우에는 최하위 득표자의 표를 2순위 후보에게 이양하여 득표수를 산정한다.

T.Hare가 1850년대에 개발한 제도로, 이론적으로는 비례성과 유권자의 선호를 정교하게 반영할 수 있다는 점에서 가장 우수하다고 평가되기도 한다. 특히, 정당지도부가 명부를 작성하는 명부식 비례대표제와 달리 개별 입후보 방식을 택하기 때문에 유권자가 정당지도부의 의도와 무관하게 자신들이 원하는 후보자를 당선시킬 수 있다.

그러나 비례성이 높은 만큼 안정된 단일 정부를 구성하기 어렵고, 당 내부의 경쟁과 파벌이 조장될 수 있어 당내 불안정성이 나타나고 책임정당제를 형성에는 불리할 수 있다.

4. 혼합형 선거제도 : 1인2투표제

1) 다수제적 혼합제(parallel system, 소위 병행제 혹은 일본식 혼합제)

일본, 이탈리아, 러시아 등에서 실시되는 제도로 다수제 방식(소선거구제)과 비례대표제 방식(정당명부제)을 병렬적으로 혼합한 제도다.

유권자는 지역대표와 비례대표에 대해 각각 후보자와 정당명부에 투표를 하며(1인 2표제), 지역대표는 단순다수 대표제 방식으로 당선자가 결정하고 비례대표는 명부식 비례대표제 방식으로 당선자를 결정한다. 단순다수 대표제와 명부식 비례대표제 방식이 별개로 운영되기 때문에 지역대표에서 비례성을 높이기 위한 메커니즘은 존재하지 않는다. 따라서 다수대표 효과가 크게 나타난다. 이 제도를 처음 채택한 일본에서는 지역대표의석(300)이 비례대표의석(200석)보다 많으며, 지역구에서 패배한 당중진이 정당명부에 의해 당선될 수 있도록 중복출마를 허용하는 독소조항(석패율제도)을 담고 있다.

이 제도는 제도 운영에 따라 상이한 결과를 가져올 수 있다. 즉, 지역대표의석과 비례대표의석

---

38) 아일랜드에서는 쿼터를 다음과 같이 설정한다. 예를 들어, 4명을 선출하는 선거에서 유효투표수가 200표인 경우 쿼터는 41표가 된다.

$$쿼터 = \frac{유효투표수}{의석수 + 1} + 1$$

의 비율을 조정함으로써 다수대표제 효과를 강조할 것인지, 비례대표제 효과를 강조할 것인지를 조정할 수 있다. 만약, 비례대표제 효과를 강조하고자 하는 경우에 전체 의석에서 비례의석의 비율을 60% 혹은 그 이상으로 조정하는 것이 가능하다는 것이다.

2) 비례제적 혼합제(mixed-member proportioal ; MMP, 소위 독일식 혹은 추가의석제)

1949년 이후 독일에서 이 제도를 도입한 이후, 뉴질랜드, 볼리비아, 멕시코, 베네수엘라, 헝가리 등으로 확산되었으며, 지역구 불균형 보상식 비례대표제 혹은 추가의석제라 부르기도 한다.

제도 운영은 일본식과 동일하다. 그러나 의석의 배분은 정당명부의 지지율로 결정한다. 즉, 유권자는 지역대표와 비례대표에 가각 표를 던지지만, 각 정당의 전체 의석은 비례대표선거에서 얻은 지지율로 할당된다. 그리고 지역대표선거에서 당선된 의석을 차감한 의석이 비례대표의석이 되는 것이다. 다만, 이 과정에서 전체 할당된 의석보다 지역에서 당선된 의석수가 많은 경우가 나올 수 있기 때문에 초과의석이 나올 수 있다.

이 제도는 일본식과 달리 다수대표제 효과가 거의 나오지 않으며, 비례대표제 효과만 발생한다. 소선거구제를 택한 것은 명부식 비례대표제의 단점인 선거구민과 대표와의 거리감 문제를 완화하기 위한 것이다. 즉, 이 제도는 비례성과 대응성을 결합한 제도라 평가할 수 있다.

그러나 정당으로서는 전체 의석은 정당명부의 득표율이 결정하기 때문에 지역구에 대한 관심을 쏟지 않는 경향이 있다.

5. 선거제도의 평가 : 다수제와 비례제를 중심으로

[1] 다수대표제는 대정당에 유리한 제도로 양당제를 산출하는 경향이 있어, 하나의 정치세력이 원내 과반의석을 확보하는 게 용이하다. 반면, 비례대표제는 정당의 지지율과 의석분포의 비례성이 높아 다당제가 산출되는 경향이 있어, 연정을 통해 내각이 구성되는 데 사회의 다원적 균열을 정치체제에 반영하는 것이 용이하다(자세한 내용은 선거제도와 정당체계 부분을 참조할 것). 따라서 각각은 안정성과 비례성에 초점을 둔 선거제도라 할 수 있다.

안정성은 선거에서의 승패를 명확히 함으로써 특정 정치세력이 원내 과반의석을 차지할 수 있도록 하려는 것이다. 안정성을 추구하는 단순다수 대표제는 적은 표 차이에 의해서도 승패가 명확해 지기 때문에(승자독식) 득표율과 의서점유율간의 비례성이 지극히 낮고 사표와 선호왜곡이 크게 나온다. 프랑스의 결선 투표제 방식이나 호주의 대안 투표제(alternative voting)는 과반수 득표자에게 의석을 주는 방식이지만 역시 원내 다수파 형성을 용이하게 하는 다수대표제 방식에 속한다.

비례대표제는 유권자의 뜻을 얼마나 제대로 잘 반영할 수 있는가에 초점을 둔 제도다. 적은 득표를 한 정당이라도 그 정당을 지지한 국민의 수만큼 비례적으로 의석이 배분될 수 있도록 제도가 설계되고, 소규모 정당이 신생 정치세력이 의회에 진출이 쉬워진다.

따라서 두 선거제도는 상충적이며, 다수제 방식을 취하는 국가는 단일정당정부가 대부분이며 비례제를 취하는 국가는 연립정부가 일반적 형태가 된다.

[2] 각국의 선거제도 개혁 과정을 보면 일관된 모습을 보이고 있지 않다. 프랑스는 결선투표

제로 제도를 변경한 이후에도 지역명부제를 도입했다가 다시 결선투표제를 도입하기도 했으며, 뉴질랜드는 단순다수 대표제에서 비례제적 혼합제로, 같은 시기에 이탈리아는 정당명부식 비례대표제에서 다수제적 비례대표제로 변경하였다. 실증연구들은 이런 식의 선거제도 개혁이 의도했던 결과물을 보여주지 않고 있음을 또한 보여주고 있다. 선거제도와 정당체계의 상관관계가 생각보다 높지 않다는 것이다.

실제로 선거제도 변경은 집권당이나 주요 정당의 의도의 산물인 경우가 대부분이다. 1980년대 프랑스에서 선거제도 개혁은 집권 사회당이 자신의 대표성을 강화하기 위해서였으며, 같은 시기 영국의 노동당은 자신의 의석을 높일 수 있다는 믿음 때문에 비례대표제로의 개혁을 주장했었다.

한국은 민주화 이후 오랜 기간 동안 사용했던 단기 비이양식 중선거제를 포기하고 단순다수 대표제를 채택하였다. 당시에는 민주화 이후의 정치지형의 변화가 주요 정당에게 어떻게 작용할 것인지가 불확실한 상태였고, 1987년 대통령 선거 때 보여주었던 유권자의 투표행태가 바로 정당들의 선거제도 결정에 영향을 미쳤다. 민주-반민주 균열의 해소와 정당간 정책적 차이점이 약화되면서 유권자들은 지역주의적 투표행태를 보였고, 4개 정당은 자신의 지역을 기반으로 안정적 의석을 확보한 후 수도권에서 의석 획득을 위한 경쟁을 돌입하는 것이 유리하다고 판단했던 것이다. 그리고 이 제도는 상당기간 동안 정당의 지역주의 동원과 맞물려 다당제를 유지시켰다.

이 제도 하에서 지역대표와 비례대표를 별도로 선출했으나, 비례대표의석은 지역대표의 정당지지율로 결정되었다. 이는 제3의 정치세력이 비례의석을 확보하는 것을 방지하는 데 효과적이었다. 그러나 헌법재판소의 위헌(헌법불합치)판결로 선거제도를 1인 2표제로 바꿀 수밖에 없었던 것이다. 대신 제도변경으로 인한 효과를 최소화하기 위해 비례대표의석을 1/3 수준에서 18% 수준으로 낮추어 버렸다(민주화 이전 지역대표 184석, 전국구 92석이었던 것이, 54석으로 줄었고 2016년 선거에서는 47석으로 줄었다). 따라서 해방 이후 최초로 진보정당이 원내의석을 확보했지만, 극히 미미한 수준에 불과했다.

[3] 가장 좋은 선거제도란 존재하지 않는다. 다수제는 대표성이라는 민주적 정당성을 확보하기에는 취약한 제도라 할 수 있다. 다수제대표제의 민주적 취약성은 안정적이고 강한 정부를 위한 거래비용으로 인식될 수도 있다. 사실 영국에서 사용하는 이 제도라는 것도 보통선거권이 도입되기 이전의 자유당과 보수당의 선호를 반영한 제도였지 시민의 선호를 반영하기 위한 것이 아니었다. 그리고 그 이후에는 제도의 편향이 양당제적 구조를 더욱 강화해 왔다고 봐야 한다.

비례제는 비례성을 통해 체제 대표성을 높일 수 있고, 연정을 통해 권력을 구성하기 때문에 다양한 이익이 정책에 반영될 수 있다. 그러나 연정을 구성하는 과정에서 이루어지는 정파 간 협상은 유권자의 위임에 의해 이루어지는 것도 아니며, 연정 내에서의 영향력도 정당이 갖는 득표율과 무관한 경우가 많다(소수파는 다른 정치세력과의 연합을 형성할 것이라는 위협을 가함으로써 자신의 의석수 보다 큰 영향력을 갖는 경우가 많다. 이를 'the tail wags the dog'현상이라 한다). 그리고 내적 분열 때문에 항상 붕괴 위험성을 안고 있다. 물론, 유럽의 다당제를 갖는 국가들이 비례대표제를 채택한 결과물로 나온 것은 아니었고, 비례제를 도입하기 이전부터 다당제적 정당체계를 가지고 있었다. 영국과 달리 유럽국가는 계급정치와 그 사회적 압력이 존재했고, 지지를 극대화하기 위해 정당들이 비례대표제를 도입하도록 만들었다고 보는 것이 더 정확할 것이다.

[4] 현실 정치에서 다수제가 안정성을, 비례제가 불안정성을 보이는 것도 아니었다. 이 때문에 고전적 견해 중에는 제도가 아닌 문화가 결정한다는 주장도 있었다. 독일을 예로 들자면, 제2차 세계대전 이전과 이후 모두 다당제였으나 제2차 세계대전 이후에는 안정성을 보이고 있다. 한국은 양당제를 보였던 시기에도 불안정한 모습을 보여 왔다.

참고로, 정치체제의 일관성을 놓고 본다면, 정당제와 무관하게 안정성과 불안정성이 나타났다. 전후 사회합의체제가 형성된 시기 유럽 각국을 보면 정권이나 연정의 구성과 무관하게 케인즈주의에 기초한 경제정책이 유지되었다.

반면, 1980년대 신자유주의/신보수주의가 등장하고 이념적 갈등이 커지면서 정권교체가 극단적인 정책의 변화를 가져오기도 했다. 이 경향은 양당제를 보였던 영국과 미국이 조금 더 심하게 나타났다.

이후, 신자유주의적 세계화가 확산되고 글로벌 스탠다스라는 외적 제약이 강해지면서 다시 정책적 일관성이 높게 유지되는 경향을 보이고 있다. 한국을 예로 들자면, YS에서 DJ정부-노무현정부로, 다시 MB정부-박근혜 정부로 정권이 변했지만 신자유주의적 정책기조는 크게 변하지 않았다.

고전적 이론들이 안정성을 원내 과반의석 창출가능성과 정당난립을 중심으로 사고했던 것은 제2차 세계대전 이전까지 정권의 불안정성이 통치불안정성을 낳았던 경험을 과도하게 일반화한 것이었는지도 모른다.

양당제는 한 국가가 전국에 걸쳐 주요 정당이 경쟁하는 경우에 효과적이다. 그러나 인도와 같이 정당이 파편화된 국가에서는 단순다수대표제에서도 원내 과반의석을 갖는 정당이 등장할 가능성이 적다. 또한, 탈근대사회에서 사회갈등이 다원화되는 경향이 있는데, 정당에 대한 충성심이 약화되고 있어 양대 정당이 전국적으로 경쟁할 가능성이 점점 줄고 있다.

그리고 의원내각제에서 원내 과반의석을 갖는 정당의 출현이 어떤 효과를 가져오는 지는 영국을 제외하면 사례가 거의 없어 모호하다.

정치는 공적 결정을 통해 사회갈등을 통합으로 이끌어 내는 과정이다. 이때 공적 결정이 수용되기 위해서는 정권의 안정성보다는 공적 결정이나 정치과정의 정당성에 의존한다. Lipset & Rokkan의 결빙명제는 근대사회에서 사회균열이 정당체계나 정치체제의 대표될 수 있는지가 사회적 안정성을 결정짓는 핵심 요인이라는 것을 잘 보여주고 있다. 안정적이고 강한 정부라는 것은 강제력을 획득한 정부가 아니라 시민적 지지를 획득한 정부라고 보아야 하기 때문이다.

[5] 선거는 정치과정을 형성하는 중요한 제도이지만, 모든 정치과정을 결정짓는 유일한 요인은 아니다. 정치과정이란 정당체계, 정부형태, 계급지형과 유권자 선호구조, 정치문화 등의 상호작용의 결과물이다. 선거제도 개혁에 있어서 기능주의를 경계해야 하는 이유가 여기에 있다.

선거는 주권자가 권력을 창출하는 수단이자 주권자인 시민의 선호를 집약하고, 나쁜 지도자를 끌어 내릴 수 있는 통제 수단이지만, 루소가 '영국인들은 4년에 하루(선거가 있는 날)만 자유롭다'고 했던 의미를 되새길 필요가 있다. 또한 Ken Livingston이 '투표가 어떤 것을 변화시켰다면, 그들은 투표를 폐지했을 것이다'고 했던 이유를 생각해 보아야 할 것이다.

Ⅱ. 유권자 투표행태 2006 행정 2018 행정

1. 이론적 기초

1) 유권자 투표행태 유형

투표행태유형에는 투표행태의 양(적극적 투표행태와 소극적 투표행태), 질(인물지향형, 정당 및 정책지향형, 지역지향형, 조직지향형), 기타(고정표와 유동표 등)의 구별이 있다. 이중에서 투표자의 심리적 측면을 중심으로 다음 세 가지 형태로 구별될 수 있다.

① **정당요인** : 특정 정당을 자신과 동일시하여 선거에서 높은 충성도를 보이는 것을 말한다.

② **쟁점지향(issue orientation)** : 정당이 정권을 장악하는 것과는 관계없이 주로 어떤 문제에 대한 정책을 고려하여 투표로 결정하는 것이다.

③ **후보자지향(candidate orientation)** : 정당의 정강이나 정책에 관계없이 후보자의 인격, 능력, 식견 등에 이끌려 투표를 하게 되는 것이다.

정당요인에 주목하는 대표적 이론으로 정당일체감 모형(심리학적 모형)이 있으며, 선거시기에 대두되는 쟁점에 주목하는 이론으로 합리적 선택이론이 있다. 그리고 사회학적 관점에서 사회균열요인에 주목하는 계급투표모형과 인구학적 모형이 있다. 이 외에 이념동원이나 미디어의 구성적 능력에 주목하는 이론이 있다.

2) 이론 모형

가. 정당일체감 모형(party identitification, 미시간 모형, 당파성 모형)

유권자들의 당파적 태도가 투표에 결정적 역할을 한다고 주장한다. 정당과 유권자가 강한 유대감을 보이는 미국에서 보이는 투표행태다. 유권자가 보이는 정당에 대한 충성심은 경제적 유인이나 정책이슈와는 무관한 경우가 많고 정당의 정체성과 유권자의 애착심에 따른 경우가 많다.

20세기 후반으로 가면서 이 이론의 설명력이 약화되고 있다. 유동표가 증가하는 최근의 모습은 정당과의 일체감의 약화를 보여주는 하나의 사례라 할 수 있다.

한국의 경우 이합집산과 정당의 약한 지속성 때문에 정당의 정체성이 그리 높지 않고 유권자와의 일체감이 낮은 편이다(지역주의 투표와 정당일체감과는 다른 것이다).

나. 정견투표모형(합리적 선택이론 ; V. O. Key)

정당이나 후보자의 정견에 대한 유권자의 태도를 중시한다. 이에는 집권당의 정책수행실적을 바탕으로 한 회고형과, 정당의 정책공약을 중시하는 전망형으로 나누어 볼 수 있다. 유권자는 계급이나 사회집단이 아닌 사적 이익에 따라 투표를 한다고 설명한다.

노동자들이 이민이나 외국인 노동자와 관련된 사민당의 정책에 반발하여 지지를 철회하는 경향, 녹색당이나 극우정당의 약진, 미국에서 낙태문제나 FTA 혹은 보호무역과 같은 이슈를 중심으로 한 투표행태 경향의 증가는 모두 계급투표모형이나 정당일체감모형 보다는 이 모델이 높은 설명력을 보이고 있는 사례들이다. 이런 경향은 개인주의/다원주의 확산 및 탈근대화를 통해 촉진된 면이 강하다. 그러나 Key에 따르면 정당이 상호차별적 정책대안을 제시하지 못하는 경우 쟁점투표행태는 나타나지 않는다.

다. 사회학적 모형 : 계급투표모형과 인구학적 모형

사회학적 모형은 유권자들의 투표행태는 자신의 사회경제적 지위에 영향을 받는다고 설명한다. 즉, 정당과의 유대감이나 후보자의 호감이 아닌, 계급·인종·종교·지역과 같은 사회균열에 의해 영향을 받는다고 본다.

사회학적 모형 중에서 서유럽 국가의 투표행태 분석에 사용되어 왔던 모형으로 계급투표모형(콜롬비아대학)이 있다. 그러나 최근 계급이탈 사례들이 늘면서 설명력이 약화되고 있다.

인구학적 모형은 인구학적 변수를 통해 설명하는 이론이다. 나이가 들면서 점차 보수화되어 가는 경향이 있다는 인생주기효과(generation effect)와 세대교체효과(cohort effect)를 강조하는 R. Inglehart의 연구가 있다. R. Inglehart는 전후 세대로 유권자가 교체(연령집단간의 세대교체)되면서 탈물질적 가치와 인간적 가치를 중시하는 이들의 사회화 경험 녹색당의 지지기반이 되었다고 설명한다.

인구학적 모형과 세대교체(cohort)효과

투표권을 갖는 유권자 구성이 바뀌는 경우 정당 혹은 정책에 대한 유권자의 일반적 투표행태가 변화한다. 인구구성의 변화에 주목한다는 의미에서 인구학적 모형이라 한다. 예컨대, 잉글하르트는 기존의 전쟁세대가 전후 세대로 교체되면서 기존에 이어지던 투표행태가 급격하게 변하게 되고, 이것이 정당체계의 변화를 가져온다고 설명하였다.

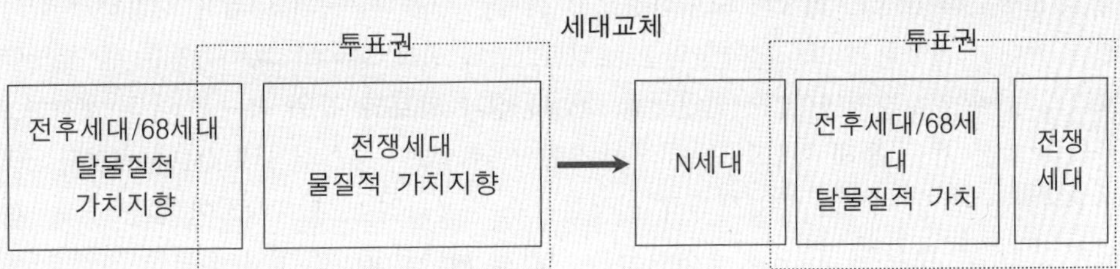

2. 한국 유권자의 투표행태 변화

1) 권위주의 시기와 여촌야도(與村野都)

권위주의 하에서 반복된 한국의 지배적인 유권자 편성은 여촌야도로 요약될 수 있다. 즉, 농촌지역 유권자는 집권당에 대한 지지를, 도시지역의 유권자는 반대당에 대한 지지를 보내는 투표행태가 상당기간 동안 지속되었다.

이를 설명하는 종래의 대표적 이론은 근대화이론과 맥락을 같이 하고 있는 준봉투표 가설이다. 이 가설은 농촌 유권자들은 도시민에 비하여 상대적으로 낮은 정치의식 때문에 정부에 의하여 동원되는 경향이 있다고 본다. 즉, 농촌주민들은 관권이나 물질적 보상, 좁은 공동체가 주는 압력 등에 반응하여 투표를 하기 때문에 여당 지지가 높아지며, 도시주민들은 문자 해득이나, 대중매체의 발달 등에 힘입어 정치적 의식이 높아진 때문에 준봉투표의 경향이 약화되며 때문에 여당에 대한 지지가 농촌보다는 낮아진다는 것이다. 그러나 준봉투표가설은 민주화 이후 여촌야도 현상이 사라진 이유를 설명하지 못한다.

합리적 선택이론은 여촌야도 현상을 연령(인구학적 요인)과 교육의 효과에 따른 것이라 설명한다. 인구구성에 있어서 농촌지역은 고연령층이 많고 학력수준이 낮은 반면 도시지역은 젊은 유권자가 많고 학력수준이 높은 유권자들로 구성되어 있다. 농촌지역의 고연령층은 전쟁과 가난을 겪은 세대로 반공과 경제성장에 민감하게 반응하는 반면, 도시지역의 젊은 세대는 소득수준이 농촌지역 보다 높은 편이며, 서구식의 교육을 받아 경제성장과 안정보다는 자유와 민주주의적 가치를 선호하는 편이다. 따라서 정당이 민주-반민주라는 균열선을 중심으로 갈등하고 있는 상태에서 농촌지역에서는 정부를 지지하는 행태를, 도시지역에서는 민주화를 외치는 야당을 지지하는 행태를 보인 것이다.

2) 지역주의 선거와 여촌야도 현상의 쇠퇴

여촌야도 현상은 1987년 민주화를 기점으로 점차 약화되고, 유권자 편성은 지역주의적 투표성향에 기반하였다. 지역주의 투표의 결과 정당제는 권위주의 정치체제 하에서 두드러졌던 양당제에서 지역에 기반을 가진 지역정당들이 경쟁하는 다당제로 변화하였다.

민주화 이후 여촌야도 현상이 쇠퇴한 것은, 그것이 기반한 민주-반민주 균열이 약화되었기 때문이며, 다른 사회균열이 부각되지 않은 상태에서 지역주의적 균열이 등장한 것이다.

3) 지역주의의 약화와 쟁점 및 이념요인의 강화

소위 진보정권의 등장은 한국의 보수진영으로 하여금 자유민주주의 이념을 강화하고 헌법상의 기본권을 최대한 활용하는 보수행동주의를 낳았다. 이와 함께 한국의 보수진영은 단순한 반공이데올로기의 동원에서 벗어나 북한 인권문제, 한미동맹과 안보와 같은 이슈를 적극 제시하고, 복지포퓰리즘 담론 등을 통해 이념을 동원하는 경향이 나타났다. 그 결과 2004년 총선과 2010년 지방선거에서는 특정 이슈가 투표행태와 선거결과를 좌우하였다. 단, 쟁점이 없는 죽은 선거라 평가되는 2007년 대선과 2012년 총선에서는 약하게 나타났고, 2016년 선거는 지역정당에 대한 분노와 심판이 선거결과를 좌우하였다.

즉, 2002년에서 2004년 사이에 그동안 지속적으로 언급되었던 지역주의가 약화되기 시작했고, 선거시기의 이슈와 이념요인이 점차 강화되고 있는 것으로 평가할 수 있다.

3. 한국의 지역주의 선거와 민주화

1) 개념의 정의

지역주의 경향은 적대적 지역감정·정치중심의 대립을 포함하면서 동시에 자신들의 정치·경제적 무관심 혹은 혜택의 부재에 반응하는 감정을 말한다. 지역주의는 정치적 정향을 지니는 것으로 특정지역 혹은 지역출신 유권자들이 '지역적 결집'을 통해 자신들의 정치적 의사를 표출하는 행위에 중점을 두고 있다. 따라서 지역주의는 지역감정이나 지역차별이 지역적 결집의 원인이 될 수는 있으나 지역주의와 동일한 것은 아니다.

2) 지역주의 투표에 대한 접근방법

종래 지역주의는 역사적·심리학적 측면에서 접근되었으나 1987년 대성과 1988년 총선을 통해 나타난 지역주의의 폭발현상 이후 지역균열의 정치경제적 원인과 정치적 동원전략, 유권자의 합리적 선택이라는 관점에서 논의되고 있다.

가. 정치문화론적 접근

지역주의 투표를 유권자들이 연고지 출신 후보자에 대한 우호적인 일체감과 지지로 파악하는 관점이다. 이 견해에서 한국의 지역주의는 일반적으로 이해관계에 관련된 개념이라기보다는 원초적인 감정 혹은 유교주의 문화의 소산으로 간주되며 지역주의적 투표성향은 전통문화의 유산으로 치부되는 경향이 있다.

나. 정치경제적 접근(구조의 측면)

지역주의의 기원을 지역간 불균등 경제성장과 유신과 5공화국 하에서 더욱 강화된 폐쇄된 인사정책 등에 그 원인을 찾는다. 따라서 지역주의 투표행태에서 가장 중요한 요인은 호남인들이 갖는 소외의식이었으며, 이러한 의식은 80년 광주민주화 항쟁에 대한 전두환 정권의 무력억압을 겪으면서 더욱 강화되었다고 한다(김만흠, 최장집, 황태연).

그러나 차별과 소외의 정도와 지역적 결집의 정도가 비례하지 않는다. 다시 말하면, 이 접근방법은, 차별이 완화되는 시점에서도 지역주의는 여전히 강하게 발현되고 있으며, 각 지역별로 집단적 결집의 정도가 상이함을 설명하지는 못한다.

다. 정치적 동원론(계기의 측면)

(Przeworski 등의 설명에 입각하여) 사회 균열이 존재한다 하더라도 그것이 정치사회에 의해 매개·선택되지 않는 한 정치적으로 발현되지 않는다고 본다. 즉, 갈등의 표출은 해당 정치사회의 이해와 요구가 매개된 선택적 표출이며 정치엘리트의 지역주의 동원전략의 결과라는 것이다(신광영, 손호철).

이 접근방법은 사회균열구조가 발현되기 위한 정치적 조건을 밝혔다는 점에서 이론적 의의를 갖는다. 그러나 정치인의 전략적 행위에 비중을 두고 있기 때문에 정치적 동원의 강도와 지역적 결집의 강도가 어느 정도 비례적 관계를 갖고 있어야 함에도 불구하고 그렇지 못함을 설명하지는 못한다. 즉, 호남지역의 경우 지역주의적 정치동원이 거의 없음에도 불구하고 가장 강력한 결집력을 보이는 이유를 설명해 주지는 못한다.

또한 정치적 동원이 사회균열과 독립되어 인식되고 있다. 즉, 사회균열이 존재할 때 정치세력이 이를 반영하게 되는 역의 인과관계를 주장할 수도 있는 것이다.

라. 합리적 선택모형적 접근(행위의 관점)

유권자와 후보자(정당)은 모두 자신의 이익을 충분히 고려한 후 가장 유리한 것을 선택(전략적 선택)하며, 이러한 관점에서 볼 때 지역주의는 바로 유권자와 정당의 합리적 선택의 결과이다(조기숙, 김재한).

첫째, 유권자들은 단순한 수동적 반영물 혹은 조작의 대상이 아니며, 지역에 기반을 둔 경쟁의 구도 하에서는 자기 지역의 정당이 권력을 획득하는 것이 집합재의 분배나 인사 등에서 자신에게 이익이 된다고 인식한다.

둘째, 권력 극대화를 추구하는 정당은 민주–반민주라는 쟁점(균열)이 약화된 정치적 상황에서 자신들에게 가장 유리한 전략으로 지역주의적 동원전략을 선택한 것이다.

셋째, 특정지역의 정당지지가 그 지역의 정체성을 대표하는 정당에게 집중되는 한, 소선거구제 하에서도 군소지역 정당이 의석수의 획득에 있어 매우 효율적일 수 있으며 나아가 지역주의적 균열이 현직 의원들의 재선에 유리하다.

이 견해에 의하면, 지역주의에 대한 규범적 판단은 유보되며, 게임의 보수가 변경되면 유권자들의 선택도 달라진다고 본다. 나아가 지역주의 투표가 장기적으로 지역갈등을 해소하는 데 도움이 된다고 보기도 한다(장기적으로 지역주의 투표가 상대적으로 열등한 선택이 되고, 그 결과 지역주의 동원이라는 선택을 정치권이 포기(지역패권의 포기)로 이어진다고 봄).

지역주의를 전근대적인 것으로 보는 사회 통념을 극복할 인식론적 계기를 제공했으나, 호남지역의 지역차별을 설명하기 위해서는 사회심리적 요건(광주민주화항쟁, 지역주의적 선거의 효과에 대한 인식) 등을 인정할 수밖에 없을 것이다. 또한 충청도의 갑작스런 지역적 응집과, 지배연합으로부터의 대구경북지역의 급속한 이탈 등을 설명하기에는 무리가 따른다.

마지막으로 대안에 있어서 불평등구조와 지역감정의 내면화 문제를 간과할 수 있다.

마. 소 결

지역주의 문제는 구조와 정치적 동원, 유권자 선택, 그리고 정치제도(소선거구제)가 상호작용하여 형성된 것으로 보아야 할 것이다.

[1] 지역주의와 민주주의, 그리고 지역주의에 대한 평가는 이 책 p.356의 지역주의적 다당제에 대한 평가를 참고하여 논리를 구성하기 바란다.

[2] 지역주의를 낮은 정당정치 제도화 수준에서 보는 경우에도, 지역주의가 가져오는 부정적 측면에 대한 고려는 필요하다. 지역주의적 투표행태가 '정당 간 이념적 거리가 약하고, 정책경쟁의 부재한 상태에서 정당은 지역주의적 투표를 동원하고, 유권자는 실질적 선택지가 제약된 상태에서 나타난 선택한 결과' 라 한다면, 또한 '지역주의적 동원이 당내 과두화 현상과 정당–시민사회의 단절과 폐쇄성으로 인한 결과' 라 한다면 정당과 관련된 제도 개혁을 중심으로 해결책을 모색할 필요가 있다.

- 정당체제 개방성을 높이기 위한 선거제도 개선
- 당내민주화와 관련된 제도 개선
- 석패율제도 도입, 단기명 중선거구제나 연기명 중대선거구제 도입 등은 부작용을 고려할 필요가 있다는 점에서 주의해야 함.

Ⅲ. 선거제도와 정당체계의 관계

M. Duverger의 고전적 연구, 즉 '단순다수제는 양당제와 친화관계를 가지고 있으며, 결선투표제와 비례대표제는 다당제와 친화관계가 있다'는 주장이 제기된 이후 선거제도와 정당체계 사이에는 상관관계에 관한 논쟁이 있어 왔다.

1. M. Duverger의 명제

1) 의 의

M. Duverger는 선거제도가 갖는 기계적 효과와 심리적 효과에 주목하면서 "다수대표제가 양당제를 창출하며, 결선투표제와 비례대표제는 다당제를 산출한다"고 주장하였다.

첫째, 다수대표제는 양대정당 외의 군소정당의 지지율이 과소평가되며, 사표방지의 심리(승리 가능한 덜 나쁜 정당의 선택)의 작용으로 양당제를 강화시킨다. 둘째, 비례대표제는 다당제의 출현을 가능케 하며, 양당제도의 발생과 그 유지를 어렵게 한다. 셋째, 결선투표제는 다당제를 형성하는 경향이 있으나, 이 체제 하에서 정당들은 서로 연합하는 경향이 있다.

2) 선거제도의 효과

선거제도는 기계적 효과와 심리적 효과가 작용한다.

[1] 기계적 효과는 투표를 의석으로 전환하는 선거제도의 규칙으로부터 발생하는 효과를 말한다. 예컨대, 단순다수대표제는 지역구에서 1위를 한 후보자만 당선되기 때문에 전국적으로 고른 지지율을 획득한 정당이라 하더라도 득표율 1위를 한 후보자가 없는 경우 원내 의석을 확보하기 어렵다. 양대 정당을 제외한 군소정당은 득표율과 무관하게 대부분 선거에서 패배하게 되기 때문에 과소대표될 수밖에 없다. 비례대표제의 경우 저지규정을 두게 되는 데, 일정 비율 미만의 지지율을 획득한 정당은 (단순다수 대표제 만큼은 아니지만) 사표로 처리된다.

> 예를 들어, 甲 지역구에서 5명의 후보자가 출마하였고 5명의 후보자가 A(32%), B(27%), C(18%), D(15%), E(8%)의 지지율을 각각 획득했다고 하자. 32%를 획득한 후보자가 당선되며, 나머지 표는 사표가 된다. 이 지역구에서는 32%의 지지율로 지역구 의석(1석)의 100%를 가져가게 된다(과다대표된다).

[2] 심리적 효과는 유권자가 선호투표를 하지 않고, 사표방지 심리에 따라 당선가능성이 높은 차선의 후보자를 선택하는 전략투표행태를 하게 되는 것을 말한다. 위 예에서, C후보자를 지지하는 유권자는 사전 여론 조사 결과를 보고 자신의 표가 사표가 된다는 것을 예측하는 경우 당선이 유력한 A와 B 후보자 중에서 자신의 선호에 보다 가까운 혹은 당선을 원하지 않는 후보자의 경쟁자에게 표를 던지게 된다.

비례대표제의 경우 정당의 지지율과 의석의 비례성이 높기 때문에 유권자는 선호투표를 할 가능성이 높아 군소정당이 의석을 획득할 가능성이 높고, 다당제가 형성되는 것이다.

2. 비판적 연구들

[1] 듀베르제는 자신의 모국인 프랑스의 정치적 불안정성이 다당제로 인한 내각의 불안정성에 기인한다고 보았고, 유럽의 정치에 대한 비교연구를 통해 선거제도가 정당제를 결정한다고 결론을 내렸다. 사실 듀베르제는 해이한 정당과 허약한 정당의 프랑스적 현실을 치유하는 방법을 양당제에 의한 책임 있는 정치를 보이는 영국의 선거제도에서 찾은 것이었다.

[2] 1960년대 이후 듀베르제의 연구에 대한 비판적 주장들이 등장하게 되는데, Rokkan은 20세기 초반 비례대표제가 도입되기 이전부터 유럽은 사회균열구조로 인해 다당제를 가지고 있었다고 지적하였다. 민주화 이후의 동유럽 정당제를 고찰했던 Jesiwicz도 이와 유사하게, 정치적 파편화가 비례대표제 도입에 선행되었지, 비례대표제가 정치적 파편화를 초래한 것은 아니라고 주장했다. Riker 또한 단순다수 대표제가 양당제와 친화성을 보이는 경향이 있으나, 비례제가 다당제와 꼭 친화관계를 보이는 것은 아니라고 주장한다.

[3] Cox는 소선거구제가 지역균열과 같은 다른 사회 균열구조와 결부될 때 다당제를 산출하게 된다고 주장한다. 이는 한국의 경험에서도 확인되는 사실이다.

사르토리는 다수대표제라 할지라도 정당체계의 조직화의 정도에 따라 다당제가 될 수 있음을 지적한다. 또한 다당제가 이미 존재하는 곳에서 비례대표제의 도입이 결코 정당수를 증가시키지 않으며, 비례대표제는 정당체계의 분열되는 것을 방지하지 못할 뿐이라고 지적한다.

[4] Rae는 모든 선거제도는 대표방식, 선거구 획정 방식 등에 있어 최다득표 정당에 유리하게 되어 있으며, 각 정당은 이러한 선거제도를 유지·강화하려 한다고 주장하였다. 다시 말하면 선거제도 정당체계를 결정하는 것이 아니라, 정당이 선거제도에 영향을 미치는 독립변수라는 점을 강조하였다.

3. 선거제도, 정당제, 투표행태의 상호작용

선거제도는 정당제와 상호작용의 관계에 있으며 선거제도가 정당제를 지지하기도, 정당제가 선거제를 결정하기도 한다. 선거제도가 정당제에 대하여 일방적인 영향만을 주는 것은 아니며, 선거제도와 정당제 그리고 유권자의 투표행태와의 관계는 상호 의존적이라고 할 수 있는 것이다. ① 유권자의 투표행태와 이를 반영하고 동원하는 정당들의 합목적적 행위가 상호작용하고 있기 때문이며, ② 선거제도가 투표행태와 정당의 행위를 매개하고 있기 때문이다.

[1] 단기적으로는 선거제도가 정당에 의해 선택되기도 한다. 한국은 1948년 소선거구제를 채택한 이후 1973년까지 소선거구제는 유지되어 왔다. 1972년 '10월 유신'이후 1988년까지 중선거구제를 실시하다가, 다시 민주화 이후 1988년 2월 국회의원 선거법협상에서 선거제도는 소선거구제로 환원되었다. 유신체제에서 중선거구제는 지역에서 집권당 1인과 반대당 1인이 선출된다면 (의회의원을 대통령이 지명하는) 유정회 프리미엄과 결합되면서 의회의석의 2/3를 집권당이 가져갈 수 있는 집권자에게 이점이 있었고, 실제로 그런 결과를 보여 주었다. 이후 등장한 5공과국에서도 전국구 프리미엄과 중선거구제가 유지되었다.

1987년 대통령 선거는 후보자의 정책차이가 크지 않은 상태에서 유권자들은 지역주의 투표행태를 보였고 그 결과 지역에 기반한 다당제가 출현하였다. 지역주의 하에서 지역에 기반한 정당들은 자신들에게 득표의 의석 전환율을 높게 보장하는 소선거구제를 선호하였으며, 이러한 선호가 1988년 국회의원 선거제도의 개정에 결정적인 영향을 미쳤다. 즉, 1988년의 소선거제도는 유권자의 투표행태와 그로 인한 정당제가 선거제를 결정하였던 사례라고 할 수 있을 것이다.

[2] 장기적으로 어떠한 선거제도가 유지되는가는 사회균열에 크게 의존한다.

선거제도는 S. Lipset & S. Rokkan이 말하는 제도화 관문의 하나라 할 수 있다. 예컨대, 다수대표제의 경우 사회의 소수자 혹은 대정당에 의해 대표되지 못한 집단의 경우 자신의 이익을 대표할 기회가 사실상 차단된다는 점에서 이들 집단은 높은 제도화의 관문에 가로 막히게 된다.

사회균열의 변동이 있는 경우, 기존 제도는 새로 등장한 갈등과 균열을 체제로 투입시키는 데 취약할 수밖에 없다. 따라서 새로운 갈등과 균열을 정치체제로 투영시키기 위한 정치적 압력이 발생하게 되고, 이들 갈등을 체제 내화시킬 필요성이 커지게 되면 제도변경이 이루어진다. 직접적으로 국가권력을 창출하는 데 관여하는 선거제도 또한 이러한 제도변경의 압력에 따라 변경될 것이다.

[3] 선거제도는 정치사회적 갈등의 역사와 함께 사회적 균열의 수·강도·종류 등에 영향을 미침으로써 정당정치 및 정당체계에 영향을 미치게 된다. 특히, 사회균열이 고착되어 있고, 유권자의 정당에 대한 지지가 안정적인 경우에 선거제도는 선거연합과 정당제를 결정짓는 중요한 변수가 된다.

정당은 자신들에게 선거에서 이점으로 작용하는 균열만을 선택적으로 동원하고 나머지 균열은 선택적으로 배제한다. 소선거구 다수대표제 하에서 후보자는 득표율에서 1위를 차지해야 당선이 가능하기 때문에 정당과 후보자는 중위투표자의 선호만을 동원할 것이다. 이러한 대표방식에 대해 유권자가 지지를 변경할 유인이 없는 경우 (정당체계는 주어진 사회적 선호 혹은 균열을 모두 반영하지 않음에도 불구하고) 이 체제는 유지될 것이다. 반면, 대선거구제에서는 중위투표자의 선호가 아닌 다른 집단의 선호를 표출하더라도 당선 가능성이 있기 때문에 정당은 사회의 다양한 균열을 동원한다.

균열구조, 제도, 투표행태/지지연합, 정당체계

정치제도는 환경이라는 맥락 속에서 정치적 행위자들의 상호작용 속에서 형성되는 구성물이다. 따라서 정당체계는 사회구조적 맥락과, 제도라는 제약 속에서 정당 및 유권자의 선택의 상호작용의 결과 형성되는 것.

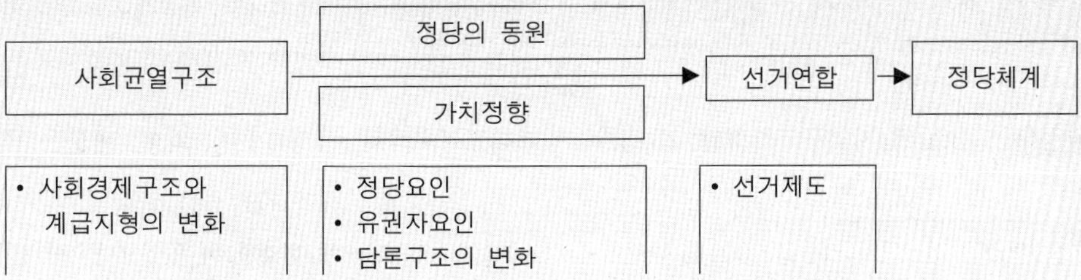

제 3 절 한국 선거제도의 문제점과 개혁방향 2016 행정, 2012 입법, 2011 입법

Ⅰ. 한국의 선거제도 : 국회의원 선거를 중심으로

2004년 국회의원 선거에서부터 종래의 선거방식을 변경하여 소선거구 다수대표제에 의한 지역대표와 정당명부식 비례대표제가 혼합된 혼합형 혹은 병행제 방식이 사용되고 있다. 즉, 종래 지역대표를 뽑는 선거에서 각 정당이 획득한 득표에 비례하여 비례대표의석이 결정되던 방식을, 2004년부터는 비례대표에 대해 유권자들이 별도의 투표권을 행사하도록 하고 있는 것이다.

국회의 의원정수는 300명이며, 19대 국회의 지역구국회의원과 비례대표국회의원은 각각 246명과 54명이었다. 20대 국회에서는 헌법재판소의 판결에 따라[39] 선거구를 재획정하여 지역구 의원수와 비례의원수를 각각 253석과 47석으로 변경하였고, 21대 국회의원선거에서도 유지되었다. 이에 따라 비례의석은 전체의석의 18%에서 15.67%로 낮아 졌다. 따라서 한국의 선거제도는 1인2투표제를 취하고 있지만, 다수대표제 효과가 강하게 나타난다.

공직자선거법 개정과 21대 국회의원 선거제도

2019년 4월 더민주당, 바른미래당, 민주평화당, 정의당은 선거제 개혁안, 공수처(고위공직자비리 수사처법), 검경수사권 조정과 관련된 개혁법안을 함께 묶어 패스트트랙(신속처리안건 지정)으로 처리하기로 합의하였다. 선거제 개혁안에는 국회의원 수를 300명으로 고정하고(지역구 225석, 비례대표 75석), 50% 연동형 비례대표제(준연동형 비례대표제), 권역별 비례대표제, 석패율제 도입, 선거권 18세로 하향 조정 등을 담고 있었다. 이 중에서 석패율제도와 권역별 비례대표제는 도입되지 않았고, 준연동형 비례대표제는 21대 국회의원 선거의 경우 30석 캡(30석에 대해 50% 연동하여 의석을 배분)을 적용하기로 하였다. 공직선거법의 내용을 살펴보자.

- 다수대표제적 혼합형 제도로 운영하던 선거제도를 준연동형 비례대표제로 변경. 즉, 다수대표제적 혼합형 제도와 비례대표제적 혼합형 제도를 결합한 제도(비례성 제고를 통해 폐쇄적, 경직적 정당체계를 유연한 다당제로 전환하고 사회에 존재하는 다양한 집단에 대한 대표성을 높이려는 의도)
- 소선거구 다수대표제로 당선자가 결정되는 지역대표와 정당명부식 비례대표제로 당선자가 결정되는 비례대표가 혼합. 지역대표와 비례대표의 의석은 각각 253석과 47석으로 그 비율은 84.3%와 15.7%. 다수대표제 효과가 크게 나타남.
- 비례대표 의석 중 30석에 대해서는 정당명부에 대한 득표율에 따른 의석에서 지역대표의석을 차감한 의석의 50%를 할당. 그리고 17석에 대해서는 정당명부에 대한 득표율에 따라 의석을 할당.

의원정수는 300명(지역구국회의원 253명과 비례대표국회의원 47명)이며, 의석 배분은 정당별

39) 헌법재판소는 인구편차 기준을 2001년 판결에서 4:1에서 3:1(33%)으로 변경한 바 있었으나, 2014년 판결에서 다시 2:1(50%)로 변경하였다. 쉽게 말해 가장 큰 선거구의 인구가 가장 작은 선거구의 인구의 2배를 넘지 않아야 한다는 것이다. 인구편차를 선거구 획정의 기준으로 설정하는 것은 1인 1표라는 평등선거권이 보장되고 있으나, 대표자 선출에서 실질적인 표의 등가성이 확보되지 않는다는 점을 감안하여 이를 교정하려는 것이다. 참고로, 일본은 우리와 같이 최저기준을 2:1로 잡고 있으며, 독일은 1.3:1로 설정하고 있다.

비례대표 할당의석수를 산정(준연동형)하여 배분한다.

연동배분의석수 산정은 의석할당정당이 비례대표국회의원선거에서 얻은 득표비율에 따라 산정한 의석수에서 해당 정당의 지역구 국회의원 당선인 수를 뺀 후, 그 수의 50%에 이를 때까지 해당 정당에 비례대표국회의원 의석을 먼저 배분한다(저지규정 : 기존 제도와 같음. 지역구 5석 또는 비례대표 전국유효득표 3%). **잔여의석**은 비례대표국회의원선거의 득표비율에 따라 산정한 의석수를 배분한다. 연동배분의석수가 비례대표국회의원 의석정수를 초과할 경우 각 정당별 연동배분의석수비율대로 배분한다(**조정의석수 산정** ; 초과의석 방지 방안). 단, 21대 국회의원선거에 한하여 30석에 대하여 준연동 방식으로 배분하고, 17석에 대하여 기존 의석배분방식(병립형)에 따라 배분한다.

개정 선거제도의 핵심은 비례의석 47석 중 30석에 대해서만 연동형을 적용하고 연동률을 50%를 적용한다는 것이다. 따라서 초과의석이 방지되고, 비례대표 30석에 대해 거대정당은 얻을 수 없게 된다. 아래의 경우를 전제로 해서 보면,

• 30석에 대해 전국단위 준연동(연동비율 50%) 방식으로 각 정당별 연동배분의석수를 산정한다. 이 때, 결과 값 소수점 첫째자리에서 반올림하며, 1보다 작으면 0으로 한다.

$$\text{연동의석수} = \frac{[(\text{의원정수}-\text{추천하지 않은 지역구의원당선인수})\times \text{A당비례득표율} - \text{지역구당선의석}]}{2}$$

• 각 정당별 연동배분의석수의 합계가 30석보다 적은 경우 잔여의석에 대해 기존 의석배분방식인 병립형을 적용하여 배분한다.

잔여배분의석수 = (30 - 각 연동배분의석수의 합계) × 비례대표의원 득표비율

• 각 정당별 연동배분의석수의 합계가 30석보다 많은 경우 각 정당별 연동배분의석수 비율대로 배분한다(조정의석수를 산정하여 배분).

$$\text{조정의석수} = \frac{[30 \times \text{연동배분의석수}]}{\text{각연동배분의석수의 합계}}$$

A당 13석, B당 12석, C당 8석, D당 10석으로 할당되었다고 하자. 연동배분의석의 총합은 43석이 된다. 이 경우, A당은 [30 × A당 연동13] / [각 정당 연동합계 43] = 9.06

구 분	A당	B당	C당	D당	합계
연동배분의석수	13	12	8	10	43
조정의석수	9	8	6	7	30

• 마지막으로 17석에 대해 기존 의석배분방식인 병립형을 적용하여 배분한다.

구 분	A당	B당	C당	D당	합계
비례득표비율	40%	30%	10%	20%	100%
배분의석수	7	5	2	3	17석

X당이 지역구에서 18석을 획득했고, 정당지지율 8%를 얻었다면, 이 정당의 의석배분은 다음

과 같다.

- 300석 × 0.08 = 24석
- 연동형 비례의석 : 24석 - 18석 = 6석
- 50% 연동 : 6석 × 0.5 = 3석
- 병립형 비례의석 : 17석 × 0.08 = 1석

∴ 지역구 18석 + 준연동형비례의석 3석 + 병립형비례의석 1석 = 22석

4개의 주요 정당이 있고, 각 정당의 득표율과 지역구에서의 당선자수가 다음과 같은 상황을 가정한 가상의 상황에서 의석배분은 다음과 같다.

정 당	정당득표율	지역대표	연동배분의석*	(잔여의석)*	병립형배분의석	합계
A 당	40%	100석	9석	1	7석	110석
B 당	30%	80석	5석	–	5석	85석
C 당	10%	40석	0석	–	2석	40석
D 당	20%	30석	15석	–	3석	45석
무소속 등	–	3석	–	–	–	3석
계	100%	253석	29석	1	17석	300

* A당 연동의석수 = $\frac{[\text{국회의원정수 } 300 \times \text{A당비례득표비율} - \text{A당 지역구의석}]}{2}$

* A당 잔여의석수 = [비례정수30 - 29(A연동9+B연동5+C연동0+D연동15)] × A당비례득표율 40% 와 같은 방식으로 계산하여 결과값 정수를 먼저 배정하고, 나머지는 소수점 이하 수가 큰 순으로 배분.

21대 국회의원 선거 결과

정당	지역구		비례대표				합계
	득표율	의석수	득표율	의석수	연동형	병립형	
더민주당	49.91%	163	–	–	–	–	163
더시민당	–	–	33.35%	17	11	6	17
미래통합	41.45%	84	–	–	–	–	84
미래한국	–	–	33.84%	19	12	7	19
정의당	1.69%	1	9.69%	5	3	2	6
국민의당	–	–	6.79%	3	2	1	3
열린민주	–	–	5.42%	3	2	1	3

원내 교섭단체수를 구성한 정당의 수를 기준으로 할 때, 선거결과는 더불어민주당과 미래통합당 양당제로 귀결되었다. 이는

① 기존 선거제도와 비교할 때 비례성을 높이는 방향으로 선거제도를 변경하였으나, 양극화된 대립이 지속되면서 정당체계 또한 양당제로 귀착되었고 비례제 효과는 거의 나타나지 않았다. 그리고 이번 선거는 대통령에 대한 중간평가의 성격을 띠고 있었지만, 동시에 박근혜 정부에 대한 심판 등이 맞물리면서 양대 정당의 지지자 결집이 강화되었고, 중도 유권자의 양극화로 인해

서 제3 정당이 몰락했기 때문이다.
② 지역대표의석의 비율이 압도적으로 높은(전체 의석의 84.7%) 현제도의 특성과 한국의 정치지형의 결과라 할 수 있다.

양대 정당인 더불어민주당과 미래통합당(현, 국민의힘당)은 지역구에서 49.1%와 41.45%를 얻어 의석의 64.4%(163석)와 33.2%(84석)을 획득하였다. 타 정당과 무소속은 제외하고 비교할 때는 더불어민주당과 미래통합당은 지역구에서 55%와 45%를 각각 획득하였고, 의석은 253석 중 163석과 84석을 획득하여 66%와 34%를 차지했다. 이는 경합지역이 많았고, 경합지역에서 대부분 더불어 민주당이 승리한 결과로 인한 것이다. 위성정당의석을 합하면 제1당인 더불어민주당은 180석을 차지하였다.

선거결과만을 놓고 볼 때 높은 불비례성을 보였다. 이는 완전연동형 비례대표제가 아니라는 점과 함께, 소선거구 다수대표제가 적용되는 지역구의석수가 지나치게 많았기 때문이다.

일부에서는 비례의석에서의 정당지지율을 기준으로 33.35%와 33.84%에도 불구하고 전체의석의 60%와 34.3%라는 민의 왜곡이 나타났다고 평가하였다. 그러나 지역대표와 비례대표를 구별하고 있고, 정당지지율이 전체의석을 결정하지 않는 혼합형 선거제도에서 유권자의 분리투표행태와 전략적 투표행태가 나타났음을 고려해야 한다.[40]

참고 : 20대 총선(2016년) 결과

2016년 총선결과를 보면, 더불어민주당 123석(110 + 13), 새누리당 122석(105 + 17), 국민의당 38석(25 + 13), 정의당 6석(2 + 4), 무소속 11석으로 나타났다. 의석수가 가장 많은 수도권 의석 점유율을 보면, 더민주당 72%, 새누리당 25%, 국민의당 2%, 정의당 1%로 나타났다. 더민주당은 수도권 외에 영남에서 9석을 획득했고, 충청남도와 전라북도에서 의석의 일부를 차지했다.

새누리당은 최대 접전지인 수도권에서 전체 의석(122석)의 3분의 1도 확보하지 못했고, 영남권에서도 총 65곳 가운데 무려 17곳에서 반대당과 무소속 후보에게 밀렸다. 또한, 무소속 당선자가 복당하더라도 전체의석의 과반수에 미달하게 된다.

국민의당은 호남에서 압승을 거두는 돌풍을 일으키며 38석을 확보했고 정당득표율에서는 더민주당을 제치고 2위를 기록했지만, 호남을 제외하고는 당선자가 거의 없어 호남기반의 정치인을 안고 있는 안철수당으로 평가할 수 있다. 국민의당 정치적 행보를 보면 19대 국회에서 새누리당과 협력적 모습을 보이기도 했다(세월호 특별법 반대, 박정희 묘 참배, 필리버스터 반대, 국민의당 비례대표 공천시 자신이 만든 당규를 스스로 파기 등)는 점을 고려하면, 정체성을 확보하지 못하고 공중분해될 가능성도 있다 — 실제로 그렇게 나타났다.

20대 국회의원선거는 이슈 없는 선거로 특징지을 수 있다. 정당의 마스터 플랜이 없었을 뿐 아니라 유권자들이 정당의 주요 정책에 대해 거의 알지 못했다. 뿐만 아니라, 정책에 대한 TV토론도 없었다. 반면, 대구에서는 새누리당에 대한, 호남권에서는 더민주당에 대한 분노가 표출되

40) 참고로, 2020년 3월 4주차 여론조사 결과를 보면, 한길리서치 여론조사에서는 더민주당과 미래통합당이 각각 45%와 22%으로 나타났었다.

면서 네거티브 투표가 나타났다는 점에서 분노의 선거로 규정하기도 한다. 특히, 더민주당이 지역대표의석이 증가한 반면, 득표율에서는 국민의당을 넘지 못했다는 점에서 새누리당의 심판에 대한 반사이익을 얻었을 뿐이고 자신의 확실한 정체성과 안정적 지지기반을 확보한 것은 아니었다. 마지막으로, 국민의당은 의석이 호남에 국한되어 있어 대안정당으로 보기도 어렵다.

정리하자면, 20대 국회의원선거는 다당제로 귀결되었으나, 향후 투표행태와 정당경쟁체제의 방향성을 보여준 것은 아니었다.

Ⅱ. 현행 선거제도의 문제점

1. 낮은 대표성과 비례성

대표성은 사회균열이 정치체제에 얼마나 반영되는 지와 관련된 개념이라면, 비례성은 정당의 의석배분과 득표배분의 일치 정도를 말한다. 즉, 비례성은 선거제도가 유권자의 결정을 의회 내의 의석수를 통해 정부에 어떻게 전달하는지를 측정하는 것이다. 따라서 개념상 선거제도의 비례성이 높을수록 대표성은 높아진다.

현행 선거제도는 혼합형 방식을 채택하고 있으나, 지역대표의석의 비율이 높고 사용하고 있어 다수대표제 효과가 강하게 나타난다. 나아가, 비례대표의석의 비율이 지나치게 낮아 비례대표제 효과는 제한적일 수밖에 없다.

양당제 국가의 경우 당선을 위해서는 50% 이상을 득표해야 가능하다는 점에서 사실상 과반수제(majoritarian) 방식과 동일하지만, 다당제 국가의 경우에는 단순다수대표제를 취하는 경우에 대표성 · 비례성에 적지 않은 문제를 초래할 수 있다고 보면 단순다수대표제 위주로 운영되는 현행 선거가 가지고 있는 근본적인 취약점이라 할 수 있다.

또한, 다수대표제적 성격이 강한 현행 선거제도 하에서는 대안적 이념과 정책 프로그램의 부각이 용이하지 않고 신진정치세력이 원내에 진출하기 어렵게 되어 있어 국회의 보수성과 현상안정적 성향이 강화되는 바, 이는 대표성의 위축을 초래한다.

참고로, 한국의 국회의원선거에서 사표는 50% 이상 발생하고 있다. 또한, 정당의 지지율과 정당의석의 불비례성을 외국과 비교한 결과를 보면 한국이 21.7%로 네델란드의 1.08%와 비교하면 현격한 차이를 보였다(전세계에서 가장 높은 수준이다). 같은 다수제적 혼합형 제도를 취하고 있는 일본(105%)과 비교하더라도 높게 나타났고, 단순다수대표제를 택하고 있는 미국(13.35%)과 비교하더라도 큰 차이를 보였다.[41]

2. 낮은 책임성

지역주의에 기반 한 정당정치 및 후원수혜자주의는 선거에 있어서 대표성을 저해하고 있다.

먼저, 특정정당이 연고가 강한 권역에서 의석을 거의 배타적으로 획득함으로써 정치에서 지역갈등의 표출을 심화시키고 있다. 문제는 유권자인 시민이 선거를 통해 정당에 대한 책임을 물을

41) http://smallcap.tistory.com/217

수 있어야 하지만, 지역에 기반을 두고 있는 정당의 경우 공천과 당선이 동일시됨으로써 책임정치를 어렵게 한다는 점이다.

또한, 각 정당이 당헌을 통해 공천과정을 개방하였지만, 실질적으로 운영되는 과정에서는 하향식 공천제가 대다수를 차지함으로써 정치인들이 시민에 대한 높은 반응성(감응성)을 보이는 것이 아니라, 소위 계파 보스의 의사에 민감하게 반응한다는 점이다.

Ⅲ. 한국 선거제도의 개혁

1. 선거제도 개혁의 방향

선거제도를 채택함에 있어서는 대표성(비례성)과 안정성의 적절한 조화를 이루고, 대응성과 책임성을 제고하고, 정당정치의 제도화 수준을 높이는 데 초점을 맞추어야 할 것이다. 하지만, 대표성과 안정성을 모두를 충족시켜 주는 선거제도는 존재하지 않으며, (앞서 살펴 보았듯이) 한국에서 정치체제의 불안정성은 낮은 대표성과 비례성에 기인한다는 점, 그리고 의회의 파행적 운영에 기인한다는 점을 고려해야 한다. 따라서 비례성과 반응성을 높이는 방향으로의 개혁이 요구된다.

2. 대안 모델의 검토

1) 현행 제도의 개선

현행 제도는 준연동형 비례대표제를 택하고 있으나, 비례의석의 비율이 낮아 비례성의 효과가 거의 없다. 따라서 비례의석을 늘려야 한다고 주장한다.

이 주장은 유권자의 입장에서 보면 의석할당방식이 변화될 뿐으로 인식될 수 있다는 점에서 제도변경에 수반되는 혼란과 같은 학습비용이나 거래비용이 크지 않다는 장점, 비례성과 반응성을 확보할 수 있다는 장점이 있다.

2) 중대선거구제도 : 단기비이양식 선거제도

정치권에서 지역주의 문제 해결을 위해 제기해 온 주장이다. 단기비이양식 중선거구제가 갖는 소수대표효과를 통해 영남과 호남에서 각각 새누리당과 민주당의 의석이 창출될 수 있다고 본다. 그러나 이 제도는 강한 다수를 창출할 가능성이 크기 때문에 낮은 비례성의 문제를 해결하는 데는 한계가 있다.

3) 정당명부식 비례대표제

유권자들이 정당명부나 정당명부의 후보에 투표를 하고, 정당의 득표율에 따라 의석을 배분하는 방식으로 비례성을 높일 수 있으며, 전국정당화에 유리하다. 그러나 선거구의 크기와 구역 획정에 따라 정당 간 의석수 편차가 심하게 나타난다는 점에서 문제가 있다. 즉, 선거구 획정 등에서 정략적 판단이 이루어질 가능성이 다른 제도보다 높다는 문제가 있다.

4) 소 결

한국 민주주의의 지체가 낮은 대표성/비례성으로 인한 문제라 하나면, 제도 변경은 비례대표제나 독일식의 비례제적 혼합형제도(완전연동형 비례대표제)를 도입하는 것이 바람직할 것이다. 반응성까지 고려한다면 비례제적 혼합형제도가 적합할 수 있다. 또한 독일식 제도로의 변경은 그 과정에서 발생할 수 있는 혼란(거래비용)을 최소화할 수 있고, 현행 제도의 기본 골격을 유지함으로써 정략적 판단을 최대한 방지할 수 있다는 장점을 갖는다.

참고로, 이 제도가 어느 정당에게 보다 유리할지는 여론(정당 지지율)에 의존한다는 점에서 불확실하다. 이는 당파적 이해관계의 영향에서 상대적으로 자유로울 수 있음을 의미한다. 또한 제도 변경이 유권자의 투표행태를 변화시킬 지는 명확하지 않다. 예를 들어, 유권자가 지역구 후보와 정당명부에서 모두 동일한 정당에 투표하는 일관투표(straight-ticket voting) 성향을 보일지 혹은 서로 다른 선택을 하는 분할투표(split-ticket voting) 성향을 보일지는 불확실하지만, 두 경우 모두 국정운영에 대한 평가가 지지 정당의 선택에 영향을 미칠 것이다.

지역주의 문제와 관련해서 볼 때, 정당명부식 비례제가 정당 지지의 지역 편중성의 문제를 교정하는 데는 효과가 있을 것으로 보이지만, 비례의석의 비율과 정당의 지지율, 그리고 비례대표 배분기준·봉쇄조항 등에 크게 영향을 받게 될 것이다. 그러나 이러한 제도적 효과와는 별도로 정당명부제 도입이 정당성을 갖게 위해서는 정당 명부 작성의 투명성, 민주성 등의 문제가 해결되어야 할 것으로 보인다.

3. 구체적 방안

1) 의석 배정방식과 의원정수

독일식의 비례제적 혼합형에서 정당의 원내 의석배정은 정당명부의 지지율에 따라 결정되며, 지역구에서의 당선자를 차감하여 비례대표 당선자 수가 결정된다. 이러한 방식으로 제도를 변경하는 경우 지역대표와 비례대표 의석의 비율을 각각 50%로 하는 것이 바람직하다.

현행 제도를 유지하는 경우에는 의석이 지역구에서의 당선자와 정당지지율의 합산으로 의석이 배정되는데, 이때 비례성을 높이기 위해서는 비례대표의석을 늘릴 필요가 있다. 한국의 경우 원내 과반의석 창출가능성을 높이는 것보다 비례성을 높이는 것이 요구되기 때문에 비례대표의석을 50% 전후로 설정하는 것이 합리적이다.[42]

그런데 비례의석을 늘리는 것은 현직 의원들의 반발이 나올 것이 예상되기 때문에 실현가능성이 적다는 의견이 지배적이다. 따라서 의원 정수를 늘려 지역구가 감소하는 것을 최소화함으로써 현직 의원들의 반발을 완화시키는 방안이 제시되고 있다.[43] 독일 하원과 비교할 때 국회의

---

42) 시민단체 일부에서는 비례의석을 70%까지 올려야 한다고 주장한다. 이에 대해 민주적이고 상향적인 정당체제가 자리가 잡히지 않은 상태를 고려할 때, 비례의석을 너무 높이는 것은 좋지 않다는 의견을 보이기도 한다. 참고로 일본은 비례의석이 40%이며, 이탈리아는 안정성을 높인다는 취지에서 비례의석을 1/3 정도로 설정하고 있다.

43) 헌법은 '국회의원의 수는 법률로 정하되, 200인 이상으로 한다'고 규정하고 있어 상한은 없다.

원 1인당 국회의원 수는 한국이 16만 7천 명, 독일이 13만 5천명 정도 되는데, 독일과 유사한 규모(370명 정도)로 늘리자는 것이다.

다른 국가들과 비교하는 경우 한국의 국회의원 수는 오히려 많다는 주장도 있다. 미국은 의원 1명당 70만 명, 일본은 21만 명 선이다. 그러나 이 데이터는 국회의원 수가 적은 국가만을 가지고 비교한 것이고, OECD평균(9만 9천명)과 비교하면 한국의 국회의원 수는 34개국 중에서 31위에 속한다.

의회 의원수를 산정하는 고전적 기준으로 '의원 수는 인구의 세제곱근에 비례한다.'는 타게페라-슈가트의 공식(1989)이 있다. 이 공식에 따라 의석수를 산정하면 한국의 적정 의원 수는 약 372명으로 나온다(우리나라 인구수를 2015년 기준 5145만 명이며, 372의 세제곱은 5147만이다).

정당 i의 득표율(Vi)과 의석율(Si)의 관계에 대해 테일(Henri Theil)은 다음과 같은 함수관계가 존재한다고 수학적으로 증명한 바 있다.

$$Si = \frac{V_i^p}{\Sigma V_i^p}$$

※ V=유권자 총수, D=선거구 총수, M= 선거구의 정원수

이 방정식은 해당 선거제도의 멱(거듭제곱)지수(p)라는 매개변수가 하나 밖에 없기 때문에 그것을 알면 그 선거제도하의 득표율과 의석율의 관계를 알 수 있다. 타게페라와 슈가트는 멱지수를 다음의 방정식으로 정의할 것을 제안하였다.

$$Si = \frac{\log V^{1/M}}{\log DM}$$

※ V=유권자 총수, D=선거구 총수, M= 선거구의 정원수

이 p에 대한 방정식을 'Taagepera's law'이라고 한다. 이 법칙은 합리적 선택이나 인간의 심리 등과 같은 요인을 배제하고 변수들의 수학적 데이터를 현실에 적용한 것이다. 현대 수학과 물리학에서는 가설에 '이유'가 요구된다고 보지 않는다. 이론과 사실이 일치하는 것만으로 충분하다는 것이다. 이런 관점에서 수학적·물리학적 방법론을 정치연구에 적용한 것이 타게페라와 슈가트 공식(Mathew Soberg Shugart)인 것이다. 그리고 이 공식은 많은 실증연구를 통해 법칙으로 재확인되었다.

그러나 국회의원 수를 늘리는 데에 대한 시민들의 반발이 크다는 점 또한 고려해야 한다. 이에 대한 합리적인 대안이 될 수 있는 것이 의원 총수를 늘리되, 의원의 세비 총액을 현 수준에서 동결시키고 부대경비 등을 줄이는 방법을 생각해 볼 수 있다. 한국의 국회의원 보수는 독일과 유사하며, 다른 국가들보다는 높은 편이다.

한국 국회의원의 세비(보수)는 미국과 일본보다는 적지만 독일과 비슷하고, 다른 OECD국가들보다는 높은 편이다. 영국, 프랑스, 독일 국회의원의 세비는 1인당 GDP의 2.8~3배 수준이며, 미국은 3.6배 수준이다. 반면, 한국은 5.18배 수준을 보이고 있다. 쉽게 비교한다면, 한국의 1인당 GDP는 50% 정도 되지만, 국회의원의 세비는 비슷한 수준을 보이고 있다. 세비 외에 의원 보좌관과 부대경비까지 합하면 다른 국가에 비해 월등히 높은 돈을 쓰고 있는 것이다. 2016년 국회에서 노회찬 의원은 한국 국회의원 세비가 OECD 국가 중 日, 美에 이어 3위를 차지하고 있으며, 한국 근로자 평균 임금의 3배, 최저임금의 5배에 가깝다고 하면서 세비를 절반으로 줄이자고 주장한 바 있다.

게다가 1년이라도 국회의원으로 재직한 경력이 있고 재직 시 제명이나 유죄가 확정된 경우가 없으면, 65세부터 월 120만원까지 연금을 받을 수 있다(공무원 연금과 달리 국회의원 연금은 기여금이 없다).

2) 지역구 획정

선거제도 개혁에서 가장 중요한 부분의 하나가 선거구 획정에 관한 것이다. 의원정수나 선거구획정의 원칙과 기준을 정하는 것은 국회의 고유한 권한에 속하지만, 게리멘더링이 발생하지 않도록 하기 위해서는 국회의 영향력과 역할을 최소화할 필요가 있다.

국회의원선거구획정위원회는 과거 국회 소속이었으나, 중앙선거관리위원회 소속으로 변경하였다. 위원회의 위원은 국회 소관상임위원회나 이를 담당하는 특별위원회에서 중앙선거관리위원회 위원장이 지명하는 1명과 학계 · 법조계 · 언론계 · 시민단체 · 정당 등으로부터 추천받은 사람 중 8명을 의결하여 선정한다. 기존 제도와 비교하면 개선된 것으로 볼 수 있으나, 위원인선은 국회에서 결정된다는 점에서 기성정당과 현직의원들의 영향력을 배제할 수 없다는 한계가 있다. 따라서 위원회 구성방식에 있어서도 국회 관련 위원회가 선임하는 방식을 폐지하고 중앙선거관리위원회에서 임명하는 방식으로 전환할 필요가 있다.

실제로 16대 국회의원 선거구를 획정하는 과정에서 (헌법재판소 판결에 따라 최대선거구와 최소선거구의 인구비율을 1:2 수준으로 낮추어야 하는 상황이었다) 농촌지역의 지역구를 대폭 줄여야 하는데, 결국은 지역대표 의원 정수를 늘림으로써 농촌지역을 지역구로 둔 의원들에게 피해가 적은 방향으로 선거구가 획정되었다.

다음으로, 비례의석을 늘리는 경우 비례대표의 선거구를 현행 전국을 하나의 선거구로 하는 방식에서 시도단위를 선거구로 하는 방식으로 변경할 필요가 있다. 한국과 같은 단원제 국회에서는 인구비례의 지역대표성은 확보할 수 있으나, 권역별 대표성을 확보할 수 있는 제도적 장치가 결여되어 있다. 따라서 비례대표의 선거구를 시도단위로 함으로써 비례대표의원으로 하여금 권역별 대표성을 부과하는 형식을 취하는 것도 하나의 방법이 될 수 있다. 단, 이 경우 지역대표의 선거구의 인구편차를 줄여 표의 등가성과 관련된 논쟁을 종식시켜야 한다.

참고로, 시도 단위로 비례대표의 선거구를 설정하더라도 정당의 의석배정은 전국의 정당지지율로 결정하는 것이 바람직하다.

3) 기 타

[1] 군소정당의 난립을 방지하기 위해서는 득표율이나 의석수와 관련하여 봉쇄조항(저지규정)을 적정 수준에서 결정할 필요가 있다. 저지규정이 지나치게 높으면 신진세력의 원내진출이 어려운 반면, 낮은 경우 정당난립이 문제될 수 있기 때문이다. 한국의 경우 현행 5% 수준을 유지하는 것이 바람직하다고 평가되는 데, 의견 수렴을 거쳐 조정하는 것도 고려할 수 있다.

[2] 최근 지역주의를 완화하기 위해서 일본에서 사용하는 석패율제도를 도입하자는 주장도 있으나 이는 바람직하지 않다(이 책 p.409 참조). 오히려, 폐쇄형 명부를 개방형 명부로 변경함으로써 후견주의(boss 주의)를 약화시키는 방향으로 전환할 필요가 있다.

[3] 후보자 결정에 있어서 민주적 선출을 위해 예비선거제를 도입하자는 주장이 많다. 선거시기에 끊임없이 발생하는 '당내 권력투쟁과 공천 잡음, 그리고 탈당과 당선 후 재입당' 이라는 반복되는 시나리오는 정당정치나 의회정치의 안정을 헤치고 있다. 이런 상황에서 비례의석을 높이는 것은 지역주민을 거쳐 당선이 확정되는 지역대표와 달리 정당지도부의 영향력이 직접적으

로 나타나기 때문에 '비례'의 의미마저도 퇴색시킬 수 있다. 예비선거제도만이 민주적인 공천절차는 아니지만, 이 제도가 민주적인 방식임에는 틀림없다는 점에서 긍정적으로 검토할 필요가 있다.

4. [보론] 기타 이슈

1) 석패율제도

일본이 1996년에 도입한 제도로, 소선거구제의 국회의원 선거에서 당선자와 작은 차이로 낙선한 후보자를 비례대표제를 통해 당선시키는 선거제도다. 한국에서는 2011년과 2015년에 제도 도입이 제안되었고, 패스트트랙(신속처리안건 지정)으로 처리하기로 합의한 공선법 개정안에 석패율제를 포함하였다.

비례대표제 명단에 지역구 후보를 포함시키고 지역구 후보자라 하더라도 정당 단위의 선거운동에 참여할 수 있도록 하며, 지역구에서 낙선되었을 때 해당 지역구 당선자의 득표수를 기준으로 한 근접율을 따져서 비례대표로 당선시킨다.

비례대표 후보자명부에 지역구 후보를 넣을 때에는 같은 순위에 여러 후보를 넣는다. 비례대표 후보자명부의 같은 순위에 올린 여러 후보 가운데 낙선한 후보가 단 한 명일 때에는 그가 비례대표제를 통해 당선된다. 해당 순위에 있는 지역구 후보가 낙선했을 경우에는, 낙선한 후보들의 석패율을 비교해서 가장 높은 후보자를 당선시킨다. 정당명부에 포함된 지역구 후보가 지역구에서 모두 당선되면 명부의 다음 순위 후보에게 승계된다.

석패율은 지역구에서 낙선되었을 때 낙선자의 득표수에 대한 해당 지역구 당선자의 득표수의 비율로 계산한다(개정안에서는 지역구 의석의 30% 이상을 가져간 경우 석패율제를 통한 비례대표 구제를 금지하고 있다).

이 제도를 찬성하는 입장은 지역주의를 완화시킬 수 있다는 점을 들고 있다. 예를 들어, 호남에 지역대표로 출마한 자유한국당 후보자나 영남에 지역대표로 출마한 더불어민주당 후보자가 지역에서 낙선하더라도 비례대표로 당선될 수 있다는 것이다.

그러나 이런 방식은 지역 유권자에 의해 낙선된 후보자가 당선된다는 것 자체가 민의를 왜곡하는 것일 수 있다. 유권자의 의사와 무관하게 정당의 공천과 명부 작성에 따라 당락이 결정되는 것이다. 결국 당의 중진이나 계파 보스가 낙선될 경우를 대비한 보험/안전장치에 불과한 독소조항일 뿐이다.

2) 결선투표제

공직자선거법 개정안 합의에는 들어 있지 않지만, 선거제도를 개정하면서 대통령 선거제도에서 결선투표제를 도입하자는 주장이 커지고 있다.

앞서 보았듯이 결선투표제는 유권자의 선호와 이익이 표출될 수 있는 기회를 제공하며, 정당간 정책연합이 활발하게 이루어져, 양대 정당 중심의 독점구조를 온건한 다당제로 전환하고 정책중심의 경쟁과 연합의 유인을 제공할 수 있다. 그리고 당선자의 과반득표 가능성을 높여 민주적 정당성 시비를 제거하고, 다수결의 함정을 피할 수 있도록 한다.

그런데 정당 간 정책연합과 과반득표를 통한 민주적 정당성을 확보하는 것이 목적이라면, 선호대체투표제도를 고려할 수 있다. 호주의 선호대체투표제는 한 번의 투표로 과반득표자를 선출할 수 있다는 점에서 선거비용 측면에서도 유리한 제도라 할 수 있으며, 유권자의 선호를 보다 정교하게 반영할 수 있다.

그러나 ① 이 제도는 다수대표제에 속한다는 점에서 비례성을 확보하는 데는 한계가 있다. 투표의 불비례성의 수준을 놓고 보더라도 한국과 별 차이가 없으며, 단순다수대표제를 택하고 있는 미국과 비교할 때 거의 2배 수준을 보인다. ② Arrow 불가능성 정리가 시사하듯, 결선투표제 또한 유권자의 선호를 정확하게 집약하는 제도라고 할 수는 없다. 2차 투표에서 전략적 투표행태가 나타난다는 것은 무관한 선호에 대한 독립성의 조건에 위배되기 때문이다. 또한 D.May가 제시한 원칙 중에서는 단조성 원칙에 위배된다. 이는 결선투표제를 도입하는 것이 한국 정치의 문제점을 해결할 수 있는 만병통치약인 것처럼 인식해서는 안 된다는 것이다.

참고로, 결선투표제에 대해 강하게 비판하는 관점에서는 앞서 본 것처럼 정당체계의 파편화를 낳음으로써 대통령제와 결합될 경우 대통령-의회 간의 극심한 교착과 통치불가능성을 낳을 것이라고 비판하고 있다.

Ⅳ. 선거제도 개혁에 대한 소고

여기에서는 결론에 대신하여 각종 연구논문에 드러나 있는 각기 상이한 문제의식을 제시하고자 한다. 이에 대한 판단은 여러분에게 맡긴다.

[1] 제도 개혁은 원칙과 방향에 대한 합의가 전제되어야 한다. 이러한 합의를 바탕으로 할 때 제도적 대안의 평가가 민주적으로 이루어질 수 있을 것이다. 현재 한국 정치적 상황을 고려할 때 선거제도 개혁은 사회통합의 증진, 대의민주주의 원칙과 비례성의 충족, 정책 대결 유도와 전국 대표성의 증대, 그리고 정당의 난립 및 파편화의 억제라는 목표 간의 조화를 지향해야 한다.

그러나 제도개혁에 대한 비판적인 견해가 없는 것도 아니다. 이러한 회의적 견해는 선거제도 개혁 논의의 결과가 지금보다 나은 제도를 가져올 것이라는 보장이 없다는 인식에 기초하고 있다. 나아가 개혁논의에서 가장 중요한 유권자가 배제되어 있으며 논의의 진행 또한 정략적이라는 인식에서 출발한다.

이렇게 보면, 선거제도를 바꾸기 위해 두 차례의 국민투표를 실시하여 선거제도 개정을 확정한 뉴질랜드의 진지한 노력은 지금 우리에게 적지 않은 시사점을 준다고 하겠다. 특히, 시민적 합의를 기초로 추진했을 때, 선거제도 개혁이 국가권력을 점유하려는 기성정당의 권력게임으로 전락하는 것을 방지할 수 있을 것이다.

[2] 비례제적 혼합형제도로의 개혁은 신진정치세력의 진출을 용이하게 할 것이다. 그러나 그 결과로 등장하는 다당제에 대한 비판이 없는 것도 아니다.

다당제는 협의제 민주주의 모델을 지향하며, 다원적 갈등이 존재하는 사회에서 긍정적 기능을 수행할 수 있다. 하지만 한국은 언어적, 문화적 동질성이 높기 때문에 다당제를 필요로 하지 않는다는 주장도 있다. 즉, 지역주의 정당과 보스중심의 정당, 그리고 정당의 급격한 유동성 및 정치사회적 이슈의 단순성 등을 고려한다면 비례대표제는 필수적 장치라기보다는 보완적 장치라는 것이다.

선거제도 개혁에 대한 수많은 주장들이 있지만, 개혁의 담론구조가 어떻게 형성되는 지가 중요하다. 그리고 정당정치의 개혁 없이 선거제도의 개혁은 무의미할 수 있다.

20대 국회의원 선거에서 정당의 득표율과 전체 의석점유율

정당	비례득표율	의석수	의석점유율	1표의 가치	최소최대차이
더불어민주	25.54%	123	41.00%	1.61배	5.18배
새누리	33.50%	122	40.67%	1.21배	4.39베
국민의당	26.74%	38	12.67%	0.47배	1.71배
정의당	7.23%	6	2.00%	0.28배	1.00배

병립형 비례대표제를 채택한 국가의 선거제도비교(2014년 기준)

국 가	의원정수	지역구	비례	지역:비례	비례선거구	의원1인당인구
일 본	475	295	180	1.6 : 1	권역	267.758
한 국	300	246	54	4.6 : 1	전국	172.671
대 만	107	73	34	2.1 : 1	전국	219.972
파나마	71	26	45	0.6 : 1	–	58.634
헝가리	199	106	93	1.1 : 1	전국	48.688
멕시코	500	300	200	1.5 : 1	전국	261.518
세네갈	150	90	60	1.5 : 1	전국	108.627
리투아	141	71	70	1.0 : 1	전국	20.397
몽 골	76	48	28	1.7 : 1	전국	41.079

한국 선거제도와 불비례성

• 1981~2010년 주요 국가 총선결과와 불비례성(A.Lijphart, 민주주의 양식, 2012) ; 자료의 불비례성은 실제 의석수로 반영되지 못한 유권자 표의 비중

국 가	불비례성	선거제도
네델란드	1.08%	정당명부식비례대표제
덴 마 크	1.60%	정당명부식비례대표제
스 웨 덴	1.95%	정당명부식비례대표제
오스트리아	2.02%	정당명부식비례대표제
독 일	2.55%	비례제적 혼합형
핀 란 드	3.34%	정당명부식비례대표제
일 본	10.50%	다수제적 혼합형(중대선거구제)
미 국	13.35%	단순다수대표제
프 랑 스	19.56%	결선투표제
한 국	21.97%	다수제적 혼합형

• 기 타
- 여성당선자 비율 : 17%(51명). 19대 총선에서는 15.7%
- 연령별 비율 : 50대(161명), 60대(81명), 40대(50명), 70대(5명), 30대(2명), 20대(1명).
  당선자 평균연령 55.5세(역대 최고) ; 2~30대 인구비중은 40% 정도임에 비해 당선자는 3명, 50대 인구비중은 20% 정도임에 비해 당선자는 53.7%
- 당선자 재산 : 평균재산(41억), 30억 이상(56명)

제 5 장 정부형태와 정부제도

심심치 않게 의원내각제 혹은 이원집정부제로의 개헌이 대두되고 있다. 대통령제 특유의 분점정부로 인한 교착 문제 등을 이유로 제기되지만, 학계와 달리 정치권에서 제기하는 이유는 정권의 지속적 유지를 위해서라는 게 일반적인 판단이다.

한국에서 정부형태의 논의는 정부형태와 민주주의 안정화 및 효율화와의 조응성에 초점이 맞추어져 있었다. 그러나 특정한 정치제도의 기능논리를 일괄적으로 평가하는 것은 적절치 못하다는 주장이 대두되었다. 같은 내각제라도 그와 연관되는 제도적 · 문화적 변수들이 어떻게 조합되느냐에 따라 저마다의 모습으로 나타나기 때문이다. 예를 들면, 정당제도, 선거제도, 정치지도자의 리더십, 그 나라의 정치문화 등이 특정 정부형태의 기능방식에 큰 영향을 미치는 것이다.

최근에는 정부형태와 제도들 간의 조응성은 물론, 헌정주의와의 관계까지를 포괄하는 종합적인 논의로 변화되는 경향이 나타나고 있다.

제 1 절 정부형태 논의 2020 행정, 2016 행정, 2013 행정, 2013 입법, 2012 행정, 2011 입법, 2004 입법

Ⅰ. 정부형태와 민주주의

1. 정부형태(권력구조) : 대통령제와 의원내각제를 중심으로

정부형태를 결정하는 것은 '한 국가의 권력을 어떻게 배분할 것인가'를 결정하는 것이다. 자유민주주의의 일반적인 체제에서는 입법부가 법률을 제정하고, 집행부에 의해 실행되는 방식으로 제도화되어 있다. 이때 선출되지 않은 집단이면서도 권력을 행사하는 집행부를 어떻게 구성할 것인지의 문제에 직면하게 된다. 정부형태의 차이는 결국 집행권을 구성하는 방법의 차이인 것이다.

대통령제란 의회로부터 독립하고 의회에 대해 책임을 지지 않는 대통령 중심으로 국정이 운영되고, 대통령에 대해서만 정치적 책임을 지는 내각에 의해 구체적인 집행업무가 행해지는 정부형태이다(김재영 외 2000, 322). 반면, 의원내각제란 의회에서 선출되고 의회에 대해 정치적 책임을 지는 내각을 중심으로 국정이 운영되는 정부형태이다.

1) 의원내각제(Parliamentary system, 의회정부제)

의원내각제는 영국의 입헌군주제에 기원을 두고 있는 제도로, 의회의 신임에 의존하는 수상을 중심으로 내각이 운영되는 통치형태를 말한다. 이 제도는 국가의 최고권력인 주권은 불가분성을 갖는다는 바조트의 **권력의 융합원리**에 입각해 있다.

의원내각제에는 ① 내각과 의회의 다수파가 형식적으로는 일치하지만, 실제로는 내각이 상대적으로 우월한 영국식의 내각책임제(고전적 의원내각제), ② 바이마르 공화국이나 프랑스 제5공화국처럼 이원집정부제적 요소를 가진 외견적 의원내각제, ③ 의회가 의결을 통해 후임 수상을 선출하지 않는 경우에는 내각불신임을 할 수 없는 건설적 의원내각제 등이 있다. 그리고 첫 번째와 세 번째는 효율적이면서 안정된 내각의 모습을, 두 번째는 비효율적이면서 불안정한 내각의 모습을 보여주었다.

2) 대통령제(Presidential system)

미국의 정부형태에 기원을 갖는 대통령제는 의회의 신임에 의존하지 않는 대통령을 중심으로 내각이 운영되는 통치형태를 말한다. 대통령은 의회로부터 독립되어 있으며, 의회만 시민에 의해 선출되는 의원내각제와 달리 의회와 별도로 대통령이 선출되는 2원적 정당성(dual legitimacy)를 갖는다. 대통령제는 의회와 집행부 간의 권력의 분립을 통해 상호 견제와 균형(balance & check)을 추구하려는 몽테스키외의 **권력분립** 원리에 입각해 있다.

대통령제에는 ① 엄격한 3권 분립에 입각한 순수 대통령제(고전적인 대통령제),[44] ② 대통령제에 전제군주제적 요소를 도입하거나 대통령제에 의원내각제적 요소를 가지고 있는 반대통령제, ③ 대통령이 의회나 사법부에 대하여 절대적 우월한 지위에 있는 신대통령제 등이 있다.[45]

3) 양제도의 비교

구 분	대통령제	의원내각제
선출방식	국민에 의한 선출 개인의 대표 ; 국민에 대한 책임	의회에서 선출 집단의 대표 ; 의회에 대한 책임
의사결정	대통령 1인이 결정, 책임 - 행정부 수장, 의원 겸직 불가능	합의, 연대 책임 - 내각의 수장, 의원 겸직 가능
임 기	헌법에 의해 보장	임기보장 안됨

[1] 의원내각제는 정부수반과 그가 이끄는 내각은 의회의 신임에 의존하여 존립한다. 대통령제 정부형태에서는 정부수반이 일정하게 헌법적으로 규정된 임기를 위해 선출되며 통산 신임에 의존하지 않는다. 이로 인해 대통령제에서는 집행부(내각)의 임기가 보장되지만, 의원내각제에서 내각의 임기는 보장되지 않는다. 따라서 대통령제에서는 내각불신임과 의회해산이 인정되지 않고 대통령은 탄핵 이외의 수단으로 면직시킬 수 없다.

[2] 대통령제에서 정부수반은 직접 혹은 간접적으로 민선에 의해 선출되지만, 의원내각제의 수상은 의회에서 선출된다. 즉, 대통령제에서 민주적 정당성은 2원화되지만, 의원내각에에서 민주적 정당성은 의회에만 부여된다. 이러한 차이는 몽테스키외의 권력분립원칙과, 바조트의 권력의 융합원리에 기인한다.

이런 차이는 의원내각제가 의원과 장관의 겸직을 허용하고 행정부가 법안제출원이 인정되며, 의회출석 · 발언이 가능한 반면, 대통령제가 이를 허용하지 않는 차이로 나타난다.

[3] 대통령제에서 집행부는 비집단적이며, 대통령의 staff로 이해되는 반면, 의원내각제는 집단

44) 각부장관은 오로지 대통령에게만 책임을 지고, 내각은 대통령의 자문기관에 불과하고, 부서제도는 존재하지 않는다. 대통령 각부장관은 의원직을 겸할 수 없고, 대통령은 입법에 관여할 수 없으나 법률안 거부권을 갖는다. 이 유형은 다시 의회의 집행부통제력의 정도에 따라, 집행부 우위의 Hamilton형, 의회 우위의 Madison형, 의회와 집행부가 대등한 지위를 갖는 Jefferson형으로 분류된다.

45) 나세르(Nasser)의 이집트 헌법, 마르코스(Marcos)의 필리핀 헌법, 유신헌법 등이 신대통령제에 해당한다.

적 혹은 연대적 집행부이다. 따라서 대통령제는 의원내각제의 국무회의(의결기관)를 두지 않으며, 각 장관은 대통령의 지시에 복종한다.

참고로, 대통령제와 의원내각제를 절충한 이원 집정제(소위 준대통령제)가 있다. 이 제도는 수상이 이끄는 내각과 선출직 대통령을 두는 제도로, 대통령제 집행부와 연관된 직접 민주선거 및 안정된 임기라는 장점과, 의회제가 갖는 내각과 수상의 탄력성, 집행부와 의회의 교착상태 문제를 해결할 수 있다는 장점을 결합한 제도라고 주장되어지는 정부형태이다. 자세한 내용은 뒤에서 다시 살펴볼 것이다.

2. 양제도의 장단점

1) 의원내각제의 장단점

의원내각제는 의회가 집행부(왕)를 통제하며, 집행부는 의회에 대해 책임을 지는 관습상의 제도로 출발했으나, 시간이 흐르면서 의회와 집행부(내각)의 협조를 이끌어 낼 수 있는 제도로 발전해 왔다(김성수 2015, 316). 이는 의회 다수파가 내각을 지배함으로써 의회가 주도하는 국가형태를 만들어 낼 수 있으며, 다수 지배의 이상을 구현할 가능성을 높이는 것이다.

의원내각제의 강점은 능률적이고 책임 있는 정부를 제공하다는 점이다. 의회의 신임에 의존하기 때문에(veto point의 부재로 인해) 집행부의 정책이 의회에서 쉽게 통과될 수 있으며, 의회의 신임을 유지하는 한에서만 통치할 수 있기 때문에 책임성(accountability)이 확보될 수 있다(헤이우드 2003, 580).

그러나 단순다수대표제와 의원내각제가 결합되는 경우, 소수에 의해 의회가 장악될 수 있고 의회를 통해 다수를 통제할 수 있는 선거독재가 나타날 수 있다.[46] 또한, 비례대표제와 결합되어 정당이 난립하는 경우 통치불안정성이 문제된다.

2) 대통령제의 장단점

대통령제는 의원내각제에서 나타날 수 있는 의회주권적 정치구조에 대한 불신에서 비롯된 것으로 알려져 왔다(김성수 2015, 315). 다수가 모든 일을 좌우할 수 없도록 만들어야 한다는 Madison적 사고가 고려된 것이다.

이 체제는 통치안정성(안정적 집행부), 견제를 통한 집행권의 제한, 시민이 직접 혹은 간접적으로 선출함으로써 집행부의 민주적 정당성의 부여라는 장점을 갖는다. 대통령제의 강점은 무엇보다도 행정권으로부터 입법권을 분리함으로써 개인의 권리와 자유를 보호하는 내적 긴장을 만들어 낸다는 데에 있다(헤이우드 2003, 582).

그러나 ① 견제와 균형원리가 낳는 입법부와 집행부간의 교착과 ② 집행부의 안정성이 불러오는 시의적 경직성의 문제에 봉착할 수 있다. 나아가 ③ 견제되지 않는 대통령의 등장은 권위주의로 쉽게 퇴행할 수 있다는 문제도 있다.

46) 이런 현상을 Hailsham은 elective dictatorship(선거독재 정부)라 불렀고, 압력단체의 먹이(lobby fodder)로 전락될 수 있다고 보았다(헤이우드 2003, 581).

3) 소 결

[1] Lijphart는 대통령제와 의원내각제의 비교준거기준을 다음과 같이 제시하고 있다.

- 집행부의 안정성
- 국민에 대한 집행부의 책임
- 의회와 집행부 사이의 상호견제
- 의회와 집행부 사이의 마찰(교착, dead-lock)
- 시의적 경직성47)
- 비타협적 정치의 조장48)

종합해 본다면, 대통령제는 집행부의 안정성이 경직성을 낳고, 상호견제가 교착의 문제를 낳는다. 반면 의원내각제는 집행부의 책임성을 높이지만 불안정을 유발하고 권력융합이 비타협적 정치를 조장하게 된다.

대통령제 비판

고전적 논자들은 집행권은 다수보다는 한 사람에 의해 더 잘 통치된다고 주장했다. 이런 인식은 아주 오랜 기간 동안 왕정체제·권위주의·대통령제가 체제 효율성이 높다는 주장을 만들어 냈다. 그러나 어떤 체제가 효율적인지는 철학적으로 대립되는 하나의 쟁점이며, 오히려 현실에서는 소수 혹은 한 사람에 의해 통치되는 체제의 경제적 성취수준이 낮게 나타나는 사례를 어렵지 않게 확인할 수 있다. 최근의 이론적 분석에서도 마찬가지다.
예컨대, Deutch는 해결해야할 과제가 긴급하고 정부의 실수가능성이 정부의 취약성 보다 덜 위험한 나라에서는 의원내각제를 취하고, 반대의 경우에는 대통령제가 낫다고 하여 대통령제의 효율성 신화를 비판하고 있다.
또한, Lijphart는 대통령 자신이 의회에 대해 결정적 권한을 가지고 있지 못하다는 사실이 대통령으로 하여금 합의를 추구하고 타협을 하게 하지만, 대통령 자신이 최고의 민주적 정통성을 가지고 있다는 생각 때문에 타협을 싫어하고 기피하게 만든다고 하여 협력가능성 신화를 비판한다.
T.Hobbes가 '자유는 조각으로 나누어진 권력'이라고 이야기했듯이, 한사람에 의해 통치되는 체제는 자유보호에 취약하다.

[2] 체제효율성과 민주적 책임성이라는 측면에서 보면 대통령제보다 의원내각제가 더 나은 선택일 수 있다. 실제로 대통령제를 택한 정치체제에서 민주주의가 지속되는 기간이 미국을 제외하면 길지 않았다(미국은 헌법에도 불구하고, 민주주의 체제가 유지되었다고 평가된다). 경험적 연구들 또한 의원내각제가 민주주의에 친숙한 제도라는 결론을 보여주고 있다. 2차 대전 이후 신생독립국들에 대한 비교연구에서는 대통령제를 취한 국가에서 30년 이후에도 민주주의 체제를 유지한 국가가 거의 없는 것으로 나타났다(F.Ricks 등의 연구는 제3세계의 민주주의 성공률을 기초로 대통령제 보다는 의회제도가 훨씬 성공적이었다고 결론짓고 있다).

[3] 그러나 정부형태는 그와 연관되는 제도적·문화적 변수들이 어떻게 조합되느냐에 따라

---

47) 대통령제의 경우 집행부가 추진하는 정책과 프로그램의 적실성과 정당성이 사라졌음에도 불구하고 대통령의 임기가 보장되어 있어 이를 교정할 방법이 없다. 이를 시의적 경직성이라 한다.

48) 의원내각제의 경우 권력 융합으로 의회 다수파가 어떠한 정치세력과 타협할 필요성을 느끼지 못한다. 이 경우 영국의 대처정부처럼 일방주의적 성향을 보이기 쉽다. 이를 비타협적 정치의 조장이라 표현하고 있다.

상이한 결과를 보여준다.[49]

대통령제에서 체제의 취약성을 가져오는 핵심 문제인 교착은 미국에서는 중요한 문제가 아니었고, 의원내각제의 가장 큰 취약성인 불안정성은 영국의 문제는 아니었다. 즉, 정부형태 보다 제도간의 조응성이 확보되어야 함을 시사한다 ; 민주주의의 안정적 발전을 위해서는 정부형태와 정당제, 선거제도 및 의회정치가 어떻게 결합되는 지에 따라 달라질 수 있다는 것이다.[50]

집행부와 입법부의 교착 문제는 대통령제 자체에 있는 것이 아니라 대통령제와 특정 정당체계의 결합에 있다. 즉, 교착의 문제는 응집력 있는 두 정당이 존재하는 양당제에서 반대정당의 반대에 직면할 때에 일어나는 현상이다. 이렇게 볼 때, 교착문제는 미국의 문제가 아니라 아르헨티나의 주요한 고민거리인 것이다.

3. 제도적 변수와 정부형태의 조응성

1) 정당과 정부형태

[1] 대통령제는 견제와 균형원리에 입각해 있으나, 의회와 집행부가 하나의 정치세력에 의해 장악되었을 때(단점정부), 견제되지 않은 소위 '제왕적 대통령'이 등장할 수 있다. 반면, 서로 다른 정치세력에 의해 의회와 집행부가 장악되었을 때(분점정부) 집행부와 의회가 교착상태에 빠질 수 있다. 따라서 분점정부에서 발생하는 교착의 문제를 피하기 위해 단점정부가 등장할 가능성을 높이기 위해 제도를 설계하는 것은 권위주의로의 회귀라는 위험을 안게 된다.

이러한 문제는 정당 내부 기율이 강하여 단일한 목소리가 정당 전체를 지배하고 있을 때 발생하기 쉽다. 따라서 단점정부에서 집권당 내부의 다양성을 높여 집권당의 당수인 대통령의 독주를 견제할 수 있어야 하며, 분점정부에서는 대통령 소속당과 반대당의 양극화된 이념경쟁이 나타날 가능성을 최소화함으로써 타협의 정치를 만들어 낼 수 있어야 한다. 즉, 정당 기율이 약해야 하며, 당내 민주성이 높아야 한다.

정당체계에 있어서는 제왕적 대통령의 등장을 방지하고 대통령제가 지향하는 견제와 균형을 이루기 위해서는 분점정부가 나타날 가능성을 높여야 한다.[51] 따라서 양당제보다는 다당제가 대통령제와 조응성이 상대적으로 높다.

[2] 의원내각제는 높은 책임성에도 불구하고 정권의 불안정성이 체제를 위협할 수 있다. 따라

---

49) 정치문화나 경제발전이 중요한 영향요인이라는 주장이 있었으나 그 설득력이 약하다. 예컨대, A.Lipset은 의회든 대통령제든 잘 운용되어 온 민주정치는 주로 발전되고 개신교적인 지역에서 발견될 수 있다고 하였다. 그러나 역사적으로 수많은 예외(남유럽, 코스타리카, 1960년 이후의 콜롬비아, 베네주엘라 등)가 존재한다.
Powell 또한 문화적·지역적 특성과 정부형태 사이의 상관관계가 있다고 주장한다. 그는 라틴아메리카의 민주주의에 있어서 대통령제 혹은 다당제를 수반한 대통령제가 핵심적인 요인이라는 것이다. 그러나 정부형태의 설계에 있어서 중요하게 영향을 미치는 것 중 하나는 전통과 제도의 보수성이다. 신생독립국의 경우 식민지 통치의 잔재로 인하여 당시의 지배국의 정부형태를 선호하게 되며, 라틴아메리카의 경우 민주주의 정부는 대통령제만이 알려져 있을 뿐이었다. 또한 점진적으로 민주화되었던 국가들은 군주제의 유습에 많은 영향을 받을 수밖에 없었다.

50) S.Mainwaring은 의회제-다당제와 대통령제-최다수득표제의 결합이 적절한 것으로 제시하였고, J.Linz 등은 승자독식을 막기 위해 의회제적 요소를 도입하는 것은 그 자체로 충분하지 않으며 그 위에 다당제도, 연합 내각 등이 필요하다고 지적하였다.

51) 특정 정치세력의 독주가 자유를 위협할 수 있다는 점을 고려했던, 미국헌법의 아버지들이 가장 크게 신경을 썼던 것은 단점정부의 등장가능성을 최대한 방지하는 것이었다.

서 원내 다수파가 등장하기 쉬워야 하며, 정당의 당내 기율이 강하여 내각의 수장인 수상이 제안하는 정책에 대한 원내의 반발이 없어야 한다.

정당체계에 있어서는 다당제보다는 양당제가 집행부의 안정성을 확보하는 데 유리하다. 다당제의 경우에는 연정이 쉽게 구성될 수 있고 형성된 연정의 지속성을 높일 수 있는 (정당 간 이념적 거리가 크기 않고, 이념에 대한 감정이입도가 낮은) 온건다당제가 통치안정성을 확보하는 데 유리하다.

[3] 이런 맥락에서 선거제도와 정부형태의 함수관계를 언급할 수 있을 것이다. 즉, 대통령제에서는 다당제가 등장하는 데 상대적으로 유리한 비례대표제가 적합하고, 의원내각제는 양당제가 등장하는 데 상대적으로 유리한 다수대표제가 적합하다.

다원적 사회균열에서는 다당제가 체제 안정에 유리하기 때문에 의원내각제에서도 다수대표제를 고집하는 것은 좋은 대안이라하기 어렵다. 따라서 이 경우에는 비례대표제를 채택하되 독일에서 사용하고 있는 건설적 불신임제가 좋은 대안일 수 있다. 만약, 다원적 사회균열 구조를 가지고 있으면서도 프랑스처럼 정당 간 이념적 거리가 멀고, 이념지향성과 당내 기율이 강하다면 결선투표제를 고려할 수도 있다(결선투표제에서는 양당제에 가까운 정당체계가 형성될 수 있지만, 정당 간 투표교환이 활발하게 이루어지기 때문에 다양한 선호가 정치체제에 투입될 가능성이 높아진다).

2) 의회 유형(전환의회와 경합장 의회)과 정부형태

[1] 대통령제는 이원적인 민주적 정통성(dual democratic legitimacy)을 지닌 체제로 임기를 보장함으로써 권력을 안정시키는 대신 보장된 권력이 독재화되지 않도록 대통령과 의회에 권력을 분산시켜 놓은 체제인 것이다.

중앙집권적인 정당체제 하에서는 대통령 소속당이 의회의 다수당을 차지할 경우(단점정부) 의회는 정치적으로 대통령에 대해 종속적인 관계에 서게 되어 권력융합이 일어난다. 이 경우 위임민주주의로 흐를 위험이 크다. 반면, 중앙집권적인 정당체제 하에서 분점정부가 형성되면, 의회와 대통령 간의 대결로 인하여 정국의 경색(deadlock)과 국정의 마비를 가져오기 쉽다.

따라서 대통령제가 대통령과 의회의 권력통합에 의해 권위주의화(혹은 독재화)되거나, 분점정부(divided government)하에서 대통령과 의회의 정면충돌에 의해 정치체제가 붕괴되는 것을 막기 위해서는 내적 결속력이 약한 성낭 즉, 의원 새개인의 자율성이 보장되어 정책 사안에 따라 유연한 정책연합(policy coalition)이 가능한 정당체계가 요구된다.

의회도 유연한 정당체계와 의원 개인의 자율성을 증진시키는 방향(전환의회)으로 조직되어야 한다. 즉, 정치에 필요한 각종 자원이 정당(정당의 지도자)을 통해 분배되는 것이 아니라 의원에게 자원이 직접 주어지도록 하여 정당(특히 원외정당)의 의원에 대한 통제력을 약화시키고, 정치 및 정책관련 정보가 정당을 통해서 수집되는 것이 아니라 의회를 통해서 수집되도록 함으로써 입법부의 일원으로서 정당을 초월한 일체감이 형성되도록 하여야 하는 것이다.

[2] 의원내각제 국가에서는 의회가 민주적 정통성을 지닌 유일한 정치기관이며, 내각의 존립은 의회의 신임여부에 의존한다. 의원내각제는 정치적 변화에 의해 체제의 불안정성을 의회와 정부 간의 권력융합으로 희석시키는데, 정당이 의회와 정부의 권력을 융합시키는 거멀못으로 작

용한다.

따라서 내각제 하에서는 과다하게 잦은 정치적 변화에 의해 정치체계가 붕괴되는 것을 막기 위해 소속의원들에 대해 강력한 통제력을 행사할 수 있는 중앙집권적인 정당이 요구되는 것이다. 이때, 의회는 정당 간의 정책적 경합장이 된다.

3) 보론 : 정부형태와 민주주의 모델 2015 행정

Lijphart가 분류한 다수제 민주주의모델(majoritarian model of democracy)과 협의제 민주주의모델(consensus model of democracy)은 선거제도와 정당제와 일정한 함수관계를 갖는다. 주지하듯이, 다수제 모델은 동질적 사회에 적합하며, 협의제 모델은 이질적이고 다원적 가치지향을 갖는 사회에 적합하다. Crepaz에 따르면, 다수제 모델은 '과반수 내각, 단순다수대표제, 양당제, 이익중재의 다원성'을 특징으로 하며, 합의제 모델은 '권력의 공유와 대연합정부, 비례대표제, 다당제, 이익중재의 코포라티즘'을 특징으로 한다.

[1] 양 모델과 정부형태의 관계를 다음과 같이 분류할 수 있다(김용복, 1999).

	다수제 모델(양당제 / 다수대표제)	협의제 모델(다당제 / 비례대표제)
대통령제	A(미국)	B(남미, 한국의 87년 체제)
의원내각제	C(영국)	D(유럽 대륙계 국가)

의원내각제는 영국과 서유럽 국가들에서 보이는 데, 양당제와 다당제 모두와 조응될 수 있다. 단, D유형의 경우 이탈리아, 2차 대전 이전의 독일과 프랑스에서 알 수 있듯이 불안정성 요인을 안고 있다. C유형의 경우 영국과 같이 강력한 집행부를 창출할 수 있으나 투표행태와 결과의 작은 변화가 정부정책에 큰 변화를 가져올 수 있다.

대통령제에서 대통령은 의회 지지 없이 통치할 수 없지만 의회는 정부에 책임을 지지 않기 때문에 의회는 정부를 지지할 필요가 없다. 따라서 S.Mainwaring 등은 다당제와 대통령제의 조합(B유형)은 남미 국가들에서 확인할 수 있듯이 안정된 민주주의를 위협할 수 있다고 평가한다.

[2] 최태욱 교수는 선거제도, 정당체계, 집행부 구성, 집행부와 입법부의 권력배분, 이익대표체계(이익집단의 경쟁양상)을 기준으로 설명한다(최태욱 2009).

① 선거제도를 기준으로 할 때 다수제 모델은 다수대표제를, 협의제 모델은 비례대표제를 택한다. ② 정당체계에서는 다수제 모델은 양당제를, 협의제 모델은 다당제를 택한다. ③ 집행부 구성에서 권력융합을 특징으로 하는 의원내각제는 다수제 모델에 속하며, 권력분립을 특징으로 하는 대통령제는 협의제 모델에 속한다. 다수대표제와 양당제를 유지하는 영국은 단일정당정부이며, 대통령제를 택하는 미국은 다수제보다는 협의제에 가깝지만 집행부 구성에서는 다수제 모델에 가깝다. 대다수 유럽 국가는 의원내각제이지만 연립정부를 구성한다는 점에서 협의제 모델에 가깝다. ④ 집행부와 입법부 관계에서 다수제 모델은 집행부가 우위를 점한다면, 비례대표제와 다당제, 연립내각을 특징으로 하는 유럽의 협의제 모델은 양자간 힘의 균형을 지향한다. ⑤ 이익집단 간 경쟁 구조에서 다수제 모델은 다원적·적대적 경쟁구조를 보인다면, 협의제 모델은 조합주의적 이익대표체계에 기반 한 협력적 관계를 보인다.

Ⅱ. 이원집정부제(dual executive system ; Semi-presidential system)

이원집정부제 혹은 준대통령제는 제3세계에서 대통령제와 의원내각제에 대한 제3의 대안으로 호소력을 얻고 있다. 미국식 순수 대통령제가 역사적으로 신생독립국가들에서 별로 매력적이 아니며, Sartori가 제시한 ideological unprincipledness(이념적 대결의 완화), weak party dicipline(약한 정당기율), locality centered politics(지방중심의 정치)의 조건을 충족하지 못함으로 인해 교착상태의 문제 등을 안고 있다는 점이 지적되어 왔다. 반면, 현대 의원내각제는 영국·독일에서처럼 의회의 신임 위에 존재하면서도 미국대통령보다 강하고 능률적인 총리정부를 만들고 있지만, 정당정치의 제도화 수준이 낮은 경우 기능부전의 문제를 안고 있다. 이원집정부제는 이에 대한 대안이 될 수 있다는 것이다.

한국에서 이원집정부제는 1980년 헌법 개정논의 과정에서 처음 제시되었고, 2004년 노무현 전 대통령이 총선에서 패배하게 되면 국무총리 지명을 반대당에 넘길 것을 천명하면서 다시 제기되었다. 국정운영을 프랑스식 이원집정부제처럼 운영하겠다는 것이었다.[52)]

2014년에는 (구)새누리당이 분권형 대통령제라는 이름으로 오스트리아식 이원집정부제로의 개헌안을 제시하면서 다시 제시되었다. 즉, 단점정부에서 발생하는 견제 받지 못하는 대통령(제왕적 대통령)과 분점 정부 하에서의 교착상태의 지속의 문제를 정부형태 변경을 통해 해결할 수 있다는 것이다.

1. 개념과 논의 배경

이원집정부제란 의원내각제의 요소와 대통령제의 요소를 결합하여 가지고 있는 제도로서 국가원수는 대통령이지만 실질적 집행권은 수상과 대통령으로 이원화되어 행사되는 정부형태를 말한다 — 행정부가 실질적으로 대통령과 수상으로 이원화되어 각각 실질적 권한을 가지는데, 평상시에는 내각수상이 행정권을 행사하나, 비상시에는 대통령이 행정권을 전적으로 행사하는 정부형태로 정의되기도 한다(처음으로 제도화된 바이마르 공화국의 이원집정부제의 특징). 다만, 국가에 따라 구체적 운영 양태는 상이하다.

이원집정부제는 대통령제와 의원내각제의 단순한 혼합형이라기보다는 제3의 정부형태라 할 수 있다. 이원집정부제의 대통령은 수상과 같이 실질적 권한을 갖고 있는 것이 특징이다. 그러나 대통령과 수상의 양두체제의 추가 한편으로 기울어진다. 즉, 수상에게 권한이 집중되거나 대통령에게 권한이 집중된다는 것이다. 대통령에게 권한이 집중된 것이 프랑스 제5공화국 헌법이고, 수상에게 권한이 기운 경우가 오스트리아 헌법이다.

현실에서는 대통령 소속당의 의회 의석 분포에 따라 대통령과 수상의 권한이 변하게 된다. 따라서 이 체제는 고도의 정치기술을 필요로 하고 정치문화의 향상을 전제로 한다.

---

52) 당시 한국 헌법이 가지고 있는 의원내각제적 요소가 있기 때문에 개헌을 하지 않고 적용할 수 있다는 주장도 있었다. 선거결과 분점정부가 형성되는 경우 프랑스 미테랑 전대통령이 동거내각이 형성되었을 때 그랬던 것처럼 의회 다수파가 국무총리를 선출하고(대통령이 국무총리 임명을 포기), 의회에서 선출된 총리가 국정운영을 주도하는 방식이 가능하다는 것이다. 그러나 헌법변천이라는 것이 천명한다고 해서 가능한 것은 아니다 — 실제로 2004년 총선 전에 (구)한나라당에서 노무현 전대통령이 제안한 이 방식을 거부한 바 있다.

2. 이원집정부제의 제도적 특징(요소)

첫째, 국가원수로서의 대통령은 국민에 의해 직접 선출된다. 대통령은 국민에 의해 선출되기 때문에 의회에 대해 책임을 지지 않으며, 국민에 대해서만 책임을 진다. 또한, 권력분립의 충실한 적용을 의미하며, 의회의 영향에 대한 행정권의 독립성의 보장을 의미한다.

국민에 의한 대통령의 선출은 대통령제의 본질적 특징이다. 그런데, 의원내각제를 전제로 한 국민에 의한 대통령의 선출은 의회주의적 대통령제 또는 대통령제적 의회주의로 변질됨을 의미한다. 이는 이원집정부제의 유형에서 살펴볼 것이다.

둘째, 대통령은 비상시에 비상대권을 직접 행사하며, (의회 의석분포에 따라 유동적일 수 있지만) 원칙적으로 수상에 대한 임명권과 의회 해산권을 갖는다. 이점에서 의회에서 선출된 의원내각제의 대통령과 국민에 의해 직접 선출된 이원집정부제의 대통령은 본질적 차이가 있다.

대통령은 특별한 경우를 제외하고 권한행사는 내각의 부서를 거쳐야 한다. 이는 대통령 권한행사에 대한 의회의 제한을 의미하며, 의회에 대한 정치적 책임을 강화하기 위한 수단이다. 다만, 긴급사태에 있는 경우 대통령은 수상과 각료의 부서 없이 행정권을 행사할 수 있다.

셋째, 집행권은 대통령과 내각에 분점된다(집행권의 이원화). 이 점은 의원내각제의 특징과 관련되며, 대통령제 보다 의원내각제적 요소가 더 강하다고 평가되는 이유이기도 하다. 이때, 수상을 수반으로 하는 내각은 의회에 대해 책임을 진다. 즉, 의회는 내각을 불신임할 수 있으며, 대통령은 의회를 해산할 수 있다. 의회의 내각 불신임은 대통령의 수상임명권에 대한 제한이라 할 수 있다.

참고로, 이원집정부제를 택하는 주요국의 제도적 특징을 보면 다음과 같다.

구 분	프랑스	오스트리아	핀란드	아일랜드
대통령	임기 5년 직선 의회해산권 총리임명권 군통수권 법률공포/거부권 국가긴급권 사면권	임기6년 직선 의회해산권 총리/각료임명권 군통수권 국가긴급권 (내각요청) 사면권	임기6년 직선 의회해산권 총리지명권 (내각 불신임시) 군통수권 법률공포/거부권 사면권	임기 7년 직선 의회해산권 (총리 제청) 군통수권 법률공포권 사면권
총리(수상)	내각총괄 각료 임명제청권 법안 발의권 의회소집권	내각총괄 각료임명제청권 외교권(대통령위임) 국방권(대통령위임)	내각총괄 각료임명제청권 외교권(대통령위임) 국방권(대통령위임)	내각총괄 각료임명제청권 외교권 국방권(대통령위임)

3. 이원집정부제의 유형

대통령 선출이 직선인지/간선인지의 여부, 수상과 각료 임명에 대한 의회의 개입정도, 수상과 각료의 의원 겸직 여부와 대통령과 수상의 행정권 배분 정도에 따라 이원집정부제를 유형화할 수 있다.

1) 의원내각제에 대통령제 요소가 가미된 형태(1961년 터키 헌법, 그리스 헌법)

내각이 의회의 다수상 내지 연립정당에 의해 구성되며, 모든 행정권을 담당한다. 대통령은 의회에서 간선되지만, 국가비상사태에서는 실질적 행정권을 행사한다. 양당제가 어느 정도 확립되어 있고, 의원내각제를 위한 제도적 조건이 갖추어진 국가에 적합하다고 평가된다.

2) 대통령제에 의원내각제 요소가 강하게 가미된 정부형태(오스트리아, 핀란드)

대통령은 직선에 의해 선출되거나, 선거인단에 의해 간접 선출되며, 수상은 대통령이 의회 동의를 얻어 임명한다. 대통령과 수상은 집행에 대해 비슷한 권한을 가지고 있지만, 대통령은 내각의 행정권 행사를 감독하는 기능을 수행하는 것이 보통이다. 의회는 내각불신임권을 가지고 있으며, 대통령은 의회해산권을 갖는다.

3) 대통령제에 의원내각제 요소가 다소 가미된 정부형태(프랑스 제5공화국 헌법)

대통령은 국민의 직선에 의해 선출되며, 수상은 의회 동의 없이 대통령이 임명한다. 대통령은 내각을 직접 지휘·감독하지만, 내각은 일정 정도 의회에 대한 책임을 진다(의회는 내각불신임을 갖지 않는 것이 보통이지만, 각료 개인에 대한 불신임이 가능하다). 대통령은 특정 사안에 대한 국민투표 부의권을 가지며, (수상과 양원의장과 협의를 거쳐) 의회를 해산한 수 있다.

> 프랑스의 이원집정부제 하에서 대통령은 실질적 권한을 보유하며, 대통령의 정당이 의회의 다수당의 지위에 있는 경우 강력한 권한을 행사하게 된다.[53] 듀베르제는 이러한 프랑스의 이원집정부제의 특징으로 다음을 지적한 바 있다 : ① 대통령은 국민이 직접 뽑는다. ② 대통령은 상당한 권력을 보유한다. ③ 의회의 신임에 의존하는 총리와 내각이 행정기능을 집행한다.
> 이러한 프랑스형 이원집정제는 원칙적으로 위기 시에는 대통령이 행정권을 전적으로 수행하지만, 평상시에는 내각 수반이 행정권을 행사하며 하원에 대하여 책임을 지는 의원내각제 형식으로 운영되도록 함으로써 대통령제와 의원내각제의 장점을 결합하려는 것이라 할 수 있다.
> 그러나 좌우동거(cohabitation) 하에서는 대통령과 수상은 상호 견제와 경쟁의 관계에 있게 된다. 즉, 대통령은 정부에 대한 견제역할을 맡고 특히 외교·국방 분야에는 두 수뇌가 합의 결정한다. 합의가 이루어지지 않는 경우 심각한 교착의 문제에 직면할 수 있음을 뜻한다. 실제로 1980년대 중반 사회당의 미테랑 대통령이 선거결과 동거내각이 형성되자 수상지명권을 포기하고 국정운영을 수상에게 모두 맡긴 바 있다(이른바 헌법변천).
> 이를 두고 뒤베르제는 이원집정부제의 권력구조를 내각제와 대통령제의「합성」이 아니라 국민의회를 어느 쪽이 지배하느냐에 따라 대통령과 의회가 「교대」(Alternation)하는 제도로 규정한바 있다. 반면, 사르토리 등은 정부를 이끄는 대통령과 총리의 두 수뇌는 동등한 쌍두주자가 아니고 국민의회의 다수파가 변동됨에 따라 정부를 이끄는 선두주자가「변동」(Oscillation)하는 제도라고 지적하였다. 정부를 이끄는 수반에 주역과 조역의 위상이 바뀌는 것이지 독점권력을「교대」로 행사하는 것이 아니라는 것이다.
> 물론, 대통령이 수상 지명권을 의회 다수당에 넘긴 것은 헌법에 규정된 대통령의 권한을 포기한 것으로, 동거내각에서 항상 의회에서 수상을 선출하고 의원내각제처럼 운영된 것은 아니었다.

53) 프랑스 5공화국 헌법은 드골식으로 표현한다면 공화주의 군주(A republican monarch)의 개념(군림하면서도 통치하는 대통령)과 조직된 하지만 너무 강하지 않은 내각이라는 아이디어에서 출발했다.
"집행부의 안정과 권위를 위하여 나는 공화주의 군주의 개념을 택하였는데 후에 좋은 반응을 받았다. 두번째

3. 이원집정부제에 대한 평가

1) 일반적 평가

이원집정부제는 대통령제의 직접 민주선거 및 안정된 임기라는 장점과 의원내각제가 갖는 내각과 수상의 탄력성을 결합한 제도라 평가되어 왔다.

장 점	• 평상시에는 의원내각제로 운영되기 때문에 입법부와 집행부의 교착을 회피할 수 있고, 비상시에는 대통령의 직접 통치가 이루어져 신속하고 안정된 국정운영이 가능하다.
단 점	• 대통령의 비상대권에 대한 내각과 의회의 견제권이 약하여 독재화 가능성이 크다. • 대통령의 비상대권이 행사되는 경우 의회의 권한이 축소·제한기 때문에 국민주권원리가 제한되고, 여론을 외면하는 국정운영의 가능성이 높다. • 대통령과 수상 사이에 정치적 대립이 발생하는 경우 국정 파탄이 문제될 수 있다.

그러나 프랑스식 제도만 하더라도 (Lijphart에 의하면) 대통령제와 의원내각제라는 두 가지 형태가 동시에 운영되는 것이 아니라 국면에 따라 계기적으로 운영되며, 이 경우 양 제도의 장점이 동시에 나타난다고 볼 수 없다.

Weimar 공화국 사례

Weimar 헌법은 직선에 의해 선출된 대통령에게 강력한 권한을 부여하였으며(대통령은 국가긴급권·수상임명권·의회해산권·의회의결법률의 국민투표부의권·국군통수권을 보유하며, 국가원수의 지위를 갖는다), 민선으로 구성된 의회는 내각에 대한 불신임권과 강력한 입법권을 행사할 수 있었다.

이 체제는 상황에 따라 대통령제 / 의원내각제가 적용되는 체제라 할 수 있는데, 헌법 제정 당시의 기대와 달리 초기에는 의원내각제로 운영되다가 후반기에는 대통령제로 끝났다고 평가된다. 그러나 이는 공존이 어려운 이율배반적 권력구조를 의미하기도 한다. 대통령은 의회 동의 없이 수상을 임명할 수 있어 대통령의 자의에 의해 내각이 구성될 수 있었고, 이를 통해 통치의 주도권을 확보함으로써 의회 기능을 약화시키면서 대통령의 독재를 가능하게 하였다(내각의 평균수명이 10개월에 그쳤고, Hitler가 수권법을 통과시켜 총통제를 도입하였다). 여기에 군소정당의 난립, 천문학적 인플레이션, 대공황 등과 같은 대내외적 불안정성이 겹치면서 결국 Hitler 독재로 종식되었다.

프랑스 5공화국

프랑스의 이원집정부제는 권력의 2원화가 아닌 일원화로 기울어진 제도라 할 수 있다. 대통령이 집권당의 영수로 군림하게 되는 경우, 집행권과 입법권을 모두 장악하는 결과를 초래하기 때문이다. 반면, 대통령이 의회 소수파로 전락하는 경우(좌우동거내각) 집행권이 이원화되고 대통령의 권한은 약화됨과 동시에 의회와 대통령의 대립이 극단적으로 치달을 수 있는 취약성을 가지

로 필요했던 것은 진정한 내각제였다. 즉 정부의 행동을 지시하고 의회의 과업을 지시하는데, 의회의 일은 조직되고 의회의 의사가 너무 강해서는 안되게 하는 내각이 필요했다. 그리고 끝으로 결속력이 최대한 보장되는 다수파의 출현을 보장하면서도 내각과 의회 사이에 공공연한 협력을 허용하는 선거제도를 채택하여 보다 강한 정부 안정을 가져오는 것이었다"(박권상, 월간 WIN, '帝王적 대통령제버리고 프랑스식 半대통령제로 바꾸자', 1997.9.1.(3권 9호).

고 있었다.

2) 한국에서의 적실성

이원집정부제는 집행권의 이원화 보다는 대통령과 수상 어느 한 쪽이 주도하게 되는 모습을 보여주었다. 헌법상으로 보면 오스트리아 헌법은 수상으로, 프랑스는 대통령으로 일원화되어 있었다. 제도 운영상으로 보면, 정당과 의회의석 분포에 따라 집행권이 대통령 혹은 수상의 양자택일의 가변성을 보인다.

결론적으로, 이원집정부제는 혼합정부의 이상에도 불구하고 권력의 이원화는 사실상 어렵고, 비현실적인 권력구조라는 평가를 받을 수밖에 없다. 따라서 이 제도의 성공적 운영은 높은 시민의 정치의식과 정당정치 제도화 수준에 의존한다. 양자가 결여된 경우 독일의 경험처럼 대통령의 권한만을 강화시켜 독재로의 길을 열어 주거나, 대립된 정치세력의 상호교착 상태로 귀결될 수 있다. 특히, 남북 대치상태에 있는 한국의 경우 위기를 빙자한 국가긴급권 발동과 의회해산권을 남발 할 수 있다는 점에서 더욱 그러하다.

[추가] 프랑스식 이원집정부제로의 개헌에 대해

프랑스 5공화국 헌법 및 이원집정부제의 운영은 프랑스 특유의 정치지형과 관련되어 있다는 점을 고려해야 한다. 즉, 프랑스 4공화국의 정당체계는 Sartori의 분극다당제에 속하는데, 좌우 두 진영으로 나뉘어진 상태에서 좌우 내부의 분열이 극심한 상황이었다. 이로 인한 정국의 혼란을 해결하기 위해 도입된 제도가 결선투표제와 이원집정부제였던 것이다. 두 제도는 모두 강력한 다수를 출현시키기 위한 정치제도라 할 수 있다.

그러나 한국정치는 비록 교착상태의 문제를 안고 있지만, 교착이 체제유지가 불가능할 정도로 정국이 혼란스러운 상황은 없었다.

또한 한국의 헌법 체계에서 프랑스식 이원집정부제로의 변경은 개헌 없이 가능하다고 하지만, 프랑스 정부형태와 한국의 정부형태는 근본적으로 차이가 있다. 한국의 대통령제에 국무총리가 존재하지만, 집행권이 대통령과 국무총리로 이원화되지 않은 권력이 일원화된 **대통령제**에 속한다.

Ⅲ. 한국의 정부형태와 개헌 논의

1. 한국의 정부형태

한국의 정부형태는 대통령제에 속하지만, 미국식의 순수대통령제나 프랑스식의 이원집정부제와도 다르다. 대통령제에 의원내각제적 요소를 가미한 절충적 형태라 부를 수 있다.

국민 직선에 의해 당선되는 대통령은 국가원수인 동시에 행정수반이며,[54] 임기동안 탄핵소추의 경우를 제외하고는 국회에 대해 책임을 지지 않으며, 법률안 거부권을 갖는다는 점에서 대통령제에 속한다. 그러나 순수 대통령제에서 볼 수 없는 대통령의 비상대권(긴급명령권 · 헌법개정제안권 · 국민투표부의권 등)을 인정하고 있으며, 입법부 및 사법부에 대한 상대적 우월성을 보장하고 있다.

그러나 대통령제에 없는 국무총리와 국무회의를 두고 있고(대통령의 국법상의 행위에는 국무총리와 관계 공무원의 부서가 있어야 한다), 국회의원이 행정 각료(국무위원/장관)를 겸직할 수 있으며, 행정부는 법률안을 제출권과 행정 각료의 국회 출석발언권이 인정되고, 국회는 국무총리와 국무위원의 해임건의권을 가지고 있다는 점에서 의원내각제적 요소를 가지고 있다. 단, 의원내각제와 달리 국무회의는 의결기관이 아닌 심의기관이다.

한국의 대통령제의 가장 두드러진 특징이라 한다면, 3부의 역할이 엄격하게 분리되어 있지 않고, 집권 정당의 실질적인 당수인 대통령을 정점으로 하는 정당구조를 가지고 있으며, 의원의 행정 각료 겸직이 가능할 뿐 아니라 집권당과 행정부의 정책에 대한 상호협력과 조정을 위한 당정협의회를 두고 있다는 점이다. 정당구조와 당정협의회 등의 운영은 의원내각제에서 나타나는 **'권력융합'**을 가져오는 요소로 작용하면서 대통령제에 내재되는 집행부와 의회 간의 상호견제를 사실상 불가능하게 만든다. 이런 요소들이 대통령제의 장점이라 부르는 통치안정성을 보여준 것도 아니었고, 교착의 항시화와 함께 통제되지 않는 소위 제왕적 대통령제의 모습을 보여주었다.

2. 개헌론의 대두와 대안

시기 별로 개헌의 이유와 대안들은 조금씩 달라져 왔다. 노무현 정부에서는 소위 원포인트 개헌을[55] 제안한 바 있었고, 이명박 정부에서 내각제로의 개헌이, 박근혜 정부 들어서는 이원집정부제로의 개헌이 제안된 바 있다. 2016년에는 새로 20대 국회가 개원되고 정세균 국회의장이 개헌을 공론화하면서 다시 이슈가 되고 있다. 19대 국회에서는 2014년 김무성 대표가 오스트리아식 분권형 대통령제(이원집정부제)를 제안하면서 대통령 소속당 내부에서 분권형 대통령제가

54) 대통령의 임기는 5년이며 중임이 허용되지 않는다.

55) 2007년 초에 노무현 전대통령이 4년 연임제를 내용으로 하는 원포인트 개헌을 제안하면서 개헌에 대한 논의가 활발하게 이루어진 바 있다. 제안의 내용은 ① 효율적인 정치체제를 구축하기 위해 개헌은 불가피하다. ② 개헌의 시기와 내용에 대하여 이견이 있으므로 합의가능성이 높고 가장 문제조항으로 지적되어 온 대통령 임기조항만을 일차적으로 개정한다. ③ 대통령과 국회의원의 임기를 동일하게 함으로써 향후 임기단축을 이유로 정치권이 개헌논의에 착수하지 못하는 현실적인 장애물을 제거하는 것이다. ④ 향후 제2차적 개헌의 내용은 내각제를 포함하여 전면적으로 개방되어 있다. 제안된 내용의 핵심은 대통령 중임제와 국회의원과 대통령 임기의 일치에 있었다.

주로 제기되었으나, 20대 국회로 넘어 오면서 대통령 반대당에 의해 개헌 이슈가 제기되었던 것이다.[56)]

개헌의 필요성에 대해서는 ① 대통령의 권한을 견제할 수단이 존재하지 않으며, ② 입법과 행정의 분리로 통일적 국가 활동 수행이 어렵고, 행정부와 입법부가 대립 시 조정할 기관이 존재하지 않아 입법부와 행정부가 대립할 때 교착에 봉착하게 되며, ③ 책임정치에 대한 유인이 부재하고, ④ 정책집행에 대한 연속성이 약하다는 점이 제시되고 있다.

20대 국회의원을 대상으로 한 설문 조사(2016.6.19 연합뉴스)를 보면, 300명 중에서 250명이 개헌의 필요성에 공감하고 있는 것으로 나타났다.[57)] 일반 시민의 여론에서도 63.8%가 개헌을 지지하는 것으로 나타나고 있다.

그리고 지금까지 개헌이 정치권력의 핵심부문에 의해서 주도되었다면, 이번 개헌 논의는 국회에서 주도되고 있다는 점에서 차별성은 존재한다.

1) 대통령제와 4년 중임제

현재 5년인 대통령 임기를 4년으로 줄이고, 1회 연임이 가능하도록 하는 제도다. 중간평가를 통해 책임정치를 가능하게 하고, 레임덕 현상을 완화할 수 있으며, 일부에서는 제왕적 대통령을 막을 수 있다는 것을 논거로 제시하기도 한다.

4년 중임제의 핵심은 단임제에서 확보하기 어려운 국정운영 수행에 대한 평가시스템을 구축하는 것이다. 두 번째 임기에서 레임덕 문제는 발생할 수밖에 없지만 미국의 경우를 보면 꼭 그런 것은 아니며, 중간평가를 통해 민주적 책임성 형성에 기여할 수 있을 것으로 보인다.

현행 대통령제의 개선에 대한 논의 중에는 대통령과 국회의원 임기를 연동하는 방안도 함께 제안되기도 한다. 대통령선거일과 국회의원선거일을 일치시키자는 것이다. 선거주기 불일치로 인해 발생하는 분점정부와 그로 인한 교착의 문제를 소위 '여대야소'의 항상화를 통해 해결하려는 것이다.

그러나 이 방안은 대통령에 대한 견제 메커니즘이 사라진다는 문제를 안고 있다. 대통령제는 단점정부를 창출하는 것이 아니라, 분점정부를 만들어 내고 상호견제와 균형을 확보하는 통치구조라는 점을 간과하고 있다는 것이다. 교착의 문제는 정당기율과 의회정치와의 조응성 문제로, 대통령제를 골간으로 정부형태를 설계한다면 단점정부를 인위적으로 만들 것이 아니라 정당정치와 의회정치의 조응성을 확보하는 데서 대통령제의 문제를 해결하는 것이 바람직하다.

---

56) 20대 국회의원 총선 전까지 분권형 대통령제가 친박계 내부에서 제기 된 것은 총선에서의 압승을 전제로 한 것이었다. 그러나 총선결과 제1당을 더불어민주당에 넘겨주었고 분권형 대통령제로의 개헌이 이루어지는 경우 실권을 갖는 총리를 소위 야당에게 넘겨주어야 할 수 있다는 판단과 함께 개헌 논의에 대해 소극적인 태도를 보여 왔다. 반면, 야권의 경우 어떠한 방향으로 개헌이 이루어지더라도 대통령의 권력에 대한 견제가 가능하다면 상관이 없다는 판단에서 20대 국회 개원 첫날부터 개헌을 공론화시키려 했다고 볼 수 있다.

57) 동 설문조사에서는 250명 중 119명이 2017년 대선 전에 개헌을 완료하는 것을, 103명은 대선공약과 연계해 차기정부가 개헌을 하는 것을, 28명은 2년 이상 국민 대토론을 거쳐 2020년 총선 전에 개헌하는 것을 선호하는 것으로 나타났다. 그리고 정부형태에 대해서는 117명이 대통령 4년 중임제를, 61명이 이원집정부제, 35명이 의원내각제를 각각 선호하는 것으로 나타났다. 마지막으로, 지역주의의 원인으로 꼽히는 소선거구제를 동시에 개정해야한다는 의견도 164명이 있었다.

2) 분권형 대통령제(오스트리아식 이원집정부제)

분권형 대통령제는 제왕적 대통령제에 맞서 대통령의 권한을 줄이고, 대통령이 외교·통일·국방 분야를 담당하고, 나머지 국내 문제는 다수당이 선출한 국무총리가 권한을 행사하는 유형으로 제안되고 있다.[58)]

대통령	국무총리
국민투표로 선출	원내 다수당 선출
외교, 국방, 안보	법률 집행권, 행정전반
국가 긴급권, 비상시 국정운영	평상시 국정운영
총리 임명권, 의회해산권	의회의 내각 불신임제

그러나 실제 이원집정부제는 대통령 소속당이 의회의 다수당인 경우 공화국의 군주(프랑스의 드골) 혹은 계몽적 군주(핀란드 케코넨 대통령)와 같이 강력한 대통령이 등장할 수 있다. 프랑스의 경우 동거정부 시기를 제외하고는 분권적이지도 않으며, 동거정부에서는 의회정부제로 운영되고 있다. 즉, 이원집정부제를 분권형 대통령제라 부르는 것 자체가 적절하지 않은 것이다.

게다가 한국에서 이 방안은 1980년에는 강력한 대통령을 위해 제안되었으며, 최근에는 '권력 나눠먹기'를 위한 방안으로 제안되었을 뿐이다. 그리고 남북관계를 고려할 때, 평상시와 비상시를 구별하는 것이 자의적일 수 있다는 점 또한 문제가 된다.

3) 의원내각제

의원내각제는 책임성을 높이고, 대통령제가 낳는 시의적 경직성과 교착의 문제를 해결할 수 있다는 점에서 제안되고 있다. 이 제도의 가장 큰 장점은 능률적이고 책임 있는 정부를 창출할 수 있다는 점에 있다. 의회의 지지를 기반으로 형성되고 의회의 신임에 의존하는 내각은 자신의 정책을 입법화되는 것이 보장되고 내각의 통치행위가 의회에 의해 언제든지 통제될 수 있다.

이런 맥락에서 의원내각제로의 개헌을 주장하는 입장에서는 대통령제가 갖는 근본적인 취약성에 주목한다. 견제와 균형원리에 입각한 대통령제는 소통과 협치를 요구하는 시대정신에 맞지 않으며, 권력융합을 핵심원리로 하는 의원내각제가 오히려 적합하다고 본다. 또한 대통령제는 유권자와 대통령이 직접 연계되는 정치과정을 가지고 있음을 문제 삼기도 한다.

의원내각제는 높은 수준의 정당정치 제도화가 요구되지만, 한국은 정당정치 제도화 수준이 낮아 정치적 불안정성과 시민에 대해 책임지지 않는 내각을 만들어 낼 가능성이 높다. 무엇보다도 주권자의 시민 대다수가 의원내각제보다 대통령제를 선호하고 있다는 점이 고려되어야 한다.

3. 개헌의 방향

헌법은 제정치제도와 정치문화 등 비제도적인 요인들과의 복합적이고 동태적 과정을 통해 작

58) 이 방안이 19대 국회에서 새누리당 내부의 친박계에서 제안되었을 당시 소위 '친박 총리 - 반기문 대통령'이라는 권력 나눠먹기식 구상이라 평가되었다.

동된다. 즉, 권력구조인 대통령제 혹은 의원내각제는 정당정치, 선거제도와 선거정치, 의회정치, 그리고 관료제 와 같은 여러 요인들의 복합적인 상호작용 속에서 성패가 좌우되는 것이다. 따라서 현 권력구조의 문제를 87년 헌법 자체의 문제로 보는 것은 한계가 있다.

오히려, 문제는 헌법구조와 권력구조, 그리고 하위 정치제도들의 상호부조응성이라 할 수 있는 것이다. 정당기율과 정치적 자율성이 낮은 정당과 의회정치, 다른 수단에 의한 정치와 탈정치화 등이 오히려 문제되는 것이다.

가장 중요하게 고려되어야 할 점은 개헌 과정에서 충분한 준비와 공론과정을 거쳐야 한다는 점이다. 공론이 부재한 상태에서 헌법개헌을 이끌어 가는 경우 헌정주의 확립에 도움이 되지 않기 때문이다. 즉, 통치구조와 정치제도 전반에 대한 **심의와 공론과정**을 거쳐 시민적 합의를 이끌어 내는 것이 무엇보다 중요하다.

한국의 대통령제는 의원내각제적 요소가 결합됨으로써 권력분립보다는 권력융합적인 성격을 가지고 있다. 이 때문에 대통령의 독선과 독단, 그리고 권력의 전횡 등이 가능해진다. 소위 제왕적 대통령제는 헌법에 의해 보장된 강력한 권한의 문제는 아니다. 이런 요소가 대통령과 대통령 소속당, 대통령과 의회를 위계적 관계를 만들어 내고 있다고 본다면, 미국식의 순수 대통령제에 가깝게 제도를 개선하는 것이 필요하다.

참고로, 2014년 말 여론조사에서는 현행제도(26.3%)와 4년 중임 대통령제(35.9%), 이원집정부제(17.9%), 내각제(6.5%)에 대한 선호도에서는 4년 중임 대통령제가 보다 선호되는 것으로 나왔으나(한길리서치, 2014.10.17.~18, 전국 1000명 전화면접), 대통령 중심제(35%)와 분권형 대통령제(53%)에 대한 선호도에서는 분권형 대통령제가 보다 선호되는 것으로 나왔다(한국갤럽, 2014.10.21.~23, 전국 1032명 ARS).[59]

1) 대통령 선거제도의 개혁

대통령제를 유지하는 경우, 대통령 임기를 4년 중임제로 변경하는 것이 바람직하다. 중간평가시스템을 도입함으로써 의원내각제만큼은 아니겠지만, 책임성을 향상시킬 수 있기 때문이다.

그리고 현행 국무총리제도를 폐지하고[60] 부통령제를 도입할 필요가 있다. 대통령을 선출할 때 부통령을 러닝메이트 형식으로 선출함으로써 대통령 유고시 정치적 공백을 완화할 수 있고, 부통령이 국정참여의 경험을 가지게 되어 리더십 소양을 향상시킬 수 있을 것이다.

2) 제도적 조응성의 확보 : 정당 및 선거제도 개혁

의회정치가 활성화되어 국정운영이 효율적으로 이루어지려면 이처럼 현행 대통령제에 대한 제도적 보완과 함께 선거, 정당, 의회, 정치자금 제도간의 제도적 부정합성을 교정해야 한다. 대통령제에서는 의회가 여러 정당이 서로 경쟁하는 경연장(arena legislature)이 아니라 의회 전체가 국민의 의사를 구현하는 전환의회(transformative legislature)의 성격을 가져야 한다.

---

59) 설문조사에 따라서 이원집정부제와 의원내각제에 대한 선호도는 이 조사결과와 달리 의원내각제가 높게 나타나기도 한다. 그러나 일관되게 4년 중임제에 대한 선호가 가장 높게 나온다.

60) 또한 현행 국무총리제도는 실질적 권한은 없고 대통령 대신 대통령의 국정행위에 대해 대신 책임지는 소위 '총알받이'에 불과하다는 점에서 폐지되어야 한다.

3) 기 타

제왕적 대통령제를 견제하기 위한 개헌이 (이원집정부제의 경우 특히) 대통령의 실질적 영향력과 권력을 오히려 견고하게 강화할 수 있음을 인식해야 한다. 또한 개헌 논의와 함께 국회의원의 특권을 포기함으로써 신뢰성을 높인다고 하는데, 이 과정에서 제시된 면책특권과 불체포특권을 포기하겠다는 것이 그것이다. 그러나 이들 특권은 집행부를 견제하기 위해 요구되는 필수적인 것이고, 사법제도를 악용하고 있는 현실을 놓고 볼 때 포기되어서는 안 되는 것들이다.

개헌 논의에서 보다 중요할 수 있는 것은 감사원과 사법권의 독립성·분리 문제와 헌법상 규정된 시민의 기본권을 실효적으로 보장할 수 있는 제도적 장치를 마련하는 것이다. 예를 들어, 검사의 공소권 독점주의, 헌법재판관 및 중앙선거관리위원회의 위원 3인과 대법관에 대한 대통령의 선임제도, 사면제도의 남용 등에 대한 문제가 개헌논의에 포함되어야 한다.

[표] 정부형태 관련 논점 정리

구분	고려사항	개선 방향
정 당	• Sartori : 내각제는 강한 정당기율과 정치적 책임성, 사회화된 정당체계를 요구함 ; 단, 정당체계발전과 정부형태 연관관계 부인함 • Linz : Sartori의 조건 + 반체제 정당부재 단, 내각제가 정당체제 발전에 유리	• 대통령제를 유지하는 경우 －약한 정당기율 통한 권력집중 견제 －당내 민주주의 －예비선거제(국민참여경선제)
선 거	• 소선거구제 → 다수형성 vs 갈등의 첨예화와 양극화 우려 • 비례대표제 → 다당제	• 단순다수제 → 결선투표제(정당성제고) • 선거주기 : 현행유지(중간평가) • 4년중임제 : 책임성(중간평가), 일관성
보 완 장 치	• 내각제 : 안정성을 위해 건설적 불신임제나 저지규정 요구됨 • 대통령제 : 권력집중 + 분산 ; 효과적으로 조직된 입법부	• 의회 : 전환의회, 의원 자율성강화 • 부통령 : 유고시 정당성, 국정참여경험 • 지방정부 권한 강화 → 권력 분산 • 언론과 시민역할 → 대통령 견제

* Sartori가 지적하는 미국의 대통령제 전제조건 : ① ideological unprincipledness(이념적 대결의 완화), ② week party dicipline(약한 정당기율), ③ locality centered politics(지방 중심의 정치)

* Sartori가 지적하는 의원내각제 전제조건 : 총선에서의 단순상대다수대표제, 안정적 양당제의 확립, 엄격한 당내규율의 유지

헌정주의와 개헌의 논리

헌정주의 확립에 저해된다는 관점에서 개헌논의에 반대하는 입장이 있다.
① 잦은 개헌은 헌정주의 확립에 저해되며, 개헌 논의 자체가 지금까지 한국의 개헌이 그랬듯이 권력의 핵심부에서 권력의 유지와 확장의 수단으로 추진될 뿐이고 비판한다.
② 헌법은 제정치제도와 정치문화 등 비제도적인 요인들과의 복합적이고 동태적 과정을 통해 작동된다. 즉, 권력구조인 대통령제 혹은 의원내각제는 정당정치, 선거제도와 선거정치, 의회정치, 그리고 관료제와 같은 여러 요인들의 복합적인 상호작용 속에서 성패가 좌우되는 것이다. 따라서 현 권력구조의 문제를 87년 헌법 자체의 문제로 보는 것은 한계가 있다.
문제는 헌법구조와 권력구조, 그리고 하위 정치제도들의 상호부조응성에 있다. 즉, 정당기율과 정치적 자율성이 낮은 정당과 의회정치, 다른 수단에 의한 정치와 탈정치화 등이 문제되는 것이다. 이런 요소에 대한 고려 없이 추진되는 개헌은 또 다른 부작용만을 낳을 것이다.
가장 중요하게 고려되어야 할 점은 개헌 과정에서 충분한 준비와 공론과정을 거쳐야 한다는 점이다. 공론이 부재한 상태에서 헌법개헌을 이끌어 가는 경우 헌정주의 확립에 도움이 되지 않기 때문이다.

찬성하는 입장은 현재의 헌법은 1987년에 만들어진 것으로 당시에는 1인 장기집권체제를 방지하고 대통령 직선을 통해 시민의 통제수단을 만드는 데 초점을 두었을 뿐이고, 8인 소위원회에 의해 기초된 것을 추인한 것으로 다수 시민의 의사를 반영하는 데는 한계가 있다고 본다. 현재 60% 이상이 개헌의 필요성에 찬성하는 것은 현재의 대통령제에 대한 문제를 다수가 공감하고 있다는 점도 고려해야 한다. 따라서 개헌의 방향은 독단과 불통의 리더십에 대한 견제가 가능한 방향이어야 할 것이다.
개헌에 대한 찬성 혹은 반대 입장을 취하더라도 헌법체계가 정부형태만으로 작동된다고 보아서는 안된다. 정부형태와 정당, 의회, 사법부 제도 전반에 대한 내용이 포함되서 논의되어야 하며, 최종적으로는 공론과 시민적 합의에 기초해야 한다.

한국사회에서 내각제가 적합하지 않다는 주장을 정리하면 다음과 같다.

[1] 한국 정치사회 : 무정형적 정치사회와 내각제의 한계
① 한국의 정치문화는 가족주의적 세계관으로 인하여 첨예화된 갈등구조를 억제해 왔다. 이 과정에서 타협과 협상의 문화가 형성되지 못하였다.
② 내각제는 정당정치가 제도화되었을 때 올바르게 작동할 수 있으나, 한국의 정당정치는 지역주의와 연고주의에 근거한 대중의 동원으로 점철되어 왔다.
③ 남북 대치상황은 토론보다는 긴급한 결정이나 대통령의 결단을 통해 해결할 문제들을 만들어내고 있다는 점에서 내각제의 한계를 지적하는 입장도 있다(그러나 이 때문에 의원내각제가 요구된다는 주장도 가능하다).

[2] 정치제도와의 조응성
① 정당체계의 유동성, 파편성이 문제된다. 안정적 정당구도가 요구되나, 정당의 비민주성과 폐쇄성, 높은 유동성 등으로 인하여 내각제의 도입은 정치의 불안정성을 심화시킬 것이다.
② 의회정치의 성숙정도가 낮다. 내각제는 의회정치 활성화를 전제로 한다. 한국의 의회정치는 낮은 대표성과 자율성, 그리고 정책 및 이익조정능력이 낮다.

Ⅳ. 분점정부 2004 입법(대통령제와 이원적 정당성), 2011 입법

분점정부는 대통령제를 디자인한 미국 헌법의 아버지들(?)이 의도한 것이라는 점을 생각할 필요가 있다. 이에 따라 미국에서는 20세기 100년 헌정사에서 50년 이상이 분점정부 상태로 정국이 운영되었다. 여기에서 우리는 분점정부가 야기하는 교착상태를 해결하기 위해 (대통령제를 그대로 유지하면서) 의도적으로 분점정부가 나타나지 않도록 제도를 바꾸려 하는 것은 오히려 강한 권력을 소유하고 있는 대통령에 대한 통제를 더욱 어렵게 한다는 점을 고려해야할 것이다.

분점정부와 관련한 대안의 모색에 있어서는 아래의 접근을 생각해 보기 바란다.

정국의 주도 / 정당기율	대통령	의 회
강함	한 국	프랑스형
약함	미국모델	-

분점 정부 문제에 대해, 장훈 교수는 통치안정성을 강조하면서 사르토리의 조건과 설득의 정치에 대안의 초점을 맞추고 있으며, 김용호 교수는 전환의회 및 정당기율 약화를 전제로 의회기능강화에 초점을 맞추고 있다. 반면, 강원택 교수는 정당기율은 오랜 기간 동안 관성화되고 제도화된 것으로 쉽게 고쳐질 수 없기 때문에 정국의 주도권을 변경시키는 쪽(프랑스형)으로 대안을 제시한 바 있다.

1. 분점정부 출현 메커니즘

1) 제도요인

가. 대통령제의 고유한 현상 : 대통령제의 dual legitimacy 구조

분점정부는 대통령제가 유권자들이 별도의 선거를 통해 행정부와 국회를 구성하는 이중정통성(dual legitimacy)구조를 취하고 있기 때문에 발생한다. 즉, 대통령제 하에서 대통령을 배출한 정당이 총선에서 과반수 의석을 차지하지 못하는 분점정부가 발생한다.

따라서 분점정부를 효과적으로 운영할 수 있는 방안이 마련되지 않으면 이 땅에 대통령제 민주주의를 정착시킬 수 없다.

나. 선거제도 및 정당체계 상의 문제

정치제도 및 정치체제 특성과 관련되는 것으로 온건다당제 하에서는 분점정부의 출현가능성이 높아지며 선거주기의 불일치 하에서 대통령의 임기 중후반에 지지도가 감소하는 경우 분점정부가 출현하게 된다.

2) 투표행태와 분점정부

가. 분리투표(split ticket voting) 행태

대선과 총선 시기가 다른 제도 형태에서 유권자들이 대선에서 승리한 정당을 총선에서 견제하는 소위 분리투표 경향이 나타나는 경우 분점정부를 초래한다.

나. 회고적 투표(retrospective voting) 행태

유권자들이 장래의 공약을 두고 투표하지 않고 과거의 업적을 바탕으로 회고적 투표를 하는 경향이 강한 경우, 현직 대통령의 기존 정책에 대한 비판적 여론이 강할 때 총선에서 대통령 소속당이 불리하여 분점정부 현상이 나타난다.

3) 사회균열구조

사회균열구조가 다원적인 경우 혹은 지역이나 종교 등을 중심으로 형성된 경우 다당제가 형성되며, 다당제 하에서 대통령 소속당이 의회의 과반수를 점하기 어렵다. 예컨대, 한국과 같은 단순다수제에 의한 선거제도는 일반적으로 양당제를 낳지만, 사회균열구조가 매우 다원적인 경우 다당제를 낳을 수 있다.

4) 소결 : 한국사회와 분점정부 형성 메커니즘

민주화 직후 민주화세력의 분열은 최초 분점정부 출현의 가장 큰 요인으로 작용하였다. 정당간 정책적 차별성이 부재한 상황에서 지역정당 경쟁구조가 정착되면서 어느 정당도 의회 내 과반의석 확보가 불가능해졌고 분점정부가 항시화되었던 것이다. 그러나 이념경쟁이 강화되거나 선거공간에서 쟁점이 형성되었던 2004년, 2008년, 2012년 선거에서는 단점정부가 등장했다. 이 시기에는 분리투표행태 혹은 견제심리가 나타나지 않았다.

2016년 선거 결과는 기성정치에 대한 분노가 선거 시기에 표출되면서 제3당과 무소속 후보가 대거 당선되면서 분점정부가 등장했는데, 이는 대통령제가 갖는 제도적 특성에 기인한 것으로 보아야지 예외적인 것으로 볼 필요는 없을 것이다. 요컨대, 지역주의적 다당제가 약화된 이후에는 사회균열과 선거시기의 이슈구조가 단점정부 혹은 분점정부를 낳는 요인으로 작용하고 있다고 판단된다.

2. 분점정부와 의회정치

1) 분점정부의 운영 메커니즘 : 미국의 설득의 정치와 전환의회

가. 대통령의 리더십과 통치안정성

Sartori는 미국 대통령제의 안정적 운영의 조건으로 다음을 제시한다 ; ① ideological unprincipledness(이념적 대결의 완화), ② week party dicipline(약한 정당기율), ③ locality centered politics(지방 중심의 정치)가 그것이다. 여기에 대통령의 정치적 자원동원 능력과 설득의 정치가 미국 대통령제의 안정적 운영을 가능케 했다고 평가된다. 예를 들어 대통령은 인사·예산·연방계약 등의 수단을 제공함으로써 의원 개개인을 설득함으로써 소속정당과 무관한 정책적 지지를 동원하거나, 국민의 지지 및 이익집단의 동원을 통해 의회에 대한 압력을 행사한다.

나. 전환의회

미국의 경우 의회는 실질적으로 대통령을 견제할 능력을 보유하고 있다. 특히, 의회의 막강한 정보력과 정책생산능력을 가지고 있다.

2) 한국 의회정치의 현실 : 한국대통령제의 통치 안정성 평가

가. 의회정치의 공전과 파행

민주화 이후 국회의 정치적 중요성이 증가하였으나 분점정부나 단점정부에서 모두 의회정치는 여전히 공전과 파행을 거듭하고 있다. 단, 예외적으로 민주화 초기 1988년~1989년 3당 합당 이전의 13대 전반기 국회를 보면, 의회의 정치적 위상이 강화되었고, 입법 활동이 활발했으며 청문회 등을 통해 국회가 국민의 관심의 대상으로 부상하였으며 의회의 대행정부 기능이 크게 강화되었다. 정당간의 극단적인 대립도 적어 타협의 정치가 가능했다.

그러나 인위적인 정계개편인 3당 합당 이후 정치인들이 정치적 편의주의와 권력욕에 따라 민주, 반민주의 기준을 넘어서서 이합집산을 거듭한 결과 의회정치와 정당정치는 매우 유동적으로 되어버렸다(이를 PD게임에서 메아리효과로 혹은 게임의 규칙의 붕괴로 평가할 수 있다).

나. 인위적 단점정부 구성과 정당체계의 유동성, 의회정치 불안정성 심화

2004년 이전까지 단점정부는 유권자의 선택에 의해 등장한 것이 아니라 모두 정치인들의 인위적인 합당, 당적 변경 등으로 인해 만들어졌다. 시민의 의사에 관계없이 정치인들의 자의적인 행동에 따라 만들어진 단점정부에서 정치지도자간 경쟁이 의회정치에 투영됨으로써 의회는 정당간 경쟁의 장에 불과하였다. 그리고 그 결과는 시민의 정치에 대한 불신을 낳았다.

다. 분점정부에 대한 경험 부재와 집행부-의회 간 교착에 따른 통치의 마비

정부 수립 후 1988년에 최초로 분점정부가 등장할 때까지 (제2공화국을 제외하면) 약 40년간 단점정부만을 경험했기 때문에 분점정부에 대한 인식과 경험이 부족한 상태였다. 또한, 인위적 정계개편으로 인해 단점정부가 등장하기 전까지 분점정부 경험은 2년 10개월 정도밖에 되지 않았다. 따라서 분점정부 하에서 국정운영에 대한 체계적인 틀을 발전시킬 기회를 가지지 못했다. 그 결과가 인위적 정계개편이었고, 교착과 통치의 마비였다고 하겠다.

라. 정당체제 및 의회제도의 문제점

대통령제와 무대의회가 결합될 때, 분점정부는 심각한 교착상태를 불러일으킬 수 있으며 단점정부에서는 대통령의 권한행사에 대한 견제장치가 사라진다. 한국의 경우 동원정당적 성격이 강하고, 나아가 국회의원의 국무위원겸직, 당정협의회제도 등 의원내각제적 요소가 국회 및 정당의 제도적 독립성 훼손하고 있다. 단점정부인지 분점정부인지의 여부와 상관없이 의회정치의 발전을 가로막는 주요한 원인으로 작용하고 있다.

3. 분점정부와 제도개혁

1) 정부형태 변경문제

분점정부에서 교착의 문제는 대통령제 특유의 현상이다. 따라서 의원내각제로의 변경을 고려할 수 있다. 내각제로의 정부형태를 변경하는 경우, 의회정치 정상화는 현 정당체계 하에 정당연합 형성으로 가능할 것이다. 그러나 제도의 부정합성 문제, 한국 정치문화외의 부조응성 문제 등을 떠나서 국민적 합의가 이루어지지 않은 상태에서 정부형태 변경은 많은 문제를 야기할 수 있다.

특히, 정당체계의 불안정성과 유동성, 공무원의 정치적 중립의 문제, 내각제에 대한 국민의 낮은 지지가 이러한 내각제로의 변경을 가로막고 있다.

따라서 현행 대통령제의 보완을 전제로 분점정부의 문제점을 극복하기 위한 제도개혁을 살펴볼 필요가 있다.

2) 의회정치의 활성화[61)]

무엇보다도 먼저, 의회정치 활성화를 통하여 민주적 과정의 제도화를 앞당겨야 한다. 이를 위해서는 정당 및 선거관련 제도의 개혁을 수반해야 할 것이다.

의회 자체의 제도적 차원에서 본다면 전환의회를 지향할 필요가 있다. 그리고 국회 운영에 있어서는 제1당의 위상을 더욱 강화할 필요가 있다. 즉, 종래 권위주의적 유산에 의해 대통령 소속당을 중심으로 한 국회운영을 의회의 다수당을 중심으로 한 운영체제로 전환하는 문제를 고려할 필요가 있는 것이다.

3) 정당의 제도화

후원수혜자주의적 성격을 갖는 현재의 동원정당을 시민사회에 기반한 지지자 중심의 정당으로 제도화 한다.

4) 대통령의 리더십 제고

분점정부 운영과 의회정치 활성화에 있어서 가장 핵심적인 요소는 대통령의 리더십이다. 미국에서 볼 수 있는 것처럼 분점정부 자체가 국정운영의 비효율성을 야기시키는 것이 아니라 대통령의 리더십에 따라 통치력이 좌우되었다. 대통령이 국회를 장악하는 것이 아니라 국회의 자율성을 인정하고 국회와 더불어 국정을 운영하는 리더십이 필요하다.

4. 결론에 대신하여

분점정부를 인위적으로 억제시키려는 시도, 즉, 제도적으로 단점정부를 디자인하려는 시도는 권력에 대한 견제를 어렵게 만들어 위임민주주의 혹은 제왕적 대통령제를 초래할 위험이 있다. 다시 말해 분점정부에 대한 무조건적인 부정적 인식은 지양되어야 한다.

정치체제의 책임성을 강화하기 위해서는 다수지배의 원칙이 확립되어야 한다. 이를 위해 의회의 기능이 강화되고, 그 운영은 제 1 당 중심으로 이루어져야 한다. 이는 의회운영에 대한 정당의 책임성 강화에 도움이 될 수 있을 것이다.

61) 이하의 내용은 앞서 자세히 살펴보았기 때문에 별도의 설명은 생략한다. 의회 정치 활성화 부분은 제2절의 의회제도 부분을, 정당제도화와 지역주의 문제는 각각 3장과 4장 부분을 참조할 것.

제 2 절 의회제도 2017 입법, 2016 입법, 2009 입법, 2003 입법

정치조직과 절차가 제도화되어 가는 과정을 정치발전이라 할 때, 안정적인 의회정치의 구현은 정치발전과 민주주의에 중요한 의미를 갖는다. 즉, 정치체제에 대한 신뢰감과 참여의식 제고, 권력에 대한 통제 실현 및 체제의 분화와 전문화를 촉진함으로써 민주주의 제도화에 이바지하게 되는 것이다.
그러나 한국의 의회정치는 제도화되지 못하고 실질적인 자율성, 책임성, 전문성, 효율성, 그리고 정치적 영향력의 신장으로 이어지지 못함으로써 제 기능을 발휘하지 못하고 있다.
참고로, 의회제도에 대한 세부내용은 과제부분에 포함시켰다.

Ⅰ. 의회의 기능 및 역할

1. 기능적 측면

1) 국민 대표기능

국회의 가장 중요한 기능은 바로 국민의 대표로서의 기능이다. 국회의원은 국민에 의해 직접 선출되어 국민의 의사에 따라 행동한다. 그러나 이때 국회의원은 국민의 단순한 대리인이 아니라 상당한 자율성과 독립성을 부여받은 대표이다.

2) 대의기능(입법기능)

국회는 국민의 대표로서 국민의 이익과 요구 등을 집약 표출하여 국민의 의견을 형성하는 대의기능을 수행한다. 따라서 다양한 의견, 요구 · 지지가 대화와 타협, 심의를 통해 조정 · 형성되는 장이 바로 국회이다.

3) 대행정부 통제기능

국회의 또 다른 중요한 기능으로는 행정부를 감시 · 통제하는 견제기능이라 할 수 있다. 우리 국회도 국정감사 · 조사, 예산심의 · 확정, 각종 승인 · 허가권, 각료해임건의권, 청문회 등을 통해 행정부의 집행활동을 감시 · 견제하는 기능을 수행한다.

2. 의회유형 : 정책형성 측면

1) Michael Mezey의 분류

국회는 직접 입법활동을 통해 중요 정책을 결정 · 형성 · 구체화하고 행정부의 정책결정을 승인하여 간접적 정책 형성을 하기도 하는 등 정책형성이라는 주요 임무를 부여 받고 있다.

Mezey는 의회의 정책영향력과 의회에 대한 지지도라는 두 개의 축을 중심으로 의회 유형을 다섯 가지로 구분하고 있다. 정책영향력 차원은 정책을 수정 · 거부할 수 있는 경우와 거부는 못하더라도 수정을 할 수 있는 경우, 그리고 거부도 수정도 못하는 경우로 나누고 있다. 능동적 의회는 정책의 수정 · 거부 및 대안제시능력을 갖는 의회를 말하며, 반응적 의회는 독자적 대안까지 제시하지는 못하지만 상당한 수정 · 거부가 가능한 경우를, 주변적 의회는 정책기능이 약한 경우를, 극소적 의회는 별다른 역할을 하지 못하는 경우를 지칭한다.

구 분	의회에 대한 약한 지지	의회에 대한 강한 지지
강한 정책결정권	취약한(vulnerable) 의회 ; 바이마르	능동적(active) 의회 ; 미국
중간 정도의 정책결정권	주변적(marginal) 의회 ; 한국(유신)	수동적(reactive) 의회 ; 영 · 프 · 일
약한 정책결정권	–	극소적(minimal) 의회 ; 소련

* 김민전 2004, 201 수정

한국의 경우 의회의 기능은 의석분포와 정치상황에 따라 변화해 왔다. 즉, 단점 정부 하에서 일방적으로 정책을 처리하는 경우 의회는 주변적 위치(혹은 거수기)에 머무르게 되며, 대통령의 탄핵 혹은 대통령의 법률안 거부권에 대한 재의결(노무현 대통령 측근비리 특검법안)에서 볼 수 있듯이 능동적인 의회까지 다양한 모습을 보이고 있다.

각각의 유형에 따른 의회의 기능은 상이할 수밖에 없다.

2) Nelson Polsby의 분류 2008 입법

Polsby는 전환(transformative)의회와 무대(arena)의회로 다음과 같이 구분한다.

전환의회란 사회적 문제 혹은 요구를 법률로 전환하기 위한 독자적인 능력을 발휘할 수 있고 실제로 발휘하고 있는 의회로서 행정부와는 별개로 의회가 독자적으로 어느 정도의 입법을 실질적 · 효과적으로 행하고 있다. 폴스비는 전환의회의 조건으로서 원내다수파 구성에 있어서 정당간 연합의 폭과 유동성이 클 것, 그리고 원내정당이 비 중앙집권적일 것 등을 거론하고 있다.

무대(arena)의회란 정치체제 내의 중요 정치세력들의 상호작용과 토론을 위한 공식화된 무대 혹은 환경을 제공하는 의회를 가리킨다. 이런 유형의 의회에서는 의회내 위원회 활동이 미발달되어 있고, 정책결정의 중심은 의회 외부에 있으며, 원내정당은 정부에 인재를 제공하는 역할을 한다는 것이다.

3. 권력구조적(제도적) 측면

일반적으로 대통령제 국가의 권력구조는 입법 · 사법 · 행정의 3권 분립체제로 국회는 그 중 입법부로서 국가권력구조의 한축을 담당하고 있다.

Ⅱ. 정치발전을 위한 국회의 활성화

대통령제를 취하고 있는 한국의 정치체제 하에서 의회가 일방적으로 강력한 권한을 행사하고 정국을 주도하는 것이 꼭 바람직한 것은 아니다. 프랑스의 경우 동거정부를 구성함으로써 의회가 주도적으로 국정을 이끌어 나가지만, 이는 이원집정부라는 독특한 구조 속에서 사실상 의원내각제로 운영되고 있다는 점을 감안하면 대통령제 하에서 이러한 국정운영은 정부의 책임성을 확보하기 어렵게 된다. 나아가, 때로 정치적 사안에 대해 주도권을 가지고 실질적인 변형 기능을 수행하기도 했으나, 정책에 대한 전문적 분야에 대해서는 취약성을 보여 주었다는 점이 고려되어야 한다.

반면, 권위주의 시기와 같이 의회가 자율성을 갖지 못하고 거수기 역할에 그치는 것 또한 바람직하지 못하다. 즉, 의회는 집행부를 견제하고 제약하는 기능을 수행하는 것이 바람직하다.

1. 한국 의회 정치의 문제점

1) 권력구조와의 부조응성

한국의 의회유형은 무대의회라 할 수 있다. 의회 운영은 위원회중심으로 이루어지나, 강력한 중앙집권적 정당과 의원에 대한 강한 정당기율, 정당 중심의 정치자금 배분, 약한 행정부 견제기능 등은 이를 반영한다.

그러나 이러한 성격은 민주주의가 제대로 작동하는 데 있어 문제가 된다. 즉, 대통령에 대한 견제 기능을 제대로 수행하지 못하고 있는 것이다.

2) 의회의 기능 : 낮은 대표성 및 자율성[62)]

권위주의 시기 국회는 행정부에 예속되어 있었으며, 민주화 이후에는 보스 중심의 후원-수혜자 관계의 정당체제를 유지함으로써 낮은 자율성과 국민에 대한 낮은 대표성을 보인다.

3) 의회운영의 파행성 및 취약한 정책능력 · 이익조정능력

주요 사안을 둘러싼 여야의 갈등이 법과 절차에 따라 해소되지 못하고 비정상적인 수단이 동원되면서도 최근의 의약분업사태에서 보듯이 각종 사회적 갈등에 대해 전혀 그 기능을 수행하지 못하였다.

4) 소 결

13대 국회 이후 대폭적인 제도개혁[63)]에도 불구하고 대부분의 제도가 유명무실한 상태에 있다. 결국 국회는 권위주의 시절의 무력감에서 국정의 중심자로 복원된 것이 아니라 개혁의 걸림돌, 부패와 무능의 중심지로 인식됨으로써 국민의 정치혐오주의만 조장하고 있다.

---

62) 이는 정당체제의 성격과 선거제도에서 비롯된 것으로 보인다.

63) 이시기의 국회제도 개혁은 국회의 상시운영, 원내토론 진작, 의안심사 내실화를 제도적 장치마련 등에 초점이 맞추어졌다. 김민전 2004, 116 참조.

2. 민주주의 정착과 발전을 위한 의회의 개선과제

1) 한국의회정치의 개혁방향 : 국가권력의 배분체계와 의회조직의 적합성 확보

가. 민주주의와 의회정치

국회는 다양한 사회의 제이익의 조정 · 대표기능과 정치교육기능이라는 두 가지의 기본기능을 수행함으로써 민주주의 제도화에 순기능으로 작용하게 된다.

민주적 정체를 유지발전 시키기 위해서는 권력의 집중과 분산, 권력의 불안과 경직사이에서 절묘한 균형을 취할 수 있도록 의회, (행)정부, 그리고 정당의 역할과 권한이 배분되어야 하며, 의회내의 조직 역시 그러한 대원칙에 부합하여야 한다. 따라서 국회의 개혁은 단순히 서구 민주국가의 의회에서 채택하고 있는 제도들을 백화점 식으로 나열하는 하는 것이 아니라 권력구조에 부합하는 의회의 역할과 기능을 다 할 수 있는 방향으로 원내외의 조직을 정비해 나가야 개혁의 목적을 성취할 수 있을 것이다.

나. 정치제도의 선택

의회정치의 개혁은 권력구조 및 선거제도, 그리고 정당제도와의 관련성 하에서 이루어져야 한다. 즉, 권력구조가 의원내각제로 전환될 경우 의회는 내적 규율이 강한 정당들의 상호작용과 토론을 위한 공식화된 무대(혹은 경합장)를 지향해야 할 것이다. 이때의 의회는 각 당이 제출하거나 정부 여당이 시행하는 정책을 중심으로 난상토론에 들어감으로써 국민들을 정치교육시키고, 그 정책이 잘못될 경우에는 정부에 대해서 책임(내각불신임)을 물으면 되는 것이다.

반면, 현행 대통령제를 유지하는 경우 국회의 개혁 방향은 입법부로서의 국회가 정당의 경계를 넘어 대통령에 대한 정책적인 협조와 견제를 동시에 할 수 있도록 의원들에 대한 정당의 장악력을 약화시키고 의원 개인의 자율성 강화하는 방향으로 나아가야 한다. 여기에서는 현행 대통령제를 유지하는 것을 전제로 논의하고자 한다.

이외에, 통일 이후를 대비하여 협의민주주의 모델과 양원제로의 개혁이 검토될 수 있다.

다. 국회 자율성 제고

국회가 정당의 경계를 넘어 대통령에 대한 정책적 협조와 견제를 동시에 할 수 있도록 정당기율을 약화시키고 의원의 전문성과 자율성을 강화하는 방향으로 개혁되어야 한다. 이를 위해서는, ① 과도기적으로 의장단의 당적 보유 금지를 통한 도덕적 권위를 제고하고, ② 감사원의 국회 이관 등을 적극 검토할 필요가 있다.

2) 정당정치의 제도화

현행 대통령제를 유지하는 경우, 현행 정당구조는 상당한 문제를 안고 있다. 즉, 민주화 이후 견제되지 못한 절대적 권력을 향유하던 대통령들은 그 말로가 개인적으로 불행해지는 것은 물론 권력형비리와 그 청산에 국민적인 에너지를 소진하여야 하는 결과가 초래되곤 하였다. 또 역으로 대통령이 소속된 정당이 의회의 다수당을 차지하지 못한 경우에는 국회와 행정부의 협조가 어렵고 파행과 대치의 정국경색에 빠지고 그에서 벗어나기 위한 정계개편과 같은 정치놀음에 국가적 에너지를 소모하곤 하였다.

따라서 정당의 당내 민주화와 의원들에 대한 당의 통제를 약화시키는 것이 중요하다.

구체적으로는 ① 당내외 민주화를 통한 보스중심주의 개혁, ② 정당기율 약화와 분권화, ③ 예비선거제 도입으로 당 공천권의 민주화, ④ 선거공영제 확대와 의회 내 정당 간 갈등관리 능력의 제고를 위한 교차투표제도의 도입, ⑤ 정치자금배분 방식의 개혁 등이 요구된다.64)

3) 의회정치 확립을 위한 제도개혁 : 정치적 영향력 확대

가. 상임위원회 재정비 및 전문성 확보

현 상임위원회제도는 정부조직에 상응하는 고정된 소관을 지닌 위원회제도를 가지고 있다는 점에서는 전환의회의 것과 유사하지만, 미국 의회와 달리 오히려 의원들에 대한 정당의 통제를 용이하게 하고 정당 간에 국지전을 벌이는 장이 되고 있다.

우리 국회는 2년마다 위원회 배정과 위원장의 임명을 새로이 함에 따라 전문성을 함양할 수 있는 시간적인 여유가 없으며, 위원의 선임과정이 민주화되어 있지 아니하고 정당지도부가 선임권을 장악하고 있는 까닭에 의원들은 다음 위원회 배정에서 자신의 이해관계에 부합되는 위원회를 배정받기 위해서 당지도부의 눈치를 보아야 한다.

위원회가 정당을 초월한 정책적 전문성을 쌓고 정책정보를 수집하며 정당간의 갈등을 완화시키고 당내의 권력을 분산시키는 본래적 의도를 다하기 위해서는 위원회 소속 위원의 임기를 4년으로 늘리고, 위원회의 자율성을 좀더 높일 필요가 있다.

또한 의원 개인 보좌관을 줄이는 대신 위원회를 보좌하는 전문위원을 늘리고, 상임위원회의 포획 위험성을 막기 위에 본회의의 심의 기능을 강화해야 한다.

그리고 국회 회기제한 규정이 없어 상시 개원이 가능하지만, 상임위원회 또한 이에 맞게 운영할 필요가 있다.

> 예컨대, 한국은 예산결산특별위원회가 50명으로 구성되어 있고, 회기 90일 전에 예산안을 제출하면, 60일의 심사기간을 거쳐 안을 확정한다. 2014년의 경우 예산위원회 전체회의 7일, 계수조정소위원회 7일을 열어 376조 원을 심의했다.
>
> 독일의 예산위원회는 41명으로 구성되며, 예산위원장은 관례적으로 제1야당에서 맡는다. 현재 우파연정이 집권당이고 사민당 의원이 위원장을 맡고 있다. 예산안은 전전년도 12월 말에 제출되고(2018년 예산이 2016년 12월 말에 제출된다), 연중 계속 심사가 이루어진다. 17대 회기(2009~2012년)의 경우 예산위원회의 공식회의가129회(월 2~3회) 열렸고, 예산에 대한 심도 깊은 논의가 가능하다. 이런 식의 운영은 한국의 경우에도 여야의 합의를 통해 가능하다.

나. 본회의의 재정비

상임위원회 중심주의 하에서 위원회의 역할은 전체 의회를 대신해서 정책결정을 내리는 것이

64) 위 다섯 번째는 중요한 의미를 갖는다. 즉, 정당지도부에 의해 배분되던 정치자원을 의원들에게 직접 제공하도록 개선하는 것이다. 이는 사인화된 정당에 지급되는 막대한 국고보조금이 보스나 정당지도부의 자원화 되는 것을 막고, 의원이 정치자원(정보와 자금)에 대한 의존 때문에 보스나 정당의 대리인화 되는 것을 막기 위한 것이다.
이를 위해서는 정당에 대한 국고보조를 대폭축소하고 정당이 의원에게 보조할 수 있는 자금에 대해서도 제한을 가하며, 동시에 선거공영제의 확대하고 의원 보좌직원 증설하며 국회 내 정책전문집단을 확충해야 할 것이다.
의원 개개인의 자율성이 강화될 때 실질적인 교차투표가 가능할 것이다.

아니라 전체의회가 결정을 내리기 용이하도록 정책정보를 수집하는 것이다.

그러나 우리 국회의 운영을 보면 상임위원회를 통과한 법안이 본회의에서 수정되는 경우는 거의 전무하여 위원회의 결정이 곧 의회 전체의 결정으로 되고 있다. 이러한 구조는 정당 지도부가 전체 소속의원을 상대로 표 단속에 들어가는 것이 아니라 소속 의원들만 단속하면 되는 결과를 초래하여 상임위원회중심주의의 본래적 의도와는 달리 정당의 영향력을 더욱 강화시키는 결과를 초래함은 물론 대다수 의원들의 무지 속에서 통과된 법안들에 대한 대표성·정당성부족의 문제를 불러일으키고 있다.

또한 위원회 수준에서의 정보수집활동이 부실한 것은 물론, 위원회심사보고서가 전 의원들에게 배포되지 않는 경우가 상당하며, 배포되는 경우에도 너무 대략적이어서 심의중인 안건에 대한 충분한 정보를 제공하지 못하고 있는 경우가 대부분이다.

① 위원회의 심사보고서는 전체 의원이 그 안건의 심의에 필요한 최소한의 정보를 공유할 수 있도록 하여야 한다.

② 이와 같은 입법정보를 바탕으로 본회의에서 법안에 대한 실질적인 토의와 수정안의 제안이 가능하도록 하여야 한다. 전원위원회제도를 도입하든지 아니면 본회의에서의 의사정족수를 대폭 낮추고 독회제도를 실시함으로써 전체의원이 참여하여 심도 깊은 심의를 할 수 있도록 하여야 한다.

③ 우리 국회법은 의원 개개인의 자유로운 발언과 의안제출을 사실상 억제하고 있는데, 발의 및 수정동의권에 대한 제한규정을 철폐함으로써 의원 개개인이 보다 활발히 발언 및 토론을 할 수 있도록 하여야 한다.

나. 의사운영의 파행성 극복

국회법에 규정된 정상적 절차를 무시하고 의안을 강행·변칙 처리하지 못하도록 제도적 보완장치를 마련한다.

의사일정 및 운영 사항을 교섭단체 대표와의 협의에서 운영위원회 제안과 본회의 승인 형식으로 전환한다. 또한 교섭단체 대표위원의 운영위원회 배정을 배제하는 것도 검토할 필요가 있다. 이를 통해 의사운영에서 정당의 영향력을 축소할 수 있을 것이다.

다. 기 타

국정심의를 지원하는 전문기구와 인력을 확충하고, 감사원의 국회보고와 결산 및 국정조사와 연계성 확보를 위한 제도를 강화한다.

4) 의회의 대표성 제고

국민의 대표기관으로서의 의회의 대표성을 제고하기 위해서는 ① 국정감사 및 조사의 활성화, ② 의원윤리 강화, ③ 시민사회 활성화와 국민의 감시 기능의 제도화가 요구된다.

제 3 절 대통령

Ⅰ. 대통령의 권한

대통령은 국가원수임과 동시에 대통령제 하에서는 의회에 직접 책임지지 않고 독립적으로 집행권을 수행한다. 집행권은 대통령에게 집중되며, 내각과 장관은 대통령에 대해 책임 있는 조언자로서 역할을 한다.

순수대통령제인 미국의 경우 대통령의 권한은 20세기 초까지 의회에 의해 견제되어 왔다(의회는 전쟁을 선포하고 대통령의 거부권을 무효로 할 수 있었으며, 상원은 임명동의권과 조약비준권을 가졌다). 그러나 자유방임주의의 후퇴와 고립주의(먼로주의)의 포기 이후 대통령의 권한은 점점 커졌다. 특히, 존슨과 닉슨이 의회가 공식적으로 선언하지 않은 베트남전을 확전함으로써 그 권한은 더욱 커졌다.[65] 그러나 미국의 대통령의 권한은 워터게이트 사건 이후 의회의 반발에 직면하면서 약화되었고, 미국의 대외정책은 국내 여론에 의해 이끌려 갈 수밖에 없었다. 9.11 테러 이후에 이러한 경향은 더욱 강화되었다. 사실, 미국에서 대통령의 권한은 R. Neustadt가 말한 납득시키는 힘(power to persuade) 혹은 Sartori가 말하는 설득의 정치에서 나온다고 할 수 있다. 이러한 납득시키는 힘이란 실상 흥정과 뒷거래에 속하는 것이다(동지, 헤이우드 2004, 624).

한국의 대통령의 경우에는 1980년대까지 막강한 권력을 행사했지만, 민주화 이후 점차 약화되어 왔다. 특히, 대통령 소속당이 제1당의 지위를 점하지 못했던 DJ정부와 노무현 정부 초기까지는 오히려 강력한 의회에 의해 견제되었으며, 탄핵 정국 이후에는 선거공약으로 제시되었던 행정수도 이전이 헌법재판소에 의해 정책의 수정을 할 수밖에 없는 상황도 벌어졌다.

이하에서는 대통령과 의회의 관계, 대통령의 리더십을 중심으로 살펴본다.

Ⅱ. 의회와 대통령의 관계에 영향을 미치는 변수 2016 행정(교착문제)

대통령제의 경우 이중적 정당성으로 인한 대립과 교착이 문제될 수 있다. 그러나 이는 모든 대통령제에서 나타나는 것이 아니며, 각 국에 따라 대통령제의 작동방식이 상이하며, 대립과 교착은 특정한 제도적 메커니즘과 비제도적 요소들의 결합으로 이해할 필요가 있다.

1. 제도적 요인

1) 대통령의 헌법상 권한

대통령의 헌법상 권한이 강할수록 대통령의 권력집중으로 인한 의회 통제 및 독주가 가능하다. 한국의 경우 대통령은 거부권(veto), 법안상정권, 포고권(decree power) 등을 보유하고 있다. 이러한 '1인 지배' 체제 하에서 의회는 통법부로 전락되었고 대통령 반대당은 비제도적 방식으로 저항해 왔으며, 소위 '제왕적 대통령제'의 문제가 제기되었다.

---

65) 이 사건은 A.Schlesinger가 제왕적 대통령(imperial presidency)이라는 표현을 사용하게 된 계기가 되었다.

2) 의회 내 대통령 지지세력의 위상 : 단점 · 분점정부

S.Mainwaring & Shugart에 의하면, 4개 이하의 정당이 서로 경쟁하는 가운데 대통령지지 세력이 의석의 1/3 정도 이상을 차지하여 타 정당이나 세력과 연합을 이루어 정치적 프로그램을 뒷받침할 수 있어야 대통령이 무기력해지거나 대통령-의회 간 교착상태를 벗어날 수 있다고 지적하고 있다.

[그림] 원내 의석 분포 유형

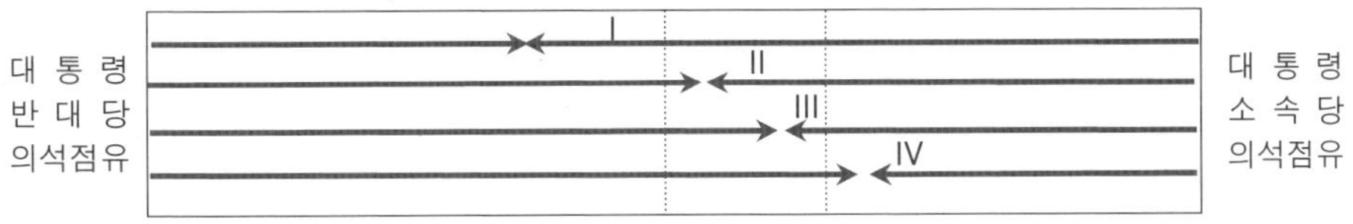

※ I (대통령 소속당이 원내 과반의석 점유), II (분점정부, 대통령 소속당이 원내 1당)
III (대통령 소속당이 원내 2당) IV (대통령 소속당이 원내 의석 1/3미만 점유)

한국의 경우, 민주화 이후 정파 간 대립이 지속되었으나 소위 정계개편을 통해 단점정부를 만들어 형성함으로써 의회와 대통령의 교착을 피할 수 있었다. 그러나 DJ정권 2기의 경우 대통령 소속당이 원내 제2당의 지위를 갖는 분점정부(위 그림에서 III) 상황에 있었고 이 시기에 의회와 대통령의 교착이 심화되기 시작했다. 노무현 정부의 경우 분당 이후에 대통령 소속당이 제3당의 지위로 전락하고 의회 내 의석이 1/3에 못 미침으로 인해 교착이 극심해졌고 결국 탄핵정국으로까지 갔다.

이를 통해 알 수 있는 것은 대통령제 하에서도 대통령이 항상 국정운영의 주도권을 쥐는 것은 아니며, 원내 의석 분포가 중요한 변수가 된다는 점이다.

3) 정당요인

대통령과 의회의 관계는 정당기율, 정당 간의 이데올로기적 거리 및 실용주의적 성격 등에 따라 달라진다. 정당기율이 강한 상태에서 정당 간의 이데올로기적 거리가 먼 경우 정파 간 대립과 갈등이 심화될 수밖에 없으며, 사안에 따른 협력을 기대하기 어렵게 된다.

한국의 경우 이념적 정향은 약하지만 정당 기율이 강하고, 정당간 극심한 권력경쟁이 정당의 행위 선택에서 balancing 보다는 positioning 성향을 강화하여 이슈별 협력 보다는 반대를 위한 반대들이 많았다.[66]

2. 비제도적 요인

대통령의 리더십 스타일은 정파간의 합의를 이끌어 내거나 반대로 대립과 교착을 야기하고 심

66) 정당기율이 강한 경우 교착상태를 야기한다는 주장이 많다. 하지만, 의원의 자율성과 정당의 응집력은 구분되어야 한다는 주장이 있다(김욱). 이 경우 의원의 자율성은 정당의 민주화의 차원의 문제로 본다. 의원자율성이 아닌 정당기율(이 관점은 정당기율이라는 표현보다 강한 정당이라는 표현을 사용한다)과 대통령-의회의 교착 간의 상호관계는 모호하다고 주장한다.

화시키기도 한다. 또한, 정치문화 및 의회 관행이 영향을 미친다. 합의형 정치문화의 경우와 달리 분열형 정치문화에서 의회와 대통령 간 교착이 심화된다.

2016년 국회의원 선거결과는 S.Mainwaring & Shugart의 유형 중 III에 속하는 데, 대통령이 헌법과 법률상의 권한을 기반으로 국정운영을 독단적으로 이끌고 가려는 성향을 보이면서 교착을 심화시키고 있다고 평가할 수 있다.

DJ 정부 2기 이후 대통령 권한이 약화되면서 교착은 심화되어 왔으며, 노무현 정권 이후 2004년 총선 직전까지 극단적 대립 양상을 보였다. 교착이 가장 심했던 노무현 대통령 시기를 통해 한국 대통령제의 한 단면을 살펴본다.
노무현 정부에서의 교착과 대립의 원인은 먼저, 의회 내 대통령 지지 세력의 위축에서 찾아 볼 수 있다. 즉, 분당 이후부터 2004년 총선 이전까지 열린우리당은 의회 내 제3의 지위로 전락했으며, 이 시기 열린우리당의 의석 점유율은 17%에 불과했다.
여기에 정당요인(강한 정당기율)과 대통령의 리더십 스타일이 복합적으로 작용했다고 볼 수 있다. 특히, 리더십의 약화는 이를 심화시키고 있다. 카리스마와 지역패권 약화, 당지도부의 잦은 교체와 리더십 공백, 당의 정체성 위기, 당정분리와 국민참여경선제 등으로 인해 대통령의 당내 실질적 권한이 약화되었다. 또한, 분당이전에는 평당원으로서 그리고 분당이후에는 형식적 당적을 보유하고 있지 않음으로써 자신의 당을 이끌어 나갈 리더십을 발휘할 수 없었던 상황이었다. 나아가, 대통령 선거에서 유권자의 지지를 정당에 대한 지지로 연결시키지 못함으로써 대통령과 의회 간의 연계를 약화시켰고, 정당의 위상과 정체성 위기를 가중시켰다. 이 상황에서 노무현 대통령의 극단적인 대응방식(재신임 국민투표 제안, 의회지지보다 시민사회의지지 호소 등 헌정·정당체제를 뛰어 넘으려는 성향)은 대통령 반대당의 반발을 야기함으로써 탄핵정국으로까지 치달았던 것이다.
의회의 경우, 과반수가 넘는 다수당의 위치에 있었던 한나라당이 정국운영을 책임지는 위치에 서기보다는 대통령에 대한 견제와 비판에 치중함으로써, 효과적으로 국회를 운영하지 못했다.

2. 바람직한 대통령 – 의회 관계의 모색

권위주의 시기의 대통령의 독주와 달리 민주화 이후 한국의 정치는 교착상태와 강한 대통령이라는 이중적인 상을 보여 주고 있다. 이러한 교차된 이미지는 의회의석 분포와 정국 상황에 따라 다양한 양태를 보여주면서 정치에 대한 유권자들의 불신만을 가중시키고 있다.

1) 정부형태 변경

먼저, 대통령의 권한을 극대화하거나, 의원내각제로 변경하는 것을 생각해 볼 수 있다. 교착을 해결하기 위해 대통령의 권한을 극대화하는 것은 과거 권위주의 시기와 같은 폐해를 낳는다는 점에서 바람직한 해법이라 할 수 없다. 또한, 의원내각제로의 변경은 앞서 보았듯이, 의원내각제를 위한 조건의 미비, 시민의 합의가 부재한 상황임을 감안하면 바람직하다고 볼 수 없다. 따라서 현행 대통령제 하에서의 제도개혁을 모색할 필요가 있다.

2) 제도개혁

먼저, 현재의 교착상태는 의회정치 및 정당정치의 낮은 제도화 수준에 기인한다고 볼 수 있다. 따라서 의회정치가 제기능을 할 수 있도록 관련 제도를 정비하고, 지역주의 및 수혜자주의적 정당정치를 개혁하는 데 초점을 맞출 필요가 있다.

정당정치에 있어서 지역주의의 개혁을 위해서는 신진정치세력의 원내 진입을 가능케 하기 위해 진입장벽을 낮추는 방향으로의 선거제도 개혁이 필요하다. 이 경우 다당제가 불가피하지만, 양당제가 영미를 제외하면 예외적이라 할 수 있으며, 사회의 다양한 이해관계를 제도 정치로 투영하기 위해서는 바람직하다고 볼 수 있다.

또한, 의회 내 정책연합을 통한 정당 간 협력을 강화할 수 있는 기반을 마련하는 것이 요구된다. 반면, 지역중심의 연합은 과거 3당 합당이나 DJP연합에서 볼 수 있듯이 무원칙한 권력경쟁을 야기한다는 점에서 지양되어야 한다. 정책의 예측가능성과 책임정당정치의 원칙을 고려할 때 이념적 근접성을 전제로 한 정책연합을 지향해야 할 것이다. 결국, 의회 정치의 제도화를 위해서는 정책정당의 출현을 위한 선거제도 개혁에서 출발하는 것이 현실적인 대안이라 할 수 있다.

3) 대통령의 리더십 강화

다양한 정치세력의 존재는 정치세력들 간의 갈등과 경쟁을 불가피하게 만든다. 이 경우 정치세력들 간의 공존과 타협을 통해서 갈등을 제도화해내는 것이 중요한 과제가 됨은 모든 정치체제가 똑 같다.

대통령제 하에서 그 중심적 역할이 대통령의 리더십이라 할 수 있다. 즉, 이견을 수용하고 대화와 토론을 통해 사안별로 지지를 동원할 수 있는 능력이 중요하다.

의회와 대통령의 교착의 문제를 정치세력 간의 권력연합을 통해 해결하는 방법을 고려해 볼 수 있다. 대통령제는 의원내각제와 달리 연립정부라는 개념이 성립되기 어렵다.[67] 집행부는 대통령에 의해 구성되고 이끌어지기 때문이다. 그러나 권력의 공유나 정책연합이라는 차원에서 볼 때, 이와 유사한 형태는 가능하며, 그 대표적인 예가 DJP연합이라 하겠다(DJP연합이 평화적 정권교체를 이룸으로써 민주화에 기여한 바가 분명 존재하기 때문에, 의원 꿔주기와 같은 방식은 별론으로 하고, 그 자체로 바람직하다고 볼 수는 없다).

대통령제에서는 선거에서 공동으로 권력을 획득하기 위해 선거연합을 구성하는 경우가 있다. 또한, 국내외 위기나 선거에서의 공정관리 혹은 국민통합과 정치안정 등 정권유지 차원에서 한시적인 거국중립내각을 구성하여 초정파적인 정부를 지향할 수 있다. 이보다 더 강한 유대감을 보이는 형태는 정책연합·공조, 권력공유연합이라 하겠다.

권력연합은 협의제 민주주의의 한 형태로서 엘리트 카르텔을 통해 권력을 공유하고 분열과 갈등을 포용하는 수용정치의 한 형태라 할 수 있다. 이를 통해 소수 지역이 권력을 획득할 가능성을 확보하기도 한다.

어떻게 보면, 권력연합은 당내 계파갈등을 키우는 정당 간 합당과 같은 정계개편보다는 나을 수 있으나, 한국에서 DJP 연합은 의원 꾸어주기와 교섭단체 구성요건을 변경시키는 등 편법을 사용함으로써 킴으로써 정파간 불신과 함께 시민들의 정치에 대한 불신을 키웠다는 점에서 부정적인 영향이 컸다고 볼 수 있다.

67) 의원내각제에서의 권력연합을 Lijphart나 Riker 등은 정당의 수, 국회의석의 규모, 권력의 극대화를 중심으로 최소승리연합(minimal winning coalitions), 최소규모연합(minimum size coalitions), 타협전제연합(bargaining proposition coalitions), 최소범위연합(minimal range coalitions), 최소연계승리연합(minimal connected winning coalitions) 등으로 분류한다.

Ⅲ. 대통령의 리더십

리더십은 지도자(leader)와 추종자(follower)의 관계에서 특정 목적을 달성하기 위해 추종자의 자발적 행위를 이끌어 내는 능력을 말한다. 리더십은 자발적 행동을 이끌어 내는 능력이라는 점에서 지배-복종의 관계와 구별되며, 조직 내 제도화된 지위와 권한에 따라 통제나 관리를 행하는 직권력(headship)과도 구별된다.

정치적 리더십은 민주주의가 정착되기 이전까지 주요 관심사였다. 민주주의를 '치자와 피치자의 동일성 원리'로 이해하는 경우 혹은 '시민의 의사에 기반한 국정운영'이라 했을 때, 정치적 리더십이라는 개념은 사실상 비민주적인 정치체에서 요구되는 것으로 이해되기 때문이다. 정치적 관계의 제도화를 요구하는 법치주의도 비제도적 요소인 리더십과 친화력인 낮다.

민주주의가 엘리트인 지도자를 공중에 책임지도록 하는 메커니즘을 확립함으로써 제도화된 정치를 형성했으나, 리더십은 여전히 중요한 요소로 작용하고 있다. 또한, 대중매체의 발달은 지도자의 대중적 이미지를 형성하는 데 있어서 강력한 수단을 제공해 왔고 그 속에서 리더십의 영향력도 커져왔다.[68] 이 중에서 대통령의 리더십이 중요한 관심사가 되는 것은, 한국의 예를 들자면, 300명에 가까운 의원들로 구성되어 있는 의회에서 리더십을 발휘하기 쉽지 않은 반면 집행부의 수장인 대통령의 리더십이 보다 큰 요인으로 작용한다는 데에 기인한다.

현대사회에서 국가 수장의 리더십은 중요하다. 실제로 미국의 경우를 예로 들자면, 케네디 대통령은 대중과의 의사소통능력(설득능력)을 갖추었지만, 아이젠하워가 구축한 참모기구를 와해시켰고(정책결정을 지나치게 비공식적 조직에 의존함으로써 정책결정에 혼선을 야기했다) 장기적 비전이 없는 상황에서 소련과의 관계에서 진흙탕 길을 걸어야 했고, 쿠바 미사일 위기 상황에서 국민을 볼모로 핵전쟁의 소용돌이에 빠질 뻔 했다. 한국의 경우 YS의 잘못된 판단은 1994년 북핵 위기 때 전쟁직전의 상황으로까지 몰고 갔었으며, 1997년에는 외환위기 상황에서 무기력한 대응을 보였다. 반면, 루즈벨트는 뛰어난 의사소통능력의 소유자로서 감동적인 연설을 통해 정치체제에 대한 신뢰를 다시 회복시켰다. 그렇다면, 현 상황에서 요구되는 리더십은 어떤 것일까?

1. 리더십과 정치

전통적으로 리더십은 개인적 특성(자질)과 관련된 것으로 보았다. '인간은 지배하거나 지배당하도록 운명지워진다'는 아리스토텔레스의 언명과 관련하여 리더십이란 운명을 지배하는 능력(men of destiny)으로 간주되었으며, 마키아벨리에게 그것은 '사자와 같은 용맹함과 여우와 같은 교활함'으로 베버에게 그것은 '카리스마'로, 니체에게 그것은 '초인(ebermensch)'으로 표현되었다. 이러한 지도자는 군중심리를 불러일으키고 자신의 의도를 관철시키는 것이다. 동양의 유교에서 강조하는 최고통치권자의 리더십은 '仁(맹자는 공자가 했던 仁者無敵을 다시 강조한 바 있다)'으로 표현할 수도 있겠다.

---

68) 현대 사회에서 리더십의 중요성이 대두된 것은 대중민주주의 현상 및 행정국가 현상과 관련된다. 특히, 제1차 세계대전 이후 사회·경제적 불안과 상실감은 대중으로 하여금 강력한 리더십의 등장을 희구했으며, 그 결과는 권위적 인격체에 대한 대중의 동일화였고, 전체주의 등장이었다. 또한 조직화된 특수이익집단의 등장은 국가 운영에 있어서 조직 간의 갈등해결과 대중의 동의를 이끌어 내기 위한 리더십의 필요성을 높였다.

현대에 와서는 G. Freud의 영향으로 리더십을 심리적 현상으로 보는 이론도 존재한다. 이와 달리 리더십을 사회학적 현상으로 간주하는 이론도 있다. 즉, 지도자는 특정한 사회 · 역사적 요인에 의해 만들어 진다는 것이다. 예컨대, 보나파르트 체제가 소작농의 이해관계를 반영하는 독재체제였다는 맑스의 분석이나, 스탈린의 권력이 국가관료제의 지배에 뿌리를 두고 있다고 보았던 트로츠키의 분석 등이 이에 속한다. 이러한 관점은 소위 포퓰리즘이라는 것도 대중심리와 대중들의 집단적 행위에 의해 강요되는 현상이라는 결론을 도출한다.

리더십의 또 다른 측면은 리더십이 관료제와 상호의존관계에 있다는 것이다. 근대 입헌 민주주의는 직업 정치인을 양산하였고, 거대한 조직을 이끌어 가기 위한 강력한 카리스마를 갖춘 지도자를 요구하였으며, 이들은 권력의 획득과 유지하려는 강한 유인을 느끼면서 민주주의와 갈등을 유발하게 된다.

2. 리더십의 유형

리더십에 관한 이론들이 다양한 만큼, 그 유형에 있어서 통일적인 이론은 존재하지 않는다. 일반적인 구분의 하나가 권위형 · 민주형 · 자유방임형(전체주의적 · 권위적 · 민주적 리더십으로 분류되기도 한다)이라 할 수 있으며, 최근에는 거래형 리더십과 변혁적 리더십이 제시되기도 한다.

> 권위형 리더십이란 명령적이고 참여를 허용하지 않으며, 칭찬 · 비판을 개인적으로 행하되 친절하고 중립적인 태도를 취하는 형을 말한다. 목표는 리더가 일방적으로 결정하며, 추종자에게 세부적인 내용까지 명령하며, 추종자와의 인간적 접촉은 거의 없는 형이다.
> 민주형 리더십은 집단적 토의 · 결정을 권장하고, 칭찬이나 비판 시에는 객관적 입장을 취하고 정신적으로 그 집단의 일원이라는 점을 강조하는 리더십이다. 리더는 책임과 권한을 추종자에게 위양하며, 추종자의 자기 통제를 강조한다.
> 방임형 리더십은 집단에게 완전한 자유를 주고 사실상 리더십의 행사가 없는 형이다. 리더는 추종자에게 필요한 자료나 정보를 제공해 주는 정도에서 개입한다.

이극찬 교수는 리더십 유형을 신분적(전통적) 리더십, 대표적 리더십, 선동(투기)적 리더십, 창조적 리더십으로 구분한다(이극찬 1994). 신분적 리더십은 신분제 사회에서 나타나는 리더십 유형이며, 대표적 리더십은 현대의 안정된 정치사회에 나타나는 전형적 리더십 유형이다. 선동적 리더십은 불황이나 혼란기에 일반대중의 불만을 동원하는 형식으로 나타나는데, 다양한 요구를 충족시키는 것은 불가능하기 때문에 모순된 공약을 남발하고 대중의 욕구를 분출할 수 있는 통로로 희생양을 만들어 내기도 하며, 스스로 카리스마적 지도자로 등장하기도 한다. 창조적 리더십은 위기 상황에서 기존의 가치체제를 혁신함으로써 리더십을 획득하려는 유형이다.

3. 대통령의 자질과 리더십

근대 이전에는 정치와 도덕을 동일한 차원에서 바라보았다. 반면, 마키아벨리 이후 현실주의적 정치관에서 정치는 이해관계를 조정하고 생존을 보장하기 위한 합법화된 폭력으로 이해되었으며, 도덕적 인격의 완성과는 별개의 논리를 갖는 것으로 간주되었다. 마키아벨리의 영향을 받은 V.Pareto는 리더의 자질을 '사자와 여우'에 비유하였고, 이후 정치적 리더의 자질에 대한 많은 이론을 낳았다.

M.Weber는 리더의 자질로 열정, 책임감, 판단력을 제시한 바 있다. 열정은 직업으로서 선택한 일에 헌신적으로 몰두하는 것으로, 주관적 판단을 배제하고 사실의 세계에 접근해 가는 진지한 지적 금용의 정신과도 같이 자신에게 맡겨진 일에 봉사해 가는 정신을 말한다. 책임감은 직업으로서 정치를 선택한 정치가들이 따라야할 윤리이다. 특히 정치가는 동기가 순수해야할 뿐 아니라(심정적 윤리), 행위의 결과에 대해서도 책임을 져야 한다(책임윤리). 판단력은 냉정하게 현실을 직시하고 비판적으로 사고하는 능력을 말한다. 이는 대상인 사물과 인간에 대해 거리를 두고 관찰하는 데서 출발한다(M.Weber 2012). 그가 제시한 리더의 자질은 정치와 도덕을 모두 포괄하는 것이다. 정치는 권력에 대한 의지를 포함하지만 정치인의 임무는 권모술수와 도덕적 정당성 어느 하나로 환원할 수 없는 복합성을 띠기 때문이다. 이는 그가 선과 악은 명확히 구별할 수 없다는 전제에서 '결과를 문제 삼지 않는 궁극적 목적의 윤리'와 '자기 행위의 예견 가능한 결과에 대해 책임을 지는' 책임의 윤리를 구별하고, 리더십은 순수한 도덕성이 아닌 책임의 윤리가 필요하다는 것을 강조한 데서 알 수 있다.

사적 조직이 아닌 공적 조직, 특히 한 국가의 중요 정책을 책임지고 이끌어 갈 대통령에게 요구되는 것은 바로 이 점이다. 즉, 공직자에게 요구되는 이중적인 기준이란 도덕성과 결과에 대한 책임까지 포함한다는 점이다. 이렇게 볼 때, 대통령에게 요구되는 리더십은 개인적인 도덕성이나 감성적인 차원과 국정운영 능력 모두를 요구한다고 볼 수 있다. 이를 전제로 보자.

> 참고로, R.Dahl은 통치자의 자격요건으로 윤리적 능력과 기술적·수단적 능력을, C.E.Merriam은 고도의 사회적 감수성, 친근성, 단체교섭에서의 재능, 극적인 표현능력, 정책이나 전략 등을 창안할 수 있는 능력, 그리고 고도의 용기를 제시하였다. 그런데 현대 국가에서는 이러한 자질 외에도 경제·법률·군사·국민심리 등에 대한 지식이 필수불가결의 능력으로 간주되고 있으며, 지도자의 인간적 매력 또한 요구되고 있다. 대중민주주의에서 정치적 리더는 정치적 통합의 인격적 상징으로 자리매김하고 있기 때문이다(이극찬 1994, 283). (이와 관련하여) 민주정치에서 정치적 리더에게 요구되는 중요한 요소는 국민 대중에 대한 사랑이라 할 수 있다. 대중에 대한 사랑은 E.Fromm식으로 말하자면, '생산적 사랑', 즉 배려(care), 책임(responsibility), 존경(respect), 지식(knowledge)이라고 하는 특정한 태도를 포함한다. 타인에 대한 사랑이란 배려 뿐 아니라, 대상의 요구에 대해 응답해야 함을 내포하며, 그를 있는 그대로 바라보는 존중을 포함한다. 그리고 그 존재에 대한 앎을 포함하는데, 지식이 없는 배려와 책임은 맹목적인 것일 수밖에 없다(이극찬 1994).

민주주의에서 요구되는 리더십은 시민의 의사에 기반하여 한 국가의 정치체제를 이끌어 나가는 능력으로 사회를 통합하고, 시민의 의사로 의제되는 자신의 목표를 실행할 수 있는 능력이라 볼 수 있다.

이렇게 볼 때, 대통령이 갖추어야 할 리더십은 정치체가 직면한 상황과 과제에 대한 인지능력, 시민과의 관계에서의 의사소통능력, 비전을 제시하고 이러한 공유된 비전을 통해 사회를 통합할 수 있는 능력(지지를 이끌어 내는 능력 ; 정치력), 설정된 비전과 목표를 실현할 수 있는 조직 및 관리능력, 마지막으로 자신의 정서적인 차원에서의 관리능력 혹은 personality로 구성된다고 할 수 있다.

이중에서 '의사소통능력'이란 리더십의 외형적인 면을 결정하는 요소이고 '정치력'과 '통찰력'은 국민을 위한 정치 비전에 얼마나 부응하는가를 결정짓는 기준이다.

• **통찰력** : 대통령은 정치체제가 직면한 상황과 과제에 대한 정확한 판단력을 갖추어야 한다. 이를 기초로 국민에게 국정의 이념 및 목표를 제시하여 국가의 미래에 대해 희망을 줄 수 있는 능력을 보유해야 한다. 이러한 능력은 사회통합을 위한 기반이 되기도 한다.
  레이건의 경우 뛰어난 (연예인 출신답게) 의사소통능력을 가지고 있었으나, 정책에 대한 이해력과 문제에 대한 인식능력의 부족은 조직 내 갈등을 증폭시켰다. '인사는 만사'를 외쳤던 YS의 경우 정책에 대한 이해도의 부족은 다양한 요구를 적절히 통합해 내고 조정하기 어렵게 만들었고 결국 변화하는 국내외적 경제상황에 대한 대처 능력을 약화시켰다. 반면, 닉슨 대통령의 전략적 비전은 효과적인 국정운영의 기반을 마련해 준다.
• **의사소통능력** : 대통령은 이해관계자 및 행위자 집단의 참여를 유도하고, 이들과의 커뮤니케이션을 통해 공공선에 부합하는 합의를 도출할 수 있어야 한다. 의사소통능력은 대중을 설득할 수 있는 힘을 가져다준다. 노무현 대통령의 경우를 보면, 시민들의 요구를 수용하고 이에 기초하여 바람직한 방향을 제시하고 지지를 이끌어 내는 힘이 얼마나 중요한지를 볼 수 있다.
• **정치적 능력** : 대통령은 설정된 목표를 달성하기 위한 관련자의 지지를 이끌어 낼 수 있어야 한다. 특히, 정당과 의회와의 관계에서 대립과 갈등을 적절히 조정함으로써 협력을 유도할 수 있어야 한다.
• **조직·관리능력** : 대통령은 국정운영과정에서 이를 집행할 관료조직을 통합하고 적절히 관리함으로써 관료제의 문제해결능력을 높이고, 국정과정에서 발생하는 위험을 방지하거나 최소화할 수 있어야 한다.
  존슨은 정치력을 보유하고 있었지만, 조직능력의 부족과 정책에 대한 이해력 부족으로 베트남전 확전이라는 무모함을 보여 주었다. 반면, 트루먼은 비호의적인 정치적 환경에서 정부 내 관료들을 모으고 활력소를 심어주는 능력을 보여주었다.
• **자기관리능력·personality·도덕성** : 대통령은 업무수행능력 뿐 아니라, 청렴성 · 정직성 · 성실성을 기초로 국민의 신뢰와 지지를 이끌어 낼 수 있어야 한다. 또한 자신의 감정을 적절히 컨트롤 할 수 있는 능력이 요구된다.

4. 소 결

정치적 리더십은 중요하다. 제도를 운영해 나가는 것은 인간이고 이때, 중요한 권한을 보유한 개인의 능력에 좌우될 수 있기 때문이다. 특히, 대통령의 리더십은 중요하다. 대통령에게 집중되어 있는 권한의 크기를 볼 때, 한 국가의 운명을 좌우할 수 있는 결정을 내릴 수 있는 지위라는 점에서 그러하다. 그의 통치철학과 비전제시능력은 국가의 발전과 변화의 방향을 틀어 놓을 수 있다는 점에서 그러하다.

하지만, 무엇보다 중요한 것은 어느 한 사람의 능력에 한 국가의 운명을 맡기는 것이 과연 바람직한 것인지를 우리는 고민해 보아야하지 않을까. 역사적으로 개인의 리더십에 지나치게 의존했던 정치체는 강력한 리더십이 사라지면서 영화도 함께 사라졌다(예컨대, 페리클레스와 함께 아테네와 그리스의 영화도 함께 사라졌다).

위기 상황은 강력한 리더십을 요구한다 — 리더십의 부재는 1997년의 경제위기를 초래하였다. 그러나 그동안 한국정치가 직면했던 많은 문제점들은 결국 대통령의 '1인 지배' 정치의 부작용으로 집약될 수 있다. 한편, 리더십의 부재상황이 초래되었던 2004년 봄의 탄핵정국에서는 제도화된 메커니즘 혹은 제도의 중요성을 보여 주었다. 이런 점에서 필자 개인은 리더십은 중요하지만, 정치체의 중요한 결정이 개인의 능력이 아닌 다수에 맡겨지거나 제도화된 메커니즘에 의존하도록 만들 필요가 있다고 보는 것이다. 결론은 여러분에게 맡긴다.

최근 독일 메르켈 총리와 중국 시진핑의 리더십에 대한 관심이 많다.
메르켈은 구 동독 출신으로 2005년 독일 최초의 여성총리이자 최연소 총리에 올랐고, 아데나워와 콜에 이어 독일에서 3번째로 3선에 성공한 총리로 기록되고 있다. 2017년 선거 때까지 총리직을 수행할 경우 마가렛 대처가 기록한 11년을 넘은 최장수 여성 총리로 기록될 것이다. 메르켈은 독일에서는 '무티(Mutti · 엄마)'라 불리지만, 독일을 제외한 외국에서는 '게르만의 철의 여인', '프라우 나인(Frau Nein · 안 된다고만 하는 여자)' 등의 별명이 따라 붙는다.
그러나 그녀의 국가운영을 큰 틀에서 보면 신중한 의사결정에 기반한 실용노선을 취하고 있음을 알 수 있고, 자유와 인권을 지키는 문제 외에는 이념에서 자유로운 높은 유연성을 보여 왔다. 독일의 합리적 사고를 기반으로 하되, 중도 노선을 취하고 있고, 여론과 시민정서를 반영한 정책을 추구하며, 대립적 이슈에 대해서는 합의를 이끌어 내는 탁월한 능력을 보여주었다. 경제정책에서는 작은 정부와 책임 있는 시민을 강조하는 보수주의적 성향을 유지하지만, 사회정책에서는 최소임금보장과 금융개혁 및 사회정의를 강조하는 등 진보적 성격을 수용하고 있다. 이 때문에 그녀는 보수와 중도 좌파를 자신의 지지기반으로 끌어 들일 수 있었다.
메르켈의 사상은 자유주의적 보수주의라 평가되는 에드먼드 버크에 근접해 있다. 원대한 비전을 강요해서는 안 되며, 정치는 다양한 제도와 조직, 그리고 변화하는 세력, 의도치 않은 결과와 새로운 사건들이 혼합된 세계와 씨름하는 것으로 간주하는 것이다. 그리고 정책결정은 연합을 구축하고 합의를 이끌어내는 과정으로 이해한다.
그녀는 선거에서 '걱정 마세요, 어떻게든 해결책을 찾을 수 있어요'라는 슬로건을 내걸고 다수 시민의 지지를 이끌어 냈지만, 그가 속한 기독교민주당은 사실 독일에서 지지율이 높지 않다. 그럼에도 불구하고 다수의 지지를 이끌어 낼 수 있었던 것은 위와 같은 방식의 국가운영 스타일 때문이라 할 수 있다.
그녀는 원전 문제에 대해서는 자신의 입장과는 상반되었던 탈원전정책을 수용한 반면, 남유럽의 재정위기에 대해서는 단호하게 강력한 긴축재정을 요구하는 모습을 보였다. 사회가 불필요한 갈등에 휩싸이지 않게 하고, 반대세력을 자극하지 않으면서 무장해제 시키는 방식으로, 이런 모습이 그녀를 가장 약하면서도 강한 리더십이라는 평가를 만들어 낸다고 볼 수 있다.

*　*　*　*　*

탈근대화 사회에서 요구되는 것은 마키아벨리가 「군주론」에서 제시한 상도 아니고, 카리스마적 지도자도 아니다. ① 다원적 가치를 통합(consensus)으로 이끌어 낼 수 있는 리더십이라 할 수 있다. 합의는 소통과 원칙에 기반해야 한다. ② 또한 높은 불확실성을 보이는 사회현실에서 변화에 대한 통찰력을 바탕으로 한 비전을 제시할 수 있는 능력이 요구된다. 비전은 앞의 요소를 고려한다면, 공유된 비전(shared vision)이어야 한다.
메르켈의 리더십은 이 중에서 소통의 중요성을 보여주고 있다고 판단된다.

제 6 장 정치문화와 정치제도

제2차 세계대전 이후 행태론 등의 영향으로 정치문화에 대한 연구가 활성화되었고, G.Almond 등에 의해 발전되었다.
그런데 정치문화에 대한 연구는 M.Weber의 "프로테스탄티즘의 윤리와 자본주의 발전"으로 거슬러 올라간다. 베버의 논의는 2차 대전 이후 비서구 국가들에 이식된 민주주의 제도가 정착되지 못한 이유를 이러한 정치문화의 맥락에서 접근하는 기반을 제공한 것이다. 특히, 정치문화에 대한 연구는 국가 혹은 정치체제의 유형화를 통한 비교연구에 유리하다는 점에서 많은 연구자들의 관심이 되었다.
문화론적 관점의 주장은 시험에서 묻는 경우를 제외하면 답안지에 표출하는 것을 자제하는 것이 좋다. 정치문화에 관한 주제들이 최근 시험에서 잘 다뤄지고 있지는 않는 것과 별개로, 문화론은 자칫 환원론에 빠질 수 있고 결정론으로 흐르기 때문이다.

문화란, 구성원들에 의해 역사적으로 형성되어 공유된 가치, 규범, 사고 및 행동양태를 말한다. 한국사회를 생각해보자. 권위주의를 싫어하지만 동생이나 자녀, 조직에서 부하 직원의 반발이 있다면 윗사람으로서의 권위를 앞세워 억압하려는 성향을 쉽게 발견할 수 있을 것이다. 이처럼 행동에 내제된 정형화된 가치관이나 태도를 문화라 한다. 또한, 학교에서 개인의 자유와 권익이 중요하다고 배우면서도, 개인의 권리를 주장하는 파업에 대해 집단이기주의라 평가하는 것은 우리사회의 집단주의 문화의 영향이라 할 수 있다. 이처럼 문화는 구성원의 사고와 행동에 내재되어 있는 과거와 현재, 미래를 연결시키는 DNA와도 같은 것으로, 쉽게 변하는 것이 아니다.

문화는 ① 가치 및 이념적 요소로서 공유된 가치, ② 행동 및 관행적 요소로서 행동의 표준과 규칙, ③ 언어 및 상징적 요소(내부적 통합과 동질성 확보 수단)로 구성된다고 할 수 있다. 문화에 대한 관심은 M.Weber의 '자본주의와 프로테스탄티즘' 이래로 확대되어 왔으며, 정치 · 경제 · 사회 발전은 문화에 따라 다르다는 인식이 형성되면서 비교정치의 한 분야로 문화유형론이 발전되었다. 그 정점에 '시민문화' 개념이 자리 잡고 있다.

문화론은 결정론으로 흐를 수밖에 없으며, 문화유형론들이 서구편향성을 가지고 있다. 이 때문에 한동안 문화론이 사라지다시피 하였다. 그런데 현상학과 문화인류학의 영향으로 등장한 사회학적 제도주의는 문화에 대한 인식을 변화시켰고 문화상대주의를 확산시키면서 1980년대 이후 새로운 문화유형에 대한 연구들이 대두하였다. 또한 1990년대 동아시아 가치와 유교문화에 대한 담론이 확산되면서 정치문화에 대한 연구도 많은 변화가 나타났다.

사회자본론은 사회학적 제도주의(혹은 규범적 제도주의) 영향으로 등장한 문화론의 업그레이드된 버전으로 볼 수 있다. 사회자본의 핵심을 차지하는 (호혜성의) 규범은 바로 문화현상의 하나이기 때문이다. 이 입장에 동의한다면 사회의 특정 규범은 그 사회의 발전정도와 문제해결능력과 직결된다는 주장을 수용할 것이다.

문화유형과 사회구조의 조응성에 대한 제도론적 연구(J.March & J.Olsen의 규범적 제도주의)도 있다. 예컨대, M.Douglas, A.Wildavsky 등의 망-집단이론(소위 신문화론)은 문화편향이 국정운영에서 상이한 조정기제를 선택한다고 설명한다. 그런데, 이들 이론도 문화론에서 출발하기 때문에 결정론으로 흐를 수밖에 없다.

> 문화론적 관점에서 한국사회를 부정적으로 본 대표적인 평가가 G.Handerson이 지적한 '소용돌이 사회(vortex society)'라 할 수 있다. 소용돌이처럼 한국 사회의 모든 구성원이 사회의 중심을 향해서 발버둥 치며 진출하려 하며, 그 모습이 흡사 사회 구성원 모두가 하나의 정점으로만 빨려드는 것과 같다는 것이다. 이러한 소용돌이 사회는 부와 신분상승의 욕망을 억제하는 법률적, 도덕적 장치가 존재하지 않으며, 비합리적이고 감정적인 한국인들은 민주적 제도를 구축할 능력이 없는 사람들이라는 것이다. 마치 R.Putnam이 이탈리아 남부는 사회자본이 부재해서 발전이 불가능한 사회라 진단한 것처럼.69)

그러나 소용돌이 사회든, 후견-수혜자주의(연고주의)가 만연된 사회든 그 본질은 어디에 있을까? 권력과 자원이 중앙에 집중된 동심원적 사회에서 권력에 대한 법적 규제가 존재하지 않는다면 어떤 결과가 초래될까? 사회적 가치(자원)가 권력에 의해 자의적으로 배분되는 경우 행위자는 사적 연줄망을 동원하게 된다. 애초에 (공적) 신뢰가 부재하기 때문에 거래비용을 최소화하기 위해서도 사적 연줄망에 대한 의존도를 높이게 된다. 그 과정에서 자연스럽게 후견주의가 만연하게 된다. 어떻게 보면 사회자본이 부재하거나 연고주의/후견주의가 만연된 사회는 거의 예외 없이 중앙집권화된 체제라 할 수 있다. 다른 각도에서 본다면, 신뢰부재의 혹은 소용돌이 사회이기 때문에 그 체제의 발전이 불가능한 것이 아니라, 중앙집권화된 사회구조와 심각한 불평등성이 존재하는 사회에서 제도가 제 기능을 하지 못하는 현상이 나타난 것이라 할 수 있다. 그리고 그것이 다시 사회구성원들의 가치관과 행태를 형성하고, 비합리적인 문화를 강화해 나가는 것이다(악순환). 이러한 비합리성이 대중사회의 동적인 요소들을 권력 정점으로 끌어들이는 소용돌이를 낳는 것이다.

문화는 구성원들의 상호작용 속에서 구성된 것으로 사회적 관계를 반영하는 것이라면, 문화가 정치체제를 결정 한다기보다는 사회적 구조의 맥락에서 형성된 행위의 패턴이라 할 수 있다. 따라서 정치문화를 정치적 행위자들의 행위나 제도적 배열에 있어서 일종의 사회적 맥락으로 이해할 수 있으나, 그것은 그 자체로 주어진 것이 아니고 행위와 제도의 상호구성된 결과로 보는 것이 바람직할 것이다.

Ⅰ. 기본개념

1. 정치문화의 정의

문화란 사회구성원들의 생활양식의 총체로 관습·제도, 공유된 신념·규범, 전통의 체계를 말한다. 사회문화의 하위문화로서 정치문화란 정치체제를 구성하는 구성원이 공유하는 행동양식의 총체로 구성원의 학습을 통해 공유된 태도·가치관·신념으로 구성된다. 즉, 정치문화란 정치과정에 질서와 의미를 부여하며, 정치체계 내의 행동을 지배하는 기본적인 전제와 규칙을 부여하

69) 그런데, 대중의 동적인 요소들의 소용돌이치는 모습은 비민주적이고 비합법적인 권력에 대한 저항인 경우가 많았다. 4.19가 그랬고, 5.17이 그랬고, 6월 항쟁이 그랬다. 이러한 대중들의 소용돌이를 무질서 혹은 대중의 정치적 패배의식처럼 보았던 핸더슨의 지적과 달리 권력을 바꾸고 비민주적인 행정체제를 민주화시키려는 몸부림으로 해석할 수도 있는 것이다.

는 태도, 신조 및 심정의 세트를 말한다(L.Pye).

정치문화는 사회구성원이 정치적 객체에 대해 갖는 정치적 정향이며, 정치적 정향은 인지적 정향과 감정적 정향, 그리고 평가적 정향으로 구성된다.

① 인지적 정향 : 정치적 객체에 대해 어떻게 이해하는가 하는 지적·경험의 신념

② 감정적 정향이란 인지된 정치적 객체에 대해 갖는 호·악의 감정

③ 평가적 정향이란 인지와 감정의 결과로서의 정치적 견해

2. 정치문화의 변수

정치문화를 설명하는 변수로는 ① 사회적 신뢰와 사회적 안정성, ② 일반적 태도의 변수(자신감과 무력감, 이념과 실용, 선호와 적대, 믿음과 냉담 등), ③ 국가와의 일체감, ④ 자발적 순응의 조건으로서 권위의 정당성과 이에 대한 국민의 신뢰, ⑤ 국민의 참여 의무 등이 있다.

최근 문화연구에서 유형화는 G.Hofstede의 문화차원을 많이 반영하는 경향이 있다. 이 모형에서는 권력거리, 개인주의와 집합주의, 남성성과 여성성, 불확실성 회피정도, 추가적으로 장기 및 단기적 성향을 기준으로 설정한다.

3. 정치문화의 유형과 정치체제

1) 정치문화의 이념형(정치의식의 유형)

G.Almond & S.Verba는 정치체계일반, 투입-산출과정, 그리고 정치주체로서의 자기인식이라는 4가지 변수를 기준으로 하여 이념형을 향리형, 신민형, 그리고 참여형 3가지로 구분하였다. 향리형, 신민형, 참여형의 정치문화는 각각 전통적 사회, 권위주의 사회, 그리고 민주산업사회의 정치구조와 부합한다. 그러나 현실에서는 서로 혼합되어 있는 것이 보통이다.

① **향리형(patrochial) 정치문화** : 4개의 변수에 대해 수동적인 정향을 보이며 전문화된 정치적 역할이 존재하지 않는다.

② **신민형(subjective) 정치문화** : 정치체계 구성원이 정치체계일반과 산출측면에 대해서는 능동적 정향을 보이나 참여자로서의 자신의 역할에 대해 수동적인 정향을 보이는 경우로 투입구조가 분화되지 않는 사회를 말한다.

③ **참여형(participant) 정치문화** : 구성원은 모든 경우에 있어서 능동적인 정향을 보인다. 이 유형하의 개인은 자신의 역할을 분명히 인지하고 수용하거나 거부하는 등 적극적으로 활동한다.

2) 시민문화 2020 입법

가. 시민문화의 정의

G.Almond & S.Verba는「Civic Culture」에서 세 가지 이념형의 정치문화가 상호 혼재되는 것이 현실이라 하면서 거기에 영국의 정치문화를 모델로 하여 일종의 민주주의적 모델을 추구했다. G.Almond & S.Verba에 의하면 시민문화란 정치권력과 정치책임성 사이에 균형이 존재하여 수단적 욕구와 감정적 욕구를 동시에 충족시켜 주며 합의와 균열 사이에 균형이 잡혀 있는 정치정향의 한 유형을 말한다.

나. 시민문화

정치문화와 정치구조가 서로 부합되는 참여적 충순형(allegiance)으로 개인은 투입구조에 대해 참여적 정향을 가지며 투입구조 자체를 긍정적으로 평가한다.

신민형과 향리형의 혼합으로 규정되는 참여적 혼합형(mixed)은 전통적 정향이 과도한 정치참여(참여 폭발)을 방지하고, 다른 사람들에 대해 신뢰를 형성하는 역할을 함으로써 정치적 안정에 기여함으로써 민주주의에 유리한 조건을 형성한다.

균형 있는 정치문화(balanced)는 전통사회의 비참여적 정향과 근대사회의 참여적 정향 사이에 적절한 균형을 통해 민주주의를 가능하게 한다.

마지막으로 시민문화는 높은 체제에 대한 애착심(affection)을 통해 수단적 욕구(실용적 고려)만이 아니라 정서적 욕구(공동체에 대한 밀착과 애착심)가 발로되어 상호보완 기능을 수행하며, 정치적 균열과 대립을 방지한다.

3) 시민문화에 대한 평가

가. 시민문화와 민주주의

시민문화는 민주주의에 필요한 정치문화의 이념형으로 피동성과 능동성의 적절한 조화에 기인한 정치체계의 안정적 발전을 추구한다.

영국의 경우 지방정부, 종교공동체 등의 전통적 집단이 이익집단으로 역할을 하였다. 반면에, 프러시아의 경우 근대화 과정에서 지방제도가 파괴되었고 국가권위에 종속·동화됨으로써 지방·신민형 문화가 시민문화 형성을 방해하였다.

나. 시민문화론의 한계 : 문화결정론

시민문화론에 대해서는 다음과 같은 비판이 있다.

① 인과관계가 불명확하다. 문화의 구조적 조건들이 민주주의의 등장을 설명하기보다는 민주화로 인한 결과라는 점이다. 즉, 민주적 가치나 정치문화가 민주주의를 가져 왔다기보다는 민주적 제도의 정착이 민주적 정치문화를 지배적인 가치체계로 만든다는 역의 인과관계를 현실에서 많이 발견할 수 있다. 그럼에도 불구하고 이러한 현상을 모두 정치문화로 인한 것으로 설명한다는 점에서 문화 환원론이라는 비판을 받는다.

② 결정론적 인식의 오류를 내포하고 있다. 이는 환원론의 연장선에서 나오는 문제점으로, 정치체제가 사회·경제적 조건에 의해 결정된다는 가설은 동일한 사회경제적 구조를 가진 나라들이 서로 다른 발전경로를 걸어 온 이유를 설명해 주지 못한다.

③ 결정론적 인식은 정치적 주체의 역할을 지나치게 간과하도록 만든다.

④ 연구방법 상의 문제를 지적할 수 있다. 즉, 알몬드와 버바의 시민문화론의 결론은 1950년부터 1965년까지 불황 없는 성장에 기반 한 '물질적 풍요'(이를 자본주의 황금기라 한다)와 '이데올로기의 종언론', 그리고 '사회적 합의'라는 인식을 반영하는 것이지만, 실제 1960년대 미국과 서구사회는 가치 및 이해갈등으로 사회가 혼란에 빠져 있던 시기라는 점이다. 다시 말해, 연구자의 주관에 의해 현실이 왜곡되어 해석된 것이다.

Ⅱ. 한국의 정치문화와 유교에 대한 해석 2008 행정(자유주의와 유교)

아시아 각 국에 지난 10여 년 간 한국을 포함한 필리핀 · 태국 등 7개국에 민주화 열풍이 불기 이전, L.Pye는 아시아의 정치문화를 시혜적이고 가부장적 리더십을 이상화하고 복종을 정당한 것으로 인식하며, 집단의 연대를 위해 자기이익을 억제하는 아시아적 문화유형을 공유하고 있다고 평가했다. 그러나 이러한 기존의 인식처럼 이들 국가에서 가부장적 권위가 구성원들에 의해 지지되고, 정치적 규범으로써 수용되고 있는 공통적인 특징으로 이야기 될 수 있는지는 의심스럽다. 오히려 이질적인 정치문화가 혼재된 상태라고 보는 것이 타당할 것이다.

이들 국가는 유교문화라는 공통적인 특징을 가지고 있다고 평가되어 왔다. 일반적으로 유교문화(혹은 아시아적 가치)는 '제도로서의 가족에의 유대, 사회적 이익에 대한 복종, 근검절약, 보수주의, 국가권위에 대한 존경 등'을 포함한다고 지적된다. 또한 '갈등을 넘어선 합의를 중시하고 교육의 중요성을 강조'한다고 한다. 그러면 왜 유교문화인가?

1. 동아시아적 가치(Asian Vlue)와 유교문화

1) 동아시아 담론의 배경 : 왜 정치문화인가?

가. 유교문화와 동아시아 담론의 대두 배경

1980년대 이후 동아시아 담론의 대두는 정치철학의 지형변화, 사회주의권의 붕괴, 동아시아 국가군의 고도성장, 그리고 민주화 이행 양태와 관련된다.

첫째, post-modernism, 자유주의와 공동체주의 논쟁은 유교문화에 대한 관심을 불러 일으키는 배경이 되었다. 전자가 근대적 이분법을 해체함으로써 비서구 문화 또한 대안이 될 수 있다는 의식을 형성하였다면, 후자는 공동체에 대한 관심을 불러일으켰고 공동체주의의 논의와 유교문화를 접목시키려는 시도를 낳았다고 하겠다.

둘째, 사회주의권의 붕괴는 자유민주주의에 대한 현실적 대안의 하나가 소멸되었음을 의미한다. 즉, 제3의 대안이 요구되는 시점에서 유교문화가 주목되었던 것이다.

셋째, 동아시아의 경제성장은 왜 비서구 국가 중에서 아시아 국가 일부만 지속적으로 성장을 하는가에 대한 질문을 야기하였으며, 나아가 이들 국가의 자신감은 자유주의에 대한 대안으로서의 유교문화에 기반한 발전국가에 대한 관심을 불러 일으켰다.

넷째, 민주화 이행에도 불구하고 민주적 절차의 제도화와 내면화의 지체는 사회자본 등 정치문화에 대한 연구를 자극하였다.

다. 유교문화와 동아시아 담론의 쟁점

아시아적 가치는 동아시아의 고도성장이라는 기적(astonishing economic success)을 이 지역이 가지고 있는 문화적 요인 때문이라고 주장하면서 확산되었다.[70] 이 지역이 가지고 있는 공통의 문화적 요인은 남미와 아프리카와 달리 고도성장을 가능케 했을 뿐 아니라 서구사회가 안고 있는 병리현상을 해결할 수 있는 대안이 될 수 있다는 것이다.[71] 반면, 아시아적 가치에 대

70) '아시아적 가치'는 이콴유 등이 제안하면서 확산되었는데, 아시아적 가칭에서 언급되는 핵심 내용은 유교와 관련된 것이다. 따라서 이하에서는 아시아적 가치와 유교문화를 구별하지 않고 사용한다.

해 비판적인 견해를 가진 논자들은 이들 국가에서 나타난 1987년도의 위기가 crony capitalism에서 비롯된 것이라 비판하였다. 이에 대해 「Economist」誌는 "Asian values did not explain the tigers' astonishing economic success, and they do not explain their astonishing economic failures"라 지적한 바 있다. Asian values가 그들의 기적과 붕괴를 설명하려면 조금은 모호하지만 다음의 두 가지 전제를 충족시켜야 한다. 독특한 Asian의 원칙의 핵심적인 공통분모가 있어야 한다는 것과, 이러한 핵심이 이 지역의 구성원들에 의해 지지되고 정확히 규정되어야 한다는 것이다.

2) 유교문화의 특징

가. 개념적 징표

서구에서 본 유교문화는 제도로서의 가족에의 유대, 사회적 이익에 대한 복종, 근검절약, 보수주의, 국가권위에 대한 존경 등을 포함한다고 이야기된다.72) 또한 갈등을 넘어선 합의를 중시(prize consensus)하고 교육의 중요성을 강조하는 태도를 포함한다.

그러나 유교를 이러한 개념적 징표 몇 가지로 표현하기에는 깊은 철학적 성찰을 담고 있다. 유교는 유학(儒學), 도학(道學) 등으로 표현되기도 하는데, 유교(儒敎)의 교(敎)는 종교의 의미가 아닌 가르침의 의미가 강하다. 여기에서는 공자 이후 형성된 인(仁)·의(義)·예(禮)·지(知) 등을 핵심 내용으로 하는 사조 정도로 표현하고자 한다.

> 의(義)는 바름을 뜻하며 천명(天命)으로 표현할 수 있다. 인(仁)은 인간의 내적 윤리를, 예(禮)는 인간 상호간의 관계에 관한 윤리를 표현한다. 모든 존재가 주어진 천명에 따라 자리를 잡아 나가는 것을 추구한 유학은 그 본성과 질서를 이해하기 위한 학(學)을 강조하는 데 이와 관련된 개념이 지(知)라 할 수 있겠다.
>
> 그리고 사회윤리의 핵심은 흔히 하는 오해와 달리 군주에 대한 충성에 있다고 보지 않았다. 공자는 가족관계에서는 효제(孝悌)를 사회관계에서는 충서(忠恕)를 강조했다. 충(忠)이란 치우치지 않는 마음(中 + 心)을, 서(恕)란 남을 대할 때 나와 같이 대하는 마음(如 + 心)을 뜻하기 때문이다.

나. 아시아적 가치의 개념적 모호성

첫째, 세계인구의 60%를 차지하고 있으면서 '97년까지 고도성장을 이룬 아시아이지만 이 논의는 동아시아에 집중되어 있다. 그리고 그것은 세계의 지적 전통인 유교, 불교, 이슬람의 혼합물(blending)이다.73)

둘째, 20세기 마지막 시기에 이 지역에는 일련의 대중항쟁이 있었다. 아시아적 가치의 핵심으로 정부 권위에 대한 순종을 강조하지만, 이들 사건은 이와 다르다는 것을 보여준다.74) 그렇다

---

71) 아시아적 가치와 유교문화를 강조하는 입장은 서구인이 주장하는 개인적 자유와 자유민주주의가 가족을 붕괴시키고 약물중독과 성문란(promiscuity), 정치적 중상모략(mud-sliding)과 폭력만이 난무한다고 주장한다.

72) attachmenet to the family as an institution, deference to social interest, thrift, conservatism in social mores, respect for authority.

73) (But) Attachmenet to the family becomes nepotism(족벌체제) The importance of personal relationships rather than formal legality becomes cronyism. Consensus becomes wheel-greasing and corrupt politics. Conservatism and respect for authority become rote-leaning and a refusal to question those in authority(권위에 의심을 품지 않는 기계식 교육).

74) 1986년 필리핀, 1987년 한국, 1988년 미얀마, 1989년 중국, 1990년 대만, 1992년 태국, 1998년 인도네

고 서구화된 중산층에 의해 주도되었던 것도 아니다. 또한 아시아의 지식인과 정치인들이 Asian Values의 주창자들(이광요와 마하티르)의 견해에 동조하는 것도 아니다. 예를 들어, Anwar Ibrahim(말레지아 전 외무장관)은 아시아에서 개인이 얼굴 없는 공동체 속에 녹아 버려야 한다고 인용될 아시아적 전통은 있을 수 없다고 주장한다.

3) 유교문화에 대한 평가

가. 부정론

유교문화는 개인과 자유보다는 집단과 권위를 강조함으로써 개인의 권리 관념이 존재하지 않으며 국가중심성으로 인해 민주주의와 정치발전에 부정적인 영향을 미친다고 한다. 조화와 협동에 대한 강조는 경쟁을 부인하게 되고 질서를 지나치게 강조하여 자율적인 시민사회의 발전을 가로막는다. 이 속에서 개인주의 문화는 질식될 수밖에 없고, 법치는 구축되고, 다원주의는 부정될 수밖에 없는 것이다.

이런 맥락에서 헌팅턴은 유교사회의 민주화는 일탈사례에 불과하다고 주장한다. 즉, 유교문화는 완결문화로서 정치발전에 역기능적이다. 다만, 민주주의 제3의 물결 이후 유교적 민주주의는 분명히 하나의 형용모순이라 할 만큼 아시아적 가치는 민주화에 대한 강력한 장벽이지만, 한 사회의 지배적 신념과 태도들은 변화하는 것이고, 정치적 리더십에 의해 극복될 수 있고, 실제 이들 국가의 민주화는 서구화 혹은 근대화 및 정치적 리더십의 결과물에 불과하다는 것이다.

나. 긍정론과 그 비판적 재구성

유교문화에 대해 긍정적으로 평가하는 입장에서는 유교의 현세중심적 성격은(특히, 종교에 대한) 관용의 정신으로 나타나고, 유교가 강조하는 시민적 덕성은 민주주의와 정치발전에 좋은 토양이 될 수 있다고 한다. 예컨대, 목민관과 왕도정치는 자비로운 정부와 엘리트의 의무를 강조하며, 역성 혁명론 등은 시민성, 공평성, 공적 책임성이라는 덕목을 형성하게 된다. 이외에 과거제의 실적주의적 성격, 높은 교육수준이 촉진하는 정치토론 등은 정치발전에 긍정적으로 작용할 수 있게 한다. 공동체주의는 현대 다원주의의 문제점에 대한 대안이 될 수 있다.

그러나 실제 동아시아국가들이 긍정론이 보여주는 발전경로를 걸어 온 것은 아니었다. 한국의 경우 근대화과정은 유교문화를 부정하는 전통과의 단절 전략을 사용했다. 발전국가는 소명의식이나 윤리의식에 따른 국가운영보다는 부패의 만연과 천민자본주의의 모습을 보여 주었다. 능률지상주의과 억압적 권위주의는 유교의 무위정치와 대립되고, 관료집단의 권력지향성은 목민관과 배치되고, 가족주의 · 공동체주의(한비자의 충효사상, 폐쇄적 유사가족주의, 도구적 연고주의)는 유교의 공선사후에 반한다. 유교문화적 특징보다는 한비자의 법가사상 혹은 유사유교주의라 평가받을 법하다. 따라서 유교문화 유교민주주의를 주장하기 위해서는 발전국가 시기와는 다른 방식으로 재구성했을 때 그 정당성이 인정될 수 있을 것이다.

예를 들면... 첫째, 권리와 의무의 규범적 통합을 위한 준거를 제공해 준다. 공동체 사회에서는 권리가 곧 의무이며, 권리 속에 내재하는 규범적 의무가 서구 일방적 자기 권리 주장을 대신해야 한다. 둘째, 성찰적 근대화의 맥락에서 유교문화를 이야기할 수 있다. 전통적 흐름, 근대적 흐름, 탈근대성

시아에서 민주화 운동으로 민주화 되었다.

의 흐름이 공존하는 상황에서 한국정치사회가 지향해야할 궁극적인 가치들과 그 가치를 체현한 인간의 도덕적 이미지, 그리고 그 인간의 도덕적 능력을 표현해 내속 실현시킬 수 있는 보편성을 지닌 이상적인 정치공동체의 윤곽과 그 제도적 구현형식을 제시하는 것이 주체적 정치발전을 위한 과제가 될 것이다.

다. 절충론

이 견해는 민주주의 이행기와 공고화기를 구별하여 양자의 친화성과 긴장성을 주장하는 견해에 해당한다(임혁백, 2000). 유교문화에는 시민사회의 개념이 부재하며, 가족주의는 비인격적 유대와 단체의 발전을 가로막고, 법의 지배와 개인의 권리 및 재산권 관념이 결여되어 있다. 반면, 유교의 제한정부 사상, 종교적 관용, 시민성, 문민지배 사상은 민주주의에 유리한 여건을 형성할 수 있다.

한국의 경우를 보면, 민주화 과정에서 근대적인 유학자라 할 수 있는 지식인 집단이 등장하였고, 이들의 저항이 민주화를 가져온 동력이라 할 수 있다. 반면, 유교문화는 제도적 시민사회를 형성하는데 걸림돌이 되고 민주주의 공고화에 역기능으로 작용하고 있다. 즉, 갈등에 대한 부정적 인식과 이견의 정당성을 부인하는 전통, 가족주의로 인한 지역주의는 한국의 시민들로 하여금 공적 영역이 아닌 oikos(가족 등 사적 영역)의 영역에 가두어 버렸다. 다만, 유교문화에 내재된 현세중심적 사고, 인간중심적 세계관, 공적 책임성과 사회적 신뢰는 민주주의 공고화를 위한 중요한 자산이 될 수 있다.

마. 소결 : 유교민주주의/유교자본주의에 관한 평가

유교민주주의론(긍정론)이나 부정론은 문화 환원주의에 불과하다. 양자는 모두 1960년대, 1980년대, 그리고 1990년대 후반 각각의 상황논리에 크게 의존하고 있다는 점에 한계가 있다.

유교담론에는 내적 다양성(문화제국주의)이 사상되고 있으며, 이 주장은 우월적 신비론에 입각한 보편성의 부정과 자민족중심주의(옥시덴탈리즘)에 빠져 있다. 그리고 유교민주주의는 개발독재 혹은 발전연대 시기의 성장이데올로기를 재가동시키려는 시도에 불과하다.

유교민주주의 · 유교자본주의가 하나의 모델로서 자리 잡으려면, 대안모델로서의 보편성을 보여주어야 한다. 그러나 이질적 · 기형적 근대화(미국의 안보우산과 개발독재)는 그 가능성을 의심하게 만든다. 아시아적 가치 혹은 한국적 민주주의(일본 · 싱가포르의 脫歐立亞, 개항기 중국의 中體西用, 개항기 한국의 東道西器 포함)가 대내적 억압기제로 작용해 왔다는 점을 고려할 때, 대안모델이 전제해야할 자유주의나 민주주의 가치와 배치된다고 하겠다.

그러나 Huntington 식의 논리 또한 서구 중심적 편향이며, 문화결정론에 불과하다.

유교는 하나의 문명체계이며, 민주주의나 자본주의는 또 다른 문명체계이다. 유교는 수식어가 되기에는 너무도 본질적이며 존재적이다. 또한 유교는 결코, 가족주의적 · 공동체주의적인 어떤 것, 교육열이나 근검절약으로 설명되기에는 철학적인 깊이가 너무 차이가 난다. 즉, 유교민주주의나 유교자본주의에서 유교는 수식어가 아닌 본질적인 것으로 이야기될 수밖에 없다. 만약 대안모델로서 수용된다면, 유교의 철학과 이론체계가 보편적으로 수용될 수 있는 것으로 재해석될 때 가능할 것이다. 예를 들어, 성리학의 경(敬)과 성찰(誠)이나, 서경의 민심론(民心論), 맹자의 여민(與民, not 爲民) 등의 가치가 강조된다면 그 긍정성이 수용될 수 있을 것이다.

2. 보론 : 유교의 이론체계, 유교민주주의, 그리고 쟁점들[75)]

1) 개 관

가. 세계관(유기체적 전체론)

[1] 세계는 하나의 유기체이며, 대립적 구조로 되어 있고, 대립물 간에는 위계적 관계를 갖는다. 그리고 모든 존재는 생장쇠멸(生長衰滅)의 순환적 변화를 겪는다. 이는 자연의 이법(理法)이자 인간 세계의 질서[易學]다.

최초의 원인은 무극(無極)으로서의 태극(太極)에 있다. 태극은 시원(始原)의 리(理)와 기(氣)를 내포하는 데, 태극 속에서 양과 음이 분화되고, 오행(五行 ; 水火木金土)의 작용으로 사물의 생성되고 변화된다. 이 과정은 무(無)에서 유(有)로, 다시 유(有)에서 무(無)로 순환한다.

따라서 자연의 이치를 이해할 때 바람직한 사회질서를 형성할 수 있다(理 = 善). 「大學」의 格物致知(격물치지), 修身齊家治國平天下(수신제가치국평천하)는 이런 맥락에서 이해할 수 있다. 그리고 이로부터 알 수 있는 것은 유학은 도가와 불가와 달리 객관주의에 치중한 세계관이라는 점이다.[76)]

[2] 유교에서 개인 간의 관계는 忠恕(충서, 타인을 대함에 있어서 치우치지 않는 마음인 忠과 나와 같은 마음인 恕)를, 국가운영(정치)은 바른 도를 구현하는 것을 강조한다. 바른 도란 다름 아닌, '자연의 이치(理) = 천명(天命)'을 말한다(이를 추구한 사조가 바로 성리학이다).

유교는 天道와 人道는 동일하다고 보며, 이치(道)는 변하지 않는 것으로 본다. 자연과학과 사회과학이 근본적으로 다르지 않다는 실증주의와 유사한 관점이며, 인간사회가 현상의 영역이며 구성의 영역이라는 시각과는 상반되는 관점이다.

나. 유교의 인성론과 도덕관

사람은 하늘로부터 인명(人命)을 받아 생겨난 것이고(天命之謂性), 따라서 사람의 도리는 하늘로부터 부여 받은 인성(人性)을 따라야 한다. 다만, 인성의 완성은 끊임없는 노력과 수양으로 이루어진다. 인성은 하늘로부터 부여받은 것이지만, 생을 주관하는 사람의 마음과 실천에 따라 인격이 결정된다. 하늘은 사람의 직분만을 규정할 뿐 구체적인 행위(行)에는 관여하지 않기 때문이다.

다. 유교의 행동 원리 — 직분과 예(禮)

모든 사람은 사회관계에서 직분을 갖게 되는데, 자신의 직분에 걸맞는 행동(명분과 분별)을 통해 조화로운 사회가 달성될 수 있다.

분별(分別 ; 상하의 차이인 分과 좌우의 차이인 別을 의미)이란 남・녀(男女之別), 장・유(長幼之序), 군・신(君臣之分) 귀・천(貴賤之差), 친・소(親疎之等)의 別・序・分・差・等의 윤서를 구분하는 기준

---

75) 이하의 내용은 다음 내용을 참조했다 ; 논어, 맹자, 대학, 중용, 이상익 2002, 장은주 2000, 함재봉 1999, 최우영 2006.

76) 주자는 불가/선종을 언급하면서, '하나의 사물이 있으면 하나의 理가 있으니, 모름지기 먼저 이것을 밝힌 다음에야 마음이 발하는 바가 각각 경중장단(輕重長短)의 준칙이 있게 된다. 聖人은 자연(天)에 근본하고, 釋氏는 마음(心)에 근본 한다.'고 지적한 바 있다. 석씨는 석가모니를 말하는데 불교를 칭하는 것이고, 마음에 근본한다고 하는 것은 주관적인 판단에 의존한다는 것으로 주관주의를 비판하는 것이다.

을 말한다.

예(禮)는 분별의 차이를 명확하게 하는 규범이다. 즉, 위와 아래, 좌우를 가려 처신하는 것이고, 명분에 입각한 질서를 정립하는 것이다.

라. 사회 단위 — 가족과 국가(사회)

유교는 가족(家)을 원초적 단위로 본다. 家는 사람이 태어나고 생활하는 공간이기 때문이다. 가족에서 출발한 사람의 유대관계는 공동체와 사회로 확장된다. 가족관계에서는 효(孝)와 형제간의 제(悌)의 실천을 중시한다면, 타인과의 관계에서는 충서(忠恕)를 중시한다. 다만, 삼강오륜(三綱五倫)으로 대변되는 권위주의적 속성은 현대사회에서 비판의 대상이 되어 왔다.

마. 정치적 정당성의 유교적 근거 : 천명 · 민심 · 공론

정치를 이치에 따라 통치하는 것 혹은 정의를 추구하는 것으로 볼 때, 그 기준은 무엇인가가 문제된다. 유교에서는 '天命'이 정당성의 근거라고 보았다. 시간이 흐르면서 천명은 천자에 의해 전해진다고 주장되어 왔으나, '天命이 실재하는가/알 수 있는가'가 쟁점이 되면서 점(占)과 민심론(民心論)이 등장하게 된다.

[서경]은 民心을 天命의 표현이라 설명하기도 하고, 天命과 병존하는 독자적 권위를 갖는 것으로 설명하기도 한다. 그러나 주자는 백성은 물욕에 이끌려 본래의 선을 잃어 버리기 때문에, '민심이 항상 정당한 것은 아니'라고 주장하면서, '心'이 아닌 '性'에 근거한 공론(<u>公論</u> ; 天理에 따르고 人心에 부합되어 천하의 모든 사람이 함께 옳게 여기는 것)을 제기하였다. 실제로 조선은 공론이 활성화되면서 흥(興)하였고, 공론이 무시됨으로써 망(亡)했다는 평가를 받기도 한다.

2) 유교민주주의

가. 함재봉 교수의 유교민주주의

유교적 가치관은 서구의 자유민주주의를 넘어설 수 있는 것으로 본다. 이 관점은 서구적 근대사회의 모순을 극복하고 있는 우리의 유교적 전통을 토대로 자유주의가 요구하는 가치관과 제도들을 수용하지 않는 가운데서도 민주주의를 정착시키려 하는 입장이기도 하다. 나아가, '자유, 발전, 평등'만을 추구하는 서구사상의 한계를 넘어 '자유－질서 · 덕, 발전－안정'을 이룩할 수 있는 문화적 토대를 구축하려 한다.

나. 이승환 교수의 문화적 민족주의

문화적 민족주의는 '아시아적 가치' 담론을 서양이 동양에 대한 제국주의적 지배를 문화적으로 정당화하기 위해 자신들이 가진 편견적 이미지들로 조작한 일종의 이데올로기로 본다. 이 관점은 유교에서 진보적 전통을 재발견하려 하는데, 유교의 권리(인권)존중과 정의와 같은 개념을 통해 인권 이념의 기초를 다지고, 한계를 보완할 수 있는 덕과 공동선의 전통을 확립하려 한다.

다. 평 가

[1] 유교민주주의론은 개인적 가치를 강조하는 자유민주주의를 비판하고 질서와 공동체적 덕을 강조하는 하고 있다. 그리고 권위주의 체제인 유신체제를 긍정적으로 평가하고 있다. 사실 유

교민주주의론이 강조하는 것은 '유교'이지 '민주주의'가 아니다. 이는 자유민주주의가 자유주의의 가치를 민주주의라는 형식과 절차를 통해 구현하려는 것과 같은 맥락이다.

또한 이 관점은 근대사회와 탈근대사회의 갈등을 부정적으로 보면서 도덕적 합의를 통해 통합된 강력한 정치제제를 구축하려고 한다. 다원성이 근대사회와 탈근대사회의 피할 수 없는 속성임을 부인하는 것이다. 개별적 가치나 갈등을 인정하지 않는 사회는 자유는 없고 지배만 있는 사회라 한다면, 이런 의미에서 유교민주주의에서 말하는 민주주의는 단지 수사에 불과할 뿐이다.

[2] 문화적 민족주의는 유교민주주의론과 달리 권리 개념을 중시하지만, 초점은 전통에 있지 민주적 가치에 있지 않다. 유교민주주의와 마찬가지로 반서구적 관점에서 접근하고 있기 때문에 서구의 자유주의와 민주주의에 담겨진 긍정적인 가치가 간과되고 있는 것이다. 이 시각에서 보는 서구 민주주의는 소유적 개인주의라 평가되는 로크적 전통의 자유주의이며, 루소적 전통의 민주주의는 담겨져 있지 않다.

[3] 일부에서는 유교민주주의론이 근대화・서구화에 대한 반감, 즉 레쌍띠망(ressentiment, 원한 감정)에서 출발했다고 평가하기도 한다. 유교민주주의론에서는 민주주의의 문제를 동양과 서양의 대립적 관계로 구성하려는 것은 레쌍띠망 때문이라는 것이다.

유교민주주의와 관련된 논리에서는 서양의 '개인주의'와 '자유주의'를 동양의 '공동체주의'와 대립시킨다. 이는 근대화 과정에서 나타난 '개인주의의 출현과 전통/권위의 부정, 자유의 주장이 초래하는 사회적 혼란'을 소유적 개인주의의 문제로 보려는 맥킨타이어의 입장과도 비슷하다. 그러나 개인의 권리를 강조한다는 것이 결국 서구의 보편주의를 수용하는 것도 아니고, 소유적 개인주의로 귀결되는 것도 아님을 인식해야 한다.

자유주의와 공동체주의의 논쟁을 통해 확인된 바와 같이 개인의 평등한 권리가 원자적 개인을 전제로 해서만 성립되는 것은 아니다. 개인 권리가 규범적(not 존재론적)으로 존중되어야 하는 것은, 개인의 권리의 전제에서 공동체적으로 확인되고 실현되는 좋은 삶이 가능하기 때문이다. 즉, 서구의 자유민주주의가 강조하는 사적 권리를 질서나 전통과 모순되는 것으로 보는 오류를 범할 수 있다.

3) 민주적 가치와 인권의 보편성

민주주의의 가치와 인권 개념은 서구에 특수한 것으로 인식하거나, 자유주의에서만 인정되는 그러한 가치는 아니다. 같은 맥락에서 인권의 보편성을 인정한다는 것은 서구식의 가치만이 보편적 가치로 인정된다는 것도 아니다. 다양한 가치와 문화가 존재하는 탈근대 사회에서 개인과 사회의 안정과 발전을 위한 기반이기 때문에 요구되는 가치가 민주주의와 인권인 것이다(어떤 삶이 좋은 삶인가에 대한 합의된 가치체계가 붕괴된 사회에서 개인의 삶의 기회와 가치를 증대시키기 위해서는 인권을 수용해야 한다). 그리고 특정 개인이나 집단이 배제되어서는 안된다는 의미의 보편성인 것이다.

예컨대, 한국사회의 화교, 외국인 노동자의 권리, 다문화가정의 문제, 성적 소수자 문제, 양심적 병역거부자의 문제 등의 문제를 어떻게 볼 것인지와 관련해서 이들의 권리를 부인하는 것은 결국 나치주의나 전체주의로 귀결될 수 있음을 인식해야 한다.

이러한 인권의 보편성 논의가 한국의 역사적 맥락과 문화적 차이/특수성을 배제하는 것은 아니다. 역사적 삶의 경험과 최소한의 공유된 언어적·문화적 가치체계를 담고 있는 가치와 제도들을 기반으로 해야 하며, 제도화는 사회적 합의를 기초로 해야 하기 때문이다.

4) 유교와 공동체주의

가. 유교/동아시아 담론과 공동체주의

한국의 근대화 과정에서 유교적 세계관과 서구 근대성의 충돌이 불가피 했다. 한국의 근대화 과정은 전통적 가치와 문화에 대한 자기부정과 타자화 과정이었기 때문이었다.

그런데 세계화와 탈근대화 과정에서 공동체주의 담론과 아시아적 가치가 확산되는 모습을 보이고 있다. 즉, 한국에서 그대화 과정에서 부정되었던 유교담론이나 아시아적 가치가 갑자기 대두된 것은 '근대성에 대한 레쌍띠망(ressentiment, 원한 감정)'에서 출발한 것이라는 평가가 나오는 것은 이 때문이다.

나. 유교/공동체주의와 쟁점

지배와 억압, 정의(옳음, justice)과 공동선(좋음, good)

유교담론에서는 서구의 개인주의와 동양의 공동체주의를 대립적 관계로 설정하고 있다. 이를 통해 (맥킨타이어와 마찬가지로) 서구의 개인주의가 사적 권리를 절대화함으로써 사회 병리현상이 확산되고 사회(공동체)의 존립을 위협한다고 주장한다. 그리고 이런 병리현상을 치유할 수 있는 대안이 유교라는 주장을 제시하고 있다.

그러나 이러한 유교담론은 국가의 기존 질서를 정당화하는 이데올로기에 불과하다는 비판이 함께 대두되고 있다. 이를 통해 기존 질서의 지배와 억압이 은폐되거나 정당화되고 있기 때문이다. 또한, 유교담론을 통해 시민적 권리와 자유를 억압하는 것을 정당화시키고 있다. 이 문제는 미국에서 자유주의와 공동체주의의 논쟁에서 제시되었던 질문, 즉 '공동체의 개인에 대한 우선성인가? 공동체 구성원이 공유하고 있는 가치나 규범의 우선성인가?'라는 질문의 재현일 수 있다.

유교/동아시아 담론은 이에 대해 '개인은 공동체의 관계망과 善(좋음)에 의해 규정되는 것'이라는 공동체주의의 주장을 끌어와서 정당화하려 한다. 이러한 주장에 대해 비판하는 논자들은 자유주의의 논리를 끌어 들이고 있다. 즉, 한국에서 유교/동아시아 담론은 서구의 자유주의와 공동체주의 논쟁의 재연이라 볼 수 있다는 것이다.

공동체와 가족(家)

유교/동아시아 담론은 서구의 자유주의에 대한 대안으로 가족이라는 공동체를 제시하고 있다. 가족은 인류의 출발이자, 완성체라는 유교의 문제의식을 반영한 것이다.

하지만 가족은 공공성을 담는 그릇으로 충분하지 않다. 이에 대한 제3의 대안으로 시민사회에 관심을 기울이는 논자도 있다.

Ⅲ. 사회자본

1. 사회자본의 의의

최근 사회자본에 대한 관심이 증대되고 있다. 이는 후쿠야마가 지적하는 것처럼 시장경제가 전지구적으로 확산되는 상황에서 가장 성공적인 국가는 자발적 결사체를 촉진시킬 수 있는 종교적 · 문화적 기반을 갖추고 있으며 대규모 조직에서 성원들로 하여금 서로 협동할 수 있도록 하는 사회적 자본을 갖춘 나라들이라는 인식이 확산되면서이다.

사회적 자본은 자발적 결사체를 창조하고 유지할 수 있는 능력, 즉 건강한 공동체를 유지하는 능력이라 정의할 수 있다. R.Putnam은 사회자본이란 낯선 사람들의 관계를 해결하기 위한 신뢰 · 호혜성의 규범으로 시민참여 네트워크에 의해 형성된다고 지적한다. 이러한 사회자본은 물질적 자본이나 인적 자본과의 대비되는 것으로, 사회적 자본은 사람들 사이의 신뢰관계에 내재한 것이다.

참 고 사회자본에 대한 접근

(1) 최초의 체계적 분석을 했던 부르디외(P.Bourdieu)는 사회적 자본을 친근감이나 상호 인지적 관계가 제도화된 덕택에, 혹은 지속적인 연결망의 덕택에 개인이나 집단이 실제적으로, 혹은 가상적으로 얻게 되는 이점이나 기회의 총합으로 정의한다.

(2) 콜만(J.S.Coleman)은 사회자본을 사회구조 혹은 사회적 관계의 측면에서 접근한다. 즉, 사회자본은 집단에 참여함으로서 사람들에게 생기는 혜택인 결속감에 기초를 두고서, 상호교제에 대한 사회인정이라는 제도화된 관계에서 지속적인 네트워크의 소유와 연결된 실제적이고 잠재적인 자원의 총체로 정의된다. 물질적 자본이나 인적 자본과는 대비되는 것으로, 사회적 자본은 사람들 사이의 신뢰관계에 내재한 것이다.

(3) 후쿠야마(F.Fukuyama)는 산업혁명을 전환점으로 기술진전이 개인주의 성향을 가져왔다고 전제하고, 개인의 선택자유를 신장시킨다는 미명아래 규범과 규칙을 끊임없이 혼란시켜오고 있는 사회는 점차 조직이 와해될 것이며, 원자화되고, 고립되어 결국 공통의 목표와 일을 추진할 수 없게 된다고 보았다. 기술혁신을 무한정 추구하는 사회는 또한 개인의 다양한 행태에도 한계를 두기 어려워서 결과적으로 범죄증가, 가족와해, 자식양육의무에 대한 부모의 무관심, 이웃 간에 책임 떠넘기기, 공중도덕에 대한 시민들의 외면 등 사회질서의 붕괴를 가져온다고 지적한다. 이런 관점에서 그는 새로운 시장경제가 전지구적으로 확산되는 상황에서 가장 성공적인 국가는 자발적 결사체를 촉진시킬 수 있는 종교적 · 문화적 기반을 갖추고 있으며 대규모 조직에서 성원들로 하여금 서로 협동할 수 있도록 하는 사회적 자본을 갖춘 나라들이라고 주장하였다.

사회적 자본은 ㉠ 결사체의 자발성, ㉡ 관계의 수평성, ㉢ 몰인격적 · 공식적이고 이차적인 신뢰(thin trust)를 전제 조건으로 한다. 강제적이고 수직적인 결사체에서는 사회적 신뢰와 협동을 유지할 수 없으며, 강한 사적인 신뢰 하에서는 사회 구성원에 대해 배타적이기 때문에 갈등과 사회불안을 야기 할 가능성이 높으며, 공적 불신을 야기할 수 있기 때문이다.

이를 거버넌스 맥락에서 본다면, 사회자본이 형성되어 있는 사회에서는 협력하여 일하기 쉬울 뿐 아니라, 신뢰를 확산시켜 네트워크을 강화시킨다고 할 때, 민주적이고 참여적인 거버넌스의 기초가 된다고 하겠다.

2. 사회적 자본의 원천과 기능

1) 사회자본의 원천

사회적 자본의 원천에 대해서는 그 개념처럼 통일된 논의는 없다. ① 참여, 소득 등을 포함한 사회 · 경제적 배경, 지역으로 보는 견해도 있는 반면, ② 규범, 신뢰, 네트워크로 보는 견해, ③ 거버넌스의 증진, 효율성, 경제발전 등으로 보는 견해 등도 있다.

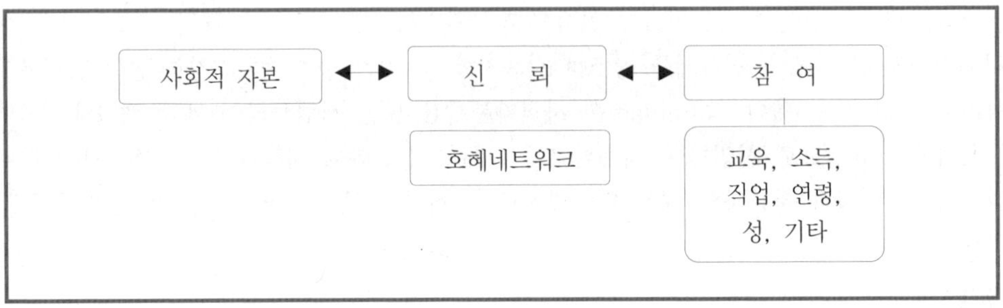

여기에서는 R.Putnam의 견해에 따라 네트워크, 규범, 신뢰로 설정한다.

복잡한 현대 상황에서 사회자본은 호혜성의 규범과 시민적 참여의 네트워크, 그리고 신뢰에서 발생한다. 네트워크는 사람들, 대상, 사건 등으로 규정되는 것들의 연결된 관계의 구체적 형태를 말한다. 개인이나 집단 등 행위자들의 전반적인 연계형태를 의미하며, 누가 누구에게 어떻게 접근하는가 하는 관계구조이다. 규범은 개인 간 혹은 집단 간에 공유된 의미체계 등을 의미한다. 신뢰는 상호작용의 과정을 통해 형성된 대인적 관계를 의미하며, 구성원들 간의 상호 관계를 강화하는 역할을 한다.

가. 네트워크(Network) : 참여와 지속적인 수평적 상호의존관계

다양한 자발적 결사체의 네트워크에 대한 시민참여는 밀도 높은 수평적 상호작용을 대표하며, 사회자본의 본질적 형태이다. 공동체에서 이러한 네트워크가 조밀하면 할수록, 시민들이 상호 이익을 위해 협력할 가능성이 높아지게 된다. 호혜성의 규범은 사회적 교환의 밀도 높은 네트워크와 연관되어 있다. 서로 신뢰하는 것이 상호이득이라는 확신을 갖는 행위자들로 구성된 공동체에서는 상호작용과 교환이 지속적으로 이루어진다. 또한, 역으로 장기간에 걸친 상호작용과 교환이 반복되면서 호혜성의 규범이 발달하게 된다.

모든 사회에는 공식 혹은 비공식적인 개인 상호간의 의사소통과 교환관계의 네트워크를 지니고 있다. 하지만, 수직적(vertical) 네트워크는 상호성의 규범이 아닌 권위나 강제력에 의해 상호작용이 이루어진다는 점에서 사회자본이 전제하는 자발적 협력이 나타나기 힘들어 진다. 따라서 상호성의 규범에 의한 수평적(horizontal) 네트워크에서 사회자본이 함양될 수 있다.

또한, 상호신뢰에 입각한 네트워크는 집단행동의 딜레마를 해결하는 데 도움을 준다. Mark Granovetter는 합의가 개인적 관계와 사회적 네트워크의 거대한 구조 속에 내재되어(embedded) 있을 때 신뢰가 발생하게 되고 이탈행위가 제어된다고 강조하고 있다.

나. 규범(Norms)

J.Coleman에 따르면 행동은 '외부성'을 가지기 때문에, 긍정적이든 부정적이든 타인에게 영향을 미치게 된다. 이때 사회적 규범은 거래비용을 낮추고 협력을 촉진함으로써 사회화되고 유지 · 강화된다.

규범에서 가장 중요한 요소는 호혜성이다. 호혜성은 구체적(balanced, specific)인 것과 포괄적(generalized, diffuse)인 것으로 나뉜다. 구체적 호혜성은 등가의 항목을 동시에 교환하는 것을 지칭하는 것으로서, 사무실에서 명절 선물을 교환하는 것, 국회의원들의 투표교환등을 들 수 있다. 포괄적 호혜성은 어느 특정한 시기에는 보상을 받지 못하거나 가치가 다를 수 있는 상황에서 이루어지는 지속적인 교환의 관계를 지칭하는 것으로서, 단기적으로 손해가 될지라도 장기적으로 이득이 된다는 혹은 미래에 보상받을 수 있다는 상호기대를 전제로 한다.

이때, 포괄적 호혜성의 규범은 사회자본의 매우 생산적 요소이다. 즉, 사회자본이 전제하는 호혜성은 당장의 상호이익보다는 장기적인 상호이익의 규범이다. 이 규범이 통용되는 공동체에서는 기회주의를 보다 효율적으로 억제할 수 있고 집합행동의 문제도 해소할 수 있다(E.Ostrom). 그리고 개별이익과 연대성의 갈등을 해소한다.

참고로, R.Putnam은 국가는 권위에 기초하고 있어 호혜성의 규범을 형성하기 보다는 지배관계만을 낳을 것이라 본다. 따라서 호혜성의 규범은 자발적 네트워크가 활성화된 성숙된 시민사회를 전제로 한다고 할 수 있다.

다. 신뢰(Trust)

수평적 네트워크와 상호성의 규범은 행위자들 간의 상호신뢰를 형성하도록 만들어 준다. 이때의 사회자본이 전제하는 신뢰는 사적 신뢰가 아닌 공적 신뢰이며, 강한 신뢰(thick trust)가 아닌 약한 신뢰(thin trust)이다. 즉, 타인에 대한 인간적인 믿음이라기보다는 자신의 행위가 타인의 행위에 영향을 미치고, 이것이 다시 자신에게 되돌아 올 것이라는 기대에서 비롯되는 신뢰를 말한다. 특히, 지속적인 상호의존관계가 형성되는 네트워크에서 상대방의 신뢰를 저버리는 행위가 야기하는 기회비용이 커지게 되는 경우(계약사항을 이행하지 않아서 발생하는 단기적 이득이 나중에 그 자신에 대한 사회적 평판이 나빠지면서 거래관계를 형성하기 어렵게 되는 경우를 생각해 볼 것) 나의 행위가 다시 되돌려 진다는 기대에서 나오는 것이다. 반면, 사적 연고 네트워크에서의 신뢰는 낯선 사람에 대한 불신과 소수의 공동체 내부 구성원들 사이의 강한 신뢰를 특징으로 한다. 소위 혈연이나 연고와 같은 사적 네트워크는 후원-수혜자주의를 낳고 이것은 네트워크 상호간의 불신을 낳게 되며, 협력을 어렵게 한다. 따라서 공적이고 2차적인 신뢰가 상호간의 교환관계를 지속시킬 수 있는 원천으로 기능하는 것이다.

2) 사회자본의 특징

가. 사회적 관계

사회자본은 인적 자본이나 물적 자본과 달리 타인과의 관계 속에서 나오고 사람들 사이의 관계에서 구체화된다. 즉, 사회 자본으로부터 얻는 혜택의 원천은 다른 사람들이다.

나. 인적 · 물적 자본과의 관계

사회자본은 소비활동이 아닌 생산현장에서도 나타나며, 다른 자본과 결합하여 생산성이나 만족도를 높이고 거래비용을 감소시키는 보완기능을 갖는다.

다. 공공재적 속성

사회자본은 일단 만들어지면 어느 개인이 배타적으로 소유하거나 양도할 수 없으며, 집단행동의 딜레마를 극복할 수 있는 자원이다. 이러한, 사회자본은 축적되는 일종의 스톡(stock)으로서 성격을 갖는다. 즉, 사회자본은 사용하면 할수록 축적되는 자기강화적인 자원이다. 이러한 선순환 구조는 신뢰와의 상호작용 속에서 상호강화된다. 사회자본은 신뢰를 형성하고 신뢰는 다시 사회자본을 만들어 내는 것이다. 반면 불신의 사회는 사회자본을 구축한다.

3) 사회자본의 기능

가. 사회자본의 순기능77)

시민적 참여의 네트워크는 개별 거래에서 배신자가 지불하여야 하는 잠재적 비용을 증가시킨다. 기회주의적 선택을 하게 되면 당사자는 자신이 현재 관계된 다른 거래에서, 또한 미래의 거래에서 받을 수 있는 혜택을 포기하게 되는 위험을 부담하여야 한다. 시민적 참여의 네트워크는 반복적 요소와 게임간의 상호연계성(interconnectedness)을 증가시킨다. 따라서 사회적 자본은 신뢰를 통해 거래비용을 감소시키며, 사회적 관계에 내재하는 정보원으로서의 잠재력으로 작용함과 동시에 효과적인 사회적 제재력으로 드러난다. 나아가, 시민조직의 발달은 공직자의 부정부패를 효과적으로 감시할 수 있는 등의 실제적 효과를 가져올 수 있다.

시민적 참여의 네트워크는 호혜성과 관련된 강력한 규범을 만들어낸다. 이러한 규범은 "약속을 지키고, 행위를 관장하는 지역 공동체의 규범을 받아들인다는 평판을 쌓아야만 하는 관계의 네트워크에 의해(E.Ostrom)" 강화된다. 시민적 참여의 네트워크는 과거의 성공적 협력을 체화하고 있으며, 이를 기초로 미래에서의 협력을 가능하게 하는 문화적으로 규정된 지형이 형성될 수 있다.

결국, 네트워크와 호혜성의 규범, 신뢰는 국가의 경제발전과 정치발전의 원천이 되는 것이다.

나. 사회자본의 역기능

제한된 결속과 신뢰, 즉 배타적인 연계망은 분열과 갈등을 야기하며, 비사회자본을 생성한다.

---

77) ① 정보원 : 연계망은 접촉과 정보에 대한 접근성을 높이게 된다. 즉, 신뢰를 통해 거래비용을 감소시키며, 사회적 관계에 내재하는 정보원으로서의 잠재력으로 작용한다.
② 효과적 제재 및 통제 : 지역사회 네트워크에 의해 형성된 사회자본은 규범을 유지하고 협력과 복종을 이끌어 내는 효과적 자원이 된다. 또한, 시민조직의 발달은 공직자의 부정부패를 효과적으로 감시할 수 있는 등의 실제적 효과를 가져 올 수 있다.
③ 결속감 : 사회자본을 가진 사람들 사이에 가치관, 규범, 목적의 공유를 통해 결속감을 형성한다. 이러한 결속감은 공식적 통제의 필요성을 감소시키며, 사회적 자본은 집단행동의 딜레마를 극복할 수 있는 방법을 제공하는 복잡한 자원이다.
④ 거버넌스와 사회자본 : 주민의 자발적 참여와 신뢰에 기반한 주민 간의 규범 및 네트워크의 형성은 정부성과에 긍정적 영향을 준다. 즉, 사회적 자본은 효과적 · 민주적 거버넌스의 형성에 기여한다.

또한, 지역사회의 연대가 사회통제 장치로 기능하는 경우 개인의 주장과 권익을 제한하고 지역사회를 넘는 접촉의 정도를 제한함으로써 혁신과 개혁을 어렵게 한다.

개념적 한계

신뢰의 요소를 사회적 자본으로 이해하게 되면, 집합적 속성 혹은 제도화된 요소로 확대되며, 유용한 공공재로 이해(토크빌의 공공지향적 시민형, 퍼트남 개념 등)된다. 그러나 이러한 논의는 다음과 같은 한계가 있다.

① 퍼트남은 사회적 자본을 집단이나 국가의 속성으로 확대하지만, 집합적인 사회적 자본을 단순한 개인들의 사회적 합으로 보는 것에는 분명 문제가 있다.

② 사회적 자본의 원천과 그것이 가져오는 효과를 혼동하는 경향이 있다. 사회적 자본을 사회적 연결망을 통해 자원을 동원할 수 있는 능력이라 정의한다면, 그 개념은 성공적인 사람이 성공한다는 말과 다르지 않게 된다(동어반복). 또한 사회적 자본이 축적된 사회에서 시민적 참여나 공동체의 규범이 발전한다는 주장은 참여의식이 높은 사회에서 사회적 자본을 많이 축적하게 된다는 주장과 경험적으로 분리하기 어렵다.

③ 사회적 자본의 부정적 측면이 간과된다. 사적인 신뢰에 기반 한 사회적 자본은 신뢰관계의 토대가 되는 소속 집단의 범위 내에 국한되고 국지적 혹은 집단 내부의 사회적 자본의 극대화는 집단 간 갈등이나 균열을 촉진시킬 가능성이 높아진다.

사회적 자본이 민주주의에 미치는 부정적 영향

사적인 신뢰에 기반 한 사회적 자본은 신뢰관계의 토대가 되는 집단 내부에 국한되고, 집단 간 갈등이나 균열을 촉진한다. 즉, 부정적 사회적 자본은 민주주의에 부정적 영향을 미치게 되는 것이다. 또한 비대칭적 신뢰관계에 기반 한 사회적 자본은 후견주의를 구조화시킬 수 있다.

K.Newton에 따르면 북 아일랜드에서 카톨릭과 개신교를 중심으로 한 클럽, 단체, 자발적 조직의 분리는 오히려 사회의 분리와 갈등을 증폭시키는 결과를 가져왔다는 사례를 들어 단체활동의 어두운 면이 있음을 시사했다. Whiteley와 Seyd는 사회자본과 정치자본(political capital)을 구분했다. 전자는 시민간의 수평적 또는 사회적 신뢰라 불리는 것과 관련된 것이고 긍정적 사회자본으로 분류할 수 있지만, 후자는 시민과 리더간의 수직적 또는 정치적 신뢰라 불리는 것과 관련된 것으로 사회자본에 부정적인 영향을 미친다는 것이다.

R.Putnam에 따르면 이태리에서 세 가지 중요한 단체가입은 노동조합, 교회, 그리고 정당이지만 교회에 잘 나가는 사람들은 시민성과 역의 관계를 갖는다고 한다. 시민사회는 종교적 믿음에 의한 관계가 세속적인 신뢰를 바탕으로 하기 때문이다. 정당가입 또한 시민성과 상관이 있기도 하고, 그 반대일 수도 있다. 왜냐하면 정당이 집단 이기적으로 사용될 수도 있기 때문이다. 즉 R.Putnam은 사회자본과 관련된 시민단체는 수직적인 사회단체가 아니라 수평적인 사회단체라는 점을 분명히 한다.

또한 일부 자발적 조직은 사실 자발적이 아닐 수도 있다. 예를 들어, 폐쇄형 노동조합(closed shop)은 강제적이고, 변호사 및 의사협회 등도 자발적이지 않다(K.Newton).

3. 사회적 자본, 거버넌스, 정부역할

1) 사회자본론에서의 정부

사회자본 논의는 수직적 권위 구조에 기초하는 국가주의를 지양하고 시민사회의 자발적 결사체를 강조하는 것이다. 결사체 구성원들은 집단적 행위를 위한 공유된 책임감을 터득하게 됨으로써 사회적 믿음, 정치참여, 실제적 시민의 경쟁력 등을 잘 발휘할 수 있게 된다. 따라서 강제력의 합법적 독점을 의미하는 전통적인 정부가 아닌, 자발적 결사체들의 네트워크에 의해 이루어지는 거버넌스는 보다 높은 사회경제적 성취를 가져다 줄 것으로 본다. 국정운영은 비정부 부문의 활동자들을 포함하며, 자원을 교환하고 공유하는 행위자간의 네트워크를 중심으로 형성되며, 이러한 네트워크는 국가로부터의 독립성을 바탕으로 하는 것이다.

2) 사회자본과 거버넌스, 정부

거버넌스는 정부 외에 국가로부터 독립적이고 자율적인 비정부 부문의 활동자들을 포함하고, 상호의존관계 하에서 형성되는 네트워크와 네트워크 속에서 이루어지는 구성원들의 지속적인 상호작용에 초점을 맞춘다.

이러한 새로운 형태의 거버넌스의 성공은 그들에게 투자된 인적, 사회적, 제도적 자본을 필요로 한다. 따라서 사회자본과 거버넌스의 형성을 위해서 이러한 자본을 소유하고 있는 정부의 개입은 필연적일 수 있다. 그러나 정부의 개입이 파트너십의 확산에 긍정적인 역할을 할 수도 있지만, 정부의 개입과 규제는 자칫 다른 부문의 독립적 성장에 왜곡을 가져와 결과적으로 기본적인 관계를 위협한다는 비판을 받을 수 있다.

하지만, P.Evans나 T.Skocpol 등은 정부의 중심적 역할에 대해 주장했다. 강하고 세련된 공공기관은 분권화된 권력에 의해 지역 사회자본을 형성하는 데 도움을 줄 수 있다는 것이다. 깊은 공적 · 사적 상호관계는 정부가 사회 행동가들에게 그들 상호간 서로 의지하고 있음을 인식시키고, 집단 이해 형성 과정을 증진시키는 것을 돕는 것을 보여준다. 이러한 역할은 정부 직접개입이나, 정부와 시민사회의 협력 및 보완, 정부개혁 등을 통해서 가능하다고 볼 수 있다.

시민의 참여를 위한 새로운 제도의 도입, 정부정책 및 프로그램의 실시 등과 같은 직접적 개입은 결사체수의 증가나 경제성장 등에 긍정적 영향을 미친다. 또한, 정부와 시민사회의 보완 및 협력 관계는 다양한 형태를 갖는다. 개인적인 연계망이 확대되면서 형성되는 개인과 개인의 신뢰는 공동체 전체적으로 확산될 수 있는 데, 이때 정부의 프로그램이 효과적일 수 있는 것이다. 다만, 정부의 권력이 시민 위에 군림하는 권력(에 대한 권력, power over)에서 시민을 위한 권력(power to)으로 전환하기 위한 정부구조의 혁신이 전제되어야 한다. 이 과정에서 정부관료제의 개방과 정부와 시민사회의 관계를 보다 밀접하게 유지하는 것이 요구된다.

3) 사회자본 형성을 위한 전략

① **지역사회 중심의 파트너십** : 비영리 단체, 민간기구, 학교, 연구소, 기업이 협력하의 민간의 창의적 발상과 욕구를 인적 · 물적 자본과 연계시켜 유대를 방해하는 장애물을 제거한다.

② **자발적 조직들의 연계망** : (지방)정부는 여러 자치조직에 대한 지원을 통해 시민들이 NGO

활동에 참여할 수 있게 하고, 정책과정에 이들이 참여하도록 유도한다.

③ **시민연대** : 시민들이 규칙적으로 지역사회 여러 서비스 프로젝트에 참여하도록 함으로써 프로그램 참여자들의 시민정신을 강화하고, 시민의 지식과 사회적 책임성 및 자존심을 고양한다.

④ **제도의 투명성과 공정성** : 법 제도의 공정성과 효율성을 높임으로서 제도에 대한 신뢰를 갖게 한다.

⑤ **새로운 정책구상** : 새로운 시민참여를 촉진하기 위해 새로운 구조 및 정책을 창안하는 것이 필요하다.

4. 한국사회와 사회자본

1) 한국사회와 사회자본 수준

사회자본에 대한 계량적 연구도 존재하지만, 사회자본의 성격이 모호하고 추상적이라는 점에서 그 수준에 대한 논란이 존재한다. 따라서 여기에서는 사회자본의 원천인 네트워크, 규범, 그리고 신뢰에 대한 성격을 중심으로 살펴본다.

가. 네트워크

한국사회의 경우 유교문화의 영향이 서구식의 합리적 사고로 전이되고 있지만, 여전히 그 영향은 크다고 하겠다. 또한, 중앙집권화된 사회 구조의 영향을 강하게 받고 있다.

따라서 한국 사회의 네트워크는 사적 · 연고 네트워크의 성격을 띠고 있다. 또한, 네트워크 내부의 수평적이라기보다는 수직적이라 할 수 있다. 이는 내부 구성원들의 결속력을 강화시키지만, 내부 구성원들 사이의 높은 권력거리와 집단주의적 성향을 야기한다. 또한, 네트워크들 사이에서는 폐쇄적인 관계가 나타나고 있다.

나. 규 범

폐쇄적인 사적이고 수직적인 성격의 네트워크는 보편성에 입각한 호혜성의 규범을 형성하는데 역기능으로 작용하고 있다. 산업화 과정에서 전통적 규범의 파괴는 사회 구성원들 사이의 연대를 약화시키면서 지대추구적 네트워크의 밀도를 증가시키면서 상호주의적이고 호혜적인 규범을 형성하지 못하고 있다.

다. 신 뢰

한국사회의 신뢰는 저신뢰 사회 혹은 '높은 사적 신뢰 / 낮은 공적 신뢰'를 특징으로 한다. 형식주의와 권위주의 · 온정주의는 낮은 공적 신뢰 속에서 보여 지는 구성원들의 행태적 특징이라 하겠다. 따라서 낯선 사람의 관계에서 신뢰하지 못하고, 연고가 있는 행위자들 사이에서만 교환관계가 지속적으로 이루어지는 것이다.

2) 불신과 악순환의 사이클

한국사회가 경험한 압축 성장에도 불구하고, 난맥상이 존재한다. 한국사회의 경우 경험연구에 의하면(장수찬, 2002) 사회자본과 정부신뢰 사이의 악순환 사이클이 문제되고 있는 것이다. 정치참여수준이 높은 사람일수록 국가기관에 대한 불신임이 높고 낮은 만족도를 보이고 있다. 또한,

서구사회와 달리 결사체나 정치참여가 타인에 대한 신뢰도에 긍정적으로 영향을 미치고 있으나, 한국사회는 대인신뢰에 아무런 영향을 미치지 못하고 있다.

이러한 불신의 악순환은 우리사회의 네트워크 성격에서 찾을 수 있다고 본다. 특히, 강한 국가와 약한 시민사회라는 역사적 맥락, 그리고 (지난 시기 대다수 정치학자들이 보았던 유교문화의 영향도 있겠지만 그보다는) 중앙집권화된 권력과 자원이 배분되는 과정에서의 규칙이 무원칙하게 적용됨으로써(정치문화의 형식주의나 특수주의, 연고주의 등을 생각해 볼 것) 사적 연고네트워크에 대한 의존도가 높을 수밖에 없었다 볼 수 있는 것이다. 이러한 네트워크는 지대추구적 성격을 강하게 띠게 되는 것이다.

나아가, 정부정책과정의 투명성에도 문제가 있었다. 대규모 국책사업에서의 환경영향평가나 새만금호 사업에서의 사업의 경제성에 대한 정보조작 시비 등은 별론으로 하더라도, 사회적 이슈가 되었던 저작권법 전면 개정에서 이루어진 공청회의 경우 개정안이 공청회 직전까지 공개되지 않았다거나, 한미 FTA 공청회를 무산시키고 이메일을 통해 의견을 수렴하는 방식으로 전환했던 경험들은 정부에 대한 불신을 높일 수밖에 없었던 것이다. 즉, 민주화된 이후 정부운영 과정에서 시민참여는 확대된 것처럼 보이지만, 실질적인 참여가 이루어지지 못했던 것이다.

한마디로, 정치과정의 불투명성과 법제도 운영의 불합리함 등이 한국사회의 네트워크 성격과 맞물리면서 호혜성의 규범이 형성되지 못하고, 불신을 자아내고 있다고 평가할 수 있다.

3) 사회자본 함양을 위한 과제[78)]

가. 국가 및 관료역할의 재정립

한국사회에서의 사회자본 함양에는 정치과정의 투명성과 법제도의 공정한 운영이 무엇보다 선행되어야 한다. 이를 전제로 정치체제 민주화와 정부관료제의 혁신이 요구된다.

먼저, 국정최고책임자나, 지방자치단체 장의 리더십이 요구된다. 시민참여의 확대는 의회의원이나 관료의 권한을 침해하거나 정책의 합리성을 저해하는 것으로 인식되면서 내부의 저항이 수반되는 것이 보통이다. 따라서 정부에 대한 불신이 강한 구성원들과 프로그램에 대해 회의적인 생각을 보유한 의원이나 관료들을 설득할 수 있는 리더십이 체제 성과를 높이는 열쇠가 되는 것이다.

국회나 지방의회의 경우 국정운영책임자나 관료들이 범하기 쉬운 독단과 독선을 완화할 수 있어야 한다. 즉, 단순히 정책을 결정하고 재원을 배분하는 것이 아니라 시민들이 자신들의 문제해결을 위해 노력할 수 있도록 조직화하고 지원하는 것이 중요하다. 즉, 의회가 '조정자(coordinator)'로서 역할을 담당할 수 있어야 한다.

관료의 경우 통제자에서 '조력자(helper)'로 자신의 역할을 변화시켜야 한다. 정책형성에의 관여를 가능한 한 회피하며 자신이 가진 전문성을 바탕으로 규정된 법과 절차에 따라 결정된 정책

78) R.Putnam은 사회자본의 형성을 위한 다섯 가지 전략으로 이웃과의 유대강화를 통한 생활 공동체(community)의 형성, 소속감이 충만한 정신적 공동체의 형성(faith-based community), 인터넷의 활용을 통한 상호접촉(electronic entertainment and communication), 다양한 문화활동(cultural activities)의 활성화, 공직에의 출마, 각종 위원회, 공공회의에의 참가를 통한 공공생활(public life)의 적극적 참여 등을 제시하고 있다.

을 중립적 입장에서 충실히 집행하는 집행자나, 정책형성과정에 깊숙히 관여하면서 정책결과에 영향을 행사하려는 통제자보다는 양자의 중간지점에 위치되는 조력자로의 역할이 전환되어야 한다. 조력자로서의 관료는 정책과정에서 의원 · 시민들 상호간에 대화와 상호작용이 용이하게 일어나도록 지원하며, 기술자문 등의 역할을 담당하게 된다. 이러한 역할변화는 시민과 관료들의 커뮤니케이션의 증대로 나타나고, 시민들의 태도가 청원(petition)에서 협상(negotiation)으로 바꾸게 된다고 한다. 이는 결과적으로 정책에 대한 시민들의 의사를 반영하게 되고 집행과정에서의 협조가 용이해 진다.

나. 참여 네트워크 형성

사회자본의 생산을 위한 중요한 방법중의 하나로 지역사회중심의 파트너쉽(community-based partnership)라 할 수 있다. 이러한 파트너십은 근린조직(neighborhood organization)을 통해 시민들이 서로 얼굴을 맞대고(face-to-face) 공동의 문제를 논의하는 과정에서 강화된다. R.B.Box가 제시하는 이들 근린조직들의 대표들로 구성된 시민위원회는 공공서비스의 계획과 결정과정에 직접 참여하고 집행을 감독하는 기능을 수행하게 된다.

이들 기구에 대한 시민참여는 실질적인 의미의 참여로 R.Putnam이 말하는 호혜성의 규범과 신뢰를 창출하는 중요한 채널로 작용한다.

다. 전제로서의 시민의식 개혁

사회자본 형성과 민주적 거버넌스 구축을 위해서는 역동적인 시민의 참여가 필수조건이다. R.Denhardt & J.Gray는 시민들이 자기이해와 단기적 이익에 집착하는 구매자(customer)나 고객(client)으로 보지 않고 공익과 장기적 이익을 생각하는 시민으로 간주하는 경우 정부의 정책과정에 직접 참여하는 통치 또는 정부운영의 동반자로서 역할을 할 수 있다고 지적한다. 즉, 무임승차자(free-rider) 또는 감시자(watchdog)가 아닌 활동가(activist)가 필요한 것이다.

라. 한국사회의 특수성에 대한 고려

사회발전의 성취도나 정부운영의 성과를 높이기 위한 이상의 방안들은 정부와 시민사회가 성숙된 상황에서 가능한지도 모른다. 사회자본을 축적하는 방법은 사회에 따라 다르지만 사회자본은 민주주의와 경제발전을 가능케 한다. R.Putnam이 지적하듯이 자체적으로 강화되고 축적되는 경향이 있는 신뢰 · 규범 · 네트워크와 같은 사회자본의 총합은 높은 수준의 협동, 신뢰, 상호작용, 시민참여, 사회적인 형평의 결과이며, 시민사회의 특성이기도 하다.

한국사회의 악순환의 고리를 끊기 위해서는 시민사회의 성숙을 위한 노력과 정부권력의 분권화, 그리고 시민들의 정부운영에 대한 참여와 관료와의 커뮤니케이션의 증진이라는 지난한 과정을 요구하는 것인지도 모른다.

CHAPTER 4

정치학의 제이론들

CONTENTS

단 원 개 관

앞 장까지 한국정치발전 혹은 민주주의를 심화하기 위한 과제들을 살펴보았다. 이 중에서 정치과정과 제도는 흔히 말하는 1960년대 형성된 비교정치의 주요 주제들이다.

이 편에서는 비교적 최근에 정치학의 연구주제로 들어왔거나, 1980년대 이후 재조명되고 있는 주제인 국가 · 시장 · 시민사회로 나누어 살펴본다. 그리고 난 후에, 정치이데올로기와 관련된 몇 가지 쟁점들과 나머지 기타 이론들에 대해 살펴볼 것이다.

국가 · 시장 · 시민사회 중에서 수험생들이 어려워하는 부분은 국가론 부분이다. 국가라는 것 자체가 한 사회의 제도의 총체라 평가되듯이 국가론에는 모든 이론적 관점들이 함축되어 있으며, 각 변수들을 어떻게 설정하느냐에 따라 다양한 국가론들이 튀어나오기 때문일 것이다.

시장과 관련된 부분은 행정학과 중첩되는 부분들이 많아 생소하지는 않을 것이다.

시민사회 부분은 국내외에서 개념 자체가 너무 다원화되어 있고, 상이한 이론과 사상이 교차되면서 복잡하게 얽혀 있어 NGO를 제외하면 출제가 잘 안 되고 있다. 이론적 복잡성에서는 국가론보다 높지만, 추상성이 낮아 수험생들에게는 그리 어렵지 않게 느껴지는 부분이다.

제1장 국 가 론

경제학을 포함한 사회과학에서 말하는 시장이 '영등포시장' 같은 것이 아니며, Market System을 말하는 것이다. 마찬가지로 여기에서 말하는 국가나 뒤에서 보는 시민사회 모두 특정한 지역이나 물리적 공간 같은 것을 의미하는 것은 아니다. 즉, 추상화된 개념으로서 국가를 말하는 것이다. 추상성의 수준에 따라 달리 정의될 수 있지만, 별다른 경우가 아니라면 관료기구를 중심으로 한 개념으로 사용할 것이다.
국가를 바라보는 관점 혹은 유형은 ① 정치사회학적 관점에서는 다원주의, 맑시즘, 베버리즘으로 대별되며, ② 정치경제학적 관점에서는 최소국가/공공재 국가, 거시경기안정화국가/복지국가, 발전국가, 사회주의 국가로 대별된다. 최근에는 정치사회학적 베이스에서 나온 국가자율성이라는 주제에 정치경제학적 접근방법이 도입되기도 하는 등 이론들의 교류가 커지고 있음을 감안하더라도, 양자를 구분해서 정리하는 게 좋다.

제1절 근대국가

Ⅰ. 국가의 개념정의

M. Weber는 국가를 정당한 강제력의 사용을 위해 배타적이고 독점적인 권리를 갖는 제도화된 권력이라 정의하며, 토크빌은 권력의 중앙집중화를 구현하는 국가관료기구로 보았다(최장집 2002, 125). 이러한 맥락에서 국가란 '일정한 영토와 주민들을 기초로 하여 성립되는 특정한 사회체제의 구성원들에 대해 포괄적인 통제력을 행사하면서 그 사회체제의 유지와 재생산을 총괄하는, 지속력을 지닌 강권적(강압적 - 옮긴이 주) 권력체'(서울대 2002, 144)라 할 수 있다. 그런데, 이러한 정의는 근대국가를 전제로 한 개념이다(사실 지금 우리의 관심사는 근대국가이다). 그러면, 일반적으로 국가는 무엇인지에 대한 합의된 정의는 존재하는가?

S. Krasner는 국가 개념이 정부로서의 국가, 관료기구로서의 국가, 지배계급으로서의 국가, 규범적 질서로서의 국가라는 네 가지 의미로 사용되고 있다고 요약한 바 있다. 손호철 교수는 국가개념을 그 추상성에 따라 여러 의미로 사용되고 있다고 소개한다.[1)]

이 같은 개념의 다양성은 국가가 단일 수준이 아니고 다양한 추상성의 수준에서 이해되고 구체적으로 분석하고자 하는 주제에 따라 그것에 맞는 개념 수준에서 국가 문제를 접근하는 것이 바람직하다. 예컨대, 민주화 이후 한국 국가의 자율성을 논함에 있어서 그것을 관료제 수준에 맞출 것인지 레짐 혹은 정부 수준에 맞출 것인지에 따라 서로 다른 결론이 가능한 것이다.

---

1) 흔히 이야기하는 나라라는 의미(영토에 기초한 정치적 커뮤니티), L. Althusser가 상부구조의 의미로 사용하는 국가(국가구조로서의 국가 : 사회적 총체를 구성하는 심급), 지배연합으로서의 국가(맑스가 말하는 부르주아의 집행위원회), 사회 관계로서의 국가(정치세력 간의 역관계 ; A. Gramsci, N. Poulantzas), 일련의 제도·조직의 집합체(국가중심론적 국가론자들의 국가개념), 그리고 레짐이 그것이다.

Ⅱ. 근대국가의 형성과 특징

1. 근대국가의 형성

봉건에서 근대국가로의 이행은 권력의 원천과 소재가 다중적인 사회로부터 단일한 사회로의 이행이라 할 수 있다. 즉, 지방의 귀족들이 보유하고 있던 재정 · 군사 · 사법 · 입법 · 행정 등의 권력이 국가의 중앙으로 이전 · 축적되는 과정이다. 이러한 과정은 전쟁, 재산보호, 자원추출 능력의 향상이 중요한 요인으로 작용하였다.

즉, 국가들이 전비 충당을 위해 사회에 효과적으로 침투할 수 있는 각종 재정정책(조세 등)을 마련했으며, 대대적인 병력 동원과 광범위한 자원 추출을 위해 인민들에게 참여의 권리를 확장했으며, 전쟁수행에 소요되는 물적 · 인적 자원의 동원과 관리를 위한 행정조직(관료)을 갖추어 갔다. M. Mann에 따르면, 이러한 과정은 다음과 같이 세 가지의 특징을 보여준다.

① 자원의 절대량을 증가시킴에 있어서 근대사회는 자본주의와 산업화를 통해 노동의 질을 증가시킬 수 있었다(자본주의의 수용).

② 국가는 전문 관료 집단을 구성하여 인민으로부터 직접 세금을 추출함으로써 효율성을 추구할 수 있었다(전문 관료제의 등장).

③ 국가는 시민권을 부여함으로써 자원을 추출할 수 있는 대상을 넓힐 수 있었다(시민권 확대).

결론적으로 자본주의, 관료제, 시민권 등을 특징으로 하는 근대국가는 전쟁을 수행하고 자원을 추출하는 과정에서 형성되었다는 것이다. 이런 의미에서 근대국가는 “영토적으로 통합된 지역에 대한 중앙 집권적 통제력을 지니고, 전문 관료를 지니고 있으며, 그 권력(주권)이 미치는 영역에 대해 독점적으로 법률을 제정하고 세금을 징수하며 폭력을 행사할 수 있는 정치 단위체”이다(박준영 외 2001, 59~60).

2. 근대국가의 특징[2)]

근대국가는 사회 갈등을 통합하고, 개인적 자유와 소유권을 보장하는 기능을 수행한다. 그러나 비판적 관점에서는 법에 의해 강제력을 집행하며, 시민권의 보장과 국익을 위한 기능을 수행한다는 허구적 이데올로기를 만들어 내기도 하며, 무정부상태에서 나오는 혼란을 막기 위해 국가가 필요하고 국가의 법질서가 무엇보다도 중요하다는 인식을 형성하기도 한다.

1) 근대국가의 형태적 특징

근대국가는 인민, 영토, 정부, 주권이라는 네 가지 속성을 지닌다. 민주주의 국가의 주권은 원칙적으로 국민에게 있지만, 국민 개개인이 주권을 실질적으로 행사하는 것은 어려우며, 국민은 정부에게 권력을 이양해 자신을 대신해서 주권을 행사하도록 하고 있다.

① 근대국가의 (대외적) 주권성은 절대주의에 연원하며, 현대의 국제관계는 적어도 이데올로기적

---

2) 서울대 공저에는 근대국가의 기본적 형태성으로 ① 국가에 의한 강권의 합법적 독점, ② 국가의 형태특수화(국가의 자립화), ③ 사회로부터 위임된 권력으로서의 형태성, ④ 비인격적 · 법적 지배체제로서의 형태성, ⑤ 정치와 경제 및 국가와 시민사회의 형태적 분리를 지적하고 있다(서울대 2002, 160 이하 참조할 것).

으로는 민족자결권과 국가의 대외적 주권성을 상호 인정하는 기초 위에서 성립되었다.
② 영토국가로서의 근대국가의 영토성은 단순한 지역적 의미가 아니라 '그 영토에 정주하는 주민들을 혈연 등에 관계없이 국민으로 인정하는 국가'를 뜻한다.
③ 2차 대전 이후의 현대국가는 그 주민들에 의존한다는 점에서 전근대의 종속적 신민으로서의 국민이 아닌 국가에 내해 평등한 법적 권리와 의무를 누리는 시민을 전제로 한다.

2) 근대국가의 기능적 특징

가. 물리적 강제력의 독점

근대국가는 물리적 강제력을 합법적으로 독점하는 권력체이자, 포괄적인 통제력을 행사하는 권력체이다. 그러나 국가의 강제력 행사는 사회구성원들의 동의를 요구한다.

나. 사회로부터 분리된 정치권력

첫째, 정치영역은 경제 및 사회영역과 분리된다. 경제과정은 형식적으로 자유롭고 평등한 개인들이 시장 메커니즘에 의해 매개되는 반면, 정치과정은 사회로부터 분리된 특수한 권력체인 국가와 정치적 결사체들의 활동공간으로 구성된다. 사회영역 역시 사회구성원들의 자발적 의사에 따라 조직되는 사적 생활영역으로 조직된다.

둘째, 근대국가는 사회로부터 분리된 특수한 공적 권력체로서 나타나며, 그 구체적 형태가 관료제이다(근대국가의 형태특수화로서의 국가관료제). 이러한 관료제를 통해 국가는 사회의 다른 결사체나 조직들과는 구분되면서 공적 업무를 총괄하게 된다.

셋째, 국가권력은 사회로부터 위임된 권력으로 사회구성원들의 동의에 기반하며, 동시에 그러한 권력에게 요구되는 적합한 권력행사방식이 보장될 때에만 확보될 수 있다.

다. 비인격적 권력 행사

사회로부터 위임된 권력으로서의 국가권력은 국가에 위임되는 권력의 내용과 그 행사방식이 법에 의존하게 된다. 즉, 근대국가는 지배-피지배의 정치적 관계를 강제력(force)이 아닌 '법의 지배'로 보았다. 이러한 의미에서 국가는 강제의 합법적 독점, 사회로부터 위임된 권력 혹은 비인격적 · 법적 지배체제라 할 수 있다.

라. 소 결

정리하자면, 동의에 근거한(베버의 합법적 권위) 강제력의 독점을 바탕으로 한 근대국가는 사적 영역과 형태적으로 분리되고, 국민에 의해 선출된 대표가 정한 규범에 의해 통치가 이루어지는 체제라 할 수 있다.

제 2 절 국가의 본질 : 국가에 관한 제 이론

Ⅰ. 국가와 경제 : 정치경제학적 접근

1. 국가와 시장의 관계에 관한 국가론의 분류

1) 최소국가 / 공공재 국가[3)]

R. A. Samuelson, P. A. Musgrave 등의 공공재이론은 최소국가론을 주장하면서도 국가는 시장에서 생산되지 않는 재화, 즉 공공재만을 공급하는 역할(시장메커니즘의 보완)만 해야 한다고 보며, 이런 차원에서의 국가개입을 인정한다. 국방과 치안만을 담당하는 야경국가, 자유방임국가, 신자유주의 국가 등이 이에 해당한다.

공공재 국가의 주요 기능은 순수 공공재를 공급하고, 계약을 유지하며, 법과 질서를 위한 중립적 틀을 제공하는 것이다.

이 견해는 자본주의적 시장경제체제의 유지와 재생산을 위해 국가가 반드시 떠맡아야 할 최저 수준의 기능이 무엇인가를 밝히는 데 유효하다. 그러나 계급갈등 등을 규제하기 위해 국가가 수행해야 하는 국가의 가장 기본적인 기능 등을 도외시하며, 국가기능을 순수히 시장경제의 보완물이나 교정물 정도로, 그리고 정치를 시장의 잔여영역 정도로 보는 한계를 지니고 있다.

2) 케인지언적 거시경제안정국가[4)]

이 견해는 신고전주의 경제학의 완전경쟁 균형모델을 일정하게 수정하면서 시장경제가 작동하도록 시장실패를 교정하는 국가의 역할을 중시한다.

이때 국가는 사적 시장의 활동을 적극적으로 규제하거나 촉진시키는 도구이다. 시장은 자기 규율적이지만 경제가 호황과 불황의 사이클을 반복할 수 있기 때문에 국가가 경기 사이클을 완만하게 조정하는 정도에서 시장에 개입해야 한다는 것이다. 나아가 반독점법 등이 시장경제력을 강화하기 위한 중요한 국가정책으로 기능한다고 본다.

3) 사회권익국가 : 복지국가, 재분배국가론, 적극국가론

현대 사민주의자 및 사회적 자유주의자들은 국가가 사회적으로 요구되는 목표를 추구해야 한다고 본다. 즉, 시장의 결과를 사회정의의 구현과 같은 규범적 목표에 적응시켜야하며, 분배정의를 실현하는 데에 있어 국가의 적극적인 역할이 요구된다고 한다.

이와 관련하여 T. H. Marshall은 복지국가의 등장을 시민권의 심화 과정에서 설명하고 있다. 먼저, 18세기에 영국에서 국가의 자의적 권력의 행사로부터 시민들의 권리를 보호하기 위해 언론 · 사상 · 신앙의 자유, 재산권 등 시민적 시민권(civil citizenship)이 나타났다. 이러한 시민권은 19세기에는 선거를 통해서 정치권력에 참여할 수 있는 정치적 시민권으로, 20세기에는 경제

3) 박준영 외 정치학에서는 공공재이론은 국가개입수준이 가장 낮은 국가론으로 소개하고 있는 반면, 서울대 공저에서는 공공재이론과 최소국가론 혹은 신자유주의적 국가론을 구별하고 있다.

4) 서울대 공저에서는 케인지언적 복지국가를 '사회적 시장경제'로 소개하고 있다. 그러나 사회적 시장경제는 독일 모델을 지칭하는 것으로 사회권익국가 혹은 복지국가에 보다 가깝다.

적 복지와 안정을 누릴 수 있는 권리로서의 사회적 시민권으로 확장되었으며, 이로 인해 등장한 것이 복지국가라는 것이다.

그런데, 이러한 재분배국가가 시장경제체제의 해체로 이어지는 것은 아니다. 더욱이 자본주의 발전은 국가의 경제개입을 증대시키지만, 국가의 실패는 국가개입을 축소시키는 방향으로 작용하기도 한다.

4) 발전국가

발전국가는 일본, 한국, 대만 등 동아시아 국가를 모델로 제시된 모형이다. 국가 주도 경제성장 모델로 신중상주의 혹은 초중상주의 국가라고도 한다.

발전국가는 고도의 자율성과 강한 능력을 지닌 국가를 의미하며, 사회가 지향해야할 목표를 수립하고 그 달성을 위한 정책을 집행한다. 이 견해에 의하면 동아시아 산업화의 동인은 사회세력으로부터 자율성을 지닌 강력하고 권위적인 국가의 역할에 있다.

경기안정이나 복지제공자로서의 기능을 수행하는 서구의 케인즈주의적 복지국가와 달리, 사회적 투자와 시장형성자로서의 기능을 수행한다. 즉, 국가는 신용할당과 대규모 사회투자를 통해 기업의 투자를 유도함으로서 경제의 성장을 유도한다.

5) 사회주의 국가

시장은 불평등과 부정의를 창출하기 때문에 국가가 근본적으로 통제해야 한다고 본다. 시장경제는 사회적 빈부 격차를 심화시켜 불평등을 초래할 뿐 아니라, 인간의 기본적 신념체계마저 무너뜨리기 때문에 비인간적이다. 이러한 불평등과 소외는 사유재산의 폐지를 통해서 가능하며 생산수단의 사적 소유가 폐지되는 경우 사회구성원들은 강력한 국가 없이도 경제활동을 조직하고 통제할 수 있을 것이라 본다.

그러나 현실의 사회주의 국가는 경제활동의 전 부문을 국가가 강력히 통제하는 체제(계획경제)를 구축했다.

2. 국가의 경제적 기능

자본주의 사회에서 경제과정을 매개하는 것이 국가의 가장 기본적인 기능이라 할 수 있다. 시장경제 자체가 가격과 경쟁메커니즘을 전제로 하고 있고, 이는 R.Coase가 그의 거래비용이론에서 제시하는 것과 같이 제도적 기반을 요구하고 있다고 할 때, 제도를 창출하고 유지하는 국가의 존재는 필수적인 것이다(이것이 공공재국가론이 밝히고자 하는 것이다).

나아가 사회간접자본이라 불리우는 부분은 외부성이 강한 재화로서 무임승차의 문제가 발생할 수밖에 없으며, 이러한 공공재는 국가에 의해 공급될 수밖에 없다. 즉, 국가는 적합한 이윤을 실현하기 힘들지만 사회 필수적인 공공재의 공급자로서 기능하게 된다.

나아가, 국가는 자본이 요구하는 적정수준의 노동력을 확보하기 위한 근로기준법의 시행, 국가의 사회복지제도 도입 등을 통해 노동력의 정상적인 재생산을 위해 폭넓게 개입하기도 한다.

Ⅱ. 국가와 사회 : 정치사회학적 접근과 세 가지 패러다임 2004 행정

1. 다원주의 국가이론

1) 중립적 국가

다원주의는 정치과정을 갈등보다는 조화라는 관점에서 접근한다. 국가는 중립자로서 규칙을 설정하고, 그 위반에 대한 제재를 담당하는 역할을 하게 된다. 즉, 국가의 주요 기능은 다양한 이익집단의 요구를 종합하여 사회적 합의를 도출하는 것이다.

다원주의 체제 하에서 국가는 일반이익을 대표한다고 볼 수 없으며, 정부의 정책방향을 결정짓는 유일한 요인은 집단압력이다. 이들 다양한 집단들이 그들의 이익을 내세우고 갈등 · 대립하는 과정에서 국가는 단지 그 분쟁을 조정하고 해결하는 중재자이다. 그리고 집단의 차원에서 보면 국가란 그들의 이익을 달성하기 위해서 이용할 수 있는 중립적 도구에 불과하다.

2) 분산된 권력

국가는 다양한 이익집단의 요구를 수동적으로 정책에 반영하는 기구이며, 국가의 사회 개입은 규칙을 유지하는 수준에서만 이루어진다. 이러한 점에서 다원주의에서의 국가의 본질은 '경쟁적이고 중첩된 사회조직들이 활동하는 장(field)'으로 규정된다.

정치권력은 한 사회 내의 특정 계급이나 엘리트가 아닌 여러 집단에 분산된다.

2. 계급주의 국가이론

1) 상부구조로서의 국가

계급주의 국가이론은 근본적으로 국가를 사회에 이어서 특정 계급이 다른 계급을 지배하는 도구로 간주하는 입장이다. 맑스에 의하면, 국가는 물리적 강제력을 바탕으로 독자적으로 기능하는 어떤 실체라기보다는 단순히 사회 내의 지배계급의 이익을 도모하는 하나의 상부구조이다.

국가는 경찰, 군대 등 공식적 조직과 학교, 가족 등 비공식적 조직을 이용해서 기존 계급관계를 유지하고 재생산하는 것을 주요 기능으로 하며, 그 본질은 자본가 계급의 이익을 실현하는 무매개적 사회 반영체(도구주의) 혹은 정치적으로 제도화된 사회적 관계(구조주의)이다.

2) 도구주의와 구조주의

도구주의는 국가를 자율적이지 못하며 단지 자본가들이 행사하는 사회적 압력의 산물로 본다. 맑스의 공산당 선언에 나온 '국가는 자본가 계급의 단순한 집행위원회'라는 표현은 도구주의 국가론을 잘 대변한다.

반면, 구조주의는 겉으로 보이는 사회적 관계의 배후에는 보이지는 않지만 존재하는(invisible but present) 구조를 강조한다.[5] 국가는 계급투쟁을 완화하여 자본주의 체제를 유지하기 위해 지배 자본가 계급의 직접적인 통제로부터 어느 정도 자율성을 확보하고 있다. 즉, 국가는 보이지는

5) 구조주의는 도구주의에 대해, ① 겉으로 보이는 사회관계의 현상에만 집착함으로써 국가의 이데올로기적 역할을 무시하고, ② 국가는 자본의 일반적 이익을 위해 때로는 특정 자본가의 이익에 반하는 행위를 취할 수 있다는 점을 인식하는 데 실패했다고 비판한다.

않지만, 억압적 기제와 이데올로기적 동원을 통해 자본주의 체제를 유지하며, 이를 위해서는 지배계급의 단기적 이익을 억누르는 정책을 수행한다는 것이다.

3) Antonio Gramsci의 헤게모니이론

그람시가 말한 헤게모니는 피지배계급에 대한 부르주아적 가치와 규범의 이데올로기적 지배이다. 즉, 헤게모니는 지배적인 가치문화를 구성하는 제도, 이데올로기, 관습, 행위자의 복합체로 표현된다.

그람시는 국가는 지배계급이 자신의 지배를 정당화 · 유지시키는 것[6]뿐만 아니라, 피지배계급으로부터 능동적인 동의를 얻는 것을 가능케 만드는 이론적 · 실제적 행위의 총체적 복합체[7]가 될 수 있음을 인식하였다.

그람시는 이러한 측면에서 시민사회를 강조하였고, 이데올로기적 · 문화적인 관계와 정신적 · 지적 생활의 복합체로서의 시민사회는 맑스와 달리 상부구조의 하나이다.

궁극적으로 국가는 지배계급의 권력 확대를 위한 1차적 도구인 동시에 또한 피지배집단을 미약하고 미조직 상태로 계속 묶어 두는 정치사회의 강제기구이다. 다시 말해, 지배계급은 헤게모니를 통하여 전체사회에 이어서 지배에 대한 동의를 얻는 동시에 국가의 강압기구를 통제하는 역할을 수행한다(김재영 외 2000, 187~189 참조).

3. 국가주의 이론(Statist Theory) : Neo-Weberian

국가주의적 국가론은 국가를 배타적이고 독점적 권리를 갖는 제도화된 권력으로 본다. 국가의 본질은 사회로부터 독립된 영역과 독자적 이익을 지닌 대규모 조직의 집합체로 규정한다. 국가는 사회로부터 독립된 실체이자 사회 이전부터 존재로 가정하는 것이다.[8] 예컨대, T. Skocpol은 국가는 사회집단이나 계급의 이해를 단순히 반영하는 것이 아니라, 자신의 목표를 추구하고 내재적 자율성을 갖는다고 본다.

이 관점에서는 다원주의와 맑스주의 국가이론은 국가를 사적 이익세력(이익집단 혹은 지배계급)의 이익을 반영하는 존재로 파악할 뿐 국가의 독자적 역할에 대해 주의를 기울이지 않았다고 비판한다. 국가는 단지 사회세력의 이익을 반영하는 기구가 아니며 특정 사회세력과 무관하게 자신의 독자적 이익과 자신이 선호하는 가치를 가지고 있으며, 국익이라는 명목 하에 그것을 실행할 수 있는 능력을 지닌 조직체이다(박준영 외 2001, 69)라는 것이다.

국가주의 이론에는 발전국가론, 조합주의 국가론 등이 있다.

---

6) 즉, 헤게모니는 시민사회에서 지배계급의 한분파가 그의 도덕적 · 지적 지도력을 통하여 지배계급의 다른 연합분파에게 통제를 행사하는 과정이다.

7) 이런 의미에서 헤게모니 개념은 계급관계에서 지배계급의 정치적 · 도덕적 · 지적 지도력을 사용하여 그들의 세계관을 포괄적이고 보편적인 것으로 확립하고 피지배집단의 이익과 요구를 구체화하는 성공적인 시도를 내포한다.

8) 이러한 논리를 국가 이전에 자연 상태가 있었고, 사회계약을 통해 국가가 형성되었다는 사회계약론적 전통과 대비시켜 '국가의 선재성'이라 표현한다.

제 3 절 국가능력과 자율성

Ⅰ. 국가관료제

1. 관료제에 대한 시각과 접근

관료제란 정치발전과의 상관성을 분석할 때 조직이 아닌 국가기구로 파악해야 하며, 따라서 국가기능을 수행하는 공권력의 집행자로서 이해되어야 한다.

2. 관료제의 개념과 특징

1) 관료제의 개념

18세기에 관료에 의한 지배현상을 비판하기 위해 등장한 관료제론은 19세기 말 이후 국가기구의 범주를 넘어 훈련된 전문직업인에 의한 관리(M. Weber의 관료제론)로, 20세기에는 대규모 조직을 지칭하는 개념으로 사용되었다. 그러나 무엇보다도 관료제의 핵심적 의의는 집합체로서의 국가기능과 국가관료를 의미한다.

2) 국가관료제의 특성

가. 조직으로서의 특성

베버는 관료제를 능률성과 전문성, 합법성 및 합리성을 중시하는 위계적 질서의 체계로 규정한다. (행정학에서 정리하는 이념형 관료제의) 이러한 인식은 국가 내에서 넓게는 사회 전체의 총체적 구도 안에서 관료제가 투사하는 구조적 위상과 기능적 특성을 간과하기 쉽다는 문제를 내포한다.[9]

나. 국가기구로서의 특성

관료제를 C. Friedrich나 A. Etzioni는 현대국가의 중추기관으로서의 위상을 점유하고 있으며, 국가기능과 공권력을 독점하는 강제적 지배기제로서 기능한다고 한다.

이러한 관료제는 생산 및 분배기제의 역할을 담당한다. 시장실패로 사회적 형평이 파괴될 경우 그 기능은 더욱 강화된다. 그리고 본능적으로 자기지속과 팽창의 속성을 지닌다. 또한, 사회공동체의 응집력과 일체감을 강화하기 위해 국가이념을 지속적으로 재생산하는 이념기구로서 기능한다. 마지막으로, 관료제는 계급성을 띤다.

결론적으로, 국가관료제는 어느 사회나 정치과정(지배권력의 창출과 행사), 사회과정(사회유지와 구조의 재편), 경제과정(자본축적 및 배분)에서 핵심적 기능을 담당하며, 지배계급을 대표하고 피지배층 사이를 중재한다. 이 과정에서 관료제는 질적, 양적으로 강화된다.

---

9) 참고로, 근대관료제의 병리현상 혹은 동조과잉 등이 이야기된다. 이는 관료제의 발전을 단지 기술합리성 내지 형식합리성의 측면에서 파악할 수 없다는 점을 드러내 준다. 이와 관련하여 관료제의 문제는 오늘날 기술적 장치라는 측면에서보다는 사회구성원들로부터 분리된 하나의 강력한 권력집단의 문제로서 더 큰 중요성을 지닌다고 말할 수 있다.

3. 관료제와 정치발전

체제능력을 중시하는 경우에 관료제의 도구적 합리성은 효율성을 높일 수 있다는 점에서 긍정적인 평가가 가능할 것이다. 그러나 참여 및 대의기제 활성화를 중시하는 경우에 관료제는 부정적으로 볼 수 있다.

1) 맑시즘 · 네오맑시즘

국가관료제는 지배계급의 도구 혹은 사회적 관계의 재생산을 위한 구조로 간주된다. 국가관료제의 도구성과 계급성 공공성을 거세하고 억압성과 착취성을 조장하며, 결과적으로 민주주의 성장을 저해한다. 개발도상국의 정치체제가 민중배제적 관료지배체제의 성격을 띠는 것도 이와 같은 맥락이다.

2) 베버 : 양면성

베버는 근대 관료제의 성립과 발전을 근대생활을 지배하는 기술합리화 과정의 불가피한 산물로 보았다. 관료제는 합법성과 합리성을 통해 군주의 자의성을 배격하고, 민주주의의 평등성과 맥을 같이 한다는 점에서 그 순기능을 찾을 수 있다.

베버는 관료적 지배의 확대과정을 근대세계의 불가피한 발전추세로 이해하면서 관료제라는 몰인격적 장치에 의한 지배의 강화에 대처하는 지도자의 역할 및 그러한 지도자를 양성하는 장치로서 의회민주제의 중요성을 강조하였다.

4. 제3세계에서의 관료제

1) H. Alavi의 과대성장국가론

식민지배의 영향으로 국가관료기구가 과대성장되었고, 상대적 자율성이 높으며, 자본주의의 미숙과 종속경제의 특수성으로 국가의 경제개입이 강화되는 것이 보편적이다. 이리하여 행정이 정치의 고유영역과 기능마저 흡수함으로써 관료제 발달은 급격하게 이루어지는 반면에 정치부문의 발전은 오히려 상대적 낙후성을 노정하기 쉽다.

2) G. O'Donnell의 관료적 권위주의론

관료제는 일반적으로 반민중적인 계급성을 띠고 있기 때문에 정치권력과 지배동맹을 형성하고 민중배제정책을 전개함으로써 정권의 권위주의화를 조장한다. 개발도상국의 관료제는 자본가계급과 군부 및 해외자본과 결탁하여 민중부문을 정치적으로 배제하고, 정치문제의 탈정치화를 조장함으로서 관료적 권위주의 국가의 출현을 촉진시키게 된다.

5. 평 가

베버는 관료제를 외부 다른 사람들에 의해 장악된 권력의 도구로 간주했다. 즉, 다양한 이해관계, 정치적이거나 경제적인 이해관계 혹은 그 이외의 다른 어떤 이해관계에서 탈피할 수 있는 객관적이고 정확한 도구라 할 수 있는 것이다.

정치권력은 자신의 목표 수행을 위해 대규모 상임조직을 필요로 하며, 이러한 관료제적 상임조직은 정치의 행정적 필요를 충족시켜 준다. 특히, 능률성 증진을 통한 부의 팽창을 기반으로 대중의 복지라는 삶의 질 향상을 가능케 한다.

관료제 독립성은 민주주의를 위한 필요조건이라 할 수 있다. 현대 국가는 가치를 배분하고 있으며, 이 과정에서 공평한 기준과 규칙이 관철될 수 있어야 한다. 객관적 업무수행은 정치적으로 독립된 강력한 조직적 힘을 보유한 관료제에 의해서만이 수행될 수 있다. 이 위에, 관료제가 민주주의에 공헌할 수 있는 이유는,

① 관료제는 공직 참여에 대한 기회균등을 보장함으로써 민주주의에 기여한다. 즉, 신분 등과 같은 귀속적인 기준이 아닌 능력과 같은 보편적 성취 기준에 따라 임용기회를 모든 시민에게 보장한다는 점에서 평등원리에 부합한다.

② 관료제는 자의를 배제하고 합법적 규칙에 따른 비정의적 업무수행을 강조함으로써 시민들에 대한 동등한 대우를 보장한다. 특히, 법규에 따른 업무 수행은 법 적용에 있어서 보편성을 확보함으로써 사회의 정의성을 높이는데 기여한다.

③ 관료제는 민주적 가치와 목표를 수행하는 수단으로서 민주적으로 결정된 목표를 효율적으로 달성하는 데 기여한다.

문제는, 선출직 엘리트들이 관료의 충성을 얻기 힘들고 전문성으로 인한 재량의 확대는 관료제가 국민에 대한 억압도구로 사용될 수도 있는 것이다. 이런 맥락에서 M.Duverger는 '서구의 두 얼굴'이라는 개념을 통해 관료제를 인간 해방을 위한 도구이자 인간 억압을 위한 도구로 기능할 수 있음을 이야기한 바 있다.

오늘날 관료제의 권력이 상대적으로 강화되면서 민주주의를 위협하는 경향이 오히려 강화되고, 이에 따라 국가기구에 대한 민주적 통제가 어려워지고 있다.

① 사회 · 경제 영역에 대한 관료제의 관여 범위가 증대되고, 기능이 다원화되고 전문화 되면서 관료의 재량권이 확대되고 있다.

② 전문성 증대는 비전문적인 국민의 대표기관인 국회와 선출직 관료의 통제를 약화시키고 있다.

③ 대표기관 및 선출직 관료와 임명직 관료간의 정보비대칭 현상 및 관료의 정보 조작 · 왜곡 · 차단 등은 관료제에 대한 통제를 더욱 어렵게 한다.

④ 가치배분 활동에 대한 관료제의 역할과 영향력의 확대는 정책결정이 대표기관보다는 관료제로 이전되면서 관료기구는 현대 사회에서 지배적인 기구가 되고 있다.

관료권력의 증대는 국가의 사회개입을 증대시킨다는 점에서 민주주의의 문제와 관련하여 커다란 중요성을 지닌다. 현대에 진행되고 있는 국가 관료권력의 강화가 입법부의 활동과 정당정치에 의해 만족스럽게 제어되기 어렵다는 점에서 문제는 더욱 심각한 것이 되고 있다.

이에 대해 J. Habermas는 공론장의 활성화를, D. Held나 A. Arato 등 새로운 시민사회론자들은 국가와 시민사회의 분리의 유지, 자기제한적 영향의 정치로서의 시민사회의 비제도적 · 연대적 정치의 활성화 및 주민자치적 영역의 확대 및 이를 통한 국가민주화와 시민사회의 민주화라는 이중의 민주화 과정의 확대 · 심화 등을 대안으로 제시하고 있다.

Ⅱ. 국가의 자율성

1. 개 관

국가 자율성이란 국가가 자본가 계급이나 여타 사회세력으로부터의 간섭과 압력을 배제하고 독자적으로 자신의 정책 의지를 관철하는 능력의 정도를 반영하며, 상대적인 것으로 인식되어지는 개념이다.

국가자율성은 현대 국가론 논쟁에서 핵심적 위치를 차지하였다. 먼저, 1960-70년대 네오맑시스트들 사이에서 벌어진 국가자율성 논쟁은 국가를 단순히 지배계급의 도구나 이익집단의 자기 이익 실현을 위한 수단 내지 대상으로 간주하던 종래의 도구주의 국가론과 다원주의 국가론의 한계를 극복하고 국가에 대한 체계적인 이해에 공헌했다고 평가할 수 있다.

그런데, 1980년대 이후에는 네오베버리안(국가주의 국가론)에 의한 국가자율성 논쟁이 주도하게 된다. 1980년대의 발전국가론, 1990년대의 신국가론이 그것이다. 특히, 신국가론은 종래의 '국가중심 대 사회중심'의 논쟁을 벗어나 다양한 이론적 대안을 제시하게 된다. P. Evans의 Embedded Autonomy와 같은 국가와 사회 간의 상호 내재성, J. Hobson과 L. Weiss의 상호구성력과 같은 개념이 주요관심사로 떠오르게 된 것이다. 이 시기의 논쟁은 패러다임의 구분을 넘어서서 맑시즘, 자유주의, 네오 베버리안, 탈근대론(종속이론), 구성주의자들의 주장이 뒤섞이는 현상이 나타난다.

국가자율성 개념에서 나타나는 오해 중 하나는 서로 상이한 국가자율성 개념은 서로 다른 차원의 국가개념을 사용한다는 점을 고려하지 않는 것이며, 또 다른 하나는 그것이 국가와 사회의 관계를 다루고 있음에도 불구하고 (특히, 베버리안 패러다임에서) 합리성의 관점에서 접근하고 그것이 갖는 민주주의적 함의를 사상해 버린다는 것이다.

첫째, 국가란 행정기구의 총체적 결합체를 지칭하며, 그것은 조직과 기관의 단순한 집합체가 아니라 행동하는 실체, 즉 행위자로 인식되는 것이 일반적이다. 하지만, 국가 개념의 수준에 따라 국가의 자율성은 달라진다. 예컨대, 앞서 나누었던 국가 개념에서 정부(정치체제의 권위적인 결정을 담당하는 고위공직자와 공무원의 집합체)로서의 국가와 레짐 혹은 관료기구로서의 국가는 그 자율성에 있어서 상이한 분석으로 나아가게 만든다. 참고로, 급진적 패러다임에서 국가는 '정치와 행정기구를 포괄하는 공공부문의 제도적 총체'로 보는 경우가 많고 국가주의 국가론의 경우 관료기구 혹은 레짐으로 보는 경우가 많으며, 다원주의 패러다임에서는 주로 정치체제로 개념화하고 있다.

둘째, 국가를 중립적인 혹은 합리적인 존재로 가정한다면 사회의 다양한 갈등과 그 속에서 벌어지는 지대추구행태를 규제하고 국가의 보편적 이익을 추구하는 자율적인 국가가 필요하겠지만, 이와 반대로 국가를 중립적인 공익의 심판자로 보지 않고 특수이익을 실현하려는 존재로 보거나 특정 계급의 이익을 옹호하는 존재로 인식하는 경우, 또는 민주주의라는 관점에서 보는 경우에는 이와는 다른 관점에서 접근되어야만 한다.

2. 국가 자율성의 세 가지 패러다임

국가자율성의 개념은 패러다임에 따라 각기 다른 함의를 지닌다. 먼저, 네오맑시즘에서의 자율성은 국가에 대한 토대의 규정성과 선차성을 중시하며, 도구주의 국가관을 비판하기 위해 사용되어지는 개념이다. 베버리안에 있어서 국가자율성은 국가의 선차성을 강조하며, 구조적 한계를 전제하지 않는다. 반면 다원주의(경험주의) 패러다임에서는 국가 중심성을 사실상 부정한다.

1) 맑스주의 패러다임

이 패러다임에서의 국가자율성 개념은 인간의 물질적 활동에 일차적 중요성을 부여하는 사적 유물론의 총체적 이론체계와 연관된 개념이다. 따라서 경제환원론을 비판하기 위해 복원된 개념으로서 출발부터 무제한의 자율성이 아니라 그 구조적 한계, 즉 상대성을 기본전제로 하고 있다. 이때 국가의 개념은 구조로서의 국가, 지배연합으로서의 국가, 사회관계로서의 국가 등의 의미로 사용된다(뒤에서 조금 자세히 설명한다).

2) 베버리안 패러다임(국가중심적 국가론)

베버리안 패러다임에서는 맑시즘적 상대적 자율성과 달리 그 구조적 관계가 전제되지 않는 자율성으로서 국가일반의 자율성을 전제로 한다.[10)]

국가는 사회세력으로부터 격리된 상태를 유지하면서 자신의 고유목표와 이익을 추구하는 외인변수로서, 내외적 환경변화에 대응하여 국가가 정책 활동을 통해 환경과의 불일치로부터 야기된 위기를 극복하는 매개변수로써 기능한다.

3) 다원주의 패러다임

다원주의는 다양한 사회집단이 정부의 통제를 받지 않고, 자발적 · 경쟁적으로 이익을 추구할 때 최선의 사회가 이룩될 수 있다는 가정을 전제로 한다. 따라서 국가는 집단의 총합에 불과하며, 이익집단과 마찬가지로 사회집단으로서의 위상과 자율성을 향유할 뿐이다. 국가의지는 파생물이며 국가의 우위성과 중심성은 부인된다.

4) 정 리

각 패러다임에서 사용되는 국가 자율성의 개념적 차이는 "국가자율성을 각각에서 어느 정도로 보느냐"처럼 단순한 비교가 불가능하게 하고 있다. 따라서 국가와 사회의 관계를 봄에 있어서 자율성의 정도를 그 크기만을 가지고 바라보는 것은 바람직하지 않으며, 기본적인 인식상의 차

10) T. Skocpol은 국가는 사회집단이나 계급의 이익과 요구를 단순히 반영하는 것이 아니라 국가 자신의 목표를 추구하며 사회계급과 무관하게 내재적 자율성을 갖는다고 본다. 즉, 계급관계에서 파생되는 것이 아니라 강제력과 설득, 통치조직으로서의 국가자체에 내재하는 것이다.
S. Krasner는 국가를 자율적 행위자로 보고 사회전체이익이라는 자체목표를 가진 일련의 제도라고 규정한다.
E. Nordlinger는 국가와 시민사회의 선호의 일치정도를 기준으로 분류한다. 국가와 시민사회의 선호가 일치하는 경우 국가행위는 당연히 권위 있는 행위가 되며, 선호가 일치하지 않을 경우에 국가는 사회선호를 변화시켜 국가 자체의 목표를 권위 있는 행위로 전환시킬 수 있다고 본다. 그의 자생적 자율성은 레짐적 범주에서의 국가를 전제로 하고 있다.
A. Stepan은 유기체적 국가를 제창하면서, 국가는 정치공동체와 공동선을 이루는 데 있어 도덕적 목적을 가지고 중추적 역할(건축가적 역할)을 수행한다고 강조한다.

이를 부각시킬 필요가 있어 보인다.

이러한 차이는 또한 민주주의를 바라보는 시각의 차이로 연결된다. 예를 들어, 맑스주의 패러다임에서 민주주의는 그 형식적 측면보다는 실질적 측면(민중에 의한 지배)을 강조하며, 베버리안의 경우에는 엘리트 민주주의적 편향을 갖고 있으며, 경험주의의 경우에는 절차적 측면을 강조하고 있다.

이것이 의미하는 바는 결국 맑스주의 패러다임에서의 국가자율성은 지배-피지배관계의 또 다른 형식이며, 베버리안의 경우에서 국가는 사회구조와는 한발 떨어져 서있는 것으로 그 자율성에 선험적 제한이 전제되어 있는 것은 아니다. 경험주의 패러다임에서는 각 계층·집단 간의 이익을 중재하는 하나의 개념에 불과하다.

3. 신국가론과 국가자율성에 대한 새로운 해석

1) 사회네트워크 이론(Evans의 embedded authonomy)

국가의 자율성을 자신의 의도를 외부의 영향력과 무관하게 관철시킬 수 있는 것으로 볼 때, 그것은 사회와의 관계가 차단된 채 이루어질 수 있는 것은 아니다. 국가의 능력이라는 것은 사회와 상호의존관계가 형성될 수밖에 없으며, 상호의존관계 속에서 공식적 혹은 비공식적인 유기적 네트워크를 통해서 배태될 수밖에 없기 때문이다.

예컨대, 한국의 유신체제는 경제개발5개년계획을 수립하고 이를 주도했지만, 그 집행은 자금의 경우 은행을 통해서 배분되었으며, 실질적 집행은 재벌을 통해 이루어질 수 있었다. 이 속에서 유착된 관계는 목표와 정책을 위한 계속적인 협상과 재협상을 위한 제도적 통로를 제공했던 것이다. 이 모형에서 국가와 기업의 관계는 공적·사적 네트워크를 통해 형성된 수평적 연계에 의해 보완된다. 즉, 네트워크 이론에서 국가의 자율성이란, 사회 네트워크를 통해 발현되는 것으로 이해되는 것이다.

2) B. Jessop의 전략적 관계이론

자본주의 국가의 위기관리능력 혹은 변혁능력은 사회세력과 계급들 간의 힘의 균형, 이에 대한 국가의 전략, 위기의 성격과 이것이 국가의 제도에 미치는 충격, 그리고 이에 대한 일반의 인지구조에 따라 상황적으로 결정되는 것이다. 자본주의 국가에서 그 힘을 성공적으로 행사할 수 있기 위해서는 자본가계급에게 특권을 부여하는 전략적인 선택능력에 달려 있다. 즉, 국가의 정책을 추진함에 있어서 이에 대한 지지를 동원할 수 있는 능력과 이에 반발하는 사회세력을 선택적으로 배제할 수 있는 능력이 중요한 것이다.

3) 발전국가와 신국가론

신국가주의적 관점은 국가 대 시장의 이분법을 거부하면서 경제발전 목표를 추구하는 과정에서 국가-기업 간의 경쟁적 협력과 공동작용을 강조한다. 경제발전에서 국가의 역할을 중시하지만 국가주의 접근이 주장하는 것처럼 국가결정론적인 혹은 국가중심적인 접근으로 환원하지는 않는다.

동아시아 국가의 경제발전에서 보듯이 국가의 발전은 국가의 능력을 그 원천으로 한다. 또한, 국제체계, 국가구조, 전략, 능력 등의 제 요인은 분리된 것이 아니며, 국가제도가 반드시 사회와 대립적인 것만은 아니라는 것이다. 이들 국가에서 경제성장은 시장에서의 국가개입과 국가의 중심적 역할에 의해 가능했으며, 그것은 효율성을 보장하기 위한 사적기업에 대한 정부의 강한 규율 등에 의해 뒷받침되었다고 할 수 있다.

즉, 발전국가론자들에 의하면 강한 국가가 요구되며, 이러한 강한 국가란 국가의 사회로부터의 자율성과 국가의 능력이 높은 국가를 말한다. 그런데, 아무리 강한 국가라 할지라도 (권위주의적 정치체제에서조차) 국가관료제를 상호 갈등하는 사회계급으로부터 완전하게 분리시킬 수 없다. 국가관료들은 자율적인 행위자라기보다는 전형적인 지배계급의 이해에 또는 때때로 저항적인 하층계급의 요구에 다양한 형태로 반응한다. 국가와 사회는 권력을 상호조절하고 상호변환(mutually transforming) 시키는 것으로 보아야 한다.[11)]

4) 소 결

사회네트워크 이론과 신국가론에 의하면, 강한 국가는 사회와의 연계성 혹은 국가의 사회에 대한 침투를 전제로 한다. 즉, 사회 집단의 지지를 기반으로 하지 않은 국가의 무제한적 자율성은 외형적으로는 강한 국가를 만들지만(전제적 권력; 국가권력의 가시화), 실제로는 국가를 약하게 만든다. 따라서 국가의 자율성이란 사회 속에 내재(혹연 연계)되어 있어야 하거나(P. Evans의 embedded autonomy), 국가와 사회집단간의 제도화된 협력(L. Weiss & J. Hobson의 조정된 상호의존성 governed interdependence)을 의미한다. 이러한 연계된 자율성 혹은 조정된 상호의존성은 국가 능력이나 강한 국가를 위한 전제가 된다는 것이다.

다음으로, 이들에 의하면, 국가능력이란 국가가 자신의 정책형성을 위한 조직 네트워크를 형성하고 정책수행을 성공적이며 생산적인 결과로 이끌 경제적 행위자를 동원할 수 있는 능력과 수단을 보유하는 정도(P. Evans)를 말하거나, 국가는 국내 및 국제적 구조의 제약과 논리에 대응하기 위해 각각 국제적 · 국내적 자원을 동원할 수 있는 능력(J. Hobson)을 말한다.

정리하자면, 사회네트워크 이론이나 신국가주의에 의하면 강한 국가란 국가가 자신의 정책목표를 달성하기 위해 사회집단을 선택적으로 동원하거나 배제할 수 있는 국가를 말한다.

---

11) J. Hall은 자본주의 사회를 운영하기 위한 국민국가의 능력이 자본가와 협조하는 능력과 교육적 훈련의 사회하부구조를 제공하는 역량, 변화하는 국제경제 관계에 직면하여 유연성을 제고하는 계급타협의 조건과 밀접하게 관련되어 있다고 본다. 동아시아 국가들은 '전제적으로는 약하지만 하부구조적으로는 매우 강력하다'고 평가하면서 국가자율성이 억압적 강제력으로부터 나오는 것은 아님을 강조하였다.

Linda Weiss는 국가자율성과 관련하여 [국가의 변형능력]을 강조한다. 국가의 변혁능력은 강한 정부와 잘 조직된 기업간의 협력이 제도화되었음을 뜻하는 조정된 상호의존성의 환경에서 가장 성공적으로 발휘될 수 있다고 한다.

John Hobson은 [조정된 상호의존성(governed interdependence)]의 개념을 제시하였다. 동아시아 국가를 예로 들면, 정부와 기업은 상호의존적이다. 이런 상호의존성을 형성하고 유지하는 규율은 국가 자신이 한 차원 높은 동반자로서의 역할을 취하고 또한 관리할 때 가능하다. 국가-기업관계에 따른 상호의존성은 국가의 자율성을 (일본에서처럼) 오히려 강화시킨다.

조정된 상호의존성 개념에서 강조하고자 하는 것은 국가의 강력한 힘인데 그 힘은 한국이나 다른 제 3세계국가에서 보여진 독재적 권력이 아닌 국가의 하부구조적 권력이다. 하부구조적 권력(경제발전 목표를 추구하는데 자원을 동원하는 능력)은 국가-기업협력에 의해 강화되며 이에 따라 효과적인 조정능력을 발휘하게 한다. 전략적 산업전환을 추구할 수 있는 자율적인 국가는 강력한 하부구조적 권력을 가지며 하부구조적 권력을 가진 국가는 조직된 사회집단들과 일상적인 제도화된 협상을 통해 자신의 목표(경제발전)를 효과적으로 추진할 수 있는 능력을 소유할 수 있게 한다는 것이다.

4. 국가 자율성과 국가능력

국가자율성이란, 사회의 주요세력의 의사에 반해서 국가가 자신의 의도를 관철시킬 수 있는 능력으로 정의된다. 이러한 국가자율성 개념은 이론적 관점에 따라 상이하게 이해될 수 있다.

베버에게 국가란 행정기구의 총체적 결합체를 지칭하며, 그것은 조직과 기관의 단순한 집합체가 아니라 행동하는 실체, 즉 행위자로 인식된다. 정치적 중립성과 계층제, 전문직업성과 강한 기율로 무장된 응집력을 갖춘 관료기구는 사회로부터 높은 자율성을 갖춘 것으로 간주되어 왔다. 국가를 중립적인 혹은 합리적인 존재로 가정하는 이 같은 관점에서는 사회의 다양한 갈등과 그 속에서 벌어지는 지대추구행태를 규제하고 국가의 보편적 이익을 추구하는 자율적인 국가가 필요하겠지만, 이와 반대로 국가를 중립적인 공익의 심판자로 보지 않고 특수이익을 실현하려는 존재로 보거나 특정 계급의 이익을 옹호하는 존재로 인식하는 경우 국가자율성은 국가발전을 위한 필수적인 조건으로 주장되지 않는다.

다원주의적 시각에서는 국가라는 개념은 인정되지 않는다고 보는 것이 정확하다. 국가란 하나의 체제로서 사회의 다양한 이익간의 갈등과 경쟁이 이루어지는 장(field)에 불과하기 때문이다. 이러한 관점에서는 국가의 자율성이라는 개념 자체가 성립되지 않으며, 사회발전이란 집단 간 상호작용 속에서 이루어지는 하나의 결과물에 불과할 것이다.

국가자율성의 변인

국가자율성의 정도에 대한 기존의 인식은 개념에서 정의된 바와 같이 국가능력과 시민사회에 존재하는 계급 혹은 계층의 역량의 함수로 규정되어 왔다. 즉, 국가능력이 강할수록 국가자율성의 정도는 높을 것이고, 시민사회의 계급역량이 높을수록 국가자율성의 정도는 낮게 나타날 것이다. 이외에 국가에 대한 사회구성원의 인지수준(문화)과 대외적 제약(세계체제론이 강조하는 대외적 자율성)의 정도에 따라 달라질 수 있다.

Autonomy = f (국가능력, 시민사회성숙도, 대외적 자율성, 문화요인)
+   -   -

국가능력은 국가의 강제력과 내부응집력, 그리고 문제해결능력을 포함하는 개념이다.

Peter Evans 등에 따르면, 강한국가 혹은 효과적인 국가는 사회변형능력을 갖춘 국가로 시대추구행위 등을 극복할 수 있는 강력한 규율을 확립하고 실행할 수 있는 국가를 지칭하지만, 그 집행력은 사회에 존재하는 세력의 지지를 획득할 수 있는 연계능력에 따라 좌우된다. 한편, Eric Nordlinger는 국가자율성과 국가에 대한 사회적 지지를 기준으로 국가의 형태를 네 가지로 유형화한 바 있다.

구 분		사회적 지지	
		높 음	낮 음
국 가 자율성	높 음	SS(strong state, 강한국가)	IS(independent state, 독립국가)
	낮 음	RS(responsive state, 대응국가)	WS(weak state, 약한국가)

이상의 관점에서 볼 때, 국가자율성은 국가능력에 비례하지만, 시민사회나 사회의 주요 정치세력의 역량의 반비례함수라고 볼 수만은 없다. 그보다는 국가능력에서 핵심은 강제력(M. Mann의 권력 유형 중에서 전제적 권력)의 정도가 아닌 사회적 지지를 창출할 수 있는 능력, 연계능력, 혹은 M. Mann이 강조하는 하부구조적 권력에 있다고 할 수 있다.

Autonomy = f (국가능력)
State capacity = transformative capacity
= f (관료제 응집력과 내부규율, <u>유인제공능력, 제재능력</u>, ...)
선택적 동원 및 배재능력

제 2 장 시장과 민주주의

이 장에서는 시장과 사회주의의 기본 개념과 정치경제학적 접근방법(합리선택이론, 공공선택론)을 살펴 본 후, 자본주의(시장경제)와 민주주의의 관계, 그리고 시장과 국가, 그리고 신자유주의 및 발전국가와 관련된 쟁점들을 살펴 볼 것이다.
민주주의와 체제의 정당성, 그리고 국가의 역할에 대한 기본 관점을 정립해 두고, 이 주제들을 정리하기 바란다.
시험에서는 1990년대 중반에 시장실패와 국가실패에 관한 주제가 다뤄졌고, 최근에는 신자유주의 국가와 민주적 정당성 등이 다뤄졌다. 물론, 기본이론에 속하는 자본주의 발전과 민주주의는 정리하고 있어야 한다.

제 1 절 기본 개념

Ⅰ. 자본주의와 사회주의

1. 개 념

자본주의란 사유재산제와 계약의 자유를 그 기초로 한 시장경제체제를 말하며, 사회주의란 생산수단의 사회화를 근간으로 한 경제체제를 말한다.

자본주의 체제는 상품생산 체제로서 생산 자체는 타인의 필요를 위해 생산하며, 생산수단과 노동력이 사적으로 소유되며 임노동과 자본의 교환이 시장에서 이루어지는 경제체제이다. 반면, 사회주의 체제는 노동 분업의 발달을 전제로 한다는 점에서 자본주의 체제와는 같지만, 생산수단의 공적 소유라는 측면에서 자본주의와 다르며, 주로 노동을 제외한 대부분의 생산 자원이 중앙집권적 명령에 의해 배분되는 경제체제라 할 수 있다.

2. 자본주의의 특징과 문제점

자본주의는 A. Smith의 보이지 않는 손에 대한 가정에서 출발한다. A. Smith의 기본적 사고는 인간은 자기이익에 의해서 가장 효율적으로 행동의 동기를 부여받는 존재라고 본다는 점에 있다. 이는 개인들은 그들의 이익을 추구하는 데 있어서 자유로워야 한다는 것을 의미한다. 그 결과는 가장 효율적인 경제체제이며, 각인은 그로부터 혜택을 얻을 수 있다는 것이다.

개인은 가능한 한 저렴한 상품을 소비하려 할 것이고, 이에 따라 공급자는 혁신을 추구하게 되며, 새로운 이윤을 추구하는 기업가들에 의해 직장이 창출되며, 경제 전체가 이에 자극받아 성장하고, 기업가들은 노동자들을 고용해서 이윤이 발생하는 한 그들을 계속 고용함으로써, 각인은 보다 향상된 높은 경제수준에서 생활하게 될 것이다.

자본주의는 ① 사유재산제에 대한 법적 보장을 전제로, ② 가격에 의해 자원이 배분되는 시장경제체제를 특징으로 한다. 참고로, C. Lindblom은 시장체제의 특징으로 통제력(소유권), 자발성, 희소성을 제시한다.

경쟁적인 시장환경에서 외부효과가 없고, 규모수익체증이 없고, 완전한 정보가 주어진다면 개인적 합리성과 집단적 합리성 간에는 갈등이 발생하지 않는다. 하지만, 현실은 이러한 가정이 충족되지 못한다. 좀더 나아가 J. Stiglitz는 자본주의는 경쟁적 균형상태에서도 자원배분이 비효율적일 수 있다고 보았다.

K. Marx는 자본주의의 문제점으로 '욕망의 이중적 불일치와 자본주의적 생산의 무정부성'을 언급한 바 있다. 상품경제 하에서 생산자는 자신의 소비를 위해서가 아닌 판매를 위해 생산을 하게 된다. 따라서 생산과 소비가 일치되는 것은 우연에 불과하고 자본주의에서 불황과 호황이라는 경기변동을 피할 수 없으며, 시장이 청산된다는 것은 비현실적 가정이다.

3. 사회주의의 특징과 문제점

사회주의는 생산수단의 사적 소유를 비판하고 공적·사회적 소유를 지향하며, 사회의 부를 평등하게 분배하고 공동체의 선을 추구하는 사상을 말한다. 사회주의는 시민이 정치적 생활을 통제해야 하고, 나아가 경제정책에 대한 결정을 시민들이 결정해야 한다는 주장과 관련이 있다.

사회주의는 플라톤의 국가론의 이상적 국가와도 유사하다고 할 수 있는데, 푸리에, 생시몽 등 초기사회주의에 의해 생산수단의 공동소유에 기초한 공동체가 제안되었으며, K. Marx에 의해 공산주의라 불리는 독창적 이론으로 발전하였다. 20세기에 들어와서는 영국의 페이비언 사회주의, 1960년대 이후 사회민주주의 등으로 분화되었다.

사회주의는 ① 주요 생산수단의 공적 소유 및 사유재산의 축적에 대한 제한, ② 국가의 규제 혹은 계획에 의해 자원이 배분되는 계획경제체제를 특징으로 한다.

사회주의는 국가의 합리성을 가정한다. 국가가 사회에 필요한 모든 자원과 수요에 대한 완전한 정보를 가지고 있을 때 가능하지만, 이는 비현실적 가정이다. 사회현상은 복잡한 관계의 그물망으로 구성되어 있어 국가의 인위적 개입이 수많은 파생적인 문제를 유발할 수 있음을 간과하고 있다.

4. 자본주의와 사회주의의 개혁 모델

자본주의와 사회주의 모두 불완전한 체제라 한다면, 양 모델이 자체로 정당화될 수 없을 것이다. 현재 논의되는 자본주의와 사회주의에 대한 대안모델로는 사회주의 개혁 모델인 시장사회주의, 협동조합민주주의[12)]와 자본주의 개혁 모델인 사회적 시장경제가 있다.

참고로, 자본주의 개혁모델은 주로 국가의 역할을 상정한다. 국가는 시장의 결과를 시정할 수 있는 즉, 시장의 결과와 다르게 분배할 수 있는 힘(권력)을 가지고서 자신이 소유하고 있지 않은 자원을 배분하는 체제라 할 수 있다. 만약, 정치체제의 민주주의가 확립될 때, 자원배분에 관한 시장과 국가 간의 불일치는 증대될 가능성이 높다. 이는 시민들의 분배에 대한 선호가 시장의 선호가 다르기 때문이다. 사실 양자 간의 일치는 아주 예외적인 시기에만 가능하다.

---

12) 협동조합민주주의는 스페인 몬드라곤주의 실험으로 유명하다. 협동조합민주주의가 사회수의 모델에 가깝다는 점에서 사회주의의 개혁모델로 분류되는 것으로 보인다.

Ⅱ. 시장실패와 국가실패

1. 시장실패와 국가 : 후생경제학과 공공재국가이론

시장은 자기규율적이고, 자기수정적이며, 자기충족적 메커니즘에 의해 균형 상태를 유지할 수 있는 체제로 간주된다. 하지만, '보이지 않는 손'에 대한 이러한 믿음은 빈부격차 심화로 인한 사회갈등의 격화와 1930년대 세계대공황으로 상실되었다.

① 규모의 경제와 규모수익 체증현상이 일어날 대 자연독점이 진행되어 경쟁은 불완전하게 되고 시장은 실패한다. ② 시장의 테두리 밖에 존재하는 외부효과는 시장이 효율적으로 작동하는 것을 막는다. ③ 공공재의 영역에서는 무임승차의 문제가 발생하며 이로 인해 공공재의 적절한 공급은 불가능해 진다.

이 같은 상황에서 시장은 자원을 효율적으로 배분하는 데 실패하게 된다. 그러나 시장의 가장 큰 결함은 윤리적인 데 있다. 그것은 시장이 효율적이라 하더라도 사회적 정의의 실현을 보장해 주지 못하기 때문이다.

1930년대 세계대공황과 같은 시장의 실패라는 역사적 경험에 기초하여 새로이 국가의 역할을 강조하는 이론적 체계가 공공재 국가이론이다. 즉, 시장이 자원을 효율적으로 배분하는 데 실패할 때 제3자인 국가가 그 기능적 갭을 메우게 된다는 기능주의적인 시장실패 국가이론이다.

2. 국가실패 : 공공선택론과 신고전경제학

[1] 시장 실패를 인정하더라도, 국가가 더 효율적으로 처리한다는 보장은 없다. 첫째, 비시장조직은 내부효과의 문제에 시달린다. 조직 내 행위자들에게는 시장의 신호가 부족하며 공적 목적에 사적 목적을 개입시키기 쉬우며, 사회적 효용이 아니라 관료의 개인적 효용을 극대화시키기 쉽다. 둘째, 국가 경영자들은 규제활동과 공공재 생산에서 기술적 가능성을 무시함으로써 불필요한 비용을 지불하고 생산이 생산 가능경계선 내에서 이루어지지 않게 하는 경향이 있다(연성예산제약이나 X-비효율성). 셋째, 국가의 개입은 예상치 않은 부작용, 즉 파생적 외부효과를 낳게 된다. 마지막으로, 분배적 불공평을 시정하고 분배적 정의를 실현하려는 국가의 개입은 또 다른 분배적 불공평을 낳기 마련이다.

[2] 국가실패에 대한 주장은 70년대 Oil Shock 및 스태그플레이션과 국가 재정적자, 소위 복지병, 그리고 워터게이트 사건 등을 통해 불거진 정부 신뢰 위기 속에서 확산되었다. 국가실패에 관한 대표적인 이론으로 버지니아학파의 지대추구국가와 시카고학파의 포획이론 등이 있다.

1) 공공선택론의 이기적 국가 : 지지 극대화와 예산 극대화

민주주의 하에서 국가는 인민의 완벽한 대리인이기 때문에 국가 활동은 최적으로 공급되고 국가로 인한 효율성 상실은 일어나지 않는다는 주장은 허구이다. 정치인은 정치적 지지를 극대화하려 하며 이에 따라 경제를 조작하려 하기 때문에 경제의 효율성 상실을 초래한다. 나아가, A. Downs는 유권자의 합리적 무지가 정부로 하여금 대기업과 같은 강력한 집단의 이익에 편향되도록 한다고 주장한다.

관료는 비용을 고려하지 않고 국가 활동을 확대하려 한다(W. Niskanen 예산극대화 모형). 국가 활동을 수익과 권력의 원천으로 간주하는 관료들이 예산극대화 추구행위로 인해 불필요한 국가기구의 확장이 일어나며 그 결과 경제의 비효율성이 증대된다.

2) 신자유주의적 규제국가 : Chicago 학파

이기적 정치인과 관료가 산출하는 국가 활동은 시민들의 선호를 정확히 반영하지 못한다. G. Stigler는 민주적 정치과정은 공동체의 모든 사람들이 결정할 것을 요구하며 이로 인해 거래비용을 증가시키고, 정치적 과정은 포괄적 이슈에 대해 투표를 하게 함으로써 정보를 갖지 않는 사람들의 의사가 결정에 영향을 미쳐 시민들의 선호를 정확하게 반영하지 못한다고 지적한다.

시카고학파에 의하면, ① 국가의 개입(규제)은 소득의 이전을 가져오며 소득의 이전은 효율성의 상실(deadweight losses)을 낳는다. ② 세금의 증대는 노동비용을 올리기 때문에 노동에 대한 수요를 감소시키며, 자본의 비용을 증대시켜 투자의 감소를 초래한다. ③ 특정 산업에 대한 보조금 지급은 기회비용보다 낮은 가격에서 재화의 생산을 가능하게 하고 이는 자원의 비효율적 배분을 가져온다.

3) 지대추구국가(rent-seeking state) : Virginia 학파

국가는 지대를 발생시킬 뿐 아니라, 국가의 존재 그 자체가 모든 사회구성원들로 하여금 지대를 추구하는 행위자로 만든다.

시장이 아닌 국가에 의한 자원배분은 필연적으로 기회비용을 초과하는 독점이윤인 지대를 발생시키며, 사회구성원들은 경쟁을 통한 이윤추구보다는 로비나 뇌물을 제공하여 국가의 규제를 통한 지대를 추구하게 된다. 이러한 지대를 추구하는 데 들어가는 비용은 생산적으로 쓰여 지지 않고 낭비된다(이상 임혁백 1994, 136~140).

3. 국가와 시장 : 합리선택이론과 정부 2011 행정, 2003 행정

1) 합리적 선택이론의 기본전제와 질문

합리적 선택이론은 경제학 이론의 가정과 분석틀에서 출발한다. 즉, 합리적 경제인으로서 인간은 모든 행위의 기준은 자신의 사익을 극대화하는 데 두고 있다고 본다(공공선택론은 한걸음 더 나아가 그것은 시장에서만이 아니라 정치의 영역에서도 마찬가지라 본다). 따라서 사회현상의 본질은 사익과 사익의 교환이며, 사익을 추구하는 행위자들이 집합적인 문제를 해결해야만 하는 경우에 사회적 딜레마(social dilemma ; collective action problom ; free-riding problom ; PD game)에 봉착하게 된다는 것이다. 죄수의 딜레마 게임, 공유지의 비극, 집단행동의 딜레마는 이를 설명하는 개념들이다.

합리적 선택이론은 사회현상의 본질을 교환의 문제로, 사회문제의 본질을 교환 관계 속에서 발생하는 집단행동의 딜레마(집합적 딜레마)로 분석하는 것이고, 이 속에서 개인적 합리성과 사회적 합리성 간의 불일치가 발생(합리적 개인들이 만들어 내는 비합리적 사회)하게 됨을 시사하는 것이다.

사회적 딜레마에는 사회적 함정(social trap)과 사회적 담장(social fence)이 있다. 사회적 함정이란, 서로 무관한 여러 사람들이 공동체 생활을 함으로써 개인의 이익 추구가 장기적으로 공동체의 손실로 연결되는 현상(혹은 무언가를 하지 않는 것이 바람직하나 실제로 이루어지는 것 ; 공유재 관리의 문제)을 말한다. 그리고 사회적 담장이란 성원들이 즉각적인 손실이나 부담을 피하기 위하여 취하는 혹은 취하지 않는 행위가 전체 집단에 피해를 주는 상황(무언가를 하는 것이 사회적으로 바람직하나 실제로 이루어지지 않는 것 ; 공공재 공급의 문제)를 말한다. social fence는 공공재 공급 상의 문제를, social trap은 공유재 관리의 문제를 야기하게 된다.

그러나 Prisone's Dilemma 게임에서 행위자는 합리적 존재이다. 그들은 모든 사회적 관계에서 떨어져 나와 있고, 서로 간에 의사소통을 할 수 없는 (롤스가 가정하는) 무지의 베일 상태에 있다. 그들이 알고 있는 것은 자신의 선택에 따른 보상의 차이이며, 이 경우 상호비협조가 최적의 전략이라는 것이다. 이는 사익이 보이지 않는 손에 의해 조정된다는 고전경제학의 기본전제를 부인하는 것이다. 반면에, 게임이 무한 반복적으로 이루어지는 경우 자발적 협력으로 이끌어지는 것도 가능하다(Folk theorem ; R.Axelrod).

2) 국가의 본질과 과제 : 시장실패 · 정부실패

합리선택이론이나 공공선택론에 따르면, 시장실패는 국가개입의 필요조건이지 충분조건은 아니라고 본다. 즉, 시장실패는 국가개입이 필요함을 의미하지만, 국가실패는 국가의 개입이 항상 정당함을 의미하는 것은 아니라는 것이다. 동시에, 시장실패와 국가실패가 보여 주는 것은 완전한 시장과 불완전한 정부의 선택의 문제가 아니라 불완전한 시장과 불완전한 정부의 선택의 문제를 제기하는 것이라고 본다.

국가의 본질은 민간(혹은 시장)의 자발적 질서를 통해 해결하지 못하는 문제를 해결하는 것, 즉 시장실패를 권위적 방식 / 관료제적 방식으로 해결하는 것이라 할 수 있다. 공공재에 대한 정부의 직접공급이나, 외부성으로 인한 환경오염에 대한 정부의 규제, 독점으로 인한 사회적 후생손실이나 독점적 착취에 대한 직접공급 · 규제 등이 그것이다.

(버지니아 학파의) G. Tullock은 공공부문이 존재하는 제일 중요한 이유는 다른 경제주체들의 위협으로부터 시민의 권리를 보호하고, 통상적인 시장기구를 통해 생산되기 어려운 공공재를 공급하는 데 있다고 지적한다. 따라서 이러한 업무를 수행하기 위해서는 독점적이지만 동시에 합법적인 힘인 공권력은 필수적이라는 것이다. 문제는 이러한 권력이 권리보호보다 위협에, 공공재 공급보다 영향력 있는 집단에게 사유재를 공급하여 그 비용을 다수 국민이 감수하도록 할 수 있다는 데 있다. 그렇다면, 이러한 지대추구의 강도와 경우의 수를 줄이기 위한 어떤 장치(헌법이나 각종 규칙 등)를 고안할 필요가 있다. 즉, C. Wolf, Jr나 G. Tullock 등은 완전한 시장과 불완전한 정부 혹은 불완전한 시장과 완전한 정부 사이의 선택의 문제가 아닌 불완전한 시장과 불완전한 정부 사이에서 사회문제 해결을 위한 메커니즘을 고안하는 것이 중요하다고 보는 것이다.

그 대안의 하나가 Bloomington 학파의 V. Ostrom이 제시한 경쟁메커니즘이다. 인간은 자신의 사익을 극대화하기 위한 전략적 선택을 하지만, 그것은 행위를 제약하는 제도의 맥락 속에서 이루어진다. 집단행동의 딜레마에 대한 제도적 처방이 정부의 규제이지만, 반대로 그것이 정부실패를 야기한다면, 정부운영에 있어서 성과급제와 같은 제도를 통해 정부실패를 방지하고 시민에 대한 반응성이 높은 체제를 형성하려는 것이다(따라서 공공선택론은 신공공관리론이나 신자유주의와 같이 시장으로의 회귀를 주장하는 것은 아니다). 다원적 정부구조, 선거와 시민참여를 통한 정치적 책임성 확보, 분권화되고 관할권중첩 및 다양한 의사결정단위를 통한 사회발전을 제시하는 것이다. R. Coase 등의 거래비용이론(합리선택 제도주의)에서는 재산권설정과 거래비용을 최소화할 수 있는 제도적 장치의 고안에서 해결책을 찾는다.

다른 대안은 민주적·자치적·시민사회적 해결이다(공동체주의). PD게임에서 무한반복 게임이 이루어지는 상황에서 행위자가 상호주의(tit-for-tat) 전략을 취하는 경우 자발적 협조가 가능다. 상호주의전략은 자신의 사익을 극대화하기 위해 협력에는 협력을 배반에는 보복을 가하는 것이지만, 지나치게 좁게 볼 이유는 없으며 상호이익·공동의 행위규범으로 해석될 수 있다.

이 경우에 과연 정부 개입은 필요하지 않다는 결론이 나온다. 하지만, 자원부문실패이론에서 보는 것처럼 시민사회에 의한 자치적 해결은 이상에 불과한 것은 아닐까? 예컨대, 집단·지역이기주의로 인한 국책사업의 지연이나 갈등은 마치 우리사회가 PD게임에서 보여주는 집단행동딜레마의 덫에 걸려 있는 듯한 상황이다.[13)]

제도론적으로 본다면, 상호성(상호호혜적 규범)원칙이 통용될 수 있는 제도적 뒷받침이 요구된다고 할 것이다. 이론적으로 본다면, 자발적 협조(network)와 자발적 교환(시장), 그리고 계층제적 권위라는 제도적 메커니즘 사이에서 자발적 질서에 의한 접근은 결국에는 조정의 문제가 발생하고, 그것은 정치적 해결을 불가피하게 요구하며 그 영역의 한복판에 정부가 자리 잡고 있는 것이다. 그렇다면, 소위 거버넌스체제를 형성함에 있어서 각 영역간의 상호위상과 역할을 재구성하는 것이 중요한 과제라 할 수 있다. 국가 및 정치영역에서 갈등조정 및 시장과 시민사회가 작동하기 위한 제도적 메커니즘을 확보하는 것이 관건이 되는 것이다. 추상적으로는 경쟁체제를 통한 효율성의 확보(시장), 그 전제로서 제도적 메커니즘의 확립(국가), 그리고 상호호혜적 규범을 통한 network의 창출과 국가와 시장에 대한 비판과 견제(시민사회) 간의 균형을 확립하는 것이다.

잠시 시장과 정부의 기능적 관계에서 역할을 생각해 보자. 국가(관료제)와 시장이라는 메커니즘의 선택에 있어서, 시장문제를 교정하기 위한 정부의 개입 문제(시장의 작동을 위한 거시경제적 환경을 제공하기 위한 금융 및 재정개혁, 사회안전망 확충 등) 뿐 아니라, 정부 관료제의 경직성과 폐쇄성 등에 대한 고려가 요구된다. 이때 시장과 국가는 단순히 상반된 사회적 조정양식이 아니라, 복잡한 연결망에 의해 상호작용하는 체제로 인식되어야 한다.

이념적으로 본다면, 거버넌스 체제의 효율성 차원에서 접근하는 경우 시장이 정부보다 우월하다고 할 수 있다(동태적으로 본다면, 시장의 자원배분이 보다 효율적이며, 시장실패로 인한 문제가 정부실패로 인한 문제보다 크지 않다고 볼 수 있기 때문이다). 반면, 거버넌스 체제의 민주성과 책임성의 차원에서 접근한다면 시장이나 정부 모두 결점을 지닌다. 초기조건 상의 불공평성은 시장

13) 여기에서는 각종 국책사업이 정치적 합리성은 논외로 치더라도 경제적 타당성이 있는지를 배제하자.

은 처음부터 불공평성이 내재될 수밖에 없지만, 정부의 개입이 야기하는 특혜나 정부의 지출귀착의 문제 등을 고려한다면 정부의 자의적 자원배분이 야기하는 불공평성의 문제 또한 심각한 결과를 야기할 수 있는 것이다.

참여와 책임의 차원에서 접근하는 경우 정치적 힘에 의존하는 국가가 시장보다 나은 결과를 가져올 수 있다. 그러나 정부의 경우 권력과 자원이 비대칭적으로 분포된 경우 다원주의가 야기하는 역기능이나 포획의 문제를 야기하게 된다.

결국, 불완전한 시장과 불완전한 정부의 관계에서 야기되는 딜레마는 시민사회영역의 역할에 대한 관심을 불러일으키기에 충분하다고 하겠다. 문제는 시민사회의 성숙 혹은 호혜성의 규범이나 사회자본의 축적이라는 조건을 어떻게 형성할 것인가이다.

참고 합리선택이론과 공공선택론의 연구지류

합리선택이론(RCT)은 경제학적 기초를 두고 인간을 합리적 경제인으로 가정하는 이론들을 통칭한다. 다만, 한국행정학계에서는 이들 이론을 모두 공공선택론으로 포괄하거나, 공공선택론과 신제도주의 경제학(합리선택 제도주의)를 구분하지 않는 경우가 많고, 사회적 선택이론을 Arrow 불가능성 정리로 좁게 이해한 나머지 정부실패를 강조한 이론으로 보는 경우도 있다.

사회적 선택이론(SCT)	후생경제학, Arrow 불가능성 정리
공공선택론(PCT)	J. Buchanan, G. Tullock, V. Ostrom ; 공공재 연구
게임이론	John Nash, John von Neuman
공간이론	A. Downs 정당의 이념적 거리와 투표행태 연구
거래비용이론	R. Coase, O. Williamson, D. North, E. Ostrom ; 공유재 연구

완전한 합리성을 가정한 전통적인 합리선택이론(RCT)은 시장에 대한 설명으로는 유용하지만, 공익을 추구하는 공공부문을 설명하는 데 한계가 있었다. 이에 대해 인간의 인지 능력의 한계를 수용하고 제도라는 제약을 고려하면서 공공부문에 적용한 이론이 공공선택론(PCT)이다. 공공선택론은 다시 여러 연구 경향으로 분류된다(다만, 아래 소개된 Chicago 학파는 현대 경제학적 분석에 속하는 것으로 엄밀히 말해서 공공선택론은 아니다).

학 파	주 연구대상	주요 학자
Virginia 학파	지대추구이론, 헌정(헌법)연구	J. Buchanan, G. Tullock, J. Wilson
Bloomington 학파	관료제 연구, 제도연구	E. Ostrom & V. Ostrom
Chicago 학파	규제와 포획이론, 이익집단	G. Stigler, S. Peltzman
Rochester 학파	투표, 정치이론의 수리모형화	W. Riker, P. Ordeshook
Zurich(Basel) 학파	정치적 경기순환론	Frey, Schneider
기 타	이익집단, 집합적 행위	M. Olson

- 행정학 답안에서 : 행정학에서 공공선택론은 공공재 공급과 수요에 관한 이론을 지칭하는 것으로 이해하면 된다(블루밍턴 학파와 재정학과 관련된 버지니아 학파, 예산결정에 대한 쮜리히 학파 등). 넓게 보는 경우에는 정부활동에 대한 경제학적 분석을 모두 포함하는 것으로 사용하기도 한다(이 경우에는 신고전 경제학파라 불리는 시카고 학파도 포함됨).
- 정치학 답안에서 : 정치학의 경우에는 공공선택론을 보다 좁게 보는 경향이 있다. 예컨대, 임혁백 교수의 경우 공공선택론을 W. Niskanen이나 E. Ostrom을 인용할 때 사용하며, 버지니아 학파와 시카고 학파는 별도로 소개하고 있다.

Ⅲ. 포디즘과 포스트포디즘

1. 포디즘 : 계급타협체제

제2차 세계대전 이후 미국의 강력한 헤게모니 아래 재편된 자본주의 세계경제는 황금시대라 불리는 유례없는 번영기를 맞이하게 된다. 이러한 번영은 속에서 대공황의 아픈 기억이 서서히 잊혀지고 산업사회의 유토피아적 환상이 사람들의 가슴 속에 자리 잡기 시작하였다. 이와 같은 번영을 가능하게 한 것은 컨베이어 벨트로 상징되는 일관생산공정의 도입, 그리고 표준화된 제품의 대량생산과 대량소비로 특징되는 이른바 포드주의(Fordism)적 축적체제의 성립에 있었다.

원래 포드주의란 명칭은 20세기 초반 미국의 자동차왕인 헨리 포드(Henry Ford)가 자동차 대중화를 가져온 유명한 모델 T를 생산하면서, 노동자들에게 일당 5달러라는 당시로서는 파격적으로 높은 임금을 지불한 것에서 유래하였다.[14)]

계급타협체제로서의 포드주의의 특징은 다음과 같이 요약할 수 있다.

① 수요를 유지하고 완전고용을 보장하며 경제 성장을 촉진시키기 위한 케인즈주의 경제 정책

② 시장 경제로부터 발생하는 역기능을 다루고 최저임금의 확보, 대량 소비 규범의 일반화 그리고 자본재와 소비재 상품 부문의 조정을 위한 '제도적' 복지국가의 발전

③ 이러한 기본적 사회제도(관리되는 시장 경제나 복지국가)에 대한 좌우간, 노자간의 광범위한 7합의 그리고 엘리트 차원의 협상을 통한 이익 경쟁의 조정

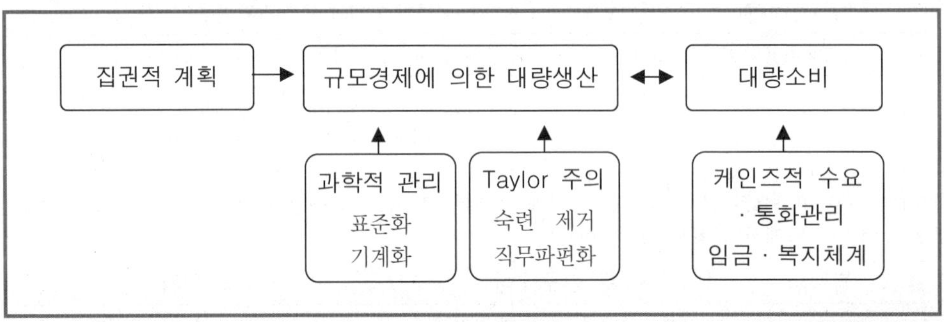

2. 포스트 포디즘

1960~1970년대 포드주의는 내재적인 한계에 부딪힌다. 포드주의는 '집합적 소비(collective consumption)'와 정신노동에 적용이 불가능한 시스템으로 조직화된 육체노동에서 개인화된 정신노동으로 무게 중심이 옮겨가는 후기산업사회에서 한계를 보였다. 또한 소비자의 선호와 욕구가 개인화되면서 다품종 소량생산 / 유연생산체제로의 전환이 요구되었다.[15)] 그러나 리엔지니어링(Reengineering)이라는 이름으로 포장된 일본적 방식의 도입은 실업의 증가를 초래하였고 실업의 증가는 구매력의 하락을 수반함으로써 포드주의의 번영을 지탱해주던 대량소비라는 중

14) 헨리 포드는 反노동조합적 성향을 보였다는 점에서 노동과 자본의 계급타협체제를 특징적으로 하는 포드주의와 헨리 포드의 경영철학은 배치된다.

15) 이에 따라 주목받은 대안모델로 린(lean)생산방식과 적기생산(JIT, Just-In-Time)시스템이라 불리는 도요타주의였다.

요한 한 가지 축을 무너뜨렸다.

포스트 포디즘에 대해서는 통일된 개념이 존재하지 않지만, 생산의 유연성을 강조하는 유연생산체제를 공통적으로 지적하고 있다는 점에서는 공통적이다.

'포디즘의 위기'는 복지국가와 관련이 깊다. 끊임없이 팽창하는 복지지출은 사회적 자본에 대한 투자나 사회적 의무에 대한 충족이라기보다는 비생산적 비용으로 간주되었고 동시에 조합주의 매개 제도들은 점차로 경제 재조직화의 장애물이 되었다.

1970년대 중반이후 세계자본주의체제가 심대한 구조적 불황을 거치면서 포디즘적 생산체제는 한편으로는 극소전자기술의 발전에 의해 대표되는 과학기술 혁명의 성과를 생산과정에 도입한 '하이테크 자본주의'로 변화하고, 다른 한편으로는 (다수 노동자대중의 실질임금의 삭감 등을 동반하는 가운데) 노동력 사용의 기능적-수량적 유연화, 팀제의 도입, 생산과정에서 실행과 구상의 결합을 체현하는 소수의 다기능적 숙련노동자층과 다수의 주변노동자층 및 실업노동자층으로의 노동자층의 분할 등에 기초한 다품종 소량생산체제로서 특징 지워지는 이른바 '포스트포디즘적 내지 유연적 생산체제'로 전환하게 된다. 또한 불황을 탈피하기 위한 자본의 노력은 자본운동의 지구화-지구화 및 이른바 '지구적 자본주의체제'의 성립을 촉진시켰다. 이러한 과정들은 자본주의체제의 신자유주의적 개편을 수반하였다.

신자유주의국가로의 이행은 선진자본주의국가들에서는 구조적 불황의 심도가 다른 나라들 보다 강하고 노동자계급의 힘이 상대적으로 약했던 영국과 미국과 같은 나라에서 가장 먼저, 그리고 가장 강도 높게 이루어지고, 그 이후 그러한 이행이 다른 나라들에게까지 확산되어 가는 형태로 이루어졌다.

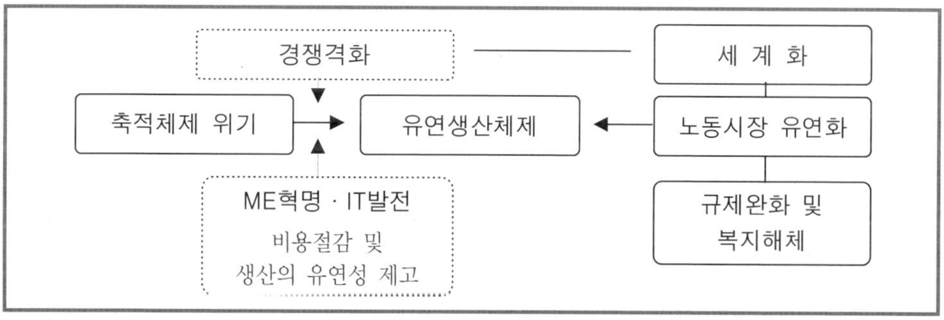

제 2 절 시장(자본주의)과 민주주의

Ⅰ. 개관 : 관련 이론들

1. 근대화론 2018 행정

1) 의 의

S. Lipset은 서구의 경험을 준거로 자본주의 경제발전은 민주주의 발전에 기여한다는 인과논리를 제시한다. 그의 주장의 핵심은 경제발전이 시민의식을 고양시키고, 사회적 다원화 촉진키며 중산층의 폭이 두터워져 참여와 타협을 본질로 하는 민주정치의 제도화를 실현시킨다는 것이다.

① 경제발전은 소득수준을 높이고, 도시화와 매스미디어의 보급을 촉진시키며 문자해득률과 교육수준을 향상시켜 넓은 시야와 관용성, 이념적 온건성, 합리적 선택능력 등을 갖춘 민주시민을 배양함으로써 민주주의 발전에 기여한다.

② 경제발전은 중산층의 폭을 넓히고, 사회의 다원화를 촉진시켜 민주주의를 가능케 한다.

③ 경제발전은 소득구조의 불평등을 완화시키고 빈부계층 간의 사회적 거리를 좁혀 소외계층의 상대적 박탈감이 정치에 미치는 역기능을 약화시켜 준다.

④ 그러나 경제발전이 급격하게 이루어질 경우 노동운동이 급진성을 띠게 되어 민주주의의 정착이 위협을 받게 된다.

2) 근대화론의 기본인식

60년대 태동했던 정치발전론의 하나인 근대화론의 기본인식은 다음과 같다 ;

① 서구민주주의 이념과 제도를 확산·전파시키면 후진국의 정치는 필연적으로 근대화될 것이라는 확산주의,

② 서구의 정치제도를 이념형으로 간주하고 서구모형은 신생국에게도 적용될 수 있고 적용되어야 한다는 서구중심사상, 즉 자민족중심주의,

③ 모든 국가의 발전경로와 단계는 동일하다는 단선논리,

④ 발전과정의 역진가능성을 배제하는 진화론,

⑤ 세계체제와 국내정치와의 연계성을 무시하고 개발도상국의 내재요인을 정치발전의 주요변인으로 상정하는 한편, 저발전의 책임을 개도국 자신에게 귀속시킨 국민국가주의

3) 평 가

근대화론은 1970년대 새로운 패러다임으로 등장한 저발전이론과 종속이론, 세계체제이론에 의해 제1세계의 발전논리로서 자민족중심주의, 문화제국주의, 제국주의 과학, 희생자비난이론이라고 비판된다. 즉,

① 체제의 구조기능을 중시함으로써 인간조건의 개선문제는 등한시하고(비인간주의적),

② 사회진화론적 발전관이 갖는 보수주의적 발상과,

③ 행태주의 접근방법을 우상시함으로써 정작 규명해야할 중요문제는 도외시하고, 부분을 통해

전체를 이해하려는 환원주의의 오류에 빠져 있으며, 보편주의의 함정에 빠진 나머지 탈역사적이고 추상적인 설명에 그치고, 권력관계의 동태적 분석은 무시되었고,
④ 제3세계가 처한 국제권력구조 및 국제자본주의질서와 그 연관관계를 무시하였다.

2. 맑시즘과 종속이론

1) 맑시즘

자본주의는 필연적으로 계급지배의 모순을 잉태함으로써 민주주의의 이상을 배반한다. 사유재산제도와 시장원리는 분배정의를 외면함으로써 부의 불평등 구조를 조장하고 그 결과 피지배계급에게 민주주의는 허구일 뿐이다.

부르주아 민주주의는 선거 때만 국민의 참여를 허용하기 때문에 제한적이며 그것은 국민의 정치적 소외를 조장하며, 진정한 민주주의는 민중민주주의와 공산주의를 지칭한다. 자본주의는 일인일표의 평등원칙과 민중주체를 본질로 하는 민중민주주의와 조화를 이룰 수 없다는 것이다.

2) 후발자본주의와 종속자본주의의 경우

후발자본주의는 국가개입을 당위적으로 받아들이는 국가자본주의적 성격이 강하기 때문에 국가부문의 과대성장을 조장하기 쉽고 결국 권위주의체제의 등장을 초래하기 쉽다. 종속자본주의의 경우도 외국자본 · 국가 · 국내자본이 삼자동맹을 형성하고 반민중정책을 펴기 때문에 민주주의는 발아하기 힘들고 권위주의정권이 창궐하기 쉽다.

3. 비교역사연구 2018 행정(비교연구)

비교역사연구는 사회의 역사 자체에 주목하는 것이 아니라 둘 혹은 그 이상의 사회들의 진화나 발전을 비교한다. 예컨대 B. Moore는 근대화의 세 가지 길을 나누어 다음과 같이 설명한다(김용호 2003).

① 첫 번째 길(서구 민주주의) : 부르주아 혁명을 통해 근대화에 성공한 서구민주주의는 토지귀족과 농민이 시장경제에 적극 대응하는 상업적 농업 형태로의 전환, 토지 귀족과 도시 부르주아지의 계급동맹과 이들에 의한 절대주의 세력의 견제, 부르주아 혁명에서의 농민의 역할(지배계급이 농민을 자영농과 도시 노동자로 진환시킴으로써 농민의 혁명 역량을 약화시킬 수 있었던 점)에 의해 가능했다.

② 두 번째 길(반동적 자본주의) : 부르주아지의 취약성으로 인한 시민혁명의 실패한 독일과 일본이 전형적인 모습을 보여주고 있다. 즉, 군주와 지주간의 타협, 이들에 대한 부르주아지의 의존과 같은 보수적 계급연합의 성공은 권위주의적 정부형태를 가져왔고, 결국 군국주의와 나찌즘이라는 파시즘을 초래했다.

③ 세 번째 길(아래로부터의 혁명 ; 농민혁명인 공산주의) : 이 길에서는 농민의 혁명적 잠재력이 핵심적 역할을 했다. 농민의 상층계급은 상업 · 산업에로 성공적인 전환에 실패했고, 산업화의 결여는 부르주아의 취약성을 노정시켰으며, 이에 따라 농민조직을 효과적으로 파괴하지 못함으로 인해 다른 길로 나아갈 수 있는 기반을 상실했다. 다른 한편, 토지 상층계급의 착취는 농민조직

으로 하여금 공동체의식을 형성시켜 진보적 형태로 나아가도록 하였다(박준영 외 2001, 252~254).

그는 토지귀족이 어느 계급과 연대를 하는지가 중요하다고 보았다. 그리고 궁극적으로 민주주의는 부르주아지의 역할에 주목하면서, “부르주아 없이 민주주의 없다”는 결론을 내린다.

참고 B.Moore의 테제에 대한 비판적 관점

Cardoso는 자본가의 정치적 태도가 항상 양면적이고 전략적이라 주장한다. 즉, 브라질의 경우를 보면, 자본가들이 민주화를 주도했다기 보다는 민주화가 사회전반적인 대세를 이루었을 때 전략적 손익계산에 따라 뒤늦게 동참했다는 것이다. 이에 대해 브라질의 부르주아는 매판자본가로 선진국의 부르주아와 비교할 수 없다고 한다.

한편, Stephens은 자본주의 발전과정에서 부르주아들의 민주주의에 대한 정치적 입장은 배타적이고 자기중심적이다. 봉건왕조를 타도하고 부르주아민주주의를 실현하는 데는 적극적이지만, 지배계급의 지위를 확보하게 되면 가능한 한 노동계급으로부터의 민주화 요구를 저지하면서 민주주의의 보편화를 지연시킨다고 지적한다. 따라서 노동세력의 양적 증가와 정치세력화는 부르주아계급이 독점했던 정치시장을 노동계급에게 개방하여 민주주의를 심화시킨다는 것이다.

G. Therborn은 민주화가 집권자나 지배계급의 선의와 시혜에 의해서가 아니라 노동계급의 정치적 조직과 동원에 의해 확대 발전해 왔다고 한다. 유럽의 부르주아들은 보통선거권에 기초한 민주주의의 확장에 최후까지 저항했으나, 전쟁 등을 치루기 위해 노동대중을 동원할 필요에 직면했을 때, 토지계급과 주도건 경쟁에 승리하기 위해 노동계급의 지지를 필요로 했을 때, 노동계급의 협조와 지지에 대한 대가로 민주화의 양보를 하게되었다는 것이다.

이와 달리 유럽과 미주지역을 분석한 D. Rueschemeyer, E. H. Stephens & J. D. Stephens는 민주주의의 조건을 다음과 같은 이야기한다.

민주주의의 등장과 지속을 설명하는 요소는 자본주의와 민주주의의 총체적인 구조적 조응관계가 아니다. ‘민주주의로의 이행과정에서 정치적 배열의 전체적인 모습은 자본주의 발전이 시민사회와 노동계급과 중간계급 모두를 강화시키며 그리하여 민주주의 세력을 강화’시킨다. 즉, 자본주의 발전은 노동계급과 중간계급을 강화시키며 상층 지주계급을 약화시켜 계급구조를 변형시키기 때문에 민주주의와 연계된다. 민주주의를 진전시키는 것은 자본주의 시장이나 새로운 지배세력인 자본가들이 아니고 오히려 자본주의의 모순이라 할 수 있다.16)

하지만, 자본주의와 민주주의의 관계는 단선적으로 보아서는 안되며, 그것은 민주주의가 시민사회 내의 세력관계에 의해서 결정되며, 그 관계에 영향을 미치는 국가구조, 초국가적 권력구조가 작용하기 때문이다.

① 민주주의가 확립되기 위해서는 시민사회 내에 그리고 시민사회와 국가 사이에 어느 정도의 세력균형이 필요하다. 피지배계급의 압력은 그들의 통합요구가 수용될 수 있을 정도로 강해야 하며, 엘리트 부문의 위협인지는 통합요구가 수용될 수 있을 정도로 완화되어야 한다.

② 국가는 지배계급으로부터 자율성을 가져야 하나 시민사회 전반으로부터 자율적일 수는 없다.

---

16) 자본주의의 발전은 도시화 수준을 높이고, 노동자들을 공장으로 모으고 커뮤니케이션과 운송의 수단을 향상시키며 문자해득률을 높임으로써 시민사회의 성장을 심화시킨다. 노동계급과 중간계급의 조직과 조직적 능력의 강화는 그들에게 막강한 힘을 부여하며, 그럼으로써 계급역량의 균형을 변화시킨다. 또한 밀도가 높은 시민사회는 그 자체로서 민주주의에 대해 중요성을 갖는데, 그것은 시민사회가 국가권력의 대항축을 형성하기 때문이다.

이러한 국가권력의 공고화는 민주화의 필수적인 전제조건이었다. 약한 국가는 (특히, 라틴아메리카에서 볼 수 있듯이) 경쟁의 제도화조차 오랫동안 지체시킨 요인이었다는 점에서 그러하다. 반면, 근대국가는 권위주의 통치를 정착시킬 만큼 충분히 억압적인 능력을 갖추고 있었으며, 관료 엘리트들이 이데올로기적으로 개입하는 경향이 있다. 민주화에 있어서 이러한 강제력이 직접 개입하는 경우 민주주의를 질식시키는 결과를 가져오는 성향이 있다.

③ 초국가적 권력구조(세계체제에서의 위상, 정당, 종교, 정치문화 등)는 국가의 강권기구를 강화하거나 시민사회에 대한 국가의 자율성을 강화하도록 해서는 안될 뿐 아니라 민주적으로 선출된 정부를 침식시킬 수 있는 개입을 야기해서도 안된다.

4. 관료적 권위주의론

관료적 권위주의의 핵심 주장은 '종속자본주의 국가는 권위주의와 선택적 친화관계를 갖는다.'는 데 있다.

G. O'Donnell은 관료적 권위주의 체제는 다음의 과정을 거쳐 형성된다고 설명한다.

종속국가에서 수입대체화 산업화 결과 민중부문이 성장하는 데, 이들의 요구를 수용함으로써 지지를 얻으려는 민중주의 정권이 등장한다(민주화). 그러나 민중주의 연합의 정책들에 의해 고무된 파업이 확대되고, 교착과 정치경제적 위기에 직면하게 된다. 이에 대한 쿠데타 연합이 만들어지고 권위주의 정권이 등장한다(퇴행). 그러나 권위주의 정권은 민중부문에 대한 억압을 통해 유지되는데, 결국 헤게모니를 확보하지 못하고 억압과 저항의 악순환 속에서 해체되고 다시 민주화 된다(민주화).

5. 평 가

경제발전과 정치발전의 상관관계에 대한 다양한 관점이 있다. 근대화론은 단선론적 관계를, 맑시즘이나 종속이론은 역진적 관계를 취한다면, 관료적 권위주의론이나 신근대화론은 N자 가설을 취한다.

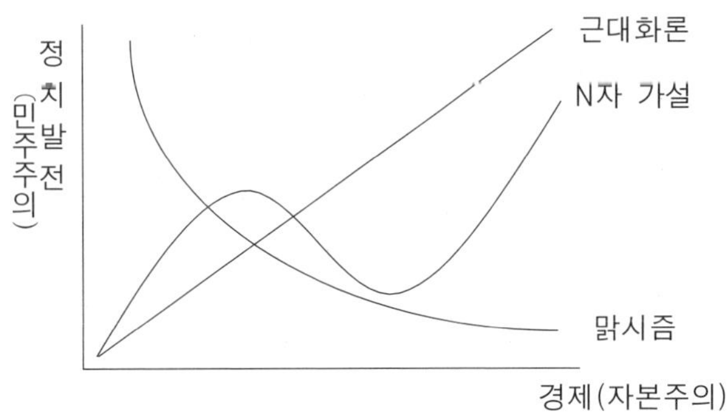

경제발전의 수준과 민주주의 발전의 수준을 보면, 대체로 정의 상관관계에 있는 것처럼 보인다는 점에서 근대화론의 적실성이 있어 보인다. 그러나 이러한 관찰은 1960년대 이후 1980년

대 중반까지 경제발전을 이룩했던 신흥공업국들이 권위주의체제로 퇴행하거나 기존의 권위주의 체제가 강화되면서 근대화론은 비판받았다. 또한, 근대화론이 가정하는 경제발전·교육수준·커뮤니케이션 발달과 민주주의의 상관관계는 약하게 나타났다.

1980년대는 헌팅턴이 민주주의 제3의 물결이라 불리는 시기였다. 1974년 포르투갈·그리스, 1975년의 스페인 등 남유럽에서 민주화가 이루어졌고, 남미에서는 1978년 도미니카 공화국을 시작으로 쿠바를 제외한 중남미의 모든 국가들에서 민주화되었고, 아시아에서는 1986년 필리핀을 시작으로 한국·대만·싱가포르, 태국·미얀마·말레이시아·인도·파키스탄 등에서 민주화되었다. 1980년대 후반에는 동유럽에서 다시 선거민주주의가 도입되었다.

제2차 세계대전 이후의 이러한 과정은 자본주의와 민주주의는 장기적으로 정의 상관관계가 있으나 단선적 관계가 아닌 역진과정을 내포하는 비선형적 관계를 보여주었다. 이와 관련하여 몇 가지 주장들을 살펴보자.

Karl de Schweinitz에 따르면, 서유럽과 미국 등의 1세대 산업화국가들에서의 민주주의는 원조 자본주의 국가들의 특권이며 이들 국가에서 보여준 민주주의의 발전은 역사적으로 반복되지 않는 예외로, 이 경로는 닫혔다고 주장하였다. 즉, 후발산업화국가에서 산업화와 민주주의가 순조롭게 병행발전한 경우는 거의 없었던 것이다. 후발산업화국가의 권위주의체제를 연구한 A. Gerschenkron는 산업화 시차에 따라 상이한 정치체제가 등장한다고 주장하였다. 충분한 자본축적이 이루어지지 못한 후발산업국가에서 대규모의 자본과 노동과 같은 경제요소의 투입이 요구되는 급속한 산업화를 추구하기 위해서는 권위주의체제가 요구되었다는 것이다. 대규모 자본을 집중적으로 동원하고, 소비를 억제하고 노동을 억압적으로 동원하는 한편, 분배불평등에 대한 사회적인 불만을 억제하기 위해 강력한 권력이 필요했던 것이다.

S. Huntington은 근대화이론의 입장에서 근대화와 제도화의 상호작용적인 관계를 분석하여 급격한 근대화의 결과로 민주주의가 일시적으로 쇠퇴하거나 몰락하는 경향이 있으나 장기적으로는 민주주의가 부활할 것임을 주장하였다.

A. Przeworski and F. Limongi는 근대화론의 방법론적 틀을 벗어나 (경제발전의 수준과 민주주의 정치체제 사이의 통계학적 상관관계를 분석한 것이 아니라) 권위주의 몰락과 민주주의의 등장 가능성과 민주주의의 안정적 유지 가능성을 경제발전의 수준과 연관시켜 경제발전과 정치체제의 변화 사이의 관계를 보다 동태적으로 분석하였다. 이들은 경제발전과 민주주의 사이에 강한 통계학적 상관관계가 있지만, 이 상관관계가 바로 경제발전 수준이 민주주의의 등장을 가능하는 것은 아니라고 결론을 내렸다. 즉, 민주주의로의 전환은 경제발전의 동태적인 결과이기보다는 경제발전과는 독립적인 다른 여러 요인에 의해 일어나는 것이며, 일단 전환이 시작되면 경제발전의 수준이 높은 나라에서 민주주의가 더 안정적으로 정착할 가능성이 크다고 결론짓는다.

Ⅱ. 시장과 민주주의의 상호관계 2002 행정

1. 시장과 민주주의의 친화성

1) 지향이념과 자원배분 기제 : 정치적 자유와 경제적 자유

자본주의와 자유민주주의는 모두 자유민주주의 이념을 지향한다. 자본주의가 추구하는 자유와 경쟁원리는 민주주의가 중시하는 정치적 자유와 경쟁원리를 촉진한다. 이러한 자유는 경제 및 정치권력의 분산을 가져와 국가권력에 대한 통제를 가능케 한다.

자원배분 기제에 있어서 본다면, 자본주의 시장경제에서의 소비자주권과 민주주의에서의 인민주권은 동일한 원리로서 경제적 재화 또는 정치권력의 효율적 배분이 이루어진다.

2) 자본주의 전제와 민주주의

자본주의는 자원과 생산물의 처분에 대한 배타적 권한인 사유재산권과 거래당사자의 자유의지에 의한 상호 의무를 규정인 계약의 자유 보장을 요구하며, 민주주의는 역사적으로 볼 때, 이러한 사유재산권과 계약의 자유를 제도적으로 가장 잘 보호해줄 수 있는 정치체제라 할 수 있다.

장기적이고 거시적 관점에서 보면, 민주주의는 신조합주의 등의 메커니즘을 통해 노동과 자본의 계급투쟁을 타협으로 유도하고 자본주의의 민주화와 인간화를 촉진한다(갈등의 제도화). 이러한 측면에서 Przeworski는 민주주의는 계급갈등을 계급타협으로 전환시키는 구조적, 물질적 기반을 제공한다고 설명한다. 즉, 노사정 3자 협상을 주축으로 하는 신조합주의 메커니즘과 공동결정제도라는 구조적 기반과, 주식공유·이윤공유·복지제도 등과 같은 물질적 기반 제공한다는 것이다. 민주주의는 생산영역의 민주화와 분배구조의 개선을 촉진시켜 자본주의 경제모순을 시정하고 계급타협을 유도함으써 안정적인 경제발전을 가능케 하는 것이다.

3) 민주주의 전제로서 경제적 풍요

시장경제가 창출하는 경제적 풍요가 시장과 민주주의간의 친화력의 원천을 제공해 준다. 정치체제가 작동하기 위해서는 최소한의 경제적 풍요가 전제되어야 한다.

자본주의는 가격과 경쟁메커니즘을 통해 경제적 효율성을 높여준다. 가격메커니즘은 보다 많은 이익을 창출하기 위한 혁신을 창출하며 비효율적인 부문에 대한 자원의 투입을 방지한다. 또한, 경쟁메커니즘은 비효율적인 부분을 제거한다.

4) 민주주의와 사회구조

자본주의 경제발전은 기존 사회질서와 계급구조를 파괴하고 새로운 사회질서와 구조를 창출함으로써 민주주의의 사회구조적 기반을 형성한다.

① 자본주의는 중산층과 중간계급을 성장시킴으로써 민주주의의 사회적 기반을 확장한다. 즉, 사회구조의 다원화와 중간계급인 시민사회 밀도를 높여 투입기능을 촉진시켜 정치체제의 분권화와 다두제의 실현을 조장한다. 이러한 시민사회의 성장은 국가와 시민사회의 균형을 형성한다.

② 자본주의 경제는 조직화된 노동계급의 성장을 가져오며, 조직화된 노동자들을 민주화의 추종세력으로 동원한다.

③ 사회문화적 측면에서 보면, 자본주의는 합리주의 정신을 확산시킴으로써 민주주의를 위한 문화적 기반을 제공한다.

2. 시장경제와 민주주의의 긴장

1) 시장의 비민주성

가. 자원배분 메커니즘과 민주주의 기반의 잠식

시장경제가 추구하는 자원배분의 목표와 민주적 과정이 추구하는 자원배분의 목표가 다르다. 시장은 경제행위자간의 강한 불평등을 인정하고 조장하지만 민주주의는 기본적으로 모든 시민들의 평등한 권리에 기초하고 있다. 시장은 행위자간의 연합이나 연대를 저지하며 원자적 개인들의 사적 이익을 추구하지만, 민주주의는 다양한 결사체들을 통한 시민들간의 연합과 타협을 지향한다. 특히, 시장의 사익추구 성향은 사회적 자본을 잠식해 나감으로서 집합적 정체성을 구축해 버린다.

작동기제에 있어서 시장은 소비자주권주의에 기반해 있으며, 이는 인민주권원리와 상충된다. 즉, 시장에서의 투표는 일인일표가 아니라 一弗一票의 원리에 의해 이루어지며, 기업에 대한 인민의 통제를 불가능하게 한다. 특히, 시장이 창출하는 경제적 불평등은 정치적 불평등으로 전환됨으로써 수익자 민주주의를 강화하게 된다. 자원에 대한 접근성의 차이는 정치적 영역으로 전이되고, 정치적 불평등성을 확대시키는 것이다.

이 연장선에 있는 것으로, 경제적 자원에 대한 접근성의 차이는 시장에서의 교환이 사실상 자발적이라기보다는 강제적 교환의 성격으로 변질되도록 한다. 생산수단을 소유하고 있지 않은 노동자에게 계약의 자유란 생존을 위해 임노동계약에 포섭될 수밖에 없다는 점에서 그러하다. 예컨대, 민주주의와 사회경제적 기본권의 확대는 노동권에 대한 제도적 장치를 창출했으나, 시장주의의 확산은 이러한 노동권에 대한 법적 보장을 약화시키고 소위 노동의 유연화를 추구하면서 비정규직의 양산과 고용불안정을 낳고 있다.

나. 불평등성과 시민권의 형해화

시장에서의 권력관계의 불평등은 자본의 구조적 힘에 의해서 더욱 심화된다. 자본가들의 투자결정은 사회구성원들의 고용, 소비, 복지에 영향을 미침에도 불구하고 이에 대한 시민들의 통제력은 한계가 있다. 특히, 투자수준이 경제성취에 영향을 미치고 경제부문의 성취수준이 재선가능성에 영향을 미친다는 점에서 자본주의 체제에서 국가관료제는 거대기업에 편향될 수밖에 없다. 이는 시민의 정치적 기본권을 형해화시킨다.

2) 민주주의 비효율성

민주주의는 시민들에게 표의 힘을 빌려 정부를 구성하고 정부를 움직여 자원배분에 영향을 미칠 수 있는 길을 열어주는데, 그로 인한 정치적 배분을 항상 시장적 자원배분에 비해 비효율적이거나 자원의 낭비를 초래한다.

참 고 자본주의와 민주주의의 상호관계

1. 자본주의가 민주주의에 미치는 영향

1) 시장의 폐해

• 민주주의는 조건의 평등을 전제로 하지만, 자본주의는 불평등을 야기함으로써 민주주의를 위협
 – 사유재산제도와 시장원리는 분배정의를 외면함으로써 부의 불평등 구조를 조장.

• 자본의 구조적 힘 → 시민의 사회경제적 기본권과 정치적 기본권을 형해화

• 사회적 자본 감소와 시민사회의 공동화를 야기

2) 민주주의 전제로서 시장 : 자유민주주의 관점

• 이념면 : 자본주의와 자유민주주의는 모두 자유주의 이념을 지향
 – 경제적 자유와 경쟁원리는 민주주의가 중시하는 정치적 자유와 경쟁원리를 촉진

• 사회구조 측면 : 자본주의 경제발전은 기존 사회질서와 계급구조를 파괴하고 새로운 사회질서와 구조를 창출함으로써 민주주의의 사회구조적 기반을 형성
 – 자본주의는 중산층과 중간계급을 성장시킴으로써 민주주의의 사회적 기반을 확장
 – 자본주의는 시민사회를 성장시켜 국가와 시민사회의 균형을 형성. 사회구조의 다원화는 시민사회의 밀도를 높여 주고 투입기능의 활성화를 촉진시켜 정치체제의 분권화와 다두제의 실현을 조장
 – 자본주의 경제는 노동계급의 성장과 조직화를 촉진시키고 이들을 민주화의 추종세력으로 동원

• 정치문화적 측면 : 자본주의는 합리주의 정신을 확산시킴으로써 정치영역을 민주화

2. 민주주의가 자본주의에 미치는 영향

1) 민주주의의 폐해

• 민주주의는 정치영역의 민주화에 그치지 않고 여타 영역에까지 확장되며(토크빌), 물질적 욕망에 의한 대중의 충동적 속성은 평등의 요구를 과도하게 주장하도록 함으로서 자유를 위협

• 선거민주주의와 과부하
 – 시장결과에 대한 불만세력의 요구가 정치체제로 투입. 즉, 소득재분배 정책이나 직업, 소득을 보호하는 보호정책을 정부에 요구
 – 정치과정에서 이익단체들의 영향력이 늘어나고, 조직화된 이익집단에 의해 정부권력이 포획
 – 국가의 시장개입이 확대되고 정부의 규모는 거대화
 – 이에 따라 자원은 정치적 권력에 의해 배분되지만, 이러한 정치적 배분은 비효율을 초래

• 집단행동의 딜레마와 갈등 : 민주화는 경제질서의 민주화를 촉진시켜 자본주의 경제체제의 효율성과 생산성을 저해.
 – 민주주의가 실현되면 자본과 노동의 자율성이 신장되고, 이로 인해 사회적 파이를 둘러싼 분배갈등(노사갈등)이 심화되며, 필연적으로 경제위기를 초래

2) 시장의 기초로서의 민주주의

• 자본주의는 자원과 생산물의 처분에 대한 배타적 권한인 사유재산권과 거래당사자의 자유의지에 의한 상호 의무를 규정인 계약의 자유 보장을 요구한하며, 이러한 사유재산권과 계약의 자유를 제도적으로 가장 잘 보호해줄 수 있는 통치형태는 민주주의

• 장기적이고 거시적 관점에서 민주주의는 신조합주의 등의 메커니즘을 통해 노동과 자본의 계급투쟁을 타협으로 유도하고 자본주의의 민주화와 인간화를 촉진(케인즈주의, 사민주의)
 – 민주주의는 구조적 기반을 제공함으로써 노사간의 계급갈등을 계급타협으로 전환(Przeworski)
 ← 노사정 3자 협상을 주축으로 하는 신조합주의 메커니즘과 공동결정제도라는 구조적 기반과, 주식공유・이윤공유・복지제도 등과 같은 물질적 기반 제공
 – 생산영역의 민주화와 분배구조의 개선을 촉진시켜 자본주의 경제모순을 시정하고 계급타협을 유도함으로써 자본주의가 지속성을 견지할 수 있는 정치사회적 기초를 제공

3. 소 결

민주주의와 시장에 대한 평가는 어느 관점에서 바라보느냐에 따라 상이할 수밖에 없다.

이에 대한 하나의 관점은 민주주의와 시장경제의 친화력은 선택적이라는 것이다. 즉, 민주주의와 시장경제가 병행발전이 가능하며, 이를 위한 조건을 형성해야 한다는 것이다. 민주주의가 시장친화적인 경제 환경을 만들어 내는 동시에 시장의 비민주성을 제어하는 민주적으로 통제되는 시장경제 혹은 '시민친화적' 시장경제를 만들어 내어야한다(소위 병행발전론).

또 하나의 관점은 양자는 긴장관계에 있을 수밖에 없으며, 양자는 상충관계라는 것이다. 따라서 자본주의를 제한하거나, 민주주의 원리가 작동하는 것을 제어해야 한다. 신자유주의가 후자의 관점에서 접근한다면, 시민적 공화주의나 공동체주의는 전자의 관점에서 접근한다.

이들 관점의 차이는 민주주의를 어떻게 정의하는지, 민주주의가 추구하는 자유와 평등을 어떻게 정의하는지에 따른 것이다. 공동체주의가 추구하는 적극적 자유와 조건의 평등을 위한 정책들은 시장의 경쟁원리를 제약할 수 있다. 반면, 신자유주의가 수용하는 소극적 자유와 기회의 평등은 시장의 경쟁원리를 위한 전제를 형성한다. 양자의 병행발전론이라 할 수 있는 사회민주의적 관점은 이에 대한 절충적 시각이라 할 수 있다.

Ⅲ. 시장과 사회의 통합 / 민주주의와 시장경제의 병행발전

1. 관점 1 : 민주주의와 시장경제의 병행발전

이 견해에서는 국가와 시장, 그리고 시민사회 상호간의 관계가 제도화될 것을 요구한다. 그리고 시장의 불평등한 결과와 시민사회의 지대추구적 행태에 대한 교정을 위한 효과적인 국가를 전제로 한다.

1) 기본 방향

현존하는 시장은 불완전한 정보, 불충분한 공공재의 공급, 외부효과, 거래비용, 규모수익체증의 문제를 안고 있는 불완전한 시장이며, 항상 효율적으로 자원을 배분하는데 실패할 가능성을 안고 있다. 시장이 자원의 효율적 배분을 달성한다고 해도 그것이 분배적 정의를 보장해주지 못한다. 시장은 경쟁적 동기를 최우선시 함으로써 협동보다는 이익간의 갈등을 정당화할 뿐 아니라 부추기는 경향이 있으며 이는 효율적인 사회적인 조정과 통합을 저해한다. 따라서 국가가 시장에 의해서 충분히 공급되지 않는 공공재를 공급하고 외부효과의 문제를 처리해주며, 규모수익체증을 가져오는 독점을 규제해 주어야한다.

그러나 국가의 시장에 대한 개입은 자동적으로 정당화되지 않는다. 왜냐하면 시장실패를 교정하기 위한 국가의 개입이 자원배분을 왜곡할 가능성이 크기 때문이다. 국가와 시장에 대한 제3의 대안으로 이야기되는 시민사회 또한 지대추구적 행태가 나타날 경우 조직화된 사익에 의해 사회의 중요한 자원이 독점될 수 있으며, 변덕스럽고 대중조작에 취약한 시민들이 물질적 욕망에 사로잡힐 가능성이 높아 시장과 국가에 대한 대안으로 충분하지 않다.

문제의 해결책은 불완전한 시장 하에서 국가로 하여금 집단적으로 유익한 방식으로 행동하도록 유인하는 제도적 장치를 설계하는 것, 즉 민주화된 국가와 시민 친화적인(people- friendly) 시장을 고안해야 하는 것이다.

2) 정치 · 경제 · 시민사회의 제도화

첫째, 국가의 민주화가 선행되어야 하며, 정치적 과정은 민주적으로 제도화되어야 한다. 즉, 대표실패에 대한 수직적 · 수평적 책임성의 확보 메커니즘이 확보되어야 하며, 관료의 실패에 대한 민주적 감시체제가 정비되어야 한다. 마지막으로, 정치과정과 정책, 정치인들에 대한 투명성(transparency), 가시성(visibility ; 정보능력), 개방성(openness)이 증대되어야 한다. 이를 위해 헌정주의의 확립이 요구된다.

둘째, 시장친화적 경제사회가 제도화되어야 한다. 국가는 재산권과 계약의 자유를 보호하고, 외부의 위협으로부터 방어라는 최소한의 기능을 수행해야함은 물론 자기책임성과 자유경쟁원칙이 원활히 이루어지도록 보장해주어야 한다.

셋째, 자율적 결사체가 활성화되고 결사체에 대한 자발적 참여를 통해 사회적 자본을 함양하고 민주적 습속과 시민문화를 창출할 수 있어야 한다.

3) 효과적인 국가

국가는 비시장적 기구 중에서 가장 효율적이고 능력 있는 시장실패의 교정자이다. 공공재의 공급, 외부효과 제거, 규모수익체증으로 일어나는 독점 규제 등의 역할을 국가는 담당할 필요가 있다. 또한, 국가는 시민사회의 지대추구행태에 대해 제어할 수 있는 능력을 갖추어야 한다.

2. 관점 2 : 보다 많은 민주주의

시장과 민주주의는 근본적으로 조화가 불가능하다. 그것은 시장이 지향하는 이윤추구적 행태가 불평등을 야기하고 이는 민주주의의 핵심적 전제인 조건의 평등을 파괴하기 때문이다. 따라서 시장의 민주화가 요구된다.

또한, 민주주의나 평등은 토크빌이 주장하는 것처럼 자유를 위협하는 것이 아니며, 자유의 본질적 요청이라 할 수 있다. 민주주의는 소유를 보장하는 체제가 아니라, 또한 권력의 분산이나 경쟁체제가 아니라 시민이 자신의 삶을 좌우하는 과정에 직간접적으로 참여하여 의사결정에 개입하는 것이라면, 더 적은 정치, 더 적은 민주주의가 아닌 더 많은 정치, 더 많은 민주주의를 주장해야 한다는 것이다. 지구화는 민주주의를 보편적 가치로 선언했다고 하지만, 오히려 자유의 이름 하에 고삐 풀린 자본주의를 가져다 주었을 뿐인지도 모른다.

1) 기본방향

정치적 평등, 민주적 과정, 정치적 기본권을 성취하기 위해서는 경제적 자원의 공정한 배분이 보장되어야 한다. 그리고 체제의 효율성과 소극적인 경제적 자유에 대한 보장을 위해서는 분권적 결정이 보장되고, 이들 간의 관계가 제도화될 필요가 있다.

2) 참여민주주의 확립

정치영역에 있어서 참여민주주의가 확립되어야 한다. 공적인 문제들에 대한 결정은 베일 속에서 이루어지는 전문가들에 의한 결정이 아닌, 시민의 시선과 판단에 구속되어야 한다.

현대의 경제체제가 노정하는 문제의 근본원인은 국가의 개입 여부에 있는 것이 아니다. 즉, 국가 혹은 정부실패가 정치실패가 아니라 관료실패에 있으며, 화폐권력과 유착된 관료권력의 문제가 핵심을 구성한다면 정치과정을 민주화해야 한다. 그것은 보다 확대된 시민의 참여와 시민권력의 창출로 귀결될 것이다.

3) 경제민주주의

경제민주주의가 요구된다. 민주주의는 시민이 자신의 삶과 관련된 문제에 대해 개입할 수 있어야 함을 의미한다. 그렇다면, 민주주의 원리는 정치 영역에서만이 아니라 사회와 경제 영역에까지 확장되어야 한다. 특히, 현대사회에서 노동은 대부분의 사람들의 삶에서 중심을 차지한다. 사적 기업들의 의사결정은 실제 시민들의 생활패턴과 국민경제에 영향을 미치고 있다. 나아가, 민주주의는 경제적 자원의 불평등에 의해 위협받을 수밖에 없다. 자원의 분배, 전략적 지위, 협상력에 있어서, 그리하여 정치적 평등에 있어서 경제 질서의 중요성은 기업의 소유와 통제에 대해 관심을 기울(R.Dahl 1999, 618)여야 하는 이유를 형성하는 것이다. 그렇다면 이러한 영역에 대한 시민들의 통제가 실질적으로 가능해야 할 것이다.

4) 사회의 민주화

사회의 민주화가 요구된다. 시민사회의 제도와 습속은 권력의 집중화를 견제하고 시민들의 공적 덕성을 함양함으로써 민주주의 제도화의 기반이 된다. 또한, 모든 시민들이 자신에 영향을 미치는 결정을 내리는 데 능동적인 참여를 하는 것이 현실적으로 한계가 있다고 할 때, 시민사회에 기반한 참여민주주의의 실천이 정치와 경제영역의 민주화와 병행될 때 민주주의는 심화되고 확장될 수 있다.

물론, 현대사회에서 국가와 경제에 대한 시민의 직접적 통제가 불가능하고, 국가와 경제 영역에서 형성된 수직적 권력관계와 물신주의가 시민사회의 보수화(소위 풀뿌리 보수주의)를 야기하고 이것이 시민사회를 자기파괴적으로 만들고 있다는 점에서 시민사회의 민주화는 정치와 경제 영역의 민주화에 의존할 수밖에 없다.

하지만, 공적 제도에 대한 동등한 접근권이 보장되고, 공식 · 비공식적 결사체를 통한 복합적인 권리 · 의무에 대한 민주적 시민의식의 내면화는 비판적인 담론형성을 위한 참여민주주의의 공간으로 진화될 수 있을 것이다(김호기 1996, 138-140).

제 3 절 국가와 시장 2005 행정, 2003 행정(행정국가), 2001 행정(최소정부와 적극정부)

Ⅰ. 국가와 시장경제체제의 관계

1. 이론적 접근

국가발전 모델은 크게 정치사회학적 맥락과 정치경제학적 맥락으로 나누어 볼 수 있다. 정치사회학적 맥락에서 국가와 사회 관계를 중심으로 본다면 다원주의, 구조기능주의(체제론), 국가주의 모델 등이 있으며, 정치경제학적 맥락에서 국가와 시장의 관계를 중심으로 본다면 자유주의 모델(시장주의 / 최소국가)과 국가주의 모델(케인지언적 복지국가, 발전국가 등), 그리고 제3의 모델 등이 있다.

국가와 시장의 관계에 대해 시장주의와 국가주의로 나누어, 양 시각의 대표적인 고전이라 할 수 있는 Hayek와 폴라니의 주장을 중심으로 살펴 볼 것이다.

1) 시장주의

[1] F. Hayek는 사회발전의 동인을 진화적 합리성을 중심으로 설명한다. 사회질서는 의도적 설계가 아닌, 인간이 무한히 복잡하고 불확실한 사실들에 적응해 나가는 과정에서 진화적으로 형성된 것이다. 따라서 인간은 모든 인과관계를 파악할 수 없으며(이성의 불완전성) 이를 간과한 맑스나 Freud로 대변되는 근대과학의 형성적 합리주의는 '과학적 오류(scientific error)'이다. 인류사회의 발전은 어느 누구의 의도적 설계의 산물이 아니라 자연발생적 질서에 의한 것이라는 것이다(최병선 2003 ; 안청시 · 정진영 2003).

[2] 자생적 질서의 결과는 그것이 좋거나 나쁘다(good or bad)고 말할 수 있으나, 정의롭거나 그렇지 못하다(just or unjust)고 말할 수는 없다. 마찬가지로 자생적 질서인 시장에 대해서도 그것이 정의롭다거나 그렇지 않다고 말할 수 없다. 오히려, 수백년에 걸쳐 형성된 시장질서는 상반된 목적에 대한 합의가 없이도 상호주의 원리에 입각하여 가장 바람직한 자원배분상태를 달성해 줄 수 있게 해 주는 알려진 유일한 수단이라 할 수 있다.

시장은 제로섬 게임이 아니라 부를 창출하는 게임으로 그 결과는 오로지 재주와 우연의 결합에 의해 결정될 뿐이다. 모든 개인은 시장 속에서 동등한 기회가 보장되어 있으며, 개인의 재주와 우연에 좌우된 이상 그것의 도덕적 정당성은 더 이상 불필요한 것이다. 다시 말해 시장에서의 결과가 의도된 결과가 아니라며, 그에 대한 정의를 요구할 수는 없다. 따라서 시장에 대해서는 시장경쟁의 결과가 아니라 경쟁이 이루어지는 방식과 관련해서만 평가할 수 있다.

[3] 반면, 시장에 대한 국가의 개입은 권력에 의한 개입을 수반하게 되며, 국가권력의 사용은 사회정의 요구의 독특한 자기가속적 경향성 때문에 사회는 점점 전체주의 체제로 빠져들 수밖에 없다. 정부는 정의나 평등의 원리가 아니라 효율과 편의에 의해 움직이게 되며, 사회정의에 대한 요구는 오로지 전체주의적 권력을 지닌 정부에 의해서만 충족된다. 인류역사상 현대 정부처럼 수많은 특정집단의 요구를 만족시켜 주어야 하는 압력에 시달리고 있는 정부는 없다. 이는 오늘날 정부가 무제한의 권력 또는 전능한 존재가 되면서 나타난 역설적 현상(집단행동의 패러독스)

이라 할 수 있다. 이러한 정부는 다른 집단의 희생 위에 자신의 이익을 추구하는 많은 이익집단의 요구를 만족시켜야 하는 입장에 서게 된 것이다. 그리고 이러한 조직화된 이익집단이야말로 진정한 착취자들이다. 현대 사회에서 사회질서는 국민들이 다수결에 의하여 의도적으로 어떤 행동규칙을 채택해야만 생겨나는 것으로 본 나머지 다수의 국민들 혹은 그들의 대변인이 합의하는 것이면 무엇이든 자유롭게 입법화할 수 있어야 한다는 대중적 주권관념이 생겨나면서 의회의 기능이 본래 의미의 입법에서 벗어나 정부행동을 구체적으로 지시하는 데까지 이르게 됨으로써 결국 정부가 어떤 규칙에도 구속되지 않은 무제한적 권력자로 부활하게 되었다.

따라서 정부권력을 효과적으로 제한하는 것이 사회질서의 가장 중요한 문제가 된다.

2) 국가주의 : K. Polanyi의 제도주의적 접근을 중심으로

[1] 자유주의는 개인에서 출발하여 사회제도를 설명한다. 즉, 인간은 교환하려는 습성을 가지며 이러한 습성이 거래를 낳고, 시장제도가 생겨난다는 것이다. 하지만 개인의 동기는 선험적으로 주어진 것이 아니라 사회적으로 획득되는 것이다. 교환은 시장체계라는 제도가 존재할 때 비로소 의미 있게 이루어질 수 있다. 만약 시장제도를 통하지 않고 자발적으로 경제주체들 간에 재화가 이동된다면 그것은 호혜성의 원리가 적용될 것이며 중앙집권적 기구에 의해 재화가 이동된다면 이는 재분배의 원리에 따라 이루어질 것이다.

[2] 시장은 인간의 교환본능에 의해 자연발생적으로 생겨난 것이 아니라 사회통합과 안정에 필요한 경제활동을 효과적으로 수행하기 위한 제도로서 발명되었다. 또한, 19세기의 자기조정적 시장조차도 사실은 국가의 보호를 받아 형성, 유지, 발전된 제도의 하나이다.

반면, 국가는 다른 사회제도와 구분되는 자율적인 제도라 할 수 있다. 즉, 국가를 시장의 종속물처럼 취급하는 시각과 계급의 도구로 보는 시각은 모두 잘못된 것이다.

[3] 국가의 개입은 사회공동체 목표에 부합하는 한 정당하고 필요한 것이다. 국가는 시장경제의 성립과 발전이 개인의 복리와 사회통합을 위해 필요하거나 양립하면 시장을 보호하고 그 발전을 촉진한다. 그러한 과정에서 국가는 자본가 계급의 편에 서거나 그 이익에 봉사하는 편파성을 가질 수도 있다. 그러나 시장의 파괴적 작동과정이 사회의 존립 근거와 공동체적 질서를 위협하는 경우 국가는 시장에 개입하여 적절한 조정수단을 사용해야 한다. 만약 국가의 이러한 기능이 원만하게 이루어지지 못한다면 인간사회는 시장의 파괴적 힘 앞에 그대로 노출되어 분열하게 될 것이다. 이러한 정치사회는 틀림없이 급격한 변화와 파괴의 소용돌이에 휘말려 들어, 전체주의나 파시즘의 온상을 제공할 것이다(안청시 2003 ; 안청시 · 정진영 2003).

3) 시장주의와 국가주의에 대한 대안적 관점(?)

19세기 이후를 기준으로 본다면, 국가발전에 있어서 시장주의적 접근은 자유주의 모델에 기초한 최소국가라 할 수 있으며, F. Hayek의 논리는 A. Smith의 아이디어를 극단적으로 발전시킨 것으로 최소국가에 대한 이론적 근거를 제시하고자 한 것이었다. 반면, 20세기에 등장한 케인지언적 복지국가나 그 변형으로서 발전국가는 국가주의적 접근으로 폴라니의 논리에 근거한다고 할 수 있다.

그런데, 자유주의 모델은 재화의 속성(예컨대, 공공재는 시장에 맡길 경우 무임승차의 문제가 발생하게 되고, 결국 과소공급의 문제에 직면하게 된다)에 대한 고려가 부족하며, 시장실패와 국가의 존재 이유에 대한 인식이 결여 되어 있다고 할 수 있다. 나아가, 제도론적 관점에서 본다면, 시장이라는 제도가 작동되기 위한 조건인 재산권과 화폐제도라는 것은 국가에 의해 보장될 수 있다는 점을 간과한 것이다.

반면, 케인즈주의 모델은 국가가 소위 공공의 이익을 추구하는 이타적인 존재로 가정하는 우를 범함으로써 국가실패의 가능성을 인식하지 못하였다. 이러한 한계는 신자유주의 확산을 낳았고, 자유주의 모델로의 회귀를 낳았다.

그런데, 이들 모델은 모두 국가와 시장은 상호의존관계에 있음을 간과하고 있다. 그 결과 국가와 시장을 상충관계(trade-off)로 인식하면서 시장실패와 국가실패에 따라 그 중심이 시계추처럼 이동하는 관계처럼 보이도록 만들었다. 예컨대, Hayek 식의 신자유주의와 같은 완전한 시장과 불완전한 국가로 설정하는 경우에 1997년의 외환위기와 2008년의 금융위기와 같은 반복되는 공황이나 금융위기에 대한 대응에 있어서 오류를 낳을 수 있는 것이다.

따라서 국가와 시장의 관계에 있어서는 [**불완전한 시장과 불완전한 정부의 문제**]로 인식하고, 시장주의나 국가주의가 아닌 제도화라는 관점에서 접근하는 것이 바람직할 것이다. **시장실패와 정부실패는 완전한 시장과 불완전한 정부의 선택이나 그 역의 선택의 문제가 아닌 불완전한 시장과 불완전한 정부 사이의 다양한 서비스 공급방식이 있다는 인식을 전제로 해야 한다. 즉, 정부와 시장은 제도적 측면에서 구조화된 것이다.**

나아가, 사회의 규범과 가치의 제도화와 민주주의라는 인식을 결여하는 경우, 시장주의 확산이 낳는 사회양극화와 이로 인한 정치체제와 권위에 대한 정당성이 약화되고 사회적 긴장과 불안정성을 낳음으로써 체제 존립을 위협할 수 있다는 점을 간과해서는 안된다.

2. 서구사회에서 국가와 시장의 관계의 변화 2005 행정

1) 고전적 자유주의 국가의 형성과 붕괴(국가주의의 등장)

A. Smith의 [국부론(1776)]의 출간은 시민혁명으로 등장한 자유주의 사상을 경제적 영역으로 확대시키는 데 있어서 이론적 자산을 제공하였다. 19세기에는 영국의 산업혁명과 함께 봉건체제 하에서의 귀족의 특권이 축소되고 자유경쟁원칙이 법제화되었다. 즉, 자유경쟁을 가로 막는 중상주의적 규제들이 폐지되고(1845년 곡물법 폐지, 1849 항해법 폐지 등), 국가의 역할은 소유권 보호나 개인이 그것을 건설하고 유지한다고 기대할 수 없는 공공적 성격을 갖는 재화들(사법, 국방, 도로, 우편 등)을 공급하는 것으로 제한되게 된다. 그리고 자유무역과 금본위제에 기초한 자유주의 질서가 수립되게 된다.

그러나 이러한 최소국가는 자본주의 산업화가 진행되면서 그 유지가 어렵게 된다. 자본주의로의 정착과 함께 사회빈부격차 확대, 조직화된 노동의 등장과 노동운동, 그리고 일련의 개혁입법(선거권 확대, 노조의 법적 인정 등)은 자유주의 내부에서 J.S.Mill로부터 T.H.Green으로 이어지는 신이상주의와 복지국가 사상으로 이어졌고, 독일에서는 비스마르크 체제 등장(1875년 노동자보험 제도) 등과 같은 변화로 나타났다. 그리고 1898년 제1차 대공황과, 1939년 제2차 대공황은 시장주의에서 국가주의로의 전환을 가져온 결정적인 계기가 되었다.

먼저, 국내적으로는 보통선거권의 정착과 노조의 노동운동을 배경으로 한 정치 지형의 변화가 나타났고, 정치사회적 안정을 위한 계급타협 체제가 요구되었다. 여기에 제1차 세계대전에서부터 대공황으로 이어지는 시기에 발생한 대량의 실업자군과 정치적 불안정, 그리고 경제적 어려움은 각국으로 하여금 보호주의와 극단적 민족주의를 불러일으키면서 국가개입주의를 하나의 세계적인 트랜드로 만들어 버렸다. 국가개입주의는 케인지언적 복지국가, 전체주의국가, 사회주의국가, 그리고 (뒤늦게 등장했지만) 동아시아 발전국가 등으로 나타났다.[17]

2) 국가주의 : 전후 사회합의 체제와 발전국가

가. 전후 사회합의체제

2차 세계대전이 끝난 뒤 서구에서는 케인즈주의적 복지국가로의 사회적 합의가 형성되었다. 1930년대 대공황과 2차 세계대전은 반시장주의적 대안에 대한 사회적 합의가 자연스럽게 형성되었으며, 그것은 국가주의적 성격을 띠고 있었다.

케인즈주의는 경제의 수요측면에 대한 국가의 적절한 개입을 통해 완전고용과 경제성장을 동시에 달성하려 한다는 점에서 시장의 효율성 실패에 대한 경제적 해결책이라 한다면, 비버리지(Beveridge)주의는 시장의 파멸적 결과로부터 인간을 보호하기 위해 국가가 다양한 복지형태로 사회적 임금을 제공해야 한다는 주장을 하고 있다는 점에서 시장의 윤리적 실패에 대한 사회적 해결책이라고 할 수 있다.

케인즈주의에 의하면 국가는 수요관리정책에 의거하여 고용과 물가에 관한 필립스곡선의 악순환을 제거하는 거시경제적 조정자의 역할을 수행해야 한다는 것이다. 비버리지 보고서로 요약되는 복지국가의 아이디어는 기본적으로 국민들에게 시장에 의존하지 않고도 최소한의 사회적 생활을 영위할 수 있도록 보장해 주어야 한다는 국가온정주의에 기초하고 있었다. 이를 통해 자본주의 사회 내의 계급갈등을 체제내화 할 수 있었다(임혁백 1994, 119~120).

나. 전후 사회합의체제의 특성

폴라니를 원용한다면, 20세기 서구 문명의 기반은 냉전체제, 브레튼 우즈체제, 조직된 시장(내재된 자유주의, embedded liberalism), 케인즈주의적 복지국가로 규정할 수 있다.

냉전체제와 브레튼 우즈체제는 독립된 국민국가와 국민경제가 상호작용하는 체제로 기능하는 것을 가능케 했고, 케인즈주의적 복지국가의 출현을 추동한 국제적 힘으로 작용하였다. 냉전체제하에서 서구 국가들은 미국과의 동맹을 통해 안보우산을 제공받아야 했고, 경제적으로는 자본주의 체제를 지향하도록 하였다(대외적 제약). 브레튼 우즈체제는 국가의 자본이동에 대한 규제를 가능케 하였고, 국민국가의 정책적 자율성을 보장할 수 있는 기초를 제공하였다. 즉, GATT체제를 통해 복원된 자유주의 무역체제에 자본이동에 대한 국가의 통제가 내재되어 있는 체제를 하나

17) K. Polanyi에 의하면, 시장주의의 문제에 대한 국가주의적 처방은 서구에서는 스탈린주의, 파시즘, 그리고 케인즈주의로 나타났다. 그리고 제3세계에서는 발전국가(혹은 중상주의 국가)로 귀결되면서 자본주의 체제는 (민주적 체제인) 케인즈주의와 (비민주적 권위주의 체제인) 발전국가로 양분된다. 특히, 제3세계의 경우 근대화를 추진하는 과정에서 목격한 대공황에 대한 반작용으로서 자본주의와 사회주의 양 모델에 대한 나름대로의 해법이었다.

의 특징으로 가지고 있었다. 그러나 이러한 국제적 압력과 무관하게 사회주의체제의 평등주의 실험은 서구 국가로 하여금 평등을 위한 정책을 입안하도록 하는 압력으로 작용한 하기도 하였다(구갑우 2000. 127). 그러나 평등주의적 국가의 개입은 케인즈주의적 유효수요의 창출이 경제발전과 안정을 위한 조건이라는 인식에서 수용될 수 있었다는 점도 간과될 수는 없을 것이다. 즉, 계급타협이라는 정치적 목적이 노동자의 실질소득의 증대가 내수시장을 창출하여 기업의 이익으로 이어질 수 있다는 점에서 수용될 수 있었다는 것이다.

그러나 브레튼우즈체제에서는 환율안정과 실업율을 낮추어야 한다는 정치적 요구 사이의 긴장(수요관리를 위한 확장적 재정정책은 인플레이션을 유발하고, 이는 환율의 불안정을 초래하게 된다)을 내포하고 있었다. 따라서 확장과 긴축정책을 불가피하게 반복적으로 사용할 수밖에 없었으며, 완전고용을 위한 재정정책은 세계경제질서의 변동에 따라 무력화될 수밖에 없었던 것이다. 나아가, 유효수요창출을 위해 제공되는 '사회적 임금(복지)'은 장기호황이라는 물적 조건과, 조직화된 노조와 사민당의 지지연합이라는 정치적 조건을 전제로 작동될 수 있었다. 이 조건은 1970년대 오일쇼크와 스태그플레이션, 후기산업사회와 계급지형의 변화로 붕괴되게 된다.

다. 발전국가

발전국가는 적극적 국가라는 점에서 서구의 계급타협체제와 유사한 성격을 갖지만, 국가의 역할을 제한적으로 설정한 서구의 계급타협체제와 달리 그 역할이 확산적이었다. 첫째, 정부는 특정 전략 산업을 육성하기 위하여 시장 보호 및 육성정책을 수립 실천하고 경기를 부양시키기 위해서 공공 이익을 증진한다는 명분하에 팽창적 재정정책을 수행한다. 둘째, 계급타협체제를 지향한 서구의 복지국가와 달리 전략산업육성에 초점을 맞추었다는 점에서 차이가 있다. 즉, 서구에서는 재정지출 대상이 복지분야였다면, 발전국가에서 재정지출은 산업부문을 대상으로 하였다. 셋째, 국가에 의한 전국가적 자원동원과 자원배분을 위한 강력한 권력이 요구되었고, 이는 권위주의 체제에 의해 유지될 수 있었다.

발전국가는 경제의 발전과 국민복지의 향상이라는 두 가지의 목표를 동시에 달성하려는 시도였다. 이러한 발전국가는 서구적 수준의 복지를 달성하지는 못했지만 최소한 국민들 간의 심리적 평등감 및 동질감을 제고하기 위해 노력했다고 평가된다.

그런데, 동아시아의 발전국가들은 냉전체제의 산물이다. 수입대체화산업화 전략을 취했던 남미와 달리 동아시아 국가들이 수출지향적 산업화 전략을 취할 수 있었던 것은, 사회주의 진영과 맞닿아 있던 이들 국가에 미국은 막대한 원조자금을 제공하고 자국 시장을 개방함으로써 가능했다. 이런 맥락에서 I. Wallerstein은 이들 국가의 성장을 '초청에 의한 근대화'라 평가한다.

3) 국가주의의 퇴조와 신자유주의 국가의 등장

가. 계급타협체제의 붕괴

20세기 후반은 비극으로 점철된 전반과 달리 대중소비사회의 출현과 두터운 중산층의 형성으로 낙관적 분위기에서 출발하였다. 그러나 1968년 프랑스 5월 혁명, 1971년 브레튼 우즈체제 붕괴, 두 차례에 걸친 석유위기 등 일련의 사건은 국가주의의 퇴조와 시장주의의 재등장을 초래하였다.

여기에 1970년대부터 시작된 세계적 수준의 경제위기와 이에 대한 대응으로 나타난 생산 및 금융의 지구화(globalization)가 확산되면서 제2차 세계대전 이후 유지되어온 서유럽의 일국적 케인즈주의 발전전략은 더 이상 유지될 수 없게 되었다. 또한 노동자계급의 분화와 계급정치의 후퇴는 노사 간의 협력(corporatist)에 의한 정치적 대표방식에 의해 매개되어왔던 국가의 경제 및 사회영역에 대한 개입 역시 어렵게 만들었다.18)

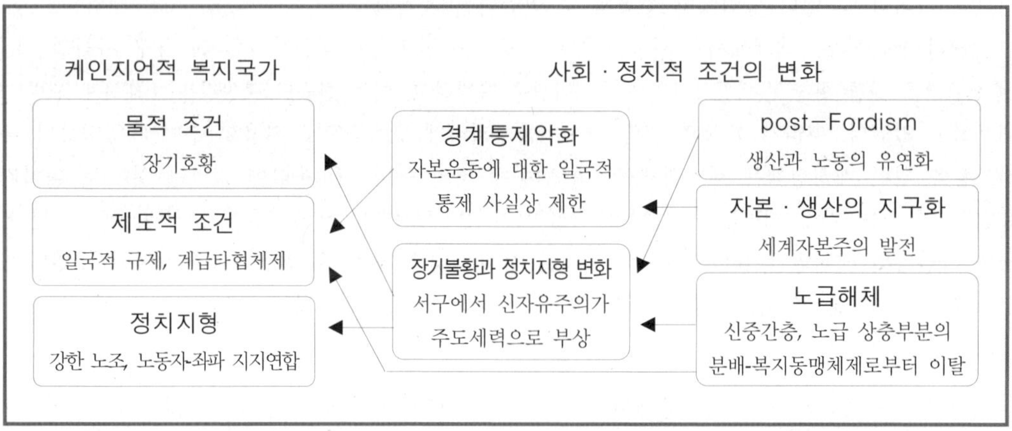

오일쇼크와 스태그플레이션은 정부 재정적자 누적과 함께, 케인즈주의적 개입이 한계가 있다는 인식을 형성하였다. 사회복지지출의 확대는 재정적자를 낳았고, 스태그플레이션을 만연시켰다. 생산성 향상과 임금인상, 수요증대, 수익증대, 투자확대라는 선순환 구조가 생산성의 정체로 끊어지게 된 것이다. 여기에 오일쇼크가 더해지면서 파장은 더욱 커지게 된다.

나아가, 개방경제체제 하에서 신흥산업국가의 값싼 수입품이 밀려들면서 임금인상이 선진국의 수익증대로 연결되지 않음은 물론 고임금체계가 국제경쟁력의 약화를 낳는다는 인식을 형성하게 되면서 계급타협체제의 근간이 흔들리게 된다. 경제의 세계화는 이러한 현상을 보다 증폭시켰다. 다국적 기업들은 생산을 제3세계로 이전하였고, 보호된 국내시장을 바탕으로 한 타협 대신 세계시장에서의 경쟁에 적합한 형태로의 개혁을 추진하였다.

정보기술의 발달은 금융자본의 국가 간 이동을 자유롭게 하면서 자본에 대한 국가의 통제를 어렵게 하였고, 중동의 오일달러가 국제금융시장으로 유입되면서 통제되지 않는 금융 부문이 급격하게 팽창하였다. 나아가, 영국과 미국은 런던과 뉴욕을 금융시장의 중심지로 만들기 위해 금융부문에 대한 규제를 완화하였고, 국가의 정책적 자율성을 더욱 약화시켰다.

이에 따라 대부분의 서유럽국가들은 정도의 차이는 있지만, 자신의 개입주의적 규제를 거두어들이고, 기능을 축소하였고, 기업의 성장을 통해 고용과 복지를 추구하는 공급중시전략으로 선회했다. 게다가 세계무역기구(WTO)나 유럽연합(EU) 같은 초국가적 권위체가 강화되면서 이들이

18) 이러한 조건의 변화를 볼 때, 앞으로 계급타협체제나 사민주의체제가 재수립될 수 있다면, 그것은 일국적 수준에서의 임노동자층의 내부적 분열 극복과 그들 모두의 국제적 단결을 확보하는 것이 가능할 때 일 것이다. 그러나 신자유주의가 세계자본주의의 기본적 발전경향성과 합치한다는 점에서 설령 사민주의체제가 유럽적 수준에서 수립될 수 있다고 할지라도 그 사민주의체제는 신자유주의적 요소를 포함할 수밖에 없을 것이다(김세균 1996). 1990년대 이후 유럽의 좌파정권들이 신자유주의체제의 틀을 넘어서지 못하는 이유라 할 수 있다.

국민국가의 정책결정 권한의 일부를 분할함으로써 국가의 역할을 '밖으로부터' 축소하였다.

이와 같은 국가의 기능과 역할 변화는 일반적으로 케인지언적 복지국가에서 신자유주의 국가로의 이행으로 이론화되었다. 그리고 이 이론 틀에서 포착된 국가성 변화의 핵심은 큰 국가로부터 국가개입을 최대한 억제하는 최소국가(minimal state)로의 회귀였다.

나. 발전국가의 위기

1980년대에는 미국의 경제력이 상대적으로 쇠퇴(특히, 1980년대 초반 미국은 무역수지적자와 재정적자가 동시에 문제되는 쌍둥이 적자가 커다란 정치적 이슈가 되었다)되면서 보호무역주의와 공격적 무역정책으로 바뀌고 발전국가도 위기에 봉착하게 되었다. 또한, 신자유주의가 확산되면서 국가개입은 대내외적 비판에 직면하였다. 국가와 이를 구성하는 관료들의 능력과 리더십에 대한 회의, 국가의 단일성(unitary and cohesive actor)에 대한 비판이 그것이다.

이러한 분위기는 권위주의 체제가 붕괴되고 민주화가 이루어지면서 결국 발전국가의 위기로 연결되었다.

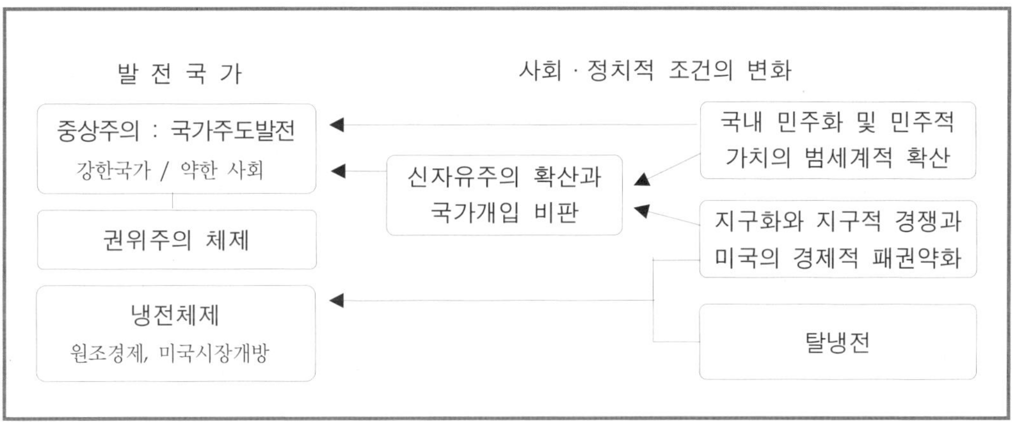

Ⅱ. 신자유주의 개혁과 복지 · 발전국가의 변형

1. 신자유주의

세계 대공황 이후 국가의 개입주의가 자본가를 위한 최선의 정책이며, 완전고용이 자본주의가 계속 성장하는데 필수적인 것이며 정부와 중앙은행이 고용을 증대시키기 위해서 개입할 때에만 그것을 성취 할 수 있다는 것이라는 생각을, 그리고 정부가 공동 이익을 향상시켜야만 한다는 믿음을 널리 확산시켰지만, 1970년대 이후의 위기는 경제적 자유주의를 부활시키도록 자극하였다. 이러한 배경에서 등장한 경제적 자유주의를 보통 신자유주의라 부른다.

신자유주의는 Hayek와 시카고학파를 이론적 자산으로 20세기 국가주의에 반발하여 나온 일련의 사상으로 극단적인 개인주의라 평가받기도 한다. 신자유주의는 시장에 대한 믿음을 바탕으로 국가의 경제적 개입과 평등을 위한 재분배를 반대한다.

1) 신자유주의의 시장과 국가에 대한 인식

가. 시장과 규범적 정당성

시장은 효율적일 뿐만 아니라 도덕적으로 정당화된다. F. Hayek는 시장질서는 의도되지 않은 결과로 나타나는 자발적 질서라고 지적하면서, 개인의 자유·자율성을 보장하는 알려진 유일한 제도라는 점을 강조한다. F. Hayek를 이어 M. Friedman은 "강제성과 평등한 경쟁"을 논하면서, 불평등은 권력이 아닌 자발적 교환의 결과에 의한 것이라고 주장하였다.

자유 시장은 모든 사람들에게 경쟁을 할 수 있도록 허용함으로써 평등의 조건을 충족시킨다. 수많은 경제행위자들이 존재하는 시장에서는 어떤 사람도 다른 사람을 강제할 수 있는 힘을 가지고 있지 않으며, 강제만이 정치적 자유를 위협한다. 그런데 정치는 강제적이나 시장은 강제적일 수 없는 비인격적이며 익명적 기구이다.

이들에게는 정의의 이름으로 등장하는 국가 개입은 전체주의의 등장을 가져올 뿐이다.

나. 시장과 자원배분의 효율성

자본주의체제에서 자원배분은 시장(가격기구)과 국가(정치적 결정 : 권위)에 의해 이루어지게 된다. 시장에서 자원배분은 권력에 의한 자의적 자원배분이 이루어지는 국가와 달리 가격메커니즘에 따라 이루어진다. 가격에 의한 자원배분은 자원배분의 효율성을 보장한다.

한편, F. Hayek에 의하면 시장은 배분과정이 아니라 발견과정이다. 경쟁은 불확실성과 불완전성이 지배하는 불완전 시장으로부터 나온다. 혁신을 창출하는 슘패터의 창조적 파괴과정은 불완전 시장에서 나오기 때문이다.

다. 국가의 비효율성

국가는 공익의 수호자가 아니라 사익의 추구자로서 지배자는 세입의 극대화를, 정치인은 재선의 추구를, 관료는 예산의 극대화를 추구한다. 이러한 이기적 정치인, 이기적 관료가 산출하는 국가활동은 시민들의 선호를 정확히 반영하지 못한다.

G. Stigler는 민주적 정치과정은 공동체의 모든 사람들이 결정할 것을 요구하기 때문에 거래비용을 증가시키고, 정치적 과정은 포괄적 이슈에 대해 투표를 하게 함으로써 정보를 갖지 않는 사람들의 의사가 결정에 영향을 미쳐 시민들의 선호를 정확하게 반영하지 못한다고 지적한다. ① 국가의 개입은 소득의 이전을 가져오며 소득의 이전은 효율성의 상실(deadweight losses)을 낳으며, ② 세금의 증대는 노동비용을 올리기 때문에 노동에 대한 수요를 감소시키며, 자본의 비용을 증대시켜 투자의 감소를 초래하며, ③ 특정 산업에 대한 보조금 지급은 기회비용보다 낮은 가격에서 재화의 생산을 가능하게 하고 이는 자원의 비효율적 배분을 가져온다.

국가 그 자체가 시민들로 하여금 직접적으로 비생산적인 이윤을 추구하게 하는 원인 제공자로(지대추구국가), 특수한 사적인 이익을 추구하려는 이익집단이 국가를 움직인 결과로 나타나는 것은 사회전체의 복지의 손실을 낳을 것이다.

2) 신자유주의적 개혁의 특징

신자유주의는 국가발전 모델에 있어서 국가주의를 지양하고, 시장의 자율성과 창의성을 극대화함으로써 사회적 효율성을 높이려 한다. 경제에 대한 국가개입이란 경제의 비효율성을 높이고 사회적 순손실만을 안겨준다고 주장하면서 기업활동에 대한 '탈규제화'와 경제에 대한 국가개입 폐기, 국-공유기업의 민영화, 제3세계의 경제적 개방과 자유화 등을 요구하며, '개인적 욕구들과 사적 책임'에 기초하는 시장적 관계를 모든 사회생활의 조직원리로 상승시켜야 한다고 주장하면서 사회생활 전반의 사적 책임화 (내지 상품화), 사회보장과 사회서비스의 해체, 복지국가의 해체 등을 주창한다.

① **자유화와 시장주의[탈규제]** : 시장의 경쟁을 제약하는 산업에 대한 국가 간섭을 축소하여 보다 자율적이고 경쟁성이 강화된 시장환경을 조성한다. 규제 없는 시장은 경제 성장을 촉진시키는 최선의 방법이며, 경제 성장은 궁극적으로 모든 사람을 이롭게 할 것이기 때문이다. 이를 위해, 자본, 상품 및 서비스의 완전히 자유로운 이동을 보장하려 한다. 아울러 개인의 경제행위동기를 부여하며, 노동시장에 대한 규제를 완화함으로써 노동시장의 유연성을 제고한다.

② **복지해체[제도화된 개인주의]** : 교육과 보건과 같은 사회적 서비스를 위한 공공 지출의 삭감을 요구한다. 특히, 분배 문제에 대한 정부의 개입은 개인의 책임성을 약화시킴으로 인해 소위 복지병을 사회에 만연시켰으며, 윤리적으로도 바람직하지 않다. 따라서 복지제도를 보다 자조원칙에 입각한 형태로 재편(소득이전 정책에서 근로복지 정책으로 전환)한다. 이는 시장경제 체제만이 아니라 사회복지제도의 시장화로 이해할 수 있다.

③ **국가기능과 규모[작은 정부 / 법치적 민주주의 / 신자유주의적 규제국가]** : 급격하게 팽창된 국가의 기능과 규모를 축소한다. 이를 위해 국가 소유의 기업의 민영화, 정부 기능의 민간 이양을 추진한다. 민영화에는 은행, 주요 산업체, 철도, 유료 고속 도로, 전기, 학교, 병원, 상수도 시설 등을 포함한다.

국가는 시장의 운영을 위해 필요한 법과 제도적 기반을 제공하는 것을 목표로 해야 한다. 이를 위해 사적 재산권체계를 확립하고 보장하며, 조세감면, 개방경제 체제, 경쟁력을 뒷받침하는 실질 환율과 같은 정책적 뒷받침을 할 수 있어야 한다. 그리고 노동조합의 정치적 힘을 약화시켜 국가의 대 사회 장악능력을 강화해야 한다.

3) 신자유주의적 규제국가

신자유주의적 개혁은 시장에 대한 완전한 방임을 의미하지 않는다. 국가는 발전국가와 달리 산업육성을 위한 산업정책을 실시하지 않으며 개인의 이익보다 공공의 이익을 강조하지 않으므로 확산적 복지정책을 수행하지도 않는다. 그렇다고 시장이 완전한 자유 속에서 방임될 수 있도록 불간섭으로 일관하지 않는다. 그 대신 정부와 국가는 시장의 투명하고 공정한 경쟁을 유도하기 위해 매우 정교하게 발전된 규제장치를 고안하고 운영하는 업무를 담당한다.

국가실패와 시장실패는 더 많은 시장 · 자유와 더 많은 개입을 요구하는 모순적 상황을 만들고 있으며, 이러한 모순적 요구에 대한 대응방식이 시장의 작동을 위한 정부의 규제적 역할을 강화하는 것이다. 이렇게 볼 때, 신자유주의 국가는 구조적 혹은 전략적 세력이며, 자본주의 확대재생산에서 중요한 역할을 수행하는 관리체제(governance)라 할 수 있다.

2. 신자유주의 국가의 특성

1) 경제개입 기능의 변화 : 탈규제

케인스주의적 복지국가와 비교할 때 신자유주의적 기업국가에서는 경제에 대한 개입이 축소되는 경향을 나타내고 있다. 그러나 시장기제의 원활한 작동을 위한 국가의 규제정책(탈규제를 위한 규제)이나 첨단산업과 같은 전략적 영역에서의 다양한 자본의 이해를 조정하는 국가의 산업정책 및 기업정책은 강화되고 있다. 즉 국가의 친자본적인 이익중개자(interest intermediation)로서의 역할이 증대되면서 신자유주의적 기업국가의 자본 간 경쟁을 조정하는 촉매적 기능이 강화되고 있다.

자본의 재편은 민영화와 자유화와 탈규제를 위한 개입, 즉 경제라는 배의 노를 직접 젓는 것이 아니라 조정하는 것으로 새롭게 규정되었다.

2) 사회개입 기능의 변화 : 소득재분배자에서 기회의 재분배자로

국가의 사회에 대한 개입에 있어서도 복지공여를 통한 소득재분배 기능은 약화되었지만, 고용재분배자로서의 기능은 새롭게 강화되는 추세에 있다. 일자리 제공이 최선의 복지가 되는 상황이 도래하면서 기존 노동력의 탈상품화(decommodification) 기제로서 복지기능은 약화되는 반면, 상품화 기제로서 고용촉진의 역할, 즉 '근로국가(workfare state)'로서의 역할은 오히려 강화되고 있다.

3) 대표체제의 변동 : 계급타협의 중재자에서 신자유주의적 정당국가로

케인즈주의적 복지국가에서 자본과 노동의 타협은 국가와 시민사회를 연결하는 고리인 정당정치를 매개로 이루어졌다. 그러나 신자유주의적 기업국가에서 친자본적 이익매개가 강화되면서 정당을 통한 정치적 대표방식에도 변화가 발생하고 있다. 기존의 노사협력적 방식으로 정책결정을 주도했던 정당이 시민사회로부터 유리되면서 정당의 국가의존도가 심화되는 가운데 국가와 정당이 유착된 '정당국가(party state)'의 모습이 나타나고 있다. 즉, 국가역할의 축소 경향 속에서도 정당정치와 관련된 국가의 역할과 기능은 오히려 강화되고 있는 것이다.

4) 국가주권의 쇠퇴 혹은 다층화

생산과 금융의 지구화에 대응한 정치적 권위의 국제화 혹은 다층화는 기존의 국가역할을 축소시키고 있지만, 이 역시 일방적 약화의 과정은 아니다. EU와 같은 초국가기구들이 지역적 또는 지구적 수준에서 경제정책을 입안하는 기능의 일부를 담당하게 되면서 기존의 국민국가의 권위의 일부가 이들에게 이전되고 있으며, 이에 따라 정치적 주권이 국민국가와 초국가적 차원의 두 차원으로 분리 · 다층화하는 경향이 분명히 나타나고 있다. 그러나 이들 기구에 참여하여 자신의 의사를 관철시키는 것이 국민국가의 행정부이고, 그 결과로 나온 결정들이 국민국가의 의회나 초국가적 기구의 대의기관에 의해 거의 견제 받지 않는다는 사실은, 지역적 또는 지구적 수준의 경제정책을 입안하는 행정부의 역할이 오히려 강화되고 있음을 의미하는 것이다. 이러한 경향은 지역블럭 차원에서 두드러지며, 초국적 권위체의 위상에 따라 달라질 것이다.

3. 한국의 발전국가 해체와 신자유주의적 개혁

1) 발전국가의 해체

발전국가란 국가가 경제적 성장에 필요한 전략산업부문에 집중적으로 발전자원들을 투입하여 불균형 성장을 도모하는 중상주의적 국가를 말한다. 발전국가는 국가의 재정을 산업육성에 주로 투입하는 반면 복지국가는 사회보장제도의 구축 · 운영에 할애한다는 점에서 차이가 있다. 그러나 발전국가는 경제적 성장에도 불구하고 부실한 금융기관과 재무구조가 취약한 기업을 양산함으로써 체제전환이 요구되었고, 이에 따라 발전국가의 해체가 요구되는 상황에서 한국은 경제적으로는 IMF의 신자유주의적 개혁을 수용하게 된다.

2) 신자유주의적 개혁의 딜레마

가. 노동시장 유연화와 사회양극화

노동시장 유연화를 반영하는 대표적인 사례가 비정규직 노동자 문제라 할 수 있다. 2008년 현재 비정규직 노동자는 800만명을 넘어 섰으며 다수임에도 불구하고 사실상 소외된 부문으로 남겨져 있다(2007년 통과된 비정규직 보호법이 오히려 이들의 지위를 떨어뜨리고, 고용불안정을 가중시키고 있다는 비판을 받고 있다).

산업구조 개편과 노동시장 유연화와 함께 고용과 복지에서의 변화가 이루어지는데, 발전국가 하에서 국가의 지원 하에서 기업이 담당하던 고용체제 유지와 복지지출이 국가와 가족에게 넘겨졌다. 그러나 사회안전망 미비로 사회적으로 소외된 부분에 대한 제도적 취약성이 점차로 커지고 있다. 이러한 상황은 복지부문에 대한 NGO의 참여에도 불구하고 NGO의 취약한 재정력은 사회복지에 있어서 수많은 사각지대를 낳게 하였다.

나. 발전국가의 해체와 재규제

발전국가 시기의 산업지원 기관은 해체되고 경쟁제도가 수립되었으며, 시장에 대한 운영 · 감독에 제한이 가해지게 되었다. 그러나 시장 메커니즘의 원활한 작동을 위해서는 시장에 대한 정보수집 · 감독이 필요하며, 이를 위해서는 더 강력한 국가 능력이 요구된다는 역설적 상황에 직면하게 된다. 대외개방, 금융구조개혁, 기업구조개혁, 노동시장개혁, 사회안전망 구축 중에서 시장이 자율적으로 담당할 수 있는 부분은 존재하지 않았기 때문이다.[19)]

다. 신자유주의적 개혁의 딜레마

한국의 경우 복지제도의 취약성으로 사회안전망 구축이라는 부담이 대두되고 있다. 다시 말하면, 사회안전망을 먼저 구축하지 않은 채 신자유주의적 개혁을 추진할 경우 정부가 감당하기 어려운 정치적 부담을 안게 된다. 그러나 이러한 사회안전망의 확충은 기업부문의 반발을 야기함으로써 정치적 기반을 잠식함과 동시에 개혁의 추진력을 확보하기 어렵게 만든다.

---

19) 작은 국가로 전환하려면, 시장행위자들에 대한 신뢰가 전제된 위에, 시장이 안정화되어 있어 정부가 benign neglect 할 수 있어야 한다. 그러나 시장의 자율성 미성숙과 공정경쟁 제도가 미정착된 경우에는 결국에 구조조정을 위해 시장개입이 불가피하다. 특히, 독과점 세력으로 하여금 시장경쟁원리를 준수하게 할 수 있는 강제력은 국가만이 보유하고 있다는 점에서 그러하다.

신자유주의적 개혁은 시장안정화와 건전화를 도모할 수 있다. 그러나 실업에 대한 대책이 부재하다는 점이 한국으로서는 일종의 딜레마를 안겨다 준 것이다.

2) 민주화 이후 국가혁신과 신자유주의

사실, 발전국가를 해체하려는 노력은 민주화 이후 김영삼 정부에서부터 시작되었다. 그러나 김영삼 정부 이후 추진되던 신자유주의적 개혁은 내부적 반발로 성과를 거두지 못한 상태에서 외환위기가 발생했고, 외환위기는 시장에 대한 과도한 정부개입에 대한 개혁압력을 높이게 되었다. 김대중 정부는 이를 배경으로 민주주의와 시장의 병행발전을 제시하였다. 김대중 정부의 개혁은 시장개입을 통한 분배·형평의 달성과 자율적 시장구축을 통한 경제 효율성의 달성이라는 일견 모순된 목표를 지향하였다. 이는 세계화라는 조건 속에서 병행발전론이라는 것은 사회민주주의와 신자유주의 간 모순과 갈등이 불가피함을 의미할 수 있으며, 영국·독일·프랑스 등 서구에서 제시된 제3의 길이 처한 상황과 유사하다고 할 수 있겠다. 이러한 평가 속에서 추진된 김대중 정부의 개혁정책(DJ-nomics)의 구체적 모습은 시장경제체제 확립과정에서 정부역할, 금융기관에 대한 건전성 감독강화, 시장실패 교정위한 개입강화, 기술·연구개발 등 공공재에 대한 국가투자 강화, 경제적 약자 배려를 위한 사회보장제도 강화 등으로 나타났다.

노무현 정부는 빈부격차와 차별의 해소를 국정과제에 포함함으로써 평등을 '국민통합'을 위한 주요 과제로 제시했다는 점에서 시장주의보다는 민주주의로 경도되었다고 할 수 있다. 그러나 실제로 추진된 정책들을 보면, 한미FTA의 추진, 노동시장유연성을 강화하기 위한 비정규직 노동자의 지위약화 등을 초래했다는 점에서 '좌회전 깜빡이를 넣고 우회전 한 꼴'이라는 평가를 받는다. 다시 말하면, 실질적인 정책에 있어서 이전 정부와의 차이는 없었다는 이야기다.

이명박 정부와 박근혜 정부는 시장주의를 전면에 내세웠다. 다만, 실질적인 정책을 보면 행정지도를 통해 가격을 통제하려는 시도도 있었고, 민간부문에 대한 국가개입이 확대되는 등 발전국가로의 회귀가 있었다는 평가도 나왔다(이런 점에서 노무현 정부와 반대로 '우회전 깜빡이를 넣고 좌회전 한 꼴'이라는 평가를 받았다). 이 시기의 정부 개혁의 성격에 대한 부분은 조금 자세히 보자.

이 명박 정부는 1997년 외환위기를 발전국가모델의 한계로 인식하였다. 한국은 1970년대 산업화와 1980년대 민주화라는 근대화과제를 효과적으로 수행했음에도 불구하고, 기존의 국가중심 모델인 발전국가를 유지함으로써 개방화된 세계경제체제에 부응할 수 있는 선진국가로의 이행에는 실패했다고 본다. 예컨대, 김영삼 정부 이후 한국은 OECD국가를 중심으로 확산된 신공공관리론에 입각한 개혁을 추진해 왔으나 실패로 돌아가고, 외환위기 이후 김대중 정부에서부터 신공공관리론에 입각한 개혁은 본격화 되었다. 이러한 신공공관리론에 입각한 개혁은 사회적 형평성의 악화 등 부작용을 낳았다는 평가가 나오면서 노무현 정부는 공기업 민영화가 중단되고, 작은 정부를 위한 개혁보다는 적정규모를 지향하고 복지 확대를 천명하기도 했다. 이명박 정부는 이러한 노무현 정부의 개혁이 지나치게 큰 정부를 낳았다고 평가하면서 작은 정부를 위한 개혁을 추진하였다.

1997년 외환위기를 발전국가모델(국가주도 모델)의 한계로 인한 것이었음에도 불구하고, 이후 집권한 국민의 정부와 참여정부는 국가중심 발전모델을 폐기하지 않았다는 점에서 시대착오적인 것이라 본 것이다. 비록 작은 정부를 위한 감축관리와 민영화를 추진하기는 했지만 근본적으로 국가주도 모델을 폐기하지 않았고(참여정부는 오히려 큰 정부를 지향했다고 평가한다), 시장주의라는 시대정신을 거스르고 복지주의를 추구함으로써 성장과 발전을 저해했다고 평가한 것이다.

따라서 국정운영에 있어서 국가의 역할을 시장주의 확산을 위한 제도적 기반을 마련하고 엄정한 법 집행을 통해 이를 확산시켜야 하며(**섬기는 정부**), 성장과 발전의 동력으로서 시장의 자율성과 창의성을 강화해야 하며(**활기찬 시장경제**), 유모국가로 전락한 국가의 사회에 대한 정책을 경제적 유인에 의한 복지로 전환해야 하며(생산적 복지 / **능동적 복지**), 성장의 동력으로 교육과 인재양성을 중시해야 하며(**인재대국**), 세계화에 걸맞는 개방경제체제를 확립해야 한다고 본다(**성숙한 세계국가**).

이러한 개혁의 흐름은 신자유주의적 국정운영에 초점이 맞추어져 있다고 볼 수 있다. 그것은 정부의 책임성보다는 시장주의의 확산과 법치주의, 규제완화, 조세체계개혁을 중심으로 추진되는 국정지표에 기반한 정부정책들에서 알 수 있다.

그러면, 이러한 인식은 바람직한가?

먼저, 세계화와 후기산업사회로의 전환은 기존의 국가중심적 발전모델이 변화된 환경 속에서 한계를 보일 수밖에 없음을 시사한다. 이러한 점에서 보면 현실 인식이 일면 타당하다고 볼 수 있다. 그러나 1997년의 금융위기는 거시적으로 본다면, 시장주의 확산이 낳은 시장실패의 단면이며, 2008년의 금융위기 또한 시장실패가 그 본질이다. 다만, 1997년의 위기 속에서 기존의 발전국가모델이 보여준 것은 유동적인 환경에 대한 계층제적 경직성과 지대추구국가가 보여준 위기에 대한 취약성이었던 것이다. 즉, 거시적으로 보면 시장실패가 원인이며, 미시적으로 보면 국가실패가 원인이라 할 수 있는 것이다. 따라서 시장실패에 대해 시장주의를 확산시켜 나간다는 것은 모순을 내재적으로 가지고 있다고 평가할 수 있다.

발전모델에 있어서 국가주의와 시장주의의 이분법적 인식이다. 국가와 시장은 상호의존적 관계일 수밖에 없으며, 시장이 작동하기 위해서는 국가의 역할이 필요하다는 제도론의 문제의식을 되짚어 볼 필요가 있다. 국가주의와 시장주의 모두의 한계라 평가한다면 제3의 모델을 모색하거나, 양자를 대립적인 것으로 보는 것이 아닌 상호구성되는 것으로 보는 것이 바람직할 것이다.

다른 맥락에서 본다면, 한국적 특수성에 대한 고려가 부재하다. 시장주의 확산은 사회양극화와 이로 인한 사회적 갈등과 긴장을 증폭시키게 된다. 하지만, 제도적 복지의 기반이 취약한 한국사회에서 이에 대한 완충판(사회안전망)이 문제될 수 있는 것이다. 1997년 외환위기 속에서 수많은 노숙자가 등장했던 것은 가족주의에 의존했던 발전국가의 복지체제가 경제위기 속에서 그 기능부전에 빠지면서 발생했던 것이다. (사실 국민의 정부에서 확충했던 4대 복지는 북구의 적극적 복지라는 차원이 아닌 사회안전망 수준에서 추진되었던 것이다).

4. 신자유주의 국가의 함의

신국가론의 관점에서 볼 때, 신자유주의 국가는 구조적 혹은 전략적 세력이며 자본주의 확대재생산에서 중요한 역할을 수행하는 관리체제(governance)라 할 수 있다. 국가실패와 시장실패는 더 많은 시장 · 자유와 더 많은 개입을 요구하는 모순적 상황을 만들고 있으며, 이에 대한 대응이 신자유주의적 규제국가라 할 수 있다. 다시 말하면, 신자유주의 국가가 약한 국가 혹은 규제의 완전한 폐지를 지향하는 것은 아니라는 것이다. 국가실패는 국가가 자체의 작동규칙에 따른 프로젝트를 실현하지 못하는 상황을 의미할 뿐이며, 국가실패에 대한 인식이 확대됨에도 불구하고 국가는 시장실패를 교정하기 위한 더 많은 개입을 요구하게 되는 것이다. 다만, 그 개입 양태에 대한 변화가 요구되고 있고, 그것은 공부문과 사부문의 분리를 지양하고 수평적인 연계망을 통한 관리를 대안으로 제시하게 되는 것이다.

그렇다면, 대안적 국가모델은 있는가?

비판적인 시각에서는 지구화시대에 적실성 있는 모델은 그 본질이 신자유주의적일 수밖에 없다고 한다. 그것은 기존의 국가주의적 코포티즘체제가 물질적 토대를 결여하고 있기 때문이며, 기껏해야 국가와 시장 및 혼합경제를 조합한 형태에 불과하기 때문이다. 그리고 국가가 공적 부문에서 할 수 있는 역할은 공급중심 코포라티즘이나, 혼합경제, 혹은 제솝이 제안하듯이 경쟁력을 제고하기 위한 경쟁촉진 및 기술혁신과 관련된 정책, 기업부문에 대한 조정정책, 노동시장의 유연성을 제고하고 직업훈련과 같은 생산적 복지, 다양한 층위에서 이루어지는 각 주체들 간의 협상의 조정에 있다고 볼 때, 그것은 신자유주의 규제국가에서 벗어나 있지 않은 것이다.

대안모델은 국민국가를 중심으로 하거나, 국가 · 시장 · 시민사회의 권력의 균형을 모색하거나, 국민국가에 대한 집착에서 벗어나 새로운 곳에서 찾거나 할 것이다. 두 가지 접근은 결국 신자유주의적이라 규정해 버린다면, 그 대안은 국가가 아닌 다른 곳에서 찾아야 할 것이며, 그렇지 않다고 본다면 새로운 관리체제(기능주의적 국가)를 모색하면 될 것이다.

필자의 짧은 생각으로는 역사적으로 근본적인 사회의 변화를 가져오는 곳 혹은 힘(권력)은 국가가 아니었다. 이런 맥락에서 본다면 시민권력의 창출에서 대안을 찾아야 하지 않을까 한다. 물론, 이는 권력에 대한 새로운 이해를 전제로 하는 것이다.

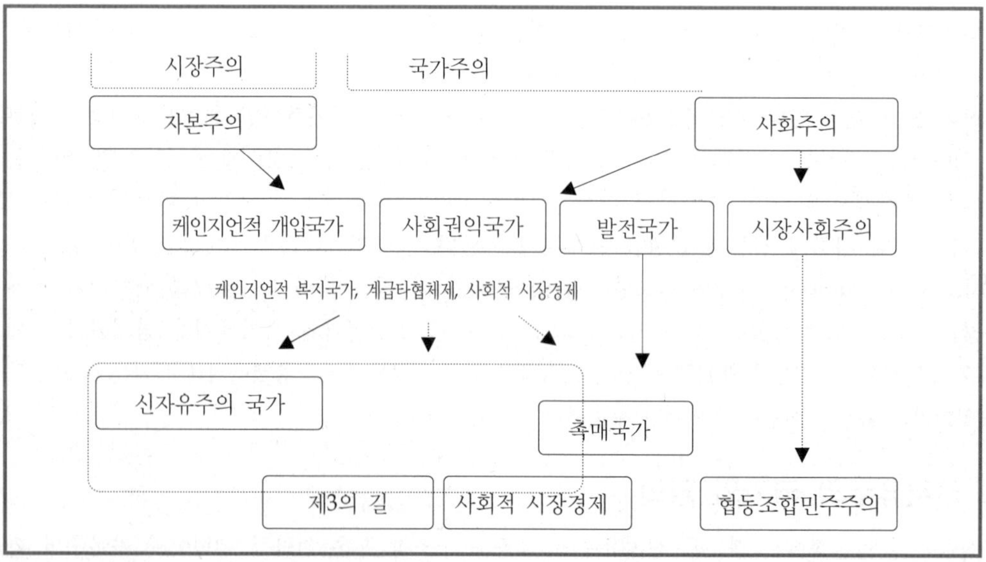

Ⅲ. 동아시아 발전국가

동아시아 모델에 대한 정의는 학자마다 상이하며 매우 추상적이고 모호해서 이를 모든 동아시아 국가에 대해 일반적으로 적용하기는 어렵다. 다만, 동아시아 모델의 공통적 특징으로 유교문화와 그에 따른 공동체주의, 개발독재형 권위주의 정치체계, 국가주도형 수출지향적 공업화 전략과 개방적 산업정책, 산업자본의 헤게모니, 그리고 문화에 기반한 네트워크 자본주의 등이 제시되고 있다. 동아시아 모델은 자유보다는 질서를, 개인보다는 가족이나 공동체의 이익을, 그리고 정치적 자유보다는 경제적 성장을 중시하는 '아시아적 가치'가 가부장적·권위주의적인 국가에 정통성을 부여한다는 것이다. 이는 F.List적 의미의 민족주의에서 영향을 받았으며 공동체의 성장과 복지를 최우선으로 생각하는 민족주의의 실용주의에 기초한 정책적 유연성을 그 특징으로 한다(임혜란, 2000).

1. 동아시아 성장과 위기에 관한 논쟁

1) 동아시아 성장에 대한 해석

동아시아 성장을 둘러싸고 ① 자유로운 시장 및 사적 기업의 역할에 주목하는 시장 중심론, ② 국가의 능동적 개입과 효과적인 산업정책 등의 역할을 강조하는 이른바 발전국가론 혹은 국가중심론, ③ 교육, 권위, 근면 등에 대한 유교문화의 영향, 가부장제적 가족중심주의, 훈련된 엘리트의 충원구조를 강조하는 문화론, ④ 동아시아의 지정학적 조건과 세계체제적 조건을 강조하는 세계체제론 등이 있다. 이중에서, 앞의 세 견해를 내인론, 네 번째 견해를 외인론으로 구분해 볼 수 있다. 여기에서는 시장중심론과 국가중심론을 살펴본다.

가. 시장중심론(World Bank, 93)

World Bank를 중심으로 한 신자유주의자들의 견해인 시장중심론은 시장의 역할에 대한 강조를 넘어서, 경제성장이 상대적으로 평등한 소득분배와 양립할 수 있음을 보여주는 모델이라고까지 말하고 있다.

① **동아시아 성장의 특징** : World Bank는 HPAE's(고도성취아시아경제 ; the high-performing Asian economies)는 기초항목들이 올바르게 되었기 때문에 가능하였다고 응답한다. 즉, 시장 기제를 통한 자원배분기능이 원활히 발전하도록, 사적 기업의 적극적 투자와 기업 활동을 보장하였던 데에 성장의 비밀이 있다는 것이다. 그래서 시장친화적인 기본정책(거시경제적 안정성, 인적자본에 대한 높은 투자, 안정적 금융체계, 제한된 가격통제, 외부 기술에 대한 개방성, 수출지향적 무역정책, 최소국가개입 등)의 시행이 특히 중요하게 된다.

② **국가와 시장** : 이 입장에 따르면 현상적으로 국가의 개입적 역할이 두드러지는 것으로 보이나, 기본적으로 사적 부문, 기업가들의 역할이 경제성장에 있어 정부의 정책이나 실제적 역할보다 더욱 중요한 역할을 한다. 즉, 국가의 개입불가피성을 인정하면서도 제한된 국가개입을 통해서만 가능하였다는 절충주의적 입장인 것이다.

시장론이 제시하는 전략에 따르면 정부의 역할은 적절한 인적투자를 하고 사기업에게 경쟁적인 상황을 조성하며 경제가 국제무역에 개방되어 있도록 하고 거시경제의 안정성을 도모하는 것에 제한된다. 이는 성장과 국가개입 간의 통계적 연관성을 찾아내기는 어렵기 때문에, 더군다나 인과관계를 찾아내기는 더욱 어렵기 때문에, 국가개입이 성장률을 증대하는 중요한 대책이라고 말할 수 없다고 주장한다.

그러나 이 견해가 제시하는 국가의 제한적 개입이 사실인지에 대해서는 논란이 있다. 즉, 고도성장을 구가했던 동아시아 국가들의 시장에 대한 개입은 이들이 주장하는 것처럼 제한적이지 않다는 것이다. 또한, 이들의 전체적인 주장들이 시장의 성장이라는 현실로 동아시아의 성장을 환원하고 있다고 평가된다.

나. 발전국가론(국가중심론 : 신중상주의)

발전국가론은 신자유주의적 시장론을 비판하면서 동아시아 성장의 역사적 복합성과 특수성을 강조한다. 이 이론은 국가의 전면적이고 효과적인 개입, 집중화된 산업정책 등이 동아시아 성장의 중요한 요인이었다는 데서 출발한다. 이 중에서 특히 효율적인 성장의 핵심적인 조정자로서 국가의 개입주의적 역할을 강조한다. 여기서 말하는 국가의 개입주의적 역할이란 시장창출, 자본축적, 인프라 구축과 같은 집합재의 제공을 말한다.

> 국가는 금융제도와 자본이동을 통제함으로써 경제성장을 추동하고 산업구조와 가격구조에 개입하고 국제경제와의 상호관계를 감독한다. 국가는 성장다변화, 안정된 성장동력 부여 등의 모든 측면에서 중요하다. 한국을 예로 들면서 자원을 배분하고 사기업 경제활동을 작동시키는 시장 메커니즘 대신에 정부가 중요한 투자결정에 대부분을 시행하였다. 수출지향적 산업화도 중립적인 유인 구조보다는 수출에 유리한 강력한 편견(bias)적 개입주의 정책에 의해 가능하였다고 주장한다. 즉, 국가는 자유 시장을 추수(follow)하기보다는 리드(guide)하고 통제(govern)하는 역할이 중요하다는 것이다.

발전국가론은 국가개입을 독립변수로 보는데, 미국이나 독일이 공유하였던 19세기적 발전모델과는 근본적으로 다른 발전 패턴이 존재함을 지적한다. 즉, 후발 산업화 경제들은 새로운 패러다임이 필요하며, 한국과 대만은 새로운 패러다임을 구성하는 경제법칙에 따라 행동했고 설명한다. 핵심적인 것은 사회경제적 자원을 성장으로 통합·조정하고, 우선적 분야에 성취목표를 설정하고 지원하며 성장에 대한 저항을 효과적으로 통제하는 데 있을 정도로 강력하고 자율적인 국가이다.

발전국가론은 국가가 자율성을 가지고 효과적인 수출산업 지원 등 발전정책을 효과적으로 추진함으로써 성장이 가능하였다는 논리로 요약된다. 이는 분명 시장중심론에 비해 동아시아 성장의 실제에 보다 근접하고 있다. 그러나 다음과 같은 한계가 지적된다.

① 국가는 단순히 경제와 사회의 역동성을 반영하는 것만이 아니라 그 자체의 동력을 갖는 존재로 파악된다. 그러나 이러한 자율성은 구조적 관계 속에 놓지 못하고 국가 자체의 내재적 속성, 예컨대 관료제적 구조 혹은 내적 논리로 파악함으로써, 그것이 가능했던 독특한 정치사회적·계급적 조건을 보지 못했다.

② 국가자율성론이 국가와 정부의 활동을 사회경제적 기반의 반영으로 환원하는 구조주의의 한계를 보여주었다는 점에서는 긍정적인 평가를 받을 수 있다. 그러나 국가의 역할을 과도하게 밀고 나감으로써, 사회경제적 결정변수를 무시하였고, 국가 자율성 혹은 국가 중심성이라고 하는 또 하나의 신화에 빠져들고 있다. 국가의 개입이 유발하는 사회적 비용이 간과될 뿐 아니라, 국가 또한 사회에 의해 끊임없이 재구성된다는 점을 고려해야 한다. 국가는 사회로부터 결코 분리

될 수 없는 것이다.

③ 발전국가의 논리는 동아시아 국가를 서구자본주의 국가와는 전혀 다른 별종의 국가로 상정하는 오류로 나아갈 수 있다. 산업화를 수행하는 경우 영국의 자유방임주의와 독일, 러시아의 후발산업국가의 중상주의 국가를 비교해 볼 때, 제3세계 후발자본주의적 산업화 과정에서 소위 '초중상주의(super-mercantilist)'적 국가가 나타나는 것은 어쩌면 당연한 것인지도 모른다. 발전국가는 후후발 산업국가에서 보여 지는 것으로, 반시장적 혹은 반자본주의적인 그 어떤 것은 아니라는 점이다.

2) 동아시아 위기[20)]

가. 경제적 접근

한국경제의 내적인 문제점들인 부실재벌과 부실 금융을 중심으로 한 정부, 금융기관, 및 재벌간의 유착관계에 의한 한국형 발전모델의 폐해, 국제수지 적자의 규모와 누적에 의한 외채 증가, 외국자본의 직접투자 유입률의 상대적 저하 등과 관련한 경제주체들의 대응실패, 특히, 정부의 경제관리 능력의 실패를 주요 원인으로 들고 있다.

나. 정치문화적 접근

전통적인 유교문화의 실패를 중심으로 동아시아 경제의 동반 침몰을 아시아적 자본주의 발전론의 한계를 설명하고 있다. 대표적인 요인으로 가산(家産)제 전통에 따른 경제에 대한 관료의 지나친 통제와 간섭 및 규제의 실패, 관료와 재벌 및 금융부문의 도덕적 해이, 유교적 가부장적 윤리가 가져온 정실에 치우친 정경유착관계와 이에 따른 음성적인 부패와 거래, 잘못된 가족주의로 인한 재벌중심의 자본집중과 경제의 족벌화, 노동자에 대한 가족주의의 온정주의로의 전환실패와 노동자들의 저항 심화 등을 들고 있다.

다. 발전국가(developmental state)의 한계

후기 후발 산업화 국가로서 한국을 위시한 동아시아 국가들은 자본주의 발전과정에서 독점자본가, 계획가, 은행가, 생산자, 규제자, 촉진자 등 다양한 역할과 기능을 수행해 왔으나, 국내외적인 환경의 변화로 이제 그러한 것들이 제 기능을 수행하지 못하는 한계를 맞게 된 것이 위기의 원인이라는 것이다.

특히, 첨예한 국가 간 경쟁의 세계경제체제 속에서 개별 국가의 분야별 경쟁력 상실은 국가의 생존 자체를 규정하는 것인 만큼, 국가경쟁력을 높이는 노력이 중요하고 경쟁에서 뒤떨어질 경우에는, 위기를 맞게 된다는 것이다.

라. 외인론 : 세계자본주의 체제의 제약

자본주의 세계체제는 그 성격상 확장, 심화, 발전하는 성격을 본성으로 지니고 있고, 그 중심부(core)가 발전하기 위해 준주변부(semi-periphery)와 주변부(periphery)를 거느리게 되는 데(I. Wallerstein), 한국은 국가주도의 수출중심 산업화를 통해 발전하면서 자본주의 세계체제의

20) 임혜란, 「동아시아 위기: 동아시아 모델과 지역경제협력」, 「국제정치논총」, 40집 2호(2000년) 참조.

주변부에서 반주변부로 진입하는 과정에 중심부의 견제에 걸려 위기를 맞게 되었다는 것이다. 중심부가 자기들 중심의 기존 세계경제질서를 훼손할 어떠한 도전도 허용하지 않으려는 의지를 가지게 되어 이에 도전하는 동아시아 국가들, 특히 일본이나 한국 등의 경제체제를 혼란, 약화시키게 된 것이라는 입장이다.

세계체제론적 시각과 유사한 맥락에서 규제되지 않은 국제투기자본의 문제를 강조하는 견해가 있다. 예컨대 Andrew 등은 세계경제체제 내에서의 단기투기자본의 성격을 지닌 세계적인 금융자본의 "규제되지 않은 국제적인 이동성"에 외환위기의 원인을 찾고 있다. 한국 외환위기가 발생한 보다 근본적이고 직접적인 요인은 외환 및 자본의 자유화와 결합한 과잉 축적된 금융자본의 고도의 국제적 이동성(capital mobility)이 한국의 경제관리능력의 범위를 벗어나고, 한국경제에 대한 국제신인도를 떨어뜨렸으며 확대, 심화과정에서 한국의 경제체제가 필연적으로 당면하게 된 것이 현 위기의 본질이라는 입장이다.

마. 평 가

내인론은 위기의 원인을 개별 국가의 내부적인 특성에서 찾고 있어서 구체적으로 개별 국가가 내부적으로 어떻게 대응해야 할지를 집중적으로 진단하여 처방을 내릴 수 있다는 장점을 지닌다. 그러나 국제화와 지구화가 강조되는 새로운 국가 간 질서로 정립되고, 경제도 개별 국가의 경계를 넘어 전지구적인 차원에서 그 활동범위를 넓히고 있는 점을 고려할 때, 세계체제와 같은 외부의 영향력을 무시하는 점은 위기의 본질을 총체적으로 파악하지 못한다는 점이 한계라고 볼 수 있다. 반면, 외인론은 한국의 외환위기와 IMF관리체제에 대한 구조적이고 거시적인 측면에서의 원인을 규명해주는 장점을 지니지만, 결정론이나 환원론이 지니는 한계를 내포하고 있는 단점이 있다.

각 견해는 근본적으로 동아시아 국가군의 성장과 위기, 그리고 회복과정에 대한 분석을 통해서 그 적실성아 평가되어야 할 것이다.

3) 동아시아 위기 이후 회복과 동아시아 모델

내인론에 따르면, 경제위기는 해당 국가가 안고 있는 문제점들이 오랫동안 누적되어 표출된 것으로 이러한 구조적 문제를 해결하는 데는 상당한 시간이 소요되며, 따라서 경제성장의 회복세가 단기에는 별로 나타나지 않고 장기적으로 서서히 나타나는 'L'자형(또는 완만한 'U'자형) 회복과정을 보일 것이다. 외인론에 따르면, 일시적으로 자금 경색이 문제가 되며, 일시적인 충격효과만 나타나는 'V'자형 회복과정을 보일 것이다. 그런데, 현실에서는 인도네시아를 제외한 모든 국가들이 즉시 (−)성장에서 (+)성장으로 돌아섰다. 이들 국가들이 서로 다른 다양한 대응정책(즉, IMF 처방을 수용한 한국과 거부한 말레이시아)을 시행하고 있음에도 불구하고 동아시아 지역에서 공통적으로 급격한 회복세를 보인 것이다. 위기는 외적 충격이었음을 의미한다.

이러한 관점에서 IMF처방이 비판되기도 한다. 첫째, IMF는 위기의 본질을 정확히 판단하지 못하고 계속 내인론을 고집하면서 처방을 내려 위기를 진정시키기보다는 더욱 악화시켰다는 것이다. 둘째, 구제금융을 신청하는 국가들의 경제사정이 다름에도 불구하고 그 처방내용이 천편일률적으로 같아 동아시아 지역에 엉뚱하게도 남미경제에 필요한 처방을 내렸다는 것이다.

4) 동아시아 모델의 위기 vs. 동아시아 지역의 위기

시장주의나 문화론적 비판처럼 동아시아 모델의 중요한 특성인 정실 자본주의가 곧 동아시아 위기의 핵심원인으로 보기 어렵다.[21)]

동아시아 국가의 경제성장을 가능하게 한 구조는 산업화 과정에 있어 국가의 주도적 역할과 국가와 기업과의 긴밀한 관계를 통한 수출전략이며, 국가의 강한 규제와 간섭이다. 동아시아 모델이라고 할 수 있는 국가는 따라서 일본 · 한국 · 대만 · 싱가포르의 경우로 국한된다. 그러나 동아시아 위기는 이들 동아시아 모델의 핵심국가에서부터 시작된 것이 아니라 상대적으로 후진 지역인 동남아시아 국가에서 시작되어 동아시아 지역 전체에 전이된 것이다. 게다가 일본 · 대만 · 홍콩 · 싱가포르의 경우 안정적이었다는 점에서 동아시아 위기를 동아시아 모델의 위기로 보기보다는 동아시아 지역 경제위기로 보는 것이 보다 설득력이 있을 것이다.

나아가 국가의 개입에 의한 부작용 때문에 동아시아 모델 자체를 부정하기보다는, 국가의 어떤 개입이 어떤 비효율을 낳았는지 분석하면서 앞으로는 어떤 형태의 국가개입이 바람직할 것인지 논의해야 한다. 국가가 강해지거나 약해져야 한다는 식의 해결보다는 국가의 역할을 어떻게 재규정해야 하는가 하는 국가 · 시장 · 제도에 대한 제3의 방향을 찾아야 한다는 것이다.

2. 발전국가론

발전국가란 일종의 계획 또는 전략적 목표에 따른 제도적 배치를 통해서 경제발전을 위한 결정적 역할을 수행하며 국민적 발전(national development)을 추진하는 국가를 말한다. 역사적으로 보면, 발전국가는 후기자본주의 산업화과정 중 특히 제2차 세계대전 이후 탈식민지주의 시대의 발전개념에 관련하여 형성된 국가의 특수한 모형을 말한다(White, 1988).

발전국가에 대한 여러 학자들의 정의를 종합하면, 신중상주의적 국가 개입과 시장을 변화시키는 기능을 하는 일종의 제도(효과적인 국가 혹은 국가의 변형능력)라는 두 가지 개념적 요소를 지니고 있다고 볼 수 있다. 정치적으로 보면 양자는 각각 권위주의 체제와 높은 국가의 자율성과 조응한다.

1) 주요주장들

가. C. Johnson의 발전국가론(통산성과 일본의 기적, 1982)

발전국가의 최고목표는 성장과 생산성, 경쟁력을 기준으로 한 경제발전. 발전국가는 사유재산과 경쟁을 주창하는 동시에 엘리트 경제관료를 통해서 계속적으로 성장을 지도(guide)하는 데 있다. 또한 발전국가는 사적 기업부문과 자문과 조절을 위한 다양한 제도에 참여하고, 이러한 정

---

21) 문화론은 한 문화권 내의 동일지역이 역사적으로 변천해 나가는 것을 설명하지 못한다. 이는 조선이 자주적인 근대화에 실패한 것이 상공업을 천시한 유교문화 때문이었다고 하다가, 한국의 경제가 성장하자 이 또한 근면과 교육을 숭상하는 유교문화 덕분이었다고 하는 논리적 모순을 보여준다.
경제성장의 역동적 동인으로 아시아적 가치 및 유교문화를 강조하다가 또 다시 경제위기를 겪게 되면서 유교문화의 역기능을 부각시키는 주장에서는 그 논리적 일관성을 찾기 어렵다. 그보다 유교 자본주의의 어떠한 순기능과 역기능이 존재하는지, 시기별로 그러한 특징이 어떻게 각기 부각되어 경제발전과 위기에 영향을 주었는지 재검토되어야 한다.

책자문은 정책형성과 실행과정의 통합적인 부분이 된다. 이러한 관점에서 존슨은 일본의 관료는 지배(rule)하고, 정치인은 통치(reign)한다고 결론 내린다.

나. A. Amsden(1989) 한국 경제의 성격

국가는 기업가, 은행가, 산업구조의 설계사로서 역할을 한다. 다른 신흥공업국에 비해 동아시아 국가들의 해외직접투자 비율은 상대적으로 낮고, 국가는 적극적으로 초국적 기업과 외국차관을 효과적으로 통제해 왔다. 국가는 계획자 또는 상위파트너로, 한국의 경제체제는 국가주도 자본주의(state-lead capitalism) 또는 한국주식회사(Korea Inc.)라 할 수 있다. 한국의 경제체제는 다음과 같은 특징을 가지고 있다 ; ① 시장에서의 국가개입의 중심적 역할, ② 효율성을 보장하기 위한 사적 기업에의 정부 규율의 중요성, ③ 대규모, 다각화된 기업집단의 산업역량, ④ 후발 산업국가를 위한 기술학습.

다. R. Wade : 통제시장이론(governed market theory)

웨이드는 동아시아 국가에서 왜 국가에 의한 대규모의 경제관리가 국가 관료의 부패와 자기이익의 추구로 이어지지 않았는가에 대해 다음과 같은 특징들을 제시한다 ; ① 우선적 산업부문에 대한 높은 투자, ② 전략산업부문에서의 후원·규율·지도 등 광범위한 정부 행동, ③ 해외시장에서의 국내산업의 국제적 경쟁.

이러한 정책들은 자유시장이나 가상적 자유시장 정책과는 구별되며, 생산과 투자의 결과를 향상시키기 위해서 정부가 적극적으로 자원배분의 시장과정을 지도하고 통제한다고 보았다. 그러면서, 이러한 정부의 적극적 개입이 동아시아 산업화의 성공을 위한 핵심적인 전제조건이라 평가한다.

라. P. Evans와 embedded autonomy

에반스는 관료제의 베버적 특성을 통해 이를 규명하려 한다. 예컨대, 일본의 통산성은 명성 높은 직장이었으며, 베버가 관료제에 필수불가결하다고 생각했던 특별한 지위가 주어졌다고 보았다. 이 관료들은 장기적인 경력을 추구하였으며, 조직의 목표 추구와 실현이 자신의 경력에 도움이 되었기 때문에 그것이 곧 개인의 이익을 극대화하는 것을 의미한다. 다시 말하면, 이들 국가에서 관료의 이익과 조직(국가) 이익이 합치될 수 있었던 것이다.

에반스 주장의 핵심은 국가와 기업의 네트워크에 있으며, 국가는 사회와의 관계에서 기존의 베버리안들과 달리 완전한 의미의 자율성을 행사하는 것이 아닌, 사회와의 연계된 네트워크를 통한 자신의 의도를 관철시킬 수 있었다는 의미의 내재된 자율성을 행사할 수 있었다고 평가한다.

① **(내부네트워크)** 일본의 관료제는 조직 내외의 무수한 비공식적 네트워크의 존재로 특징지어진다. Johnson식으로 표현한다면, 업적주의만으로는 보장할 수 없는 관료조직 내의 결집성을 제공하는 핵심요인으로 엘리트 대학에서 맺어진 동문의 관계가 그것이다. 내부의 네트워크는 전반적인 효율성을 제고하는 베버주의를 강화하는 기반이 된다.

② **(외부네트워크)** 에반스는 일본의 산업정책이 관료와 기업가 사이의 미로처럼 얽힌 관계에 의존한다고 보았다. 이때 관료제의 내부결속력은 외부 네트워크와 상충되는 것이 아니라, 국가가 외부 네트워크에 효과적으로 참여하는 데 선결조건이 된다[**내재적 자율성**].

즉, 국가가 특정 이익을 초월하여, 자율성을 가지고 경제에 권위적으로 개입할 수 있어야 하지만, 행위자들을 조정할 수 있어야 한다. 오로지 자율성만을 가진 국가는 경제 개입에 필요한 정보가 부족하며, 민간에 의한 분권적 집행에 의존할 능력을 결여하게 된다. 반면, 사회에 과도하게 파묻혀 있는 국가는 자율성이 부족하여 기득권자의 자기 이익 추구에 희생된다. 그러나 사회와의 연계는 정보를 제공하고 집행을 원활히 해주기 때문에 국가의 내재성(embeddedness)이 필요하다. 내재성과 자율성이 조화를 이룰 때만이 어떤 국가가 발전 지향적이라 할 수 있다.

마. L. Weiss : governed interdependence

린다 와이스는 국가능력이나 내재성에만 관심을 갖기보다는 국가가 어떻게 사회와 권력을 공유하는지에 초점을 맞추면서 조정된 상호의존성(governed interdependence)의 개념을 제시한다. 조정된 상호의존성은 국가와 사회의 독특한 형태의 제도화된 연계를 의미한다.

L.Weiss에 의하면, 일본 등 동아시아 국가와 같이 조정된 상호의존성의 체제에서는 누가 이니셔티브를 쥐는가는 큰 의미나 중요성이 없다. 국가와 기업 모두 정책발의에 참여하는 데, 이것은 국가가 직접 혹은 기업에의 위임을 통해 지도적 역할을 유지하는 협의된 관계 속에서 사회적 조정이 일어남을 의미한다. 이 과정에서는 국가와 사회에 모두 득이 되는 윈윈 상황이 조성된다.

이 체제에서는 국가는 성과목표를 정하거나 산업을 선택적으로 지원하며, 국가에 의해 위임된 산업정책은 공공과 민간의 제휴를 통해서 구현되게 된다.

바. P. Hall & D. Soskice

내재된 자율성이나 조정된 상호의존성이 강조하는 것은 발전국가가 국가와 사회의 혼합적 형태의 경제 거버넌스가 경제적 성취를 위한 최적의 해결책인 것처럼 강조하는 경향이 있다. 그러나 경제적 성취는 여러 가지 형태를 통해서 가능하다. 예컨대, 서구에서 자유주의 모델이나 조정된 경제(케인즈주의)가 높은 성장률을 보였으나, 그것은 서구적 특수성으로 이해되어야 한다.

서구의 근대화와는 다른 시대적 배경을 가진 정치체제는 그와는 다른 제도적 장치에 의해 근대화를 이룰 수 있다. 따라서 효과적인 경제 거버넌스를 위해서는 그것이 적용되는 특정 제도적 환경에 대한 고려가 필요하다.

2) 발전국가와 국가의 역할

발전국가는 국가의 경제적 성취수준은 국가의 자율성과 비례한다고 본다.

한국의 경제발전과정을 보면, 1960년대 대규모복합기업의 형성에 국가가 결정적 역할을 수행했음을 알 수 있다. 경제발전목표를 수행하기 위해서 사적경제부문과 상호작용하는 중앙집권화된 국가의 존재가 핵심 요인이며, 한국의 대기업은 국가에 의해서 창조·관리·조절되며, 제한적 자율성을 가진 존재였다.

사회네트워크(social network) 이론은 국가와 사회 사이에 있는 공식적, 비공식적, 유기적(가족, 친족, 지연) 네트워크 등 구체적인 사회적 연계(social tie)의 존재를 제기하고 있다. 이는 M. Mann의 하부구조적 권력의 중요성을 제기하는 것과 같은 맥락이다.

John Hall에 따르면, 자본주의 사회를 운영하기 위한 국민국가의 능력이 국내 자본가와 협조하는 능력과 교육적 훈련의 사회 하부구조를 제공하는 역량, 변화하는 국제경제 관계에 직면하여 유연성을 제고하는 계급타협의 조건과 밀접하게 관련되어 있다.

A. Amsden은 시대적으로 발전의 동력과 국가의 역할의 차이를 전제로 동아시아 국가들의 발전조건을 추적한다. 암스덴은 ① 영국주도의 제1차 산업혁명(1760~1830)은 발명(invention)에 의해 추동되었고, 정부의 역할은 자유방임(laissez-fairs)주의였다고 본다. ② 독일, 미국 주도의 제 2차 산업혁명의 추동력은 혁신(innovation)이었으며. 정부는 후발산업을 보호하는 유치산업보호론(infant industry argument)으로 설명될 수 있다고 한다. ③ 후발공업화의 추동력은 학습(learning)이었으며, 양질의 저임의 노동력이 경쟁력의 주요 원천이었고, 정부의 역할은 유치산업 보호를 넘어 보조금(지대)을 통한 적극적인 유인(incentive) 제공이었음을 강조한다. 발전국가는 자원배분 메커니즘으로서의 시장원리(경쟁원리)는 부인되었으나, 그렇다고 시장기구 자체를 거부한 것은 아니었다(시장원리를 거부했다고 해서 공업화가 지연되는 것도 아니며 시장원리를 채택했다고 해서 바로 성공적 공업화가 보장되는 것도 아니다). 즉, 국가의 존재가 산업화의 지체를 야기한 요인이 아니며, 오히려 국가의 부재가 산업화의 지연을 낳으며, 개발도상국의 도약은 강력한 국가가 존재해야 한다고 본다. 특히, 후발자본주의 국가에서는 투자를 위해서는 이자율이 낮아야 하지만, 높은 저축율을 유지하기 위해서는 이자율이 높아야 한다는 이율배반적 요구, 수출증대를 위해서는 고환율이 요구되지만 원자재와 자본재 수입을 위해서는 저환율이 요구된다는 이율배반적 요구, 경쟁력을 위해서는 자국 산업을 보호하기 위한 보호무역조치가 필요하지만 수요안정과 수출증진을 위해서는 자유무역이 요구되는 이율배반적 요구, 성장을 위해서는 안정이 필요한 반면 안정을 가져오기 위해서는 지속적 성장 기조의 유지가 필요하다는 안정론과 성장론(인플레 감수론) 사이의 긴장은 (복수가격제나 인위적 가격왜곡을 가능케 하는) 국가에 의해 해소될 수 있다고 보는 것이다.

그렇다고, 국가가 기업을 지도할 수 있는 절대적인 권력을 가졌던 것은 아니다. 국가는 내부적으로 통합적이고 단일한 행위자라기보다는 내부적 다양성이 존재하며, 상호 갈등하는 사회계급들과의 상호작용 속에서 권력을 분점하고 상호변환(mutually transforming)된다. 국가의 자율성과 통제력은 제한적이라는 것이다.

일본의 경우를 들자면, (Samuels에 따르면) 국가는 제조업분야 수출기업에게 계속적으로 국제시장의 변화에 관한 정보를 제공하고, 그에 따른 적응을 위한 방법을 지도하였다. 국가는 항상 일방적으로 지도하기보다는 '계속적인 자문(endless consultation)'을 통해서 지도과정 중 기업이익을 위한 중요한 정보를 제공한다. 이러한 '상호동의(reciprocal consent)'의 정치는 국가가 사회내의 주요 이익집단의 자율성을 인정하고, 협조적인 이익집단과 공통의 목표를 위해 활동하는 것에 대한 정치적 동의를 만들 때 발전국가의 힘이 증대된다는 사례를 보여준다.

이와 관련하여 P. Evans는 강한 국가(strong state) 라는 개념을 정교화를 시도하여 개발도상국가에서 '얼마만큼의(how much)' 국가개입이 이루어졌는가보다는 '어떤 종류의(what kind)' 국가인가와 그에 따른 경제발전 효과에 관한 질문을 제기했다. P. Evans는 이러한 기준을 통해 발전국가(일본 · 한국 · 대만) · 약탈국가(predatory state: 자이레) · 중간국가(intermediate state: 브라질 · 인도)라는 세 가지 이념형을 제시한다. 약탈국가는 산업적 전환을 추진하기 위해서 아무것도 제공하지 않는 가운데 투자할 수 있는 잉여만 추출한다. 반면에 발전국가는 사적기업이 산업적 투자에 참여하도록 동기(incentive)를 확대시키고 장기적인, 기업가적 계획을 제공한다.

A. Amsden에 따르면, 효과적인 국가와 국가 자율성 혹은 국가의 변형 능력이 경제적 성취수준에서 중요한 이유는 ① (합리선택) 신제도론의 기본 가정에서처럼 국가는 지대추구행위나 집단행동딜레마를 극복할 수 있는 강력한 규율을 확립하고 이를 실행할 수 있어야 하기 때문이다. ② 국가는 때로는 특정 산업 발전을 위한 유인(보조금, 지대)를 제공할 수 있어야 하며, 투자와

저축을 위한 적정 이자율 규제, 수출과 수입을 위한 환율 규제, 자유무역과 보호무역, 안정과 성장 등 이율배반적인 요구에 대한 적절한 제도적 장치(이중시장, 복수가격제)를 마련하고 집행할 수 있는 역량이 있어야 한다.

3) 비교적 관점에서의 발전국가 : 초기조건의 문제

남미와 동아시아 국가의 발전과정을 보면, 양자의 차이를 수입대체화전략과 수출지향전략이라는 정책선택의 문제로 설명하기도 하지만, (동아시아 국가 내에서도 수출지향전략이라는 점에서는 동일하지만, 한국의 차관 의존형과 동남아시아나 직접 투자형으로 구분된다) 이러한 정책의 선택은 초기조건의 차이를 무시할 수 없다.

남미와 동아시아의 근본적인 차이는 이러한 정책의 선택으로 인하여, 동아시아는 최소한 경쟁적인 시장구조를 형성할 수 있었다는 것이다. 즉, 해외자본의 유치는 국내적 독점구조를 형성하거나 유지하기 어렵게 했다. 해외자본의 유치는 자국기업을 직접적으로 보호하기 어렵지만, 중국처럼 외국기업과 경쟁하거나 제휴를 통해 경쟁력을 키울 수밖에 없는 상태에 있으며, 한국 기업들은 국내적 독점에도 불구하고 해외시장에서의 경쟁적 구조 속에서 지대추구행위를 지속할 유인이 크지 않았다는 점이다.

그러나 초기조건의 변화는 이러한 국가의 개입이 더 이상 성공을 위한 조건으로 기능하지 못할 수 있음을 동시에 시사한다.

① 국가의 능력과 자율성 측면에서 보면, 엘리트들의 탈국가화와 관련된 국가능력의 저하, 그리고 시장의 확대와 기업부문의 성장에 따른 국가의 자율성 약화, 자본시장의 개방에 따른 국가에 의한 금융자원의 독점적 통제의 약화, 공공 부문과 사적자본 간의 경계의 변화, 그리고 이로 인한 관료 네트워크에 의한 규율기능의 약화 등은 동아시아 발전모델을 구성했던 구성요소들의 변화를 보여주는 요소들이다. 이러한 요소들은 시장주의 확대로 이어진다.

② 지구화로 인한 변화는 근본적인 제약으로 작용할 수 있다. 규제완화는 서구 뿐 아니라, 일본에서도 나타나는 현상으로 L. Weiss & J. Hobson은 일본이 이미 탈발전국가(post-developmental state)로 전환되고 있음을 지적하고 있다. 발전국가 모델을 취하고 있는 대다수 동아시아국가들도 관료적 통제를 관료제와 기업 사이의 조절과 협조관계로 전환시키고 있다.

③ 사유화와 민간화는 신후진국 모두에서 국가역량을 재구성 혹은 제약하는 요소로 작용하고 있다. 지구화 과정 자체는 기업을 지도 혹은 지원하는 국민국가의 성취물이라 할 수 있으나, 이러한 지구화의 결과는 국가부문의 기능을 민간으로 이전하는 것을 포함함으로써 국가능력을 제약하게 되는 것이다. 따라서 지구화과정에서 국가의 역할이 존재하지 않는다는 것으로 해석되는 것이 아니라 지구화 과정에서 국가는 국내외 자본에 대해 어떠한 지원과 어떠한 자극을 취할 것인지로 관심의 초점이 이동하게 되며, 국가의 네트워크 관리와 조정능력 및 지원능력이 중요하게 부각될 수밖에 없다.

즉, 발전국가를 일반적인 모델로 보기에는 한계가 분명하게 존재하는 것이다.

참고 워싱턴 컨센서스, 베이징 컨센서스 20011 행정

1. 워싱턴 컨센서스(Washington Consensus)

워싱턴 컨센서스(Washington Consensus)는 동유럽 공산주의 체제 붕괴에 대비하기 위한 워싱턴의 정책당국자들의 모임에서 도출된 합의 내용을 말한다. 합의 내용은 이들 국가에 시장경제체제를 이식(신자유주의 확산)하기 위한 내용을 담고 있는데, 구체적으로는 정부예산 삭감, 자본시장 자유화, 외환시장 개방, 관세 인하, 국가 기간산업 민영화, 외국 자본에 의한 국내 우량 기업 합병·매수 허용, 정부 규제 축소, 재산권 보호 등을 담고 있다. 이와 같은 조치들을 경제 위기에 처한 제3세계국가들에 IMF구제금융이나 세계은행의 원조 제공의 조건으로 요구하는 것이었다(구조개혁의 권고를 수용하지 않을 경우 정권을 무력화시키고 반대파를 집권하게 하여 이를 수용하도록 하는 것을 담고 있다). J.Williamson은 자신의 저서에서 남미 등 개도국에 대한 이러한 개혁 처방을 '워싱턴 컨센서스'로 명명한 데서 유래됐다.

워싱턴 컨센서스가 미국의 영향력과 이익을 위한 것이자, 고리대금업이라는 비판이 커지자, 세계은행 졸릭총재는 2008년 '워싱턴 컨센서스(Washington Concensus)' 가 더 이상 유효하지 않다고 밝히면서 "이제 개발도상국이 세계의 동력이 되고 있다. 이제 워싱턴 컨센서스가 아니라 뉴델리, 베이징, 카이로에서 다양한 컨센서스가 나와야 한다" 고 말한 바 있다.

2. 베이징 컨센서스(Beijing Consensus)

중국은 그동안 '비민주국가', '인권탄압국가' 라는 비판을 받아왔지만, 국제사회에 베이징 컨센서스라는 발전모델을 제시함으로써 '선도국가' 로서 영향력을 확산시키고 있다. 베이징 컨센서스라는 용어는, 미국 투자은행인 골드만삭스의 자문역과 중국 칭화대 강사를 지낸 조슈아 쿠퍼 라모 전 '타임' 부편집장이 2004년 5월 영국 총리 산하 연구소인 외교정책센터에서 발표한 보고서에서 '워싱턴 컨센서스' 와 대립되는 개념으로 처음 사용했다. 미국식 발전모델에 반대되는 의미로 사용하지만, 또한 권위주의 체제와 정부가 시장경제를 주도하는 국가모델(국가자본주의, State Capitalism)을 뜻한다. 1921년 소련의 신경제정책을 모델로 하는 국가자본주의와 달리 중국의 국가자본주의는 사회주의가 아닌 시장경제체제를 사회주의에 이식하는 모델로서 이해될 수 있다. 또한, 미국식 자본주의와 비교할 때, 시장에 대한 국가의 개입을 최소화하는 발전모델에 대한 반명제로 이해된다.[22]

베이징 컨센서스는 '① 정책·제도·기술 등의 혁신을 통해 고도성장 및 경제발전을 달성하며, ② 단순한 소득 증가보다는 삶의 질을 높이는 지속가능하고 평등한 발전을 추구하고,[23] ③ 독립성과 자결권을 확보 하여 자국 경제에 대한 통제권을 유지하고 패권 국가와의 관계를 조절한다.'[24]는 3개의 원칙으로 구성되어 있다.[25]

(위 세 번째 요소와 관련된 것으로) 중국은 베이징 컨센서스를 대외정책으로 내세우고 있다. 베이징 컨센서스를 강조할 때 '타국에 정치적 민주화를 강요하지 않는다' 는 것을 전제로 한다. 이를 기반으로 '타국의 주권 존중과 내정 불간섭' 이라는 외교노선으로 발전시켰다.

3. 워싱턴 컨센서스와 베이징 컨센서스

베이징 컨센서스의 대두와 확산은 워싱턴 컨센서스의 위기와 관련된다. 미국이나 IMF가 제시한 경제위기 해법은 국가권력의 시장개입을 최소화하고 시장의 기능과 민간의 자유로운 활동을 중시하는

22) 중국의 140 여개의 국영기업은 중국경제의 핵심을 이룰 뿐 아니라 글로벌 기업으로 성장해 왔다.
23) 후진타오는 덩샤오핑의 선부론(先富論)을 버리고, 균형발전을 내용으로 하는 '허셰(和諧·조화)사회'를 통치이념으로 제시했다. 허셰는 도시와 농촌, 연해지역과 내륙지역, 경제와 사회, 인간과 자연을 조화롭게 발전시킨다는 균형발전 전략 '공동부유론(共富論)'을 말한다.
24) '평화롭게 국제사회의 강대국으로 우뚝 선다'는 화평굴기(和平屈起) 노선으로 표현되기도 한다. 화평굴기는 중국위협론에 대한 반대논리로 제시한 것으로 주변국들을 비롯해 각국과 평화적인 발전을 도모하겠다는 것이다.
25) 반면, David Havi는 중국의 경제성장을 "극단적으로 낮은 임금과 산업혁명 초기국면을 무색하게 하는 냉혹한 착취"의 산물로 본다. 아울러 성장의 혜택이 불균등적이며, 민영화와 노동시장 유연화가 꾸준히 확대되고 있다는 점에 주목한다. 이런 점에서 하비는 '중국식 신자유주의' 경제로 규정한다.

신자유주의를 지향하는 것이었다. 동유럽, 남미, 그리고 아시아 국가의 경제를 미국 경제에 종속시키기 위한 것이라는 비판에 대해 미국은 세계화에 따른 자연스러운 현상이라고 반박해왔다. 그러나 세계 경제의 중심인 미국의 월스트리트는 서브프라임 모기지 부실 사태로 무너졌고, 탈규제·민영화·개방화로 상징되는 미국식 자본주의(신자유주의)가 대안이 될 수 없다는 인식이 확산되면서 베이징 모델에 대한 관심이 증대되었던 것이다.

이러한 위기의식은 미국 국가정보국 산하 국가정보위원회(NIC)가 2008년 발표한 '글로벌 트렌드 2025 - 변화하는 세계' 라는 보고서에 담겨있다. 보고서는 향후 15~20년간 중국보다 강력한 영향력을 행사할 국가는 없을 것이라고 하면서, "미국은 2025년에도 세계에서 가장 강력한 국가로 남겠지만 그 영향력은 지금보다 훨씬 줄어들 것이며, 이에 따라 많은 국가가 서방의 정치·경제 모델보다는 국가가 경제를 주도하는 중국식 발전모델을 따를 것" 이라고 지적하였다.

그 원인으로 제시된 것이 (미국식 자본주의 위기와 함께) 미국의 일방주의다. 냉전기에는 세계경찰 국가와 공산주의 확산 방지를 명목으로 제3세계 국가의 내정에 간섭해 왔는데, 탈냉전시대에도 이러한 정책은 지속되어 왔다. 탈냉전시대에는 인류 보편적 가치인 자유와 인권, 민주주의를 내세웠지만, 자국의 이익에 반하는 경우에만 개입하는 이중적 기준을 적용해 왔으며, 미국이 내세운 신자유주의적 세계화는 모든 국가의 발전과는 반대되는 국가 간 양극화를 심화시키고 있다는 인식이 커지면서 반미주의와 베이징 컨센서스가 국제사회에 확산되는 기회를 제공했다.

4. 베이징 컨센서스에 대한 전망

중국은 연성권력(soft power)에 기반하여 아프리카 자원을 싹쓸이 해 왔다. 중국은 '정치적 동등, 경제적 상호협력, 신뢰구축' 등 3대 정신을 강조하면서, '군사인재 육성, 유학생 교환, 중국어 교육 지원, 중국기업의 투자 장려, 채무 경감' 등의 정책을 내세웠다. 또한, 2004년에 서울에 공자학원을 세운 이래 120개국에서 440개의 공자학원과 64개의 공자과당(초중등과정) 등 1천개 이상의 공자학교를 설립하였다(2014년 9월 현재). 공자학원은 중국 교육부가 세계 각 나라에 있는 대학교들과 교류해, 중국의 문화나 중국어 등의 교육 및 전파를 위해 세워진 교육 기관이다. 공자학교의 설립추세는 프랑스의 알리앙스 프랑세즈(Alliance Fransaise, 120년간 1,100개), 영국의 영국문화위원회(70년간 230개), 독일의 괴테 인스티튜트(Goethe-Institut, 50년간 128개)와 대비된다.

연성권력 개념을 제시했던 J.Nye는 "중국이 개혁·개방정책을 추진한 지 30년 만에 경제대국이 되면서 아시아 아프리카 중남미 등 개발도상국에 베이징 컨센서스 모델을 제시했다... 중국이 최근 들어 소프트파워를 통해 얻고 있는 성과는 더 이상 무시할 수 없을 정도가 됐다" 고 지적하기도 했다.

그러나 베이징 컨센서스는 민주주의라는 국제사회의 가치와 충돌된다는 점에서 한계를 보이기도 한다. 예컨대, 중국어 교육기관인 공자학원에 대해, 중국정부가 수업 중 '파룬궁, 달라이 라마, 티베트, 대만' 에 대한 언급을 금지하라는 규제에 대해 캐나다나 시카고 등에서 "인권규정에 위배" 됨을 들어 공자학원을 폐쇄하거나 폐쇄 청원서를 내고 있다. Pax Sinica(중국에 의한 세계평화)가 낙관적이지 않은 이유가 여기에 있다.

	워싱턴 컨센서스	베이징 컨센서스
개념	미국식 자본주의, 신자유주의 대외확산 전략	중국식 정부주도 시장경제 발전 모델
주요 정책	건전재정, 공공지출 축소, 세제 개혁, 금리 자율화, 국제경쟁 환율 도입, 무역자유화, 외국인 투자 장려, 국영기업의 민영화, 경제 규제 철폐, 재산권 보호 등 10개 항목	정부 주도의 점진적, 단계적 경제개혁 조화, 균형을 중시하는 발전전략 화평굴기(和平崛起, 평화롭게 국제사회의 강대국으로 부상)의 대외정책
유래	1989년 존 윌리엄슨이 금융위기를 겪은 남미 국가의 지원 조건으로 제시	2004년 조슈아 쿠퍼 라모 골드만삭스 고문 겸 중국 칭화대 교수가 처음 사용

제 3 장 시민사회와 민주주의

연혁적으로는 유럽에서 18-19세기에 성립한 사회를, 경제적으로는 자본주의, 정치적으로는 민주주의라 부르며, 역사적으로는 근대사회, 사회적인 면에서는 시민사회라 부르며, J. Lock는 자유롭고 평등한 개인이 사회계약에 의해 구성하는 사회를 시민사회라 정의하고, 이를 정부와 구별하였다.

절대군주제를 무너뜨린 프랑스 대혁명을 비롯한 서구의 각종 시민혁명의 결과로 탄생한 시민사회는 국가의 밑에 복종하는 영역이 아니고 자신의 고유한 기능을 자발적으로 수행할 수 있는 자율성을 갖게 된 것이다. 이러한 '국가로부터의 시민사회의 분리'는 근대 민주주의의 시작을 알리는 역사적 대전환(김현희, 2000)이라 볼 수 있다.

그러나 자본주의와 이로 인한 부르주아와 프롤레타리아 간 계급갈등은 시민사회를 불평등과 분열의 장으로 만들었으며 자본주의 확대·팽창에 따라 시민사회는 상대적으로 위축되었다. 또한 자본주의의 발전과 함께 경제는 시민사회에서 분리되어 시민사회를 억압하는 또 하나의 힘으로 작용하여 시민사회는 근대초기와는 다른 양상과 내용을 지니게 되었다(예컨대, 체계에 의한 생활세계의 식민화 혹은 지대추구결사체 밀도의 증가와 사회적 자본의 감소). 이를 하버마스는 행정적·관료적 논리가 지배하는 국가부문과 이윤추구의 화폐논리가 지배하는 경제부문이 과도하게 성장하여 생활세계의 영역에 침투하여 이를 파괴하고 왜곡시켰다고 진단한다. ① 공론장의 확장과 사회자본에 대한 논의나 ② 생활세계에 고유한 의사소통적 합리성의 확산(공론장)을 통한 체계와 생활세계 간의 균형을 회복시키는 영향력의 정치 등은 이에 대한 대응논리라 하겠다.

시민사회에 대한 이론적 관점이 너무 다양하기 때문에 1절에서는 다양한 관점들을 소개하는 형식을 취할 것이고, 2절에서는 NGO를 중심으로 내용을 정리하는 형식을 취하려 한다.

제 1 절 개 관

Ⅰ. 시민사회의 정의와 특성

1. 시민사회의 정의

시민사회에 대한 개념과 정치에서의 함의에 대해서는 논자들마다 너무나 상이하다는 점에서, 일부 학자는 이를 정리하는 것 자체를 포기하기도 했다. 이분법과 삼분법, 좌파적 접근(소위 신좌파의 시민주의)과 우파적 접근(소위 자원주의나 자발적인 비영리부문) 등이 뒤섞이면서 시민사회에 대한 그 어떤 일관된 주장을 찾기 힘들어진 것이 사실이다.

근대 시민사회가 국가와 대립되는 하나의 영역 혹은 집단적 행위자로 규정되었다면, 최근에는 시장과도 구별되는 것으로 설정되는 경향이 짙어 지고 있다. 이때, 시장이라는 것이 영등포시장이나 자갈치시장을 뜻하는 것이 아니듯이 시민사회도 어떤 특정한 지리적 공간을 뜻하는 것이 아님을 알 것이다. 추상적인 개념으로서 시민사회는 시장이라는 공간이 기업과 소비자 간의 교환관계를 통해 확인될 수 있는 것처럼 어떤 원리와 행위자들의 상호작용 속에서 확인되는 그러한 개념이라는 것이다. 따라서 시민사회는 국가나 시장의 행위자와 그 작동하는 원리와는 구별되는 것으로서 개념화될 수 있을 것이다. 다시 말하면, 두레나 품앗이는 이윤추구나 권력적 작용에 의해 설명될 수 없는 독특한 원리와 상호작용을 갖는 것으로 소위 호혜성의 규범과 자발적 협력, 공동체적인 문제해결방식으로 설명될 수 있는 그러한 메커니즘과 영역을 형성하고 있으며 시민사회에 대한 하나의 상을 나타내는 것일 수 있다.

서구적 의미의 시민사회는 국가에 대항하는 과정에서 형성되었다. 즉, 시민혁명은 절대왕정에 대한 시민적 권리와 사적 자치의 영역을 확보하는 과정이었다는 점에서 시민사회는 자유주의적인 성향을 띤다. 이렇게 등장한 시민사회는 공유된 규범이 붕괴된 근대 사회를 배경으로 한다는 점에서 다원성을 불가피한 특성으로 보유할 것이다.

반면, 시민사회를 시장과 구분되는 것으로 본다면 그것은 비영리성을 특성으로 하는 것으로 공동체적인 원리, 즉 호혜성의 규범(프랑스 혁명의 이념으로 본다면 박대, 연대)이 작동되는 그러한 곳이라 할 수 있다. 이러한 의미에서 시민사회는 국가와는 독립된 하나의 실체로서 설정되지만, 그렇다고 시민사회가 국가나 시장과는 완전히 고립된 영역은 아니다. 한 개인이 합리적 경제인으로서 회사에 출근하거나 장사를 하면서 자신의 사적 이익을 추구하는 경우에 그는 분명 시장의 경계 내에서 존재하는 것이다. 심하게 말하면, 돈을 위해 부모를 고소한다면 그는 시민이라기보다는 시장적 인간이라 할 것이다. 동시에 그가 대표를 선출하기 위해 투표장에 있다면 그는 정치적인 인간으로 개념화될 것이다. 정리해보자.

시민사회는 다양한 내부구성을 갖는 독립된 하나의 영역인 동시에 국가라는 다른 영역과 끊임없는 상호작용의 관계를 수행하는 '집합적 행위자(Collective Actor)'로 간주하여 설명할 수도 있다. 다만 행위자로서의 시민사회를 어떤 단일한 중심과 동질적 의지로 통합된 생명유기체적 행위자로 간주하는 것은 부적절할 것이다. 실제로 시민사회는 자주 균열되고 갈등하는 무질서한 모습을 노출한다. 그러나 하나의 전체(혹은 집합적 행위자)로서 시민사회는 국가에 대하여 공통의 일관된 집합행위를 표출함으로써 일정한 역학관계를 형성하는 것으로 파악할 수 있다. 요컨대, 시민사회를 영역으로 보느냐, 아니면 행위자로 보느냐 하는 점보다는 각축하는 세력관계의 행위/실천공간으로서의 시민사회가 또 다른 세력관계의 행위/실천공간인 국가와 구조적으로 맺게 되는 상호 갈등적인 권력관계가 가장 결정적인 문제인 것이다. 시민사회란 각종의 세력집단들이 갈등하고 타협하는 하나의 역학적 공간으로 개념화될 수 있다(김성국, 2001).

- J. Linz and A. Stepan은 시민사회를 자율적으로 조직된 집단, 운동, 개인들이 국가로부터 독립되어 가치를 형성하고, 연합·연대하고, 그들의 이익을 추구하는 영역으로 정의한다. 이들의 정의에서는 다양한 사회 각 계층의 사회운동과 시민연합들을 포함한다.
- P. Schmmitter는 시민사회를 다양한 내부구성을 갖는 독립된 하나의 영역인 동시에 국가 등 타영역과 끊임없는 상호작용의 관계를 수행하는 집합적 행위자로 정의한다. 즉, 시민사회는 공적기관(국가)과 생산과 재분배를 위한 사적 집단(기업과 가족)으로부터 상대적으로 자율적인 자발적으로 조직된 중간매개집단을 말한다.

2. 시민사회의 원리 및 특성

1) 기본 가치

시민사회는 다원성 · 공유 · 공공성 · 참여를 그 가치로 한다.

시민사회는 자발적 협력질서로서 권력적 작용을 특징으로 하는 국가와 구별된다. 이 점에서는 자발적 교환질서인 시장과 유사하다. 반면, 시민사회는 영리를 추구하지 않는다는 점에서 시장과 구별된다. 이 점에서는 공공성을 중시하는 국가와 유사하다.

2) 지향이념

시민사회와 NGO는 탈이념적이며, 신중간계급이 주도한다.

① 시민사회는 개인을 중심으로 한다는 뜻에서 개인주의 · 자유주의를 지향하며, 국가주의에 반대하여 세계주의를 지향한다.

② 시민사회는 개인의 자유와 권리를 기초로 한다. 따라서 시민사회는 민주화 과정에서 보이는 것처럼 통일된 행위자로 행동하기도 하지만, 때로 분열되고 갈등하는 모습을 보인다.

③ 국가가 진보주의와 관련되고, 시장이 신자유주의와 관련된다면, 시민사회는 (두레나 품앗이에서 보듯이) 공동체주의를 사상적 기초로 한다.

3) 행위주체 및 조정기제

행위주체 측면에서 보면, 국가(정치사회)가 정부를, 시장이 기업 및 노동을 그 주체로 한다면 시민사회는 시민의 자발적 결사체(이익집단)와 시민운동단체를 주체로 한다.

조정기제 차원에서 본다면, 정치사회가 (국가의) 권력을, 시장이 화폐를 매개자로 한다면 시민사회는 연대를 그 매개자로 한다.

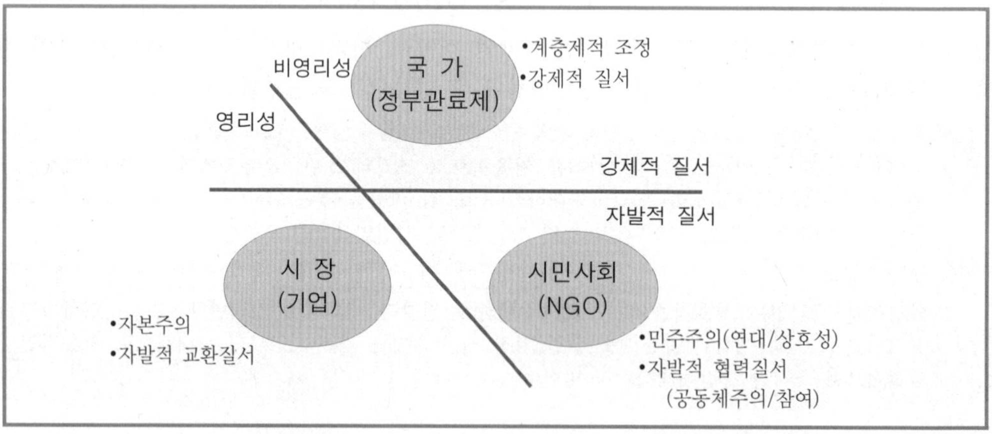

3. 시민사회의 재등장

시민혁명과 함께 등장한 시민사회는 발생론적으로는 절대주의 왕정에 대한 반발, 즉 국가권력에 대한 반발과 개인의 자유에 대한 신념(자유주의)을 특징으로 한다. 이 과정에서 국가와 시민사회가 분리(이를 국가-사회 이원화라 한다)되고 순수한 자율적 영역으로 성장하였다. 그런데, 시민사회 내부 또한 공적영역과 사적영역으로 분리되기 시작했다. 결론적으로, 시민사회는 사회통합을 이룰 수 있는 능력을 가진 자율적 영역으로서 다양한 세력이 투쟁하는 가운데 정체성이 형성되는 영역이면서도 국가 및 경제와 상호작용하는 영역으로 성장해 갔다.

근대적 시민사회는 20세기 행정국가 현상과 함께 쇠퇴된다. 정부의 적극적 역할과 개입주의 속에서 확대된 국가기능의 확대는 시민사회의 자율적 영역이 축소되고 상호작용의 한 주체로서 역할이 상실되게 된 것이다. 이러한 시민사회가 다시 재등장 한 것이 1980년대라 할 수 있다. 1960년대 말 서구 사회혼란 속에서 소위 신사회운동을 통한 참여주의 확산이 있었고, 1970년대 정부실패는 공공서비스 생산, 민주적 가치의 재생산, 인간 소외의 극복 등의 문제들(이종수 외 2003, 103)에 대한 대안으로 시민들이 자율적으로 해결하려는 욕구가 확대되면서 재등장했으며, 1980년대에는 비서구지역에서, 즉 동구 공산주의 붕괴와 제3세계의 민주화 과정에서 시민사회가 다시 주체로 등장한 것이다.

이러한 시민사회의 재등장 배경을 정리한다면 다음과 같다.

① 사회가 분화되고 복잡해짐에 따라 국가가 담당할 수 없는 영역이 점차 늘고, 시장 또한 한계가 있다는 점에서 제3의 대안으로 시민사회에 대한 관심이 증대되었다.
② 국가의 행정력이 미치지 못하는 부분에 대해 시민들이 자율적으로 문제를 해결하려는 욕구가 증대되고 있다.
③ 동구 및 제3세계 민주화 과정에서 시민사회의 역할이 증대되고 있다.
④ 국가실패와 시장실패에 대한 대안으로 국가와 시장 그리고 시민사회의 권력균형과 협력적 파트너십이 강조되고 있다.

4. 시민사회와 민주주의

1) 시민사회 논의

[1] 시민사회에 대한 관심은 사회계약론과 자유주의에서부터 출발한다. 자유주의는 시민사회를 사적 영역으로 간주하며, 사익을 추구하는 합리적 경제인들의 자발적 계약관계(시장)로 형성되는 것으로 보는 경향이 있다.

자유주의 시각에서 전제국가의 출현을 막기 위해서는 ① 정치권력의 분산과, ② 국가의 통제를 받지 않는 자율적인 시민사회·시민단체가 발달해야 한다. 특히, 각종협회, 학교, 출판사, 기업, 종교조직 등을 포함하는 시민사회는 전제주의와 사회적 부자유 및 불평등을 막는 안전판이라고 보았다. '시민단체를 구성하는 기술의 발전'이 민주주의의 요체라 보았던 것이다.

한편 자유주의는 강제적 영역인 국가(정치사회)와 자발적 계약과 자유로운 결사체로 구성된 사적 영역(시민사회)으로 구분되며, 양자는 대립적 관계로 인식한다. 그리고 시민은 레비아탄(Leviathan) 혹은 필요악으로 인식되는 정부에 대한 감시자로 그려진다.

[2] 공동체주의는 시민사회를 인간이 피해갈 수 없는 사회관계의 복잡한 조건으로 인식한다. 사적 공동체이자 폐쇄적인 망으로 이해되는 시민사회의 가장 큰 장점은 사회적 결속력이다. 그런데 민주주의와 공동체 사이에는 다음과 같은 긴장과 갈등이 내재되어 있다. 공동체는 결속력을

강조하기 때문에 폐쇄적이고 위계적인 성격을 띠게 되고, 사적 영역은 배제된다. 반면, 민주주의는 결속력과 자유, 공동체와 포용성을 추구하며 위계질서를 반대한다.

역설적으로 말해서, 시민결사체에 대한 공동체주의나 자유주의 모두 '공과 사'를 구분한다는 명목으로 국가와 개인, 국가와 공동체를 양극화시키면서, 나머지 한 측을 식민화하는 경향을 인다(B. Barber 2006, 47). 자유주의는 사적 영역과 개인을 공동체주의는 사적 연계망인 공동체에 치우친다는 것이다.

[3] B. Barber는 두 경향에 대해 제3의 관점(급진적 관점)을 제시한다. 이 관점은 시민사회는 개인주의적 계약관계나 혈연과 같은 보수적 공동체만으로 보아서는 안 되고, 시민은 다원적 정체성과 다양한 목적으로 갖는 존재로서 간주한다. B. Barber는 시민사회를 국가라는 공적 영역과 시장이라는 사적 영역을 매개하는 제3의 영역으로 보는 것이다. 이러한 시민사회는 개방성과 포용성, 자유와 다원성, 그리고 책임성을 그 특징으로 한다.

2) 시민사회와 민주주의에 대한 제 견해들

[1] J. Linz and A. Stepan는 시민사회를 정치 엘리트들의 권력 지향적인 정치적 참여나 경쟁의 장인 정치사회와 대비시킨다. 린쯔와 스테판은 시민 사회는 비민주적 정권을 무너뜨릴 수 있을 뿐이며, 그 자체로 민주주의를 위한 제도적 기반을 형성할 수 없다고 주장한다. 민주주의를 공고히 하기 위해서는 정치사회를 포함해야 하는 것이다.

[2] J. Cohen & A. Arato은 '영향력의 정치'라는 개념을 통해 시민사회에 적극적인 역할을 부여한다. 즉, 이들은 사회운동들이 자유민주적 제도들을 위협하거나 권력정치의 장으로 직접 진입하지 않고 공공정책과 정치문화에 영향을 미치는 것으로 구성원들이 자유롭고 평등한 관계를 형성할 수 있는 광범위한 감시 및 통제를 활성화하는 데 초점을 맞춘다. 시민사회의 영향력은 정치사회의 개혁을 이끌어 낼 수 있다고 보는 것이다.

다만, 교육과 공공설비에 접근할 수 있는 기회가 균등하게 보장되고, 가족 및 자발적 결사체를 통해 민주적인 시민의식의 내면화와 절차의 제도화가 먼저 이루어져야 한다고 주장한다. 이러한 요건들이 충족될 때 시민사회는 비판적인 담론 형성을 위한 참여민주주의의 공간으로 전환될 수 있다.

[3] M. Sandel, R. Bellah, R. Putnam 등 (우파)공동체주의적 관점에서 민주주의는 정치제도만으로 완성되는 것이 아니며, 시민사회 수준에서 제도화·내면화를 통해 공고화된다. 시민사회 내의 제도와 습속은 권력의 집중화를 견제하고 시민들의 공공정신을 발양하며 사적 이익의 추구를 완화시키는데 기여하기 때문이다.

Robert Bellah는 미국의 소규모 타운이 지녔던 성서적이고 공화주의적 전통을 되살려 공공성의 비전을 확보해야 한다고 주장한다. M. Sandel 또한 민주주의에 대한 미국 시민들의 불만은 개인주의적 자유주의로 인한 자치정부 상실과 공동체의 쇠퇴 문제를 다루지 못한데 있다고 진단하였다. 샌들은 학교·직장·교회·노동조합·사회운동과 같은 시민사회의 여러 제도들은 자아 정체성이 파편화되어 있는 포스트모던 시대에 민주적 활동을 위한 공간이자 마당이라고 보았다.

북부 이탈리아의 민주주의에 대한 실증 연구에서 출발하여 미국의 민주주의와 시민사회의 문제점과 해결책을 탐구한 R. Putnam은 효율적인 정치제도는 중간매개집단의 발달과 시민들의 적극적인 참여와 공공정신이 충실한 시민문화, 그리고 사회 자본에 달려 있다고 보았다. 미국의 민주주의 위기는 시민사회의 쇠퇴와 사회자본의 잠식에 기인한다고 진단하였다.

참고 시민사회와 민주주의

▷시민사회의 순기능

① 민주주의의 학교 : 자치적 시민결사체는 민주적 제도나 과정에 따라 행동하는 시민적 규범을 가르쳐주며, 원거리에 위치한 중앙정부에 개인의 요구를 전달하는 통로의 역할을 수행하고, 공공기관이나 사적생산자에 걸린 과부하를 덜어주는 기능을 할 뿐만 아니라, 불법적 권력찬탈이나 다수의 독재에 의한 자의적, 폭군적 권력에 대한 저항의 보루가 된다.

② 결사체의 예술(art of association) : 대중 민주주의 하에서 무력해질 수밖에 없는 개인들이 시민 결사체를 통해 적극적 시민들로 다시 태어나게 한다. 자발적 시민 결사체의 매개를 통해서 개인들의 사적 이익과 공동체의 공적 이익이 조화될 수 있는 것이다. 이를 통해 공공정신을 상실한 민주주의는 새로운 전체주의, 즉 다수의 독재를 막을 수 있다.

③ 사회적 자본(social capital) : 사회적 자본은 민주주의가 요구하는 사회적 통합과 자본주의가 요구하는 효율성을 동시에 달성하기 쉽다. 그것은 시민 참여 네트워크가 일반화된 호혜주의(reciprocity)를 번성케 하며, 사회적 신뢰를 증대시키고, 결사체 네트워크는 의사소통과 조정을 촉진함으로써 시장에 내재한 "집단행동의 딜레마"를 해결해주기 때문이다.

▷시민사회의 역기능

① 지대추구 결사체 밀도의 증가 : 시민사회 내에 지대추구적인 시민결사체 조직의 밀도의 증가는 시민사회의 지역·집단 이기주의의 현상을 야기하며, 이는 시민사회 구성원들로 하여금 민주주의를 이용하여 전체이익의 희생 위에 특수이익을 추구하도록 만든다.

② 국민적 통합의 저해 : 자치적 시민결사체조직이 강력해질 때, 그리고 강력한 하위공동체로 분열될 때, 민주주의가 요구하는 '인민의 의사' 형성이 어렵게 되고 사회는 강력한 이익·지역·종교·언어·종족집단으로 쪼개질 가능성이 커진다. 이는 신생 민주주의체제에서 민주적 제도의 정착에 필수적인 국민적 통합을 와해시킬 수 있다.

③ 후원-수혜자 관계의 구조화 : 권위주의체제의 유산인 국가조합주의적 시민결사체는 낮은 자생성과 자율성으로 인하여 국가와 공모구조를 형성하려 하고, 후원-수혜자관계를 구조화시키고 정치 부패를 만연시킬 수 있다.

Ⅱ. 한국의 시민사회

1. 민주주의와 시민사회

린쯔와 스테픈이 지적하듯이, 시민사회는 비민주적인 정부를 무너뜨릴 수는 있으나 스스로 제도화된 권력을 창출하고 민주적 경쟁 질서를 형성하지는 못한다. 하지만, 민주주의가 '직접민주주의든 간접민주주의든 시민들의 적극적 참여 없이 유지될 수 없으며, 제도화된 권력에 대한 끊임없는 비판과 감시 없이 제대로 작동할 수 없다.'면, 혹은 민주주의가 '공론장을 통해서 유지되고 발전될 수 있다.'면 민주주의의 수준은 시민사회의 수준에 달려 있다고 할 수 있다.[26]

어느 사회나 시민사회는 존재한다. 다만, '어떤 시민사회인지'가 문제된다. 한국의 시민사회는 일천한 역사를 가지고 있으며, 그 속에서 시민운동은 '시민 없는 시민운동', 매스미디어에 의존하는 담론의 정치 · 거리의 정치의 문제를 보여주고 있다. 일부에서는 시민사회단체의 활동이 국책사업을 지연시키고 정부 운영의 책임성을 저해한다고 비판하기도 한다.

그러나 동시에 한국의 시민운동은 한국 사회의 부정부패 및 환경 문제 등과 관련하여 사회의 공공선을 추구하는 개혁적이고 점진주의적 운동을 부각시킴으로써 중간계급의 관심을 유지하는 데 성공을 거두어 왔다. 그러나 여전히 시민사회에 확고히 뿌리를 내리지 못하고 있다고 볼 수 있는 것이다.

1) 비판적 관점

최장집 교수는 시민사회가 항상 민주주의 발전에 긍정적이지 않았음을 강조한다. 1920~30년대 서구에서 나치정권의 등장에서 보듯이, 시민사회의 자율적 결사체들의 강력한 발전과 전국적 정치제도 및 구조의 완강함이 전도된 결과라는 것이다. 독일의 저발전된 정치구조와 정치제도는 공적 생활에 있어서 의미 있는 참여를 방해했고, 결과적으로 시민의 에너지가 좁은 이익집단 내로 한정되는 사적 결사체 활동으로 비껴 나가게 했다는 것이다(최장집 2002, 185).[27]

최교수는 민주주의의 전망에 있어서 한국의 시민사회는 국가에 선재한다는 관념이 부재하다는 점에서 서구와 다르며, 다원적 권력구조를 갖는 봉건제의 경험이 부재하고 유교적 전통과 식민통치 및 미군정, 그리고 냉전의 경험은 국가의 우위성을 강화시켜 왔다는 점을 강조한다. 즉, 개인의 자유의 정당성을 주장할 수 있는 기반이 취약하고, 공적 영역과 사적 영역의 경계가 모호

---

26) 시민참여는 다음과 같은 기능을 하기 때문이라 한다.
① 시민참여오 감시는 정치권력이 특정 이익집단에 포획되어 자의적으로 행사되는 것을 막는다.
② 제도적 정책결정과정에 직접 참여(위원회 등)하거나 외부에 압력을 가함으로서 다수의 대중의 이익에 기여하는 방향으로 정책을 유도한다.
③ 시민참여와 교육프로그램을 통한 시민의식 향상이 이루어지며, 기업 활동의 감시 · 통제 · 소송 및 집단행동을 통한 기업 활동의 공공복리에 대한 기여를 유도할 수 있다.
④ 신자유주의 지구화 물결 속에서 국제적 연대를 통한 자본의 주도성을 견제할 수 있다.

27) 최장집 교수의 시민사회에 대한 인식은 고전적 자유주의에 가깝다. 그러면서도, 최교수는 로크의 시민사회는 자연 상태에 대비되는 것이지, 국가에 대비되는 것은 아니라고 평가한다. 로크에게 국가는 시민사회의 신탁된 대리자에 불과하다고 보는 것이다. 필자의 짧은 소견으로는 사회계약으로 형성된 시민사회는 자연 상태에 대비되는 것이지만, 동시에 사적 자치의 원리에 의해 운영되는 시민사회와 분리된 (지배계약에 의해 형성된) 정치사회를 별도로 설정, 즉 정치사회에 대비된다는 것을 최교수는 간과한 듯하다.

하고, 국가에 흡수되어 있다고 할 정도로 종속적이었다(최장집 2002, 190). 따라서 국가에 반하는 시민사회라는 의미는 한국사회에서 (민주화 과정 시기로 국한된다 — 옮긴이 주) 매우 제한적이며, 민주화 이후에는 '시민사회 대 시민사회'라는 테제를 통해 이해할 수 있으며(최장집 2002, 191), 시민사회 내 보수적 헤게모니 부분이 강화되면서 이성적 다원주의 없는 시민사회로 변질되어 버렸다고 본다(최장집 2002, 195). 한국의 시민사회가 권위주의의 학습장 역할을 하고 있다는 점에서, 공적 이성을 통해 중첩적인 콘센서를 형성하는 것에 대해 부정적(비현실적인 것)으로 인식한다. 그것은 공적 영역이 상이한 권력과 이익으로 분할되고 강력한 이익집단의 권력과 이익에 의한 헤게모니의 장이 되고 있기 때문이다(최장집 2002, 197).

2) 긍정적 관점

민주주의의 심화 발전에 있어서 시민사회의 역할이 오히려 강화되어야 한다고 보는 관점도 존재한다. 조희연 교수는 노무현 정부에서 소위 진보세력이 의회의 과반수를 차지하였으나, 비정규직의 지위를 약화시키는 법률을 통과시켰던 것처럼 민주주의 심화나 시민권 확대로 이어지지 않았다고 평가한다. 정당정치 강화는 따라서 문제해결의 해답이 될 수 없으며, 시민사회가 제도 정당의 상위적 공간을 만들어 내는 역할을 할 수 있어야 한다고 주장한다.

최장집 교수는 1987년 민주화 투쟁 이후 정치는 시민사회에서 멀어졌고, 부패한 정치사회의 무능한 집단이기주의에 대한 사회적 냉소만이 남았다고 진단하지만, 한국의 시민사회는 과거 권위주의에 체제에서 억압되어 왔던 여성, 환경, 동성애 등 다양한 생활세계 이슈들을 분출시켜왔다(오현철 2003, 167). 2002년과 2004년, 2008년, 그리고 2016년의 촛불시위, 총선시민연대 등에서 보이는 역동적인 한국 시민사회를 보수화되었다고 평가할 수는 없는 것이다. 민주주의의 지체는 시민사회의 보수성보다는 대의제 민주주의 자체의 한계로 평가하는 것이 타당하다. 최장집 교수가 지적하는 낮은 투표율 또한 시민사회의 보수화 때문이라기보다는 선거실패로 규정되어야 하며, 정치제도의 취약성을 반영하는 것으로 보아야 하기 때문이다.

한국에서 시민사회가 취약했던 이유는 사적 이익이 보장되지 못했기 때문이 아니라 법적·정치적·사회적 권리가 인정되지 못했기 때문이다. 따라서 물질적인 사적 이익이 아니라 민주화를 이루기 위한 운동에 치우쳤기 때문에 시민사회가 저발전했다는 논리는 적절하지 않다. 법적·정치적·사회적 권리를 확보하기 위한 민주화 없이는 시민사회가 있을 수 없기 때문이다. 하버마스의 논리를 빌리자면, 실질적인 시민권의 보장이 없는 사회는 시민사회가 아니라 생활세계에 불과하다. 사적 이익이 있는 곳에 시민사회가 있는 것이 아니라 정치와 경제체계로부터 방어하거나 획득해야할 가치가 있는 곳에서 시민사회가 탄생하는 것이다(오현철 2003, 170).

바버는 시민사회 및 공동체주의의 그림자인 전체주의로의 유혹에 대해 다음과 같이 말한다. "이미 사라져 버린 옛 공동체를 새롭게 재현하려는 시도는 원형에 비해 훨씬 더 많은 문제를 불러 올 수 있다. 즉, 우리의 20세기를 도탄에 빠뜨린 것은 아리안 족이나 알라만 민족 자체가 아니라, 생활권을 주장하고 그 이름을 빌려 전쟁을 일으킨 나치였다. 세르비아와 보스니아 자체는 역사적으로는 별로 비극적이지 않았다. 오히려 그들이 재구성한 탈근대적 이름 찾기의 결과가 더욱 참담한 비극적 현실을 초래했던 것이다(B. Barber 2006, 50)." 즉, 바버가 보았을 때, 전체주의는 시민사회의 그림자가 아니며, 시민사회가 초래한 것도 아니다. 시민사회를 전체주의나 광기의 광장으로 인식하는 것은 전근대적 의미의 공동체주의적 해석이며, 동시에 원자적 개인들을 상정한 자유주의적 관점에서 시민사회를 해석한 것이다. 시민사회의 건강함과 민주주의에의 긍정적인 역할은 어떠한 조건에서 가능한지, 바버식으로 말한다면 강한 시민사회는 어떻게 창출되는지가 중요하다는 것이다.

2. NGO의 성장과 시민사회 · 결사체에 의한 대의대행

1) 시민사회와 NGO, 정치과정의 변화

시민사회 성숙과 시민사회단체의 급증은 정치과정의 변화를 가져왔다(정상호, 2006, 92).

먼저, 서구의 경험을 보면, 하위체계에서 이슈 네트워크로의 전환을 확인할 수 있다. 공익적 · 시민적 결사체가 분출하면서 기업-관료-의회 사이의 편협한 이익의 공유와 편향을 강조하는 철의 삼각동맹이나 하위체계보다는 개방성과 갈등에 주목하는 이슈 네트워크나 시민단체 동맹(advocacy coalition) 같은 개념이 더 적합하다는 인식이 확산되었다.

둘째, 시민운동의 성장에 따른 이념대립의 양극화와 정책과정의 정치화 현상이다. 미국의 경우, 시민단체는 정책이슈에 대해 정부에 대한 직접적인 로비보다는 대중에 대한 호소 전략으로 대응하였고, 시민운동에 우호적인 정당과 정치인을 당선시키기 위해 적극적으로 선거에 개입하였다. 아울러, 시민단체는 정책의제설정 단계에서부터 다양한 입장을 개진하고 정책결정과 집행 등 정책과정 모든 단계에 관여하였다. B. Loomis & A. Cigler는 정치과정에서 야기되는 진보적 시민단체와 보수적 이익단체들의 양극화현상을, 시민운동의 활성화가 야기한 시민간의 의사소통체계의 과잉정치화(hyperpolitics)라고 표현하였다.

셋째, 시민단체의 등장으로 풀뿌리 로비가 일반화되었다. 미국정치에서 회전문으로 불리는 로비와 달리, 시민단체가 중요 행위자로 등장한 새로운 게임에서는 의회 밖의 정치적 동원이 더욱 중요해졌다. 새로운 홍보수단으로 무장한 시민단체는 유권자들을 동원하고 선거자금을 조달하는 등 선거정치에 적극 관여하였다.

2) 시민사회 · 결사체에 의한 대의대행

[1] 시민사회와 NGO가 정치적 관여와 개입이 확대되는 것은 사회적 합의가 근저에서부터 잠식되는 것을 의미한다(정상호 2006, 276). 이라크 파병과 대추리분교 사태, 새만금호 및 천성산 터널에서부터 미국산쇠고기 수입 등 각종 사회 이슈에 대한 소위 국론의 분열이 있었다. 정부의 정책에 대한 사회적 합의가 불가능한 상태에 있으며, 정치적 권위가 확보되기 어려운 상황을 의미한다. 나아가, 부패와 정부정책의 편향성은 도덕적 명분의 약화를 초래하면서 NGO의 정치적 개입을 정당화했다. 하지만, 동시에 공익을 명분으로 한 NGO의 정치적 개입은 기업집단과 보수단체의 반발을 불러 왔고, 이들 간 정치적 대립은 NGO의 도덕성에 위협으로 작용했다.

시민사회의 요구를 제도 정당이 아닌 NGO가 표출하는 대의대행(proxy representation) 혹은 준정당화는 한국사회에서도 예외는 아니다. 그러나 NGO가 정치권에 제기했던 핵심적 요구사항들이 대체로 관철되었다는 점에서 집권당에 대한 비판적 여론이 NGO로 되돌아오는 역설적인

현상도 나타나고 있다.[28)]

[2] 시민사회와 NGO의 대의대행은 대의제 위기와 탈정당화와 관련되는데, 대의대행을 비판적으로 보는 시각도 존재한다.

정치는 갈등과 분열 속에서 잠정적 합의를 이끌어 가는 과정이며, 그 합의가 적법한 절차를 거쳐 일정 기간 동안 잠정적으로 유효한 것으로 형성될 때 공공성이 획득된다고 볼 수 있다. 갈등이 조직되고 대표되는 과정이 개방되지 않으면 특정 계층이나 집단은 대표될 수 없기 때문에 이 과정은 제도화된 조직인 정당을 통해 이루어지는 것이 바람직하다.

시민사회는 개개의 의사가 교환되는 공론장이지만, 그것은 동시에 강자의 이익과 논리가 정의가 되는 헤게모니가 작동되는 영역이기도 하다. 나아가, 시민사회와 NGO의 정치참여는 반정치적 태도와 정당과 의회에 대한 불신을 조장하게 된다. 반정당/반정치의 이데올로기가 동반되는 직접민주주의나 대의제 민주주의는 따라서 바람직하지 않다.

> 향후 한국 정치에서 정당의 약화와 포퓰리즘적 분위기가 강해지는 환경에서 직접민주주의의 확대는 하나의 지배적 추세가 될 가능성이 커지고 있다. 주민투표제는 투표행위를 포함하지만 정부의 개입 없이 유권자로서 주민이 직접 통치하는 것을 허용하기 때문에 대의제 민주주의의 제도인 선거와는 다르다. 그러나 유권자가 직접 정책결정에 참여하는 형식을 띰에도, 그것이 효력을 가지려면 일정한 법적 요건이 필수적으로 요구된다. 예를 들어 세율 상한선의 결정 등이 주민투표의 의제가 되는 상황에서 법원이 그 결정 사안에 대해 헌법에 위배된다고 판결하면, 주민투표를 통한 결정은 효력을 갖지 못한다. ...(중략)... 비록 일반 유권자들에게 인기는 없지만 장기적 효과를 가지면서 다수의 주민에게 더욱 큰 혜택을 줄 수 있는 합리적이고 좋은 정책이, 단기적이고 협애한 이익을 가짐에도 강력하게 조직된 집단들의 반대에 의해 전복될 수 있다. 그것이 부정적으로 작용할 때 이익집단 중심의 정치가 가진 상층 편향의 효과와 유사한 양상을 보일 수 있다(최장집 2007, 133~134).

이러한 관점에서 보면, NGO에 의한 대의대행은 시민사회의 직접적 이익들이 정당이라는 매개항을 거치지 않고 직접 표출되는 것이라는 점에서, 그리고 제도화된 과정이 아닌 다른 수단에 의한 정치가 확대되는 것으로 민주주의에 부정적일 수밖에 없다는 것이다.

[3] 현실의 민주주의는 사회세력과 제도, 그리고 행위자가 만들어 내는 결과물일 수밖에 없다. 정당과 의회를 중심으로 한 대의제의 발전은 시민혁명과 같은 거리정치, 비제도적인 시민의사의 분출의 결과물이었듯이, 거리의 정치나 NGO의 대의대행현상 모두 새로운 정치와 제도를 창출하는 과정이라 보아야 한다. 즉, NGO의 대의대행현상은 '다른 수단에 의한 정치'가 갖는 효과의 일면을 가지고 평가해서는 안 되며, 대의제 한계에 대한 참여민주주의적 표출이라 평가할 필요가 있다. 갈등과 균열이 제도 정치과정에서 대표되지 못하고 배제되면, 그만큼 정치체제의 불안정성은 커진다. 개개 시민이 제도화된 정치과정에서 자신의 이익과 가치를 표출할 통로를 갖지 못한 상태에서 이루어지는 NGO의 이익표출은 갈등을 체제내화하는 과정으로 인식될 수 있는 것이다.

---

28) 이와 관련하여, 책임성과 대표성과 같은 갈등적 이슈보다는 부패근절, 투명성 증진, 저비용정치와 같이 광범위한 국민적 지지가 존재하는 합의형 이슈를 제기해왔다고 평가하는 입장도 있다(정상호 2006, 277).

제 2 절 시민사회 · NGO · 신사회운동

Ⅰ. 신사회운동

유럽과 북미에서 1960년대부터 활성화되기 시작한 이른바 신사회운동은 후기산업사회에서 나타난 새로운 형태의 운동으로 간주된다. 신사회운동은 특정한 계층적 또는 계급적 이해관계를 넘어서 초계급적 · 초계층적 성격을 띠며, 환경 · 반핵 · 평화 · 여성해방 · 인권과 같은 단일 쟁점에 관심을 갖고 있으며 정책결정에 영향력을 행사하기 위해 다양한 수단을 사용하고 있다. 이러한 운동은 산업사회를 지형으로 했던 기존의 사회운동과 비교할 때, 목표와 조직, 전략이라는 측면에서 새로운 것으로 인식되고 있다.

신사회운동에 관심을 갖는 논자들은 다음과 같은 질문을 던진다.

① 자본주의적 지배질서에 대한 전반적 비판인가? 민주주의에 긍정적인 영향을 미치는가? 혹은 신사회운동이 민중운동을 잠식하고 있지는 않는가?

② 신사회운동이 다루는 주제는 정치의제로 확고한 위치를 차지하면서 제도화되고 있다. 바람직한가? 반대로 비제도적이고 일회적인 이러한 신사회운동이 지속성을 확보할 수 있는가?

R. Inglehart는 현대 사회운동에 있어서 탈물질적 가치의 역할을 강조한다.

A. Touraine은 산업사회에서 후기산업사회로 진입하는 단계에서 노동운동의 제도화와 새로운 사회운동의 출현이 나타난다고 본다.

J. Habermas는 신사회운동이 경제적 분배에 대한 갈등과는 상이한 갈등과 관련된 운동으로서 주로 삶의 질, 평등, 인권과 관련된다고 보고 있다. 그는 신사회운동을 체계와 생활세계라는 분석의 틀 속에서 그 잠재력을 평가하고 있다. 즉, 사회의 주변부를 구성하는 집단은 생산에서의 성과에서 배제된 집단으로 인간과 자연에 대한 자기파괴적 결과들에 민감하게 반응하며 중심부의 성장중심주의적 이념에 대한 비판을 통해 체제 개혁에 대한 전망을 내 놓고 있는 것이다.

J. Cohen and A. Arato는 신사회운동이 권력획득을 추구하지 않으면서 사회의 방어를 강조하거나 사회, 경제 또는 정체(polity)의 탈분화를 요청하는 것이라고 주장한다.

C. Offe는 신사회운동은 물질적 측면이 아니라 기존 민주주의에서 제공되지 않는 비제도적 정치행위의 하나라고 주장한다. 오페는 자기결정과 자율성을 영향력 행사보다 중시한다.

1. 신사회운동의 의의

사회운동은 기존의 정치 · 사회구조에 대해 아래로부터의 동원을 기반으로 조직화된 사회집단의 도전으로 정의될 수 있다. 이러한 맥락에서 신사회운동은 자율적으로 시민사회 전체 또는 일부를 변화시키거나, 기존의 국가나 정치사회에서 반영되지 못한 공공이익의 표출, 그리고 국가 및 정치사회의 제도개혁을 목표로 하고 있다.

서구에서 신사회운동은 68혁명이후 등장한 새로운 사회운동을 지칭한다. 코포라티즘에 의해 노사정 삼자 협약 체제 내에 흡수된 노동운동을 노동귀족이라 칭하며 등장한 운동과, 자본주의로 인한 양극화와 제도 정치가 포괄하지 못한 여성 · 인권 · 빈민 · 도시 · 문화 · 생태 · 환경운동 등 다양한 사회운동세력을 포괄하는 개념이다. 즉, 서구에서 신사회운동은 제도화된 권력에 대한 비판의 의미를 갖는다.

제3세계, 특히 남미에서 신사회운동은 1970년대 후반 민주주의 이행기에 시민사회를 민주주의 정착을 위한 최후의 보루로 인식하면서 주목받기 시작했다. 신사회운동은 비계급적 토대아래 비제도적인 방식으로 성취하려는 점에서 비정치적 운동이지만, 급진적인 정치적 결과를 가져올 수 있다는 점에서 제3세계에서 대안적 운동으로 주목한 것이다.

신사회운동은 계급적 사회운동에서 분화되어 파생되기도 하였으며, 이들과 경쟁하거나 연계성을 보이기도 한다. 신사회운동은 각국의 정치문화, 정치적 기회구조에 따라 다양한 모습을 띤다. 특히, 제3세계의 경우, 전통적 분배갈등, 사회적 시민권 문제, 인종갈등과 같은 사회적 균열에 의해 제약되거나 이들과 중첩되어 나타나는 경향이 강하다.

억압으로부터의 해방과 정체성을 강조하는 문화공동체운동(Solidarity)과, 국가권력의 확대에 따른 시민적 권리의 침해를 중요한 문제로 인식하는 정치적 운동(Movement)이 있다.

2. 신사회운동의 등장배경과 특징

1) 신사회운동의 등장배경

서구에서 신사회운동은 1960년대에는 지역자치단체, 인권단체 등이 등장했으며 1970년대와 1980년대에는 여성단체, 환경단체, 반핵단체, 평화운동단체 등이 등장하였다.

① 정치·사회구조 내에서는 고려되지 않는 경제성장과 기술발전의 부정적 측면에 대한 문제에 대한 반응이다.

② 국가, 시민사회, 경제간의 관계를 재구성하기 위한 사회의 구조적 변화이다.

③ 신사회운동은 가치변화에 따른 결과로 물질적인 가치를 중시하는 구정치와 탈물질적 선호에 기반을 둔 신정치간의 갈등의 결과로 파악할 수 있다.

2) 신사회운동의 특징

신사회운동은 개인적 소비보장이나 물질적 진보가 아닌 자율성과 정체성 확보에 가치를 두고 있다. 이 운동이 새로운 것은 사회적 위치와 목표, 조직형태, 그리고 행위수단에 있어서 전통적인 양식과는 다르다는 점에 있다. 따라서 이러한 신사회운동은 이질적 · 분산적 · 가변적일 수밖에 없으며, 풀뿌리민주주의를 지향하고 평등주의적이지만 때로는 일시적인 형태로 나타난다.[29)]

① 탈물질주의적, 탈계급적 가치를 지향한다. 즉, 분배, 정치권력의 문제보다는 삶의 방식과 질의 문제에 관심을 갖는다.

② 운동의 주요 세력은 신중산층과 사회 주변집단간의 연합이며, 그 조직은 분권적이며, 개방적

29) 신사회운동이 기존의 사회운동과 다른 것은 다루는 이슈가 아니라 문제를 바라보는 시각에 있다. 예를 들면, ① 종래의 여성운동이 남성과의 평등한 권리를 주장했다면, 신사회운동에서는 남성중심의 이데올로기에 대한 비판, 여성중심주의로 나아가고, 평등 보다는 차이를 강조한다. ② 환경운동이 보존주의, 자연주의적이라면, 생태운동은 때로는 반휴머니즘적이며 자연을 객체로 보지 않으며 성장에 대한 목표를 수정한다. 즉, 개발과 보전의 조화가 아닌 소비축소를 주장한다. ③ 인종 및 지역운동에 있어서는 종래의 운동이 재분배와 복지, 시민권을 주장했다면, 새로운 운동은 인종적 다양성의 옹호와 정체성을 주장한다. ④ 노동운동에 있어서는 사회복지와 임금, 정치적 시민권에서 삶의 질과 노동에서의 소외의 극복에 초점을 맞춘다.

이고, 느슨하며 유동적인 네트워크로 구성된다. 따라서 아래로부터의 자율적, 참여적, 풀뿌리 정치와 일상생활의 민주화를 중시한다.
③ 신사회운동은 고정된 이데올로기 대신에 다원화된 문화적 맥락을 중시한다. 기성질서와 가치체계에 대해 근본적 비판을 제기하면서도 체계적인 이데올로기를 지니지 않는다는 점에서 탈이데올로기적이다.

3. 사회운동에 대한 이론적 접근

1) 자원동원론(resource mobilization theory)

자원동원론은 합리적 행위자로 구성되는 조직은 자원을 확보하고 동원을 시도한다고 주장한다. 사회운동조직의 구성이나 성격보다는 목표의 성취여부를 중시한다. 따라서 사회운동은 합리적 이익추구와 관련된 집단행위의 갈등에서 비롯된 것이며, 사회운동은 자원·조직·기회의 변화로 인해 형성된다. 그리고 동원은 대규모로 일어나며, 목표지향적·조직적 특성을 띤다.

그러나 자원동원론은 조직과 합리성을 핵심 개념으로 하기 때문에 비전략적 조직행위들에 존재하는 시민사회 범주에 대하여 정당한 평가를 하지 못하며, 조직과 운동 간의 연계를 경시하여 정체성의 형성이라는 문제를 고려하지 못한 한계가 있다.

2) 신사회운동론(Theory of new social movements)

신사회운동론은 새로운 집단적·사회적 정체성 창출을 핵심으로 하는 사회운동의 규범적 차원을 중시한다. 즉, 신사회운동론은 시민사회의 영향력을 증대시키는 영향력의 정치와 정치사회 외부의 사회집단을 자율화, 주체화하려는 정체성의 정치(politics of identity)에 초점을 맞춘다[30] ― 정치사회에 중점을 두는 자원동원론과는 달리 시민사회 중심적이다. 그러나 물질적 분배에 대한 관심을 논의에서 제외하고 정치적 차원을 간과하고 있다.

3) 평가

두 개의 접근들 중 어느 하나의 접근에 편향된 분석은 각기 주관주의와 객관주의의 오류에 빠지게 된다. 이에 따라, 양대 접근법을 결합시키려는 시도는 다양하게 시도되고 있다.

양 이론은 집단행위의 참여자들이 사회적 연계망에 배태되어 있다는 점을 인정하고 있다. 이러한 연계망은 일면으로는 사회운동의 정체성이 적용될 수 있고 다른 일면으로는 정치적 동원과 연계될 수 있다.

또한 시민사회에서 다양한 사회집단들은 새로운 정체성의 형성과 목표의 성취를 주요한 과제로 설정하고 있다.

30) 이러한 시각을 구성주의로 부르기도 한다. 구성주의에 따르면, 외부 요건이 사회운동으로 전환되는 것은 인지적 동원 과정을 통해서이다. 서로 다른 행위자와의 상호작용을 통한 끊임없는 집합적 정체성의 형성과정에서 운동의 지향이 정립되며 사회의 역사적 맥락에 의해 제약받는 것이다.

4. (신)사회운동의 지향과 과제

1) 민주주의와 신사회운동

시민들의 다양한 요구를 대변하기 위한 신사회운동은 사회적 약자의 지위 향상과 이를 위한 다양한 제도적 장치를 이끌어 냈다. 또한 국가의 정책결정 과정에 시민들이 보다 적극적으로 참여할 수 있는 탈집중화된 개혁을 이루어 냄으로써 제도화된 참여정치의 장을 확보하는 데 기여했다(소액주주 운동을 생각해 볼 것).

신사회운동의 성공적인 활동은 기성정당의 태도에 변화를 가져오게 만들었다. 즉, 정당들은 시민사회의 요구에 관심을 기울이거나 수용하려는 태도를 보이게 만들었으며, 시민사회의 일부분이 정당정치에 직접 참여함으로서 시민사회와 제도정치간의 제도적 연계를 형성하도록 하였다(서구의 녹색당을 생각해 볼 것).

3) (신)사회운동의 과제

제도정치와 공공정책에 대한 직접적인 영향을 중심으로 본다면, 신사회운동의 영향력은 극히 미미하며 정체성의 정치가 갖는 담론적 성격은 한계를 갖는다. 나아가 집단정체성을 강조하는 경우 그것은 폐쇄적·배제적 성격을 지니게 됨에 따라 연대를 저해한다. 신사회운동은 주변화된 하위 문화의 범주를 넘지 못하는 것이다(동성애 운동을 생각해 볼 것).

또한 신사회운동은 제도 정치조직(정당)과의 관계에서 경쟁적이며 양립불가능한 목표를 추구한다. 이 경우 신사회운동 조직은 제도 정치조직에 의해 흡수되면서 해체되기도 한다. 칠레의 빈민운동은 선거에서 승리한 정당에 의해 흡수되었으며 베네수엘라의 여성운동도 이와 같은 운명을 맞이하였다.

사회운동의 지향점은 시민사회의 다원성을 어떻게 보장하고 결사체를 어떻게 재구성할 것인가의 문제가 되는 것이다. 그 핵심은 시민사회의 영향력을 어떻게 정치사회 또는 시민사회에서 제도화시킬 것인가의 방안을 제시하는 것이다. 어떻게 보면, 시민사회의 자율성이 국가와 공존할 수 있으며 정치사회 또는 시민사회의 민주화라는 기획과 공존할 수 있는가의 문제에 직면해 있다. 시민사회의 독자성과 자율성도 중요하지만 정치사회와의 관계설정도 중요한 이유이다.

J. Habermas에 의하면, 시민사회의 민주화를 실현하기 위한 정치는 네 가지로 구분할 수 있다 ; ① 시민사회에서 규범을 통한 개인적, 집단적 정체성을 형성하는 정체성의 정치, ② 정치사회로의 편입과 정치적 대표성의 향상을 통해서 정치참여의 확대를 목표로 하는 포용의 정치, ③ 정치와 경제에 대한 시민사회의 영향력과 통제력을 증대시키는 것을 목표로 하는 영향력의 정치, ④ 정치, 경제와 관련되는 제도개혁을 추구하는 개혁의 정치가 그것이다.

사회운동의 궁극적인 지향점은 정치·경제제도의 개혁을 통한 시민사회의 민주화라 할 수 있다. 시민사회의 민주화는 국가로부터 분리되는 반정치나 탈정치에 의해 구현되는 것이 아니라 적극적인 정치참여에 의해 성취될 수 있다. 이러한 맥락에서 정치과정에 있어서 사회집단의 역할을 중시하는 결사체주의는 하나의 대안으로 간주될 수 있을 것이다.

Ⅱ. NGO와 한국민주주의 심화를 위한 과제 2005 행정

1. NGO 개관

1) NGO의 개념과 특징

NGO는 비정부 또는 비국가 조직체로 자발성을 바탕으로 비영리적인 집단이나 조직 또는 결사체, 기구나 단체 그리고 운동세력을 포괄한다.

NGO는 첫째, 국가의 제반 사회문화적이며, 정치경제적인 영역에 걸쳐 활동하고 있다는 점에서 정부기구와 유사하나, 활동 영역의 제한성, 국지성을 특징으로 하며, 둘째, 특정 부문이나 국지화된 이해관계에 따라 제한적인 발전을 지향한다.

2) NGO의 발전(역할과 기능의 확장과 시민의 신뢰)

첫째, 사회가 점점 분화되고, 복잡해짐에 따라 국가가 담당할 수 없는 영역이 점차 늘고 있다. 둘째, 시민들에 의한 자율적 연대의 증가에 따라 국가의 행정력이 미치지 못하는 부분에 대한 문제해결을 시민들 스스로가 해결하고, 수습하려는 욕구가 증가하면서 사회구성원들은 정부제도 못지않게 NGO의 역할과 기능을 신뢰하는 추세를 보이고 있다.

그러나 정부조직의 경쟁자나 정부조직의 대항자로서 존재하는 것이 아니라, 이 두 조직은 상호 의존적이어야 한다. 이 두부문의 상호의존적이고 협력적일 때 정치사회의 민주화가 더욱 진전되게 된다. NGO는 정부조직이 필요로 하는 정보와 인적 자원, 물적 자원을 갖고 있을 뿐 아니라, 아래로부터의 요구를 알려준다. 그럼으로써 NGO는 정부조직의 정당성을 높여주게 된다.

2. 시민사회와 NGO

1) 기능과 역할을 중심으로

NGO는 사회 규범의 주창자(advocacy)로서 국가사회의 새로운 규범을 창출해 내고 확산하는 역할을 한다. 또한, NGO는 시민의 참여채널이자, 그 자체로 공적 결정과정에 대한 참여자로서 기능한다. 이러한 참여는 국가와 경제체제에서 이루어지는 국정관리 전반에 대한 감시자 역할에 그치지 않고 정책결정의 장에 직접 관여하기도 한다. 마지막으로, NGO는 사회의 제도화된 영역에서 이루어지는 공공재의 공급에 직접 관여하는 집행자로서의 역할과 기능을 담당하기도 한다.

이렇게 볼 때, NGO는 기존의 국가나 시장에 의존하던 조정메커니즘과는 다른 하나의 조정메커니즘이라 할 수 있다. 조정기제로서의 NGO의 문제에 대해 잠시 살펴보면 다음과 같다.

① NGO의 확대는 정부실패와 관련된다. 시민사회를 국가와 개인 사이에 존재하는 공공영역(public sphere)이라고 한다면 NGO는 시민사회를 구성하는 중요한 요소라 할 수 있다. 시민사회가 동구 사회주의의 붕괴과정에서 드러난 국가전제주의의 한계와 서방에서의 복지국가의 위기라는 '국가의 한계'에 따라 부각되었다면, NGO의 확대는 '정부실패론'에서 비롯되었다.

② 관료화된 자원배분과 시장의 문제에 대한 대안적 기제에 대한 관심과 관련된다. 1970년대 이후의 세계경제위기는 곧 복지국가의 한계를 극대화시켰다. 중앙 집중화되고 관료화된 자원배분방식은 비효율성을 확대시켰을 뿐만 아니라, 일상적 생활세계 마저도 이른바 '식민화' 함으로

써(J. Habermas) 비민주성 또한 크게 드러냈다. 다른 한편, 시장은 사적이익과 경쟁·효율의 원리에 의해 작동함으로써 사회를 유지하고 관리하는 역할을 하기에는 근본적인 한계를 가진 영역이다. 즉 시장은 공동체의 물신적 해체를 가져오기 쉬운 제도인 것이다.

조정 기제로서의 NGO는 국가와 시장 양자에 동시적으로 작용한다. 즉, 약화된 정부기능을 보완하는 역할을 하는 한편, 시장에 대해서는 시장주의의 확산에 따른 공동체 해체를 방어하는 다양한 시도를 하게 된다. 이 같은 시민사회의 역할은 특히 신자유주의적 지구화의 과정에서 중요한 의미를 갖는다.

NGO는 시민사회에 위치하면서 상설적인 조직을 갖추고, 공식적인 목적 및 이념, 전문적 스텝, 권위의 일정한 분화, 업무의 분화 등이 이루어진 제도화된 조직이라 할 수 있다. 정부의 통치능력위기에 따라 변화된 조건 속에서 사회가 관리되는 새로운 방식인 거버넌스의 관점에서 본다면 공공정책을 결정하는 것은 정부기관과 다양한 NGO들이 참여하는 일종의 네트워크라고 말할 수 있다. 이때, NGO는 순응적 조정자로서의 역할을 하게 된다.

2) NGO의 한계[31)]

첫째, NGO는 사회의 특수한 이익을 실현하기 위한 조직이라기보다는 보편적인 가치를 지향하는 조직이라 할 수 있지만, 서구 편향적 성격이 강하다. 이는 특히, 세계정치의 영역에서 활동하는 INGO에서 두드러지지만, 제3세계의 환경운동단체나 종교단체들에서도 나타나고 있다.

둘째, NGO는 집행력을 보유하고 있지 못하다. 이는 제도 권력과의 연계성을 확보해야 함을 의미하는데, 이 경우 NGO의 자율성은 침해되거나 또 다른 권력으로 작동할 수 있다.

셋째, NGO의 실제 활동영역은 국가가 정한 제도적 테두리 내로 제한된다. 즉, NGO는 제도화된 장에서 그 영향력을 확보할 수 있지만, 그것도 국민국가가 설정한 규범의 테두리 내에서 가능하며, 국민국가의 주권과 관련된 부분에 있어서는 NGO의 주장이 관철되고 있지 못하다.

3) 소 결

NGO의 기능과 역할은 대안적 정치를 어떻게 보느냐에 따라, 그리고 NGO를 어떻게 이해하느냐에 따라 달라질 수밖에 없다. 대안적 정치를 모색하는 데 있어서 제도화된 메커니즘과 권력을 중심으로 본다면, NGO는 민주주의 발전을 위한 전략에서 대의민주주의를 보완하는 정도에서 이야기될 수밖에 없다. 반대로, 정체성의 정치 혹은 담론적 권력을 중시하는 입장에서는 NGO의 한계로 지적되는 부분이 오히려 강점으로 이해될 수 있을 것이다.

3. 한국 시민사회의 성장과 NGO

1) 한국시민사회의 성장 : 시민사회의 재조직화와 NGO

1987년 민주화 운동으로 확장된 시민사회는 시민들의 욕구를 분출하게 하였으며, 자생적이고 주체적인 조직들을 배태하면서 NGO를 성장시켰다. 그리고 좌우 이데올로기 대립의 소멸은, 자

31) Salamon은 NGO의 한계로 박애적 불충분석, 아마추어리즘, 온정주의, 배타주의로 제시한 바 있다. 이 내용은 미국적 경험을 바탕으로 한 것으로 유럽이나 제3세계에 적용하는 데는 한계가 있으며, 위키백과와 같은 집단지성이 중요하게 부각되는 탈근대사회에 비추어 볼 때 엘리트주의적 시각에 편향되어 있다.

본주의 세계경제체제의 본질을 드러냈고, 중심을 국가로부터 시민사회로 이동시켰다. 즉, 계급지향적이었던 사회운동으로부터 시민사회에 기반한 시민운동으로의 중심이동현상이 나타났다.

2) 민주화 이후 한국시민운동과 NGO의 평가

가. 시민사회의 자율성의 증대와 분화 및 활동영역의 증대

민주화와 함께 진행된 정치적 개방은 비교적 간과되어 온 환경·교육·여성·지방자치·의료·인권 등 새로운 이슈들에 대한 관심을 제고시켰으며, 이에 따라 이러한 이슈를 담당하는 다양한 시민운동단체들을 배태시켰다. 또한 국가의 통제 하에 있던 결사체들(한국노총, 농·축협)이 자율성을 회복하면서 대표성 경쟁에 돌입하였고 민중운동과 시민운동 간의 노선 분화가 진행되었다. 시민사회의 이러한 분화는 시민사회의 지형이 1987년 이전의 국가 대 시민사회의 단일한 대결구도에서 국가와 시민사회의 다층적인 대결구도로 이행했음을 의미한다.

나. 부정적 현상

첫째, 한국 시민사회의 보수성이다. 한국사회에서 학연·지연·혈연과 같은 가족주의 정서와 가치를 갖는 특수주의적 조직이나 집단들과 '제도적·집합적 이익'이라고 개념화될 수 있는 기업과 같은 사적 조직들은 강력한 국가와 재벌에 연결되어 있다. 즉, 광범위하고 위계적·관료적인 고리들과, 물질적인 수혜-후원관계를 형성하고 있는 것이다. 즉, 한국 시민사회는 여전히 배제적이고, 온정주의적이며, 권위주의적 성격이 강하다고 할 수 있다.

둘째, 시민사회의 미성숙과 NGO의 과대성장이 지적된다. 비공식집단과 자발적 결사체는 연고주의가 커다란 영향력을 행사해 온 반면, 사회운동은 진보적이며 비판적인 성향을 표출해 왔다. 이러한 한국 시민사회의 모습은 이른바 신민성·대중성·계급성·시민성이 혼재하는 '복합 시민문화'로 표현되기도 한다. 이러한 시민문화적 특성은 한국 시민사회의 미성숙성에 기인한다. 이러한 미성숙은 국가로부터의 낮은 자율성을 유지시켰고, 정치권력 지향적 특성을 갖게 만들었다.

이 속에서 성장한 한국의 NGO는 정치권력 지향성을 보이거나 준정당의 기능을 수행하고 있다고 비판받고 있다(소위 과잉정치화).

- 시민 없는 시민운동(엘리트주의) : 명망가 혹은 상근자 중심의 시민운동에 머물고 있는 것, 그래서 '언론 플레이'에 과다하게 의존하고 있는 것이 지역 시민운동의 현주소라고 할 수 있다.
- 중앙중심주의 : 지방의 경우에는 전문가의 빈곤과 상근자의 인력난으로, 시민운동의 전문화와 NGO의 재생산이 심각하게 위협받고 있는 점을 들 수 있다. 시민운동의 질적 발전을 꾀하고, 장기 계획을 수립하고 실천하기가 어려운 조건인 것이다.
- 재정의 취약성과 국가 및 기업에 대한 의존성 : '시민 없는 시민운동'의 구조적 한계는 만성적인 회비수입 부족을 낳고, 결국 행정기관의 프로젝트 혹은 기업의 후원금에 의존하지 않을 수 없게 만든다. 그와 같은 심각한 재정난은 지방 NGO의 활동에 근원적인 제약으로 작용하고 있다.
- 언론에 대한 의존 심화 : 풀뿌리 시민운동이 취약하고, 재정적인 어려움에 시달리며, 과다하게 언론 플레이에 의존하지 않을 수 없는 한계로 인해, 운동의 방식이 이슈 파이팅(Issue Fighting) 중심으로 전개되고 있는 점을 들 수 있다.

4. 한국 시민사회와 NGO의 과제

1) 지역사회 중심의 활동을 통한 기반 확보

지역 NGO들은 지역민을 회원이나 자원봉사자로 적극 끌어안아, 시민운동의 에너지를 언론이 아닌 지역민으로부터 공급받는 체제로 전환해 가지 않으면 안 된다. 지역 NGO들이 지역의 대학과 보다 밀접한 관계를 형성하는 것도 필요하다(홍덕률 2001).

시민자원형성과 자원동원의 지역적 네트워크를 형성해야 한다. 이를 기반으로 지역 공론 형성을 위한 각종 프로그램을 개발해 낸다(시민포럼, 정책토론, 캠페인 등).

2) 국내외 시민단체간의 연대활동 강화

NGO의 역량을 강화하기 위해 NGO 간 연대 노력을 크게 강화해야 할 것이다. 우선 지역사회 내부의 개혁 연대를 강화하며, 타 지역 NGO들과의 연대 또한 강화하여 중앙과 서울의 권한을 분산시킬 필요가 있다.

3) 자율성 확보를 위한 재정적 독립성 제고

재정적 취약성을 극복하기 위해서는 정부의 시민운동 지원의 제도화가 도움이 될 것이다. 하지만, 이 방식은 자율성을 저해한다는 점에서 장기적으로는 민간 차원의 시민운동 기금 지원 사업이 활성화되는 게 바람직하다.

4) 정부의 역할 : 다양한 참여채널의 확보와 제도화

정부의 역할은 직접적인 지원이나 보조금 지원보다는 간접적인 방식, 즉 NGO 활성화를 위한 제도적 기반을 마련하는 방향으로 설정되어야 한다. 그리고 정부정책의 일관성과 투명성을 전제로 한 공정한 법제도의 확립과 이의 관철이 바탕이 되어야 한다. 이 위에 다양한 시민참여 프로그램과 다양한 참여채널의 제도화가 이루어져야 하는 것이다.

5. 결 론

사회운동으로서 NGO는 시민사회의 재구축과 민주화를 추구해야 한다. 이를 위해서는 시민사회의 다원성과 자율성을 보장하고, 공론의 장을 활성화시키며 규범과 제도의 개혁이 추구되어야 한다. 이때, 시민사회와 국가의 공존을 위한 관계의 재설정이 중요한 과제가 된다.

이러한 문제인식은 한국의 시민사회 미성숙이 가져온 여러 문제점(풀뿌리 보수주의 및 NGO를 포함한 모든 부문의 권력지향적 성격 등)을 고려할 때, 중요한 의미를 갖는다. NGO는 자발적 결사체로서, 조직력, 자금력, 포괄성, 정책적 전문성 등 여러 가지 측면에서 자체 제약요인들을 가지고 있다. 물론 시민의 지지와 여론이라는 무형의 자산을 가지고 있지만, 이러한 시민의 지지와 여론은 항상 존재하는 것이 아니라 사안별로 혹은 NGO의 활동성과 등에 따라서 결정되고 변화하기 때문에 지속성을 지니지 못하고 있다. 따라서 NGO가 이러한 제약요인들을 어떻게 극복할 수 있느냐가 중요한 관건이라고 할 수 있다.

제 4 장 국가, 시장, 시민사회, 거버넌스

이 장은 거버넌스에 대한 논의를 소개한다.
거버넌스는 정치학, 국제정치학, 행정학에서 등에서 다양한 차원에서 논의되고 있어 하나의 통일된 개념이 존재하지 않는다. 따라서 행정학에서 배운 거버넌스 개념을 정치학에 그대로 대입시키는 것은 바람직하지 않으며 시험에서는 어떠한 맥락에서 거버넌스 개념을 사용하고 있는 지를 먼저 파악해야 할 것이다.
이행에 대한 거버넌스적 관점은 민주주의론 부분에서 다루었기 때문에 여기에서는 따로 소개하지는 않을 것이다. 국가와 사회, 국가와 시장, 민주주의, 그리고 국제정치에서 논의되는 내용에 대한 간략한 정리를 할 것이다.

Ⅰ. 거버넌스 개념 2016 입법(거버넌스, 사회조합주의, 심의민주주의 등), 2007 입법

거버넌스(governance)는 그리스어의 kubernan(pilot, steer), 라틴어의 kyber를 어원으로 하며, 영어권에서는 정부(government), 통치행위(governing), 지배(rule) 혹은 통제(control)의 의미로 사용되어 왔다. 1980년대 이후 문헌에서 사용되는 거버넌스는 정부와는 구별되는 의미로, 시민사회의 행위자들을 포함하는 의미로 사용되고 있다.

1990년대 이후 급속하게 전개된 세계화, 정보화, 민주화는 탈집중, 분권화 요구의 증대와 함께 시민사회의 성장을 동반하였다. 이러한 세계 환경의 변화는 기존의 국민국가 중심의 통치체제의 약화에 대한 논의를 가져왔으며, 현대 대의민주주의의 약점을 보완하는 새로운 정책결정방식으로서의 거버넌스에 대한 이론적 논의로 발전 전개되었다(J.Pierre, 2000, 3). J.Kooiman은 탈냉전 이후 전개된 세계화와 이를 가속화시킨 중요 수단으로서의 정보화, 그로 인하여 나타난 국가의 약화와 시민사회의 증대된 참여요구는 다양한 행위자들의 수평적 자기 조절에 의한 정책결정방식인 거버넌스 개념의 발전을 가져왔다고 평가한다.

거버넌스의 다양한 정의를 보면,

- R. A. W. Rhodes : 거버넌스는 자체 조직화, 상호의존에 기반을 둔 조직간의 네트워크, 자원의 교환, 게임의 규칙, 국가로부터 상당한 자율성을 의미한다. 그는 정부 간 또는 조직 간의 네트워크로 개념화하면서, 공공부문의 개혁과 관련하여 논의하고 있다.

  로즈는 공공부문의 과업, 조직, 관리, 책임성의 구조에 초점을 두고 있는데 정책학과 행정학적 의미에서 거버넌스를 논의한다. 공공부문은 비정치적이고 위계적으로 조직되고, 업적에 의한 충원 및 진급 체계에 근거할 때 가장 효과적으로 운영된다는 전통적인 행정학의 패러다임에 대한 반발과 관련된 것이다. 그는 1980년대 이후 시민사회의 재등장과 공공부문에 대한 시민사회단체들의 관여 증대와 관련한 정치체제의 파편화 현상, 공공과 민간부문의 경계 모호화 현상이 강화되면서 자율적으로 조직화된 조직 간의 네트워크의 조정에 관심을 둔다.
- J. Rosenau : 글로벌 거버넌스는 모든 수준에 있어서의 인간 행위를 규율하는 규칙의 체제를 포괄하기 위해 고안된 개념이다. 즉, 가족부터 시작해서 국제기구에 이르기까지 목적 달성을 위한 통제력의 행사가 초국가적 영향을 미치는 모든 것을 포함한다.

그의 거버넌스 개념은 초국가적 네트워크를 전제로 하는 것이다. 즉, 지구적 해결이 요구되는 지구적인 정치적 문제들의 등장에 초점을 두는 국제정치학적 의미의 거버넌스를 제시하고 있는 것이다. 그는 거버넌스가 전통적인 국제관계에서 주요 행위자는 국가이며, 패권국가 중심의 국제정치에서 비정부조직의 등장, 지구적 문제에 대한 WTO 등과 같은 국제기구의 출현을 배경으로 하고 있다고 본다.

- G. Hyden : 거버넌스는 정치적 게임의 공식적, 비공식적 규칙을 관리하는 것이다. 거버넌스는 권력행사의 규칙을 결정하고 그러한 규칙과 관련한 갈등을 해소하는 방법을 의미한다. 하이든의 거버넌스 개념은 국가-사회 경계를 넘나드는 신뢰와 상호성의 네트워크를 중심적 개념으로 하고 있다. 그의 이론은 제3세계의 발전과 민주화 이론과 관련된 개념으로 비교정치학적 개념이라 할 수 있다.
- **EU의 다층적 거버넌스** : 유럽통합은 국내정치와 국제정치의 연계에 대한 이해 없이 유럽 내의 정치 및 정책에 대한 정확한 이해가 결여될 수 있음을 보여주고 있다. 즉, 다층적 거버넌스의 등장은 국가정책 결정에 EU의 영향이 확대됨을 의미한다. 다층적 거버넌스 개념은 EU의 이러한 경험을 바탕으로 국제정치와 국내정치를 통합적으로 보려는 것이다.
- **기업적 거버넌스(기업 지배구조)** : In the case of a business or of a non-profit organisation, governance relates to consistent management, cohesive policies, processes and decision-rights for a given area of responsibility. For example, managing at a corporate level might involve evolving policies on privacy, on internal investment, and on the use of data.

그러면, 이러한 거버넌스 실체는 있는가? 거버넌스 이론은 기존의 국가중심 통치구조에서 정책결정과정이 국가는 물론 국가 이외의 행위자, 예컨대, 다국적 기업, NGO와 같은 비국가기구들의 상호협력 네트워크에 기반을 둔 정책결정 방식 및 관리양식으로 변화되었다는 사실에 기반을 둔다는 점에서 공통적이다. 따라서 거버넌스는 이러한 다양한 행위자를 아우르는 동시에 다양한 이슈 영역으로 확산되어 발전되었다.

국제정치적 차원에서 전통적 의미의 군사 안보 뿐 아니라 인간안보, 환경 안보를 포함하는 포괄적 국제안보와 국제경제질서 형성의 문제, 글로벌 사이버 네트워크를 둘러싼 정책결정 과정은 거버넌스의 확산을 검증할 수 있는 중요한 이슈라 할 수 있다. 국내정치적 차원에서 국가정책네트워크, 참여의 제도화, 대기업의 경제력 집중규제, 사회 코포라티즘 역시 거버넌스적 정책결정 방식의 확산을 보여주고 있다. 이러한 주제는 기존의 국가주도의 통치구조에서 중심적인 또는 독자적인 역할을 수행해 온 국가중심적 행위자들이 변화하는 환경 속에서 보다 새로운 방식으로 해결을 촉구하게 되는 이슈들로 확산되었다.

미시적 측면에서 보면, 거버넌스의 확산은 기존 국가중심적 행위자들의 내부적 구조, 운영원리, 결정방식의 제도적 변화로 이어질 것이다. 따라서 거버넌스에서 국정운용 혹은 정책과정은 구조적 측면에서 수평적 네트워크의 확산과 과정의 측면에서 국정운영과 정책과정의 변화로 나타난다.

종합적으로 본다면, 거버넌스는 사회적 조정양식(그것의 영역이 국제관계인 경우에는 글로벌 문제에 대한 조정양식)를 의미한다. 즉, 관련된 문제를 해결하기 위한 다양한 주체들의 이해관계를 조정하는 일련의 제도화된 하나의 양식이라 할 수 있다.

거버넌스는 국정 운영 메커니즘을 의미하는 것으로 사회의 정치경제적 성취도와 관련되는 지배구조(권한관계 및 공적의사결정과 관련된 규칙에 관한 규범)를 말한다. 예를 들어, 근대 국가의 거버넌스 체제(대리인체제)는 아래와 같이 주권자가 입법권을 입법부에 부여하면, 집행권을 행정부에 위임하고, 그것이 집행되는 권한관계가 형성된다. 이러한 국정운영과 관련된 지배구조를 거버넌스라 정의하고, 이에 대한 다양한 거버넌스 모형이 있을 수 있음을 이야기하는 것이다. 이를 개념모형이라 할 수 있을 것이다.

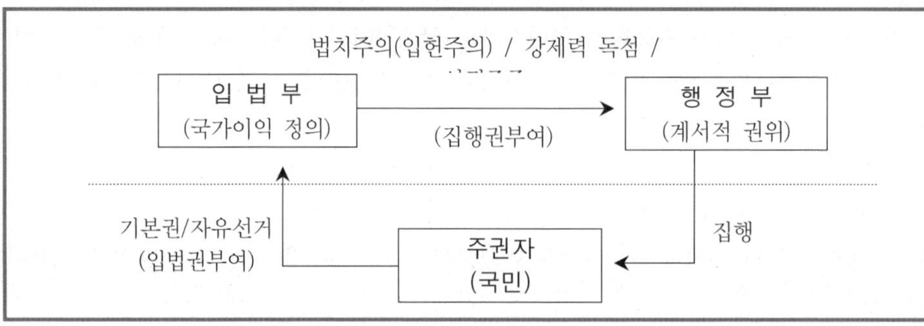

행정학에서 언급되는 네트워크 거버넌스 모형은 입법권과 관련된 정책결정이 정책네트워크에 의해 이루어지고, 그 집행은 서비스 연계망에 의해 이루어지는 체제라 할 수 있다. 이러한 새로운 거버넌스가 구버넌스의 한계에 대한 대안으로 제시되는 것이라고 주장하다면 그것은 규범모형으로서의 거버넌스라 할 수 있다.

반면, 한국 정치학계에서는 국내정치 거버넌스(비교정치학의 거버넌스 개념), 사회거버넌스(시민사회 활성화와 NGO의 국정참여로 인한 국가와 시민사회의 관계 변화 차원에서 접근), 글로벌 거버넌스 차원에서 주로 언급되고 있다.

국내정치 거버넌스	- 국민국가의 전망 - 국민국가의 대응과 거버넌스 - 거버넌스의 현실과 한계
사 회 거버넌스	- 시민사회 부활(국가-시민사회 관계변화)과 쇠퇴(전망) - 현실과 한계 : 정부공동화 or 정부위상, 한국시민사회의 현실 - 함의 : 사회적 자본 ; 결사체민주주의
국제정치 거버넌스	- 국제체제 형성과 전망(국민국가와 국제적 관리체제) 글로벌 거버넌스의 성격 : 신중세, 기능국가 vs 통합국가 - 세계화와 글로벌 거버넌스의 한계

Ⅱ. 정치체제의 사회경제적 성취수준과 거버넌스

각국의 발전 정도의 차이를 낳는 요인은 무엇인가? 발전된 국가의 정치체제를 비교할 때, 권위주의와 민주주의 정치체제가 모두 존재한다는 점을 고려한다면, 정치체제가 민주적인지 아닌지는 결정적인 요소는 아니라 할 수 있다.

이에 대한 거버넌스적 관점은 발전을 주도할 능력이 있는 상당히 강력한 국가와 경제발전에 도움이 되는 특정한 종류의 국가-사회관계라 할 수 있다는 것이다.

1. 국가에 대한 사회중심적 접근과 국가 중심적 접근

1) 사회중심적 접근방법

사회중심적 접근방법은 M.Weber, W.Wilson와 같은 전통적인 법과 제도에 대한 연구에서 2차 대전 이후 개인과 집단의 행태연구와 구조기능주의로 이동하였고, D.Easton, G.Almond 등은 이러한 접근방법의 확장에 기여한 대표적 이론가라 할 수 있다.

구조기능주의(체제론)와 다원주의에서 국가는 복수의 사회 이익에 대한 중립적 중재자이며 그 자신의 이익을 갖지 않는 것으로 간주된다. 이들 이론에서는 국가의 특성보다는 정치체제의 기능을 분석하는 데 초점을 맞춘다. 체제속성은 투입과 전환, 산출 과정에서 그것이 수행하는 기능으로 설명되었으며, 국가의 속성은 배제되었다.

2) 국가중심적 접근방법

P.Evans, D.Rueschemeyer, T.Skocpol 등 네오 베버주의의 신국가론 등이 이 관점을 대표하고 있다. 이들 이론은 국가자율성을 중심 개념으로 설정하고 있다. 이들은 국가능력으로부터 국가자율성이 도출될 수 있으며, 국가 능력은 정책을 수립하고 집행하는 능력이며, 분화되고 전문화될수록 높아진다고 보았다. 국가능력은 조직의 응집력, 분화, 사회 환경으로부터의 격리, 권위의 명확한 소재, 성과주의에 입각한 충원 및 승진과 같은 효율적인 관료제에 의존하기 때문이다. 나아가, 효율적인 관료제는 국가가 지배자의 사적인 영역인 양 통치되는 전통사회처럼 사적인 이익에 의해 지배되지 않는다는 점에서 지대추구행위를 억제할 수 있다는 것이다.

2. 거버넌스 모델 : 정치경제학적 접근

거버넌스 모델(R.A.W.Rhodes의 거버넌스 모델 중 신정치경제라 생각하면 된다)은 국가와 사회를 이분법적으로 설정하는 전통적인 관점을 거부하고, 상호의존관계를 전제로 한다. 거버넌스 모델은 시장의 무정부성과 국가에 의한 조정 사이의 제3의 방법으로서 상호의존적 행위자들 사이의 수평적인 자율조직으로 구성된 혼합통치(heterarchy)라 할 수 있는 네트워크를 중심 개념으로 제시한다.

네트워크는 다양한 행위자가 개입하기 때문에 행위자들이 추구하는 상이한 목표 간의 갈등이 불가피하게 발생할 것이고, 계층제적 조정과 달리 조정실패로 귀결될 수 있다. 즉, 목표가 지속적인 협상과 평가를 통해 수정되어야 하지만, **목표의 재정의가 성공하지 못하거나 합의가 도출되지 않으면 실패**가 뒤따를 수 있다는 한계를 가지고 있다. 네트워크의 등장은 자본주의 사회에 내재된 갈등을 해소하지는 않으며, 갈등하는 이해관계의 조정에 있어서 네트워크는 정통적 권위를 보유하고 있지 못하기 때문이다. 따라서 조정의 규칙을 설정하는 국가가 요구된다.

이러한 관점에서 볼 때, 동아시아 국가들의 고도성장은 국가와 기업 혹은 국가와 사회 간의 연계망을 형성하고 있었으며, 효과적인 국가에 의해 연계망의 행위자들이 효과적으로 조정될 수 있었기 때문에 가능했다는 것이다.

3. 개발도상국과 효과적(좋은) 거버넌스

1) 개도국 지원과 좋은 거버넌스 : World Bank

신자유주의적 구조조정 정책을 강요한 경우에도 해당국이 발전에 실패한 경우, 그 메커니즘을 밝힐 필요가 제기되었고, 세계은행은 그 이유를 사익을 추구하는 관료와 공공서비스의 부패가 만연한 바람직하지 않은 거버넌스(bad governance)에서 찾았다. 즉, 세계은행은 개도국을 위한 처방에서 핵심은 공공부문의 투명성과 책임성의 제고에 있다고 보면서 좋은 거버넌스를 원조의 기준으로 제시한 것이다. 이 관점에서는 작은 정부에서 더 나아가 민주적 거버넌스가 전제되어야 한다고 진단하게 된다.

세계은행의 좋은 거버넌스 개념은 동아시아 발전국가 모델을 기초로 제시된 개념으로, 동아시아 국가들이 비민주적이었을지 모르지만, 대외적인 또는 계서적 책임성이라 말할 수 있는 결과적 의미의 책임성에 있어서는 상당히 높은 성과를 거두었다고 평가한 바 있다. 즉, 경제 정책을 효과적이고 책임 있게 수립하고 집행하는 능력이 중요하다는 것이다. 이 위에 관료의 대외적 책임성, 즉 의회와 시민에 대한 정부의 높은 책임성이 요구된다고 보았다.

2) 허약한 국가의 거버넌스 : 발전국가 모델의 이식 가능성

허약한 국가란, 자국 시민들에게 정치적 재화(평화, 안전, 법과 질서 등 일상 생활을 할 수 있는 기본적 조건) 및 발전과 복지와 같은 사회 · 경제적 재화를 제공할 능력이 결여된 아프리카와 남아시아 일부 국가들을 지칭한다. 이들 국가는 국가 엘리트가 그들이 원하는 어떤 정책을 결정할 자율성을 가지고 있으나, 정책을 집행하고 사회에 변화를 가져올 능력은 없는 상태에 있다고 할 수 있다. 즉,

① 발전지향적 정치 엘리트 및 선도 조직의 부재하다.

② 자급자족 생산의 비중이 높아 세금을 징수하기 어려운 상태에 있으며, 사회적 균열과 갈등이 만연되어 있고, 국가는 단지 부족들 간 정치적 라이벌 각축장에 불과하다.

③ 국제경제는 이들 국가 경제성장에 도움이 되지 않았다. 교역조건이 악화(공산품 가격 상승과 원자재 가격 하락)된 상태에서, 차관과 원조가 경제발전을 위한 필수적 조건으로 작용하였으나, 원조를 조건으로 무역장벽을 제거해야 했으며, 이로 인해 동아시아 국가처럼 유치산업 보호나 국가주도의 개발정책을 사용할 수 없는 상태에 빠져 버렸다(아이티 사례).

④ 신세습제적 정치제도라는 정치체제적 성격이 개혁의 장애가 되었다. 권력이 1인에게 집중되는 대통령제와 권력자가 고객을 국가의 주요 직책에 임명함으로써 정통성이 인정되는 후견인주의를 가지고 있었고, 이러한 신세습주의는 개혁에 불리하게 작용한 것이다.

나. 효과적인 거버넌스의 조건

아프리카의 모리셔스, 보츠와나의 경우에는 다양한 언어와 종족으로 구성되어 있으며, 독립 당시 설탕이라는 단일 품목에 전적으로 의존하는 경제체제를 가지고 있음에도 불구하고, 강력하고 상대적으로 청렴한 경제관료제를 보유하고 있음으로 인하여 다른 국가들과 달리 경제발전을 이룩할 수 있었다.

다만, 발전국가와 달리 민주적 정치체제를 가지고 있었다. 외부 위협이 없고 주권이 보장되어 있어 엘리트의 국가발전 의지가 결여된 아프리카에서는 민주주의가 성장의 선결조건이라 할 수 있다. 민주적 정치과정은 국민이 엘리트에게 발전을 추구하도록 압력을 가할 수 있는 통로를 열어 주기 때문이다.

이런 맥락에서 D.Brautigam 등은 제3세계에서의 발전은 연립형성과 타협을 조장하는 제도적 구조, 성장에 대한 광범위한 지지 기반을 형성하는 초기의 경제 · 사회 정책 선택, 엘리트와 군부 권력의 제한이라는 요건이 필요하다고 지적하기도 한다(키에르 2007, 177). 이 외에 리더십과 사회집단의 참여, 성장에 대한 사회적 합의와 연합, 그리고 분권화가 추가적으로 제시되기도 한다.

이렇게 본다면, 허약한 국가에서 관찰되는 것은 국가의 자율성 결핍이 아닌 사회의 자율성 결핍이라 할 수 있다. 여기에서 말하는 사회의 자율성이란 중앙정부에 대한 고도의 자율성이 아니라 중앙정부와 지방정부, 시민사회의 역동적인 관계와 다양한 이익을 조정할 수 있는 정책조정 능력을 갖춘 관료제를 전제로 하는 것이다.(키에르 2007, 180).

경제적 성취를 위한 단 하나의 효과적인 모델은 존재하지 않는다. 다만, 거버넌스적 관점에서 본다면, 효과적인 거버넌스란 공공과 민간을 초월하는 네트워크 내에서의 대화와 협조를 기반으로 운영되는 체제라 할 수 있다. 특히, 세계화된 경제에서 다수의 국가와 비국가 행위자가 경제 거버넌스에 더 활발하게 관여하는 상황에서 그 정치체제의 네트워킹 능력이 성장과 발전의 핵심적인 요소가 될 것이기 때문이다.

선진국에서 이들의 역할은 국가 단위의 산업 경제에서 세계화된 후기 산업 경제로의 이행에 관여하는 복잡한 조직 구조들을 관리 · 통치하는 것이라 한다면, 개도국에서 그것은 효율적인 경제 정책을 수립 · 집행하기 위해서 어떻게 사회행위자들을 그 과정에 포함시킬 것인지에 대한 것이라 할 수 있다. 선진 경제에서 그 출발점이 세계화 속에서 거버넌스를 재정의하는 일이지만, 개도국에서 그 출발점은 허약한 국가 제도와 경제적 의존 상황에서 경제 거버넌스를 어떻게 강화할 것인가의 문제이기 때문이다. 비록 네트워크와 공공-민간 파트너십이 개도국 뿐 아니라 선진국의 거버넌스의 공통적인 속성이라 할지라도, 그들이 직면하는 거버넌스에의 도전은 상이한 것이라 할 수 있다(키에르 2007, 181~182).

Ⅲ. 거버넌스와 정치과정

거버넌스는 다원화된 혹은 연합적이고 연성적인 통치구조, 공유된 목표에 의해 지지되는 연성권력 등으로 정의할 수 있다.

이러한 거버넌스 논의는 다음과 같은 배경을 가지고 있다. 먼저, 복지국가로 대표되는 국가주의의 한계와 신자유주의적 개혁 속에서 국내적 변화와 국제적 변화를 수반하였다. 이러한 변화는 단일하고 합리적 행위자로서의 국가의 능력을 부정하고, 다양한 행위주체와 그들간의 협력네트워크를 부각시킨 것이다.

1. 거버넌스 논의의 제 차원

1) 국내정치과정에서의 거버넌스

국내정치 거버넌스는 다양한 이해당사자들을 대표하기 위한 수단을 제공하고, 공론장의 창출과 공공재 공급, 공공이익에 입각한 시장규제, 지역적·초국가적 연합을 추구한다. 이렇게 볼 때, 국내 정치과정에서 거버넌스는 Tilly의 통합국가에 대한 위협을 의미한다.

그러나 세계화라는 현상은 국가의 소멸이 아닌 형태와 기능 변화를 요구하고 있으며, 이러한 맥락에서 거버넌스에 대한 이해가 요구된다. 즉, 거버넌스는 정부범위의 확장, 정부 역할의 변화, 국가와 시민사회 관계의 변화를 포함한다.

가. 사회적 네트워크로서의 거버넌스 : 국내정치과정

거버넌스는 국민국가 중심의 통치체계에 대한 대안적 인식 틀이다. 거버넌스는 20세기 말에 등장한 외적 환경 변화에 대한 국가의 적응으로 이해된다. 사회체계의 협조적 조정과 그 과정에서의 국가의 역할에 대한 새로운 인식이 담겨져 있는 것이다.

거버넌스 과정은 상호의존성, 자원교환(공유된 목적에 대해 타협하고 자원을 상호교환하는 지속적 상호관계 ; 호혜성), 게임의 규칙(동의), 국가로부터의 자율성으로 특징지워지는 조직 간의 자발적 네트워크 등을 특징으로 한다.

민주주의와 관련해서 거버넌스는 이해관계를 지닌 행위주체, 자율적 조직과, 분권화된 국가권력을 강조한다. 그리고 대의민주주의에서 전제되는 선출된 대표자들에 의한 민주적 통제와 구성원들의 책임성에 대해 문제를 제기한다.

거버넌스는 국가의 위상을 대표성을 지닌 기제들의 수평적 네트워크를 통한 정책결정 과정의 조정자로 규정한다. 그리고 제한적 권한과 대내외적 책임성을 지속적으로 유지하면서 사회영역에서의 민주적인 조정의 감시자로서의 역할을 이야기한다.

나. 국정 운영의 차원 : 신공공관리 모형의 변형

국정운영 차원에서는 정책네트워크와 서비스 연계망을 중심으로 제시된다. 행정학과 정책학에서 논의되는 거버넌스 모형이다.

1980년대 이후 신공공관리론에 입각한 개혁 과정은 작은 정부를 위한 민영화와 민간위탁, 민간에 대한 권한 이양, 민간의 경영기법을 행정에 접목시키고 내부경쟁체제를 형성하는 행정의 경영화(성과관리) 등으로 전개되었다. 민영화와 위탁은 공공서비스 공급에 있어서 공공부문과 민간부문의 경계를 모호하게 하면서 서비스연계망을 확산시켰다. 나아가, 민간에 대한 권한이양은 동강댐 건설을 둘러싼 갈등을 시민위원회를 통해 결정하는 모습에서 볼 수 있듯이 정책네트워크 현상을 보여 주었다. 이를 설명하기 위한 개념이 (뉴)거버넌스인 것이다.

2) 국제정치(글로벌) 거버넌스

거버넌스가 정부 외에 다른 행위주체들을 고려의 대상으로 삼는다고 할 때, 글로벌 거버넌스는 정부간 혹은 국가 간의 협조 뿐 아니라 비정부기구, 다국적 기업 그리고 세계자본 시장, 세계 언론 매체 등의 다양한 세력들이 자발적 상호협조체제를 만들어 당면한 문제를 해결하고자 하는 의사결정과정이라 할 수 있다.

글로벌 거버넌스에 대한 다양한 정의에도 불구하고, 세계화의 진전에 따라 민족국가가 자국의 힘만으로 해결할 수 없는 문제의 범위가 늘어나는 현상과 관련되며, 1990년대 이후의 세계정치경제 질서의 변화와 관련된다는 점에서 공통적이라 할 수 있다. 후자의 경우 냉전 종식 이후 안보, 군사 및 정치 이슈(high politics)에 국한되어 있던 무게 중심이 경제, 문화, 인권, 환경 등(low politics)의 이슈로 확산 혹은 강화되어 가는 세계질서를 이해하기 위한 통합적이고 포괄적인 분석의 틀로서 제시된 것이다.

2. 국내정치 거버넌스와 논의의 두 차원

관련 문헌들을 보면, 거버넌스에 대한 논의는 크게 두 개의 흐름을 보이는 것으로 판단된다.

	거버넌스		한계(불균등성…)		대안체제
논리 I	새로운 통치 주체 등장	→	•초국적 기업 •NGO의 한계	→	•국가의 공공부문에서의 역할 확대 •협력 및 참여의 제도화 •국가-시장-시민사회의 권력 균형확보
논리 II	국가주권쇠퇴와 국민국가 대응	→	•기능국가 한계 •긴장증대 •민주성 결핍	→	•시민사회(NGO) 압력 •국가 및 국제기구 민주화

1) 새로운 통치주체의 등장과 거버넌스

가. 거버넌스에 대한 이해

이 견해는 세계화와 국가주권의 쇠퇴 속에서 초국적 자본과 NGO, 초국적 정체가 주요한 정치(통치)세력으로 등장하고 있고, 이러한 현상을 거버넌스로 이해하는 것이다.

먼저, 세계화 및 정보통신기술의 발달은 국경 내부 및 국경을 넘나드는 문제들에 대한 국가의 관리능력을 약화시키고, 시민사회 자율성 및 밀도의 증가를 야기하고 있다. 지구적 혹은 초국가적 수준의 문제에 대해 국민국가 혼자서 혹은 기존의 국가 간 제도만으로는 해결이 불가능하며, 국제레짐이나 지구적 관리체제와 같은 새로운 형태의 제도가 필요하게 된 것이다.

이 속에서 등장한(지구적) 관리체제는 크게 초국적 기업을 중심으로 한 시장주의와 NGO의 역할, 마지막으로 국제레짐의 세 가지 차원에서 검토될 수 있다. 세계시민사회의 등장과 국제레짐을 통한 NGO의 접근가능성 향상, 국제적 연대와 지지를 통한 정통성 확보라는 측면에서 긍정적인 평가가 가능할 것이다.

NGO, 다국적 기업 등으로 표상되는 새로운 지구적 행위주체의 등장은 국가쇠퇴과정을 촉진시키고 있다. 나아가 이들은 지구적 가치와 국민국가를 초월하는 새로운 세계정치질서의 도래를 전망하고 있다.

나. 거버넌스의 한계와 대안의 모색

하지만, 이러한 거버넌스 체제는 근본적으로 불균등성을 피해나갈 수 없다고 본다. 예컨대, 초국적 기업을 중심으로 한 세계화는 지역적·세계적으로 이루어지는 새로운 국제분업질서일 뿐이며, 그 혜택은 비서구의 자본유치국가에게 돌아가는 것이 아니라, 서구의 국민적 경쟁국가에게, 그 중에서도 소수의 gold color에게만 돌아갈 뿐이다.

또한, NGO는 민주적 정통성을 부여받지 못한 존재로서 계층적 편향성 외에도 서구중심적 가치편향성을 안고 있다는 점, 스스로의 집행력을 갖지 못함으로 인하여 운신의 폭이 좁다는 점을 심각하게 고려해야 한다는 것이다. NGO는 제도화된 공간에서의 역할이 제도화된 경우에야 비로소 제대로 작동할 수 있기 때문이다.

마찬가지로, 국제기구 및 국제레짐은 강대국 중심의 문제해결기제로서 민주성 결핍의 문제가 해결되지 않는 한 대안 기제가 되기 어렵다는 것이다.

그렇다면, 세계화가 야기하는 문제에 대한 대답은 민주적 정당성을 지닌 유일한 존재인 국민국가에 여전히 큰 기대를 할 수밖에 없는지 모른다. 다시 말해서, 국가의 민주화를 전제로 국가는 신자유주의자들의 주장과는 반대로 공공부문에서의 역할을 확대해 나가야 하며, 국가·시장·시민사회의 권력의 균형을 확보하고, 이들 세 주체의 협력 및 참여의 제도화가 무엇보다 중요한 과제가 될 것이다.

2) 국가주권 쇠퇴에 대한 국민국가의 대응으로서의 거버넌스

가. 거버넌스에 대한 이해

거버넌스에 대한 또 다른 이해는 국민국가의 기능국가나 기능적 정체로의 변화, 다양한 국제레짐의 등장을 세계화로 인한 국민국가의 주권과 정당성의 침식에 대한 국민국가의 대응방식으로 보는 것이다. 예컨대, 경제적 지구화와 문화적 지구화가 초래하는 위기 상황에 대응하기 위해 개별 국민국가들은 다양한 형태의 국제체제(international regime)를 수립하여 자율성의 약화, 통제력의 상실이라는 문제에 집합적으로 대응하려고 했으며, 국내적으로는 국가와 시장간의 협력적 네트워크를 통해 체제의 변혁능력을 향상시키려했다는 것이다.

이러한 거버넌스는 국제적 차원과 국내적 차원에서 검토가 가능하다. 국제 차원에서 보면, 다양한 WTO와 같은 국제레짐과 EU와 같은 초국적 정체를 들 수 있다. 국민국가의 경계통제 능력과 문화통제능력이 현저히 약화되었고, 취약성을 노정한 국민국가들이 집합적으로 문제를 해결하기 위해 다양한 종류의 국제체제를 수립했다는 것이다. R. Keohane은 급속히 진전되는 경제적 지구화와 국제적 조정의 무정부성이 야기하는 혼란에 대해 국가는 공동의 규범을 설정하고 국가 간의 기대를 상호조정함으로써 상호이익을 증진시키기 위해 다양한 국제체제를 발전시켰다고 본다.

나. 거버넌스의 한계와 대안의 모색

거버넌스 체제에서 세계화로 인한 수혜는 일부계층에게 돌아갈 수밖에 없다. exit 옵션을 보유한 집단과 그렇지 못한 집단의 차이는 정치적·시민적 기본권을 형해화시키게 되는 것이다. 또한, 그것을 기능국가로 이해하든 촉매국가로 이해하든 계급타협이나 사회통합을 지향하는 체계가 아니라는 점에서 고조되는 사회의 양극화와 국내적 긴장에 대해 근본적으로 취약할 수밖에 없다. 이러한 새로운 조정기제가 갖는 민주적 정당성 문제를 야기하게 되고 대리인체제의 한계를 심화시키게 될 것이다.

국제적으로 보면, 이러한 거버넌스는 미국 중심의 패권체제를 강화하게 될 뿐이다.

그렇다면, 이에 대한 대안은 국가와 시장에 대한 대안 주체에서 나올 수밖에 없을 것이다. 시민사회와 공론장, 신사회운동, NGO 등이 그것이다. 만약 이를 거버넌스 논의로 포괄한다면, 시민사회 중심의 거버넌스라고 이야기할 수도 있을 것이다. 이는 앞서 살펴본 첫 번째 논리에서 이야기되는 거버넌스와 유사하다고 보면 된다. 다만, 현실에 대한 대안 개념으로 제시된 것이다.

3. 글로벌 거버넌스(Global Governance)

1) 의 의

글로벌 거버넌스는 경제 · 군사 · 사회문화 · 환경 등의 영역에서 이루어지는 지구화 및 지구적 문제 · 이슈에 대해 어떻게 관리(govern)할 것인가에 대한 제도와 규칙의 체계라 정의할 수 있다 — J. Rosenau는 글로벌 거버넌스를 국제관계를 관리하는 공식적 제도나 기구 이상의 것이라고 하면서 인간 행동의 모든 수준에 존재하는 규칙의 체제로 보았다.

1995년 글로벌 거버넌스 위원회(Commission on Global Governance)가 발행한 'Our Global Neighborhood'보고서는 Governance를 "공공 및 사적 개인들과 제도들이 공공 목적을 달성하기 위해 자신들의 공통적인 업무를 관리하고, 자원을 통제하고 권력을 행사하는 다양한 방법들의 집합"이라고 정의하였다. Governance는 "공식적인 제도들과 regime뿐 아니라 일반인들이 동의하거나 자신들의 이해관계로 간주하는 비공식적인 관행들도 포함"한다. 즉, Global Governance는 세계 정부가 없는 상황에서 여러 행위자들이 공통의 목적을 달성하기 위해 협력을 통해 지구적 문제에 대응해나가는 다차원적인 과정이라 할 수 있다.

Global Governance라는 용어는 세계화 이후 일반적으로 사용되기 시작했지만 국제연맹과 국제연합에 적용된 개념이기도 했다. 세계화와 이전 시기에는 국가 중심의 국제관계, 즉 국가 간의 관계에서 발생하는 Global affair를 UN을 중심으로 조정하는 것을 Global Governance라 불렀던 것이다. 그러나 세계화 이후 비국가 행위자들이 경제, 안보, 환경, 인권, 문화 등 다양한 이슈 분야에서 현대 국제사회가 당면한 다양한 문제와 도전들을 해결하고 새로운 규범을 창출하는 Global Governance의 중요한 주체로서 자리매김하고 있다. 이와 관련하여 Global Governance 위원회의 보고서는 "글로벌 차원의 거버넌스를 주로 정부 간의 관계로 간주해 왔지만 이제는 NGO와 시민운동, 초국적기업과 글로벌 자본시장을 또한 포함"하는 개념으로 이해되고 있다고 언급하였다.

글로벌 거버넌스에 대한 국제정치학 이론의 평가

현실주의는 주권국가를 기본단위로 하는 무정부적 국제정치를 가정하였다. 따라서 글로벌 거버넌스란 세계정부와 같은 것으로, 현실의 국제정치에서는 존재하지 않는 개념이다. 이 시각에서는 세계화의 진전에도 불구하고 국제체제의 무정부성이라는 본질에는 변화가 없으며, 글로벌 거번스가 존재한다면 세력균형을 통해 안정을 이루는 것이다. 그러나 제2차 세계대전 이후 70년 이상이 지난 시점에서 미국과 캐나다, 서유럽에서 안보딜레마와 전쟁이 일어날 가능성을 예측하는 것은 쉽지 않다. 이들 지역에서의 평화는 세력균형이 아닌 상호의존과 협력적 관계의 결과라 할 수 있다.

주권국가를 기본단위로 하는 무정부적 국제정치를 가정하는 현실주의는 글로벌 거버넌스란 세계정부와 같은 것으로, 현실의 국제정치에서는 존재하지 않는 개념이다. 만약 글로벌 거버넌스가 있다면, 그것은 강대국 중심의 문제해결 메커니즘에 불과하다. 예컨대, 강대국들은 G20, 핵안보 정상회의, 사이버스페이스 총회 등과 같은 국가 간 회의를 통해 단일 이슈에 대한 문제해결 방식을 추진해 왔다.

일부 자유주의자들은 세계화와 상호의존성의 심화, 정보혁명으로 인한 공간의 축소, 초국가적 비정부기구의 폭발적 증가와 지구적 시민사회의 등장을 강조하면서 '다수의 초국가적 속성을 가진 규칙의 체계, 정부 없는 관리체제(governance without government)'를 주장한다. 한편, R. Keohane은 '자유방임이 불안정하고 상호의존의 네트워크들이 민족국가의 경계를 초월하여 확장되고 있다면, 지구주의는 어떻게 관리되어야 할 것인가?'라고 질문하면서 글로벌 거버넌스는 세계화로 인해 초래된 변화에 대처하는 지구적 제도를 설정하는 것이라고 규정하였다.

자유주의 관점에서 글로벌 거버넌스는 무정부성으로 인한 안보딜레마를 완화해주는 국제레짐을 통해 드러난다. 세계화의 진전으로 군사 분야 뿐 아니라 다양한 이슈 영역에서 글로벌 거버넌스체계가 형성될 필요성은 높아지고 있다. 새로운 형태의 거버넌스는 연대적 규범과 강제력을 갖춘 법적 틀에 기초할 필요가 있으며, 개인의 권리를 주권과 동일한 수준에서 중시할 것을 요구하고 있다 — 인권레짐을 생각해 볼 것.[32)]

H. Bull 등의 다원주의에서 글로벌 거버넌스는 국제법에 기초한 주권과 불간섭 원칙이라 할 수 있다. 세계화와 함께 나타난 새로운 형태의 글로벌 거버넌스는 다원적 규범에 근거한 법적 틀이라 할 수 있다. 즉, 독자적이지만 안정된 정치적 단위들 사이의 대화와 타협의 질서를 지칭한다. 현실주의와 다원주의는 국가가 가장 중요한 행위자이며, 글로벌 거버넌스는 주권 국가가 동의할 수 있는 것 이상은 아니라고 본다. 다만, 국제법과 국제 규범·규칙에 대해 현실주의와 달리 다원주의는 구속될 수 있다고 본다는 점에 차이가 있다. 한편, 인권(인간안보)은 불개입 원칙을 파기함을 의미하며 국제질서가 유지될 수 없음을 뜻하기 때문에, 주권의 규범이 인권에 희생되어서는 안 된다고 본다.

지구적 민주주의 전망을 제시한 D. Held 등은 지구적 시민사회의 등장에 주목한다. 이들은 현재의 거버넌스 체제가 갖는 민주성 결핍을 비판하면서 더 민주적인 글로벌 거버넌스가 필요하다고 주장한다. 즉, 세계화 시대에 민주주의는 국가 수준의 민주주의, 국가 간의 민주주의, 그리고 지구적 민주주의라는 3 수준에서의 민주화를 통해 달성될 수 있다. 지구적 민주주의가 갖는

32) 가끔 거버넌스가 레짐과 혼용되고 있지만, 단일한 이슈를 다루는 레짐과 비교할 때, 거버넌스는 이슈들을 교차하여 다루며 네트워크나 레짐을 총체적으로 조정하는 것이다.

비현실성이라는 비판에도 불구하고, 세계은행이나 IMF는 누구에 대해서도 책임을 진적이 없으며, 주지하듯이 사실상 미국의 이해관계를 대변해 왔다. 문제는 글로벌 거버넌스 및 국제레짐의 민주성과 책임성을 어떻게 확보할 것인지는 세계화 시대에 지속적으로 이슈화될 것이다.

2) 글로벌 거버넌스 대두 배경

글로벌 거버넌스는 탈냉전과 세계화에 따른 국제질서의 변화, 그리고 변화의 원동력과 과정 및 결과를 설명하려는 개념이라 할 수 있으며, 그 배경은 탈냉전과 세계화로 집약될 수 있다.

> 1990년대 이후 급속하게 전개된 세계화, 정보화, 민주화는 탈집중, 분권화 요구의 증대와 함께 시민사회의 성장을 동반하였다. 이러한 변화는 기존의 국민국가 중심의 통치체제의 약화에 대한 논의를 가져왔으며, 현대 대의민주주의의 약점을 보완하는 새로운 정책결정 방식으로서의 거버넌스에 대한 이론적 논의로 발전 전개되었다. J. Kooiman은 탈냉전 이후 전개된 세계화와 이를 가속화시킨 중요 수단으로서의 정보화, 그로 인하여 나타난 국가의 약화와 시민사회의 증대된 참여요구는 다양한 행위자들의 수평적 자기 조절에 의한 정책결정방식인 거버넌스 개념의 발전을 가져왔다고 평가한다.

탈냉전은 양극의 한 축이 사라짐으로써 국제질서를 구조적으로 변화시켰다. 유일한 초강대국으로 남게 된 미국이 군사적으로 단극체제를 구성하게 됨으로서 초강대국 간의 대규모 국제전쟁의 가능성은 사라지게 되었다는 인식을 형성하였다. 한편, 냉전의 종식은 평화적으로 이루어짐으로써 향후 국제질서에 대한 낙관적 시각을 낳았다. 이와 함께 전쟁과 안보에 대한 관심보다는 경제, 사회, 문화, 환경 등 비정치적인 분야의 중요성이 부각되었다.

세계화 현상은 탈냉전기 국제질서를 규정짓는 주요 개념으로 등장하였다 — 예컨대, Thomas L. Friedman은 세계화가 냉전을 완벽하게 대체했다고 주장한 바 있다. 상호의존성 및 상호연결성을 본질로 하는 지구화는 융합과 수렴 경향을 낳는다.[33] 국경선의 의미가 쇠퇴(borderless)하고 시간과 공간이 축소되는 small world가 현실화되고 있다. 또한 냉전 종식과 함께 정치·군사 영역보다는 경제·사회·문화·환경과 관련된 이슈의 중요성이 커졌고, 무역·금융·인권·개발·난민·마약·전염병·지구온난화·자원고갈 등의 이슈에 대한 지구적 차원의 규제와 협력이 요구되었다. 이들 이슈의 다양화와 복잡화에 따른 국제적 협조와 집단행동의 필요성은 비국가 행위자(non-state actor)의 역할을 강화한다. 이러한 현상은 R. Keohane & J. Nye가 말한 복합적 상호의존성을 잘 보여주고 있다.

주체 및 이슈간 연계현상은 글로벌 이슈의 해결에 있어서 비국가 행위자의 역할을 강화하면서, 전통적인 권력정치가 아닌 글로벌 거버넌스라는 현상을 낳은 것이다.

3) 글로벌 거버넌스의 특징

[1] 거버넌스 이론은 기존의 국가중심 통치구조에서 정책결정과정이 국가는 물론 국가 이외의 행위자, 예컨대, 다국적 기업, NGO와 같은 비국가기구들의 상호협력 네트워크에 기반을 둔

---

33) 세계화는 상품·자본·정보·사상·인구 등 모든 요소가 전 세계적으로 빠르게 확산되고 공유되며 이동하는 과정과 관련된다. 구조적으로는 상호의존성(interdependence) 또는 상호연결성(interconnectedness) 심화를 의미하며, 이를 통해 모든 요소가 통합(integration), 수렴(융합, convergence), 동질화(homogenization) 경향을 낳았다. 세계화는 경계를 불분명하게 하고 시간과 공간이 축약(ompression of time and space) 혹은 공간의 소멸(the death of distance)을 낳고 있다.

정책결정 방식 및 관리양식으로 변화되었다는 사실에 기반을 둔다. 글로벌 거버넌스는 글로벌 질서를 통한 거버넌스(관리체제)의 창출, 그리고 거버넌스를 통한 글로벌 체제의 확립을 지향한다. 초국가적 권위 내지 권력이 존재하지 않은 국제체제에서 국가의 범위를 넘어선 관리와 조정을 다루지만 세계정부를 전제로 하지는 않는다(이승철 2006, 29~30). 즉, 느슨한 다자주의보다 더 밀접한 형태이지만, 세계정부와는 다른 개념이다.

[2] 글로벌 거버넌스는 행위자, 행위자의 역할 및 행위자 간 네트워크에 있어서 비국가 행위자의 등장 및 이들 역할이 강화되고 있다는 점에서 베스트팔렌 체제와 구별된다. 문제 관리 방식에 있어서는 주권국가의 권위 일부가 초국가적 기구로 이전되고 있다. 행위자 상호간의 네트워크에 있어서는 국가 중심의 위계적 관계에서 국가·국제기구·NGO가 수평적 관계를 형성하고 이러한 네트워크를 통해 문제를 관리하고 해결을 도모하는 메커니즘(다층적이고 수평적 상호의존성을 갖는 다원적 관리체제)이라 할 수 있다.

[3] 전통적 의미의 군사 안보 뿐 아니라 인간안보, 환경 안보를 포함하는 포괄적 국제안보와 국제경제질서 형성, 글로벌 사이버 네트워크를 둘러싼 정책결정 과정은 거버넌스의 확산을 검증할 수 있는 중요한 이슈라 할 수 있다. 이러한 주제는 기존의 국가주도의 통치구조에서 중심적인 또는 독자적인 역할을 수행해 온 국가중심적 행위자들이 변화하는 환경 속에서 보다 새로운 방식으로 해결을 촉구하게 되는 이슈들로 확산되었다.

탈근대적, 글로벌 이슈의 성격 자체가 높은 불확실성을 안고 있지만, 상호의존성의 증대는 불확실성을 높여 관리의 필요성 또한 높인다. 글로벌 이슈는 국가주권, 안보와 같은 국가 중심의 이슈를 넘어, 개인의 가치와 인권, 개발이라는 인간체제(inter-human system), 그리고 정부간 국제기구, 비정부기구, 다국적 기업과 시장 등을 포괄하는 인류공동체가 직면한 지구적 차원의 모든 문제를 관심영역으로 한다.

4) 글로벌 거버넌스와 NGO(비정부조직)

[1] NGO는 비정부 또는 비국가 조직체로 자발성을 바탕으로 비영리적인 집단이나 조직 또는 결사체, 기구나 단체 그리고 운동세력을 포괄한다.

국제정치에서 NGO는 UN 경제사회이사회의 자문역할을 하는 위치에 있는 집단을 지칭하면서 사용한 개념이며, 이후 UN에서 옵서버 자격으로 참여하는 조직으로 확장되었다 — UN 헌장 제71조는 경제사회이사회가 NGO의 자문을 구할 수 있다는 조항을 두고 있었으며, 1950년대에 이에 대한 관행을 구체화하는 결의를 통해 법제화되었다. 오늘날에는 시민사회의 조직으로 이해된다.

대표적인 INGO로는 ① 인권분야 조직으로는 Amnesty International, Human Right Watch 등이 있으며, ② 환경분야 조직으로는 Greenpeace, World Wildlife Fund 등이 있으며, ③ 저발전 국가의 긴급구호 등과 관련된 서버스 제공 분야의 조직으로는 Oxfam, CARE, 국경없는 의사회, Save the Children 등이 있으며, ④ 반부패 등과 관련된 조직으로는 국제투명성본부, micro-credit은행인 Grameen Bank(노벨 평화상 수상) 등이 있다.

[2] NGO는 정보 수집·홍보, 네트워크 동원, 이슈의 프레임, 새로운 규범의 촉진, 정책변화에 대한 옹호, 인권·환경 등 각종 규약의 준수에 대한 감시, 전 지구적 회의에의 참여, 인도적

지원·개발프로젝트의 집행 등 다양한 역할을 수행함으로써 글로벌 거버넌스에 참여한다.

또한 전문가로 구성된 인지 공동체(epistemic communication)는 복잡하고 기술적인 초국적 문제의 해결에 있어 지식, 규범, 정책대안 등을 제시함으로써 글로벌 거버넌스에 기여한다. 예컨대, 동아시아 경제협력과 관련하여 PAFTAD, PBEC 등은 학계, 민간부문, 정부부문 대표들로 이루어진 Track II 성격을 지닌 비공식 외교 채널로 아태 지역의 지식인과 전문가들의 네트워크를 구축하고 있으며, 동아시아 공동체 형성에 있어서 중요한 역할을 수행해 왔다. 이들 기구에서 NGO는 아이디어와 담론, 지역적 정체성을 구성하는 역할을 담당하고 있다.

- 글로벌 거버넌스의 핵심 특징을 세계화와 탈냉전, 정보혁명으로 인한 상호의존성 심화와 근대국제질서의 핵심 요소인 주권성 및 영토성 의미의 변화, 그리고 초국적 행위자의 등장과 주권의 공유로 규정할 수 있음. 특히, 탈냉전과 세계화는 글로벌 거버넌스 과정에 비국가 행위자인 NGO의 대두와 역할 증대의 배경이 됨
- 탈냉전 : 위계적이며 힘에 의한 패권적 세계질서의 운영과 유지는 더 이상 가능하지 않음. 위계질서의 정통성 상실 → 초국가적 관계가 팽창되고 심화될 수 있는 기회 제공, 힘의 논리에 밀려있던 UN 등 국제기구의 역할에 대한 기대 증가, 이와 함께 포괄적 다자주의가 가능해 짐
- 세계화 : 정치·군사분야보다 경제·사회·문화·환경 등의 문제가 상대적으로 더 중요해 짐. 무역·금융·인권·개발·난민·마약·전염병·지구온난화·자원고갈·환경오염 등 다양한 분야의 쟁점들은 한 국가 또는 지역차원의 문제를 넘어 전 지구적 차원의 규제와 노력을 요구 → 쟁점의 다양화와 복잡화에 따른 국제적 협조와 집단행동의 필요성은 비국가 행위자의 역할의 중요성을 자연스럽게 부각
- 참고로, 국제적 행위자 수의 증가와 그들 사이에 심화되고 있는 상호연관성은 구조적으로 복합적 체제를 낳음으로써 국제체제의 불확실성과 불안정성을 증대시킴. 나아가, 상호연관성 심화와 시장기능 강화 및 비국가 행위자의 영향력 증대는 전통적 국가기능의 약화 내지 변화를 야기(참. James N. Rosenau).

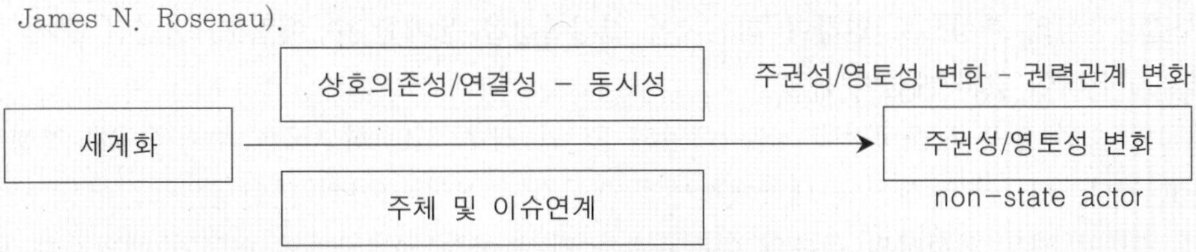

[3] **오타와 협약** : 1992년 6개의 NGO로 결성된 ICBL(국제지뢰금지운동)을 중심으로 지뢰금지운동이 전세계적으로 확산되었다. 60여 개 국, 1,200개 이상의 NGO가 참여하는 연대조직으로 성장한 것이다. 이들은 협상 및 조약체결 회의에서의 지지와 참여를 조직화하였고, 대인지뢰금지조약(오타와 협약) 체결을 이끌었다.

이 같은 성공은 캐나다 정부와 파트너십 형성에 기인한 바 크다. NGO는 캐나다 정부가 조직한 회의의 준비단계에서부터 실행단계에 까지 적극 참여했다. 캐나다 정부는 1995년까지 대인지뢰금지운동에 부정적 태도를 유지하고 있었기 때문에 처음부터 정부와 NGO 간 신뢰관계가 구축된 것은 아니었다. 외무부와 국방부 사이의 대립이 커지는 상황에서 외무부 장관 안드레 올레가 급작스럽게 대인지뢰 금지를 찬성하는 발언이 나왔고, 이후 캐나다의 국제적 리더십을 확보하는 기회로 활용하려는 관료들과 신임 외무부장관 엑스웥디의 친NGO 성향이 파트너십을 형성하는데 영향을 미친 것이다. 그러나 NGO는 조약 용어 개발과 1996년 오타와 회의 참석자 선

정 기준 결정 등에 주도적 역할을 수행했다. 이 같은 활약으로 — "유토피아로 보이는 아이디어를 명백한 현실로 만들었으며, 인식을 같이하는 국가들과 더불어 전 지구적으로 적용될 수 있는 새로운 외교 모델 형성에 기여했음을 이유로" — ICBL은 1997년 노벨평화상을 수상하였다.

[4] 2004년 6월 발표된 UN 보고서 "We the people: civil society, the YN and global governance"에서는 UN-시민사회 파트너십의 글로벌 컨텍스트를 다음과 같이 지적한 바 있다.

- **민주적 책임성** : 글로벌 거버넌스의 문제에 있어 전통적인 민주주의의 영향이 약하다는 점이 세계 대부분의 시민들이 국제기구들에 대한 민주적 책임성을 요구하고 있는 하나의 이유이다.
- **참여민주주의** : 대의제 민주주의에서 참여민주주의로의 확장을 의미한다. 전통적인 민주주의는 시민들을 이웃공동체 즉 그들의 선거구에 따라 집약한다. 그러나 참여민주주의에 있어 시민들은 이익공동체로 집약된다. 그리고 현대 정보 커뮤니케이션 기술 덕분에 이러한 이익공동체들은 지역과 마찬가지로 전 지구적으로도 쉽게 연결될 수 있다.
- **다자주의** : 오늘날 시민사회운동과 여론의 점진으로 인하여 점점 새로운 이슈들이 전 지구적 주목을 받게 되고 새로운 이슈델에 대한 대응이 정부, 시민사회 등 다양한 지지자들에 의하여 수용되게 될 것이다.

4. EU와 다층적 거버넌스

거버넌스 관점에서 유럽통합을 설명하는 다층적 거버넌스(multi-level governance)론에 따르면, EU의 경우 권위가 초국가수준, 국가수준, 지방 수준 등 다양한 행위자에게 분산되어 있다고 설명한다. 이 관점에서는 정치과정에서 회원국의 통제능력은 제한적이라고 본다. 각료이사회의 의사결정방식의 특성으로 인하여 회원국이 결정과정을 통제할 수 어렵고, 결정권 또한 여러 수준에서 분산되어 있기 때문이다.

회원국의 주권 일부가 초국적 기구로 이양된 EU의 경우, EU 회원국은 주권을 EU 집행부와 공유하고 있다. 이러한 현상은 근대국제질서의 핵심적 특징인 국가의 단일성은 더 이상 타당하지 않다. EU의 경우 회원국의 공통의 이해관계를 갖는 이슈들이 국가와 비국가 행위자가 사회, 국가, 초국가적 수준에서 이루어지는 조정과정을 거치고 있다. 그렇다고 EU는 하나의 정치적 단위를 구성하고 있는 연방국가와는 다르며, 정치와 조정(governance)이 통치(goverment)를 대체하고 있다. 거버넌스 관점에서 EU는 국가가 더 이상 정책결정을 독점하지 못하는 모델로, **주권·결정권을 공유하는 체제**인 것이다. 이런 맥락에서 거버넌스의 실체를 부인하거나, 국가의 존재를 부인하는 입장들 모두 타당하지 않다고 하겠다.

한편, 근대국제질서에서 국가는 정통성과 권위를 독점하며, 국가 내부의 모든 행위자들 대표한다. 그러나 EU에서 국가는 일반이익을 대표하는 존재가 아니며, EU 내의 다양한 이익 중 하나인 특수 이익을 대표하는 부분에 불과하다. 이 같은 현실은 서유럽에서 국가가 권위를 독점한다는 인식을 붕괴시키는데 결정적 영향을 미쳤다. 그리고 정책을 결정하고 집행하는 데 있어서 시민사회의 지지를 필수 요건으로 해야 한다는 인식을 강화하였다.

제 5 장 기타 정치학 이슈들

제 1 절 이념균열과 세대균열

Ⅰ. 이념균열 : 보수주의와 진보주의 2003 입법

보수주의와 진보주의는 시대와 국가에 따라 다른 내용을 담고 있기 때문에 특정 사상으로 규정지을 수 없고 변화에 대한 태도를 가지고 구별하는 것이 일반적이다(이를 위상적 개념이라 한다). 이는 자유주의(프랑스 혁명 당시의 진보)의 철학은 근대로 이행하는 시기의 시민혁명과 결부되어 있었고, 보수주의는 자유주의/진보주의의 이러한 급진적인 변화에 대한 반발로 등장했다는 점에서 이해될 수 있다.

진보와 보수, 자유주의와 보수주의, 자유주의와 공화주의와 같이 대비되는 사상이 문제시된다면, 그것은 다음과 같은 함의가 담겨져 있다.

> 변화는 사회 속에서 형성되는 다양한 사고의 대립과 상호작용을 통해서 나타난다. 그것이 자유주의와 보수주의(혹은 자유주의와 공화주의, 기타 등등)가 박제화된 사상으로 이해될 수 없는 이유이기도 하고, 또한 어느 사상이 지배되고 다른 사상이 부인되어서는 안 되는 이유이기도 하다. 다만, 그것이 실용주의적으로 이해되어서는 안 되며 철학적인 기반을 가지고 있을 때 실질적으로 바람직한 방향으로 사회가 변화할 수 있을 것이다.

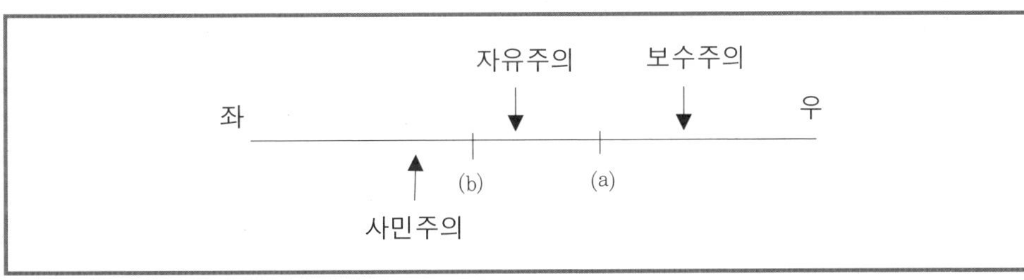

1. 보수주의(Conservatism)

1) 의 의

전통적인 가치와 질서를 유지하려는 정치이념을 지칭한다. 과거로의 회귀를 지향하는 경향(반동주의), 현상 유지(status quo)적 경향(수구파)과 점진적이고 발전을 추구하는 경향을 포괄하는 이념이지만, 반동주의와 수구파와는 구별하기도 한다.[34]

---

34) 보수주의는 국가에 따라 상이한 경향을 보였다. 급격한 단절 없는 근대화 과정을 겪은 영국의 경우 점진적 개혁을 수용하는 온건한 보수주의가 형성되었다면, 구체제와의 급격한 단절을 지향했던 프랑스는 구체제 수호를 지향하는 반동적 성격이 강하게 나타났고, 나폴레옹 전쟁에서의 패배와 민족통일이라는 과제를 안고 있었던 독일의 보수주의는 유기체적 국가관과 강한 민족주의적 성향을 보였다.
20세기 현대의 보수주의는 E.Burke의 정치철학으로부터 유래하는 평등에 대한 회의적 태도, 엘리트주의에 대한 지지, 전통과 권위에 대한 강조, 개인의 자유와 재산권에 대한 신념 등을 공유하고 있다. 즉, 자본주의와 자유민주주의를 옹호하고 있다는 점에서 19세기 서구의 보수주의와는 상이하다.

현대 보수주의의 뿌리는 E. Burke로 거슬러 올라간다. 버크는 「프랑스 혁명 고찰」에서 사회를 과거, 현재, 미래 사이의 유기적 관계로 얽혀서 이루어진 복잡한 망이기 때문에 섣불리 고쳐서는 안 된다고 주장하면서 점진적인 변화를 옹호하였다. 그런데 보수주의는 변화를 거부한다는 점에서 사상적 기반이 없는 기득권 옹호 논리에 불과하다고 평가되기도 한다.

2) 보수주의의 특징

첫째, 정치적 권위를 통한 질서와 통합을 강조한다. 그리고 변화를 거부한다. 사회적 혼란과 갈등은 안정과 질서에 위해가 되기 때문에 회피되어야할 부정적 가치들이다 – 자유주의가 갈등의 과정을 통해 질서를 찾으려한다면, 보수주의는 갈등을 부정한다. 보수주의가 변화를 거부하는 것은 인간의 이성에 대한 불신과 전통에 대한 존중에서 비롯된 것이다. 다만, 보수주의가 보존하고 싶어 하는 대상은 시대에 따라 변하며, 과거에 좋은 것으로 여겨진 것을 보존하려는 것이다.

둘째, 보수주의는 보전과 점진적 변화를 추구한다. 기존 권위와 질서에서 변화의 필요성이 제기되는 경우에도 중용과 자제력을 가지고 이루어져야 한다. 인위적 변경은 헌법적 발전의 자연적 과정을 간섭하거나 유기체적 전체로서의 공동체에 부정적 영향을 줄 수 있기 때문이다.

셋째, 보수주의는 국가의 적극적 역할을 강조한다. 국가의 유기체적 성격을 주장하며, 개인은 국가에 대한 충성을, 국가는 이에 대해 온정적 입장에서 개인을 보호해야 한다.[35]

넷째, 개인적 자유를 선호하지만 전통적 가치를 유지하기 위해 자유를 제한하려고 한다; 진정으로 잘 질서화 된 자유야말로 향유할 만한 가치가 있는 유일한 자유이다. 자유는 국가의 영혼과 질서 속에서, 그리고 질서에 의해 가능해진다(R. Kirk, 1964).

또한, 평등주의를 반대하고 인간의 본성을 불신한다 ; "그래 인간은 서로 다르게 태어났어, 정부가 이런 법칙을 무시하면 그건 부정한 정부야, 그건 열등한 본성을 가진 사람들을 기쁘게 하기 위해 찬탄할 만한 자질을 가진 사람을 밑으로 끌어내리는 거야(R. Kirk)." 이러한 맥락에서 인간들을 분리하는 차별성을 자연스럽게 받아들인다(P. Singer). 이러한 사고는 정부와 개인의 자유에 관한 모호한 입장을 취하게 한다.

3) 현대 보수주의

공산주의의 대두로 인해 보수주의는 자유주의와의 대립적 관계를 탈피하면서, 평등과 국가간섭의 배제 및 시장경제원리를 수용하였다. 자유주의와의 접근은 1980년대 이후 보수주의자들이 신자유주의 정책을 수용하는 데서 극명하게 드러난다.

현대 보수주의와 자유주의를 정의하는 데에는 사회적, 재정적 외교정책이라는 관련쟁점의 3가지 분야에 대한 각각의 입장을 살펴보는 방법이 이용될 수 있다.

① 사회적 쟁점에 있어서 가정, 가족, 종교에 관한 전통적 가치를 중시한다. 이를테면, 낙태반대, 기독교계통 학교에서의 기도행위 지지, 여성의 올바른 역할과 위치에 관한 견해가 그것이다.

② 재정정책에서는 자본주의에 대한 신념 하에서, 정부규제반대, 균형예산 등을 주장한다.

③ 외교정책에서는 강력한 국방정책과 반공주의, 우방에 대한 조건 없는 지원을 중시한다.

---

35) 그러나 최근 이러한 태도는 국가간섭의 배제를 주장하는 신보수주의의 출현으로 모호해졌다.

2. 진보주의(Progressivism)

진보주의는 기존 정치·경제·사회 체제에 대항하여 변혁을 추구하려는 성향을 지칭한다. 사회주의(공산주의, 사회민주주의, 민주사회주의), 아나키즘, 다양한 형태의 집산주의, 여성주의, 생태주의, 좌파민족주의, 해방신학 등이 이에 해당한다. 중도라 할 수 있는 자유주의는 정치지형 상 진보주의로 분류되는 정당이 집권이 사실상 어려운 미국, 일본, 한국에서는 진보로 간주하는 경향이 있는 반면, 남미에서는 보수주의로 평가되고 있다.

근대 사회에서 진보는 인간의 이성에 대한 신뢰를 기반으로 하고 있으며, 인류의 진보를 위해 국가를 바꾸고, 국가를 통해 인간의 삶을 개선하는 것을 선호해 왔다. 시장과 시민사회에 대한 국가의 적극 개입을 통해 경기안정과 사회후생증진, 복지 수준의 개선 등을 지지하는 경향을 보였다. 그러나 포스트모더니즘의 대두와 인간의 이성에 대한 회의적 시각의 확산은 이런 맥락에서 제기되는 진보주의와 구별되는 급진주의를 낳았고, 신좌파라 명명되기도 한다.

3. 한국의 이념균열

1) 한국에서의 이념지형 형성과 변화[36)]

가. 한국의 보수주의

한국정치에서 이념 지형은 냉전과 분단이라는 외적 제약에 의해 규정될 수밖에 없었다. 즉, 세계사적 규정이 한반도에서의 보수와 진보의 성격을 결정지었다.

강정인 교수는 민주화 이전의 한국 보수주의를 예방적 보수주의로 규정한다. 보수주의를 이야기함에 있어서 무엇을 보호하고자 하는가를 파악해야 하는데, 헌법이 정한 자유민주주의를 수호하고자 하는 질서로 규정하고, 이를 위협하는 것으로 북한체제(공산주의)로 인식하였다. 따라서 헌정질서를 수호하기 위해 반공주의와 체제경쟁에서의 우위를 위한 근대화를 추진하게 되었다. 전통질서와 단절을 통해 근대화를 달성해야 한다는 모순을 안고 있을 뿐 아니라 달성되지도 않은 자유민주주의를 수호해야 한다는 형용모순을 안고 있는 것이다. 그리고 이 과정에서 '자유민주주의 = 반공'이라는 등식이 성립되었다. 어떻게 보면 집권세력이 권위주의체제와 자유민주주의를 방어(안보/반공)하고 경제발전에 필요한 정치적 안정을 유지한다는 명분으로 옹호하기 위해 제시한 이념이 바로 보수라 할 수 있다(강정인 외, 2009).[37)]

광주항쟁을 유혈진압으로 집권한 5공화국의 등장으로 경제발전과 반공에 대한 대중적 설득력이 상실되었다. 전두환 정권은 광주시민을 북한의 사주를 받은 폭도로 규정하였는데, 이는 지식인들로 하여금 반민족적 정권이라는 인식을 확산시켰고(민족주의 대두), 독재체제가 미국의 비호와 분단에 그 원인이 있다는 인식이 확산되면서 반미·친북적 성향이 대두되었다. 이 위에 김대

---

36) 이 부분은 강정인 외, 2009를 주로 참고하였다.

37) 반공주의와 발전주의는 자유민주주의의 실현보다는 냉전체제 하 경제 원리로서 등장한 것이었고, 이를 보호하기 위해 권위주의체제가 필요하다는 논리를 만들어 냈다. 집권세력에 대한 비판은 자유민주주의에 대한 반대이자 용공을 의미한다. 실현되지도 않은 자유민주주의를 지키기 위해 반공이 요구되며, 반공을 위해 자유민주주의를 제한할 수밖에 없으며, 결국 반공이 자유민주주의라는 억설로 변질되어 버린 것이다.

중·노무현 정권의 등장은 보수주의 내부에서 새로운 변화를 불러왔다. 보수행동주의[38]와 뉴라이트가 그것이다. 보수주의의 주요 주장은 다음과 같이 정리할 수 있다.

- 시장경제에 대한 신념과 국가의 개입에 대한 반대
- 복지포퓰리즘 담론형성과 감세, 복지해체
- 법치주의와 자유(인권)강조. 특히 북한 주민의 해방(북한 인권문제 공론화)과 북한 정권의 붕괴

신자유주의와 보수주의는 자유와 재산권을 절대적 가치로 주장한다. 그러나 이들은 이율배반적인 모습을 보여주고 있다. 이명박 정권 때 용산재개발과 관련된 사건에서 신자유주의/보수주의는 재산권 침해=법질서 침해로 규정하면서 그 과정에서 발생한 사망(생명권)에 대해서는 침묵하였다. 남북관계의 긴장을 고조시킴으로써 안보를 위협할 수 있는 대북 삐라 살포 행위에 대해서는 헌법상 보장되는 절대적인 권리로 주장하는 반면, 정부정책에 반대하는 시위에 대해서는 강경한 진압을 지지한다. 나아가, 한국 내 정치/경제 권력에 의한 개인의 인권 침해에 대해서는 침묵하거나, 이와 관련된 권리주장을 포퓰리즘/종북세력이라는 논리로 반박하는 모순된 모습을 보여주고 있다.

나. 한국의 자유주의(보수 혹은 진보)

한국의 자유주의는 개항기에 지식인을 통해 이론적으로 수용되었다. 일제와 해방공간에서는 민족(독립)-반민족(친일)의 대립 속에서 규정될 수밖에 없었다. 즉, 해방정국에서 자유주의는 반민족/반공주의와 결합되었으나, 권위주의를 거치면서 자유주의는 반독재/민주화 운동과 함께 새로운 이념으로 발전하게 된다.

그러나 민주화는 민주-독재라는 대립을 해소하였고, 자유주의의 분화를 낳았다. 이 과정에서 시장에 대한 신념,[39] 민주주의와 국가에 대한 불신, 대북강경 노선 등을 보이는 신자유주의가 등장한다. 한국의 신자유주의는 반공주의, 권위주의, 일부 민주화 운동 출신, 친재벌 세력과 신고전경제학파 등으로 구성되는 데 스스로를 자유주의의 본령이자, 정통 보수라 자처하고 있다. 이들은 '한국 사회의 질서를 규정하는 근본규범은 시장자유주의이며, 이를 지키는 것이 진정한 보수'라고 주장하고 있다.

반면, 개발독재에 의해 왜곡된 시장질서의 민주적 조정과 통제, 복지정책의 확대와 균형 발전을 지향하는 입장이 있는 데, 이를 복지자유주의 혹은 개혁자유주의라 부르기도 한다. 이들은 북한 문제에 대해서도 신중한 입장을 보인다. 권위주의 시기 반공주의가 독재정권을 강화하는 메커니즘으로 작용하면서 시민적 자유를 침해해 왔다는 인식을 가지고 있는데, 북한에 대해 개혁

---

38) 권위주의 시기 보수주의는 헌법상 기본권/시민권에 대해 비판적이었으나, 노무현 정권 시기에 보수주의는 헌법상 기본권인 집회와 결사의 자유를 주장하면서 활동하는 경향을 보이고 있다. 다양한 형태의 집회와 대북 삐라살포에 대한 개신교의 보수 세력의 지원, 대기업의 지원, 그리고 보수 언론의 여론 동원 등이 이와 관련되는 데, 이를 보수행동주의라 한다.

39) '재벌은 한국적 상황에서 최적의 적응으로 출현한 것이며, 대주주의 전횡에 대한 세간의 비난은 잘못된 상식이다. (...) 특히, 시도 때도 없이 이 사회에서 전개되는 재벌의 속죄양 의식은 이 사회의 기초인 시장경제를 철저히 파괴할 가능성도 높다. (...) 우리가 성취한 재벌체제를 지탄의 대상으로 삼아 부정해 버리게 만드는 서구 언론의 논조에 놀아나지 말아야 한다(공병호, 1999)'는 한국의 보수주의 입장과도 같은 것으로, 신자유주의나 보수주의의 인식을 잘 보여주고 있다.

과 개방을 유도함으로써 스스로 민주화되도록 해야 하며, 남북관계에 악영향을 미치는 북한 인권 문제에 대해서는 신중하게 대응해야 한다고 주장한다. 이들은 A.Smith가 시장을 옹호한 것은 사적 이익을 자유롭게 추구하도록 하는 것이 사회 전체의 선을 증진시키는 가장 좋은 방법이라고 믿었기 때문이지, 개인의 자유나 재산권이 절대적 가치를 지녔기 때문은 아님을 강조한다. 자유를 표방한다면 경청할 필요가 있는 지적이다.

다. 진보주의와 급진주의

한국에서 급진이념은 '반공·자본주의·재벌·친미 질서를 근간으로 하는 사회구조를 변혁하려는 이념(강정인 외, 2009)'으로 규정할 수 있다. 이들 이념은 일제와 해방정국 시기에 형성된 토착 사회주의, 여운형과 조봉암 등의 사민주의, 민족주의 좌파 등에서 출발하였으며, 권위주의 시기의 민주화 운동과 민주화 이후의 시민적 결사운동인 NGO 활동가들을 포함시킬 수 있다. 단, 한국사회에서 좌파는 사회주의적 지향을 갖는 세력을 지칭하는 용어로 사용되어 왔고, 급진주의 또한 체제 변혁을 지향하는 세력으로 보려는 경향이 강한 편이다.

권위주의시기에 급진주의는 민족통일 운동, 사민주의 등으로 나타났다. 그런데, 1980년대 광주항쟁을 진압하면서 등장한 5공화국 시기에 사회주의적 경향이 보였는데, 소위 ND(민족민주)·NL(민족자주)·PD(민중민주) 그룹이 그것이다.

민주화와 사회주의권의 붕괴, 북한 현실은 급진 이념 내부의 변화를 초래하였고, 1997년 외환위기와 신자유주의 확산은 사회주의 혁명이 아닌 합법적 정당을 통한 사회변화를 추구하는 쪽으로 변화하게 된다.

이상의 내용을 토대로 정리하면 다음과 같이 나타낼 수 있다.

[그림] 한국에서의 진보-보수의 위상적 관계

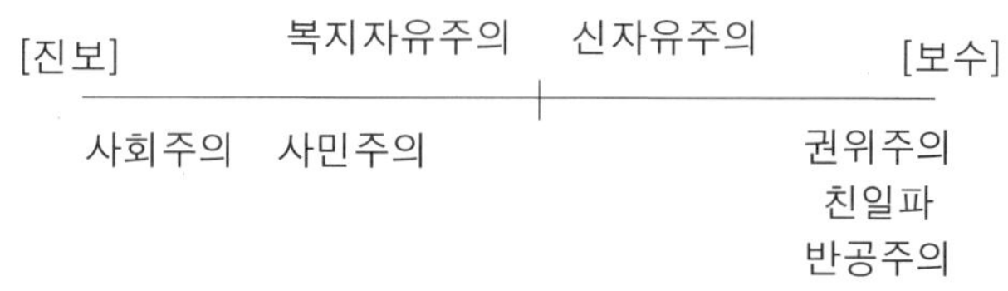

2) 한국의 이념지형

가. 한국의 이념지형의 특징

20세기 중반 이후, 서구에서 진보와 보수는 경제적 기본권에 대한 태도로 구별하는 것이 일반적이었다. 즉, '사회경제적 기본권을 인정할 것인가? 그리고 이를 위한 국가의 개입을 지지하는가?'에 따라 진보와 보수를 구별하는 경향이 있다. 그런데 한국의 보수주의가 정부개입에 기초한 개발국가모델에 대한 믿음을 포기했다고 보기 어렵기 때문에 서구와 같이 정부개입수준의 선호도에 따라 보수와 진보를 구분하는 데는 한계가 있다.

한국은 경제적 기본권에 대한 주장이 상당기간 반공이데올로기에 의해 차단되어 왔고, 진보정당과 보수정당 간의 대립을 경험하지 못했다. 한국에서는 **[개혁 vs 권위]**를 진보와 보수의 기준으로 인식하는 경향이 있는 것이다. 그리고 시장에 대한 개입의 태도보다는 개인적 자유에 대한 태도, 그리고 외교안보정책에 대한 태도를 중심으로 이념지형이 형성되어 왔다.

정치적 정향에 대한 태도를 보면, 시장에 대한 개입에 대해서는 대다수 시민들이 지지하는 경향이 있으나, 외교안보정책(한미동맹/대북정책에 대한 태도, 북한인권문제에 대한 태도 등), 사회권적 기본권(정보기본권, 환경권 등)과 경제적 기본권(소득분배)에 대한 태도에서는 차이를 보이고 있다. 여기에 권위주의에 대한 태도를 포함할 수 있다.
우리사회에서 이야기되는 이념논쟁에서의 쟁점들을 보면 다음과 같은 것들이 있다.

- 외교 정책 : 대북포용정책과 상호주의, 북한인권문제, 국가보안법 개정문제, 한미동맹
- 경제 분야 : 신자유주의적 개혁(단, 한국의 보수주의 · 신자유주의 논리는 정부의 적극 개입과 산업 지원을 주장한다는 점에서 사실상 경제정책에서 차이는 존재하지 않음)
- 복지정책 : 작은 정부와 개인 자율원칙에도 불구하고 복지 확대 정책을 지지해 왔으나, 최근 보수행동주의가 강화되면서 이견이 존재.

해방이후 민주화 이전까지의 이념지형은 반공이데올로기가 주조해왔다고 볼 수 있다. 즉, 북한의 존재를 이유로 자유민주주의가 유보된 채 자본주의 시장경제를 지향하면서도 국가 주도의 경제성장모델을 지향했다. 또한 보수주의는 근대화의 주체로서 과거와의 단절 속에서 철저히 전통을 부인하고 혁파 대상으로 설정되어 있었다는 점에서 과연 보수주의라 이야기할 수 있는지에 대한 논쟁들이 있었고, 이념 없는 실용적 보수주의라는 평가를 받기도 한다.[40] 그리고 남북분단이라는 상황은 반공 이외의 다른 이념을 배제하면서 이념적 단색성 혹은 이데올로기 공간의 폐쇄성을 만들어 냈다.

민주화 이후에는 분배문제를 둘러싼 갈등이 노동과 자본이라는 계급균열과 중첩되면서 존재했지만, 이념논쟁의 중심을 차지하지는 못하다가, 김대중 정부와 노무현 정부를 거치면서 보수 세력에 의해 이념갈등의 한 축을 형성해 가고 있다. 특히 보수 세력은 한국사회의 갈등 축을 이러한 안보를 중심으로 동원함으로써 안정적인 지지기반을 형성하고 있으며, 여기에 경제성장이라는 이념을 부과하고 있다. 그러나 분배문제를 둘러싼 이념갈등에도 불구하고 계급균열은 우리사회의 이념논쟁의 중심을 차지하고 있지는 못하다.

마지막으로, 전통적 가치와 반전통적 가치, 건강권이나 환경의 문제 등이 새로운 이슈로 등장하고 있으나, 이들 이슈가 이념의 차이에서 비롯된 것으로 인식되고 있지 않으며 중심적 갈등 축으로 설정되고 있는 것은 아니다.

---

40) 해방 후 한국에서는 외세에 영합한, 그리고 과거의 전통과 역사로부터 철저히 단절된 보수세력이 근대화를 추진했기 때문에 그들은 의식화된 전통주의로서의 철학적 보수주의를 발전시킬 수 없었다. 전통 · 권위 · 종교 · 역사야말로 보수주의 정치철학을 생육시키는 비옥한 토양인데, 해방 후 한국에서의 근대화는 서구(타자)와의 동화적인 관점에서 과거로부터 물려받는 고유한 전통 · 권위 · 종교 · 역사를 철저히 파괴하는 자기 부정적인 차원에서 진행되었기 때문에 보수주의 정치철학이 정상적으로 성장할 수 없었다는 사실은 오히려 당연하다고 생각된다. 나아가 일제 식민지 배를 거치면서 종교와 전통 및 권위는 파괴되고 단절되어 버렸다. ... 해방 후 50년 간 한국의 보수주의자(정치적, 혹은 기질적 보수주의)들은 스스로 엄청난 규모의 변화를 추진했는데, 그것은 보수주의 철학을 통해서는 결코 정당화될 수 없는 성질의 것이었다. ... 한국에서는 기존의 정치질서를 유지하고자 한다는 점에서 정치적 보수주의가 막연한 지향 및 외양의 형태로는 존재하였으나, 그 내용을 충실히 채워줄 수 있는 철학적 기반은 근본적으로 결여되어 있었다(강정인).

나. 한국 이념정치의 현주소

이데올로기의 대립으로 인한 사회분열에 대한 우려는 이념 공간의 폐쇄성의 해소를 의미하지만, 동시에 공존의 양식이 자리 잡기 전에 상이한 이념에 대한 차이가 과대평가되는 것으로 오히려 자연스러운 과정이라 할 수 있다.

탈냉전 이후 세계는 이데올로기의 의미가 축소되고 있고, 쟁점 지향적이거나 사안 해결책으로 바뀌는 경향을 보이고 있다. 이는 거대담론의 영역이 그만큼 축소되었음을 의미하지만, 한국의 경우 통일문제를 포함한 이데올로기적 논쟁의 대상이 되는 주요한 과제들을 여전히 안고 있다는 점에서 시대착오적이라고 평가할 수는 없을 것이다. 또한, 민주화는 국민들에 대한 정책당국자로 하여금 설명의무를 지우는 것으로 대외정책결정의 논의가 일반국민들에게 개방되면서 국가안보가 공공토론의 핵심주제로 등장한 것이다(한국과 대만의 공통점). 이 점에서 국가의 공적 결정에 대한 갈등 자체가 문제되는 것은 아니다. 문제는, 이데올로기의 정치화 경향이 강화되면서 정치적 구속성이 증폭될 때 정쟁화하거나 일종의 도그마를 산출할 가능성이 있다는 점이다.[41)]

참고 한국인의 정치 성향

국가의 경기조절을 위한 개입과 복지제공을 위한 개입에 대한 태도를 중심으로 한 서구의 진보와 보수의 구분에(국가-시장), 최근 신자유주의 확산과 더불어 나타난 개인주의 확산을 반영한 분류 기준(국가-개인)에 따른 최근의 설문조사 결과는 아래와 같이 나타난 바 있다. 참고로, 이 구분은 영국인을 대상으로 한 사회조사를 토대로 한 존 블런델(J.Blundell)과 브라이언 고스초크(B.Gosschalk)가 사용한 기준이다(정책개발원, 한국인 정치성향 조사결과 보고서, 2009)

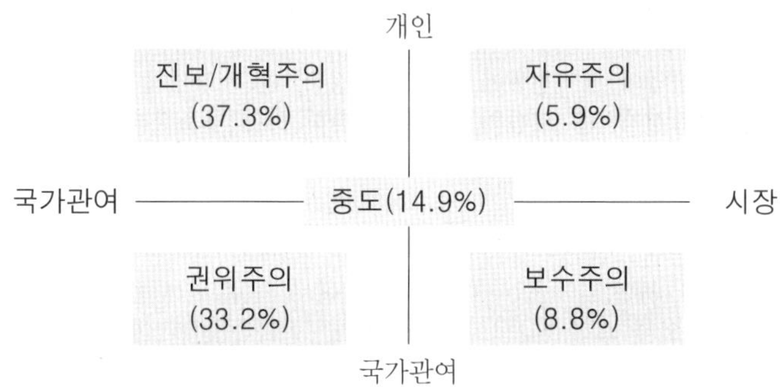

---

41) 일본이 변화의 요구에 대한 부응의 필요성에 의해 이데올로기의 변혁기능이 요구된다면, 갈등의 지속이 안정을 저해할 우려가 있는 한국적 상황에서는 이데올로기의 통합기능에 주목할 필요가 있다.
일본(갈등회피형)과 달리 한국을 갈등표출형 정치문화로 성격 지울 수 있다. 이런 특성은 갈등을 표면화시켜 문제를 해결할 수는 있지만, 제도가 빈번히 바뀌어 실질적인 문제해결에 이르지 못하게 되면 문제가 반복순환하는 상태를 초래한다. 다시 말해 한국 정치가 다이나믹해 보이지만 그 역학이 창조적, 생산적으로 되지 못한 것은 정치적 민주주의 제도의 정착부재 때문이라는 것이다.

참고 몇 가지 용어들

[1] 사회주의 계산논쟁

계획을 통한 자원배분이 경제적으로 가능한가에 대해 1930년대 이른바 사회주의 계산논쟁으로 나타난 적이 있었다. 그러나 이론적 가능성은 실제적인 불가능성을 논박하지 못하며, 이러한 양자의 간극은 좁혀지지 않은 채 결론을 내리지 못하였다.

von Mises는 공적 소유제 하에서는 자본재 시장이 존재하지 않으므로 자본재 가격이 형성될 수 없으며, 따라서 합리적 계산이 불가능함을 지적하였다. 이에 대해 O.Lange는 연속적 시행착오 속에서 경쟁가격을 발견하는 것이 가능하며, 중앙계획자가 L.Wallras의 경매인 역할을 할 때 균형가격을 찾을 수 있다고 반박하였다.

그러나 F.Hayek는 시장과정의 핵심이 균형가격을 발견하는 과정이 아니라 변화하는 정보 하에서 이윤기회를 발견하는 동태적 과정이라고 지적하면서, 사회주의 하에서는 가격이 고정되기 때문에 경쟁이 불가능하며 그러한 동태적 과정이 존재하지 않는다고 비판하였다.

이러한 사회주의 계산논쟁에서의 핵심은 현실성이다. 만약 이론적 가능성이 현실적 불가능성을 반박하지 못한다면 공허한 유토피아에 불과하기 때문이다. 이론적인 가능성에 매달리는 것에 대해 F.Hayek는 이성의 능력을 과신하는 사회주의의 치명적인 자만(fatal conceit)이라고 지적한다.

[2] 시장사회주의

시장사회주의는 비경쟁적 정치체제로서, 생산수단의 공적 소유를 특징으로 하며, 계획자와 시장에 의한 혼합적 자원배분이 이루어지는 체제라 할 수 있을 것이다.

유고의 노동자관리 사회주의 모델과 헝가리의 분권적 계획 사회주의 모델이 대표적이다.

[3] Müller-Armack의 사회적 시장경제

북유럽 국가 모델을 복지국가라 칭한다면, 독일식 모델을 사회적 시장경제라 부른다.

사회적 시장경제란 시장에서의 자유의 원칙을 사회적 균형의 원칙에 접목시키는 것이다. 이때의 사회적 균형의 원칙이란, ① 질서정책의 기본원칙으로서 개인의 자유, ② 시장의 조직원칙으로서 사회적 균형의 원칙, ③ 산업의 경기변동에 대한 경기정책, ④ 시장경제를 변질시키는 투자조정에 대한 인식에서 나오는 성장정책, ⑤ 시장의 작동을 원활히 하는 구조정책, ⑥ 시장의 교정을 위한 개입에 있어서 시장부합성 원칙 등을 말한다.

[4] 제3의 길

제3의 길은 그 자체로 특별한 의미를 갖는 것은 아니다. 20세기 초에는 사회민주주의가 공산주의와 결별하면서 사용되기도 하였고, 1920년대에는 우익에서, 1960년대에는 스웨덴 등 북구제국이 자본주의와 소련의 사회주의에 대한 제3의 길(명시적으로 언급한 것은 1980년대 말)을 내세우기도 했다.

20세기 후반에 제시된 제3의 길은 기든스의 이론을 기초로 토니 블레어 영국 전총리가 신우파(신자유주의)와 구좌파(사민주의)에 대한 개념으로 제시되었다. 국가(혹은 정부)의 재건, 시민사회의 재구성·활성화, 사회투자국가(복지국가), 생태적 현대화와 범지구화 등을 내용으로 한다. 이에 대해 구좌파는 '대처 없는 대처리즘' 이라 비판하였다. 한국에서는 김대중 정부에서 표방한 바 있다.

Ⅱ. 세대균열

1. 세대의 개념

세대에 대한 개념은 여러 가지 차원에서 정의될 수 있다. 그러나 여기에서는 단순한 연령집단을 의미하는 generation의 의미보다는, 연령집단을 기본 구성으로 하는 사회적 · 문화적 · 역사적 범주로서, 역사적 경험을 공유한 집단(cohort)으로 정의한다.

K. Manheim은 세대를 특수한 역사적 경험을 공유한 집단으로 규정하면서, 다양한 세대가 공존한다는 사실은 사회변화의 원동력을 구비하고 있음을 의미하며, 세대 간 갈등과 충돌은 사회변화에서 없어서는 안 될 극히 자연스러운 현상(박길성, 21)이라고 설명한다. 이런 맥락에서 볼 때, 새로운 세대의 형성은 새롭게 대두되는 정체성을 공유하고 연대의식을 갖는 세력의 등장을 의미하며, 이는 사회변동을 만들어 내는 계기로 이해될 수도 있다.

2. 세대 지형

1) 서구의 세대 연구

Tapscott은 「디지털의 성장 : 네트 세대의 등장」에서 미국 인구통계학의 일반적 세대구분을 고려하여 '베이비붐세대(46-64년생), 베이비 버스트세대(65-76년생), 메아리세대(Baby Boom Eco G ; 77-97년생)'로 나누고 베이비붐세대의 자녀세대라 할 수 있는 메아리세대를 N세대라고 규정한다.

한편, Inglehart는 유럽사회에서 제2차 세계대전 이후의 경제적 풍요와 평화의 시기에 성장기를 보낸 젊은 세대들은 이전 세대들에 비해 삶의 질, 인권, 환경 등 일련의 이른바 탈물질주의적 가치(post-material values)들을 추구하는 경향이 있으며, 이러한 새로운 가치정향을 지닌 세대들은 전통적 좌우 이념에 기초한 정당들로부터 이탈해서 녹색당과 같이 탈물질적 가치를 지향하는 정당의 출현에 기여했다고 한다.

2) 한국의 세대 정치 지형

세 대 구 조	핵심적 역사적 경험	사회적 공간	정치·사회 의식
베이비붐 세대	근대화, 유신시대	과밀·경쟁의 삶	순응적 현실주의
386 세 대	1980년 민주화 투쟁	대학생활	관념적 민중주의
N 세 대	인터넷 혁명	사이버 공간	탈정치적 문화주의

① 베이비붐 세대(55-61년생) : 다산 시대에 출생한 집단으로 경제개발 5개년 계획으로 상징되는 근대화와 함께한 세대를 말한다. 반공이데올로기에 순응하며, 유신 시대를 중요한 역사적 경험으로 내면화시킨 세대라 할 수 있다.

한국사회에서 보았을 때, 이들 세대가 지나갈 때마다 길은 넓혀졌다(예컨대, 이들 세대가 지나가면서 초등학교의 학급수가 증가하였고, 한반의 인원도 계속 확대되었다. 61년생의 경우 초등학교 한학급의 정원이 80명 정도 되는 지역도 있었다. 또한, 대학의 정원도 확대되었다). 동시에 기존의 것을 전환하거나 파괴할 수 있는 잠재력을 가지고 있다는 점에서 중요한 대중이라 할 수 있다. 그러나 과밀과 과잉의 통과의례를 거쳐 가면서, 한국사회에서 가장 혹독한 경쟁을 치렀던 세대였다.

386 세대의 진보적 성향과는 구별되면서 전쟁을 경험한 세대의 보수주의와도 일정한 거리를 두고 있는 세대로, 세대 갈등에서는 위로부터는 권위에 눌리고 아래로부터는 기세에 밀리는 끼여 있는 세대로서의 경험을 공유하고 있다. 민주화를 향해 거세게 저항한 세대(소위 6.3세대)였지만 실패와 좌절의 기억을 더 많이 가지고 있는 세대다(박길성 2002, 24~25).

② 386세대 : 민주변혁기 및 정치민주화의 완성기를 경험한 세대다. 다른 세대와 달리 80년대를 변혁의 이념으로 뚫어 왔고, 아래로부터 권력에 대한 직접적 저항과 집합적 분출을 주도적으로 경험한 세대이자, 상상의 민중공동체를 경험한 세대라 할 수 있다(박길성 2002, 25).

③ N세대 : 정보화에 가장 익숙한 세대로, 디지털 매체의 보급과 함께 성장한 최초의 세대이며, 디지털 환경을 자연스러운 삶의 일부로 받아들이며 성장한 세대다. 두터운 중산층 형성과 함께 형성된 세대이며, 필수적 소비 형태로부터 '문화적 소비'로 돌아선 시대에 성장한 최초의 세대라 할 수 있다. 즉, 경제적 풍요, 정치적 민주화, 사회적 다원화와 함께 성장한 세대로, 타문화에 대해 유연성을 갖는다. 보리 고개를 경험한 적이 없으며, 사춘기와 20대에 민주주의를 경험했다는 점에서 현대사의 질곡으로부터 어느 정도 단절되었다는 점에서 기존의 사회구성과 질서로부터 자유롭기 대문에 개인성이 중시될 수 있는 세대다(박길성 2002, 14~16).

N세대의 특징은 이들 세대의 가치가 소유에서 접속으로 변화하고 있다는 점, 즉 각자의 개성을 찾아 불규칙적으로 움직이는 듯하지만 '따로 또 같이'라는 그들만의 세계를 만들어가는 세대로, 하나의 정체성이나 슬로건으로 묶어내기가 쉽지 않은 세대다(박길성 2002, 26).

3. 한국의 선거와 세대정치

정치세대가 나타나는 이유는 특정 시기의 역사적 사건이나 사회적 환경이 가치관과 정치적 영향이 형성되는 데 결정적인 20대 전후의 사람들에게 중요한 영향을 미치며, 이러한 형성시기(formative period) 이후에는 이때 형성된 정치적 정향과 태도가 바뀌지 않고 지속되기 때문이다(이내영 2002, 56).

급격한 사회변동을 겪은 한국사회에서도 세대별로 상이한 역사적 경험을 통해 유사한 정치사회의식을 내면화하게 되고, 이들이 선거 등을 통해 집단적인 정치적 선호를 표출할 가능성이 매우 높다. 예를 들면 한국전쟁을 경험하거나 반공이데올로기의 영향력 하에 있었던 50대 이상의 전전세대가 정치이념과 대북정책에서 보수적인 태도를 가지는 데 비해, 물질적 풍요와 남북화해의 분위기에 익숙한 신세대가 냉전의식으로부터 자유롭고 대북경제지원과 보안법 등에서 진보적 성향을 가지게 되는 것은 자연스러운 현상이다(이내영 2002, 56~57).

한국에서의 세대 논의의 출발은 상업주의와 무관하지 않지만, 세대 정치는 지역의 영향력 약화와 속에서 논의되어 왔다. 그렇다고, 세대정치를 저널리즘과 상업주의로 폄하하기에는, 노무현 열풍(노사모와 386세대, N세대) 등에서와 같이 정치적 실체로서 모습을 보여주기도 했다. 즉, 세대간의 갈등이, 기성의 사회질서에 대한 저항과 거부가 단순히 정서적이고 관습적인 차원을 넘어 사회 권력을 둘러싼 투쟁일 경우, 그 양상은 의외의 방향으로 나아갈 수 있다는 점이 고려되어야 한다는 것이다.

제 2 절 민족주의(nationalism) 2006 행정

Ⅰ. 민족주의의 정의 및 관점

[1] 민족(Nation)이란 공통의 언어와 관습, 역사, 문화, 인종 혹은 기원을 공유하는 사람들의 집합체 혹은 오랜 기간 동안 공동생활을 통해 언어와 문화상의 공통성에 기초하여 역사적으로 형성된 사회 집단이다. 신체적 특징을 기준으로 분류하는 범주인 인종과는 달리 민족은 문화유산을 공유하는 집단으로, 민족이라는 관념 자체가 문화의 소산이라 할 수 있다.[42)]

유럽에서 민족관념은 나폴레옹 전쟁 이후부터 형성되었고, 민족통일과 독립된 주권국가를 형성하려는 운동으로 이어졌다. 이렇게 형성된 국민국가(Nation-state)를 C. Tilly는 '통합국가'라 불렀는데, 그 완성은 문화통제를 통해 이루어진 국민형성(nation-building) · we-ness(집합적 정체성)형성이라 할 수 있다. 베스트팔렌 조약 이후 형성된 주권 개념과 민족을 단위로 한 국가의 관념은 제1차 세계대전 이후 W. Wilson의 민족자결원칙으로 천명되었다.

[2] Ernest Gellner에 따르면, 민족주의는 **정치적인 것과 민족적인 것이 일치해야 한다고 주장하는 정치원칙**이다(F. Halliday 2015, 535). 민족은 실제로 존재하며 정치공동체와 일치해야 하고, 민족은 스스로 통치해야 한다는 자결원칙을 핵심으로 하는 이데올로기라는 것이다.

이데올로기로서의 민족주의는 인간의 최종적인 소속감이 하나의 민족에게 귀속되는 심리적 조건과 관련된다. 그러한 조건은 한 민족을 다른 민족과 구별 짓는 신념체계를 포함한다.[43)] 민족주의는 민족에 기초를 둔 국가의 독립을 기원하는 한편, 이 민족국가를 정치적 · 경제적 및 문화적으로 발전시키고자 하는 이상 · 이데올로기 · 운동의 전체라 할 수 있다(이극찬 1994, 614).

민족주의는 어떤 이데올로기보다도 강력하게 개인들에게 영향력을 발휘한다. 민족주의는 그것을 신봉하지 않는 사람들에게조차도 반응을 이끌어 낼 수 있기 때문이다.

민족주의는 통합과 분열의 상호모순적인 속성을 갖는다. 또한 타 인종이나 종교와 같은 이데올로기와 결합하는 경우 폭발적 성향을 보인다. 민족주의의 통합적 성격은 신생국 민족주의에서 보이는 민족 정체성, 지역주의와 국제주의에서 찾을 수 있다. 반면, 서구에서의 자치운동, 동유럽과 구소련의 분열, 남아메리카의 반미감정 등은 국제공동체의 분열현상으로 규정할 수 있다. 이러한 분열은 유고내전, 아프리카 종족간의 분쟁 등에서처럼 폭발적으로 드러났다.

[3] 민족주의에 대해 자연적 공동체로 보는 관점과 인위적 · 상상의 공동체로 보는 상반된 두 가지 시각이 존재한다.

Anthony Smith는 민족주의 이데올로기를 구성하는 일곱 가지 주제를 다음과 같이 제시하였다(F. Halliday 2015, 535) ; ① 인류가 민족들로 나눠는 것은 자연스러운 일이다. ② 각 민족

42) 문화를 구성하는 요소는 다양하지만, 언어가 갖는 의미는 크다. 언어는 구성원 사이의 소통의 전제이자, 인간의 사고체계를 구성하기 때문에 사실상 문화를 구성하는 핵심 요소이다. 유럽에서 나폴레옹 전쟁 이후 민족관념이 형성될 때, (예컨대, 19세기 독일 통일을 추진했을 때) 그 기준은 같은 언어를 사용하는 집단이었다.

43) 민족주의의 개념적 징표는 다음 다섯 가지로 압축할 수 있다 ; ① 민족의식, ② 민족 고유의 특징(그 집단과 자신을 동일시하는 징표), ③ 지역적 동일성, ④ 애국주의, ⑤ 집단의식을 제고시키는 조치

은 고유한 성격을 갖는다. ③ 모든 정치권력의 원천은 민족, 전체 공동체에 있다. ④ 사람들은 자유와 자기실현을 위해 민족에 대한 일체감을 가져야 한다. ⑤ 민족은 오로지 자국에서만 실현될 수 있다. ⑥ 민족국가에 대한 충성심은 다른 충성심보다 우선한다. ⑦ 지구적 차원의 자유와 조화를 위한 기본 조건은 민족국가를 강화하는 데 있다.

Benedict Anderson은 A. Smith와 달리 상상의 공동체(imagined community)라 불렀다 ; 민족은 본래 제한되고 주권을 가진 것으로 상상되는 정치 공동체이다(B. Anderson 2004, 25). 그에 따르면 ① 민족은 제한된 것으로 상상된다. 민족에는 경계가 있고, 자격에 제한이 있다. ② 민족은 주권을 갖진 것으로 상상된다. 즉, 민족은 자유롭기를 꿈꾸며, 만일 신의 지배를 받는다면 직접 받기를 꿈꾼다. ③ 공동체로 상상된다.

민족 내부에 존재하는 다양성과 불평등성에도 불구하고 민족 성원 사이에는 수평적 동료의식과 형제애로 뭉친 공동체로 간주한다. 근대사회에서 인간은 종교공동체와 언어공동체를 넘어 민족이라는 개념으로 묶이기 시작했고, 이 과정은 근대국가의 성립과정이기도 했다. 실체가 불분명한 문화적, 언어적 공통성을 유지하고 있는 사람들의 애국심과 인종주의는, 문화적 조형물로 이루어진 역사적 공동체일 뿐이다. 다만, 그는 '민족주의는 의식적으로 주장된 정치적 이데올로기와의 결합에 의해서가 아니라, 민족주의 이전에 있었던 더 큰 문화체계와의 결합에 의해서 이해되어야 한다(ibid, 33).'고 이야기한다. B. Anderson이 바라 본 민족의 관념은 도시에 거주하는 사람들에게 의미와 목적의식을 심어 주는 하나의 방식으로, 근대성의 산물이다.

[4] Boyd Shafer는 민족주의를 군주정, 귀족정 등에 대항하는 공화주의와 민주주의를 향한 일반적 사회운동의 일환으로 파악하였다(박의경 2005, 204). 프랑스 혁명 이후 서유럽으로 전파된 민족주의는 자유주의와 국민주권원리를 중심으로 하였으나, 19세기 전반에는 근대 민족국가의 통일 원리로 제시되었고, 19세기 후반에는 소수민족의 해방이념으로 채용되는가 하면, 20세기에는 공격적·침략적 식민주의 또는 선민주의로, 그리고 제2차 세계대전 이후에는 반식민주의와 민족해방의 논리로 주장되기도 하였다. 그런데 민족주의에 대한 상반된 입장은 주권과 민주주의, 국제정치에 있어서도 상반된 입장으로 연결된다.

민족주의에 대해 부정적 인식을 가지고 있는 시각에서는, 민족과 민족주의가 같은 의미를 갖는 것은 아니며, 민족주의는 인위적으로 구성된 것이고 근대 국제질서의 필수적인 요소도 아니라는 점을 내세운다. 탁석산 교수는 민족은 실체가 없는 이름에 불과하지만, 민족주의는 민족을 앞세워 개인과 역사를 초월하는 하나의 주의(-ism)로 현실적인 힘을 갖는다고 말한다. 이러한 시각에서 보면 열린 민족주의라는 담론도 국가를 민족과 필연적으로 연결된 것으로 보는 시각에 기초하고 있는데, 민족은 해방이자 억압이라는 양면성을 가지고 있다는 점을 간과한다고 비판한다. 식민지 지배하에 민족은 억압을 견디는 힘이자 해방을 의미했지만, 민족이라는 이름으로 개인을 억압한다. 독립국가 건설의 당위성이 민족이어야 할 필요는 없다.

주권국가를 기본단위로 하는 근대 국제질서에서 국가는 민족을 핵심요소로 하지 않았다. 예컨대, 1700년 스페인의 카를로스 2세가 프랑스의 루이 14세 손자 필리프에게 왕권을 물려주려 하면서 발생한 스페인 왕위 계승전쟁에서처럼 주권국가와 민족관념이 논리 필연적으로 연결된 것은 아니었다. 시민혁명과 함께 국가의 주권은 시민 개인에게 있다는 관념이 서구의 국내정치에서는 지배적 위치를 차지하게 되었다. 즉, 주권은 민족이 아닌 시민 개인에게 있다는 것이며, 이것이 다민족·다인종 국가인 미국 정치의 작동원리로 정착하였다. 반대로 다민족 국가에서 동원된 민족주의와 민족자결의 요청은 대내외적인 갈등과 분열, genocide를 유발하는 요인으로 작용하고 있다. 국제정치의 기본 원칙인 주권원칙·불간섭원칙과 민족자결원칙이 충돌되는 지점이기도 하다. 어떻게 보면 다민족 국가, 그리고 다민족 세계에서 민족관념을 중심으로 한 질서는 평화를 보장하지 않는다는 것이다.

이와는 다른 시각도 존재한다. 서구 민족주의의 태동은 합리성(계몽주의, 자유주의)과 민주주의의 결합으로 이해할 수 있다. 특정 공동체나 종교 등에 근거하지 않은 개인들이 평등한 정치적 주체로서 권리를 가지고, 주권자로서 자기결정권을 갖는 합리적 근거를 민족이라는 동질성에서 찾았다. 민족이라는 경계는 정해진 것은 아니었고, 역사적 우연성과 의도적인 정치적 선택의 결합이었다. 민주주의와 국민국가를 위해 필요한 정치적 응집력은 '민족'임을 내세우는 인민을 통해 달성되었으며, 이는 인위적으로 이루어진 것이다(박의경 2005, 207). 민족주의의 위험성을 경고하는 논자들은 근대 사회에서 민주주의 운동이 동시에 민족주의 운동이었다는 것을 인식하지 않았거나, 의도적으로 배제하고 있다는 것이다. 민주주의의 제도화나 국민국가를 위한 국민형성보다는 민족주의에 결부된 경계설정과 그 과정에서 발생하는 분쟁 혹은 전쟁이 민족주의를 회피하도록 하는 이유일 수 있겠다.

한편, E. Gallner는 '민족주의가 민족을 위태롭게 한다.'고 진단한 바 있다. 이는 민주주의적 전환이 민족을 위태롭게 한다는 것을 의미한다. 신생독립국에서 독립운동과 민주화 운동은 모두 자기결정원리 / 민족자결의 이름으로 행해진다. 그러나 민주주의가 일단 안정적 궤도에 진입하게 되면 민족감정은 점차 그 강도와 중요성이 약화된다(ibid, 210).

Ⅱ. 민족주의의 전개

1. 서구민족주의의 전개

[1] 서구에서 민족주의 14세기를 거쳐 16세기로 소급되어진다. Isaiah Berlin은 "민족소속감에 대한 의식은 의식 그 자체만큼이나 오래되었다. 그러나 민족주의는 그것과 관련은 있지만 결코 동일시 될 수 없는 부족 감정이나 외국혐오감정과는 달리 고대에는 거의 존재하지 않았다." 고 서술하였다.

18C에 들어와 유럽에서 프랑스 혁명과 나폴레옹 전쟁은 민족의 정체성에 대한 자각을 가져와 민족과 국가가 일치해야 한다는 민족성의 원칙이 등장하여 민족공동의 이해를 실현하기 위해 민족국가를 형성하게 된다. 이러한 상황에서 부르주아의 사상적 기반이 되었던 자유주의는 민족주의와 결합하여 봉건귀족의 특수이익을 해체시키고 근대 국민국가 형성에 촉매제 역할을 하였다.

[2] 초기 민족국가는 국가 구성원 모두가 동일민족이라는 사실만으로 일체감을 가질 수 있었으나, 계급·신분간의 갈등이 증폭되면서 국민국가로의 전환이 필요하였다.

국민국가는 민족이라는 감정적이고 문화적인 일체감에서 벗어나 현실적인 정치참여에서의 평등을 전제로 하는 국민이 국가의 구성원이라는 믿음에서 그들에 의한 권력점유를 의미하는 민주주의적 정치구조로의 발전을 의미하는 것이었다.

[3] 20세기 들어 민족주의는 전쟁, 민족자결주의, 파시즘과 국가사회주의 등장, 그리고 반식민주의를 통해 주목을 받았다. 먼저, 민족주의는 노동자 계급의 연대를 강조하는 국제주의를 제창한 노동운동과 사회주의의 도전을 받았으나, 세계대전이 발발하자 민족의식이 계급의식을 압도하였다. 한편, 민족주의가 전체주의와 결합되자, 제2차 세계대전의 승전국들은 민족주의를 불신하면서 비서구사회에서 민족주의의 부흥을 경계하기 시작했다 — 부정적 시각에서는 민족주의와 xenophobia, 호전적 애국심이라 할 수 있는 chauvinism, 제국주의와 같은 것으로 바라본다.

2. 비서구사회에서의 민족주의

[1] 비서구 사회의 민족주의는 사회주의적 민족국가, 친미 종속적 권위주의 국가, 반외세주의적 국가, 종교적 민족주의 국가, 민주화 과정에 있는 국가로 유형화할 수 있다. 그러나 대체적으로 다음과 같은 특징을 보여주어 왔다. 즉, 정치 영역에서는 민중 민주주의로, 경제 영역에서는 공동 소유의 사회주의적 개발체제를, 사회 영역에서는 다원적 경쟁이 아닌 유기체적 통합체를, 문화 영역에서는 대중문화에 대응하는 민중적 민족 문화를 강조하는 경향이 있다. 이에 대해 다음과 같은 비판적 관점이 있다(진덕규 1999, 222~225).

① 민족의 주권 독립만을 강조하며(반서구성), 세계적 보편성에서 벗어나고 있다.
② 전통지향성은 배타성을 낳게 함으로써 현실성을 결여하고 있다.
③ 국가발전이 아닌 민중 의식을 조장하는 허상만을 가지고 있다.
④ 비서구 민족주의의 귀결점은 결국 전체주의로 전락할 것이다.

[2] 전통의 흐름은 지리, 역사, 언어, 그리고 때론 종교로 구성되어 있다. 민족이 형성되어 가는 이와 같은 과정, 또는 민족건설이라 불리는 것은 위와 같은 것들이 함께 어울리는 또는 이러한 것들이 하나가 되는 과정이고, 이것이 한 민족을 창조한다.

최근의 상황에서 볼 때 민족들은 다시 태어나고 있다. 그리고 그에 속하는 민족구성원들이 창조되고 있다. 그러나 토착문화를 다시 활성화시켜 보려는 시도는 신생국 대부분에서 쉽게 볼 수 있는데, 한편으로 그 문화 일부가 근대적 발전을 저지하는 것일 수 있어 심각한 문제를 제기할 수도 있다(인도). 또한, 식민통치를 몰아내기 위한 민족주의자들의 투쟁경험은 민족주체성을 형성하는 데 도움을 준다.

그러나 그 운동의 성공만으로 주체성을 확립하고 유지하는 데 충분하지 않다. 즉, 그 과정에 형성된 동질감은 무한정 지속되지 않는다. 그러한 시도들은 대부분 실패하며, 그에 관련된 긴장들도 함께 태어나고 있다. 그 긴장이란, 신생민족국가를 둘러싼 분쟁이며 또한 대내적인 민주주의의 과제와 결부된다.

[3] 최근에는 사회주의권의 붕괴와 더불어 냉전체제가 해소되면서, 동유럽 민족주의가 새롭게 부각되었고, 걸프전 이후 중동의 쿠르드족, 슬로베니아 - 크로아티아, 발틱 3국의 독립, 아프리카의 종족 간 갈등이 주요한 관심사로 부각되었다. 이 지역에서 인종집단들과 민족들은 오랫동안 자신들의 고유한 주체성을 유지해 왔으며, 때로는 독립국가로서 존속했던 경험도 있다.

동유럽의 민족주의는 제3세계와 비슷한 과정으로 진행되고 있다. 즉, 민족주의는 대내외적 긴장을 형성하게 되었으며, 궁극적으로 그들을 흡수하였던 국가이자 또한 그들을 흡수하기 위해 탄생한 국가와 대적해야만 했다(민주화라는 과제).

Ⅲ. 민족주의의 관련 이슈

1. 민족주의와 국민형성

민족주의는 점점 더 무정부주의적으로 되어 가는 사회적 · 경제적 세계에서 개인과 집단은 전혀 공통점을 찾아낼 수 없는 상황에서 소속감과 유대감을 만들어 낸다. 근대성은 전근대적 공동체에 존재했던 사회적 유대를 해체하는 것이었고, 사회적 관계의 합리화 · 세속화 · 관료제화로 나타났다면, (민족이라는) 공동체주의적 연대성과 형제애는 파편화된 채 떠도는 영혼에게 다시 소속감을 주고, 전통이 사라진 사회에서 살고 있는 사람들의 불확실성과 심리적 고립감을 완화시켜 준다(B. Barber 2006, 42).

민족주의는 국가를 형성하고 사회 내에 공통의 정체성과 의식을 형성하는 데 중요한 본질적인 구성요소로 기능했다(F. Halliday 2015, 538). 근대 국가에서 국민형성(nation building)은 표준어 · 국기 · 국가 · 국경일 제정, 도량형 표준화 제정 등에 그치지 않고 모든 주민이 하나의 국민 혹은 민족(nation)이라는 정치적 신화를 창출하는 과정을 통해 이루어졌다. 이러한 문화통제의 강화를 통해 민족적 일체감(we-ness)과 국가에 대한 충성, 그리고 사회통합을 이끌어 냈다. 한편, 민족주의는 (평화와 안정이 아닌) 국가 이익을 최고 가치로 자리 잡게 하였고 국가복지에 대한 관념을 만들어 냈다.

서구에서 근대적 의미의 민족주의는 계몽주의와 자치에 대한 자유주의 사상, 평등한 시민들로 구성된 공동체에 대한 프랑스 혁명의 관념, 역사 · 전통 · 문화에 의해 형성된 사람들에 관한 독일의 관념이라는 3 가지 흐름이 결합한 것이다. 첫째, 개인의 자율성과 정치공동체의 자결원리, 그리고 대의제 정부 개념이 수용되면서 개인의 자율(self-rule)의 집단적 형태의 실현 수단인 민족자결원칙으로 발전할 수 있었다. 둘째, 1789년 프랑스 혁명 당시 군주정에 대한 반대자들은 스스로를 '신분이나 지위에 상관없는 프랑스인의 공동체'라는 의미에서 나시옹(la nation)이라 불렀으며, 그 발현이 혁명의 구호였던, '자유 · 평등 · 박애'와 '민족이여 영원하라(Vive la Nation).'였다. 18세기 말에서 19세기 초에 북미에서는 영국의 지배에 항거하는 반란으로, 남미에서는 스페인의 지배에 저항하는 봉기에서 자신들을 대표하는 공동체의 정치적 권리와 자결권을 요구하는 운동으로 발전하였다. 당시 민족이란 한 국가 내에 거주하는 모든 인간의 평등, 그리고 루소의 민주주의 개념과 연결되어 있었다. 셋째, Herder, Fichte 등은 독일의 낭만적 민족(Volk) 관념을 만들었다. 독일에서 형성된 민족의 관념은 역사와 전통, 그리고 문화에 기초한 공동체를 의미하였다(F. Halliday 2015, 535).
한편, 모든 민족들이 스스로의 결정에 의해 독립하고, 이를 모든 민족이 인정할 때 민족 간의 평화가 이룩될 것이라는 이상적인 기대 또한 함께 출현하였다(윌슨의 이상주의). 제1차 대전 이후 유럽과 아메리카의 백인 엘리트에 한정되었던 민족자결 원칙을 보편원칙으로 확산시켰다. 그러나 이 원칙은 아시아와 아프리카 대륙에는 적용되지 않았고 유럽과 아메리카에서도 이 원칙이 모두 적용된 것은 아니었다 — 스페인 바스크족, 북아일랜드, 스코틀랜드, 코르시카, 캐나다 퀘벡 주의 독립요구는 저지되었다.

2. 민족 간 분쟁

19세기와 20세기 초에 유럽에서 확산된 민족주의는 국제질서에 새로운 가치를 만들어 냈다. 베스트팔렌 체제의 근간인 주권원칙·불간섭원칙을 넘어, 주권국가는 합법적으로 민족의 이익을 대표한다는 관념을 만들어 냈다. 이러한 자결권은 국제연맹규약과 국제연합헌장의 출발이자, 국제법의 근간이 되었다. 즉, 자결권은 주권원칙에 따라 보편적으로 인정된 원칙이자 국제정치질서의 기초로 자리 잡은 것이다. 또한 이러한 자결권은 국가 사이의 경계를 획정하는 원칙이라고 여겨졌다. 그런데 국경선이 전쟁이나 강대국의 이해관계에 기초한 타협처럼 역사적 사건(우연성)과 제국이 식민지를 관리하기 위한 수단으로 관료나 군인에 의해 그어졌고, 그 결과는 탈식민지 국가에서의 분리주의 운동과 민족간 분쟁이었다. 영토획정을 둘러싼 전간기의 분쟁은 민족자결 원칙이 받아들여지기만 한다면 민족 간 평화가 찾아올 것이라는 믿음을 무색하게 만들었다. 제2차 세계대전 이후에는 아랍과 이스라엘, 옛 유고연방, 카슈미르 등의 분쟁으로 이어졌다. 때로 공격적·제국주의적 성향과 결합된 민족주의는 독재 및 인종차별 정책과 결합하였다(ibid, 539).

냉전 이후 개인에 대한 폭력과 위협은 국가 간 전쟁보다는 민족 간 분쟁(ethnic conflict) 혹은 내전(civil war)의 형태로 나타났다.[44] 이러한 분쟁은 국내적 무정부상태를 만들어 내면서 캄보디아의 킬링필드처럼 무정부적 국제정치보다 더 위험한 상황을 만들어 내고 있다.

민족 간 분쟁을 오랜 기간 동안 유지된 역사적 대립과 증오심으로 설명하는 경우가 많다. 그러나 르완다만 하더라도 벨기에의 식민통치가 종식된 1962년 이후 1990년까지 후투족과 투치족 간 폭력 없이 공존해 왔다. 이는 1961년 영국에서 독립한 시에라리온도 마찬가지였다. 유고슬라비아 내전 이전까지 세르비아, 슬라브, 무슬림은 민족감정 없이 이웃으로 생활하고 있었다. 또한, 중동 지역에서의 분쟁은 석유를 둘러싼 서구의 개입과 밀접하게 관련되어 있다.

이미 사라져 버린 옛 공동체를 새롭게 재현하려는 시도는 원형에 비해 훨씬 더 많은 문제를 불러 올 수 있다. 즉 우리의 20세기를 도탄에 빠뜨린 것은 아리안 족이나 알라만 민족 자체가 아니라, 생활권을 주장하고 그 이름을 빌려 전쟁을 일으킨 나치였다. 세르비아와 보스니아 자체는 역사적으로는 별로 비극적이지 않았다. 오히려 그들이 재구성한 탈근대적 이름 찾기의 결과가 더욱 참담한 비극적 현실을 초래했던 것이다(B. Barber 2006, 43). 국민형성이라는 새로운 과제에 직면했을 때, 혹은 사회경제적 위기에 직면했을 때 자신의 권력을 강화하기 위해 독재자가 소환한 민족이 가져온 비극적 결과인 것이다.

3. 지구화와 민족주의

[1] 국제사회에서의 공유적인 부의 창출, 경제적 통합의 전개, 여행과 관광의 증대, 지구촌적 위기감의 증대, 전세계적인 커뮤니케이션, 경제주권에 대한 신념의 종언 등은 지구화와 민족주의

44) 1945~1999년 기간 중 전쟁에서 사망한 사람은 333만여 명이었으나, 내전에서 희생된 사람은 1,620만 명이다. 1994년 르완다에서는 100일 간 인구의 1/8을 넘는 100만 명이 학살되었고, 시에라리온 내전에서 반군은 정부군과 정부에 호의적인 부족을 학살하지 않고, 오른손을 절단함으로써 주권은 국민의 손에 있다는 국제사회의 주장을 조롱하기도 하였다. 시에라리온, 라이베리아, 콩고, 르완다 등에서는 강간과 에이즈를 무기로 삼아 공포를 심어주기도 하였다(이근욱 2016, 286-293).

가 대립적인 관계에 있다는 것을 보여 준다.

그러나 외국투자가들에 대한 통제의 약화, 이주민에 대한 적대감, 실업의 공포, 초국가기구에 대한 분노감, 외국 문화에 대한 혐오감 증대, 테러와 파괴행위에 대한 공포감, 전세계적인 미디어에 대한 반감, 분리감정의 증대 등은 민족주의를 강화 · 촉발시킨다. 여기에 미국의 패권주의 경향은 이를 심화시키고 있다.

과거에는 분리된 채 생활하던 집단 간의 교류가 증가하는 연결성의 심화가 문화적 동형화를 촉진하고 융합으로 나타날 수 있으나, 차이가 인식되고 분열이 심화될 수 있다. 융합이 보편성의 이름으로 등장하는 경우 이에 대한 반발인 분열을 유발한다. 한 국가의 가치를 다른 국가에게 강요하기 때문이다. 그런데 융합과 분열은 동시적 현상이다. 지구화 또한 외부 세계와 연결되는 융합과 함께 내부적으로는 분열되는 내파와 연결이 동시적으로 나타나고 있다. 새로운 자치운동이나 분리주의와 함께 범세계주의적 문화나 EU와 같은 통합운동이 동시에 존재하는 것이 현실이다.

역사적으로 볼 때, 세습 혹은 종교와 같은 신성권에 기초하여 국가의 권력이 정당화되었으나, 권력의 정당성은 시민권으로부터 나온다는 관념으로 대체되었다. 이 과정은 모든 국가가 민족을 대표한다는 국민 · 민족국가(nation-state) 형성과정이기도 하다. 논란에도 불구하고, 민족국가와 주권원칙이 결합된 현재의 국제질서와 국제법은 '모든 민족은 독립하거나 더 큰 국가의 일부가 되는 것을 자유롭게 선택하고 자신의 운명을 결정할 수 있는 권리를 갖는다.'는 원칙에 의해 정당화된다. 지구화로 인하여 국민국가 혹은 민족국가 사이의 상호의존성이 증대된다 하더라도, 민족국가는 여전히 국제사회의 기본단위로 자리하고 있는 한 세계주의와 민족주의는 공존할 것이다.

> 민족주의는 국민형성을 통해 통합된 국민국가를 형성하는 데 있어서 긍정성을 갖는다. 민족관념이 자유주의 혹은 민주주의 원리에 따라 신분과 지위를 뛰어 넘은 수평적 연대감과 시민의 자율성이 확대된 개념으로 발전하면서 소속감과 충성심을 획득하였다. 한편, 대중의 지지를 획득하고 지배의 정당성을 확보하기 위해 동원된 민족주의는 인종(ethnie)에 기반을 둠으로써 xenophobia나 chauvinism으로 변질되었다.
> 이런 맥락에서 민족주의를 긍정적으로 볼 것인지, 부정적으로 볼 것인지에 대한 이분법적 시각을 비판하고 시민성에 기반을 둔 시민적(civic) 민족주의와 인종에 기반을 둔 인종적(ethnic) 민족주의를 구분하는 관점도 존재한다.

[2] 20세기 후반 동유럽과 중동, 아프리카에서 새롭게 내두된 민족주의에 대해, 주류적 입장은 민족의 독립 요구를 정당화했던 근거는 식민지주의가 부인된 현재, 그리고 그동안 동유럽에서 민족의 자율성을 억압해 온 공산주의체제가 종식되면서 사라졌다고 본다. 나아가 200개 가까이 되는 주권국가의 수가 더 늘어나는 경우 무질서가 초래될 것이라는 생각은 민족주의에 대한 부정적 인식을 심화시키고 있다.

그런데 민족주의는 비서구 혹은 저발전 국가에서만 등장하는 것은 아니다. 일본 수상의 야스쿠니 신사 방문, 미국의 일방주의와 보호무역주의, 독일의 신나치주의 등은 민족주의와 결부된 현상들이다. 프랑스의 시라크 전 대통령은 이슬람을 핑계로 프랑스의 공화주의 가치를 강조하기도 하였다.

민족주의가 1945년 이전 유럽에서 벌어진 전쟁의 원인 혹은 제3세계 식민주의의 잔재로 비이성적 감정의 발로이자 과거사로 치부되고 있으나, 최근의 민족주의는 인구이동의 증가와 교류 확산이라는 지구화에 대한 반발이자 지구화의 결과로 인식할 필요가 있다.

[3] 대부분의 국가는 여러 인종이 혼재된 복합민족국가라 할 수 있다. 미국은 여러 문화가 공존하여 하나의 문명을 형성한 인종의 도가니라 할 수 있다. 캐나다는 세 가지 문명, 두 종류의 문화, 그리고 하나의 국가로 표현되는 절충적 민족개념을 표방하고 있다. 벨기에는 혼합된 문화, 그러나 하나의 민족임을 주장하는 복합민족국가다. 많은 신생 독립국가들은 식민문화의 유산으로 다문화성을 물려받아 단일문화의 전통이 소멸되어 버렸다. 아프리카 신생국들은 민족의 경계설정이 이루어지지 않은 채 명목상 하나의 국가로만 존재함으로 인해 종족 혹은 민족 간의 내전이 끊이지 않고 있다. 중동의 국가들은 이슬람을 신봉하고 아랍어를 사용하여 아랍으로 통칭되고 있으나, 중동국가, 이슬람국가, 아랍국가라는 세 가지 카테고리가 서로 선택적으로 중첩되면서 민족과 국가가 융합되어 있다(박의경 2005, 211).

사회적으로 안정된 국가는 단일한 문화유형을 보유한 한국과 같은 순수한 자연적 민족(pure nation)국가, 인도·스위스와 같이 법률과 행정체계로 연결된 여러 문화를 엮어 하나의 통일된 조직으로 만들어 낸 다문화 공존의 제국형(multicultural imperium), 미국과 같이 감정에 근거한 인종적 정체성과 이성적 판단이 융합된 혼성형(assimilationist hybrid) 등이 존재한다. 이들 국가형태는 나름대로 단일성과 다양성, 개별성과 보편성 사이의 균형을 필요에 따라 제도화한 것이라 볼 수 있다(ibid, 214).

근대 자유·민주주의 혹은 공화주의, 그리고 민족주의는 자유라는 개념에서 추동되었다. 이들 관념 모두 보편성의 이름으로 자유를 내세울 때 억압적으로 변질되었다. 동질성의 자유가 아닌 차이를 인정하는 데서 자유가 확대될 수 있다.

인간이 갖는 사회적 욕구는 현재를 과거나 미래와 연결시켜 주는 공동체에 대한 집착을 만들어 낸다. 지구화 과정에서 영토적 민족국가가 해체될 때, 위기에 직면할 때 인간은 소속감과 유대감을 제공하는 공동체를 찾게 되고, 그 이름은 종교가 될 수도 있고, 민족이 될 수도 있다. 그 이름으로 경계를 짓고 배제적·폐쇄적 공동체를 지향하는 경우 20세기 이후 민족주의가 만들어 낸 비극이 재현될 수밖에 없다.

4. 참고 : 정치체제와 민족주의

J. Snyder는 민족주의의 성격은 초기 민주주의의 안정성과 정치 엘리트의 이익에 따라 달라질 수 있다고 설명한다. 정치참여 증가, 선거가 실시되면 기존 정치 엘리트는 자신의 이익이나 생존을 위해 민족주의를 동원하는데, 이 과정에서 민족주의 형태가 분화된다는 것이다. 특히 그에 따르면 엘리트의 적응 여부는 정치제도의 공고성과 함께 민족주의 형태에 결정적 영향을 미친다.

시민적 민족주의는 기존 엘리트의 이익이 어느 정도는 유연하게 나타나고 정치제도가 충분히 정착해 의회가 상당한 힘을 발휘하는 국가에서 나타난다. 기존 엘리트의 생존과 이익이 직접적인 위협에 직면하지 않기 때문에, 외부에 대해 공격적 민족주의보다는 내부적으로 모든 국민을 민주적으로 통합하는 민족주의가 등장한다.

종족적 민족주의는 다음과 같은 특징이 있다. 국가의 정치제도가 존재하지 않는 상황에서 기존 정치 엘리트는 국민을 선동해 모든 것을 새롭게 만들어야 하는 과제에 직면한다. 이때, 민족주의는 국민 통합의 이념으로서 매우 효과적으로 작동한다. 소수 민족에 대한 적대감을 의도적으로 부추기며, 극심한 경우에는 민족 통합을 위해 국내적 무력 사용 또는 국제적 충돌까지도 감수한다.

이러한 공격적 민족주의는 신생 민주주의 국가에서 많이 나타나며, 특히 언론의 공정성과 전문성이 확보되지 않은 경우에 등장한다. 정치제도가 발전하지 못한 상황에서 엘리트 집단은 정보를 왜곡하고 민족주의 신화를 만들어 낸다(이근욱 2016, 175-176). 사상적 자유가 존재한다면, 자유로운 토론을 통해 정보 왜곡과 선동을 배제해 나갈 수 있다. 그러나 사상의 경쟁은 정치제도가 확립되기 이전에 정치참여가 먼저 확대된 사회에서 쉽게 정착될 수 없다.

		국가 정치제도의 공고성	
		강력한 정치제도	취약한 정치제도
정치 엘리트의 이익	적응 가능	시민적 민족주의 (19세기 영국)	혁명적 민족주의 (프랑스 혁명직후의 프랑스)
	적응불가능	반혁명적 민족주의 (1870 통일 이후 독일 제국)	종족적 민족주의 (제1차 세계대전 이전 세르비아)

* 이근욱 2016, 176

제 3 절 탈전통적 · 탈근대 사회 이슈

Ⅰ. 환경문제와 환경정치 2009 행정(세계화와 지구환경)

1. 환경문제의 대두

환경문제가 인간의 인식에 각인된 것은 1952년 12월 발생한 런던 스모그로 12,000명이 사망하면서 부터다. 그러나 1950년대 수은중독으로 인한 미나마타병과 1960년대 카드뮴중독으로 인한 이타이이타이병에도 불구하고 정치적 이슈로 전환된 것은 아니었다. 그러나 대기오염, 수질오염, 폐기물 등과 같은 환경문제가 심각해지면서 CFC, 온실효과, 산성비, 이상기후, 사막화 현상, 에너지 문제 등과 같은 이슈가 1960년대 후반 이후 약 30년에 걸쳐 다자간 협상의 주제로 전환되었다.

1970년대 들어, 환경문제에 대한 전지구적 대처라는 인식이 확산되었으나 선진국들은 국제협력에 의한 공동대처보다는 일국 차원에서의 규제가 이루어졌다.[45] 해양오염과 초국적 대기오염의 영역에서 현재의 환경 레짐에 대한 많은 준거 틀이 만들어진데 그쳤고 대중의 관심으로 이어지지 못하였다.

1980년대 들어, 환경문제에 대한 인식에서 근본적 변화되기 시작한다. 1970년대 선진국의 환경은 개선되었으나, 개발도상국에서는 생태계 파괴가 심화되었기 때문이다. 이러한 변화는 국가 간 협력, 남-북 간의 협력 필요성을 제기하였다. 이에 따라 1980년대 후반부터 UN 총회, G8, 비동맹정상회담, 77그룹 각료회의 등에서 주요 의제로 부상하였다. 그 결과 1992년 리우환경회의가 개최되었고, Agenda 21과 기본협약이 체결되었다. 그리고 WTO는 환경을 무기로 한 무역규제체제(GR, Green Round)를 위해 산하에 '환경무역위원회'를 설치하였다.

환경문제는 어족자원 고갈, 토양오염, 동식물 서식지 파괴 등을 넘어 인류 생존의 문제와도 관련된다는 점에서 초국가적 성격을 갖는 지구적 이슈라 할 수 있다. 경제학에서는 국제공동체가 공유하는 자원의 문제라는 점에서 교정적 조세(corrective tax, Pigouvian taxes), Coase 정리, 공유지 비극과 관련하여 논의되어 왔으며, 국제정치 이론에서는 레짐, 협력안보 및 포괄안보 개념과 관련하여 논의되어 왔다.

환경문제는 저개발에 따른 빈곤의 문제와는 성격을 달리한다. 선진국의 과잉개발과 과잉소비, 그리고 선진국의 발전모델에 기초한 개발도상국의 개발정책으로 인한 것으로, U. Beck이 이야기한 위험사회(risk society)와 관련된다. 또한 환경문제는 불확실성, 비가시성, 비가역성, 지식의존성 등의 특징을 갖는다. 또한 그 영향에 있어서 전계급적 보편성과 전지구적 보편성을 특징으로 한다. 환경재앙은 피해가 확산되기 전까지는 확인되지 않는 반면, 확인되었을 때는 회복이 불가능한 피해를 안겨준 다음이다.

45) 미국에서 1978년에는 악마의 운하로 전락한 Love Canal 토양오염사고가 이슈가 되었고, 같은 해 CFC가스 사용금지에 관한 법이 통과되었다.

2. 환경에 관한 시각

1) 환경주의와 생태주의 : 지속가능한 발전과 지속가능한 사회

환경주의는 과학기술로 환경문제를 관리할 수 있다는 점, 그리고 개발과 환경보존 사이에 최적점을 선택할 수 있다는 전제에서 출발한다. 이러한 시각은 개발과 환경의 조화라는 ESSD(Environmental Sound And Sustainable Development)로 이어졌다.

생태주의는 인간중심적 세계관을 거부하고 생명중심적 세계관을 채택한다. 이는 계몽주의에 대한 거부이자, 후기산업사회의 지속불가능성에 대한 자각이다. 생태론은 자연계에 존재하는 예외 없는 법칙인 엔트로피(열역학 제2의 법칙)의 개념을 중시한다. 즉, 지구의 수용능력(인구) · 생산능력(자원) · 흡수능력(오염)의 제한성에 주목하는 것이다. 따라서 지속가능한 사회란 개발과 환경의 조화(ESSD)에서 가능한 것은 아니며 소비를 줄이는 것에서 가능하다. 이를 위해서는 삶의 관습의 변화가 전제되어야 하는 것이다. 나아가, 테크노크라트적 기술관의 문제점을 지적한다. 즉, 엔트로피는 기술을 통한 자원의 무제한적 재순환(재활용)이 불가능함을 내포한다. 즉, 기술에 대한 맹신을 비판한다.

이 같은 대립적 시각은 누구를 위한 환경주의인가(for whom ; 확장된 자아로서 생태환경이 주체인지 인간이 주체인지), 무엇을 위한 환경보전인가(for what : 인류에게 이익? 고유의 가치?) 등에 대한 상이한 관점과 관련된다.

2) 환경에 대한 윤리논쟁

가. 동물해방론과 동물권리론

동물의 권리에 대한 시각은 다양하게 전개되고 있다. 공리주의적 관점, 칸트적 윤리론에 입각한 접근, 생명중심주의적 시각이 그것이다.

① P. Singer 동물해방론(Animal Liberation, 1973)은 공리주의적 목적론에 입각해 있다. 그는 도덕공동체에 동물을 포함시키면서 이익의 동등한 배려를 주장한다.

② T. Regan의 동물권리론(Animal Rights, 1983)은 I. Kant적 의무론에 입각해 있다. 그는 멸종위기에 처한 생물을 지키는 노력에는 찬성하지만, 이들만을 특별히 보호하기 보다는 '자연에 맏거(born to be wild)'야 한다고 주장한디.

③ P. Taylor는 「biocentricism(1986)」에서 내재적 가치는 공기 · 바다 · 강 · 흙에게 있는 것이 아니라, 자신에게 좋은 것을 추구하는 살아 있는 생명체에 부여되는 것이라고 주장하였다. 이런 의미에서 생명중심주의는 종이나 생태계에 관심을 보이지는 않게 된다.

나. 전체론

① **가이아 가설**. J. E. Lovelock은 지구의 내부 생리적 기제(physiological mechanism) 으로서 자기조절 기제를 주장하였다. 가이아가설은 자연을 정복해야 할 대상으로 간주한 기존의 지배적 세계관에 일대 전환을 예고한다. 이 관점에서 보면, 오염이란 용어는 인간중심적 표현이므로 불필요하며, 환경 정책도 불필요하다. 종의 멸종에 대한 태도에 있어서도 마찬가지다.

② **땅의 윤리(ethics of land)**. Aldo Leopold는 비인간세계는 보전되어야 한다고 주장한다. 그는

생태계의 유지를 위해서는 인간이 사라진 맹수의 대리자로서의 역할이 요구된다고 한다. 그러나 땅의 윤리는 생명체를 인간의 가치 기준에 따라 평가하는 오류를 범할 수 있다. 여기에서 우리는 각 존재의 가치가 환산 가능한가라는 질문을 던져야 한다.

③ **생태주의와 근본생태주의(deep ecoogy).** Arne Naess 등은 생명중심적 평등을 주장하면서, 인간 중심의 신념을 거부하였다.

④ **동양사상에 입각한 유기체 전체론.** 이 시각에서는 근원적으로 생명을 유지하도록 하는 생명에너지로서 생태학적 기를 강조한다. 그리고 자연 친화적 문명 패러다임으로의 전환을 요구한다.

3. 환경정치

1) 환경정치 행위자

가. 국내정치 행위자

① **정부** : 환경문제에서 정부의 역할이 요구되는 것은 환경 문제가 갖는 특성 때문이다. 즉, 정부 개입이 정당화되는 것은 환경문제는 외부효과를 가져오며(외부성의 문제) 이로 인해 무임승차가 야기되거나 사회적으로 과소 혹은 과다생산이 이루어지게 되어 시장기구나 자발적 협력을 통해 해결이 어렵다는 점에 있다 — 다만, 소유권 확립을 통해 문제가 해결될 수 있음을 들어 정부 개입이 항상 정당화되는 것은 아니라는 시각도 있다. 따라서 정부는 환경정책을 통해 환경문제에 개입하고 이를 해결하는 중요한 행위자로 기능한다. 하지만, 실제에 있어서는 소극적인 행동이 나타나고 있다. 이는 iron triangle, non-decision 등의 개념으로 설명이 가능하다.

② **기업** : 기업은 환경오염을 야기하는 주요 행위자이다. 최근에는 기업의 사회적 책임성을 들어 기업의 협력을 이야기하고 있다. 이와 관련하여 환경회계 개념이 소개되고 있다.

③ **시민사회** : 시민(가정), 학교, 매스미디어, NGO 등이 있다. 이 중에서 시민 혹은 가정은 환경오염의 피해자이자 원인자에 해당한다. 그리고 NGO는 최근 환경문제에 대한 주요한 행위자로서 중요한 역할을 담당하고 있다(아래 국제적 행위자 부분 및 시민사회론 NGO 부분을 참조할 것).

나. 국제적 행위자

① **국가** : 환경문제는 국가 간 협력을 요구한다. 즉, 국가는 환경관련 국제법 협상의 당사자로서 이를 추진 · 지지 혹은 유보 · 반대하기도 하며, 국제기구의 참여자로서 환경레짐 형성에 관여한다. 환경 문제에 대한 국제적 협력에 있어서 국가는 국내외 정치 · 경제적 이해관계와 이데올로기에 따라 달라진다.

② **국제기구 · 국제레짐** : 국제레짐을 형성하는 데 있어 국제기구는 그 원칙 · 규칙 · 정책결정절차를 형성시키는 데 있어 중요한 역할을 한다. 즉, 국제기구는 공식적 의제를 설정하고, 협력을 주관하며, 규범화시키며, 개개 국가의 결정에 영향을 미치고 있다. 즉, 환경문제에 대한 국제적 협력을 지속시키고 제도화하는 데 있어서 이들 국제기구는 핵심적 역할을 담당한다고 하겠다.

③ **INGO** : 비정부기구들은 환경문제에 대한 새로운 이슈를 제기하거나 기존 문제를 재구성하여 세계 환경문제의 의제 형성에 영향을 미치며, 환경 정책에 대한 압력을 행사하며, 환경 관련 국가 및 국제기구의 활동을 감시하고 있다.

2) 환경정책과 정치과정

환경문제가 다루어지는 정도는 각 국가의 정치체제의 성격에 영향을 받는다. 정치체제가 민주적이거나 다원주의적 성격을 갖는 경우 환경 문제가 활발하게 제도 정치과정으로 투입이 이루어지게 되기 때문이다. 반면, 무의사결정이나 무행동이 나타나기도 한다. 또한, 환경 문제는 국가 및 정치행위자들을 지배하는 이데올로기, 세계관에 의해 영향을 받는다.

환경정책을 둘러싸고 나타나는 양상은 궁극적으로는 이익과 가치를 둘러싼 갈등으로 국가와 사회의 관계가 어떤 식으로 구조화되고 제도화되는지에 따라 달라질 것이다.

3) 환경정치와 민주주의

가. 생태문제와 정치

환경 · 생태문제는 자연자원의 유한성, 생태학적 수용능력의 한계라는 생태학적 한계와 관련되며, (민주주의 조건에 관한 부분에서 위험사회를 통해 이미 살펴 보았듯이) 전지구적 보편성과 초계급적 보편성, 비가역성, 불확실성과 전문성 등을 특징으로 한다. 다시 말하면, 환경 문제는 단순히 물리적 자연환경의 파괴에 그치지 않고 사회문제이자, 정치문제라는 점에서 생태문제 해결을 위한 민주적 접근이 필요하다.

또한, 환경문제는 정치경제 구조와 밀접한 관련을 갖는다. 자본의 논리와 정책결정구조 속에서 환경문제가 경제적인 사고에서 판단이 이루어지지만, 그 속에서 다양한 주체들의 권리가 사실상 배제되고 있다. 소위 원전 마피아라 불리는 정책네트워크가 원자력 발전에 대한 정책결정을 독점하면서 관련 결정과정에서 원자력발전이 가져올 생태문제와 인간의 생명권이 도외시되는 현상들은 이와 관련된다.

① 정치구조적 측면에서 본다면, 핵이나 생명공학, 환경과 같은 이슈가 갖는 잠재적 불확실성과 위험성에도 불구하고 전문성이라는 미명하에 폐쇄적으로 검토된다. 1991년 광우병에 대한 영국 정부의 판단처럼 그 결과는 5년 후 영국 축산업의 몰락과 400여명의 사망(영국인 198명 사망)이라는 결과를 초래했다. 후쿠시마 원전의 경우 수년에 걸친 안전성 문제와 후쿠시마 지사 및 일본총리의 폐쇄 노력이 실패로 돌아간 이후, 결국 우려했던 쓰나미로 사고가 발생했다. 이러한 사례들은 실제 영향을 받는 일반 시민들의 선호가 배제된 채 전문가와 관련 산업 집단에 의해 이들 이슈가 다뤄지는 정치구조를 떼어 놓고 접근할 수 없음을 시사한다.

② 전지구적, 전계급적 보편성의 시각에서 본다면, 일국적 차원에서 제도화된 근대 민주주의는 생태문제에 있어서 근본적인 취약성을 안고 있다. 후쿠시마 원전사고는 궁극적으로 태평양의 전체를 방사능 오염으로 이어지고, 태평양 연안의 모든 국가들에게 피해를 주게 된다(2013년에 이미 캐나다 태평양연안에서 잡힌 물고기가 방사능으로 오염되었다는 캐나다 정부의 발표가 있었고, 독일 언론은 향후 5년 이내에 태평양 전체가 방사성으로 오염될 것이고 인류의 최악의 경우 인류 종말로 이어질 수도 있다는 경고를 한 바 있다). 이러한 이슈를 개별 국가의 결정(그것도 폐쇄적 결정)에 맡길 수 있는가 하는 것이다.

개별 국가가 부분적 합리성을 추구하는 경우 전지구적인 합리성이 결여되는 '공유지의 비극' 혹은 U. Beck이 생태적 위험의 순환이 가해자와 피해자를 한데 묶어 버리는 '집단적 자해

(collective self-injury)' 상황이 초래될 수 있다.[46] 따라서 주권국가의 경계를 넘어서는 생태적 이슈를 다루기에 개별 국가의 영토라는 공간을 단위로 하는 대의제에 대한 글로벌 거버넌스 체제 혹은 지구적 민주주의에 대한 모색이 필요하다는 주장이 대두된다.

나. 생태문제와 정치적 주체 및 시민권

중저준위 방사성폐기물[47] 처리장 입지선정이나 새만금호 물막이 공사는 15년 이상이 소요되었다. 방사성폐기물 처리장 입지는 1990년 안면도, 1994년 굴업도, 2003년 부안으로 변경되었으나, 결국 2005년 주민투표로 최종 결정되었다.[48]

새만금호 사업의 경우, 2000년에 전국의 18세 미만 어린이 및 청소년 200여명으로 구성된 '미래세대 소송인단'을 소송당사자로 하여, 녹색연합과 생명회의가 정부를 상대로 사업중지 및 취소를 청구한 사건이 있었다. 생태 문제의 경우 세대간 형평성이 확보되어야 한다는 점을 감안하면 미래세대가 권리의 주체로 인정되어야 한다는 논리에서 제기된 것이었고, 한국에서는 첫 사례에 속한다(정규호, 2010). 미래세대 소송은 1990년대 초 필리핀에서 어린이 43명이 밀림개발을 방지하기 위한 소송을 제기해서 1993년에 대법원으로 승소판결을 이끌어 낸 사례가 있다. 한국의 새만금호 관련 소송에서는 법원에서 각하 판결을 받았다(법원은 해당지역 사람들로 원고적격이 있으나, 처분이 있던 당시 태어나지 않았거나 너무 어렸으며, 행정심판을 거치지 않아 취소소송을 제기할 수 없다고 판시하였다). 이후, 환경운동연합이 환경영향평가의 부실과 사업비의 증가, 수질개선 불가 등 중대한 사정 변경이 발생했다는 이유로 소송을 제기하여 집행정지 결정을 이끌어 냈으나, 2004년 고등법원에서 기각결정이 2006년 대법원에서 원고패소 판결을 내린 원심을 확정하였다.

한편, 2003년 경부고속철도 사업과 관련한 천성산 터널 사업에서는 소위 도롱뇽을 원고로 하고, 천성산 관통 반대 대책위가 '도롱뇽의 친구들'이란 이름의 대리인으로 한국고속철도건설공단을 상대로 소송을 제기한 사건이 있었다. 생태계 파괴와 지반붕괴 위험성, 그리고 공사결정과정에서 절차상의 문제들을 이유로 제기하였다. 그러나 2006년 대법원은 '환경파괴가 일어난다고 보기 어려우며, 자연물이나 자연 자체는 사건을 수행할 당사자 능력을 인정할 수 없다'는 이유로 기각 결정을 내렸다. 그런데, 해외에서는 이와 관련된 사례들이 많이 있다. 미국에서는 1973년 멸종위기종보호법(ESA)이 제정된 이래 시민소송 조항을 바탕으로 환경단체가 자연물과 공동으로 원고가 되어 소송을 제기할 수 있게 되었다. 1978년 멸종위기종인 '펠리어 새'와 시에라클럽이 공동 원고가 되어 제기한 소송과, 1988년 시에라 클럽이 테네시강 댐건설과 관련하여 멸종위기종인 '달팽이 시어'가 사라질 위험이 있다고 제기한 소송에서 승소판결을 받은 바 있다. 이외에 점박이올빼미소송(1988, 1991년), 그레이엄산 붉은 다람쥐 소송(1991년), 플로리다 사슴소

46) 이는 생태문제는 자연의 순환에서 발생하는 것이다. 일부 논자는 이를 성장의 복수로 표현하기도 한다. 2005년에 있었던 플로리다 주의 허리케인 피해의 근본적 원인이 인간이 만들어 놓은 운하 때문이었다. 이를 체계적으로 논했던 고전이 바로 레이첼 카슨의 '침묵의 봄'이다.

47) 고준위 방사성폐기물은 5만년에서 10만년, 중저준위 방사성폐기물은 500년 이상 보관이 필요하다.

48) 부안군 사태의 경우, 정부가 주민투표로 결정하겠다고 발표한 이후, 2004년 2월 14일에 치러진 주민투표결과가 72% 투표와 91.8%의 반대로 나오자, 주민투표법이 7월에 발효가 되기 때문에 주민투표 결과는 효력이 없다고 부인하기도 하였다. 결국 부안군민들의 반발로 정부는 나중에 백지화를 선언하였다.

송(1994년), 바다오리 소송(1996년) 등 여러 사례들이 있다. 일본에서는 홋카이도의 '우는 토끼'를 원고로 한 소송에서 1999년에, 나가사키현 '이사하야만 자연의 권리소송(짱뚱어, 긴부리도요 등 갯벌 생물)'소송에서 2008년에 승소판결을 이끌어 낸 바 있다. 반면, 한국은 1998년 낙동강 재두루미(천연기념물) 관련 소송, 2008년 천연기념물인 검은머리물떼새 관련소송 등의 소송에서 모두 각하 판결이 나왔다(정규호, 2010). 자연물이나 동물 등을 원고로 한 소송은 생태적 형평성이 확보되어야 한다는 관점과 관련된다. 인간 중심인 법과 제도적 틀 속에서 생태적 가치를 어떻게 민주적으로 실현할 것인가에 대한 물음이자, 자연이나 동물의 권리를 인정할 수 있는가에 대한 물음이기도 하다.

생태민주주의나 지속가능한 발전은 권리가 현세대에 국한 된 것이 아니라 미래세대까지 확장되어야 하며, 인간과 자연의 균형이 필요하다는 생태적 순환과 균형이라는 인식에서 출발한다.

첫째, 생태문제에 대한 민주적 접근은 공적 결정과정과 절차의 민주적 정당성을 어떻게 확보할 것인가를 제기하고 있다. 주민투표 자체로 민주적 정당성을 확보할 수 없음은 이 책 전자민주주의 부분에서 2005년 방폐장 관련 투표에서 살펴 본 바 있다. 결정의 개방성과 사회적 합의를 위한 공론의 제도화에 대한 고민이 필요한 이유다(참고로, 후쿠시마 원전 사고 이후, 독일에서는 수개월에 걸친 공개토론과 공론과정을 걸쳐 투표를 통해 원자력 발전소를 폐쇄하는 결정을 내린 바 있다).

둘째, 생태문제에 대한 민주적 접근은 권리의 내용과 권리주체를 어디까지 포함할 것인가에 대한 질문을 담고 있다. 동물권리론이나 땅의 윤리(ethics of land)에 대한 주장이 수용될 수 있는가? 결국, 이 문제는 민주주의의 개념적 재구성이 요구되는 문제라 할 수 있으며, 그것은 사회적 합의를 도출할 수 있는지가 핵심이 될 것이라 보인다.

3. 환경의제와 이슈

1) 환경의제와 환경레짐

[1] 환경의제는 전통적인 안보이슈와 달리 low-politics 분야의 이슈이자, 높은 상호의존성을 갖는다. 인간의 안전과 발전과 밀접한 관련이 있으며, 다양한 주체의 협력을 요구한다. 또한 비가시성과 지식의존성이 높아 전문가들의 초국가적 지식기반 공동체 — 인지 공동체이자 정책 공동체적 성격이 강하다 — 가 의제형성 단계에서 큰 영향을 미친다.

지식은 중요한 역할을 한다. 지식은 의제를 설정하고, 영향력과 권력이 행사되는 패턴에 영향을 미치며, 주요 행위자들이 자신의 이익과 우선순위를 평가하는 방향과 내용을 정한다. 일반적으로 과학적 지식에는 불확실성이 존재하는 것이 사실이다. 그러나 과학자 및 전문가 집단은 상당한 영향력을 행사할 수 있다. 따라서 국제환경 이슈들을 통해서 권력, 이익, 지식 및 학습과정, 가치가 상호작용하는 과정을 검토할 수 있다. 즉, 지식은 사회적 인지의 방향을 구성하는 힘을 행사할 수 있다는 것이다.

[2] (게임 이론적 관점에서 볼 때) 환경의제는 '참여자 수'의 측면에서 합의가능성이 문제될 수 있다. 다양한 이해관계를 갖는 국가 뿐 아니라, NGO와 같은 비국가행위자가 개입하고 있어 공통의 이해관계를 도출하는 것이 쉽지 않다.

참고로, NGO는 주권의 제약으로부터 자유롭다는 점 등에서 비교적 큰 영향력을 발휘할 수 있다. 전문가 그룹으로 형성된 환경 NGO들은 과학적 증거를 제시함으로써 협상을 촉진하기도 하며, 유연한 발상과 행동의 민첩성 때문에 환경문제를 공론화하고 여론화하는 데 기여할 수 있다. 또한 협상에 참여한 국가들을 상대로 압력과 로비를 통해 협상을 촉진하며, 시위와 같은 다양한 수단을 통해 대중의 관심을 이끌어 내기도 한다.

합의에 있어서 가장 큰 걸림돌은 공정성(형평성) 문제라 할 수 있다. 협상에서 합의를 가능하게 하는 조건은 공평부담이라 할 수 있다. (원인자 부담원칙이나 수익자 부담원칙 등은 이러한 공정성을 충족시키지만) 오존레짐에서와 같이 온실가스 배출에서의 할당량을 어떻게 설정할 것인지에 대한 다양한 관념이 개입한다. 이 부분은 개발도상국의 불만이 큰 이유로 작용하는데, 초기에 산업화를 이룬 국가들이 온실가스를 규제하면서 이전까지 배출한 온실가스에 대한 책임을 피해가면서 신흥공업국들의 부담으로 전가한다는 것이다. 즉, 역사적 책임, 부담능력 등 비용과 편익의 배분에서 견해차가 크기 때문에 합의가 용의하지 않다는 것이다.

합의를 도출하는 데 있어서 영향력 있는 국가나 국가 그룹이 지도력을 발휘할 때 합의 가능성이 높아질 수 있다. 협상과정에서 적극 외교, 관련 지식의 생산과 전파, 제재 또는 보조금 지급 등을 통해 합의를 강력히 추진하는 리더의 존재가 중요하다는 것이다(O. Greene 2015, 482).

[3] 합의의 이행에서는 합의 사항이 정당하고 공정하며, 참가국 전반적 이익에 부합하는 것으로 간주되어야 한다. 또한 합의 사항에 대한 상이한 인식이나 관행이 존재하기 때문에 정부 정책과 관습 등을 합의한 규범과 규칙에 맞게 적절히 제도화할 수 있어야 한다. 진척 정도를 확인하고 변화하는 상황에 맞게 적절하게 대처할 수 있어야 한다.

환경의제는 전통적인 안보개념에 대한 수정을 요구한다. 국제정치에서 군사력은 안보에 중요하지만 상대적으로 감소하고 있으며, 다른 종류의 위협이 중요해짐을 의미하기 때문이다.
안보의 차원을 국가안보와 지구안보로 구분하는 경우 환경의제는 지구안보와 관련된다.

국가안보	지구안보
명확한 위협 타자로서의 적 의도된 해악 단기적 범위 주로 영합적(zero-sum)	불명확한 위협 우리 자신으로서의 적 의도되지 않은 해악 장기적 범위 공동 이익

* 정상률 2005, 466

2) 환경의제와 공유지 비극

G. Hardin의 '공유지 비극'은 자원고갈의 문제에 대한 은유이자 소유권 설정이라는 해결책에 대한 논리적 근거로 사용되어 왔다. 이 같은 맥락에서 1982년 UN 해양협약은 해양자원에 대한 소유권을 연안 국가에 부여하는 배타적 경제수역을 규정하였다. 물론, 이 같은 소유권에는 배타적 경제수역에 대한 관리의무를 포함한다.[49]

---

49) 그런데 (필자가 볼 때) 영유권 분쟁이나 후쿠시마원전 사고 이후 방사성물질을 배출하는 일본 정부의 행태를 보면, 각국의 입장에서는 관리의무보다는 해양자원에 대한 배타적 소유권이 보다 큰 의미를 가질 것이다. 즉,

한편, 공유자원에 대한 규제를 통해 자원보존과 오염방지를 달성하는 해결책을 제시할 수 있다. 이는 당사자 외부에 위치하고 있는 강제력에 기초하여 집합적 행동을 조직화하는 것이다. 그러나 국가실패라는 한계와 무관하게 공유자원의 이용에 대한 규칙을 정하고 이를 강제할 초국적 권위체(세계정부)는 존재하지 않기 때문에 이러한 접근은 한계를 갖는다.

제3의 대안으로 E. Ostrom이 제안한 공동체적 관리를 제시할 수 있다. 공동체적 관리가 성공할 수 있는 조건은 게임이론 혹은 신자유제도주의가 제시하는 조건과 유사하다.

Ostrom은 공유자원의 자치적 해결(공동체 구성원의 자발적 협력)이 오히려 가장 효율적인 결과를 가져다 준다고 주장한다(악셀로드가 말한 협력의 조건을 생각할 것). 이는 공동체의 다음과 같은 속성 때문이다. 공동체란

- 규범적인 신념을 포함하는 공유하는 신념과 그들의 집합적 활동의 문제를 구성하는 것을 넘어서는 공유하는 선호를 가지고 있고,
- 다소 안정적인 일단의 구성원을 가지고 있으며,
- 앞으로 한동한 서로 교호작용을 계속할 것으로 기대하고,
- 그 관계가 제3자에 의해 매개되지 않는 직접적이며, 다원적인 일단의 사람들을 지칭한다.

이러한 공동체는 (호혜성의 규범과 신뢰를 핵심요소로 하는) 사회자본을 쉽게 개발할 수 있다고 한다. 안정적이고 직접적으로 의사전달을 할 수 있고 장기간에 걸쳐 서로 교호작용을 하게 되면, 그들이 직면하는 문제들에 대한 해결책을 찾을 가능성이 그러한 특성을 갖지 않는 집단보다 높을 것이다. Ostrom은 공동체는 공유자원의 문제를 해결하는 데 중요하지만 결코 공동체가 존재하는 것 하나만으로 충분한 것은 아니라고 한다. 또한 공공체가 만들어지기 전에는 외부기관인 정부가 어떤 공유자원의 통치와 관리의 일을 맡을 수 있기 때문에 공동체는 공유자원의 문제를 해결하는 데 필수적이지는 않지만, 일단 공동체가 형성되면, 필수적이라고 보고 있다. 또한 공유자원 문제에 대한 해결책은 그것을 시행하는 사람 없이는 오래 동안 견고히 지탱할 수는 없다고 보고 있다.

예컨대, 스위스 Törbel 지역에서는 1224년 이래로 목초지에 대한 공동체적 소유권을 확립하고 관리해왔는데(E. Ostrom 2010, 126-129), 한국의 갯벌 등의 관리에 적용되는 어촌계와 유사한 형태이다. 이러한 방식은 스위스 여러 지역에서 적용되는데 G. Hardin이 주장한 공유지의 비극은 일어나지 않았다.

스페인의 발렌시아 지역의 경우 관개시설 관리에서 이와 같은 공동체적 관리방식을 13~14세기(협정서를 기준으로 하면 1380년대)부터 적용해 왔다(ibid, 139).

이러한 접근에 대해 현실주의는 공유된 이익이 존재하는 경우에도 배반의 두려움 등으로 인하여 합의가 도출될 수 없으며, 국제레짐이 작동된다면 그것은 국가이익 및 국가 간 권력이 반영된 것에 불과하다고 본다. 이 경우에도 국제레짐은 권력이나 국가이익의 변화에 취약할 수밖에 없다고 본다. 한편, 성찰주의나 구성주의는 환경레짐은 국제정치와 국내정치의 상호작용 메커니즘, 지식과 가치가 어떻게 사회적으로 구성되는지에 따라, 또한 권력과 국가 이익이 어떻게 구성되는지에 따라 달라질 수 있다고 본다.

환경레짐은 특정한 국제환경문제와 관련된 정책이 형성되고 집행되는 초점을 제공한다. 그러나 많은 사람들은 지구적 환경변화에 대한 대응과 관련하여 레짐이 제공하는 분석틀이 지나치게 제한적이고 '개량주의적'이라고 여긴다. 세계 여러 나라의 지방 수준에서 벌어지는 활동과 투쟁이 특정 국제레짐

소유권을 가진 각국이 지속가능한 발전이라는 맥락에서 자원에 대한 장기적인 보존이라는 선호를 갖는다고 볼 수 없으며, (E. Ostrom이 지적하듯이) 이주성 어족자원이나 공기, 해양오염과 같은 공유자원의 경우 비배제성으로 인하여 소유권을 설정하기 곤란하다.

이나 이슈영역과 명확히 관련되지 않은 경우, 이들에 대해서는 대체로 무관심하다는 것이다. 또한 환경레짐은 영향력 있는 국제적 행위자들이 국제협력의 유용성과 필요성을 인정한 이슈 영역에서 주로 발전되어 왔다. 그렇기는 하지만 국제환경레짐과 제도는 꾸준히 발전해왔고 또 레짐 간의 상호연계성도 강화되어왔다. 이들의 포럼과 프로그램은 지방 수준 이슈에 대한 인식을 증진시키고, 또 환경 프로그램에서의 성(gender)인식과 여성의 역할과 같은 보다 광범위한 문제를 제기하는 국제적 노력의 초점이 되어 왔다.

마지막으로 레짐이 발전되어 온 목적은 관련 행위자들의 활동에 영향을 미치고 제약함으로써 특정한 환경문제에 대응하기 위해서였지, 발전, 자원배분과 환경파괴의 지구적 패턴을 만들어내는 사회경제적 혹은 정치적 구조와 과정을 변경하려는 것이 아니었음을 지적할 필요가 있다 따라서 레짐에 대한 강조는 '세계체제'접근법을 취하는 사람 또는 보다 근본적인 변혁을 추구하는 사람들로부터 비판을 받을 수 있다. 그러나 이러한 의제는 환경정치에서 다루는 특정 범위를 훨씬 넘어서는 것이다(O. Greene 2015, 479).

좀 더 구체적으로 살펴 보자.

[1] 집단행동의 딜레마와 공유지 비극은 모두 Hobbes적 모형에서 출발한다. Hobbes의 세계에서 개인은 원자적 존재(소통이 단절된 고립된 존재)이며, 합리적 존재(이기적 개인)이다. (현대적 용어를 빌리자면) 합리적 경제인으로서 개인은 자기보존과 사적 이익을 위해 만인 대 만인의 투쟁을 벌이는 자연 상태 혹은 무정부적 상황을 가정한다. 개인은 상호간에 어떠한 사회적 관계를 가지고 있지 않다. 지나치게 사회화가 안 되어 있는 과소사회화 상태인 것이다. Hobbes는 전쟁 상황을 종식시키기 위해 모든 개인이 자신의 자연권을 국가(Leviathan)에게 양도한다고 가정한다. 리바이어던은 약속 이행을 강제할 수 있는 철권이다. 개인은 공권력에 의해 철저하게 규제된다. 과소사회화된 상태에서 과잉사회화된 상태로 옮겨가는 것이다. 개인의 이익 추구는 용인하되 약속 불이행에 대해서는 철저한 처벌을 할 수 있는 체제를 상정한 것이다. M. Olson의 처방은 이 논리에 의해 정당화된다. 그러나 G. Tullock이 적절히 지적하고 있듯이, Leviathan이 사적 이익을 추구하지 않는다는 가정이 충족되어야 한다 — J. Locke는 여우로부터의 위험을 피하기 위해 사자에게 목숨을 맡길 만큼 인간은 어리석지 않다고 비판하였다.

한편, Pigouvian Tax로도 알려진 후생경제학적 처방은 비용과 편익의 불일치(외부효과)를 공유자원 문제의 본질로 규정하고, 이를 내부화함으로써 해결하려는 것이다. 이 모형은 정보의 정확성, 감시 능력, 제재의 신뢰성, 그리고 '거래비용'이 발생하지 않는다는 가정에 근거하고 있다. 그러나 불완전 정보(목동의 행위에 대해 불완전한 정보를 가지고 국가가 규제를 하는 경우) 하에서는 국가의 규제가 존재한다고 하더라도 결국 죄수의 딜레마 상황에 직면하게 된다. 또한, 국가의 규제는 감시인을 따로 두어야 한다는 점에서 대리인 문제를 유발한다. 어떻게 보면 Hobbes적 세계에서 집단행동의 딜레마 혹은 공유지 비극을 피할 수 있는 방법은 패권안정론의 주장과 같이 패권국의 제재력인지도 모른다.

[2] 공유재는 특정 개인이 소유할 수 없는 재화로 무임승차나 외부효과가 발생하게 된다. 합리적 개인은 자신이 부담하는 비용을 '0'으로 인식하기 때문에 무한대의 소비를 하게 되는 데, 결국 공유자원은 고갈된다. 개인의 합리적 선택이 사회적으로 비합리적인 결과로 귀결됨을 의미하며, 이는 Hobbes적 자연 상태와 같은 결론을 보여준다.

1968년 G. Hardin이 사이언스 지에 「공유지의 비극」이라는 논문을 발표한 이후, 수많은 학자들에 의해 주장되어져 왔던 공유자원의 문제는 죄수의 딜레마 게임으로 정형화되어 왔다 — 죄수의 딜레마 게임은 개인의 합리적인 선택이 집합적으로는 비합리적 결말에 이르게 된다는 역설을 보여준다. 이는 합리적 인간은 합리적 결과를 성취하게 된다는 뿌리 깊은 신념에 대한 도전이었다.

G. Hardin은 공유지 비극의 핵심요인으로 규정한 소유권 문제에 초점을 맞춘다. 사적 소유권을 설정한다는 것은 공유 체계를 종식시키는 것이고, 공멸로 이르게 되는 시스템에서 벗어나는 것을 말한다(R. J. Smith는 자원의 파괴가 불가피한 것은 우리가 자원을 공유재산으로 다루기 때문이라고 역설한다).

그런데 G. Hardin이 설정한 상황에서 두 목동에게 목초지에 대한 소유권을 인정하는 경우, (누구에게 얼마만큼의 소유권을 인정할 것인지는 별론으로 하더라도) 새로운 문제에 직면한다. 목동들은 상호 경쟁에서 벗어났지만, 좁아진 목초지에서 각자 (가뭄피해나 홍수피해, 산짐승들에 의한 피해 등과 같은) '자연과 맞서는 게임'을 하게 될 것이고, 새로 울타리를 치고 유지하는 비용을 지불해야 한다. 새로운 비용의 발생은 방목하는 소의 수를 줄게 만들 것이고 사회 전체의 산출량은 그만큼 감소한다. 나아가 가뭄이나 홍수피해가 특정 목동이 관리하는 지역에만 발생하는 경우 그 해 소득이 '0'인 목동이 발생할 수 있다. 결국 두 목동 모두를 곤궁하게 만들거나, 자연적 영향으로 풀이 충분히 자라지 않는 경우 과잉방목과 같은 문제가 새로 발생하는 것이다.

어장과 같이 비고정적인 공유자원의 경우에는 추가적인 난점이 발생한다. 사적 소유권의 설정이 사실상 불가능하다. 즉, 재화 속성상 사적 소유를 인정할 수 없는 비배제적인 재화에 사적 소유를 인정함으로써 해결이 가능하다는 넌센스에 빠지는 것이다. 공유자원에 소유권을 설정하는 것은 철도산업의 민영화와 같은 결과를 가져오는 것은 아니다. 민영화는 자원에 대한 배타적 권리를 특정 개인이나 기업에게 주는 것이기 때문에 복잡한 사회적 효과를 낳는다는 점 또한 간과하고 있다.

필자의 소견으로는 신자유제도주의는 G. Hardin의 논리보다는 R. H. Coase의 논리를 보다 충실히 따르고 있다. 소유권의 설정과 정보 및 거래비용 등과 같은 핵심적 개념을 사용하고 있기 때문이다. 그리고 R. H. Coase의 이론은 경제학자들의 오해와 달리 제도를 통한 해결에 초점을 맞추고 있다 — 그는 자신의 이론을 시장주의로 해석하지 말아 달라고 이야기해 왔다.

[3] 공유자원에 대한 이론들은 잠재적 수혜자가 배제될 수 없는 경우, 가장 효율적인 관리방식이 무엇인가에 초점이 맞추어져 왔다. 그런데 국가의 규제가 필요하다는 관점에서는 국가기관의 구성방식, 기관의 권한과 권한행사에 대한 제한, 정보습득, 관리자의 도덕적 해이를 방지하기 위한 보상방식, 제재방식 등에 대한 복잡한 문제는 간과되어 왔다. 소유권을 확립함으로써 해결해야 한다는 관점에서는 권리체계에 대한 규정, 재화의 속성이 어떻게 계산될 수 있을 것인지, 비소유권자에 대한 접근을 배제하는 비용을 누가 부담할 것인지, 자원 자체에 대한 권리 보유자들의 잔여 이익은 어떻게 배분할 것인지 등에 대해서는 언급하지 않는다. 이들 관점은 모두 자신들이 가지고 있는 고유한 지식의 망 속에 갇혀 있다. 다시 말하면, 현실에 대한 지나친 단순화에 기초한 처방으로 적용이 안 되거나 실패로 귀결되는 경우가 많다는 것이다.

사실 역사적으로 공유자원의 이용자들은 다양한 합의 방식을 발전시켜왔고, 근대사회에 와서 상당부분은 관습법으로 인정되기도 했다. (두 이론은 이를 인정하지 않겠지만) 한국의 갯벌관리와 어장에 대한 어촌계, 북미의 해운산업에서 발달한 협동조합형태, 캐나다와 미국 대서양 연안에서 발달한 어장에 대한 공동체적 관리 등 사례는 무수히 많다.

노벨경제학상을 수상한 E. Ostrom은 공동체가 갖는 특징으로부터 공유자원 관리에 대한 세 가지 이론(PD게임, 공유지 비극, 집단행동의 딜레마)과는 다른 귀결점을 찾는다(E. Ostrom, 2010). 그녀는 국가나 시장이 아닌 공동체를 통한 문제해결이 가장 효과적임을 2000여 년 동안 관찰된 사료로부터 추론하였다.

공동체란 상당기간 상호작용할 것으로 기대되는 행위자들의 집합체를 말한다. 공동체 구성원들 사이에는 최소한의 공유된 규범을 가지고 있으며, 상대방에 대한 축적된 정보 또한, 가지고 있다. 다시 말하면, 공동체는 R. Axelrod가 PD 게임 상황에서 협력이 가능한 조건(iterated prisoner's dilemma)을 내적으로 갖추고 있다. 이 조건은 사회자본 형성의 조건이기도 하다.

필자의 소견으로는 그녀의 논리는 신자유 제도주의와 많이 닮아 있지만 결론은 상이하며, 이상주의와 결론은 닮아 있지만 상이한 가정과 논리를 가지고 있다.

Pigou의 후생경제학 (규제)	공유자원의 고갈은 무임승차 및 비용과 편익이 일치하지 않는 부정적 외부효과에 속하는 것으로 조세부과 등을 통해 비용과 편익을 일치시킴으로써(외부효과를 내부화) 해결할 수 있다고 본다.
Hardin의 공유지 비극 (소유권 설정)	하딘은 공유지 비극이 소유권이 설정되지 않아서 발생하는 문제로, 소유권을 설정함으로써 해결할 수 있다고 본다.
Ostrom의 신제도주의 (공동체)	공유자원은 비배제성으로 인해 소유권을 설정하기 힘들기 때문에 근본적 해법이 되기 힘들며, 불로소득을 낳고 공유자원의 사유화로 인한 비극이 발생한다. 오히려 공동체를 통해 해결하는 것이 보다 합리적이라고 본다.

4. 국제환경레짐

1) 스톡홀름 회의(1972년 UN인류환경회의) : 최초의 UN환경회의

[1] 1972년 환경오염 및 파괴 문제에 더 효과적으로 대처하기 위한 국제협력의 틀을 마련하는 것을 목적으로 스톡홀름에서 UN인류환경회의가 개최되었다. 회의에서는 환경과 개발에 관한 26개 원칙이 담긴 선언문과 6개 분야(인간정주, 자연자원관리, 오염, 환경의 교육적·사회적 측면, 개발과 환경, 국제기구)에 걸쳐 109개 권고사항을 담은 행동강령, 그리고 제도적·재정적 사항에 관한 결의안을 채택하였다. 이 회의로 지구환경문제를 전담하는 전문기구인 'UN 환경계획(UNEP)'이 설치되었다.[50] 이후 관련된 국제환경조약 수십 개가 체결되었고 지구적·지역적 환경 감시 네트워크가 수립되었다. 이에 따라 환경문제에 대한 관찰과 감시 능력이 향상되었고, 간접적으로는 이러한 문제에 대한 국제적 대응을 자극한 것이다.

스톡홀름 회의는 공산권 국가들이 참여하지 않았기 때문에 보편적 인정을 받은 것은 아니었으

---

50) 지구환경문제를 전담하는 전문기구로 '오존층 보호를 위한 몬트리올 의정서', 리우회의 기본협약인 기후변화협약·생물다양성협약·사막화방지협약 등과 같은 국제 환경협약 제정을 주관했다.

나, 시간이 지나면서 국제적 인정을 얻으면서 환경외교의 기틀을 제공하였다. 그리고 합의된 몇 가지 원칙은 미래의 환경협력을 위한 틀을 강화하였다. 국제환경정치의 폭넓은 제도화 과정은 일단 획득된 추진력이 환경에 대한 대중적·정치적 관심이 감퇴하는 시기에도 지속된다는 점을 보여준 사례라 하겠다.(O. Greene 2015, 473).

스톡홀름 회의 이후 자원관리를 위한 조약들이 남극조약, 국제포경협약 등처럼 환경보호조약으로 변화되기도 하였다. 또한 NGO들이 환경문제 관련 정부 간 회의에 쉽게 접근할 수 있어야 한다는 규범이 형성되기 시작했으며, 환경관련 NGO들은 전문성과 자원을 확보함으로써 국제환경정치의 여러 분야에서 상당한 영향력을 행사하기 시작하였다.

[2] 그러나 다른 UN기구들의 활동을 조정할 수 있는 제도적 권한이 없고, 개발 문제를 배제하고 환경보호와 오염문제에만 초점을 맞춘 많은 조약들의 경우 지속성을 확보하기 어려웠고, 개발도상국의 반발을 낳기도 하였다(ibid, 474). 1983년 UN 총회는 이 문제를 다루기 위해 환경과 개발의 조화를 모색하기로 하고 Gro Harlem Brundtland 노르웨이 수상을 위원장으로 하는 '환경과 개발에 관한 세계위원회(WCED, World Commission on Environment and Development ; 브룬트란트위원회)'를 구성하였다. 브룬트란트(Brundtland) 위원회는 '지속가능한 개발(Sustainable Development)'이라는 개념을 처음 제시한 「우리의 미래(Our Common Future)」라는 보고서를 제출했다.[51] 그리고 1989년 제44차 UN 총회는 스톡홀름 회의 20년을 맞이하는 1992년에 그 뒤를 잇는 지구환경 정상회의의 개최를 결의하였다.

2) 리우환경회의

[1] 1980년대 후반부터 환경 문제에 대한 인식이 확산되고, 1988년 UNEP와 국제기상기구 후원 하에 기후변화에 관한 정부간 패널(IPCC)을 설치하였다. IPCC는 1990년 보고서를 발간하였고, 국제협약의 시급성을 알렸고 이와 함께 1991년 생물다양성협약을 위한 협상을 시작하였다. 그리고 1992년 리우에서 135개국 정상을 포함한 150개국이 참여한 지구정상회의를 개최하였다. 회의에서 리우선언, Agenda 21, 삼림원칙선언 모두 합의되었고, 기후변화와 생물다양성에 관한 협약은 154개국과 150개국이 조인하였으며, 사막화방지협약은 1994년 조인되었다.

기본협약을 통해 원칙, 규범, 제도, 국제적 공동행동을 위한 절차 등을 수립했으나, 리우회의에 맞춰 준비해야 했기 때문에 논쟁적인 문제들을 회피했다는 한계를 안고 있다. 이 때문에 생물다양성협약의 경우 협약 목적과 우선순위에 대한 분쟁이 지속되었고 자연서식지와 생물다양성 파괴를 방지하는 데 크게 기여하지 못했다 — 영토 내 유전자원과 이를 이용한 산출물에 대한 지적재산권을 둘러싼 선진국과 개발도상국의 분쟁이 대표적이다. 다만, 사막화방지협약까지 2년 내 협약 모두 비준을 받았고, 온실가스 배출 규제의무를 강화하기 위한 협상이 이후 개시되어 1997년 교토의정서를 채택할 수 있었다.

[2] 리우회의 이후 지속가능개발위원회(CSD)와 지구환경기금(GEF)이 설치되었다. 동 위원

---

51) 브룬틀란 보고서는 지속가능한 개발을 '미래세대 후손들이 스스로의 욕구를 충족시킬 수 있도록 하는 능력과 여건을 저해하지 않으면서, 현재 우리 스스로의 욕구를 충족할 수 있도록 하는 성장'이라고 정의하였다. 지속가능한 개발은 환경과 개발 사이의 우선순위에 대한 비생산적 논의를 지양하려는 의도를 담고 있는 것이다.

회에는 각료급 관리들이 참여하였고, NGO의 참여를 허용하였다. Agenda 21을 실행하기 위한 기구들은 직접적으로 집행할 것이라 생각하지 않았고, 각국으로 하여금 관련 이슈들에 대한 관심과 실행을 촉진할 것을 기대하였다.

그러나 근본적인 사회경제적 과정에 대해서는 별다른 영향을 미치지 못했다. 2002년 남아공 요하네스버그에서 지속가능 발전을 위한 세계정상회의(WSSD, 지구정상회의)가 개최되었지만, 회의 결과는 리우회의보다 후퇴하였다. 미국이 교토의정서 비준 거부와 소극적 참여 때문이다.

1990년에 확산된 신자유주의와 WTO의 규범이 환경보호 / 지속가능한 발전과의 모순된다는 점과도 관련이 있다. 비록 몬트리올 의정서에서 정한 오존파괴물질의 무역제한 조항을 담고 있는 것처럼 환경레짐과 무역레짐이 상호 보완적일 수 있다는 주장도 존재한다. 그러나 환경레짐에 의한 무역의 제한은 자유무역 원칙에 반하기 때문에 국가 간 무역 분쟁을 유발하고 있다.

환경위기와 환경레짐

- 19세기 라인강 및 다뉴브강 위원회(수로 이용을 촉진하기 위한 기구) 설립 이후, 동물군에 대한 협정(1902년 농업에 유용한 조류보호협정, 1911년 미국·캐나다·러시아 간 물개보호협정, 1946년 국제포경협약), 1945년 자연자원의 보존을 위한 식품 및 농업기구(FAO)설립, 1948년 국제해양기구, 1954년 석유에 의한 해양오염방지를 위한 협약) 등이 설립
- 1952년. 런던스모그 사건(4일 동안 12,000여 명 사망) → 1956년 영국은 청정대기법 제정
  cf. 1930년 벨기에 뫼즈 스모그(대기 정체로 발생한 런던형 스모그) 사건, 1954년 LA스모그 사건(자동차 배기가스와 태양빛을 받아 광화학반응으로 발생)
- 일본의 4대 공해병 : 1950년대. 수은중독(미나마타병), 1960년대 카드뮴중독(이타이이타이병), 1960-70년대 니가타 미나미타병(수은), 욧카이치천식(석유화학공장의 이산화황 등 대기오염)
- 1962년. Rachel Carson의 「침묵의 봄」 출간, 1969년 미국에서 국가 환경정책법안 통과, 지구의 날(4월 22일)과 DDT 규제. 1972년 로마클럽 보고서 「성장의 한계」 발간
- 1972년. <u>스톡홀름 선언</u>(UN 인간환경회의. 지구환경회의의 기본헌장, UNEP 설립)
  1971년 람사협약, 1972년 런던덤핑협약(폐기물 등의 투기에 의한 오염방지), 멸종위기 동식물 국제거래에 관한 협약, 1973년 해양오염방지협약, 1989년 바젤협약(유해폐기물)
- 1978년. 미국 러브 캐널 Love Canal 토양오염사건
  1985년. 한국, 온산공단 인근 주민의 괴질, 1991년. 구미 두산전자의 페놀 유출사건
- 1987년. <u>모트리올 의정서</u>(오존층 파괴물질 사용 규제, 1985년 체결된 비엔나 협약의 후속조약)
  1987년. <u>브룬트란트 보고서</u>(「우리공동의 미래(Our Common Future)」에서 ESSD 개념 확정)
- 1992년. <u>리우 환경회의</u>(UN환경개발회의/UNCED). 행동지침인 Agenda 21, 삼림원칙선언
  - 기본협약 : <u>기후변화협약(UNFCCC)</u>, 생물다양성협약, 사막화방지협약
- 1997년. 유엔환경특별총회와 지구정상회의(Earth Summit), 의제21의 추가이행 프로그램이 채택.
  1997년. <u>교토의정서</u>
- 2002년. 세계환경회의(요하네스버그).
- 2012년. 리우, 제3차 UN지속가능발전 정상회의(Rio + 20). but 선언문 도출에 실패
- 2015년. <u>파리협약</u>(2020년 만료예정인 교토의정서를 대체)

3) 기후레짐

오존문제는 1970년대 초에 대두되었다. 멕시코와 미국의 대기 화학자 M. J. Moina & F. S. Rowland가 염화불화탄소(CFC)가 어떻게 오존층을 파괴하는지를 오존층이 감소하고 있다고 알

려진 지 4년 후인 1974년에 출간한 논문에서 규명한 것이다. 미국 듀퐁사 제품이름인 '프레온'으로 불리는 CFC는 화학적으로 안정되고, 독성이 약하며, 금속을 부식시키지 않아서 냉장고, 에어컨의 냉매와 각종 스프레이의 분사제로 널리 사용되고 있었는데, 1978년 미국은 CFC 사용을 제한하는 법을 통과시켰다. 미국의 이 조치는 미국의 단독조치였고, 국제사회의 대응은 1979년 제1차 국제기후총회를 통해 시작되었지만, 글로벌 이슈로 확산시키는 문제에 대해 레이건 행정부는 소극적으로 대응하였다 — CFC의 완전 사용중지 합의는 2010년에 이루어졌다.

UNEP가 적극 나서 1985년 비엔나 오존층보호협약이 (비록 원칙에 동의하는 수준이지만) 조인될 수 있었다. 오존층파괴물질 사용규제에 관한 **1987년 몬트리올 의정서**는 개발도상국의 동참이 중요하다는 인식 하에 가입국을 160여 개 국가로 확대해 나갔는데, 국제환경 레짐의 대표적 성공사례로 평가된다. 오존문제에 대한 국제협약은 **1992년 기후변화협약**과 **1997년 교토의정서**를 거쳐 **2015년 파리협약**으로 발전하였다.

가. 유엔 기후변화협약(UNFCCC, UN Framework Convention on Climate Change)

지구 온난화에 따른 기후 변화에 적극적으로 대처하기 위하여 1988년 UN 총회 결의에 따라 세계기상기구(WMO)와 유엔환경계획(UNEP)에 '기후 변화에 관한 정부 간 패널(IPCC)'을 설치하였고, 1992년 유엔환경개발회의(UNCED)에서 기후변화협약(UNFCCC)을 채택하였다.

기후변화협약은 '공동의 그러나 차별화된 책임', 즉 '지구 온난화 방지를 위하여 모든 당사국이 참여하되, 단 온실 기체 배출의 역사적 책임이 있는 선진국은 차별화된 책임을 가진다.'을 기본원칙으로 한다. 협약은 차별화 원칙에 따라 부속서(Annex) I 국가, 부속서II 국가, 비부속서 국가로 구분하여 각기 다른 의무를 부담하도록 규정했다.

나. 교토의정서(Kyoto Protocol, 1997년 채택, 2005년 발효)

기후변화협약에 의한 온실가스 감축은 구속력이 없어 실효성이 문제되었고, 온실가스의 감축목표와 감축 일정, 개도국의 참여 문제로 선진국 간, 그리고 선진국과 개도국 간의 이해관계 대립이 심하였다. 이에 따라 1997년 일본 교토에서 열린 제3차 유엔기후변화협약 당사국총회(COP3)에서 '교토의정서'를 채택하여 선진국들의 온실가스 감축의무를 수량적으로 규정했다. 그리고 2001년 모로코 마라케쉬에서 교토의정서의 세부 이행규칙인 '마라케쉬 합의'로 최종 합의가 이루어졌다.

교토의정서는 **차별적 공동책임**을 천명하였다. 차별적 공동책임이란, 세계 기후변화의 책임은 모든 국가가 져야 하지만(공동책임), 산업화 과정에서 지구의 평균온도 상승을 유발하는 이산화탄소를 과다 배출한 선진국들이 우선적인 책임을 져야 한다는 것이다.

또한, '**신축성 메커니즘**(Flexibility Mechanism)'을 도입해 온실가스를 비용 측면에서 효과적으로 감축하고 개도국의 지속 가능한 발전을 지원할 수 있는 계기를 마련했다. 이에는 청정개발체제, 공동이행제도, 국제배출권거래제가 포함된다.

- 청정개발체제(CDM, Clean Development Mechanism)는 선진국이 개발도상국에서 온실가스 저감사업을 공동이행을 통해 감축된 온실가스를 선진국의 저감량으로 허용하는 것이다.
- 공동이행제도(JI, Joint Implementation)는 A 선진국이 B 선진국에 투자해 발생된 온실가스 감축

분을 A국의 감축실적으로 인정하는 것이다.
• 국제배출권거래제(IET, International Emission Trading)는 온실가스 감축 의무가 있는 국가들에 배출쿼터를 부여한 뒤 국가 간 배출쿼터의 거래를 허용하는 것이다.
• 배출권적립제도는 선진국이 감축 이행 기간 동안 실제 배출한 온실가스 양이 쿼터보다 적을 경우, 그 차이를 차기 이행 기간 동안 배출 허용량에 추가할 수 있도록 하는 제도를 말한다.

제1차 감축공약기간이 끝나는 2012년 카타르 도하에서 열린 COP-18에서는 제2차 감축공약기간을 2013~2020년으로 정하고, 온실가스를 1990년에 비해 25~40% 감축하기로 합의했다. 그러나 가장 많은 탄소를 배출하고 있는 중국은 탄소 감축에 대해 어떤 언급도 하지 않았고, 2001년 자국의 산업을 보호하기 위해 탈퇴한 미국 외이 러시아 · 캐나다 · 일본 · 뉴질랜드 등 전 세계 온실가스 배출량의 50% 이상을 차지하는 주요 국가들이 불참을 선언하였다 — 참여국 전체의 온실가스 배출량은 전 세계 배출량의 15%에 불과하였다.[52)]

다. 파리협약(신기후협상)

파리기후협약은 2020년 만료 예정인 교토의정서를 대체, 즉 2021년 1월부터 적용될 기후변화에 대한 대응을 담은 기후협약이다(2015년 12월 21차 당사국총회에서 채택되었고, 55개국 이상, 글로벌 배출량 총 비중이 55% 이상에 해당하는 국가가 비준할 것이라는 두 기준이 충족되면서 2016년 11월 발효되었다). 파리협약은 장기목표, 감축, 시장 메커니즘 도입, 적응, 이행점검, 재원, 기술 등의 내용이 담겨있다.

선진국에만 온실가스 감축의무를 부여했던 교토의정서와 달리 195개 당사국 모두에게 구속력 있는 첫 기후합의라는 점에 의의가 있다. 그러나 각국이 제출한 자발적 감축목표(INDC)에 부여하려던 국제법상의 구속력은 결국 제외되었다(기여방안 제출은 의무화하되, 이행은 국내적으로 노력하기로 합의함에 따라 법적 구속력은 부여하지 못하였다).

• **목표** : 산업화 이전 대비 지구 평균기온 상승을 **2℃보다 상당히 낮은 수준**으로 유지하기로 하고, **1.5℃ 이하로 제한**하기 위한 노력을 추구.[53)] 온실가스 배출량을 꾸준히 감소시켜 이번 세기 후반 이산화탄소 순배출량을 0(탄소제로)으로 만드는 데 합의
• **감축** : 국가별 온실가스 감축량은 각국이 제출한 INDC를 인정하되 2020년부터 5년마다 상향된 목표를 제출(진전 원칙, 상향식 감축). 차별적 책임원칙에 따라 선진국은 절대량 방식을 유지하며, 개도국은 자국 여건을 감안하여 절대량 감축과 배출 전망치 대비 방식 중 채택.
정기적 이행 상황 및 달성 경과보고를 의무화하고, 이를 점검하기 위한 국제사회의 종합적 이행점검 시스템을 도입해 2023년부터 실시하기로 합의.
• **시장 메커니즘 도입** : NDC(Nationally Determined Contribution) 달성하기 위한 당사국 간

---

52) 교토의정서는 최대 온실가스 배출국인 중국(1위)과 인도(3위) 등 개도국에는 감축의무가 부과되지 않았고, 미국(2위), 일본, 캐나다, 러시아 등이 잇따라 탈퇴하면서 실효성이 없다는 지적이 있었다.
참고로, 미국은 2019년 11월 파리기후협약 탈퇴를 UN에 통보했고, 2020년 탈퇴가 결정되었다(2017년 탈퇴를 선언했으나, 발효 이후 3년간 탈퇴를 금지한 규정에 따라 2019년 3월까지 탈퇴 통보를 할 수 없었고, 이 기간이 끝나자 바로 유엔에 통보했다. 규정상 탈퇴 통보 1년 뒤 최종적으로 탈퇴가 결정된다). 그러나 바이든 대통령은 임기가 개시되자마자 파리기후협약에 재가입했다.
53) 지구 평균기온 상승 폭을 2℃ 미만으로 억제. 온실가스 감축, 저탄소 기술 촉진 등을 통한 기후 복원력 제고, 기후변화 적응력 강화에 관한 세부목표를 설정

거래(협력)를 허용하며 이를 촉진하기 위한 시장 및 비시장 메커니즘 마련 ; 온실가스 감축목표의 효과적 달성을 위해 UNFCCC 중심의 시장 외에도 당사국 간의 자발적 협력도 인정하는 등 다양한 형태의 국제 탄소시장 메커니즘 설립에 합의

- **재원** : 2020년부터 선진국은 개도국 등의 기후변화 대처를 지원하는 데 매년 최소 1,000억 달러를 지원하기로 합의

구 분	교토의정서(COP-3)	파리 협정(COP-21)
대상국가	주요 선진국 37개국	195개 협약 당사국
주요내용	• 주요 온실가스 정의 • 온실가스 총배출량을 1990년 수준보다 평균 5.2% 감축 • 차별화원칙 : 선진국에만 온실가스감축 의무 부여 • 미국, 캐나다, 일본, 러시아 등 선진국의 거부와 불참 * 한국은 감축의무 부과되지 않았음	• 지구 평균온도의 상승폭을 산업화 이전에 비해 2℃보다 '상당히 낮은 수준'으로 유지 / 1.5℃까지 제한하는 데 노력 • 온실가스를 오랜 기간 배출해온 선진국이 더 많은 책임을 지고 개도국의 기후변화 대처를 지원 • 선진국은 2020년부터 개도국의 기후변화 대처사업에 매년최소 1,000억 달러 지원 • 선진국과 개도국 모두 책임을 분담하며 동참 • 협정은 구속력이 있으며 2023년부터 5년마다 당사국이 탄소감축 약속을 지키는지 검토

한국은 2030년 배출전망치(BAU, 특별한 감축노력을 하지 않을 경우 예상되는 미래 배출량) 대비 37%를 줄이겠다는 내용의 감축목표를 2015년 6월 제출한 바 있다 — 37% 중에서 25.7%는 국내에서, 11.3%는 국제탄소시장 거래를 통해 달성키로 했다.

온실가스종합정보센터의 「2015 국가 온실가스 인벤토리 보고서」에 따르면 2013년(최근 자료도 동일) 한국의 온실가스 총배출량은 6.95억 CO_2톤으로 독일에 이어 세계 7위이며, 총배출량 중 전환(발전) 부문이 차지하는 양은 1/3인 2.30억 CO_2톤 수준이다.[54] 그리고 2030년 배출전망치(BAU)는 8.51억 CO_2톤으로 추정되므로 순수하게 국내 목표배출량은 6.32억 CO_2톤이다.

54) 온실가스 배출량 중 발전 부문이 차지하는 비중이 낮은 것은 발전에서 원전의 비중이 높기 때문이다. 원전은 발전과정에서 온실가스를 전혀 배출하지 않고, 다만 우라늄의 채굴, 농축, 발전소해체 등의 과정에서 부분적으로 온실가스 배출을 유발한다. 이 때문에 한국은 제2차 에너지기본계획에서 장기적인 온실가스 감축정책의 일환으로 원전의 비중을 지금의 22%에서 향후 29%로 확대하고, 온실가스 배출이 원전과 비슷한 수준인 신재생에너지의 발전량도 대폭 확대한다는 목표를 설정하였다. 그러나 후쿠시마 원전사고로 원전 비중을 늘리려는 계획은 수정이 불가피했고, 문재인 정부는 장기적으로 탈원전을 목표로 설정하고 신재생에너지 비중을 높이는 방향으로 계획을 수정하였다.
온실가스를 저감하는 수단으로 수요절감, CCS(carbon capture & storage 탄소포획저장), 송배전손실저감, USC(ultra super-critical, 초초임계압발전) 등의 발전 관련 신기술들이 검토되고 있다. 그러나 수요절감, USC 등은 이미 배출전망치(BAU)에 반영되어 있고, CCS는 미리 반영하기 어려운 미래의 기술이며, 송배전손실저감 기술은 우리나라가 이미 세계 최고 수준이어서 추가적인 저감 노력이 한계에 이른 상황이다.
만일 온실가스 배출규제가 강력하게 시행된다면 가스발전을 석탄발전보다 우선적으로 활용하는 식의 발전구성 변화노력이 대안으로 고려될 수 있다. 이 방법은 국내에서 막대한 비용이 드는 감축수단이어서 전기요금의 대폭적인 인상요인이 된다는 비판이 있지만, 한국의 천연가스 전체 발전의 40% 정도를 감당할 수 있는 수준까지 발전설비가 구축되어 있다 — 다만, 실제 가동률은 극히 낮은 수준에 있다.
최근에는 수소전지에 대한 투자를 확대하고 있다. 그러나 한국의 수소전지에 대한 투자는 자동차 부문에 집중되어 있어 산업부문에 대한 연구개발에 집중 투자하고 있는 독일과 대비된다.

5. 그린 뉴딜(Green New Deal)

1) 그린뉴딜의 의의 및 EU의 그린 딜

그린 뉴딜은 2007년 미국 칼럼니스트 토마스 프리드먼의 저서 <코드 그린>에서 제일 처음 언급된 이후, 2009년 유엔 환경 계획에서 정식으로 그린 뉴딜 이니셔티브를 발표, 2019년 12월 EU는 이산화탄소의 실질적인 배출량을 0으로 만드는 탄소 중립 정책인 유럽 그린 딜(European Green Deal)을 정식으로 선언했다.

그린 뉴딜은 탈-탄소화를 위한 모든 정책이 여기 포함되는데, 관련 산업생태계를 조성하는 것에서 더 나아가 불평등 해소, 무역규제, 국제질서와 관련된 이슈를 포괄하고 있다.[55] EU는 탄소국경세(carbon tax) 도입을 준비 중이며, RE100 또한 추진 중이다. 탄소국경세는 탄소 순수출국에 대한 관세를 매기는 것이고 RE100은 0% 재생에너지로 제품을 생산하는 기업에 인증을 부여하는 제도이다. 탄소국경세에 대해서는 동유럽 국가들이 반발하고 있고, 남미와 아시아 국가들은 우려를 표명하고 있다.

> 지구 기온이 1.5도 이상 상승하는 '티핑포인트'를 넘지 않기 위해서는 2030년까지 온실가스를 2010년 대비 40~50% 감축하고 2050년에는 넷 제로를 달성해야 한다. '넷 제로(Net-zero, 탄소중립)'란 온실 가스 배출량과 제거량이 상쇄돼 순 배출량이 '0'이 되는 탄소 중립 상태를 말한다. 2015년 파리에서 열린 제21차 유엔기후변화협약 당사국총회에서 2050년까지 넷 제로를 실현한다는 목표를 설정했다. 유럽 연합은 이 목표 달성을 위해 오는 2030년까지 연 1000억 유로 이상 투자하는 유러피언 그린 딜(European Green Deal)을 추진하고 있다. 글로벌 기업들도 동참하고 있다. 애플이 21일(현지시각) 2030년까지 전 세계 제조 공급망에서 넷 제로를 달성하겠다는 계획을 발표했다. 아마존과 마이크로소프트는 각각 2030년, 2040년까지 넷 제로를 하겠다고 선언했다.
> 이 수치는 에너지 산업의 구조를 바꾸고(기존의 석탄발전에서 재생에너지로 전환), 경제활동의 기반이 되는 인프라를 개혁하고(도로·교통·수도·전력·도시가스 등이 친환경 에너지를 기반으로 하고, 에너지 효율화를 극대화하는 방식으로), 에너지 다소비구조인 건물을 넷제로 빌딩으로 바꾸며, 대량생산·대량소비에 맞추어진 인간의 소비패턴까지 전환해야 가능한 수준이다. '대전환'인 것이다.
> 이에 비해 우리 정부는 이번 '그린 뉴딜' 분야에서 어정쩡한 입장을 견지해 국제적 비판을 받았다 — 반면, 탄소중립을 표방한 이후에는 국내 언론과 야당 및 재계로부터 비판을 받고 있다. 정부는 그린 뉴딜에 2025년까지 예산 73조4000억 원을 투입해 일자리 65만9000개를 창출하겠다고 했지만, 정작 이를 통해 온실 가스 감축을 언제까지, 얼마나 하겠다는 것인지는 구체적으로 밝히지 않았다. "탄소 중립을 지향해 2030년 온실가스 감축 목표(5억3600만t)를 차질 없이 이행하겠다." 고 발표했다.

EU는 코로나 영향으로 인한 경제 위기 상황에서 대규모 경기부양정책을 추진할 수밖에 없는 상황에서 역으로 친환경적 산업구조조정과 관련된 부문에 투자함으로써 경제체제를 전환하려고 시도하고 있다. 즉, EU는 탄소배출량 축소, 태양광·풍력·바이오디젤 등 대체에너지 개발, 전기자동차 생산과 보급, 산업 분야에서 에너지 효율성 제고 기술 개발과 보급, 주택·집합건물·빌딩·공장 등의 에너지 효율 향상을 위한 리모델링 사업 등을 중점으로 하는 '그린 딜'의 추진을 공론화했고, 이를 뒷받침하는 천문학적인 재정 수단의 조달 방안을 논의하기 시작했다.

---

55) 진보적 담론에서는 기후위기를 초래한 원인제공자와 비용 혹은 피해를 부담하는 사후처리자가 분리됨을 지적하면서, 그린뉴딜은 환경정의를 실현하고 불평등한 구조를 전환하는 방식으로 이루어져야 한다고 주장한다. 다시 말하면, 그린 뉴딜은 패러다임 전환을 담고 있는 바, 정의로운 전환으로 추진되어야 하며, 이를 위해서는 그린 뉴딜과 사회적 뉴딜의 결합이 필요하다고 강조하는 것이다.

2) 한국의 그린 뉴딜

[1] 문재인 정부는 2020년 '휴먼뉴딜,' '그린뉴딜,' '디지털 뉴딜'을 포함하는 한국형 뉴딜을 발표한 바 있다. 이에 대해 KDI는 세 가지 뉴딜을 유기적으로 결합시키는 '전환적 뉴딜' 정책을 제안하였다. '수축사회'에 접어든 한국사회가 에너지 전환, 저탄소경제 구축 등을 골자로 하는 그린뉴딜과 디지털 인프라 구축 등을 핵심으로 하는 디지털 뉴딜을 통하여 새로운 시장을 확장할 필요가 있다고 주장한 것이다. 이에 대해 기업의 생산단가를 높여 한국의 가격경쟁력이 저하된다는 비판을 하는 입장이 있는가 하면, 한국형 뉴딜이 기술주의적 접근에 머물러 있고 확장적 재정정책을 통하여 자본주의 경제의 수축을 극복하여야 한다는 케인주주의적 사고의 프레임에 머물러 있음을 비판하는 입장이 있다. 해외에서는 이명박 정부 시기 '**녹색 성장**'이라는 이름으로 그린뉴딜을 천명했으나, 녹색으로 수식된 성장과 개발위주의 정책이었을 뿐이었음을 지적하면서, 문재인 정부의 그린뉴딜을 또 하나의 **그린워시**(greenwash)일 뿐이라는 회의적 시간이 강하다.

그린뉴딜은 패러다임 전환을 담고 있다. 그러나 현 정부가 제시한 '한국판 뉴딜'은 '디지털 인프라를 구축하는 미래 선점투자'로 좁게 규정하고 있다. 여기에 디지털 인프라 구축과 사회간접자본의 확충을 결합하여 대규모 일자리를 창출하겠다고 부연한다. 디지털 인프라 구축은 사회와 경제의 운영을 뒷받침하는 기술적 수단이지, 사회와 경제를 운영하는 프레임을 재구축하는 작업이 아니라는 점에서 한계가 있는 것이다. 이런 맥락에서 2008년 녹색성장과 같이 한국형 그린뉴딜이 환경적인 요소는 부족하고, 경제활성화를 위해 일자리를 지키고 데 초점이 맞추어져 있다는 비판을 받는 이유이다.

[2] 한국의 온실가스 배출량은 세계 7위 수준이며, 총 배출량 중 전환 부문이 차지하는 비중은 1/3 수준이다. 문제는 석탄화력 발전이 전체 에너지 믹스의 40%를 차지하는 반면, 재생에너지는 6%가 채 되지 않는다는 점이다. 여기에 동남아시아 국가들의 석탄화력 발전소 건설 사업에 한국의 두산중공업 등이 뛰어들었고, 이들 기업에 문재인 정부는 금융지원 등을 이어가고 있다는 점을 문제 삼고 있다. 이 때문에 Diplomat 지는 한국이 그린 이니셔티브를 추진한 것은 이번이 처음이 아니라고 언급하면서 이명박 정부의 녹색성장이 글로벌 금융위기에 따른 경기부양책에 불과했음을 지적했다. 당시 이명박 정부는 글로벌 녹색성장연구소를 한국에 세우고, UN을 설득해 송도에 녹색기후기금을 설립했음에도 불구하고 온실가스 배출량은 계속 늘었고, 파리협정에서 한국이 약속한 감축량은 국제사회의 '공정한 부담'의 원칙을 만족시키지 못 했음을 이야기하면서, 감축량은 현재의 34%가 아닌 74%로 두 배 이상 늘려야 한다고 덧붙였다. 로이터 또한 한국의 야심찬 기후변화 계획인 그린 뉴딜의 1순위는 일자리라고 평가했다. 영국의 가디언지도 "글로벌 금융위기 이후 한국 정부가 녹색 성장이라는 키워드를 꺼냈지만 그 결과 4대강 사업과 자전거도로 확충으로 건설사들만 콘크리트를 부어댔고, 정작 지금의 한국은 석탄 화력과 같은 낮은 수준(low-grade)의 전력 공급에 기대고 있다"고 지적했다(JTBC. 2020. 6. 15.; 헬로티. 2020. 6. 15.).

다만, 한국은 전력시스템의 문제에도 불구하고, 통신과 교통 분야의 인프라 측면에서는 긍정적으로 평가되고 있다.

탄소중립(넷 중립)

우르줄라 폰데어라이엔 EU 집행위원장은 2030년까지 EU 온실가스 배출량을 1990년 대비 최소 55% 줄이겠다고 밝히면서, 기존의 감축목표 40%를 높여 잡았다. 그리고 2050년까지 기후중립을 달성할 계획이라고 밝혔다. 한편, 시진핑 주석은 2020년 9월 뉴욕 유엔본부에서 열린 유엔총회 화상연설에서 "2030년 전까지 탄소 배출량을 2005년 대비 65% 줄이는 등 2060년까지 탄소 중립을 실현하도록 할 것"이라고 선언한 바 있다. 2021년 4월말 현재까지 탄소중립을 선언한 국가는 2019년 EU를 시작으로 한·중·일, 미국으로 늘었다. 경제규모로는 전 세계의 2/3를 차지한다.

탄소국경세

탄소국경세는 제품을 수출한 국가에서 EU/미국보다 탄소배출이 많은 경우 수출국가에게 관세를 부과하는 제도다.

EU에 이어 바이든 행정부는 탄소국경세 도입 가능성을 예고했다. Janet L. Yellen 미 재무장관도 탄소세로 걷어 들인 자금을 국민에 배당으로 지급할 것을 검토하겠다고 하면서 이를 지지했다. 탄소세에 대한 이 같은 정책변화는 2005년 대비 2035년까지 탄소배출량을 50% 감소할 수 있을 것으로 전망되기 때문이다.

탄소중립을 천명한 EU로서는 EU 기업들은 탄소비용 부담이 늘어나고 가격경쟁력이 떨어질 수밖에 없어 역차별을 우려해왔다. 탄소국경세 도입은 이와 관련된 대책이기도 하다. 즉, 탄소국경세 도입은 그린이니셔티브 뿐 아니라 자국 산업보호 의도도 있다. 나아가 미국과 EU가 합의한 탄소중립과 탄소국경세는 reshoring을 유도함과 동시에, 환경규제 강화로 중국을 포함한 이머징 국가들에 대한 통상압박 수단으로 사용하는 보호주의라는 비판도 존재한다.

석탄발전 비중이 높은 한국은 이 제도 도입으로 발전비용이 증가하여 가격경쟁력이 떨어질 것으로 전망되는데, GDP 대비 수출의존도가 높은 한국의 경우 그만큼 큰 피해를 받을 수 있다 — GDP 대비 대외 수출의존도는 한국이 40% 정도, 세계평균은 30% 수준, 미국은 10% 초반, 중국과 일본은 약 18% 정도이다.[56] 한국의 언론들이 그린뉴딜에 대한 비판만 해 온 만큼 국내 기업들 대부분 또한 그린 이니셔티브에 대해 대비를 미루고 있었다. 그러나 다음과 같은 점을 고려할 필요가 있다.

[1] ESG(environment, social, governance). 기후위기가 인류 문명을 붕괴시킬 것이라는 위기감이 더해지면서 투자 기관들이 투자 조건으로 기후위기 대처를 제시하고 있다. 노르웨이 국부펀드, 알리안츠 그룹, 프랑스 최대은행인 BNP파리바 등 1,200여 개 기업과 기관들이 화석연료에 투자하지 않겠다고 선언한 것이다. 특히, 노르웨이 국부펀드는 한국전력이 석탄에 투자를 지속한다는 이유로 2017년 투자리스트에서 제외한 바 있다.

[2] 재생에너지로 전기를 만드는 발전 비용이 점점 저렴해지면서 화석연료 산업이 좌초될 것이라는 전망이 제시되고 있다(제레미 리프킨은 2928년 경으로 예상하고 있다). 영국 금융 싱크탱크인 카본 트래커 이니셔티브(Carbon Tracker Initiative)는 한국의 화석연료 산업 좌초 자산이 1,060억 달러로 조사대상국 중 가장 많을 것으로 보았다. 즉, 한국이 이 변화의 가장 큰 피해자가 될 것으로 예측된다는 것이다.

[3] 새로운 기회. 탄소중립 정책을 추진하는 과정에서 일자리 창출 등의 측면에서 새로운 기회를 제공할 수 있다 — 미국 스탠포드대학과 UC버클리대학의 공동연구에 따르면, 한국의 경우 2050년까지 재생에너지 발전 비중을 100%로 늘리는 경우 144만 개 일자리 창출로 전망하기도 했다.

[4] 수소경제. 통상 '수소경제'는 화석연료인 석유가 고갈되고 새롭게 등장할 것으로 예상되는 수소가 주요 연료가 되는 미래 경제를 일컫는다. 화석연료가 산업과 사회를 움직이는 '탄소경제'와 대비되는 개념이다. 주요 선진국들은 온실가스 줄이기와 전·후방 산업 창출을 위한 수소경제 성장에 이미 들어섰다. 선진국들은 수소전기차·수소인프라 공급 확대 추진 계획을 발표한 바 있으며, 한국도 수소전기차와 연료전기 분야에서 2040년까지 세계 시장점유율 1위를 달성하겠다는 목표를 제시하였다 — 참고로, 한국은 자동차분야에 초점을 맞추고 있다면, 독일은 산업용 수소전지에 초점을 맞추고 있다.

📖 Agenda21과 지속가능한 발전(ESSD)

리우선언 제1원칙은 인간을 중심으로 지속가능한 개발이 논의되어야 하고, 인간은 자연과 조화되는 삶을 향유하여야 된다고 천명하고 있다. 그리고 이를 위한 실천 원칙으로 제시된 Agenda21은 다음과 같은 원칙을 천명한다 ; ① 미래세대의 이익고려와 전통문화가 중시되어야 한다. ② 시민이 활동의 중심이고 정보는 공개되어야 하며 정부·시민·기업간 협조체제가 구축되어야 한다. ③ 사회적 약자들에게 권력의 일부가 부여되어야 하고 분배 정의가 확립되어야 한다. ④ 과학기술의 국가간 이전이 필요하고, 환경보전을 위한 국제협력이 증진되어야 한다.

1992년에 천명된 「리우선언」 이후 UN은 의제21 실천계획 수립 및 이행평가를 위하여 각 국에 국가지속가능발전위원회(NCSD) 설치를 권고하였고, 1999년 시민단체, 언론, 학계, 경제계 등 각계 각층에서 지속가능발전에 관한 국가기구 설치를 정부에 건의하면서 2000년 대통령자문 지속가능발전위원회가 출범하였다(현재, 환경부장관 소속으로 지속가능발전위원회를 둠). 그리고 2007년 8월 '지속가능발전기본법(현재, 지속가능발전법으로 개칭 됨)'이 공포되어, 지속가능발전을 보장하는 법적 장치가 마련되었다. 동 위원회는 경제·사회·환경 분야 통합관리 전략 및 실천계획인 「제1차 국가지속가능발전 전략 및 이행계획(06~10)을 발표하였고, 사회적 형평성과 환경자원의 지속성을 대폭 강화하기 위하여 「제2차 지속가능발전 기본계획(11~15)」을 수립하고, 기후변화대응 및 적응, 산업경제, 사회·건강, 국토·환경 분야의 4대 전략, 25개 이행과제를 수립하여 추진하고 있다.

그런데 ESSD는 환경문제를 과학기술과 적절한 제도적 통제 즉, 인간의 권역 내에서 해결할 수 있다고 보는 기술지향적 환경론이다. 환경문제는 과학기술과 적절한 제도적 통제를 통하여 해결할 수 있다는 것이다. 이 시각은 과학기술을 기반으로 고도의 정화기술과 효율적인 자원활용방안을 개발하면 생태계의 악영향을 최소화 할 수 있다고 보는데, 인간과 사회의 성장과 발전을 우선시 하는 인간중심의 사고체계에서 벗어나 있지 않다.

3) 참고 : 이명박 정부의 녹색성장 정책 2010 입법, 2007 입법

[1] 이명박 정부는 국정운영의 핵심적 개념으로 녹색성장(Green Growth)을 제시한 바 있다. 녹색성장은 환경(Green)과 경제(Growth)의 선순환 구조를 통해 양자의 시너지를 극대화하고 이를 새로운 동력으로 삼는 것으로 설명되었다. 즉, 경제성장패턴을 환경친화적으로 만들어 새로운 성장 기회를 확보하자는 개념으로 선진사회 실현을 위한 원인요법에 착안한 구체적 정책해법이라는 것이다.

[2] 당시 정부는 녹색성장 정책의 배경을 다음과 같이 제시했다. ① 고유가로 내표되는 자원위기와 기후변화로 상징되는 환경위기에 직면하고 있다. 향후 석유자원의 고갈 가능성을 고려할 때 과도한 화석연료의존에서 시급히 탈피할 필요가 있다. 화석연료 사용증가로 지구의 평균 기온 및 해수면 상승하고 있으며, 가뭄, 홍수, 폭염 등 이상기후로 인명·재산 피해 심각한 상태다. ② 자원, 환경위기를 맞아 저탄소 녹색성장이 미래 국가경쟁력의 핵심으로 대두되고 있다.

자원고갈 및 가격급등에 따라 기존의 '요소투입' 위주의 경제성장은 환경적인 측면에서 바람직하지 않을 뿐만 아니라 경제적으로도 불가능한 상태로 진단했다. 자원 및 에너지가격의 급등에

56) 중장기적으로 볼 때, 철강과 석유화학은 자동차, 건설산업 등에 중간재를 공급하는 소재산업으로, 이들의 산업 경쟁력 저하는 국내 제조업 전체에 영향을 주기 때문에 철강 산업 등에서 수소 환원 공정 도입 등을 위해 대대적인 투자가 필요할 것이다.

따라 자원 및 에너지의 대량 투입에 의존하는 경제구조는 경쟁력을 유지하기 어렵다고 보았다.[57] 또한, 지구온난화가 진행될수록 저탄소 경제로 자발적으로 이행하지 않더라도, 국제규제를 통해 강제될 가능성이 매우 높다고 전망했다.

이에 대한 대응으로 다음과 같은 정책을 표방했다.

견실한 성장을 하되, 에너지, 자원 사용량은 최소화	- 에너지 저소비형 산업구조 개편(제조업 중심→지식서비스업 중심) - 에너지 소비절약/사용 효율화 - 생태효율성 제고 정책
동일한 에너지, 자원을 사용하되, CO2 배출 등 환경부하를 최소화	- 신재생 에너지 보급확대 - 원자력 등 청정에너지 개발 - CO2 배출 규제 - 저탄소, 친환경 인프라 구축 - 소비자 녹색제품 구매 활성화
신성장동력으로 개발	- 녹색기술에 대한 R&D 투자 - 신재생에너지 등 녹색산업 육성 및 수출산업화 - 세계시장 선점 지원

(구)국토해양부와 (구)지식경제부는 신규 서비스 창출에 따라 연계돼 성장·발전할 수 있는 관련부품 및 기기, SW 산업을 녹색성장을 위한 신성장동력으로 제시한 바 있다. 그 기술로는 차세대 이동통신, 디지털TV, 홈네트워크, IT SoC(System on Chip), 임베디드 SW, 텔레매틱스, 지능형 로봇 등이 설정되었다.[58]

---

57) 당시의 관점에서 보더라도 고유가나 자원고갈 문제보다는 에너지의 안정적 수급과 가격안정이 중요한 과제였지만, 이 부분은 논의로 하자.

58) 디지털 기술은 에너지 저소비형 산업의 핵심으로 볼 수도 있으나, 환경오염이라는 관점에서 보면 꼭 그렇지는 않다는 시각에서는 차세대 정보기술이 환경적으로 건강한 개발의 핵심으로 설정되는 것을 넌센스라 비판한다.

Ⅱ. 에너지

1. 에너지 이슈

[1] 에너지 문제가 이슈가 되었던 것은 석유자원 고갈에서였다. 2030년에서 2045년 사이에 석유생산이 급감할 것이라는 예측이 나왔고, 소위 석유생산정점(the peak of oil production) 논란이 셰일가스혁명 이전까지 지속되었다. 인간의 육체노동을 내연기관으로 대체했던 산업사회에서, 화석연료의 고갈은 지속가능한 사회를 불가능하게 한다. 이 때문에 지속가능한 에너지 및 대체에너지 개발에 대한 이야기가 나왔다. 이 과정에서 핵연료 논란도 가중되었다.

[2] 자원과 관련하여 1962년 국제연합(UN) 총회는 '천연의 부와 자원에 대한 항구적인 주권'에 관한 선언을 채택하였다. 이 선언은 천연자원에 대해 해당 지역의 국민 혹은 민족이 항구적인 권리를 소유하고 자신들의 국가적 발전과 국민의 복지를 위해서 자유롭게 개발·사용·처분하는 권리를 규정하였다. 이와 함께, 관련 자원의 탐사·개발·처분을 위해 필요로 하는 외국자본의 수입은 그 나라 국민 혹은 민족에 의해 정해진 제도에 합치하는 것이어야 한다고 규정했다. 이와 같은 자원에 관한 주권 규정은 해양에 영향을 미쳐, 경제수역 설정을 통해 경제 수역 내에서 해당 국가의 항구적 주권을 확대하려는 현상을 낳았다.

1970년대에는 **자원 민족주의**(Resource Nationalism)가 등장하였다. 비OPEC 선진국가들, 특히 국제 에너지시장을 지배하던 미국과 거대석유기업들은 에너지원에 대한 접근에서의 자유화와, 석유 현물거래를 활성화시켜 왔다. 이런 흐름을 에너지 자유주의라 한다. 1960년대 이후 등장한 자원민족주의는 에너지 지원에 대한 외국자본에 대한 인센티브를 철회 등을 통해 외국자본의 접근을 제어하고 정부 혹은 국영기입에 의해 직접 개발하는 전략을 취해왔다. 그러나 에너지에 대한 거대 소비국인 OECD의 응집력과 비OPEC 산유국이 석유 공급량을 늘리면서 산유국 분열로 전통적인 자원민족주의는 약화되어 왔다. 반면 에너지 수급균형을 지향하는 국가중심의 에너지 국익론이 대두되면서, 에너지 수요국과 공급국 사이에 발생하는 국가 간 자원경쟁인 새로운 자원민족주의 현상과 함께,[59] 에너지 안보가 이슈화되었다.

1980년대와 1990년대에는 에너지 거대 소비국인 미국과 OECD를 중심으로 한 국제에너지기구(IEA)가 주도하였다(송주명 2018, 269). 에너지 거대 소비국은 북해유전 등 비OPEC 지역의 원유 생산을 늘려 저유가 구조를 만들어 낸 것이다. 그러나 신흥공업국의 산업화로 새로운 에너지 거대 수요국가가 등장하면서 고유가 현상이 나타났다. 여기에 2000년대 셰일혁명으로 에너지 거버넌스에서 새로운 지형이 형성되기 시작하였다. IEA, 미국, 메이저 석유회사,[60] 거대국영

---

59) 자원 민족주의는 자원이 풍부한 약소국이 선진국으로부터 경제적 독립을 위해 자원을 전략적 무기로 이용하려는 사조를 지칭해 왔다. 이와 관련한 대표적 사건이 1960년대 출범한 카르텔인 석유수출기구(OPEC)가 1973년 석유감산을 통해 유가를 올리면서 oil shock이 발생한 사건이다. 제2차 oil shock은 1979년 이란혁명 이후, 이란이 미국에 대한 원유수출 금지 조치로 발생했다.

60) 엑슨, 모빌, 걸프, 쉐브런, 텍사코, 영국의 브리티시석유, 영국-네덜란드의 로얄더치쉘 등 7개의 메이저 석유회사를 국제 '검은 황금을 장악한 7sisters'라 부른다 — 엑슨과 모빌은 합병하였고, 걸프는 쉐브런에 합병되었다. 이들은 석유의 생산·유통·정제·판매 등 유통망 전체를 장악해 왔는데, 대부분 유대계 자본이다.
메이저는 1920년대 이후 세계 석유 산업을 지배해 왔고, 1973년에는 서방의 원유 공급량의 64.4%를 차지하고 있었다. 1970년대까지 1베럴당 원유는 $1였으나, 소비자는 휘발유를 1리터당 $1에 구입하고 있었다. 이들

석유기업(러시아의 Gazprom, 중국의 CNPC/Petrochina, Sinopec, CNOOC, 사우디아라비아의 아람코 등 중동의 국영석유회사들, 말레이시아의 Petronas, 베네주엘라 PDVSA, 브라질 Petrobras 등)이 그것이다.

[3] 미국은 2001년 '에너지정책보고서', 2005년 '에너지법'을 제정하면서 에너지 안보를 국가 외교・경제 정책의 최우선 과제로 결정한 바 있다. 그리고 새로운 에너지 공급지로 카스피해, 중앙아시아, 서아프리카, 러시아 등을 선정하였다.

산업혁명의 원동력이었던 석탄은 환경오염 유발과 석유와 비교할 때 채굴・수송이 쉽지 않다는 점 등 때문에 20세기 중반 이후 수요가 감소했다. 반면, 석유는 내연기관의 발달과 석유화학공업 성장으로 수요가 증가하면서 가장 중요한 에너지원으로 자리 잡았다.

그러나 석유는 생산지가 편재되어 있고, 생산과 소비의 지역적 불일치로 국제적 이동이 많다. 석유를 둘러싼 갈등은 석유자원의 이러한 성격과 관련이 있다. 유전지대를 둘러싼 영유권 분쟁(이라크와 쿠웨이트 사이의 분쟁, 카스피 해 연안 국가들 간의 분쟁, 남중국해 인접국가 간 분쟁, 북극해 연안 국가 사이의 갈등)과 같은 에너지원의 소유권을 둘러싼 갈등과, 수송에 있어서 송유관 설치와 해협 등 해양운송과 관련된 갈등으로 나누어 볼 수 있다. 20세기 후반에는 온실가스 문제와 관련한 갈등이 대두되었다.

이러한 갈등은 전쟁으로 이어지기도 했다. 제1차 세계대전 이전 독일의 3B정책은 중동의 석유자원을 확보하려는 시도와도 관련된다(1906년에 영국은 페르시아로부터 60년간 배타적 조광권을 확보하고 앵글로-페르시아석유회사로 법인등록을 한바 있다. 이 회사는 브리티시석유로 명칭을 변경하였다). 코카서스 지방의 풍부한 유전은 히틀러가 소련을 침공한 목적 중 하나였으며, 아제르바이잔과 아르메니아공화국 사이의 전쟁(1988~1994년, 2014년)은 민족 분규이자 석유를 둘러싼 갈등이기도 했다. 미국의 중동에 대한 개입, 그리고 이에 따른 중동의 반미・반서구 정서와 테러도 석유자원과 관련된다.

2. 에너지 안보

[1] 에너지 안보란 국가의 체제 유지(국가 경제 성장 및 사회유지와 안전의 확보)를 위해 에너지의 안정적 수급을 확보하는 것을 말한다. 이는 에너지의 안정적 수급이 국가 경제의 성장, 사회유지와 안전의 확보, 즉 지속가능한 사회를 위한 필수적이라는 인식에서 출발한다.

[2] 에너지 안보는 초기에는 석유자원 고갈과 자원민족주의 대두와 관련하여 제기되었으나, 21세기 들어서는 셰일혁명을 기반으로 에너지와 관련된 이슈를 주도하려는 미국의 에너지 패권과 결부되면서 동맹체제의 재편으로 이어지기도 했다.

[3] 안보위협의 측면에서 에너지 안보는 물량위험, 가격위험, 정치적 위험에 대한 안전성을 확보하는 것으로 볼 수 있다. 즉, 안정적 수급과 가격안정이 무엇보다 중요해지고 있고, 특정 지역에 편중된 에너지원에 대한 접근성, 그리고 지정학적 위험으로 인해 안정적인 수송이 위협받

의 영향력은 1970년 2차 oil shock 이후 산유국의 국영기업이 등장하면서 약화되기 시작하였다. 이후 메이저는 석탄・원자력・석유화학 등으로 진출하여 종합에너지 산업회사로 전환하기 시작했다.

음으로써 에너지 공급이 중단될 수 있는 위험을 관리할 수 있는가가 중요해지고 있다.

① 물량위험은 공급의 중단 없이 필요한 에너지원을 확보할 수 있는가의 문제로 안정적 수급을 요구한다.

② 가격위험은 에너지원의 확보를 위해 지불돼야 할 가격 수준이 수용 가능한 수준을 넘어서는가와 관련된다. 석유가격이 높거나 낮은 경우 모두 문제를 유발한다. 먼저, 지나치게 낮은 가격은 산유국의 경제난을 유발하고, 국제무역에 부정적 영향을 미친다. 반면, 가격이 너무 빨리 상승하는 경우 주지하듯이 스태그플레이션이 발생할 수 있다.

가격이 급락하면 원가가 높게 설정되는 중질유와 셰일가스의 경우 생산이 중단되면서 초과수요 문제가 발생할 수 있다 — data를 보면 시기에 따라 다르지만, 생산원가가 중질유는 $50~60, 셰일가스의 경우 $30~40로 알려져 있다. 또한 중동 산유국가의 경우에도 오일 머니가 줄게 되어 이들 국가에 대한 수출의존도가 높은 국가는 직접적으로 타격을 받게 되며, 전세계적으로도 무역량 감소로 인한 문제가 발생한다.

2002년 베럴당 $20이었던 원유가격은 2007년 상반기에 $60~70이었다. 그러나 2008년 7월에 $140까지 올랐다. 그러나 $148.17까지 올랐던 유가는 3일만에 10% 하락했고, 9월에는 $90까지 폭락했다. 이러한 급등과 급락은 원유수급에 따른 것은 아니었다. OPEC은 하루 50만 배럴을 감산하기로 결정하였고, 멕시코 만 유전지대에서 생산량이 5% 줄었고 조지아에서 전쟁이 일어날 것으로 예상되고 있었음에도 불구하고 2008년 말 $40까지 폭락했다. 이러한 가격 폭락은 베네주엘라 경제의 붕괴로 이어졌다.

2020년에는 중국에서 COVID-19로 공장가동이 중단되면서 석유 수요가 크게 감소했고, 유가가 폭락하면서(1월에 $60 내외였던 국제유가가 3월 중순에 $30, 그리고 4월에는 $20 이하로 급락하였다) 미국의 에너지 관련 기업들이 부도 위기에 몰리면서 미국 경제가 위기로 내몰렸다.

③ 정치적 위험은 특정 지역에 편중된 에너지원에 대한 접근성, 그리고 지정학적 위험으로 인해 안정적인 수송이 위협받음으로써 에너지 공급이 중단될 수 있는 상황을 말한다. 예컨대, 2021년에 발생한 소위 수에즈 운하 길막사건 등을 이를 잘 보여주는 예들이다.

한편, 중국은 미국에 의한 말라카 해협과 남중국해 봉쇄를 우려하고 있고(후진타오 전 중국국가주석은 이를 말라카 딜레마라 불렀다), 한국과 일본은 중국이 이 해역과 양안, 그리고 동중국해를 봉쇄할 수 있다는 우려를 가지고 있다. 2021년 미얀마 군부 쿠데타는 말라카 딜레마를 회피하기 위한 중국의 송유관을 둘러싼 미-중 사이의 지정학적 충돌로 이해될 수 있다.

에너지 안보의 영역을 에너지 접근성, 물리적 안보, 시스템으로서 에너지 안보로 구분하기도 한다. ① 에너지에 대한 접근성이라는 측면에서 보면, 에너지 안보는 물리적, 경제적으로 에너지 공급 물량을 개발하고 확보하는 능력을 의미한다. ② 물리적 안보라는 측면에서는 자산과 인프라의 공급사슬과 무역 루트를 안전하게 보호하고 필요할 때 신속하게 다른 에너지로 대체하거나 교환할 수 있어야 한다. ③ 시스템으로서의 에너지 안보를 고려하는 경우에는, 에너지의 꾸준한 공급의 흐름을 유지할 뿐만 아니라 혼란과 탈선 등 비상사태에 대해 하나의 협조 체제로 대응하도록 고안된 국가정책을 중심으로 규정된다.

에너지와 지정학

에너지 문제는 주요 국가 간의 정치경제적 대립구도와 결합되면서 지정학적 쟁점을 만들어 내고 있다. 중국과 미국 및 서방국가, 러시아와 주변국가, 그리고 해양 에너지 자원 선점과 해양 수송로에 대한 영향력을 둘러싼 갈등이 커지고 있는 것이다.

[그림] 동북아시아국가 석유수송로와 영토분쟁 지역

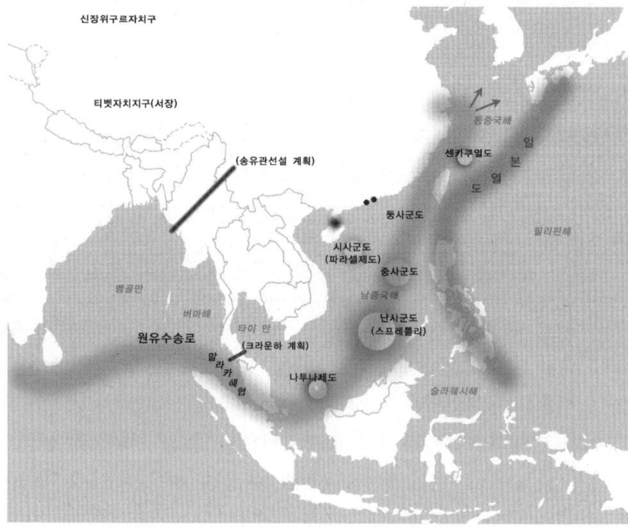

중국과 인도가 급격하게 산업화되면서 세계적인 거대 원유소비자로 등장하였다. 특히, 중국은 1993년에 석유수출국에서 수입국이 되었으며, 2003년에는 세계 제2위의 석유 소비국이 되었고, 2009년에는 세계최대의 에너지 소비국이 되었다. 중국의 석유 소비는 빠른 산업화와 세계의 제조공장화에 기인한 것이며, 이를 기반으로 높은 성장률을 유지해 왔다. 이 과정에서 중국 국민의 소득 증가에 따라 1인당 에너지 소비량도 급격하게 증가하고 있다. 이로 인해 에너지의 안정적 공급이 중요한 과제로 부각되었다.

중국은 동중국해와 남중국해에서 자원개발에 돌입하면서 인접 국가들과 영토 분쟁을 유발하였다. 이와 함께 중동과 아프리카의 석유를 국내로 공급하는 데 있어서 해양 안전보장 이슈를 만들어 내고 있다.

중국은 중동지역으로부터 인도양을 거쳐 동남아시아 내해, 그리고 타이완 해협을 통과하는 해양 수송로를 통해 난징과 상해로 석유를 공급해 왔다. 이 과정에서 말래카 해협을 통과해야 하며, 동남아시아 내해를 통과해야 한다.

미중 간의 긴장이 고조되고 미국의 대중국 봉쇄정책 구상이 구체화되기 시작하면서 중국은 에너지의 안정적 공급이 전략적으로 중요한 문제로 부각되었다. 이와 관련하여 2003년 11월에 후진타오 주석은 '말라카 딜레마'를 언급한 바 있다. 미국의 군사력을 전개하여 말래카 해협을 봉쇄하는 경우 중국으로의 원유 수송이 중단될 가능성에 대한 전략적 대응이 필요함을 이야기한 것이다. 또한, 동남아시아 내해가 미국에 의해 장악되는 것을 방지하는 것이 에너지 안보에서 중요한 과제로 부각되었다 — 남중국해 분쟁지역은 천연가스 등 에너지 자원 매장 지역이자 말라카 해협으로 이어지는 길목에 자리 잡고 있는 것이다.

중국은 인도양에 준 해군기지 건설하는 등 **진주목걸이 구상**을 추진함은 물론 난사군도 등의 산호초에 인공섬을 만들고 군사기지 건설을 추진해왔다. 그러나 이 지역은 일본과 한국의 석유수송로이기도 하다는 점에서 중국의 군사기지 건설은 긴장을 일으키기에 충분한 이슈라 할 수 있다. 일본열도와 필리핀, 그리고 동남아시아 외해, 호주는 미국의 세력이 직접 투사되는 지역이라는 점에서 남중국해 지역에서 미국과 중국의 충돌 가능성이 아주 높은 지역이다.

말라카 딜레마에 대한 중국의 대안이 크라운하 건설과 미얀마 짜욱퓨와 윈난성 쿤밍으로 연결되는 송유관을 건설하는 것이다. 크라운하 건설 사업은 불투명한 상황이지만, 미얀마에 송유관과 가스관을 건설하는 사업은 완결되었다. 또한, 카스피해 지역과 중앙아시아의 석유와 천연가스를 중국서부로 수송하는 송유관을 운용하고 있다 — 중국이 서장(티벳)지구와 서장위구르 지역을 포기할 수 없는 이유이기도 하다.

3. 에너지와 환경

에너지 고갈 이슈가 사라지는 시점에서 이전부터 제기되어 온 오존층 파괴와 온실가스 규제 문제가 글로벌 이슈화 되었다 — 1997년에는 교토의정서(2005년 발효)가, 2015년에는 파리협약이 체결되었다. 독일에서는 2018년 5월 함부르크 등에서 디젤차 도심운행 제한을 실시했고, 12월 법원이 쾰른과 본 시에 노후 디젤차 도심 진입을 금지하는 판결을 내렸고, 판결 1주일 후 아우토반의 일부 구간에서 디젤차 운행금지 판결을 내렸다(KBS, 2018. 12. 20.). 독일 정부가 디젤 승용차 판매금지 결정을 내리고, 세계적으로 배출가스 규제가 강화되자 유명 자동차 회사들(지프, 크라이슬러, 피아트, 피아트크라이슬러는 2022년까지 디젤 승용차 생산 중단을 발표했고, 도요타와 포르쉐도 유럽에서 디젤 승용차 판매 종료를, 볼보와 르노는 디젤 엔진 개발 포기를 발표했다.

대체에너지와 신재생에너지

산업사회의 지배적 에너지 역할을 해 왔던 화석연료가 정치경제적, 그리고 환경적으로 위기 혹은 이슈가 되면서 대체 에너지에 대한 관심이 증대되어 왔다. 이 과정에서 원자력의 비중이 증가했으나, 동일본 대지진과 후쿠시마원전 사고 이후 대체 에너지로서 원자력에 대한 장점은 거의 없다고 보여 진다. 독일에서 탈원전 결정이 난 이후 이러한 사고는 더욱 확산되었다. 그러나 동아시아에는 이러한 흐름과는 달리 중국과 문재인 정부 이전까지의 한국은 원전에 대한 의존도를 높였다.

신재생 에너지는 연료전지·액화석탄가스·수소에너지 등 신에너지와 태양광·태양열·바이오매스·풍력·수력·해양·폐기물·지열 등 재생에너지를 묶어서 부르는 용어다(이 중 바이오매스는 온실가스를 다량배출한다). 자연적 제약이 크고 화석에너지에 비해 경제적 효율성이 낮지만, 자원고갈과 환경오염 등과 관련하여 그 비중이 높아지고 있다.

그러나 재생에너지의 경우 비용문제와 기술적 문제 뿐 아니라, 모든 신재생 에너지가 친환경적인 것은 아니라는 점이 지적되어 왔다. 조력과 수력발전의 경우 자연파괴를 수반하며, 지열발전은 지진의 원인이 되며, 풍력발전은 저주파 공해문제를 유발하기 때문이다.

독일은 2011년에 2020년까지 원전을 모두 폐쇄하기로 결정했고, 2019년에는 2037년까지 석탄화력발전소를 모두 폐쇄하는 결정을 내렸다. 에너지 전환 모범 국가로 평가되는 독일은 2000년에 재생에너지법을 통과시켰고, 2011년에 이미 재생에너지 비중을 전체 전력생산의 20%정도까지 끌어 올리면서 천연가스(13.7%)와 원자력(17.6%) 보다 높였고, 2019년에는 47.3%까지 끌어 올렸다(신재생에너지 중에서 풍력과 태양. 이 분야에서 창출된 일자리는 2011년에 38만여 개였다. 국내 보수 언론의 주장과 달리 독일은 2008년 이후 지금까지 에너지 순수출 국가였고, 2011년 탈원전 선언 이후에는 에너지 수출이 더 늘어났다.

Ⅲ. 여성정치 2007 행정, 2006 입법

1. 여성정책의 흐름과 양성평등

여성주의의 시각적 변화과정을 추적해 보면, 다음과 같이 살펴볼 수 있다 ; ① 자유주의와 사회주의의 젠더 개혁, ② 급진주의의 젠더 저항, 그리고 ③ 포스트모더니즘의 젠더 반란.

젠더 개혁은 성 불평등의 원인을 가족과 경제에서 찾고, 여성의 일에 초점을 맞추려는 것이다. 다만, 자유주의 시각이 남녀 간의 법적 평등(동일노동 동일보수, 평등한 교육과 고용의 동등한 기회 보장 등)에 초점을 맞추었다면, 사회주의는 남녀간 불평등을 자본주의에 기인한다고 보면서 가사노동의 산업화와 사회화를 지향했다는 점에서 차이가 있다.

젠더 저항은 여성에 대한 성적 억압과 폭력, 그리고 지식과 문화의 생산에서 여성의 경험이 소외되고 있음을 비판하면서 출발한다. 특히, 가부장 사회가 여성의 몸을 통제하고자 시도하는 방법에 초점을 맞추면서 피임과 낙태 혹은 여성에 대한 성폭력 등의 문제를 부각시킨다. 따라서 지식의 남성독점과 남성중심의 성 정치학을 타파하기 위한 사회구조와 제도의 개혁을 강조한다.

젠더 반란은 성적 불평등성을 만들고 유지하는 과정과 상징을 해체하려는 것이다. 포스트 모더니즘은 성 차이를 있는 그대로 표현하고 인정하려 하며, 남녀 간의 생물학적 차이는 극복될 수 있는 것이 아니며 조화되어야 한다고 본다. 기존의 이분법적 대립을 지양하고 인간적인 정체성을 확보하려는 것이다. 그러나 차이에 대한 부각이 양성성을 완성하는 데는 실패했다는 평가를 받는다.

정책적으로 보면, 평등은 절대적 평등과 상대적 평등의 개념에서 보듯이 동등성과 차이에 관한 대립항을 내포하고 있다. 최근에는 남녀 간의 성차에 초점을 맞추기보다는 양성평등의 문제로 접근하는 경향이 있다. 그런데 여성들 간의 차이까지를 포함하면서 복잡한 논쟁들이 제기되어 왔다. 즉, 여성은 남성과 똑같은 능력을 가졌다고 주장할 것인가? 아니면 남성들과 차이가 있다고 인정해야 하는가에 관한 논쟁부터 시작하여, 만약 여성들이 차이를 인정한다면 이러한 차이들은 자연적, 생물학적 차이인가, 아니면 사회적, 문화적 조건의 결과인가? 반대로 여성들이 남성과 평등하다고 주장한다면, 여성들은 어떤 남성과 평등하다고 주장하여야 하는가? 그리고 어떤 문제에 있어서 평등을 주장해야 하는가? 아울러 여성들은 기회의 평등(동등대우)을 주장해야 하는가, 아니면 결과의 평등(적극적 시정조치)을 주장해야 하는가?

2. 여성정책의 변화

1) 자유주의와 여성참여(Women in Development: WID)

'발전에의 여성참여(WID)'는 여성을 재생산자로만 제한했던 복지적 접근의 대응 전략으로 개발된 시각이다. WID의 관점은 여성의 열등한 지위라는 것이 여성에 대한 노동시장으로부터의 배제와 연관된 것으로 본다. 따라서 출발점이 되는 것은 생산영역에 대한 여성의 보다 평등한 참여를 통해 정치·경제적인 자율성을 획득하는 것이다. 그리고 여성중심의 가족계획과 요보호 여성의 복지·건강·영양·소득증대와 같이 여성의 실제적 요구(practical needs)를 충족시키는 것에 초점을 맞춘다.

WID 전략은 비록 성차별적인 법과 제도의 개선이나 여성관련 기구들을 만들어 냈으나, 남녀 간의 격차를 좁히지 못하였고 정책적 프로그램에 대한 실효적인 지원이 실시되지 못하였다. 이는 정책과정에서의 여성의 지위가 취약했기 때문이기도 하였으며 개발정책에서 남성=행위자 / 여성=수혜자라는 틀에서 벗어나지 못했기 때문이다.

2) 맑시즘과 급진주의(페미니즘)의 전략

1985년 UN의 나이로비 제3차 여성대회 이후 채택된 '성과 개발(GAD, Gender and Development)'전략은 자본주의와 가부장제에 대한 비판에서 출발한다. 이 관점은 성(sex)문제를 사회적 관계 속에서 여성이 제도적으로 종속되어 왔다는 점을 강조하면서, 남녀 간의 지위와 권력의 차이를 개인이 아닌 사회구조와 제도 차원에서 바라본다. 여성이 처한 인종·계급·민족의 역사와 사회적 지위에 따라 서로 다른 수준의 억압구조와 상황이 결정되기 때문에, 여성문제의 해결은 사회 내 권력관계의 변화 속에서 가능하다고 본다.

3) 성주류화(gender mainstreaming) 전략

성주류화전략은 1995년 UN의 북경 제4차 여성대회에서 명시적인 행동강령으로 채택되었고, 이후 모든 UN 여성 활동의 최우선적인 전략목표가 되었다. 한국은 1995년 여성발전기본법을 제정함으로써 여성발전 전략으로서 성주류화 정책이 채택되었다고, 국가재정법에서 성인지예산으로 제도화되었다.

성주류화 전략은 여성의 사회적 배제, 여성의 사회적 주변화를 문제의 핵심으로 파악하는 여성발전 전략이다. 종래 여성 이슈를 별도로 다루었던데 비해, 여성 이슈를 정책의 주류에 통합하려는 것이며, 사회 모든 부문에서 여성의 동등한 참여와 정책이 여성과 남성에게 어떻게 다르게 영향을 미치는가를 검토하려는 것이다.

성주류화 전략은 정책결정에 관여하는 행위자들에 의하여, 모든 수준 모든 단계의 모든 정책에, 성평등의 시각이 적용될 수 있도록 정책과정을 평가·개발·개선·재조직하는 것이다. 그리고 성평등에 대해서 '모든 정치적·경제적·사회적 영역의 정책과 프로그램에 대한 디자인·실행·모니터와 평가에서 여성과 남성의 관점과 경험을 통합함으로서, 여성과 남성이 동등하게 혜택 받고 불평등이 조장되지 않도록 하기 위한 전략이며, 그 궁극적 목적은 성 평등을 이루는 것'으로 정의된다.

4) 소결

동등대우는 여성문제를 여성의 사회적 차별 문제에서 파악하고, 여성에 대한 법적인 평등을 위한 정책적 고려에서 출발한다. 그러나 이러한 접근은 형식적인 의미의 평등만을 확보할 수 있을 뿐이고, 실질적인 접근기회를 보장해 주지 않는 한에 있어서는 정책적인 한계에 봉착할 수밖에 없다.

차별철폐조치 혹은 적극적 시정조치의 경우 결과적으로 형성되어 있는 남녀 간의 실질적인 불평등을 해소하려는 것이다. 그러나 미국의 인종차별에 관한 쿼터제와 같은 정책이 실질적인 해결에 기여하지 못했던 점을 고려해야 한다. 이는 실제 정책 담당자 대부분이 젠더를 중요한 설계 이슈로 인정하지 않았으며, 젠더 설계 및 정책적 도구에 대한 전문적 지식이 부족했다. 심지어 정책결정에 참여했던 여성들조차 재사회화되거나 사회적으로 차별적 대우를 받는 여성문제에 대한 여성의 시각이 아닌 남성의 시각에서 접근해 왔다고 볼 수 있다. 나아가, 소위 역차별이라는 인식에서 보듯이 사회 주류의 반발은 제도의 형식적 운영조차 쉽지 않게 만들었다.

성주류화는 남녀 간의 생물학적 차이는 물론, 여성들 내부의 사회적·개인적 차이에 대한 인식, 그리고 양성성에 대한 인식 속에서 젠더의 문제를 접근하려는 것이다. 여성에 대한 차별을 해소하기 위해서는 실질적으로 정책과정에 대한 여성의 실질적인 참여의 기회를 제공하고 여성을 사회적 주변부에서 주류화하려는 것이다.

양성평등이라는 인식은 기존의 여성차별이라는 좁은 시야에서 벗어나, 즉 차이에서 한발 더 나아가 양성성에 대한 인식에서 접근되어야 한다. 군 가산점제에 대한 우리 사회의 논쟁을 보면, 남녀 간의 생물학적 차이를 인정하지 않는 방식(무조건적인 평등을 주장하는 것)이나 사회적·역사적 맥락을 도외시하는 경향이 존재한다. 양성평등의 문제는 '같은 것은 같게, 다른 것은 다르게'라는 인식 속에서 접근되어야 하는 것이다.

3. 여성의 권리

1) 자유주의 여성운동과 여성의 참정권(기회의 평등)

자유주의 맥락에서 보면, 여성 또한 인간으로서 기본적 권리가 부여되어야 하는 것은 당연하다. 그러나 여성들에게 선거권과 피선거권, 공무담임권은 부여되지 않았으며, 경제적으로도 재산에 대한 사적 소유가 인정되지 않았고, 의무교육의 대상에서도 여성은 배제되어 왔다.

여성에게 이러한 권리가 인정된 것은 19세기 들어오면서였다. 투표권을 기준으로 보면, 핀란드에서 1906년에 여성의 투표권이 인정된 이후, 독일이 1919년, 미국이 1920년, 영국이 1928년에 인정되었다.

2) 실질적 평등(결과의 평등)과 여성의 대표성

자유주의 여성운동은 인간이 누릴 권리에 대한 법적 권리, 즉, 법 앞에서의 평등(기회평등)이었다. 그러나 여성에 대한 법적인 차별이 사라진 이후에도 상당기간 동안 여성은 사회의 주변부에 머물러 있었으며, 실질적으로는 사회참여에 있어서 배제되어 왔다.

1960년대 중반 이후, 실질적인 평등에 대한 관심이 증대되면서 소수인종문제와 여성문제에 대해 결과의 평등을 보장하고 소수의 대표성을 확보하기 위한 수단으로 적극적 조치(차별철폐조치, affirmative action)의 요구가 대두되었다. (행정학에서 배운 대표관료제와 동일한 논리를 담고 있는 바) 1970년대부터 여성의 고용과 후보자 선출에 대한 쿼터제가 도입되기 시작한 것이다. 실제로, 여성의 경제활동에 대한 참여비율과 의회 여성의원 비율은 이 시기 이후에 높아졌다.

고용에서 쿼터제를 확산시켜야 한다는 논리는 차별을 받은 집단에 대한 사회적 보상(compensation)이 필요하며, 사회적 지위의 실질적 평등을 위해서는 재분배(redistribution)가 요구되고, 집단간 긴장과 갈등을 완화함으로써 사회발전이 가능하다는 공리적(utilitarianism) 관점에서 지지 되었다.

또한, 참정권에 있어서 적극적 조치는 결과의 평등을 넘어서 대표성을 강화하고 대의제 민주주의의 정당성을 확보한다는 의미가 담겨져 있다. 할당제의 도입은 여성의 정치참여 부족은 여성의 의지부족과 자원 부족과 같은 개인적 요인이 아니며, 여성을 배제해온 제도적·문화적 메커니즘이 크다는 인식으로의 전환이었고, 그 기폭제가 1995년 북경세계여성대회였다. 그리고 여성의 사회참여 확대와 함께 여성의 목소리가 커지면서 가능했다고 볼 수 있다.

3) 새로운 위험과 여성의 권리

여성의 경제 참여로 인한 맞벌이 부부 증가 및 고령화사회로 전환되면서 발생하는 돌봄 수요의 증가 등은 새로운 사회문제를 유발하는데, 소득보전과 같은 문제가 주요 이슈였던 산업사회를 기준으로 형성된 사회권의 내용이 재구성될 필요가 있다는 주장이 대두되고 있다(황정미, 2010). 기존의 사회권은 남성 가장의 생애주기와 관련된 위험으로부터의 보장을 중심으로 구성되어 있다. 이로 인해 여성의 가사노동과 취업여성의 자녀양육의 부담 등은 남성중심의 복지체제에서 배제되어 왔다는 것이다. 따라서 여성의 유급노동과 양육이 양립할 수 있는 사회적 지원과 여성의 생애주기에 따른 사회적 위험(한국 사회에서도 최근 수용되고 있는 출산휴가와 육아휴직, 경력단절 여성의 재취업문제 등)에 대한 사회적 지원과 보장이 포함되어야 한다는 것이다.

또한, 세계화는 이주여성들의 지위 문제를 낳는다. R.S.Parrenas가 '세계화의 하인(servants of globalization)'이라 정의한 미국의 대도시에서 돌봄 노동자로 일하는 필리핀 이주여성의 지위는 한 사회 내부의 계급별, 성별 분업이 국제적 분업으로 확산되고 있다(황정미, 2010). 물론, 중국 내에서도 빈부격차가 심화됨에 따라 빈곤여성이 부유층 부모의 신생아에게 수유를 위해 자신의 자녀를 돌보지 못하는 현상과 같은 돌봄 위기(care crisis 혹은 care deficit) 현상도 사회적 문제가 되고 있다. 가사노동이 성별분업에서 계층과 국가의 분업으로 하향이동하는 현상은 국가 간, 계층 간 양극화를 다시 심화시키면서 양극화가 구조화되는 것이다. 이러한 현상을 특권화된 denizen과 주변화된 margizen으로 개념화하기도 한다.

Ⅳ. 인권 : 인도주의 개입, 발전, 빈곤 · 기아

1. 인권과 인도주의 개입

1) 개 관

[1] 인권(human right)은 자유주의 및 자연권 사상에 기반을 둔 개념으로 출생과 함께 보유하며 양도될 수 없는 권리인 천부인권을 말한다. 따라서 국적에 의해 제약받지 않는 초국가성을 내포하고 있다. 기본권(the fundamental rights of a nation)은 인권과 같은 의미로 사용하기도 하지만, 국가의 헌법을 통해 제도적으로 정립된 인권을 지칭한다. 국적에 의해 제약받지 않지만, 거주하는 해당국의 헌법을 통해 보장되는 권리를 말한다. 한편, 시민권(civil rights)은 자유주의에서는 인권과 같은 의미로 사용하지만, 법학에서는 국적에 의해 제한 받는 권리로서 특정 국가의 시민에게만 부여된 권리를 말한다. 좁은 의미로는 정치적 기본권으로 사용한다.

[2] 국제정치에서 인권은 1946년 UN 경제사회이사회 산하에 국제인권위원회(2006년에 UN 인권위원회로 대체되었다)가 설치되고, 1948년 UN 총회에서 세계인권선언을 채택하면서 공식화 되었다. 세계인권선언은 제2차 세계대전에서의 인권침해(나치의 홀로코스트 등)에 대한 반성으로 이루어진 것으로 인간의 보편적 권리로서 천명되었다. 세계인권선언과 1966년 후속조치로 채택된 2개의 인권규약(A, B 규약)을 묶어 국제인권장전(International Bill of Right)이라 부른다. 1976년에 발효(한국은 1990년에 가입)된 인권규약은 가입국에 대해 구속력을 갖는다. 1965년 인종차별철폐조약, 1979년 여성차별철폐조약, 1984년 고문방지협약, 1989년 아동권리협약이 채택되었는데, A · B 규약과 함께 6대 주요 인권협약이라 부른다.

인권레짐과 별개로 인권보호를 위한 NGO의 활동 또한 확산되었다 — NGO는 정부와 협력하여 인권규범을 정립하고, 인권의 가치와 이념을 국제적으로 확산하는 데 기여하고 있다. 오래된 INGO로는 1838년에 출범한 반노예협회, 1863년 출범한 국제적십자위원회가 있다. 1998년에는 150개 NGO의 노력으로 광주에서 세계인권선언 발표 50주년과 광주민주화운동을 기념하기 위해 '아시아 인권헌장선언'이 발표되었다.

[3] 탈냉전과 세계화는 인권문제에 대한 새로운 이슈를 부각시켰다.

내전으로 인한 시민들의 사망 비율은 20세기 초에 10% 정도였으나 20세기 말에 이르러 90%로 증가하였고, 20세기 후반에만 실패한 국가의 내전과 실패한 국가 사이의 전쟁에서의 800만 명을 넘었다. 실패한 국가에서 발생하는 건강 · 사회보장 · 실업 문제 뿐 아니라, 자본주의가 초래한 부작용인 환경 및 사회적 불평등 또한 심각성을 띠고 있다.

지구화는 개인 인권의 지구화 현상을 낳고 있다. 개인 안보와 국제적 안보가 밀접한 관련성을 갖게 되었다는 것이다. 중동에서의 분쟁이 뉴욕에서의 9.11테러로 나타난 것이 그 한 예이다.

인권 개념의 확장과 인간안보

1993년 빈 선언과 1995년 코펜하겐 사회정상회담은 인권 개념 확장을 가져온 계기를 만들었다. 빈 선언에서는 '경제발전에 대한 권리인 발전권을 포함시켰고, 어린이 · 소수민족 · 장애인 · 원주민의 권리보호'에 관심을 표명하였고, 코펜하겐 사회정상회담에서는 '빈곤, 실업, 사회적 분열 문제'를 인권에 포함시킨 것이다. 인권 개념 확장에 대해 서구 일부 지도자들은 시민적・정치적 권리를 효과적으로 보호하는 데 장애요인이 될 수 있다는 반발하였으나, 인권은 윤리・법・정치와 밀접한 관련이 있고, 정치적 사안인 인권과 윤리적・종교적 관심사인 인간의 존엄성은 불가결한 관계라는 것을 강조하면서 합의를 이끌어 냈다.

인권 개념의 확장은 안보 개념의 수정을 의미한다. 국가의 규범・규칙・가치, 그리고 제도적 장치들에 대한 보존을 의미하는 안보에 대해 전통적 시각은 국가의 존립으로 규정하고 자구(self-help)를 중심으로 보려 하였다. 그러나 안보의 궁극적 목적이 시민(인간)의 보호 있다면, 안보는 인권보호를 통해 달성될 수 있는 것이다.

> 국가는 국민으로 구성되며 국가안보는 국민 개인으로부터 나오고, 국가는 구성원인 국민 개개인의 인권을 보장할 의무가 있다. 국가가 외부 위협에 대처하는 것은 생명, 자유, 자결 등 기본권을 보호하기 위한 것이다(최의철 2004, p.13).

2. 인도주의 개입

1) 인도주의 개입의 정의

개입이란 국가, 국가 내의 집단, 국가들의 집단 또는 국제기구가 다른 어떤 국가 내부문제에 강제적으로 간섭하는 활동을 말한다(J. Baylis & S. Smith 2015, p.567). 따라서 주권원칙・불간섭원칙이라는 전통적인 국제질서의 원칙에 대한 도전이라 할 수 있다.

J. L. Holzgrefe는 국가 혹은 국가집단이 자국민이 아닌 타국 주민들의 근본적인 인권에 대한 광범위하고 심대한 침해를 중지시키거나 방지를 위해서 해당국의 허가 없이 국경을 넘어 무력을 사용하거나 무력사용을 위협하는 것(최의철 2004, 30)으로 정의하였다. 따라서 개념 상 무력이 아닌 경제, 외교 및 기타 방법의 제재는 배제하며, 무력 사용이나 위협을 통해 자국민을 보호하려는 행위나 자연재해에 대한 개입과 지원은 개입에 해당하지 않는다.

나. 인도주의 개입의 배경 : 인간안보

현대적 폭력은 인종적・종교적 갈등, 조직범죄, 여성에 대한 폭력범죄 등 지리적・문명적 동질성과 무관하게 일어나고 있다.

① 국가나 민족내부에서 종교, 인종간의 차별, 그리고 정치권력과 경제적 독점을 위한 집단내부의 갈등이 중요 요인이 되고 있다. 인구폭발, 경제적・사회적・환경적 요인이 기존의 분열을 더욱 악화시키고 집단 간의 적대감이 폭력으로 표출되고 있다.

② 심화되고 있는 빈부의 격차는 갈등의 요인으로 작용하고 있다. 부의 분배에 있어서 격차는 국가 내부의 소득 계층 간의 차이 뿐 아니라 국가 간의 격차 또한 심화되고 있다. 소말리아나 르완다 등 저발전국가의 경우 환경악화와 농작물 생산 감소 등은 종족 간 갈등을 폭발시키는 요인으로 작용하기도 한다. 이러한 현상은 다민족 사회에서 민족 집단의 빈곤과 함께 집단 간 폭력으로 발전되고 있다.

③ 산업화와 도시화, 교육 수준의 향상 및 대중미디어의 발달로 개인은 자기 위치를 정확히 인식하게 되고 더 많은 개인적 자유와 민주주의를 요구하고 있다. 이것은 민족・종교・계급・언어의 차이에 따라 대중동원으로 이어지면서 갈등을 증폭시키는 요인으로 작용하고 있다.

이와 같은 문제인식은 인간안보 개념을 낳았다. 인간안보는 영토안보와 군비를 통한 안보에서 식량과 직업 및 환경적 안보에 접근하는, 즉 인간발전을 통한 안보를 의미하는 것으로 인간안보의 근본요인들은 생명·건강·생계·신체적 안전 및 인간의 존엄성에 대한 외부적 위협으로부터의 안보와 군대를 포함한(ibid, 25) 국가 내부의 물리적 위협으로부터의 안보를 의미한다.

인간안보는 빈곤과 공포로부터의 자유(안전)과 자기개발과 발전 및 자유를 통한 인간으로서의 존엄성을 강조하는 것이다.

코피 아난 UN 전 사무총장의 제54차 UN총회 연설에서 내세운 '인간안보' 개념은 많은 반향을 낳았다. 이후 유엔인간안보위원회가 창설되었고, 2003년에는 보고서 「현재의 인간안보」를 출간하였다. 보고서는 인간안보의 6개 주제를 선정하였다 ; ① 폭력적 분쟁으로부터 보호, ② 이주 및 이동과정에서의 보호, ③ 분쟁 사후 발생상황에서의 보호, ④ 경제적 곤란을 극복하는 수단의 보호, ⑤ 건강과 공공보건 서비스의 증진, ⑥ 공평한 지식과 기술의 분배 등이 그것이다.

UNDP는 인간안보의 기본성격을 다음과 같이 제시하였다.
- 보편적인 관심사로 빈국과 부국 구별 없이 모든 인간에게 적용되는 것으로 인권 침해, 마약, 환경오염, 범죄 등 인간안보에 위협이 되는 문제를 다루어야 한다.
- 국제적 관심사로 인간안보의 위협에 대해 모든 국가가 참여하여 해결하여야 한다.
- 초기 예방이 사후 개입보다 중요하다. 질병과 인종분규예방이 중요하다.
- 인간위주이다. 인간의 생활방법은 사회와 호흡하는 것으로 선택의 자유에 입각하여 시장과 시장기회에 자유로이 접근하도록 기회를 보장해주어야 한다.

다. 인도주의 개입 사례

	인도적 동기	비인도적 동기
인도적 결 과	북부 이라크에 대한 국제개입(1991.4)	베트남의 캄보디아 개입(1975) 탄자니아의 우간다 개입(1978)
비인도적 결 과	UN의 소말리아 개입(1993.5~1995.2)	소련의 아프가니스탄 개입(1979)

냉전기 국가안보는 시민의 안전과 인권보호보다 다른 국가의 침략이라는 위협으로부터의 안전에 초점을 맞추었다. 그리고 진영 간 전쟁 방지를 우선시하면서 주권존중과 불간섭 원칙에 의해 인도적 개입을 반대했다. 그러나 냉전기에도 인도주의적 개입이라 할 수 있는 성격의 개입 사건이 3개 있었다. 인도의 동 파키스탄 개입, 탄자니아의 우간다 개입, 베트남의 캄보디아 개입 등이 그것이다. 다만, 이 시기의 개입은 다자간 합의에 의한 탈냉전기의 인도주의 개입과 달리 일방적 개입이었다.

탈냉전기 대표적인 개입 사례로는 이라크의 쿠르드 족 탄압에 대한 개입과, 소말리아·르완다·코소보에서의 국제적 개입이 있다. 이들 사례에서 북부 이라크 지역에 대한 비행금지 구역 설정은 쿠르드족에 대한 탄압을 방지하는 데 효과적이었지만, 소말리아, 르완다, 코소보 사태에 대한 인도주의 개입은 성공적이지 못했다.

1994년 7월 프랑스 정부의 르완다 개입은 인도주의 명분을 내걸었으나, 자국의 이익을 위한 개입이었다는 점에서 남용사례로 평가된다. 게다가 소말리아 사태 이후 국제사회의 소극적 태도가 지속되는 상황에서 프랑스는 사태가 벌어진 지 3개월 후에 개입했지만 집단학살을 막기에는 너무 늦은 시점이었다. 르완다와는 반대로 코소보 사태에 대한 1999년 NATO의 개입은 너무 신속했고 규모는 필요이상의 대규모로 이루어졌다.

2001년 9.11 테러 이후 인도주의 개입은 그 이전과는 다른 양상을 보였다. 미국은 자신의 전략적 이해관계를 다른 사안보다 우선시하였다. 이러한 경향은 부시 독트린을 통해 드러난 일방주의와 개입주의의 함수관계로 확인되었고, NATO를 포함한 자신의 동맹국의 지지를 끌어 내지 못했다. 이는 다자적 합의를 통한 인도주의적 개입이 사실상 불가능해졌다는 것을 의미한다. 2002년 시에라리온, 콩고민주공화국, 아이보리코스트 등에서 대규모 인권침해가 발생했으나, 미국과 선진국들은 제스처 이상의 행동을 보여주지 않았다.

미국이 주도한 대테러전쟁은 인권과 국가안보를 동시에 충족시킴으로써 둘 사이에 존재하는 딜레마를 해소하는, 개입의 전략적 동기를 제공해 주었다. 실패한 국가들과 테러리즘 사이에 중요한 관련성이 존재한다는 논리는 대테러전쟁의 정당성을 제공해 주었다. 그러나 대테러전쟁에서 인도주의 성격은 약화되었고, 정보조작과 고문, 민간인을 살상하는 결과들을 자아냈다 — 이 때문에 UN 인권이사회와 미국의 갈등이 커지기도 했다. 테러리즘과 함께 비확산을 명분으로 한 2003년 이라크 전쟁에서는 대량살상무기의 존재를 증명하지 못했다. 미국과 영국은 전쟁의 명분을 비확산이 아닌 인도주의 개입으로 변경하기도 했다.

라. 보호책임(R2P, responsibility to protect, 보호의무)

코소보에서와 같이 UN 안전보장이사회의 행동이 거부권 행사로 마비되고 개별적으로 인권보호를 위해 개입했던 상황이 재발하는 것을 방지하기 위해 '개입과 국가주권에 관한 국제위원회(ICISS)'가 발족하였다. ICISS는 2001년 보고서에서 「보호의 책임(R2P, responsibility to protect, 보호의무)」을 천명하였다. R2P는 모든 국가는 자국 시민들에 대한 보호의 책임을 지며, 국가가 그러한 의사나 능력을 결여하고 있는 경우 혹은 의도적으로 시민들에게 테러를 가하는 경우 그 책임은 국제공동체로 이전된다는 원칙이다. 즉, 일정 조건 하에서 불간섭 원칙보다 국제적 보호의무가 우선한다는 것이다. 2005년 UN세계정상회의에서 공식 채택되었다.

R2P는 실패한 살인적 국가(failed and murderous states)를 재건할 책임을 포함시켰으며, '개입할 권리가 있는가?'에 대한 질문에서 '위험에 처한 사람들을 보호할 책임이 누구에게 있는가?'로 질문을 진환하였다는 짐에서 의의를 갖는다.

2003년 수단 정부의 다르푸르 학살로 30만 명이 사망하고 250만 명의 난민이 발생하자, R2P를 근거로 평화유지군 파견을 위한 결의안(UN 1706)을 통과시켰고, 2007년 아프리카 및 UN이 함께 참여하는 PKO를 파견하였다. R2P가 적용된 최초 사례였다. 한편, R2P에 근거를 둔 UN의 '결의 1973'에 따라 NATO는 2011년 3월 리비아 카다피 정부 전복을 목표로 군사작전을 개시하였다 — R2P에 입각한 최초의 군사작전이었다. 그러나 개입은 시위대 진압이 아닌 내전에 대한 개입이었다는 점에서 불간섭 원칙에 반하였고, 인도주의 개입 원칙을 충족하지 못했다. 비확산을 명분으로 한 미국과 리비아 내 석유자원에 대한 이해관계를 갖는 프랑스는 적극적이었으나 독일은 정당성 문제로 군대를 철수시켰고, 이탈리아는 자국 영토가 공격받을 것을 우려하여 NATO의 공군기지 사용을 금지하였다. 리비아에 대한 NATO 공격은 인도주의 개입에 대한 R2P의 기준에도 불구하고 자의적 해석 문제가 해결되고 있지 않다는 것을 보여준 사례라 하겠다.

마. 인도주의 개입에 대한 평가

[1] **인도주의 개입에 대한 옹호론.** 자유주의 사상에서는 국가의 주요 목적은 시민의 인권을 보호하고 확보해야할 의무가 있기 때문에 인도주의 개입은 자체로 정당성을 갖는다고 본다. 대내적 절대성과 대외적 배타성을 본질로 하는 주권은 두 가지 책임을 수반한다. 대내적으로는 시민의 권리를 보호하고, 대외적으로는 타국의 주권을 존중하는 것이다. 국가주권은 본질적 가치가 아닌 인권을 보호하고 증진시키기 위해 시민에 의해 위임된 도구적 가치이기 때문에 실패한 국가의 권력이 주권원칙의 이름으로 보호될 수 없다는 것이다.

한편, 정치지도자의 무능력이나 부패 등으로 인해 실패한 국가들에서 국가의 권위가 침식되고 국가기능이 마비되면서 정부 부재의 무정부 상태를 초래하고, 자국민의 생명과 세계 질서를 위협하고 있다. 대규모 난민을 발생시키며, 살인 및 테러의 온상이 되고 있다. 국가 권위의 침식은 민병대, 반군, 민족분리 운동집단, 테러 집단들에 의한 폭력이 모든 사회조직에 광범위하게 침투하도록 만들고, 주변국들에 위협을 주면서 지역내 평화와 안정이 깨지게 된다. 따라서 실패한 국가들의 주권 존중보다는 안정된 국내 권위와 국가 간 평화가 회복될 수 있는 제도적 장치를 마련하는 것이 중요하다.

[2] **인도주의 개입에 대한 반대론.** 인도주의 개입은 주권원칙에 반하며, 국제질서의 안정을 해치며, 현실적으로 개입은 국제사회규범이 아닌 개입국의 이익에 의한 것일 뿐이라는 것이 개입을 반대하는 핵심 주장이다. 역설적으로 불간섭 원칙은 형식적으로는 평등하지만 실질적으로 불평등한 국제정치에서 제국주의적 개입을 막고 약소국의 독립을 지키는 최후의 보루가 된다.

리비아에 대한 국제사회 개입은 강대국의 자의적 해석과 남용이 문제될 수 있음을 보여준다. 베스트팔렌 조약에 의해 성립된 주권원칙은 국가의 힘과 상관없이 평등하게 간주하도록 하며, 국제정치에서 질서, 안정, 예측성을 제공한다는 점에서 개입을 허용하는 것은 오히려 위험할 수 있다.

[1] 개입은 정부 기능이 사실상 마비된 경우에 이루어진 반면, 정부의 통제력이 확고한 경우 국제사회 개입은 없었다. UN 안보리의 인도주의 정책은 일관성이 없었고, 그 역할은 극히 미미했다. 이 점은 비확산과 반테러리즘과 대비되며, 결국 UN의 국제적 리더십을 약화시키는 원인으로 작용하였다.
[2] 탈냉전기 인도주의 개입에서 주권원칙과 인도주의 개입 간의 긴장은 지속되어 왔고, 어느 한쪽으로 기울어진 것은 아니다. UN은 국제평화와 안보 위협을 확대해석 하여 개입을 해 왔고, 이는 양쪽 논리 모두가 수용할 수 있는 것이기도 했다.
[3] NATO가 터키의 쿠르드인, 체첸인, 동티모르인들이 인권침해에 노출되었을 때, 아무것도 하지 않았다. 국가가 개입하는 주된 이유는 인도주의가 아니다. 인도주의 개입은 또한 남용으로 이어지면서 강자가 약자에 대해 사용하는 무기로 도치된다.

3. 빈곤, 기아, 발전

1) 관점의 변화

안보는 국가 간 분쟁을 중심으로 분석되었으며, 안보와 발전을 별개로 간주해 왔으며, 제3세계의 발전과 빈곤 등의 문제는 종속이론 외에는 국제정치에서 거의 다뤄지지 않았다. 국제정치이론에서 빈곤과 발전, 기아 문제에 대한 관심은 1990년대 이후 인간안보 개념이 등장하면서 확산하였다.

전통적인 시각에서 빈곤과 기아는 식량을 비롯한 물질적인 측면에서의 결핍으로 이해되었다. 이에 대해 최근에는 물질적 측면 뿐 아니라 빈곤을 비물질적 필요의 충족이라는 측면에서 접근되고 있으며, 기아 문제에 대해서는 충분한 식량 뿐 아니라 식량 배분과 권한을 포함하는 문제로 접근되고 있다. 발전에 대해서는 전근대 사회에서 근대사회로의 전환으로 이해되어 왔으나, 최근에는 서구화로 이해되는 근대화 개념을 비판하면서 지역적 특수성에 대한 이해를 전제로 한 지속가능한 사회를 통한 복지의 창조로 이해하려는 경향이 강해지고 있다.

	주류적 시각	대안적 시각
빈곤	물질적 필요의 충족	물질적, 비물질적 필요의 충족
발전	전근대로부터 근대로의 획일적 통로	여러 통로, 지역 특수성 강조 지속가능한 사회를 통한 복지 창조
기아	식량 부족	충분한 식량, 문제는 배분과 권한 부여

2) 공적개발원조(ODA, Official Development Assistance)

가. ODA의 정의

[1] 해외원조(foreign aid), 공적개발원조(ODA), 공적개발금융 등으로 불리는 원조는 원조제공국의 국가이익을 대외적으로 투영하는 외교정책의 주요 수단으로 활용되어 왔다.

[2] 공적개발원조는 중앙 및 지방정부를 포함한 공공기관이나 이들 기관의 집행기관이 개도국의 경제개발과 복지증진을 주목적으로 하여 개도국 및 국제기구에 양허적(concessional) 성격으로 제공하는 자금의 흐름으로 정의된다. 즉, 해외원조 중에서 공식적인 정부기관에 의해 수행되는 원조를 지칭한다. OECD의 개발도상국 명부에 등재된 개발도상국을 대상으로 하며, 보조금(grant, 증여), 차관, 기술원조 등의 형태로 이루어진다. 수원국의 경제개발과 복지증진을 목적으로 하기 때문에 군사적 목적으로 이루어지는 지원은 제외된다. 원조는 국가 간에 이루어지는 양자 간 원조와 국제기구를 통한 다자간 원조로 구분된다.

나. ODA에 대한 관점의 변화

[1] 현대적 의미의 원조는 제2차 세계대전의 종전과 함께 유럽과 일본의 전후 복구를 위한 미국의 지원인 마샬플랜으로 시작되었다. 또한 미소 양국이 약소국에 대한 자국의 영향력을 확대하는 주요 수단으로 원조를 활용함으로써 냉전 정치와 밀접한 관련을 갖는다. 미소 양 진영이 개발도상국을 자신의 진영으로 끌어들이기 위한 수단으로서 성격을 강하게 띤 것이다.

그러나 원조는 그 태동과 무관하게 선진국과 후진국의 관계, 즉 남북관계를 규정하는 요인으로 작용하였다. 세계은행은 개발도상국의 경제발전을 위한 지원을 주요 임무 중 하나로 하고 있었고, GATT 또한 발전규범을 포함하고 있었기 때문에 국제정치경제질서에 개발도상국을 세계무역체제로 편입시키기 위한 노력을 하였고, 그 중심에 원조가 자리 잡고 있었던 것이다. 이런 맥락에서 원조는 남북문제를 해결하기 위한 수단으로 인식되었다.

[2] 1960년대는 개발도상국의 성장잠재력을 확보하기 위한 기초적인 생산능력과 사회간접자본 확충에 대한 관심이 높았다면, 긴장완화로 냉전적 질서가 이완되던 1970년대에는 개발원조와 최빈국에 대한 식량지원, 가뭄 등 재난에 대한 긴급구호, 농촌개발 프로젝트 등이 증가하였다. 1980년대에는 개발도상국의 부채문제가 이슈로 부각되면서 이에 대한 지원이 이루어졌는데, 워싱턴 컨센서스에 따른 구조조정과 연계한 프로그램 원조가 증가하였다. 이와 함께 NGO의 영향력 확대로 '강대국에 의한 대규모 프로젝트'에서 '다수가 참여하는 소규모 원조 프로그램'이 확대되었는데, NGO는 원조 수혜국의 실질적인 지속가능한 사회를 위한 인간 발전을 강조하면서 원조프로그램을 둘러싼 선진국·국제기구와 NGO 간의 갈등도 있었다.

상호의존에서 비롯되는 문제를 처리하고 관리하는 국제협력의 수단이자, 신자유주의적 지구화 확산으로 인한 양극화와 같은 부정적 측면을 관리하기 위한 수단의 의미가 강화된 것이다.

다. ODA의 효과

ODA는 후진국의 삶의 조건을 개선하는 데 도움을 주어야 한다는 규범적 요구에 따라 수원국의 빈곤퇴치, 인프라와 인적 자본의 개발, 경제성장 등의 목표로 제공된다. 그러나 공여국의 전략적, 외교적, 경제적 목적이 혼재되어 있어 본래의 목표 달성에 효과적이었는지를 평가하는 것은 쉽지 않다.

C. Burnside & D. Dollar는 일정한 조건 하에서 수원국의 발전에 긍정적 영향을 미친다고 분석하였다. 원조와 수원국의 좋은 정책 사이에는 일정한 상관관계가 있으며, 이 경우에만 수원국의 경제성장에 긍정적 역할을 한다는 것이다. 반면, W. Easterly는 1965년 이후 30년 간 이루어진 88개국을 대상으로 한 원조와 투자 증가의 상관관계에 대한 분석에서 6개 국가에서만 정의 상관관계를 보였다고 지적하면서, 원조가 수원국의 경제성장에 미치는 영향은 극히 제한적이라고 주장하였다.

원조가 긍정적 영향을 미치지 못하는 것은 제공된 원조가 피공여국의 인프라 건설과 인적 자본의 개발 등과 무관하게 운용되기 때문이다.

ODA가 실질적인 효과를 거두지 못하자, 워싱턴 컨센서스에 따른 구조조정과 연계한 프로그램 원조가 증가하였다. 원조제공 조건으로 민영화, 무역자유화, 금융자유화, 긴축재정, 탈규제 등과 같은 구조조정을 요구하였고, 세계은행 등을 통해 원조 프로그램에 대한 감시를 강화하였다.

그러나 원조액이 충분하지 않았고, 원조 제공을 위한 인력과 지원 체제의 유지에 전체 원조액의 상당 부분이 사용되는 등 원조 관리체제가 비효율적이었다. 나아가 세계은행 등이 제시한 조건이 피공여국의 산업구조 등을 고려하지 않았고, 급격하고 광범위한 개혁을 요구하면서 부작용이 크게 발생하였다.

이 때문에 최근 ODA보다 FDI가 더욱 효과적이라는 주장이 등장하였다. FDI는 규모가 훨씬 더 크고, 시장과 연계가 깊고, 투자 상대국 정부의 간섭으로부터 자유롭기 때문에 더 효과적이라는 것이다. 그러나 양자는 성격이 다르며, 그 효과는 경제성장이라는 측면에서만 평가된 것이며, FDI 또한 부작용이 존재한다.

라. ODA에 대한 평가

ODA는 공여국의 관점에서 '외교정책의 순응을 이끌어 내는가, 원조가 수출 증가 등 경제적 이익을 창출하는 데 기여하는가, 공여국의 이념적 가치를 확산시키는 데 기여하는가' 등의 관점에서 접근되어 왔기 때문에, 수원국의 경제 · 사회발전에 장기적으로 긍정적으로 영향을 미치는지는 크게 중요하지 않았다.

공여국의 경제적 목적이 개입하는 경우 자국 기업이 수원국에 보다 용이하게 진출하는 데 도움이 되는 환경을 조성하기 위한 수단으로 원조를 제공하게 된다 — 이 경우 신자유주의적 구조조정과 연계되어 제공된다.

인간 조건 개선의 필요성이 원조의 배분에 영향을 미치지만, 공여국의 정치경제적 이해관계가 더 중요하였다. 동맹, 이념적 유대, 군사주둔 여부 등 정치적 요인이 중요하게 작용한 것이다. 현실주의 입장에서는 원조는 공여국의 영향력과 안보증진을 위한 도구로, 수원국의 정책을 변화시키는 레버리지로 활용된다고 본다. 그러나 레이건 행정부의 원조 제공과 수원국의 외교적 협조 사이의 관계를 분석한 C. Kegley & S. Hool는 레이건 행정부가 원조와 유엔 표결에서 수원국의 협조를 명시적으로 연계했으나, 이러한 연계전략(linkage strategy)이 그다지 효과가 없었다고 주장하였다(이승주 2008, 103-104).

제 4 절 제3세계 정치

Ⅰ. 권위주의 이론

1. 권위주의 정치체제의 의의 및 등장배경

1) 권위주의 정치체제의 의의

지배자가 자신의 의지를 국민의 의사와 상관없이 국민들에게 부과시킬 수 있는 전체적 권한을 행사할 수 있는 정치체제를 말한다.

2) 권위주의 정치체제의 등장배경

권위주의 체제는 낮은 수준의 정치제도 및 사회적 불안정과 사회구성원간의 이질적 가치체계 등이 존재하는 상황에서, 정부가 효율성과 정당성을 확보하지 못할 때 군부 엘리트에 의해 등장한다. 즉, 개도국이 산업화의 초기단계를 지나 심화단계에 이르면 민중부문의 활성화가 고조되어 사회경제적 위기가 가중되는데, 이에 대응하여 국가는 억압적 민중배제정책을 추진하며 이 와중에서 군부와 기술관료가 쿠데타 동맹을 결성하고 관료적 권위주의 체제가 성립하는 것이다.

2. 권위주의 정치체제의 특징

J.Linz는 권위주의 정치체제가 ① 제한적 다원주의 사회구조 ② 전체주의적 이데올로기 대신 정치가의 신념(mentality)에 의존 ③ 정치동원의 결여 ④ 지도자 또는 소그룹의 한계가 불분명한 권력을 행사 등을 특징으로 한다고 지적한다.

일반적으로는 다음과 같은 점들이 지적된다.

① 권력구조가 불균형적이다. 정치과정의 경쟁원리가 무시되고 지배 권력이 책임성과 대응성을 갖지 않으며 통치자의 권력이 강화되고 지위가 격상된다.

② 정당 · 의회 등 동의기제의 퇴화와 억압기제가 발달되어 있다. 억압기제는 준군사적이고 준사법적인 성격을 띠며, 체제유지에 기능적인 역점이 주어지며 정치기제의 상부구조적 위치를 점유하고 패권이 형성된다.

③ 국가 관료제는 통치세력의 지배도구로 종속되어 있다. 지배엘리트가 독점적으로 국가를 통제하고 조직을 충원하며 국가정책을 집행한다.

④ 국가는 사회부문에 대한 높은 수준의 자율성과 중심성을 향유한다. 국가가 조합주의적 메커니즘을 통해 사회부문을 조직화하고 통제한다. 즉, 권위주의 체제에 있어서 사회의 모든 집단은 국가주도의 동원체계에 편입됨으로써 국가의 지배도구로 가능하게 되고 자생력과 자율성 상실한다.

⑤ 사상과 이념이 일원화되고 극우 · 극좌의 이분법적 양극논리가 선호된다. 사상의 자유를 금기시하고 국가시책에 대한 비판과 이견을 용납하지 않으며, 체제와 반체제를 엄격히 구분한다.

Ⅱ. 관료적 권위주의(Bureaucracy Authority ; B · A체제)

1. 개념 및 이론적 배경

G.A.O'Donnell이 1960-1970년대 남미국가들에 있어 군사 쿠데타를 통해 출현한 민중배제의 군부지배체제를 경험적 준거로 발전시킨 이론으로, 관료적 권위주의란 관료체제(D.E.Apter)의 개념과 권위주의(J.Linz) 개념을 포괄한다. 즉, 권위주의는 낮은 수준의 근대화 단계에 있는 모든 남미국가의 비민주적 정치체제를 지칭하지만, 관료적이란 비교적 높은 수준의 근대화를 이룩한 권위주의 체제의 핵심적인 특징으로 한다.

종속적 발전전략을 채택하고 있는 제3세계 국가의 사회경제적 역동성을 설명함에 있어, 기본적으로 근대화이론의 논리를 원용하면서도 서구 중심적인 시각을 지양하고 자아 준거적 관점에서 논리를 전개하고 있다.

2. 기본명제와 특성

B · A체제 출현은 종속자본주의 심화단계와 선택적인 친화력이 있다고 보는바, 경제적 제 영역의 변증법적 상호작용이 B · A체제를 형성한다는 경제인과론에 기초하고 있다.

그리고 관료적 권위주의 체제는 ① 민중배제정책을 강화하며, ② 삼자동맹에 의한 지배, ③ 대의기제의 형해화와 조합주의기제의 강화, ④ 국가독점자본주의 지향과 종속자본주의 심화, ⑤ 사회문제의 탈정치화 등을 특징으로 한다.

3. 전개 및 붕괴과정

1) 전개과정

① **산업화의 진척** : 주변부 국가의 산업화가 내부 소비재를 수입하던 단계에서 생산하는 단계로 전환되면, 종래의 과두지배체제는 민중주의 체제라는 과도단계를 거쳐 B · A체제로 전환된다.
② **민중부문의 활성화** : 민중주의 연합이 채택한 공공정책들에 의해 고무되어 파업이 확대되고, 정당체계의 교착상태와 극심한 정치경제적 위기가 수반된다. 이러한 사회경제적 위기에 직면하여 군부 · 기술관료 및 중산층은 민중배제에 이해를 같이하고 쿠데타 연합을 형성한다.
③ **기술관료의 역할 증대** : 산업화의 진척에 수반한 고도의 사회적 분화는 기술관료의 사회적 역할을 증대시키는 바, 이들은 계속적인 정치적 · 경제적 위기를 관용하는 수준이 매우 낮고 민중부문의 정치화를 경제성장의 장애요인으로 인식한다.

2) 붕 괴

① **붕괴의 과정** : 지배세력은 지배하면서도 hegemony를 확보하지 못하기 때문에, 체제존립은 다분히 한시적이며 억압과 저항의 악순환만 되풀이 하다가 결국 해체된다.
② **붕괴의 원인** : 관료적 권위주의 체제의 붕괴는 권력승계 순간의 위기, 중산층의 확대, 민족자본가 세력의 확대, 노동계층의 확대적 일체감 형성 등으로 인하여 붕괴된다.

4. 이론의 한계

1) 심화가설의 비적실성

B·A 체제의 출현과 산업화의 심화단계 사이에는 사실상 인과적인 친화력을 발견할 수 없다. 즉, J.Serra에 의하면, 브라질의 경우 산업화의 심화과정에서 출현한 정치체제는 민중주의 체제라고 보아야 한다는 것이다.

2) 경제결정론적 시각의 편향성

특정국가의 정치문화, 사회구조(계급구조), 국가와 사회와의 역학관계 등 내재요인이 체제변화에 미치는 영향을 지나치게 경시하고 있다. 따라서 보다 설득력 있는 분석을 위해서는 세계체제와의 연관성을 고려하는 게 필요하다.

3) 이두 체제론의 적용 상 제약

B·A 체제의 형성과 그것의 단기적인 지속이 다국적 기업과 같은 해외직접 투자가들의 주도력과 자원에 의존했다고 보지만, 다국적 기업과 B·A 체제의 관료들 사이의 이두체제가 형성된 것은 브라질과 아르헨티나의 경우로 한정된다.

4) 선택적 친화력론의 한계

B·A 체제에서 권력연합은 발전의 심화라는 목표를 추구하기 위하여 권력을 장악하는 것이 아니다. 오히려, 이 체제의 실질적 관심은 패권유지에 있다.

Ⅲ. 권위주의 이론과 한국의 정치체제

1. 국가조합주의(배제적 조합주의)

국가조합주의는 강압적 수단을 통해 노동계급과 집단을 탈정치화 시키고 관료적으로 재조직화 함으로써 국가가 노동부문을 통제하려는 정책의지를 반영한다. 국가와 자본이 지배동맹을 형성하고, 민중의 정치경제적 참여를 배제한다.

1987년 이전의 한국의 정치체제는 경제성장을 목표로 하여 이익집단의 형성·활동에 대해 국가의 관여가 크고 노동자의 이익을 배제해 왔다는 관점에서 설명할 수 있다.

2. 과대성장 국가론

식민지로부터 해방된 후진국은 식민지 치하의 정치엘리트와 국가기구가 독립 후 그대로 유지·강화되어 국가부문 특히 강제력과 폭력부문이 과다하게 발전하게 된다. 또한 독립 후 국가가 직접 생산 활동에 관여하여 물질적 기반을 확보함으로써 사회영역에 비해 국가가 과대성장 하게 되고 상당한 자율성 향유한다.

한국의 경우 제1공화국이 일제시대 관료·경찰기구와 인원을 이어받았고, 한국전쟁 이후에는 미국이라는 중심자본주의 국가의 지원으로 군과 같은 국가기구가 비대하게 성장하여 제 계급을 통제할 수 있는 과대성장국가적 특징을 보여 주고 있다.

3. 관료적 권위주의 이론

남미의 역사적 경험을 볼 때 종속적-주변부적 자본주의 심화과정이라는 특수여건이 필연적으로 관료적 권위주의 정권을 초래한다. 즉, 탈식민지 이후 남미의 역사는 과두체제(농산물・광물의 수출단계)에서 민중주의 체제(수입대체와 산업화 시기)를 거쳐 관료적 권위주의 체제(산업화 심화단계)라는 과정을 밟아 왔다.

한국의 산업화과정을 관료적 권위주의로 설명하는 관점은 1960년대 이전은 소비재 산업시기로서 일종의 파행적 민중주의 시기로, 1960-1972년 시기는 정부가 외자도입을 적극적으로 추진하며 공업화의 기반을 구축한 예비적 B・A시기로, 1972년 이후 시기는 산업화의 심화와 그 과정에서 나타나는 민중의 저항을 통제하기 위한 권위주의 정권의 성립시기로 설명한다.

그러나 한국의 권위주의 체제는 ① 기존의 권위주의체제가 관료적 권위주의 성격을 강화한 것으로 보아야 하며, ② 산업화의 심화보다는 안보통일문제와 관련되며, ③ 정치가의 장기집권욕을 무시할 수 없다.

Ⅳ. 종속이론

1. 의의 및 기본 개념

종속이론은 제3세계, 특히 남미 제국의 저발전을 제1세계 혹은 세계자본주의 체제에 종속되어 있음으로 인하여 나타나는 것으로 보는 일련의 이론체계를 말한다.

종속이란 국제자본주의체제의 하부구조가 경제 후진국에 침투하여 후진국 경제를 구조적으로 흡수·통합하여 자율성을 박탈함으로써 야기되는 전면적·구조적 불평등 현상을 말한다.

또한 종속이론은 주변부 국가의 상황을 미발전과 구별되는 저발전 개념을 제시한다. 즉, 산업화가 상당부분 진척되었다는 점에서 미발전과는 다르면서도, 주변부 국가가 중심부 국가의 발전을 결코 모방하거나 답습할 수 없으며 중심부로 편입될 수 없다는 점에서 발전과도 다르다고 주장한다.

2. 기본인식과 이론의 특징

① 주변부 국가들은 식민지 초기부터 자본주의 세계체제로 통합되는 과정에서 중심부 국가에 의한 잉여착취로 종속이 심화되어 왔다고 보면서 근대화론자들의 단선적 발전을 부정한다.
② 미발전과 저발전의 질적인 차이에도 불구하고 서구의 정치이념·제도·문화 등을 제3세계에 이식하면 발전할 수 있다는 확산이론적 시각을 부정한다.
③ 근대화 이론가들은 개별국가를 분석단위로 삼고 개인·집단·제도의 근대성 여부에서 제3세계의 저발전을 설명하고 있으나, 종속이론가들은 제3세계의 저발전은 국내적 요소가 아니라 자본주의체제의 불평등한 관계·구조 속에서 이해되어야 한다고 주장한다.

3. 저발전의 원인

종속이론은 특정국가의 정치안정과 변동, 민주주의 발전은 세계체제의 위상에 의해 좌우된다고 본다. 즉, 위상이 중심일 경우에는 민주주의지향성이 강하고, 주변일 경우에는 권위주의의 가능성이 높으며, 반주변에 위치하고 있는 제3세계국가들은 일부 예외를 제외하고는 세계체제가 미치는 구조적 제약으로 인해 권위주의정치체제를 택하지 않을 수 없다.

① 착취와 구조적 제약 : 중심과 주변국가의 불평등교환관계가 종속국가의 발전을 저해한다. 불평등관계는 식민지형종속, 금융산업종속, 기술산업종속 등을 거치며 변화되어 왔으나 불평등교환관계(세계체제의 구조적 제약)는 온존되어 있다. 이들 국가에는 외국자본의 침투, 외국기술의 도입, 수출드라이브 강화, 매판자본 출현, 불평등교역, 계층구조의 양극화가 발생한다.
② 예속적 외생자본주의 : 자생력이 취약한 국내 기업에 특혜가 불가피하며, 상당기간 외국자본의 의존적일 수밖에 없다. 또한, 취약한 자금 부담과 기술수준의 낙후로 저임금에 기초한 경제발전을 추구한다. 나아가 부르주아지는 정치적 영향력에서 취약성을 보인다. 이들은 민주주의의 창도세력이라기 보다는 중심국 및 집권세력과의 연대관계를 중시기 때문에 민족주의와 민주주의 창달을 저해한다.

CHAPTER 5

국제정치

CONTENTS

단원 개관

정보통신기술의 발전으로 정치·경제·사회·문화 등에서 세계화가 진전됨으로 인해 국경선의 의미가 퇴색되면서 대부분의 정치현상이 일국적 차원이 아닌 국제적 차원의 영향을 받게 되고, 세계시민사회의 형성, 경제적 상호의존성 심화, 환경과 생태문제 등 Global Affair의 등장은 국제적 협력을 요구하고 있을 뿐만 아니라, 이들 문제들이 시민(우리 자신)들의 삶에 영향을 미치고 있다. 이러한 사건들은 어떤 과정을 거쳐 우리의 삶에 영향을 미치는가? 당신이 외교정책 당국자라면 혹은 대통령이라면 이들 사건을 어떻게 처리하겠는가?

학문적으로는 국제정치를 올바로 이해하기 위해서는 국제정치체제가 장기적인 안목에서 어떻게 변하고, 어떤 요인들이 지속되어 왔는가를 보는 것이 바람직하며, 이를 위해서는 국제체제의 "변화와 지속성"에 대한 고찰이 필요하다.
또 다른 논의의 초점은 국제사회의 globalization(지구화)과 관련된 측면이다. internationalization이 17세기 근대민족국가의 탄생 이후 국제체제의 형성과 관련된 용어라면 globalization은 19세기 중반 이후 지금까지의 변화과정을 지칭하는 것으로서 "사회적 관계가 지리적 거리 및 국경의 제약을 극복하고 단일한 장소로서의 세계"를 의미한다(이상 이상현, "국제정치입문 강의 노트", 서울대 외교학과 2000년 가을 학기).

국제정치학은 방대한 이론과 관련 사상들이 있다. 그런데, 수험생에게 가장 부족한 부분이 실재 서구 사회가 어떻게 변해왔는지에 대한 기초 지식이 부족하다는 것이다. 이와 관련하여 국제정치연구회에서 편찬한 「20세기로부터의 유산」 제1부를 읽어 볼 것을 권한다.

제 1 장 국제정치학의 기초

전통적으로 교과서에서 국제정치 패러다임 혹은 국제정치 이론논쟁은 이상주의, (신)현실주의, (신)자유주의를 중심으로 기술되어 있었다. 그러나 최근에 탈실증주의가 대두되면서 구성주의가 소개되고 그 관심도 높아지고 있는 실정이다.
시험에서는 이들 패러다임 간 논쟁에서 제시되는 기본 개념에 먼저 충실할 필요가 있다. 개념 중에서는 '무정부성의 개념', '국제정치 행위자', '국력' 정도는 최소한 이해하고 있어야 한다.

제 1 절 국제정치학의 기본 개념

Ⅰ. 국력과 국익

1. 국력(national power)

국력이란 특정국가가 갖는 능력을 의미하며, 군사적 · 경제적 · 인구학적인 자원을 모두 포함하는 개념이다. 고전적 이론은 국력을 전통적으로 자원자원, 인구, 군사력, 경제력, 기술력 등을 중심으로 파악해 했다면, 현대이론은 국가가 현재적 및 잠재적으로 보유하고 있는 유형 · 무형의 제 요소가 총합된 국가의 능력으로 보며, 지휘 통솔 및 국민 의지까지 포함하기도 한다.

2. 국가이익

국가이익이란 '한 국가의 최고결정과정을 통해 표현되는 국민의 정치적 · 경제적 · 문화적 욕구와 가치'이라고 정의할 수 있다. 이렇게 파악된 국가이익은 국가행동의 궁극적 목적으로 모든 선택의 준거 기준이 된다.

국가이익에 대한 논의는 국제정치 연구의 중심적 개념으로 자리 잡아 왔다. 1929년 경제공황 이후 자유방임적 사상이 붕괴되고 기존의 이익조화론에 회의를 느낀 C. A. Beard는 '국가가 유지되고 부강해질 수 있는 기준과 방식'이라는 새로운 개념으로 국가이익을 정의하였다.

이후 H. J. Morgenthau는 Wilson의 이상주의에 기초한 당위성의 논리를 통박하고 군사력과 경제력에 바탕을 둔 국가이익의 개념을 도출하였다. 그는 국가이익의 개념을 한 국가의 영토와 제도 및 문화의 보전을 내용으로 하는 '국가의 생존'으로 파악하고, 국가이익은 국가정책의 최선의 기준이자 이해의 척도가 되어야 한다고 주장한다. 같은 맥락에서 G. F. Kennan은 군사력과 경제력의 균형을 통한 국제안정의 가능성을 강조하였다.

한편, 자유주의와 구성주의는 국익을 정의하는 요소가 국제체제 내에서의 힘의 분포(국가위상)만이 아니며, 그 국가가 가지고 있는 사회와 문화의 유형에 의해 결정된다는 점을 강조한다. 비권력적 동기는 국가이익을 정의하는 방식을 좌우하며, 국가가 직면하는 상황이 무정부상태의 이념형에 얼마나 가까운지(무정부적 세계가 어떻게 구성되는지)에 따라 달라진다고 지적한다.

Ⅱ. 주권과 안보

1. 주권(sovereignty)

일반적으로 주권은 국가의사를 최종적으로 결정하는 국가의 최고 권력으로 정의된다. 때로 주권은 국가권력 혹은 통치권 자체를 가리키는데, 근원적이고 고유한 불가분·불가양의 절대적인 국가권력으로 정의된다.

Jean Bodin은 대내적 최고성과 대외적 독립성을 주권이 내포하는 개념의 핵심으로 보았다. 보댕의 주권개념은 국제정치와 국제법에서 통용되는 것으로 ① 대내적으로 보면, 정치적 조직과 통제를 합법화시키는 과정이고, 개별 국가가 국내 문제에 대해 외부로부터의 간섭을 배제할 수 있는 권위로, 구성원들의 동의와 정당성에 근거하고 있다. ② 대외적 차원에서 보면 국제질서를 통한 개별 국가의 안보를 제고시키는 장치로 이해될 수 있다. 이러한 대외적 주권은 국제질서 속에서 합법적 행위자로서의 지위 — 합법적 행위자로서 국가가 국제사회에 대해 불간섭 원칙을 주장할 수 있는 지위 — 를 의미한다.

2. 안보(security)

안보란 국가존립 자체를 포함해서 개별 국가의 사회를 이루고 있는 규범·규칙·가치, 그리고 제도적 장치들에 대한 보존을 말한다.

현실주의자들은 무정부적 구조 하에서 국가의 궁극적 목적은 생존과 존립일 수밖에 없기 때문에, 국제정치의 본질은 국가들이 자구(self-help) 혹은 동맹을 통해 안보를 확보하려는 힘의 정치(power politics)라고 주장한다.

국가 간의 갈등과 분쟁을 해결해 줄 수 있는 초주권적 권위체가 존재하지 않는 상태(무정부적 조직원리)에서 국가는 안보를 위해 군사력을 확대하려 한다. 그러나 특정 국가의 군비증강의 의도와 '공격을 위한 것인지, 방어를 위한 것인지'에 대한 정보가 불완전한 상황에서 인접 국가는 그에 대비하기 위해 군비를 증강하게 된다. 이는 다시 군비를 증강한 국가에게 군비증강압력으로 작용하는 상호 상승작용을 일으켜, 안보를 위한 군비증강이 안보를 위협하는 결과, **안보딜레마**를 낳게 된다. 안보딜레마는 국가가 국제정치 구조의 근본적인 제약(무정부성)을 극복하지 못하는 이상 필연적으로 나타난다.

안보딜레마를 유발하는 핵심요인은 다음의 두 가지다.
- Uncertainty(불확실성) : B국이 A국의 의도를 확신할 방법이 없다
- Incomplete defense-offense differentiation(불완전정보) : A국의 안보증진 노력이 방어적인지 공격적인지 구별할 방법이 완전하지 못하다

3. 주권과 안보 개념의 변화

1) 안보 환경의 변화와 새로운 안보위협

탈냉전은 '누구를 위한 안보인가?'라는 질문을 던지게 한다. 냉전기에 안보대상이 '국가' 혹은

'체제'였고 그 방법이 외부의 군사적 위협으로부터의 보호였으며, 국가는 무정부적 질서의 상태에서 국민을 보호할 수 있는 최적의 제도로 주장되었다. 따라서 자구(self-help)를 위해서 권력과 군사력을 증대시키고 국제사회에서 군사력의 실질적 사용이나 위협적인 시위를 통해 안보를 가장 효과적으로 달성할 수 있다고 보았다. 여기에서 냉전기의 '국가안보'는 국가 중심적인 개념이고, 군사력을 중심 내용으로 했음을 알 수 있다. 체제 경쟁은 (서구 국가들에게는) 각국의 정치·경제·사회 시스템의 보호가 안보의 주된 목적이었으며, 군사적 대결의 강화는 목적(안보)과 수단(군사력)의 구분을 모호하게 만들었고 '국민들의 안보'가 아닌 '체제와 정부 중심의 안보'로 이해되었던 것이다.

1990년대 소말리아에서의 안보부재는 국가 간의 안보딜레마에서 야기된 것이 아니라 대내적 주권의 부재에서 비롯된 것이었다. 살상과 약탈, 기아와 같은 현상은 정부 기능이 파괴되면서 나타난 것으로 대외적 주권이 아닌 대내적 차원의 주권의 붕괴가 안보의 위협으로 인식되기 시작한 것이다. 또한, 세계화는 국가의 정체성, 민족성, 문화 등의 사회 내부의 문제들이 사전에 해결된 것으로 보기 어렵게 만들고 있다. 그 속에서 나타난 내전과 genocide는 주권을 민주주의적 규범의 실현으로 보아야 한다는 주장이 나오게 되고 이에 따라 국제사회의 내정에 대한 개입이 증대되고 있는 것이다.

정리하자면, 주권과 안보 개념의 재구성은 그 대상을 정부에서 국민으로(Booth는 '안보란 위협의 부재로 국가에게 가해진 위협이 아니라 개인에게 가해진 위협을 제거하는 것이 안보의 궁극적인 대상이다'라고 말한다), 그 영역을 보다 확대(포괄안보 등) 하고 있다.

물론, 현실주의자들에게 안보는 여전히 외부적 군사위협(그것이 국가이든 테러집단이라는 네트워크이든지 간에)으로부터 벗어나는 것으로 인식되고 있으며, 이 속에서 MD나 반테러 전쟁을 설명한다. 이들은 탈냉전적 안보관이 국제체제의 혼란과 불안정성을 가중시키고 있다고 한다.

자유주의자들은 안보를 보다 다양한 이슈들을 포함하는 영역에서 정의하려 한다. 그것은 세계화가 상호의존의 심화를 야기하고 이는 국가들의 민간성과 취약성을 증대시키기 때문이다.

2) 새로운 안보 개념

Military Security --> Coorperative Security(협력 안보 : 주체의 확대)
Comprehensive Security(포괄적 안보 : 영역의 확대)
Human Security(인간 안보 : 관점의 전환)

국제관계가 변화함에 따라 안보의 개념도 종래의 정치적, 군사적 개념(high politics) 중심에서 비정치적, 비군사적 개념(low politics)을 포함하는 복합적, 다변적 개념으로 재정립될 필요가 있다. 특히, 외부적 위협 뿐 아니라 내부적 위협도 존재하며, 일국의 노력만으로는 한계가 노정되고 있다. 이런 관점에서, 안보란 현재의 국제환경 하에서 안보는 군사, 비군사를 불문하고 국내외로부터 기인하는 각종 각양의 위협으로부터 국가가 보유하고 추구하는 제가치를 보전하는 것이라 정의될 수 있다.

가. 포괄적 안보

포괄적 안보개념에서 안보는 국가 및 국민의 총체적 안위 확보로 이해된다. Military Security · Nuclear Security, 전통적 안보개념인 State Security, 다민족 국가에서의 안보개념이라 할 수 있는 National Security, 사회적 정체성과 관련된 Social Security, 복지국가와 관련된 Economic Security, 환경문제(ESSD)와 관련된 Environment Security 등을 포함된다.

이런 맥락에서 OSCE의 경우 군사, 경제, 인권을 안보협력의 3대 basket으로 설정하였으며, 1994년 ARF(아세안 지역 안보포럼)는 포괄적 안보개념에 입각하여 다자협력 추구하는 등 변화를 모색하고 있다.

나. 협력적 안보

ARF의 기반이 되고 있는 협력적 안보는 다자 안보협력의 실천적 성격이 강하다.

국제사회는 제로섬 게임이 아니며(협력 유인이 존재), 국익이 우선적으로 고려되고(영토주권 등 전통적 국제관계 원칙 존중), 패권 국가의 필요성을 부인하며, 비동질 국가와의 협력 중시하며, 비국가 행위자를 중시하고, 견고한 제도적 장치는 협력의 필수불가결한 것이 아니라고 본다.

따라서 협력안보는 안보의 고려 대상에 잠재적 적대국까지 포함하며, 신뢰구축과 예방외교를 강조한다.

다. 인간 안보

인간안보는 안보의 궁극적 목표를 국가에서 인간으로 환원하려는 것으로 인간안위를 위협하는 모든 요소를 안보위협요소로 간주한다. 이는 국가에 대한 위협을 개인에 대한 위협으로 동일시하는 전통적 개념에 대한 도전이라 할 수 있다.

인간안보에 대한 위협요인으로는 (동아시아 위기 당시를 예로 들자면) 중산층의 몰락 · 고용불안 · 차별 · 가정 붕괴, 민족 갈등 · 대량 난민, 마약 등 범죄, 환경파괴, 가치관의 혼란 등이다.

라. 사회 안보

2008년 금융위기 이후 유럽과 호주, 뉴질랜드, 미국, 캐나다 등에서 극우 포퓰리즘이 확산되면서 이민 및 난민 정책에서 보수화 성향이 높아지고 있다. 포스트 모더니즘과 함께 다문화주의도 확산되었으나, 외국인 혐오도 함께 증대되면서 포스트 다문화주의(post-multiculturalism) 상황도 나타나고 있다. 2011년 노르웨이의 브레이비크 테러 사건, 다른 한편으로 2005년 런던 테러, BLM(Black Lives Matter)운동, COVID-19 이후 SAH(Stop Asian Hate) 운동들은 이러한 현상을 보여주는 상징적 사건들이라 할 수 있다. 다문화적 상황에서 집단정체성(collective identity)의 쟁점이 점차 안보문제화(securitization)되는 현실을 보여주는 것이다.

사회안보 개념은 집단정체성 문제가 국가 내의 사회간(between societies) 안보로 쟁점화 되는 경향을 반영하는 개념이다. 안보 위협이 국가 외부에서 발생한다는 전통적 시각에서 벗어나, 국가 내의 집단정체성 간의 갈등으로 발생하는 사회안보 딜레마를 강조하는 사회안보는 안보에 있어서 국가 내외의 구별이 적실성이 없음을 강조한다.

Ⅲ. 무정부성의 문제

1. 무정부상태의 의미 : 전통적 시각

전통주의적 인식에 의하면 국제관계는 '권위(authority)'가 부재한 상황 속에서 독립적인 주권 국가들로 구성되어 있다. 권위체의 부재는 힘의 위계질서만이 존재하는 상태(무정부 상태)를 의미한다. 따라서 각 국가는 자조(self-help)의 원칙에 근거해서 행동하게 되고(Not a hierarchy of authority but a hierarchy of power), 이러한 불확실한 상황 속에서 국가는 '안보딜레마'에 따른 군비경쟁에 봉착하고, 국가 간 협력은 어려워진다.

2. 무정부상태에 대한 상이한 해석

1) 신현실주의적 관점

이러한 현실주의의 연장선에서 신현실주의는 무정부상태를 국가안보와 생존에의 위협 상태, 즉 보호 부재 상태로 본다. 이 경우 안보딜레마가 발생한다. 이는 자구(selp-help)를 목표로 하는 국가는 상대적 이익을 추구하게 되고 이는 결국 협력을 어렵게 하기 때문이다.

신현실주의적 관점에서 무정부상태 하에서의 국제 협력은 패권국에 의존할 수밖에 없고, 국제질서는 결국 패권국에 의한 헤게모니 질서인 것이다.

2) 신자유주의적 관점

신자유주의는 신현실주의의 무정부성의 가정을 수용한다. 그러나 신현실주의와 달리 신자유주의는 무정부상태를 초국적 권위체의 부재에 따른 약속이행의 불확실성 상태로 본다.

이 경우, 상호주의 전략을 통한 감시와 비협조적 태도에 대한 처벌이나 국제레짐을 통해 국가 간 협력이 가능하다고 본다.

3) A.Wendt의 비판(무정부 상태와 selp-help의 세계)

A.Wendt는 국제정치의 분석에 있어서 Waltz가 제시한 ① 체제의 속성으로서의 구조, ② 무정부와 권력 분배의 과정, ③ 행위 등의 세 가지 차원 외에 집단적 정체성의 차원을 추가한다. 이 경우 행위와 구조·과정 간의 상호작용의 학습(identity)이 중요한 의미를 갖는다.

그는 무정부라는 개념은 단지 빈용기에 불과하다고 한다. 즉, 무정부상태의 형성은 국가간 상호작용에 의한 것으로 집단적 정체성이 무정부성의 성격을 규정한다는 것이다.

국제체제에서 행위자들 간의 상호 인식(Identity)이 적(enemy)으로 규정되는 경우, 경쟁적 안보체제로 나아가게 되고 이러한 상황은 신현실주의가 보는 국제체제의 성격을 띠게 된다. 만약에 행위자들의 상호정체성이 경쟁자(rival)로 규정되는 경우에는 개인주의적 안보체제가 형성되고, 집단행동이 가능한 협력이 가능한 체제가 될 것이다. 반면에, 상호 인식이 친구(friend)로 규정되는 경우, 상호성의 원칙과 기준을 공유함으로써 협력적 안보체제가 형성될 것이다.

Ⅳ. 보론 : 국제정치에서 권력(power) 개념

1. 전통적 개념

일반적으로 권력이란 'A가 B로 하여금 X를 하도록 하는 능력'으로 정의된다. 현실주의의 대표적인 논자인 H. Morgenthau는 권력을 '타인의 마음과 행동을 지배할 수 있는 능력이며, 국력(nation power)는 국가가 자국의 독립과 안전의 유지, 그리고 자국의 번영 등과 같은 국가이익을 위해 타국이 취하는 정책에 영향을 미치거나 타국의 행동을 지배할 수 있는 능력'으로 정의한 바 있다. 그는 국력은 유형적 요소(지정학적 요인, 천연자원, 산업능력, 군사력, 인구)와 무형적 요소(국민성, 국민의 사기, 외교의 질, 정부의 질)로 구성되는데, 무형의 요소는 측정이 어렵기 때문에 국력은 가변적이라고 보았다. 그러나 계량화가 가능하고 국가 간 비교가 용이한 군사력을 주요 요소로 간주하며, 권력은 대체성을 갖는다(power is fungible)고 가정하였다.

그러나 베트남전에서 미국의 패배경험과 상호의존성 증가는 통상적인 군사력으로서의 권력과 정치적 결과 사이에 괴리가 존재함을 보여주었다. 예컨대, ① 쿠바미사일 위기에서 보듯이 핵무기와 같은 고도의 파괴력을 갖는 무기는 강대국의 무기력성을 가져와 군사적 수단으로서의 성격을 상실하였고, ② 민족주의와 반전여론의 대두로 군사력이 갖는 효용성이 약화(추가적 비용이 발생)되는 경향이 있으며, ③ 국가 간 상호의존성 심화와 복지에 대한 욕구의 증대로 군사력 사용에 대한 경계 및 경제력의 중요성 강조되고 있으며, ④ 인간안보와 같은 새로운 안보개념이 대두되면서 군사력 중심의 개념은 한계를 보이고 있다.

이에 따라, 권력 개념을 재정의하려는 관점이 대두되었다. 새로운 권력개념으로는 J. Nye 등이 제시한 연성권력, S. Krasner의 메타권력, S. Strange의 구조적 권력, A. Wendt와 R. K. Ashley의 탈구조적(구성적) 권력개념 등이 있다.

2. J. Nye의 연성권력(soft power) 2013 행정, 2012 입법

나이는 권력을 구성하는 요소들의 중요성이 유형의 자원에서 무형의 자원으로 변화함을 지적함과 동시에 국가 간의 집단적인 결과라는 것은 협상에 달려 있다고 주장한다. 그는 먼저 전통적인 권력개념을 비판하면서 상호의존성, 민감성과 취약성이 권력관계를 결정짓는다고 보았다. 즉, 상호의존을 특징으로 하는 국제사회에서 권력관계는 비대칭적 의존관계에서 발생한다고 주장한다.

포섭적 권력(co-optive power)과 연성권력(soft power)

권력의 행사는 강제력 외에 간접적으로 권력을 행사하는 방법이 있다. 강제력에 기반한 권력은 '자신이 원하는 것을 상대방이 하도록 하는 힘'으로 군사력, 경제력 등과 같은 유형(tangible)의 자원에 기반 한다(경성 권력, hard power). 후자는 '자신이 원하는 것을 상대방 또한 원하도록 하는 힘'으로 간접적 · 포섭적 권력이라 불렀다.

포섭적 권력이란 국가가 자신의 권력을 행사하는 데 있어서, 직접적 권력을 행사하는 대신 특정 국가를 추종하거나, 이에 동의함으로써 자신이 바라는 결과를 달성하는 간접적 권력을 지칭한다. 이러한 권력은, 문화, 이념, 제도와 같은 무형의 권력자원과 관련된 것으로, 군사력/경제력과 같은 경성권력(hard power)과 구별하여 연성권력(soft power)이라 한다.

J. Nye는 연성권력을 '상대방으로 하여금 자신이 원하는 것을 원하게 만드는 권력, 마음을 끄는 행위'로 정의하였다. 그는 연성권력의 원천은 아이디어의 매력 또는 자신이 원하는 것을 다른 이들이 표현하게 하는 방식으로 정치적 의제를 설정하는 능력, 선호를 형성하는 능력, 무형의 권력자원인 문화와 이데올로기, 그리고 제도와 관련된다고 제시한다. 연성권력은 메타권력에서 더 나아가 상대방의 이익과 선호를 자국의 이익과 선호와 일치하는 방향으로 나아가도록 영향력을 행사하여 본원적으로 결과를 통제하는 권력이다.
나이는 정보사회, 특히 민주적 평화가 정착된 탈산업화사회에서 연성권력은 더욱 중요한 역할을 갖는다고 주장한다. 정보기반경제와 초국가적 상호의존시대에 권력은 점점 더 양도할 수 없고(비대체성, 비교환성 — 옮긴이 주) 실체적이지 않으며 강제성이 약한 경향을 갖는다. ... 초국가적 테러리즘에 대항한 전쟁과 같은 분쟁에서는 동시에 어느 쪽의 이야기가 이기는지가 중요하다(IS 확장과 쇠퇴를 생각해 볼 것 — 옮긴이 주). (물론) 권력의 변화는 세계 모든 곳에서 동일하게 일어나지 않는다. 21세기에는 정보와 제도의 힘이 더 큰 역할을 하겠지만, 중동이 증명하고 있듯이 군사적 하드파워는 여전히 중요한 요소이다(J. Nye 2015, 116).

주도국가와 주요 권력자원

시기	주도국가	주요 권력자원
16c	스페인	금괴, 식민지무역, 용병, 왕가 혈통
17c	네덜란드	무역, 자본시장, 해군
18c	프랑스	인구, 농경산업, 공공행정, 육군, 문화, 연성권력
19c	영국	산업, 정치적 단결, 금융/신용, 해군, 자유주의규범, 지정학적 위치(섬)
20c	미국	경제규모, 과학적 · 기술적 지도력, 위치, 군사력과 동맹(경성권력) 보편적 문화, 자유주의적 국제제도(연성권력)
21c	미국	기술력 · 군사력 · 경제규모(경성권력), 커뮤니케이션 허브(연성권력)

* J. Nye 2015, 115

이슈 영역과 연성권력

군사력과 경제력이 여전히 중요하다. 강대국은 군사력을 적용하는 데 있어 점점 더 많은 비용을 지불해야(국내외 여론 반대, 핵확전의 위험에 따른 비용 등)하며 타 이슈영역에서 이익이 되는 관계를 파괴하는 부작용이 있지만, 중앙정부가 부재하고 자구 원칙이 지배하는 무정부상태에서 군사력의 중요성이 배제되지는 않을 것이기 때문이다.

그러나 코헤인과 나이는 권력의 구조란 이슈영역마다 다를 수 있다고 주장한다. 국가 간 집단적 결과(collective outcome ; 집합적 산출물)는 협상에 달려 있고, 이러한 협상은 특정한 상황에 있어서의 상대적 비용(자원 총량 외에 상호의존성의 정도에 따라 좌우되는 비용)과 잠재적인 자원을 실질적인 권력으로 전환시킬 수 있는 기술, 즉 협상력에 달려 있다. 이 경우 포섭적 권력, 즉 연성권력의 중요성이 커지게 된다.

3. S. Krasner의 메타권력

기존의 권력개념(권력의 대체성)에서는 명령과 복종을 둘러싼 갈등의 부재를 권력의 부재로 판단하는 우를 범할 수 있다. 즉, 강자의 권력이 쟁점화 이전의 의제설정과정에 이미 작동하여 강자의 이익에 반하는 의제가 사전에 배제되는 경우를 무시할 수 있다.

이러한 맥락에서 S. Krasner는 메타권력의 개념을 제시한다. 메타권력이란, 현존하는 국제레짐에 의존하거나 현존하는 국제레짐을 재해석하거나 국제레짐을 사전에 변동시켜 자신의 이익에 반하는 쟁점을 의제에서 원초적으로 배제할 수 있는 힘으로 정의된다. 메타권력은 국제체제를 구성하는 개개 행위자의 개인적 특성이 아닌 국제체제에 있어서의 국가의 위치에 의해 유래되는 것이다.

4. S. Strange의 구조적 권력

현실주의자들의 권력개념을 관계적 권력(A가 B에게 작용하는 힘)으로 규정하면서, 스트레인지는 대안적 개념으로 구조적 권력개념을 제시한다.

관계적 권력에는 정치적 권력과 경제력이 있다. 그러나 양자가 구분하기 어려운 경우도 있다. 구매력이나 생산을 통제하는 힘, 자본을 동원하는 힘없이 정치권력을 획득하기 어려우며, 정치기관의 제재 없이(국가기관이 제공하는 법적, 물리적인 장치나 제도 없이) 경제력을 획득하는 것은 불가능하다. 따라서 양자를 명확히 구분하기는 쉽지 않다. 즉, 관계적 권력개념은 한계가 있다.

구조적 권력이란 세계정치경제의 구조를 형성하고 결정하는 힘을 말한다. 예컨대, 냉전시기에 (구)소련 조차도 곡물을 구매할 때 선물거래나 보험시스템을 수용하도록 만들었던 밀과 옥수수가 거래되는 방법에 대한 미국의 힘이 이에 속한다. 토론의 의제를 설정하거나 국제정치경제를 규정하는 규칙과 관행의 국제 레짐을 설계하는 권력(예컨대, 메타권력)은 구조적 권력의 한 부분에 불과하다.

구조적 권력은 폭력으로부터 사람들의 안전을 통제하는 위치에 있는 사람들이 소유하며, 생존을 위한 재화와 용역의 생산방법과 양식을 결정하고 통제할 수 있는 사람들이 보유할 수 있다. 또한, 적어도 선진국에서는 신용의 공급과 배분을 통제하는 사람들이 보유할 수 있으며, 지식을 소유하거나 지식에 접근할 수 있는 조건을 결정하는 사람들에 의해서도 행사될 수 있다.

스트레인지는 구조적 권력의 근원으로 안보, 생산, 금융, 지식 4가지를 제시한다. 이 네 가지는 모두 권력을 가진 사람은 직접적인 압력을 행사하지 않아도 다른 사람에게 주어진 선택의 범위를 자신의 의도대로 변화시킬 수 있다는 점에서 공통적이다.

제 2 절 국제정치경제 질서의 변화[61] 2018 행정

19세기	전간기	종전-1960년대	1970년대	1980/1990 -
자유무역질서 →	자유주의붕괴 →	내재된 자유주의 →	세계화	
	1차 대전 대공황 2차 대전	*GATT·브레튼우즈체제*	*브레튼우즈 체제 붕괴*	*사회주의권붕괴 세계화의 심화*
영국패권 질서 다극체제	미국패권 등장	미국패권 질서 양극체제	미국패권 상대적 쇠퇴	uni-multi polar (단다극체제)

1. 19세기 자유주의 질서

19세기 중반 이후 제1차 세계대전에 이르는 시기는 전형적인 자유주의시기로, 금본위제의 안정된 통화질서 아래 상품과 자본이 자유롭게 이동했던 시기였다. 자유무역질서를 뒷받침 한 것은 국제 금본위제의 안정적 통화질서였다.

이 시기 국제금융질서의 특징은 ① 영국의 패권을 중심으로 극히 위계적으로 조직되었고, ② 국제통화질서의 안정과 국제금융의 자유화가 연계되어 동시에 극대화되었으며, ③ 각국의 거시경제 정책의 일차적 목표는 성장과 고용 등 내적 균형보다는 국제수지 균형에 맞추어져 있었다. 이를 기반으로 자유로운 자본의 이동과 자유주의적 국제금융의 확대가 지속되었던 것이다.

2. 자유주의질서의 붕괴

영국의 패권적 경제력은 19세기 후반 이후 기울기 시작했으며, 제1차 세계대전 이후에는 새로운 금융 중심으로 부상한 뉴욕과의 경쟁이 심화되었다. 그러나 영국은 유동성의 공급과 최종 대부자 및 감독자의 역할을 더 이상 수행할 수 없었고, 미국은 최종 대부자와 유동성 공급자로서의 역할을 수행하지 않았다.

1933년 미국의 금태환 정지로 이어지는 일련의 위기들 속에서 각국은 경쟁적 평가절하와 관세인상 등 근린궁핍화 정책을 추구했고, 각종 자본통제정책과 통화블럭의 결성을 추진했다. 이 속에서 자유주의적 국제금융질서와 금융거래는 사라지게 된 것이다.

3. 전후의 제한된 국제금융질서

대공황과 제2차 세계대전으로 붕괴된 자유주의 국제경제질서는 전쟁 및 국내 정치적 격변과 사회주의와의 대결이라는 새로운 국제정치구조를 통해 변화를 모색하게 된다. 즉, 경쟁적 평가절하와 무역장벽, 블록화 등 근린궁핍화 정책으로 인한 국제경제의 위기와 공멸을 방지할 수 있는 새로운 모습의 자유주의 국제경제질서를 수립해야 한다는 합의가 이루어진 것이다.

대공황을 겪으면서 이루어진 ① 각 국의 국내 정치적 변화(미국의 뉴딜연합 등 케인즈적 개입주

61) 자세한 내용은 구갑우 2000, 백창재 1999, 백창재 2000, 정진영 2000b를 참고할 것.

의)와 국내경제정책의 변화 속에서, ② 성장과 고용 등 국내경제정책의 목표를 희생시키지 않는 국제경제질서를 수립해야 한다는 요구가 형성되었고, 이 두 가지 필요를 절충한 새로운 국제경질서가 수립되었다. 이 체제는 무역에서의 자유주의 질서(GATT 체제)와 자본이동에 대한 통제(Breton Woods system)를 내용으로 한다. G. Ruggie는 이 체제를 자본에 대한 통제를 수반하는 자유주의라는 의미에서, 또한 국내 정책적 자율성을 구속하지 않는 범위 내의 자유화(자유주의 국제정치경제질서)라는 의미에서 내재된 자유주의(embedded liberalism)로 규정한 바 있다.

먼저, GATT 하에 추진된 무역질서는 농업 및 고용효과가 큰 산업부문들이 자유화의 대상에서 제외되었고, 자유무역의 충격을 완화하기 위한 여러 가지 예외 규정들이 마련되었다. 이러한 무역의 자유화는 다자주의에 의해 점진적으로 추진되었다. 그 연장에서 브레튼우즈 통화체제는 금본위제이면서도 조절 가능한 고정환율제라는 두 가지 특징을 지니게 되었다.

국제금융의 자유화의 억제는 다음과 같은 인식에 기인한다. 즉, 자본의 자유로운 이동은 케인즈적 거시경제정책의 장애로 작용할 수밖에 없다는 것이다. 또한, 자본이 자유롭게 이동하는 상황에서는 대규모 자본의 빈번한 이동은 환율체제의 변동을 가져오고, 무역수지에 위협을 초래하여 보호주의의 정치적 압력을 가중시켜 국제통화질서의 안정과 이를 기반으로 한 자유무역질서가 억압받기 때문이라는 것이다.

4. 브레튼우즈체제의 붕괴와 자본자유화

준비자산으로서의 달러는 미국의 국제수지 적자에 의해 지속적으로 공급되어야만 세계경제의 유동성 문제를 해결할 수 있다. 반면 미국의 지속적 국제수지 적자는 달러의 신뢰성을 떨어뜨려 준비자산으로서의 역할을 위협한다. 반대로, 달러의 유출이 축소되면 국제유동성 부족이라는 모순(Trifin dilemma)에 빠지게 된다.

이러한 딜레마는 1960년대 미국의 국제수지 적자 누적과 이로 인한 달러 과잉, 위대한 사회 프로그램과 월남전 전비지출, 해외투자 급증으로 트리핀 딜레마의 규모를 훨씬 넘어서는 규모로 지속되었고, 결국 닉슨의 금태환 정지 선언, 외환시장의 폐쇄, 73년 EC국가들의 변동환율제 채택으로 붕괴되었다.

5. 금융세계화

1) 세계화의 원인

세계화의 원인에 대해서는 일치된 견해는 존재하지 않는다. 단, 시장의 압력을 강조하는 견해와 국가의 역할을 강조하는 견해로 나누어 볼 수 있다.

첫째, 시장의 압력을 강조하는 견해에 의하면, 자본의 이동성 증대는 국가의 자본통제 완화가 없어도 기술과 시장의 자율적 발전에 의해 이루어지는 것이라고 한다. 나아가 자본이동성에 의해 국가의 자본통제가 포기될 수밖에 없다고 한다. 즉, 자본이동성은 국가정책의 결과가 아니라 국가의 행위를 제약하는 구조이거나, 부분적인 자본통제 완화를 기반으로 독자적으로 증대된 자본이동성의 환류효과에 의해 국가의 정책이 제약된다는 것이다(기술 발전 → 자본이동성 증대 → 자유화 정책 → 세계화 ; D. Andrews, P. Cerny).

둘째, 국가의 역할을 강조하는 (신)현실주의에 의하면, 금융세계화는 국가들의 정책적 선택에 의해 이루어진 것이며 국제관계 속에서 각 국은 국가이익을 위해 이 같은 선택(자유화정책과 브레튼우즈 체제의 포기)을 했다고 한다.

마지막으로, 사회적 · 이념적 기반을 강조하는 견해가 있다. 이 견해는 '국가이익은 어디에서 나온 것인가?'라는 물음을 던지며, 금융자유화에서 국가의 결정적 역할을 강조하는 설명들은 이러한 국가이익의 형성 기제를 설명하지 못하며, 사후적으로 특정 국가가 추구한 국가이익으로 간주한 것이 실제로는 특정 집단이나 사회세력의 특수이익일 수도 있고 혹은 특정 이념의 영향력 하에서 추종되었을 수도 있다고 한다. 즉, 1970~1980년대 자본통제의 완화와 철폐는 기업들의 전략변화와 정치적 영향력의 산물이라는 것이다.

2) 금융세계화의 결과

먼저, 거시경제정책의 제약이 존재한다. 자본이동성의 증대는 코헨이 삼위불일치라 부르는 원리(즉, 환율안정과 자본이동성 및 거시정책의 자율성의 삼자는 양립불가능하다는 unholy trinity)로 인해 신자유주의적 경제정책으로 수렴되게 된다. 즉, 자본이동성 증대는 개별 국가의 경제정책의 자율성을 크게 제약한다.62)

둘째로, 국내정치적 영향을 들 수 있다. 자본이동성 증대는 정치적으로 합의되었던 기존 분배구조를 변화시킨다. Hirshman에 의하면 자본이동성이 높아질수록 자본의 이탈(exit) 능력은 강화되고 이를 지렛대로 자신의 이익을 관철시킬 수 있는 정치적 힘(voice)이 커지게 된다. 자본의 대규모 유출을 감당할 수 없는 국가로서는 자본의 요구를 수용해야 하며, 자본의 정치적 힘은 커지게 되는 것이다. 이에 따라 국가의 성격은 자신의 일차적 역할을 자본의 유치와 경쟁력 증진에 두는 경쟁국가(competition state)로 변하게 된다(P. Cerny).

3) 전 망

금융세계화의 혜택으로 자본을 유입하여 산업화를 진전시켰던 국가들이 존재함에도 불구하고, 시장과 국가의 대립 외에 세계금융의 막강한 힘이 가져오는 정치 · 경제 · 사회적 충격은 엄청날 수 있다.

그러나 대공황이 반복되거나 많은 국가들이 세계금융으로부터 이탈할 가능성은 극히 작을 수 있다. 즉, 세계금융의 순기능이 사라졌을 때의 비용이 너무 크고, 개별 국가들이 자본을 통제하는 데는 기술적 어려움이 존재하고 정치 · 경제적 비용이 막대하기 때문이다. 결국 당분간 국가주권과 세계금융 간의 긴장이 높아지는 가운데 시장이 주권에 도전하는 현상이 지속되리라는 코헨의 주장이 통용될지도 모른다.

---

62) 예컨대, 자본의 이동이 자유로운 상황에서 확장 금융정책을 쓰면, 낮은 이자율로 자본의 유출이 생기고, 평가절하압력으로 작용한다. 결국 평가절하를 받아들이거나, 통화정책을 포기하거나, 자본통제를 도입하는 대안만이 존재한다. 자본통제는 국제경제질서에서의 고립을, 평가절하는 환율불안정성과 이로 인한 대규모 자본유출의 초래를 가져와 결국 통화정책을 포기할 수밖에 없는 것이다.

제 2 장 국제정치학의 주요 이론

제 1 절 국제정치 패러다임 2019 입법

Ⅰ. 개 관

기본 가정

주요 내용	현실주의	자유주의	신자유주의
① 국가는 국제정치의 유일한 주요 행위자인가?	Y	N	Y
② 국가는 통합된 합리적 행위자인가?	Y	N	Y
③ 무정부상태가 국가 선호와 행동에 중요한 영향을 미치는가?	Y	N	Y
④ 국제기구가 협력을 용이하게 하는 독립적 영향을 가지는가?	N	Y	Y
⑤ 국가간 협력의 전망은 어떠한가?	비관적	낙관적	낙관적

첫째, 자유주의는 국가의 유일한 행위자성을 부인하고 이익집단과 다국적 기업, 그리고 각종 국제기구 등을 위시한 비국가적 행위자들을 중요 행위자로 본다.

둘째, 자유주의는 국가를 분절된 행위자로서 비합리성을 가질 수 있다고 본다.

셋째, 신자유주의는 현실주의와 달리 무정부 상태를 명시적으로 강조하지는 않는다. 자유주의의 경우 무정부 상태의 중요한 영향을 부정하고 기술과 지식 등의 영향력이 현저함을 강조한다. 무정부성의 개념에 대해 현실주의가 규칙을 이행시킬 대리기관의 부재가 아닌 다른 국가에 의해 잠재적이고 현실적인 폭력의 위협에 처해 있는 상황을 의미한다. 반면, 신자유주의는 무정부성을 국가 간의 게임규칙을 감시하고 처벌할 중앙권위의 부재로 해석하고 이로 인해 국가 간에 배신과 기만이 가능하다는 결론에 이른다.

넷째, 현실주의와 신현실주의가 '무정부상태 속에서의 갈등을(conflict under anarchy)', 자유주의가 '상호의존 속의 협력(cooperation under interdependence)'을 그 주된 관심사로 한다면 신자유주의는 '무정부 상태 속에서의 제한적인 협력(limited cooperation under anarchy)'의 문제에 관심을 갖는다.

1980년대 이후의 이론논쟁

구 분	현실주의	자유주의	마르크스주의 · 구조주의
국제체계	당구공같은 국가 체계*	다양한 관계의 거미줄망	여러개 머리를 가진 낙지
주요행위자	국가	국가와 비국가 행위자	계급
역동성원천	힘	복합적 사회관계	경제
종속변수	국가의 역할	세계의 모든 주요 사건	빈부의 격차
연구범위	국가중심적 · 국제정치	시장 · 다국적기업 · 국제관계	세계체제 · 생산양식
특징개념	억지 · 동맹	민족 · 상호의존	착취 · 종속

* 현실주의가 주장하는 국가는 당구공과 같이 침투할 수 없는 자기충족적인 단위로서, 외부적인 압력만이 서로에게 영향을 주는 것으로 묘사된다.

신현실주의와 신자유주의

신현실주의와 신자유주의의 논쟁은 미국패권의 쇠퇴가 미치는 영향에 대한 것에서 촉발되었다. 특히, 패권안정론에 따르면 미국 패권의 쇠퇴는 전후 다자적 국제경제질서 붕괴로 이어져 전간기와 같은 혼란이 다시 재현될 수 있다. 신자유주의는 레짐과 상호의존성 때문에 혼란이 되풀이되지 않을 것이라 보았고, 현실주의자 중에서는 제도적 편향성(inertia, 경직성)이 패권쇠퇴에도 불구하고 다자레짐이 기능할 것으로 보는 시각도 있었다.

R. Keohane은 신현실주의와 신자유주의 모두 ① 국제정치 현실에서 발견되는 행태적 규칙성을 설명하고자 하며, ② 국가를 중심적 분석단위로 설정한다는 점에서 국제체계의 분권적 측면과 국가권력을 중시하고, ③ 국제체제의 구조에 대한 이해를 기반으로 현상을 설명하려 한다. 그러나 신현실주의는 기대·관습·제도의 역할을 간과하고 있어 구조 개념이 지나치게 협소하고 제한적이며, 무정부성과 전쟁 사이에 필연적 인과관계가 존재하는 것은 아니라고 주장하면서 양 이론의 차이를 강조하였다. 한편, D. Baldwin이 제시한 기준에 따른 양 이론의 차이는 다음과 같다(정진영 2000).

① **무정부성** : 신현실주의는 무정부성을 보호(안보)부재 상태로 인식한다면, 신자유주의는 약속이행의 불확실성의 문제로 인식한다. 무정부성을 생존에 대한 위협의 문제로 보지 않는 경우 협력과 같은 다양한 관계가 형성될 수 있다는 결론이 도출될 수 있다.

② **국가이익** : 신현실주의는 무정부성이라는 조건 때문에 국가의 궁극적 목적을 생존(안보)으로 보기 때문에 국가 사이의 국력의 상대적 차이를 가져오는 상대수익을 중시한다. 신자유주의는 상대수익과 절대수익의 추구는 궁극적으로 차이가 없다고 주장한다.63)

상대수익(상대적 이익)과 절대수익(절대적 이익)

- 상황1 : A와 B국이 무역을 통해 각각 100단위와 90단위의 경제적 이익을 얻고 있다.
- 상황2 : A와 B국의 경제력이 100단위와 10단위의 상황에서 무역을 통해 각각 10단위의 경제적 이익을 얻었다.

<상황1>에서 두 국가 모두 무역을 통해 이익을 얻기 때문에 무정부상태를 본질로 하는 국제정치에서도 협력이 가능하다는 입장(자유주의)과 상대적인 이익 차이가 국력의 차이를 낳기 때문에 협력이 어렵다는 입장(현실주의)이 있다. 절대적 이익을 추구하는 경우 무정부상태에서도 국가 간 협력이 가능하지만, 상대적 이익을 추구하는 경우에는 협력이 불가능하다는 논리를 확인할 수 있다.
<상황2>의 경우 두 국가 모두 무역을 통해 동일한 크기의 이익을 얻었다. 그런데, B국의 경제력이 A의 10%에서 18%까지 증가하였다. 상대적 이익을 추구하는 경우 <상황1>에서는 B국이, <상황2>에서는 A국이 협력을 거부하려 할 것이다.

③ **국제적 협력 가능성** : 신현실주의는 절대수익이 발생하는 경우에도 협력은 이루어지기 어렵다고 주장한다면, 신자유주의는 상호주의전략을 통해 배반에 대해 보복(분권적 집행, decentralized

63) D. Snidal은 '상대수익의 추구에 관한 가설은 절대수익의 용어로 보다 잘 표현될 수 있는 주장을 잘못 규정한 것'이라고 비판하였고, H. Milner에 따르면 절대수익 추구와 상호주의 전략의 결합은 상대수익 추구와 동일하기 때문에 상대수익의 추구가 협력을 방해하지 않을 수 있다.

enforcement)할 수 있고 국제제도의 존재로 인하여 협력이 용이하다고 주장한다.

> 참고로, 국제제도를 통한 협력에 대해 신현실주의는 패권국의 존재여부와 패권국의 의도가 핵심변수라 설명한다. R. Gilpin, S. Krasner, J. Mearsheimer 등에 따르면 패권국이 자국의 힘과 이익을 극대화하기 위한 수단으로 국제제도를 설립하고 유지하기 때문에 국제제도는 국제관계에서 주변적인 것에 불과하다. 그런데 다자적 국제제도 설립은 패권국의 이익에 반하는 것이기 때문에 이 같은 설명은 자기모순적이다. 레짐은 참여국의 행위를 제약하고, 결정절차의 투명성을 높이며, 약소국들이 공동행동을 할 수 있는 장을 제공할 수 있다. 이런 맥락에서 C. Reus-Smit(루스-스미트)는 패권국이 상대적 힘의 우위를 최대한 발휘하고 자국의 이익을 극대화하는 데 있어서 행위 선택의 유연성을 높일 수 있는 쌍무적 형태를 선호한다고 지적한다(정진영 2000).

④ **이슈영역** : 신현실주의자들은 안보문제를, 신자유주의들은 경제문제를 강조하는 경향이 있다. 각각은 종래 국제정치학에서 상위정치(high-politics)와 하위정치(low-politics)라 불렀던 이슈에 대응하는 것으로, 국가 간 협력은 전자보다 후자의 경우 보다 용이하다. 이는 국가 간 협력에 대한 양 패러다임의 인식 상 차이와 연결된다.

⑤ **의도와 능력의 차이** : 신자유주의자들은 안보문제와 상대적 수익에 대한 민감성은 상대방의 의도·선호에 대한 인식에 따라 다르다고 본다. 신현실주의자들은 상대방의 미래의 의도에 대해서 누구도 확신할 수 없기 때문에 능력의 차이를 중시할 수밖에 없다고 주장한다.

⑥ **국제레짐과 제도의 중요성** : 신현실주의자들은 국제레짐의 중요성을 무시하거나 주변적인 것으로 간주한다면, 신자유주의자들은 국제제도들의 역할을 강조한다.

양 이론의 이러한 차이는 국제질서 및 국가의 외교정책에 대한 해석의 차이로 나타난다.

먼저, 무정부성을 본질로 하는 국제정치에 대해 신현실주의는 비관적인 결론을 내린다면, 신자유주의는 레짐을 통한 제한적 협력이라는 상대적으로 낙관적 결론을 내린다.

외교정책에 대해서는 신자유주의는 복합적 상호의존과 다양한 지구화 과정을 다루는 기술로 인식한다 — 단, 지구적 안보나 안전이 아닌 개별 국가의 경제적 복지를 위협하는 문제에 반응하는 기술을 지칭하는 것이다. 반면, 신현실주의는 국가 중심의 시각을 견지한다. 국제관계가 협력과 갈등의 세계라는 것을 인정하지만, 외교정책이 국가의 안보에 관련된 의제에 의해 지배된다고 보고 있어 전통적인 현실주의 시각이 견지하고 있다.

마지막으로 두 관점 모두 국제제도와 국제레짐의 존재를 수용하며, 제도와 레짐이 갖는 기능과 역할을 인정한다. 신현실주의는 제도와 레짐이 국가이익의 증진에 도움이 되는 경우에만 이를 창출하고 유지하려 한다고 본다. 이러한 제도와 레짐이 외교정책의 방향과 내용을 좌우할 수 있음을 인정하지만, 안보영역과는 거리가 있는 영역(소위 low-politics)에 국한시킨다. 반면, 신자유주의는 제도가 일단 만들어지면 제도가 갖는 기능으로 인하여 다양한 차원의 협력을 증진시키며, 때로는 국가와 비국가 행위자 사이의 연합을 촉진하기도 한다고 본다.

그러나 양 패러다임 간 논쟁에서는 전쟁이나 국제체제의 불평등성 등을 다루고 있지 않았다. 국내정치요인이나 학습효과, 정치적 지구화 현상 등 또한 간과되고 있다.

Ⅱ. 이상주의

이상주의는 홉스와 루소의 비관주의를 거부한 낙관적 자유주의의 신념을 지칭한다. 그러나 지정학이나 현실주의와 달리 이상주의는 하나의 일관된 철학적 계통을 가지고 있지는 않다. I. Kant의 영구평화론이나 경제학의 자유무역에 대한 신념(한 국가의 성장은 제국에 의해서가 아니라 자유무역에 의한 것이다)과 같이 다양한 철학과 이론적 논거를 기반으로 하고 있다. 다만, 이상주의는 국가의 외교정책이란 제도에 체화된 가치들로부터 생성된 것이라는 공통된 인식을 가지고 있다. 또한, 정책은 국내의 제도를 형성하는 사회의 가치에 의해 영향을 받는다.

이상주의는 권력이나 국가이익이 국제정치를 움직이는 불변의 법칙이라는 사고를 거부한다. 권력이나 국가이익은 사람이 변화함에 따라 변화되는 정책이라는 프리즘을 통해 조망되어야 한다고 본다. 이상주의가 볼 때 선한 인간은 전쟁이라는 수단보다는 자연스러운 조화를 추구하며, 전쟁은 상호오해나 교육받지 못한 마음이 지배할 때 발생한다. 그리고 전쟁을 유발하는 동맹보다는 집단안보를 대안으로 제시한다.

국제정치 이론 논쟁에서 이상주의를 명시적으로 제시한 이론가는 없었다. E.A.Carr나 H.Morgenthau가 이상주의를 설정하고 이를 비판함으로써 자신의 현실주의를 정당화한 것이라 평가된다. 이와 관련된 이야기를 간략하게나마 살펴보자.

제1차 세계대전 이후, W. Wilson은 민족자결권에 입각하여 중유럽에 위치한 제국들을 해체하여 신생독립국을 수립하고, 향후 국제안보에 대한 위협에 대처하기 위해 국제연맹을 창설하였다. 이러한 시도에 대해 영국의 H. Mackinder는 민주주의 이상과 현실을 대비시키면서 비판한 바 있다(이상주의는 세계의 소금이지만, 민주주의가 전제주의와의 전쟁에서 필수적인 조직은 아니라고 경고하면서, '정치적 규범론자들은 지리와 경제의 현실을 전혀 고려하지 않았다'고 비판하였다). 맥킨더의 이러한 주장은 G. Kennan에 의해 봉쇄정책으로 이어졌으며, H. Morgenthau의 현실주의 정치관에 의해 뒷받침되었다. 모겐소는 국제정치의 기능이 공유된 가치의 존재에 의존함을 인정했지만, 국제질서가 더 이상 존재하지 않는다고 보았다.

권위주의체제가 의회민주주의체제보다 공격적인 것은 독재자들이 투표로 선출된 의회의 사전동의 없이 자의적 판단에 따라 군사적 행동을 취할 수 있다는 점을 감안해 볼 때, 이상주의는 자유민주주의의 확산은 국제평화에 긍정적인 역할을 한다고 믿는다(탈냉전기에 등장한 이러한 시각을 신이상주의라 한다). 세력균형론자들의 예측과 달리 세력의 불균형에도 불구하고 정통성의 법칙을 공유하면서 비무장 국경을 공유하고 있는 미국과 케나다의 관계에서 보듯이, 권력보다 법을 존중하는 가치체계는 국내외적으로 질서와 안정을 지키는 최선의 방법인 것이다. 이러한 맥락에서 이상주의는 민주주의를 세계평화의 보증인으로 여긴다. 다만, 세력균형 등의 중요성을 거부하는 것이 아니라, 국제평화가 세력균형에 의해서만 유지될 수 있다는 것을 거부한다. 평화를 위한 정책은 세력균형과 질서의 유지에서, 대상국의 자유와 민주적 질서를 형성하고, 경제체제 전환에 대한 지원을 확대하는 데 초점을 두어야 한다[**세력균형의 확립이 아닌 자유의 확대**].

Ⅲ. 현실주의 패러다임

현실주의는 법률적, 도덕적 접근을 거부하고 정치와 권력에 의한 견제와 균형을 강조하는 국제정치흐름을 말한다. 국제연맹이라는 이상주의의 실험이 실패하면서 제2차 세계대전이 발발했고, 전체주의가 확산되었다고 비판하면서 등장하였다.

현실주의에는 여러 이론적 관점들이 있으나, 국가주의(statism)적 관점에 서 있으며, 국가이익과 안보(security), 자구(s-h, self-help) 등을 주요 개념으로 설정한다는 점에서는 같다.

1) 고전적 현실주의(conflict under anarchy)

E. H. Carr, G. Kennan, H. Morgenthau 등에 의해 정립된 현실주의는 국제정치가 주권국가를 뛰어넘는 권위체의 존재가 부재하는 자연 상태에서 행해지는 것이며, 그 특징은 조화가 아니라 권위적 실체의 부재를 의미하는 무정부성이라고 규정한다. 인간은 이기적이고 윤리적으로 완전치 못한 존재로 힘(power)은 중요하고, 자력구제(self-help)가 국제관계의 기본 원칙이다. 즉, 국제정치의 본질은 Hobbes적인 의미의 (권력을 둘러싼) "만인에 대한 만인의 투쟁"이다.

자구(self-help)에 의해 강제되는 국제체제는 국가의 생존과 영토적인 안전으로 정의되는 국가이익에 우선을 두는 체제이다. 이러한 국제체제 하에서 개별 국가는 항상 안보딜레마에 직면하며, 이는 군사적 능력이나 힘으로 규정되는 권력이 현실주의의 논의에 있어 중심에 등장하는 이유이다. 고전적 현실주의는 국제정치는 다음과 같은 원칙 하에서 작동된다고 본다.

- **정치** : 정치란 인간성에 내재해 있는 불변의 객관적 법칙에 의해 지배된다.
- **중심개념(권력으로 정의된 국가이익)** : 국가는 권력으로 정의된 국가이익을 추구한다. 이러한 접근은, 다양한 국가들의 대외행동을 일관되고 통일된 관점에서 바라볼 수 있게 해준다.
  국가이익이란 역사적 시점과 상황, 정치·문화적 맥락에 따라 달라질 수 있다. 다만, 권력으로 정의된 국가이익의 추구는 불변이며, 끊임없는 대립과 전쟁의 위협 속에서 대립하는 이해관계 간의 적응과 조정과정이 국제정치이다.
- **정치적 행위의 도덕적 중요성** : 도덕적 요구와 성공적 정치적 행위의 요구 사이에 불가피한 긴장이 존재하며, 도덕적 원리들은 추상적이고 보편적 형태 그대로 국가행동에 적용될 수 없으며, 시간과 공간의 구체적 상황을 통해 여과되어야 한다.
  국가는 외부의 위협으로부터 자국민의 안전을 지키는 것을 최대의 의무로 하며, 이를 위해 권력으로 정의된 국가이익을 추구하는데 이러한 국익추구는 최고의 도덕성을 지닌다.
- 특정국가의 도덕적 열망과 세계를 지배하는 보편적인 법칙을 동일시해서는 안 된다. 즉, 모든 국가는 자신의 행위를 정당화시키기 위해 그들 자신의 특별한 욕망과 행동에 보편적인 세계의 도덕이라는 목적의 옷을 입히려 하지만, 이는 권력으로 정의된 국가이익의 추구에 불과한 것이다.

고전적 현실주의는 정치 영역의 자율성을 전제로 정치적 기준 이외의 기준들을 정치적 기준에 종속시키지 않을 수 없다고 본다. 또한, 권력투쟁은 인간성으로부터 파생되는 불가피한 결과로, 정치의 본질 역시 권력투쟁이라 본다. 따라서 권력으로 정의된 국가이익을 추구하는 것이 국제정치의 철칙이 되는 것이다. 국가의 의도와 국가이익은 국가가 가지고 있는 능력(국력)에 의해 구체화되고 규정된다[**권력의 대체성**].

2) K. Waltz의 신현실주의(구조적 현실주의)

무정부상태 → 보호부재 상태 → 안보와 자구(s-h) → 권력으로 정의된 국가이익 추구과정

가. 의 의

왈츠는 국제정치 현실에서 권력중심성의 기원을 인간본성이 아닌 국제체제의 무정부적 구조성에서 발견하고 국가의 행동을 이들의 속성이 아닌 체계의 수준에서 설명, 즉, 국제체계의 불안정성에서 발견하였다.

불평등한 단위로 이루어진 세계는 상호의존적일 수 없으며, 국가 간의 상호의존성은 협력을 이루는 조건이라기보다 오히려 한 국가의 자율성과 생존을 위협하는 현상일 뿐이고 극단적인 상호의존성은 오히려 전쟁을 촉진한다고 본다.

나. 국제정치의 원리

왈츠는 국제정치는 국내정치와 달리 다음과 같은 원리에 의해 이루어진다고 본다.

① **체제의 조직원리(배열의 원리)** : 국내체계들은 중앙집중적이고 위계적이지만 국제정치체제들은 조정의 관계에 있다. 즉, 각각은 다른 나라에 대해 동등한 위치를 가지기 때문에 탈집중적이고 무정부적이다. 그래서 국제정치는 "정부 부재의 정치"라고 불린다.

② **단위 속성으로서 구성단위들의 기능 분화** : 국내정치의 단위들이 기능에 의해 구분되는 것과 달리 국제정치체계의 단위인 국가는 그것이 수행하는 기능에 의해 분명히 분화되지 않는다.

③ **능력(power capability)의 분포** : 국제체제를 특징짓는 가장 중요한 요소로 지적되는 부분이다. 역할의 분화가 이루어지지 않는 국제체제에서 단위의 배열은 개별국가의 상대적 권력능력에 따라 이루어지며, 권력능력 배분의 변화는 극성의 변화로 귀결된다. 단, 그는 권력능력은 단위들의 특성이지만 단위 간 능력의 분포는 체계수준의 개념이라고 한다. 그리고 강대국의 수를 중시하는 것은 시장에서 기업의 수가 몇인지에 따라 그 행위가 달라지는 것과 마찬가지이다.

따라서 국제정치구조를 정의함에 있어서 국가가 가진 능력을 제외한 모든 국가의 속성들(정부형태, 목적, 갈망, 전통, 관습, 권위적인지 민주적인지 등)은 배제해야 하며, 국가 간 질서의 형태와 그 질서 내 능력의 분포를 살펴보아야 한다. 즉, 개별국가의 특성이 아닌 단위들의 위치에 의해 규정되는 전반적인 배열과 그것의 위치가 중요하다.

다. 구조적 현실주의

이상의 관점에서 왈츠는 국제정치의 구조가 결정적인 영향을 미친다고 보며, 그 핵심을 무정부성에서 찾는다. 즉, 국제체제의 구조는 그것이 위계적이라 할지라도 무정부성이라는 체제의 속성은 유지되며, 국제체제는 무정부적 구조(자력구제의 원칙)와 극성의 구조(강대국의 수)를 통해 단위인 국가들의 행동을 결정한다고 한다. 이런 의미에서 그의 이론을 구조적 현실주의라 한다.

라. 신현실주의 평가

① K. Waltz의 구조적 현실주의를 비롯한 신현실주의 이론들은 과학주의에 기반한 이론이다. 그러나 정치적 현실을 경제적 법칙에 환원시키고 있으며, 과학을 기술적인 시도라고 간주하면서

권력에만 분석을 집중한다(Richard Achley의 「신현실주의의 빈곤」).

② 신현실주의는 국가중심성을 가정한다. 그러나 국가를 단일한 이익을 갖는 행위자로 간주하는 것은 검증되지 않은 가정에 불과하다. 나아가, 국제체제의 구조를 단위와는 독립된 존재로 상정하면서도, 국가는 국제체제에 우선하는 것으로 보는 논리 모순에 빠져 있다. K. Waltz이론에서 국가를 개별 단위로서 정의한 다음에 국가들이 상호연결되어 나타나는 속성에 의해 국제체제가 규정되는 것으로 설명된다. 이는 방법론적으로 볼 때 구조주의 이론(holism)이면서도, 구조를 전체로서의 구조가 아닌 개체론적 구조로 설명하는 것과 관련된다.

③ 신현실주의는 합리주의에 기반한 이론이다. 즉, 국가를 개인의 합리적 선택과 동일하게 설명한다. 그러나 개인과 국가 간에 이러한 metaphor가 성립될 수 있는지는 의문이다.

3) 세력전이(The Power Transition)이론

가. 의 의

A. F. Organski가 1958년에 처음 소개한 세력전이이론은 세력균형이론과는 많은 부분에서 대비된다. 그 핵심은 국제정치의 안정과 평화는 세력균형이 아니라 패권국가의 존재, 패권국가의 타국을 강제할 수 있는 능력에 있다고 보는 데 있다.

이 이론은 국제질서가 결코 무정부적이지 않고 위계적으로 조직되어 있다고 간주하며, 강제적인 국제법 규약이 없음에도 불구하고 국내정치와 국제정치를 지배하는 규칙에는 큰 차이가 없으며, 국가의 목적은 세력의 극대화가 아니라 순이익을 극대화하는 것이라고 가정한다. 이 점에서 다른 현실주의 이론과 구별된다(J. Kugler & A. F. Organski 1997, 201).

나. J. Kugler & A. F. Organski의 세력전이이론

[1] 이 이론은 국가 간에 위계질서가 존재하며, 국제질서의 작용방식을 구체화하는 결정적인 변수는 세력이라고 강조한다는 점에서 현실주의 모델에 속한다.

먼저, 국제질서는 국가 간의 위계질서를 가지고 있다.64) 위계의 피라미드 상층부는 가장 강력한 국가인 지배국이 자리하고 있고, 그 아래 지배국과 대결할 수 있는 잠재력을 갖는 강대국이 있고, 그 아래에는 중위국, 약소국, 오늘날에는 (거의) 사라진 식민지 국가가 있다(Kugler & Organski 1997, 202).

그런데 국가는 권력의 극대화를 추구하지 않으며, 국제질서의 재화 배분방식에 대한 만족도가 국제질서의 안정을 결정하는 중요한 요인이라고 본다. 즉, 국제질서의 안정과 평화는 국제질서를 지배하는 규칙과 이익의 분배에 만족하는 강대국들이 지배국을 지지함으로써 보장된다. 이 논리의 당연한 귀결로 동맹은 장기간 지속되는데,65) 동맹은 국제질서를 유지하기 위한 안정적이고 신뢰할 수 있는 도구가 된다.

[2] 지배적인 국제질서에 불만을 가지고 있는 국가 또한 존재한다. 지배국가에 도전하는 국가(현상타파국가)는 현존하는 국제질서가 확립된 후에 세력을 키워 온 강대국이다. 도전국은 국제질서의 이익이 배분되어 있는 상황에 직면하게 되는데, 그 결과에 불만을 갖는 엘리트들이 국제

64) 이 때문에 무정부상태로 가정하는 왈츠의 구조적 현실주의와 대비된다는 평가도 있다.
65) 이 점에서는 일반적인 현실주의 이론과 차이가 있다.

질서에서 그들의 세력에 합당하다고 보는 새로운 지위 혹은 위상을 확립하고자 할 때 국제질서의 안정은 위협받게 된다. 다만, 지배국가의 세력이 도전국의 세력보다 우세하거나 지배국가가 대부분의 강대국의 지지를 받는 경우 체제는 안정된다.66)

[3] 국제질서에 불만을 갖는 강대국의 세력이 지배국보다 더 빨리 성장하여 지배국과 거의 대등한 상태가 될 때 국제질서의 불안정성은 높아진다. 지배국은 도전국가의 세력이 확장되는 경우 도전국이 지배 국가를 능가할 수 있으며, 점차 국제질서에서 종속적 지위를 받아들이지 않으려 할 것이고, 국제질서의 규칙과 지도력에 도전할 것이라는 두려움을 느끼게 된다. 도전국이 현상유지에서 얻는 이익보다 갈등을 성공적으로 해결함으로써 얻는 이익이 크다고 기대하는 경우 세계전쟁이 발생한다.

다. R. Gilpin의 세력전이론

[1] 길핀에 의하면 역사를 통해 볼 때 국가들 간에 평화로운 상호작용이 존재했던 시기에는 거의 예외 없이 그들이 원하는 협력적인 국제레짐을 따르도록 유도할 수 있는 의지와 자원을 가진 하나의 지배적인 국가가 존재했다. 즉, Pax Britannica, Pax Americana가 그것이다.

패권국가의 타국을 강제할 수 있는 능력(특히, sanction)은 패권국가가 협력을 유도하는 데 있어서 결정적 요인이 된다. (길핀의 후기 저작에서는) 이 위에 부가적으로 패권국가가 공급하는 공공재와 일단의 국가들이 공통적으로 지니고 있는 이념적·종교적, 혹은 다른 가치에 의해 지지될 수 있다고 한다. 강제력이라는 요소가 무엇보다도 중요하지만 현존 질서의 정당성과 효용을 수용한 기타 국가가 강대국의 지도력을 따르기 때문에 패권체제의 안정성은 증대되는 것이다.

[2] 이러한 결론을 위해 길핀은 몇 가지 이론적 가정을 제시한다.

첫째, R. Gilpin은 power의 핵심요소로 부와 산업능력, 인구, 정부조직을 제시하는데, 이 중에서 산업능력을 중요시 한다. 그리고 국제체제는 힘에 기초한 위계구조 체제로, 패권국가·강대국군·중급국가군·약소국군·종속국가군으로 구성된다고 가정한다. 이 중에서 약소 및 종속국가군의 경우 현 질서에 불만을 갖는다.

둘째, 국가는 산업화 이전단계(잠재적 힘의 단계) – 산업화 단계(힘의 과도기적 성장단계) – 산업화 완성단계(힘의 성숙단계)로 성장한다. 힘의 과도기적 성장단계 국가의 경우 성숙단계 국가들보다 성장 속도가 빨라 힘의 차이가 줄어들며 이에 따라 국제체제에서의 힘의 배분에 있어서 변화를 유발한다. 만일 국제체제의 불균형이 시정되지 않으면 체제는 변화하며, 힘의 재분배를 반영하는 새로운 균형이 달성된다. 그는 이러한 동태적 힘의 배분에 있어서의 변화가 강대국간에 있었던 지난 200년간의 전쟁의 주된 원인이 되어 왔다고 본다. 즉, 불균등 산업화의 영향으로 기존 국제질서에 불만을 가지고 있는 국가가 새롭게 패권국에 도전함으로써 세계전쟁이 다

66) Kugler & Organski는 제2차 세계대전 이후 1980년대까지 현상유지를 지지하는 힘의 우위가 국제질서의 안정을 가져온 요인으로 설명한다(Kugler & Organski 1997, 203-204). 이들은 20세기 후반기 국가 간 힘의 역학관계를, 미국이 이끄는 국제질서의 지지국가로 독일·일본·영국·프랑스·이탈리아가 포함되며, 잠재적 도전국인 소련과 중국은 경쟁관계에 있으면서도 미국보다 훨씬 약하고, 인도는 약소국이라고 보았다. 일본과 유럽국가들만이 명백히 미국을 지지한다고 해도, 잠재적 도전국가들이 가지고 있는 자원과 비교할 때 크게 우세하다고 이들은 보았다.

시 발발하는 순환을 겪게 된다는 것이다.

셋째, 국가는 변화의 한계비용이 한계이윤보다 같아질 때까지 영토, 정치, 혹은 경제적 팽창을 통해 국제체제를 변화시키려 시도한다. 변화의 한계비용과 한계이윤이 동일해지면 현상을 유지하는 경제적 비용은 현상을 유지하는 경제적 능력보다 빨리 상승하는 경향이 있다.

넷째, 국제체제는 체제를 변화시킴으로써 이익을 기대하는 국가가 없을 때 안정적, 즉 균형 상태에 있다. 만일 국가는 국제체제를 변화시킴으로써 얻는 이익이 기대되는 비용보다 클 경우, 즉 순이익이 기대될 경우 국제체제를 변화시키려 시도한다.

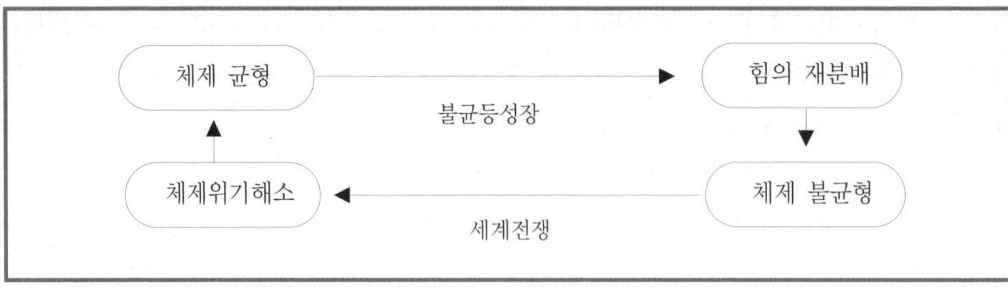

라. 세력균형론과 세력전이론

구 분		세력균형론	세력전이론
국제체제특징		무정부성	위계적 체제
체체 안정성		세력 균형 하 안정적	힘의 우위 하에서 안정성 유지
세력배분의 요인		국가 간 동맹	국가 간 성장률 격차 힘의 차이가 커서 동맹이 미치는 영향은 미미
동맹	원인	견제와 균형	패권국은 힘의 유지·확대, 약소국은 편승
	지속성	균형이 존재하는 동안 유지	높은 결속력과 지속성

세력균형이론 : ① 세력균형은 평화를 가져오고 세력의 불균형은 전쟁을 초래하는 경향이 있다.
② 동맹은 비이념적이고, 세력을 추구하는 장치이기 쉽다.
③ 동맹은 지속적이지 못한 경향이 있다.

세력우위이론 : ① 세력균형은 전쟁을 초래하고 세력의 불균형은 평화를 가져오는 경향이 있다.
② 동맹은 세력추구 장치라기보다는 이념적인 경향이 있다.
③ 동맹은 오래 지속된다.

Gulick, Morgenthau, Waltz 등이 주장하는 세력균형이론은 국가 간 세력이 균형을 이룰 때 평화가 가능한 반면, 세력균형이 깨질 때 전쟁이 발생한다고 본다. 무정부상태에서 국가는 권력의 극대화를 추구하기 때문에 다른 국가보다 힘의 우위에 있는 국가가 전쟁을 일으킨다고 보기 때문이다. 그리고 동맹은 세력균형을 위한 중요한 수단이라고 본다.

그리고 세력균형이론은 국가의 힘은 변화하지 않는다고 암묵적으로 가정한다. 국가의 힘이 변화한다고 하더라도 동맹을 재구성함으로써 균형을 유지할 수 있다고 본다. 따라서 특정 국가가 군비증강을 통해 물리력을 강화하고 세력을 확장할 수는 있으나 동맹관계의 변화로 인해 다른 국가를 강제할 수 있는 능력은 극적으로 변화하지 않는다고 본다.

Organski, Gilpin, Modelski & Morgan 등의 세력전이이론은 세력균형이론과 반대로 국제질서는 힘의 위계질서를 갖는다고 보며, 패권국가에 의해 형성된 질서가 존재하기 때문에 국내정치와 크게 다르지 않다고 본다. 또한 국가의 능력이 크게 변화하지 않았던 전근대사회와 달리 산업사회에서는 특정 국가의 경제적 성장이 국가의 힘의 증가로 이어지는 산업사회에서는 국가의 힘은 상수가 아닌 변수라고 본다. 따라서 지배적인 국가의 힘의 우위(세력의 불균형)가 평화와 안정을 가져오고, 지배적인 국가의 힘의 우위가 상실될 때 전쟁이 발생한다고 본다 — Organski 등은 지배국가의 세력우위와 이 질서에 만족하는 국가들의 국제질서에 대한 지지가 평화를 가능케 하는 핵심 메커니즘이라고 주장한다. 그리고 세력전이이론은 지배적인 국가의 우월한 힘 때문에, 동맹은 세력을 변화시키는 데 한계가 있으며, (이 때문에) 동맹은 안정적 · 지속적이라고 본다.

4) 패권안정이론(Hegemony Stability Theory)

가. 의 의

- 패권국가의 존재는 국제경제질서의 안정성 · 개방성 · 자유무역을 보장
- 패권안정론의 공통된 이론적 전제 : 국제경제질서의 개방과 폐쇄, 혹은 안정과 불안정을 좌우하는 변수를 패권의 존재 유무로 판단

1960년대 이후 나타난 미국의 상대적 권력 혹은 영향력이 쇠퇴는 이후 국제정치체제와 경제질서의 변화 방향에 대한 관심이 증대되었고, 독립변수인 권력개념과 종속변수인 시장개념을 연결시키면서 패권안정이론이 등장하게 되었다.

패권안정이론은 패권국가의 존재와 국제경제질서의 상관성을 제기한 이론으로, 권력개념과 시장개념의 상호관계에 관심을 기울이는 이론이다. 그리고 패권안정론의 핵심 주장은 패권국가의 존재는 국제경제질서의 안정성 · 개방성 · 자유무역을 보장하는 반면, 패권국가의 쇠퇴는 국제경제질서의 불안정성과 폐쇄성, 보호무역주의 야기하게 된다는 것이다.

그러나 국제경제 안정을 위해 미국경제가 복구되어야할 필요성을 제기한 이론으로 이데올로기적 편향성을 강하게 띠고 있다는 비판을 받는다.

나. 기본 개념과 가정

① 패권이란 국제정치경제질서의 구조를 선택하고 형성할 수 있는 능력을 말한다. 구조적 힘의 행사는 물리적 능력으로부터 나오는데, 물리적 힘의 중요성이 상대적으로 쇠퇴했음에도 불구하고 여전히 중요하다. 그리고 국제 경제 질서에서의 패권은 국제체계의 다른 영역인 안보영역과 이데올로기 영역에서의 패권적 능력에 의해 강화되고 유지될 수 있다.

② 국제경제 현상은 국제정치에 의해 결정된다. 그리고 모든 정치적 현상은 경제를 반영한다. 결과적으로 국제무역질서는 국제체제의 힘의 집중과 비례한다.

③ 국제경제질서의 성격을 규정하는 세 가지 변수로 개방성, 안정성, 그리고 국가간 힘의 분포(Distribution of power)를 제시한다. 여기에서 개방성이란 국제경제질서의 '구체적 내용', 즉

교역과 금융 및 통화질서가 어떻게 규정되어 있는가를 말한다. 그리고 개방성과 안정성은 위 국제경제질서 내의 '패권적 힘의 분포'가 좌우하게 된다.

다. 공공재론적 패권안정론과 패권안정론의 두 경향

Benign hegemony 관점 : 패권국의 경제력을 강조

C. Kindleberger는 M. Olson의 이론을 원용하여 패권국가가 유익한 공공재를 공급하고 무임승차를 허용함으로써 국가 간 협력이 가능하다고 한다. 그는 협력의 요인을 패권국의 지배적 경제력에서 찾는다 ; 패권국은 안정된 국제체계로부터 이익을 얻기 때문에 국제 공공재를 기꺼이 제공하고자 하며, 오히려 약소국이 강대국을 착취하고 이용한다는 것이다.

공공재는 '혜택의 비배제성'과 '소비의 비경합성'이라는 특징이 존재하며, '무임승차'하려는 집단행동의 논리에 의해 공공재 공급이 실패하게 된다. 따라서 공공재가 공급되기 위해서는 지배적 수혜자의 존재가 필요하다.

압도적인 경제력을 지닌 패권국가는 자유무역으로부터 얻는 혜택이 가장 크기 때문에 패권국가는 자유무역질서의 지배적 수혜자이기도 하다. 따라서 자유무역질서를 수립하고 관리하려는 비용을 부담하려는 능력 뿐 아니라 동기를 갖는다.

그러나 이 이론은 몇 가지 점에서 비판을 받아 왔다.

① 이 이론은 자유무역질서나 국제레짐을 공공재로 간주하였지만, WTO 비회원국이 존재하며 제제수단이 존재한다는 것은 배제가 가능함을 뜻한다. 또한 무역의존적인 국가가 존재한다는 것은 경쟁성이 있음을 의미한다. 다시 말하면, 자유무역질서가 과연 공공재라 할 수 없다.

② 이 이론은 공공재의 공급이 패권국에 의해서만 제공될 수 있다고 보았다. 그러나 과두적 지배체제도 가능하며, 악셀로드가 적절히 지적했듯이 반복적인 국가들 간의 관계는 집단행동의 논리를 극복할 수 있게 한다는 점에서 타당한 가정이 아니다.

S. Krasner, R. Gilpin 등의 Malign hegemony 관점 : 패권국의 강제력을 강조[67)]

S. Krasner는 패권국이 자국의 이익을 위해 질서를 유지한다고 본다. 패권국이 자국의 이익을 위해 국제레짐의 규칙을 제재하기도 하며, 이러한 레짐을 유지하기 위해 작은 국가들로부터 대가의 지불을 강제하는 것이다. 즉, 국제레짐은 패권국가의 경제적 능력의 국제적 배분이 아닌 패권국가의 정치적 · 군사적 힘의 배분의 결과로 본다.

[1] 그는 경제개방에 대한 선호는 국가의 규모와 발전 수준에 따라 다르며, 무역질서의 개방화 정도는 경제력의 국제적 분포라는 구조에 따라 결정될 수밖에 없다고 가정하였다. 국가는 무역정책에서 국민소득 증가와 경제성장의 달성뿐 아니라 자신의 정치적 힘의 증대와 사회적 안정이라는 다양한 목표를 추구하지만 저발전 상태에 있는 대규모 국가는 개방이 사회적 비용과 불안정성을 유발하기 때문에 경제개방을 선호하지 않는다. 작은 국가들의 경우 역시 경제적 혜택

---

67) S.Krasner는 「State Power and the Structure of International Trade」에서 국가를 분석단위로 두고 체계수준의 현상, 즉 국제경제질서의 개방성을 체계수준에서의 힘의 분포로 설명하였는데, 그의 이론은 신현실주의 이론과 동일한 이론체계에 기반하고 있다는 점에서 신현실주의 패권안정론이라 한다.
R.Gilpin의 이론은 세력전이론에서 살펴본다.

이 크고 정치적 힘은 원래 제한적이므로 개방을 선호한다. 반면 중간 규모 국가들은 경제적 혜택과 사회적 비용 및 국제정치적 힘의 변화를 고려하여 개방에 반응하게 된다.

상승기의 패권국은 개방을 통해 소득 증대와 경제성장 효과를 거둘 수 있고, 개방으로 인한 사회적 비용도 감당할 수 있다. 패권국은 소규모 국가와 중간 규모의 국가들이 경제개방을 수용하도록 유도하거나 강제할 수 있는 경제적·군사적·상징적 능력을 지니고 있으며, 이의 적절한 사용을 통해 개방적 질서를 만들어내고 유지하게 된다.

그러나 패권이 쇠퇴기에 접어들게 되면, 다른 국가들을 강제할 수 있는 수단이 제약되기 때문에 개방적 국제무역질서가 유지되기 어렵다. 더욱이 쇠퇴기의 패권국은 경제개방에 따른 이익을 재정의하게 된다. 이는 곧 국제질서의 폐쇄로 귀결된다.

[2] **크래스너의 이론 수정** : 크래스너의 이론은 패권의 쇠퇴에도 불구하고 국제무역체제의 개방성이 유지되던 시기(1960년 이후의 10년 간)에 대해 설명하지 못한다. 이에 대해 그는 구조적 변화와 무역질서간의 시차(time lag)에 주목하였다. 즉, 행위자들이 채택한 국제레짐은 일정한 관성(inertia)을 가지고 있으며, 환경변화의 지속성에 대한 확신이 없고, 합의된 지식이 존재하는 경우 인지 한계로 인해 대안적 인식 틀을 형성하지 못하기 때문에 합의된 지식을 버리지 않는다고 설명한다. 패권의 쇠퇴에도 불구하고 기존의 개방적 무역정책을 폐기하지 않을 수 있다는 것이다. 또한 국제경제질서의 개방성을 변경하는 것은 다양한 비용과 기회가 결부되어 있고, 내부 이해관계 집단 사이에 정치적 투쟁이 일어나기 때문에 정치적 대결 양상에 따라 쇠퇴기 패권국의 대응이 결정된다고 주장하였다.

라. 이론에 대한 비판

이 이론이 설명한 것은 국제무역구조의 개방성이었지 안정성이 아니다. 또한, 쇠퇴기의 패권국은 자유무역(개방적 정책)을 포기할 것이라고 가정하지만, 이에 대한 경험적 사례가 너무 부족하며 쇠퇴기에 보호무역주의를 택하는 것은 국가이익에 부합되기 보다는 쇠퇴를 가속화할 수 있음을 간과하고 있다.

5. 탈냉전기 현실주의 이론의 분화

현실주의는 인간의 본성에서 전쟁과 갈등의 원인을 찾은 H. Morgenthau에 의하여 이론화되었다. 이후 K. Waltz에 의해 국제체제의 구조적 속성으로부터 국가 간 관계를 연역적으로 추론하는 구조적 현실주의로 발전하였다. 이후, K. Waltz의 이론은 탈냉전기를 거치며 방어적 현실주의와 공격적 현실주의로 분화되었고, 다시 신고전적 현실주의가 등장하였다.

1) 방어적 현실주의(Defensive Realism)[68] : Jack Snyder, Stephen van Evera

방어적 현실주의는 체제의 안정은 세력균형에 의하여 달성될 수 있다고 본다. 한 국가가 패권을 추구하는 것은 나폴레옹의 팽창적 정책에 대한 반프랑스 동맹의 형성했던 역사적 경험에서 볼 수 있듯이 편승(bandwagoning)이 아닌 균형(balancing)을 추구하려는 다른 국가들의 연합·동맹을 초래한다. 따라서 국가가 추구하는 권력은 현상유지적인 수준에 그쳐야 한다.

[1] J. Snyder는 무정부성의 위험도에 따라 공격적 현실주의와 방어적 현실주의를 구분하였다. 공격적 현실주의는 국가는 항상 위험에 처해 있기 때문에 자국의 안보를 위해 팽창한다고 주장한다면, 방어적 현실주의는 상대적으로 안전하기 때문에 대외팽창은 국내정치의 특성에 따라 좌우된다고 주장한다. 방어적 현실주의 입장을 처음 체계화한 그는 국내정치요인을 주목했는데, 특히 민주화 과정에 있는 국가 내부의 과두제 연합에 주목하였다(이근우 2009, 165~185).

영국·미국과 같이 정치적 집단 간의 경쟁과 참여, 그리고 정치제도가 강하게 자리 잡은 경우 팽창지향적인 성향이 억제될 수 있었다. 반면, 독일과 일본 같은 후발산업국가가 지리적 확장에 대한 욕구를 공유하는 집단이 정부를 장악하고 있었다고 보는 것이다(박재영 2018, 248). 또한 사회주의 붕괴 이후 동유럽에서 민주화가 이루어진 체코공화국과 슬로바키아가 안정과 민주주의를 이룬 반면, 유고슬라비아는 중앙정부의 붕괴, 내전, 인종청소를 경험한 대조적 사례이다.

그의 이론은 민주화가 가져오는 위험성에 대한 경고를 담고 있다. 민주평화론 등에 입각하여 이루어진 이라크 전쟁과 같이 특정 국가를 침공하여 민주주의를 이식하는 것은 오히려 종족적 민족주의를 강화하고 대외적 공격성으로 이어질 수 있어 적절하지 못하다는 것이다. 이런 맥락에서 중국이 기존 제도가 파괴되고 기존 엘리트의 이익이 위협받는다면 민족주의 강화와 공격적인 대외 팽창, 그리고 전쟁이 발생할 가능성이 커질 것이다.

[2] van Evera의 공격방어 이론(offence-defence theory)은 방어적 현실주의 이론의 핵심부분을 차지한다. 반 에베라는 군사기술이 갖는 중요성에 주목하였다. K. Waltz의 이론에서 국가가 갖는 상대적 힘 혹은 세력균형은 국제체제의 구조로 표출되며, 국제체제의 구조가 체제 안정 여부를 결정짓는다. 그러나 van Evera는 국가행동을 결정짓는 것은 개별 상황에서 사용되는 특정한 군사적 힘이라 보았다.[69] 그는 의도의 불확실성과 정보의 불안정성에서 발생하는 '안보딜

68) 박재영 교수는 방어적 현실주의 이론으로 K.Waltz를 중심으로 설명하고 있다. 여기에서는 그의 이론을 발전시킨 반 에베라와 스나이더의 이론을 중심으로 소개한다.

69) K.Waltz 또한 군사기술을 고려하지만 the third image로 간주되었다. van Evera는 군사기술을 국내정치와 국제정치를 연결하는 매개변수로 보았는데, the second image에 가깝다.

레마'개념을 원용하여, 안보딜레마의 강도는 공격방어 균형(offence-defence balance)과 공격방어구분 가능성offence-defence distinction)이라는 두 변수가 결정한다고 주장한다(이근우, 2009, 51~73).[70)]

예컨대 다극체제에서 방어우위 상황이 존재하면 국가 간 전쟁가능성과 불안정성은 낮아지지만, 공격우위 상황에서는 높아진다. 공격우위 상황에서는 낙관론과 선제공격을 하려는 전술적 성급함(jumping the gun)이 나타나고, 패권국이 도전국에 대해 예방전쟁을 일으켜 좌절시킬 수 있는 기회의 창이 열리지만, 시간이 지나면 예방전이 불가능해지고 위협에 노출되는 취약성의 창이 열린다. 안보딜레마가 커지는 것이다.

그러나 이 이론은 군사기술이 전쟁을 위한 수단으로 공격우위 기술을 증강할 것인지 방어우위 기술을 증강할 것인지는 국가의 상황인식과 전략에 따라 결정된다는 것을 간과하였다. 그리고 모든 국가가 동일하게 행동한다고 보았다는 한계가 있다.

2) 공격적 신현실주의(Offensive Realism) : John Mearsheimer

K. Waltz의 구조적 현실주의는 역사적으로 존재했던 강대국들의 과도팽창 현상을 설명하지 못한다. 이는 세력균형을 지향하는 현상유지 국가만을 가정하는 현상유지적 편견(status quo bias) 때문이다. J. Mearsheimer는 무정부성이 국가로 하여금 안보를 위해 항상 권력의 극대화를 공격적으로 추구하고 지배적 국가인 패권국이 되려고 한다고 본다.

[1] 국제체제는 무정부상태에 있으며, 모든 국가는 일정 이상의 군사력을 보유하고 있으며, 다른 국가의 의도에 대해 확실히 알 수 없는 안보딜레마 상황에 있다. 그리고 이는 갈등과 전쟁의 원인으로 작용한다.

무정부 상태에서 국가가 자구(self-help)와 힘의 극대화를 추구하는 것은 다음 다섯 가지 요소가 복합적으로 작용한 결과이다 ; ① 국제체제는 무정부상태에 있으며, ② 모든 국가는 일정 정도의 **군사력을 보유**하고 있으며, ③ 다른 국가의 **의도를 확실히 알 수 없으며**(안보딜레마), ④ 모든 국가는 생존을 중요시하며, ⑤ 국가는 합리적 존재로 비용과 편익을 고려하여 행동한다.

J. Mearsheimer는 '현실에 만족하거나 현상 유지적인 국가는 없다 ... 국제체제의 구조는 국가로 하여금 그들의 상대적 권력 위치를 극대화하도록 만들기 때문에, 국제정치에서 국가들은 결코 현상유지에 머무를 수 없다'고 주장하였다. 그는 '국가들은 상대방의 의도를 신뢰하지 못하기 때문에 불안에 빠지고 이것은 더욱 많은 권력을 추구하는 요인이 된다. 동기는 방어적이지만, 그 결과는 각 국가들이 모두 권력을 추구하고 패권국가가 되려고 하는 공격적인 국제정치'라고 설명한다.

[2] 생존에 대한 공포가 국가로 하여금 패권을 추구하도록 하며, 다른 국가의 희생을 통해 자신의 권력을 극대화하려 한다. 그런데 다른 국가가 강대국을 견제하도록 책임을 전가(buck-passing, 무임승차전략)하려는 성향이 있어 동맹을 통한 균형(외부적 균형화)은 취약할 수밖에 없다. 균형 정책의 취약성과 선제공격의 유리함이 패권지향적 경향을 강화하는 요인이다.

J. Mearsheimer는 체제의 안정은 지구적 패권의 달성을 통해 가능하지만, 대양을 넘어 권력을 투사하는 것은 사실상 불가능하기 때문에 비현실적이며,[71)] 국가는 지역패권국의 지위를 확보하려 한다고

---

70) 공수균형은 국가가 직면한 전략적 취약성을 결정하고, 공수구분가능성은 상대 의도에 대한 불확실성에 영향을 미친다.

71) 예컨대, 미국은 지역 패권국으로서 유럽이나 동북아시아의 점령을 결코 심각하게 고려해본 적이 없었다. 대신

보았다. 그리고 최대한의 부와 현저한 지상병력, 그리고 핵의 우월성을 추구한다고 가정한다. 국가는 자신의 권력을 강화하기 위한 전략으로 (대리전을 포함한) 전쟁, 협박, 다른 경쟁국들 간의 소모전이나 유혈의 유도 등을 사용하며, 다른 강대국의 권력을 억제하기 위해 균형화 전략과 책임전가 전략을 사용한다.

[3] J. Mearsheimer는 국제체제를 권력의 배분에 따라 양극체제, 권력이 분산된 균형적 다극체제, 잠재적 패권국이 존재하는 불균형적 다극체제로 분류한다. 양극체제에서는 책임전가가 불가능하기 때문에 국내자원의 동원을 통한 내부적 균형화가 유일한 선택이라면, 균형적 다극체제에서는 책임전가 전략이 선호되고, 불균형적 다극체제에서는 잠재적 패권국에 대한 균형화(동맹을 통한 외부적 균형화) 전략이 유일한 선택이다.

[4] 이 이론은 현상타파 국가(수정주의적 국가)에 대한 이론적 근거를 제시함으로써 K. Waltz의 이론을 보완할 뿐 아니라 방어적 신현실주의와 공격적 신현실주의를 단일 이론으로 통합할 토대를 마련했으며, 강대국이 균형과 편승 가운데 선택을 한다는 기존의 이론과 달리 균형화와 책임전가 중에 선택을 한다고 주장함으로써 동맹이론에 공헌하였고, 국제정치 이론에 지정학적 요인의 중요성을 다시 환기시켰다(박재영 2018, 185~186). 그러나 물의 저지력(stopping power of water)을 과다평가하면서 역사를 자의적으로 해석했으며, 그의 (중국의 성장을 억제하기 위한) 처방이 비현실적이며 안보딜레마를 악화시킬 수 있다는 비판을 받는다.

	고전적 현실주의	방어적 현실주의	공격적 현실주의
국가 목표	권력 자체	안보(권력은 안보를 위한 수단)	
추구하는 권력	획득할 수 있는 모든 힘	현재보다 약간 큰 수준	획득할 수 있는 모든 힘
체제-국가	현상유지국+현상타파국	현상유지 국가	강대국은 모두 현상타파국가
전쟁 원인	인간의 권력욕[개체변수]	무정부상태와 안보딜레마[구조적 변수]	
체제안정 요인	결정자의 사려 깊은 행동	세력균형	패권국의 지위 확보

3) 신고전적 현실주의(Neoclassical Realism) : Radall Schweller, Fareed Zakaria

[1] S. Walt는 제2차 세계대전과 소련의 붕괴 이후 강대국들은 균형(balancing)이 아닌 편승(bandwagoning)을 택했음을 지적한 바 있다. 또한 국제정치는 국가-사회관계, 국가지도자들의 인식, 국가들의 동기 등에 영향을 받을 수밖에 없다. 이런 맥락에서 구조요인 외에 개인과 국가 수준의 변수를 매개변수로 보는 이론이 등장하였고, 이를 신고전적 현실주의라 부른다.[72]

매개변수에는 정치인의 인식, 정치군사적 제도의 동원능력, 국내사회 행위자와 이익집단의 영향력, 국가와 사회의 관계, 엘리트나 사회의 결집 수준이 포함된다. 이 요인은 크게 의사결정자

역외 균형자(offshore balancer)로 행동하며, 전 세계에 하나밖에 없는 지역패권국이 되기 위한 전략을 택한다(박재영 2018, 167).

72) G. Rose가 처음 신고전적 현실주의라는 용어를 사용했는데, 이는 고전적 현실주의의 부활을 의미하면서도, 신현실주의와 고전적 현실주의의 종합을 포함한다(박재영 2018, 186). 신고전적 현실주의는 신현실주의가 예측했던 것과 달리 균형이 일반적인 패턴이 아니며, 유럽의 경험에서 도출된 이론이 동아시아와 같은 지역에 적용되지 않으며, 미국과 중국의 국제관계 현실과도 괴리되며, 지나치게 일반법칙만을 강조함으로써 개별 국가의 행동을 설명하지 못하고 있다는 점을 비판하면서 등장하였다.

의 권력배분에 대한 인식, 국내의 국가구조, 그리고 이익 혹은 선호라는 3가지 요인으로 구분된다. 예컨대, F. Zakaria는 국가마다 추구하는 이익이 다를 뿐 아니라, 그들이 지배하는 사회로부터 자원을 조달하고 관리하는 능력이 상이하다고 가정하면서, 국가를 권력의 극대화가 아닌 영향력의 극대화를 추구하는 존재로 본다.73) 왈츠의 주장과 달리 국가를 '비슷한 단위'로 간주할 수 없다는 것이다.

신고전적 현실주의와 신현실주의는 다음과 같은 점에서 차이가 있다. 신현실주의가 분석에 있어서 체제(구조)를 강조한다면, 신고전적 현실주의는 단위국가(행위)와 체제의 연계를 강조하고 있다. 국가의 목표와 동맹의 목적을 신현실주의는 안보와 균형으로 본다면, 신고전적 현실주의는 이익을 국가의 목표로 보며, 동맹의 목적은 다양하다고 본다. 그리고 방어적 신현실주의는 현상유지국가만 존재한다고 보고, 공격적 신현실주의는 현상유지국가와 현상타파국가를 구분하면서 강대국은 현상타파국가라고 간주한다면, 신고전적 현실주의는 양자 모두 존재한다고 본다.

	고전적 현실주의	신현실주의	신고전적 현실주의
분석 수준	단위국가	체제(구조)	단위국가
국가 성격	단일한 행위자(unitary actor)		복합적 행위자
국가 목표	권력	안보	이익
동맹의 목적	권력/안보딜레마	균형	다양

[2] R. Schweller는 안보(security)라는 방어적 동인에 의해 작동되는 국제체제를 설명하는 세력균형론과 위협균형론을 수정하면서 이익(interest)에 따라 균형화 혹은 편승을 추구할 수 있다는 이익균형론을 제시하였다. 균형화와 편승은 현상타파국가(revisionist state, 수정주의적 국가)와 현상유지국가(status quo state)에 대응한다.

기존의 현실주의 이론에서 전쟁의 동기는 불확실성과 오인에 따른다고 보지만, R. Schweller에 따르면 현상타파를 원하는 국가가 존재하지 때문이다. 그리고 균형보다 편승이 보다 일반적인 현상이며, 국가이익을 위한 기회주의적 이유에 의한 편승을 선택함을 강조한다.

J. Mearsheimer에 따르면, 편승은 상대적으로 강한 국가에 투항하는 것으로 나쁜 선택이기 때문에 편승보다는 책임전가(buck-pass)를 통해 강한 국가의 권력을 견제하도록 한다. 그러나 R. Schweller에 따르면 균형은 이미 가지고 있는 가치의 보전을 위한 동기로 선택되고, 편승은 간절하게 원하는 가치를 획득하기 위해 선택된다. 특히, 안보와 비안보적 이익 사이에 균형이 확보되어야 하는데, 안보에 대한 우려가 크지 않은 경우에는 편승이 보다 합리적이다(박재영 2018, 194~197).

신현실주의가 설명하는 바와 달리 국가의 목적이 안보가 아닌 이익에 있다면, 동맹 형성 또한 안보 외에 팽창주의적 이익이 고려된다. 즉, 억지(deterrence)나 방어(defense) 외에 공격동맹도 형성될 수 있다는 것이다. 또한 동맹은 균형을 위한 수단을 넘어서 나타날 수 있다. K.Waltz는 균형에 반대되는 편승은 강대국 사이에서는 거의 나타나지 않는다고 했지만, 현상타파 국가의 경우 편승이 보다

73) T. J. Christensen은 냉전 초기 미국과 중국의 적대적 관계는 트루만 정부와 마오 정권이 여론의 동원을 목적으로 한 의도하지 않은 결과로 설명한다. 비용이 많이 소요되는 장기적인 안보전략에 대한 국민의 지지를 이끌어 내기 위한 목적으로 낮은 수준에서의 갈등을 조작했기 때문이라는 것이다.
R. Schweller는 1930년대 말의 국제체제를 3극체제로 평가하면서, 독일·미국·소련 사이의 현상타파 이익과 현상유지 이익의 배분이 히틀러의 팽창전략을 촉진시켰다고 보았다(박재영 2018, 191~192).

선호된다. 안보를 위한 동맹과 함께 이익을 위한 편승이 존재하는 것이다(이근우 2009, 112~113).

R. Schweller는 국가가 균형(balancing)을 시도할 상황에서도 그렇지 않는 underbalancing(과소균형화, 불균형을 수용하는 것)에 주목하였다.74) 그리고 그 원인을 엘리트 내부의 합의, 엘리트 내 결속도, 사회적 결속도, 정권의 안정성이라는 네 가지 국내 변수에서 찾았다.

R. Schweller에 따르면, 안보딜레마는 모든 국가가 현상유지적이며, 상호 소통을 통해 정보가 공유되어 안보딜레마의 극복이 공통의 이익으로 간주되는 경우 극복될 수 있다. 그러나 안보 이상의 공격적인 목표를 추구하는 국가가 존재하는 경우에 경쟁이 발생한다. 다만, 적어도 하나의 국가가 공격적인 성향을 띠기 때문에 나타나는 자연적인 현상으로 안보딜레마가 아니라 안보경쟁이다.

그는 국가를 사자(현상유지 성향을 보이는 패권국가), 늑대(현상타파국가), 양(약소국), 자칼(준강대국), 여우(제한적인 현상타파 성향, 기회주의적 성향을 가진 강대국), 부엉이·매(현상유지에 찬성하는 준강대국), 비둘기(제한적인 현상유지 성향을 가진 강대국과 준강대국), 타조(현상유지나 현상타파에 관심을 갖지 않는 강대국, 고립주의를 유지했던 1930년대 미국) 등으로 구분하였다. 그리고 다양한 유형의 국가의 조합에 따라 국제체제의 안정성은 달라진다고 보았다(이근우 2009, 105~109).

[3] J. W. Taliaferro는 정책결정자의 심리요인을 다룬 전망이론과 방어적 신현실주의 이론을 결합하여 위험균형이론을 제시하였다. 전망이론은 개인이 위험상태에 놓여 있을 때 합리적 선택이론의 예측과 달리, 손실을 회피하려는 선택을 한다고 설명한다. 따라서 평상시에는 현상유지적 성향을 보이지만, 손실이 전망될 경우에는 모험적인 행동을 취할 수 있다.75)

4) 합리적 선택 현실주의 : Joseph Grieco

합리적 선택 현실주의는 상대적 이익의 중요성과 제도의 역할 강조하는 관점을 말한다.

제도는 "약소국을 국제질서와 연결시키고 불안정한 국가들에게 거래 수단을 제공함으로써 제도나 기구의 회원 자격을 위해 위험한 군사기술을 포기하도록 장려"하는 등 여러 중요한 기능을 담당한다. 즉, 제도는 경제와 안보 등 다양한 영역에 걸쳐 협력을 가능케 한다. 그러나 제도 내에도 국제체제에서 개별국가가 차지하는 지위가 투영되기 때문에 국가 간 경쟁과 갈등이 존재할 수 있으며, 외부 문제에 개입하는 데 있어 국가 이익이 크게 고려된다. 또한 배신에 대한 우려와 불균형한 이익분배 문제를 고려해야하기 때문에 무정부 상태는 협력을 위한 조정에 있어서 영원한 그림자로 존재한다. 따라서 제도를 통한 협력이 상대적 이득과 공동이익의 배분 문제 때문에 한계를 갖는다.

---

74) 불리한 상황에 있는 국가가 대응하는 방법에는 균형을 회복하는 것(rebalancing)과 불균형을 수용하는 것(underbalancing)이 있다. 예컨대, 중국은 정치적 문제를 경제적 제재를 통해 자신의 입장을 관철하려는 경향을 지속적으로 보여 왔다. 2000년 중국산 마늘파동, 2017년 THAAD배치에 대한 경제제재, 2009년 프랑스 사르코지 전 대통령과 달라이 라마의 면담에 대한 경제제재, 2010년 인권운동가 류 사오보에 대한 노벨 평화상 수여에 대한 대 노르웨이 경제제재, 센카쿠열도(댜오위다오)와 관련된 대 일본 경제제재 등이 그것이다. 이에 대한 각국의 대응은 민감성·취약성, 지리적 인접성, 동맹관계 등에 따라 balancing과 underbalancing의 선택이 결정되었다. 프랑스는 중국의 경제제재에 대해 유화적 대응(underbalancing)을 했다면, 일본은 히도류 엠바고에 대해 수입선 다변화와 같은 rebalancing을 택했다. 여기에서 이야기하려는 것은, 언더밸렁싱 개념이 신고전적 현실주의에서만 사용하는 분석 수단은 아니라는 것이다.

75) 즉, 안정기에는 방어적 신현실주의가, 긴장이 고조되는 상황에서는 공격적 신현실주의가 적실성이 높다고 볼 수 있다.

Ⅳ. 자유주의 패러다임 2009 입법, 2003 입법

1) 자유주의(liberal idealist : 상호의존 속의 협력)

인간은 근본적으로 선하고 이타적이어서 서로 돕고 이성과 윤리적 사고에 의해 협력을 할 수 있다. 폭력과 같은 인간의 일탈적 행동은 인간성이 나빠서가 아니라 인간을 이기적으로 만드는 잘못된 제도 때문이다. 즉, 전쟁과 국제적 무정부상태는 결코 불가피한 것이 아니며 제도를 잘 만들면 충분히 피할 수 있다. 전쟁은 일국이 아니라 집단적, 혹은 다원적으로 협력해야 할 문제이다. 국제사회는 전쟁을 제거하기 위해 재편되어야 하며, 국가의 정치체제 역시 민주적 정부의 민족자결을 통해 평화를 달성하는 방향으로 개선되어야 한다는 것이다.

자유주의는 크게 통합이론(기능주의와 신기능주의), 상호의존론, 레짐이론/신제도주의적 자유주의 등으로 나누어 볼 수 있으며, 이들의 주요 주장을 보면 다음과 같다.

① 국가는 국제정치에서 가장 중요한 행위자가 아니며(다중심성), 국가는 합리적 행위자도 아니며 관료조직과 제도로 구성된 분절적 행위자로 가정한다.

② 국가는 상대국을 국민의 복지를 확보하는 데 필요한 파트너로 인식하기 때문에 권력을 중심으로 한 국제정치보다는 국가간의 정치를 포함하는 보다 포괄적인 국가들 간의 관계(국제관계, international relationship)에 관심을 둔다.

③ 경제 및 기술력이 점증하는 국가 간의 정치적 상호의존을 가져 오는 데 중요한 역할을 하며, 국제체제에서 경제력이나 기술력과 같은 것을 중요한 권력의 형태로 간주한다.

④ 국가 간의 관계에 있어서 협력을 가능케 하는 레짐과 같은 국제제도를 중시한다.

⑤ 이론적 특징

- **인간관** : 인간은 근본적으로 선하고 이타적이어서 서로 돕고 이성과 윤리적 사고에 의해 협력하는 존재로 본다. 폭력과 같은 인간의 일탈행동은 인간성이 보다 인간을 이기적으로 만드는 잘못된 제도 때문이라 본다.
- **국제체제** : 전쟁과 국제적 무정부상태는 제도를 통해 해결가능하며, 전쟁은 일국이 아니라 집단적 · 다원적으로 협력해야 할 문제로 본다.
- **국가체제** : 국가의 정치체제는 민주적 정부의 민족자결을 통해 평화를 달성하는 방향으로 개선되어야 한다고 주장한다.

참고로, 자유주의에서 바라보는 국제체제는 구조와 과정의 결합체이다(김병국 1995, 74). 현실주의는 국가라는 구성단위 혹은 무정부성이라는 구조요인을 국제정치의 독립변수로 간주해 왔다. 그러나 국가 간의 대화와 협상의 방식이자 국가정책의 정당성을 결정짓는 '과정(process)' 또한 국가의 정치 · 경제 · 문화적 성격이나 역사적 경험에 따라 달라지는 체계의 구성요소에 속한다. 즉, 과정은 상수가 아닌 변수로 보아야 한다.

자유주의가 볼 때, 무역증대와 다국적 기업의 확산, 세계화는 다차원적인 갈등과 협력이라는 상호의존적 시대를 낳았고, 상호주의 원칙 및 국제기구의 역할 증대는 국가의 권리와 의무를 규정하면서 국가의 선택을 제약하고 있다. 이런 요인들은 국가의 행위를 제약하는 국제체제 과정이라는 차원의 현상이다.

2) 복합적 상호의존론 : Robert Keohane & Joseph Nye

R. Keohane & J. Nye는 [권력과 상호의존 : 전환기의 세계정치(1977)]에서 국제기구를 국제레짐으로 새롭게 정의하고, 다수의 이슈가 불완전하게 연계되어 있고 초국가적 연합이 빈번히 형성되는 국제사회에서 국제레짐의 역할이 크게 증가한다고 주장하였다. 이들은 국제체제는 복합적 상호의존 관계 하에 있으며, 상호이익을 추구하는 국가는 협력을 위한 제도가 필요하다는 관점에서 상호의존의 제도화에 주목하였다.

[1] 국가 간에는 경제(복잡한 국제적 분업과 경제적 연계), 정치(연계), 군사 및 전략(대량살상무기 및 핵무기, 군비경쟁과 안보 등) 면에서 상호의존관계에 있다고 본다.

① 상호의존 하에서 권력관계는 민감성과 취약성에 영향을 받는다.76) 상호의존은 자율성을 제약하기 때문에 이득 외에 상호의존에 따른 비용이 고려되어야 한다. 또한, 비대칭적 상호의존관계가 형성되는 경우 권력이 발생하게 된다(상대적으로 취약성이 낮은 국가는 특정 이슈를 둘러싼 협상과 이와 연계된 이슈에서 상호의존 관계를 힘의 원천으로 사용할 수 있다).

② 상호의존과 권력의 상관관계가 이슈별 국제레짐으로 투영되며, 국가들은 이러한 상호의존과 권력과의 관계를 관리하기 위해 국제레짐을 창설한다.

③ 상호의존은 각국의 경제적 자율성을 약화시켜 국가 간의 무력 사용을 제한하게 되고 타협과 협상과 같은 수단을 통한 문제해결을 선호하게 한다. 또한, 자유무역은 국제평화에 긍정적인 영향을 미친다. 무력을 통한 외국 영토의 지배를 추구했던 중상주의와 달리, 자유무역은 타국으로부터 거래를 통해 이익을 추구하는 것이 가능해 지고, 무력을 사용하는 데에 따른 비용이 증가하면서 자유무역에 대한 선호도가 높아졌다고 보는 것이다.

[2] 상호의존론에 따르면, 국가의 이익은 상황을 고려하여 정의되어야 하며, 세계체제의 기능에 근본적인 변화가 있는 경우 혹은 세계체제와 어떤 국가와의 관계에 근본적인 변화가 있는 경우, 국가 이익은 재평가된다. 세계체제가 서서히 발전해 가면서 더 많은 상호작용이 이루어짐에 따라, 그리고 기술이 발전함에 따라, 국가는 국가이익을 보다 광범위하게 정의해야할 뿐 아니라 국가중심의 이익 외에 체제중심의 이익도 고려해야 한다. 기후변화에 따른 환경 이슈나 보편적 인권과 같은 새로운 이슈들은 국가중심의 이익개념을 넘어서 체제중심의 국가이익의 개념의 중요성이 더욱 커지고 있는 것이다.

① 체제중심의 이익은 집합재와 관련된 것으로 국가중심의 이익과는 다른 수단을 요구한다. 리먼브러더스 사태로 촉발된 세계금융위기나 체르노빌 원전사고, 환경위기와 관련된 문제들은 국가가 독자적으로 대응할 때보다 집단적으로 추구될 때 효과적이기 때문이다.

② 체제중심의 이익의 확산은 외교정책에 있어서 전통적인 국가중심의 이익과의 갈등과 딜레마

---

76) 민감성은 외부적 변화에 대응함에 있어 기존의 정책을 바꿀 시간적 여유가 없거나 대안이 부재한 경우에 발생하는 비용의 정도를 의미한다. OPEC의 가격 인상이 국내 석유가격의 즉각적 인상을 가져올 경우 발생하는 국내경제에 미치는 충격과 같은 것을 말한다.
취약성은 외부적 변화에 적절히 대응하기 위해 기존 정책의 대안으로 새로운 정책이 준비된 이후에도 치러야 하는 대가의 정도를 의미한다. OPEC의 석유가격 인상이 국내 석유가격을 인상시켰으나, 수입선 다변화나 다른 대체에너지를 확보함으로써 에너지 공급의 안정을 유지할 수 있다면, 취약성이 낮은 상황에 있는 것이다.

를 초래하게 된다. 시장개방과 관련된 국내 산업보호 문제, 교토의정서 비준을 거부한 부시행정부와 트럼프 행정부의 선택, 국가이익이라는 명분하에서 지속적으로 이루어지는 (멸종위기에 처한) 고래사냥과 고래 고기를 먹는 전통을 옹호하는 일본정부의 태도77) 등은 모두 이러한 갈등을 보여 주는 사례들이라 할 수 있다.

③ 체제 중심의 국가이익은 죄수의 딜레마 게임의 상황 혹은 집단행동의 딜레마에 항상 노출되어 있다. 예컨대, 석유자원과 같은 유한한 자원의 분배에 있어서 정치나 군사력이 작용하고 있으며 정치적 갈등이 필연적으로 수반될 수밖에 없다.

민감성(sensitivity)과 취약성(vulnerability)

민감성은 외부적 변화에 대응함에 있어 기존의 정책을 바꿀 시간적 여유가 없거나 대안이 부재한 경우에 발생하는 비용의 정도를 의미한다. 민감성은 외부의 변화가 해당 국가에 얼마나 빨리 손해를 입힐 수 있는지와 관련된다. OPEC의 가격 인상이 국내 석유가격의 즉각적 인상을 가져올 경우 발생하는 국내경제에 미치는 충격과 같은 것을 말한다.

취약성은 외부적 변화에 적절히 대응하기 위해 기존 정책의 대안으로 새로운 정책이 준비된 이후에도 치러야 하는 대가의 정도를 의미한다. (민감성이 시간과 관련된 개념으로 이해될 수 있다면) 취약성은 상대방의 정책 변화에 대해 장기적인 대안이나 대응능력(대체가능성)이 없는 상태에서 발생하는 비용의 정도라 할 수 있다. 석유가격 인상에도 불구하고, 수입선 다변화나 다른 대체에너지를 확보함으로써 에너지 공급의 안정을 유지할 수 있다면, 취약성이 낮은 상황에 있는 것이다.

상호의존 하에서는 상호이익의 개념보다 민감성과 취약성으로 인한 비용 혹은 손실이 중요한 의미를 가지며, 특정 행위자가 의도하는 바를 관철시킬 수 있는 능력인 권력의 분포에 영향을 미친다 — 앞서 보았던 underbalancing과 관련된 예들을 생각해 볼 것.

3. 신자유 제도주의

무정부상태 → 약속불이행 → 상호주의 → 레짐에 의해 국가이익을 재정의 → 협력

1) 의의 및 가정

현실주의와 마찬가지로 국가를 국제정치의 중요한 행위자이며 통합된 합리적인 행위자로 보며 무정부 상태가 국가행동에 큰 영향을 미친다고 본다. 현실주의와 다른 점은 국제레짐이라는 개념에 초점을 맞춤으로서 국가행위를 설명하는 데 있어서 국제제도의 역할을 중시하는 자유주의 전통과 맥을 같이한다는 것이다. 즉, 국가들은 명시적이거나 묵시적인 국제제도의 도움에 의해 국가이익을 재정의하게 되고 그 결과 국가간의 협력이 가능하다는 자유주의의 기본 논리를 수용하고 있다.

R. Keohane과 R. Axelrod 등으로 대표되는 신자유주의는 왈츠의 기본 가정 중에서 국가는 단일한 행위자로서 국제체제의 주요한 행위자라는 점과 국제정치의 무정부성을 수용한다. 그러

77) 돌고래 사냥과 관련된 일본의 전통은 [더 코브 : 슬픈 돌고래의 진실(The Cove, 2009)]에서 잘 드러난다. 이 다큐로 고래사냥을 옹호하던 일본 수산업 부국장이 사퇴했고, 일본의 IWO(국제포경위원회) 대표도 비슷한 시기에 사퇴했다.

나 신현실주의와 달리 국가들은 절대적 이익을 추구하는 합리적 행위자이고, 무정부성에서 오는 안보위협이 국가간 협력을 저해할 정도로 크지는 않다고 본다.

2) 신자유주의와 통합 및 국제체제의 안정성

제도가 국제협조를 증진시키지 못한다는 신현실주의 주장과는 대조적으로 신자유주의는 안보 딜레마가 강력한 레짐과 제도에 의해 해결될 수 있다고 보며, 이러한 국제레짐과 국제제도의 존재 때문에 유럽통합과 협조는 소련의 위협과 미국의 패권 없이도 지속될 것이라고 주장한다. 유럽은 덴마크의 마스트리히트조약의 비준거부와 같은 어려움을 겪었지만, 이제 국가들의 원심적 경향을 포괄할 만큼 강력한 제도를 갖게 되었다는 것이다.

3) 신자유 제도주의와 무정부상태 하에서의 협력

가. 게임이론 : 국제레짐의 형성과 협력

국제정치란 일관된 전쟁상태가 아니라 사안에 따라 협력이 이루어지기도 하는 관계로 세 가지 차원의 상황적 요인들이 협력의 구조에 영향을 미친다(Keohane & Axelrod 1997, 413-426).

① **보상구조(공통적 선호와 분쟁적 선호)** : 게임의 보상구조(payoff structure)는 협력 수준에 영향을 미친다. 보상구조는 고정된 것은 아니다.

행위자의 의도와 무관한 사건에 의존하며(1973년 이후의 경제침체와 1930년 대공황은 상호협력을 어렵게 하였다), 행위자의 인식에 따른 이해관계에 영향을 받는다. 따라서 동일한 PD 게임이 상충적 게임이 되기도 하고 덜 상충적 게임이 되기도 한다.[78] 이 경우 행위자들은 상호협력을 선호한다. Jervis는 나폴레옹 전쟁과 세계대전 이후 전승국의 보상구조가 일시적으로나마 사슴사냥 게임의 하나였음을 제시한 바 있다. 패권국에 대항한 전쟁 이후 전승국은 패권국이 될 가능성이 있는 패전국이 재기하지 못하도록 협력하는 것이 그들 공통의 이익이라는 사실을 인지하고 있었기 때문이다.[79]

행위자들이 상호협력보다 상호배반이 더 낫다고 믿게 되면 교착게임(deadlock game)으로 전환된다.[80] 예컨대, 1930년대 통화외교에서 문제되었던 것은 조정실패가 아니라 공통의 이익이 사라졌고 교착게임으로 전환되었기 때문이다. Downs, Siverson 등은 군비경쟁은 PD 게임인 경우보다 교착 게임인 경우가 많았으며, 이는 행위자의 믿음과 관련되기 때문이다. 예컨대, 주요 유럽 국가들이 모두 선제공격이 유리하다고 믿고 있었던 1900년대 초의 상황은 영토의 확장(팽창적 정책)이 안보를 위한 최선의 선택으로 간주되었고 상호 적대감은 고조되었다.

즉, 국제정치는 (현실주의자들이 간주하듯이) 전형적인 PD 게임은 아니며, 다양한 형태의 게임일 수 있다는 것이다.

② **미래의 투영(shadow of the future)** : 현재의 보상과 비교하여 미래의 보상이 높게 평가될수록 현재 배반할 동기는 줄어든다는 점에서 미래에 대한 고려는 협력을 증진시키는 데 도움이 된

---

78) PD게임에서 선호는 DC>CC>DD>CD이기 때문에 행위자 모두 배반할 동기가 존재한다. 그러나 행위자들은 배반하거나 배반당하는 확률이 50%에 처하는 것보다 상호협조(CC)가 낫다고 판단할 수 있다.

79) 세계대전에서 승리한 전승국들의 선호는 사슴사냥 게임과 같은 CC>DC>DD>CD로 전환된 것이다.

80) 교착게임에서 선호는 DC>DD>CC>CD이기 때문에 결과는 상호배반(DD)으로 귀결된다.

다. 미래의 투영에서 주요 요소는 i) 장기적 전망, ii) 이해관계의 규칙성, iii) 상대방의 행위에 대한 정보의 신빙성, iv) 상대방의 행위 변화에 대한 재빠른 반향(feedback) 등이다.

이중 가장 중요한 요소는 장기적 전망과 이해관계의 규칙성의 결합이다. 즉, 게임이 일회성을 띠는 것이 아니라 무한한 기간 동안 지속(반복)될 것이라고 예측하는 것이다. PD 게임에서 배반할 동기는 충분하지만(DC>CC), 반복게임에서는 행위자의 배반은 상대방의 보복을 불러오고 장기적으로 배반이 협력보다 손해로 귀결된다(CC>DD). 즉, 특정 시점의 행위가 미래의 보수를 결정하는 상황에서 행위자는 상호협력이 상호배반보다 선호되는 한 무정부 상태에서도 협력 가능성은 높다. 1914년 당시 독일의 정책결정자의 인식에서는 '전격전을 통한 완전한 새로운 세력과 영토관계를 구축하는 것'은 일회게임이었고 미래의 투영은 무의미한 것이었다. 이 경우 호혜성에 입각한 협력 가능성은 거의 없어 보인다.

정보의 신빙성과 상대 행위변화에 대한 신속한 대응 또한 미래의 투영에 영향을 미친다. 초강대국의 경우 전략무기에 대한 정보는 상호간에 충분하기 때문에 의외로 합의에 이르는 경우가 많다. 반면, 다자간 무역라운드에서 이익의 배분은 추측의 문제이기 때문에 정치적으로 대립이 심화되는 경우가 많다.

마지막으로, 보상구조와 마찬가지로 미래의 투영 또한 객관적인 것이 아니며 행위자의 인식과 기대에 영향을 받는다.

③ **행위자의 수와 제재의 문제(상호주의 전략)** : 이는 제재의 문제와 관련되는 것으로 R. Axelrod에 의하면 각 행위자의 선택에 대한 가치가 명백히 정해진 반복적이고 쌍무적인 죄수딜레마 게임에서 자신의 이익을 추구하는 행위자 간에 협력을 이끌어내는 데는 호혜주의(reciprocity)가 유용한 전략이 될 수 있다. 단, 효과적인 호혜주의는 i) 행위자들은 배신자를 구분할 수 있어야 하며, ii) 배반자들에 국한시켜 보복을 행할 능력이 있어야 하고, iii) 배반자들에 대한 보복을 행하기에 충분할 만큼의 장기적 동기를 가지고 있어야 한다.

제재문제가 심각할 때 협력은 붕괴의 위기에 처한다. 예컨대, 1983년 레바논 미군기지에 대한 폭탄테러 공격에서, 미국은 누가 테러를 주도했는지를 알지 못했고 다마스커스에 대해 보복을 했지만 응징도 못한 채 갈등만 확산시킨 결과를 가져왔다. 1931년 영국이 자국 화폐에 대해 평가절하를 통해 보호무역을 강화했으나, 이러한 영국의 정책을 변화시키기 위해 압력을 행사하려는 국가는 없었다.

이 경우 협력을 유도하기 위해서는 상황을 재구성하여 제재가 용이하게 할 수 있다. 예컨대 탈냉전 후 무역라운드가 교착상태에 빠지자 미국과 EU가 개별 국가들과 FTA를 체결하는 쌍무주의로 전략을 변화시킨 것처럼 문제를 개별화하는 것이다.[81] 그러나 쌍무적 관계에서도 제재의 문제는 발생한다. 예를 들어, 1914년 발칸 위기에서 오스트리아는 세르비아에 보복을 하고자 했지만, 이는 세르비아의 동맹인 러시아에 대한 응징을 내포하고 있었다. 나아가 오스트리아-헝가리 제국이 세르비아에 최후통첩을 보냈을 때, 러시아의 군 동원 체계는 그 대상이 오스트리아에 한정되어 있지 않았기 때문에 제재(보복) 대상이 지나치게 확장되었다.

81) 1930년대 초 영국은 개별국가들과 쌍무적인 환율조정을 통해서 자국의 국제통화 관계를 개별화하는 데 성공했다. 이는 영국 자본시장에의 개방 때문이 아니라, 쌍무적 호혜주의에 근거한 것이었다.

제재의 개별화가 달성되기 어려울 때 협력을 유지하는 하나의 방법은 행위의 표준을 제공하고 제재를 행할 책임을 부여하는 국제레짐을 구축하는 것이다. 레짐은 행위자들에게 협상의 장과 정보를 제공하고, 규칙의 분산된 집행에 책임을 할당할 수 있게 해준다.

나. 레짐이론과 기능주의적 접근

[1] R. Keohane은 제도는 '행태적 역할을 규정하고, 행동을 제한하며, 기대를 형성하는 지속적이면서도 관련된 일단의 규칙들(R. Keohane 1997, 236)'로 정의하면서 국제제도의 세 가지 형태로 공식적인 정부 간 조직과 비정부 조직, 국제레짐, 그리고 관례를 제시하였다.

공동의 이익이 존재하는 경우라 하더라도 제도화된 규칙이 존재하지 않는 경우 공유된 기대와 이해가 결여되기 때문에 조정이 불가능해진다. 따라서 국가 상호간의 조정에 있어서 명시적 혹은 묵시적인 규칙의 제도화는 중요한 의미를 갖는다.

제도와 국제체제의 상관관계가 있다고 가정하는 신제도주의의 분석은 ① 행위자들이 상호이익(공통의 이익)이 존재하며, ② 제도화 수준의 변화가 국가행태에 상당한 영향을 미칠 때 그 유용성이 인정될 수 있다. 즉, 국가 상호간의 공통된 이익이 존재하며, 정보흐름과 협상의 기회를 제공하고, 합의에 대한 이행을 감시할 수 있는 수단을 제공하며 공유된 기대를 형성하게 하는 제도화의 수준에 따라 국가의 선호와 이익, 그리고 행위가 변화한다. 제도와 제도화 수준은 상수가 아닌 변수라 할 수 있다. 예컨대, 제도화 수준이 아주 낮은 국제체제에서는 현실주의자들이 주장하듯이 국가의 힘의 분포가 가장 중요한 변수가 될 것이고, 국가이익은 국력으로 정의될 것이다.

[2] 상호협력의 결과물인 국제제도는 다음과 같은 기능을 한다.

① 정보를 제공하여 불확실성을 줄이고 거래비용(정보비용 및 협상비용)을 감소시켜 기대를 안정화시키고 협력을 원활하게 한다. 즉, 국제체제의 불확실성에서 오는 거래비용을 낮추어주고 정부간 교류를 지속시키고 이슈 간의 연계(issue linkage)를 가능하게 해준다.

② 제도는 협상의 장을 제공하고, 과거 협정에서 얼마나 규정을 잘 준수했는지에 대한 상대방의 평판을 형성하여(평판효과, reputational effects — 미래의 그림자와 대비된다는 의미에서 과거의 그림자라 할 수 있음) 협력을 가능하게 한다.

③ 국가가 준수해야할 행동의 정당한 규칙을 설립하고 이의 실행을 감시할 수 있게 함으로써 호혜성의 원리에 근거한 분권적 집행의 기초를 만들어 준다. 초국적 권위체가 존재하지 않은 상황에서 국제제도는 상호이익과 관련한 관계를 조직화하며, 새로운 문제 상황에 대한 국가의 행동을 조정할 수 있는 관계를 발전시켜 나갈 수 있는 틀을 제공하는 것이다. 협력은 상호주의 원칙에 입각한 보복 때문만이 아니라, 규칙을 위반하는 경우 상대 국가의 규칙위반을 불러와 궁극적으로는 자국에 손실을 끼치는 악순환 구조를 만들어 내기 때문이다.

④ 제도는 이슈 간 연계를 촉진하여 협력을 용이하게 한다. 이슈연계는 특정 사안에 대한 양보가 다른 사안에서의 보상으로 이어질 수 있다는 기대를 형성하며, 특정 사안에서의 배반이 다른 사안에서 손실로 이어질 수 있다는 기대로 인하여 합의를 가능케 한다.

⑤ 참고로, K. A. Oye, D. Snidal 등은 제도가 갖는 감시와 강제 기능이 협력의 문제를 완화한다고 설명한다.

4) 평 가

협력을 국제레짐을 중심으로 고찰하는 것이 신자유주의적 제도주의라 할 수 있다. 이때, 자유주의와 달리 다양한 명제와 가정을 가지고 출발하며, 제도의 유용성을 강조하는 경향을 보인다.

전통적 국제정치가 권력의 문제를 다루는 high politics의 세계였다면, 자유주의는 이러한 현실주의에 대한 반론(low politics의 세계)이다. 이러한 신자유주의의 결론은 권력을 중심으로 전개된 현실주의를 보완한다고 볼 수 있다. 즉, 신현실주의의 가정이나 전제를 그대로 수용하면서도 협력이 일어날 수 있음을 강조(현실주의의 결론을 대체하려는 성격이 강함)한다면, 양자는 대립되는 이론이라고 보기 힘들어 지는 것이다.

구 분	신현실주의	신자유주의
무정부성*	보호부재, 안보(생존)위협	약속이행의 불확실성 문제
상대/절대 이익	안보중시 → 상대이익 중시	궁극적으로 차이 없음**
협력 가능성	세력균형 or 패권국	상호주의 전략, 국제제도를 통해 달성
이슈영역	안보문제	경제문제
의도와 능력	상대방의 미래의 의도에 대해서 누구도 확신할 수 없기 때문에 능력의 차이를 중시할 수밖에 없음	특정 국가의 안보문제와 상대적 수익에 대한 민감성은 상대방의 의도·선호에 대한 인식에 따라 중요한 차이가 있다고 주장
국제레짐	중요성을 무시하거나 주변적인 것	국제레짐의 역할을 강조

* 무정부상태의 성격과 효과에 대한 인식차이가 이들을 구분하는 가장 핵심적 차이가 된다.

** 절대수익 추구와 상호주의 전략의 결합은 상대수익 추구와 동일하기 때문에 상대수익의 추구가 협력을 방해하지 않을 수 있다.

V. 구성주의 : Alexander Wendt

구조적 신현실주의의 관점에서 볼 때, 구조는 국가의 이익과 정체성 그리고 행동에 일방적인 영향을 줄 뿐, 국가는 국제체제와 그 구조에 아무런 영향을 미치지 못한다. 모든 국가는 동일한 행동 패턴을 보이며, 국가의 행위에 유일하게 영향을 미치는 것은 구조요인인 것이다. 국제정치를 거시차원의 '구조'와 미시차원의 '과정'으로 나눌 때 극성에 따른 국제체제의 성격(구조)만이 독립변수로서 의미가 있는 것이다.

A. Wendt는 무정부성이라는 구조가 국가행동을 결정하는 데 있어서 사회적 맥락이 갖는 중요성을 강조하였다. 즉, 구조와 과정 혹은 구조와 행위는 상호구성(mutual construction)되는 된다.

1) 기존 이론에 대한 비판과 구성주의의 기본 관점

구성주의는 관습이 어떻게 주체를 구성하는가에 관심이 있다. 그리고 A. Wendt는 기본적으로 현실주의와 자유주의라는 두 전통 간에 다리를 놓으려 한다.

먼저, 그는 s-h(self-help)가 무정부적 구조로서 외생적이라는 신현실주의를 비판하는데 초점을 맞추고 있다. 그는 무정부 상태는 국가가 만든 것이며, 만약 s-h의 세계에 있다면 그것은 과정 때문이지 구조 때문은 아니라고 한다. 구조는 과정과 분리되어서는 존재할 수 없으며, s-h와 p-p(power politics)는 제도이며 무정부 상태의 본질적 모습은 아니기 때문이다.

다음으로, 그는 I & I(identity & interest)가 무정부 상태에서 변형되는 세 가지 방법을 제시한다. 이것은 주권이 제도에 의해, 협력의 진화에 의해, 이기적 정체성을 집단적 정체성으로 변형하기 위한 의도적 노력에 의해 이루어진다.

2) 구성주의의 가정과 주장

권력이나 이익을 강조한 신현실주의와 신자유주의적 제도주의와 달리 구성주의는 국가 간 협력에 있어서 인식, 정체성, 규범, 개체-구조간의 상호구성성, 공유된 지식 등의 역할을 강조한다. 개별국가는 미리 정해진(존재론적으로 외적으로 주어진) 이해관계에 의해 외교정책을 수립하고 타국과 관계하는 것이 아니라, 타국과의 관계구조 속에서 자신의 이해관계와 선호도를 구성(construct)해 나간다.

① 국제제도는 행위자 정체성의 구성과 변화에 영향을 미치고 정체성에 의해 이익이 정의된다.

② 제도와 행위자는 상호구성적이며 행위자는 제도 속에서 자신의 이익, 선호, 정체성에 대한 생각, 규범 이념 등을 수정하고 새로운 사회적 정체성을 획득한다.

가. 구조적 관념론

첫째, 구성주의는 사회구조를 결정하는 우선적인 힘은 물질적인 것이 아니라 관념적인 것이라고 주장한다(관념주의). 이들은 '사회적 의식의 성격과 구조', 즉 '관념의 배분'이 '사회에 관한 가장 기본적인 사실'이라고 믿는다.

미국의 입장에서 볼 때 영국의 핵무기와 북한의 핵무기는 상이한 의미와 중요성을 갖는다. 핵무기가 다른 것이 아니라 미국의 영국과 북한에 대한 관념이 다르기 때문이다. 이러한 의미에서 구성주의자들은 "사회의 심층적인 구조는 물리력이 아니라 관념으로 구성되어 있다"고 믿는다.

둘째, 행위자들의 정체성과 이익은 자연적으로, 외적으로 주어지는 것이 아니라 공유된 관념들에 의해서 사회적으로 구성되어진다고 한다(holism).

개체론은 구조를 개체들의 속성으로 환원할 수 있다고 믿는다. 이에 비해 전체론은 "사회구조의 효과는 독립적으로 존재하는 행위자들이나 그들의 상호작용으로 환원될 수 없고," 오히려 행위자들이 사회구조에 의해서 구성된다고 주장한다. 구성주의는 행위자들의 속성인 정체성과 이익이 사회구조에 의해서 구성되어진다고 믿는다.

나. 구조와 행위자의 관계

첫째, 구조(structure)와 행위자(agent)가 서로를 동시에 구성(mutual construction)하고 상호작용의 과정을 통하여 구성되고 재생산된다. 행위자와 구조는 모두 사회적 존재이며, 구조나 행위를 어느 한 단위로 환원해서 설명할 수는 없다. 행위자체는 구조라는 맥락 안에서만 가능하며, 사회구조 또한 행위주체의 구체적 행동을 통해 드러나는 까닭에 구조 또한 행위자와 독립적으로 존재할 수 없기 때문이다.

따라서 신자유주의나 신현실주의가 이익과 정체성 형성을 블랙박스로 놓은 것은 잘못된 것이며, 국가이익이 구조와의 상호작용으로부터 나오며, 그 구조에 내생적인 것으로 보아야 한다.

둘째, 행위는 규칙에 근거한다(적절성의 논리). 다시 말해 행동은 역할과 정체성에서 오는 의무감을 특정상황에 일치시키는 것으로, 이익보다는 정체성과 연관되어 있으며, 개체적인 합리적 기대보다는 규칙의 선택과 연관되어 있다.

행위자들은 사회적으로 구성되고 받아들여진 규칙에 따라 행동한다. 그리고 국제사회는 사회문화적 관련, 상호 주관적 이해와 소속감을 지닌 규칙 이행자와 역할 수행자의 공동체로 여겨진다. 이러한 정체성과 규칙들은 사회적 상호작용과 경험에 의해 형성되며, 규제적일 뿐 아니라 구성적인 성격을 지닌다.

다. 무정부성의 문제

무정부적 체계는 상호작용의 과정에 따라 다양한 결과들이 산출될 수 있다. 즉 '무정부상태의 논리'라는 것은 없으며, 국가들이 어떠한 욕망과 이익을 가지고 있고 어떠한 정책을 추구하느냐에 따라 무정부상태의 효과는 달라진다.

'무정부상태의 논리'란 것은 없다. '무정부상태'라는 용어 자체가 왜 이럴 수밖에 없는지를 명확히 해준다. 이것은 부재('규칙이 없는')를 의미하지 존재를 의미하지 않는다. 이것은 무엇이 없는지를 말해주지 무엇이 있는지를 말해주지 않는다. 이것은 빈 용기(empty vessel)이며 내재적인 의미가 없다. 무정부상태에 의미를 부여하는 것은 거기에 살고 있는 사람들의 종류와 그들 관계의 구조이다.

신현실주의에 의하면, 무정부상태는 본질적으로 자력구제체계이고, 군사경쟁·세력균형·전쟁을 산출하는 경향이 있다고 한다. 신자유주의는 국제제도들이 자력구제체계를 중요한 정도로 완화한다고 주장한다. 반면, A. Wendt는 국제관계에서 국가들의 사회적 역할들이 적(enemy), 경쟁자(rival), 친구(friend)의 세 가지 중에서 어떤 것이 지배적인가에 따라서 무정부상태의 구조가 적어도 세 가지의 문화를 가질 수 있다고 주장한다. 적의 역할이 지배적일 때(17세기 이전)에는 Hobbes적 문화가, 경쟁자의 역할이 지배적인 경우(17세기)에는 Locke적 문화가, 친구의 역할이 지배적일 때(20세기 후반의 서구)에는 Kant적 문화가 등장할 것이라고 주장한다.

Ⅵ. 기타이론

1. 비판이론 : Robert Cox의 비판이론을 중심으로

프랑크푸르트 학파의 비판이론은 인간해방을 궁극적 목적으로 한다. 특히, J. Habermas는 지식의 사회성과 담론(discourse)을 통한 인간해방을 위한 비판적 이론의 수립가능성을 제시한 바 있다. 국제정치에서 비판이론은 A. Gramsci에 영향을 받은 R. Cox, S. Gill 등 이탈리아 학파에 의해 발전하였다.

M. Neufeld는 성찰주의를 "인간의 사고와 실천으로부터 독립적으로 존재하는 객관적인 기준들의 관념을 부정하는 데서부터 출발한다."고 규정한바 있으며, R. Cox는 지식이란 특정한 개인 혹은 집단의 이익을 위한, 그리고 특정한 목적을 위한 것이라고 주장하였다(정진영 2000 ; 박재영, 2018, 629). 콕스는 지식이란 중립적이지 않으며 특정 이익을 대변하며, 현상유지에 기여하는 문제해결지식과 현상변경을 위한 비판이론으로 구별한다. 그는 합리선택이론에 입각한 전통적 이론은 국제체제를 상수로 간주하고 있어 구조적 변화를 개념화할 수 없으며 권력관계를 유지하는 데 기여할 뿐이라고 비판하였다.

담론과 지식은 사회적 구성물이다. 담론이란 사회적인 의미의 생산과 관련된 제도와 화자(주체)와 관련되며, 그 안에는 객관적인 진리가 담겨진 것이 아니라 의도가 내포되어 있다.

이 시각에 따르면, 국제정치이론 특히, 권력의 분포를 중시하는 현실주의 이론은 국제질서를 정당화시켜 주는 담론에 불과하다. 또한 무정부적 구조는 주어진 것이며 불변의 구조라고 가정하는 것(immutability thesis)은 강대국 위주의 구조화된 불평등성을 정당화하고 유지하기 위한 담론에 불과하다. 생산관계와 노동계급에 초점을 맞춘 Marxism 또한 사회에 존재하는 인종적·종교적 소수자들, 여성, 폭력적 국가, 억압적 국제체계 등 다양한 경계들과 '포용과 배제의 체계들'을 배척하고 있다.

비판이론은 지구화가 가져온 변화 중에 세계시민사회에 기초한 시민권·공동체·주권에 대한 새로운 개념화에 주목한다. 지구화가 자연스럽게 시민권의 확대와 인간해방으로 이어지는 것은 아니다. 경제의 지구화 과정에서 워싱턴 컨센서스와 같은 신자유주의 담론을 통해 기존의 권력관계를 재생산하고 있으며, 세계시민사회와 억압적 국제체제 간의 대립과 투쟁이 존재하기 때문이다. 이는 변혁운동의 장이 국가단위에서 국제사회 혹은 세계사회로 확대됨을 의미한다. 이런 맥락에서 J. Walker나 D. Held는 지구적 차원에서의 민주주의 전망을 제시하기도 한다. 또한 A. Linklater는 경계지어진 모든 공동체와 배제의 체계로서 주권국가를 영속시키는 사회적 유대를 문제삼는 담론윤리를 비판하면서 열린 대화를 주장하기도 한다. 그는 경계지어진 공동체로서의 국가를 재조정하고 범세계적 공동체와 탈민족주의적 시민권 개념의 도입을 제안한다.

1) Robert Cox의 비판이론의 의의

콕스는 Marxism의 인식론과 방법론, J. Habermas의 비판이론, A. Gramsci의 헤게모니 이론을 국제관계를 분석틀로 활용하여, 국제질서의 등장과 지배적인 규범과 제도가 수립되는 과정에 대한 분석을 통해 인간해방을 위한 비판적 지식을 구축하고자 하였다. 특히, 그람시의 역사적 구조라는 개념을 통해 행위가 제약되며, 끊임없이 지배적인 관념 혹은 담론이 재생산되는 메커니즘을 설명하였다.

2) 전제 및 접근방법 : 비판·성찰, 역사 이론적 관점

모든 이론은 관점을 갖는다. 특정한 문제 틀은 민족과 사회계급, 지배와 피지배, 과거의 경험, 그리고 미래에 대한 기대 등에 따른 관점(standpoint)에서 관찰된다. 따라서 사회–정치이론은 근원적으로 역사적일 수밖에 없다(R. Cox 1997, 452). 이론 혹은 지식은 문제해결이론과 비판이론으로 유형화할 수 있다.

문제해결이론은 변수를 이루는 제도와 권력관계의 지속성을 가정한다는 점에서, 비역사적 혹은 몰역사적이다. 변화하는 사회·정치적 질서를 고정된 것으로 간주한 점에서 잘못된 전제에서 출발하고 있으며, 방법상의 편의라고 주장하지만 사실상 이념적 편견이자 주어진 질서에 안주하는 이론일 뿐이다. 반면, 비판이론은 단지 과거를 탐구한다는 점에서가 아니라 역사적인 변화의 연속적인 과정을 탐구한다는 의미에서 역사 이론이라고 할 수 있다. 이들 이론과 달리 비판이론은 다음과 같은 전제에서 출발한다.

① 행위는 일정한 문제 틀을 구성하는 행위의 틀 속에서 발생하며, 이론 또한 문제 틀에 의해 형성된다. 행위의 틀은 시간에 따라 변화하며 비판이론의 주요 목표는 이 변화를 이해하는 것이다.

② 이 틀은 역사적 구조, 즉 사고 유형, 물질적 조건 그리고 인간 제도의 특정 조합의 형태를 띤다. 이 구조는 습관, 압력, 기대 그리고 강제와 같이 행위를 발생시키는 맥락을 형성한다.

③ 행위를 발생시키는 맥락으로서 틀 혹은 구조는 구조 내부에서 발생하여 구조의 변형 가능성을 여는 갈등의 견지에서, 다시 말해 위로부터가 아니라 아래로부터 혹은 외부로부터 바라보아야 한다(R. Cox 1997, 463–464).

3) 행위의 틀 : 역사적 구조

행위를 제약하는 구조는 물질적 능력, 제도, 그리고 이념으로 구성된다. ① 물질적 능력이란 다양한 형태의 자원과 무기, 그리고 이를 통제할 수 있는 부를 포함한다. ② 이념은 간주관적 의미들 혹은 사회관계에 대한 공유된 관념으로, 행위에 대한 기대를 지속시킨다. 예컨대, 근대 국제정치에서 국민은 지정된 영토에 대해 권위를 갖는 국가에 의해 조직되고 통제된다는 상호주관적으로 구성된 관념이 통용되고 있다. ③ 제도와 제도화는 특정 질서의 안정성과 영속성을 유지하는 수단이다. 제도는 그것이 형성된 시점에서의 지배적인 권력관계를 반영하며, 집합적인 이미지를 만들어 낸다. 제도는 약자 혹은 피지배자가 권력관계의 합법성을 수용하도록 함으로써 강제력이 사용되지 않고 갈등을 조정할 수 있도록 한다(R. Cox 1997, 464–466).

R. Cox는 변증법을 통해 구조가 관련을 맺고 있는 역사적 상황을 분석하고, 대안적 발전의 가능성을 보여주는 경쟁구조의 출현을 모색하려 한다. 그는 생산과정에 의해 배태되는 사회 세력과 관련된 생산의 조직, 국가의 형태, 전쟁과 평화의 문제 틀을 연속적으로 규정하는 역학관계인 세계질서를 역사적 구조의 활동영역으로 나누었다(R. Cox 1997, 468–469).

4) 헤게모니와 세계질서

R. Cox는 세계질서를 힘의 배분 혹은 세력균형으로 축소하여 이해하거나 헤게모니를 물리적 강제력으로 좁게 보는 것을 비판한다. 그는 헤게모니를 지배의 구조를 뜻하는 개념으로 정의하면서 동의에 의한 지배 혹은 동의에 의한 질서를 강조하였다.

그의 관점에서 세계질서의 안정이란 물질적 힘, 세계질서에 대한 집단적인 이미지(이념), 그리고 보편성을 획득한 제도(비인격적 지배) 사이의 결합을 통해 이루어질 수 있다.

강대국의 권력이 국제질서의 안정을 보장하는 것은 아니다. 전간기에 미국은 압도적 힘을 가지고 있었으나, 안정된 세계질서를 창출하지 못했다. 패권안정론의 주장과 달리 패권국가의 힘은 필요조건이지 충분조건이 아니다.
19세기 중반 영국의 세계 지배력은 해군력에 기초하고 있었으나, 유럽의 강대국과 비교할 때 군사적, 경제적 측면에서 압도적 힘을 가지고 있었던 것은 아니다. 그러나 대륙의 세력균형의 변화 속에서 균형자로서의 역할을 할 수 있었기에 영국의 해군력은 대륙국가의 도전으로부터 자유로울 수 있었다. 자유무역과 금본위제와 같은 자유주의 질서는 영국의 권위가 확산됨에 따라 수용되었고, 보편주의적 이데올로기를 제공하였다(R. Cox 1997, 471).

합리주의와 성찰주의

R. Keohane은 국제제도의 두 접근법으로 합리주의와 성찰주의로 구분하였다.
합리주의적 접근방법은 합리선택이론 혹은 경제학적 접근방법을 국제정치이론에 접목한 것이다. 합리주의는 모든 행위자의 행동을 합목적적, 합리적인 것으로 본다. 즉, 주어진 선호를 극대화하기 위한 전략적인 행동을 한다는 가정에서 출발한다 ; 행위자는 ① 인간은 주어진 조건 하에서 사익을 극대화하려 하며(rationally self-interested), ② 행위는 자신의 의도와 그에 영향을 받는 상대방과의 이해관계의 상호작용에 의해 영향을 받기 때문에(actor interdependencies), ③ 행위자는 자신이 추구하고자하는 이해관계를 재조정하거나, 또는 행위의 영향을 받는 상대방의 이해관계를 '적절한 정도로 재조정하여'(recompute the structure of interdependencies within the specific ranges of actions) 목적한 바를 달성하려 한다. 국제정치이론에 적용하는 경우 국가의 정체성과 선호(이익)는 주어져 있으며(외생변수), 국가는 합리적 존재로 주어진 국가이익을 극대화하기 위해 행동한다는 것이다 — 지금까지 살펴봤던 현실주의와 자유주의의 기본 논리구조이다.
성찰주의적 접근방법은 행위자의 정체성과 선호는 외생변수(주어진 것, as a given)가 아니며, 사회 문화와 규범에 의해 구성된 것 혹은 역사적 담론에 의해 영향을 받는다고 가정한다.
성찰적 접근방법은 인간의 행위를 합목적인 것으로 보지 않으며, 선호는 외생적인 것이 아니라 내생적인 것으로 본다. 즉, 개인의 선호는 사회적 구성물이라는 것이다. 행동은 예상되는 결과가 아닌 규범적으로 적절한 행위가 무엇인지의 고려에 따라 이루어진다고 주장한다. 인간의 행위는 주어진 목적을 극대화하기 위한 의도적인 결과물이 아니며, 사회적 관계망 속에서 요구되어지는 규범에 의해 배태되는(embedded) 것이다. 이때 행위규범으로서 제도란 구성원의 동조행위를 얻어 낼 수 있는 것으로, 인간은 제도의 규범을 준수하는 것이 가장 적절한 것으로 받아들이게 되고, 그에 따라 행동하게 된다.
이러한 가정은 국제정치 이론에서 H. Bull이나 A. Wendt, R. Cox 등의 이론이 기본적으로 전제로 하는 논리이다.

R. Keohane은 합리적 접근법은 관행 등에 기인하는 제도를 설명하는 데 한계가 있으나 이론으로서 경제성을 지니고 있는 반면, 성찰적 접근법은 구체성을 갖고 있지 못하지만 합리적 접근법이 간과하고 있는 부분을 보완하고 있다고 평가하였다. 그러나 두 접근법 모두 국제정치와 국내정치를 연계하는 데는 소홀하다고 보았다.

2. 구조주의(Structuralism)

[1] 일반적 의미의 구조주의는 사회 현상의 원인을 개체(행위자)의 선택이 아닌 체제의 구조적 속성으로부터 찾는 이론을 말한다. 국제정치에서는 개별단위인 국가의 행동이 아닌 국제체제의 속성을 통해 국제정치 현상을 설명하는 것이다. 그러나 국제정치 패러다임으로서 구조주의는 국가 간 불평등한 발전을 국제체제의 구조를 통해 설명하는 neo-Marxism 등에 기반 한 연구경향을 일컫는다. 특히, 이 이론은 후진국의 저발전 문제에 관심을 갖고 중심부 국가(제국주의)와 주변부 국가(종속국가)의 관계에 초점을 맞추고 있다. 종속이론, I.Wallerstein의 세계체제론, J. Galtung의 구조적 제국주의 이론, P. Cox의 역사적 분석 등이 이에 속한다.

[2] 구조주의는 국가의 선택을 제약하는 체제의 구조적 요인에 주목하며, 국제체제를 이해함에 있어서 역사적 맥락을 강조한다. 그리고 정치보다는 경제요인이 결정적인 영향을 미친다고 보는 경제결정론에 입각하여 국제정치 현상을 경제문제로 귀착시킨다. 이를 통해 후진국의 저발전과 국제적 수준에서 나타나는 불균등 발전 메커니즘을 규명하려고 한다.

이 이론은 국제정치란 초국적 자본주의에 의해 좌우되는 것으로 국제정치과정은 계급갈등의 표현으로 본다. 예를 들면, 냉전기 라틴 아메리카에 대한 미국의 개입은 현실주의가 설명하는 것과 같이 패권국가의 경쟁이나 권력투쟁이 아니라, 자본주의 세계체제의 유지와 서구 자본주의의 확장과 안정을 위한 것이라고 본다.

[3] 1970년대 들어 종속이론의 예상과 달리 동아시아 국가들의 고도성장이 있었고, 자본주의와 사회주의 모두 위기상황을 보여 주었다. 이런 상황에서 I. Wallerstein은 불평등교환이나 중심-주변부 개념 등과 같은 종속이론의 개념을 원용하면서도 자본주의 세계체제를 역사적 관점에서 통합하려는 세계체제론을 발전시켰다.

세계체제론은 남미의 저발전 국가에 국한하지 않고 자본주의 국가, 사회주의 국가, 그리고 제3세계를 포괄하면서, 종속이론과 달리 개별 국가가 아닌 세계체제를 단위로 한 분석에 초점을 맞추었고, 중심-주변부 국가 외에 반주변부를 추가하면서 개별국가가 위계질서 내에서 고정되어 있지 않고 이동할 수 있다고 설명한다.

자본주의 세계체제는 국제적 노동 분업에 기초하고 있는데, 이는 불평등교환관계를 결정하며, 노동 분업 구조에서 국가의 위치가 착취-피착취 관계를 결정한다고 본다. 따라서 국가발전은 개별 국가의 능력이나 전략이 아닌 자본주의 세계체제의 구조가 결정하는 것이다.

다만, 특정 조건이 충족된 주변부 국가는 세계경제가 위축될 때 수입대체화 전략, 확장될 때 해외자본 유치전략, 그리고 자립경제 확립전략을 통해 발전이 가능하다고 본다. 예컨대, 냉전기 사회주의와 경계선에 있던 동아시아 국가들의 경우 미국의 원조경제와 수출지향 산업화 전략을 통해 성장이 가능했고, 주변부 국가에서 반주변부 국가로 이동할 수 있었는데, I. Wallerstein은 이를 '초청에 의한 근대화'라 불렀다.

I. Wallerstein에 따르면, 자본주의는 세계경제의 확장을 통해 자본주의가 안고 있는 모순을 해결해 왔지만, 세계의 모든 국가가 자본주의 세계체제로 편입되었고, 도시화와 상품화가 거의 완성되었고, 자본축적을 통해 지구생태계가 심각하게 훼손되어 환경적 재앙에 직면해 있다. 그리

고 반체제운동을 포섭(과거 노동운동을 복지제공을 통해 체제에 흡수해 왔다)하기에는 비용 부담이 커지고 있고, 분산화되고 있는 반체제운동을 관리하는 것이 사실상 불가능해 지고 있다. 문화적으로도 자본주의와 자유주의에 대한 도전은 점차 확산되고 있다. 이러한 요인들이 자본주의 세계체제에 위기를 키우고 있고, 새로운 체제로의 이행기에 접어들었다고 I. Wallerstein은 본다.

3. 지정학

1) 의 의

지정학은 국가를 국가가 자리 잡고 있는 토지에 부속된 유기체적 실체로서 환경적 변화에 적응해 나가는 존재, 즉 공간적 유기체로 보는 시각이다. 지리적 조건이 정치에 영향을 미친다고 보는 시각은 중국의 춘추전국 시대와 그리스 등에서도 존재했지만, 그것이 체계적으로 이론화된 것은 19세기 이후이다 — 지정학은 정치학을 인종정치학, 경제정치학, 사회정치학, 정부형태학, 지정학의 5개 분과로 분류한 쉘렌(J. R. Kjellén)에 의해 학문용어로 정착되었고, 라첼(F. Ratzel)에 의해 체계화되었다.

지정학은 나치와 루즈벨트, 트루먼 외교정책의 이론적 근거로 활용되었으나, '지리적 요인이 힘을 결정하는 절대적 요소로서 국가의 운명을 결정짓는 사이비 과학'이라는 H. Morgenthau에 지적과 함께 분석도구로서의 의미가 약화되었다. 그러나 세계화라는 현상에도 불구하고 지정학은 최근 르네상스를 맞고 있다. 신지역주의 확산(TPP나 RCEP 등 메가-RTA 등)은 지경학적 전략에 관심을 갖게 하였다. 그러나 미국의 재균형정책은 지정학의 귀환이라 불리는 현상을 낳았다. 물론, 브레진스키의 「거대한 체스판」, 헌팅턴의 「문명충돌」, 왈러스타인의 「세계체제론」 등은 모두 지정학적 분석에 기초를 두고 있다.

2) 고전적 지정학이론과 최근의 지정학

고전적 지정학이 접근성, 자원의 분포, 인종 등 물리적 차원의 토착적 요인이 국가간의 관계에 지대한 영향을 미친다고 전제하며, 주요국들이 자원과 시장을 확보하기 위해 치열하게 경쟁하는 것을 국제관계의 본질로 파악하였다 — 이러한 시각은 권력에 기반을 두어 국가 간 관계를 설명하는 현실주의 계열의 설명과 일맥상통하는 측면이 있다.

21세기에 새롭게 대두하는 지정학은 영토라는 물리적 요소를 넘어 비지정학적 요소를 포괄한다는 점에서 고전적 지정학과 구별된다.

3) 지정학과 지경학

개념적으로 지경학은 지정학과는 구별된다. 지경학은 지정학적 목표를 증진하는 수단으로 경제에 초점을 둔다. 실제로는 지경학과 지정학을 동의어로 사용하는 경향이 없지 않았다. 지정학이나 지경학 모두 널리 합의된 단일한 정의가 존재하지 않았기 때문이다.[82)]

지정학은 일종의 외교정책을 분석하는 방법으로서 영토 · 인구 · 경제력 · 천연자원 · 군사적 능

---

82) 최근 문헌에서 지정학을 지칭할 때는, 지정학 이론보다는 외교정책 / 대외정책의 특징을 설명하는 용어로 이해할 필요가 있다.

력 등 주로 **지리적 변수에 주목**하여 국제정치 행위를 이해하고 설명하며 예측하려고 한다. 즉, 지정학은 군사적 · 지정학적 능력을 활용하여 경제적 이득을 취하려는 행위를 말한다. 정치와 영토 간의 관계, 즉 일정한 영토에 대하여 정치권력을 사용하는 기술과 실행을 강조하는 이론적 관점이라 할 수 있다.

반면, **지경학은 지리적 요인보나는 경세적 요인을 중심으로 국가가 어떻게 권력을 신장시키고 행사하는지 설명**한다. 즉, 지경학은 국가이익을 증진 및 수호하고 자국에 유리한 지정학적 결과를 산출하기 위해 경제적 수단을 활용하는 것, 그리고 한 국가의 경제행위가 다른 국가의 지정학적 목적에 미치는 영향을 포괄하는 용어라 할 수 있다. 대표적인 예가 오바마 행정부가 TPP를 구성하여 중국에 대항하는 경제블록을 만들었고, 이에 대해 중국이 ASEAN이 주도하고 한국이 적극 관여하면서 창설된 RCEP을 활용하는 것 등이 지경학적 관점에서 설명될 수 있는 사례다. 지경학은 권력의 자원에 경제력이 포함되어 있다는 전제에서 지정학의 논리와 경제적 수단을 결합한다. 따라서 지경학적 접근은 전통적인 경제학의 가정(예컨대, 시장논리와 자유무역에 대한 가정)과 충돌되는 경우가 많다.

지경학은 상품 · 기술 · 시장에 대한 통제력을 행사하는 데 초점을 두지만, 지정학은 영토와 그 주민에 대한 통제에 초점을 둔다. 또한 지경학은 경제적 수단을 사용하지만, 지정학은 군사력과 그 사용 위협에 의존한다. 따라서 경제적 목표를 위하여 군사력을 사용하는 것은 지경학적 접근이 아닌 지정학적 접근에 속한다.

현실에서는 지정학적 접근과 지경학적 접근이 혼재되는 경우가 많다. 또한 경제적 목적을 위해 지경학적 수단 혹은 지정학적 수단, 그리고 지정학적 · 지경학적 수단을 사용하기도 한다. 보통은 중국의 아프리카에 대한 투자나 일대일로 사업과 같이 경제적 목표와 지정학적 목표를 동시에 추구하는 경우가 많다.

4) 고전적 지정학 이론

19세기 ~ 20세기 초반에 대비되는 두 이론인 해양을 중시하는 이론과 대륙을 중시하는 이론이 대두되었다 — 전자가 A. Mahan의 **해양권력론**이고 후자가 H. J. Mackinder의 **심장지역이론**이다.

마한은 국력은 지역적 이동성, 즉 해상기술의 발전에 좌우되며, 해군력의 증강을 통한 해상세력을 형성하는 것이 무엇보다 중요하다고 보았다 — 특히 전략적으로 중요한 해협의 지배가 힘을 결정하는 핵심요인이라고 보았다. 그의 시각은 하와이 제도를 해상기지로서의 중요성, 카리브해와 파나마 및 수에즈운하의 중요성을 강조한 루즈벨트의 외교정책에 영향을 미쳤다. (참고로) 최근에는 미-중 간 갈등이 심화되면서 말라카 해협의 전략적 중요성이 부각되고 있고, 이와 관련하여 중국은 말라카 딜레마라 표현한 바 있다.

맥킨더는 세계인구의 7/8이 거주하는 유라시아를 '세계의 섬'으로 부르면서 세계의 섬 중심에 해양세력이 미치지 않는 세계의 심장부(heartland)가 있다고 주장하였다. 세계의 심장부는 해양세력이 미치지 않는 대륙세력의 중심적인 근거지(pivot area)로 발트해-흑해-동유럽이 그곳이다. 이 지역은 제1차 세계대전 이후 육로수송기술의 발전, 인구증가, 공업화 등을 배경으로 중요성이 더욱 커졌으며, 심장지역을 지배하는 자가 세계의 섬을 지배하며, 세계의 섬을 지배하는 자가 전 세계를 지배한다고 보았다. 향후 국제정치는 심장부를 둘러싼 독일과 소련의 투쟁의 장이 될 수밖에 없는데, 민주주의 이상이 파괴되는 것을 막기 위해서는 이 지역을 지켜야 한다고 그는 주장하였다 — 이러한 주장은 러시아 혁명을 겨냥한 것이라 평가된다.

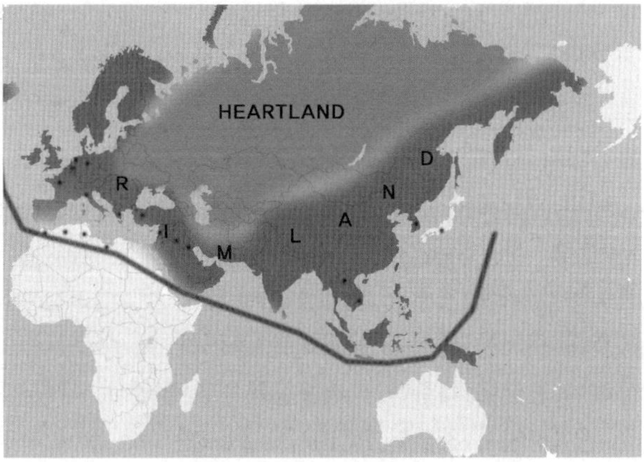

맥킨더의 이론은 나치의 동진정책의 이론적 근거가 되었던 K. Haushofer의 **생활공간론**, 일본의 지정학적 사유와 대동아공영권 구상에 많은 영향을 미쳤다. 하우스호퍼는 유기체로서 국가는 생활공간의 확보와 자급자족에 필요한 자원과 생산을 경제적으로 지배할 수 있는 지역, 즉 생활공간(Lebensraum)을 확보해야 한다고 보았다.

해양세력(sea-power)과 대륙세력(land-power)을 강조한 두 관점과 구별되는 이론들도 제시되었다.

N. J. Spykman은 '미국의 전략: 미국과 세력균형(1942)', 그리고 '평화의 지리학(1944)'에서 **주변지역론**(연안지대 이론, rimland theory)을 제시하였다. 그는 공업과 교통의 중심지가 유라시아 대륙의 주변을 따라 형성되는 것에 주목하면서 심장지역의 주변(유럽, 인도, 중국)을 강조하였다. 그에 따르면 이 지역은 대륙세력과 해양세력이 만나는 지역으로 이 지역을 지배하는 자가 유라시아와 세계의 문명을 지배할 것이라 주장하였다. 이 이론은 G. Kannan의 봉쇄정책의 이론적 기초가 되었고, 트루먼 독트린과 마셜플랜에 영향을 주었다.

A. P. de Seversky는 육군이나 해군보다 공군력의 중요성을 강조하였다. 그는 미국의 중심지역과 소련의 중심지역을 중심으로 각각의 공군지배 하에 있는 원이 겹쳐지는 지역(결정지역, area of decision)을 누가 장악하느냐에 따라 세계상공의 지배가 결정된다고 보았다. 이런 맥락에서 그의 이론을 **결정지역이론**이라 부르는데, 그의 이론은 레이건 정부의 SDI계획으로 발전하였다.

제 2 절 국제정치 이론들

Ⅰ. 국제체제

1. 국제체제의 개념과 체제이론

체제란 전체의 목표를 위하여 상호작용하며 어떤 종류의 경계에 의하여 그 환경으로부터 구분되는 구성요소나 단위의 집합을 말한다. 이렇게 볼 때, 국제체제란 '독립된 정치단위의 집합체로서 몹시 빈번하게 규칙적인 패턴에 따라 상호작용하고 있는 것(박재영 2002, 75)'이라고 정의할 수 있다. 그리고 체제이론은 체제의 유형과 전쟁의 발발 혹은 빈도의 문제, 무정부상태에서의 질서와 안정 그리고 지속성의 요인들을 연구하는 것이다.

2. 국제체제의 유형

국제체제는 힘의 분배와 상호작용의 형태에 따라 그 특성이 결정된다. 카플란은 국제체제 유형을 여섯 가지로 구분하고 있다(아래 표). 여기에서는 군사력의 배분에 근거한 유형을 살펴본다.

구　분	체제 특성
세력균형체제 (BOP system)	• 국제정치의 구조 : 강대국이 5개 이상 존재 • 능력증대를 위해 전쟁보다는 협상을 선호하며, 실패할 경우 전쟁을 선호 • 초국가적 행위자를 억지하며, 필수적 행위자를 파트너로 인정
이완된 양극체제 (loose bipolar system)	• 국제정치의 구조 : 비블록국가나 초국적 행위자 존재 • 양진영은 상대방을 제거하려 노력하며 전쟁도 불사 • 동맹은 장기화하고 전쟁가능성은 높지만 핵전의 공포 때문에 전쟁은 제한전의 성격이 나타남
경직된 양극체제	• 국제정치의 구조 : 중재역 부재 • 이완된 양극체제의 변형으로 행위규칙은 위와 유사
보편적 국제체제 (universal system)	• 국제정치의 구조 : 보편적 행위자 역할이 극대화된 형태 • 상호간의 관용과 보편적으로 적용되는 법질서가 작용하며, 국가는 보편적 행위자의 통제 속에서 자율성 보유
위계적 국제체제 (hierarchical system)	• 국제정치의 구조 : 단일세계국가(로마제국이나 과거 중국) • 국가를 기능적으로 대체하는 협정에 의해 구성된 단일세계국가체제로서, 국가는 단지 영토 구분에 불과하며, 주요 행위자는 이익집단
전단위거부권보유체제 (unit veto system)	• 국제정치의 구조 : Hobbes적 세계 • 국가를 규제할 장치가 부재하지만, 각 국이 억지력을 가질 경우 안정적

1) 단극체제(Unipolarity)

모든 권력이 한곳에 집중되어 있으며, 행위자들의 상호작용은 지배국가로부터 약한 국가에로의 수직적 형태를 띤다. 지배국가가 체제 내 모든 국가들을 통제하기 때문에 진정한 의미의 방위적 동맹은 존재하지 않는다.

지배국가는 자신의 권력을 유지하거나 증진시키려 노력하며, 체제 내 권력배분에 있어서 현상태를 유지하며, 대항국가들에게는 신중하게 대처하는 것이 유리하다.

신성로마제국과 중국의 주왕조 시대가 대표적 사례에 속하지만, 이러한 단극체제의 역사적 예를 찾기 힘들다. 다만, 2차 세계대전 이후 남미와 동유럽의 두 지역체제에서 국제정치가 단극체제의 규칙에 따랐다는 평가가 많다.

2) 양극체제(Bipolarity)

양극체제는 서로 대항하는 두 개의 중심점에 권력이 균등하게 집중되어 있고, 각각의 패권국에 의해 계층적으로 조직된 동맹체제들이 존재하는 국제정치체제를 말한다. 각국은 패권국에 의해 통제되고, 동맹체제 외부의 다른 구성국간의 접촉이 부재한 상태에 있다. 따라서 국가들의 중립이라는 것을 허용하지 않는다(전쟁이 일어나는 경우 중립국가가 중립을 유지할 수 있음을 확신할 수 없기 때문이다).

양극체제에서 국제체제는 아래와 같은 규칙에 따라 움직인다 ; ① 동맹은 적대 동맹에 비해 힘을 증가시켜야 하며, ② 각 동맹은 적대동맹이 힘의 우위를 차지하는 것을 허용하기 보다는 전쟁을 선호하며, ③ 각 동맹은 적대동맹을 제거하기 위해 노력하며, ④ 각 동맹은 전쟁보다는 협상을 해야 하고, 대규모 전쟁보다는 작은 전쟁을 선호하지만, 적대동맹을 제거하는 데 실패하는 경우에는 대규모 전쟁을 선호한다. 이 같은 양상은 미국의 대소련 정책에서 잘 보여 진다.

제2차 세계대전 직후 미국의 대소련 정책은 Truman Doctrine, Marshall Plan, 그리고 NATO를 기초로 하고 있다. 미국은 이를 기반으로 세계적인 자유와 인권증진을 위한 미국의 도덕적 의무를 강조하면서, 반공정권을 지원하며 제3세계에 대한 미국의 간섭을 강화하였다 — 여기에는 자유와 간섭이라는 모순이 내포되어 있었다. 1950년대에는 대량보복 능력을 강화하고 동유럽 국가들을 자유화시키려는 roll-back 정책을 추진하였다.

3) 느슨한 양극체제

느슨한 양극체제에서 권력은 두 개의 패권국을 정점으로 계층화되어 있다는 점에서 양극체제의 특성을 보유하고 있다. 그러나 패권국가는 동맹국들을 통제하는 능력이 제한되어 있으며, 패권국의 지위를 유지하기 위해 소요되는 많은 비용에 비해 그로 인해 얻는 편익이 적어 보다 많은 동맹국을 확보하기 위한 경쟁이 덜 치열하다. 따라서 약소국의 경우 중립도 가능한 정책대안이 되며, 국제기구들의 역할도 확대된다. 느슨한 양극체제에서 국제질서는[83] ① 느슨한 양극체제에서 국제정치는 동맹체제의 구조적 변화가 가능하며, 중립국과 국제기구를 운영하는 규칙이 요구된다. 이에 대해, ② 각 동맹은 그 구성원을 늘리려 시도하지만, 조급증으로 적대동맹에 참여할 가능성이 있는 경우 중립국에 대한 행동을 자제하며, ③ 각 동맹은 국제기구가 추구하는 목적들을 자신이 추구하는 목적의 하위에 두려 한다.

---

83) 1956년 중소 분쟁이후 중국은 소련의 동맹국으로 간주되기 어려웠으며, 베트남전을 전후로 NATO 내 갈등이 커졌고(미국은 NATO 회원국이 베트남전에 적극 개입하고 전쟁에 소요되는 전용을 부담할 것을 원했지만, 회원국은 소극적이었다. 회원국들은 자국 내 미군 기지에 대한 정치적 비용에도 불구하고 미국이 이를 고려하지 않았다는 점과 NATO 내 주요 결정에 대해 회원국들을 배제하고 있다는 점에 불만이 있었다), 프랑스가 NATO로부터 이탈하였다. 그리고 유럽 각국은 동유럽 국가들과 교류를 시작하였다.

4) 다극체제(Multipolar System)

다극체제는 적어도 다섯 개 이상의 강대국(패권국)이 존재하는 체제로, 유동성과 유연성이 양극체제의 대립을 대체한다. 많은 주의 중심점과 이들 사이의 권력의 균형은 우적(友敵)이 체제의 구조에 의해 미리 결정되지 않음을 의미한다. 따라서 모든 국가가 적대국이 될 수도 있으며, 동맹국이 될 수도 있고, 동맹의 형태는 특정 시점에서의 이슈에 따라 달라진다.

다극체제에서는 첨예한 사상적 대립이 존재하지 않으며, 따라서 중립이라는 것이 별의미를 갖지 못하며, 동맹을 형성할 수 있는 주요 국가들의 능력 때문에 국제기구의 역할이 크지 않다. 다극체제의 국제질서는

① 국가들은 그들의 능력을 제고하려하지만, 전쟁보다는 타협을 선호하며, ② 국가들은 그들의 능력을 제고하기 위한 기회를 놓치게 되는 경우에는 전쟁을 선호한다. ③ 국가들은 그들의 다른 한 주요 국가를 멸망시키기 전에 전쟁을 종식시키려 하며, ④ 국가들은 패배한 국가가 받아들일 수 있는 동맹파트너로서 체제에 재진입하는 것을 허용하거나, 이를 대신하여 다른 국가를 주요 국가의 위치로 격상시켜야 한다. ⑤ 주요국은 체제 내에서 지배적인 위치를 차지하려는 국가나 국가동맹을 억제하는 행동을 취하며, 국가이익을 추구하기보다는 세계질서에 관한 이상적인 생각의 실현을 바탕으로 하는 외교정책을 가진 국가들을 제약하려 한다.

3. 극성논쟁과 탈냉전시대의 국제체제와 국제질서 2012 입법

현실주의 이론가들은 체제 안정성, 전쟁 혹은 평화와 같은 현상은 개별 국가의 의도나 국제제도 혹은 규범의 산물이 아니라 국제체제의 구조의 산물로 이해한다. 그러나 어떤 구조가 안정적인지에 대한 통일된 입장은 존재하지 않으며 다양한 견해들이 존재한다.

- 극성(polarity) 혹은 극의 구조(polar structure)란 (국제질서를 힘의 위계구조라 가정할 때) 위계구조의 정점(peak)에 있는 강대국의 수를 말한다.
- K. Deutsch & J. D. Singer는 국제체제의 안정성(stability)을 '국제체제가 그 속성을 유지해 나가는 경향성으로서, 지배적인 국가가 존재하지 않고, 대규모 전쟁이 발생하지 않는 가능성'으로 정의하였다 ; 이하에서는 안정성을 국제체제가 그 속성을 유지해 나가는 경향 혹은 가능성으로 체제의 분안정이나 체제변경을 유발하는 대규모 전쟁도 없는 상태로 정의한다

1) 단극체제 안정성 : 패권체제론

단극체제의 안정성은 탈냉전기 미국 중심의 패권질서의 지속성 및 안정성과 관련하여 많은 논의를 낳았다. 특히, 세력균형이론의 예상과 달리 균형화 현상이 나타나지 않으면서 상당기간 지속될 것이라는 주장에 힘을 실어 주었다.

세력균형이론에 기반한 양극체제 안정론 및 다극체제 안정론과 달리, 세력전이론과 패권안정론은 패권국가가 존재하는 단극체제에서 상대적으로 안정적이며 평화가 가능하다고 주장한다.

- J. Joffe : 단극체제는 균형화가 불가능한 체제이다. 압도적인 미국의 힘은 주요 강대국 간의 패권경쟁을 허용하지 않으며, 단극체제는 갈등요인을 제어하게 된다. 게다가, 일본이나 독일은 냉전 중 미국이 구축한 체제 속에서 혜택을 누리고 있기 때문에 균형화의 의지가 없다. 요페

는 중심(hub)과 바퀴살(spoke)의 비유를 통해 중심인 미국과 바퀴살인 적대국이 연결되어 있어 적대적 결속(균형화)이 불가능하다고 설명한다. 미국이 영토적 야심을 가지고 있지 않기 때문에 적대적 동맹이 쉽게 결성되지 않을뿐더러, 경성권력에 기반 한 연성권력(smart power)을 갖는 미국의 압도적 우위 때문에 미국에 대한 힘의 균형이 일어나기 힘들다.

- W. C. Wohlforth : 가장 강한 국가로의 권력집중이 분기점을 넘은 상태에서 균형을 이루는 것이 커다란 비용을 필요로 하기 때문에, 세력균형론이 단극의 세계에서 적용이 안 된다.

2) 다극체제(multipolar system) 체제의 안정성

전통적인 현실주의(H. Morgenthau, M. Kaplan, K. Deutsch & J. D. Singer 등)는 다극체제가 안정적이라 보았다. 다극체제가 안정적이라는 주장은 나폴레옹 전쟁 이후 형성된 Vienna 체제의 안정성(비엔나 체제는 크림전쟁으로 붕괴했지만, 1815년에서 1914년까지 크림 전쟁을 제외하면 유럽 내에서 대규모 전쟁은 없었다)에 역사적 근거를 두고 있다.

K. Deutsch & J. D. Singer는 상호작용의 기회(interaction opprtunity)와 주의(attention) 수준을 중심으로, H. Morgenthau는 유연성(flexibility)과 위험회피(risk aversion, 불확실성)을 중심으로 다극체제의 안정성을 설명한다 ; 상호작용의 기회는 유연성과 관련되며, 주의 수준은 불확실성과 관련된다.

H. Morgenthau에 따르면 다극체제에서는 어느 누구와도 협력·동맹관계를 형성할 수 있으며, 영원한 적국은 없게 된다. 끊임없이 변화하는 동맹과 반동맹은 양극체제에서 발생하는 것과 같은 경직된 대립을 피하게 하고, 유연한 다극적 세력균형을 이룰 수 있기 때문에 전쟁가능성이 낮아진다. 또한, 강대국의 숫자가 많아질수록 상대적 능력을 평가하고 국가 간에 어떤 동맹관계가 형성될 것인지를 예측하기 어려워진다고 설명한다. 즉, (네트워크의 규모가 커질수록, 경우의 수가 늘어나 불확실성이 커지는 것과 동일한 논리에 따라) 불확실성이 전쟁을 억제하는 효과를 낳는다.

3) 양극체제(bipolar system)의 안정성

양극체제가 안정적이라고 보는 시각은 제2차 세계대전 이후 40년 이상 지속된 '장기간의 평화' 를 설명하면서 등장했다. 특히, K. Waltz는 제2차 세계대전 이후 국가 간 커다란 갈등부재의 원인으로 양극체제라는 국제체제의 구조적 특징 때문이라고 주장한 이후, J. Mearsheimer, K. Oye, K. House 등이 양극체제의 안정성을 주장해 왔다.

- 권력에서 절대적 우위를 갖는 두 강대국 사이에 갈등이 발생할 경우 위기의 강도가 너무 크기 때문에 초강대국은 '신중(caution)'을 기할 수밖에 없어 전쟁이 일어나지 않는다.
- 다극체제는 복잡성에 기인하는 오판(miscalulation)과 오인(misperception)이 갈등과 전쟁을 유발하지만, 양극체제의 단순성은 상대국이 가지고 있는 능력과 의도를 확실히 파악할 수 있어 전쟁 가능성이 줄어들며(확실성, certainty), 적은 행위자의 수가 협력을 용이하게 한다.
- 양극체제에서는 두 초강대국 사이에 극단적인 불균형(inequality)이 발생하기 어렵기 때문에 권력의 불평등을 교정하기 위한 노력(균형화)로 인한 체제 불안정성이 나타나지 않는다.
- 양극체제가 갖는 동맹관계의 특성이 안정성을 높인다.

양극체제는 단지 두 개의 권력중심이 존재하기 때문에 주변(peripheries)이 없는 상태다. 두 강대국 모두 자신의 세력을 증대하려고 노력하는 체제의 경직성·비탄력성(inflexibility)은 다수 국가 간에 생성되는 유연한 세력균형보다 더욱 안정적이다. 양극체제의 상대적 단순성과 함께 상존하는 변화의 압력은 체제 전체적으로 두 강대국에 보수적 성향을 갖게 한다. 따라서 제3의 강대국 출현을 어렵게 한다. 여기에 핵무기는 양극체제 구조를 더욱 공고히 하는 효과를 가진다.

4) 소 결

[1] C. Layne은 세력균형이론에 근거하여 미국의 패권이 궁극적으로 도전받을 수밖에 없으며, 미국이 이러한 도전에 직면하여 국제정치에서 패권적인 역할을 유지하고자 힘을 사용할 경우 긴장과 갈등은 커질 수밖에 없다고 지적한다. 따라서 미국의 외교정책의 방향은 일본과 독일(혹은 EU), 그리고 중국을 강대국으로 수용하고 이들 국가와 전략적인 상호의존을 통해 다극체제의 질서를 안정화시키는 것이 되어야 한다.

이와 유사하게 양극체제의 안정성을 주장하는 John Mearsheimer는 “Back to the Future”에서 양극체제의 붕괴는 유럽의 혼란을 가중시킬 뿐이므로 양극체제로 되돌아가는 것이 국제체제의 안정과 평화를 위해 바람직하다고 주장한다.

그러나 M. Mastanduno는 단극체제는 좀 더 지속력을 가진다고 주장한다. 체제변경 유인은 주요국이 미국을 위협으로 인식하는 지에 달려 있다. 그러나 미국은 경쟁 가능성이 있는 국가가 미래의 패권국가로 등장하는 것을 배제하는 데 초점을 두었다. 미국은 일본과 독일에게 안보를 제공함으로써 공약을 재확인(reassure)하고 이들이 독자적인 패권국으로 등장하는 것을 단념(dissuade)시키고, 러시아와 중국을 미국이 중심이 되는 국제질서에 엮고 통합해 왔다. 이러한 전략이 성공하는 한 단극체제는 안정적일 것이다 — 물론, 이 전략은 절반의 성공에 그쳤다고 평가할 수 있다.

[2] 세력균형론에 따르면, 균형의 대상이 되는 국가가 강할수록 책임전가 성향이 강해지기 때문에 균형보다는 책임전가를 하기 때문에 균형이 일어나지 않는다. 위협균형론에 따르면, 선량한 의도(good intention)가 미국에 대한 균형화를 억제하며, 공격적 현실주의에 따르면 미국은 다른 지역에서 지배를 하지 않고 다른 지배적 국가가 해당 지역을 지배하는 것을 막아 왔다(역외균형전략).

[3] 그러나 S. Hoffmann은 체제와 안정성은 논리적 인과관계가 없다고 설명한다. 무정부 상태에서는 어떤 구조에서도 평화와 전쟁에 이를 수 있으며, 체제 속성에 따라 상대적 안정성을 가질 수 있지만, 영구안정은 불가능하다는 것이다. 개별 국가에 안전을 보장하는 체제는 사실상 존재하지 않는다.

다극체제의 안정성은 비엔나체제를 통해, 양극체제의 안정성은 얄타체제를 통해, 단극체제의 안정성은 탈냉전기 미국패권체제를 통해 설명될 수 있다. 논리적으로 보면, 안정성 · 경직성은 체제 불안정을 가져올 수도 있고 체제 안정성을 가져올 수도 있으며, 복잡성 또한 안정성을 가져올 수도 있고 불안정성을 가져올 수도 있다. 그렇다면, (필자의 짧은 소견에 따르면) 어떤 조건하에서 상이한 결과를 가져오는 지를 규명하는 것이 중요할 것이다.

Ⅱ. 세력균형(Balance of Power ; BOP) 2011 입법(편승/균형)

1. 세력균형이론

1) 세력균형의 개념

30년 전쟁(1618~48)에서 합스부르크 왕가의 유럽지배시도가 실패한 이래 350여 년 간 한 나라가 체계 전체를 지배하는 일은 없었고, 그러한 시도가 있을 때마다 국가들은 반대동맹을 통해 그를 좌절시켜왔다. 17세기 루이 14세의 프랑스, 18세기 프레데릭 대제의 프러시아의 도전과 좌절, 18~19세기의 프랑스의 도전(나폴레옹 전쟁), 20세기 초 독일의 도전과 좌절(양차 대전)이 그것이다. 세력균형이론은 이러한 역사의 경험칙에서 나온 이론이다.

세력균형에 관한 이론들은 권력에 대한 상이한 관점에서 접근하기 때문에 통일된 관점은 존재하지 않는다. 예컨대, A. F. K. Organsky는 세력균형을 개개 국가 사이의 권력배분의 균형을 지칭하지만, H. Morgenthau는 국가들의 연합간의 권력의 배분으로 균형을 지칭하는 것으로 사용된다. 때로, 세력균형은 세력분포 상태를 지칭하기도 하며, 균형화 정책을 지칭하기도 한다.

2) 세력균형의 가정

BOP 이론은 기본적으로 현실주의 시각이 바탕으로 하는 power politics의 가정들과도 일맥상통한다. 이 이론은 때로는 세력균형이론이 흔히 현실정치에서 강력정치의 구실을 제공한다고 비판되기도 한다. 세력균형이론은 다음과 같은 가정을 한다.

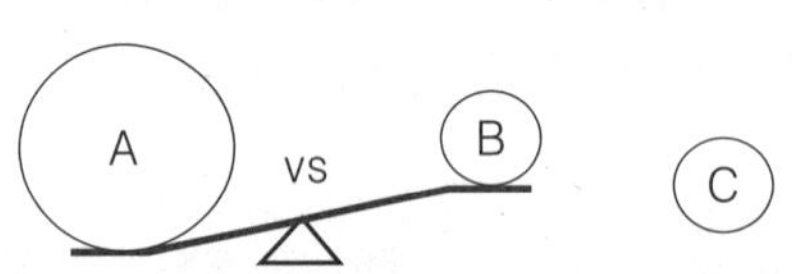

제3국인 C국은 균형(balancing)전략을 선택할 것인가? 편승(bandwagoning)전략을 선택할 것인가?

① 한 체제 내 국가 간의 국력이 고르게 분포되어 있을 때 체제안정이 가장 잘 유지된다. 즉, 힘이 비슷한 두 세력 간에는 전쟁이 쉽게 일어나지 않는다.

② 세력균형이 깨질 때, 힘의 우위에 있는 세력이 침략국이 될 가능성이 높다.

③ 국가들 간의 동맹관계는 그리 오래 지속되지 않는다. 체제 내에 영원한 적이나 우방이란 존재하지 않고, 필요에 따라 국가들은 기존의 동맹관계를 포기하거나 새로운 동맹관계를 맺는다.

④ 국제체제에서 가장 힘이 센 국가가 균형자(balancer) 역할을 담당한다.

⑤ 세력균형을 유지하는 가장 중요한 수단은 동맹의 형성과 와해이다.

3) 세력균형의 기능

세력균형은 다음과 같은 기능을 한다고 제시된다.

① 국제체제 전체를 통해 일반적인(general) 세력균형이 존재하면 체제가 정복에 의해 보편적 제국으로 화하는 것을 방지한다. 그리고 국지적인(local) 세력균형은 해당 지역 국가의 독립을 유지하는 데 기여한다. 지역패권국이 등장하여 주변 국가를 점령·흡수하는 것을 막기 때문이다.

② 일반적 세력균형과 국지적 세력균형은 공히 국제체제의 질서를 유지하는 다른 제도들(외교, 전쟁, 국제법, 강대국의 중재 등)이 작동할 수 있는 여건을 제공한다. 즉, 세력균형은 국제체제의 붕괴를 막고 국가들이 독립적 행위자로 존속될 수 있도록 하는데 크게 기여한다.

4) 세력균형에 대한 비판

먼저, 세력균형이 안보딜레마를 낳으며, 세력균형을 유지하고자 하는 노력이 역으로 전쟁을 초래한다. H. Morgenthau는 균형이 아닌 권력획득을 추구하는 데, 세력균형은 불확실성, 비현실정, 부적합성 때문에 국제질서 안정을 가져오는 데 한계가 있다고 보았다.

둘째, 세력균형은 약소국의 희생을 전제로 강대국의 이익에 부합하는 방향으로 기능했으며, 세력균형은 국제법이 기능하기 위한 필수조건이지만 세력균형을 유지하기 위해서는 국제법을 위배할 수밖에 없는 아이러니에 빠진다.

2. K. Waltz의 세력균형이론

[1] 왈츠는 다음과 같은 가정을 통해 세력균형이 불가피함을 주장한다 — 왈츠는 '세력균형이론이 국제정치이론'이라고 단언했으며, 국제정치를 '동맹이 만들어지고 유지되고 붕괴되는 과정에서 드러나는 외교'라고 보았다. 이와 함께 세력균형을 위한 방안을 내부적 균형과 외부적 균형으로 구분하였다(이근욱 2016, 121). 그는 안보를 추구하는 데 가장 효과적인 방법은 자신의 군사력을 증강하는 것(내부적 균형)이지만, 자원의 한계 때문에 현실의 국가들은 동맹(외부적 균형)을 선택한다고 설명한다.

그에 따르면 동맹은 강력한 국가가 등장하는 경우에 이루어지며, 안보 추구를 위해 여러 국가들이 서로의 군사력을 공유하는 도구이다. 동맹은 국가행동에 독자적인 영향을 미치지 않으며, 필요하다면 어떠한 형태로든 변화시킬 수 있는 매우 유연한 국가정책이다.

[2] 국가는 하나의 단일한 행위자로 최소한 그 보존을, 최대한 세계지배라는 목적을 추구한다. 이 경우 두 가지 조건만 충족되면 세력균형의 정치는 지배적인 패턴이 된다 ; ① 질서가 무정부적일 것, ② 그 속에서 단위들은 생존을 추구할 것.

왈츠의 이론은 다음과 같은 특징이 있다 ; ① 세력균형은 무정부라는 구조적 조건에서 복수의 정치단위가 서로 생존과 지배관계를 다툴 때 나타나는 본원적 행위패턴이다. ② 무정부적 체계에서 생존을 추구하는 국가들은 성공적인 국가의 체제를 모방하며, 선도국과 추종국간의 국력격차는 유지되거나 축소된다(동질화 명제). ③ 국가의 최고 목표가 힘의 극대화에 있다면 편승(bandwagoning)이 보다 합리적인 선택이 될 수 있지만, 국가의 최고 목적이 힘의 극대화가 아니라 바로 생존이고 힘은 그와 같은 생존에 필요한 수단일 뿐이기 때문에 국가는 균형화(balancing)를 택한다.

3. S. M. Walt의 위협균형론(세력균형이론의 수정)

2차 대전 이후, 균형화(balancing)보다 편승(bandwagon)이 지배적인 패턴으로 나타났으며, 이러한 현상을 세력균형이론으로 설명하기 어렵다. 왈트는 이에 대해 국가는 구체적인 위협에 따라 행동한다고 보았다. 힘(power)이 아닌 위협(threat)에 영향을 미치는 변수가 중요하다는 것이다. 그는 위협을 전체적인 힘(aggregate power), 공격적 군사력(offensive power), 지리적 인접성(geographic proximity), 공격적 의도(aggressive intention)라는 네 가지 요인의 복합적인 변수라고 규정하였다. 예컨대, 2차 대전에서 연합국이 총체적 자원 면에서 압도적으로 우세했지만, 독일이 더욱 큰 위협을 가하고 있다고 판단한 국가들이 균형(balancing)을 취하지 않고 연합국에 합류했던 것이다. 또한 1945년 당시 미국은 강력한 힘을 가지고 있었으나 지리적으로는 대서양이 가로막고 있었으며 공격적인 의도를 보이지 않은 반면, 소련은 미국보다 힘은 약하지만 공격적 군사력과 높은 지리적 인접성 뿐 아니라 동유럽을 향한 팽창은 서유럽 국가들에게 공격적 의도를 가지고 있는 것으로 인식되었다.

4. 이익균형이론과 편승이론

[1] 세력균형이론과 위협균형이론은 모두 세력이 약한 쪽에 합류하는 세력 혹은 위협에 균형화(balancing)를 추구한다고 보았으나, 신고전 현실주의자인 슈웰러(R. Schweller)는 세력이 강한 쪽에 합류하는 편승(bandwagon)이 보편적이라고 주장하였다.

K. Waltz의 세력균형이론은 상대적 힘의 배분 상태에 초점을 맞추는 반면, R. Schweller는 이익이 어떻게 배분되어 있는지에 초점을 맞추고 있다. 그는 이익(interest)에 따라 균형화 혹은 편승을 추구할 수 있다고 가정하는 것이다 — 이런 맥락에서 그의 이론을 '이익균형이론'이라 부른다(자세한 내용은 신고전적 현실주의에서 살펴볼 것이다).

[2] 편승이론이 제시하는 외교정책의 방향은 다음과 같다(박재영 2018, 245).

균형(balancing)이 지배적인 경향을 보이는 경우 위협은 반대동맹을 유도하기 때문에, 강대국은 반대동맹의 결성을 방지 혹은 억제하기 위해 위협을 최소화하는 정책을 선택해야 한다. 편승(bandwagon)이 지배적인 경향을 보이는 경우, 타국을 자신의 편에 유인하기 위해 강력하고 공격적이며 호전적이고 모험적으로 보일 필요가 있다. 이와 반대로 '균형'이 지배적인 경향임에도 불구하고 '편승'이 지배적일 것이라 생각하고 위협적으로 대처하는 경우 자신에 대항하는 압도적 연합의 형성을 촉진하여 스스로 격리되고 마는 결과를 초래하며, '편승'이 지배적인 경향임에도 불구하고 '균형'이 지배적일 것이라 생각하고 온건하게 대처하는 경우 반대편에 있는 위협적인 국가를 중심으로 한 강력한 연합의 형성을 초래하게 된다.

방어연합에 가담하더라도 힘이 약하기 때문에 실질적 영향력이 없는 약소국은 '균형'보다 '편승'을 선호하며, 가담으로 인해 위협적인 국가의 분노를 살 수 있어 이기는 쪽에 합류하려 한다. 반면, 강대국은 그 가담으로 승패가 달라져 그 기여에 대한 보상을 충분히 받을 수 있는 경우 약한 쪽에 합류(균형)하는 것이 합리적이다.

5. 연성균형, 헤징

1) 연성균형이론

[1] 냉전종식 이후 미국의 패권이 상당 기간 지속되면서 기존의 세력균형 이론은 새로운 도

전을 맞이하게 된다. 냉전종식 이후 군사동맹을 통한 전통적 형태의 균형이 나타나고 있지 않다는 것은 미국 중심의 패권체제가 안정적이고 지속될 것이라는 주장에 힘을 실었지만, 세력균형이론의 가정과 결론과는 다른 것이었기 때문이다. 이에 대해 새로운 형태의 균형화가 확산되고 있다는 주장이 대두되었고, 그 하나가 연성균형이론이다.

[2] 연성균형이란 새로운 형태의 균형으로서, 군사적 수단을 통한 전통적 균형인 경성균형(hard balancing)과 대조되는 '비군사적인 수단을 통한 균형(soft balancing)'을 지칭한다 ; Robert A. Pape는 연성균형을 비군사적 수단에 의존하면서 강대국의 군사 능력에 실질적 영향을 미치는 전략으로 규정하였다.

연성균형은 영토적 거부, 외교적 연계, 경제적 강화, 균형에 참여하기 위한 의지의 표출을 포함하며, 이러한 비군사적 수단들은 강대국이 군사력을 사용하는 것을 어렵게 하는 것(군사력 전개 능력을 약화시키는 것)에 초점을 둔다. 참고로, 연성균형의 성공은 강대국의 효과적인 행동을 제한함으로써 정책을 단념하도록 하는 것 뿐 아니라, 다수의 국가가 연성균형 연합에 참여하는 데 있다.

Robert A. Pape의 연성균형 수단

- 영토적 거부(territorial denial)란 강대국이 군사력을 전개하는 데 필요한 해외영토에 대한 접근에 제한을 가함으로써 효과적인 전략 수행을 제한하고 전쟁수행능력을 약화시키는 것이다. 자국 내 군사기지 사용금지·제한, 군함과 전투기의 영해와 영공 통과불허 등이 이에 속한다.
- 외교적 연계(entangling diplomacy, 협력외교)란 초강대국을 대상으로 국제기구·레짐을 활용하거나 외교적 조치를 통해 초강대국의 군사적 행동을 지연 혹은 제거하는 것이다. 초강대국 또한 국제기구의 절차와 규칙을 완전히 무시할 수 없고, 다른 국가의 지지를 일정정도 확보할 때 자유롭게 조치나 행동을 취할 수 있다는 점을 감안한 전략이다.
- 경제력 강화(economic strengthening)는 초강대국에 대한 상대적 경제력을 강화함으로써 장기적 시계에서 균형을 달성하려는 것이다. 군사적 우위는 강력한 경제력을 바탕으로 확보될 수 있다는 점에서 경제력 격차의 감소는 군사력 격차의 감소로 이어짐을 고려한 것이다. 인접국가와의 경제협력을 위한 지역통상블럭을 형성하고 초강대국을 배제하는 것(2019년 RCEP)이 이에 속한다.
- 균형에 대한 의지표출·신호발송(signal of resolve to participate in a balancing coalition)은 초강대국의 야심에 저항하는 연합에 참여할 것이라는 신호를 보내는 것이다. 초강대국의 행동을 방해하는 것은 아니지만, 다수 국가들이 초강대국의 일방주의에 대항하여 반복적으로 협력할 경우 참여국들의 신뢰증가를 통해 책임전가(buck-pass) 문제 혹은 집단행동의 딜레마(무임승차문제)를 해결할 수 있다는 점에서 연성균형의 수단으로 작용한다. 나아가, 집단적 행동은 초강대국에 대한 견제를 가능케 한다.

2) 편승과 균형을 활용한 헤징(hedging) 전략

'울타리 치기'라는 뜻의 헤징은 현물 가격 변동에 따라 발생할 수 있는 투자 손실을 줄이기 위한 위험 분산 전략을 의미한다. 최근 미국과 중국의 갈등이 심화되면서 아시아와 유럽 국가들이 경제·정치·안보 등의 위험(risk)을 최소화하기 위한 수단으로 외교정책에서 활용하고 있다.

헤징은 문제를 완전히 해결하는 것은 아니지만, 불확실성이 큰 상황에서 이를 회피하고 어느 정도 통제하기 위한 합리적 선택의 하나라 할 수 있다.

헤징의 수단으로 강한 국가와 동맹을 맺는 '편승(bandwagoning)'과 강한 국가 혹은 잠재적 패권국에 대항하는 동맹 형성하는 '균형(balancing)' 뿐 아니라, 제한적 편승(limited bandwagoning), 구속적 연계(binding engagement), 경제적 실용주의(economic pragmatism), 지배거부(dominance denial), 간접균형(indirect balancing) 등의 수단들이 제시되고 있다(박진 2015).

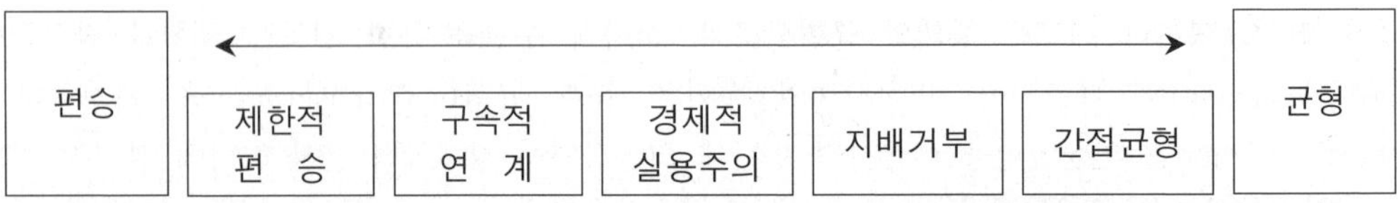

'간접균형(indirect balancing)'은 적국을 명시하지 않는 군사동맹을 체결하거나 군비증강을 통해 리스크를 최소화하려는 것이며, '지배거부(dominance denial)'는 지역적인 정치적 균형을 추구하는 것이며, '경제적 실용주의(economic pragmatism)'는 경제적 협력을 통해 이익을 극대화하는 것이고, '구속적 연계(binding engagement)'는 양자 혹은 다자간 관계를 형성하여 상호구속력을 높이는 것이며, '제한적 편승(limited bandwagoning)'은 선택적으로 의존 혹은 협력 관계를 형성하는 것이다.

(중국에 대한) 편승	강한 국가와 동맹	
제한적 편승	선택적 의존 혹은 협력	필리핀(2016~2020)
구속적 연계	양자 혹은 다자간 관계 형성	
경제적 실용주의	직접적인 경제 협력	말레이시아
지배거부	지역적인 정치 균형	
간접균형	군사동맹이나 군비증강	한국(?), 대만
(중국에 대한) 균형	동맹 형성	일본, 호주

최근 필리핀의 두테르테 대통령이 '미국과 거리두기' 행보를 보이면서, 중국과는 남중국해 영해 문제를 외교의제에서 제외하고 군사협력을 강화하는 것은 제한적 편승이라 할 수 있다. 한편, ASEAN 국가들과 한국, 중국, 일본, 인도, 호주, 뉴질랜드 등 16개국이 참여한 RCEP(역내포괄적경제동반자협정, Regional Comprehensive Economic Partnership)이 2012년 동아시아 정상회의에서 협상 참여국 정상간 RCEP 협상개시 선언이 있었고, 2019년 11월 인도가 불참한 가운데 타결되었다. 이는 구속적 연계 혹은 경제적 실용주의 전략이라 할 수 있다. 인도네시아와 싱가포르의 대응방식은 간접균형에 속하는데, 인도네시아 뿐 아니라 말레이시아 등도 최근 군비증강을 위해 무기구매와 국방예산을 증액하고 있다.

중국의 부상에 대해 일본, 호주, 인도는 미국과의 동맹을 강화하는 균형화를 보이고 있다. 다만, 인도와 호주는 중국과의 경제적 협력은 유지하고 있다 — 참고로, 일본은 TPP에 주안점을 두면서 RCEP에 소극적으로 참여하였고, 인도는 최종 협상에서 불참을 결정했다.

6. 국제질서 전망

세력균형이론에 의하면, 동질화 및 균형화 명제에 의하여 각국이 편승이 아닌 균형화 전략을 취할 수밖에 없기 때문에 단극체제는 불안정적일 수밖에 없다고 본다. 그러나 위협균형이론 등에 의하면, 지배적 국가가 그 대외정책에서 절제할 때 균형화노력은 피할 수 있다고 본다. 즉, 현 질서가 유지되는가의 문제는 각 국이 지금까지의 편승전략을 유지할 것인지, 균형화 전략을 택할 것인지에 따라 좌우될 것이다. 이는 미국이 자신의 힘을 절제하지 않고 일방주의를 지속할 것인가에 따라 달라진다. 그런데 미국은 다음과 같은 이유로 일방주의를 지속시킬 것이다.

① 체계차원에서 **권력의 함정**에 걸릴 수밖에 없다. 냉전기 미국의 군사적 개입이 견제세력이 없었던 중미지역에 국한되었던 것처럼, 견제세력이 없는 힘은 군사적 조급증을 보일 수밖에 없다.

② 관계차원에서 볼 때, 협상의 논리에서 발생하는 **신빙성의 함정** 때문에 강압외교는 불가피하다. 협상에 성공할 경우 비용이 수반되지만, 강제력은 성공할 경우 비용이 들지 않는다. 패권국으로서의 미국은 도처의 국제정치에 개입하지 않을 수 없으며, (국내 의회의 압력이 커지는 데 비례하여) 무수한 협상상황에서 보상보다는 강압외교를 선호하게 되는 것이다. 그런데, 강압외교가 실패한 경우 신빙성 문제 때문에 제재를 감행할 수밖에 없다.

③ 국가차원에서 여론과 **국내정치 요인**에 의해 일방주의가 강화될 수밖에 없다. 탈냉전과 함께 동맹국의 중요성이 쇠퇴되고, 국내문제가 우선시 되고, 대내적 지지 등의 자원의 동원이 어려워지면서 외교정책의 일관성이 약해질 수밖에 없다.

일방주의가 지속되는 한, 향후 국제질서는 다음과 같은 변화가 예상된다 ; ① 군사적 측면에서 보면, 미국의 힘에 의한 위협은 비핵 강대국의 핵무장을 불러올 것이고, 이들 국가의 외교적 자율성은 증대될 것이다. ② 경제적으로 보면, 지역주의와 지역통합은 더욱 확산될 것이다. 이는 미국 중심의 세계질서에 대한 원심력으로 작용하게 된다. ③ 정치사회적 측면에서 보면, 일방주의 외교는 미국의 연성권력의 기반의 큰 축인 국제레짐을 파괴하고 있으며, 국가 간 협력보다 갈등과 분쟁 요인은 더욱 증폭될 것이다.

Ⅲ. 전쟁, 동맹, 핵

1. 전쟁(War) 2007 행정(비대칭적 상호의존)

1) 의 의

전쟁(war or warfare)이란 국가 또는 정치적 단위 간에 폭력이나 무력을 사용하는 행위를 말한다. 넓게 보면, 폭력적인 분쟁 해결 수단, 즉 정치적 단위 사이에서 정치·경제·사상·군사력 등을 사용하여 자신의 의사를 상대에게 강요하는 행위를 말한다. 따라서 외교전, 선전전, 경제·무역전, 기술전 등의 투쟁을 포괄한다.

K. Clausewitz는 '전쟁은 다른 수단에 의한 정치의 계속'이라고 하였는데, 전쟁의 본질은 정치적 목적을 달성하기 위한 수단이라는 것이다. 이는 전쟁과 정치를 명확하게 구분할 수 없다는 의미가 내포되어 있다. 근대 국제체제에서 전쟁은 이익이나 세력의 확장, 세력균형을 목적으로 하였다 — 종전 후 영토할양이나 전후배상 문제가 뒤따랐다. 그러나 20세기 전쟁은 이데올로기적 투쟁의 성격을 강하게 띠었다. 전쟁에서 이데올로기나 인종적·종교적 의미가 내재되는 경우 국가 이익의 추구가 아닌, 특정 체제나 이데올로기 혹은 인종·종교의 말살을 추구하게 된다. 이러한 전쟁에서는 전쟁을 수행하는 주체들의 정당성과 도덕성을 강조하는 데, 냉전기의 대리전들, 중동의 전쟁들, 인종청소를 수반한 내전들, 그리고 미국의 대테러전 등에서 체제우월성에 대한 선전과 성전(holy war)·해방전쟁이라는 상징이 활용되었다.

선제전쟁(preemptive wars)과 예방전쟁(preventive wars)

선제전쟁(preemptive war, 선제공격전쟁)은 위협이 임박한 경우에 이를 제거하기 위한 수단으로 사용하는 것이라면, 예방전쟁(preventive war)은 다가올 위협의 현재화를 예방하기 위한 을 단행하는 것을 말한다. 선제전쟁은 국가의 영토 보전과 주권에 대한 명백하고도 충분한 위협이 있는 경우 선제적으로 개입하는 행위(preemptive intervention, 선제개입)로 M. Walzer는 정의의 전쟁에 부합한다고 보았으며, 국제법 상 수용되는 수단이다. 반면 예방전쟁은 정책당국자가 지금 전쟁을 하는 것이 나중에 하는 것보다 낫다고 판단할 때, 쉽게 말하면 적의 공격 징후가 존재하는지와 무관하게 지도자가 공격할 것 같다는 것만으로도 군사적 옵션을 사용하는 것을 말한다.

2) K. Waltz의 분석 수준과 전쟁

1) First Image : 인간본성, 정책결정자의 속성

인간의 악한 본성에 초점을 맞추는 경우, 모든 인간이 공유하는 인간의 본성에 따라 설명하는 견해와 특정한 인간의 역할에 강조점을 두는 견해가 있다.

전자는 전쟁의 주요원인은 인간의 본성과 행위 속에 존재한다고 설명한다. 전쟁은 인간의 이기심, 잘못 인도된 공격적 충동, 그리고 어리석음으로부터 발생한다. 이 시각에서는 인간의 본성이 변화하지 않은 한 전쟁은 불가피하기 때문에, 보다 평화로운 세계를 만들기 위해서는 정신적·지적 사고방식 혹은 심리적·사회적 행위의 측면에서 인간이 변화되어야 한다.

후자는 정책결정자 개인의 성향(민주적, 권위적), 자질(판단력, 통솔력), 혹은 신념(종교), 태도(온건, 과격) 등이 정책결정과정과 국가의 정책을 형성한다고 본다. 예컨대, 펠로폰네소스 전쟁에서 페리클레스의 판단은 중요한 변수였으며, 1962년 쿠바 미사일 위기에서는 케네디(J. F. Kenedy)와 후르쇼프(N. S. Khrushchyov)의 판단이, 2003년 이라크 전쟁에서는 조지 부시와 사담 후세인이 결정적인 요인이었다(J. Nye 2015, 78). 그러나 이들이 그런 판단을 내릴 수밖에 없었던 상황이나 구조적 요인을 배제하고 전쟁의 원인을 설명하는 것은 한계를 갖는다.

이들은 국가 간 관계를 인간의 본성 혹은 심리를 통해 설명하려는 잘못된 전제에서 출발하고 있다는 비판을 받는다. 이러한 심리학적 분석은 결정자의 의도나 동기 등을 보여줄 수 있으나, 왜 어느 지역, 어느 시대에는 전쟁이 발생하고 다른 경우에는 그렇지 않았는가를 설명하지 못한다(R. J. Lieber 2001, 83).

2) Second Image : 국가의 내부구조 또는 속성

국가를 단일한 행위자(unitary actor)로 간주하여 국가의 내부속성(정부형태, 경제 및 군사력 수준, 국가 내 인종 분포 등)이 국가의 정책결정과정에 영향을 미치는 형태에 관해 연구한다. 국가의 내부적 조직은 전쟁과 평화의 문제를 이해하는 열쇠가 된다고 주장하며, 국가의 외부적 행위들을 국가의 내부적 결점과 관련시켜 설명하는 다양한 형태의 접근법이 존재한다.

전쟁의 원인은 인간 본성이 아닌 특정 정치체제나 경제체제가 지닌 내부 특성에 있다고 보는 것이다. 평화를 실현하기 위해서는 민주주의의 전 세계적 확산이 필요하다고 본 영구평화론과 민주평화론, W. Wilson, 민주평화론, Marx-Lenin주의, F. Fukuyama의 역사철학, N. Choucri & R. North의 횡적팽창압력이론, 희생양가설(관심전환가설) 등이 이에 속한다.

국가나 사회의 속성을 가지고 설명하려는 이론은 개인특성이나 인간본성을 핵심요인으로 보는 이론과 마찬가지로 과잉예측(overpredict)에 빠진다 — 유사한 속성을 가진 국가 중 일부는 전쟁을 하지만, 왜 다른 국가는 전쟁을 선택하지 않는가를 설명하지 못한다.

3) Third Image : 국제체제의 성격

국가 및 비국가 행위자들의 상호작용이 국제체제에 영향을 미치는 정도, 국제체제 전반의 갈등 및 협력의 수준을 분석한다. 국제체제론, 세력균형이론, 세력전이이론, 패권안정론, 장주기이론, 군비경쟁모델[84] 등이 이에 속한다.

개별 국가는 자국의 행위에 대하여 최종 결정을 내리는 주체이다. 국가는 자국의 이익을 위해 힘을 사용하려하며, 이를 억제할 수 있는 권위체가 존재하지 않는다. 전쟁의 원인은 궁극적으로는 세계정부와 같은 권위체가 존재하지 않는 무정부성 때문이다. 예컨대, 왈츠는 루소의 사슴사냥 우화를 인용하면서 개별 행위자(국가)의 선택이 합리적이라 할지라도 전체적으로는 변덕스럽고 비합리적인 결과(안보딜레마)를 초래할 수 있다는 것을 강조한다. 따라서 개별 국가가 생존을 위해서는 스스로의 안보를 위한 힘을 확보하는 것(자구, self-help)이며, 영구적인 평화를 실현하기 위해서는 개별 국가들을 효과적으로 통제할 수 있는 세계정부의 수립이다.

체제론적 관점에서 볼 때, 단극체제는 국가들이 자신의 독립을 유지하기 위해 패권국가에 맞서 세력균형을 형성함으로써 혹은 신흥세력이 패권국가에 도전함으로써 붕괴되는 경향이 있다.

84) L. Richardson는 한 국가의 군비증강과 다른 국가의 군비증강의 악순환이 전쟁을 가져온다고 설명한다.

다극체제에서는 세력균형을 이루기 위해 유연한 동맹이 형성되며, 전쟁이 일어나더라도 제한적이다. 반면, 양극체제에서는 동맹이 견고하기 때문에 대규모 분쟁이 일어날 가능성이 높아, 펠로폰네소스 전쟁에서처럼 양극체제는 붕괴되거나 폭발한다(J. Nye 2015, 78). 그러나 제2차 대전 이후 형성된 양극체제는 소련이 몰락하고 그 체제가 붕괴될 때까지 대전쟁은 없었다.

G. Modelski에 따르면, 국가는 공동체의식, 의견일치, 폭력수단의 독점권을 포함하는 정치체제이다. 반면에, 국제체제는 이러한 성격들이 결여되어 있다. 그러므로 국내정치와 국제정치 간의 근본적인 차이점은, 평화가 국내정치의 규칙이라면, 전쟁이 국제관계의 독특한 특성이라는 사실에서 가장 잘 표출되고 있다. 국가 간의 전쟁의 상태가 국제정치에서의 공동체의식의 결여, 의견일치의 부재, 폭력수단의 독점권 결여의 직접적이고 피할 수 없는 결과인 것이다. 따라서 전쟁, 전쟁에 대한 기대와 그것에 근간을 둔 외교적 전략적 행위들이 국제관계의 특성이 된다(R. J. Lieber 2001, 89).

2. 동 맹

1) 동맹의 의의

동맹은 자주국가들 간의 안보 협력을 위한 공식적 또는 비공식적 협정이다(김우상 2004, 3). 동맹은 동맹조약을 체결한 공식적 동맹과 상호간의 묵시적 이해나 군사훈련 등을 통한 비공식적 동맹관계를 포함한다.

군사동맹의 경우, 국력이 유사한 동맹국들의 군사력을 합쳐 공동의 적에 대항하여 전쟁 억지력을 확보하기 위한 국력집합동맹(대칭적 동맹)과, 강대국과 약소국 간에 형성되는 안보교환동맹(비대칭적 동맹)이 있다. 비대칭적 동맹은 약소국의 경우 강대국으로부터 군사적 지원을 확보하여 자국의 안보를 확고히 하려는 데 목적이 있다면, 강대국은 약소국의 정책결정과정에 영향력을 행사하려는 목적으로 동맹을 체결하게 된다.

동맹은 국제협력의 가장 오래된 형태에 속하며, 자구(s-h)의 원칙이 지배하는 무정부적 국제정치 구조 속에서 생존을 위한 대표적인 수단이다. 동맹은 공동의 가치나 유대감을 형성하는 것이 목적이 아니라, 공동의 위협에 대처하는 것을 목적으로 한다. 즉, 동맹이 형성되는 이유는 안보(security), 안정(stability), 위상(status)을 확보 혹은 높이려는 데 있다.

동맹은 안보, 경제력, 자율성 등 3 가지 요소 간의 상대적 균형 속에서 결정된다. 즉, 각국은 안보위협 대처 및 억제에 대한 동맹의 기여정도, 동맹 대체 시 필요한 군비증강에 동원할 수 있는 자원량, 동맹으로 인한 자율성의 제약 정도 등을 종합적으로 평가하여 동맹체결과 유지를 결정하게 된다.

그리고 G. H. Snyder에 따르면, 동맹의 체결과 결속 정도는 국제체제의 권력구조와 관련된다. 세력의 크기가 유사한 다극체제에서는 세력균형을 위한 견제성격의 동맹이 형성되기 쉽다. 특정 국가의 국력 증대는 현상유지를 어렵게 만들기 때문이다. 반면, 양극체제에서는 동맹파기의 유혹이 줄어든다. 진영 내 강대국과 추종국의 권력 차이가 크고, 우방과 적대국의 구분이 분명하며, 달리 동맹을 맺을 만한 대안 국가가 별로 없기 때문이다.

동맹에는 ① 한 국가가 적대국에 침략 당했을 경우 다른 서명국이 공동방어를 위해 전쟁에 참전하기로 약속하는 방위조약(defense pact ; 한미동맹, NATO), ② 서명국들이 서로 간에 전쟁을 선포하지 않고 중립을 지킬 것을 약속하는 중립조약·불가침 조약(nonaggression pact ; 1939년 독·소불가침 조약), ③ 어느 한 국가가 제3국으로부터 침략 당했을 경우 서명국들 간에 서로 공조체제를 유지할 것인지 등에 관해 차후 대책을 서로 협의할 것에 동의하는 협상(entente ; 1894년 프·러협상)으로 나눌 수 있다.
방위조약이 자율성이 낮다면, 협상은 자율성이 높다. 반대로 방위조약의 지속성이 강하다.

2) 동맹의 목적

S. Walt는 동맹의 목적을 균형화와 편승으로 나눈다. 균형화(balancing)는 우세한 힘·위협에 대항함으로써 세력균형을 유지하기 위한 것이며, 편승(bandwagoning)은 우세한 세력이나 급부상하는 세력과 동맹을 맺음으로써 잠재적 위협을 피해보려는 유화 정책의 일환이다.

일반적으로 약소국은 균형동맹보다 편승동맹을 선호하는 경향이 있다. 약소국으로서는 균형동맹에 참여할 경우 동맹세력에 미치는 영향은 미미한 반면, 반대 동맹국(적대국)의 원한을 얻기 쉽기 때문이다. 또한, 인접 강대국을 위협세력으로 둔 약소국의 경우 균형동맹보다 편승동맹전략을 취하는 경향이 있다. 강대국과 인접한 약소국이 균형동맹을 원하는 경우에도 인접 강대국의 위협에 대항하여 자국의 동맹국들로부터 지원 받을 때까지 자력으로 자국을 지킬 능력이 충분하지 않을 경우 결국 편승동맹전략을 추구하게 된다.

3) 동맹의 유형 : 대칭적 동맹과 비대칭적 동맹을 중심으로

동맹은 동맹국의 국력의 크기를 기준으로 국력이 비슷한 국가 간에 형성되는 대칭적 동맹과 강대국과 약소국 간에 형성되는 비대칭적 동맹으로 구별할 수 있다.[85] 대칭적 동맹은 동맹국의 세력결집을 목적으로 한다면, 비대칭적 동맹은 약소국이 자신의 자율성을 대가로 안보를 확보하려는 자율성과 안보의 교환(autonomy-security trade-off)을 특징으로 한다.[86]

G. H. Snyder에 의하면, 강대국이 약소국과 동맹을 형성하는 경우에는 일방적 보장의 성격이 강하며, 강대국이 약소국에 대해 구속적 영향력을 가지고 약소국을 통제하기 위한 수단으로 동맹이 체결되는 경우가 많다. 이 경우 약소국은 자율성이 제약되는데, 그렇다하더라도, 자국의 안보를 위협하는 요인에 대항하기 위해 강대국의 힘에 의존하는 편승정책의 일환으로 동맹을 추진하는 것이다. S.Walt는 위협을 주는 국가에 편승하거나, 위협국보다 우월한 국가나 세력에 편승한다고 보았다. 약소국이 자율성이나 국익을 포기하는 것은 연루와 포기라는 안보 동맹의 딜레마가 존재하기 때문이다. 약소국은 포기의 위험을 피하기 위해 자국의 정치적 자율성을 희생하여 강대국의 안보 공약을 높이려 하는 것이다.

---

85) 강대국은 상호 위협에 대해 힘의 균형을 이루는 세력균형정책을 목적으로 동맹을 형성하는 것이 일반적이다. 예컨대, 1970년대 닉슨이 핑퐁외교를 통해 중국과의 관계 개선을 추구했던 것은 구소련과의 균형을 유리하게 변경하기 위한 목적이 있었다.

86) 비대칭적 동맹에서 약소국은 강대국이 원할 때 군사기지 및 시설을 제공해야 하며, 국내 정책에서의 자율성에 제약을 받지만 필요하다고 판단되는 경우에 형성하기 때문에 오랜 기간 지속되는 경향이 있다. 다만, 약소국의 국력이 상대적으로 증대할 경우 약소국이 비대칭 동맹관계를 파기할 가능성이 높아진다.

J. D. Morrow는 비대칭 동맹에서 동맹 형성 이후 동맹국 간의 상호관계는 **연루와 포기**, 그리고 **자율성과 안보의 교환**으로 설명한다. 강대국은 약소국의 군사력이 자국의 안보에 미치는 효과가 미미할 경우 양국의 공동 위협에 대한 균형을 추구하기 보다는 약소국의 불안정 요소를 통제하거나 영향력을 행사하기 위한 목적으로 동맹을 형성한다. 즉, 비대칭 동맹에서는 동맹의 기능이 위협에 대한 균형이 아니라 동맹국간 상호관리의 수단에 맞춰지기 때문에, 강대국은 약소국에 제공하는 안보의 대가로 복종을 요구하고 자율성을 제약하게 되는 것이다.

그러나 비대칭 동맹에서 항상 약소국이 자율성을 포기하는 것은 아니다. G. H. Snyder에 따르면, 비대칭 동맹에서도 연루와 포기의 위험은 강대국에도 적용될 수 있기 때문에 동맹국간의 거래(trade-off)가 필요한 관리의 문제로 인식된다. 또한, 지정학적 환경과 강대국의 세력분포에 따라 전략적 공간이 창출될 수 있다. (예컨대, 약소국이 인접국의 침략 등으로 해당국에서 발생하는 힘의 진공 상태나 완충판의 상실이 유발하는 국제질서의 불안정성이 강대국의 안보위협으로 작용하는 경우) 약소국은 이를 활용하여 강대국과의 거래를 통해 자신의 영향력을 확장시킬 기회가 발생할 수 있다.

4) 동맹안보의 딜레마(GLen. H. Snyder)

동맹의 딜레마는 소위 '포기(abandonment)'와 '연루(entrapment)' 사이의 딜레마로 표현된다.

① 일국이 동맹에 크게 의존할 때, 동맹국들의 지원이 가장 긴요할 때 그들로부터 방치될지도 모른다는 포기(abandonment)에 대한 두려움과 동맹국들을 지원할 필요에 의해 원하지 않는 분쟁에 휘말릴지 모른다는 연루(entrapment)라는 두 위험에 봉착하게 된다.

② 강한 동맹관계를 갖게 되면 동맹국의 분쟁에 휘말릴 가능성이 있고(entrapment), 약한 동맹관계를 갖게 되면 동맹국으로부터 버림받을 가능성이 크다(abandonment).

③ 동맹국에 대한 확고한 지지의 표명은 포기의 우려를 줄일 수 있으나, 자국의 이익과 무관한 분쟁에 연루될 가능성이 높아진다. 반면, 동맹국과 관련된 분쟁에 연루될 가능성을 줄이려 하는 경우 상대국으로부터 포기의 가능성이 높아진다(Morrow).

④ Morrow에 따르면 비대칭적 동맹에서는 보통 강대국은 연루의 위험이, 약소국은 포기 위험이 존재한다.

3. 핵과 핵확산 2010 입법

1) 핵확산의 원인(Scott Sagan)

① **안보 모델(Security Model ; 신현실주의의 자구모델)** : 한 나라가 핵을 개발하면 이는 곧 이웃나라에 대한 위협이 되고, 그 나라는 또 새로운 위협에 대처하기 위해 자체의 핵개발 프로그램 착수한다. 강한 국가는 그들이 원하는 바를 할 수 있어 핵개발을 하며, 약한 국가는 생존을 위해 그들이 해야만 하는 것을 한다. 즉, 핵위협에 대처하기 위해 핵을 가진 동맹국과 연계하여 핵보복 능력을 갖춘다.

② **국내정치모델** : 핵무기의 획득은 국가기구내의 특정 개인 혹은 관료정치적 이익 때문에 추진된다는 관점으로, 핵에너지 관련 부서, 군부, 정당이나 정치인 등이 핵개발을 강력히 추진하는 경우, 그리고 핵개발을 추진하는 세력들이 정부의 정책결정을 좌우할 정도로 강한 연합을 형성할 경우 핵개발은 추진되기 쉽다.

③ **규범적 모델** : 핵무기 획득은 일국의 정체성을 대변하는 중요한 상징이기 때문에 추진된다는 견해로, 핵은 현대국가라면 마땅히 소유해야 할 속성의 일부로 여겨진다는 것이다.

[참고] 핵보유국과 보유핵무기 수

	러시아	미국	프랑스	중국	영국	파키스탄	인도	이스라엘	북한
최초핵실험	1949.	1945.	1960	1964.	1952.	1998.	1974.	1979.	2006.
2009. 9.	13,000	9,400	300	240	185	70-90	60-80	80	10
2020. 1. (실전배치)	6,375 (1,570)	5,800 (1,750)	290 (280)	320 (290)	215 (120)	160 (150)	150 (130)	90 (80)	30-40 (20-30)

* NPT에서 인정하는 핵무기 보유국(P5)은 유엔상임이사국인 미국, 러시아, 영국, 프랑스, 중국
* 남아프리카공화국, 우크라이나, 카자흐스탄, 우즈베키스탄, 벨로루시는 핵무기를 보유하고 있었으나 폐기됨.
* NATO 핵공유 협정국 : 독일, 이탈리아, 터키
* 과거 핵 개발국 : 브라질, 아르헨틴, 스웨덴, 일본, 호주, 인도네시아(브라질, 아르헨티나, 일본은 우라늄 농축, 플루토늄 재처리 시설 보유), 리비아(현재 폐기), 이란, 이집트, 루마니아는 연구용 원자로 보유,
* 이스라엘과 북한은 추정치. 2020년 자료는 스톡홀름 국제평화연구소, 2009년 자료는 핵연구그룹

2) 핵확산 방지를 위한 국제레짐

1945년 미국의 핵무기를 사용한 이래 수직적 핵확산(핵보유국의 핵능력 향상)과 수평적 핵확산이 진행되었다. 1968년 NPT(Nuclear Non-proliferation Treaty) 조인이래 핵의 공식적 확산은 금지되고 있다.

가. NPT 체결 이전의 핵확산 방지노력

① **Baruch 계획** : 트루만 정부가 B.Baruch를 통해 1946년 유엔원자력위원회에 제안한 계획이다. 미국이 원자력의 사용과 개발 기술에 대한 독점을 포기하는 대신, 국제기구를 통해 원자력의 무분별한 사용을 통제하려는 것이었다.

② **원자력의 평화적 이용 계획(Atoms for Peace Plan)** : 아이젠하워 대통령이 1953년 유엔에서 발표한 구상이다. 원자력 선진국들이 보유한 핵물질의 일부를 국제기구에 제공한다면 그 만큼 핵무기를 만들 수 있는 핵물질이 줄어들고 원자력의 평화적 이용에 대한 의지를 과시할 수 있다는

인식에서 출발한다. 소련의 핵무기 보유 시도를 겨냥해서 발표한 구상이라 평가된다.

③ **국제원자력기구**(IAEA ; The Institutional Atomic Energy Agency) : 아이젠하워의 구상에 기초해서 만들어진 기구로. 미소양국이 1954년 아이젠하워가 제의한 국제기구 창설에 대한 협상을 시작했고, 56년 IAEA 헌장이 마련되고, 57년 18개국이 비준함으로써 출범하였다.

원자력 선진국들로 받은 핵물질과 기술을 세계 각국에 제공하는 대신 원자력 활동이 평화적이라는 점을 확인하기 위해 보장조치협정에 의거한 감시와 검증 및 사찰을 실시하는 것을 내용으로 한다. 1970년 NPT가 출범한 이후에는 NPT 조약의 이행여부를 감시하는 기능도 맡아서 수행하고 있다.

나. NPT(Nuclear Nonproliferation Treaty)

아일랜드 정부가 제안한 1961년 유엔결의안에 기초해서 출범한 기구다. 이 결의안은 ① 핵무기 확산 문제는 국제조약을 통해 다루어져야 하고, ② 국제조약은 핵국과 비핵국이 이행해야할 의무에 기초해야 한다는 것을 담고 있었다.

NPT는 확산금지, 보장조치(비핵국에 대한 수출규제와 IAEA 사찰), 원자력의 평화적 이용, 군축, 비핵국의 안전(비핵지대 창설, 안전보장), 조약의 개정 · 이행 · 탈퇴 · 연장 등에 관한 권한을 갖는다.

3) 핵과 억지력

가. 억지이론(deterrence theory)

[1] 억지(deterrence)란 한 국가가 군사적 도발에 대해 즉각 압도적 무력으로 보복하겠다고 위협함으로써, 공격을 억제하는 군사전략이다. 즉, '상대국이 원하지 않은 행동을 실행할 경우 그에 상응하는 손실을 입히겠다고 위협함으로써, 그 행동을 하지 못하도록 하는 시도'을 말한다. 공격에 대해 반격할 수 있는 확실하면서도 고도의 파괴력을 보유함으로써 공격하는 국가에 치명적인 피해를 입힐 능력을 보여주고 믿게 하는 것이 이 전략의 취지이다. 억지는 핵무기 등장 이후, 핵강대국과 동맹체제의 주요 전략으로 자리 잡았다.

G. Snyder는 억지를 정치력의 부정적인 측면이라고 규정하면서, 강제 혹은 '강요하는 힘'이 아닌 '**단념시키는 힘**(the power to dissuade)'으로 정의한 바 있다. 즉, 상대방의 특정 행동을 포기하도록 하는 것을 말하며, 자신이 원하는 행동을 이끌어 내는 힘(일반적 의미의 권력, power) 혹은 자신이 가지고 있는 행동(보복)에 초점이 맞추어진 것은 아니다. 예컨대, 억지전략은 북한의 개혁과 개방을 이끌어 내는 전략이 아니며, 현상유지(status quo)를 목표로 한다. 또한 억지전략은 군사력을 포함한 위협(threat)을 포함하는 것은 아니다. 억지를 위협을 목적으로 확장하는 경우 기존의 억지전략의 신뢰성(credibility)이 약화되기 때문이다.

[2] **억지이론의 가정과 성공조건**. 억지이론은 합리적 행위자를 가정한다. 즉, 도전국과 방어국 모두 합리적 행위자로서 행동에 따른 기대이익과 기대비용 및 확률에 대한 정보를 가지고 있으며, 순기대이익이 0보다 작은 경우 해당 대안을 선택하지 않는다는 것을 전제로 한다.

억지가 성공하기 위해서는 최소한 '보복능력'이 있어야 하며, 상대방이 보복능력과 보복이 있을 것이라는 것을 '인지/확신'해야 한다. 즉, 억지력은 피해를 줄 수 있는 능력(capability)와 무기가 사용되리라는 신뢰성(credibility)이 충족되어야 한다 — 여기에 합리성(rationality)과 의사전달(communication)을 추가하여 4가지 조건을 제시하기도 한다.

의지를 뒷받침하는 '능력'을 확보해야 하며, 단순한 수사(rhetoric)가 아니라 조치를 실제로 집행할 의지와 능력이 있다는 것을 효과적으로 '전달'할 수 있어야 하며, 군사적 능력을 '합리'적으로 판단할 수 있어야 하며, 상대방은 행동을 감행할 때 엄청난 대가(보복)을 받는다는 것을 '믿어야(신뢰)' 한다.

억지전략의 목적은 자국의 관심사항을 '좁고 명확하게 정의해서,' '상대가 확실히 알아듣고' 어기지 않도록 하는 데 있다. 따라서 억지상황과 대응수준을 명확하게 규정하고, 규정사항과 무관한 행동은 억지력이 작용하는 한계 밖의 사항이 된다.

나. 핵 억지력(nuclear deterrence)

[1] 위협의 강도와 신뢰성은 모순관계에 있다. 위협의 강도가 세면 셀수록 억지효과도 증대하지만 그 실행은 곤란해지기 때문에 억지의 신뢰성은 떨어진다. 역으로 위협의 세기가 떨어지면 그 실행은 쉬워져 신뢰성은 높아지지만 위협에 근거한 억지효과는 떨어진다.

핵무기는 그 가공할 파괴력과 반인도성 때문에 사용할 수 없는 무기다. 억제력으로서 기능을 발휘하기 어렵다는 것이다. 따라서 핵보유국 또한 재래식 무기를 보유해야 한다.

오히려 억지력에 있어서는 비핵첨단무기가 더 효과적일 수 있다. 정보기술발달로 비핵첨단무기의 성능이 핵무기에 버금갈 정도로 고도화된 반면, 이들 무기는 핵과 달리 국제사회 제재를 받지 않는다. 국제사회의 제재를 유발하면서도 '핵도미노 / 안보딜레마'를 초래한다는 점에서 핵은 첨단무기와 비교할 때 메리트가 사실상 약할 수밖에 없다.

[2] 핵확산이 전쟁을 발생시킬 원인에 대해서는 다양한 견해가 존재한다.

Bueno de Mesquita와 William Riker는 10개국으로 이루어진 가상 국제체제에서 핵전쟁의 가능성을 분석하면서 체제의 절반이 핵무기를 가질 때 잠재적 핵전쟁의 수가 최고라고 주장하였다. 반면, K. Waltz는 핵확산이 국제체제 전반에서 조심스러운 경향을 조장하여 오히려 전쟁이 덜 일어나게 한다고 주장한다. Joseph Nye, Scott Sagan 등은 핵확산은 우발적이든 계획적이든 핵사용의 기회를 증가시킴으로써 핵전쟁의 위험을 높인다고 주장한다.

[3] 이와 관련하여, Glenn Snyder는 안정-불안정의 역실(Stability-Instability Paradox) 이론을 제시하였다. G. Snyder에 따르면, 핵무기를 보유한 국가 사이에는 직접적인 충돌이 발생할 확률이 현저히 감소하는 반면, 소규모 혹은 간접적인 충돌이 증가하여 불안정한 상태를 야기할 수 있다. 이 이론은 합리적 행위자와, 상호확증파괴(MAD, Mutually Assured Destruction)로 인한 상호파괴를 피하고자 한다는 가정을 한다.

핵을 보유한 국가 사이에는 핵무기를 이용한 직접적인 충돌에 대해 자국의 안보를 결국 확보할 수 없다는 것을 상호 인지하게 된다. 따라서 두 국가 간 충돌이 상호파괴적 단계까지 고조되지 않도록 피한다. 이는 핵 무기의 효과(The effect of nuclear weapons), 즉 핵의 파괴력 때문에 발생하는 현상으로 두 국가는 갈등에 있어서 그 한계를 설정하기 때문에 높은 수준의 갈등과 충돌은 발생하지 않게 되는 안정적 상태에 이르게 된다. 그러나 두 국가는 통제가능하다고 여기는 범위 내에서의 충돌은 쉽게 발생하기 때문에 국지전이 빈번히 발생하는 불안정한 상태 또한 초래된다. 직접적 충돌로 인한 리스크 감소가 소규모 충돌과 관련된 비용이 감소하기 때문이다.

예컨대, 냉전 시대 미국과 소련은 직접 충돌하지 않았으나, 한국전쟁, 베트남전쟁, 중동전쟁, 아프리카 민족해방운동 등에 개입하여 대리전쟁을 치렀다. 특히, 제4차 중동전쟁에서는 직접적 충돌 위기를 맞이하기도 하였으나, 이를 회피하였다. 인도와 파키스탄 사이에서 발생한 카슈미르 분쟁에서도 이와 유사한 사례를 확인할 수 있다. 핵무기를 개발한 파키스탄은 인도에 선제공격을 하였으나, 핵을 사용하지 못하고 인도의 승리로 카길 전쟁(Kargil War)이 끝났다. 이후, 파키스탄은 전면전을 피하면서 인도에 부담을 지우기 위해 수차례 도발하였다.

4) 핵안보

핵안보는 테러리스트들이 핵물질을 취득하여 핵테러 혹은 방사능 테러를 행하는 것을 방지하는 것으로 규정되어 왔다. 그러나 후쿠시마 원전사고 이후, 핵물질 탈취보다는 핵시설의 중요 부분을 오작동시키거나 원자력시설 파괴, 비행체에 의한 충돌 등의 사보타주(sabotage)를 통해서 유사한 피해가 발생할 수 있다는 우려가 높아지면서 핵안보 개념이 확대되었다. '핵안보 정상회의' 제2차 회의에서는 2011년 발생한 후쿠시마 원전사고와 관련하여 원자력의 안전과 핵안보의 연계를 강조하면서 핵안보의 개념을 확장하였다.[87]

소극적 안전보장(NSA, Negative Security Assurance)

핵확산금지(NPT)와 같은 구속력 있는 협정이 가입한 비핵국가에 대해서는 핵보유국이 핵무기를 사용하거나 핵무기를 사용할 것이라는 위협을 가하지 않겠다는 국제적 약속을 말한다. 1978년 유엔군축특별총회에서 C. Vance 미국 국무장관이 처음 발표하였다. 당시에는 다른 핵 보유국가와 동맹을 맺거나 협력하여 미국이나 미국의 동맹국을 공격하는 경우에는 이를 적용하지 않으며 핵보복을 가할 수 있다는 조건이 있었다. 1995년 유엔에서 핵보유국인 영국, 프랑스, 러시아도 이 같은 입장을 취함으로써 NSA는 국제규범으로 정착되었다. 한편, 중국은 다른 핵보유국과 달리 조건을 붙이지 않고, 핵무기를 먼저 사용하지 않을 것과 비핵국에 대해서도 핵무기 사용을 위협하지 않겠다고 선언하였다.

2010년 오바마 정부는 핵태세보고서(NPR)를 통해 NSA를 개정하여, 미국 또는 미국의 동맹국을 공격하는 경우 핵 보복을 할 수 있다는 NSA의 예외 사항을 삭제하였다. 미국의 핵 위협을 이유로 핵무기 개발을 합리화하면서 핵비확산 체제에서 이탈하는 국가의 핵개발 명분을 제거하고 NPT 복귀를 유도하기 위해서였다.

87) IAEA는 핵안보를 '핵물질·방사성물질·관련 시설에 대한 절취·사보타주·무단접근·불법이전·기타 악의적 행동 등을 예방·탐지·대응하는 일체의 조치'라고 정의하였다. 핵안보를 위한 주요 조치로 핵물질 최소화, 원자로 시설에 대한 사보타주 방지, 위협설계 기준 설정, 핵물질 계량, 핵감식, 국경통제, 불법거래 방지, 운송보안, 그리고 정보보안 등이 있다.

Ⅳ. 국제레짐

1. 의 의

S. Krasner에 따르면, 국제레짐이란 국제관계의 특정 쟁점영역에 있어서 행위자들의 기대를 수렴하는 묵시적 또는 명시적인 일련의 원칙(principles), 규범(norms), 규칙(rules), 정책결정절차(decision making procedures)를 말한다.

S. Haggard & B. A. Simmons는 '특정 이슈영역에서 국가들의 행위를 규제할 것을 목적으로 하는 국가들 간의 다변적인 협정(multilateral agreement)'으로 정의하면서 공식적인 국가 간의 협정으로 좁게 정의하였다(박재영 2018, 474). 이와 유사하게 J. Nye는 국제제도를 정부간 기구, 레짐, 관행을 포함하는 것으로 정의하면서, 레짐에 비공식적인 관행을 제외하였다. S. Krasner의 정의에서는 묵시적인 부분을 포함한다는 점에서 구별된다.

원칙(principles)이란 레짐 자체를 지지하는 기본신념체계(사실 · 인과관계 · 올바름에 대한 믿음)로서 주권존중 원칙 등을 말하며, 규범(norms)이란 비차별 · 관세화 · 투명화 등과 같은 권리와 의무의 관점에서 정의된 일반적 행동기준을 말하고, 규칙(rule)은 특정 행위를 하거나 행위를 금지하는 구체적 행동규칙으로 조약의 각 규정을, 정책결정절차(decision making procedures) 혹은 과정은 다자주의, WTO 등처럼 집단적 선택과 그 이행을 위해 일반적으로 행지지는 관례 등을 말한다.

이들 구성요소들 간에는 위계질서가 존재하는 데 상위요소인 원칙과 규범이 무엇인가에 대해서는 이견이 존재한다. 패권안정이론은 패권국의 존재, 즉 지도력이 레짐을 강요하거나 유도하기 때문에 레짐이 형성된다고 보는 반면, 신자유주의에서는 국가는 이기적 이익추구를 위해 레짐 형성의 필요성을 인식하기 때문이라고 한다. 게임이론가들은 상호성과 미래의 그림자가 레짐 창출과 협력을 가능케 한다고 한다.

2. 현실주의와 국제레짐

현실주의는 국제제도와 레짐은 권력의 반영물 혹은 강대국의 이익을 위한 도구에 불과하다고 본다. 따라서 국제제도와 레짐은 그 자체로 국제정치의 결과에 영향을 미치지 못한다. 만약에 국제사회에 질서가 존재한다면 이는 효과적인 권력의 균형이 존재하기 때문이거나 패권국가의 존재 때문이다.

세력균형이론에 따르면, 권력의 균형은 억제와 균형을 제공함으로써 국제관계에 안정의 요소를 줄 수 있다. 반면, 패권안정론은 패권국이 국제사회의 다른 구성원들에게 자신의 이익이 부합되는 특정의 행위패턴을 부과함으로써 질서를 만들어 낸다고 본다. 어느 관점에 서더라도 현실주의는 질서란 제도와 제도가 만들어 내는 제약(constraints)에서 형성되는 것이 아니라 권력으로부터 형성되는 것이다.

S. Krasner는 레짐이 구조적 힘과 산출물 간에 작용하는 매개변수라고 간주한다(S. Strange 2005, 44). S. Strange 또한 '어떤 원칙, 규범, 규칙은 광범위하게 적용되는 반면, 나머지는 그렇지 않은가?'라는 질문을 던지면서 신자유주의는 레짐의 역할을 과대평가한다고 비판하였다.

3. 자유주의 및 구성주의와 국제레짐

자유주의와 신자유주의는 국제기구와 레짐이 갖는 규제 효과 때문에 국가간 협력을 촉진한다고 본다.

게임이론가들은 상호협력의 결과물인 국제레짐이나 제도 등은 각 국가의 보수구조에 영향을 미치며, 미래의 투영을 연장시킬 수 있고, 다자간 게임을 보다 적은 숫자의 행위자들의 게임으로 나눌 수 있게 해주는 독립변수로 놓을 수 있다고 주장한다. 제도들은 정보를 제공하고, 거래비용을 축소시키며, 약속을 더 신뢰성 있게 만들고, 조정을 위한 초점을 제공하고, 호혜성이 작동할 수 있도록 할 수 있기 때문이다.

기능주의 국제레짐 이론에 따르면 국제체제가 무정부 상태를 특징으로 하는 자구의 체계이기 때문에 발생하는 법적 책임(legal liability), 거래비용(transaction cost), 그리고 정보의 유통과 같은 문제들을 국제레짐의 형성으로 해소 또는 완화할 수 있다. 즉, 국제레짐이 다음과 같은 기능을 수행하기 때문에 레짐에 대한 수요가 발생하며, 협력을 용이하게 한다.[88]

구성주의는 국제기구나 레짐은 국제사회의 행위자들 사이에 상호작용 결과 형성된 결과물로 간주된다. 한편, 비판이론은 국제기구는 세계자본주의체제의 불평등성을 반영하고 있으며, 국제기구의 활동은 존재하는 불평등성을 더욱 강화할 뿐이라고 본다. 예컨대, IMF나 세계은행 등 많은 국제기구들은 신자유주의적 의제를 국제화하고 세계자본주의의 이익에 부합하는 방향으로 행동하는 경향이 있다고 비판하다.

88) 현실주의 레짐이론이 행위자의 의사와는 관계없이 국제체계의 구조 즉 패권적 구조가 국제레짐을 공급한다고 주장한다는 점에서 공급측 이론이라 한다면, 신자유주의 레짐이론은 국제체계의 구조와는 상관없이 국가들이 필요에 의해 원하게 되어 국제레짐이 발생한다고 주장한다는 점에서 수요측 이론이라 한다.

Ⅴ. 지역통합, 신지역주의

1. 지역통합 2015 입법

지역통합은 국민국가체계 속에서 발생하는 현상이면서도, 그것을 추진하는 행위자가 의도하든 의도하지 않았든 국민국가체계를 '규제'하려는 운동이다. 지역통합이 이루어진다면, 국민국가의 주권 또는 정책 자율성이 제약될 수밖에 없기 때문이다.

지역주의는, '하나 또는 그 이상의 정책영역에서 상호 이득의 추구를 위해 셋 혹은 그 이상의 지리상으로 인접한 독립국가들 간의 정부 또는 비정부기구들 사이의 협력'으로 정의될 수 있다. 이 정의에 따르면, 지역주의의 핵심적 특징은, 참여 주체가 셋 이상이라는 점과 그 행위자들의 지리적 인접이다.

1) 통합이론들

가. 국가중심적 이론 : 신현실주의를 중심으로

전형적인 국가중심적 이론으로 A. Moravscik의 '정부간 관계론'(intergovernmentalism)이 있다. 이 이론은 주요 회원국가들인 영국, 프랑스, 독일의 정책전환, 즉 이 국가들의 '신자유주의'적 정책의 선택에 주목하며, 국내정치와 국제정치의 연계(two-level games이론의 적용)를 고려한다. 이 이론의 특징은 다음과 같다.

첫째, 국제적 정책조정에 대한 '수요'는 국내정치의 결과물이다. 국내의 이익집단들이 선호를 구체화하고, 정부가 선호를 집적하는 과정을 통해 정부정책이 결정된다.

둘째, 국제협력의 '공급'은 정부 간 협상을 통해 이루어진다. 이 과정에서 국민국가의 선호는 국내적으로 결정되어 주어진 것으로 간주된다. 특히 이 부분에서, 유럽연합의 정책조정도 분배적 갈등을 유발할 수 있는 하나의 게임임에 주목한다.

이 자유주의적 정부간 관계론의 결론은 유럽연합이 ① 정부간 협상의 효율성을 제고하고, ② 국민국가의 정치지도자들의 자율성을 증가시킨다는 것이다. 이 중에서 첫째 측면은 유럽연합의 제도가 정부간 협상에서 발생하는 불완전한 정보의 문제를 해결함으로써 정부간 협상의 거래비용을 감소시키고 효율성을 증진시킨다는 기능주의적 국제레짐 이론에 기반해 있다. 두 번째 측면은 유럽연합의 '민주성 결핍'(democratic deficit)은 유럽연합 성공의 근본적 원천이라는 점이다.

현실주의와는 달리 근대국가의 주권을 지양하면서 이상주의적이고 당위론적으로 접근하는 방법으로 연방주의가 있다. 즉, 연방주의는 근대국가의 단위로서의 국가를 인정하기 보다는 이들의 연방으로의 통합을 제시하는 것이다.

나. 탈국가중심적 이론 : 기능주의와 신기능주의를 중심으로

기능주의 통합이론

복지문제 해결 수단으로서 통합의 기능주의 형태를 수립하는 것을 강조하는 기능주의이론은 국제연합 창설 후 미트라니(D. Mitrany)에 의해 제기되었다. 그는 재래의 정치적 접근방법에 의한 평화유지방식과 달리 비정치적인 경제적, 사회적, 기술적, 인도적 분야에서의 협력을 통해 국제통합을 달성할 수 있다고 보았다. 기능주의는 인간은 합리적이므로 갈등보다 조화를 추구한다고 전제하며, 이익의 경쟁보다 봉사의 필요성을 강조하는 점에서 공리주의자와 구별된다.

미트라니는 부분적 주권양도의 장기적 축적을 통해 새로운 권위체의 창조를 이룰 수 있다고 보았으며, 브라이얼리(Brierly)는 이러한 국가주권의 약화과정을 '침식작용에 의한 주권의 공격방법'이라고 지칭하였다. 일반적으로 상호승인→ 평화공존→ 상호교류→ 경제통합→ 정치통합(先하부구조 통합, 後상부구조 통합의 단계론)의 과정이 제시된다.

그러나 기능주의는 ① 기능을 강조하여 법, 제도, 권위체를 경시하고, ② 전쟁의 주원인은 약자가 아니라 강자에 있으며(Kelsen), ③ 통합의 변수와 폭력적 갈등과의 관계설정이 불가능하다(Russet)고 비판받는다. 또한 클라우드(I. Claude)는 기능주의에 대해 ① 사회경제적 문제와 정치적 문제를 분리하여 선(先)사회경제 후(後)정치로 보는 도식은 현실에 역행하는 연구방법이며, ② 민족주의와 국가주의가 팽배한 현재의 상태에서 인간의 국가적 충성심이 그대로 국제적 충성심으로 이전하기 어렵고, ③ 오랜 시간을 요하는 점진적 활동은 통합의 도달점에 이르기 전에 전쟁 등의 장애에 봉착하기 쉽다고 비판하였다.

신기능주의 통합이론

신기능주의자들은 기능적 수단을 통해 연방적 목적을 추구하는, 기능주의의 탈을 쓴 연방주의자이다. 신기능주의는 R. Schuman의 '유럽 석탄 및 철강 공동시장 통합계획'을 계기로 생겨났다. 신기능주의이론은 ① 의도적으로 정치성이 다분하고 정치적으로 중요시되는 영역을 선택하여 이것을 통합의 기술진이 계획할 수 있도록 하고, ② 톱니바퀴(l'engrenage)처럼 부분적 통합의 확장논리를 통해 연속적인 통합에 이를 수 있다고 보는 점에서 기능주의와 차이점을 갖는다.

하스는 ① 침투확산 개념과 ② 점진적 정치화의 개념을 부가시키고 있다. 신기능주의의 사고와 가설은 기능주의에서 출발하고 있기 때문에 ① 복지와 공리주의적 변수를 중시하여 상징과 주체성을 경시하고, ② 개인과 집단의 충성심 이전이 자유로운 다원적 사회를 기반으로 설정하고, ③ 주권문제에 관해 직접적이고 직선적인 공격을 회피한다는 점에서 기능주의와 유사성을 가진다.

그러나 신기능주의는 ① 통합과 관련된 영역의 활동과 봉사를 선택하기 어려우며, ② 선명한 장기적 목표와 연결되지 않은 증가적 결정작성의 효과가 의문시된다는 점, 대표적인 예로 경제통합이 자동적으로 정치통합을 유도할 수 있다는 논리는 입증 및 사례발견이 어렵다는 점에서 비판받고 있다.

기능주의	신기능주의
비군사·비정치 영역에서 공동의 관심사에 대한 협력 : 분기효과(ramification, 수평적 확대)	특정 부문에서의 협력이 다른 영역으로 학습되어 가능 확산효과(spill-over, 수직적 연속작용)
통합에 대한 요구(수요) : 기능적 요구	통합에 대한 요구(수요)와 정치적 결단
국제기구와 전문가 집단이 통합 수요를 파악하고 통합을 추진	전문가와 정치적 결정권을 가진 집단의 정치력이 중요한 역할

2) 지역통합이론과 EU

[1] 유럽통합은 통합을 모색한 기본적인 조약(파리조약, 로마조약)과 이들 조약을 개혁하여 유럽연합을 형성한 조약(단일유럽의정서, 마스트리히트조약, 암스테르담조약, 니스조약, 헌법조약) 등 두 가지 경로를 보였다(T. Christiansen 2015, 593).

이 과정에 대해 **초국가적 이론**은 점진적 과정으로서의 통합을 강조한다. 독자적 권한을 갖는 행위자로서 초국가적 제도의 등장은 제도적 동학이 통합과정을 추동했다고 본다. 유럽통합의 견인차 역할을 했던 Jean Monnet나 Robert Schuman의 전략은 신기능주의가 제시한 과정과 유사했다. 신기능주의의 핵심적 특징인 점진적 확산론(spillover)과 초국가적 기구의 역할을 확인할 수 있다(최진우 2008, 166-167). 예컨대, 1970년대와 1980년대 초반 장기불황 상황에서 유럽의 기업들에 의해 유럽통합의 심화가 필요하다는 인식이 형성되고 정치적 압력이 강화되었고, EC 집행위원회가 적극 대응하면서 단일유럽법안이 통과될 수 있었다.

정부간 관계론은 이와 달리 통합을 국가 간의 일련의 협상(게임)과정으로 본다. 유럽연합을 비롯한 초국가적 제도는 국가 간 정치의 공간이자 국가 사이의 협상을 보조하고 촉진하는 역할을 수행했다고 보는데, 협상과 그 결과물인 초국적인 법은 강대국의 이해관계를 반영한다고 본다. 예컨대, 유럽통합의 출발점이 되었던 ECSC도 독일의 재무장을 제한하기 위한 프랑스의 전략과, 패전국으로 국제정치에서 활동의 제한을 받고 있던 독일의 외교적 위상 강화를 위한 선택, 독일에 대한 견제와 교역확대를 통해 국가안보와 경제발전의 여건조성이 필요했던 서유럽 군소국가의 정치경제적 동기가 결합된 것이었다. 1986년 단일유럽법안 혹은 SEA(유럽의정서)의 채택도 미국과 일본의 경제성장과 제3세계 경제력의 급성장에 대한 유럽국가들의 대응전략의 결과라 할 수 있다(최진우 2008, 174-175). 따라서 회원국 정부 간에 이해관계의 수렴 혹은 분절에 따라 통합이 진전되거나 차단되는 현상은 불가피하다.

초국가적 제도들은 유럽연합을 운영하는 데 있어서 일정정도 독자성을 지닐 수 있지만, 조약개정 등의 과정에서는 각국 정부가 주도하였고, 각국은 거부권을 통해 제도개혁을 교착에 빠뜨리기도 하였다. 또한 회원국은 정부에 의해서만 대표되는 것이 아니었으며, 비정부행위자들 또한 일정정도 역할을 수행하였고, 회원국 정부의 정책선호에 영향을 미쳐왔다. 즉, 회원국과 초국가적 제도, 그리고 회원국 내 비정부행위자들의 역할 모두가 고려되어야 한다. 이는 유럽연합이 발전할수록 초국가적·국가적·국가 내부의 다양한 행위자가 참여하는 다층적 거버넌스체제로 인식되는 이유이다. 따라서 유럽연합의 활동은 이슈별로 이해되어야 한다(T. Christiansen 2015, 594).

초국가적 접근은 유럽연합 설립과정에서 보여 진 가장 특징적 양상을 초국가적 제도의 발전으로 간주하고 이에 대한 분석에 초점을 맞춘다면, 정부간 접근은 국가를 가장 중요한 요인으로 간주하고 국가 간, 그리고 국가 내부의 정치에 분석에 초점을 맞춘다. Christiansen, Jørgensen & Wiener는 구성주의적 시각에서 두 접근방법 모두 합리성을 전제로 하고 있음을 비판하였다.

이들은 서유럽의 부유한 국가들이 재정부담을 감수하면서 중·동유럽의 10개국을 새로운 회원국으로 초대하여 권력을 공유하는 것을 합리적 선택으로 보기 어렵다. 이들은 이슈를 둘러싼 담론과 선호를 구성하는 상호작용과정을 강조하는 데, 유럽연합이 중·동유럽 국가들에게 한 공약의 담론이 구조적 제약으로 작용하였기 때문이라고 설명한다(T. Christiansen 2015, 595).

[2] 유럽통합 과정을 보면 초국적 기구의 권능, 유럽의회 권한 및 회원국의 점진적 확장 등 점증적 모델을 보여주었다. 특히, 가중다수결에 의한 결정이 점진적으로 늘면서 많은 영역에서 국가별 거부권이 포기되었고,89) 거부권이 상실되자 유럽의회는 감시와 입법권한을 확장할 수 있었다(T. Christiansen, 2015, 593). 이 과정은 국가주권의 부분적 양도 혹은 제한을 수반한다.

EU는 EU법의 직접효력성(direct effect) 혹은 직접적용성과 회원국 국내법에 대한 EU법의 우위성을 원칙으로 하고 있다. 직접효력성은 EU법이 EU시민에게 직접 권리와 의무를 부과할 수 있음을 천명한 것이고, 이 원칙에 의해 EU의사결정기구를 통해서 내려진 결정은 회원국 정부의 동의절차 없이 자동적으로 적용된다. 국내법에 대한 우위성은 EU법과 회원국 국내법 사이에 모순이 있는 경우 EU법이 우위에 있다는 원칙이다. 이에 대한 별도의 조약이 있는 것은 아니지만 유럽사법재판소의 조약해석에 따라 확고해지고 있다. 이와 더불어 제한적이기는 하지만 EU가 비회원국과의 관계에서 회원국을 대표하는 협상 주체로서 조약체결권을 갖는다(최진우 2008, 163-165).

한편, 국가주권의 부분적 이양을 지향하는 지역통합운동이 유럽통합에서는 경제통합의 양상을 띠어 온 것이 사실이지만, 교역의 자유화를 지향하는 경제블록의 형성만이 유럽통합이 지향하는 바의 전부는 아니었다. 경제통합의 이면에는 유럽에서의 항구적 평화의 구현이라는 지극히 정치적 동기가 자리하고 있었다(최진우 2008, 156).

평화의 구현은 전쟁의 구조적 요인의 제거에서 출발한다. 근대 유럽에서의 전쟁은 민족국가의 대결이었고, 전쟁의 효과적 수행을 위한 정치적 조직이 근대국가였다고 할 때, 민족국가 중심의 국제체제를 극복해야 한다는 공감대에서 출발한 것이 유럽통합이라 할 수 있다.
유럽통합은 프랑스와 독일의 화해를 통해 유럽에서 항구적 평화를 정착시키기 위한 노력에서 출발하였다. 슈망선언 이후, 당시 주 에너지원인 석탄과 무기제작의 주원료인 철강의 생산과 관리를 초국가 기구에 맡김으로써 독일의 재무장 가능성을 차단하는 한편 양국 간의 갈등을 해소하려 하였다. 또한 냉전체제 하에서 소련에 효과적으로 대응하기 위해서는 서유럽 국가의 내적 결속이 필요하다는 판단 하에 미국이 적극 지지하였고, 마셜플랜의 수행을 위해 설립된 유럽경제협력기구(OEEC)와 소련 봉쇄를 위해 설립된 NATO를 통한 경제 및 안보분야에서 서유럽 국가 간 협력은 유럽 통합을 위한 토양이 되었다(최진우 2008, 156-158).

유럽통합은 상당기간 동안 경제 분야에 국한되었지만, 1967년 ECSC, EEC, EURATOM를 통합한 유럽공동체(EC)가 출범하면서 전기가 마련되었다. 그러나 1965년 EEC 집행위원회와 프랑스 간의 갈등으로 드골 프랑스 대통령이 EEC에 파견된 프랑스 외교관과 유럽의회 의원들에게 모든 업무를 보이콧 하라는 지시를 내리면서 6개월 간 EEC의 업무가 마비된 소위 '빈 의자의 위기(empty chair crisis)'이후 1980년대 초까지 침체기를 맞이하였다. 그럼에도 불구하고, 이 시기에 관세동맹, 유럽의회에 직선제 도입, 유럽통화체제 출범 등 통합을 위한 제도적 기반이 마련되었다(최진우 2008, 159).

[3] 유럽통합과정과 EU의 미래에 대한 논의에서 문화적 정체성이 관심의 대상이 된 바 있다. 구성주의 시각에서 본다면, 유럽 시민의식 혹은 유럽으로서 집합적 정체성(European identity)의 형성은 경제 및 정치적 통합을 넘어 we-ness라는 의식을 형성함으로써 통합을 심화할 수 있

89) EU각료이사회의 의사결정은 가중다수결 방식을 택하고 있다. 가중다수결은 EU 회원국 간 인구규모 차이를 고려하여 인구에 비례하여 국가에 의결권의 편차를 둠으로써 만장일치제 하에서 비토권 행사로 인한 의사결정 마비 상태를 회피하기 위한 것이다. 다만, 의결권 분포와 인구규모간의 비례성에 대한 불만도 존재한다 — 인구가 적은 국가가 과다대표되고 있고, 인구가 큰 국가가 과소대표되고 있다.

다. 문화적 통합이 정치적 통합의 기초이기 때문이다(C. Tilly의 통합국가를 생각해 볼 것). 그러나 문화적 다양성이 꼭 분열을 뜻하는 것은 아니기 때문에 문화적 다양성이 통합을 저해하는 것만은 아니다. EU의 문화정책이 단일한 유럽문화를 형성하는 것이 아니라, 공유된 규범과 가치를 형성하고, 다양한 문화의 공존(C. Taylor의 차이의 정치)을 모색하는 것으로 이해될 필요가 있다.

[4] 통합된 유럽, 즉 EU은 미국, 중국과 함께 세계 3대 경제력을 보유하면서(유럽의 재정위기 이전에는 인구・GDP・교역규모에 있어서 미국을 능가했다) 최소한 경제 분야에서는 강력한 목소리를 가지게 되었다. 그러나 정치적 측면에서는 경제력 만큼의 위상과 영향력을 갖지는 못한 것으로 평가되어 왔다 — 경제적으로는 '거인'일지 모르나, 정치적으로는 '소인'에 불과하다는 것이다(최진우 2008, 185). 반면, 군사력과 외교력에서 EU가 패권경쟁에 돌입할 가능성성은 아주 낮지만, 국제정치에서 중요한 행위자로 자리 잡고 있다. 그것은 유럽이 갖는 정치적 상징과 규범이 갖는 위상, 즉 (J. Nye식 용법을 사용한다면) 연성권력과 관련된다. 평화와 자유, 민주주의 가치, 환경보호와 인권 옹호 등은 미국의 일방주의와 대비되면서 외교정책 목표를 달성하는 과정에서 다른 국가들의 지지를 끌어내는 중요한 가치로 작용하고 있다.

3) 참고 : EU의 민주성 결핍의 문제

유럽연합에서 민주성의 결핍은 두 가지의 의미로 이해되었다. 하나는 전통적인 의미에서의 집행권력에 대한 의회통제의 결함을 의미하는 것으로서 유럽의회의 낮은 위상 및 권한의 위약성에 관련되는 것이었고, 다른 하나는 공동체와 국가주권간의 관계와 관련되어 단일시장이 몰고 온 유럽적 역동성이 야기한 국가주권의 침식에 대한 회원국 의회의 우려를 의미하는 것이었다. 좀 더 구체적으로 회원국 의회의 집단적 역할 강화의 필요성은 유럽연합 의사결정 과정에서 유럽의회가 드러내는 의회적 통제의 한계에서 비롯된다.

첫째, 유럽의회는 그 특수성으로 인하여 단독으로는 유럽연합의 민주주의를 보장할 수 없다. 우선, 공동체 체계의 특수성을 들 수 있는데, 공동체의 제도체계는 회원국의 그것과 달라서 회원국 내에서 회원국 의회가 하는 역할을 유럽연합 내에서 유럽의회가 할 수 없도록 되어 있다. 회원국의 정치체계는 의회와 정부 간의 협조 및 대립관계에 기초하여 의회에 책임을 지는 정부가 존재하지만 공동체 체계내의 집행위원회와 각료 이사회는 실질적으로 유럽의회에 책임을 지지 않기 때문에 유럽의회 내에 여야 개념이 존재하지 않는다.

둘째, 다음으로 유럽의회 선출방식의 특수성을 들 수 있다. 15개 회원국에서 치러지는 유럽선거는 15개의 민족국가적 선거의 성격을 띠며, 이에 참여하는 정당들도 유럽정당(europarty)이라기보다는 정당연합체로서의 성격을 띠기 때문에 유럽화의 문턱을 넘지 못하고 있다.

마지막으로, 유럽의회 운영의 특수성을 들 수 있는 바, 유럽의회 토론에서 11개 언어를 사용함으로써 시민들은 자국 내에서의 의회 토론과는 달리 유럽의회의 토론을 쉽게 이해할 수 없다. 따라서 유럽의회와 시민들 간의 관계는 회원국 의회와의 관계와 비교할 때 그렇게 긴밀하지 못하다는 점 역시 유럽의회의 한계로 지적되고 있다(SENAT, 1996~7 : 5~6). 결국 유럽의회는 회원국의 경우와는 달리 단독으로 유럽연합의 민주주의를 보장하지 못하기 때문에 유럽연합의 민주성의 결핍을 극복하는 것은 여전히 회원국 의회의 몫이라 할 수 있다.

다른 한편으로 유럽연합이 다루는 영역 중에 회원국 의회의 고유한 역할이 인정될 수밖에 없기 때문에 회원국 의회의 능동적 역할이 필요하다고 주장한다. 이들 영역별 회원국 의회의 역할은 다음과 같다.

회원국 의회의 개별적인 통제는 보충성 원칙의 적용과 내무 · 사법 분야에서 회원국 의회의 집단적 행위에 의하여 보완되어야 할 것으로 보인다. 유럽시민들은 유럽기구들이 그들로부터 너무 멀리 있고 이들 결정기구에 대한 민주적 통제는 불충분하여 시민들이 영향력을 미칠 수 없는 권한의 증대에 직면하여 있다고 생각하고 있으며, 동시에 보충성의 문제와 내무 · 사법 분야와 같이 회원국 수준에서 결정이나 행위가 이루어져야 하는 영역에 공동체가 개입함으로써 공동체는 침입자와 같은 인상을 주게 되었다. 결국 유럽공동체와 시민 간의 점증하는 결별을 피하고 유럽연합 조약에서 확인된 '시민에 가장 가까운 결정이나 연합'에 도달하기 위하여 정부 간 회의는 새로운 민주적 통제의 메커니즘을 창설해야 할 필요성을 느끼게 되었다.

이와 관련하여 1996년 5월 22일 프랑스 하원 대표단은 아래와 같이 '유럽연합 내에서 회원국 의회의 역할 강화를 위한 유럽연합조약의 개정안'을 채택하였다. 하지만, 이러한 권한 강화에도 불구하고 이러한 통제권의 강화가 유럽연합의 진척에 장애가 되지 않을까 하는 우려 등을 자아내기도 했다.

EU만이 아닌 대부분의 국제기구들의 운영은 강대국 중심으로 이루어지고 있으며, 이는 개별 국가차원에서 민주적 정책결정을 위협할 수 있다. 국제기구들이 개별 국가들에 미치는 중대한 영향력을 감안할 때, 이들의 운영이 민주적으로 이루어지지 않는 한 개별 국가차원에서 실천되는 민주주의의 질을 보장할 수 없기 때문이다.

2. 신지역주의자유무역협정(FTA), 지역주의, 다자주의

1) 자유무역협정(FTA, free trade agreement)와 이론적 기초

자유무역협정(FTA)은 양자 간 혹은 지역적으로 관세 및 비관세 장벽을 완화 혹은 철폐하여 무역자유화를 실현하는 특혜무역협정을 말한다 — 사실상 협정 당사자에 대한 특혜이며, 다른 국가에 대해서는 폐쇄적·차별적 무역협정이며, 지역적으로 이루어지는 협정을 지역무역협정(RTA : Regional Trading Agreements)이라고 부르기도 한다. 다자주의에 대한 보완 수단으로 인식되는 FTA는 1990년대 급증했다가, DDA가 교착상태에 빠지면서 다시 증가하기 시작했다.

FTA가 모든 품목에 대한 관세철폐를 의미하는 것만은 아니며, 품목별로 민감성을 고려하여 예외를 인정하거나 단계적인 자유화 조치를 담는 경우가 많다. 상품에 대한 관세 외에 서비스 거래, 반덤핑이나 세이프가드 등과 같은 무역규범, 노동·환경 등을 포함하는 포괄적 FTA를 체결하는 경우도 있다. WTO체제에서 보여 지는 대표적인 형태는 EU와 같이 회원국의 고유한 관세 및 무역제도를 폐지하고 단일 관세 및 무역제도를 공동으로 유지하는 방식과, NAFTA와 같이 자국의 제도를 유지하면서 회원국 사이의 무역장벽을 완화하는 방식이 있다. 경제통합을 중심으로 할 때 B. Balassa는 다음과 같이 구분하였다.

<table>
<tr><th>역내
관세 철폐</th><th>역외
공동관세 부과</th><th>역내생산요소
자유이동보장</th><th>역내
공동경제정책</th><th>초국가적기구
설치·운영</th></tr>
<tr><td>FTA</td><td></td><td></td><td></td><td></td></tr>
<tr><td colspan="2">관세동맹(customs union)</td><td></td><td></td><td></td></tr>
<tr><td colspan="3">공동시장(commom market)</td><td></td><td></td></tr>
<tr><td colspan="4">경제동맹(economic union) : 재정·금융정책 상호조정</td><td></td></tr>
<tr><td colspan="5">완전경제통합(complete economic union) : 경제주권 포기, 경제정책 통합</td></tr>
</table>

- 자유무역협정(FAT, Free Trade Agreement) : 회원국 간 무역자유화를 위해 관세를 포함하여 각종 무역제한조치를 철폐하는 방식으로, NAFTA가 이에 속한다.
- 관세동맹(customs union) : 회원국 간 역내무역 자유화와 함께 역외국에 대해 공동관세율을 적용하여 대외적인 관세에 대해 역내국들이 공동보조를 취하는 방식으로, 남미공동시장(MERCOSUR), 베네룩스 관세동맹이 이에 속한다.
- 공동시장(commom market) : 회원국 간 노동, 자본 등 생산요소의 자유로운 이동을 보장하는 방식으로, 1993년 이후의 EC, 중앙아메리카 공동시장(CACM)가 이에 속한다.
- 경제동맹(economic union) : 회원국 간 공동화폐를 사용하며, 금융·재정정책, 사회복지 정책 등 경제정책을 상호 조정하여 공동의 정책을 수행하는 방식으로, EU가 이에 속한다.
- 완전경제통합(complete economic union) : 독립된 경제정책을 철회하고, 단일경제체제 하에서 모든 경제정책을 통합·운영하며, 단일 의회를 설치하는 등 초국가적 기구를 설치하여 운영하는 방식이다.

2) 전후 국제경제질서 : 다자주의의 출범과 붕괴

20세기 초반의 자유방임적 자유주의(Laissez-fair Liberalism)는 1930년대 대공황과 쌍무적 경제차별로 붕괴되고 궁극적으로 제2차 대전으로 귀결되었다. 이러한 인식은 각국으로 하여금 국제경제에서의 갈등과 부침을 약화시킬 수 있는 제도를 창설하는 데 합의를 이끌어 낼 수 있게 하였고, 그 결과 국제연합(정치적 기구), Brettonwoods체제(통화와 금융), GATT(무역거래)가 출범하였다. 이들 기구는 국제질서를 조직하는 데 있어 전권을 행사한 것은 아니지만 자본이동에 대한 규제와 금융・재정정책을 통한 국내적 자율성과 국제적 안정성을 확보하기 위한 다자주의의 형식을 취하고 있었다. 이는 국내 경제 운영에 있어서는 Keynesian적 논리가 국제시장에 있어서는 Smith적 논리가 각각 적용되는 절충으로서, J. Ruggie는 이를 Embedded Liberalism (규제된 혹은 내재된 자유주의)이라 불렀다.

하지만, 베트남전쟁 비용을 충당하기 위한 달러의 남발은 결국 닉슨 행정부로 하여금 달러의 금태환 중지를 선언하게 만들었고, Brettonwoods체제는 결국 1971년에 종식되었다. 이와 함께, 유럽 각국은 변동환율제를 채택하였고 GATT체제는 쌍무주의, 지역주의 등의 부상으로 그 기능이 흔들렸다.

냉전의 종식과 사회주의권의 붕괴는 '경제의 우위'라는 관념 하에서 안보문제를 재정의하게 만들었다. 또한 이미 진행되어 왔던 패권국으로서의 미국의 상대적 쇠퇴와, 유럽·일본의 부상은 지속되었다. 이후 미국의 패권적 지위가 회복되는 과정에서 WTO체제가 출범했으며, EU가 배태되었다.

3) 미국의 통상정책과 FTA확산

WTO 출범 이후, 양국 간 자유무역협정(FTA) 및 지역통상협력체제(RTA)가 급격히 확산되고 있다. 최근의 신지역주의(RTA)는 2차 대전 이후 개도국과 유럽중심의 지역주의와는 다른 양상으로 전개되고 있다. 즉, 자유무역지대에 소극적이었던 미국이 이스라엘・캐나다・멕시코를 포괄하는 NAFTA를 구성한 후 양자 간 협정에 기초한 경제 통합전략에 적극적으로 나서고 있는 것이다. 2차 대전 이후 RTA는 개도국의 경제블록을 형성하려하거나, 협력을 통한 정치적 공존을 위한 유럽 연합의 점진적 성장과정이었다면, 최근의 경향은 미국의 적극적 주도 하에서 이루어지고 있는 것이다. 이 속에서 미국은 각 대륙의 국가들과 경제협력체제를 형성함으로써 지역 블록들을 연결하는 중심축(hub)의 역할을 수행하려하고 있다.[90] 이러한 경향은 최혜국 원리에 배치되는 무역관행에 제동을 걸어왔던 기존의 다자주의를 포기하고 양자주의에 입각한 차별적 통상협정(PTAs : Preferential Trade Agreements) 및 보호주의로의 전환을 의미하기도 한다. 이러한 미국 주도의 자유무역지대의 확산은 유럽연합 확대를 자극하였고, 남미 국가들 또한 미국과의 지역경제협력체 구성 협상에서 유리한 입장을 확보하기 위한 역내자유무역지대 확산에 적극적으로 나서게 만들었다.

4) 지역주의의 효과 및 정치경제적 동인

미국은 NAFTA가 느린 속도로 진행되는 무역자유화를 촉진하기 위한 것이며, 완전한 자유무역의 실현을 위한 주춧돌이라는 주장을 펴고 있다. 그리고 이러한 자유무역은 전세계적 후생증진을 가져올 것이라 주장한다.

---

90) 미국은 ① 대륙별 거점을 확보하고, ② 개발도상국 위주의 FTA 추진을 통해 개도국의 노동・환경 등의 제도를 미국화하며, ③ 달러화 경제권의 구축을 위해 중・일・유럽은 회피하면서, ④ FTA 체결 확산을 통해 DDA 무력화를 지향해왔다.

무역창출효과(trade-creation)와 무역전환효과(trade-diversion)

지역주의는 역내 회원국 간 관세인하로 무역이 새로 발생하여 해당국 소비자잉여가 증가하고 국가 전체로도 후생을 증가시키는 무역창출효과를 가져올 수 있다. 반면, 관세인하가 가격을 왜곡하여 수입대상국이 효율성이 높은 역외국에서 비효율적인 역내국으로 전환되는 경우(무역전환효과) 후생이 오히려 감소한다. 이 외에 규모의 경제(시장확대), 경쟁효과, 투자유치효과 등과 같은 긍정적 요인이 발생할 수 있다.

무역창출(trade-creation)효과는 역내 관세 인하로 인한 개방과 경쟁이 회원국들 내에 존재하는 비효율적 산업을 희생시키면서 역내 무역을 증가를 가져오는 것을 말한다. 반면, 무역전환(trade-diversion)효과란 비회원국의 효율적 산업을 희생시키면서 역내 무역 증가를 유발하는 것을 말한다. Frankel 등은 유럽이나 미주 등의 대규모 지역블록을 볼 때, 무역창출효과보다 무역전환효과가 크게 나타난다고 지적한바 있으며, 무역창출효과가 그리 큰 것도 아니었다고 한다.[91] 그러나 양자의 효과에 대해서는 아직까지 명확한 결론이 내려지지 않은 상태이다.

정치경제적 요인

지역주의(RTA) 확산은 지역통합에 의해 생산되는 지역적 공공재의 향유가 자국의 경제성장에 미치는 긍정적 효과에 대한 기대와 관련된다. 이때의 편익은 경제적인 것에 국한되는 것은 아니다. 국가의 지속적 경제성장은 국가의 안전을 위한 필수적 요소이자, 권력의 물질적 기초를 형성한다. 나아가 국내 정치 수준에서 정치적 정당성이 경제적 수행능력과 관련된다는 점에서 지역주의는 국내 전략과 국제 전략을 모두 포함한다. 이러한 지역주의는 대내외적 제약 속에서 추진된다. 개혁이 분배갈등을 야기한다고 했을 때, 포괄적 분배연합을 창출할 수 있는 능력, 그리고 국내 정치에서의 거래비용과 관련된다.

패권의 상대적 쇠퇴가 지역주의를 확산시켰다는 주장이 있다. 패권의 쇠퇴는 기존 자유무역체제의 상대적 폐쇄성을 증가시키고, 통상단절에 대비한 RTA를 수립하려는 경향을 낳았다는 주장이다. 그러나 패권의 쇠퇴와 지역주의 활성화 간의 뚜렷한 인과관계는 존재하지 않는다. 나아가, 패권국가의 위상을 회복한 1990년대 이후에 지역주의 전략을 적극적으로 펼치고 있다.

미국은 해외 시장에 대한 의존도가 극히 낮았던 1960년대 말까지 대외무역이 국내 정치적 이슈가 되는 경우가 거의 없었던 반면, 해외 미역의 비중이 증가한 1980년대 이후 무역적자와 주요 통상국의 불공정 무역행위가 국내 정치적 이슈로 부각되었다. 즉, 최근의 미국의 RTA는 국내정치적 동인에 의해 추진되고 있음을 알 수 있다.

Grossman & Helpman은 FTA 체결은 상이한 이익집단들이 지니는 영향력과 투표자의 염려 사이에서 결정된다고 주장한다. 즉, FTA가 가져오는 상이한 효과에 따른 국내 정치적 이해관계에 따라 결정되는 것이다. 무역전환효과가 무역창출효과보다 크게 나타나는 경우 국내적 지지기반은 확산된다는 것이다. 대다수 국가들이 농업분야를 제외하는 이유이기도 하다.

---

91) 1997년부터 2000년까지 미국의 전세계 수출은 소폭 증가하였지만, 캐나다와 멕시코에 대한 수출은 큰 폭으로 증가하였다. 다음으로, 이 기간 중에 미국의 멕시코로부터의 수입량이 20%정도 증가한 반면 멕시코에 대한 수출량은 14% 정도 증가하였지만, 교역조건변화(상대가격변화, 환율변동 요인 등)를 고려할 때, 양국가의 순수 교역증가율은 1~7% 정도로 추산한 바 있다. 이는 미국의 전체교역량 증가율과 차이가 없다. 즉, 무역창출효과가 크지 않다는 것이다.

또한, 경제규모의 차이가 존재하는 경우 상대적으로 큰 경제 규모를 지닌 국가의 수출업자들이 더 큰 이득을 얻게 된다. 미국의 FTA 확산이 특정 산업집단의 강력한 지대추구 동기에 의해 추구되고 있다는 것이다. 이는 1980년대 이후 제3의 세력으로 등장한 사이테크 산업과 서비스 업종에 대한 무역 개방 압력을 강화하는 배경이 되었다.

스파게티 볼 효과(Spaghetti Bowl effect ; Noodle Bowl effect)

J. Bhagwati는 소스와 면이 범벅이 되어 있는 스파게티 볼에 비유하면서, FTA의 부정적인 측면을 지적하였다. FTA 마다 상이한 조건과 통관절차, 관세율, 원산지 규정 등을 담고 있는데, 국가 간의 교역조건이 복잡해지고 교역에 따른 거래비용이 증가하게 된다. 미국의 포드사는 멕시코 자회사에서 자동차 부품을 수입하는 과정에서 원산지 증명서류를 갖추지 못해 5년간의 관세에 해당하는 $4,100만의 벌금을 납부한 적도 있었다. 바그와티에 따르면 이러한 교역조건상의 차별성과 복잡성은 다자무역 체제에 부정적으로 작용한다.

5) 다자주의(multi-lateralism)와 지역주의

가. 의의

일반적으로 셋 이상의 국가 간에 존재하는 일정한 원리나 원칙에 따른 협조적 관계를 다자주의라 한다. J. D. Ruggie는 R. Keohane의 제도 개념을 원용하여 다자주의를 '어떠한 특별한 사태에 존재할 수 있는 집단들의 특정한 이해나 전략적 상황에 관계없이, 한 유형의 행동에 대해 적절한 행위를 명시할 수 있는 원칙에 기반하여 셋 이상의 국가들의 관계를 조율하려는 제도적 형태(J. D. Ruggie 1997, 271)' 혹은 '셋 이상의 국가 간에 **일반화된 행동규범**을 공유하는 체제'로 정의한 바 있다. 제도를 행위를 규제하며 기대를 형성하는 연관된 집합이라 할 때, 다자주의는 국제관계에서 '일반적인' 행위를 규율하는 제도 형태의 하나라는 것이다 — 그는 국가 간 관계의 '조직'이라는 형식을 반드시 갖출 필요는 없다고 보았다.

J. D. Ruggie에 따르면, 전통적인 동맹과 같은 쌍무주의가 특정한 조건이나 상황을 기반으로 사례별 관계를 맺고 차별화하는 것이라면, 최혜국 대우조항과 같은 다자주의는 차별금지와 호혜주의에 기반한 일반적 규율이라는 점에서 차이가 있다.

나. 지역주의와 다자주의, 국제협력

[1] 다자주의는 ① 그것이 기초한 자유무역질서 하에서 관세인하, 무역확대 및 복지 증대가 이루어졌으며, ② 국가 간 상호의존성 증대로 국가 정책 사이의 조정 필요성이 증대되고, ③ 경제의 세계화 시대에 주권국가가 초국적 기업들을 효율적으로 통제할 수 없으며, 환경 · 마약 등의 문제는 일 국 수준을 뛰어 넘는다는 점에서 유용한 수단이었다. 또한 쌍무주의와 지역주의의 원심적 경향을 다자주의(무역라운드)가 일정한 영역 내에서 통제해 왔다. 그러나, DDA 교착 이후 더 이상 효율적이지 않다는 주장이 설득력을 얻고 있다. 특히 지역통합이라는 신지역주의 하에서 과연 다자주의가 가능한지에 대한 의문이 제기되고 있다.

Ruggie에 따르면, 다자주의는 매우 까다로운 제도 형태이지만, 다자주의적 제도를 형성하는 데 장벽으로 작용하였던 요인들 바로 그 자체가, 다자주의 제도가 일단 성립되면 그 제도의 지속성과 적응력을 증가시키는 요인으로 작용할 수 있다.

Ruggie는 냉전기의 Pax-Americana에 있어서도 대서양은 다자적 방식에 의해, 태평양은 쌍무적 방식에 의해 협력 양태가 구성되었다고 지적한다. 탈냉전기에도 지역적 수준과 쌍무적 수준의 역동성은 병존하며, 미국의 대외정책은 일방주의, 쌍무주의, 지역주의, 보편적 다자주의 전략의 혼합물이었다. 그리고 국제무역질서의 형성에 있어서 일방주의와 쌍무주의가 다자주의를 형성하기 위한 수단으로 활용되어 왔다.

[2] 지역주의는 다자주의를 위한 합의를 도출하는 데 있어서 행위자의 수를 감소시킴으로써 다자질서 형성을 용이하게 할 수 있다.

Olson적 논리에 따르면 구성원 수의 증가는 무임승차자의 문제 등으로 인하여 공공재 공급이 줄어들 수밖에 없다. 즉, 국내적 문제의 경우 공권력으로서의 국가가 존재하나 국제사회의 경우 공권력의 부재 때문에 집단행동의 딜레마에 부딪히게 된다. 지역주의는 국제무역을 포함한 협력과 관련한 행위자 수를 줄이기 때문에 다자질서 창출을 위한 디딤돌이 될 수 있다.

이들 이론에 따르면 지역주의가 다자주의의 디딤돌이 될 수 있다. 그러나 대항적 지역주의 확산이 어떻게 다자주의 질서 속에서 통제될 수 있는지에 대해서는 설명이 결여되어 있다. 게임이론의 시각에서 보더라도 제재가능성과 관련된 '행위자의 수' 뿐만 아니라 선호체계와 미래의 투영과 관련된 공유된 이익이 형성되어 있는지에 대한 진지한 검토 또한 필요하다.

한편 패권안정이론에 의하면, 구성원 수와 공공재 생산 가능성과 무관하게 패권국의 존재 여부에 달려 있다. 그렇다면, 미국 혼자의 힘으로 국제경제 이슈를 해결할 수 없는 상황에서, 지역주의가 확산되는 상황에서 다자 간 협력을 위한 메커니즘을 형성할 수 있는가에 대한 질문이 제기될 수 있다. T. Schelling의 K-group 이론에 의하면, 무임승차로부터 타 구성원이 얻는 이익의 크기와 상관없이 특정국가들(K 집단)은 자신에게 돌아올 이익이 비용을 초과하는 한 공공재를 생산할 것이다. 또한 방어적 협력(D. Snidal)에 의하면 두 개국 이상이 관련되면 무임승차의 부정적 효과는 급감하며 나아가 K집단 사이의 협력이 존재하면 타 국가들은 방어적 협력 전략을 택할 수밖에 없다.

Schelling의 k-group 이론을 기반으로 헤게모니의 붕괴에 따른 다자간 협조체제의 등장을 설명하는 이론들이 있다. 셸링이 말한 'k'란 체제의 붕괴를 막기 위해 자발적으로 협조체제에 동참하는 국가들의 수를 일컫는 것이며, 오늘날의 G5, G7, G20 등이 이러한 그룹에 해당한다고 할 수 있다. 예컨대, D. Snidal은 패권 혹은 강력한 리더십이 쇠퇴한다 하더라도, 체제가 붕괴될 경우 패권국과 더불어 손실을 더 크게 입게 될 강대국들이 하나의 그룹을 형성하여 패권을 떠받친다고 설명한다. 예컨대, 1970년대 초반 미국의 금태환 중지 선언 이후 및 1980년대 중반 플라자 합의 등에서 유럽과 일본 등은 미국의 경제를 지지해주었다.

Ⅵ. Two-Level Games(양면게임) 2014 입법

1. 의 의

Punam은 외교관을 노사협상에서의 노조대표에 비유한다. 타국의 대표와의 교섭에서 국가이익의 극대화를 위해 노력하는 동시에 합의의 결과가 국내적으로 수락될 수 있도록 국내집단과의 절충을 계속해야 하는 국제협상의 담당자도 이와 다를 바가 없다. 이 같은 비유로부터 출발하여 퍼트남은 '양면게임이론'이라고 부르는 하나의 국제협상이론을 개발하였다.

먼저, 국제협상은 외교관 사이의 협상 게임 외에 국내정치에서 벌어지는 비준을 둘러싼 게임이 추가적으로 고려된다(아래 그림 참조). 이러한 양면게임이론은 외교정책에 국내적 요인을 명시적으로 고려하고 있다는 점에서 유용한 분석틀을 제공한다고 하겠다.

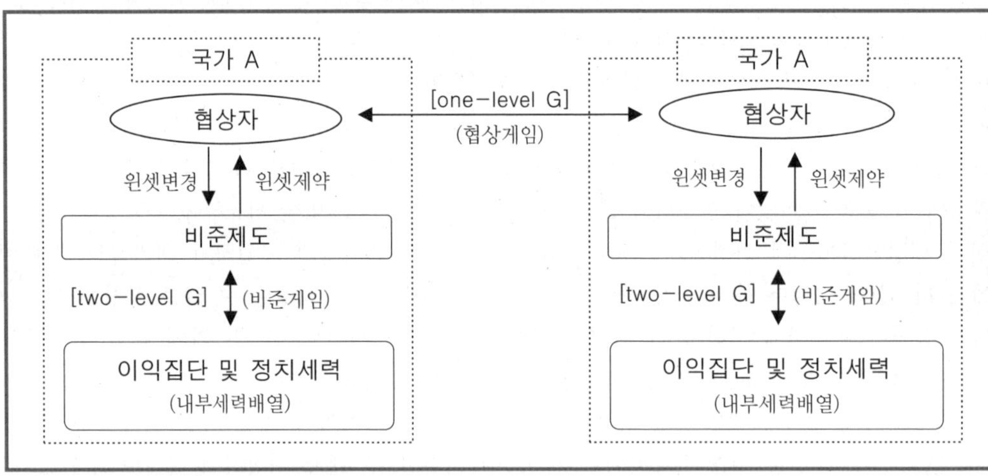

2. 양면게임에서의 협상 : 윈셋(win-set)

1) 양면게임과 win-set

어떠한 국제적 합의든 이것이 실현되려면 명시적 혹은 묵시적인 비준을 필요로 한다고 전제한다. 즉, 국제적 합의는 국가 간의 협상에서 이루어지는 게임과, 협상 당사자 국가 내부에서 협상안에 대한 비준과 관련된 게임이라는 두 차원에서 이루어지는 게임 상황에 있다.

협상에 영향을 미치는 핵심요인은 win-set의 크기에 있다. 이때, win-set이란 '주어진 상황에서 국내적 비준을 얻을 수 있는 모든 합의의 집합'이라고 정의된다.

2) win-set의 크기와 협력의 가능성

만약, 공동이익의 분배에 관한 합의가 점 C에서 이루어진다면 갑이 얻는 이익의 크기는 선분 AC, 을이 얻는 이익의 크기는 선분 BC로 나타난다(아래 그림).

점C_1을 갑이 국제적 이유에서 수락할 수 있는 최소한의 이익, 점 C_2는 을이 수락할 수 있는 최소한의 이익이라 하자. 이때, 갑의 win-set은 선분 BC_1이며, 을의 win-set은 선분 AC_2가 된다. 그리고 쌍방의 win-set가 겹치는 부분인 선분 C_1C_2를 '합의 가능영역'이라 한다. 결국, 다른 조건이 같은 한 win-set이 클수록 합의가능영역이 넓어져 합의의 가능성도 높아진다.

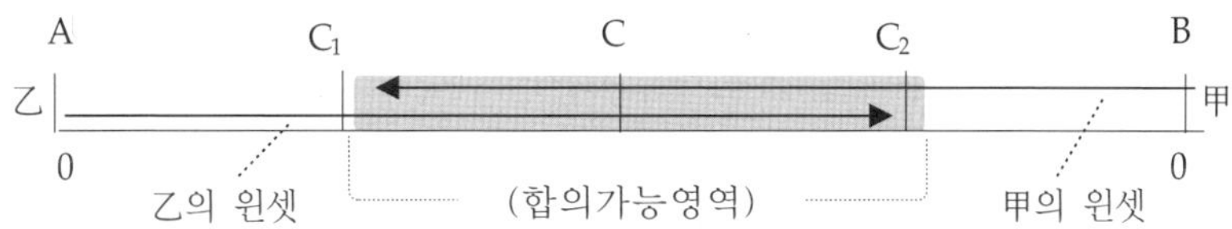

• 선분 AB : 행위자 갑과 을의 합의에 따르는 공동이익의 전체 크기
• 점A : 갑에게는 0의 이득, 을에게는 극대의 이득
• 점B : 갑에게는 극대의 이득, 을에게는 0의 이득

3) win-set의 크기와 협력이득의 분배

아래 그림에서, 갑이 수락할 수 있는 최소의 몫이 C_3으로 이동하면 갑의 win-set는 BC_3으로 축소된다. 또한 합의가능영역도 C_2C_3으로 축소되어 합의에 도달하기가 보다 어렵게 되었다.

중요한 것은 이 경우에 초기에 가능했던 합의의 조건(예컨대 C)은 더 이상 가능하지 않다는 점이다. 새로운 합의가능영역 내의 어디에서 합의가 이루어지더라도, 설사 합의가능영역 내에서 갑에게 가장 불리한 C_3에서 이루어지더라도 갑은 여전히 전에 비해 보다 나은 협상결과를 얻을 수 있다.

4) 의 의

이상의 논의에서 잘 나타나듯이 퍼트남의 논의는 국가 간의 합의를 가능하게 하는 조건에 관한 하나의 국제협력이론인 동시에 국가가 국제협상에서 쓸 수 있는 전략과 작전에 초점을 두는 국제협상이론이기도 하다.

3. win-set의 결정요인

1) 국내 여러 집단의 이해 및 제휴관계

먼저, 동질적 이슈와 이질적 이슈에 따라 win-set의 크기는 달라진다. 이슈가 이질적인 경우 이것이 국내의 여러 집단에 미치는 영향이 서로 같지 아니하여 각 집단은 정책에 대한 상반된 의견을 가질 수밖에 없고 이러할 경우 win-set은 좁아지기 때문이다.

또한, 정책 결과 영향을 받는 집단의 인지도 win-set에 영향을 미친다. 정책이슈가 정치적으로 쟁점화되면 잠자던 개인 · 집단을 일깨워 그들로 하여금 정책결정에 영향을 미치려 애쓰게 하는 효과를 가져 온다. 따라서 다른 조건이 같다면 정치화의 정도는 win-set의 크기를 좁게 만드는 결과를 가져 온다.

2) 양면게임에서의 국제협상전략

양면게임에서는 다양한 국제협상전략이 등장하게 된다.

먼저, 자국의 win-set을 축소하는 전략(발목잡히기 Tying-hands) 혹은 확대전략(고삐 늦추기 전략, Cutting slack)이 있다. 양면게임을 하고 있는 국가의 교섭담당자는 국내집단의 대리인의 역할을 하고 있으며, 자국의 win-set 축소는 협상력을 높여준다. 반면, 거시적 입장에서 국가이익을 추구하려는 경우에는 협상담당자의 재량권을 확대하는 전략(자국의 win-set 확대 전략)을 취하게 된다.

둘째, 상대국가의 win-set을 확대하는 전략(메아리 Reverberation)이 있다. 협상대표는 상대국가의 win-set을 확대하거나, 이슈의 연계를 통해 이슈의 구조 자체를 바꿀 수 있을 때 가능하다.

셋째, 초국가적인 사안의 연계전략이 사용되기도 한다. (우루과이 라운드에서와 같이) 초국가적인 사안의 연계(상승적 연계, Synergistic linkage)는 새로운 정책대안을 창출·확장하여 국내비준을 얻어 낼 수 있게 한다.

넷째, 국내 이익집단과 초국가적 외교를 고려할 수 있다. 양면게임에서 국내적 집단은 단순히 정부정책의 대상만이 아니라 정책결정과정에 영향을 주는 부분적인 행위주체이다. 그리고 이들의 행위 영역은 국내의 정책결정과정에 한정되는 것만은 아니며, 외국의 정책결정과정에도 적극적으로 영향을 미칠 수 있다(소위 '초국가적 로비').

4. 평 가

R. Putnam은 양수준 게임의 논리를 이용하여 국제적 요인과 국내적 요인의 상호작용, 즉 언제 어떻게 외교와 국내정치가 연결되는가를 분석하려 한다. 이러한 그의 모델은 종전의 현실주의 국제정치이론이 갖고 있던 국가행위자의 합리성, 국내적 동원능력의 지속성, 선호의 안정성에 대한 지나치게 단순한 가정들을 상당한 정도로 현실화시키고 있다.

Ⅶ. 민주평화론

1. 의 의

민주 평화론은 '민주적 평화'는 칸트가 제기한 고전적 명제(영구평화론)를 역사적 경험에 기초하여 구체화한 것으로 볼 수 있다.

M. Doyle에 의하면, "민주적 국가들의 자유주의 정치이념은 다른 민주적 국가들과의 관계에서는 매우 성숙한 평화지향적 외교형태를 보였으며, 반면에 비민주적 성격을 지닌 국가들과의 관계에서는 지나치게 공격적인 이데올로기적 외교를 펴거나 또는 그 반대로 응당해야 할 행동들을 회피함으로써 갈등과 전쟁을 유발하는 경향"이 있었다는 것이다. 즉, 세계적으로 민주주의 정치질서의 확장은 국제평화의 기초가 된다는 것이다.

2. 배경 : 국제 환경의 변화

1) 현실적 배경 : 민주주의 제3의 물결

민주평화론이 1990년대에 본격적으로 등장하게 된 것은 ① 동구 사회주의권의 붕괴로 기존의 양진영이 모두 서구자유주의 정치질서로 재편되었고, ② 제3세계 국가들 내부의 민주주의 정치질서로의 이행이 민주적 평화의 현실적 적실성을 높였다는 점이다.

F. Fukuyama의 역사의 종언도 이와 유사한 맥락에서 이해될 수 있다. 즉, 역사의 종언이 갖는 국제정치적 함의는 자유민주주의의 승리가 가져온 이념의 종식으로 경제에 대한 고려가 안보에 대한 관심을 대체하고 점차적으로 국제관계의 공공시장화를 가져와 대규모 갈등이 감소하리라는 점이다.

2) 이론적 배경 : 패권안정론의 한계와 신자유주의적 제도주의

먼저, 민주평화론은 패권안정론의 한계와 관련된다. 신현실주의자들은 미국의 상대적 패권의 약화는 국제체제의 불안정을 수반하게 된다고 본다. 예컨대, R. Gilpin은 패권국가가 교체되는 상황에서는 전쟁이 거의 불가피하다고 본다.

이와 달리 M. Doyle은 쇠퇴하는 패권국가 새로이 떠오르는 패권국이 다 같이 민주적 국가들인 경우에는 해당 국가 간에 전쟁을 통하지 않는 평화적 이행이 가능하다는 면에서도 민주적 평화는 현실적 근거가 있다고 주장했다.

또한, 신자유주의적 제도주의는 민주평화론의 토양이 되었다. 그것은 신자유주의적 제도주의에 의하면 무정부 상태에서도 국가 간 협력이 가능하다고 보았다는 점에서 국가 간 협력에 대한 다양한 인식의 지평을 열어 주었기 때문이다. 그러나 민주평화론은 국내적인 정치체제의 성격이라는 변수를 통해 국제사회의 평화를 설명하고자 한다는 점에서 국제사회의 제도화의 정도를 가지고 설명하려는 신자유주의적 제도주의와 궤를 달리 한다.

3. I. Kant의 영구평화론과 민주평화론

1) I. Kant의 영구평화론

칸트는 자유주의 이데올로기를 공유한 민주적 국가들끼리의 국제관계는 첫째, 그들 자신의 공화주의적 헌법, 둘째, 각자의 독자성을 존중하는 국제법, 셋째, 국가 간의 자유무역, 즉 상업적 정신을 진작시켜 국가 간의 평화관계에 물질적 인센티브를 부여하는 세계시민법이라는 세 가지의 요소로 말미암아 지속적인 평화를 누릴 수가 있다고 주장했다.

2) M. Doyle과 B. Russett의 민주평화론

M. Doyle은 19c 이후 민주주의 제도를 가지고 있다고 판단되는 국가들 간에는 전쟁이 없었다고 주장한다. 그 이유로 민주적 헌법은 정치지도자들이 국민들의 생명과 재산에 중대한 결과를 초래하는 전쟁과 같은 외교정책결정을 신중히 하게 만들어 특히 같은 민주적 국가들끼리는 전쟁행위를 자제하게 만든다는 것이다.[92)]

먼저, 민주주의 체제의 구조적 특징과 관련된다. 민주주의 체제의 권력의 분립, 정책결정에서의 여론의 역할 등은 권력자의 자의적 의사결정에 대한 견제와 균형 장치로 작동하게 된다. 즉, 권력자의 자의에 의한 전쟁 가능성을 최소화시킬 수 있는 체제가 민주주의라는 것이다. 민주주의 국가 간의 갈등이 존재하는 경우 상대방으로부터 기습공격을 받을 가능성을 크게 우려하지 않는다. 반면, 비민주주의 국가와의 갈등에서는 제도적 제약이 부재한 가운데 기습공격을 받을 가능성이 있기 때문에 민주주의 국가마저도 이를 우려해 선제공격을 가할 가능성이 있다. 이는 B. Russett의 제도적 모델과 관련된다.

다음으로, 민주주의가 옹호하는 기본적 가치와 규범과 관련된다. 즉, 갈등을 평화적으로 해결하고자 하는 민주주의 국가들이 지니고 있는 규범이 전쟁을 억제한다는 것이다. 민주주의 국가는 갈등을 상대방의 존재와 권리를 존중하면서 비폭력적으로 타협을 통해 해결하려는 규범을 지니고 있으며, 다른 국가 역시 갈등을 이러한 방식으로 해결할 것으로 기대하기 때문에 민주주의 국가 간에는 전쟁이 적다. M. Doyle은 민주적인 대표성, 인권존중에 대한 이념적인 공약, 초국가적인 상호의존이 민주주의 국가의 평화지향적인 성향을 설명한다고 본다. 이는 B. Russett의 문화적 · 규범적 모델과 관련된다.

4. 비 판

민주적 평화론에 대한 신현실주의자들의 비판의 핵심은 두 가지로 요약될 수 있다. 첫째, 민주적 평화란 통계학적으로 무의미하며, 둘째, 민주주의 국가 간의 전쟁의 부재는 다른 요인들로 설명할 수 있다는 것이다.

또 전쟁과 민주주의 개념을 어떻게 설정하느냐에 따라, 또 특정시점, 특정 국가의 정치질서를 민주주의로 평가할 수 있는가의 여부에 따라, 결론이 크게 달라질 수 있음을 지적하기도 한다.

92) 단, 도일이 말하는 것은 단일 국가의 특징이 아니라, 국가간 관계의 특징이다. 즉, 그가 주장하는 것의 핵심은 민주주의 체제 국가가 비민주주의 체제 국가에 비해 평화 지향적이라는 것이 아니라, 민주주의 체제 국가 간의 관계가 전쟁발발 가능성을 거의 갖고 있지 않다는 점이다.

더 나아가 관련 국가의 정치인들이 상대방의 정치질서를 자기들과 같은 민주적 국가들이라고 또는 비민주적 국가들이라고 인식하는 것은 객관적으로 일정한 것이 아니고 상당한 주관성을 띨 수밖에 없음을 지적한다. 구체적으로 보면 다음과 같다.

첫째, 국제사회의 평화와 전쟁을 위시한 국제적인 결과는 민주주의나 권위주의와 같은 국가의 내적인 속성으로부터만 기인하는 것이 아니라 국제체제의 구조적 요인 역시 중요한 역할을 한다.[93]

둘째, 민주주의 국가 간의 전쟁의 부재와는 별도로 민주적인 국가와 비민주주의 국가 간의 전쟁부재를 설명하지 못한다. 또한, 냉전시대 미소 간에 전쟁이 부재한 이유도 설명이 불가능하다. 전쟁의 원인에 있어서는 국제체제의 구조적 요인이나 핵무기의 존재와 같은 변수가 고려되어야 하지만, 민주평화론에서는 이 같은 요소들이 간과되고 있기 때문이다.

셋째, 민주주의 개념과 전쟁 개념의 자의성이 지적될 수 있다. 1812년 영국과 미국 간의 전쟁의 해석에서 영국이 민주주의 국가였는지가 문제될 수 있다.

넷째, 민주평화론은 패권국인 미국의 개입외교의 논리적 근거를 제공하고 있다.

93) Russett은 이에 대해 민주주의의 가치만이 국가로 하여금 전쟁을 피하도록 영향을 미치는 것이 아니며 현실주의의 주장처럼 권력과 전략적인 고려 역시 국가행동에 영향을 미침을 인정하는 한편, 그럼에도 불구하고 공유된 민주주의가 안보딜레마를 약화시키고 좀 더 확실한 안보를 가져오기 위한 시도로서 무시되어서는 안됨을 강조한다.

Ⅷ. 문명충돌론(The Clash of Civilizations) 2017 입법, 2006 행정

1. 의 의

S. Huntington은 앞으로도 국가가 가장 중요한 행위자로 남기는 하겠지만 다른 문명에 속해 있는 국가들 간의 갈등이 주요한 갈등요인으로 등장하면서 지배적인 갈등은 바로 문화적인 것이 될 것이라고 전망한 바 있다. 즉 문명 간의 구분선이 주요 갈등선이 되는 것이다.

지난 세기 서구문명에서의 갈등선을 보면 왕들 간에, 국가 간에, 이념 간에 생성된 것이었으나 냉전이 종식되면서 국제정치는 이 서구적 범주를 벗어났으며 비서구적 문명과의 상호작용이 주를 이루게 되었다. 비서구문명은 이제 더 이상 서구식민주의의 객체가 아니라 역사를 형성해 나가는 주체로 등장하게 된 것이다.

첫째, 지금까지의 갈등이 왕조, 국가, 이념 간에 이루어졌다면, 앞으로의 지배적인 갈등 요인은 문화, 정체성, 종족의 마찰과 같은 문화적인 것이다. 갈등에 있어서 국가가 중요한 행위자임에는 차이가 없을지라도 다른 문명에 속해 있는 국가 간의 갈등이 주요한 갈등요인으로 등장하는 것이다.

둘째, 이러한 새로운 갈등의 차원은 냉전이 종식되면서 서구문명과 비서구적 문명이 상호작용하면서 나타나는 것으로 비서구 문명이 더 이상 서구식 민주주의의 객체가 아니라 역사를 형성해 나가는 주체로 등장했기 때문으로 볼 수 있다.

2. 주요개념

1) 문명의 개념

문명이란 문화적인 본질을 의미하는 것으로 문화의 층위에서 가장 높은 차원의 범주라 할 수 있다. 즉, 문명이란 가장 포괄적인 차원에서의 문화적 정체성을 의미한다. 이러한 문명은 언어와 역사, 종교와 관습 및 제도와 주관적인 정체성과 같은 요소로 정의되어 지며, 문명을 나누는 여러 기준 중에서 종교가 가장 근본적이다.

S. Huntington에 의하면, 문명 간의 차이는 실질적이고 근본적인 것이다 ― 문화적 특성과 차이는 정치 및 경제적인 것(정치체제 및 이데올로기)보다 쉽게 변하지 않으며 타협이나 조정이 불가능하다는 점에서 근본적이다.

2) 문명의 균열선과 문명권

S. Huntington은 문명권을 서구(유럽, 북미, 호주), 유교권(중국, 동아시아, 동남아시아), 일본, 이슬람, 힌두(인도), 슬라브-그리스 정교회(동방정교문명), 라틴아메리카와 아프리카 등 7로 구분하고 있다.[94] 헌팅턴은 향후 문명권 충돌은 아시아와 서구 문명권 간에 발생할 수 있으며, 중국과 미국, 일본과 미국의 갈등에 주목한다.

94) 라틴아메리카지역과 별개로 카리브해 연안 국가군을 별도 문명으로 구분하여 8개 문명권을 제시하기도 한다.

3. 탈냉전 이후 문명권간 갈등의 전개

1) 문명권의 대두 : 문명간 갈등의 중요성

첫째, 세계는 점점 더 좁아지고 있다. 다른 문명 간의 상호작용의 증가로 자기 문명에 대한 의식이 높아졌으며 문명 간의 차이를 보다 뚜렷이 의식하게 되었다. 즉, 전세계에 걸친 경제적인 근대화와 사회적인 변화의 과정으로 인해 사람들이 오랫동안 견지해왔던 지역적인, 국지적인 정체성(국가)으로부터 분리되면서 정체성의 근원을 종교에서 찾고 있다. 즉, 국가의 빈 공간을 종교가 채워가고 있으며, 이러한 근본주의와 종교의 부활은 국가의 경계를 넘고 문명을 묶어주는 정체성의 구실을 한다.

둘째, 한편으로 서구는 Power의 정점에 위치해 있으나 비서구 문명권에서는 이를 위협으로 인식하며, 서구 문명은 비서구적 방식으로 세계를 형성하려는 의지와 자원과 욕망을 가지고 있는 비서구 문명을 대하게 되었다.

문명에 대한 정체성은 서구의 이중적 태도와 관련된다. 이중적 태도는 비서구 문명권을 지속적으로 자극해 왔다. 그리고 비서구 문명권의 대응 방식은 비서구적 방식으로 세계를 형성하려는 의지와 자원과 욕망을 자아내게 된다.

셋째, 경제적 지역주의가 증대되고 있다. 이는 다시 문명의 자각을 이끌게 된다. 그리고 공통의 문화와 종교는 경제적 지역주의를 보다 손쉽게 만든다.

2) 국제질서의 변화 : 문명의 충돌의 양상과 경계선

문명의 충돌은 미시적 수준에서는 그 경계선에 있는 인접한 국가 간에 발생하고 거시적 수준에서는 다른 문명권에 속하면서 세계의 주도권을 다투는 국가 간에 이루어진다.

유럽에서는 1500년경에 형성된 기독교 분열선(서북쪽의 프로테스탄트-카톨릭, 동남부의 그리스정교회-이슬람)이, 서구와 이슬람 사이, 아랍문명 남부 아프리카의 기독교 흑인간의 갈등, 이슬람의 북부에서의 그리스정교회와의 다툼(보스니아-세르비아 대립), 아시아에서의 이슬람과 힌두교, 중국과 미국, 일본과 미국 등의 분열선이 존재한다.

그런데, 탈냉전 이후 동류국가(kin-country) 신드롬이 국가 간 협조와 연합의 기본 원칙으로 등장하여 정치적 이념과 전통적인 세력균형의 지형을 변화시키고 있다. 즉, 문명 간의 균열선은 걸프전과 그 이후의 여러 갈등에서 보였듯이, 같은 문명과 다른 문명에 다른 기준을 적용하는 이중 기준을 등장하게 만들었다.

이러한 현상은 걸프전 이후 두드러지고 있다. 즉, 걸프전 당시 아랍권은 후세인을 지지하였으며, 9.11테러 이후 아프가니스탄에 대한 대테러 전쟁에서도 아랍권은 빈라덴과 아프가니스탄을 지지하였다.

유고슬라비아 내전에서 서구는 세르비아에 의한 보스니아 학살에 대해서는 관심을 보이고 개입을 하였으나, 기독교계인 크로아티아에 의한 공격을 외면한 것도 이러한 현상과 관련된다.

4. 탈냉전과 서구의 대응

1) 전망 : 탈냉전과 서구-비서구의 갈등

유고, 러시아, 터키에서 볼 수 있듯이 이종 문화권을 자신의 연합에서 분리시키려 하며 이렇게 떨어져간 국가(torn countries)는 다시 그 문명권에 편입 편입하기 위해 자신의 정체성을 재정의하기도 한다. 이렇게 문화적 정치적 이유로 서구에 편입할 수 없는 국가들은 자신의 경제, 군사 정치력을 발전시켜 서구와 경쟁할 것이며 비서구 문명간 서로 협조하여 이를 이루어 낼 것이다. 이의 가장 두드러진 형태가 유교-이슬람 문명의 연대이다. 이의 가장 중요한 국가가 중국의 군사력 증대라 할 것이다. 이 경우 엘리트 및 대중의 태도, 편입 상대 문명권의 주요 국가들의 태도에 따라 달라질 것이다.

둘째, 탈냉전 이후 비서구는 서구가 자신의 패권적 이익을 지키기 위해 국제제도와 군사력, 경제적 자원을 이용하고 있으며, 이들 군사 · 경제 · 제도를 둘러싼 권력 투쟁이 서구-비서구 문명권 갈등의 주요 요인이다.

비서구는 ① 고립, ② 서구의 가치와 제도의 수용(band-wagoning), ③ 서구와의 경제적 · 군사적 대립(balancing)와 같은 대응을 보이고 있다.

2) 효과적인 서구의 대응 : 문명충돌론의 5가지 명제

단기적으로는 서구 문명권 내에서 협조와 통일성을 유지해야 하며, 장기적으로는 타 문명에 대한 이해가 필수적이다. 가까운 미래에 보편적인 문화를 형성하는 게 불가능하다면 서로간의 공존의 지혜를 배워야 하는 것이다.

첫째, 근대화가 서구화를 의미하는 것은 아니다. 개인주의 · 민주주의 · 투명성 · 도덕성과 같은 서구적 가치가 비서구 국가에서 수용될 수 없으며, 따라서 근대화가 서구화를 의미하는 것은 아니라고 한다.

둘째, 문명권 사이에 세력전이(power transition)가 서서히 일어나고 있다. 과거 서구의 압도적 힘은 약화되고 문명권 간의 세력전이가 일어나고 있다. 즉, 서구의 패권이 이슬람, 유교, 힌두 문명권으로 서서히 전이되고 있는 것이다.

셋째, 힘이 전이되고 있는 문명권 사이에 새로운 내적 응집력이 생기고 있다. 이슬람의 수니파는 사우디를 중심으로, 시아파는 이란을 중심으로, 유교문명권에서는 중국을 중심으로 통합력과 응집력이 발생하고 있다.

넷째, 세력전이와 내적 응집력을 고려할 때, 서구는 무분별한 개입을 자제해야 한다. 향후 세계대전은 서구 국가들이 서구의 가치 기준으로 비서구국가들에 개입했을 때 문명충돌의 형태로 일어날 것이다.

다섯째, 문명 충돌 위험의 극복은 다원주의적 문명권을 인정해야 하며, 문명간의 충돌을 대비하여 서구 문명권의 연대가 요구된다. 그러나 서구 문명권과 타 문명권은 보편적 문명권의 성격을 가지고 있다. 따라서 교차 문명적 이해(cross-civilization understand)가 있을 때, 공존의 길을 열 수 있다.

5. 문명충돌론에 대한 평가

9.11 테러는 예측하지 못한 경악할 사건임에 틀림없지만, 그럼에도 불구하고 오늘날 지구적 자본주의의 한 단면을 적나라하게 보여주고 있다. 세계화라는 이름아래 진행된 변화와 더불어 특정 지역의 긴장과 갈등은 그 지역의 문제일 뿐 아니라 동시에 전지구적인 차원의 문제라는 사실이다. 어떻게 보면, 9.11 테러와 반테러 전쟁은 문명의 충돌이라는 자기충족적 예언의 실현일 수 있다.

1) 문명 개념의 추상성과 자의성

문명이란 문화와 달리 충돌보다는 포용과 융합을 속성으로 한다. 즉, 문화와 문화는 충돌할 수 있을지 모르지만 그러한 충돌, 마모, 융합의 과정을 통해 탄생하는 것이 문명이라고 보아야 한다(하영선 ; 김명섭). 폭력적인 문화는 있어도 폭력적인 문명은 없다. 야만은 책임을 지지 않지만 문명은 책임을 진다.

문화적 갈등은 부차적 혹은 보완적인 것이며 잠재되어 있는 경제적 · 정치적 갈등을 촉발시키는 역할을 할 수 있을 뿐이다. 이런 점에서 벨은 헌팅턴이 문화를 정치로 착각한 데서 온 오류라고 비판한다.

또한, 헌팅턴의 문명 개념은 지나치게 자의적이라 할 수 있다. 그것은 일본, 그리스, 필리핀, 카리브 연안 국가들의 위치가 일반적 인식과는 다르게 설정되고 있음에서 알 수 있다.

이는 전략으로서의 문명과 설명 틀로서의 문명의 개념적 구분이 요구된다. 그의 문명 충돌론은 현상에 대한 설명을 위해 제시된 것이라기보다는 미국의 세계전략 차원에서 제시된 것이라 볼 수 있다. 하지만, 이러한 문명충돌론은 9.11 테러사건을 통해 볼 때, 일종의 자기성취적 예언이 되고 말았다. 즉, 헌팅턴의 논리는 미국의 문명이 어떻게 형성되었고, 문명의 선도국가로서 어떤 역할를 담당할 것인가에 대한 진정한 문명적 성찰을 담고 있지 않다. 문명충돌로 몰아가기 위한 사례들은 최대한 나열되었지만 어떻게 문명충돌을 넘어 문명간의 이해와 문명 간의 교류, 그리고 문명 간의 융합을 이루어낼 것인가에 관한 문제의식은 빈약하다. 전략론으로서의 문명충돌론은 결국 테러에 대한 전쟁을 인류문명사의 희비극이었던 십자군전쟁으로 몰고 가려는 태도로 이어질 우려가 크다.

2) 서구우월주의

그는 개인주의, 자유주의, 인권, 평등, 법치주의, 민주주의, 시장경제 등을 서구에 고유한 가치로 선언하고 있다. 그러나 이러한 가치가 서구에서 수용되는 과정은 기나긴 시간동안 격렬한 투쟁을 수반하였으며 20세기에 재산 및 교육정도로부터 자유롭게 보장되었다는 점을 그는 간과하고 있다. 즉, 그가 제시한 서구의 가치가 서구 문명에서 자연스럽게 베어난 것이 아니라 성취 혹은 사회적으로 구성된 것으로 보아야 한다.

제국주의와 식민주의는 물론 20세기 전반을 휩쓸었던 파시즘과 쇼비니즘, 두 차례의 세계대전에서 보여 진 서구의 야만성이 서구 문명과 전혀 무관하지 않으며, 여전히 존재하고 있다. 다시 말하면, 그의 이론은 서구의 역사적 맥락(반성적 결과)을 도외시하고 있다.

3) 비현실성

세계화에 대한 정치적 조정의 문제가 정면으로 제기되는 상황에서 정치와 경제의 의미가 축소되고 문명이 전면에 등장한다는 주장은 설득력이 약하다고 할 수 있다.

특히, 문화와 상품의 세계화 속에서 각 국의 고유 문화적 생산물과 정체성이 파괴되고 독자적인 문화의 생존기반이 잠식되면서 문명의 경계가 오히려 급속하게 해체되고 있다.

4) 이슬람 - 서구 갈등의 맥락적 이해

그는 이슬람과 서구 갈등의 역사를 도외시하고 있다. 나아가, 현재의 이슬람과 서구의 갈등은 팔레스타인를 처리하는 미국 중심의 국제사회의 태도에 대한 적대감과 관련된다.

나아가, 근대화 전략의 실패와 빈곤, 이라크 경제제재와 이라크 민간인의 기아는 이슬람인들의 서구에 대한 반감을 증대시켰다고 하겠다.

5) 미국 중심의 패권질서, 그리고 야만의 충돌로서의 9.11테러

9. 11테러는 문명의 충돌이라기보다는 야만의 충돌에 가깝다. 역사적 맥락에서 볼 때, 그것은 쌍생아적인 성격을 가졌던 두 집단이 아프가니스탄에서 같은 길을 걷다가 서로를 향해 총질하고 있는 상태로 볼 수 있다.[95]

냉전체제 종식을 알리는 걸프전은 앵글로색슨주의에 기초한 열광의 시대를 열었고, '역사의 종언'이 미국 쇠퇴론을 불식시켰다. 이를 미국의 호황이 뒷받침했고, 세계화 과정이 뒤를 이었다. 그러나 이 과정에서 여러 문화권의 표준들이 합해지고 그것들을 통해 미래의 인류를 위한 새로운 문명적 표준이 만들어지지 못했으며, 이슬람권을 비롯한 몇몇 문화권의 표준은 상당히 과소대표되었다. 탈냉전의 국제질서에서는 다양한 목소리들이 충분히 대변될 수 있는 구조가 만들어지지 못한 것이다.

폭력적인 문화는 있어도 폭력적인 문명은 없다. 야만에 대해 폭력과 박멸을 통해 문제를 해결하려는 것은 더 이상 문명이 아니다. 아울러 주류적인 문명적 표준, 보편을 선점하고 있는 쪽에서 자신들의 역사성에 대한 반성은 반드시 필요한 것이다. '만찬에 늦게 와서 먹은 것이라고는 커피 밖에 없는데 만찬비를 나누어 내자고 하는 것'은 보편을 가장한 억압이다. 문명의 이면에 이미 야만이 있었다면, 문명이 지불해야 하는 몫의 크기는 분명히 달라야 한다. 오히려 미국이 적절한 비용을 분담하고 있지 않다(하영선).

냉전기에 미국은 19세기 영국이 추구했던 것과 같은 분할에 의한 지배(divide and rule)가 아니라 통합에 의한 지배(reign by integration)의 전략이 추구되었다. 반면, 부시행정부는 제국의 평화 혹은 제국적 안보를 강력하게 추구하고 있고, 이것은 국제적 평화나 국제적 안보를 추구해 왔던 인류의 또 다른 유산을 부정하는 방식으로 진행되는 경향이 나타나고 있다. 이러한 전략은 전반적으로 국제정치질서의 불안정성을 심화시킬 수밖에 없는 것이다.

---

95) 냉전시대 이슬람 근본주의자들의 지하드 개념을 이용한 미국의 비밀공작 기관과 이슬람 무장세력 간의 밀월 관계가 10년 이상 지속되었습니다. CIA가 다른 지역에서도 그런 것처럼 마약재배를 후원하고, 객지에 나와있던 소련병사들은 그 마약에 중독되고, 마약판매대금이 다시 이슬람과격단체의 활동자금으로 활용되는 폭력적 메카니즘이 확대재생산되어 온 것입니다.

6. 보론 : 이슬람과 중동지역에 대한 이해

1) 종교로서 이슬람

유대교에서 파생된 이슬람은 신(Allah), 성경(Quran), 위대한 예언자(Muhammad)를 중심으로 한 종교다 — 참고로 이슬람에서는 예수를 무하마드보다 선구자로 여기며, 위대한 종교적 교사로 인정하는 반면, 유대교는 예수를 이단으로 보고 있다.

이슬람 법은 길이라는 뜻을 가진 Sharia를 근간으로 한다. 모든 교도는 기본적인 신념과 의무 외에 종교 법률인 샤리아를 준수해야 한다. 샤리아는 경전인 코란, 예언자 무하마드의 생애, 법률적 추론, 공동체의 합의에 근거하여 만들어 진 것이다. 이 법은 일반적인 의미의 법률보다는 도덕적 · 윤리적 원리와 같은 것인데, 법정과 관청에서 해석되고 적용되고 있다.

2) 이슬람 사회

이슬람은 중동지역에 국한된 종교가 아니다. 이슬람은 아랍(아라비아만과 북아프리카 지역), 인도 북부(파키스탄, 방글라데시), 동남아시아(인도네시아, 말레이시아), 그리고 중앙아시아 지역에 분포하고 있다. 즉, 이슬람은 44개국에 걸쳐 10억 여명의 신자를 보유한 세계에서 두 번째로 큰 종교다.

이슬람과 아랍에 대한 서구의 관심은 9.11 테러와 미국의 아프가니스탄, 이라크 침공으로 증폭되었고, 시리아 내전을 계기로 등장한 이슬람국가(IS)와 무차별적 테러는 서구의 이슬람에 대한 혐오를 키웠다.

현재의 일반적 인식과 달리 20세기 중반까지 중동지역의 국가들은 근대화(서구화)를 추구하였고, 독자적 정치세력을 형성하지 않은 상태였다. 테러와 폭력의 상징으로 이슬람이 고착된 것은 1979년 이란 혁명 이후라 할 수 있다. 그 과정을 간략하게 살펴본다면,

- 식민통치를 경험한 다른 지역과 마찬가지로 이슬람 사회의 근대화과정은 서구적 가치를 수용하면서도 배척하는 이중성을 보였다. 서구의 문명은 필요하지만, 이와 함께 들어 온 개인의 자유와 평등이라는 가치를 수용할 것인지를 둘러싸고 갈등이 발생하는 것은 불가피한 것이다. 이는 개항기의 대한제국에서도 마찬가지였다.
- 먼저, 이슬람의 경전인 코란이 재해석 될 수 있다는 관점에서 서구적 가치를 수용하는 이슬람 자유주의가 등장하였다. 교육제도의 개혁과 여성과 남성이 평등하다는 관념을 일부 수용한 것이다. 그러나 1920년대 이후 30여 년 동안의 잔혹한 식민지 지배를 경험하면서 서구세계를 배척하는 분위기가 만들어지고 이슬람 부흥주의(이슬람 근본주의)가 등장하였다. 이슬람 부흥주의는 이슬람 자유주의와 서구제국주의를 동일시하였다.
- 제2차 세계대전 이후 이슬람 자유주의와 부흥주의 간의 타협의 산물로 나세르(이집트)가 주도한 운동이 등장하였다. 나세르는 이슬람 상징을 사용하면서도 권력을 종교와 분리된 세속적인 것으로 간주하였다. 나세르식의 세속적 해석과 적용은 리비아의 카다피, 시리아 바스(Baath) 당으로 이어졌다.
- 1948년 이스라엘이 팔레스타인이 거주하고 있던 지역에 건국됨으로써 분열되어 있던 이슬람 국가들이 단합하기 시작하였다.
- 1970년대 풍부하게 매장된 석유가격이 급등함으로써(oil shock) 산유국들을 중심으로 국가의 부가 급증하였고, 이슬람을 신봉하는 이 지역의 전략적 가치가 증대되었다.

• 이와 함께 1979년 이란혁명 이후 반서구화를 내세우면서 이슬람 부흥운동(이슬람 근본주의)이 일어났고, 독자적 정치세력을 형성하기 시작하였다.

이슬람 근본주의의 등장은 이슬람 내부의 분열을 불러왔는데, 이는 서구의 영향에 의해 조성된 정치상황과 관련되어 있다. 그러나 내부 분열보다는 이 지역의 반서구화가 확산된 요인(억압적 식민지 지배체제와, 제2차 세계대전 이후에도 지속된 서구의 개입과 이스라엘과 이슬람 사회에 대한 미국의 이중적 태도, 시리아 정권의 인종청소에 대한 서구사회의 이중적 태도 등)에 주목할 필요가 있다.

3) 이슬람과 정치체제

현재 비민주주의 체제는 공산주의, 아랍, 파키스탄, 아프리카와 라틴아메리카 소국을 포함한다. 통계상으로는 권위주의 체제의 절반이 이슬람 국가들이며, 이슬람인이 과반이상인 47개 국가 중에서 비민주적 국가는 36개국이다. 이 때문에 이슬람 사회는 권위주의라는 주장이 쉽게 수용되기도 하지만, 모든 이슬람이 비민주주의 체제인 것은 아니다.

이슬람 국가들은 전통적으로 종교적이고 정치적인 생활이 밀착된 사회였다. 이 사회에서 정치는 종교에 예속 된다 — 종교개혁 이후의 기독교와 달리 이슬람은 종교적 권위와 세속적 권위가 결합되어 있다. 따라서 민주주의적 수단을 통해 표출되는 독립적인 정치적 의지의 공간은 제한될 수밖에 없다. 이들 국가의 대다수는 정책결정에 대한 권력이 집중되어 있고, 시민사회는 위축되어 있다. 이런 점들이 이슬람이 민주주의 발전을 어렵게 만든다고 지적된다.

그러나 이들 국가의 정치적 환경을 만들어 냈던 서구의 영향을 배제하고 이해할 수는 없다.

① 먼저, 중동 지역은 탈식민지 국가들이다. 탈식민지 유산은 (알라비의 과대성장국가론이 지적하는 바와 같이) 이들 국가의 민주주의 발전을 억제하였다.

② 중동지역은 산유국으로서 제2차 세계대전 이후에도 서구의 개입이 지속된 지역으로(1952년에 발발한 제2차 중동전쟁의 경우, 이집트의 나세르 대통령이 수에즈 운하를 국유화하자 영국과 프랑스가 이스라엘과 동맹을 맺고 이집트를 공격하면서 발생하였고, 이스라엘은 시나이반도를 점령하였다), 다른 어느 지역보다 강력한 권력정치에 빠져들었다.

③ 최근 부상한 이슬람 근본주의는 서구 우위와 개입이 불러온 것이라 보아야 한다. 서구의 개입을 신성모독이라 규정하고 순수한 문화를 복원하는 것을 과제로 내세우는 담론이 반서구화와 결부될 때 이들 국가에 민주주적 체제가 수용될 가능성은 거의 불가능할 수 있다.

4) 이슬람과 오리엔탈리즘

E. Said가 오리엔탈리즘에 대해 규명하고 있듯이 서구가 오리엔트라 지칭하는 세계의 근간에는 이슬람이 자리하고 있다. 그리고 그 인식에는 근대화론이 깔려 있다. M. Weber의 문제인식 이후 '이슬람은 이성, 자유, 완벽과 대조되는 속성을 지니는' 근대화에 있어서 부정적 존재라고 인식하게 만들었다. 이에 기반한 근대화 이론은 서구의 경험을 비서구권 세계에 일방적으로 강요하는 폭력적 속성을 지닐 수밖에 없다고 볼 수 있다.근대화 이론은 사실 유효성을 잃었지만, 1980년대 이후 미국의 민주주의 전략과 함께 업그레이드된 형태로 등장하게 된다.

이슬람이 정치적으로 부상하게 된 계기는 1967년 6일 전쟁(제3차 중동전쟁)과 Oil shock라 할 수 있다. 탈식민지 아랍세계에서는 저발전의 해결책을 통일된 아랍세계의 재건에서 찾았다(오스만 제국의 재건 / 재이슬람화). 이런 상황에서 제3차 중동전쟁이 발발하였는데, 이후 이슬람은 민족적 정체성보다는 종교적 정체성을 부각시키면서 통일을 이루려는 시도를 한 것이다. '신오리엔탈리즘'이라는 새로운 사조가 이와 함께 등장하였다.

신오리엔탈리즘의 핵심은 이슬람 예외주의이다. 이슬람 문화가 지는 이중성을 의미하는 문화적 예외성, 근본주의적 경향이 강한 이슬람세계의 이데올로기적 예외성, 종교가 전투적 성격을 띤다는 군사적 예외성, 다른 일신교와 크게 다른 신학적 예외성, 국가가 부를 독점하는 경제적 예외성, 민주주의를 발전시킬 수 있는 사회세력이 미약한 사회적 예외성, 권위주의라는 정치적 예외성을 통해 설명하려는 것이다.

사실 이슬람이 1980년대 이전까지 서구사회에서 위협적인 존재로 간주되었던 것은 아니다. 신오리엔탈리즘이 등장하던 냉전기에는 동맹국의 정치체제를 문제 삼지 않았으며(카터의 인권외교는 예외적이라 할 수 있다), 탈냉전으로 열린 공간에서 미국의 관심은 신자유주의적 개혁이었고, 개혁을 위해서는 강력한 정부가 필요하다는 인식 때문에 비민주주의 정권을 문제 삼지 않았기 때문이다.

1980년대 등장한 신보수주의는 인권은 특수한 유형의 정치체제에 뿌리를 내린다고 보았다. 다시 말하면 인권은 특정한 국가의 구조(미국의 정치체제)에 의해 가장 잘 구현될 수 있다는 의미이며, 국가 이익 추구와 인권이 유리된 것은 아니며(미국의 국익 추구가 곧 인권의 추구이며), 법적 권리로서 인권은 이식될 수 있다는 것이다. 이러한 인식은 민주주의 이행론/공고화론 및 민주평화론과 결부되면서 인권을 명분으로 국가에 개입할 명분을 만들어 주었다(부시독트린을 생각할 것). 그리고 이는 반공 이데올로기의 구호를 상실한 미국에게 새로운 명분을 제공하였고, 민주주의적 '성전'을 정당화시켜 주었다. 여기에 9.11 테러는 중동에 대한 미국의 적극적 개입의 직접적 계기를 제공해 주었다(사실, 1998년 전후부터 이라크 전쟁을 미국의 네오콘은 준비하고 있었다고 알려져 있다).

결론적으로 이슬람이 인류 보편적 가치와 조응될 수 없다는 미국의 근본적 가정은 신자유주의적 기획과 개입외교를 부활시켰고, 이에 대한 이슬람의 반발과 분쟁 격화라는 악순환을 만들어 내는 것이다.

Ⅸ. 공공외교(Public Diplomacy)

1. 개념과 대두 배경

[1] 공공외교(Public Diplomacy)는 외국 국민과의 직접적인 소통을 통해 자국의 역사·전통·문화·예술·가치·정책·비전 등에 대한 공감대를 확산하고 신뢰를 확보함으로써 외교관계를 증진시키고, 자국의 국가이미지와 국가브랜드를 높여 국제사회에서 자국의 영향력을 높이는 외교활동을 말한다(위키백과). 공공외교는 국제사회에서 자국의 존재감을 높이는 동시에 이미지를 개선하고 이해를 증진시키기 위해 상대국 국민을 대상으로 수행하는 외교활동이다.

일반인을 대상으로 직접 수행하는 외교활동이라는 점에서 상대국 정부를 대상으로 하는 기존의 외교 방식과 대비된다. 또한, 전통적인 외교인 군사안보나 정치·경제 영역의 외교와 달리 비제로섬(non zero-sum) 게임의 성격을 띠는 것이 일반적이다.

[2] 냉전 후 영국에서 국가 이미지 개선을 위해 'Cool Britannia'라는 표현을 사용한 바 있으며, 공공외교라는 표현은 1965년 미국에서 최초로 사용되었다고 전해지는데, 냉전기 공식 외교의 한계를 극복하기 위한 방안으로 활용되었으나 주목받지 못하였다.[96] 공공외교의 본격적인 활용은 미국이 이라크 전쟁에서 실추된 이미지를 회복하기 위한 노력과, 2001년 9.11테러 이후 적대국의 역사와 사회를 깊이 이해하는 것이 중요하다는 인식과 함께 상대국의 일반인을 대상으로 미국의 의도를 전달하는 정책 수단으로 재조명되었다.

공공외교는 국가의 연성권력을 확대하는 수단으로 미소 체제경쟁에서 미국이 승리한 이유 중의 하나로 평가되기도 한다. 그리고 오바마 정부가 베네수엘라·쿠바·이란과 관계를 개선하는 과정에서 사용한 전략인 '관여(engage)를 통한 변화(change)'의 주요 수단의 하나가 공공외교라 할 수 있다.

2. 공공외교의 이론적 기반

공공외교가 최근 재조명되는 것은 J.Nye의 연성권력(soft power) 개념과 이를 보완한 smart power, 그리고 구성주의와 관련된다.[97]

[1] 공공외교는 소위 경성권력(hard power)으로 지칭되는 정치군사적 강압과 위협이나 경제적 유인과 보상에 의하지 않고 연성권력(soft power)의 핵심인 '자신이 바라는 것을 상대방이 바라도록 만드는 매력'을 비롯한 새로운 관계의 힘을 사용, 독백(monologue), 대화(dialogue), 그리고 쌍방향적인 협동(collaboration)의 과정을 통해 타국의 국가, 사회, 시민들을 다각도로 이해하고 자국에 관한 정보와 정책을 전달, 설득하면서 그들에게 영향력을 행사하여 궁극적으로 국가이익을 추구하는 외교 행위(백우열 2017, 5~6)라는 점에서 그렇다.

96) 미국의 해외공공외교(offshore public diplomacy)는 상대국의 일반여론이 적대국 정부를 움직여 결국에는 미국에 대한 적대감을 약화시킬 수 있다는 신념을 기초로 하였다. 미국은 정부와 시민을 구분하면서 외교적 단절 관계에 있는 적대국의 시민을 대상으로 한 공공외교를 펼쳐 왔으며, 대표적인 예가 '미국의 소리(Voice of America)'와 '자유유럽라디오(Radio of Free Europe)'이다. 성공적이라 평가되는 두 사례에서 적대국 정부에 대한 회의적인 반면 시민에 대해서는 긍정적으로 보는 미국적 사고가 들어 있다(강명세 2016, 202).

97) 나이의 연성권력은 제3차원적 권력인 구성적 권력 개념과 밀접한 관련이 있다.

연성권력(soft power)은 매력을 통해 타인에게 미치는 영향력으로, ① 상대방에게 매력적인 공간에 존재하는 문화, ② 자국과 타국이 모범으로 삼을만한 정치적 가치, ③ 정당해 보이고 도덕적 권위를 갖춘 외교정책을 포함한다. J. Nye는 이를 활용한 공공외교는 소프트파워 추구의 한 수단이자 정부가 단순히 타국 정부뿐만 아니라 타국의 대중과 대화하고 그들을 매료시키기 위해 이러한 자원들을 동원하기 위해 사용하는 수단이라고 규정한다(백우열 2017, 8).

[2] 구성주의에 따르면, 사회적 정체성과 이익은 간주관적으로 형성된다. 장기간에 걸친 행위자의 상호작용은 상호인식을 구성하고, 이 인지가 정체성을 결정하며, 인지된 정체성에 따라 이익이 재규정된다. 선호가 주어져 있다고 보는 합리선택이론과 달리 구성주의는 선호는 사회적 구성물이며 내생변수로 간주되는 것이다.

이런 맥락에서 A. Wendt는 사회구조가 협력과 갈등의 상호작용을 통해 생산-재생산되는 과정에 주목하면서, 정치적 정체성이란 독립적일 수 없으며 사회적으로 구성된 세계 안에 상대적으로 존재하므로 모든 정치적 행위자는 특정한 국내 및 국제사회에서 상황에 따라 복수의 정체성을 갖게 되며 이는 상호주관성(intersubjectivity)을 전제로 한다고 주장하였다.

구성주의 관점에서 공공외교는 국가가 사회적 정체성의 재구성을 대상국과의 외교적 상호작용 속에서 달성함으로써 연성권력을 증진하고 궁극적으로 국가 이익을 도모하는 수단으로 이해될 수 있다. 그리고 공공외교는 정부의 활동을 넘어 민간교류, 문화교류, 공보(public relationship)를 포함하는 개념으로 확대된다.

3. 공공외교 모델

E. Gillbora는 공공외교를 기본적 냉전 모델, 비정부-초국가 모델, 국내 광고 모델로 분류하였다(박창건 2017, 94). 기본적 냉전 모델(Basic Cold War model)은 미국의 국무성을 중심으로 이루어지는 국가주도형이라면, 비정부-초국가 모델(Non-state Transnational model)은 국경을 초월한 비정부조직 간의 연계 활동을 통해 국제무대에서 소통과 교류를 중시하는 네트워크형이며, 국내 광고 모델(Domestic PR model)은 매스미디어를 통해 관련국의 국민을 대상으로 긍정적인 자국의 이미지를 심고자 하는 인지형이다. N.Cull은 이를 바탕으로 공공외교의 요소로 청취(listening), 옹호(advocacy), 문화외교, 교류외교(exchange diplomacy), 국제방송을 강조하였다.

4. 한국의 공공외교

세계 패권국가인 미국과 패권국가로 부상하는 중국 간의 새로운 국제정치 지형이 형성되고 있고, 이에 대응해야 하는 한국으로서 공공외교는 능동적인 대응을 위한 새로운 수단으로 평가되고 있다. 미-중 간의 대립구도 하에서 동아시아 지역 내외 국가들의 광범위한 지지를 확보하여 국가 이익 실현을 위한 새로운 공간을 창출할 수 있기 때문이다. 이런 맥락에서 한국은 2010년 '공공외교의 원년'으로 선포하고 정무외교·경제외교와 함께 공공외교를 외교의 3대 축으로 설정하여 공공외교 역량 강화를 시도해왔다.

[1] 외교부는 공공외교를 문화외교, 지식외교, 정책공공외교, 통일공공외교로 분류하고 있다.

이러한 분류는 정책영역을 중심으로 한 분류라 할 수 있는데, 주체에 따라 정부주도 공공외교와 민간주도 공공외교로 분류할 수도 있다.

2014년 이후 재외공관이 주도한 공공외교 프로젝트98)는 문화외교에 속한다면, 위안부 문제를 포함한 일본 역사인식 문제에 대한 국제적 비판여론 조성 프로젝트는 정책공공외교에 속한다. 전자는 장기적 시계를 갖는다면, 후자는 특정 정책에 대한 우호적 여론을 조성하고 한국에 유리한 결정을 이끌어 내는 단기적 시계를 가지고 추진하는 프로젝트라 할 수 있다. 그리고 개성공단폐쇄와 이산가족상봉 프로젝트 중단 그리고 금강산관광 중단 이후 2018년 평창 동계올림픽 개최 이전까지 대북공공외교는 사실상 채널이 부재했다고 볼 수 있기 때문에 외교부의 통일공공외교는 주변국을 대상으로 추진되었다고 볼 수 있다.

[2] 외교부는 공공외교를 외국 국민과의 직접적인 소통을 통해 한국의 역사·전통·문화·예술·가치·정책·비전 등에 대한 공감대를 확산하고 신뢰를 확보함으로써 외교관계를 증진시키고, 한국의 국가이미지와 국가브랜드를 높여 국제사회에서 영향력을 높이는 외교활동이 공공외교로 보고 있다. 그리고 한국의 공공외교 자산으로 경제성장과 민주화를 동시 달성한 드문 국가로서 개발도상국의 성장 모델, 선·후진국간의 교량 역할이 가능하며 침략의 역사가 없는 평화국가의 이미지, 그리고 한류를 포함한 문화적인 우수성을 제시하고 있다.

그러나 문화외교의 경우 전시형 사업의 성격이 강하고 취약한 사업예산 때문에 효과는 크지 않았다. 오히려 정부가 주도하는 이런 프로젝트보다는 BTS를 비롯한 K-pop과 K-drama에 의해 한국에 대한 이미지 개선이 이루어지고 있다고 보인다.

[3] 공공외교는 공식적 외교공간이 존재하지 않은 상황에서 새로운 외교의 공간을 만들어 낼 수 있다는 점에서 북한 문제에서 중요한 의미를 갖는다. 봉쇄정책이나 억지정책을 택하는 상황 혹은 적대적 관계에 있는 국가와의 관계에서 공식적 외교 채널은 작동되기 어렵다. 이 경우 공공외교의 중요성은 커지며, 사적 네트워크가 중요한 부분을 차지하게 된다.

적대적 관계에 있는 국가와의 관계에서 (의도를 확신할 수 없고, 정보가 불완전한 상황에서 발생하는) 안보딜레마에서 벗어나기 위해서는 경우에도 외교 대상국과의 상호이해 수준을 높일 수 있어야 한다. 공공외교가 중요한 이유이다. 그리고 이러한 상황에서 공공외교는 공식적인 협상과 대화의 기회를 만들어 낼 수 있다.

그러나 공공외교의 효과를 높이기 위해서는 대상국에 대한 정체성에 대한 규정과 함께 인접국가와의 관계가 함께 고려되어야 한다. 먼저, 미국은 북한을 (구)소련과 중국의 위성국으로 간주하면서 북한을 외교의 대상으로 보지 않았고 북한과의 관계개선의 필요성을 인식하지 않았다. 여기에 판문점 도끼만행사건은 북한을 대화할 수 있는 상대가 아니라는 인식을 형성하였고, 북핵문제 해결을 위한 프로세스 진척을 가로막았다. 다음으로 1970년대 미중 간의 국교수립은 한국정부로 하여금 동맹국이 언제든지 적과 내통할 수 있다는 인식을 낳았고 한미관계가 악화되었다. 이는 남북관계 개선에 대한 중국과 일본의 인식이 어떻게 구성되는 지가 중요할 수 있음을

98) 이에는 매력 한국알리기, 퀴즈온 코리아, K-Pop World Festival, 공공외교 친선사절, 스포츠 공공외교 협력사업 등이 있다. 이를 통해 공공외교네트워크 구축과 국가 이미지 개선을 모색하고 있다.

시사한다.

5. 보론 : 도시외교(city diplomacy)

[1] 도시외교는 국가가 아닌 도시가 주체가 되어 기대이익을 창출하고 상호간의 이익을 대변하기 위해 행하는 일련의 활동과 과정이라 정의할 수 있다(이창 · 송미경 2018, 13).

탈냉전과 세계화 이후 국가 간 분쟁과 global affair에 대한 국가 주도의 외교는 국익 중심으로 추진되면서 합리적 해결보다는 갈등을 더욱 키우는 결과를 낳았다. 부시정부의 교토의정서 비준 거부가 그 대표적인 예이다. 국가 중심의 외교의 이러한 한계 위에 20세기 후반 세계화, 도시와, 정보혁명은 비국가 행위자들의 역할을 강화되었다. 외교영역에서 국가의 독점성은 점차 약화되었고, 이 과정에서 도시외교가 대두되었다.

global affair를 해결하기 위한 국가간 협력에서 걸림돌은 전통적인 주권개념이다. 1992년 Agenda21에 대한 UN의 권고안에 대해 미국 공화당은 자국의 자유를 침해한다는 이유로 거부하였다. 범죄와 테러방지를 위한 인터폴에 대해서도 미국은 미국 헌법과 법률에 반한다고 공식천명하였다. 반면, 뉴욕경찰은 2002년 국제연락관 프로그램을 수립하고 각국 도시에 정보장교를 파견하였고 글로벌 도시 간 협력을 통해 테러에 대응하기 시작하였다.

[2] 도시외교가 모습을 드러낸 것은 제2차 세계대전 이후 승전국의 도시들이 패전국 도시를 상대로 시행한 지원사업(Twinning Project)에서였으며, 유럽 내 도시 간 네트워크는 현재는 EU의 지원으로 지속되고 있다.

도시외교는 전통적인 주권 개념에 기반한 국가 중심의 외교의 한계에 대한 대안으로 등장하였고, 분산된 협력(decentralized cooperation) 개념에 기반하고 있다. 분산된 협력은 지역 주체 간 공식적 협력관계를 지향하는 데, 각 공동체의 사회경제적 여건 향상을 위해 도시정부, 시민단체, 대학, 그리고 연구기관을 포괄하는 협력 방식을 말한다. 이 개념은 외교활동을 수행할 수 있는 전문가, 기업, 시민, 연구교육기관, 종교단체, 평화운동기관, 다양한 기금을 포함하는 다중트랙외교(Multi-Track diplomacy) 개념과도 관련된다. 분산된 협력, 다중트랙외교 개념과 함께 시민외교, 영역별 부문외교 등이 새로운 외교 유형으로 등장하였고, 지방정부가 수행하는 도시외교도 이런 맥락에서 이해될 수 있다.

[3] 이론적으로는 상호의존론과 관련된다. R.Keohane & J.Nye는 제시한 국가가 공식적으로 표명한 정책과는 별개로 행동할 수 있는 국가의 하위 단위간의 네트워크(trans-governmental NW, 초정부적 네트워크) 역할에 주목하였는데, 이 네트워크가 도시외교의 공간이라 할 수 있다.

이런 맥락에서 도시외교는 국제관계를 관리하는 데 있어 도시가 핵심적인 주체로 기능하는 분산된 외교라 할 수 있으며, 국가를 초월한 외교활동과 공공외교를 연결하는 역할을 수행하는 것이라 할 수 있다.

다만, 도시외교는 법적 효력을 갖는 조약을 체결할 수 없기 때문에 강제력을 확보할 수 없다. 이는 공식외교를 통해서 얻을 수 있는 외교적, 정치경제적 결과를 창출하는 데는 한계가 있음을 의미한다.

제 3 장 한국의 대외정책 방향

2000년 6.15 남북공동선언은 한반도 분단 상황을 변화시키는 기회를 열어 주었다. 남북공동선언과 그 후속조치들은 평화와 화해 분위기를 조성하여 남북의 체제 변화를 변화시켜 남북이 각각 반공/분단국가, 유격대/정규군 국가에서 정상국가로 전환시킬 것이라는 전망이 있었다. 공동선언은 향후 안보체제가 남북의 당사자의 주도에 의한 평화체제 가능성을 열어 놓았으며, 이는 한반도 문제를 민족 내부화시키는 계기를 제공해 주었다. 그러나 이후의 전개과정은 세계질서와 동북아 질서의 재편 속에서 다시 국제문제로 되돌려 놓았다.
동아시아 질서가 미국과 중국의 양극적 질서로 자리 잡아 나가고, 북핵 위기가 심화되면서 복잡한 '퍼즐 맞추기 게임'이 되어 버렸다. 다만, 2018년에 남북관계는 다시 한번 전기를 맞게 되었다. 현 시점에서 무엇보다도 중요한 것은 한국의 대외정책과 대북정책의 방향이 일차적으로는 평화체제의 형성에 맞추어져야 한다는 점이다.

제 1 절 동북아 질서와 한국의 전략적 선택

2011 행정, 2005 행정
2005 입법, 2006 입법

Ⅰ. 동북아 안보환경

동아시아 안정의 조건으로 G. Segal은 다원적 정치체제, 경제·사회분야의 상호의존 증대, 지역공동체 설립, 확고하고 안정된 세력균형을 제시한 바 있다. 그러나 동북아 지역은 이러한 세력균형의 조건을 충족하고 있지 못하다. 동아시아지역은 복합적 이질성이 강하게 작용하는 지역이다. 즉, 뿌리 깊은 역사·문화적 갈등요인이 내재하고 있어 공동안보의 개념과 틀의 발전이 지체되고 있다. 구체적으로 보면, ① 이 지역은 민족주의와 인종적·종교적 차이와 균열이 존재하며, ② 역내 영토를 둘러싼 분쟁 가능성이 상존하고 있으며, ③ 고도성장과 함께 자원고갈 및 빈부격차가 크게 나타나고 있다. 나아가, ④ 중국의 (잠재적) 패권추구 성향과 함께, ⑤ 역내 국가의 정치적 불안정, 북한의 대량살상무기 문제가 이 지역의 안정을 저해하고 있다. 즉, 이 지역의 사회적·국제적 긴장과 갈등이 고조되고 있다.

1. 국제질서

탈냉전 이후 세계질서는 정치·군사적으로는 미국 중심의 단극체제에 가깝지만, 경제적으로는 EU라는 단일 경제체제의 등장과 중국의 부상으로 다극질서에 가까운 '단다극체제'라 불리는 형태를 보여 왔다. 그런데 미국 국가정보위원회(NIC)의 「Global Trends 2025」 보고서도 2025년까지의 향후 국제질서가 더욱 복합적으로 변하고, 미국은 지금보다 **'덜 지배적인 국가'**로 변모할 것으로 예상하였고, Fareed Zakaria는 「The Post-American World」(2008)에서 21세기 국제질서의 변화를 **'나머지의 부상(the rise of the rest)'**으로 표현한 바 있다. 중국, 인도 등 국제정치에서 규모는 크지만 그동안 경제적으로 침체해 있었던 거대국가들이 세계화의 영향으로 경제성장을 경험하면서 미국 패권의 상대적 위축이 나타난다는 것이다. 또한, 미국의 일방주의에 대한 반발이 2008년 금융위기로 표면화되면서 중국의 영향력이 확대되면서, 21세기 국제질서는 미국과 중국 중심의 체제로의 전환되고 있다.

- 탈냉전 이후 단극체제 → 단다극체제 & 국제적 상호의존성 심화
- 새로운 레짐형성(WTO & 다자주의)과 복합적 체제(?)
- 미국의 일방주의 / 금융위기와 복합적 체제 or 미-중 중심의 준양극체제

미국 중심의 패권체제가 불안정성을 띠고, 양극체제(G2) 혹은 G-zero로 변화되고 있다는 것은... 경제·사회·문화 등 군사 외의 모든 차원에서는 힘의 분포가 미국 지배로부터 이탈하면서 미국 혼자 힘으로 더 이상 국제문제를 해결할 수 없음을 의미

21세기 첫 10년 동안의 변화를 보면 다음과 같은 면들이 확인된다.

① 군사적 측면에서 보면, 미국의 힘에 의한 위협이 비핵국가들의 핵무장을 불러왔다.

② 이라크 전쟁의 영향과 2008년 금융위기 이후 지속된 불황으로 인해 지역주의가 확산되었다. 또한 이 시기에 GDP기준으로 중국은 세계 제2의 경제대국으로 부상하면서 G2시대를 열었다. 트럼프 행정부가 출범한 이후 미국은 이례적인 경제성장을 보였으나 불확실성이 존재하며, 이전과 같은 압도적 경제우위를 확보하고 있지 못하다. 또한 중국은 경제력을 기반으로 군사대국으로 성장하기 위한 군비확장을 지속하고 있다(**중국몽 - 일대일로사업구상 / 진주목걸이구상 - 신강군몽**).

③ 정치사회적으로 보면, 반테러 전쟁에 대한 미국 내의 지지 동원이 있었다. 그러나 미국 주도의 국제적 협력 체제를 지속시키기는 쉽지 않을 것이다. 미국의 일방주의 외교가 미국의 연성권력의 기반의 큰 축인 국제레짐을 파괴해 왔기 때문이다.

[참고] 경제영역에서의 패권질서 변화

1870년부터 1950년까지 미국은 경제력에 기반하여 패권적 지위를 획득할 수 있었다(미국은 1929년 세계 공업생산량의 42%를 점하고 있었다). 그러나 1950년대 이후 경제성장이 둔화되기 시작했고, 1990년대 들어서면서 미국의 GDP는 OECD 전체의 40% 이하로 하락하였다. 미국은 천문학적 규모의 재정적자를 민간부문의 소비억제와 저축 증대를 통하여 보전하지 못하고 고금리정책을 통하여 해외달러를 유입시켜 해결하는 방안을 채택하였다. 그러나 고금리정책은 달러강세를 초래하면서 재정적자와 무역적자를 대폭 증가시켰다. 이와 함께 대부분의 개발도상국에 외환/외채 위기를 초래하였다.

미국은 IMF를 앞세워 외채위기에 직면한 국가에 유동성을 공급하는 대신 경제구조를 신자유주의적 모델로 전환시켰다(워싱턴 컨센서스). 그리고 경상수지 적자를 해결하기 위해 농산품 개방, 금융산업 개방 등을 골자로 하는 국제기구로서 WTO를 출범시켰다.

신자유주의적 경제모델과 함께, 반독점법의 규제를 완화함으로써 기업인수·합병에 우호적 환경을 조성하였고, 미국 내 기업들은 M&A를 통해 주식시장에서의 기업 가치를 증대시키는 수단을 사용함으로써 주식시장의 비대화를 가져왔다. 이 과정에서 고금리 정책으로 인해 미국으로 집중된 자본은 금융부문으로 유입되면서 뮤추얼펀드, 헤지펀드 및 파생상품 등이 대거 등장하였다. 미국으로 집중된 자본이 실물부문이 아닌 금융부문에 집중되면서 투기자본화된 것이다. 대기업이 금융기관을 거느리는 복합기업 형태로 전환되고 환투기, 과도하게 팽창한 주식시장, 부동산

투기 등과 같은 기형적 현상을 S. Strange는 '카지노자본주의(casino capitalism)'라 불렀다.

그러나 2007년 미국 서브프라임 모기지 위기에서 발단된 세계금융위기가 진정되기도 전에 2008년 3월 베어스턴스의 파산, 9월 리먼브라더스의 파산보호신청사건이 발생하고 이를 계기로 국제적 신용경색이 발생하였다. 결과적으로, 세계금융시장의 세계화를 주도하며 금융산업의 수익모형을 제공해온 미국이 국제사회의 비판과 제재장치의 도입요구에 따라 미국의 금융산업이 급격히 위축되고 있으며 미국의 제조업도 효율성 하락에 따른 구조조정을 겪으면서 미국경제의 국제적 영향력이 급격히 감소하였다. 장기적 침체에 빠져 있는 일본에 이어 PIIGS 재정위기가 맞물린 EU의 경제 성장율은 사실상 마이너스(2012년 이후에는 정체 상태)를 기록하고 있다.

GDP는 2018년 말 기준으로 미국 $20.51($19.48조), EU $18,769조(영국 포함),[99] 중국 $13.457($12.238조), 일본 $5.7조($4.87조) 수준이다.[100] 구매력을 기준으로 하는 경우에는 중국 $23.1조, EU $19.97조, 미국 $19.36조, 인도 $9.447조, 일본 $5.4조, 독일 $4.15조, 러시아 $4조, 인도네시아 $3.24조, 브라질 $3.219, 영국 $2.88조, 프랑스 $2.826조, 멕시코 $2.4조, 한국은 $2.07조로 평가되었다(2017년 미국 CIA의 workld factbook).[101]

2. 동북아 질서의 변화

탈냉전과 세계화라는 조건은 국가 간의 상호의존성과 협력의 기회를 증대시키는 동시에, 개별 국가로 하여금 세계경제와 환경·에너지 등의 이슈에 대한 민감성과 취약성을 증대시키는 힘으로 작용한다.[102] 역내 경제적 상호의존성 심화와 무역의 확대, 포괄안보 혹은 협력안보 이슈를 중심으로 한 협력의 필요성 인식 등이 그것이다. 동시에 ① 북한의 대량살상무기와 핵개발로 인한 확산위협의 증대, ② 역내 질서 변동에 따른 군비경쟁, ③ 영토문제와 과거사 문제뿐 아니라 환경·마약·테러 등 국가 간 분쟁을 야기하는 새로운 요인의 대두 등은 이 지역 안보환경의 불확실성을 높이는 요인으로 작용하고 있다.

러시아의 몰락과 재등장, 일본의 위축과 우경화, 중국의 급부상은 역내 관계의 변화를 낳는

---

99) EU 내에서는 차지하는 비중은 독일이 23%($4.29조), 프랑스가 15%($2.79조), 이탈리아 11%($2.087조), 스페인 7.6% 수준이다. 영국은 $2.8조로 15%정도를 차지한다.
EU는 통합이 확대되고 심화됨에 따라 '정치적 경제적 번영'이라는 성과를 거뒀지만, 그 과정에서 EU 장래문제에 대한 혼란, 회원국 증가에 따른 피로감이 누적됐다. 특히 유럽재정 위기(특히, PIIGS라 불리는 국가의 재정위기)와 이에 따른 긴축재정정책, 유럽의 성장둔화, 실업 증가, 경제적 어려움이 나타나면서 EU 통합 속도와 방향에 대한 회의와 우려가 증가하고 있다.
참고로, 세계경제는 2008년과 2015년에 큰 폭으로 하락한 바 있다. 일본만큼은 아니지만 2007년과 2018년 GDP를 비교하면 마이너스 성장을 기록하고 있다. 물론, EU는 2008년부터 부침을 거듭하고 있고, 브렉시트로 EU의 경제규모는 감소했지만, 단일 경제권으로는 북미경제권, 중국과 함께 가장 큰 비중을 차지하고 있다.

100) 괄호는 2017년 자료. 한국은 2017년 $1.531조, 2018년 한국은 $1.65조로 GDP기준 경제력 순위 11위로 나타났다. 참고로, Goldman Sachs는 2007년 예측에서 GDP기준으로 2030년이면 중국이 세계 1위를 차지할 것이라 예측했으며, 일본 내각부에서도 이와 동일하게 예측한 바 있다.

101) https://www.cia.gov/library/publications/the-world-factbook/index.html economy 편

102) 1990년대 후반에서 2000년대 초반까지 동아시아 질서에 대해 평가할 때, **'세계적 차원에서 자유주의적 협력과 지역적 차원에서 대립적 요인이 공존하는 질서'** 라는 많이 사용해 왔다. 즉, 동아시아는 냉전적 질서가 작동하고 있으며, 세계적 차원에서 벌어지는 협력이 이 지역에서는 나타나지 않는다는 평가였다. 그러나 동아시아 질서를 보면 협력과 갈등이라는 양면성이 존재한다.

요인으로 작용해 왔다. 이 과정에서 미-일간의 밀접한 관계의 형성, 한-중의 관계 개선, 한-미 간의 갈등과 한-미동맹의 재강화, 한-일 및 중-일 간의 갈등 증폭 등 미묘한 현상이 나타나고 있다.

그러나 무엇보다도 이 지역에서 최근의 변화 핵심은 중국의 영향력의 확대, 미국과 중국의 '양극적 대립구도의 심화'라 할 수 있다 — 미국과 중국의 '강 대 강'의 대립구조가 형성되면서 패권경쟁과 준진영적 질서가 형성될 가능성이 높아지고 있다.103)

1) 냉전기 동북아 질서의 해체와 변화

한국 전쟁 이후 동북아는 한·미·일 남방삼각 동맹과 북·중·소의 북방삼각 동맹체제가 형성되었다. 이 체제는 1960년대 미소 간의 전략무기 감축협상, 중소국경분쟁으로 균열되기 시작했고, 미중 간 국교가 수립되면서(닉슨의 핑퐁외교) 붕괴되었다. 중국과 미국의 관계는 1970년대 후반의 신냉전 하에서도 유지되었고, 일본-중국 평화조약이 체결된 후 일본의 엔화가 중국에 차관으로 제공되면서 미·중·일 간의 우호적 관계가 형성된다.

그러나 1980~90년대에는 아시아에 대한 미국 내 경계의 목소리가 높아지면서(정치·군사적인 중국의 위협과 경제적인 측면에서 일본위협론이 대두되었고, 헌팅턴의 문명충돌론은 이를 배경으로 제시된 이론이다), 미국-일본, 미국-중국 간 갈등관계가 형성되었다. 또한, 중국과 일본은 경제적으로 상호의존성이 높아졌으나 과거사 문제로 갈등요인을 안고 있었다.

1990년대 후반에 들어서면서 미국의 정책적 변화가 있었다. 양안문제(동중국해 문제, 중국과 대만의 통일 혹은 대만의 독립문제)로 미국과 중국의 갈등이 부각되는 와중에 미국은 중국을 가상의 적국으로 규정하였다. 또한, 중국-일본 간의 갈등이 커지면서 미국-일본의 관계가 개선된다. 미국으로서는 소련 견제라는 중국의 전략적 가치가 상실된 것이다. 하지만, 2000년대에는 미국은 중국과 소극적 협조관계를 유지해왔다. '미국으로서는 동북아지역의 안정과 평화유지를 위해 중국이 필요하고, 중국으로서는 경제개혁의 성공적 달성을 위해 서구 국가들의 지원과 협력이 필요하다'는 상호인식, 반테러 전쟁 및 북핵문제 해결에 중국의 협조가 필요하다는 미국의 현실인식이 작용했기 때문이다.

2008년 금융위기 이후, 중국의 급부상과 국제사회에서의 영향력 확대는 미국의 아시아로의 회귀(재균형)를 불러 일으켰다. 또한, 러시아의 적극적 대외 정책과 크림반도 사태는 1960년대 동맹체제로 회귀되는 듯한 모습을 보이고 있다.

2) 21세기 동북아 질서의 전망

탈냉전기 초 동북아 질서는 **미국주도형 팍스 컨소시아체제(Pax Consortia)**를 유지해 왔으나, 21세기 들어 이 체제는 유동성을 보이고 있다. agenda 설정 등에 있어서 미국이 선도적 위치에 있

103) 미중간 상호의존성은 다자적 협력에 대한 유인으로 작용해 왔으나, 군사영역에서는 갈등과 대립이 심화되는 방향으로 진화되어 왔다. 중국은 동반자 외교를 통해 세력균형(balancing)을 도모해 왔다. 반면, 동아시아에서 불완전한 패권을 지니고 있는 미국은 북한문제, 대만분쟁 등과 같은 중요한 안보문제를 미국에 유리하게 해결할 수 있어야 하지만, 중국의 협조 없이 불가능하고 또한 협조할 것이라 보여 지지도 않다. 즉, 동아시아질서는 미국중심의 패권체제가 아니라 미·중 중심의 준진영적 양극체제로 볼 수 있다(황병덕·신상진, 2009).

으나, (미국이 인정하든, 그렇지 않든) 역내 질서의 안정성은 중국의 협조 혹은 국제레짐에 의해 가능한 상황이다. 이런 상황에서 동아시아 지역의 급격한 세력변동을 원치 않는 미국은 역내 안정성을 유지하는 한편, 재균형 정책을 통해 미국의 패권과 영향력을 유지·확대하려 한다. 그러나 주요 국가들의 역학과 쌍무적 관계의 변화가 구조변동요인으로 작용할 수 있다(표 참조).

미국은 공격적 현실주의에 입각한 대중국 봉쇄정책을 추진하고 있다. **부시정부**는 쌍무적·일방적 개입 전략을 택했다. 그러나 이러한 개입주의는 실효적 성과를 거두지 못했고 오히려 중국의 영향력 팽창이라는 역설적 결과를 가져왔다. 이에 반해 **오바마 정부**는 재균형을 천명하면서도 쌍무주의와 다자주의를 병행(two-track)하는 방식을 취해 왔다.[104] 그러나 재균형 정책을 기조로 하는 한 다자주의 접근 역시 미일협력 체제를 중심으로 한 쌍무적 접근에 종속될 수밖에 없었고, 중국을 자극함으로써 신냉전 질서를 형성하는 결과를 초래하였다. **트럼프 정부**는 America First로 대변되는 일방주의를 천명하면서 부시정부의 정책기조로 회귀하였다.

장쩌민과 후진타오 체제와 달리 시진핑 체제의 중국은 적극적 개입 양상을 보이고 있다[**표① 의 '강 대 강' 의 대립구조**]. 일본은 미일동맹 강화와 '집단적 자위권'을 통해 보다 적극적으로 자신의 국제사회에서의 영향력을 높이려 하고 있으며, 러시아 또한 크림반도 사태에서 보듯이 역내 주요 행위자로 등장하고 있다. 즉, 동북아지역에 대한 미국의 우위를 전제한 다자간 협력과 미일 공조체제는 변화할 수밖에 없다. 탈냉전 초기와는 다른 이러한 전략들은 양안문제와 댜오위다오(센카쿠열도) 문제, 북핵문제 등 역내 이슈들과 결합되면서 불확실성을 높이는 요인으로 작용하고 있다.

동북아 협력질서 / 다자질서 창출가능성

- [긍정적 전망] 미국이 개입과 확장을 기조로 미일안보동맹을 유지하면서, 중국과의 전략적 동반자 관계를 지속시키는 경우 다자질서를 통한 협력의 유지와 평화체제 형성을 전망할 수 있음.
  주요국이 동북아에서의 불안정성을 회피하려는 성향을 보이고, 역내 공통의 이해관계를 갖는 문제들이 주요 쟁점으로 부각되면서 상호의존성에 대한 인식이 강화되는 경우 다자질서에 기반 한 협력이 가능.
- [부정적 전망 : 다자질서 창출의 비현실성] 위 입장은 미국이 양자적 접근(미일동맹, 한미동맹)의 틀을 변경할 때 실현가능하지만, '재균형'을 위한 '인도-태평양전략구상'과 같은 적극적 개입을 취하는 미국의 현재 모습을 볼 때, 비현실적.
  또한, 동북아 질서의 다음과 같은 지역적 특성은 협력질서/다자질서가 형성될 가능성이 낮음 ; 중상주의, 지역안보기구 결여, 낮은 상호의존성, 비민주적 체제의 존재, 군비팽창이라는 현실적 조건 + 과거 경험, 영토분쟁, 비대칭성
- Then? 패러다임과 주요이론에서 보았던 개념과 문제의식을 통해 구성해 본다면 어떤 답변이 가능할까 고민해 보기 바란다.
  현실주의/신현실주의에서는? 안보딜레마의 문제, 세력균형론 or 패권안정론의 관점에서는?
  자유주의/신자유주의에서는? 상호의존론 or 게임이론적 설명에서는?
  구성주의에서는? 상호정체성 문제.

104) 미국은 재균형을 위해 일본을 안보가이드라인에 결속시키고, 중국을 견제하는 정책 기조를 유지하는 쌍무적 접근방법을 택했다. 반면, 지역의 협력안보 문제에 대해서는 다자주의적 방식을 활용하였다.

3. 한국의 전략적 선택 2015 행정

1) 대안들

① **동맹론(bandwagoning / balancing)** : 동맹론은 한국의 국력이 취약한 시기인 냉전기의 전략적 선택이었다. 현 상황에서도 이러한 정책적 선택은 유효하다는 것이다. 이 관점은 냉전기 한미동맹의 경험과 한국의 국력이 주변국에 비해 상대적으로 취약하다는 판단에서 제기된 것이다. 다만, 동맹론을 주장하는 관점 내에서도 한미동맹을 주축으로 미일동맹과 결합하자는 입장(일본과는 간접적 동맹관계를 유지), 한미동맹을 중심으로 중국과의 협력적 관계 설정을 중시하는 입장, 한미동맹의 독자적 강화를 주장하는 입장 등이 있다.

② **다자안보론** : 1990년대의 경험 속에서 동북아 다자간 안보협의체 구상을 강조하는 입장이다. 이 관점은 탈냉전기의 새로운 안보위협은 동맹으로 해결되기 어렵다고 본다. 분단상황에 대한 안정적 관리의 필요성, 북한을 국제사회 일원으로 유도함으로써 한반도 평화체제 정착과 통일을 위한 기반을 조성하는 데 효과적이라는 점이 강조된다. 역내국의 군비증강을 제도적 틀 속에서 해결할 수 있다는 장점이 있다. 또한, 북핵 문제 해결에서 6자회담이 제한적이었지만, 실질적인 성과를 보였다는 점을 강조한다.

③ **중립론** : 19세기말의 경험에서 비롯된 입장이다. 주요국과의 균형외교를 추구한다는 점에서 균형외교론과 유사하지만, 국가능력에 기초한 행동범위를 확대하려는 균형외교론과 달리, 중립론은 국제적 보장에 의한 중립성과 독립의 유지를 지향하는 것이다.

2) 대안에 대한 평가 : 동맹론과 다자안보론을 중심으로

대안 중에서 현실성이 높은 것은 동맹론과 다자안보론이다.

첫째, 미국이 개입과 확장을 기조로 하면서도 중국과의 전략적 동반자 관계를 유지한다면 다자질서를 통한 협력의 유지와 평화체제 형성을 구축하는 것이 바람직하다. 다자주의 하에서는 포용정책을 통한 북한의 체제변화를 유도하는 것 또한 가능하다. 주요국이 동북아에서의 불안정성을 회피하려는 성향을 보이고 있고, 이러한 상황에서 전략적 동반자 관계를 지속적으로 모색하는 경우 상호의존성이 심화될 수 있다는 것이다. 그러나 다자질서 창출을 위한 조건이 형성되어 있지 않다는 점에서 비현실적이며, 미국의 재균형 정책의 기조가 변경될 때 가능한 대안이라는 제약이 있다.

둘째, 독자적으로 북한에 대한 억지력을 확보하기 어렵다고 한다면, 단기적으로 한미동맹 전략을 변경하기는 사실상 곤란하다는 점에서 동맹론의 설득력이 높다. 다만, 미국과 중국의 긴장이 고조되는 경우에 선택상황에 직면할 수 있다는 점을 인식해야 한다. 한미동맹을 강화하는 경우, 한국은 양국 갈등에 연루될 위험에 빠지게 되는 것이다. 따라서 한미동맹을 주축으로 하되 상황변화에 따라 균형외교론을 접목하는 것 또한 고려할 필요가 있다. 지나치게 미국에 편향됨으로써 중국을 자극할 필요가 없다는 것이다.

3) 한국의 전략적 선택

[1] 미국의 동아시아정책은 주요 4개국과의 관계에서 우위를 유지하기 위한 현상유지와 세력

균형을 목표로 하며, 세력균형을 위협하는 요인을 제거하는 데에 초점을 맞추어 왔다. 따라서 미국이 주도적으로 다자적 안보협력체제를 구축하려하지는 않을 것이다. 양자적 접근이 한계에 부딪혔을 때 다자질서를 수용한다는 것이다(북핵문제 해결을 위한 6자 회담도 양자적 접근이 한계에 부딪히면서, 북한에 영향력을 행사하는 중국을 끌어 들이고, 중국이 나머지 국가를 포함시킬 것을 요구하면서 시작되었다). 그러나 이러한 접근은 ① 중국이 패권지향적 대외정책을 펴고 러시아와의 동맹관계를 회복하는 경우, ② 일본이 미국과의 동맹에 의존하지 않는 패권국가로의 지위를 회복하는 경우, 동북아질서의 불확실성과 복잡성은 높아질 수밖에 없다. 21세기 첫 10년 동안 미국의 일방주의는 최소한 첫 번째 경향을 만들어 냈다. 미국으로서는 쌍무주의와 다자주의의 딜레마 / 덫에 빠져들 수 있음을 뜻한다.

동아시아의 안정은 이 지역 국가들이 정치·군사적인 신뢰를 확보하면서 다자질서를 만들어 나갈 때 가능하며, 이러한 상황이 한국으로서 최선의 결과라 할 수 있다. 문제는 미국의 일방주의가 지속되고 미국·일본·호주와 중국·러시아·중앙아시아라는 준진영적 질서가 형성되어 가고 있는 현실에서, **북한으로 발생하는 안보위협을 넘어 역내 불안정성에서 발생하는 안보 위협을 어떻게 관리할 수 있는가**에 있다.

단기적으로는 미국과 북한 관계의 정상화[105] 등 역내 국가들의 관계 정상화를 이끌어 낼 필요가 있다. 현재 존재하는 안보동맹체제를 안보네트워크의 연쇄로 확장해 가면서 6자회담을 통해 역내 이슈에 대한 공동의 협력의 경험을 통해 신뢰를 형성해 나가는 것이 필요하다. 물론, 그 전제는 한반도의 평화정착이다.[106]

[2] 최근 10여 년간 동북아 질서의 핵심적 이슈는 중국의 부상과 미국의 재균형(strategic rebalancing)이었다. 이러한 상황에서 북한에 대한 억지력 확보를 최우선적 과제로 설정하고, 중국을 한국 안보의 잠재적 위협국으로 인식하는 경우 한·미동맹의 강화는 불가피한 선택이라 할 수 있다. 그러나 이 경우 **연루와 포기의 위험 요인**을 회피·통제할 수 있는지가 문제된다. 또한, 한·미동맹은 불가피하게 미·일동맹과 연계되는 데, 일본의 군국주의 및 독도와 과거사 문제로 국내적 반발에 봉착하게 된다(필자는 이 위에 한-일 간의 비대칭 동맹관계가 형성될 수 있다고 보는데, 이를 한국이 수용할 수 있는가에 대한 질문이 필요하다고 본다).

다음으로, 한국으로서는 북핵문제의 평화적 해결이라는 과제에 직면해 있다. 사실 북핵 문제가 미국과 북한의 양자 간 관계에 의존하는 경우 지금까지의 선례를 보았을 때 불확실성이 커질 수밖에 없다.[107] 북핵문제의 평화적 해결은 관련 국가인 6자간 협력 혹은 (최소한) 중국의 협력 없이는 불가능하다. 이런 상황에서 거의 **유일한 출구**는 한국의 조정·중재자로서의 역할(문재인

105) 2014년 12월에 미국은 쿠바와의 적대적 관계를 해소하고 2015년 이란과의 핵협상이 타결되면서, 그간 미국과 적대적 관계를 유지했던 국가 중 북한만이 적대관계가 지속되었다. 그러나 2018년 이후에는 북한과 관계가 개선되고 이란과의 적대관계가 심화되고 있다.

106) 2018년 봄, 남북, 그리고 북미간 관계 개선은 이런 점에서 중요한 의미를 갖는다.

107) 사실 오바마 정권 8년간 선의의 무시(benign neglect) 정책을 유지하면서 북핵문제를 관리하기 위한 어떠한 외교나 관리체제가 작동하지 않았다. 이란과 핵협상이 타결된 이후 북한 핵무기가 고도화·경량화 되고 대륙간탄도미사일(ICBM)·잠수함발사탄도미사일(SLBM) 개발까지 이르자 미국은 군사적 옵션을 고려하는 등 강경책으로 선회하였다.

정부가 표방하는 **운전자론**의 핵심은 여기에 있다)을 수행할 수 있는 지라 할 수 있다. 이러한 역할을 수행함에 있어서 무엇보다 요구되는 것은 상호신뢰 회복이다.108)

[3] 기타 고려사항. DJ정부와 노무현정부에서의 한·미동맹 균열(?)은 한국의 대외정책의 선택에 많은 제약을 낳았다. DJ정부의 포용정책(소위 햇볕정책)의 경우 미국의 개입이 낳는 북한과의 긴장이 그 실효성을 제약한 것이었다. 반면, 노무현 정부의 '동북아 균형자론'은 미국의 반발을 낳음으로써 미국과의 관계가 소원해졌다는 평가가 가능하다.109) YS정부의 경우 클린턴 정부의 동북아 정책과 괴리가 문제되었다면, DJ정부와 노무현 정부의 경우 부시 정부의 동북아 정책과 괴리가 문제되었던 것이다.

반면, 이전 정부의 외교정책의 실패를 포용정책과 균형자론의 근본적 한계로 규정하고, 한·미동맹을 강화했던 이명박 정부와 박근혜 정부의 전략적 선택은 어떻게 평가되어야 하는가? 한·미동맹으로의 편향은 미국과 중국의 긴장이 고조되어 가능 상황에서 한국으로 하여금 포기와 연루의 위험을 높이는 결과를 초래할 수 있다. 또한, 중국의 반발 외에도 북한에 대한 군사적, 심리적 압박으로 작용할 수 있다는 점도 고려되어야 한다.

High-Politics 영역에서 한국의 안보를 위협하는 요인

- 북한과의 군사적 충돌 위험 → 북한
- 북핵 문제 : 미국이 최대압박전략(군사적 수단)을 사용한다면? → 북한 및 미국
- 동북아 질서(1) : 중국의 팽창정책 → 중국
- 동북아 질서(2) : 미-중 간 대립구조 지속 → 중국 및 미국(연루위험)
- 일본?

[필자의 소견] 현실주의 패러다임을 전제로 한다면, 필연적으로 한-미 동맹만이 한국의 안보를 위한 유일한 선택일까? 1951년 John Herz가 처음 제시했고, 저비스에 의해 정리된 '안보딜레마' 개념은 전통적 현실주의에서는 중요한 위치를 차지한다. 이 개념의 결론은 동맹이 안보를 보장하지 못한다는 것을 동시에 보여준다. 또, 패권안정론에 의거하는 경우 패권국이 부재한 상태에서 미국을 패권국가로 인식하고 미국의 안보우산에 안주하는 것이 타당한 선택일 수 없다.
한미동맹을 유일한 수단으로 보는 것은 '무정부 상태란 보호부재 상태이고, 한 국가의 안보는 자구(self-help)에 의존할 수밖에 없다'는 현실주의의 가장 중요한 주장을 놓치고 있다는 것이다. 또한 이런 주장은 임진왜란과 병자호란 시기 선조와 인조의 선택이 주는 교훈을 간과하고 있다. 스스로 자국의 안보를 지킬 수 없다는 운명주의에 빠져 외국의 지배를 받는 것이 안전하다는 이상한 논리(친일파와 미국의 신탁통치를 원했던 이승만 등)도 마찬가지다.

---

108) 이런 점에서 박근혜 정부가 제시한 한반도 신뢰프로세스는 그 수사에 있어서만큼은 타당했다. 그러나 박근혜 정부가 말하는 신뢰는 김정은 정권의 붕괴와 북한 핵의 완전한 폐기(DVID)를 전제로 하는 것이었다. 북한 정권의 붕괴와 김정은의 제3국으로 망명이라는 비현실적 전제에 서 있을 뿐 아니라 협상 대상으로 북한을 인정하지 않겠다는 것으로, 신뢰 회복을 위한 어떠한 조치도 없이 불신을 키우는 정책이었다.

109) 균형자론을 천명했음에도 불구하고 노무현 정부가 이라크 파병과 한미FTA를 수용했던 것은 한국의 안보에 미국의 안보우산이 절대적으로 필요했다는 인식이 작용했을 것이다. 그러나 부시정부는 노무현 정부를 친북정부라 인식하고 불신했기 때문에 이라크 파병과 한미FTA체결에도 불구하고 한미동맹의 균열을 효과적으로 봉합하지 못했다.

Ⅱ. 미-중국 관계 2016 입법

1. 미국의 대중국 정책

미국의 대중국 정책은 '경제적 상호의존110)과 국제레짐의 기능'이라는 요인이 미중관계를 협력적 관계로 유지하는 힘이라 보는 자유주의적 관점과 '힘의 분포'에 의해 결정될 것이라는 현실주의적 관점에 영향을 받는다.

현실주의적 관점은 방어적 현실주의(K.Waltz)와 공격적 현실주의(J. Mearsheimer)가 있다. ① 방어적 현실주의는 국가는 안보딜레마 상황에 있기 때문에 한 국가의 군사력 강화와 경제력 성장은 국가간 힘의 분포상태를 변화시켜 다른 국가에게 위협요인으로 인식하게 만든다고 본다. 이러한 관점에서 보면, 미국의 대중국정책은 중국의 성장에 따른 안보위협을 동맹강화를 통해 해결하는 것으로 이해한다. 물론, 압도적 힘의 우위를 확보하기보다는 현상유지에 초점이 맞추어진다. ② 공격적 현실주의는 강대국은 항상 다른 경쟁적 국가를 압도하는 힘을 확보해 패권국이 되려는 성향을 갖는다고 본다. 새롭게 부상하는 강대국의 경우 자연스럽게 공격적이 될 수밖에 없는데, (미국이 유럽에서 보여주었던 것처럼) 중국은 미국을 아시아에서 밀어 내고 아시아의 패권국이 되려할 것이다. 즉, 중국은 현상유지를 선호하는 국가가 아닌 패권을 추구하는 국가이기 때문에 미국은 중국에 대해 봉쇄정책을 통해 이를 방지하려는 정책을 택할 것이라 본다.

클린턴 정부는 중국을 '전략적 동반자'관계로, 부시 정부는 중국을 잠재적 위협국으로 보면서 '전략적 경쟁자'관계로 설정하였다.111) 전자는 방어적 현실주의의 맥락에서, 후자는 공격적 현실주의 맥락에서 이해될 수 있으며, 이 두 경향은 탈냉전기 미국의 대중국 정책의 두 가지 패턴을 만들어 냈다. 그러나 2010년대 들어 미국은 공격적 현실주의에 입각한 균형/봉쇄 정책을 유지하고 있다.

1) 클린턴 정부 : 포용정책

클린턴 정부는 탈냉전기에 형성된 단극체제에서 미국의 패권적 질서 유지와, 이를 위해 군사적 역량에 기반을 둔 개입과 시장경제 및 자유민주주의 확대를 위한 개입과 확대(engagement and enlargement)를 대외 정책의 기조로 설정하였다. 이런 관점에서 국제사회에서 중국의 위상과 역할을 인정하면서 전략적 동반자적 관계를 강조하는 포괄적 포용정책을 택하였다.

2) 부시 정부 : 중국 위협론과 봉쇄정책

부시정부는 클린턴 정부의 경제협력이 중국의 경제성장과 군사 현대화를 가져왔다고 비판하면서, (부상하는 강대국은 필연적으로 지배국가와 충돌하게 된다는 공격적 현실주의 관점에서) 미국의

---

110) 2000년대 들어 미국과 중국은 아주 높은 경제적 상호의존성을 보이고 있다. 미국은 중국의 최대 수출시장이며, 중국은 미국의 4번째 수출시장이다. 또한, 중국의 저가 상품이 미국의 물가안정을 가능케 하는 요인으로 작용하고 있다.

111) 부시 정부는 봉쇄정책을 추진해왔는데 MD(Missile Defense)체제 구축, 미국-일본-호주를 잇는 삼각동맹과 한미일 동맹체제 강화, 대만에 대한 무기판매 확대, 인도와의 핵 및 군사협력체제 강화, 중앙아시아 국가에 미군기지 건설, 그리고 동아시아 주둔 미군의 재편 등이 그것이다.
미국-일본-호주 삼각동맹을 중국 봉쇄를 위한 작은 나토(little NATO against China) 혹은 중국에 대한 남부봉쇄벨트라 부르기도 한다. 트럼프 정부는 여기에 인도를 포함하는 '인도-태평양전략구상'을 발표하였다.

패권을 유지하기 위한 유일한 길은 잠재적 적국으로서 중국에 대한 봉쇄정책을 추진하는 것이라 인식하였다. 이러한 인식은 2002년 발표한 미국국가안보전략을 통해 확인될 수 있다. 부시독트린이라 불리는 이 안보전략은 도덕적 우월성과, 국제사회를 악의 세력과 선한 세력의 대결로 보는 양분법적 인식체계를 기반으로 압도적 군사력을 기반으로 한 예방전쟁 등을 담고 있다.

그러나 2001년 9.11테러 이후, 세계전략의 우선순위를 중국봉쇄에서 테러와의 전쟁으로 변경하였고, 중국과는 잠정적으로 협력을 모색하였다. 경제영역과 대테러 전쟁에서의 협력 외에, 북핵문제에 대한 중국과의 협력 또한 이루어졌다. 그런데 이 기간 동안 중국이 동남아시아, 동북아시아, 호주와의 경제협력을 강화하고, 에너지와 자원 확보를 위해 중앙아시아와 남미 및 아프리카 국가와의 관계를 개선하면서 영향력이 커지자 2005년부터 세계전략의 우선순위를 중동에서 아시아로 변경하기 시작한다.

부시 독트린 / 2002년 발표된 미국국가안보전략

부시독트린은 도덕적 우월성과, 국제사회를 악의 세력과 선한 세력의 대결로 보는 양분법적 인식체계를 기반으로 한다. 주요 내용은 다음과 같다.

- 미국의 세계전략의 두 가지 근간은 압도적 군사력과 도덕적 우월성
- 테러집단과 비호세력, 그리고 대량살상무기 획득을 추구하는 불량국가들에 대한 예방차원의 선제공격 가능
- 대량살상무기의 예방적 비확산을 위해 압도적 군사력 및 선제공격 가능
- 자유증진과 민주주의 확대를 위해 노력하는 국가지원 및 다른 민주주의 국가와의 유대강화
- 도전을 압도할 군사력 확보로 강대국의 군사경쟁 단념 유도

3) 오바마 정부 : Smart power와 재균형

부시 정부의 일방주의를 비판하면서 당선된 오바마는 당선 직후 Obama-Biden Plan을 제시하였고, 힐러리 클린턴 국무장관은 soft power와 hard power를 동시에 강조하는 smart 외교를 대외정책 기조로 천명하였다. 이러한 외교정책 기조는 힘의 우위와 패권적 지위를 강조하면서도 부시정부와 달리 핵무기의 사용을 배제하고 다자주의를 활용한다는 점에서 차이가 있다. 그러나 대중국 정책은 변화가 있었다. 9.11테러 이후 10년 가까이 중동 문제가 해결되고 있지 않은 상태에서 중국의 급격한 부상에 대한 적극적인 대응이 요구되면서, 집권 2기에는 '아시아로의 회귀(Pivot to Asia) / 재균형(Rebalancing)'[112]으로 정책기조를 전환한 것이나.

중국의 부상에 따른 아시아에서의 중국의 영향력 팽창을 억제하려는 미국의 '아시아 회귀(Pivot to Asia)'전략은 '아시아-태평양 전략구상'으로 구체화되었다. 군사적으로는 1980년대 만들어졌으며 미국에는 2000년대 초반에 알려진 중국의 A2AD(접근거부 or 해상거부)전략에 대응하기 위해 만들어진 '공해전투(AirSea Battle)' 개념을 중심으로, 경제에서는 태평양경제동반자협정(TPP : Trans-Pacific Partnership)'을 통한 경제동맹을 추진하는 것을 주요 기조로 하였다.

이러한 정책구상은 악화된 경제 상황에 따른 군사비를 축소하면서도 패권적 지위를 유지하려는 전략이라 평가된다. 동맹국과 파트너와의 연계를 강화하고 이들 국가들에게 군사적 역할과

112) '아시아로의 회귀'는 중국 봉쇄를 내용으로 하지만 중국의 반발을 무마하기 위해 '재균형(rebalancing)'이라는 표현을 사용하였다.

경제적 부담을 전가하는 것이다. 그러나 '재균형 정책'은 러시아의 유럽에서의 영향력 확대, 중국의 군비증강이라는 안보딜레마, 그리고 중-러 관계의 밀착이라는 결과를 낳았다.

① 중국은 군비지출을 확대함과 동시에 상하이협력기구(SCO)를 통해 중-러 협력기반을 강화하고[113] '아시아교류신뢰구축회의(CICA)'를 통해 상호 외교안보협력과 국제정치적 지원을 확대하였다. 또한, 진주목걸이 구상과 일대일로 전략구상을 통해 적극적으로 대응하였다.

② 러시아는 2014년 동계올림픽이 끝난 직후 우크라이나를 침공하였다. 이는 미국이 군사개입을 하지 못할 것이라는 러시아의 확신에서 가능한 것이었다.

③ 중동 문제가 시리아 내전으로 확대되면서 미국의 아시아 회귀가 사실상 쉽지 않은 상황에 직면하기도 했다. 미국이 시리아 반군을 지원하고 있으나, 시리아 정부를 지원하는 러시아와 중국 때문에 직접적인 군사 개입이 쉽지 않았으며, 이라크 반군세력인 '이슬람국가(IS)'와 이라크 정부간 내전에서도 제한적으로 개입해 왔다.

④ 2014년 시퀘스트레이션(sequestration)에 의한 국방비 감소는 '재균형'을 수행할 수 있는 미국의 안보역량을 제한하면서, 미국의 안보 공약에 대한 확신을 약화시켰다.

결국, 오바마 대통령은 2014년 5월 '미국의 핵심적 국익에 해당되지 않는 국제분쟁에 미국이 개입하지 않겠다'는 **신외교정책(사실상의 신고립주의)**를 천명하였다. 이러한 변화는 중국에 대한 부시 정부의 '전략적 경쟁자 / 중국봉쇄'에서 '전략적 동반자 / 협력'으로의 전환과 유사한 변화라 평가할 수 있다. 아시아지역에서 정책의 초점을 경제적 이익 확보에 목표로 설정하면서 중국과의 직접적 충돌을 피하면서 협력을 증대시키기는 방향으로 관계를 재설정하려는 것이다.

4) 트럼프의 대외정책

트럼프 정부의 외교정책은 '미국우선주의'(America First)로 대변되며, '거래 지향적 국가 관계'와 '대중 강경 노선(China bashing)'으로 표출되었다.

① **미국우선주의(America First)** : America First로 상징되는 트럼프의 대외정책은 '신고립주의' 혹은 '선택적 개입주의'로 해석될 수 있으며, 1980년대 레이건 대통령이 강조했던 '**힘에 의한 평화(Peace Through Strength)**'와 1990년대 부시 대통령의 '일방주의(Unilateralism)'와 유사하다고 평가된다.[114]

② 친러/반중, 그리고 '**대중 강경 노선**(China bashing)' : 트럼프 행정부의 대 중국 정책은 일관되게 강경정책으로 표출되고 있다. 이를 위한 전략적 포석이 미・러 관계의 개선과 미・일 관계

113) 중국과 러시아의 주도로 2001년에 창설된 상하이협력기구(SCO)는 중국, 러시아, 우즈베키스탄, 카자흐스탄, 키르기스스탄, 타지키스탄, 인도, 파키스탄으로 구성된 국제기구다. 중앙아시아・유라시아의 안전 보장 확립을 위해 테러리즘・분리주의・극단주의를 막고 정치・경제・군사・문화 등 폭넓은 분야의 협력을 도모하기 위해 설립됐다. SCO에서 2003년에 중국・러시아・카자흐스탄・키르기스스탄・타지키스탄 등 5개국이 공동으로 합동군사훈련을 실시한 바 있다. 또한, 2005년에는 중앙아시아 국가에 주둔한 미군 철수를 주장하면서, 미국은 결국 우즈베키스탄에서 주둔군을 철수한 바 있다. 다만, SCO는 NATO와 같은 군사동맹체제는 아니다. 2017년에는 인도와 파키스탄이 합류함으로써 전세계 인구의 44%에 달하는 31억명을 포괄하는 거대지역협의체가 되었으며, 세계 경제에서 차지하는 비중은 25%, 8개 회원국 중 핵보유국이 4개국이다.

114) 이는 오바마 정부가 추진해온 각종 글로벌 이슈들에서 심각한 퇴보임은 물론 미국과 동맹국들이 제2차 세계대전 이후 건설한 자유무역과 공동안보의 국제질서인 Pax Americana의 종말을 예고하는 전조일지도 모른다. 트럼프가 극단적 국익을 앞세운 민족주의에 입각한 고립주의적 대외정책을 펴는 것은 '미국 우선(America First)' 정책이 아니라 '미국 뿐인(America Only)' 정책이라는 비판이 제기되는 것이다(이상현 2017).

의 재정립이라 할 수 있다. 이 맥락에서는 오바마 정부의 재균형 전략과 차별성은 없다.

③ **거래 지향적(transactional) 국가 관계** : 트럼프는 국가 간 관계를 '가치', '우호', '동맹'과 같은 전통적인 기준에 의하지 않고 '거래(transaction)'의 시각으로 접근하고 있다. 즉, 외교를 비즈니스로 인식하는 것이다.

트럼프 정부의 아시아 정책은 2017년 1월 환태평양동반자협정(TPP) 탈퇴,[115] 그리고 2017년 11월 자유롭고 개방된 '**인도-태평양 전략구상**'을 아시아 정책으로 표출되었다.[116] 기존의 '아시아·태평양(Asia-Pacific)'에서 '인도·태평양(Indo- Pacific)'으로 단순히 명칭이 변경된 것이 아니라 중국의 뒷마당이라 이야기되는 인도양을 포괄함으로써 중국의 해양 진출을 보다 확실하게 견제·봉쇄하겠다는 것이다.

이러한 미국 우선주의는 전후 70년간 미국이 건설해 온 자유주의 국제질서의 퇴조를 뜻한다. 2차 세계대전 이후 각종 국제적 규범과 제도를 설계해온 체제설계자(system-maker)이자, 이익향유자(privilege taker)로서의 위상을 포기하는 것이고, 자유주의적 국제질서를 스스로 무너뜨리는 것이다. 미국적 가치와 글로벌 스탠다드로 표현되는 소프트 파워의 퇴조를 가속화시키면서 배타주의와 외국인 등에 대한 혐오를 키울 뿐 아니라, 중국의 부상을 더욱 부추길 것이다.

2. 중국의 대외정책

1990년대 초반 이후 중국의 급속한 경제성장[117]을 이어가면서 중국 위협론이 대두되었다. 이에 대응하기 위해 미국과 일본은 1996년과 1997년에 각각 신(新)미일안보공동선언과 미일국방협력지침을 체결하면서 미일동맹의 활동범위를 아시아 전지역으로 확대시키는 포괄적 동맹관계로 변화시켰다. 미-일 동맹 강화에도 불구하고 중국은 직접적인 충돌보다는 자국의 군사적 역량을 강화하는 내부적 균형정책(김관옥, 2010)과 주변국과의 협력체제를 구축하는 대외적 균형정책(예컨대, 다자안보기구인 상하이협력기구 창설)을 통해 대응해 왔다.

2001년 이후 미국은 아프가니스탄 전쟁과 이라크 전쟁을 계기로 전략적 경쟁자를 전제로 한 대중국 봉쇄정책을 중단하고 global affair에 대한 중국과의 협력을 추진하는 정책으로 변경하였다. 이후, 중국의 국제사회에 대한 영향력이 커지자 미국은 미국-일본-호주를 연결하는 MD체제를 구축하는 등 다시 봉쇄정책을 추진하는 방향으로 정책을 변경한다(아시아로의 회귀).

2008년 이전 중국은 이질적인 행보를 보여 왔다. WTO에 가입함으로써 미국 중심의 세계질서에 편승하였고, 9.11 테러 이후 미국이 주도하는 테러와의 전쟁 및 핵확산 방지에 협력하는 모습을 보였다. 그러나 미국의 봉쇄정책과 미국의 MD체제 구축 및 미국의 대이라크 전쟁에 대

115) 외교전문가들은 미국의 TPP 탈퇴를 중국에 대한 선물로 평가하였다. 미국의 TPP 탈퇴 직후 열린 다보스포럼에서 중국 시진핑 주석은 자유무역의 중요성을 강조했는데, 미국과 중국의 입장이 뒤바뀐 아이러니였던 것이다.

116) 중국의 진주목걸이 전략에 대해 일본 아베 수상이 제안한 미-일-호주-인도의 다이아몬드 동맹 구상에 대한 트럼프의 화답이라 할 수 있다. 중국의 일대일로 정책에 대항하기 위한 인도의 동진정책(Act East)과 이해관계가 합치되면서 미-일-호주의 남방 삼각동맹 축에 인도가 연결될 수 있었다.

117) 중국은 1952년부터 2010년대까지 평균 8.3%의 경제성장율을 보였으며, 중국의 GDP는 2019년 현재 $14.2조(세계 2위), 1인당 GDP로는 $10,153(83위)를 보이고 있다(IMF 발표). 2013년에는 3차 산업(GDP에서 차지하는 비중이 46.1%)이 2차 산업을 넘어 섰다.

해서는 일관되게 비판적 입장을 표명해 왔다. 2008년 금융위기를 계기로 중국은 보다 적극적인 대응을 해 나간다.118)

1) 대외전략 : 화평굴기, 호리공영

중국공산당 제16차 전국대표대회 보고서(2002년)는 국제정세를 패권주의와 강권정치가 존재하지만, 세계대전은 발생하지 않는 장기간의 평화적 환경으로 평가했다. 이를 기초로 대외정책의 기조를 평화와 발전이라는 화평굴기(和平崛起)로 제시하였다. 화평굴기는 후진타오 체제에서 대외정책의 골격을 형성한다.

그러나 국제정세에 대한 인식은 점차 부정적으로 변화되었고, 이러한 인식은 제17차 전국대표대회 보고서(2007년)에 반영되었다. 보고서는 국제질서를 단극체제에서 다극화로 이전되는 대변혁과 대조정의 과정으로 인식하였다. 특히, 패권주의와 강권정치로 인한 국지적 충돌가능성이 높아졌고, 불균형과 격차가 커지는 등 전통적 안보와 비전통적 안보의 위협이 가중되고 있다고 보고 있다. 이에 따라, 평화발전(平和發展)・조화세계(和諧世界)・호리공영(互利共贏)을 새로운 정책기조로 제시하였다. 급속한 변화를 지양하고, 반패권주의와 다극화를 분명히 하고 있는 것이다(평화발전, 조화세계, 호리공영은 시진핑 체제의 정책정향이 된다).

내부적으로 경제성장과 안정을 추구하였지만, 이를 위협하는 분리주의 운동(신장지역 위구르 이슬람세력이 주도하는 동투르키스탄 분리주의 운동과 서장 혹은 티베트 분리독립운동 등)에 대해 적극적으로 대응하였다.

이 시기 미국과는 협력관계를 유지하였다. ① 신장지역의 분리주의 세력의 테러를 지원하는 아프가니스탄의 이슬람 테러세력의 척결은 미국의 아프가니스탄 전쟁에 대한 협조로 이끌었으며, ② 미국이 주도하는 세계화의 가장 큰 수혜자는 중국이라 할 수 있는데, 경제영역에서 미국 주도 체제에서 이탈할 유인이 없었다. ③ 지속적인 성장을 위해서는 주변 지역의 안정이 요구되는데, 이는 북핵 문제에 대한 미국과의 협조 전략을 택하게 한 유인으로 작용하였다.119)

2) 시진핑 체제의 대외정책 : 중국몽(中國夢, China Dream)

시진핑이 집권한 시기는 미국이 재균형(Rebalancing) 정책을 통해 중국에 대한 봉쇄정책을 본격적으로 추진하는 상황이었다. 시진핑은 2012년 11월 '중국몽'을 공식 천명하였다.120) 시진핑이 제시하는 첫 번째 100년의 꿈은 중국 공산당 창당 100주년이 되는 2021년까지 인민의 민생이

---

118) 예컨대, 2008년 금융위기 당시 달러를 대신해서 IMF의 특별인출권(SDR)을 대체적인 기축통화로 사용할 것을 주장하는 균형적 전략을 추진하면서, 미국 주도의 세계질서를 변경하려는 모습을 보이기 시작한 것이다. 참고로, 위안화를 기축통화로 만들려는 시도는 2016년 특별인출권 기반통화(SDR basket)에 편입됨으로서 성공하였다. 이로써 달러화, 유로화, 영국 파운드화, 일본의 엔화에 이어 5번째로 IMF의 SDR 역할을 하게 되었고, 달러화, 유로화에 이어 3번째로 높은 비율을 차지하고 있다. 그러나 2019년 현재 실제 금융거래에서 달러와 유로화가 75%를 차지하고 있고 위안화는 (형식적으론 10% 정도를 유지하고 있으나) 1.61%에 그쳤다.

119) 중국은 주변국의 예상과 달리, 제3차 북핵 위기 상황에서 미국이 주도했던 유엔안보리의 대북한 제재결의안 1718호와 1874호의 채택을 지지했다. 다만, 이 결정으로 중국과 북한 관계가 급속도로 냉각되었다.

120) 중국몽은 "중국이 아편전쟁에 패해 서방에 무릎을 꿇었던 19세기 중반 이후 중국의 모든 지도자들의 꿈은 하나였다. 그것은 바로 중화민족의 부흥이다."라는 현대 중국 철학자 평유란의 표현으로 잘 드러난다. 즉, 아편전쟁 이전 전세계 GDP의 33%를 차지했던 청나라 시절로의 부흥을 재현하려는 것이다.

해결되고 기초 복지가 보장되는 사회이자 정치・경제・사회・외교・문화・예술 모든 분야에서 괄목할만한 성장을 달성한 사회인 '샤오캉(小康) 사회'를 실현하는 것이고, 두 번째 100년의 꿈은 중화인민공화국 건국 100주년인 2049년까지 문명화가 이루어지고 경제적으로 부강해진 이상적 복지사회를 달성하는 '대동(大同) 사회'를 건설하는 것이다. 여기에는 100년 동안 잃어 버렸던 아시아에서의 패권적 지위를 회복하는 데 그치지 않고, 국제사회에서의 패권적 지위를 획득하겠다는 Pax Sinica를 지향하는 것이라 하겠다. 그리고 그 핵심에 진주목걸이 전략과 일대일로 프로젝트가 자리 잡고 있다.

일대일로(一帶一路, One Belt One Road ; 비전 2014~2049)

중국몽의 핵심 전략은 '마샬 플랜'의 중국식 버전이라 평가되는 '일대일로 구상'이다.[121] 이 구상은 육상에서 아시아-유럽을 통합하는 지대(belt)를 형성하고, 해상에서 동남아시아-서남아시아-유럽-아프리카로 이어지는 실크로드을 구축하겠다는 것이다.[122] 이를 위한 인프라로 금융과 철도망을 구축하기 위한 프로젝트를 추진하였다. 그리고 중점 사업으로 '5대 通'을 제시하였다. 그러나 이러한 정책구상은 중국의 영향력 확대와 중국경제에 예속될 수 있다는 우려를 낳았고, 자금조달 문제로 인해 원활하게 진행되지 못하고 있다.

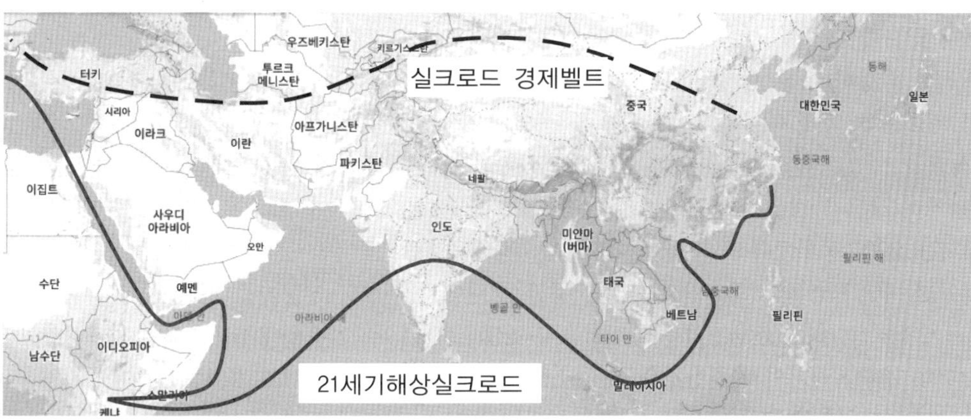

진주목걸이 전략과 신강군몽(新强軍夢)

진주목걸이 전략이란 파키스탄, 스리랑카, 방글라데시 등 인도양 주변 국가, 그리고 아프리카에 항만을 건설하려는 전략을 말한다. 먼저, 2015년에는 동아프리카 지부티와 해군기지를 건설하는 데 합의한 바 있다. 또한, 남중국해에 7개의 인공섬을 건설해 사실상 자국 영토로 만들었고, 파키스탄의 과다르, 말레이시아 코타키나발루, 캄보디아 시아누크빌, 미얀마 시트웨, 방글라데시 치타공, 스리랑카 콜롬보와 함반토다 등에 항구를 건설해주고 군함이 사용할 수 있는 항만

121) 시진핑 주석은 2013년 9월7일 카자흐스탄의 한 대학에서 새로운 협력 모델을 강조하며 처음으로 '실크로드 경제벨트'를 공식적으로 언급한 후, 한 달 후 10월 인도네시아 국회에서 아세안 국가와의 해상 협력을 강조하며 '21세기 해상 실크로드' 건설을 언급했다. 이후 2015년 3월 '아시아판 다보스 포럼'으로 불리는 하이난성 보아오 포럼에서 일대일로를 다시 강조하였다.

122) 중국의 공식 입장은 중국의 앞마당(동아시아, 동중국해와 남중국해)과 뒷마당(남아시아, 인도양)을 봉쇄하고 있는 미국의 TPP・재균형(오바마)/인도-태평양전략구상(트럼프)의 전략에 대한 대응전략이라는 것이다.

이용권을 확보했다. 또한 니카라과운하를 건설하고 있고, 말라카해협을 우회할 수 있는 태국의 크라운하 건설을 추진하고 있다. 이 중 일부 사업은 자금난 때문에 중단된 상태에 있다.

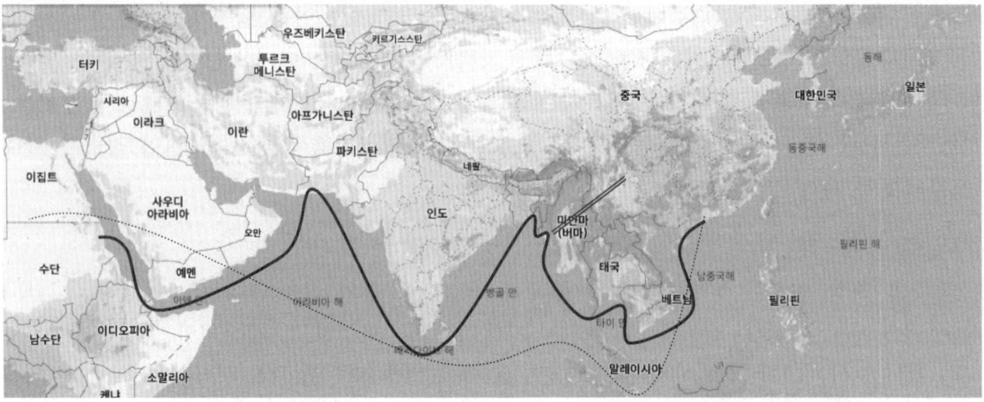

——— 진주목걸이 – – – 기존 석유수송로 ═══ 송유관(운남성-미얀마)

중국몽과 일대일로 구상은 에너지·자원 확보와 중국 중심의 금융체제 형성 없이 불가능하다. 그러나 이와 동시에 군사력에 바탕을 두지 않고는 미국에 의해 가로막힐 수밖에 없다.[123] 이런 점에서 군사력 약진에 기반을 둔 중국몽으로 나온 구상이 신강군몽이다.

중국의 국방비 예산 증가율은 1989년 이후 두 자리 숫자를 유지하고 있으며, 현재 중국의 국방지 지출은 미국에 이어 2위이며, 영국·독일·프랑스 등 유럽의 3대 강대국의 전체 국방예산을 상회하고 있다.[124] 이와 함께 지상군은 신속 대응 능력을, 해군은 원거리 투사 능력을, 공군은 원거리 작전 능력을 향상시키는데 초점을 두고 군 현대화를 추진하고 있다. 그 결과 수상 전력에서는 2000년대 초부터 최신형 이지스함·방공구축함·호위함 등을 확보하고, 핵잠수함을 개발하였고, 항공모함을 개발·진수하였다. 공군 전력에서는 신형 전투기를 개발·양산하기 시작했고, 세계에서 2번째로 스텔스기를 개발하고 J-20과 J031 두 기종을 2017년에 실전배치하였다.

그러나 전략폭격기의 작전반경은 1800km에 불과하고(하와이 공격도 불가능), 정보감시정찰 능력을 갖춘 조기경보기 등 전략적 능력은 여전히 취약한 상태에 있다. 동맹국의 전력을 제외하더라도 군사기술 등 실질적 전력 면에서 미국과 격차는 큰 상태에 있다.

그럼에도 불구하고 이러한 중국의 군비증강은 일본과 인도의 군비증강을 유도하고 있다고 평가되고 있으며, 투키디데스 함정과 킨들버거 함정에 따른 미국과 중국의 군사적 충돌 위험이 커지고 있다는 우려를 낳고 있다.

---

123) 1950~60년대 중국의 경제로는 미국이나 소련에 대항할 만한 군사력 건설은 불가능했고, 덩샤오핑 집권 후인 1979년에는 중국-베트남 전쟁에서 패하면서 충격에 빠졌다. 인민전쟁의 틀에서 벗어나지 않고서는 아시아 지역에서조차 강대국으로 나아갈 수 없었다는 판단에서 개혁을 추진하였다. 부족한 자금은 군관구에서 직접 기업을 경영할 수 있도록 함으로써 해결하였다. 그러나 1996년 대만해협에서 미국 항모전단 2개의 무력시위에 한발 물러서면서 군비지출 비중을 늘리기 시작했다.

124) 중국의 국방력 확대는 패권추구성향 때문이라기보다는 ① 글로벌 경제 영향력과 경제성장, ② 동중국해와 남중국해에서의 군사적 긴장 고조에 따른 군비확충, 지정학적 파워 증가의 연장선에 따른 것으로 보는 시각도 있다. 예컨대, 국방비 규모를 놓고 보면 주변국에 위협으로 보일 수 있지만 1990년 이후 20여 년 동안 국방예산 증가율은 실질 경제성장률보다 낮았고, GDP대비 국방비 비중은 1.3% 내외에 불과하다.

3. 미-중국의 군사적 긴장 2018 입법

1) 투키디데스 함정(Tucydides's Trap)

「전쟁의 운명: 미국과 중국은 투키디데스의 함정을 피할 수 있나?」의 저자인 Graham Allison이 「워싱턴 포스트」에 '트럼프와 시진핑은 어떻게 전쟁에 빠져들 수 있는가'라는 특별기고문이 실리고, 시진핑 주석이 다시 언급하면서 2017년에 이슈가 된 개념이다. 그는 지난 500년 동안 신흥 강대국이 기존 강대국을 밀어낸 적이 모두 16번 있었는데, 이 가운데 12번은 전쟁으로 이어졌음을 강조한다. '중국몽'과 '아메리카 퍼스트'라는 '강대 강'의 대립구도로 인해 무력 충돌 가능성은 어느 때보다 높다는 것이다. 그러면서 전쟁이 일어날 계기로 미중간의 무역 갈등, 양안문제, 북핵문제를 언급한다.

2) 미-중 갈등과 Asia Parodox

아시아는 경제분야에서 협력과 상호의존성은 높아지고 있지만, 안보에서는 대립과 긴장이 고조되는 Asia Parodox가 지속되고 있다. 탈냉전에도 불구하고 냉전질서 혹은 준진영적 대립구조가 지속되고 있다.

투키디데스 함정의 대표적인 예로 제시된 제1차 세계대전은 독일이 영국에 대항하여 일으킨 전쟁은 아니었다. 러시아의 부상에 대한 독일의 공포, 오스트리아-헝가리의 쇠퇴와 함께 대두된 민족주의가 보다 직접적인 원인이라 할 수 있다. 나아가 독일-영국의 힘의 격차보다 중국-미국의 힘의 격차가 훨씬 크다. 그런데 펠로폰네소스 전쟁 당시 아테네의 국력이 스파르타가 인식했던 것만큼 큰 것은 아니었다.125)

투키디데스는 전쟁의 원인을 공포심으로 들었지만, 현재 중국과 미국의 힘의 격차에도 불구하고 어느 한쪽도 일방적인 승리가 불가능한 상황에서는 공포심이 전쟁을 억제하는 힘으로 작용하기도 한다는 점 또한 중요하다. 그리고 페리클레스가 아테네 내부에서 자신에 대한 불만과 비판을 무마하기 위해 스파르타와의 전쟁을 일으켰다는 지적도 있다. 즉, 국제정치가 국내정치를 위한 도구(America First와 China Dream이라는 선전선동의 도구)로 전락할 때 전쟁의 위험성이 커질 수 있다는 것이다.

이와 유사하게 Ross에 따르면 미중관계가 정상화될 수 있었던 것은 중국과 미국이 상대방의 위협을 심각하게 인식하지 않을 때였다. 중국이 베트남과의 전쟁에서 패하고, 미국이 대만문제에 대해 재인식하려는 시점에서 미중관계가 사실상 정상화될 수 있었다. 미국 또한 월남전 패배 후 미국 안보약화와 소련의 위협에 대한 미국과 중국의 공동이해관계였다.

냉전기 미국의 대소련 정책은 포용할 것인가 아니면 봉쇄할 것인가의 갈림길에서 고립주의(봉쇄)와 개입주의에 기반하고 있었다. 탈냉전기 중국·이란·쿠바·북한에 대한 정책에 있어서도 동일한 선택지에서 봉쇄와 개입에 기반 한 정책을 위주로 시기에 따라 포용과 협상정책을 선택적으로 사용하고 있다.

---

125) 일부에서는 미국이 보기에 중국의 힘은 실제보다 크게 인식되고 있다고 판단하는 반면, 일부에서는 미국은 중국에 대해 그다지 위협을 갖지 않는다고 판단한다. 그러나 신마샬플랜 혹은 공격적 현실주의 입장이나 예방전쟁, 또는 게임이론적 관점에서 본다면 실질적 힘의 격차는 부수적일 수 있다.

Ⅲ. 한미동맹

현대적 의미의 한미 관계는 제2차 세계대전 이후 미군이 북위 38도 이남에 진주하면서 시작되었다. 한국은 단독 정부 수립 이후 미국의 군사적 지원과 경제원조를 바탕으로 급속한 경제성장을 이룩했지만,126) 1970년대까지는 경제성장에 비례하여 미국에 대한 의존도는 높아졌다.

2009년에는 한미동맹을 기존의 군사동맹 차원에서 벗어나 글로벌 수준의 21세기형 포괄적 동맹으로 발전시킨다는 내용을 골자로 담은 '한미 동맹 미래비전'을 채택하면서, 한미동맹의 범위를 지리적으로는 범세계적 차원으로 확장하였고, 내용적으로는 비군사적 분야를 포함하였다. 또한, 양국은 한반도 유사시 미국이 핵우산 및 재래식 전력을 제공한다는 '확장 억지력'을 채택하였다.127) 경제적으로는, 미국은 한국의 제2위의 수출국이자, 제3위의 수입국이며, 2007년 한미자유무역협정이 체결되었다.

1. 한미관계의 전개

[1] **한미상호방위조약 체결(1953년) 이후** : 독립과 동시에 미국과 구소련에 의해 국토가 분단되었던 한국은 냉전이라는 상황과 북한의 군사적 위협에 대해 미국의 원조와 군사적 지원을 확보하려 했지만 성공하지 못했다.128) 그러나 한국전쟁 발발과 함께 미국은 적극 개입하였고, 정전협정 이후 1953년 10월 1일 한미상호방위조약을 체결하였다.129) 1950년대에는 극단적인 비대칭동맹 상태에서 안보와 자율성을 교환했던 시기라 할 수 있다. 1960년대 중반들어 베트남전 파병을 계기로 상호보완적 동맹관계로 발전할 수 있는 계기가 마련되었으나, 안보와 자립경제를 위해서는 미국의 지원이 불가피했다는 점에서 미국에 대한 의존도는 낮아지지 않았다.

[2] **한미연례안보협의회(1968) 구성 이후** : 1968년 소위 김신조 사건과 푸에블로호(미 해군정보함) 피납사건을 계기로 한미국방장관회담이 열리고, 1971년에는 한미연례안보협의회로 그 명칭을 변경하였다. 이는 한국의 안보정책이 미국의 일방적인 결정에서 한국과 미국간의 협의를 통한 결정으로 전환되는 계기를 마련하였다. 이런 맥락에서 상호보완적 동맹관계라 평가되기도 한다.

그러나 베트남전 장기화로 인해 해외 군사적 개입에 대한 미국 내 반발이 거세지면서 닉슨 대통령은 괌에서 닉슨 독트린을 발표하게 된다.130) 닉슨독트린은 한미관계의 수정으로 이어졌고,

---

126) 미국은 1948년부터 1971년까지 46억 달러의 원조를 한국에 제공했으며, 한미상호방위조약과 주한미군지위협정(SOFA)의해 현재까지 주한미군(United States Forces Korea, USFK)을 주둔시키고 있다.

127) 확장 억지력은 미국의 동맹국이 핵공격을 받으면 미국 본토가 공격받았을 때와 동일한 전력 수준으로 응징타격하는 것을 기본 내용으로 한다.

128) 미국은 군사 고문단 자격으로 500여명의 병력만 남겨 놓고 1949년 6월 29일 미군을 완전히 철수시켰다. 또한 트루먼 대통령은 한국의 장기적인 경제부흥대책을 위해 마셜 플랜을 모방하여 장기원조계획을 1949년 6월에 입안하였으나, (애치슨 선언이 나온 1주일 후인) 1950년 1월 미국 하원에서 부결되었다.

129) 조약은, 국제분쟁의 평화적 해결을 지향하며, 무력공격 위협에 대한 협의 및 방지수단을 지속·강화하며, 무력공격을 당할 때는 공통위험에 대처하기 위해 각자의 헌법에 따라 행동하며, 미국군의 한국영토 및 주변에 주둔시킨다는 것을 주요 내용으로 하고 있다.

130) 닉슨독트린은 종래 미국에 의하여 전담되었던 아시아의 방위는 아시아인에게 맡겨져야 하며, 대공산권 정책을 종래의 대결에서 대화로 전환함을 천명한 것이다.

한국의 독자적인 군사적 · 경제적 역할이 강조되면서 주한미군 감축이 추진되었다.131) 한국은 포기의 위협에 대응하기 위해 자주국방을 추진하였고, 정책적 자율성을 확보하기 위한 요구들이 대두되기 시작했다. 1971년 전격 이루어진 주한 미군 철군은 한국 내 안보불안감을 높이게 되는데, 박정희 정권이 핵무장을 위한 정책을 추진한 것도 이러한 분위기와 관련된다.

[3] **신냉전과 군사동맹의 재결속** : 레이건 정부는 인권외교를 백지화하고, 소련에 대한 전략적 우위를 확보하기 위해 국방비를 증액하면서 우방국과의 군사적 동맹을 강화하는 정책을 추진하였다. 그러나 미국의 쌍둥이 적자가 심각한 상황에 이르면서 미국은 안보에 있어서 동맹국의 부담을 강화하는 정책을 추진했다.

한편, 레이건 정부는 한국정부의 민주화 운동 탄압에 대해서는 일정한 거리를 유지하는 태도를 보이기도 했다. 미국의 군사적 보호를 받는 한국에서 발생하는 반인권적 · 비민주적 문제들이 반미성향을 유발한다는 인식이 작용한 것이다. 미국의 정치적 · 경제적 의존성과 불평등관계를 변경하기 위한 행동은 한국 내에서도 자율성을 높여야 한다는 요구를 높이게 된다.

[4] **탈냉전과 안보동반자 관계** : 1990년대 들어 미국은 아시아 태평양 지역의 전략적 틀을 재구성하기 위한 방침으로 '동아시아전략구상'을 의회에 제출하였다. 구소련의 안보 위협감소와 미국의 최대 교역국이 포함된 아태지역의 중요성에 대한 재인식, 그리고 재정압박에 따른 국방예산 삭감과 미국의 해외 주둔군을 축소를 포함하고 있었다. 이와 동시에 주한미군의 역할을 한국방위에서 주도적 역할이 아닌 보조적 역할로 변경하고 한국의 방위비 분담을 증액하면서 한미관계를 '동반자적 관계'로 전환하는 계기가 되었다. 이 시기에 한미야전사 해체, 평시작전통제권 환수와 같은 조치가 이루어졌다.

그러나 2000년대 후반까지는 클린턴 정부와 김대중 정부시기를 제외하면 한미갈등이 자주 발생하면서 한미동맹의 균열이 논란이 되었다.

① 클린턴 정부와 김영삼 정부 간에는 한미 간의 갈등이 증폭되기도 했다. 김영삼 정부의 비일관적인 태도가 문제되었고, 클린턴 정부의 포용정책과 "핵을 가진 집단과는 대화할 수 없다"는 김영삼 정부의 대북 강경론이 충돌한 것이다. 여기에 미국이 북핵문제 해결을 위한 협상에서 한국을 배제하면서 갈등은 더욱 커졌다. 1994년 제네바 합의 이후에도 그 후속조치에 대한 미국정부의 입장을 북한에 전달하면서 그 내용을 한국정부에 알려주지 않기도 했다.

② 김대중 정부 초기에는 페리 프로세스(대북 포용 기조의 대북정책 보고서)와 햇볕정책이 조응하면서 한미관계가 개선되었으나, 부시 독트린이 발표되면서 관계가 다시 악화되었다.

③ 노무현 정부는 수평적 외교 관계와 미래지향적인 탈냉전 외교를 지향하는 '동북아 균형자론'을 천명하였지만, 2003년 이라크 파병을 결정하였고 한미FTA를 체결하는 등 북한문제를 제외하면 미국과의 관계를 유지하였다. 이러한 노무현 정부에 대해 진보진영에서는 '진보의 탈을 쓴 친미보수외교'라 평가한 반면, 보수진영에서는 '위험한 반미 외교'라 평가하였다.

④ 이명박 정부와 박근혜 정부 시기의 한미관계는 갈등보다 협력이 강화되는 모습을 보이고 있다. 미국산 소고기 수입, 한미FTA 비준 외에 미국의 PSI와 MD계획에 대한 적극 참여 등 미국

131) 여기에 카터 대통령이 인권외교를 추진하면서 한국과 미국의 갈등이 고조되었다.

의 세계전략에 적극 협력하면서 나타난 모습이라 할 수 있다. 어떻게 보면, 한국정부와 미국정부의 정책적 지향에서 불협화음이 컸던 민주화 이후 2000년대 중반까지와는 달리 대북정책과 대외정책에 있어서 양국의 정책적 차이가 거의 없기 때문이라 볼 수 있다. 그러나 이와 함께 한국의 대미의존도 역시 높아 졌다.

2. 참여정부와 한미동맹의 균열

2000년대 초중반 한미관계가 악화되면서, 동맹의 균열이 한국의 안보위협으로 이어지는 것이 아닌가 하는 논란이 일어났다. 1970년대의 한미 간 갈등이 한국의 자주성/자율성을 높이기 위한 정책적 모색으로 작용했다면, 2000년대의 한미 간 갈등은 이념논쟁이 개입되면서 이후 미국에 대한 의존도를 높이는 정책을 불러왔다. 이는 한미동맹의 균열의 원인에 대한 진단의 차이라 할 수 있다. 1970년대 한미 간 갈등은 미국의 대외정책에 기인한 것으로 인식하면서 비대칭적 동맹 관계를 변화시킬 유인으로 작동되었다.

[1] 2000년대의 한미 간 갈등의 원인을 참여정부의 이념과 정책 지향 때문이라 진단하는 견해에서는 비대칭적 동맹 관계를 변화시키기 보다는 한미동맹을 강화시켜야 한다고 본다. 이 견해에서는 '2002년 반미촛불시위와 자주노선을 표방하는 노무현 정부, 북핵에 대한 한미간 불협화음' 등의 요인들이 한미간 신뢰를 약화시켰고, 노무현 정부의 자주노선과 중국대안론이 한국에 대한 미국의 불신을 증폭시켰다고 진단한다.

[2] 반면, 미국의 대외정책과 한미동맹의 비대칭성 때문이라고 진단하는 견해에서는 비대칭적 동맹관계를 변화시켜야 한다는 주장으로 이어진다. 이 견해는 먼저, 한미동맹을 비대칭적 동맹(asymmetric alliance)으로 규정한다. 비대칭적 동맹에서 강대국은 약소국의 안보를 보호하고 이에 대해 약소국은 안보의존 정도에 비례해서 강대국에 자국의 자율성을 양도한다. 따라서 한미동맹의 성격은 약소국인 한국의 주도로 이루어질 가능성은 적은 것이다. 오히려, 미국의 대외정책의 변화가 한국의 안보위협으로 인식되었고, 위협에 대한 균형을 위한 한국의 대응이 한미동맹의 균열로 이어졌다고 본다.

비대칭적 동맹의 경우 약소국은 강대국이 보호를 철회함으로써 안보 위협에 노출되는 포기 위험에 노출되기 쉽고, 강대국은 약소국에 대한 공약이 불필요한 연루의 위험을 유발할 수 있다. 전자의 대표적인 예로는 한국전쟁 직전의 에치슨선언/주한미군철수 1970년대 닉슨독트린/주한미군의 전격 철수 등이 있으며, 후자의 대표적 예로는 한국 전쟁당시 이승만 정권의 호전적 성격으로 유발되었던 중미전쟁으로의 확전 위험이나[132] 1968년 북한의 청와대습격 사건에 대한 한국정부의 북한에 대한 공격 계획에서 유발되었던 문제 등이 있다.

132) 한국전쟁이 발발한지 18일밖에 지나지 않은 시점인 7월 13일에 이승만은 미국 CBS와의 인터뷰에서 "조선인민군의 행동은 38선을 제거시켜 주었고, 38선에 의한 분단이 지속되는 한 한반도에서 평화와 질서는 결코 유지될 수 없다. ... 침략자를 격퇴하는 데 있어 한국군은 결코 38선에서 멈추지 않을 것이다"고 주장하였다. 또한, 인천상륙작전 성공 이후 UN군과 한국군이 압록강과 두만강까지 북진했으나, 중국군이 개입하면서 휴전을 위한 회담이 진행되는 동안, 이승만은 휴전을 반대하고 북진하여 단독으로라도 통일전쟁을 계속하겠다는 태도를 취하기도 했다.

1) 대북정책에 대한 갈등

부시정부는 2001년 북한을 불량국가(rogue state)로 규정하였고, 2002년 1월 북한과 이란, 이라크를 악의 축(axis of evil)으로 공식 천명하였다. 이러한 인식은 대북포용정책 기조를 유지하고 있던 한국정부의 인식과는 괴리가 있었다.

부시정부는 북한의 불법적인 행보에 대해 징벌만이 유일한 대안이라 판단하면서, ① '완전하고, 검증가능하고, 비가역적(complete, verifiable, irreversible dismantlement : CVID)' 핵폐기 정책을 추진하였으며, ② 핵과 화학무기, 미사일을 포함한 대량살상무기 확산을 방지하기 위한 구상(Proliferation Security Initiative : PSI)을 추진하였다. ③ 또한, 2002년 미 의회에 보고한 핵태세 보고서(Nuclear Posture Review : NPR)에서 북한, 이란, 이라크 등 불량국가들을 유사시 핵무기 선제공격 대상국으로 지목하면서 북한 정권의 붕괴를 천명하였다.

반면, 노무현 정부는 한반도에서 평화정착에 주변국의 협력이 필수적이며 이를 바탕으로 번영을 이룰 수 있다는 관점에서 대북정책의 기조를 '평화와 번영'으로 설정하였다. 그러면서, 미국의 PSI와 선제공격은 한반도에서 군사분쟁을 촉발할 수 있다고 보았다. 북미 간 군사적 충돌의 직접적 피해국이 되는 한국은 이러한 미국의 대북정책을 안보위협으로 판단하게 된다.

이러한 인식 차이가 한미간 갈등과 동맹의 균열 양상을 보였다는 점에서 누가 동맹의 균열을 초래했는지에 대한 질문은 무의미할 수 있다.

2) 주한미군 재배치 논란

주한미군 재배치와 감축은 2003년 부시 대통령이 해외주둔 미군의 신속한 투입과 유연성 강화, 경량화를 골격으로 하는 해외주둔미군 재배치 검토보고서(Global Defense Posture Review)를 발표하면서 제기된 사안이다. 동 보고서는 9.11 이후 반테러 및 비확산에 대한 미국의 전략적 목적을 위해 붙박이형 해외주둔군을 신속기동대응군의 형태로 변경하는 것을 핵심 내용으로 하고 있다.

즉, 주한미군의 역할을 북한에 대한 억지력보다는 광범위한 전략적 기능을 수행할 수 있는 형태로 전환한다는 것을 포함한다. 이에 따라, 2004, 2004년 한미연례안보협의회는 '주한미군의 전략적 유연성이 지속적으로 중요함을 재확인한다'는 내용을 포함하는 공동성명을 채택하였고, 주한미군의 철수와 주둔군을 한강 이남인 평택과 오산으로 집중배치하겠다는 계획을 발표하였다. 이는 주한미군의 신속성과 유연성을 높이기 위한 것으로 주한미군의 역할이 한반도의 군사충돌이 발생하는 경우 자동개입하는 인계철선의 역할을 수행하지 않음을 의미한다.

한국 정부는 이 계획을 북핵문제 해결 이후로 연기해 줄 것과 주한미군의 감축을 향후 10년 동안 완만하게 진행해 줄 것을 요청했으나, 한미간 동맹정책구상협상(2005년 말~2006년 1월)을 통해 주한미군의 한강이남 이전과 미국의 전략적 유연성이 필요한 경우 주한미군을 분쟁지역으로 이동배치할 수 있다는 데 결국 합의했다(이 계획은 연기하기로 2014년에 합의 되었다).

이 같은 합의는 한국정부의 요청이 아닌, 미국의 세계전략의 일환으로 결정된 것이다. 한국의 안보 공백을 초래함은 물론, 한국이 원치 않는 분쟁(중국과 대만 간의 분쟁과 같은 동북아 지역분쟁)에 연루될 위험성이 커짐을 의미한다.

3) 전시작전통제권(이하, 전작권) 전환

작권 전환 논의는 노무현대통령이 2003년 언급한 이후, 2005년 한미정책구상회의에서 한국정부가 제안하면서 제안하면서 공식적으로 협의가 시작되었다. 결국, 2007년 2월 한미국방장관회담에서 2012년까지 전작권 전환에 합의하였고, 한국 내에서 논란이 불거졌다. 한국정부는 전작권 전환을 자주국방구축과 한국군의 균형적 성장, 그리고 독자적 작전수행능력 강화를 조건으로 제기하였는데, 미국정부는 주한미군의 역할 변화가 전작권 전환에 부합한다고 인식하고, 한미동맹의 군사구조를 '한국주도 - 미국지원'이라는 병렬형 공동방위체제로 전환시키기 위한 일환으로 적극 추진하면서 단기간에 합의가 되었다.

참고로, 2014년에 열린 제46차 한미연례안보회의에서 2015년 12월 환수하기로 한 전작권을 적절한 시기까지 미국이 계속 보유하기로 합의함으로써 이 합의는 폐기되었다.

3. 이명박 정부와 박근혜 정부의 정책적 선택

노무현 정부 시기의 한미동맹의 균열의 사례로 이야기되는 이슈들은 전작권 전환을 제외하면 미국의 세계전략에 따른 것이었지만, 이보다 중요한 것은 이러한 미국의 대외전략이 한국으로서는 포기의 위험과 함께, 미국의 국제적 분쟁에 한국이 연루될 위험성이 높아졌다는 점이다. 노무현 정부는 동북아지역 분쟁에 연루될 가능성을 높이는 미국의 요구를 수용함과 동시에, 이라크와 아프가니스탄에 대한 미국의 파병요청 및 한미FTA 체결까지 수용하였다. 다만, 대북정책에 대해서는 북미간 군사충돌을 유발할 수 있다고 판단하면서 수용하지 않았다.

오바마의 집권은 대북정책을 포함한 세계전략에서 변화를 보일 것이라는 기대를 높였으나, '선제 핵공격 가능성 배제와 수단에 있어서 다자주의 병행'이라는 점을 제외하면 부시정부의 정책과 근본적인 차이가 없다. 2010년 Quadrennial Defense Review Report에서 주한미군을 '전진배치'에서 '전진주둔'의 성격으로 전환함을 언급하고 있듯이, 주한미군 역할을 오바마 정부도 부시 정부와 동일하게 신속기동대응군으로 규정하고 있다(단, 2014년 한국이 미국의 무기를 대량 구매하는 조건으로 주한미군의 재배치와 전시작전권 전환을 연기하였다).

한국의 안보위협에 대한 이명박 정부와 박근혜 정부의 외교안보전략의 기조는 편승전략/한미동맹의 강화로 압축할 수 있다. 이명박 정부는 한미동맹의 비전을 '포괄적 전략동맹'으로 설정한 바 있으며, 박근혜 정부도 이를 이어가고 있다. 한미동맹의 지리적 범위를 한반도라는 제한된 범위에 한정시키지 않으며, 동맹의 성격을 중일간의 패권경쟁을 제어하는 19세기적 위협에 대처하는 기능과 함께 21세기형 새로운 포괄안보위협(테러, 대량살상무기 확산, 마약 · 불법인구이동 · 해적 행위 등)에 대해 전략적 차원에서 대처한다는 것이다. 구체적으로는, 민주주의와 시장경제 가치를 공유하는 동반자로서(가치동맹), 정치 · 경제 · 사회적 차원의 양국간 신뢰를 공고히 하며(신뢰동맹), 전략적 이익을 공유하는 가운데 지역 및 세계적 차원의 평화구축에 기여하는 동맹(평화구축동맹)이라는 성격을 갖는다.

5. 한미동맹과 외교정책에 대한 소고

1) 한미동맹의 성격

[1] 한미동맹은 방위조약이자, 비대칭적 동맹의 성격을 띤다. 즉, 자율성과 안보의 교환을 본질로 한다 ; 강대국인 미국이 한국의 안보를 제공하고, 약소국인 한국은 자율성을 포기하는 전형적인 비대칭적 동맹에 속한다. 거시적으로 보면, 미일동맹에 부속되어 있어 미국의 세계전략과 동북아 전략에 따라 한미동맹의 구체적인 모습은 달라질 수 있다.

[2] 탈냉전은 한미동맹의 성격을 변화시키는 계기로 작용하였다. 먼저 미국은 세계전략의 변화에 따라 주한미군의 위상 변화를 꾀했고, 한국은 비대칭동맹에서 비롯된 자율성 제약에 대한 불만이 대두되었다. 김대중 정부 시기부터 이러한 요구가 커지고 노무현 정부시기에 '미국의 중국패권 등장의 억제, 대량살상무기 확산 저지와 북한 붕괴로 인한 동북아 불안정에 대한 대비, 이라크 전쟁 등에 대한 파병 등'에서 볼 수 있듯이 한미동맹은 대칭적 관계로의 변화가 제한적이나마 있었다.

이명박 정부 이후에는 다시 전통적인 한미동맹 관계를 복원, 즉 '한미동맹의 강화 / 편승전략'을 선택하면서 전형적인 비대칭 동맹의 모습을 띠게 된다.

[3] 한미동맹이 안정적이라 보기는 어렵다. 동맹의 불안정성은 약소국인 한국의 상황변화와 관련된다. 권위주의 체제에서 민주주의 체제로의 레짐의 성격이 변화했으며, 사회구성원의 이념적 지향이 변화하고 있고, 국력의 상대적 증대와 같은 변화들은 현 지도자가 선임지도자가 체결한 동맹공약을 준수하지 않고 파기할 가능성이 높기 때문이다. 여기에 연루와 포기의 딜레마와 안보위협에 직면하는 경우 한미동맹의 성격을 변화시켜야 한다는 요구도 커질 수밖에 없다.

2) 한미동맹과 '연루 / 포기'의 딜레마

냉전기 한미동맹은 비대칭적 동맹으로서 한국으로서는 논리적으로는 포기의 위험을 안게 된다. 반면, 연루 위험보다 방어의 혜택이 큰 형태의 동맹이었다.

한미동맹이 유발하는 포기와 연루의 위험에 노출되었을 때, 유신체제와 김대중 정부, 노무현 정부시기를 제외하면 비대칭적 동맹체제에서 약소국이 보여주었던 모습을 확인할 수 있다. 물론, 냉전시기에는 미국의 군사력에 편승함으로써 체제안정과 급격한 경제성장을 달성할 수 있었다. 한국전쟁 이후 북한에 주둔했던 중국군이 철수함으로써 휴전선을 자체 군사력을 방어해야 했던 북한이 점차 증가하는 국방비 부담으로 체제경쟁에서 뒤쳐질 수밖에 없었던 사실에 비추어 보면 이러한 전략적 선택은 적합했다고 평가된다.

그러나 탈냉전기 한미동맹의 성격은 변화하게 된다. 탈냉전이라는 환경변화와 한국의 국력이 신장되면서 한미동맹 관계를 새롭게 재구성할 필요성이 제기되었고, 미국이 재균형 정책을 추진하면서 한국의 새로운 선택에 직면하게 되었다.

재균형 정책에서 한국의 역할이란 미군을 주요 이해지역의 위협에 신속히 대응하는 신속기동군으로 만드는 것에 한국이 협력하는 것을 의미한다. 이를 위해 한국방위 임무를 상당 부분 한국에 넘기는 동시에 한국군이 미군을 지원하는 새로운 한미동맹이 필요한 것이다. 즉, 한미동맹이 미국 중심의 단극체제 질서 관리에 필요한 개입형 동맹으로의 변화를 의미한다. 미국이 신속성을 요구하는 세계 안보 질서 관리 체계의 정점에 서고 한국이 동아시아 지역 하위 분업 체계로 편입되는 그런 형태의 동맹이 된다는 것이다. 따라서 한국 방위의 한국화와 한미동맹을 유지하자는 협력적 자주국방의 귀결은 연루 가능성이 높은 형태로의 변화를 의미한다.

이러한 연루로 인하여 생기는 정치·군사 및 경제적 코스트는 매우 클 것이다. 따라서 한미동맹을 한국 이해지역의 안정을 위하여 적극적으로 활용할 것인지, 아니면 연루의 위험을 필요에 따라 사전에 차단할 수 있는 제도적 장치를 만들 것인지에 대한 판단이 요구되는 시점에 있다고 하겠다(이근, 2004).

주지하듯이, 비대칭 동맹에서 한국의 군사력과 정치력은 미국에게 사실상 도움이 되지 않으며, 미국으로서는 자국이 구상하는 세계질서와 동아시아 질서를 관리하기 위한 통제 수단으로 기능하는 정도라 할 수 있다. 박정희 정권과 노무현 정권에서도 미국을 상대로 한 협상에서 자율성의 정도와 정책적 선택의 폭이 제한적일 수밖에 없었다.

냉전이 종식된 이후 미국의 세계전략과 한국의 안보전략이 일치하지 않을 수 있다는 것은 앞에서 보았다. 이는 비확산과 긴장완화·전쟁억지가 상호 충돌할 수도 있음을 말한다. 따라서 한미동맹의 성격을 어떻게 규정하고 어떠한 전략적 선택을 할 것인지는 미국과의 협상을 통해 무엇을 얻을 수 있는지가 아니라, 한국의 안보에 대한 위협요인이 무엇인지에 초점을 맞추어야 한다.

3) 북한 문제와 중국 요인

미국의 '**재균형 정책**'은 한국으로서는 **포기의 위험으로부터 탈피할 수 있는 조건**으로 이해될 수 있다. PSI와 MD정책은 대북억지력을 강화한다는 의미를 갖기 때문이다. 그러나 **미국과 중국의 군사적 충돌에 연루될 위험**을 내포한다. 즉, 포기와 연루의 딜레마 상황에 처함을 의미한다. 단기적으로 본다면 어떠한 위협이 더 큰지에 따라 결정하면 되겠지만, 편승을 통해 한미동맹을 강화하는 현재의 전략적 선택이 장기적 시계에서 보면 자율성 약화로 이어지고 미국과 중국의 패권이 충돌하는 시기에 한국의 선택폭을 제약하는 결과를 가져올 수 있음을 감안해야 한다. 반면, 위협균형론적 관점에서 한미동맹을 강화해야 한다는 입장에서는 미국과 중국이 충돌하는 상황에서는 미국과 중국 중에 어느 국가가 한국의 안보에 위협요인인가에 대해서는 지리적 인접성이 높은 중국을 상정한다. 또한, 북한의 급변사태가 발생하는 경우 중국이 북한에 군대를 투입할 것이며, 동북공정과 패권지향적 성향을 놓고 볼 때 중국이 한국의 안보를 위협하는 가장 큰 요인으로 본다. 그러나 이러한 진단은 연루의 위험을 과소평가하고 있다는 것이다.

북한의 위협에 대해 **미국의 군사력에 일방적으로 의존**하는 듯한 모습을 보였던 이전 정부의 정책적 선택은 동북아시아의 긴장을 높이는 방향으로 진행되었다(예컨대, 중국과 전략적 협력/동반자 관계를 증진시키면서 추진한 제주 해군기지 건설과 THAAD 배치에 대한 중국의 반발을 생각해 볼 것). 또한, 미국의 재균형 정책과 함께 추진되고 있는 **일본의 집단적 자위권**이 동아시아의 신냉전 질서를 만들어 내고 있다는 평가에도 불구하고 한미일 삼각 안보협력을 강화하는 것은 연루의 딜레마를 증폭시킬 수 있다.

반면, 미국의 '본토 회귀(Pivot to Continent)/신고립주의' 경향은 한미동맹에 일방적으로 의존하는 한국으로서는 **포기의 위험**을 유발할 수 있다. 한국 내 보수진영에서는 자주국방보다는 미국의 안보우산을 중시하지만, 크림반도 사건(우크라이나 병합)를 보면 미국의 안보공약을 지나치게 신뢰하고 있는 것은 아닌지 반문할 필요가 있다.

결국, 재균형 정책과 한미동맹의 딜레마(연루 및 포기의 위험)를 회피할 수 있는 조건을 한국이 형성할 수 있는가가 중요하다. 약소국인 한국으로서 최선의 시나리오는 **한미동맹을 유지하되** 자주국방을 전제로 동아시아 안보를 위한 다자질서를 형성하는 것이다. 비대칭동맹에서 제기되는 자율성을 중심으로 본다면, 한미동맹과 자율성의 균형을 모색하는 것이다.

4) 비대칭 동맹과 자율성 게임(?)

단기적으로는 한미동맹을 기조로 하여, 안보동맹의 딜레마를 회피하기 위해 동아시아 안보를 위한 다자질서를 형성해 나가는 것이 한국으로서는 최선의 시나리오임을 이야기했다. 이는 동아시아 질서의 재편, 미국의 재균형 정책과 한계, 일본의 집단적 자위권의 추진이 유발하는 딜레마, 북한의 급변사태 방지의 필요 등을 고려한 것이다.

이러한 정책적 선택이 한미동맹체제에서 가능한지에 대해서 비현실적이라는 평가도 가능하다. 그러나 북핵 위기에 대한 6자 회담 과정을 보면, 한국이 일정 정도 자율성을 가지고 상당 부분 원하는 부분을 관철시켰던 선례를 살펴볼 필요가 있다. 재균형을 위한 정책을 추진할 능력이 제한된 미국이 다자주의를 병행하고 있다는 점에서 한국으로서도 다자주의적 수단을 활용할 수 있는 여지가 있다. 6자 회담은 미국으로서도 대북 압력과 제재를 위한 명분과 자원을 제공하는 채널이 될 수 있으며, 문제해결 위한 비용을 분담시킬 수 있고, 북핵문제 해결을 위한 가장 현실적인 합의를 이끌어 냈던 선례 등을 볼 때 6자 회담을 무산시킬 유인은 크지 않다.

두 번째로, 냉전기에 분단된 한반도는 구소련과의 균형을 위한 완충지대로서 가치가 있었다. 탈냉전기에 한반도는 이러한 의미를 상실했고, 이와 함께 한미 간의 갈등이 발생하기도 했다. 북핵문제가 대두되고 중국의 급부상이 문제되는 현 상황에서, 베이징에 가장 근접한 한국이 미국의 군사기지와 동아시아 MD체제의 한 부분으로 설정되는 경우에는 완충판이 아닌 두 패권이 충돌되는 지점이 된다. 따라서 한반도와 한국이 미국의 안보와 이익에서 갖는 의미를 재구성할 필요가 있는 것이다. 즉 북한의 안정과 남북관계의 개선, 그리고 한반도 평화체제 구축은 중국과의 균형을 위한 완충지대로서의 의미를 가질 수 있을 것이다.

> 한미동맹을 둘러싸고 진행되어온 국내 논의의 대부분은 자율성을 중심으로 한 것이었다. 예를 들면, 최근 한국의 안보와 관련하여 가장 중요한 쟁점은 중국의 부상으로 인해 미중 간 전략적 경쟁이 격화되어가는 상황에서 한미동맹의 한국이 어느 정도까지 자율성을 행사하거나 양보하느냐는 것이었다.
>
> 이러한 쟁점에 대한 방안으로 ① 연루위험을 회피하기 위해 한국이 미국의 세계 전략의 도구가 되지 않아야 한다는 점을 들어 균형외교와 다자안보협력 활성화를 제안하는 견해, ② 미일 동맹 체제나 미·캐나다 동맹 체제와 같이 느슨한 형태로 발전시켜야 한다는 견해, ③ 미중 간의 전략적 경쟁에서 위험을 감소시키고자 하는 한국 전략은 한계가 있을 수밖에 없고, 자주노선이나 한중관계 개선의 어느 것도 한미동맹의 대안이 될 수 없다는 점을 들어 한미동맹 강화를 주장하는 견해 등이 있다.

제 2 절 분단체제와 북한 문제

Ⅰ. 북한 문제의 성격변화

1. 북한문제와 위기의 대두

1990년대 들어 한반도의 위기는 영변 · 금창리 · 대포동이라는 일련의 세 개의 사건에서 비롯되었다. 영변위기(핵시설)는 1994년 제네바 기본합의로, 금창리 위기는 1999년 3월 뉴욕합의로, 대포동 미사일 발사로 촉발된 위기는 1999년 9월 베를린 합의로 봉합되었다. 2002년의 제2차 북핵위기는 6자회담이라는 다자주의적 틀에서 해법이 모색되었으나, 남한과 북한의 대립(2008년 서해교전과 2010년 천안함 사건)과 2009년의 제3차 북핵위기는 해결을 위한 어떠한 장치도 없는 치킨게임의 양상으로 치달았고, 핵무장을 완성하였다.

2. 북한문제의 성격변화

북한 문제는 냉전 해체로 그 성격이 변화했다.

냉전시대 한반도 문제는 국제문제였다. 미국과 소련의 지구적 경쟁, 남북한의 상호작용, 그리고 남북한의 국내요인(권위주의 체제와 전체주의 체제 유지의 차원)들이 복합적으로 작용했다(하영선 2000, 164). 남북관계는 적대적 상호의존 혹은 공생적 상호의존관계의 지속이었다(박명림 2000, 260). 즉, 남한의 권위주의와 북한의 전체주의 체제를 유지하는 데 분단구조가 이용되어 온 것이다. 통일 문제 또한 남북한 모두 자신의 체제연장선상에서 다루어져 왔다.

냉전 해체를 전후로 남북관계의 국제적 요인의 중요성이 상대적으로 감소했고, 남한의 북방정책, 남북기본합의서의 채택, 남북정상회담 합의(1994)와 남북정상회담(2000.6.15.)으로 한반도 문제의 국내문제화가 진행되었다. 그러나 북핵 위기 이후 한국의 외교적 선택은 미국의 세계와 동북아 전략의 틀이라는 제약을 받을 수밖에 없게 되었다.

Ⅱ. 북한의 체제위기와 예상시나리오

1. 북한의 체제위기

북한의 상황을 경제적 차원에서 볼 때, 1970년대를 정체기로, 1980년대를 침체기로, 다시 고난의 시기(대기근)라 불리는 1990년대는 체제 위기 상황으로 이야기 할 수 있다. 2010년대 들어서는 경제가 일정정도 회복되었으나, 지속되는 대북제재로 중국에 대한 의존도가 심화되었다.

1) 정치체제의 위기

세계화라는 변화된 외적 환경과 주체사상 혹은 고립주의 간의 부조응성이 체제의 제약요소로 작용하였다. 특히, 탈냉전으로 전통적 동맹의 상실과 국제적 고립은 위기를 심화시키는 요인으로 작용해 왔다. 내부적으로는 북한 지도부의 부패가 체제 정당성을 약화시키는 요인으로 지적된다.

북한의 정치체제의 취약성을 강조하는 관점에서는 경제적 붕괴보다 정치적 붕괴가 먼저 일어날 수 있다고 한다. 그러나 정치적 안정성에 대한 평가는 정치체제에 따라 달리 보아야 한다는 지적이 있다. 즉, 민주주의 정치체제에서의 안정성의 기준(예컨대, 립셋의 정당성과 효율성을 기준으로 하는 평가)을 공산주의 정권의 안정성에 바로 적용할 수 없으며, 최근의 북한체제가 급격한 붕괴로 이어질 것이라는 전망은 비현실적이라는 것이다.

2) 경제체제 및 사회체제의 위기

1990년 이래 2010년대 초까지 GDP기준으로 연평균 -5% 성장률을 보이고 있고 무역은 -55% 감소되었다. 이는 북한의 국가 산업 하부구조가 붕괴되고 있음을 시사한다. 국가산업 하부구조의 붕괴와 더불어 농업정책의 실패, 자연재해로 인한 기아가 체제 위기를 가중시키고 있다.

사회체제와 관련해서는 대내외 정보 미비, 기아, 심리적 고갈, 통제와 감시, 리더십 · 아이덴티티 등이 문제된다.

3) 2010년대 북한

김정은 체제 이후 북한 경제는 안정을 찾아가고 있다. 한국은행에 따르면 2016년 북한의 경제성장률은 3.9%로 2001년 이후 최고치를 보였다(2015년에는 -1.1%였다).[133] 북한 핵에 대한 대북제재가 효과가 없다는 평가가 나오는 이유이기도 하다. 다만, 북한 경제의 중국에 대한 의존성은 제재로 인해서 심화되고 있다.

그러나 북한 경제는 사실상 중국에 종속된 상태라고 해도 과언이 아니다. 김정은 체제가 출범한 뒤 가속화한 것으로 나타났다. 2016년 북한의 대(對)중국 대외무역 의존도는 역대 최고 수준인 92.5%를 기록했다. 미국이 주도하는 국제사회의 제재가 북한경제의 대중국 종속성을 심화시키는 요인으로 작동하고 있는 것이다.

> 2017년 국정감사 당시 대한무역투자진흥공사(KOTRA)가 국회에 제출한 자료를 분석한 결과, 북한 경제의 중국 의존도는 2007년 67.1%에서 2016년 92.5%로 급증했다. 일반적으로 대외무역 의존도가 30% 수준이면 의존형, 60% 이상이면 종속으로 구분한다. 특히 석유 · 원자재 분야에서 중국에 대한 북한의 의존도는 절대적이다. (중략) ...
>
> 중국과의 거래는 단순 교역에 그치지 않았다. 김정은 체제 이후 투자협력 형태로 이뤄지고 있다. 중국은 광산과 항만 개발은 물론 산업난시, 도로 등 북한 천연자원과 사회간접시설 전반에 투자해 왔다. 외국 기업이 북한과 체결한 투자계약은 총 38건으로, 이 중 33건이 중국 기업이다. 덕분에 북한이 해외로 수출하는 광물의 99%는 중국으로 유입되고 있다. 사실상 중국의 독점 상태인 셈이다(시사저널, 2018. 5. 11).

2. 북한의 향후 예상 시나리오

1) 개혁(Reform)

북한의 개혁정책 방향을 보면 두 가지 상반된 경향을 볼 수 있다. 형태를 유지하고 있음을 알 수 있다. 우선 2002년에 개정된 헌법이다. 이 수정헌법의 주요 골자는 ① 소유권확대와 개인 소유 범위 확장, ② 경영활동의 채산성과 경제적 측면의 강조, ③ 대외무역 주체 · 영역 확장 추가

133) 2016년 기준 북한의 1인당 GNI는 146만 원, 남한의 1인당 GNI는 3천198만원(북한의 21.9배)였다.

등이다. 이는 과거에 비해 실리적이고 현실적인 타협정책을 추진하겠다고 대내외적으로 천명한 것으로 개혁 · 개방을 위한 법적 기반을 마련한 것이라 할 수 있다.

하지만 실제로는 ① 중공업 우선의 경제구조 유지와 ② 자본주의 시장경제로 편입 거부로 나타났다. 이는 북한은 군부 경제가 차지하는 비중이 크기 때문이다. 또한, 개혁의 결과는 군부를 포함한 2차 민간 경제를 키웠고 엘리트 경제가 큰 비중을 차지하도록 만들었다. 북한이 개혁을 시작하기에는 너무 늦었으며, 미온적이고 주변적 개혁에 그칠 것으로 보는 시각은 이를 반영한 것이다.

2) 조기붕괴론(Colapse ; Decay ; Erode)

산업하부구조 붕괴와 기아라는 경제적 측면과, 부패 · 지도력 약화 · 동맹상실 · 전쟁수행물자부족 등과 같은 정치적 측면을 들어 북한의 급격한 붕괴를 예측하는 시각이 존재한다.

정치체제의 붕괴는 내부요인(시민폭동이나 군사반란)과 외부요인으로 발생하는데, 단순한 정치체제의 분열과 불안정성과는 구별된다. 이런 맥락에서 북한의 경우 내부의 지배집단 간의 권력게임에 의한 갈등과 분열에도 불구하고, 내부 붕괴(impolsion)보다 우발적인 도발이라는 외폭(expolsion) 가능성이 높다는 시각도 존재한다.

북한 체제의 급격한 붕괴는 난민문제로 인한 중국 국경선의 불안정성과 중국과 미국의 군사적 개입을 유발한다는 점에서 동북아 질서와 한국의 안보에 직접적인 위협이 된다는 점이 중요하게 고려되어야 한다.

3) 현상유지(Stability ; Muddling Through)

N. Eberstadt는 Muddling Through를 통한 생존체제 형성을 예상한다. 북한이 강한 통제사회로 책임전가가 가능한 체제이며, 주민들의 충성심이 유지되고 있고, 주민들이 이미 곤궁에 익숙해졌다는 점 등을 그 이유로 들고 있다. N.Eberstadt는 완고한 결정론에 입각한 '밀고 나가기(barreling through)'는 잘못된 정책에 기반 했을 때, '그럭저럭 헤쳐 나가는 것(muddling through)'에 비해 일찍 재난을 맞을 가능성이 크다고 한다(오공단 외 1999, 27).

참고로, R.Manning은 북한과 같이 폐쇄적이고 전체적인 체계 내에서는 대중의 고통지수(misery index)와 정치적 안정간의 정확한 상호 연관관계를 계측하는 것은 매우 어렵다는 점을 지적하고 있다.

3. 체제 위기에 대한 북한의 대응

1) 김정일 체제

가. 체제위기에 대한 북한의 사상적 대응

동구사회주의권 붕괴 이후 대내외적 어려움을 겪어왔던 북한은 체제붕괴를 방지하기 위해 대내적으로 체제결속을 위한 사상사업의 강화에 역점을 두어 왔다. 특히 체제위기는 외부의 사상투입으로부터 온다고 믿으며 이를 방지하기 위해 '모기장'을 쳐야한다는 식으로 체제위기에 사상적으로 대처하고 있다. 북한은 '우리식 사회주의', '붉은기 사상', '강성대국론' 등을 연이어 제시하였으며, 이밖에도 '천리마운동', '한식솔'론, '사회주의 총진군', '강계의 혁명정신' 등 다양한 주민동원 구호를 통해 김일성 사망과 자연재해 등으로 악화된 경제난 극복에 주민을 독려하며 체제결속을 다지고자 하였다.

붉은기 사상이 고난의 행군시기 체제 위기를 극복하기 위한 수세적인 구호였다면 강성대국은 보다 적극적이고 공세적인 구호라고 할 수 있다. 즉 '강성대국'은 고난의 행군을 이겨낸 북한이 체제안정을 대내외에 과시하고 새로운 희망과 비전을 제시하고자 하는 것이었다.

강성대국은 "국력이 강하고 모든 것이 흥하며 인민들이 세상에 부럼없이 사는 나라"이다. 진정한 강성대국은 민중을 주인으로 내세우고 민중을 위한 것으로 사상 · 정치 · 군사 · 경제 · 문화 등 모든 분야에서의 강국이다. 강성대국의 건설방식은 "사상의 강국을 만드는 것부터 시작하여 군대를 혁명의 기둥으로 튼튼히 세우고 그 위력으로 경제건설의 눈부신 비약을 일으키는 것이다." 북한은 우리식 사회주의의 고수와 선군정치를 통해 사상 · 정치 · 군사의 강국을 이루었으며, 이를 바탕으로 강성대국 건설의 가장 중요한 과업인 경제강국을 조만간 달성할 것이라고 주장하고 있다.

나. 주체사상의 주요 내용과 기능 및 그 변화

북한의 통치이념은 주체사상이며 김일성주의이다. 주체사상은 북한 정치체제의 규범적 구성원리이며 북한의 지도이념이다.

주체사상은 소위 '사상에서의 주체', '경제에서의 자립', '정치에서의 자주', '국방에서의 자위' 등 자주성의 개념에서 출발했다. 이러한 주체개념은 80년대 초 김정일에 의해 사람 중심의 논리가 부각되었고, 전후 자본주의 국가들에서는 사회계급의 구성에 변화가 발생하여 마르크스가 예견한 바와 같은 계급혁명을 기대하기 힘들게 되었다는 점에 대한 인식 하에 당사업의 개선강화를 통한 혁명의 주체를 강화시킴으로써 사회주의제도의 우월성을 발양시키자고 주장하였다. 이후 사회주의권의 붕괴를 보면서 '우리식 사회주의'를 주장하게 된다. 우리식 사회주의는 북한사회가 직면한 내부모순과 외부압력 속에서 체제를 수호하기 위한 대안적 논리라고 할 수 있다.

다. 강성대국

강성대국은 1998년 내세운 북한의 국가전략목표의 하나로 경제회생에 대한 강한 의지이자, 최고인민회의 제10기 1차회의에서 국방위원장 재추대로 마무리되는 김정일의 공식승계에 맞춰 경제적 부국과 군사적 강국 건설을 지향하면서 이를 표현하기 위해 동원된 개념이다.

강성대국 건설을 위한 경제정책의 성격은 한마디로 '보수적 실용주의'로 규정할 수 있다. 강성대국 건설을 위해 북한은 제2의 천리마대진군 운동을 전개하고 있으며 강성대국론은 현재 사회 전반으로 확산돼 정치의 강국, 군사의 강국, 경제의 강국 건설논리로 구체화되고 있다.

강성대국이 발표된 98년 8월, 광명성 1호의 발사와 함께 국제사회에서 미사일 문제가 대두된다. 이 과정에서 북한은 북미직접협상을 통해 대량파괴무기와 체제보장(주한미군 철수 포함)을 교환하려는 전략을 추구했다. 북한의 이러한 장거리 탄도미사일 개발, 잠수정 사건 등 군사위협을 바탕으로 한 벼랑끝 전략(brinkmanship)은 현상유지에 대한 일정한 자신감을 바탕으로 하고 있으며, 이러한 전략은 식량원조를 매개로 북미관계를 개선하는 반면 남북관계를 악화시켰다.

2) 김정은 체제의 대내외 정책

가. 병진노선

김정은 체제는 대내외정책의 기조로 경제건설과 핵무력건설을 병행하는 '병진노선'을 추진해 왔다. '병진노선'은 내부의 생존위협에는 경제건설로 대응하고 외부의 생존위협에는 핵무력으로 대응하겠다는 것을 주요 골자로 한다(엄상윤, 2014). 대외정책에서는 최근 중국일변도 외교에서 벗어나 외교 대상을 다변화하고 있다.

북한은 경제파탄, 국제적 고립 등으로 자력갱생이 곤란한 상황에 있으며, 경제건설의 성공을 위해서는 외부의 경제지원이 불가피하다. 그러나 핵무력건설은 외부의 경제지원을 가로막는 최대의 걸림돌로 작용하고 있다는 점에서 경제건설과 핵무력건설은 상호모순적일 수밖에 없다. 이 문제를 중국의 경제지원을 통해 활로를 모색해 왔다고 볼 수 있다.

그러나 제3차 북핵 위기 이후 중국은 국제사회의 대북제재에 동참해왔으며, 친중세력인 장성택 처형 이후 대북 원유공급 장기 중단, 대북 경제지원 및 경제협력 축소, 북한의 핵포기압력 강화, 한중관계 강화 등을 통해 한반도에 대한 정책적 변화를 보여 왔다. 대외경제의 90% 이상을 중국에 의존하고 있는 북한으로서는 이러한 중국의 정책변화는 병진노선을 유지하는 것이 어려울 수 있음을 뜻한다. 최근 북한이 북러 협력과 북일관계 개선, 그리고 제3세계 국가들과의 외교관계를 강화하는 것은 이러한 맥락에서 이해될 수 있다. 또한 중국과의 비대칭적 동맹관계에서 발생하는 딜레마와 자율성의 제약에 대한 대응이라는 측면도 있다.

나. 병진노선의 수정(?)

남-북, 북-미 정상회담을 앞둔 상황(2018. 4. 20)에서 북한 노동당은 중앙위원회 제7기 제3차 전원회의에서 "사회주의 경제건설을 위한 유리한 국제적 환경을 마련하며 조선반도와 세계의 평화와 안정을 수호하기 위해 주변국들과 국제사회와의 긴밀한 연계와 대화를 적극화해 나갈 것"이라고 명시된 결정서를 채택했다. 또 '혁명발전의 새로운 높은 단계의 요구에 맞게 **사회주의 경제건설에 총력을 집중할데 대하여**'라는 이름의 결정서를 채택하고 이를 통해 "당과 국가의 전반사업을 사회주의 경제건설에 지향시키고 모든 힘을 총집중할 것"이라고도 했다. 결정서의 내용을 보면 경제 · 핵 병진노선 대신 경제건설이라는 새로운 전략적 노선을 선택한 것으로 해석된다.[134]

다. 베트남식 개혁(?)

2018년 제3차 남북정상회담 중 문재인-김정은의 도보다리 산책과 벤치 대담에서 김정은은 베트남식 개혁모델을 추진할 뜻이 있음을 전달했다고 한다. 사실 경제 규모나 국제사회에서의 지위 등을 감안할 때 북한의 개혁모델로 중국보다는 베트남이 보다 적합하다고 평가되어 왔다. 여기에 북한 경제의 대중국 의존도는 계속 높아지는 상황, 그리고 미국이 주도하는 대북제재에 중국이 적극 동참했다는 점도 영향을 미쳤다는 평가도 존재한다.[135]

134) 하영선 교수는 이러한 변화를 '신전략노선'이라 평가하였다(하영선 칼럼, 동아시아연구원 2018. 4.23)

135) 이 때문에 북한의 베트남식 개혁은 중국과의 긴장을 높일 수 있다는 전망이 지배적이다. 그런데 2000년대 초부터 김정은은 베트남식 개혁을 선호했고, 베트남 모델의 장단점과 여건을 분석해 왔다고 알려 졌다. 참고

베트남은 공산주의 체제를 유지하면서도 ‘도이머이’를 통해 연평균 7%이상의 경제성장을 보이고 있다. 중국과 비교한다면 베트남은 자본에 대한 통제를 완화시켜 해외 자본의 투자를 유치해 경제를 성장시키는 전략을 택하고 있다. 이를 위해서는 미국과의 관계 개선이 필수적이다. 최근 북한이 남북관계와 북미관계를 개선하는 목적이 고도경제성장에 있다고 평가하는 것도 이 때문이다. 나아가 중국에 대한 경제의존도를 낮출 수 있다는 장점도 있다.

라. 베트남식 개혁모델과 병진노선

만약 북한이 핵을 포기하는 대신 베트남식 개혁모델을 추구한다면, 소위 핵 무력을 기반으로 경제발전을 꾀한다는 병진노선은 사실상 폐기함을 뜻한다.

병진노선은 핵무장 동기에 대한 설명에서 보았던 것처럼 핵은 빈자가 억지력을 확보하기 위해 선택할 수 있는 가장 경제적 무기라는 가정에서 출발한다 ; 핵은 파괴량 대비 비용에서 월등한 우위를 갖는 수단이라는 경제논리에서 출발한다. 그러나 핵무장을 위한 관리비용과 부대비용까지 포함한다면 핵은 결코 싼 무기가 아니며, 국제사회의 제재를 고려한다면 비효율적인 무기체제이다. 따라서 남한과의 군비경쟁을 해야 하는 상황에서 핵무장을 통해 군사비를 절약하고 경제발전을 위한 재원을 마련한다는 병진노선은 실패할 수밖에 없는 전략인 것이다.

다만, 제3세계 국가들의 핵폐기 사례에서 보듯이 실제 핵개발 도중에 있는 상태에서 협상력과, 핵은 물론 ICBM까지 보유한 상태에서의 협상력은 근본적인 차이가 있을 수밖에 없다는 점에서 보면, 병진노선 자체가 실패했다고 단정하는 것은 성급한 결론일 수 있다. 핵무장을 통해 다음 단계로 나아가기 위한 수단일 수 있기 때문이다. 즉, 남북과 북미 협상을 통해 핵실험과 미사일 발사를 전면 중단하고(Moratorium), 핵폐기를 수용하겠다는 북한의 정책적 변화는 (최소한) 병진노선의 수정을 뜻한다고 볼 수 있다.

로, 최근 암살된 김정남은 중국식 개혁을 선호한 것으로 알려졌다.

Ⅲ. 북핵 문제와 정책적 대응

1. 북핵 위기의 전개

1) 제1차 북핵 위기

1989년 미국 정찰위성이 북한 영변의 플루토늄 재처리 시설을 확인하고, 1993년 2월에 IAEA가 공식적으로 북핵시설에 대한 의혹을 제기하였다. 북한은 1993년 3월 NPT탈퇴를 선언하였고, 미국은 영변핵시설을 폭격할 계획을 세우면서 북미 간 군사적 충돌 위기가 고조되었다. 카터 전대통령이 개인자격으로 방북해 협상을 이끌어 냈고, 1994년 10월 21일 북미간 제네바 기본합의서가 극적으로 타결되었다.

제네바 합의(북한과 미국간 핵무기 개발에 관한 특별계약, Agreed Framework between the United States of America and the Democratic People's Republic of Korea)는 1994년 10월 21일 북미간 체결된 외교적 합의(비공개 양해문서)로 북한의 핵개발 포기, 북미수교, 대북 에너지 공급을 주 내용으로 한다. 합의 이후, 북한은 NPT에 복귀하고 핵시설을 동결하는 대신 미국으로부터 매년 중유 50만t을 공급받았다. 또한, 한 · 미 · 일이 참여한 한반도에너지개발기구(KEDO)를 설립하였다.

그러나 2002년 북한이 원심분리 방식의 핵무기 개발사실을 시인하면서 2차 핵위기가 발생하면서 경수로건설은 중단되고 미국의 중유지원도 중단되었다. 2003년 북한은 NPT를 탈퇴하면서 결국 제네바 합의는 파기되었다.

2) 제2차 북핵 위기

부시 정부는 클린턴이 합의한 제네바 협정의 이행에 소극적인 태도를 유지하면서 부시독트린이 발표한 이후, 북한은 핵무기 개발에 다시 착수하였다. 미국이 북한의 핵개발에 문제를 제기하자 2002년 북한은 원심분리 방식의 핵무기 개발사실을 시인하고, 핵시설 동결해제와 원자로 가동을 선언한 후 2003년 NPT를 탈퇴하였다. 북한의 핵개발 시인으로 촉발된 2차 북핵 위기는 6자회담과 9.19 합의 등 다자주의적 해결을 통해 일단락된다.

6자 회담은 2003년 8월 27일 중국이 6자회담을 제안하면서 구성된 북핵문제를 해결하기 위한 다자주의적 접근이다. 제4차 6자회담에서는 **9.19합의**(베이징 공동성명)가 이루어졌는데, 이 합의는 한반도 비핵화를 위한 북한의 핵폐기와 대북 안전보장, 북미 / 북일 관계 개선 및 대북 경제협력 등을 포함하고 있다. 그러나 합의 당일 저녁 종결발언에서 힐 차관보는 마지막까지 쟁점이었던 북한의 경수로 건설 시기에 대해 NPT(핵무기비확산조약) 복귀와 IAEA(국제원자력기구) 사찰 수용으로 국제사회에 투명성을 확인받고 핵포기가 완료된 후에나 가능하다는 입장을 밝혔고, 이에 북한은 그 다음날 외무성 대변인 성명을 통해 '경수로를 먼저 제공해줘야' 핵포기가 가능하다는 강경입장을 표명하는 등 출발부터 잡음이 발생했다. 나아가, 미국 재무부가 마카오에 있는 방코델타 아시아(BDA) 은행을 '자금세탁우려'기관으로 지정하면서 시작된 이른바 '대북 금융제재'로 북미간의 대결이 경색되었다. 이러한 상황에서 북한이 대포동2호를 시험발사하고(2006.7.) 풍계리 핵실험에서 1차 핵실험을 강행(2006.10)하는 극단적인 대립으로 이어졌다.

이러한 일련의 대립은 2007년 2월 13일 6자회담이 진행되어 '2.13합의'로 일단락된다. 2.13합의의 주 내용은 북한의 핵시설 폐쇄와 불능화, 핵사찰 수용, 중유지원 100만톤 상당의 경제적 지원 등이다.

3) 제3차 북핵위기

북한은 2009년 4월 5일 운반로케트 은하2호로 인공지구위성인 광명성 2호를 궤도에 진입시키는 데 성공했다고 발표하였다. 이에 유엔안전보장이사회는 4월 14일 안보리결의 1718호 대북제재 이행을 강화하였다. 북한은 다시 5월 25일 2차 핵실험을 발표하였고, 유엔안전보장이사회는 1874호 결의를 통해 더욱 강한 대북 제재조치를 발표하게 된다. 북한은 유엔안보리 결의 1874호를 비판하면서, 추출되는 플루토늄 전량을 무기화하며, 우라늄 농축작업에 착수하겠다고 선언하였고, 6자회담 불참 및 기존의 합의(2.13합의 및 10.3합의) 부정, 경수로발전소 자체 건설, 핵 억제력 강화를 천명하였다. 한국은 이에 대해 미국의 PSI(대량살상무기 확산 방지구상) 전면 참여를 발표하였다. 이러한 일련의 사건을 제3차 북핵위기라 한다.

제3차 북핵위기는 남북한 관계의 경색 미국의 정책변화 부재라는 2008년 남북, 북미 관계의 연장선에서 살펴볼 필요가 있다. ① 2007년 12월 이명박 후보의 대통령 당선 이후, 북한은 김영남 최고인민위원회 상임위원장의 대통령 취임식 참석을 타진하고 신정부에 대한 비판을 자제하는 등 신중한 태도를 보였으나, 김태영 합참의장이 선제타격론을 제시하는 등 한국정부의 자극적 정책과 발언이 잇따르자 통미경남(通美更南)정책을 취하였고, 7월에 금강산 여행객 살해사건과 함께 남북관계는 급격하게 경색된다. ② 6자회담의 합의내용을 이행하던 북한은 미국이 북한을 테러지원국에서 해제할 것이라는 약속을 이행하지 않자, 8월 14일부터 핵시설의 불능화를 중단하면서 북미관계도 경색되기 시작한다. ③ 때마침 김정일 건강악화설이 나오면서 북한의 조기붕괴론과 작계격상론 등이 한국 정부에서 논의되면서 북한은 핵 무장을 본격적으로 추진하기 시작한 것이다.

1,2차 북핵위기가 북한의 핵개발 의혹과 관련된 것으로 미국에 의해 주도되었다면, 3차 북핵위기는 북한이 핵실험을 통해 핵보유단계로 넘어간 상황에서, 오바마 정부의 대북정책 결정이 유보된 상황에서 미국의 대응을 끌어내려는 북한의 도발로 조성되었다. 또한 앞선 핵위기와 달리 미국은 북핵을 관리하기 위한 조치를 취하지 않다는 섬에서도 차이가 있다. 한국 정부 또한 3차 북핵위기를 북한의 권력승계 과정에서 내부 체제강화를 위한 내부 관리용으로 판단하고 어떠한 대안적 틀도 제시하지 않았다.

4) 제4차 북핵위기

제4차 북핵위기는 2015년 12월 8일 미국 재무부가 대북 추가 제재조치를 제기하자 이틀 뒤 김정은이 수소폭탄에 대해 언급하면서 남북 차관급회담이 결렬되고, 2016년 1월 6일 수소폭탄 실험이 성공적으로 진행되었다고 북한이 발표[136]하면서 발생한 사건을 말한다.

136) 기술적으로 볼 때 핵무기는 ① 핵분열탄, ② 소량의 핵융합 물질이 배합된 핵분열탄, ③ 더 많은 핵융합 물질이 배합된 원시적 형태의 수소탄, ④ 현대적인 본격 2단계 열핵폭탄(수소탄)으로 분류된다. 북한의 수소탄이 핵강국의 기준인 ④에는 못 미치지만, ②③의 수준까지는 도달했다고 평가된다. 그리고 3차 핵실험보다 위

북한의 제4차 핵실험은 한·미 양국이 2013년 북한의 '핵위협' 이후 소위 '맞춤형 억제전략(Tailored Deterrence Strategy)'을 채택한 것에 대한 공세적 대응과 '핵보유국 지위의 기정사실화(fait accompli)'를 목적으로 추진된 것으로 평가된다.137) 그리고 2016년의 수소탄 실험은 핵무기의 소형화·경량화에 거의 성공했고, 이후의 실험은 미사일 탄두의 대기권 재진입(ISBM) 및 유도 기술의 고도화를 위한 미사일 발사를 중심으로 바뀌게 된다.

제4차 북핵 실험은 북한의 과거 핵실험 및 미사일 발사에 대한 국제사회의 강도 높은 제재에도 불구하고 재차 도발을 감행한 것으로 제재의 실효성에 대한 근본적인 회의를 불러일으켰다. 또한 2016년까지 미국은 북한에 대해 선의의 무시전략으로 일관하였고 북핵문제를 해결하기보다는 '관리'하는데 치중하고 있었다는 점에서 한국의 역할은 계속 축소될 수밖에 없었다.

5) 북핵 위기 일지

남북기본 합의서(1991)	1991년 12월 13일, 남북한 당국이 국토분단 이후 통일과 관련하여 합의한 뒤, 이듬해 2월 18일 정식으로 효력을 발생시킨 문서.
1차 북핵위기와 제네바합의	1993년 IAEA가 북한 핵시설에 대해 문제를 제기하고, 북한이 NPT을 탈퇴하면서 북-미간 군사적 충돌 위기가 고조. 1994년 10월 북미간 제네바기본합의서가 극적으로 타결되면서 일단락. 그러나 1998년 8월 31일 대포동 1호 발사로 긴장이 다시 고조
6.15남북공동 선언 (2000)	2000년 6월 15일 한국의 김대중 대통령과 북한의 김정일 국방위원장이 발표한 공동선언. 통일문제의 자주적 해결, 1국가 2체제의 통일방안 협의, 이산가족 문제의 조속한 해결, 경제협력 등을 비롯한 남북간 교류의 활성화 등을 담고 있음
2차 북핵위기와 6자회담 (2002~2007)	2002년 북한이 미국이 제네바 합의를 지키지 않는다는 이유를 들어 원자로를 가동하고, 2003년 NPT를 탈퇴. 6자회담으로 일단락 됨. • 9.19합의(4차 6자회담의 베이징 공동성명) : 한반도 비핵화를 위한 북한의 핵폐기와 대북 안전보장, 북미 / 북일 관계 개선 및 대북 경제협력 등을 포함함. • 2.13합의(2007) : 2007년 2월 베이징에서 열린 제5, 6자회담 3단계 회의에서 이루어진 합의. 공식 명칭은 9.19 공동성명을 이행하기 위한 초기조치. • 10.4 남북정상선언(2007) : 6자회담이 진행되면서 형성된 상호협력의 분위기에서 이루어진 제2차 남북정상회담의 결과물로 발표된 것
3차 북핵위기 (2009)	2006년 10월 풍계리 핵실험장에서 핵 실험(1차 핵실험)에 이어 2009년 5월 2차 핵실험이 이루어짐. 2009년 핵실험이 유발한 긴장을 3차 북핵위기라 함
4차 북핵위기 (2016)	2013년 미국의 맞춤형 억제전략에 대해 북한이 핵보유국 기정사실화를 목적으로 2016년 2월 핵실험(수소탄 실험)을 강행하면서 대두.

1차와 2차 북핵 위기는 쌍무주의(제네바 합의)와 다자주의(6자회담)으로 일단락되었다. 그러나 3차와 4차 북핵위기는 국제사회의 제제를 제외하면 6년 간 그 해결을 위한 대화를 위한 어떠한 제도적 장치가 마련되고 있지 않다는 점, 그리고 북한에 의해 주도되었다는 점에서 차이가 있었다. 먼저 미국이 정권교체를 앞두고 합의이행을 차기 정권으로 미루고, 이후 집권한 오바마 정권

력이 낮은 것은 백두산 화산활동과 지진피해 우려 때문에 폭발력을 제한하는 대신 소형화에 중점을 둔 핵실험이라 평가된다.

137) 오바마 정부시기에 북한은 핵문제 관련 대화·협상에 진전이 없다는 점을 이용, 파키스탄이나 이스라엘처럼 핵무기 보유국 지위를 '기정사실화(fait accompli)'하려는 듯한 정책을 구사하였다.

은 전략적 인내를 내세워 이행을 지연시키자, 북한은 2009년 4월과 5월에 로켓발사와 핵실험을 통해 공세를 펼쳤다(3차 북핵위기). 9.9공동성명과 2.13 합의의 무효화를 시도하면서 핵위기를 촉발한 것은 6자회담을 넘어 미국과의 관계정상화 등을 이끌어 내기 위한 국면전환을 노린 것으로 볼 수 있다.

북한의 핵실험

구 분	1차(06.10.9)	2차(09.5.25)	3차(13.2.12)	4차(16.1.6)	5차(16.9.9)
원료	플루토늄	플루토늄	우라늄	수소탄	-
폭발위력	1kt 이하	3~4kt	6~7kt	6kt	10kt
지진규모	3.9	4.5	4.9	4.8	5.04
로켓발사	단중장거리 로켓	장거리로켓	은하3호	SLBM	SLBM
유엔제재	결의안 1695호	결의안 1718호	결의안 2087호	결의위반 조사	규탄 성명

2. 정책적 수단 : 봉쇄정책과 포용정책

1) 봉쇄정책(containment ; benign neglect)

봉쇄는 현재의 억지력(deterrence)에 의존하는 것으로, 북한이 경제적 · 외교적 고립과 더불어 한국과 미국에 대한 냉전을 수행하기 위한 고비용지출을 끝내 감당하지 못하고 붕괴하는 것을 상정하는 것이다(Frank Jannuzi). 물론, 봉쇄정책이 전쟁의 위협을 최소화하기 위한 신뢰구축 수단을 배제하는 것은 아니다. 단, 대북 제재조치의 해제와 같은 경제 · 군사적인 측면에서 직간접적 지원과 양립될 수 없다는 의미로 이해되고 있다.

참고로, 적극적 동요(active destabilization)는 봉쇄정책과 유사하지만, 군사 압력 · 경제 압박 · 정치적 동요를 결합한 공격적 정책으로 북한의 빠른 붕괴를 촉진하는 정책이다. 그러나 북한의 조기 붕괴는 한국으로서는 천문학적인 통일비용을 수반한다는 점, 그리고 주변국으로서는 새로운 안보위협이 유발된다는 점에서 쉽게 채택되기 어려운 수단이다.

2) 포괄적 협상(grand bargaining) · 포용(engagement)

포용은 한반도의 긴장을 감소시키기 위한 정책목표로, 북한을 고립으로부터 불러내 국제사회의 책임 있는 일원이 되도록 유인해 내는 것이다(Frank Jannuzi). 이 견해는 강온 간의 첨예한 대립을 비껴서 보수-진보간의 타협점을 찾으려 한 것으로 군사옵션과 무조건적 유인의 두 극단적 대안을 절충한 것이라 할 수 있다.

포용정책은 클린턴 정부의 정책기조로 채택된 바 있다. 제네바 합의가 사문화될 경우에 미국의 경제제재에 대한 국제 공조를 얻기 어렵다는 점, 사전 억지의 강화나 선의의 무시(방치)138)

138) 미국의 대북정책은 북한 핵문제가 국제적 문제로 대두되기 이전까지는 대외정책의 우선순위에 있어서 크게 주목받지 못했으며, 정권교체기마다 혼란이 있어 왔다.
먼저, 1990년대 미국의 정책당국자들은 북한이 조만간 붕괴할 것이라고 인식 하였다. 이러한 자세는 제네바 합의를 전후한 시기에도 지속되었다. 예컨대, 1994년 이후에는 북한이 변화할 수 있는 시간적 여유를 제공하기 위해 기다리고 관망(wait and see)하는 자세를 취하였다. 이러한 1990년대의 미국의 대북정책은 (1999년 북한의 강성대국론이 발표될 때까지) 그럭저럭 헤쳐나가는 식(muddling through)이었다.

는 북한의 핵 개발을 더 이상 통제할 수 없는 결과를 낳는다는 인식에 기반하고 있다. 클린턴 정부의 포용정책이 김대중/노무현 정부의 포용정책과 다른 점은 한국이 북미/북일간 국교수립을 포함한 병행전략(동시성)을 추구했다면, 미국은 핵 · 미사일 문제 해결의 선행이라는 연계전략(단계적 성격)을 취했다는 데에 있다.

참고 김대중 정부의 대북포용정책

포용정책은 강력한 안보태세에 바탕을 두고, 남북간에 화해와 교류협력을 실현하여 평화를 정착시키려는 대북노선이다. 이 정책은 안보와 대화라는 이중적 프로그램을 동시에 수행하려는 것으로서, 남북관계를 특징지우고 있는 현재의 분단상태를 평화적으로 관리하며, 나아가 평화정착을 실현하여 통일로 나아가겠다는 이중적인 과제를 역시 동시에 수행하려는 것이다(이종석, 1999).
김대중 정부에서 추진했던 대북포용정책은 북한의 개혁 개방이나 통일전략이 아닌 평화체제 구축전략으로 접근되었다. 당면과제를 분단체제의 안정적 관리와 냉전구조의 해소라고 인식하는 데서 출발한 것이다. 이는 안보와 화해 · 협력을 병행하는 이중접근 전략이라 할 수 있으며, 한반도 냉전구조 해체에서 남한의 주도적 역할, 한반도 문제의 민족내부화를 전제로 하고 있다.

한국정부의 포용정책은 부시정부의 정책지향과 충돌되면서 실패로 귀결되었다. 미국의 동아시아 전략이라는 틀과 한미동맹이라는 제약이 크게 작용한 것이다. 물론, 비판하는 관점에서는 (소위) 퍼주기 정책으로 남북관계의 개선효과보다는 북한의 핵무장과 군사력 증강에 도움이 될 뿐이라고 비판해 왔다.

- 대북포용정책과 안보문제 : 대북정책의 평가 기준은 국가이익이라 할 수 있다. 반면, 안보문제의 핵심은 억지력 혹은 '넘어 오는 적'에 대한 방어능력에 있다. 즉, 국익에 도움이 되지 않는 대북 강경책을 지양하는 것이 안보를 위협하는 것은 아니다.
- 대북포용정책과 일방적 수혜(소위 퍼주기 정책) 문제 : 실제 대북지원 규모를 보면 YS 정부의 대북지원보다 DJ정부의 대북지원은 오히려 축소되었다.[139] 또한, YS정부가 북한과의 당국자대화를 성사시키기 위해서 쌀 15만 톤을 지원한 반면, DJ 정부가 이산가족 합의를 전제로 한 대북 지원은 비료 20만 톤 규모였다. 대북 지원에 있어서 포용정책으로 큰 변화가 나타난 것은 아님을 의미한다.
  금강산관광사업을 북한에 대한 일방적 시혜라는 비판이 제시되었다. 그러나 금강산관광 사업추진은 현대그룹이 장기적 이윤을 고려하면서, 남한 당국은 긴장완화와 개방압력, 북한은 경제적 이익이라는 측면에서 추진된 것이었다. 사실, 긍정적 여론을 바탕으로 사업이 추진되었으나, 구체화되면서 보수진영에 의해 비판을 제기한 것이었다.
- 서해교전사태와 대북포용정책 : '99년과 2002년 두 차례에 걸친 서해교전 사태는 계획적이든 우발적이든, 결과적으로 평가한다면 NLL의 무력화, 남한 정부의 군사적 의지 시험, 남한 내 국론분열, 북미 직접대화통로의 확장, 적대적 의존관계를 활용한 대내적 단결도모 등이 복합적으로 작용한다고 볼 수 있다. 그러나 북한은 '99년의 서해교전 사태에서는 전략실패와 전투패배를 맛보았다. 서해교전사태는 남북관계가 긴장과 평화가 교차하고 있음을 극명하게 보여 준 사건으로 보아야 한다. 이는 대북포용정책의 실패를 의미하는 것은 아니다.

139) 문민정부 후반 3년 간 정부의 대북지원액은 2억 6천만 달러였으나(남북관계가 최악의 상황에 빠져 있던 1997년에도 2700만 달러에 달했다), 1998년 1년 동안 대북지원액은 1100만 달러에 불과했다(「1998 통일백서」, 114.)

3. 북한 핵에 대한 미국의 정책적 변화

1) 제네바 합의와 점진적 접근

1994년의 핵위기는 10월 북미간의 '제네바 합의'로 일단락되었다. 제네바 합의는 상호주의에 입각하여 핵무기 개발 포기와 경수로 · 중유 제공, 외교 정상화를 교환한 것이다. 그러나 1994년 제네바 합의 이후 장거리 탄도미사일 개발, 잠수정 사건 등에서 북한은 군사위협을 바탕으로 벼랑끝 전략(brinkmanship)을 구사해 왔다. 이러한 전략은 식량 원조를 매개로 북미관계를 개선하는 반면 남북관계를 악화시켰다.

제네바 합의는 북한의 핵개발이라는 단일의제를 중심으로 한 점진적 접근방식이었다. 이 때문에 미국으로서는 대량살상무기 문제가 해결되지 않은 채 남아 있었고, 북한으로서는 평화협정과 주한미군이라는 체제보장의 문제가 해결되지 않은 채 남아 있었다(참고로, 협상에 참여하지 못했던 남한으로서는 한반도 평화체제 구축을 위한 구체적인 방향 등이 포함되어 있지 않았다는 점이 문제가 되었다). 결국, 확실한 체제보장을 위해 대량살상무기 문제를 의제화할 의도로 1998년 8월 광명성 1호를 발사하게 된다. 대량살상무기 문제 해결을 위한 협상 과정에서 북한은 대량파괴무기와 체제보장을 교환하려는 전략을 추구한 것이다. 단일 의제를 통한 해결이 갖는 한계를 보여주는 사례라 할 수 있다. 이는 제네바 합의가 한반도 문제의 포괄적 해결이 아닌, 위기 관리적 성격을 갖는다는 점에서 기인한다.

2) 대량살상무기와 포괄적 접근방법

포괄적 접근방법은 협상 의제를 모든 쟁점을 총망라하는 것으로, 제네바 합의의 점진적 접근이 갖는 한계에 대한 인식에서 비롯되었다. 포괄적 접근은 일괄타결(평화와 협력의 교환)을 지향하며, 이행시간표 및 상호주의라는 조건부 포용(conditional engagement)이라는 성격을 띠고 있었다. 광명성 1호 발사 이후 협상에서 미국의 입장은 다음과 같은 페리보고서에 잘 나타나 있다.

> "북한이 핵무기 계획과 장거리 미사일 계획을 기꺼이 포기한다면 미국은 영구한 평화설립을 포함한 포괄적 관계정상화의 길로 한발 한발 기꺼이 움직일 것이다. 그러나 대신에 만약 북한이 위협을 자진해서 제거하는 행동을 보이지 않는다면, 미국은 위협을 봉쇄하는 행동(봉쇄정책)을 취해야만 한다"

3) 부시 독트린과 봉쇄정책 vs 6자회담

부시 정부는 클린턴 정부의 북한 문제를 포함한 아시아 정책을 비판하면서 2001년 북한을 불량국가(rogue state)로 규정하였고, 2002년 1월 북한과 이란, 이라크를 악의 축으로 공식 천명하였다. 2002년 발표된 부시 독트린에서는 테러집단과 비호세력, 대량살상무기 획득을 추구하는 불량국가들에 대한 예방차원의 선제공격이 가능하며, 대량살상무기의 예방적 비확산을 위해 선제공격이 가능함을 밝혔다. 이어진 제2차 북핵 위기가 발생하자, 부시정부는 북한이 핵개발을 포기하지 않는 한 북한과 직접 양자대화를 하지 않을 것임을 밝혔다. 그리고 ① '완전하고, 검증가능하고, 비가역적(complete, verifiable, irreversible dismantlement : CVID)' 핵폐기 정책을 추진하였으며, ② 핵과 화학무기, 미사일을 포함한 대량살상무기 확산을 방지하기 위한 구상(Proliferation Security Initiative : PSI)을 추진하였다. ③ 또한, 2002년 미 의회에 보고한 핵태

세 보고서(Nuclear Posture Review : NPR)에서 북한, 이란, 이라크 등 불량국가들을 유사시 핵무기 선제공격 대상국으로 지목하면서 북한 정권의 붕괴를 천명하였다.

그러나 중국의 중재로 2003년부터 2008년 12월까지 3자회담과 6차에 걸친 6자회담이 개최되어 2005년 9.19공동성명과 2007년 2.13합의, 10.3합의가 도출되었다. 6자회담은 '말 대 말', '행동 대 행동'의 동시이행을 원칙을 통해 핵폐기와 관계정상화 등에 합의하게 되었다. 미국이 6자회담이라는 다자주의 틀을 수용한 것은 제네바 합의처럼 양자 간 합의가 쉽게 파기될 수 있다는 우려와 핵문제 합의에 대한 보상을 회담에 참여하는 국가들에 분담할 수 있다는 점이 고려된 것이다.

6자회담은 북한의 핵실험으로 그 실효성에서 한계가 있다고 평가되지만, 근본적으로는 북한의 안보불안을 국제사회가 해소해줄 수 없으며 북미간 상호불신과 미중간의 상호 불신 및 견제가 자리 잡고 있다.

4) 오바마 정부의 '선의의 무시(benign neglect)'

선거에서 변화(change)를 강조했던 오바마 정부는 하드파워와 소프트파워를 적절하게 배합하는 '스마트외교'를 내걸었다. 정권 출범 초기에는 경제위기극복과 아프간과 이라크문제 해결을 우선 정책목표로 설정하였기 때문에 북한 핵문제는 미국의 안보정책에서 크게 고려되지 않았다. 즉, '핵무기 없는 세계(nuclear-free world)' 실현이라는 비전 아래 NPT 체제를 강화하고 러시아와 핵무기 감축계획에 합의 하는 등 핵 확산방지 노력을 보이면서도 북한에 대해서는 '선의의 무시정책(benign neglect)'을 취해왔다. 대북정책의 우선목표를 핵문제 해결에 두고 (북한의 살라미 전술을 수용할 수 없으며, 포괄적 패키지 형태로) 북핵 불용 원칙하에 CVID 비핵화 주장을 고수하였지만 적극적인 행동을 보이지 않은 것이다.

3차 북핵위기는 북한에 의해 주도되었다. 오바마 정부의 대북정책이 지연되자, 2009년 4월과 5월에 북한은 로켓발사와 핵실험을 통해 공세를 펼쳤다(3차 북핵위기). 9.9공동성명과 2.13 합의의 무효화를 시도하면서 핵위기를 촉발한 것은 미국과의 전면적인 관계정상화 등 북미관계의 근본적인 전환을 노린 것으로 볼 수 있다(미국은 이에 대해 안보리 결의를 통해 제제에 나섰다). 1,2차 핵위기와 차이점은 북한에 의해 주도되었다는 점 외에, 국제사회의 제제를 제외하면 그 해결을 위한 대화를 위한 어떠한 제도적 장치도 없이 6년이라는 기간을 보냈다는 점이다.

5) 트럼프 정부의 최대압박과 코피전략

트럼프 정부는 집권 초 김정은과 만날 용의가 있다고 했으나, 대북제재를 강화하고 제재수단에서 군사적 옵션을 배제하지 않는다는 점을 천명하면서 강경한 대응으로 일관해 왔다. 2018년 초에 초강경파인 폼페이오 국무장관을 내정하고 볼턴을 안보보좌관으로 임명하면서 강경대응은 정점으로 치달았다(당시 워싱턴 정가가 뒤집혔다는 평가까지 나왔다).[140] 경제제재에서는 트리거(Trigger) 조항과[141] 세컨더리 보이콧(Secondary Boycott)[142]을 적용하였다.

---

140) 볼턴은 부시정부 시절 북한·이라크·이란을 '악의 축'으로 규정하며 초강경 정책을 주도했던 인물이다. 또한 이라크 침공과 북한과 이란·리비아·시리아 등에 대한 군사행동을 지속적으로 주장해왔던 인물이며, 실제로 이라크 침공을 이끌어 냈다.

CVID와 PVID

폼페이오 미 국무장관은 2018년 5월 2일 국무장관 취임식에서 "이젠 이 문제(북핵)를 해결해야 할 때"라고 강조하면서 "우린 북한의 대량살상무기(WMD)를 '영구적이고 검증가능하며 불가역적으로 지체 없이 폐기하는(permanent, verifiable, irreversible dismantling without delay)' 데 최선을 다할 것"이라고 말했다.

complete(완전하고)	⇨	permanent(영구적이며)
verifiable(검증가능하며)		verifiable
irreversible(비가역적인)		irreversible
dismantlement(폐기)	⇨	dismantling(해체, 폐기)

'완전한(complete)'이 '영구적인'으로 바뀌었고, '지체 없이'란 표현이 더해졌지만, 기본 내용은 차이가 없다고 평가된다. 다만, nuclear가 아닌 WMD(대량살상무기)라는 용어는 핵무기뿐 아니라 방사능, 생화학무기가 포함된다는 점은 차이가 있다.

그리고 PVID는 폭넓은 비핵화를 의미하는 것이라는 해석도 있다. 과거 소련 해체 후 러시아와 우크라이나 · 벨라루스 등 주변국에 남아 있는 핵무기 · 핵물질을 제거하고 핵과학자들이 핵무기가 아닌 평화적 목적의 연구 활동에 매달릴 수 있도록 프로젝트를 제공해준 미국 '넌-루거 프로그램'을 연상시키기도 한다는 이야기도 있다.

일부에서는 북-미 핵합의가 동맹국(특히, 일본)에 가해지는 위협에 대한 고려 없이, 본토에 대한 타격 역량만 제어하려는 것 아니냐는 일본의 반발을 고려한 wording(수사)로 해석하기도 한다. 이는 한국내 보수 진영에서 제기하는 미국이 우려하는 ICBM의 폐기와 핵동결로 그칠지 모른다는 우려와 맥을 같이 한다.

4. 핵폐기(비핵화) 모델과 북한

1) 핵폐기 사례

우크라이나

미국, 러시아에 이은 세계 3대 핵보유국이었던 우크라이나는 (미국의 관점에서) 모범적인 핵폐기 사례로 이야기되어 왔다.

소련이 붕괴되면서 (구)소련의 핵무기를 보유하게 된 우크라이나는 미국과 안보협정을 체결하고 유럽의 경제지원을 받으면서 핵폐기를 위한 프로그램이 추진되었다. 1994년 미국-러시아-우크라이나 3사 협정을 통해 안전을 보장받고,143) 핵탄두 1800기와 ICBM 176기, 스커드 미

141) 제재 대상국이 결의안과 어긋나는 특정 행동을 했을 경우 자동으로 추가 제재가 가해지는 자동 개입 조항을 말한다. 대북제재와 관련해서는 2013년 국제연합안전보장이사회가 북한의 3차 핵실험을 계기로 채택한 '대북제재 결의안 2094호'에, '북한이 추가적인 핵실험이나 발사 등을 시행할 경우 자동으로 추가적인 중대한 조치(Further Significant Measures)를 취한다는 내용을 담으면서 포함되었다. 이 결의안에는 무기를 만들 수 있는 모든 품목의 공급, 판매, 이전을 금지하는 'Catch-All' 조항도 포함되었다.

142) 항의의 의미로 하는 불매 운동을 Boycott이라 하는데, 직접적인 불매 운동을 1차 보이콧(Primary Boycott), 보이콧 대상과 관계된 대상까지 거부하는 것을 2차 보이콧(Secondary Boycott)이라 한다. 국제정치에서는 미국의 경제적 제재조치의 하나로, 직접적인 제재 대상국 뿐 아니라 그와 교류하는 제3국 정부나 기업, 금융, 개인에도 제재를 가하는 것을 지칭한다. 미국은 2010년 이란의 핵무기 개발과 관련해 '포괄적 이란 제재법(CISADA)'을 통해 세컨더리 보이콧을 시행한 바 있으며, 2016년 미 의회에서 북한에 대한 테러지원국 지정과 세컨더리 보이콧 시행에 대한 논의가 시작되었다.

143) ① 우크라이나가 핵무기가 사용되는 침략에 희생되거나 그런 침략위협을 받는 경우 즉각 유엔안보리 차원

사일 600여기를 러시아로 이전시키고 미국으로부터는 경제지원을 받게 된다. 1994년에 시작된 비핵화 프로그램은 1998년에 완결되었다. 참고로, 이 당시 우크라이나가 제공받은 원조는 4억 6000만 달러였다.

우크라이나가 빠른 시간 내에 핵을 폐기할 수 있었던 것은 다음과 같은 조건이 작용하였다 ; ① 정권핵심부가 핵보유가 오히려 러시아를 자극할 수 있다고 판단하면서 핵포기를 주저하지 않았고, ② 우크라이나의 핵능력은 소련 핵전력의 일부였기 때문에 처음부터 완전한 투명성이 확보되어 있었으며, ③ 신생국가였던 우크라이나는 협정위반과 같은 전력이 없었고 국제사회 신뢰를 얻기 쉬웠다.

남아프리가 공화국

남아프리카 공화국은 1960년대 이후 국제적 고립과, 1970년대 인접국가인 앙골라, 모잠비크와의 적대적 관계가 형성되면서(앙골라는 나미비아 독립운동을, 모잠비크는 아프리카 민족회의를 지원했다) 이를 타개하기 위한 수단으로 핵개발에 착수하였고 총 6기의 핵무기를 보유하였다.[144] 처음에는 미국이 제재를 하였으나, 앙골라 내전에 (구)소련이 개입하면서 이를 견제하기 위해 남아공의 핵보유를 묵인하였다.

이후 (구)소련의 개혁개방정책과 함께 남아프리카 주변국에 주둔했던 소련군이 철수하면서 자발적으로 핵을 포기하였다.[145] 즉, 대외적 긴장이 완화되면서 체제위협요인이 제거되었고, 핵보유집단의 평화적 퇴장에 대한 보장을 확신하고 있었다는 점을 간과해서는 안된다. 이 점은 현재의 북한과의 큰 차이라 할 수 있다. 달리 말하면 국제사회의 강력한 제재와 고립화가 핵무기 개발을 억제하는 데 효과적이지 않을 수 있다는 점이다.

리비아 : 완전한 핵 포기 후 보상(선 핵폐기, 후 보상)

리비아는 1981년 미국과 외교 관계가 단절된 뒤 강력한 경제 제재를 받았다(1986년 미국 내 자산 동결, 미국의 대(對)리비아 교역 금지 조치, 1992년 유엔 안보리 제재). 원유 수출 봉쇄 등으로 경제적 피해를 받은 상황에서 미-이라크 전쟁이 시작되자, 리비아는 영국 비밀정보국 MI6을 통해 미국에 핵 포기 의사를 전달했고, 미국은 '빈틈없는 검증'을 조건으로 내걸었다.

리비아는 핵 프로그램을 미측에 모두 공개한 후, 2003년 말 '핵과 생화학 무기에 대한 완전한 포기'를 선언했다. 2004년에는 포괄적 핵실험 금지조약(CTBT)에 가입하고, IAEA의 사찰도 받았으며, 원심분리기 등 리비아의 핵 무기 제조 장비와 관련 서류 총 25t 분량이 미국으로 옮

의 지원을 강구할 것이며, ② 우크라이나가 핵무기보유국과 동맹 하에 미국과 러시아를 공격하지 않는 한 우크라이나에 대해서 핵무기를 사용하지 않겠다는 안전보장을 약속받았다.

144) 우라늄 매장량에서 세계 5위를 차지하는 남아공은 1967년에 핵무기 개발을 시작했고, 이스라엘과 공동으로 핵실험을 실시했다. 1979년에는 이스라엘과 3차 합동 핵실험을 실시했고, 이를 토대로 1982년에 6kt 핵폭탄을 6기 제조한 후 1기를 무기로, 5기는 나중에 무기로 재조립되었다.

145) 1980년대 후반 이후 인종차별정책에 대한 국내외 압력, 1989년 클레르크 당선과 NPT 가입, 1990년 넬슨 만델라 석방, 1991년~1993년 핵폐기, 그리고 1994년 보통선거와 아프리카민족회의 집권으로 이어졌다. IAEA는 1991년 11월부터 2년 반 동안 남아공의 모든 핵관련 시설에 대해 100여 차례의 사찰을 실시했고, 클레르크 대통령은 1993년에 개발정보를 포함한 핵의 완전한 폐기를 선언하였고, 그해 만델라와 함께 노벨평화상을 수상하였다.

겨지면서 2005년 10월 리비아의 핵 프로그램은 완전히 폐기됐다. 리비아가 원하는 보상은 2006년이 돼서야 이뤄졌고, 5월에 국교가 정상화되고 25년 만에 미국의 테러지원국 명단에서 빠졌다.

리비아의 경우 자발적으로 핵폐기 의사를 타진하면서 시작되었고, 포괄적 합의와 함께 비교적 짧은 시간인 2년 만에 핵폐기가 이루어졌다는 점에서 미국이 선호하는 방식이라 할 수 있다(트럼프 정부는 2018년 초까지는 북핵문제에 대해 리비아식 모델을 적용해야 함을 주장해 왔다). 그러나 대량살상무기의 폐기 이후, 미국의 지원을 받는 반군과 NATO군의 공격으로 정권이 붕괴되고, 카다피도 살해되었다는[146] 점에서 북한이 수용하기 힘든 방식이라 하겠다.[147]

이란 : 포괄적 공동행동 계획

이란의 핵개발은 이스라엘의 핵무장과 미국의 아프가니스탄 침공이 직접적 계기로 작용했고, 2003년 미국의 이라크 침공으로 가속화되었다.[148] 이러한 핵개발에 대해 미국은 경제제재를 가하기 시작하였고, 석유수출이 막히면서 이란은 마이너스 경제성장을 겪는다. 여기에 이스라엘이 이란의 핵시설 폭격 계획을 수립하면서 전쟁가능성이 높아져 갔다.

이 와중에 오바마의 개입외교가 전개되고 2013년 온건파인 로하니가 대통령에 선출되면서 핵개발 중단을 위한 협상을 시작되었다. 협상은 미국·영국·프랑스·독일·중국·러시아 등 6개국 간에 이루어졌고, 최종적으로 2015년 4월에 포괄적 합의안을 체결하였다. 핵심내용은 다음과 같다.

- IAEA는 이란의 군사시설뿐만 아니라 핵무기개발이 의심되는 모든 지역에 접근해서 사찰활동을 벌일 수 있다(이란이 거부하던 군사시설 사찰을 수용).
- 이란은 원자력발전에 사용된 연료봉을 재처리에 사용하지 못하도록 국외로 반출한다.
- 이란에 대한 경제, 금융 제재조치는 2015년 말까지 군사시설 사찰 결과, 핵무기개발과 무관하다는 것이 확인되면 해제한다. 그리고 미국행정부는 3개월마다 이란이 핵합의를 이행하고 있다는 것을 미국의회에 입증해야만 한다.

---

146) 오바마 미 대통령과 유럽 동맹국들은 민간인 학살을 중단시키겠다며 반군을 지원, 카다피를 정권에서 끌어내리는 데서 그치지 않고 그를 추적해 살해했다.

147) 앤서니 블링큰 전 국무부 부장관은 "북한 정권은 리비아식 모델에 신뢰가 없다는 이야기를 중국으로부터 직접 들었다"며 북한이 이를 받아들이지 않을 것으로 봤다. 그는 "리비아 모델을 제안하면서 트럼프 대통령이 이란 핵협정 파기를 선언하는 것은 김정은에게 잘못된 메시지를 주고 협상에 대한 희망도 약화시킬 것으로 우려된다"고 말했다.
로버트 아인혼 전 국무부 핵 비확산 군축담당 특별고문은 "리비아는 원심분리기 부품이 있어도 어떻게 해야 할지도 몰랐기 때문에 미국이 수송기로 핵 프로그램 전체를 가져가 버릴 수 있었다"면서 "반대로 북한은 핵무기를 갖고 있는데 얼마나 많이 있는지 모른다. 핵 생산 시설도 있는데 어디 있는지도 모른다. 이것들을 찾아내 폐기하는 데만 몇 년이 걸릴 것"이라고 말했다.
워싱턴포스트(WP)도 그동안 카다피의 최후를 거론하며 핵무기 보유 정당성을 주장해 온 북한이 리비아 모델을 받아들일 리 있겠느냐면서 오히려 볼턴이 북한과의 협상이 실패로 끝날 것에 대비해 이런 분위기를 띄우는 것일 수 있다는 해석을 소개했다. 비확산 전문가인 제프리 루이스 미들버리 국제학연구소 연구원은 "볼턴은 오직 한 가지 목적, 즉 협상이 실패했을 때 외교를 불신하면서 보다 공격적인 해결책을 밀어붙이기 위한 목적으로 약간의 협상 기간을 갖고 있는 것"이라고 말했다. (2018. 4. 30. 연합뉴스)

148) 이란의 핵문제는 2002년 이란 내 반정부 단체가 이란 정부가 군사적 목적으로 우라늄 농축 시설을 운영하고 있다는 사실을 폭로하면서 시작되었다.

나머지는 미국과 이란이 상호 절충하는 선에서 합의가 이루어졌다.149) 그러나 ① 미국으로서는 핵무기 개발과 보유를 막을 수 있는 안전장치를 마련할 수 있었고 다른 중동국가로의 핵산을 방지할 수 있는 토대를 마련할 수 있었고, ② 이란으로서는 금융제재 해제와 함께 수출하지 못하고 있던 3000만 배럴의 석유 수출이 가능하게 되었다는 점에서 상호간에 만족할만한 수준이었다고 평가된다. 그러나, 합의안에 대한 국제사회의 지지에도 불구하고, 이스라엘은 합의안에 대해 반발하였다고 미 의회 다수의석을 차지하고 있던 공화당의 불만을 표출해 오다가 결국 트럼프 미 대통령은 2018년 3월 이란 핵합의에 대해 폐기를 선언했다.

2) 핵폐기 사례(모델) 평가와 시사점

가. 평 가

구 분	대 상	방 식	평 가
우크라이나	핵탄두와 ICBM	안전보장과 경제지원 조건	체제안전보장에도 불구하고 러시아 침공으로 합병
리 비 아	원심분리기, HEU 16kg	완전한 핵폐기 검증 후 보상	미국과 수교 후 미국 지원을 받는 반군에 의해 정권붕괴
이 란	원심분리기 1,9000여개	비핵화 단계별로 제재 축소	트럼프 집권 후 합의 폐기

먼저, 남아프리카 공화국은 안보위협이 해소되면서 자발적으로 핵을 포기했지만 북한은 안보위협이 존재한다고 인식하고 있다는 점에서, '이란식 해법'은 도널드 트럼프 행정부가 핵 합의 파기를 선언한 상태이고, '우크라이나식 해법'과 '리비아식 해법'은 핵 폐기 후 각각 러시아와 미국에 의해 합병되거나 정권이 붕괴되었다는 점에서 북한에 적용이 곤란하다.

우크라이나는 보유 핵무기와 ICBM이 (구)소련이 보유하고 있던 무기였기 때문에 투명성을 쉽게 확보할 수 있었으나, 북한은 투명성이 약하다는 점에 제약조건으로 작용한다. 또한, 우크라이나는 핵폐기 합의 당시 안보위협보다는 경제위기에서 비롯되는 체제위기가 가장 중요한 문제였다. 하지만 북한은 김정은 집권 이후 경제가 안정화된 반면, 안보위협요인이 크다는 점에서 핵을 포기해야할 유인이 크지 않다.

리비아는 핵무기를 보유한 것이 아니라 핵무기 개발을 위한 프로그램을 갖고 있는 수준이었다. 또한 카다피가 당시 미국과의 협상에 자발적으로 나선 것은 이라크의 사담 후세인의 최후를 목격했기 때문이다. 반면, 이란과 북한은 핵폐기 이후의 리비아와 우크라이나의 최후를 목격한 상태에 있으며, 나아가 북한은 완성단계의 핵무기를 보유하고 있다는 점이 다르다.

이란식 해법은 국제사회가 개입하여 합의를 도출한 사례에 속한다. 그리고 진행 중인 핵개발 프로그램을 중단시키고 이를 재개하는 것을 어렵게 하고, 혹시 핵개발을 재개할 경우에 대한 제도적 장치를 마련해 두었다는 점에 의의가 있다. 그러나 북한은 이미 핵개발이 완성단계에 있다

149) 이란 포르도 핵시설에 어떠한 핵분열 물질도 반입하지 않는 대신 가동 중인 19,000개의 원심분리기는 6000개가량으로 줄이는 선에서 절충하였으며(이 합의는 핵무기 제조 시간을 증가시킨다는 의미를 가짐), 15년간 저농축 우라늄의 재고를 1/30 수준으로 감축시킬 것을 합의하였다. 양측 간 커다란 쟁점의 하나였던 이란의 재래식 무기와 탄도미사일 금수조치도 절충하는 수준에서 합의하였다.

는 점에서 북한에 적용하는 데 한계가 있을 수밖에 없다. 또한, 한반도를 둘러싼 주변국의 이해관계가 너무 상이하다는 점, 6개국이 협정의 이행을 보장했으나 미국이 (정권이 교체되면서) 합의안 폐기를 선언함으로써 국제사회 약속의 구속력과 신뢰성에 대한 의문을 남겼다.

나. 시사점

북핵 관련 협상의 가장 큰 걸림돌은?

① **신뢰1**(CVIG, complete, verifiable, irreversible guarantee) : 리비아와 우크라이나의 최후를 본 북한이 미국의 체제보장 약속을 신뢰할 수 있겠는가? 또한 미국에서 정권교체 이후, 이전정부가 체결한 합의가 파기될 가능성은 없는가?(제네바 합의에 대한 부시의 파기, 6자회담의 합의내용에 대한 오바마의 이행 중단, 오바마 정부가 이란과 합의한 협정 파기를 선언한 트럼프)

② **신뢰2/검증**(폐기 이행에 대한 미국과 주변국의 신뢰성, CVID) : 북한 핵 문제의 가장 어려운 부분은 검증이다. 북한이 말로는 비핵화를 약속해 놓고 이를 실행에 옮기지 않거나 나중에 다시 핵 개발 정책으로 회귀할 수 있다. 흔히 북한 핵 문제 논의 과정에서 '악마는 디테일에 있다'는 말이 인용되고 있다. 이 디테일의 핵심 분야가 검증이다.

북한과의 대화국면에 접어들었던 2018년 봄에도 미국은 불신이, 중국은 신뢰가 북한 핵 문제 해결을 위한 효과적 방법이라는 인식에 변화는 없었다(2018년 5월에 열린 2018 한반도 포럼에서도 미국과 중국의 전문가들은 상반된 입장을 피력하였다 — 한국일보 2018. 5.6). 미국의 강경파는 북한이 민주화되고, 완전히 핵폐기를 한 이후에 신뢰할 수 있기 때문에 그 이전에는 협상할 수 없고 최대압박만이 있을 뿐이라고 주장한다. 이 입장을 잘 보여 준 것이 박근혜 정부의 '한반도 신뢰프로세스' 구상이다.

2월에 열린 뮌헨안보회의에서는 북한에 대한 대규모 군사적 공격이 논의되었고,[150] 최대압박과 코피전략(bloody nose, 제한적 대북 예방타격)은 남북정상회담이 열리기 전까지도 지속적으로 나왔었다. 이러한 트럼프 정부의 '최대압박과 관여' 정책은 선제적 군사공격이 한반도와 일본에서 일어날 수 있는 재앙적 상황 때문에 사실상 사용할 수 없는 전략이라는 점에서 여전히 모호하며, 결국은 북한 핵에 대한 사실상 방기와 다를 바 없다는 평가도 있다. 반면, ICBM의 완성이 확인되는 순간 군사적 옵션을 더 이상 미룰 수 없다는 미 행정부의 인식을 반영하는 것이라는 평가도 있다. 문제는 혼란과 불확실성이 북한 핵문제 해결을 어렵게 만든다는 점이다.

공격적 현실주의의 대표적 학자인 Mearsheimer는 급박하게 돌아가는 한반도 상황에 대한 이화여대 강연에서 '코피 전략'과 같은 최대 압박 정책은 딜레마 때문에 효과가 없다고 지적한다.
① 미국이 북한을 민주화시키려 할수록 북한 입장에서는 오히려 핵을 가지려는 강력한 동기가 생긴다. "최대 압박 정책에는 군사적 차원, 경제적 차원이 있는데, 군사적 차원의 경우 북한에 '핵무기를 포기하지 않으면 우리는 군사력을 사용할거야'라고 선언하는 것"이며 "문제는 미국과 한국이 그렇게 할수록 북한에게는 지속적인 핵무기 개발을 해야한다는 강한 동기가 생긴다. 왜냐하면 핵무기를 가지는 게 미국, 한국이 북한의 면전에 주먹을 들이대지 못하게 하는 최선의 방법이기 때문이다. 미국은 핵을 가진 나라를 공격하는 것을 극도로 꺼려한다."
② 만약 북한이 핵을 포기한다면, 그것은 명백하게 미국과 한국이 북한의 체제를 위협하지 않겠다는 협상을 했기 때문일 것이다. (이때) 북한은 미국을 믿어야 한다. (북한 입장에서) 미국을 믿는 것은 바보 같은 짓이다. 트럼프 행정부는 버락 오바마 정부에서 성사시킨 이란 핵협상을 파기하려고 한다.

150) 회의에 참석했던 제임스 리시 미국 상원의원은 '만일 도널드 트럼프 대통령이 북한에 무력을 사용한다면 이는 코피 작전(북한의 핵·미사일 시설에 대한 제한적 타격)이 아니라 대규모로 신속하게 이뤄질 것이며, 사상자와 파괴의 규모는 엄청날 것(biblical)'이라고 말한 바 있다(중앙일보 2018.2.20).

그런 미국 정부를 믿을 수는 없을 것이다. 북-미가 서로 각각 핵 포기와 체제 보장을 교환하는 '거래'를 성사시키려면 상호 신뢰가 있어야 한다는 뜻이다.
그는 북미정상회담은 효과가 없을 것이라 보면서 "북한을 선제 타격하는 예방 전쟁(preventive war)은 절대 안 되지만, 북한이 전쟁을 일으킬 실제 조짐이 보일 때 이에 대응하는 선제 전쟁(preemptive war)의 능력은 갖추고 있어야 한다"고 강조하였다(연합뉴스 및 한겨레신문 2018.3.23.)

필자는 미어샤이머가 상호신뢰가 북핵문제 해결을 위한 필수적 조건이라 제시한 것은 타당하다고 본다. ① 제네바 합의는 2000년 북한에 대한 핵선제공격 가능성을 천명한 부시독트린이 발표되면서 북한은 미국이 제네바합의를 파기했다고 주장하면서 8년간 이행된 프로그램을 중단시키고 NPT를 탈퇴하였다. ② 6자회담으로 2005년 9.19 공동성명이 발표되었지만, 합의 다음날 미국은 북한에 대한 금융제재를 가했고, 북한은 이에 대한 반발로 대포동미사일발사와 1차 핵실험으로 대응하면서 결렬 위기를 겪은 바 있다. 2007년에 결국 2.13합의와 10.3합의를 이끌어 냈으나, 오바마의 선의의 무시 정책으로 북한 핵시설의 신고와 검증 과정을 넘지 못한 채, 결국 2008년 6자 회담 협상이 중단되었다. 김정일 사후인 2012년 2.29 합의가 있었으나, 핵개발 프로그램 중단과 대량살상무기 완전 폐기 후, 2011년 말 카다피 정권이 NATO군의 공격으로 붕괴되면서, 미국의 의도를 의심한 북한이 로켓발사 실험을 강행하면서 결국 무산되었다.
결국 북한의 핵을 둘러싼 북한과 미국의 20여 년 간의 진행과정은 안보딜레마 상황으로 볼 수 있으며 그 핵심에 상호 불신이 자리잡고 있다고 보아야 한다. 그러나 미어샤이머가 협상이 불가능하다고 본 것은 타당하지 않다고 본다.

2) 대내외적 조건의 형성

일반적으로 제재와 압박이 중요하다는 인식이 한국의 보수진영과 미국의 인식이었다. 협상은 핵무장을 위한 시간벌기 이상의 의미가 없다 것이다. 그러나 이런 인식은 핵무장 완성단계에 있는 북한에게 시간벌기는 사실 의미가 없음을 간과하고 있다. 또한 (미국과 달리 한국으로서는) 군사적 옵션은 선택지가 될 수 없으며, 경제적 압박 또한 지금까지 효과가 크지 않았다는 점에서 제재수단이 제약될 수밖에 없음을 고려해야 한다.

비록 북한 핵문제에 적용을 하지는 않았지만 베네수엘라 · 쿠바 · 이란과 관계를 개선하는 과정에서 사용된 오바마식 접근은 '관여(engage)를 통한 변화(change)'였는데, 이 방식을 대안으로 제시하는 견해도 있다. 제제와 협상 혹은 채찍과 당근 외에, 접촉과 교류를 통해 북한 주민들에 의해 북한 내부가 변화하도록 노력해야 한다는 것이다(일종의 공공외교). 그러나 공식 · 비공식적 채널이 없는 상태에서는 실현가능한 수단이 제한된다는 점에서 북한문제에 적용하는 것은 한계가 있다(단, 평창 동계올림픽 대회는 공식 · 비공식 접촉채널을 만들고 관계를 형성하는 중요한 계기가 되었는데, 이 모델이 비현실적인 것은 아니다).

북핵 문제 해결뿐 아니라 핵문제에 관심을 갖고 있는 역내 모든 국가들이 참여해 핵위협 사용의 제한을 논의할 수 있는 **포괄적 프레임워크의 필요성**이 절실하다. 이와 같은 포괄적 문제 해결 방안이 실현되기 위해서는 **한국전쟁 종전과 함께 북한과 미국 간 평화협정 체결, 역내 국가들이 모두 참여하는 다자평화 선언, 역내 비핵화 지대의 선언 등이 필요**하다(피터 헤이즈 노틸러스연구소 창립자/연구소장). 참고로, 북핵의 평화적 해결을 위해 국제사회가 할 수 있는 일은 이를 위한 여건 조성이라 할 수 있는데, 6자 회담 재개와 6자 이외 국가들까지 포함해 핵문제 이 외의 이슈들에 대해 북한과 대화에 나서는 것이라 할 수 있다.

3) 한국의 정책적 선택

한국은 북한의 비핵화에 있어서 주도자 역할을 하는 데 한계가 있을 수밖에 없으며, 중간자 혹은 조정자로서의 역할을 하는 것이 필요하다(문재인 정부의 운전자론이 갖는 의미). 즉, 남북 정상 간의 선언적 의미의 비핵과 평화체제 형성에 대한 합의 자체로 주변국에 대한 일종의 signal로 작용함으로써 대화 분위기로 전환할 수 있다는 것이다. 이는 북미 간의 대화를 위한 징검다리가 될 것이다.

그렇다면, 2018년 3월 모라토리엄과 완전한 핵폐기를 선제적으로 들고 나왔던 북한은 왜 2018년 이전에는 그렇지 못했는가에 대한 질문이 나올 수 있다. ① 그 첫 번째는 국내적 지지 약화와 미국의 반발을 낳을 수 있음에도 북한 정권의 변화를 요구하지 않을 것이고 군사적 압박을 가하지 않겠다는 문재인 정부의 지속적인 확인이 있었으며,[151] ② 10~50개 정도의 핵을 보유하고 있을 것이라 추정되는 상황에서 거의 완성단계라 평가되는 ICBM과 SLBM 기술을 가지고 있는 상호억제력, ③ (베트남 혹은 중국식 경제발전 모델을 추진하려는 의도에 신빙성이 있다는 전제에서) 북한 경제성장을 위해서는 중국의 지원으로는 부족하고 국제사회의 협력이 필요하다는 북한의 인식 혹은 전략의 변화에서 답을 찾을 수 있을 것이다.[152]

문제는 북한의 비핵화선언에 대해 미국이 신뢰할 수 있겠는가가 관건이 될 것이다. IAEA의 사찰에 대해 어떠한 제약을 두지 않음을 북한이 수용한다면 일정정도 투명성이 보장될 수 있다. 북–미정상회담 이후 양자가 이 문제에 대해 합의가 가능한지는 두고 봐야할 것이다. 기술적으로 본다면, 6자회담에서 합의된 사항이 있다는 점이 정상회담 이후의 진행과정에서 유용한 틀이 될 수 있을 것이다.

장기적으로는 주변국과의 상호협력을 위한 조건을 형성해 나가는 것이 동북아 역내 긴장을 완화시켜 북한의 비핵화를 위한 여건을 만들어 낼 수 있을 것이다. 일단은 3차 남북 정상회담에서 합의된 내용을 신속하게 이행(급격한 변화, radical change)하는 데서 출발할 필요가 있다. 이런 맥락에서 볼 때, 휴전선에서의 확성기 철거를 신속히 이행하고, 북한이 풍계리 핵실험장 폐기를 바로 결정하고 5개국의 취재를 허용한 것은 이런 맥락에서 긍정적으로 평가할 수 있다.

NLL을 평화지대구상으로의 전환이나 경제협력 구상 등은 북–미간 합의와 핵폐기 프로그램 진행을 통해 대북제재가 해제되는 과정에서 실현이 가능한 것이지만, 포괄적이면서도 단계적 이행을 통해 진행일정을 앞당기는 것이 필요하다.

중국은 북한이 주한미군의 주둔을 수용하는 핵폐기로 종결되고 북한이 베트남식 개혁모델을 추구하는 경우를 반대한다는 점, 일본은 ICBM의 폐기에서 합의가 이루어지고 중거리미사일의

---

151) 문재인 정부의 평화적 해결을 위한 지속적인 노력은 앞서 본 굽찬의 전략의 첫 번째 단계(적대국에 대한 '전략적 억제'와 양보를 통해 위협의 근원을 없애는 '일방적 타협'의 행동)으로 해석할 수도 있다.

152) 세 번째 측면은 북한으로서는 딜레마일 수 있다. 이란과 리비아의 경우 석유와 같은 전략적 자산이 있기 때문에 핵폐기를 대가로 국제사회의 제재를 푸는 것만으로도 경제안정을 꾀할 수 있었으나, 북한은 이러한 전략자산을 보유하고 있지 못하다. 따라서 단순한 경제제재 해소와 핵 폐기를 교환할 수 있겠는가라는 질문이 나올 수 있는 것이다.
이 때문에 미국 내 다수 전문가들은 북한은 핵 폐기를 대가로 에너지 및 경제적 지원 등을 요구할 것이고, 이는 결국 시간 벌기 이상의 의미는 없다고 보는 것이다.

폐기까지 이루어지지 못할 수 있다는 점 때문에 한국의 중재하고 북-미간 합의로 진행되는 현 상황에 대해 모호한 태도를 유지하고 있다.

이런 상황에서 상호의존성에 대한 인식의 형성은 주변국의 지지와 협력을 이끌어 내는 중요한 계기로 작용할 수 있다. 이런 맥락에서 문재인 정부가 제안한 경의선과 동해선 연결을 기반으로 한 '신북방정책'은 중국의 '1대1로'구상과 러시아의 '신동방정책', 몽골의 '초원의 길 이니셔티브', 그리고 중국-러시아-중앙아시아 국가들의 '유라시아 경제연합(EEU)구상'과 연계된다는 점은 주변국의 협조를 이끌어 내는 계기가 될 수 있을 것이다.

추가적으로 북핵문제 해결과정에서 중국이 일정정도 역할을 할 수 있는 최소한의 프레임을 제공하는 것도 고려해야 한다.

> 전문가들이 제시하는 프로세스에는 다음과 같은 사항들이 있다.
> - 단기 프로세스 : 남북대화 복원, 개성공단 재가동과 금강산관광 재개, 남북 이산가족상봉과 서신교환 재개와 확대, 기존의 합의사항(6 · 15 및 10 · 4 공동선언 합의사항) 이행, 남북철도와 도로 연결 사업 이행
> - 장기 프로세스 : 서울과 평양에 남북대표부 설치, 북 · 미 / 북 · 일 간의 관계 정상화, 북핵 폐기와 종전협정 및 평화협정 + 한미 동맹 재조정, 중국 및 러시아의 TSR · TKR 철도 연결사업 및 사할린 · 산둥 가스 파이프라인의 연결 사업 추진
>
> – 제주포럼(blog.naver.com/PostView.nhn?blogId=jejuforum&logNo=220914896044) 참고

4) 남-북, 북-미 정상회담

가. 2018년 상황 변화

남한이 2017년 북한에 대해 지속적으로 대화를 통한 해결을 제기했으나, 북한은 미사일 발사 실험과 비방으로 일관하였다. 2018년 IOC가 평창동계올림픽 대회에 남북단일팀 참가를 제안하고, 남북한이 이를 수용하면서 상황은 급변하였다(남북단일팀 구성과정에서 공식 · 비공식적인 대화와 협상의 계기가 마련되었다고 볼 수 있다).

먼저, 2018년 3월 대북특사단이 평양에 방문하였고, 김정은 위원장과 합의안을 마련하였다. 대북특사단과 북한 김정은의 합의사항은 ① 남북 정상회담 개최, ② 정상 간 핫라인 설치, ③ 비핵화 의지 천명, ④ 북미 대화, ⑤ 북한의 핵미사일 추가 실험 중단, ⑥ 체육 · 문화 교류를 담고 있었다. 여기에서 아무런 대가없이 발표된 ⑤ 모라토리엄은 이후 대화국면을 열고 동북아 지형을 이념에서 지정학적 관계로 전환시킨 촉발제라 평가되기도 한다. 그리고 이전 시기와의 차이점은 북한이 핵을 보유한 상황에서 이루어지는 협상이라는 점이다.

정의용 국가안보실장과 김정은 위원장과의 회담 결과에 대한 발표문(2018. 3. 5)과 김정은 위원장과 시진핑 국가주석과의 2018. 3. 5 정상회담 발표문에서 북한은 북한의 체제안전이 보장되고 군사적 위협이 해소되면 '핵을 보유할 이유가 없다'는 점을 명확히 천명하였고, 회담이 진행되는 동안 핵실험과 미사일 발사를 중단하겠다는 것을 동시에 밝힌 바 있다. 이와 함께 한반도 평화 실현을 위한 단계적이고 동시적 조치를 제안하였다.

그동안 북한이 '선 비핵화 후 보상(평화협정)'을 주장했던 미국의 입장과, 비핵화와 평화협정을 동시에 추진하는 쌍궤병진(雙軌竝進)을 제안한 중국의 입장을 모두 거부한 바 있다. 2018년

에 제시한 '단계적, 동시적 조치'는 그동안의 입장을 수정한 것으로 볼 수 있다.

국내 보수진영에서는 한반도 비핵화는 북한의 핵폐기에 그치는 것이 아니라 남북한의 동시 비핵화를 주장하는 것이라며 반발하고 있다. 이는 보수진영이 주장해 온 미국의 전술핵 재배치를 통한 억지력 확보에 반하기 때문이다. 그러나 현재 남한에는 핵무기를 배치하고 있지 않기 때문에 이 주장 자체는 크게 문제가 안될 수 있다. 이보다는 4월 20일 당중앙위원회 전원회의에서 행한 김정은 위원장의 발언을 어떻게 해석할 것인지에 따라 북한의 전향적인 변화를 신뢰할 수 있는지가 달라질 수 있다.

김정은 위원장은 "공화국 핵무력건설에서 이룩한 역사적 승리를 새로운 발전의 도약대로 삼고 사회주의 강국건설의 모든 전선에서 새로운 승리를 쟁취하기 위한 혁명적인 총공세를 벌려 나가야 합니다."라는 전제에서 ① 병진노선으로 핵무기 병기화를 믿음직하게 실현했으며, ② 핵실험과 대륙간 탄도유도탄 실험발사를 중지하며, ③ 핵실험의 전면중지를 위한 국제 노력에 합세하며, ④ 핵위협이나 핵도발이 없는 한 핵무기를 절대로 사용하지 않으며 어떤 경우도 핵무기와 핵기술을 이전하지 않으며, ⑤ 사회주의 경제건설에 총력을 집중하며, ⑥ 주변국들과 국제사회와 긴밀한 연대와 대화를 적극화할 것이라고 밝혔다. ②③④의 의미로만 보면 최소한의 억지력을 확보하기 위한 핵무기는 보유한다는 의미이며, 따라서 불완전한 비핵화라 할 수 있다.

다만, 두 차례에 걸친 발표문과 이후 남북정상회담에서 밝힌 내용에 따르면 체제보장이 이루어진다면 핵을 포기할 수 있다고 해석될 수 있는 것이다. 이때, "북한에 대한 군사적 위협이 해소되고 북한의 체제안전이 보장된다면"에서 말하는 위협의 해소를 어떤 기준을 가지고 판단할 것인지가 쟁점이 될 수 있다. 그동안 표명된 북한의 주장을 보면, ① 외교적으로 북미수교, ② 경제적으로 제재 철회 및 경제지원, ③ 군사적으로 평화협정 체결이 선결조건이라 할 수 있다. 2016년에는 '체제보장 5개 원칙'으로 "① 남한 내 미국 핵무기 공개, ② 남한 내 모든 핵무기·기지 철폐와 검증, ③ 미국 핵 타격 수단의 전개 중단, ④ 대북 핵 위협 및 핵불사용 확약, ⑤ 주한미군 철수 선포"를 제안한 바 있다.

그러나 2018년의 발표문과 정상회담 합의 사항에는 주한미군철수 대신, 한반도에서 미국의 핵전략자산의 철수와 한미연합훈련에서 핵전략자산의 전개 중지를 요구했고, 종전선언과 평화협정 등이 강조되었다. 이에 대한 국내 보수진영의 해석은 '핵 전략 자산 관련 주장'은 주한미군 철수와 한미동맹 해체의 또 다른 표현이라는 것이다.

반면, 베트남식 개혁의 전제로 미국을 포함한 자본투자유치를 북한이 원하고 있다는 것이 확실하다면, 그리고 미국을 포함한 서구의 자본이 북한에 진출한다면 북한으로서는 체제보장에 대한 어느 정도 확신을 할 수 있고 한미동맹체제의 유지는 북한으로서 위협이 되지 않는다고 볼 수 있다.

원론적으로 이야기한다면 압박과 개입의 병행이 필요하다고 할 수 있으나, 필자 개인의 관점에서는 공허한 이야기에 그친다고 생각된다. 문제해결에서 가장 중요한 것은 어떤 계기와 조건이 필요한가에 있다고 본다. 그리고 북핵문제에 있어서 해결되지 않을 것처럼 보이는 마지막 퍼즐은 [**비핵화 - 체제보장**]에 있다고 본다.

한국과 미국을 비롯한 주변국으로서는 [비핵화/핵폐기]가 신뢰할 수 있는지, 즉 검증이 관건이다. 반면 북한으로서는 [체제보장]을 신뢰할 수 있는지가 관건이다. 만약, 체제보장을 군사적 측면으로 좁히지 않고, 외교적 측면과 경제적 측면까지 포함시킬 때 해결되지 않아 보이는 불신의 출구가 열린다고 생각된다.

나. 남-북 정상회담

2018년 3월 대북특사단과 북한 김정은 위원장의 합의에 따라 2018년 4월 남북 정상회담이 개최되었다고 판문점 선언이 발표되었다. 2018년 4월 27일의 남북정상회담 판문점 선언에서는 남북한이 북핵 문제를 사실상 핵심 의제로 다루고, 이를 한반도 평화체제 문제와 연계시키로 했다. 양자 간에 핵심 문제에 대한 인식은 공유했음을 알 수 있는 것이다. 주요 내용을 보면 다음과 같다.

① **남북관계 개선** : 민족자주 운칙 확인, 남북고위급 회담 개최, 남북공동연락사무소 개성설치, 민족공동행사 추진, 8.15 이산가족 상봉, 10.4 합의 사업추진, 동해선과 경의선 및 도로 연결

② **군사적 긴장완화** : 적대 행위 전면 중지, 서해 북방한계선(NLL)의 평화수역 조성, 장성급 군사회담, 국방부 장관 회담 등 개최

③ **한반도 항구적 평화체제 구축** : 남북 불가침 합의 재확인, 단계적 군축 실현, 2018년 내 종전선언을 하고 정전협정을 평화협정으로 전환하며 이를 위해 남·북·미·중 4자 회담 추진, 완전한 비핵화를 통한 핵 없는 한반도 실현 목표 확인, 기타(남북정상간 핫라인 개설, 문 대통령 평양 방문)

정상 간의 합의내용 자체를 자유한국당은 비판적으로 평가하였다. 특히, 한국의 보수 진영은 종전선언과 평화협정 자체를 반대한다. 이는 유엔군사령부 해체와 한미연합사 해체, 그리고 전시작전권 환수와 주한미군 철수 혹은 후방으로 이전을 수반하는 것이고, 북한의 실질적 군사위협이 존속하는 상황에서 이루어지는 일련의 조치는 한국의 대북억지력을 약화시킨다는 것이다. 그러나 주한미군 철수나 감축, 전시작전권 환수는 1970년대와 2000년대 중반부터 추진되고 논의되어 왔었으며, 군사적 긴장완화를 위한 조치가 진행되는 과정에서 단계적으로 추진되는 것을 간과하고 있다(나아가 핵을 제외한 전력에 있어서 남한의 군사력이 북한에 대해 우위를 점하고 있다는 점을 논외로 하더라도, 미국의 억지력에만 지나치게 의존하는 것은 포기의 위험만을 높일 수 있음을 간과하는 것이기도 하다).

과거 2016년 7월 6일, 체제보장 5개 원칙으로 남한 내 미국 핵무기 공개, 남한 내 모든 핵무기·기지 철폐와 검증, 미국 핵 타격 수단의 전개 중단, 대북 핵 위협 중지 및 핵 불사용 확약, 주한미군 철수 선포 등을 제안했다. 최근에는 북한이 미국의 핵 전략자산 철수 및 핵 전략자산 전개 중단을 제안한 것으로 보도되고 있다. 이 과정에서 북한이 어떤 것들을 얻어낸다 하더라도 미국의 대북 핵 공격 가능성을 물리적으로 완전하고 불가역적으로 무력화시키는 것은 사실상 불가능하다. 미국의 핵 전력으로 미 본토에서도 북한을 핵공격하는 것은 어려운 일이 아니기 때문이다. 따라서 북한의 안전감은 평화체제 협상 과정에서 미북 간의 합의, 신뢰구축, 진정성 확인 등에 따라 결정될 것이다. 바꿔 말하면, 북한과 미국의 접촉, 그리고 이를 뒷받침하는 한국과 주변국 모두의 공진화 없이는 구조적으로 불가능에 가까운 합의를 현실화하기가 매우 어렵다는 것이다. 그때까지 북한이 과거와 현재의 핵을 보유한 채 평화체제 협상에서 미국의 핵전력 축소를 요구하며 사실상 핵군축 회담으로 끌고 갈 개연성이 있음은 쉽게 예상할 수 있다. 만약 이러한 끈질긴 노력 없이 북한이 평화협정에 대한 외교적, 경제적 보장만으로 쉽게 군사적 담보 수준을 낮춘다면 북한의 대미 신뢰도가 상상 이상으로

높았던 것으로 판명될 셈이다.

- 전재성, [EAI 논평] 판문점 선언 이후 새로운 도전들, 동아시아 연구원, 2018-05-10

원론적으로 이야기한다면 압박과 개입의 병행이 필요하다고 할 수 있으나, 필자 개인의 관점에서는 공허한 이야기에 그친다고 생각된다. 문제해결에서 가장 중요한 것은 어떤 계기와 조건이 필요한가에 있다고 본다. 그리고 북핵문제에 있어서 해결되지 않을 것처럼 보이는 마지막 퍼즐은 [비핵화 - 체제보장]에 있다고 본다.

한국과 미국을 비롯한 주변국으로서는 [비핵화/핵폐기]가 신뢰할 수 있는지, 즉 검증이 관건이다. 반면 북한으로서는 [체제보장]을 신뢰할 수 있는지가 관건이다. 만약, 체제보장을 군사적 측면으로 좁히지 않고, 외교적 측면과 경제적 측면까지 포함시킬 때 해결되지 않아 보이는 불신의 출구가 열린다고 생각된다.

마지막으로, DJ정부의 포용정책의 실패는 미국의 반대와 국내 비준게임에서의 실패 때문이었다고 볼 수 있다. 이런 맥락에서 북한 문제에 대한 사회적 합의를 얼마나 끌어 낼 수 있는 지 또한 중요하다.

참고로, 북한이 미국에 내부설득을 위해 의료 · 비료 지원을 요청했다는 기사가 6월 8일 실렸으며(트럼프는 회담 전후 시기에 한국과 일본이 비용을 부담할 것이라 말한 바 있다), 기사가 실리기 며칠 전부터 6월 5일에는 '퍼주기인가 vs 투자인가'를 둘러싼 논란이 언론에 실리기도 했다.

다. 북미정상회담

2018년 6월 12일 싱가포르에서 북-미 정상회담이 열렸다. 애초에 CVID와 CVIG가 합의문에 담길 것으로 예상되었으나, 합의문에서 빠지면서 미국 내 전문가 그룹 및 언론에서는 회담 결과에 대한 회의적 시각이 지배적이었다.

트럼프 대통령은 합의문에 서명하면서, 합의문의 핵심을 포괄적인 합의였다고 강조하였다. 그리고 트럼프 대통령은 북한에 체제안전보장을 약속했고, 김정은 위원장은 한반도의 완전한 비핵화에 대한 그의 확고하고 흔들림 없는 약속을 재확인했다고 밝혔다. 합의문의 핵심내용은 ① 완전한 비핵화, ② 평화체제 보장, ③ 북미 관계 정상화 추진, ④ 6 · 25 전쟁 전사자 유해송환(미국과 북한은 신원이 이미 확인된 전쟁포로, 전쟁실종자들의 유해를 즉각 송환하는 것을 포함해 유해 수습을 약속한다)이다. 그리고 합의문에 담기지는 않았지만, 실질적인 조치에 대한 합의가 있었음을 언급하였다.

정상회담에 대한 몇 가지 쟁점을 살펴보자.

① 이번 합의는 기존의 bottom-up 방식과는 달리, top-down 방식이라는 점에서 차이가 있다. 이는 긍정적인 면이기도 하고 부정적인 면이기도 하다. 일부에서는 기술적 성격이 강한 실무협상(bottom-up 방식)이 더 어렵고 정상간 합의는 추상적일 수밖에 없기 때문에 해결된 것은 아무 것도 없다고 평가하기도 한다. 그러나 지금까지 기술적인 합의에 대해 고위정책결정자가 파기했던 선례들을 고려한다면 긍정적으로 평가할 수 있는 것이다. 그리고 협상과 합의에서 급격한 변화를 이끌어 낼 필요가 있는 2018년 시점에서는 최고 결정자의 결단과 top-down 방식의 협상이 최선의 선택이었다.

② CVID에서 ID가 빠진 점이 쟁점이 되고 있다. 그런데 북한의 핵폐기는 비가역적인 반면 미국의 체제보장은 가역적이라는 점에서 '불가역적'인 핵폐기는 북한이 수용할 수 없는 조건이다. 또한, 북한은 미국의 제네바 합의 파기, TPP일방 파기, 교토 및 파리기후협정의 일방파기, 이란 핵 협정에 대한 일방적 파기 등을 들어 미국의 약속을 신뢰할 수 있는지에 대해 지속적으로 문제를 제기해 왔는데, 미국의 체제보장을 신뢰할 수 있는가가 관건이 되는 것이다. 어찌 보면, 부시가 처음 언급한 CVID는 협상을 위한 조건이 아니라 압박을 위한 카드에 불과하다는 평가를 받는 이유이다(앞서 언급한 Mearsheimer의 지적을 생각해 볼 것).

> 미국과 베트남의 수교과정을 들여다보면 제4항에 대한 명쾌한 해답이 나온다. 베트남은 1986년 개혁개방을 시작했다. 그러나 미국과의 수교는 어림없었다. 미국의 금수 조치는 이후 94년까지 지속되었고, 이런 얼어붙은 베트남과 미국의 관계가 해빙기를 맞을 수 있었던 계기는 1993년부터 시작된 베트남전에서 전사한 미군 유해발굴·송환이 시작된 때부터였다.
> 이것을 계기로 94년부터 미국의 경제제재가 풀어지고, 서방 기업들의 베트남 진출이 개시되었고, 이듬해 미국과 베트남 상호 연락사무소가 개설되는 등 양국 간의 관계는 거침없는 진전을 보였다. 그리고 1995년 국교정상화를 이루게 됐다. 다시 말해서 이번 북미 정상회담 합의문 4항은 1항인 '북미의 새로운 관계 수립'의 이행조건으로 해석해도 좋을 것이다. 비핵화 과정이 딱딱하고 지루하다면, 미군 유해 송환은 드라마를 제공할 수 있다. — 정세현 전 통일부 장관

합의문에서 (한국의 관점에서) 주목되는 것은, 제3항이 북한이 4.27 판문점 선언을 재확인하고 한반도의 완전한 비핵화를 위해 노력하겠다는 의미(미국의 압력이 아니라 판문점 합의에 따라 비핵화하겠다는 의미)로 해석될 수 있다는 점이다.

어찌되었든, 이번 합의의 가장 중요한 성과는 두 정상 간의 신뢰가 형성되었다는 점에 있다고 할 수 있다. 그리고 향후 북한과 미국의 실무협상과 합의 사항에 대한 이행 여부가 결국 관건이 될 것이다.

대북억지력을 위한 방어체계의 3축 : KAMD, 킬체인, THAAD

- KAMD(한국형 미사일 방어체계, Korea Air and Missile Defense) : MD(Missile Defense)란 적국이 발사한 미사일을 공중에서 파괴하는 방어 개념을 말한다. 대륙 간 탄도미사일(ICBM)을 방어하기 위한 미국의 MD가 고도 10~1,000km를 포함하는 상층 방어시스템이라면, KAMD는 북한에서 남한으로 날아오는 단거리 탄도미사일(SRBM)에 대응하기 위한 것으로 10~30km의 낮은 고도에서 요격한다.
- 킬 체인 시스템(Kill Chain ; 타격순환체계) : 1991년 걸프전에서 처음 등장한 개념으로, 공격 징후를 보이는 표적을 미리 탐지하여 선제공격하는 타격시스템을 말한다. 쉽게 말하면 북한의 미사일 발사동향을 조기에 발견하여 선제타격하여 위험을 제거하는 것이다. 적의 위험 징후를 감지해야하는 만큼 정찰기와 정찰위성이 중요한 요소로 작용한다. 국방부는 2020년대 초반까지 정찰위성 5기를 발사할 계획을 가지고 있다.
- 대량응징보복체계(KMPR, Korea Massive Punishment and Retaliation) : 북한이 핵무기 등 대량살상무기를 사용하지 못하도록 억지하기 위한 새로운 군사대응책으로 북한의 4차 핵실험 이후 국방부가 발표한 전략이다. 핵무기 등으로 위해를 가할 경우 특수작전부대를 투입하거나 정밀타격마사일과 스텔스 전투기인 F35 등을 활용하여 북한의 지도부를 무력화시키는 것이다.

5. 북핵 해법과 관련된 쟁점

1) 6자회담과 북핵문제

가. 6자 회담의 의의

6자 회담은 제네바 합의의 쌍무주의가 한계에 부딪히면서 이를 타개하기 위한 방안으로 제기되었다. 즉, 1994년 미국과 북한간의 소위 제네바 핵 합의, 1997년 4자 회담의 연장선에 있다. 북한 고농축우라늄(HEU) 개발 의혹 사태가 발생하자 북한과의 대화를 기피하던 부시행정부는 이 사태를 북한과 미국 간 대립이 아닌 북한과 국제사회/주변국의 문제라는 방향으로 게임의 구도를 변경하려 했다. 2003년에 "중국도 이 문제를 풀어야 할 책임을 지고 있다"는 언급을 했고, 2003년 4월 중국의 중재로 북 · 미 · 중 3자회담이 열렸다. 그러나 하루 만에 결렬되었고, 북핵문제의 해결 틀로서 한국 등이 참가하는 보다 확대된 다자회담이 제시되었다. 3자 회담은 한국 · 일본 · 러시아를 추가하여 6자회담으로 발전하여 2003년 8월 베이징에서 제1차 회담이 열렸다.

6자회담은 시행착오를 거치면서 북핵문제 해결을 넘어서 동북아 평화구축까지를 겨냥한 대화기구로 발전했으며, 2007년까지 9.19 공동성명. 2.13 합의 등 한반도의 대결상황을 극복하고 동북아의 평화를 증진할 수 있는 중대한 합의들을 도출해냈다. 그러나 2008년 12월 이후 6자회담은 중단된 채 2014년 현재까지 표류하고 있다.

나. 6자회담의 경과

6자회담은 북핵문제 해결을 위한 구체적인 합의인 9.19공동성명이라는 성과를 도출하였다.[153] 9.19공동성명의 주된 내용은 ① 한반도 비핵화, ② 북미관계정상화, ③ 6개국 경제협력과 대북 에너지 지원, ④ 평화체제를 위한 협상, ⑤ 말(공약) 대 말(공약), 행동 대 행동의 원칙 등이다.

합의 사항 중 4가지는 '90년대부터 끊임없이 재확인된 내용이지만, 마지막 항목인 '말(공약) 대 말(공약), 행동 대 행동', 즉 '동시이행'은 6자회담의 목표 달성을 위한 기본 원칙을 담은 것이다. 실현가능한 약속(공약)을 동시이행을 통해 신뢰를 구축하기 위한 원칙이라 할 수 있다.

성명 발표 직후 방코델타아시아(BDA) 사태 등으로 위기를 맞았으나, 2007년 2월에 9.19공동성명 이행을 위한 초기조치에 합의했고(2.13합의),[154] 10월에는 2단계 조치에 합의했다(10.3합의). 이에 따라 북한은 영변 원자로 냉각탑을 폭파하고 핵신고서를 제출했으며(2단계 핵불능화), 미국은 북한을 적성국 교역법 대상과 테러지원국 목록에서 삭제하였고 5개국은 중유 100만톤에 해당하는 에너지 지원 중 75만톤을 북한에 제공하였다. "행동 대 행동"원칙이 지켜진 것이다. 6자회담의 좌초는 한국과 미국에서 새 정부가 들어서면서 외교정책의 재검토가 이루어지는 시점과 관련된다. 그 단초는 핵불능화를 넘어 핵폐기 단계로 들어가는 데 필요한 북한의 핵

153) 물론, 이 과정에서 6자회담에 계속 소극적이던 미국을 압박하기 위해 2005년 2월 10일 북한 외무성 대변인이 핵보유선언을 하면서 회담이 급진전하여 탄생한 합의문이라 할 수도 있다. 문제는 이 경험이 9.19 공동성명의 이행에 소극적인 오바마 정부를 자극하기 위해 북한이 3차 북핵 위기를 유발했다는 점이다.

154) 2.13합의는 '행동 대 행동'의 원칙에 따라 핵시설 "폐쇄(shutdown)"를 넘어 "불능화(disablement)" 단계를 북한이 수용한 것이다.

프로그램 목록 검증의정서에 대한 합의에 실패한 것이다. 미국은 2단계 핵불능화(이루어진 조치)에 대한 검증문제보다, 3단계 핵폐기(이루어질 조치)에 대한 검증방식을 미리 합의하자는 요구를 했으나 북한이 이를 거부하였다. 이후, 미국은 '선의의 무시정책(benign neglect)'을 취하였고, 북한이 3차 북핵 위기를 유발하면서 6자회담은 중단되었다.

다. 6자회담에 대한 평가와 전망

[1] 6자회담은 다음과 같은 점에서 긍정적 평가가 가능하다.

6자회담은 무엇보다 북핵문제 해결을 위한 중요한 원칙을 담고 있는 9.19 공동성명을 도출했다는 점에 의의가 있다. 9.19 공동성명은 협상의 목표가 아닌 북핵문제 해결을 위해 필요한 원칙과 방법들이 담겨있으며, 궁극적으로는 한반도 평화체제 형성을 위한 계기를 담고 있다. 또한, 갈등국면에서도 북한과 미국 모두 공동성명에 대해 존중할 것을 표명하고 있다는 점에서, 문제해결을 위한 유일한 합의점이라 할 수 있다.

둘째, 6자회담은 북핵문제 해결을 넘어 한반도와 동북아 평화증진에 합의를 도출함으로써 동북아 질서 안정을 위한 안보대화기구로서 기능을 제한적이나마 수행했다. 6자회담 참가국들은 한반도 평화체제 확립과 동북아 다자안보 협력을 명시적으로 약속하고 관련 실무그룹의 가동을 합의한 바 있다. 6자회담을 통해 북핵문제 해결을 바탕으로 동북아 다자안보 협력체로의 질적 전환을 한다는 비전을 참가국들이 공유한 것이다.

셋째, 6자회담에서 참가국들은 남북관계를 특수관계로 인정해 왔다는 점에서, 유사시 북한의 급변사태가 발생할 경우 한국은 6자 회담을 통해 주도적으로 대처할 수 있게 된다. 반대로, 6자회담이 폐기되는 경우, 문제해결을 위한 논의가 유엔과 같은 국제기구로 이전되고 한국의 이니셔티브는 사라지게 된다.

넷째, 한국은 북핵문제에서 실질적 당사자임에도 불구하고 배제되어 왔으나, 6자회담을 통해 능동적으로 개입하면서 합의를 도출하도록 이끌어 왔다. 약소국으로서 동아시아에서 발언권을 높일 수 있는 장으로 기능했던 것이다.

다섯째, 북한은 최소한 6자회담이 진행되는 동안에는 핵실험의 명분을 얻지 못했다는 것이다. 2006년과 2009년의 핵실험은 모두 6자회담이 좌초될 때 발생하였다(물론, 이 시도는 한번은 성공했으나, 한번은 의도한 대로 흘러가지 못했다).

[2] 북한의 잇따른 핵 실험으로 6자회담 무용론/회의론과 함께 (적극적) 봉쇄나 새로운 형식의 대화가 필요하다는 주장이 제기되어 왔다. 그러나 6자회담의 좌초는 회담의 형식과는 무관하다고 할 수 있다. 실제 6자회담은 양자회담(1994년 제네바 합의), 4자회담(1997년 미사일위기에 대한 합의), 그리고 3자회담(2003년)의 실패에 대한 대안으로 제시된 것이다. 부시 정부의 dissuade/reassure라는 일방주의와 오바마의 benign neglect, 그리고 국제사회의 제재 모두 실효성이 없었다.

특히, 2003년 리비아가 미국으로부터 체제안전보장과 경제제재 해제를 조건으로 핵을 비롯한 대량살상무기 개발을 포기했으나 2011년 민주혁명과정에서 미국이 주도하는 NATO의 공격을 받고 몰락한 후, 북한은 핵보유국임을 헌법에 명시하였다(2012년 4월). 문서상의 합의로 북한의 핵무장에 대한 의지를 약화시키는 것이 쉽지 않은 이유다. 문제의 본질은 회담형식이나 제재수단보다는 상호불신과 self-fulfilling prophecy에 있다고 하겠다.

[3] 2008년 12월 이후 6자회담이 열리지 않고 있으며, 국제사회는 북한이 핵실험을 할 때마다 대북재제를 가하고 있으나 모두 실패하고 있다(북한의 경제는 완만하게나마 성장하고 있다). 북한의 핵개발을 방지할 수 있는 대화가 중단된 상태에서 실패한 대북제재조치만 반복되고 있으며, 한국으로서는 실질적인 핵무기를 보유한 북한과 직면할 가능성이 점점 높아지고 있다.

현실적인 방안이라 한다면, '행동대 행동'의 원칙 아래 한반도 평화를 근본적으로 증진시키는 포괄적인 틀을 통해 접근하는 것이다. 6자회담에서 이미 합의한 사항을 진행하는 데서 출발할 수밖에 없다는 것이다. 나아가, 북한의 정상국가화하기 위한 장기적 방안을 모색할 필요가 있다.

2) 상호주의 2010 행정

공정한 교환 혹은 동등한 가치의 교환으로 정의되는 상호주의는 사회관계가 일회적 관계가 아니라 지속적인 관계라는 점에서 상호주의 규범이 보편적으로 존재한다. Gouldner에 의하면, 상호주의의 규범은 자신을 도운 사람을 도와야 하며, 이들에게 해를 끼쳐서는 안 된다는 신념이다.

가. 상호주의 유형

엄격한 상호주의와 포괄적(신축적) 상호주의로 나눌 수 있다. 엄격한 상호주의는 등가성과 동시성을 전제로 한다.

① 등가성은 '눈에는 눈으로 이에는 이'의 극단적 전략을 말한다. 그러나 상호주의는 현실적으로 상대방이 보낸 '눈'과 똑 같은 '눈'을 찾을 수 없기 때문에 제약이 있다. 또한 서로 원하는 것, 필요로 하는 것이 다르기 때문에 이러한 엄격한 상호주의는 바람직하지 않기도 하다. 보편적으로 상호주의는 받은 것과 같은 수준의 가치를 가진 것을 되돌려 주는 행위이다.

② 시차가 있는 상호주의에서 먼저 우호적인 행동을 취한 쪽은 이러한 우호적 행동에 대한 답례를 상대편으로부터 받지 못할 위험을 안고 있다. 따라서 적대관계에 있는 행위자는 일방이 상대방에게 우호적 행위를 할 경우 이것이 우호적 행위로 돌아오지 않고 착취당하는 것을 두려워하여 동시교환을 선호한다.

반면, 포괄적 상호주의는 하나를 주고 즉시 하나를 요구하지 않고, 상대방으로부터의 우호적 반응이 없더라도 지속적으로 우호적으로 행동하여 결국에는 상대방으로부터 우호적 행동을 이끌어내고, 결과적으로 이러한 교환이 다 대 일의 교환일지라도 대등한 가치를 가진 행동의 교환인 것을 의미한다.

이를 Brand 수상은 상대방의 특수한 이해관계와 정책상의 우선순위를 이해하고 충분히 존중해 주는 협상원칙이라 정의한다. 이러한 전략적 혹은 포괄적 상호주의는 상호간에 유사한 선호(preference ordering)가 없음을 암묵적으로 전제한다.[155]

155) 예를 들어, 종래의 상호주의가 이산가족은 이산가족이며, 비전향장기수는 국군포로 문제에 대응한다고 보는 데 비해, 이는 남북한의 선호와 일치하지 않는다는 것이다. 즉, 남한의 선호인 이산가족과 북한의 선호인 식량 문제를 교환하는 것으로 보는 것이다.

나. 외교정책과 상호주의

① 합리적이고 이기적이며 효용을 극대화하려는 인간은 상호주의를 선호한다(사회교환이론).

② 게임이론(R.Axelrod 등)에 의하면, 시행착오를 통해 인간은 상호주의를 배운다고 주장한다. 상대방의 우호적인 행위는 자국이 우호적인 행위를 할 경우 두 국가 간 협력관계가 발전될 것이라는 기대감을 가지게 함으로써 우호적인 행위를 하게 하며, 반면, 상대방의 적대적 행위는 자국이 우호적으로 행동을 하더라도 좋은 반응을 받지 못할 것이라는 인식을 가지게 함으로써 적대적인 행위를 하게 한다(Larson).

③ 국내여론은 선한 행동에 선하게 대응하는 것을 선호하기 때문에 지도자는 상대국의 우호적 행동에 우호적으로 대응할 압력을 받는다.

다. 상호주의의 한계

경제관계와 달리 사회 및 정치적 관계에서 등가교환은 불가능하다. 사회적 가치는 주관적일 수밖에 없기 때문이다. 또한, 상호주의가 악용되거나, 상대방의 우호적인 행동을 의심하는 경우 국가는 상호주의를 따르지 않는다. 또한, 자국의 이익을 위해 상대국에게 우호적 행동을 취한 경우 상호주의에 따르는 것만은 아니며, 오랜 적대관계 하에서 상호주의는 적용되지 않는다.

라. 상호주의와 국력 : 상호주의의 실재

Pachen은 국력이 대등한 국가 사이에 상호주의가 더 잘 일어난다고 주장하지만, 대등한 국가 간에는 상대방에 대한 우호적 행위가 음모 내지 계략으로 인식될 가능성이 크며(우호적 행위임을 입증할 방법이 대등한 국력의 국가에게는 제한되어 있다), 상대적 이득에 민감하여 등가성의 원칙을 적용하게 되고 이는 상대국에 대해 끊임없이 의심하게 만든다.

반면 국가 간 국력의 차이가 큰 경우는 강한 국가의 지속적인 우호적 행위는 우호적인 것으로 보여지게 되며, 교환에 있어서의 등가성에 덜 민감하게 되어 포괄적 상호주의에 의한 우호적 관계 지속이 가능하다.

마. 대북정책에의 함의

김대중 정부의 비연계적 상호주의는 정경분리를 통해 신뢰구축 계기를 확립(confidence building)했다고 볼 수 있다. 즉, 김영삼 정부 하 연계적 상호주의(핵사찰 – 경협 연계)가 불신과 대립의 악순환만을 낳았다는 평가를 바탕으로 한 정책적 선회인 것이다.

문제는 상호주의의 신축적 적용은 국내의 비판세력과 일반국민에게 원칙의 포기로 인식될 수 있으며, 대내적 잡음을 야기하고 있으며, 상호주의는 동시성(동시이행)이 전제되어야 한다는 비판이 존재하고, 외교 · 군사적 우위를 통한 지속적 억지만이 평화와 안보를 보장한다는 견해가 여전히 국내에서 지지를 받고 있다. 이러한 관점에서 "반공주의에 젖어 온 일반 국민들과, 보수진영에 대해 대북지원을 정당화할 수 있는 유일한 방법은 북의 벼랑끝 전략 · 핵공갈을 수용하는 것이 거의 유일한 방안인지도 모른다"는 지적이 있다.

Ⅳ. 대북정책의 방향 : 협상과 게임 2018 입법

1. 개 관

한국 정부의 대북정책은 '비핵화 – 개혁과 개방 – 반반도 평화와 안정'이라는 목표를 추구해 왔다. 즉, 민주화 이후 대북정책이 한의 비핵화와 체제변화를 연계시키고 있다는 점에서 일관관 흐름을 보이고 있다. 그러나 한국 정부가 사용할 수 있는 수단은 제약이 있다.

북한의 변화를 유도하기 위한 수단으로 군사개입이나 봉쇄정책이 실현불가능하기 때문에 경제적 개입수단으로 제한되어 왔다. 경제적 개입은 경제적 유인과 제재라는 두 대안의 선택으로 귀결된다. 예컨대, 제네바 합의, 2.13합의 등은 모두 경제적 유인에 의한 북한의 변화 유도 전략이라 할 수 있다. 그런데, 경제적 유인은 신뢰도 높은 제재 위협(군사적 혹은 경제적 제재)이 존재할 때 효과적이며, 그렇지 않을 경우 합의 사항의 이행의 유인이 크지 않아 합의위반이나 이탈 가능성이 높을 수밖에 없다. 이명박 정부는 제재 없는 유인을 기반으로 하는 DJ정부와 노무현 정부의 대북정책이 정책실패로 귀결되었다는 인식 하에 엄격한 상호주의 전략을 채택하게 된다.[156)]

참고 대북정책의 상반된 정책지향

1. 정책목표 : 정상국가론 vs. 평화체제론
   김영삼 정부 이래 한국정부는 한반도 평화체제 구축을 대북정책의 최우선과제로 설정했다. 반면, 이명박 정부는 평화구조의 창출을 전략목표로 제시하였으나, 평화구조는 북한의 정상국가화를 통한 비핵화를 통해 달성될 수 있다는 인식을 전제로 하고 있다. 이때, 정상국가란 대내적으로는 경제체제를 재건(자본주의 경제체제 확립)하고, 북한의 인권을 개선(민주주의 정치체제 확립)하는 것이다. 대외적으로는 주변국과의 국교정상화를 통해 정상적인 국가관계를 실현하고 국제기구에 가입하여 정상적인 국제사회의 일원이 되는 것이다.
2. 정책기조 : 봉쇄정책 vs. 포용정책
   봉쇄정책(containment policy)은 한국의 우월적인 힘을 통해 북한을 고립시키고, 국제사회의 제재를 통한 압박과 대화거부(무시정책)를 통해 북한의 정책변화를 이끌어 내는 것이다(부시 1기의 정책기조가 이에 속하지만, 이 정책은 북한의 핵실험으로 중단되었다).
   포용정책(engagement policy)은 '접근을 통한 변화'를 추구하는 것이다. 경제협력 통해 북한체제의 점진적인 변화를 유도하여 체제전환과 통일이라는 목표를 달성한다는 기능주의적인 접근법이다(DJ정부와 노무현 정부의 대북정책이 이에 속한다).[157)] 포용정책을 '돈으로 평화를 산다'는 논리라 평가하기도 한다.
   이명박 정부는 봉쇄정책이 북핵실험으로 실패했다면, 포용정책도 북핵실험으로 실패했다는 점을 감안하여 유화적 태도보다 회유와 압박을 병행하는 원칙 있는 포용정책(principled engagement)을 지행해야 한다고 주장하였다.

---

156) 이러한 인식은 6자 회담에 대한 회의적 시각과도 관련된다. 6자 회담은 구조적 제약이 존재할 수밖에 없다. 한반도 비핵화의 평화적 달성이라는 공동 목표에 대한 회담 당사자의 동기의 강약과 공약의 정도에서의 간극이 크고, (국제 공공재 창출에서의 비용과 편익의 불일치를 해결하기 위한) 합의이행을 위한 구속력 있는 수단의 확보와 불이행 시 제재 수단의 부재는 결국 6자 회담을 통해 북한의 변화를 이끌어 낼 수 없다는 결론에 도달한다.

3. 정책순위 : 선(先)비핵화 vs. 동시행동

2005년 4차 6자회담에서는 북한이 모든 핵을 폐기하면 한반도평화체제, 북・미 및 북・일 수교를 동시에 이룬다는 포괄적 해법에 합의했다(**9.19공동성명**)으며, 이에 기초한 2.13합의와 10.3합의에 따라 북한 영변 핵시설의 동결과 핵신고서를 제출한 바 있다. 그러나 BDA문제로 일정이 지체되었고, 2008년 8월 14일부터 불능화작업이 중단되었다. 9.19 공동성명은 동시행동원칙을 천명한 것이었으나, 합의 내용이 난항을 겪게 되면서 제시된 것이 선비핵화 전략이다.

선비핵화는 '평화체제 구축은 주한미군과 한미동맹이 남북한의 긴장을 가져오는 원인이라는 북한의 주장을 인정하는 것이고,[158] 오히려, 북한의 사회주의 체제를 종식시킴으로써만 가능하다'는 전제에서 출발한다. 그리고 이 논리는 6자회담에서 합의한 내용을 부인한다는 점에서 주변국의 협조를 이끌어내는 데 한계가 있으며, 교착과 경색, 그리고 관계의 단절을 가져오는 요인으로 작용하였다.

4. 경협에 대한 접근 : 연계론 vs. 병행론

남북경협의 쟁점은 핵문제와 경협을 연계할지, 아니면 핵문제의 진전과 별도로 경협을 병행 추진할 것인지 하는 것이다. 이명박 정부 이후부터는 연계전략을 택하고 있다. 북한의 핵포기를 대가로 10년 내 1인당 GDP $3,000를 달성하도록 지원(조건부 지원)하겠다는 것이다(참고로, 인도적 문제도 연계전략에 따라 국군포로・납북자 및 북한주민의 인권 개선에 협조하고 북한이 요청하는 경우에 제한적으로 지원할 것임을 천명하였다).

연계전략은 북핵 문제가 지연되거나 악화되는 경우 기존의 경협사업을 재검토하고, 국제사회와 공조를 통해 제재를 가할 것임을 시사하는 것이다. 문제는, 핵문제가 지연되는 경우 대안을 찾을 수 없다는 한계를 안고 있다. 나아가, 이 경우 북미관계를 진척시키면서 남북대화를 거부하는 통미봉남(通美封南)을 택하는 상황이 재연될 수 있다.[159]

2. 협상 수단

협상수단에는 앞서 본 바와 같이 군사개입과 경제개입으로 나눌 수 있다. 그런데, 실증분석에 따르면, 직접적 군사개입과 대가가 큰 경제제재가 대상국의 체제 안정성에 큰 영향을 주며, 원조나 희생이 적은 상징적 경제제재는 실효성이 낮다고 한다.[160]

1) 군사개입

군사개입은 실효성에서는 효과적이지만, 비용측면에서는 부정적 결과를 보인다. 그런데, 군사력의 차이가 아주 크게 존재하는 상황에서 상대방이 합리적 선택을 하는 경우에만 제재국의 요

157) DJ정부 시기 임동원 통일부장관이 김영삼 정부의 초기 대북정책을 유화정책(appeasement policy)이라 평가하면서 포용정책과 구별하기도 했다. 이명박 정부는 포용정책은 '돈으로 평화를 사려는 퍼주기'라는 비판(유화정책과 동일)을 하는 데, 이 때문에 포용정책을 '접근을 통한 변화'로 구별하기도 한다.

158) 평화체제 구축에서 언급되는 것은 유엔사령부로 정전협정을 평화협정으로 전환하더라도 주한미군은 별개의 문제라는 점을 이 주장은 간과하고 있다. 또한, 평화협정이 유엔사령부 해체를 의미하는 것도 아니며, 한미동맹의 파기를 의미하는 것도 아니다. 그리고 9.19 공동선언이 말하는 평화체제 구축은 한반도의 통일을 의미하는 것은 아님에도 불구하고, 이 주장은 한반도 통일이라는 적극적 의미의 평화로 공동선언의 내용을 해석한 오류를 범하고 있다.

159) 참여정부의 병행전략은 경협의 활성화와 군사적 긴장완화에 기여했으나, 북핵문제의 완전한 해결을 이끌어내지 못했다는 한계를 안고 있었다.

160) Wang & Ray의 연구에 따르면 40-70% 정도의 성공률을 보임. Hufbauer, Schtt, Elliot & Oegg의 연구에서는 34%의 성공률을 보인다.

구가 관철된다. 압도적 군사력 차이가 존재하는 예외적 상황에서만 효과를 발휘할 수 있다.

또한, 국제정치와 지정학적 맥락에 제약을 받을 수밖에 없다. 1990년대 초 1차 북핵 위기 상황에서 클린턴 정부가 대북 군사적 수단을 고려했던 것은, 구 소련의 붕괴와 중국의 무간섭으로 인한 군사적 공백이 존재하던 상황과 관련된다. 그러나 영변핵시설 공습 후 북한의 전면전 개시와 중국군의 참전 가능성, 그리고 전쟁의 승리에도 불구하고 발생할 동맹국의 막대한 피해가 미국으로 하여금 군사적 수단의 실질적 사용을 주저하게 만들었다(실제로 전쟁 대신 제네바 협상으로 귀결되었다). 나아가, 미국의 군사 제재 위협을 북한이 핵무장 추진의 정당화 수단으로 역이용함으로써 효과를 반감시켜 버렸다.

2) 경제적 개입

교환모델에 따르면, 경제적 개입이란 대상국에 댓가를 제공함으로서 정책적 변화를 이끌어 내는 것을 목표로 한다(6자회담의 경제적 유인이 대표적이다). 반면, 촉매모델에 따르면, 경제적 개입의 목표는 대상국의 기본정책의 우선순위상의 변화에 있다(햇볕정책에서 추진된 북한의 개방유도 정책이 이에 속한다).

경제적 개입의 성공은 ① 완전한 정보, ② 합리적 행위자, ③ 신뢰성 높은 공약(신빙성)을 전제조건으로 한다(게임이론을 생각해 볼 것). 즉, 경제적 개입은 완전한 정보의 공유 하에서 제재 위협이 신빙성 있게 주어지고, 합리적 행위자인 대상국이 기존 정책을 유지함으로써 얻는 이익보다 제재로 인해 발생할 불이익이 크다고 인식하는 경우에 효과적이다. 반면, 대상국이 기존 정책의 유지로 인해 얻는 이익이 제재로 인해 발생하는 비용보다 크다고 인식하거나 제재 위협의 신빙성을 시험해 보려하는 경우 효과가 없다.

그러나 현실에서는 위 전제조건이 충족되지 않은 경우가 대부분이기 때문에 실재로 경제제재의 성공률이 낮게 나타날 수밖에 없다. 따라서 경제적 개입수단의 효과를 높이기 위해서는 유인과 제재의 적절한 배합이 필요하며, 잘못된 신호나 수단의 선택, 조작된 의도나 정보전달은 정책실패를 초래하게 된다.

3) 엄격한 상호주의

소련 붕괴 이후 북한의 경제난과 식량난을 고려할 때,161) 대북 경제유인으로서 식량원조 등이 효과적일 수 있다. 나아가, 이러한 유인의 제공이 북한의 경제원조에 대한 의존도를 크게 높일 수 있다면, 한국과 미국의 레버리지 효과가 증진될 수 있다.162)

그러나 불량정부의 개혁이 선행되지 않은 한 개발의 성과 없이 원조만 악순환적으로 반복 투

161) 통일부와 통계청에 따르면, 1995년 이후 북한은 연 5억t의 곡물수요량에도 불구하고 자체 생산량이 3.5-4억t에 불과해 매년 1-2억t 정도의 수입이 필요한 상황에 처해 있다.
1975년의 GDP를 100으로 볼 때, 1991년 129까지 증가하다가 이후 지속적으로 하락하여 2000년에는 56 수준까지 하락하였다.

162) 레버리지(leverage) 효과는 지렛대 원리를 의미하는 말로, 경제에서는 타인 자본을 이용한 자기자본이익률의 상승효과를 의미한다.
국가간 원조와 교역에 이 원리를 적용하는 경우, 대상국의 규모가 작을수록, 원조 의존성이 높을수록 원조 제공의 효과가 크게 나타난다. 또한, 레버리지를 행사하는 제재국가들 간 정책목표가 일치할수록 효과가 크게 나타난다.

입되는 결과(불량거버넌스의 함정) 초래되고, 북한의 버티기(muddling-through) 전략을 방조하게 된다.[163]

북한은 협상이탈 후 제재국면에서 벼랑끝 전술로 군사적 긴장을 고조시켜 외교적 타협의 필요성을 주장하는 여론을 조성한 후 유화공세로 협상을 재개시키고, 협상과정에서 살라미 전술(salami tactics)[164]을 구사하여 얻을 수 있는 반대급부의 총량을 최대화해 왔다. 반면, 남한은 북한의 도발과 합의 이탈 이후에도, 경제지원은 지속될 것이라는 잘못된 신호를 발송함으로써 경제교류 확대라는 수단이 목표로 전환되는 전도현상이 발생했다.

또한, 양자 간 신뢰성 있는 공약준수 선언과 이를 투명한 방식으로 제시하는 데 실패했으며, 관여국들 간의 대북정책목표의 간극이 크기 때문에 경제적 개입의 효과는 낮을 수밖에 없다.

마지막으로, 북한은 북핵문제와 북한의 체제안보를 불가분적 관계로 인식하고 있다. 즉, 분쟁이슈의 불가능성이 합리적 해결을 저해하게 된다.

이러한 인식에서는 포용정책(햇볕정책)과 6자회담은 실패할 수밖에 없는 정책으로 보면서, 엄격한 상호주의를 대안으로 제시한다. 그러나 상호주의와 선비핵화, 연계론 등은 메아리 효과를 유발하게 된다. 또한, PD게임 상황을 교착게임으로 전환시키는 결과를 초래할 수 있다. 실제로, 이명박 정부 시기 남북관계는 교착 상태에서 벗어나지 못했다.[165]

---

163) James Fearon은 <전쟁에 대한 합리주의적 설명, Rationalists' Explanations for War>에서, 국가간 갈등이 외교협상을 통해 해결되지 않고, 과도비용이 소모되는(즉, 비합리적이라 할 수 있는) 전쟁행위로 귀결될 수 있음을 주장한 바 있다. ① 전쟁보다 나은 외교교섭이 있더라도 그 결과가 이행된다는 보장이 없기 때문이다. ② 국가들이 협상과정에서 협상력을 제고하기 위해 자국의 군사력과 그 사용의지를 왜곡하는 경향이 있다. Fearon은 "사실 전쟁을 설명함에 있어 합리성의 가정이 의미하는 바를 제대로 이해하면 곧 비합리적 요소들이 생각보다 중요하다는 결론에 도달한다. 예를 들면 양국이 상대적 국력에 대해 의견의 일치를 보지 못하는 이유는 상대방 군사력에 대한 정보부족 때문이 아니다. 그들의 합리성의 정도가 제한된 합리성에 가깝기 때문"이라고 결론짓는다.
또한, 정전협정 등을 맺는 상황에서도 협상가(리더)는 전쟁의지(commitment)를 접으려 할 때(back down) 국민들의 불신임으로 인한 정권의 붕괴를 감수해야 하는 비용(audience cost)을 계산해야 한다. 따라서 권위주의 정권보다 민주적 정권이 쉽게 물러서지 않고 더욱 강한 의지를 보이는 경우가 많다.
Drezner는 ① 행위자의 의지나 결의에 관한 정보를 왜곡하고자 하는 동기와 결부되어 나타나는 사적 정보의 유포(사적 정보), ② 일방 혹은 쌍방 모두가 상호 간 이익 증진에 부합되는 협상에 따를 것임을 신뢰할만한 수준에서 공약을 확보하는 데 실패하는 경우(공약실패), 분쟁이슈는 본질적으로 불가분적이어서 협상과 타협이 근본적으로 어려운 경우(분쟁이슈의 불가분성) J.Fearon이 지적한 결과가 나타날 수 있다고 제시한다.

164) salami는 소금에 절인 이탈리아식 소시지로, 딱딱하기 때문에 잘게 썰어 먹는다. 1940년대 후반 헝가리 공산당은 살라미를 저미듯 반대파를 차례로 제거한 전술을 통해 권력을 장악한 이후, 하나의 카드를 여러 개로 나눠 단계적으로 사용하는 전술을 표현하는 용어로 사용되고 있다. 협상에서는 단계적으로 압박 강도를 높이는 협상 기술을 지칭한다. 금융에서는 은행계좌의 이자 계산 때 무시된 단수를 일정 기간 모아서 집계한 것을 불법 행위자 자신의 계좌에 넣도록 하는 수법이나, 금융기관 컴퓨터에 접속하여 불특정 다수의 계좌에서 돈을 조금씩 자신의 계좌에 넣도록 하는 프로그램 등을 지칭하는 용어로 사용한다.

165) 예컨대, 2009년 북한이 인공위성을 발사하자, 한국과 미국은 인공위성을 탄도미사일로 규정하고, UN안보리 의장성명을 이끌어 냈다. 그러나 그 결과는 북한으로 하여금 강경한 대응(6자회담 불참과 합의 부정, 핵시설 원상복구 등)을 다시 이끌어 냈다. 그리고 한국은 다시 PSI(대량살상무기 확산 방지구상) 전면 참여를 결정한 바 있다. 어떻게 보면, 1980년대 말부터 2000년대 초까지 한국은 동북아 냉전질서 해체에 적극 나서면서 외교적으로 위상을 강화할 수 있었으나, 최근에는 역으로 냉전질서를 되살리는 역할을 수행하면서 외교적 위상과 영향력을 제한시키고 있다. 그리고 당사자로서의 자율적인 목소리를 내기보다는 주변 강국의 입장을 대변하는 듯한 인상을 심고 왔다.

3. 대북협상과 딜레마

1) 북한의 협상행태와 고려사항

북한의 협상행태를 보면, 상황의 불확실성, 자신의 모험주의적 성향, 상대방의 모험회피적 성향 등을 적절하게 이용하는 합목적적 행태를 보인다고 평가할 수 있다. 이는 줄타기식 극단적 전략으로 나타난다. 따라서 다음과 같은 사항이 고려되어야 한다.

- 협상은 테이블에서만 진행되는 것은 아니다. 협상이 타결되지 않는 경우에 예상되는 모든 결과가 협상의 내용에 영향을 주게 된다.
- 협상이론적으로 보면 자신이 위기에 처한 상황을 기회로 반전시킬 수 있다. 북한의 경우 경제상황의 악화 속에서 마지막 카드라 할 수 있는 핵카드가 불리한 여건으로 작용할 수 있음에도 불구하고 오히려 핵카드를 유리하게 이용했다고 평가받는다. 그러나 이런 기회는 오래가지 못하기 때문에 위기상황을 전제로 극단적 정책을 고집하는 것은 위험한 전략이다. 극단적 전략이 효과적이기 위해서는 그 의지를 상대방에게 제대로 전달해야 한다. 만일 상대방이 극단적 전략을 용인하지 않거나 내부에 이견이 표출된다면 극단전략은 별 효과가 없다. 너무 강경하게 대처하여 위기상황을 가져오는 것과 너무 유화적으로 대처하여 계속 일방적으로 양보하는 것은 적절한 협상방안이 아니다. 협조에는 협조를 비협조에는 비협조를 할 때 상호협조의 합의가 도출될 수 있다. 즉, 양보와 합의 이행에 대한 적절한 보상과 합의 불이행에 대한 즉각적인 보복 수단을 가지고 있어야 한다.
- 북한을 합리적 행위자로 가정한다면, 기존의 북한의 전략은 합목적적이었다고 볼 수 있다. 미국과 남한은 보상보복의 강도를 높이면 북한이 사찰을 수용할 것으로 보았지만, 북한이 핵개발 의지가 없는 경우에 효용이 있는 것이라 할 수 있다.
- 북한 핵문제는 위기게임으로 일회적 성격이 강하다 — 특히, 북-미 간의 핵문제는 일회 게임의 성격이 강하다. 이 경우 모험주의적 성향에 따라 협상전략이 결정되는 경우가 많다. 그러나 남북한의 관계는 일회게임이 아닌 반복게임이다.
- 북-미 관계가 아닌 남-북 간의 적대적 관계는 협상에서 구체적인 이슈로서의 성격이 약하다. 남북한의 적대적 관계는 계속 유지되어 왔으며, 특정 이슈에 관한 협상이라기보다는 관계설정에 관한 것이다. 이슈에 관한 협상과 달리 관계에 관한 협상은 종결이 없는 경우가 대부분이다. 북한은 합의 이후 합의사항의 충실한 이행보다 다음 단계의 목표를 추구해온 성향이 강했다. 나아가, 이해관계 보다는 협상파트너에 대한 불신이 협상을 난관으로 몰고 가는 경우가 많았다. 그리고 남-북간의 합의로 해결될 쟁점은 거의 없으며, 주변국과의 협력을 통해 해결될 수 있는 것들이 대부분이다.

2) 교착상태 극복을 위한 전략 : 적과의 동침이 아닌 적과의 협상으로

제로섬적 인식에서 탈피해야 한다. 남북관계는 전제조건과 선결조건으로 연계된 패키지 협상이다. 이러한 협상에서는 일방의 조그마한 양보가 상대방의 큰 이득으로 귀착되면 협상 타결 가능성은 커진다.

일반적으로 적과의 협상은 구체적 문제에 대한 해결보다 합의에 도달하는 하나의 의전적 절차다. 합리적 해결책 도출보다 협상을 통하지 않고는 쌍방이 충분히 상호인지한 합의안을 최종확정하는 의전절차라 보는 것이 바람직한 자세라 할 수 있다. 나아가 적대적 관계에서는 협상보다 협상방식에 대한 협상이 더 중요하다.

PD게임 상황에서 tft전략이 효과적이기 위해서는 조건이 선행되어야 한다. 그렇지 않을 경우 tft전략이 오히려 모두를 장님으로 만드는 메아리 효과를 가져 올 수 있다. 이명박 정부와 박근혜 정부 시기의 남북관계를 보면 갈등이 심화되어 울리고 있는 메아리 상태였다고 볼 수 있는 것이다.

적대적 관계에서 상대방의 제안이 그 의도에 대한 의심을 낳고, 상대방이 제안했다는 것 자체가 거절의 이유가되기도 한다는 것을 인식해야 한다.

둘째, 상대방을 파트너로 인정해야 한다. 적대적 관계에서는 지하외교라 불리는 (중개인이나 사절을 파견하는) 제3자를 통한 간접적 방법과 시간적으로 한시적인 방법을 사용하는 것이 효과적인 경우가 많다. 남북간에는 협상여부가 협상대상이 되는 경우가 많다. 실제 협상에서 합의되는 것은 별로 없지만, 대화여부를 상대승인이라는 것으로 의미를 부여하여, 협상에 임하는 것 자체를 북한으로서는 양보하는 하나의 카드로 만들었다. 북한이 협상에 응하지 않은 경우에는 대응 자체를 하지 않는 것이 오히려 관계 진전에 도움이 될 수 있다. 북한이 움직이지 않는 한 남측이 움직여도 별 이득이 없다.

셋째, 상대방의 인간성을 개조하려는 것이 아니라 상대방의 전략을 바꾸게 해야 한다.

Ⅴ. 보론 : 통일대박론과 통일의 조건

1. 통일과정의 불확실성

전쟁을 통한 통일은 핵전쟁의 개연성이 높아 공멸로 귀결될 것이고, 재래식 무기에 의한 전쟁이라 하더라도 경제적으로 회복불가능한 결과를 초래하게 된다. 따라서 전쟁을 통한 통일은 대박이 될 수 없으며, 북한의 도발가능성에 대한 억지력을 확보하는 것이 최선이 된다.

북한의 급격한 붕괴 / 급변사태로 인한 통일도 대박이 될 수 없다. 북한 난민 문제가 유발하는 불안정성 외에 (6자회담과 같은 불확실성을 관리할 기구가 부재한 상황에서는) 미국과 중국이 각각 핵시설 통제와 국경선의 안정을 위해 군사적 행동을 취할 가능성이 높다. 이 경우, 한반도 불안정성이 커지고 미국과 중국 간의 군사적 충돌로 이어질 수도 있다. 최선의 경우 UN이 붕괴된 북한체제를 관리하는 상황으로 갈 수도 있다. 그러나 이 경우 선거를 통해 성립될 북한 정부가 분단상황을 원하거나 중국에 편입을 원할 가능성이 존재한다.

2. 통일대박론

2030세대의 통일에 대한 부정적 인식이 커지는 상황에서 2014년에 박근혜 정부는 "통일은 대박"이라는 화두를 던졌다. 통일대박론은 통일비용보다 통일편익이 훨씬 크기 때문에 통일을 적극적으로 추진해야한다는 것이다.

① 국가의 사회경제적 성취수준은 정치경제적 제도에 좌우된다. 어떠한 체제가 가장 높은 수준의 발전을 가능케 하는지는 논쟁적인 주제에 속한다. 다만, 시장자본주의만이 효율적인 체제를 보장한다는 인식을 가지고 있는 박근혜 정부는 통일이 대박이 되기 위해서는 북한의 체제를 시장경제체제로의 전환이 이루어져야 한다고 명시하고 있다.

② 통일의 과정은 통일비용과 관련하여 중요한 이슈가 된다. 그런데, 현재의 남한의 경제력으로는 당장 북한과의 통일에서 발생할 것으로 예상되는 비용을 감당할 능력이 없다. 또한, 남북간의 이질성이 크게 존재하는 상황에서 통일된 이후의 사회적 비용이 막대하게 발생할 수 있다. 따라서 남북한의 경제력 격차를 좁히는 과정과 교류협력을 통해 동질성을 회복하는 과정을 거칠 필요가 있다. 즉, 흡수통일이 아닌 점진적이고 단계적인 통일방안이 현실적 대안이 된다. 단계적 통일방안은 통일과정에서 발생할 수 있는 불확실성을 통제할 수 있으며, 그 시기를 신축적으로 조정할 수 있고, 남측의 연합제안과 북측의 낮은 단계 연방제안의 접점을 확인함으로써 합의를 통한 통일을 가능케 할 수 있다는 장점을 또한 갖는다.

점진적 통일을 반대하는 견해에서는 이 방안이 북한이 개혁개방을 통해 점진적으로 변화될 것이라는 가정이 잘못되었기 때문에 비현실적이라 본다. 북한의 권력을 장악한 집단은 자신들의 기득권을 약화시킬 수 있는 개혁과 개방에 반대할 것이기 때문이다. 또한, 단계적 통일방안이 가정하는 합의에 의한 통일은 남북한 정부가 주권의 일부를 포기해야 하는데 이는 북한에 민주주의 제도가 도입되었을 때 가능하다.[166]

166) 이 견해에서는 독일 통일을 예로 들기도 한다 : "독일통일은 좋은 선례다. 동·서독의 정치지도자들과 주요 정당 심지어 민주개혁 운동을 주도한 동독의 시민운동 세력들까지 조약공동체와 국가연합을 통한 점진적·단계적 통일을 추진했다. 그러나 동독주민들은 경제적 풍요를 누리고 싶다는 열망으로 서독과의 조기통일을 요구했다. 그 결과 독일통일이 실현되었다(오경섭, 2014)." 그러나 이 주장은 서독이 동독의 개혁을 이끌어 내

통일대박론은 단계적 통일론이 비현실적이라는 전제에서 북한에 민주주의와 시장경제체제를 이식하는 데 초점을 맞추어야 한다고 본다. 통일한국의 번영을 위해서는 북한의 착취적 정치·경제 제도와 그 유산을 철저하게 청산해야한다는 것이다(오경섭, 2014).

3. 통일의 조건

위와 같은 박근혜 정부의 통일대박론은 결국, 한반도 신뢰프로세스에서 밝힌 것과 달리 현재의 북한 정권은 대화의 상대가 아니며, 현 북한 정권의 붕괴를 전제로 한 것이라 할 수 있다. 그런데, 이는 북한과 협상을 하는 과정에서, 북한은 대화상대가 아니며 북한에 대한 선제 핵공격이 가능함을 밝혔던 부시정부의 그것과 닮아 있다. 그리고 그러한 정책은 이미 실패했음을 앞에서 보았다.

통일은 한반도 평화체제 정착, 북한의 개혁과 개방 및 안정이라는 전제 조건에서 가능하다. 그리고 이는 상호 신뢰구축과 관계 정상화를 거쳐 북핵문제를 해결하는 데서 출발해야 한다.

박근혜 정부의 드레스덴 선언과 한반도 신뢰프로세스

드레스덴 선언은 박근혜 전대통령이 2014년 3월 28일 독일 드레스덴 공과대학교에서 〈한반도 평화통일을 위한 구상〉이라는 제목으로 발표한 대북 원칙이다. 주요 내용은 다음과 같다.

- 남북한 주민들의 인도적 문제부터 해결해 가야한다. (Agenda for Humanity)
- 남북한 공동번영을 위한 민생 인프라를 함께 구축해 나가야한다. (Agenda for Co-prosperity)
- 남북 주민 간 동질성 회복에 나서야 한다. (Agenda for Integration)

드레스선언은 신뢰 프로세스라는 명칭과 달리, 대화를 통한 해결보다는 직접적 제재를 강화할 의도를 표명한 것으로 해석된다. 그러나 봉쇄를 넘어선 북한 정권 붕괴를 꾀하겠다는 이러한 정책은 PD 게임 상황에서의 메아리효과를 유발할 수 있고, 핵을 둘러싼 치킨 게임으로 흐를 수 있음을 감안해야 한다.

나아가 동북아협력구상과 연계되었던 이 정책은 결국 협력과 신뢰라는 개념의 모호성과 구체적 전략의 부재로 인해 혼란을 부추길 수밖에 없었다. 결국 개성공단폐쇄와 협상과 협력을 위한 채널 폐쇄와 단절로 이어졌다.

이와 함께 추진되었던 THAAD배치와 한미일 MD체계 형성, 그리고 이를 위한 한일군사정보협정과 일본군 위안부 문제 합의는 국내 반발 뿐 아니라, 미-중 갈등에 한국이 연루될 위험을 높였다. 그러면서도 독자핵보유와 미국의 전술핵 재도입 필요성이 집권당 내부에서 을 함께 함으로써 그동안 주장해왔던 비핵·비확산 주장과 배치되는 자기 모순을 낳았다.

4. 복합적 전략 : 시장과 시민사회에서의 교류·협력

체제 변화는 시민사회의 형성과 인식의 변화에서 근본적으로 가능하다. 이런 맥락에서 본다면, 정치영역에서의 협력과 협상과 별개로 경제와 사회영역에서의 교류와 협력을 확대하는 것이 장기적으로 개혁과 개방을 위한 조건을 창출하는 데 효과적일 수 있다. 특히, 시장과 시민사회영역에서의 교류와 협력은 군사적 대치상황에서도 유지될 수 있다는 점에서 냉온탕을 오가는 남북

기 위한 경제적 지원을 꾸준히 했다는 점을 간과하고 있다. 김대중 정부의 단계적 통일론은 이 견해에서 비판하는 논거로 사용하는 독일을 모델로 제시된 것이었다. 독일통일은 1972년 기본조약을 통해 상호체제 인정과 평화공존을 약속하고, 서독이 분단 시절 매년 2조원 정도의 지원을 통해 적대감을 제거함과 동시에 분단비용을 최소화한 결과였다.

관계에서 지속적 연결망을 형성하는 효과적인 수단으로 기능할 수 있다.

통일이 권력의 문제이며, 분단국가의 소멸을 전재로 한다는 점에서 당국자 간의 관계는 본질적으로 경성관계이다. 그러나 통일이슈와 별개로 시장과 시민사회 영역에서 이루어지는 양자 간 교류와 협력은 정치영역과 달리 신축성을 확보할 수 있다.

그러나 시민사회 영역에서 북한문제에 대한 개입이 북한 인권 문제 등에 맞추어지는 경우, 오히려 역효과를 낳을 수 있다는 점이 고려되어야 한다. 다시 말하면, 경제와 시민사회 영역에서의 교류와 협력은 체제 정체성과 관련된 문제와는 일정정도 거리를 유지하면서 지속적인 협력이 가능한 영역에서 이루어져야 한다. 그리고 이 과정에서 (민주주의 발전과 민족·이념문제가 중첩되어 나타난다 하더라도) 타협과 공존을 가능케 할 시민적 덕성과 대내외적 갈등과 대립을 조절할 국가능력과 리더십의 보유는 필수적이다.

시민사회는 민족문제를 둘러싼 이념투쟁의 공간이 되어서는 안 된다. 시민사회는 민주주의와 민족문제에 대한 보편적 가치 추구의 장이 되어야 한다(민족주의의 폭발로 인해 민주주의가 위협받았던 동구권의 경험을 교훈으로 삼아야 할 것이다). 교류협력을 시장과 시민사회에 맡겼다면, 국가는 정치와 군사 영역에서의 독자적 역할을 수행해야 하며, 그 핵심이 안보문제라 할 수 있다. 즉, 화해협력을 기반으로 한 한반도에서의 군축과 평화체제의 형성이 그것이다.

부 록

CONTENTS

부록 참고문헌

강명구, 2003, '인터넷 거버넌스와 한국의 공론장', 「계간사상」, 2003년 여름호
강명세, 1997, '주제서평 : 제3의 길', 「정치비평」 제3호
——, 2016, '공공외교와 미국의 외교정책', 「국가전략」 제22권 제3호, 세종연구소
강민 · 김욱경, 2002, '국가의 변혁능력을 위한 정책 네트워크', 「한국정치학회보」, 36권 1호, 한국정치학회
강병호, 1999, '하버마스의 토의적 민주주의 이론 – 민주주의의 규범적 의미와 자유주의와 공화주의의 화해', 「철학논구」, 27집(http://phil.snu.ac.kr/source/nongu/99-1.html)
강봉구, 2000, '코소보 전쟁과 새로운 국제안보체제?', 「국가전략」 6권 1호
강우진 · 강문구. 2014. '이명박 정부와 한국 민주주의의 질- 부분체제 접근법을 중심으로' , 한국산업연구회 편, 「경제와 사회」, 한울
강원택, 1999, '선거제도와 정치개혁', 「계간 사상」, 99. 여름.
——, 2000, '한국 정치에서 이원적 정통성의 갈등 해소에 대한 논의: 준대통령제를 중심으로', 「국가전략」, 7권3호
——, 2001, '서평 : 유럽의 계급정치변화를 평가하는 상이한 시각', 「국제지역연구」, 10권 3호
——, 2002, '정당의 민주적 제도화를 위한 개선방안에 관한 연구', 한국의회발전연구회
——, 2004, '국회의 변형능력 제고와 의원 자율성의 확대, 국회의 성공조건', 「 윤리와 정책」, 동아시아연구원
——, 2004, '정당의 공직후보 선출과 당내 민주화', 「현대 정당정치의 이해」, 백산서당
——, 2005, 「한국의 정치개혁과 민주주의」, 인간사랑
——, 2007, 「한국인의 국가정체성과 한국정치」, EAI(동아시아연구원)
——, 2008, 「한국정치 웹2.0에 접속하다」, 책세상
——, 1996, '대안민주주의', 「참여민주주의와 한국사회」, 창작과비평사
——, 1999, 「세계화, 정보화, 그리고 민주주의」, 문학과지성사
——, 2007, '한국인의 국가정체성과 한국정치', 동아시아연구원
——, 2009, '한국 정당 연구에 대한 비판적 검토: 정당 조직 유형을 중심으로', 「한국정당학회보」 제8권 제2호, 한국정당학회
——, 2016, '쟁점 부재의 선거에서의 투표 선택 – 2016년 국회의원 선거를 중심으로', 「한국정치연구」 제25집 제3호, 한국정치연구소
강원택 · 성예진, 2018, '2017년 대통령 선거에서 이념과 세대: 보수 성향 유권자를 중심으로', 「한국정치연구」 제27집 제1호, 한국정치연구소
강정인, 1997, 「민주주의의 이해」, 문학과 지성사
——, 1997, '대안민주주의', 「참여민주주의와 한국사회」, 창작과비평사
——, 2011, '루소의 '사회계약론'에 나타난 정치 참여와 대의제', 「왜 대의민주주의인가」, 이학사
강정인 외, 2009, 「한국정치의 이념과 사상」, 후마니타스
강정인 · 엄관용, 2003, '폭군정에 대한 동서양 비교 : 아리스토텔레스와 맹자를 중심으로', 「계간사상」, 2003년 여름
강태규, 2005, '대북정책의 패러독스', 미네르바정치연구회 편, 「국제질서의 패러독스」, 인간사랑
고경민, 2005, 「현대 정치과정의 동학」, 인간사랑
고미선, 2000, '대의제민주주의의 보완책으로서 작업장 민주주의에 관한 연구', 「동향과 전망」2000 여름
고선규, 2019, '디지털게리멘더링과 Defending democracy기술로서 블록체인', 2019년 한국정당학회 하계학술회의
고재광, 2001, '동아시아 담론의 정치적 함의 : 신보수주와의 친화성을 중심으로', 한국정치연구회 정치학교 2001년 3월 15일 강의 논문, 한국정치연구소
곽진영, 2004, '정당체계', 「현대 정당정치의 이해」, 백산서당
——, 2008, '비교정치 : 정당정치', 한국정치학회 편, 「정치학 이해의 길잡이: 정치과정」, 법문사
구갑우, 1998, '지역통합이론', 「한국과 국제정치」, 98봄여름호. 극동문제연구소
——, 2000, '서구자유주의와 국가', 국제정치경제연구회 편, 「20세기로부터의 유산」, 사회평론.
——, 2001, '국제기구의 인도적 포용정책 : 유럽안보협력기구(OSCE) 인권정책의 가능성과 한계', 「국가전략」, 제7권 2호, 세종연구소
구춘권, 2001, '유럽연합의 통합양식 변화와 비판적 통합이론의 도전', 「한국정치학회보」, 제35집 제3호, 한국정

치학회
국민호, 2000, '유교문화적 전통과 자유민주주의', 「동양사회사상」, 제3집
권용혁, 연도미상, '새로운 사회운동의 특징', (http://oldmail.ulsan.ac.kr/~philos/c76-kwon04.html)
권태환 · 송호근, 2000, '신사회운동과 정치 : 정치세력화의 요인과 쟁점', 「한국사회과학」, 22권 1호
금혜성, 2012, '소셜 시대의 참여 민주주의', 「정보문화이슈」, 2012년 제3호, 한국정보화진흥원
김계동, 2001, '지역통합이론연구 : 유럽통합을 중심으로', 한국정치학회 춘계학술회의 발표논문, 한국정치학회
김관옥, 2010, 「갈등과 협력의 동아시아와 양면게임이론」, 리북
김 균, 2000, '하이에크와 신자유주의', 「세계화와 신자유주의」, 나남
김기수, 2008, '미중일 삼각관계와 동북아시아 전략균형 : 새로운 국제정치경제 틀의 모색',「세종정책연구」, 제4권 제1호, 세종연구소
김대환, 1996, '참여의 철학과 참여민주주의', 「참여민주주의와 한국사회」, 창작과비평사
김동노, 2003, '지식정보 사회의 감시체계와 개인의 프라이버시 보호', 「계간사상」, 2003년 봄호
김동수, 연도미상, 「신이상주의 정치철학에 있어서 민주주의론의 재구축」
김동춘, 1996, '신자유주의의 세계화와 참여민주주의', 「참여민주주의와 한국사회」, 창작과비평사
——, 1998, '한국의 지식인들은 왜 오늘의 위기를 읽지 못했는가', 「경제와 사회」, 98년 봄
——, 2000, '민주주의와 시민단체, 시민운동', 아세아문제연구소 민주주의아카데미 세미나 (민주화와 시민운동, 그리고 노동정당 문제) 발표논문(2000년 11월 8일)
김동택, 2003, '정치이념 : 민주주의의 취약함, 무엇으로 메울 것인가', 「역사비평」, 제63호
김만흠, 2006, 「민주화 이후의 한국정치와 노무현 정권」, 한울아카데미
김명섭, 2008, '지정학', 한국정치학회 편, 「정치학 이해의 길잡이: 국제정치와 안보」, 법문사
김명환, 1998, '경제적 민주주의를 지향한 두 자유 사회주의', 「영국 연구」, 제2호
김민전, 1999, '민주주의 공고화를 위한 국회개혁', 「계간 사상」, 99. 여름.
——, 2004, '정당과 국회', 「현대 정당정치의 이해」, 백산서당
김문조, 2008, 「한국사회의 양극화 : 97년 외환위기와 사회불평등」, 집문당
김범석, 2001, '갈라지는 민주화의 길', 2001년 한국정치학회 연례학술회의, 한국정치학회
김병국, 1995, 「국가 · 지역 · 국제체제」, 나남
——, 1995, '권력개념의 재해석 : 개체론과 전체론의 해석', 「국제정치학 의 새로운 영역과 쟁점」, 나남
김병국 · 임혁백, 2000, '동아시아 '정실 자본주의'의 신화와 현실 : 한국, 대만, 태국', 「계간 사상」, 2000. 여름.
김병권, 1996, '자유주의와 소유권 사상', 「사회비평」, 제16호.
김비환, '고전적 자유주의 형성의 공동체적 토대 : 로크와 스코틀랜드 계몽주의자들을 중심으로' (http://yurim.skku.ac.kr/~kbhw/)
——, 연도미상, '유교민주주의에 있어서 유교, 자유주의 그리고 가치다원주의'(http://yurim.skku.ac.kr/~kbhw/)
——, 연도미상, '현대 자유주의-공동체주의 논쟁의 정치적 성격에 관한 고찰'(http://yurim.skku.ac.kr/~kbhw/)
——, 1997, '롤스 정치철학의 두 가지 문제점 : 완전주의 그리고 정치없는 정치철학', 「한국정치학회보」 제31집 제1호, 한국정치학회
——, 1997, '로티(R. Rorty)의 포스트모던 자유주의 정치철학의 한계와 위상', 「사회과학」, 제36권 1호, 성균관대학교 사회과학연구소
——, 1998, '매킨타이어의 공동체주의 정치이론 비판 : 해석사회학의 문제점을 중심으로', 「한국정치학회보」, 제32집 2호 , 한국정치학회
——, 1999, '현대 자유주의-공동체주의 논쟁의 정치적 성격에 관한 고찰', 「철학연구」, 45집 철학연구회
——, 2000, '고전적 자유주의 형성의 공동체적 토대: 로크와 스코틀랜드 계몽주의자들을 중심으로', 「정치사상연구」, 2권
——, 2002, '자유주의적 실천과 미덕', 「한국정치학회보」, 36집1호, 한국정치학회
——, 2003, '유교민주주의에 있어서 유교, 자유주의 그리고 가치다원주의', 「유교문화연구」, 1집
——, 2005a, 「포스트모던 시대의 정치와 문화」, 박영사
——, 2005b, 「자유지상주의자들, 자유주의자들, 그리고 민주주의자들」, 성균관대학교 출판부
——, 2016, 「정의는 불온하다」, 개마고원

김상배, 2001, '정보기술과 거버넌스: 탈집중 네트워크와 국가 재조정의 이론적 설명', 한국정치학회 2001 추계학술회의, 한국정치학회
김석우, 김성형, 고재남 편역, 2005, 「현대 국제정치 핵심논쟁 12제」, 오름
김선우, 2002, 「정치와 진리」, 책세상
김선욱, 2003, 「자유적 공동체주의자 찰스 테일러', 「에머지」, 2003년 1월 1일자
김성국, 2001, '한국의 시민사회와 신사회운동', 「시민사회와 시민운동」, 한울
김성수, 2015, 「새로운 패러다임의 비교정치」, 글로벌콘텐츠
김성윤, 2002, '한국민주정치의 한계', 「월간 에머지」 2002.1.1
김성한, 2000, '한미관계의 새로운 도전', 「정세와 정책」, 2000년 9월, 세종연구소
——, 2009, '미국의 新안보 구상과 동아시아 전략', 「국방정책연구」, 제25권 4호
김성철, 2000, '서평 : 국가주권과 세계화', 「국가전략」 6권 4호, 세종연구소
——, 2013, 「한중일관계의 갈등과 협력 : 안보와 경제의 연계」, 세종연구소
김세균, 1996, '신자유주의 정치이론의 연구경향과 문제점', 「이론」, 제15호
——, 연도미상, '신자유주의적 세계화와 독일모델'(http://kgg.german.or.kr/)
——, 연도미상, '신자유주의와 좌파정치'
(http://prome.snu.ac.kr/~skkim/lecture/lecture2/state2001/01state12-1.html)
김세균 편, 2003, 「16대 대선의 선거과정과 의의」, 서울대 출판부
김세균 · 박찬욱 · 백창재 편, 2005, 「정치학의 대상과 방법」, 박영사
김수진, 1996, '민주이행기 한국 정당정치의 비판적 분석', 「의정연구」, 제2권 제1호, 한국의회발전연구소
김수진 외, 1997, 「비교정치론강의2」, 한울
——, 2000, 「비교정치론강의3」, 한울
김승국, 2007, 「한반도의 평화와 북한 핵문제」, 한국학술정보
김승영 · J.Hymans, 2000, '핵무장을 강행할 것인가 말 것인가 : 비교관점에서 본 남북한의 핵무장결정', 「계간사상」 2000 여름호.
김승욱, 2006, '노스 : 경제사와 자유주의', 김한원 · 정진영 엮음, 「자유주의 : 시장과 정치」, 부키
김연철, 1999, '정보화사회와 한국 정당체제의 변화', 「의정연구」, 제8호, 한국의회발전연구소
——, 연도미상, '국제환경과 경제개혁:1990년대 쿠바 경제개혁이 북한에 주는 시사점」,
(http://www.unikorea21.net/tongsrc/forum/list_con.asp?cate_code=060102)
김영명, 2006, 「한국의 정치변동」, 을유문화사
김영민, 2007, '헌법개정 논의와 행정 그리고 정부', 「21세기 헌정주의와 민주주의」, 인간사랑
김완진, 1996, '시장과 자유주의', 「사회비평」, 제16호.
김용민, 2006, '로크 : 자유와 소유 지향의 자유주의', 김한원 · 정진영 엮음, 「자유주의 : 시장과 정치」, 부키
김용복, 1999, '정치개혁과 권력구조 논의', 「사상」 : 제11권 제2호(여름호), 사회과학원
김용성, 2004, '복지지출 및 조세정책이 경제적 효율성과 형평성에 미치는 영향: OECD 국가를 중심으로', KDI
김용찬, 2001, '니체 철학의 정치적 의미', 「한국정치학회보」, 제35집 1호, 한국정치학회
김용철, 2001, '신자유주의적 구조조정과 조합주의적 관리: 네덜란드의 경험과 정책적 함의', 「국가전략」, 7권 2호
김용학, 2004, 「사회연결망이론」, 박영사
김용호, 2000, '새로운 의회정치의 모색 : 분점정부 운영방안', 「의정연구」, 제6권 제2호, 한국의회발전연구소
——, 2003, '무어의 비교역사적 방법론 : 독재와 민주주의의 사회적 기원', 안청시 · 정진영 엮음, 「현대 정치경제학의 주요 이론가들」, 아카넷
—— ,2007, '헌정주의와 새로운 이론적 틀 모색 : 한국헌정체제의 규범적 좌표와 제도적 선택', 「21세기 헌정주의와 민주주의」, 인간사랑
김우상, 2004, '한 · 미동맹의 이론적 재고', 「한국과 국제정치」, 제20권 1호, 극동문제연구소
김우상 외, 1997, 「국제관계론강의1, 2」, 한울
김우창 외, 1997, 「103인의 현대사상」, 민음사
김우택, 2004, '라틴아메리카의 경제적 포퓰리즘 : 정치경제학적 접근', 「디지털 시대의 민주주의와 포퓰리즘」, 철학과 현실사
김웅진 · 박찬욱 · 신윤환 편역, 「비교정치론강의」 I, II, III, 한울
김원섭, 2007, '복지국가란 무엇인가? 시민권 이론의 관점에서', 「사회보장연구」, 제23권 제4호, 한국사회보장학회

김윤태, 1999, '지구화와 사회이론', 「경제와 사회」, 43호
김의영, 1999, '한국 이익집단 정치의 개혁방향', 「계간 사상」, 99년 여름호.
김인영, 1997, '서평 : 일본, 한국, 대만의 기업조직: 제도의 관점에서' (M. Orru , N. W. Biggart & G. G. Hamilton, 「The Economic Organization of East Asian Capitalism」, Thousands Oaks, CA: Sage, 1997.)
김일영, 1994, '계급구조, 국가, 전쟁, 그리고 정치발전 : 무어 테제의 한국 적용가능성에 대한 예비적 고찰', 「남북한 정치의 구조와 전망」, 한울
——, 2004, '민주화, 신자유주의적 포퓰리즘, 그리고 한국 : 김대중 정권과 노무현 정권을 중심으로', 「디지털 시대의 민주주의와 포퓰리즘」, 철학과 현실사
김정오, 1996, '법과 자유주의', 「사회비평」, 제16호.
김재영 외, 2000, 「새로운 정치학의 이해」, 삼우사
김재인·유희정·양애경, 1999, 「공무원의 남녀평등의식 교육프로그램」, 대통령직속여성특별위원회
김재한, 1995, 「게임이론과 남북한 관계」, 한울아카데미
——, 1997, '지역주의 투표의 현황과 해소방안', 「의정연구」, 3권2호, 한국의회발전연구소
——, 2001, '민주국가를 위한 전략의 새로운 개념', 「국가전략」, 7권 3호, 세종연구소
김재한 편, 2001, 「분열의 민주주의」, 삼화
김재한·김대진·김종욱·안도경·윤홍근·이성규·한정훈, 2012, 「공공선택」, 박영사
김재한·문용직, 1996, '투표행태의 변화와 정당제의 변동: 1987-1996', 「한국의회발전연구회 연구보고서」
김재철, 2000, '세계화와 국가주권: 공존을 향한 중국의 탐색', 「국제정치논총」 40집 3호
김정섭, 2015, '한반도 확장억제의 재조명 : 핵우산의 한계와 재래식 억제의 모색', 「국가전략」 제21권 2호, 세종연구소
김종한, 2003, '한국사회에서 인터넷 경제와 노동양식의 변화', 「계간사상」, 2003년 여름호
김주성, 1996, '자유민주주의의 철학적 한계', 「사회비평」, 제16호.
——, 2011, '심의민주주의인가, 참여민주주의인가?', 「왜 대의민주주의인가」, 이학사
——, 2006, 「시민참여와 민주주의」, 아르케
김주환, 2000, '디지털 시대의 프라이버시 권리', 「유네스코포럼」, 15호(2000년 겨울)
김준형, 2012, 'G2 관계 변화와 미국의 대중정책의 딜레마', 「국가전략」, 2012년 제18권 1호, 세종연구소
김진하, 2011, '6자회담 재개 전망 및 구조적 한계 분석', 「online series CO」, 2012년 19호, 통일연구원
김진호, 2002, '동북아의 새 질서와 한반도평화 : 국제질서의 변화와 남북 평화체제', 「동아시아연구논총」 12권 2호
김태현, 2003, '이라크전 이후 미국과 세계질서', 「국가전략」, 제9권 2호, 세종연구소
김태훈, 2012, '정당의 위기와 변모에 관한 한 연구', 「사회운동」 106호, 사회진보연대
김학노, 2000, '합리주의적 기능주의 비판과 구성주의적 대안 모색', 「국가전략」, 6권2호, 세종연구소
김한원, 정진영 엮음, 2006, 「자유주의 : 시장과 정치」, 부키
김현희, 1999, '정보화, 지구화, 그리고 시민사회', 「한신논문집」, 제16집 제2권
김현희·윤영민, 2002, '정보사회의 정치양식 : 대화민주주의의 가능성', 2002 한국행정학회 춘계학술회의 발표논문, 한국행정학회
김형준·박은홍, 2000, '개혁과 민주적 공고화', 「동향과전망」, 2000 봄
김호기, 1996, '한국의 시민사회와 참여민주주의의 과제', 「참여민주주의와 한국사회」, 창작과비평사
——, 1997, '민주화, 시민사회, 시민운동', 「한국사회와 민주주의」, 나남
——, 1999, '후기현대성과 제3의 길', 「경제와 사회」, 99년 겨울
김호진, 1996, 「한국정치체제론」, 박영사
김홍우, 연도미상, 'Michael Walzer의 민주사회주의'(http://prome.snu.ac.kr/~www_pol/pds/prof/)
김한원·정진영, 2006, '자유주의, 민주주의, 그리고 한국 : 자유와 민주의 긴장관계를 중심으로', 김한원·정진영 엮음, 「자유주의 : 시장과 정치」, 부키
남궁영, 1999, '북한의 경제특구정책과 남북한 경제교류협력', 「통일문제 학술세미나 논문집」, 19권1호, 외대사회과학연구소
——, 2001, '대북정책의 국내 정치적 갈등: 쟁점과 과제', 「국가전략」 7권 4호, 세종연구소
——, 2002, '남북정상회담과 통일방안의 새로운 접근 : 연합제와 낮은 단계의 연방제', 「한국정치학회보」, 제36집 1호, 한국정치학회

노경수, 1999, '클린턴 행정부의 대북정책', 「계간사상」, 1999 봄호.
노병철 · 변종헌 · 임상수, 2002, 「현대사회와 이데올로기」, 인간사랑
라도삼, 2003, '한국 인터넷의 발전과 사이버문화의 이해', 「계간사상」, 2003년 여름호
문정인, 2000, '변화하는 지역질서와 평화구축: 한국적 시각', 「아세아문제연구소 학술회의」
문지영, 2009, 「자유」, 책세상(개념사 시리즈)
미네르바정치연구회편, 2005, 「국제질서의 패러독스」, 인간사랑
민경국, 2003, 「자유주의와 시장경제」, 위즈비즈
——, 2006, '하이에크 : 자생적 질서, 지식의 문제, 그리고 자유의 헌법', 「자유주의 : 시장과 정치」, 부키
박건영, 2001, '부시 정부의 동아시아 안보전략과 제약 요인들', 「국가전략」 7권 4호, 세종연구소
박경미, 2011, '정당모델의 모색과 한국 정당의 미래: 선거경쟁의 특성과 변화', 「한국정당학회 연례학술회의 자료집」, 한국정당학회 · 국회입법조사처
박광기, 1996, '동북아평화체제 구성과 전망에 있어서 한 · 미안보협력관계의 의미와 역할', 「'96 북한 및 통일연구 논문집 (V)」, 통일원
——, 2002, '동북아 안보질서와 TMD'(http://dju.ac.kr/~kwangki/tmd.htm)
박길성, 2002, '왜 세대인가', 「계간사상」 2002 가을호, 사회과학원
박동진, 2000, 「전자민주주의가 오고 있다」, 책세상
박동천, 2000, 「선거제도와 정치적 상상력」, 책세상
박명림, 2000, '국내정치와 남북관계 : 1.5레벨게임의 구조와 동학', 「계간사상」2000 여름호.
——, 2004, '탄핵사태와 한국의 민주주의 : 의미와 파장', 「당대비평」, 제26권(2004년 여름호)
박번순 · 전영재, 2001, 「세계화와 지역화」, 삼성경제연구소
박상섭, 1998, 'Virtu의 개념을 중심으로 본 마키아벨리의 정치사상 연구', 「국제문제연구」, 제22호
박상필, 2002, '거버넌스에서 민주주의 급진적 재구축 : NGO의 역할과 한계', 한국행정학회 2002년 춘계학술회의, 한국행정학회
박성우, 2007a, '민주주의와 헌정주의의 갈등과 조화', 「21세기 헌정주의와 민주주의」, 인간사랑
——, 2007b, '민주주와 헌정주의의 갈등과 조화 : 미국 헌법 해석에 있어서 원본주의 논쟁의 의미와 역할', 「21세기 헌정주의와 민주주의」, 인간사랑
박수헌, 1999, '자유민주주의의 이념과 제도에 대한 비판적 재성찰', 「한국과 국제정치」, 제15권 2호, 극동문제연구소
박은홍, 1998, '동아시아 위기의 국가론: 발전국가에서 시장국가로의 전환', 한국사회과학연구소 연례학술발표회
——, 2003, '국가 : 발전국가 패러다임 적용의 한계', 「역사비평」, 제63호
박은홍 · 김형준, 2000, '개혁과 민주적 공고화', 「동향과 전망」제44호(2000. 3)
박의경, 2005, '21세기 열린 사회와 민족주의의 장래', 미네르바정치연구회 편, 「국제질서의 패러독스」, 인간사랑
박인휘, 2001, '주권과 글로벌 안보 : 세계화시대 주권과 안보의 개념적 재구성', 「한국정치학회보」, 제35집 3호, 한국정치학회
박재민, 2001, '국제관계에서의 상호주의', 「한국정치학회 추계학술회의」, 2001.11. 한국정치학회
박재영, 2002, 「국제정치 패러다임」, 법문사
박정순, 1999, 「공동체주의 정의관의 본질과 그 한계」, 한국철학회
박종훈, 1993, '정치이데올로기론', 이정식 외, 「정치학」, 대왕사
박준영 외, 2001, 「정치학」, 박영사
박진경, 2010, '한국의 다문화주의와 다문화 정책의 선택적 적용', 한국정책학회
박찬욱, 1996, '국회의원 선거구제와 선거구 획정방식의 개혁방향', 「한국정치포럼」1996년 3월16일.
——, 2000, '21세기 한국의 대의제 민주주의 제도', 「새천년의 비전과 전략」, 나남
——, 2003, '다운즈의 선거정치에 관한 경제학적 이론', 「현대 정치경제학의 주요 이론가들」, 아카넷
박찬욱 편, 2005, 「17대 국회의원 총선거 분석」, 푸른길
박창건, 2017, '일본의 공공외교', 「국가전략」 제23권 제4호, 세종연구소
박효종, 1999, '자유민주주의와 민주시민교육과의 관계에 대한 비판적 조명 : 공공선택론적 관점을 중심으로', 「사회과학교육」, 제3권 1호, 서울대학교 교육종합연구원 사회교육연구소
박형준, 2003, '참여의 의미 찾기 : 성찰적 시민사회론의 관점에서', 「당대비평」, 제22호, 생각의나무

──, 2004, '정보화 사회의 불평등구조와 대응 전략', 「디지털 시대의 민주주의와 포퓰리즘」, 철학과 현실사
박희봉, 2001, '사회자본과 거버넌스에 대한 정부와 시민사회의 역할', 한국정치학회 2001 추계학술회의 발표논문
방석호, 2003, '인터넷 내용규제와 표현자유의 갈등', 「계간사상」, 2003년 봄호
배영자, 2003, '정보통신혁명과 국제관계의 변화', 「계간사상」, 2003년 봄호
배진석, 2017, '왼쪽으로 기울어진 운동장과 원심력 : 주관적 이념성향 평가의 진보화와 정책선호도의 불일치', 「EAI여론브리핑」 제142호, 동아시아연구원
백승현, 2001, '참여민주주의와 의회정치', 「의정연구」6권 1호, 한국의회발전연구소
백승현 · 임성호, 1998, '대의개념에 대한 사상사적 및 경험론적 논쟁', 1996-1997년도 한국의회발전연구회 지원 연구논문
백우열, 2017, '한국 공공외교 전략 및 정책 연구 : 기초적 유형의 개념화', 「국가전략」 제23권 제3호, 세종연구소
백창재, 1999, '국제금융의 세계화와 국가주권', 「동아시아, 위기의 정치경제」, 서울대 출판부
──, 2000, '미국패권과 제한적 자유주의 질서', 국제정치경제연구회 편, 「20세기로부터의 유산」, 사회평론.
──, 2003, '미국 외교 정책의 일방주의의 기반', 「국가전략」, 제9권 1호, 세종연구소
변정수, 2003, '인터넷 매체를 통한 참여, 그 허와 실', 「당대비평」, 제22호, 생각의나무
서두원, 2000, '신사회운동의 제도화와 민주주의 발전 : 이론과 쟁점', 「한국사회과학」, 22권 1호
서병훈, 1996, '사회적 자유주의 : 홉하우스의 사회적 조화론', 「사회비평」, 제16호.
──, 2004, '포퓰리즘과 민주주의 : 플라톤의 딜레마', 「디지털 시대의 민주주의와 포퓰리즘」, 철학과 현실사
──, 2006, '존 스튜어트 밀 : 사회주의를 꿈꾼 자유주의자', 김한원 · 정진영 엮음「자유주의 : 시장과 정치」, 부키
──, 2008, 「포퓰리즘 : 현대 민주주의의 위기와 선택」, 책세상
──, 2011, '대의민주주의의 꿈과 포부, 그리고 과제', 「왜 대의민주주의인가」, 이학사
──, 2011, '국민에 대한 거역? : 존 스튜어트 밀의 민주적 플라톤주의', 「왜 대의민주주의인가」, 이학사
서보혁, 2008, '탈냉전기 한반도 안보질서 변화에 관한 연구 : 남 · 북 · 미 전략적 삼각관계를 중심으로', 「국가전략」, 제14권 제2호, 세종연구소
서울대학교 정치학과 교수 공저, 2002, 「정치학의 이해」, 박영사
서영조, 1996, '공동체주의의 자유주의 비판', 「사회비평」, 제16호.
서주석, 2002, '북한의 산업X: 군수 산업', 「통일경제」, 2002. 7 · 8
서창록 · 이연호 · 곽진영, 2001, '거버넌스의 개념과 쟁점에 관한 소고', 한국정치학회 2001 추계학술회의 발표논문, 한국정치학회
성경륭, 1996, '역사와 미래 - 세계화, 지방화가 초래하는 새로운 위기', 「성곡논총」, 제27집, 3권
손병권, 2001, '미국의 이익집단정치와 이익대표체계의 불평등성', 「아세아연구」, 44권 1호
손혁재, 1996, '참여민주주의의 정치제도 구상', 「참여민주주의와 한국사회」, 창작과비평사
──, 2000, '국회와 시민운동', 「의정연구」, 6권 1호, 한국의회발전연구소
──, 2003, '인터넷과 시민운동', 「계간사상」, 2003년 봄호
손호철, 1990, '국가자율성 개념의 과학적 이해', 「한국정치학의 새 구상」, 풀빛
──, 1998, '한국의 신자유주의와 민주주의', 한국사회과학협의회 주최 썸포지엄 '신자유주의와 한국의 대응' 발표논문 (http://seojin1.x-y.net/economic/economic7.htm)
──, 2000, '한국의 신자유주의와 민주주의', 「세계화와 신자유주의」, 나남
송대성, 2008, '이명박 정부의 대북정책과 한국안보', 「국가전략」, 제14권 제2호, 세종연구소
송호근, 1997, '배제적 민주화와 유보된 이중전환 : 한국민주화와 사회적 성과와 한계', 「한국사회와 민주주의」, 나남
──, 1997, 「민주화의 사회적 동학 : 사회민주화와 삶의 질」 (http://sociology.snu.ac.kr/hksong/articles/art_1997_2.hwp)
신성호, 2008, '한국의 국가안보전략에 대한 소고 : 참여정부의 평화번영정책', 「국가전략」, 제14권 제1호, 세종연구소
신영란, 2007, '한국 헌정민주주의의 불안정 요인 : 헌정주의와 민주주의의 선순환 조건 구축을 위한 역사적 고찰', 「21세기 헌정주의와 민주주의」, 인간사랑
신욱희, 1997, '다자주의와 동아시아 적용의 문제', 「한국과 국제정치」, 제13권1호, 극동문제연구소

——, 2013, '21세기 미중일 관계의 전망 : 역사적 유추의 두 관점', 「국가전략」 제19권 4호, 세종연구소
신정현, 1996, 「정치학」, 법문사
안병영, 1999, '내각제에 대한 이론적, 실증적 평가', 「사회비평」, 99 여름호.
——, 2000, '세계화와 신자유주의 : 충격과 대응', 「세계화와 신자유주의」, 나남
안병준, 1999, '북한에 대한 포괄적 포용과 비상계획 : 한미동맹의 시험대', 「계간사상」1999 봄호.
안순철, 1999, '서평 : Consolidating Democracy in South Korea edited by Larry Diamond and Byung-Kook Kim', 「국제정치논총」 39집 3호
——, 2001, '한국 정치의 제도적 개혁과 조화: 의원내각제, 다정당체계, 비례대표제', 「국가전략」 제7권 제4호, 세종연구소
안승국, 1999, '세계화시대에 있어서 초국적기업의 해외투자와 시장진출: 전략변화의 정치경제적 요인을 중심으로', 「국제지역연구」 제8권 4호
——, 1997, '결사체민주주의와 정치공동체', 「한국정치학회보」 31편 3호, 한국정치학회
——, 2001, '사회운동과 시민사회의 민주화', 한국정치학회 · 한국사회학회 공동학술회의(2001. 11) 발표논문
안승국 · 임혜란, 1999, '세계자본주의와 한국의 자본축적 : 국제적 패권구조, 국가와 생산의 연계성을 중심으로', 「국제지역연구」, 8권 3호
안재홍, 2001, '스웨덴모델의 형성과 쇠퇴 : 노동운동을 중심으로 한 통시적 비교', 「국가전략」, 7권 4호
안청시, 2003, '폴라니의 정치경제학 : '거대한 변환'과 시장, 국가, 사회의 새로운 이해', 안청시 · 정진영 엮음, 「현대 정치경제학의 주요 이론가들」, 아카넷
안청시 · 정진영, 2003, '현대 정치경제학의 연구대상과 주요이론들', 「현대 정치경제학의 주요 이론가들」, 아카넷
양승찬, 2006, '대표적 정치커뮤니케이션 효과이론의 개요', 「현대 정치커뮤니케이션 연구」, 나남
엄상윤, 2013, '한반도 신뢰프로세스', 「정책보고서」, 세종연구소
——, 2014, '북한의 외교 행태변화와 우리의 대응방향', 「정세와 정책」 2014년 8월호, 세종연구소
오경섭, 2014, '통일대박의 제도적 조건', 「정세와 정책」 2014년 10월호, 세종연구소
오공단 · R.Hassig, 1999, '붕괴와 개혁의 기로에 선 북한', 「계간사상」1999 봄호.
오승열, 2002, '중국의 경제개혁·개방 모델: 북한에 대한 함의', 「동아시아연구논총」 12권 2호
오일환, 2001, '디지털시대의 정치과정의 변화와 참여민주주의의 발전방향 모색', 정보사회의제 만들기 토론회(2001.6.28.)
오철호, 2002, 'ICT의 발달과 정보격차 해소를 위한 새로운 방향모색: 접근성 관점에서', 2002년 한국행정학회 춘계학술대회, 한국행정학회
오현철, 2003, '시민사회 : 한국시민사회 보수화론 비판', 「역사비평」, 제63호
원숙연 · 박진경, '다문화주의? 동화주의? : 다문화 정책에 대한 공무원의 정향성 탐색', 2010 한국행정학회 하계학술회의, 한국행정학회
원준호, 2005, '탈냉전시대의 국제인권 문제', 미네르바정치연구회 편, 「국제질서의 패러독스」, 인간사랑
윤상우, 2008, '민주화 이후의 사회정책과 복지국가 평가: 사회적 시민권의 관점에서', 「사회과학연구」, 제16권 1호
유석진, 2000, '정보화와 21세기 한국정치', 「국가전략」 6권 2호, 세종연구소
——, 2003, '정보화와 한국의 국가전략', 「계간사상」, 2003년 봄호
유재일, 2004, '정당의 기능', 「현대 정당정치의 이해」, 백산서당
유재현, 1996, '지구시민사회운동과 한국시민운동', 「한국 시민사회의 이해」, 한울
유현석, 2001, '아시아 경제위기와 아태지역의 지역주의 변화 연구: APEC의 변화와 지역정체성의 정치경제', 「국가전략」, 7권 3호, 세종연구소
——, 2003, 「국제정세의 이해」, 한울
유호열, 1999, '북한의 현실과 대북 포용정책 : 교류협력과 대북 억지력 유지를 중심으로', 「계간사상」1999 봄호.
유홍림, 1996, '포스트모더니즘의 자유주의', 「사회비평」, 제16호.
——, 1999, '현대 자유주의 사상 연구 : 자유주의에 대한 재구성적 이해', 「한국사회과학」, 21권 4호, 서울대학교 사회과학연구원
——, 2003, 「현대 정치사상 연구」, 인간사랑
——, 2006, '노직 : 자유지상주의', 김한원 · 정진영 엮음, 「자유주의 : 시장과 정치」, 부키
윤선희, 2003, '네트워크 게임과 영상문화, 그 구조와 주체의 다이너미즘', 「계간사상」, 2003. 여름

윤성이, 1999, ‘정보통신기술의 발달과 정치발전 : CMC를 이용한 정보확산과 정치참여 증대’,「정보화저널」, 제6권 제3호.
——, 2001, ‘정보사회의 명암과 시민사회의 역할’, 한국정치학회 · 한국사회학회 공동학술회의(2001. 11.) 발표논문
——, 2002, ‘전자민주주의 연구의 동향과 과제’, 「정보화정책」, 제9권 제4호, 한국전산원
——, 2003, ‘한국의 사이버 민주주의’, 「계간사상」, 2003년 여름호
——, 2013, ‘SNS 정치참여 연구 동향’, 정보화정책, 제20권 제2호, 한국정보화진흥원
윤영관, 1997, ‘경제의 세계화와 지역주의 : 이론과 현실’, 「동아시아 협력의 정치경제 : 일본, 중국, 러시아를 중심으로」, 세종연구소
——, 1998, ‘동아시아 모델과 세계자본주의’, 한국국제정치학회 발표논문(1998년 12월 12)
——, 1998, ‘도덕적 해이와 개혁의 정치경제’, 「IMF 사태의 원인과 교훈」, 삼성경제연구소
윤태영, 2005, ‘국제질서의 변화와 전략연구’, 미네르바정치연구회 편, 「국제질서의 패러독스」, 인간사랑
윤평중, 2003, ‘도덕성과 정치적 책임윤리의 변증법’, 「당대비평」, 제22호, 생각의나무
——, 2004, ‘디지털 시대의 정치동학 : 21세기 한국의 진보와 보수’, 「디지털 시대의 민주주의와 포퓰리즘」, 철학과 현실사
이갑윤, 1998, ‘한국 정당제 변화의 특성과 요인: 1987~1997’, 「아세아연구」, 제103호
——, 2011, 「한국인의 투표행태」, 후마니타스
이갑윤 · 문용직, 1998, ‘투표행태의 변화와 정당제의 변동: 1987-1996’, 「한국의회발전연구회 연구보고서」, 1998.
이경주, 2007, ‘일본의 헌정주의와 민주주의’, 「21세기 헌정주의와 민주주의」, 인간사랑
이극찬, 1994, 「정치학」, 법문사
이 근, 2001, ‘구성주의 시각에서 본 남북정상회담 : 양면게임을 통한 정체성 변화 모색’, 「국가전략」 7권 4호
——, 2004, ‘협력적 자주 큰 그림 있나’ http://www.kifs.org/new/column_view.html
이근 · 전재성, 2001, ‘안보론에 있어서 구성주의와 현실주의의 만남’, 「한국과 국제정치」 17권 1호, 극동문제연구소
이근욱, 2009, 「왈츠이후 : 국제정치이론의 변화와 발전」, 한울
이남석, 2001, 「차이의 정치」, 책세상
이내영, 2002, ‘세대와 정치이념’, 「계간사상」 2002 가을호, 사회과학원
이대우, 2001, ‘9 · 11 테러 이후 미국 외교정책 변화’, 「정세와 정책」, 2001년 특집2권, 세종연구소
——, 2008, ‘미일동맹 강화가 한국 안보에 미치는 영향’, 「세종정책연구」, 제4권 2호, 세종연구소
이동수, 2004, ‘디지털시대의 토의민주주의’, 「디지털 시대의 민주주의와 포퓰리즘」, 철학과 현실사
이두원, 1999, ‘남북한 점진적 통합의 예상 시나리오’, 「계간사상」, 1999 봄호.
이만우, 2006, 「공공경제학」, 율곡출판사
이명진, 2001, ‘사이버공간의 가능성과 한계 : 온라인상의 익명성을 중심으로’, 「한국사회」, 4권 1호(2001. 12), 고려대학교 한국사회연구소
이병희, 1999, ‘국제관계이론과 세계화’, 「인문사회과학연구」, 99년 겨울(14집)
이상익, 2002a, 「유교전통과 자유민주주의」, 심산
——, 2002b, ‘유교와 자유민주주의’, 「민주주의의 한국적 수용」, 책세상
이상현, 2001, ‘국가미사일방어(NMD)의 가능성과 한계’, 「정세와정책」, 2001년 4월호, 세종연구소
——, 2001, ‘MD와 자살 테러: 비대칭 전쟁과 21세기 안보환경’, 「정세와 정책」, 2001년 특집2권
——, 2013, ‘한반도 평화를 위한 한국의 외교전략’, 「국가전략」, 제19권 2호, 세종연구소
——, 2017a, ‘트럼프 행정부 외교안보인선과 아시아 정책 변화 전망’, 「정세와 정책」 2017년 2월호, 세종연구소
——, 2017b, ‘트럼프 행정부의 동아시아 정책과 한미관계 : 워싱턴 D.C. 현지조사 결과’, 「세종정책브리핑」, 2017. 2, 세종연구소
이상환, 1999, ‘한국적 제3의 길’, 「경남정치학회 연례학술회의 논문집」
——, 2005, ‘국제질서의 연속성과 불연속성’, 미네르바정치연구회 편, 「국제질서의 패러독스」, 인간사랑
이상훈, 2004, ‘전자민주주의 : 사이버나라와 절차적 협치사회’, 「디지털 시대의 민주주의와 포퓰리즘」, 철학과 현실사
이성원, 1996, ‘자유론의 딜레마’, 「사회비평」, 제16호.
이성형, 2003, ‘제국의 경영 : 세가지 시각’, 「국가전략」, 제9권 3호, 세종연구소

이수형, 2005, '국제체제의 변화와 안보 패러다임', 미네르바정치연구회 편, 「국제질서의 패러독스」, 인간사랑
이승주, 2008, '공적개발원조', 「정치학이해의 길잡이」, vol.6, 법문사
이승철, 2006, '글로벌 거버넌스 : 개념과 이론적 논의', 「글로벌 거버넌스와 한국」, 한양대 출판부
이승환, 1999, '반유교적 자본주의에서 유교적 자본주의로', 「동아시아 문화와 사상」제2호
이시재, 1996, '지방자치시대와 시민운동', 「한국 시민사회의 이해」, 한울
이연호, 2001, 'DJ개혁의 신자유주의적 한계', 「계간 사상」, 2001 여름호.
——, 2001, '한국에서 경제개혁과 국가성격의 변화', 한국정치학회 · 사회학회 공동학술회의(2001.11)
이영수, 2001, '니이체의 초인사상에 대한 현대적 (동양적, 한국적) 해석시도', 「철학논총」, 제23권 1호, 새한철학회
이영자, 2003, '참여정부 시대의 개혁 담론과 배제의 사회', 「당대비평」, 제22호, 생각의나무
이영재, 2010, '토의민주주의', 「민주주의 강의4」, 민주화운동기념사업회
이용인 · 테일러 워시번 역, 2014, 「미국의 아시아 회귀 전략」, 창비
이영조, 2003, '슘페터의 자본주의론과 민주주의', 안청시 · 정진영 엮음, 「현대 정치경제학의 주요 이론가들」, 아카넷
이원웅, 2000, '지구화와 NGO-국가쇠퇴이론을 중심으로'
http://www.humanrights.or.kr/HRLibrary/HRLibrary3-owlee1.htm
이원태, 2003, '사이버공동체와 한국사회', 「계간사상」, 2003년 여름호
이재열, 1998, '민주주의, 사회적 신뢰, 사회적 자본', 「계간사상」, 1998년 여름.
이정남, 2007, '시민권 논의에 대한 비교 연구 - T.H.Marshall의 시민권, 경제적 시민권, 사회적 시민권, 여성의 시민권을 중심으로'. 한국사회복지학회 2007년도 국제학술대회
이정복, 1999, '대북 햇볕정책의 문제점과 극복방향', 「한국정치연구」, 제 8.9 합병호, 한국정치연구소
이정전, 2008, 「경제학에서 본 정치와 정부」, 박영사
이정희, 2000, '한국이익집단의 정치', 「의정연구」, 6권1호, 한국의회발전연구소
——, 2001, '21세기 이익집단정치의 전개:새로운 도전과 극복 과제', 「아세아연구」, 44권 1호
이종상, 1997, '이원집정부제', 「연구원 논집」, 제3집, 경남대학교 경남지역문제연구원
이종석, 1999, '이종석, 대북포용정책 18개월, 평가와 과제', 「국가전략」 5권, 세종연구소
——, 2000, '남북정상회담의 성과와 향후 과제', 「정세와 정책」 2000년 7월호
——, 2014, '북핵문제 해결의 틀, 왜6자회담인가?', 「정세와 정책」 2014년 9월호, 세종연구소
이종오, 1996, '한국의 국가와 사회 그리고 정치에 관한 단상', 「지방화와 지구화 그리고 시민운동」, 한울
——, 2000, '한반도 냉전구조 해체와 남북관계의 전망', 「경제와 사회」, 2000 가을호.
이종회, 1999, '자본의 신자유주의적 공세와 한국의 시민운동', 「진보평론」 1999년 겨울
이창 · 송미경, 2018, 「서울시 도시외교 가능성과 과제」, 서울연구원
이충훈, 2010, '다문화주의와 민주주의', 「민주주의 강의4」, 민주화운동기념사업회
이태환, 2008, '동북아 에너지 안보와 협력', 「세종정책연구」, 세종연구소
——, 2013, '시진핑 시대의 미중관계와 한국의 대중전략', 「세종정책연구」, 세종연구소
이해영, 2000, '독일의 질서자유주의', 「세계화와 신자유주의」, 나남
이 행, 2001, '민주화와 강한 국가 : 한국에서의 발전국가의 변형을 중심으로', 한국정치학회 2001 추계학술회의
이혜숙, 2002, '지구화와 국민국가의 전망', 「사회과학연구」 제20집 제1호
이호령, 2001, '북한 핵개발의 원인 분석 : 북한의 시각을 중심으로', 「평화연구」, 10권, 고려대학교
임성학, 2018, '한국 정당의 재원구조 변화와 민주주의', 「한국정당학회보」 제17권 제2호, 한국정당학회
임성호, 2003, '원내정당화 정치개혁 : 의회민주주의 적실성의 회복을 위한 소고', 「의정연구」제9권 1호, 한국의회발전연구소
임혁백, 1996, '세계화와 시민사회', 「세계화와 민주주의」, 세종연구소
——, 1997a, '지연되고 있는 민주주의 공고화 : 정치민주화의 과정과 문제점', 「한국사회와 민주주의」, 나남
——, 1997b, 「시장 · 국가 · 민주주의」, 나남
——, 1998, '세계화 시대의 이익집단정치 모색 : 결사체민주주의', 「성곡논총」, 제 29집
——, 1999, '심의민주주의', 「계간사상」, 1999 겨울호.
——, 2000a, '세계화와 민주주의 : 기회와 제약', 「세계화와 신자유주의」, 나남

——, 2000b, 「세계화시대의 민주주의」, 나남
——, 2000c, '민주주의와 시장경제의 병행발전: 국가의 민주화와 시민친화적 시장', 「국가전략」6권 1호, 세종연구소
——, 2011, '대의제 민주주의의 대의성 : 일반의사, 부분의사 그리고 더 나은 대의를 위한 제도 디자인', 「왜 대의민주주의인가」, 이학사
임현진, 1997, '한국 민주화의 과제 : 포용과 융합의 사회발전을 위하여', 「한국사회와 민주주의」, 나남
——, 1997, '종속이론은 죽었는가?:한국의 발전위기에 대한 해석', 「경제와 사회(97 겨울)」, 한울.
——, 2001, 「21세기 한국사회의 안과 밖 - 세계체제에서 시민사회까지」, 서울대출판부
임혜란, 2000, '동아시아 위기: 동아시아 모델과 지역경제협력', 「국제정치논총」, 40집 2호
이충훈, 2010, '다문화주의와 민주주의', 「민주주의 강의4」, 민주화운동기념사업회
장동진, 1996, '완전주의와 자유주의', 「사회비평」, 제16호.
——, 2006, '롤스 : 자유주의와 정의', 김한원·정진영 엮음「자유주의 : 시장과 정치」, 부키
장수찬, 2002, '한국사회에 나타난 악순환의 사이클', 「한국정치학회보」, 36집 1호
장우영, 2003, '가상공간의 멘탈리티와 대항담론', 「계간사상」, 2003년 여름호
장은주, 1999, '전통의 도덕적 메타모포시스 : 한국 시민사회의 문화적 민족주의에 대한 규범적 반성', 「철학논구」, 제27집, 서울대 철학과
——, 2000, '문화적 차이와 인권 : 동아시아의 맥락에서', 「철학연구」, 제49집, 철학연구회
장준호, 2005, '문명의 충돌 및 공존', 미네르바정치연구회 편, 「국제질서의 패러독스」, 인간사랑
장 훈, 1997, '한국 민주화 10년의 정당정치 : 공고화의 지연과 맹아적 정당정치의 지속', 「한국사회와 민주주의」, 나남
——, 1999, '한국의 정당개혁', 「계간 사상」, 99. 여름.
——, 1999, '세계금융시대의 국가전략 : 영국과 프랑스의 유럽통화연합 정책형성의 정치', 「국가전략」 5권 1호
——, 2000, '한국 선거제도의 현실과 개혁', 「의정연구」, 제6권 제1호, 한국의회발전연구소
장훈·강원택·김영순·구갑우, 2000, '영국에서 국가성 변화의 이중성에 대한 연구: 케인스주의 국가에서 신자유주의적 국가로', 「국제정치논총」 40집3호
전재성, 2002, '구성주의 국제정치이론과 남북관계', 「교수논집」제24집, 국방대학교
——, 2003, '미-이라크전의 전후 처리과정 분석', 「국가전략」, 제9권 2호, 세종연구소
——, 2006, '지구화, 정보화, 민주화 시대의 글로벌 거버넌스', 「글로벌 거버넌스와 한국」, 한양대 출판부
전주성, 2006, '애덤 스미스 : 경제적 자유와 시장중심의 개혁', 김한원·정진영 엮음, 「자유주의 : 시장과 정치」, 부키
정규호, 2005, '심의민주주의적 의사결정논리의 특성과 함의', 「시민사회와 NGO」 제3권제1호
——, 2010, '생태민주주의', 「민주주의 강의4」, 민주화운동기념사업회
정경환, 1997, '한국민족주의 연구 : 전개 과정, 성격 및 과제를 중심으로', 「인문연구논집」 2집
정달현, 2002, '자유주의의 작동양식과 이론의 경향', 「대한정치학회보」, 9권2호
정상호, 2006, 「NGO를 넘어서 : 이익정치의 이론화와 민주화를 위한 탐색」, 한울아카데미
정영태, 1998, '대의제 민주주의의 한계와 대안의 모색」(http://www2.inha.ac.kr/~iss/정영태.hwp)
——, 2003, '정당 : 보수독점의 정당체제와 지역감정', 「역사비평」, 제63호
정원섭, 2004, '정치적 자유주의와 포퓰리즘', 「디지털 시대의 민주주의와 포퓰리즘」, 철학과 현실사
정진민, 1999, '한국정당정치의 환경변화와 개혁방향', 「국가전략」, 제5권 제2호, 세종연구소
——, 2007, '민주화 이후의 정치제도 : 원내정당화를 중심으로', 「국가전략」, 제13권 제2호, 세종연구소
——, 2008, 「한국의 정당정치와 대통령제 민주주의」, 인간사랑
정진영, 2000a, '라틴아메리카와 신자유주의', 「세계화와 신자유주의」, 나남
——, 2000b, '국제정치 이론논쟁의 현황과 전망 : 새로운 이론적 통합의 방향', 「국제정치논총」, 40집3권
——, 2001, '세계화의 명암과 국가의 역할', 한국정치학회 · 한국사회학회 공동학술회의(2001. 11) 발표논문
——, 2003, '노스의 제도주의 정치경제학 : 거래비용, 제도, 경제의 성장과 쇠퇴', 안청시 · 정진영 엮음, 「현대 정치경제학의 주요 이론가들」, 아카넷
정근식, 1997, '민주화, 지역주의와 지방자치', 「한국사회와 민주주의」, 나남
정기웅, 2005, '세계화와 민족주의', 미네르바정치연구회 편, 「국제질서의 패러독스」, 인간사랑
정옥임, 1999, '금창리 의혹과 미국의 대응 : 미국내 강 · 온 대립을 중심으로', 「계간사상」, 1999 봄호.
정철호, 2011, 'NPT 有用性한계의 극복 방향 : 미국의 인도 핵무기용인과 NPT 파급영향', 세종연구소

정태석, 2007, 「시민사회의 다원적 적대들과 민주주의」, 후마니타스
정태욱, 2002, 「정치와 법치」, 책세상
정해구, 2006, '지속가능한 진보를 위한 정치 패러다임', 「좋은 정책포럼 창립대회 및 창립기념 심포지엄」, 좋은 정책포럼
조기숙, 1998, '새로운 선거구제도 선택을 위한 시뮬레이션 결과',「의정연구」, 제4권 제1호, 한국의회발전연구소
조대엽, 2001, '새로운 조정기제로서의 시민사회와 그 과제', 한국정치학회 · 한국사회학회 공동학술회의
조광희, 1997, '정보사회에 있어서 개인의 정보공개와 프라이버시 보호와의 관계에 관한 연구', 「언론연구」, 6권 1호, 중앙대학교 언론연구소
조동기, 1996, '정보화사회에서의 개인의 정체성과 프라이버시에 관한 연구 : 전자공동체의 가능성과 관련하여', 「사회과학과 정책연구」, 18권3호, 서울대학교 사회과학연구소
조명현, 1997, '유럽통합의 국제정치적 배경', 「유럽의 통합정치」, 집문당
조영재, 2001, '민주화 과정에서의 이익갈등과 2차원 게임 : 의약분업 사례를 중심으로', 「아세아연구」, 44권 1호
조 은, 1997, '지구촌화, 세계시민사회 그리고 신사회운동', 「한국사회과학」, 19권 2호
조홍식, 2000, '유럽대륙의 신자유주의', 「세계화와 신자유주의」, 나남
——, 2001, '국민국가에서 유럽연합으로 : 유럽의 이익정치', 「아세아연구」, 44권 1호
조희연, 1997, '동아시아 성장론의 검토', 「경제와 사회」, 1997년 겨울.
——, 1999, '한국의 민주주의 이행과 시민운동', 참여연대 제50회 콜로키움 발표 논문
주미영, 2005, '국제시민사회와 NGO의 역할', 미네르바정치연구회 편, 「국제질서의 패러독스」, 인간사랑
주정립, 2010, '포퓰리즘과 민주주의', 「민주주의 강의4」, 민주화운동기념사업회
진덕규, 1998, 「현대 정치사회학이론」, 삼영사
——, 1999, 「글로벌리제이션 그리고 선택」, 학문과 사상사
차명제, 2001, '한국 정치의 후진성과 시민사회에 대한 기대 : 환경운동의 정치세력화 가능성', 한국정치학회 연례학술회의, 한국정치학회
채진원, 2010, '원내정당모델의 명료화: 대안적 정당모델과의 비교 논의', 「의정연구」 제16권 제2호, 한국의회발전연구소
철학연구회 편, 2004, 「디지털 시대의 민주주와 포퓰리즘」, 철학과 현실사
——, 2003, '하이에크의 자유주의 사상과 정치경제학 이론', 「현대 정치경제학의 주요 이론가들」, 아카넷
최병선, 2006, '코오스 : 시장의 진실과 세상의 이치', 김한원 · 정진영 엮음, 「자유주의 : 시장과 정치」, 부키
최성은, 2007, '사회지출의 효율성과 형평성', 「보건복지포럼 : 사회재정의 최근 동향과 과제」
최영진, 1999, '한국지역주의 논의의 재검토: 정치적 정체성 개념과 동기부여구조를 중심으로', 「한국정치학회보」, 제33집 2호, 한국정치학회
최영종, 2001, '현실주의 지역통합이론', 「한국정치학회보」, 제35집 2호, 한국정치학회
최우영, 2006, '동아시아 담론에서의 공동체주의', 「오늘의 동양사상」 제14호, 예문동양사상연구원
최의철, 2004, 「인도주의 개입 – 이론과 실제」, 백산자료원
최장집, 1996, '한국의 민주화, 시민사회, 시민운동', 「지방화와 지구화 그리고 시민운동」, 한울
——, 1997, '한국민주화의 현단계와 질높은 민주주의를 위한 과제', 「한국사회와 민주주의」, 나남
——, 2002, 「민주화 이후의 민주주의」, 후마니타스
——, 2006, 「민주화주의의 민주화」, 후마니타스
최장집 · 박상훈 · 박찬표, 2007, 「어떤 민주주의인가」, 후마니타스
최장집 · 박상훈 · 박찬표, 서복경, 2017, 「양손잡이 민주주의」, 후마니타스
최종철, 2001, '미국의 9 · 11 테러와의 전쟁과 한반도: 의미와 영향', 「정세와 정책」, 2001년 특집2권
최준영, 2019, '탈진실(Post-Truth), 가짜뉴스, 그리고 민주주의', 2019년 한국정당학회 하계학술회의
최창렬, 2001, '정보화와 한국정치과정의 변화', 한국정치학회 2001 춘계 학술회의 발표논문, 한국정치학회
최태욱, 2009, '승자독식 & 패자전몰 다수제 민주주의의 함정', 프레시안 2009. 7. 10
하승우, 2014, 「공공성」, 책세상(개념사 시리즈)
하영선, 2000, '북한 핵 · 미사일의 주기적 위기 : 강성대국과 페리보고서', 「계간사상」2000 여름호.
——, 2006, '네트워크 지식국가 : 늑대거미의 다보탑 쌓기', 「네트워크 지식국가」, 을유문화사
한병진, 2007, '미국 헌정질서, 법치, 민주주의의 삼위일체 : 애커만의 이중민주주의를 중심으로', 「21세기 헌정주

의와 민주주의」, 인간사랑
한승준, 2010, '동화주의모델 위기론과 다문화주의 대안론 : 프랑스의 선택을 중심으로', 2010 한국행정학회 하계학술회의, 한국행정학회
한인숙 · 주선미, 2002, '공론장과 지방정치', 「한국 행정학보」 36권 1호, 한국행정학회
한흥수 · 황주홍 편역, 1998, 「현대정치와 국가」, 연세대학교출판부
함재봉, 1999, '아시아적 가치와 민주주의: 유교민주주의는 가능한가?', 「철학연구」 제44집, 철학연구회
——, 2000, '가의 이념과 체제', 「전통과 현대」, 2000년 겨울호
——, 2002, '열린 민족주의와 닫힌 민족주의', 「에머지」, 2002년 8월 1일
홍덕률, 1996, '재벌지배 구조와 참여민주주의', 「참여민주주의와 한국사회」, 창작과비평사
홍성걸, 2001, '전자민주주의와 한국의 정치 · 행정', 2001년 한국유럽연합학회 세미나 자료집
홍성찬 · 황인호, 1999, '프라이버시권과 개인정보보호권', 「사회과학연구」, 12권 1호(99년 12월), 건국대학교 사회정책연구소
홍성우, 2005, 「자유주의와 공동체주의 윤리학」, 선학사
홍성욱, 2002, 「파놉티콘 – 정보사회 정보감옥」, 책세상
홍성욱 · 백욱인, 2001, 「싸이버스페이스 오디쎄이」, 창작과비평사
홍원표, 2005, '21세기 국제질서와 평화', 미네르바정치연구회 편, 「국제질서의 패러독스」, 인간사랑
홍윤기, 2004, '포퓰리즘과 민주주의 : 한국사회의 포퓰리즘 담론과 민주주의 내실화 과정을 중심으로', 「디지털 시대의 민주주의와 포퓰리즘」, 철학과 현실사
황정미, 2010, '젠더와 민주주의', 「민주주의 강의4」, 민주화운동기념사업회
황태연, 1997, '한국 선거와 영향요인들'(http://user.chollian.net/~hwangtai/main-a.html)
홍태영, 2001, '토크빌과 민주주의의 패러독스', 「한국정치학회보」 제35집 3호, 한국정치학회
——, 2004, '프랑스 혁명과 프랑스 민주주의의 형성(1789~1884)', 「한국정치학회보」 제38권 제3호, 한국정치학회
홍현익, 2014, '통일대박론과 통일준비 위원회의 과제', 「정세와 정책」 2014년 10월호, 세종연구소
SBS, 2014, 「권력이란 무엇인가」, 새로운현재

동아시아연구원 아시아안보연구센터, 2013, '3차 북핵실험과 한국의 대북정책 : 군사 · 경제 · 정치의 3중 복합대응책 모색', 「EAI 논평 제28호」, 사이버정치학 자료실(http://yony7.hihome.com/)
성대 동아시아 유교문화권 교육연구단, '유교문화적 전통과 사회발전 모델의 모색' (http://www.skku.ac.kr/~bkasia/text/main4_3.html)
대선교수네트워크, 2002, 「2002년 대통령선거 평가토론회 발표자료집」
통일연구원 현안연구 TF팀, 2014, '이명박 정부의 대북정책: 회고와 평가', 「online series CO」 2012년 제19호, 통일연구원
한국유럽연합학회, 2001, 「동아시아의 경제발전」, 한국우럽연합학회
공자, (김형찬 옮김), 2014, 「논어」, 홍익출판사
맹자, (조관희 편역), 2014, 「맹사」, 청아출판사
이기동 역해, 2014, 「대학중용강설」, 성균관대출판부

Aristoteles, (천병희 옮김), 2002, 「정치학」, 도서출판 숲
Arendt, Hannah, (김선욱 옮김), 2002, 「칸트 정치철학 강의」, 푸른숲
Barber, Benjamin R., (이선향 옮김), 2006, 「강한 시민사회, 강한 민주주의」, 일신사
Baylis, John & Smith, Steve, (하영선 외 옮김), 2003, 「세계정치론」, 을유문화사
Beck, Ulrich, (조만영 옮김), 2000, 「지구화의 길」, 거름
Bellamy, Alex J. & Wheeler, Nicholas J., 2015, '인도주의 개입과 세계정치', J. Baylis & S. Smith 편저(하영선 외 옮김), 2015, 「세계정치론」, 을유문화사
Benhabib, Seyla, (고재광 옮김), 연도미상, 「Toward a Deliberatve Model of Democratic Legitimacy」 (http://asiacenter.or.kr/)
Bimber, Bruce, (이원태 옮김), 2007, 「인터넷 시대 정치권력의 변동 : 미국민주주의의 역사적 진화」, 삼인
Bobbio. Nobert, 2007, 「자유주의와 민주주의」, 문학과 지성사

Bronner, Stephen Eric, (유홍림 옮김), 2005, 「현대정치와 사상」, 인간사랑
Campbell 외, (이용인 · 테일러 위시번 엮음), 2014, 「미국의 아시아 회귀 전략」, 창비
Crick, Bernard, 1998, '정치의 성격', 한흥수 · 황주홍 편역, 「현대정치와 국가」, 연세대학교 출판부
Dahl, Robert A., (안승국 옮김), 1999a, 「경제민주주의」, 인간사랑
———, (조기제 옮김), 1999b, 「민주주의와 그 비판자들」, 문학과지성사
———, (김왕식 · 장동진 · 정상화, 이기호 옮김), 2002, 「민주주의」, 동명사
———, (박상훈 · 박수형 옮김), 2004, 「미국헌법과 민주주의」, 후마니타스
———, (김순영 옮김), 2010, 「정치적 평등에 관하여」, 후마니타스
Giddens, Anthony, (한상진 · 박찬욱 역), 1998, 「제3의 길」, 생각의나무
Greene, Owen(마상윤 옮김), 2015, '환경문제', J. Baylis & S. Smith 편저(하영선 외 옮김), 「세계정치론」, 을유문화사
Halliday, Fred(장인성 옮김), 2015, '민족주의', J. Baylis & S. Smith 편저(하영선 외 옮김), 「세계정치론」, 을유문화사
Hayek, F.A, (김이석 역), 2007, 「노예의 길 – 사회주의 계획경제의 진실」, 나남출판
Habermas, Jurgen, (황태연 역), 2000, 「이질성의 포용」, 나남
——, (한상진 · 박영도 공역), 2000, 「사실성과 타당성」, 나남
Hague, Rod & Harrop, Martin, (김계동 · 김욱 · 윤영미 · 윤진표 · 조현수 · 지병근 옮김), 2007, 「현대비교정치론」, 명인문학사
Held, David, 1993, (이정식 옮김), 「민주주의의 모델」, 인간사랑
Heywood, Anthrew, (조현수 옮김), 2003, 「정치학」, 성균관대출판부
——, (이종은 · 조현수 옮김), 2007, 「현대 정치이론」, 까치
Jannuzi, Frank, 1999, '미국은 북한의 붕괴를 일으킬 수 있는가? 그리고 그것을 시도해야 하는가?', 「계간사상」, 1999 봄호.
Kjær, Anne Mette, (이유미 역), 2007, 「거버넌스」, 오름
Lindblom, Charles E., (한상석 옮김), 2009, 「시장체제」, 후마니타스
Locke, John, (강정인 · 문지영 옮김), 1996, 「통치론」, 까치
Lukes, Steven, (서규환 옮김), 1992, 「3차원적 권력론」, 나남
Machiavelli, Nicolo, (강정인, 김경희 역), 2015, 「군주론」, 까치
Manin, Bernard, (곽준혁 옮김), 2004, 「선거는 민주적인가」, 후마니타스
Maraval, Jose Maria & Przeworski, Adam, (안규남 · 송호창 옮김), 2008, 「민주주의와 법의 지배」, 후마니타스
Martin, Hans Peter & Schmann, Halald(강수돌 옮김), 1998, 「세계화의 덫」, 영림카디널
Mill, John Stuart, (서병훈 옮김), 2015, 「자유론」, 책세상
Mouff, Chantal, (이행 옮김), 2006, 「민주주의의 역설」, 인간사랑
Mueller, Dennis, 1992, 「공공선택론」, 나남
Mulhall & Swift, (김해성 · 조영달 옮김), 2001, 「자유주의와 공동체주의」, 한울
Ostrom, Elinor, (윤홍근 옮김), 2010, 「공유의 비극을 넘어」, 랜덤하우스(RH코리아)
Pierre, Jon & Peters, B.Guy, (정용덕 외 옮김), 2003, 「거버넌스, 정치 그리고 국가」, 법문사
Platon, (이환 역), 2006, 「국가론」, 돋을새김
Poundstone, William, (박우석 역), 2004, 「죄수의 딜레마 – 존 폰노이만, 핵폭탄, 게임이론」, 양문
Przeworski, Adam, (임혁백 · 윤성학 옮김), 1997, 「민주주의와 시장」, 한울
Przeworski, Adam 외 (안규남.송호창 역), 2008, 「민주주의와 법의 지배」, 후마니타스
Ranciere, Jacques, (백승대 옮김), 2007, 「민주주의에 대한 증오」, 인간사랑
Rawls, John, (장동진 책임번역), 2000, 「공적 이성의 재조명」,「만민법(The Law of Peoples)」, 이끌리오
———, (장동진 역) 2003, 「정치적 자유주의」, 동명사
Rifkin, Jeremy, (이희재 옮김), 2002, 「소유의 종말」, 민음사
Rousseau, Jean Jacques, (주경복 · 고봉만 옮김), 2003, 「인간불평등 기원론」, 책세상
Rousseau, Jean Jacques, (이재형 옮김), 2013, 「사회계약론」, 문예출판사
Sandel, Michael, (이창신 옮김), 2010, 「정의란 무엇인가」, 미디어서평
Sanders, (박동진 옮김), 「Against deliberation」 (http://asiacenter.or.kr/)

Sargent, Lyman T., (부남철 옮김), 1994, 「현대사회와 정치사상」, 한울
Sartori, G, (이행 옮김), 1999, 「민주주의 이론의 재조명 I · II」, 인간사랑
Schattschneider, Elmer Eric, (현재호 · 박수형 옮김), 2008, 「절반의 인민주권」, 후마니타스
Silver, Lee, (하영미 · 이동희), 2002, 「리메이킹 에덴」, 한승
Sreberny, Annabelle, 2000, 「세계화와 국가」, 「UNESCO Forum」, 유네스코한국위원회, 2000년 봄호(12호)
Strange, Susan, (양오석 옮김), 2005, 「국가와 시장」, 푸른길
Thompson, Grahame, (김승윤 옮김), 2000, 「서론 : 세계화의 자리매김」, 「UNESCO Forum」, 유네스코한국위원회, 2000년 여름호(13호)
——, (박동진 옮김), 연도미상, 「심의 민주주의 : 민주정치의 부활을 위하여」 (http://asiacenter.or.kr/)
Viroli, Maurizio, (김경희 · 김동규 옮김), 2006, 「공화주의」, 인간사랑
Walzer, Michael, (최흥주 옮김), 2009, 「정치철학 에세이」, 모티브북
Weber, Max, (전성우 옮김), 2012, 「직업으로서 정치」, 나남
Wolff, Robert Paul, (임홍순 옮김), 2001, 「아나키즘, 국가권력을 넘어서」, 책세상
Wallerstein, Immanuel, (나종일 · 백영경 옮김), 1997, 「역사적 자본주의 / 자본주의 문명」, 창작과비평사

국제정치 입문(http://my.dreamwiz.com/cyberir/ir/lecture03.html)
김홍길 동북아시아와 한반도 지역평화연구(http://my.netian.com/~leader21/study/아시아전략.htm)
서울대 외교학과uh.pe.kr/politics/exam/integration.htm)
http://www.csuh.pe.kr/politics/exam/integration.htm
http://nongae.gsnu.ac.kr/%7Ehsl/change/eastasia.html
http://biho.taegu.ac.kr/%7Epa_dep/data/sub-note/sub8.htm
http://my.dreamwiz.com/arysu/work/neoliberal.htm
http://www.youthnet.re.kr/hjk/kor/arti/pt0003.htm

부록 기출문제

'84년

[제 1 문] 근세초의 사회계약론
[제2-1문] 정당과 압력단체와의 상이성
[제2-2문] 국제정치의 다극화현상

'85년

[제 1 문] 정치안정의 조건
[제2-1문] 권력의 제도적 배분
[제2-2문] 국제관계에 있어서 국력의 구성요소

'86년

[제 1 문] 관료주의와 정치발전의 관계
[제2-1문] 선진국의 신보수주의 경향
[제2-2문] 시민문화

'87년

[제 1 문] 현대정치학에서의 집단이론을 설명하고 이를 비판한 이론들을 논하라
[제2-1문] 이데올로기의 기능
[제2-2문] 과두지배의 철칙

'88년

[제 1 문] 한국정당의 특성과 민주화와의 관계
[제2-1문] 정치권력의 억제방법
[제2-2문] 행태주의와 후기행태주의

'89년

[제 1 문] 대통령중심제와 내각책임제의 본질 · 특성 · 장단점
[제2-1문] 지역통합이론에서 기능주의
[제2-2문] 외교정책의 결정요인

'90년

[제 1 문] 선거제도의 정치적 의의
[제2-1문] 군축의 전제, 본질, 문제점
[제2-2문] 정치권력의 정통성

'91년

[제 1 문] 민주적 정당제의 운영원리를 역사적 · 비교적 측면에서 논하라
[제2-1문] 국력의 성격과 구성요소

[제2-2문] 참여의 위기

'92년

[제1문] 소수 엘리트에 의한 통치를 정당화하는 다원주의 이론이 국민의 의사에 의한 통치라는 민주주의의 어원적 정의와 양립가능성을 논증하라.

[제2문] 신흥공업국의 등장을 통해 본 제3세계국가의 경제적 발전조건

'97년

[제1문] 오늘날 우리 사회에서는 경제활동에 대한 국가의 간섭이 자유시장경제체제의 발전을 저해한다는 관점에서 '탈규제'를 주장하는 사람들이 있는 반면, 자유시장 경제체제가 지닌 병폐를 치유하기 위해서는 경제에 대한 국가의 '규제'가 필요하다는 사람들도 있다. '탈규제'와 '규제'에 대한 자신의 견해를 논술하라.

[제2문] 몰락한 소련 및 동유럽 사회주의체제와 현존 아시아 사회주의체제(중국, 베트남)간의 주요한 차이점에 대해 설명하라.

[제3문] '세계화 · 지구화'시대에 민족국가가 겪고 있는 주요한 변화 양상에 대해 설명하라.

'98년

[제1문] 현대의 공동체주의(Communitatianism)이론가들이 자유주의를 비판하고 있는 논거를 설명하고 이를 평가하시오.

[제2문] 서구 민주국가에서 비례대표제가 채택되었던 배경을 설명하고, 이 제도가 우리 나라 정치상황에서 갖는 의의를 평가하시오.

[제3문] 경제상황의 악화가 혁명과 같은 급격한 체제변화를 유발한다고 보는 이론에 대해 비판적으로 평가하시오.

'99년

[제1문] 근대화를 정치적 민주화와 경제적 산업화로 규정하자. 그렇다면, 1) 서구국가들이 겪어 왔던 다양한 근대화와 경로에 관해 설명하고, 2) 동아시아 국가들(한국, 대만에 한정)의 근대화 경로와 서구국가들의 일반적 근대화 경로가 어떻게 다른지 설명하시오. (40)

[제2문] 현 정부는 노사정위원회를 구성하여 경제위기를 극복하기 위한 사회적 합의를 시도해 왔다. 한국의 노사정위원회체제를 신조합주의로 볼 수 있는지의 여부를 논술하시오. (40)

[제3문] 정부의 존재 이유를 공공재의 개념으로 설명하시오. (20)

2000년

[제1문] 사무엘 헌팅턴은 정치변동에서 "문화" 차원을 강조한 바 있으며, 1990년대 이후 국제정치 갈등의 중심축을 "문명의 충돌"로 개념화하는 등 문화론적 설명을 제시하였다. (총40점)

1) 사회변동 및 국제질서 결정요인으로서 문화 또는 문명의 차원이 가질 수 있는 역할을 설명하고 그 설명력의 한계를 논하시오. (20)

2) 헌팅턴은 서방과 이슬람과의 역사적 갈등과 향후 미국과 중국의 갈등가능성을 문명충돌의 관점으로 규정하고 있다. 이 같은 논리의 문제점을 지적하시오.(20)

[제2문] 현대 민주주의 원리 중 가장 중요한 것의 하나는 "인민의 지배(rule by people)"이다. 이의

현실적인 형태는 다수의 지배라고 할 수 있다. 그런데 이때의 다수는 "절대적 다수(absolute majority)"가 아니라, "제한적 다수(limited majority)", 즉 소수의 권리에 의해서 제한받는 다수라는 주장이 제기되어 왔다. 이러한 주장의 근거와 타당성을 오늘날의 정치현실 맥락에 비추어 설명하시오. (30점)

[제3문] 1990년대 후반 들어 북한이 지향하고 있는 것으로 보이는 개방과 개혁의 내용을 평가하고, "비교정치학"적 맥락에서 북한의 그 같은 변화가 갖는 보편성과 특수성을 설명하시오. 그리고 북한의 변화를 촉진시킬 수 있는 요인과 지체시킬 수 있는 요인을 북한 내부적 차원과 외부 환경적 차원으로 나누어 논하시오. (30점)

2001년

[제1문] 민주주의는 "국민이 지배"하는 정치체제를 의미한다. 오늘날 대부분의 민주국가들은 대의민주주의를 택하고 있다. 그런데 최근 대의민주주의를 보완 또는 대체하려는 직접적 · 참여적 정치과정이 확산되는 경향을 보이고 있다. (총50점)

1) 이러한 현실을 초래한 배경으로서 대의민주주의에 대한 문제점을 논하고, (20점)
2) 이를 보완하려는 다양한 노력들을 기술하고, (20점)
3) 이러한 노력들이 진정한 대의민주주의 확립에 기여할 수 있는지를 평가하시오. (10점)

[제2문] 정부 기능에 관하여 정부의 시장개입을 최소화해야 한다는 "최소 정부론"과 정부가 적극적으로 시장에 개입해야 한다는 "적극 정부론"이 있다. 두 이론이 지닌 장 · 단점에 대하여 설명하시오. (25점)

[제3문] 정치에 대한 불신과 냉소주의가 팽배한 우리의 현실에서 정치의 참된 의미와 기능을 "이상주의"와 "현실주의"에 입각하여 설명하시오. (25점)

2002년

[제1문] 민주주의와 시장자본주의 간의 관계는 「적대적 공생관계」로 표현되기도 한다. 이것은 시장자본주의가 민주주의의 우호적 조건이면서도, 동시에 비우호적 조건이 될 수 있음을 시사한다. 각각의 경우를 설명하고, 민주주의와 시장자본주의 간의 관계에 대하여 논하시오. (40점)

[제2문] 「삼국지」에는 유비와 조조라는 인물이 대비되고 있다. 유비는 명분과 신의에 따라 행동하고, 조조는 그 보다는 정치 · 군사적 이익에 따라 행동한다. 정치에서 명분과 신의의 추구가 우선되어야 하는가, 아니면 이익의 추구가 우선되어야 하는가? 정치의 본질에 대한 기존의 여러 시각을 원용하여 자신의 입장을 밝히고 판단의 기준을 제시하시오. (30점)

[제3문] 탈냉전 이후 신국제질서에서 국력(National Power)은 여전히 국가 간 관계를 규정하는 핵심적 요소인가? 이에 대한 자신의 입장을 이론적으로 논하고, 이를 증명할 수 있는 1990년대 이후 국제정치의 구체적 사례를 하나 들어 설명하시오. (30점)

2003년

[제1문] 정치는 입법, 행정, 사법 등의 과정을 총 망라하는 개념이다. 현대 정치에 있어 행정의 비중이 점차 증대되어, '행정국가화'되는 경향이 있다. 이러한 상황을 고려하여 다음 사항에 대해 설명하시오. (총35점)

1) 현대 정치과정에서 행정의 기능과 역할 (15점)
2) 행정국가 현상의 문제점과 그 해결 방안 (20점)

[제2문] 정치학(political science)에서 과학(science)을 강조하는 연구방법의 내용과 한계에 대해 상술하고, 그 한계를 보완하기 위한 방법을 제시하시오. (35점)

[제3문] 한 · 칠레 자유무역협정의 비준이 농민단체의 반발로 난항을 겪고 있다. 이는 과거 우루과이라운드협상의 경우에도 나타났고, 향후의 자유무역과 관련된 협상 과정에서도 예상되는 일반적 현상이다. 국가차원에서 이득을 가져오는 조치가 국내적으로 수용되기 어려운 이와 같은 현상을 "자유무역은 이론에서 이기고, 보호무역은 현실에서 이긴다"는 고전적 명제에 비추어 설명하고, 그 대책을 논하시오. (30점)

2004년

[제1문] IT(정보통신기술)를 매개로 한 정보화의 진전은 인간의 사적 생활에서의 편리함 뿐만 아니라 사회적 삶에 있어서도 많은 변화를 초래하고 있다. 인터넷이라는 열린 사이버 공간 즉, 대중에게 개방된 공적(public) 정보공간뿐만 아니라 기업 내 인트라넷, 기업 간 전자상거래, 국제금융시장을 연결하는 전자네트워크 등 대중으로부터의 접근이 차단되어 있는 사적(private) 정보공간의 확산은 '전자 민주주의'라는 새로운 개념을 만들어 낼 정도로 우리의 삶에 큰 영향을 주고 있다. (총40점)

1) 전자 민주주의가 민주주의 이념을 얼마나 실현할 수 있는가를 논하시오(20)

2) '전자 민주주의'의 가능성과 한계를 16대 대통령 선거 또는 17대 총선의 경우를 예로 들어 설명하시오. (20점)

[제2문] 최근 우리 사회에서 이라크파병문제에 대한 진정한 국익을 둘러싸고 격심한 갈등을 겪는 가운데, 정부에서는 이라크파병원칙을 재확인하였다. 이와 관련하여 다음 물음에 답하시오. (총40점)

1) 국익을 둘러싼 갈등이 나타나게 된 이유를 사회적 균열구조와 정치적 갈등의 관계라는 측면에서 간략히 설명하시오. (5점)

2) 현 정부에서 이라크파병원칙을 재확인한 사실을 세 가지 국가론(일원적 국가관, 다원적 국가관, 계급 국가관)의 관점에서 설명하시오. (30점)

3) 민주주의 실현을 위해서는 우리 정부가 어떻게 하는 것이 진정한 국익인지를 평가하시오. (5점)

[제3문] 정당체계란 정당간의 상호작용이 이루어지는 틀이라고 할 수 있다. 사르토리(G. Sartori)가 제시하는 정당체계의 분류기준을 논하고, 이에 근거하여 2004년 총선이후 형성된 한국 정당체계를 설명하시오. (20점)

2005년

[제1문] 국가와 시장의 관계에 대해서는 다양한 이론이 존재한다. 아래 그림은 국가가 시장에 개입하는 유형을 '시장의 자기조절(self-regulation) 정도'와 '국가의 시장 개입 정도' 관계를 기준으로 단순화시킨 것이다. (총 50점)

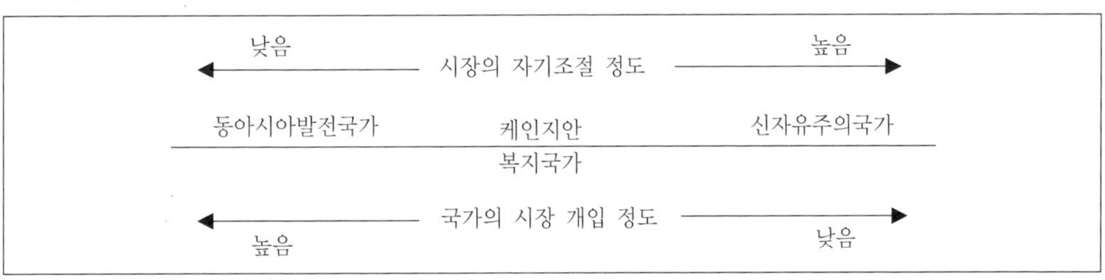

1) 세 가지 유형 중 동아시아 발전국가와 케인지안 복지국가를 위에서 제시한 두 기준을 중심으로

비교하시오. (20점)

2) 위 세 가지 유형에 근거해 한국의 국가 – 시장관계의 구체적 변화를 설명하고, 그것이 한국 민주주의 공고화(democratic consolidation)에 지니는 함의를 논하시오. (30점)

[제2문] 최근 동북아 지역에서는 과거사, 영토문제, 유엔 안전보장 이사회 상임이사국 확대관련 문제 등을 둘러싼 한 · 중 · 일 3국간 갈등이 첨예하게 나타나고 있다. 이들 3국간 갈등의 배경적 요인을 설명하고, 그 해결방안을 현실주의(realism)의 관점에서 논하시오. (30점)

[제3문] 정치과정에서 시민단체들의 정치참여를 '정당정치'에 대한 대안으로 보는 시각이 있다. 한국 시민단체들의 구체적인 정치참여 사례들을 들고, 시민사회 운동이 정당정치의 대안으로 가능할 수 있는가를 대의민주주의와 참여민주주의의 관점에서 논하시오. (20점)

2006년

[제1문] 홉스(Thomas Hobbes)의 자연상태 하에 두 명의 이기적인 개인 갑과 을이 있다고 가정하자. 두 사람의 효용은 각각 상대방의 물건을 '훔치지 않는 경우'와 '훔치는 경우'의 조합에 따라 그 크기가 달라진다. 아래 도표는 A, B, C, D라는 4가지의 조합을 나타내고 있으며, 괄호 안의 숫자는 각각 갑과 을의 효용의 크기를 나타낸다. (총 50점)

甲 \ 乙	훔치지 않는다	훔친다
훔치지 않는다	A (10, 9)	B (7, 11)
훔친다	C (12, 6)	D (8, 8)

1) 홉스의 자연상태를 설명하시오. (15점)

2) 홉스가 위 도표를 본다면 A, B, C, D 가운데 어떤 것을 개인의 자기 이익 추구 결과로서의 자연상태로 보겠는지 그 이유를 설명하시오. (10점)

3) 위 도표를 이용하여 정부의 존재이유와 역할에 대해 논하시오. (10점)

4) 정부가 없는 상황에서도 A가 가능하다면 어떻게 가능한지를 합리적 선택(rational choice)의 관점에서 설명하시오. (15점)

[제2문] 민주정치에서 투표행위(투표/ 기권 및 후보선택)는 개인으로서의 유권자가 정부의 정책결정에 영향을 줄 수 있는 중요한 참여행위이다. 현대 한국정치에서 유권자의 투표행태에 영향을 미치는 요인들을 들고, 유권자 개인의 특성, 정당 및 후보자, 선거제도, 사회경제적 배경 등을 포함하여 여러 측면에서 논하시오. (25점)

[제3문] 민족주의는 서구에서 전세계로 확대된 이념으로 각국의 국내정치 및 현대 국제정치에서 큰 의미를 갖는다. 2006년 독일 월드컵 등을 계기로 민족주의에 대한 관심과 우려가 동시에 고조되고 있다. 민족주의의 순기능과 역기능을 열거하여 논하시오. (25점)

2007년

[제1문] 민주주의 사회에서 가장 중요한 가치는 자유와 평등이다. 그러나 이 두 가지는 서로 충돌할 때가 있다. 예를 들어 경제활동의 자유는 경제적 불평등을 가져오기도 하는 반면, 경제적 불평등을 완화하려는 재분배 정책은 경제활동의 자유를 제약할 수도 있다. (총 50점)

1) 자유와 평등의 가치를 개인적 측면과 사회적 측면에서 설명하시오. (20점)

2) 이 두 가치는 어떤 방식으로 조화를 이룰 수 있는지 설명하시오. (20점)

3) 위의 논의가 한국정치에서 갖는 함의를 논하시오. (10점)

[제2문] 현재 한국에서는 국가 정책적 수준에서 양성평등 실현이라는 기치 아래 여성에 대한 차별을 철폐하고 여성의 권익을 신장시키기 위한 실천적 노력이 다각도로 전개되고 있다. 그 실천전략은 동등대우(equal treatment), 적극적 시정조치(affirmative action), 성주류화(gender mainstreaming)의 세 가지 범주로 구분된다. 이 세 가지 전략의 내용을 구체적인 사례를 들어 설명하고, 각 전략들이 어떻게 정당화될 수 있는지 논하시오. (24점)

[제3문] 국가 간 경제적 상호의존관계는 크게 대칭적(평등한) 상호의존관계(symmetrical interdependence)와 비대칭적(불평등한) 상호의존관계(asymmetrical interdependence)가 있고, 각 유형은 서로 다른 정치적 함의를 갖는다. (총 26점)

1) 대칭적 상호의존관계와 비대칭적 상호의존관계의 의미를 설명하고, 각각이 갖는 정치적 함의를 논하시오. (16점)

2) 이러한 관점에서 한미자유무역협정의 정치적 함의를 논하시오. (10점)

2008년

[제1문] 세계화 시대의 정치는 단지 개별 국가 정부들 간의 협력과 경쟁만을 통해 이루어지는 것은 아니다. FTA 체결 등에서 보는 바와 같이, 세계화 시대의 정치는 다양한 이해관계 및 상이한 관점에서 기인하는 국내적 차원에서의 갈등을 극복해야 하는 과제를 안고 있다. 한국정치에 새로운 도전을 야기하고 있는 세계화의 요구와 관련된 국내적 갈등의 구체적 내용은 무엇이며, 이를 어떻게 극복해야 하는지에 대해 의견을 제시하시오 (40점)

[제2문] 정치를 바라보는 관점으로 서구 자유주의 사상과 동양 유교사상의 차이를 설명하시오. 그리고 현대 한국 정치에서 유교적 사고와 행위양식이 표출되는 구체적 사례를 설명하고, 이것이 한국 민주정치의 발전에 미치는 영향을 긍정적, 부정적 측면에서 논하시오. (30점)

[제3문] 현대의 대의제 민주주의는 여론을 기초로 이루어지는데, 이 여론을 조직화하여 정치적 힘으로 표출하는 장치가 정당이다. 따라서 정당은 대의제 민주주의의 기본이라 할 수 있다. (총30점)

1) 대의제 민주주의에서 정당의 기능을 설명하고, 이 기능들에 비추어 한국의 정당을 평가하시오. (10점)

2) 자신이 평가한 한국정당의 특성이 왜 그렇게 자리 잡게 되었는지를 설명하시오. (10점)

3) 한국사회에서 정당정치가 제대로 정착되기 위해서는 무엇이 필요한지 논하시오. (10점)

2009년

[제1문] 다수결 원칙은 민주정치의 실질적 의사결정방식이다. 다수결 원칙과 관련하여 정치이론가들 중에는 특정한 경우 다수결의 요건을 강화(예, 2/3 이상 찬성)하거나 소수에게 거부권을 부여하는 방식으로 제한 조건을 두어야 한다는 제한적 다수결 논자와 이러한 조건을 두어서는 안된다는 무제한적 다수결 논자가 있다. 우선 다수결 원칙의 문제점을 논하고, 다음으로 제한적 다수결론과 무제한적 다수결론 중 어느 입장이 한국정치를 보다 민주적으로 운영할 수 있게 하는지 사례를 들어 논하시오. (40점)

[제2문] 최근 선거과정에서 여러 가지 큰 변화가 나타나고 있다. 유권자의 이익 표출 및 집약이라는 정당의 여론수렴 기능에 영향을 끼치는 인터넷의 영향력 증가, 입후보자 중심의 메니페스토 운동, 당내 경선의 활성화 등의 현상이 벌어지고 있다. 이러한 변화가 우리나라의 정당정치 발전에 끼치는

순기능과 역기능을 논하시오. (30점)

[제3문] 세계화 현상은 지구환경에도 큰 영향을 미치고 있다. 이러한 영향과 관련하여 세계화로 인해 지구환경이 개선될 것이라는 낙관론과 반대로 악화될 것이라는 비관론이 존재한다. 기후변화 문제와 관련하여 국제사회의 협력과 갈등을 낙관론과 비관론을 토대로 논하시오. (30점)

2010년

[제1문] 일반적으로 민주주의 이행 이후에 공정하고 자유로운 경쟁선거가 정착될 경우 민주주의는 공고화(consolidation) 되었다고 한다. 그러나 경쟁선거가 정기적으로 시행되고 있는 많은 신생민주주의 국가에서 여전히 비민주적인 정치현상이 나타나고 있으며 이를 일부 학자는 민주적 결함(democratic deficit)이라고 부르고 있다. 이러한 현상은 민주주의 국가의 책임성(accountability)에 대한 근본적인 논쟁을 불러일으키고 있다. 따라서 적극적인 의미의 민주주의 공고화를 위해 통치자(ruler)는 시민사회의 요구를 보다 광범위하게 수용할 필요가 있다. 다음 물음에 답하시오. (총40점)

1) 절차적 차원의 민주주의 공고화를 "민주주의는 마을에서의 유일한 게임이다" 라고 비유하는 학자도 있다. 그 의미를 설명하시오. (10점)
2) 신생민주주의 국가에서 자주 발견되는 민주적 결함의 하나는 시민사회와 통치자(ruler) 사이의 소통 부재이다. 이를 해결하기 위한 민주적 리더십에 대해 논하시오.(15점)
3) 적극적 민주주의 공고화를 위한 시민사회의 역할에 대하여 논하시오. (15점)

[제2문] 남북한 관계개선과 한반도 평화유지를 위해 한국정부는 교류의 상호주의 원칙을 표방하고 있다. 그러나 다양한 국내외적 변수들로 인해 이 원칙에 입각한 남북교류는 여러 제약 속에 놓여있다. 이런 상황에서 북한의 변화와 경제발전을 가져오기 위해 국제사회가 함께 참여하는 다자주의 ODA(Official Development Aid) 프로그램의 가동을 적극 검토해 볼 수 있다. 이와 관련하여 다음 물음에 답하시오. (총30점)

1) 남북교류에서 상호주의의 의미와 전개과정을 기술하시오. (10점)
2) 만약 핵문제가 해결되고 대북 ODA가 가동될 경우, 그 예상 효과를 서술하시오. (20점)

[제3문] 20세기 후반 이래 우리 사회에서 심화되고 있는 전환기적 변화는 탈물질주의 가치의 확산과 정보화의 급속한 진행으로 요약할 수 있다. 다음 물음에 답하시오. (총 30점)

1) 이러한 전환기적 변화를 구체적 사례를 통해 서술하시오. (10점)
2) 이러한 변화가 오늘날 한국정치에 끼치는 역동적 영향에 대해 기술하시오. (10점)
3) 그 영향이 정치적으로 보다 바람직하게 표출 · 환류(feedback)되기 위해서는 어떠한 전제조건들이 필요한지 논하시오. (10점)

2011년

[제1문] 최근 중국의 경제가 급속히 성장하고 있고 신흥 강대국으로서 중국의 국제정치적 역할에 대한 관심이 증대되면서 미국이 주도해 온 국제정치질서의 변화에 대한 논의가 활발하게 전개되고 있다. 이울러 2008년 미국발 세계금융위기로 인한 미국의 정치경제 모델에 대한 비판이 제기되면서 중국의 정치경제 모델에 대한 개발도상국들의 관심도 커지고 있다. (총40점)

1) 중국의 정치외교적 부상이 21세기 국제정치질서의 변화(특히 'G2'체제)에 미칠 영향에 대해 논하시오. (20점)
2) 워싱턴 컨센서스(Washington Consesus)로 알려진 미국의 정치경제모델과 베이징 컨센서스

(Beijing Consesus)로 알려진 중국의 정치경제 모델의 주요 내용을 비교, 평가하시오. (20점)

[제2문] 대의제 민주주의에서 정당은 국가와 시민사회를 연결하는 매개체이다. 지난 한 세기 동안 유럽에서는 이러한 정당이 사회상황에 따라 대체로 간부정당 → 대중정당 → 포괄정당 또는 선거전문가정당 → 카르텔 정당으로 변화해 왔다. (총30점)

1) 정당 조직적 측면에서 대중정당, 포괄정당, 선거전문가정당의 차이를 설명하시오. (16점)
2) 대중정당에서 포괄정당으로, 포괄정당에서 카르텔 정당으로 변함에 따라 정당의 기능이 어떻게 변화했는지 설명하시오. (8점)
3) 한국정당의 개혁 방안 가운데 하나인 대중정당 모델이 갖는 한계를 설명하시오. (6점)

[제3문] 홉스(Thomas Hobbes)의 사회계약론은 자기를 보존하려는 인간의 선택에 의한 절대국가의 성립에 대해 말하고 있다. 이와 관련하여 그의 사회계약론의 출발이 되는 자연상태에서 개인이 처한 상황은 게임이론의 '죄수의 딜레마' 상황과 유사해 보인다. 두 상황 사이의 유사점을 제시하고, 그 유사점이 현대 정치에서 갖는 함의에 대해 논하시오. (30점)

2012년

[제1문] 일반적으로 정부형태는 대통령제, 의원내각제, 이원집정제 등 세 가지로 나눌 수 있다. (40점)

1) 이 세 가지 형태의 정부를 집행부의 선출방식, 정부구성 (또는 조직)의 원리, 집행부의 의사결정방식 (또는 집행부 수장의 권한)의 측면에서 각각을 설명하시오. (20점)
2) 이 세 가지 형태의 정부를 국민에 대한 정부의 책임성(accountability) 또는 시민사회의 다양한 이해관계 대변(representativeness), 그리고 국정의 효율성내지 안정성이라는 측면에서 비교하시오. (20점)

[제2문] 정치현상을 분석하는 연구방법은 크게 질적 연구방법과 양적 연구방법으로 구분된다. 이러한 두 가지 연구방법은 현상을 바라보는 시각에 있어서나 추구하는 목적에 있어서 큰 차이를 보이고 있다. 연구방법론의 중요성에 대해 설명하고, 질적 연구방법과 양적 연구방법을 비교설명한 후, 각 연구방법의 장점과 단점을 논하시오. (30점)

[제3문] 쿠바 미사일 위기를 분석한 앨리슨(Graham T. Allison)은 대외정책 결정을 자세히 이해하기 위해선 3가지 시각 (합리적 행위자모델, 조직과정모델, 그리고 관료정치모델)을 모두 고려해야 한다고 주장한다. 현재 북한은 경제적으로 매우 어려운 실정이고 이러한 경제곤란 속에서 북한이 안보역량 강화를 위해 해외로부터 다량의 신형무기를 구입했다고 할 때, 앨리슨의 모델을 통해 다음을 설명하시오. (총30점)

1) 합리적 행위자모델을 통해 북한의 해외무기구입 결정을 설명하시오. (5점)
2) 조직과정모델을 통해 북한의 해외무기구입 결정을 설명하시오. (5점)
3) 관료정치모델을 통해 북한의 해외무기구입 결정을 설명하시오. (5점)

2013년

[제1문] 권력구조에 대하여 A, B, C 세 학생과 교수가 다음과 같이 토론하고 있다. (총45점)

1) 학생 A의 주장이 설득력을 갖게 되는 논리적 근거를 제시하시오. (15점)
2) 학생 B의 주장이 설득력을 갖게 되는 논리적 근거를 제시하시오. (15점)
3) 학생 C의 주장이 설득력을 갖게 되는 논리적 근거를 제시하시오. (15점)

학생 A : 의원내각제는 말 그대로 의회(또는 입법부)가 중심이 되는 제도이기 때문에, 영국과 같은 의원내각제 하에서 의회가 행정부에 비해 더 강력한 권한을 행사한다고 할 수 있어. 학생 B : 나는 생각이 달라. 미국을 보면 오히려 대통령제 하에서 의회의 권한이 더 강력한 것 같은데. 학생 C : 행정부와 의회의 권한은 상황에 따라서 어느 한 쪽이 다른 한 쪽보다 더 강할 수 있어. 예를 들어, 국민에 의한 대통령 직선과 행정부의 의회에 대한 책임이라는 골격을 가진 프랑스식 이원집정부제 하에서는 행정부와 의회의 권한은 항상 어느 한쪽이 다른 한 쪽보다 강한 것이 아니라 상황에 따라서 다르니까. 교 수 : 너희 세 사람의 주장이 모두 맞을 수 있다.

[제2문] 나이(Joseph S. Nye)는 21세기 국제질서에 있어서 경성권력(hard power)이 아닌 연성권력(soft power)의 중요성을 강조하였다. 경성권력이 쇠퇴한 이유와 연성권력이 효과적으로 작동할 수 있는 조건을 설명하시오. (25점)

[제3문] 선거는 민주주의의 꽃이며, 투표 참여는 민주주의가 순기능을 하기 위한 필수적인 요소로서 간주되고 있다. 그렇지만 '합리적 선택이론'에 따르면, 개인 유권자가 투표에 참여하는 행위는 비합리적이다. 왜냐하면 투표에 참여하여 유권자 개인이 얻을 수 있는 이익은 거의 없는 반면, 투표에 참여하기 위해 지불해야하는 비용은 크기 때문이다. (총30점)

1) 개인이 투표 참여로 인하여 얻는 이익과 비교할 때, 개인이 지불하는 비용이 큰 이유를 설명하시오. (15점)
2) 높은 비용으로 인하여 발생하는 유권자의 기권 경향을 극복하고 투표에 참여하도록 유인하는 중요 요소를 설명하시오. (15점)

2014년

[제1문] 민주주의 국가에서는 다양한 선거제도를 운용하고 있다. 선거제도의 유형에 따라 정당정치의 특성이 다르게 나타나기도 한다. 이와 관련하여 다음 질문에 답하시오. (총40점)

1) 선거제도 중 단순다수제(plurality system)와 비례대표제(proportional representation system)의 일반적 특징을 각각 서술하시오. (10점)
2) 뒤베르제의 법칙에 근거하여 선거제도가 정당정치에 미치는 영향을 설명하시오. (10점)
3) 우리나라 국회의원 선거제도는 단순다수제와 비례대표제가 결합한 혼합형 선거제도(mixed system)이다. 그러나 비례대표제로 선출되는 의원의 수가 상대적으로 적어 그 수를 늘리자는 주장이 있다. 이 주장에 대한 찬성 혹은 반대 입장을 밝히고 그 근거를 제시하시오. (20점)

[제2문] 정치학에서의 행태주의적 접근은 1960년대 전통적 정치학에 대한 비판으로부터 출발하였으며, 현대 정치학에 큰 영향을 미쳤다. 이와 관련하여 다음 질문에 답하시오. (총30점)

1) 전통적 정치학과 행태주의적 연구의 차이점을 서술하시오. (15점)
2) 행태주의적 연구의 문제점과 이를 극복하는 현대정치학의 대안에 대하여 서술하시오. (15점)

[제3문] 최근 들어 한국 사회가 '다문화사회'로 변모함에 따라 이주민의 사회통합이 점차 중요해지고 있다. 이주민의 사회통합과 관련된 대표적인 접근방법으로 '동화주의'와 '다문화주의'가 있다. 동화주의는 이주한 국가의 가치관과 생활방식을 수용함으로써 주류사회에 동화할 것을 요구한다. 반면, 다문화주의는 이주한 국가에서도 기존의 가치관과 생활방식을 유지하는 것을 허용하거나 때로는 장려하기도 한다. 이와 관련하여 다음 질문에 답하시오. (총 30점)

1) 동화주의와 다문화주의가 갖는 각각의 긍정적 측면과 부정적 측면을 설명하시오. (20점)

2) 한국의 다문화가정 증가에 대해 동화주의와 다문화주의 중 하나를 택하여 그에 기반한 사회통합정책을 제시하시오. (10점)

2015년

[제1문] 허쉬만(Albert Hirschman)은 조직이 쇠퇴할 때 구성원들이 선택할 수 있는 전략으로 'Exit'(빠져나가기), 'Voice'(목소리내기), 'Loyalty'(충성하기)가 있다고 주장하였다. 'Exit'은 구성원이 조직을 탈퇴하는 것이다. 'Voice'는 구성원이 못마땅한 조직을 적극적으로 개선하려는 시도를 뜻한다. 'Loyalty'는 조직이 기대에 못 미치더라도 충성을 바치는 처세를 의미한다.

최근에 중국의 부상과 함께 장기간 지속되었던 미국중심의 국제체제에 대한 한국의 만족도가 하락하고 있다고 가정하자. 그리고 한국의 외교정책이 '미국의 국가잠재성(혹은 미국중심의 국제체제 복원력)에 대한 신뢰'와 '한국의 국가능력'이라는 두 변수들의 조합에 의하여 결정된다고 가정하자. 이들 두 변수의 조합을 이용하여 Exit, Voice, Loyalty라는 한국외교정책의 세 가지 전략을 각각 설명하시오. (40점)

[제2문] 토마스 홉스(Thomas Hobbes)에 따르면 국가(통치자)는 시민(피치자)에 대하여 절대권력을 갖게 된다. 그 내용을 설명하시오. (30점)

[제3문] 민주주의를 '다수제 민주주의'(majoritarian democracy)와 '합의제 민주주의'(consensus democracy)로 구분할 때, 이 두 가지 형태의 민주주의와 다음의 정치제도들-'선거제도'(비례대표제 대 단순다수대표제), '정당체제'(양당체제대 다당체제), '정부형태'(의원내각제 대 대통령제)-사이의 친화성(affinity)에 대하여 설명하시오. (30점)

2016년

[제1문] 2014년 10월 헌법재판소는 현행 국회의원 선거구가 평등선거에 위배된다고 헌법불합치 결정을 내리며 공직선거법 상 인구편차를 3대 1에서 2대 1로 조정하도록 하였다. 이에 국회는 중앙선거관리위원회 산하에 국회의원 선거구획정위원회를 설치하여 선거구 획정과 비례대표제 등을 개정하였다. 다음 물음에 답하시오. (총40점)

1) 헌법재판소가 3대 1의 인구편차가 헌법에 불합치하다고 결정한 이유를 설명하시오. 또한, 단순 위헌 결정을 내리지 않고 헌법불합치 결정을 내린 이유에 대하여 설명하시오. (20점)

2) 다수대표제와 비례대표제의 장단점을 설명하고, 최근 중앙선거관리위원회가 정치관계법 개정안으로 제시한 권역별 비례대표제 및 석패율제의 특징과 장단점을 설명하시오. (20점)

[제2문] 정치적 교착상태는 다음 두 가지 경우에 발생할 수 있다. 첫째, 의회의 다수파와 행정부의 소속정당이 다른 분점정부 아래에서 의회 다수파가 정책변화를 원함에도 불구하고 행정부와의 갈등으로 인하여 법의 제정 및 개정 등에 실패하는 경우에 발생한다. 둘째, 의회의 다수파와 행정부의 소속정당이 같은 단점정부 아래에서 의회 소수파가 극렬하게 저항하는 경우에 발생한다. 다음 물음에 답하시오. (총30점)

1) 린쯔(Juan J. Linz)에 의하면 정치적 교착상태는 의원내각제 국가보다 대통령제 국가에서 더 빈번하게 발생하며, 신생 민주주의 국가의 경우 때때로 체제위기로 이어지기도 한다. 그 이유를 설명하시오. (10점)

2) 의원내각제나 이원집정부제가 정치적 교착상태를 어떻게 완화시킬 수 있는지를 설명하시오. (10점)

3) 1980년대 민주화 이후 한국정치과정에서 이러한 교착상태의 주요 원인을 우리나라 대통령제와 의회제도의 측면에서 설명하시오. (10점)

[제3문] 고전적 자유주의자인 토마스 페인(Thomas Paine)은 "정부는 가장 좋은 상태에서조차 필요악에 불과하다."라고 주장하였다. 그러나 그의 주장과는 달리 현대 국가는 과거에 비해 그 규모와 역할이 매우 커졌다. 다음 물음에 답하시오. (총30점)

1) 고전적 자유주의에 대한 현대적 적극정부론의 입장을 설명하시오. (10점)
2) 위의 적극정부론에 대한 현대적 자유지상주의(libertarianism)의 입장을 설명하시오. (10점)
3) 현대 국가들의 정부지출이 지속적으로 증가하는 현상을 관료제와 의회제의 관점에서 설명하시오. (10점)

2017년

[제1문] 최근 다양한 사회 관계망 서비스(SNS, Social Network Service) 등 소셜 미디어의 등장은 민주주의의 질(quality)이란 측면에서 낙관론과 비관론 간의 논쟁을 불러일으키고 있다. 다음 물음에 답하시오. (총 40점)

1) 소셜 미디어가 민주주의의 질에 미치는 영향을 낙관론과 비관론으로 구분하고 인터넷 기술과 정보비용, 숙의, 사회적 자본(social capita)의 관점에서 비교하여 설명하시오. (20점)
2) '다름에의 노출'(이질성) 혹은 '끼리끼리 현상'(동질성)과 같은 소셜 미디어 상의 서로 다른 네트워킹은 숙의의 성격을 다르게 만들 뿐만 아니라 정치참여와 민주주의에 미치는 영향도 서로 다르다. 소셜 미디어 상 네트워크의 이질성과 동질성이 정치참여와 민주주의에 어떤 효과를 미칠 수 있는지 설명하시오. (20점)

[제2문] 올슨(Mancur Olson)은 어떤 사회적 이해들은 다른 사회적 이해들에 비해 상대적으로 쉽게 조직되며, 따라서 정치적 영향력도 상이하다고 주장한 바 있다. 예를 들어 상대적으로 소수의 기업가 집단이 다수 시민들의 이익을 대표하는 시민단체에 비해 쉽게 조직화될 수 있다는 것이다. 즉 규모가 작은 집단이 규모가 큰 집단보다 조직화되기 용이하다고 주장하고 있다. 다음 물음에 답하시오. (총 30점)

1) 이 논의에 기초하여 규모가 작은 집단이 큰 집단보다 조직되기 쉬운 이유를 설명하시오. (10점)
2) 규모가 큰 집단의 조직화에서 흔히 나타나는 문제와 그 해결방안에 대해 설명하시오. (10점)
3) 집단행동을 설명하는 데 있어 올슨의 논의가 갖는 한계를 논하시오. (10점)

[제3문] 최근 정당정치에 대한 국민의 불신이 커지고 있지만 대의민주주의에서 정당의 영향력은 여전히 상당하다. 다음 물음에 답하시오. (총 30점)

1) 정당의 역사적 기원을 의회, 선거, 사회집단의 발달 측면에서 설명하시오. (10점)
2) 정당 유형이 간부정당 → 대중정당 → 포괄정당 혹은 선거전문가정당으로 변화한 원인과, 각 유형의 정당 목표, 조직특성, 재원조달 방식을 설명하시오. (20점)

2018년

[제1문] 정치발전과 관련하여, 립셋(Seymour Martin Lipset) 등이 제시한 경제발전이 민주화를 촉진한다는 주장은 상당히 설득력 있는 이론으로 받아들여져 왔다. 다음 물음에 답하시오. (총 30점)

1) 위에서 언급한 '경제발전과 민주화의 관계'에 관한 이론의 핵심 논리를 설명하시오. (10점)
2) 위에서 언급한 이론의 한계를 경험적 사례를 들어 설명하고, 경쟁적인 이론들을 제시하시오. (20점)

[제2문] 유권자의 투표 행태에 관한 이론에는 사회학적 이론(sociological theory)과 합리적 선택이론(rational choice theory)등이 있다. 다음 물음에 답하시오. (총 30점)

1) 유권자의 투표 행태에 관한 위 이론들의 핵심 내용과 차이점을 설명하시오. (10점)
2) 위 이론들을 적용하여 한국의 지역주의 투표 행태를 설명하시오. (20점)

[제3문] 영국의 브렉시트(Brexit)와 미국의 트럼프(Donald Trump)대통령 등장에 따른 국제정치경제 질서의 급격한 변화가 자유주의 국제질서를 위협하고 있다는 주장이 있다. 다음 물음에 답하시오. (총 20점)

1) 자유주의 국제질서의 핵심적 내용을 기술하시오. (10점)
2) 브렉시트와 트럼프 대통령의 등장이 자유주의 국제질서의 위기를 초래하고 있다는 주장의 논리를 설명하시오. (10점)

[제4문] 비교정치연구에는 최대유사체계(most similar systems)와 최대상이체계(most different systems) 연구방법이 자주 사용된다. 다음 제시문을 읽고 물음에 답하시오. (총 20점)

> 학자 甲은 근대 국가 형성 과정에서 민주주의로 이행한 A,B,C,D 국가가 언어, 인종, 종교 등에 있어서 매우 상이한 특성을 갖고 있음에도 불구하고, 강력한 부르주아 계급이 성장했다는 공통점을 발견했다. 이와 같은 발견을 토대로 甲은 강력한 부르주아 계급의 성장이 민주주의 등장의 주요한 원인이라고 결론지었다.

1) 위에서 언급한 최대유사체계와 최대상이체계 연구방법의 핵심 논리를 비교하시오. (10점)
2) 위 제시문에서 甲이 채택한 연구방법과 채택한 연구방법과 채택 이유를 설명하고, 그 연구방법이 가지는 한계를 논하시오. (10점)

2019년

[제1문] 현대 민주주의 사회에서 이익집단이 정치 과정에 미치는 영향력은 매우 크다. 다음 물음에 답하시오. (총 50점)

1) 이익집단과 정당의 유사점과 차이점을 비교하시오. (10점)
2) 이익집단을 설명하는 주요 모델에는 다원주의와 조합주의 모델이 있다. 두 모델의 특징과 한계점을 각각 기술하시오. (30점)
3) 다원주의와 조합주의 모델을 대표하는 국가를 각각 제시하고, 그 국가가 해당 모델을 대표하는 이유를 설명하시오. (10점)

[제2문] 다음 글을 읽고 물음에 답하시오. (총 30점)

> 1970년대 중반부터 시작된 '제3의 민주화 물결'로 다수의 권위주의 체제가 경쟁적 선거제도를 도입하여 민주주의 체제로 이행했다. 그 과정에서 권위주의 국가의 비율은 확연히 감소하여 전 세계 국가 중 20% 정도에 이르렀다. 2000년대 중반 이후 권위주의 체제의 약 70%가 입법부 선출을 위한 선거를 치렀으며, 약 80%는 행정부의 수장을 뽑는 선거를 시행하였다. 더 나아가 권위주의 체제의 약 75%에서 한 개 이상의 정당이 선거에 참여하는 것을 허용하는 혼합형 체제(hybrid regime)가 등장하였다. 이러한 혼합형 체제는 민주주의로 이행하는 과도기 현상이라고 여겨졌다. 하지만 혼합형 체제가 상당 기간 안정적으로 유지되거나, 오히려 권위주의적 속성이 강화되고 있다. 어떤 학자들은 이러한 현상을 경쟁적 선거제도와 권위주의가 결합된 '경쟁적 권위주의(competitive authoritarianism)' 혹은 '민주적 권위주의(democratic authoritarianism)'라고 정의한다.

1) 경쟁적 권위주의의 등장과 유지 현상을 고려하여, 기존의 민주주의 이행 이론을 비판하시오. (10점)

2) 혼합형 체제가 선거 및 정당 같은 민주적 정치제도를 도입함으로써 권위주의를 유지 또는 강화할 수 있는 이유를 설명하시오. (20점)

[제3문] 다음과 같은 21세기 외교의 새로운 추세와 관련하여 물음에 답하시오. (총 20점)

> 국제정치질서의 변화와 함께 외교의 주체, 대상, 내용 또한 변화하고 있다. 국가 이외 다양한 행위자들이 참여하는 글로벌 거버넌스 시대에 도시가 새로운 국제정치 행위자로 부상하고 있다. 단순한 도시 간의 교류를 넘어서, 도시의 이익을 추구하기 위해 다양한 행위자와 연계하는 도시외교가 확산되고 있는 것이다. 외교의 내용 측면에서 안보, 정치, 통상을 주제로 하는 전통외교와 함께 문화, 스포츠 등을 주제로 삼는 공공외교가 확산되고 있다. 국가이익을 창출하는 데 경성권력 뿐만 아니라 연성권력의 중요성이 높아지고 있는 것이다.

1) 도시외교의 특징과 장단점을 기술하시오. (10점)

2) 공공외교의 개념과 사례에 대해 설명하고, 그 의의를 제시하시오. (10점)

2020년

[제1문] 다음 글을 읽고 물음에 답하시오. (총 50점)

> 일반적으로 대통령제(presidentialism)는 유권자가 정부 수반인 대통령을 직접 선거로 선출하고, 별도의 직접 선거로 선출된 의원들이 의회를 구성하여 행정부를 견제하는 정치 체제이다. 전형적인 의원내각제(parliamentarism)는 직접 선거로 선출된 의원들로 구성된 의회에서 다수당이 정부 수반인 수상과 내각을 선출하여 국정을 운영하는 체제이다. 대통령제 및 의원내각제와 구분되는 제3의 정부형태인 준대통령제(semipresidentialism)는 직접 선거로 선출된 대통령과 의회에 책임을 지는 수상 및 내각이 공존하는 체제라고 할 수 있다.

1) 대통령제와 의원내각제에서 정부 수반을 임기 중에 해임할 수 있는 방법이 무엇인지 각각 서술하고, 해임 사유의 차이점에 대하여 설명하시오. (10점)

2) 의원내각제에서는 정부 수반이 의회를 해산하고 조기 총선을 실시할 수 있는 권한을 갖고 있다. 의회 해산권을 정당화하는 논리적 근거를 제시하시오. (20점)

3) 준대통령제를 '대통령은 외치(外治)를 책임지고, 수상은 내치(內治)를 책임지는 분권형 대통령제'로 해석하여 이원집정제라고 부르기도 한다. 대표적인 준대통령제 국가 중 하나인 프랑스의 사례를 활용하여 이와 같은 해석이 갖는 한계를 논하시오. (20점)

[제2문] 다음은 A국 대통령실 기자회견의 일부이다. 다음 글을 읽고 물음에 답하시오. (총 30점)

> 출입기자: 교토의정서에 대한 A국의 입장은 무엇입니까?
> 대 변 인: 교토의정서가 서명되기는 했지만, 상원에서 비준되지 않았습니다. 그리고 우리나라 대통령의 입장도 분명합니다. 대통령은 교토의정서를 지지하지 않습니다. 그 조약은 개발도상국의 책임을 면제해주고 있습니다. 더욱이 우리나라의 경제적 이익에도 부합하지 않습니다.

1) 집단행동의 문제(collective action problem)의 시각에서 기후위기의 국제정치적 성격을 서술

하고, 기후위기에 대응하기 위한 국제협력이 어려운 이유를 논하시오. (20점)

2) 기후위기 등 새로운 국제이슈에 대응하기 위해서 기존의 안보(security) 개념이 확장되고 있다. 확장된 안보 개념의 유용성과 한계를 논하시오. (10점)

[제3문] 우리나라는 2012년 공직선거법 개정을 통하여 사전투표제를 도입하는 등 다양한 투표방식을 모색하고 있다. 다음 물음에 답하시오. (총 20점)

1) 합리적 선택이론(rational choice theory)의 시각에서 사전투표제의 기대효과를 논하시오. (10점)

2) 공직선거에 인터넷투표(Internet voting)를 도입할 때 예상되는 헌법적 쟁점에 대하여 논하시오. (10점)

국회직 : 2003년

[제1문] 현재 한국 사회에서는 보수와 진보라는 용어가 다양하게 사용되고 있다. 보수와 진보를 어떻게 인식하는가는 한국의 정치과정에 중요한 영향을 미치고 있다. 보수와 진보라는 개념을 다음 세 차원으로 나누어 분석적으로 설명해보시오.

(1) 국가-시장관계

(2) 국가-개인의 권리

(3) 통일문제 및 대북한 인식

[제2문] 최근 "의회중심의 정치"가 강조되고 있다. 의회중심의 정치가 거론되는 배경과 이를 정착시킬 수 있는 방안, 그리고 예상되는 문제점 등을 한국의 정치현실과 관련하여 논술하시오.

[제3문] 현대 국제관계에서 교류의 확대와 세계화의 진전으로 국가 또는 국민 상호간의 의존성은 매우 증대되고 있다. 이러한 의존성의 증대는 특정 국가나 국민의 행동이 타 국가 또는 국민에 미치는 영향력의 증대를 의미한다. 이것은 현실적으로 국제질서의 안정성 유지라는 필요성을 제기시킨다. 국제질서의 안정을 유지하기 위한 수단으로서 군사적 조치가 갖는 유효성 및 정당성에 관하여 간략히 논하시오.

2004년

[제1문] 우리 사회에서 이익집단 등 사회 집단의 분규, 시위와 같은 집단행동이 증가하는 현상이 나타나고 있다. 한국의 의회 및 정당정치와 관련지어 이 현상의 원인을 설명하고 해결방안에 대해 논하라. (40점)

[제2문] 대통령제의 주요한 특성으로 대통령과 의회를 모두 국민이 직접 선출하는 이원적 정통성을 들 수 있다. 이 특성의 정치적 결과에 대해 논하라. (30점)

[제3문] 17대 국회의원 선거부터 지역구에서 의원을 선출하고 또 정당 명부식 비례대표제로 의원을 선출하는 혼합형 선거제도가 도입되었다. 이 제도의 정치적 효과에 대해 논하라. (30점)

2005년

[제1문] 자유주의와 민주주의는 상호 의존적 연관성을 지니고 있으면서 동시에 긴장관계에 있을 수 있다. 자유주의와 민주주의는 어떤 측면에서 상호 긍정적 연관성을 지니며, 또한 어떤 측면에서 상호 긴장관계에 있을 수 있는지를 논하라. (40점)

[제2문] 민주주의의 다수결주의 모델과 협의주의적(비례대표적) 모델은 민주주의의 이상을 어떻게 제도적으로 구현하려고 하는지를 대비시켜 설명하고 각각의 장단점을 비교하라. (25점)

[제3문] 국제질서는 끊임없이 변화되는 측면이 있다. 세계질서의 하부 구조로서 동북아 국제질서는

9 · 11사태 이후 어떻게 변화되고 있는가? 이 변화는 동북아의 안정화에 기여할 것인가? 본인이 생각하기에 동북아 평화를 위한 최선의 방책은? (35점)

2006년

[제1문] 민주화 이후 한국의 정치상황을 고려하면서, 대의민주주의의 문제점을 대표성(re present-ativeness), 반응성(responsiveness), 책임성(accountability)의 세 차원에서 논하시오 (40점)

[제2문] 여성의 정치참여 증대 필요성에 대한 여성계의 요구에 따라 선출직 공직에 여성 후보들의 비율을 규정하는 여성할당제가 실시되고 있다. 여성할당제에 대한 찬반양론을 검토, 평가하시오. (30점)

[제3문] 동북아시아 지역 국제체계의 안정성을 구조, 상호작용(과정) 및 단위(국가)의 측면에서 논하시오. (30점)

2007년

[제1문] 최근 화석연료 시대의 종말에 대한 논쟁이 시작되었다. 석유의 공급량에 비해 수요량이 더 빨리 증가하면서 유가가 급상승하고 있으며, 그 동안 화석연료의 과다 사용에 따른 지구 온난화 현상도 심각하다. 이에 따라 에너지의 열효율을 제고하고 재생 가능한 에너지를 개발하려는 움직임도 활발하며, 온실효과를 감축하려는 국제적 노력도 병행되고 있다. 소위 말해서 '지속가능한 개발'에 대한 관심이 고조되고 있다. (총40점)

1) 지구온난화가 방치된 이유를 사람들은 개릿 하딘의 '공유재의 비극(tragedt of thecommons)'을 예로 들어 설명한다. 이를 평가하고, 비극을 방지할 수 있는 방안이 무엇인지를 밝혀라. (20점)
2) 세계적 차원에서 온실효과를 감축하는 데 있어서 어려움은 무엇인가? 특히 선진국과 제3세계의 관계를 염두해 두고 이제까지의 국제적 노력을 개괄하고, 본인이 보는 바람직한 대안을 제시해 보시오. (20점)

[제2문] 거버넌스(Governance) 개념은 연구자의 시각이나 연구대상에 따라 매우 다양하게 사용되고 있다. 이러한 개념적 혼란에도 불구하고 거버넌스에 관한 논의가 지난 세기 말 매우 활발하게 전개되고 있는 배경은 무엇인가? 그리고 거버넌스에 관한 다양한 시각들은 기존 정치패러다임의 한계를 어떻게 극복하고자 하는가? (30점)

[제3문] 정당은 여러 측면에서 중요한 역할을 하지만 의회정치과정에서도 매우 중요한 위치를 차지한다. 근래 세계적으로 정당체계가 새로운 변화를 겪으며 의회정치과정에서도 정당의 성격과 역할에 대한 여러 이론적 논쟁이 전개되고 있다. 이에 비추어 한국의 경험을 평가하고 나아갈 방향을 제시하라 (30점)

2008년

[제1문] 정당들은 자신들의 정당정체성과 관련하여 의회 입법과정에서 정책변화 가능성을 유연성 있게 받아들일 수도 있고, 반면 자신들의 정당정체성에 보다 집착할 수도 있다. 전자의 경우를 '전환형 의회'(transformative legislature)라 하며, 후자의 경우를 '경합장형 의회'(legislature as arena)라고 한다. 의회 입법과정이 '전환형 의회'로 기능할지, '경합장형 의회'로 기능할지 여부가 (1) 정당체계의 형태 (양당체계 또는 다당체계) 및 (2) 권력구조의 형태 (대통령제, 의원내각제, 또는 이원집정부제)와 어떤 연관이 있는지 논술하시오. (40점)

[제2문] 공직후보 지명과정의 개방화를 중심으로 한국정당정치의 민주화가 최근 수년간 빠르게 진전되어

왔다. 이 같은 정당 민주화의 (1) 요인 (2) 선진민주주의 국가들과 비교할 때의 특징 (3) 정당의 조직적 응집성, 민주적 반응성에 미친 영향을 논술하시오. (30점)

[제3문] 석유, 천연가스 등 주요 에너지 자원 공급을 안정적으로 확보하는 과제를 외교·안보정책 차원에서 다루어야 한다는 의미에서 '에너지 안보' 개념이 중요하게 부각되고 있다. '에너지 안보' 개념의 등장배경과 에너지 수급 문제가 안보정책 대상이 될 수 있는지 여부에 대해 논술하시오. (30점)

2009년

[제1문] 오늘날 대의민주주의 과정에서 사회 갈등이 흡수되기보다는 오히려 증폭되고 있고, 각종 정책과 관련해서 합의점을 찾기보다는 대립과 교착에 빠지는 경향이 나타나고 있다. 이러한 문제를 가져오는 시대 환경에 대해서 상술하고, 대의민주주의와 그 대안으로서 참여민주주의를 정치이론과 제도적 차원에서 비교, 평가하시오. (40점)

[제2문] 의회의 제도화란 의회가 독자적인 조직으로서 외부환경과 분화되어 기능하는 것이다. 이러한 의회의 제도화 수준을 높이기 위해서는 의회조직의 내부적 분화, 의원직 전업의식의 제고, 의회규범의 확립 등이 이루어져야 한다. 이를 위한 실질적이고 구체적인 과제들을 논술하시오. (30점)

[제3문] 비국가행위자의 범주와 활동영역이 확대되면서 나타나는 국제정치의 변화양상은 다양하다. 변화양상의 긍정적, 부정적 측면을 사례를 들어 설명하고, 긍정적 변화로 이끌기 위한 국제체제의 과제를 제시하시오. (30점)

2010년

[제1문] 우리나라 헌법과 정당법에서 정당의 역할을 규정하고 있음에도 불구하고, 기초자치단체 선거에서 정당공천제 배제 논리가 제기된 배경과 이와 관련된 기존의 헌법재판소의 판결을 설명하시오. 이와 더불어 지방선거와 관련하여 정당의 역할이 바람직한 방향으로 발전할 수 있는 방안을 성과관리 측면에서 제시하시오. (40점)

[제2문] 환경보전과 지속가능한 발전을 둘러싸고 우리나라 정치권과 시민사회 내부에 심각한 갈등이 존재하고 있다. 이 문제를 해결하는 데 있어 대의제 민주주의가 갖는 한계를 설명하고, 그 극복방안을 논술하시오. (30점)

[제3문] 국제사회는 세계적인 핵확산방지를 위해 노력을 하고 있으나 만족할만한 결과를 얻지 못하고 있다. 현재 비(非)핵확산을 위한 국제적 관리체계의 문제점을 지적하고 해결방안을 제시하시오. (30점)

2011년

[제1문] 의회와 행정부의 관계에서 대통령의 소속정당과 의회다수당이 동일한 정당인 경우를 단점정부라 하고, 그렇지 않은 경우를 분점정부라고 한다. 단점정부보다 분점정부에서 의회와 행정부의 갈등이 심각하다고 보는 일반적 견해와 달리, 한국의 경우 분점정부와 단점정부 간 갈등의 정도에 있어서 큰 차이가 없으며, 국회의 파행적 운영이 지속되어 왔다. 그 원인들을 설명하고 개선책을 제시하라. (40점)

[제2문] 탈냉전의 전개와 세계화의 진전은 세력균형(balancing) 또는 편승(bandwagoning)에만 의존한 전통적 대외정책의 유효성을 감소시키고 있는데, 그 이유를 구체적으로 제시하시오. 또한 전통적 대외정책의 한계를 극복할 수 있는 새로운 대안적 전략의 가능성을 한국의 대중국 외교정책에 적용하여 제시하시오. (30점)

[제3문] 가상의 '국회' 마을에 한 명의 대표자를 선출하기 위한 선거가 실시되고, 철수, 경철, 외수, 석

희, 제동의 다섯 명이 후보로 출마하였다. '국회'마을은 전체 550명의 투표자로 구성되어 있다. 아래의 표는 다섯 후보자에 대한 투표자 550명의 선호순서(preference ordering)를 같은 것 끼리 묶어 집단별로 나타낸 것이다. (30점)

집 단	A	B	C	D	E	F
해당집단에서 같은 선호구조를 가진 투표자 수	180	120	100	90	40	20
1순위 선호	철수	경철	외수	석희	제동	제동
2순위 선호	석희	제동	경철	외수	경철	외수
3순위 선호	제동	석희	제동	제동	석희	석희
4순위 선호	외수	외수	석희	경철	외수	경철
5순위 선호	경철	철수	철수	철수	철수	철수

※ 단, 투표자 개인은 다섯 명의 후보자에 대해서 자신의 선호관계를 확실하게 표명할 수 있고, 그 개인의 선택행위에는 내적인 일관성을 가지고 있으며, 자신에게 가장 큰 효용을 가져다 주는 후보자를 선택한다. 또한, 마을의 투표자 누구도 기권하지 않고 자신의 선호에 따라 그대로 투표(sincere voting) 한다.

1) 아래에 제시된 투표방식을 적용하여 투표가 이루어질 경우 개별 투표방식에 따른 당선자의 선출과정을 간략히 제시하시오. (10점)

- 단순다수제(simple plurality voting): 가장 많은 득표를 한 후보자가 승리하는 방식
- 결선투표제(plurality runoff): 가장 많은 득표를 한 두 명의 후보자가 결선투표에 진출하여 결선투표에서 최다득표를 한 후보자가 승리하는 방식
- 순차적 결선투표방식(sequential runoff): 투표자 각자의 선호에 따라 투표하고 가장 적게 득표 한 후보자부터 순차적으로 탈락시키는 방식.
- 보다카운트(Borda Count): 투표자의 후보자에 대한 선호순서에 따라 점수를 부여하고 총합점수가 가장 큰 후보자가 승리하는 방식. *단 여기서 투표자는 1순위 후보자에게 5점, 2순위 4점, 3순위 3점, 4순위 2점, 5순위 1점의 점수를 부여한다.
- 콩도르세 방식(Condorcet Procedure): 각각의 후보자를 나머지 모든 후보들과 1대1로 표결하여 최종 승자를 결정하는 방식

2) 위의 결과에 대한 함의를 논하시오. (20점)

2012년

[제1문] 선거는 민주정치의 꽃이다. 대의민주정치체제에서 선거가 수행하는 제반 기능을 설명하고, 그 본질적 기능에 비추어 우리나라 민주화 이행 이후 국회의원 선거를 비판적 시각에서 평가하시오. (40점)

[제2문] 정당정치와 관련된 여론조사의 순기능과 역기능을 설명하고, 최근 국내의 주요 정당들이 공직후보 결정과정에서 여론조사 방식을 활용하는 데 따른 부작용과 개선 방안을 논하시오. (30점)

[제3문] 1970년대 등장했던 미국 패권 논쟁이 오늘날 재현되고 있다. 그 배경에는 중국과 유럽연합의 부상이 있다. 국제패권의 유지, 강화 및 쇠퇴 여부의 판단 기준을 경성권력(hard power)과 연성권력(soft power) 등의 개념을 중심으로 논하시오. 또한, 현재 세계 패권질서의 향방과 이에 따른 한국 외교정책의 대응방향을 논하시오. (30점)

2013년

[제1문] 한국에서 정당은 비난의 대상으로 국민들에게 정치에 대한 혐오감을 증폭시키는 역할을 하고 있다. 이러한 상황은 정당의 존재가치에 대한 논쟁을 불러 일으켰으며, 나아가 국민들에게 한국의 정당이 공당(公黨)이냐 아니면 사당(私黨)이냐 하는 혼란을 야기하고 있다. (40점)

1) 한국 정당에 대한 존재가치를 '반정당주의론', '정당불가피론', '정당필수론'을 통해 설명하시오. (15점)

2) 한국 정당이 가지는 공당(公黨)과 사당(私黨)의 성격을 설명하시오. (15점)

3) 위의 논의를 통해 한국 정당이 국민과 호흡할 수 있는 방안을 제시하시오. (10점)

[제2문] 제3세계 정치에서 민주정치의 지속성을 위해서는 내각제가 대통령제보다 더 적절한 제도로 인식되고 있다. (30점)

1) 제3세계 국가들이 내각제를 안정적으로 운영하기 위해 필요한 전제조건들을 설명하시오. (15점)

2) 한국에서 내각제 도입문제를 놓고 전개되고 있는 찬반론 가운데 반대 입장을 설명하시오. (15점)

[제3문] 오늘날 외교의 패러다임은 하드파워(hard power) 중심의 외교에서 소프트파워(soft power) 중심의 공공외교(public diplomacy)로 바뀌고 있다. 2010년을 '한국 공공외교의 원년'으로 정한 한국 외교부도 공공외교 강화를 위한 다양한 방안을 강구하고 있다. (30점)

1) 공공외교의 개념과 등장배경을 서술하시오. (10점)

2) 공공외교의 특징을 전통외교와 비교하여 설명하시오. (10점)

3) 한국이 모색해야 할 공공외교의 활성화 방안을 제시하시오. (10점)

2014년

[제1문] 여의도 마을(유권자 99명)의 대표 1인을 뽑는 선거에 빨강, 파랑, 노랑, 연두, 보라, 주황, 검정의 일곱 명이 출마하였다. 주민 전체가 후보 선출방식을 놓고 토론을 벌였고, '동일한 후보자 선호순서(preference ordering)'을 가진 세 개의 집단으로 나뉘었다. 그 내용은 [표1]과 같다(예 :집단1에 속한 유권자 33인은 모두 빨강, 연두, 파랑, 노랑, 검정, 주황, 보라의 순으로 후보를 지지한다). 외부선거관리인은 '승자진출방식 다수결 투표(majority rule by round-robin tournament)'방식을 제안하고, 후보의 대결 순서도 [표2]로 정하였다. 선거 결과 검정 후보가 최종 승자로 당선되었다.

이와 같은 방식의 선거절차의 문제점과 그 원인을 구체적으로 논하시오. 아울러 그 결과의 함의를 집단의사결정에 관한 일반이론[사회선택이론(social choice theory)]의 맥락에서 심화하여 서술하시오. (40점)

[표1] 마을 주민 전체의 선호구조

	집단1	집단2	집단3
해당집단에서 같은 선호구조를 가진 유권자 수	33명	33명	33명
1순위 지지	빨강	파랑	노랑
2순위 지지	연두	노랑	빨강
3순위 지지	파랑	빨강	보라
4순위 지지	노랑	주황	연두
5순위 지지	검정	보라	파랑
6순위 지지	주황	연두	검정
7순위 지지	보라	검정	주황

[표2] 승자진출방식 다수결 투표 표결 순서

1단계
빨강 vs. 노랑
⇩
2단계
1단계 다수결 승자 vs. 파랑
⇩
3단계
2단계 다수결 승자 vs. 연두
⇩
4단계
3단계 다수결 승자 vs. 보라
⇩
5단계
4단계 다수결 승자 vs. 주황
⇩
6단계
5단계 다수결 승자 vs. 검정

최종승자 : 검정

※ 승자진출방식 다수결 투표 : 전체 후보 7명 중 두 명의 후보를 놓고 먼저 1단계에서 투표를 진행하여, 그 결과 다수 득표를 한 후보가 다음 단계에 진출한다. 다음 단계는 1단계의 승자와 2단계에 새롭게 제시된 후보와 다수결 투표를 벌여 승자가 다음 단계로 진출하는 식으로 이어진다. 여기서는 선거관리인이 제인한 [표2]의 대진 순서를 그대로 따르며, 한 번 투표의 대상이 된 후보는 (승리해 다음 단계의 선거에 진출하지 않는 한) 중복 입후보되지 않는다.

※ 마을의 유권자 누구도 기권하지 않고 매 단계 자신의 선호에 따라 그대로 투표한다(sincere voting).

[제2문] 동아시아는 세계에서 가장 중요한 지역 중하나가 되었다. 한중일 삼국의 경제규모는 유럽연합과 미국에 필적하는 수준에 이미 도달했다. 또한, 동아시아는 미국과 중국 사이의 세계질서 차원의 경쟁과 협력, 중국과 일본 사이의 지역 패권경쟁, 북한의 핵 문제 등이 중첩된 국제정치의 공간이다. 따라서 동아시아 주요 삼국인 한중일 사이의 협력은 이 지역의 평화와 번영은 물론이고, 세계적 차원에서도 대단히 긴요하다. 그런데 동아시아 국제관계의 핵심적인 한 축을 형성하는 한일관계가 최근 몇 년 동안 국교정상화 이후 최악의 상황에 빠져있다. (40점)

1) 최근 한일관계의 악화, 대립을 케네스 왈츠(Kenneth Waltz)의 세 가지 이미지로 설명하시오. (20점)

2) 한일관계의 중요성을 동아시아 국제체제 차원에서 설명하고 한일관계 회복을 위한 아이디어를 투레벨게임(two-level game)의 관점에서 제안하시오. (20점)

[제3문] 마키아벨리의 「비루트(virtu, 덕성)」 개념의 주요 내용과 사상사적 의미를 공화주의적 관점에서 설명하시오. (20점)

2015년

[제1문] 다음은 대한민국 국회의원 선거에서 적용되었던 전국구 혹은 비례대표 의석할당 방식을 요약

한 것이다. (총40점)

A. 제11대(1981), 제12대(1985): 지역구 선거 의석 기준 제1정당에 전국구 의원정수의 2/3를 배분하고 잔여의석을 여타 정당들이 의석비율로 배분
B. 제13대(1988): 정당의 지역구 선거 의석비율을 기준으로 전국구 의석을 배분하는 것을 원칙으로 하되, 제1정당이 과반획득에 실패했을 경우 전국구 의석의 1/2을 배분하고 잔여의석을 여타정당들에 의석비율로 배분
C. 제14대(1992): 정당의 지역구선거 의석비율을 기준으로 전국구 의석을 배분
D. 제15대(1996), 제16대(2000): 정당의 지역구선거 득표비율을 기준으로 전국구 의석을 배분
E. 제17대(2004), 제18대(2008), 제19대(2012): 지역구 선거와 비례대표선거를 구분하여 유권자가 표를 따로 행사하고(1인2표제), 각 정당이 비례대표선거에서 얻은 득표비율을 기준으로 비례대표 의석을 배분

1) C에 비해서 D가 더 나은 제도라고 가정할 때, 그렇게 볼 수 있는 근거를 제시하시오. (15점)
2) 한편, E가 D보다 더 나은 제도라고 볼 수 있는 근거를 제시하고 E가 등장하게 된 배경을 논하시오. (15점)
3) 위 1)과 2)의 논의를 바탕으로 한국 국회의 비례대표제를 분석 · 평가하고 이에 근거한 제도적 개선방안을 제시하시오. (10점)

[제2문] 현대국가들이 직면한 공통적인 문제점들을 민주주의의 관점에서 논술하시오. (30점)

[제3문] 1980년대 중반 이후 꾸준히 진행되어 온 동아시아의 지역 통합은 다양한 특징과 한계를 동시에 드러내고 있다. (총30점)

1) 동아시아 지역 통합의 특징과 한계를 지역화(regionalization)와 지역주의(regionalism)의 개념을 중심으로 설명하시오. (10점)
2) EU를 중심으로 협력을 심화·확대시켜 온 유럽과 달리, 1997년 이후 지역 통합을 진전시키기 위한 동아시아 국가들의 노력은 하나의 제도로 수렴되지 못하고 다수의 지역 제도들이 중복 또는 경쟁하는 결과를 초래하고 있다. 이러한 현상이 발생하는 원인을 자유주의, 현실주의, 구성주의의 시각을 통합적으로 고려하여 설명하시오. (20점)

2016년

[제1문] 아래의 표는 11대 국회부터 19대 국회까지 발의주체별 법률안 통계표이다(표 생략). (총40점)

1) 의원발의법안의 제출과 가결에 대한 변화추세의 원인과 그 의미를 설명하시오. (20점)
2) 의원발의법안과 정부제출법안의 제출과 가결에서 나타나는 변화를 비교하여 설명하시오. (20점)

[제2문] 최근 국내에서 거버넌스, 심의민주주의, 협치, 사회조합주의, 사회협약 등 새로운 정치지형을 제시하는 개념들이 활발히 논의, 발전되고 있다. (총30점)

1) 이러한 개념들이 공통적으로 인식하고 있는 정치현상을 설명하고, (10점)
2) 이러한 개념들이 우리나라에서 현실화하려는 여러 사례를 제시하고, (10점)
3) 이러한 시도가 성공하기 위해 극복해야 할 걸림돌이 무엇인지 밝히시오. (10점)

[제3문] 현재 동아시아에는 미국과 중국의 대립이 일어나고 있으며, 양대 진영의 대립은 국가간 동맹 혹은 협력관계 구축을 통해 진영 대 진영 대립으로 나타나고 있다. (총30점)

1) 이러한 국가와 세력 간 대립현상을 한반도 주변문제(동북아문제), 동중국해 문제(양안문제 포함), 남중국해 문제로 나누어 그 현상을 설명하고, (20점)

2) 한반도 평화와 안정을 위해 우리정부가 취해야할 정책을 국제정치이론에 근거하여 제시하시오. (10점)

2017년

[제1문] 일반적으로 선거제도는 정당체계 외에도 정치적 안정성, 통치성 등 정치 전반에 많은 영향을 미친다. 이 때문에 정치개혁을 논의할 때마다 선거제도의 개선 문제가 핵심적 쟁점으로 등장한다. 이와 관련하여 다음 질문에 답하시오. (총40점)

1) 선거제도 중 선거구의 크기(소선거구, 중선거구, 대선거구)와 당선자 확정 방식(단순다수제, 절대다수제, 비례대표제 등)이 정당체계의 유형에 많은 영향을 미친다. 이 가운데 중 · 대선거구제, 절대다수제(결선투표제), 전체 의석 1/3 이상의 비례대표제가 다당체계의 형성에 미치는 정치적 효과를 논하시오. (20점)
2) 한국은 중 · 대선거구제, 절대다수제(결선투표제), 전체 의석 1/3 이상의 비례대표제 등의 선거제도를 채택하고 있지 않음에도 불구하고, 대체로 정당체계가 다당체계로 나타나고 있다. 그 원인을 논하시오. (10점)
3) 대통령제에서 다당체계가 정치적 안정성과 통치성에 대해 미치는 영향을 설명하고, 한국 정치에서 문제점이 있다면 해결 방안을 논하시오. (10점)

[제2문] 1987년 대한민국 헌법에 근거하여, 공공정책과 구별되는 대외정책의 영역에서 국회가 개입할 수 있고, 영향력을 행사할 수 있도록 헌법에 의해 부여된 국회의 헌법적 권한 및 역할들을 모두 나열하고, 개별 권한과 역할들의 실질적인 작동 양상 및 현실적 유효성, 그리고 정치적 의미들을 구체적 사례를 들어 논하시오. (총30점)

[제3문] 사뮤엘 헌팅턴은 탈냉전 시대에는 서구와 서구에 도전하는 문명 사이의 갈등이 세계정치에서 그 어떤 대립보다 중심적 비중을 차지하고, 일곱 내지 여덟 개의 주요 문명으로 이루어지는 세계적 수준의 문화적 동질성과 이질성이 국가들의 이익, 대결, 협력 양상을 규정한다고 주장한다. (총30점)

1) 헌팅턴이 문명의 충돌이 필연적이라고 주장하는 논거를 설명하시오. (10점)
2) 헌팅턴은 자신들의 가치가 세계 보편적인 가치임을 주장하는 서구 문명에 맞서 동아시아(특히 중국), 이슬람의 도전이 앞으로의 세계 질서의 위협 요소 중 가장 큰 영향력을 미치는 요소가 될 것이라고 예측한다. 헌팅턴이 이슬람과 동아시아 문명이 어떻게 서구문명에 도전할 것으로 예측하고 있는지를 설명하시오. (10점)
3) 국제관계의 대립과 협력을 문명이라는 요소로 설명하는 헌팅턴의 이론은 설명력과 한계를 동시에 가지고 있다. 문명 충돌론을 비판하는 주장에 대해 논하시오. (10점)

2018년

[제1문] 모스카(Gaetano Mosca), 파레토(Vilfredo Pareto), 미헬스(Robert Michels) 등 엘리트 이론가들은 다수를 위한 합법적이고 민주적인 사회에서도 '소수자 지배의 이론'은 여전히 유효하다고 주장한다. (40점)

1) 소수의 엘리트가 다수의 대중을 지배한다는 엘리트 이론의 주장과 그 논리를 설명하시오. (10점)
2) 정보사회 혹은 디지털 네트워크 사회의 특성을 설명하고 이에 근거해 엘리트 이론의 주장을 반박하시오.(30점)

[제2문] '벼랑 끝 전술(Brinkmanship)'의 개념 및 특징과 벼랑 끝 전술의 활용에 있어 고려해야 할 사항에 대하여 설명하시오. 벼랑 끝 전술의 사례를 간략히 제시하고, 최근 북·미 관계의 변화에 있어서 한국의 역할에 대한 함의를 벼랑 끝 전술의 시각에서 서술하시오. (30점)

[제3문] 그레이엄 앨리슨(Graham Allison)은 고대 그리스 역사학자 투키디데스(Thucydides)가 지은 저서 「펠로폰네소스 전쟁사」를 참고하여 '투키디데스 함정(Thucydides Trap)'이라는 용어를 만들었다. 그는 지난 500년 간 패권도전국이 기존 패권국을 대체하려는 시도가 16회 있었고, 그 가운데 패권도전국과 기존 패권국이 '투키디데스 함정'에 빠져 전쟁을 치른 것이 12회였다고 주장한다. (30점)

1) '투키디데스 함정'의 의미를 설명하시오. (10점)
2) 패권경쟁 중인 미국과 중국이 '투키디데스 함정'에 빠지지 않을 가능성의 근거들을 제시하시오. (20점)

2019년

[제1문] 우리나라 헌정사에서 정당정치가 겪어 온 교착과 파행을 지적하면서 대의민주정치의 근간인 정당정치를 새롭게 해야 한다는 주장이 제시되고 있다. 이와 관련하여 다음 질문에 답하시오. (40점)

1) 우리나라 정당정치의 문제점을 서술한 후, 새로운 정당정치의 비전을 제시하시오. (20점)
2) 정당정치의 비전 실현과 개혁을 위한 정치문화, 선거제도, 의회제도 차원에서의 논쟁과 제언을 서술하시오. (20점)

[제2문] 1974년 이래 수십 개의 국가들이 권위주의와 전체주의를 포기하고 민주주의 체제를 선택하였다. 그러나 최근 들어 일부 국가들이 과거로 회귀하고 있으며, 일부 선진국들도 민주주의의 위기를 겪고 있다. 이와 관련하여 다음 질문에 답하시오. (30점)

1) 민주주의 체제와 권위주의 체제의 특징을 비교하여 설명하시오. (15점)
2) 왜 민주주의가 자주 위기에 직면하거나 실패하는지를 선진국과 개발도상국을 비교하여 설명하시오. (15점)

[제3문] 국제정치의 현상을 설명하는 다양한 이론들이 존재한다. 이와 관련하여 다음 질문에 답하시오. (30점)

1) 현실주의, 자유주의, 구성주의, 그리고 비판이론에 관하여 설명하시오. (15점)
2) 위의 이론들 중 두 가지 이상을 활용하여 북핵 문제를 포함한 다양한 남북관계 문제를 해결하기 위한 방안을 논하시오. (15점)

2020년

[제1문] 정치문화에 대한 주요 연구자 중 알몬드(Gabriel Almond)와 버바(Sidney Verba)는 시민문화(civic culture)를 강조하였고, 잉글하트(Ronald Inglehart)는 탈물질주의 가치관을 강조하였다. 이와 관련하여 다음 질문에 답하시오. (40점)

1) 알몬드와 버바의 시민문화에 대해 설명하고, 알몬드와 버바 이후로 시민문화에 더하여 정치적 신뢰가 강조된 이유를 설명하시오. (10점)
2) 잉글하트가 말하는 탈물질주의 가치관이 서구 민주주의 국가의 정치참여에 어떠한 변화를 가져왔는지 설명하시오. (10점)
3) 시민문화와 탈물질주의 가치관이 신생 민주주의 국가의 정치발전에 어떠한 영향을 미쳤는지 설

명하시오. (20점)

[제2문] 국가에 따라 의회는 단원제나 양원제로 구성된다. 이와 관련하여 다음 질문에 답하시오. (30점)

1) 단원제와 양원제의 차이점을 비교하시오. (5점)
2) 대체로 단방국가(unitary state)에서는 단원제가, 연방국가(federal state)에서는 양원제가 채택된다. 그 이유를 설명하시오. (10점)
3) 한국에서 양원제를 도입할 필요성에 대한 찬반의 견해를 각각 설명하고, 자신의 견해를 밝히시오. (15점)

[제2문] 국제연합(UN)은 1994년에 발간한 『인간개발보고서』를 통해서 '인간안보(Human Security)' 개념을 천명하였다. 이와 관련하여 다음 질문에 답하시오. (30점)

1) 인간안보의 등장배경을 설명하고, 인간안보를 전통적인 안보 개념과 비교하시오. (15점)
2) 코로나19 바이러스 확산으로 인해 인간안보 위기가 심화되고 있다. 이와 관련하여 국제기구의 역할과 한계를 논하시오. (15점)

부록 **색 인**

약력

- 연세대학교 정치외교학과 졸업
- 전 춘추관법정연구회, 한림법학원, 합격의 법학원 정치학 전임
- 전 남부행정고시학원, 대구한국공무원학원 행정학 전임
- 전 프라임법학원 정치학 전임
- 전 이그잼고시학원 행정학 전임
- 전 공단기 행정학 대표강사
- 현 베리타스법학원 정치학, 국제정치학 전임

저서

- 국제정치학(피데스)
- 정치학 : 한국민주주의의 조건과 과제(피데스)
- 행정학 : 한국행정현실과 과제(도서출판 해인)
- 정보체계론(도서출판 해인)
- 지방행정학(문성)
- 정치학 요약집(피데스)
- EBS 행정학개론(박문각)
- 제갈공명 행정학(ST & books)
- 제갈공명 행정학 기출문제집(피데스)

강제명 정치학

한국민주주의의 조건과 과제

9판 발행 2021년 5월 4일

저 자 강제명
발 행 인 신창동
발 행 처 fides 도서출판

주 소 서울시 관악구 봉천로 485 삼우빌딩 3층
전 화 02) 876-2246
팩 스 02) 876-2237
이 메 일 fidesbook@naver.com
학습문의 san-rak@hanmail.net
홈페이지 cafe.naver.com/fidesbook
등록번호 제320-2001-44호

ISBN 978-89-6479-528-6 13340 정가 38,000원

• 저자와의 협의 하에 인지를 생략합니다.